『사법품보』가 그린 왕정과 인간

Monarchy and Humans Portrayed by *Sabeobpumbo*

: An Introduction History of the Modern Judicial System in the reign of King Gojong

by Paek-chol Kim

대우학술총서

643

『사법품보』가 그린
왕정과 인간

고종시대 근대사법체계 도입사

김백철 지음

아카넷

제2부
근대 법치사회의 실상

제3장 전통형정의 계승과 신제도의 도입

그림

표

서론

1. 어떤 시각에서 출발할 것인가?

인간사회의 법 사용은 아주 이른 시기부터 확인된다. 구전을 제외하고 문헌기록을 살펴보면, 성문법의 경우 메소포타미아는 기원전 24세기 「우르이님기나 법전(Uru-Inimgina Code)」,[1] 중국은 기원전 4세기 이전 「여형(呂刑)」,[2] 우리나라는 기원전 2세기 이전 고조선(古朝鮮)

---

[1] 메소포타미아의 고대법은 이후에도 기원전 22세기 우르의 「우르남무 법전(Ur-Nammu Code)」, 기원전 18세기 바빌론의 「함무라비 법전(Hammurabi Code)」 등으로 이어졌다. 이종근, 「메소포타미아 법사상」, 삼육대학교출판부, 2003, 34쪽; 양혜윤, 「정의와 재판: 고대 근동법전과 구약법전을 중심으로」, 서강대학교 신학과 석사논문, 2010, 8~9쪽; 윤일구, 「고대법의 기원: 함무라비 법전」, 한국학술정보, 2015, 19~30쪽.

[2] Bodde·Morris는 중국 최초의 성문법(written law)은 「여형」을, 최초의 법전(code)은 기원전 6세기 정국(鄭國) 자산(子産)의 「형서(刑書)」를 제시하였다. 「여형」은 「서경」의 편명으로 기원전 10세기 주목왕(周穆王)이 여후(呂侯)에게 명하여 짓게 했다고 알려져 있으나 정확한 연대비정은 어렵다. 「서경」은 금고문(今古文)논쟁이 있는데 「여형」은 금

의 「범금팔조(犯禁八條)」[3] 등이고, 법사상의 경우 유럽은 기원전 5~4
세기 플라톤(Platon)의 『법률(Nomoi)』, 중국은 기원전 4세기 상앙(商鞅)
의 『상군서(商君書)』, 기원전 3세기 한비(韓非)의 『한비자(韓非子)』 등이
가장 앞서는 듯하다.[4] 이후 로마[5]·중국[6]에서 상당수의 성문법이 쏟
아져 나왔고, 한국에서도 삼국[7]을 필두로 고려[8]와 조선[9]에서 수많은

문이 전해지므로 진위논란이 없고 기원전 4세기경 타문헌에도 내용이 전한다. 반면에
張國華·饒鑫贤·張晋藩은 「여형」을 다양한 고대법 중 형(刑)의 연원으로 평가했다.
『書經』, 周書, 呂刑; Derk Bodde·Clarence Morris, *Law in Imperial China*, Harvard
University Press, 1967, pp.13-17; 張國華·饒鑫贤 편(임대희 역), 『중국법률사상사』,
아카넷, 2003, 42~43쪽; 張晋藩 편(한기종 외 역), 『중국법제사』, 소나무, 2006, 42쪽,
52~53쪽.
3 중국사료는 기자(箕子)교화설을 주장하였으나 현재 고대사학계에서는 기자동래설이
비판받고 있어 정확한 연대비정은 어렵다. 다만 사료의 시기만 취하면 그 연원은 최
대 은주교체기(기원전 10세기)까지 거슬러 올라가며 최소 고조선말엽(기원전 2세기)을
산정할 수 있다. 『漢書』 卷28下, 「地理志」 8下, 燕郡; 허영민, 「韓國 刑事法制의 歷史的
考察」, 『法政學報』 2, 全北大學校 法政大學 法政學會, 1966, 21~22쪽.
4 박종현, 『법률』 해제」, 『법률』, 서광사, 2009, 11~38쪽; 노재욱·조강환, 「한비자란 어
떤 책인가」, 『한비자』 상, 자유문고, 1994, 3~14쪽; 조원일, 「상앙의 법치사상 연구」,
《동양문화연구》 23, 영산대학교 동양문화연구원, 2016, 59~85쪽.
5 황적인, 『로마법·서양법제사』, 박영사, 1981, 44~50쪽; 이태재, 『로마법』, 진솔, 1990,
48~110쪽; 최병조, 『로마법연구 1: 법학의 원류를 찾아서』, 서울대학교출판부, 1995,
2~37쪽; 최병조, 『로마법·민법 논고』, 박영사, 1999, 3~8쪽; 조규창·현승종, 『로마
법』, 법문사, 1996, 227~1144쪽; 최병조, 『로마법강의』, 박영사, 2006, 227~570쪽; 최
병조, 『로마의 법과 생활』, 경인문화사, 2007, 95~448쪽.
6 張國華·饒鑫贤 편, 앞의 책, 2003, 27~636쪽; 張晋藩 편, 앞의 책, 2006, 36~64쪽,
148~166쪽, 342~395쪽, 480~517쪽.
7 한국고대 법사학 연구는 다음 참조. 노중국, 「고구려 율령에 관한 일시론」, 《동방학지》
21, 연세대학교 국학연구원, 1979; 주보돈, 「신라시대 연좌제」, 《대구사학》 25, 대구
사학회, 1984; 노중국, 「백제 율령에 대하여」, 《백제연구》 17, 충남대학교 백제연구소,
1986; 주보돈, 「울진봉평비와 법흥왕대 율령」, 《한국고대사연구》 2, 1989; 노진곤, 「고
구려율에 관한 연구」, 《법사학연구》 12, 한국법사학회, 1991; 강봉룡, 「삼국시대 율령
과 민의 존재양태」, 《한국사연구》 78, 한국사연구회, 1992; 박임화, 「백제율령 반포시
기에 대한 일고찰」, 《경대사론》 7, 경남대학교 사학회, 1994; 홍승우, 「신라율의 기본성
격: 형벌체계를 중심으로」, 서울대학교 국사학과 박사논문, 2003.

성문법이 확인된다. 따라서 동서양을 막론하고 국가체제 수립 이후 법의 활용은 보편적이었다. 최근 유행하는 라틴어 작명하기를 고려한다면, 법률(lex)·척도(modus)·관습(mos)·정의(justita) 중 하나를 골라서 '법률적 인간(homo lex)' 정도로 이름을 붙여볼 수도 있을 것이다. 굳이 이러한 방식을 좇지 않더라도 유구한 법과 인간의 관계를 논하는 데는 무리가 없을 듯하다.

오히려 더 고민할 문제는 수천 년간 사용한 법의 개념에 무엇을 담을지이다. 물론 법을 대하는 태도에 대한 층위는 논쟁의 여지가 있다. 협의(狹義)의 관념에서 단순히 처벌의 수단[刑事法]으로 생각하는 형태와[10] 광의(廣義)의 개념에서 국가체계의 근간[國法·國制·憲法]으로 여기는 방식은 엄연히 구분된다.[11] 혹은 전자의 공법(公法)에 대비하여 사법(私法)으로 민간의 소송[訟事]을 중시 여기는 경우도 있다.[12] 이 같은 세 가지 관점은 고대 경사류(經史類)에서부터 등장한다.

서구사회에서는 이른바 '법치'라는 말을 쓰는 데 인색하여 마치 '근대성'을 담았느냐를 관건으로 여겨왔다. 17세기 이후 등장한 영국 '의

---

8   고려시대 법사학 연구는 다음 참조. 송두용, 『한국법제사고: 고려율의 연구』, 진명문화사, 1985; 신호웅, 『고려법제사연구』, 국학자료원, 1995; 한용근, 『고려율』, 서경문화사, 1999; 영남대학교 민족문화연구소 편, 『고려시대 율령의 복원과 정리』, 경인문화사, 2009.

9   김백철, 『법치국가 조선의 탄생: 조선전기 국법체계 형성사』, 이학사, 2016a, 105~120쪽; 김백철, 『탕평시대 법치주의 유산: 조선후기 국법체계 재구축사』, 경인문화사, 2016b, 3~10쪽.

10 【典刑·五刑·官刑·教刑·贖刑·放肆·賊刑】『書經』, 「虞書」, '舜典'; 【罰】『書經』, 「周書」, '康誥'; 【五刑·邦典·邦法·邦成】『周禮』, 「秋官司寇」, '大司寇.'

11 【五典】『書經』, 「虞書」 '舜典'; 【六典·八灋·八則·八柄·八統·九職·九賦·九式·九貢·九兩】『周禮』, 「天官冢宰」, '大宰'; 【六敘·六屬·六職·六聯·八成】『周禮』, 「天官冢宰」, '小宰'; 【三典】『周禮』, 「秋官司寇」, '大司寇.'

12 【訟】『周易』, 「天水訟」; 【獄訟】『周禮』, 「秋官司寇」, '大司寇.'

회주의(議會主義)'만을 '법치주의(法治主義)'로 강력히 규정하거나 19세기 이후 독일 통일과정에서 도래한 '법치국가(法治國家)' 개념에 국한하려는 주장이다.[13] 이는 서구근대 국민국가 건설과정에 대한 설명으로 타당하지만, 오히려 그보다 전통이 긴 로마·동양 법문화를 논외로 돌리고 오직 게르만 문화권의 특수한 경험을 보편적 기준으로 삼는 것은 부적절한 주장이다.[14] 오히려 인류사 전체에서 법의 위치를

---

13 헤르만 헬러(김효전 역), 「법치국가냐 독재냐」, 『법치국가의 원리』, 법원사, 1996, 5~26쪽; 칼 슈미트(김효전 역), 「법치국가에 관한 논쟁의 의의」, 『법치국가의 원리』, 법원사, 1996, 27~42쪽; 크리스티안 프리드리히 멩거(김효전 역), 「본 기본법에 있어서 사회적 법치국가의 개념」, 『법치국가의 원리』, 법원사, 1996, 67~96쪽; 에른스트 포르스토프, 「사회적 법치국가의 개념과 본질」, 『법치국가의 원리』, 법원사, 1996, 97~130쪽; 울리히 쇼이너(김효전 역), 「독일에 있어서의 법치국가의 근대적 전개」, 『법치국가의 원리』, 법원사, 1996, 161~204쪽; 에른스트 볼프강 뵈켄회르테(김효전 역), 「법치국가 개념의 성립과 변천」, 『법치국가의 원리』, 법원사, 1996, 205~232쪽; 이국운, 『政治的 近代化와 法律家集團의 役割』, 서울대학교 법학과 박사논문, 1998, 231~233쪽, 236~240쪽, 243~246쪽; Josef Isensee(이승우 역), 「국가와 헌법」, 세창출판사, 2001, 88~126쪽; 이원택, 「개화기 근대법에 대한 인식과 근대적 사법체제의 형성: 독립신문을 중심으로」, 《한국동양정치사상사연구》 6-2, 한국동양정치사상사학회, 2007, 225~231쪽, 251쪽; 한스 포르렌더(김성준 역), 『헌법사』, 투멘, 2009, 47~108쪽; 이원택, 「개화기 '예치'로부터 '법치'로의 사상적 전환: 미완의 '대한국국제'체제와 그 성격」, 《정치사상연구》 14-2, 한국정치사상학회, 2008, 82쪽; 베르너 마이호퍼(심재우 외 역), 『법치국가와 인간의 존엄』, 세창출판사, 2019, 59~163쪽; 김일수, 『한국의 법치주의와 정의의 문제』, 세창출판사, 2020, 25~35쪽, 85~108쪽; 라인하르트 코젤렉 외 편(엄현아 역), 『코젤렉의 개념사 사전 19: 법과 정의』, 푸른역사, 2021, 57~146쪽; 라인하르트 코젤렉 외 편(송석윤 역), 『코젤렉의 개념사 사전 20: 헌법』, 푸른역사, 2021, 43~52쪽, 105~150쪽.

14 박병호, 「경국대전의 편찬과 반행」, 『한국사』 9, 국사편찬위원회, 1973, 236~267쪽; 박병호, 「조선초기의 법원」, 『한국법제사고』, 법문사, 1974a, 397~421쪽; 박병호, 「조선시대의 법」, 『한국의 법』, 세종대왕기념사업회, 1974b, 35~39쪽[박병호, 『한국법제사』, 민속원, 2012, 41~66쪽]; 박병호, 「경국대전의 법사상적 성격」, 《진단학보》 48, 진단학회, 1979, 199~206쪽; 김백철, 앞의 책, 2016a, 11~15쪽, 23~24쪽; 김백철, 앞의 책, 2016b, 368쪽; 김백철, 「조선시대 전통법 형성과 연구성과 검토: 법서 편찬을 중심으로」, 『조선시대 법령DB의 구축과 활용』, 국사편찬위원회, 2021c, 69~72쪽, 93~109쪽;

검토해보아야 한다.[15] 최근에는 영미권에서도 '유교'를 덧붙여서 여전히 동양을 특수화하는 한계는 있지만 한국사·중국사에 '유교국가의 법률적 규범(Legal Norms in a Confucian State)' 내지 '유교적 입헌주의(Confucian Constitutionalism)' 개념을 설정하는 시도가 늘어나고 있다.[16]

우리나라의 역사를 예로 들면, 고려말~조선초 법의 개념이 크게 달라진다. 역성혁명은 이른바 사법개혁을 통해 추진되었으므로 법치주의 개념이 투철했다. 그들은 집권자에 따라 고무줄 같은 잣대로 처벌이 달라지는 고려의 법적용을 크게 비판하였다.[17] 고려는 처벌에 쓰는 형법은 있었으나 조선과 같은 국정운영의 방침을 천명하는 최상위 국법(大典)이 없었기 때문이다.[18]

오늘날 가장 발전된 헌법학 이론을 담고 있는 헌법의 척도 중 하나로 대법원 이외에 헌법재판소를 별도로 설치했는지를 들곤 한다. 그런데 예상 밖으로 해당되는 국가는 헌법을 만든 지 얼마 되지 않은 제3세계 신생독립국인 경우가 많으며 유감스럽게도 독재국가가 상

정긍식, 『조선의 법치주의 탐구』, 태학사, 2018, 63~102쪽.

15 비록 타마나하는 동양까지 아우르지는 못했으나 통시대적으로 법치의 개념을 추적하고자 노력하였고 김효전은 동아시아와 한국의 사례까지 포함한 개념을 다루었다. 브라이언 Z. 타마나하(이헌환 역), 『법치주의란 무엇인가』, 박영사, 2014, 15~28쪽; 김효전, 『헌법』, 소화, 2009, 25~150쪽, 201~225쪽.

16 William Shaw, *Legal Norms in a Confucian State*, Center for Korean Studies, Institute of East Asian Studies, University of California, 1981, pp.3~42, pp.116-148; Jiang Qing, ed., *A Confucian Constitutional Order*, Princeton University Press, 2013, pp.27-112, pp.139-160.

17 "然其弊也, 禁網不張, 緩刑數赦. 姦宄之徒, 脫漏自恣, 莫之禁制. 及其季世, 其弊極矣." 『高麗史』 卷84, 志38, 刑法1.

18 박병호, 앞의 글, 1974a, 397~421쪽; 박병호, 앞의 글, 1974b, 35~39쪽; 김백철, 앞의 책, 2016a, 105~108쪽; 정긍식, 앞의 책, 2018, 21~62쪽.

당수여서 민주주의 국가로 분류하기 어려운 경우가 다수를 이룬다. 반면에 세계에서 가장 나쁜 헌법을 가진 것으로 유명한 국가는 미국이며, 아예 성문헌법이 존재하지 않는 나라는 영국이다.[19] 하지만 미국·영국을 민주주의 국가가 아니라거나 법치주의가 이루어지지 않고 있다고 여기는 사람은 없을 것이다. 다만 우리나라 같은 헌법재판소는 명목상 존재하지 않는다. 최근 양국은 유사기구를 만들거나 대체기능을 확보했으나 동일하다고 보기 어렵다. 이것은 헌법재판소나 성문헌법의 존재 여부가 그 나라를 민주주의국가나 법치주의국가로 인정하는 가치기준이 될 수 없음을 의미한다. 법치의 조건은 제도만을 의미하지 않으며, 법을 직접 운영하는 사람들과 법치가 정착된 법의식 일반을 대상으로 하므로 법문화도 포함된다. 그러므로 제도사만을 대상으로 하는 종래의 근대사법체계 연구는 자연히 재검토가 필요하다. 여기에는 일정한 시대적 맥락에 대한 검토가 아울러 진행되어야 한다.

그러나 이러한 시각이 성문법의 존재 여부와 해당 조문의 내용이 그 사회를 반영한다는 기본적인 전제를 부정하는 것은 아니다. 법조문에 내재된 시점이 과거·현재·미래 중 어디를 담고 있을지는 해당 국가의 상황을 폭넓게 고려해서 살펴볼 필요가 있다. 하나는 과

---

19 물론 영국이 헌법이 없거나 법문이 없는 것은 아니다. 단지 한국·미국처럼 단일한 성문헌법이 없을 뿐이다. 영국은 자국역사에서 중요한 여러 법을 묶어서 영국헌법(Constitution of the United Kingdom)으로 지칭하는데, ① 인권보장 규정[대헌장(大憲章, Magna Carta, 1215), 권리청원(權利請願, petition of Right, 1628), 인신보호법(人身保護法, Habeas Corpus Act, 1679), 권리장전(權利章典, Bill of Rights, 1689)], ② 군주제 및 사법부독립 규정[왕위계승법(Act of Settlement, 1701)], ③ 의회주권 규정[의회법(Parliament Act, 1891)], ④ 영연방국가 근거법[웨스트민스터헌장(Statute of Westminster, 1931)] 등으로 구성되어 있다.

거의 현실을 반영하여 성문법을 입법했으나 현재는 사문화되었을 수 있고, 다른 하나는 현재의 상황을 성문법에 반영하여 현실과 법치를 일치시켰을 수도 있으며, 또 다른 하나는 현재의 간절한 바람을 담아서 미래에 그러한 사회가 되기를 바라는 경우도 있다. 그러므로 법에 대한 다양한 각도의 분석과 접근이 필요하다.

하지만 우리나라의 근대사 연구는 오랫동안 서구의 기준에 일치하는지 여부만을 확인하는 데 많은 공을 들여왔다. 조금이라도 특정요소가 부재한 사실이 드러나면 서슬 퍼런 비난의 잣대를 들이대기 바빴다. 그러나 정작 그러한 비난의 잣대를 들이대는 기준점이 최소한 동일한 시점의 동서양도 아니었으며, 유럽사회의 고대 그리스·로마 전통의 계승은 모두 예외로 인정하면서도 한국·중국의 전통 계승은 미개하거나 미진한 것으로 치부하기 일쑤였다. 18세기 조선은 '도덕경제(道德經濟)'로 평가절하하면서 그 근거로 20세기 미국의 자본주의 요소가 없어 정체된 사회라고 비난하거나,[20] 15세기『경국대전(經國大典)』을 필두로 한 전통법은 19세기 사적 소유권을 보장하지 않는다거나 입헌군주제의 정신이 없어 구체제라고 비판받았다.[21] 그러나 소유

---

[20] 이대근 외, 『새로운 한국경제발전사』, 나남, 2005, 37~137쪽; 이영훈 편, 『수량경제사로 다시 본 조선후기』, 서울대학교출판문화원, 2013, 99쪽, 325~326쪽, 367~388쪽.

[21] 사회과학계에서는 전통법을 비판할 때 주로 ① 영국의 사적 소유권 보장이나 ② 유럽의 입헌군주제 여부를 주요한 법적 장치로 전제하는 경우가 많았다. 그러나 독일 및 미국 등의 학계에서 설계한 사회과학 이론토대는 통일국가의 경험이 전무했던 독일에서 중앙집권국가를 만들면서 이루어졌음을 전제해야 한다. 그래서 19세기중반 제국주의에 성공한 서유럽(영국·프랑스)을 모범으로 삼고 반면에 침탈당하고 있던 중국을 반면교사로 삼는 형태의 이론적 세계관을 구사하였다. 헤겔-막스 베버-비트포겔 등이 대표적인 학자군이다. 특히 독일 내 자국비판이 쉽지 않은 상황에서 애꿎은 중국을 끌어와 대비시키는 작업이 비일비재했다. 하지만 정작 1세기 전 영국·프랑스·독일·스위스 등지에서 중국모델을 내세워 근대국

권 비판은 오늘날 토지공개념 정도에 해당하는 왕토사상(王土思想)을 실물경제에 과도하게 적용하여 재해석한 데 불과하다. 특히 18세기 미국은 아직 국민경제는 고사하고 국가체제도 제대로 형성하지 못하였고, 15세기 유럽은 게르만 전통법의 개별 법문에 의지할 뿐 이렇다 할 성문헌법조차 지니지 못한 상태였다. 오히려 유럽은 중세까지도 농노의 경우 거주이전의 자유조차 없었으며, 일본 역시 메이지(明治) 유신 이전까지 소수의 귀족 및 수행원을 제외하면 각 번의 경계를 넘는 것이 금지되어 거주이전의 자유가 없던 철저한 봉건사회였다. 두 문명권에서 '이동의 자유'는 종교적 여행(성지순례·사찰순례)의 경우에만 제한적으로 허용되었다. 더욱이 영국을 포함하여 유럽국가 대

가 만들기를 진행했음은 주지의 사실이다. 이는 독일학계에서 내세운 준거를 근대화의 절대기준으로 삼는 것이 얼마나 허무한지를 보여준다. 각 연구는 다음 참조. 【유럽중심주의】 존 로크(강정인 역), 『통치론』, 까치, 1996; 몽테스키외(이명성 역), 『법의 정신』, 홍신문화사, 1988; G. W. F. 헤겔(권기철 역), 『역사철학강의』, 동서문화사, 2008; 막스 베버(금종우 역), 『지배의 사회학』, 한길사, 1981; Karl August Wittfogel, *Oriental Despotism*, Yale University Press, 1955; 정진농, 『오리엔탈리즘의 역사』, 살림, 2003; 이원택, 앞의 논문, 2007; 신동준, 「막스베버의 근대법 이론으로 본 조선후기와 한말시기의 법의 변화」, 《사회이론》 51, 한국사회이론학회, 2017. 【탈유럽주의】 프랑수와 케네(나정원 역), 『중국의 계몽군주정』, 앰애드, 2014; 미스기 다카토시(김인규 역), 『동서도자교류사: 마이센으로 가는 길』, 눌와, 2001; 티머시 브룩(박인규 역), 『베르메르의 모자: 베르메르의 그림을 통해 본 17세기 동서문화교류사』, 추수밭, 2008; 데이비 E. 문젤로(김성규 역), 『동양과 서양의 위대한 만남 1500~1800』, 휴머니스트, 2009a; 전홍석, 『독일계몽주의의 유학적 기초: 볼프의 중국형상과 오리엔탈리즘의 재구성』, 살림, 2014; 김백철, 『두 얼굴의 영조: 18세기 탕평군주상의 재검토』, 태학사, 2014; 김백철, 앞의 책, 2016a; 비르질 피노(나정원 역), 『공자와 프랑스 계몽주의』 상, 엠애드, 2019; 황태연, 『공자철학과 서구 계몽주의의 기원』 상·하, 청계, 2019; 황태연, 『17~18세기 영국의 공자숭배와 모럴리스트』 상·하, 넥센미디어, 2020a; 황태연, 『근대 독일과 스위스의 유교적 계몽주의』, 넥센미디어, 2020b; 황태연, 『근대 프랑스의 공자열광과 계몽철학』, 넥센미디어, 2020c; 최경현, 「18세기 유럽인의 중국 인식과 시각이미지의 변화」, 《미술사학연구》 305, 한국미술사학회, 2020.

부분의 혁명사유가 국왕의 폭압적 과세징수였는데, 동양에서 이 같은 일은 국가체계상 원천적으로 불가능했다. 한국·중국에서 간헐적으로 나타나는 지방 목민관의 일탈과 유럽 군주의 국가 차원의 전비 마련을 위한 전국적인 남징은 차원이 다른 문제였다. 유럽의 백성은 동양에서 당연히 법적으로 보장되는 소유권조차 지킬 수 없었으므로 17~18세기 혁명을 통해서 군주권 제한에 매달렸고, 일본은 에도(江戶)시대초기까지 사무라이가 서민을 이유 없이 벨 수 있어 생명권 자체도 존중받지 못하는 사회였다.[22] 유럽·일본에서 사법제도는 중앙집권화를 추구해나가는 과정에서 나타난 것인데,[23] 이를 인류보편의 '근대'로 보기는 어렵다.

특히, 유럽의 게르만 전통법에는 '가산국가(家産國家)' 개념이 19세기까지 존속되어 영토·신민조차 상속대상에 불과해서[24] 왕실 간 혼인에 따라 국경이 수시로 바뀌었다. 수세기간 대부분의 유럽왕실이

---

22 사무라이가 칼을 시험해보기 위해서 사람을 베는 악습인 '쓰지기리(늑츠지키리: 십창 辻斬)'는 무로마치후기 『尺素往来』(1489)이나 에도말~메이지초 『幕末百話』(1902) 등에서 무뢰배의 형태로 확인된다("山賊, 海賊, 勾引, 辻斬, 追落." 一条兼良, 『尺素往来』(早稲田大學本)〈ヘ10 00891〉; 篠田鑛造, 『増補 幕末百話』, 巖波書店, 1996, p.13; 氏家幹人, 『江戸時代の罪と罰』, 草思社, 2015, pp.22-30; 氏家幹人, 『古文書に見る江戸犯罪考』, 祥傳社新書, 2016, p.16). 그러나 1602년부터 막부에서 금지하기 시작하면서 사무라이계층은 점차 해체되었다. 최근에는 이것이 일반적인 경우는 아니었으며 신분이 낮은 이들에게 사무라이가 모욕을 당했을 때 살해에 대한 면죄사유(切捨て御免)로 작용했다고 보는 의견도 등장하고 있다(임명수, 『에도시대의 고문형벌』, 어문학사, 2014, 94~95쪽; 古川愛哲, 『歪められた江戸時代』, エムディエヌコーポレ, 2021, pp.105-108).

23 조경래, 「英國 Tudor 絕對王政下의 官僚의 特性에 關한 研究」, 《人文科學研究》 4, 상명대학교 인문과학연구소, 1995, 7~24쪽; 이국운, 「영국 법률가집단의 형성과정」, 《법사학연구》 20, 한국법사학회, 1999, 32~33쪽; 문준영, 『법원과 검찰의 탄생』, 역사비평사, 2010, 72~118쪽.

24 이철우, 『서양의 세습가산제』, 경인문화사, 2010, 195~218쪽.

친척·인척으로 연결되어 서로 상속권을 주장하며 왕실전쟁을 일으켰으므로 국민의 형성이 제대로 이루어지지 못하였다.[25] 이러한 유럽의 상황(상상의 공동체)을 기준으로 삼아,[26] 이미 국민국가(민족국가)로 수천 년을 지내온 한국·중국의 근대성을 논한다는 것 자체가 부적절한 방식이다.[27] 19세기말 제국주의시대 '승리의 기억'을 이전 시기의 역사 전체에 과도하게 투영하여 우월성을 논하는 것은 21세기 이후 서구학계에서도 점차 사라져가는 관행이지만,[28] 유독 동북아시아에서는 오리엔탈리즘(orientalism)이 완전히 청산되지 못하고 있다.

더욱이 동양사회를 비판하는 도덕론은 유럽에서도 유사한 상황이었다. 18세기 계몽주의시대 몽테스키외(Baron de la Brède et de Montesquieu)는 『페르시아인의 편지(Lettres persanes)』를 통해 프랑스 사회의 방탕한 풍속을 풍자하였는데,[29] 이 때문에 사회계약론으

---

25 마틴 래디(박수철 역), 『합스부르크 세계를 지배하다』, 까치, 2022, 111~160쪽, 222~237쪽, 403~423쪽.

26 베네딕트 엔더슨(서지원 역), 『상상의 공동체』, 나남, 2002, 65~76쪽, 117~148쪽, 183~200쪽; 앙드레 슈미드(정여울 역), 『제국 그 사이의 한국, 1895-1919』, 휴머니스트, 2007, 47~62쪽, 75~80쪽, 179~194쪽, 403~462쪽.

27 신용하, 「민족의 사회학적 설명과 '상상의 공동체론' 비판」, 《한국사회학》 40-1, 한국사회학회, 2006, 32~58쪽; 아자 가트·알렉산더 야콥슨(유나영 역), 『민족: 정치적 종족성과 민족주의, 그 오랜 역사와 깊은 뿌리』, 교유서가, 2020, 101~161쪽.

28 폴 존슨(명병훈 역), 『폴 존슨 근대의 탄생』 1, 살림, 2014, 6~18쪽.

29 "아내들의 부정을 피치 못할 운명으로 받아들인다"거나 "아내의 부정을 달게 받아들이는 사나이는 경멸을 받지 않는다"거나 프랑스는 "전왕은 그저 부인이 하자는 대로였다"거나 "직위에 취임했을 때 예납금을 납부해야만 했다"거나 "어느 부인이 대신의 아내가 되어……여러 불우한 사람을 위해 열심히 진력하여……덕분에 연금을 타고 있다"거나 "유럽에서는 도박이 널리 보급되어 있다"거나 "파리는 세계에서 가장 관능적인 도시이며, 쾌락에 매우 닮고 닮은 곳이다"며 풍자하였다. 몽테스키외(소두영 역), 「페르시아인의 편지」, 『페르시아인의 편지·사회계약론』, 삼성출판사, 1982, 109~110쪽, 134쪽, 183쪽, 185쪽; 김명윤, 「『페르시아인의 편지』에 나타난 權力과 性에 관한 言語: 腹從과

로 유명한 장자크 루소(Jean-Jacques Rousseau)는 기독교복음주의에 기반하여 『에밀(*Emile ou de l'education*)』이나 『신엘로이즈(*Julie ou la nouvelle Héloïse*)』에서 기독교윤리를 대전제로 순종적인 여성상을 강조하였으며,[30] 오히려 중국을 타락한 문화로 비난하였다.[31] 그럼에도 불구하고 그의 근대적 의식구조는 전혀 의심받지 않았으며 오리엔탈리즘마저 수용되었다. 모순적이게도 같은 시기 조선·청에서 유교의 강상(綱常)윤리나 여성의 정절을 언급하면 마치 시대를 역행하는 '복고주의'로 낙인찍히기 일쑤였다.

동양·서양에서 동시대에 발생한 근본주의 경향은 17~18세기 급격한 사회 변화기에 안정을 도모하려는 반작용운동이었을 뿐, 문자 그대로 당시 사회에 실현되지 못하였고 오히려 현실은 그와 반대로 움직이고 있었음을 방증하는 자료에 불과하다. 이는 전 지구사적 관점에서 동시대 현상이었다. 유럽의 마녀사냥은 중세에 본격화된 것이 아니다. 이보다 앞서 15세기말 유럽에서는 안정적인 장원경제가 시장의 변화에 위협을 느끼면서 『마녀를 심판하는 망치(*Malleus maleficarum*)』가 르네상스기 전 유럽을 뒤흔들었다.[32] '서양은 맞고

憎惡의 言語를 中心으로」,《人文科學硏究》11, 상명대학교 인문과학연구소, 2002, 7~8쪽, 14~15쪽.

30 장자크 루소(이환 역), 『에밀』, 돋을새김, 2008, 293~310쪽; 장자크 루소(서익원 역), 『신엘로이즈』 2, 한길사, 2008b, 85쪽; 장자크 루소(김중현 역), 『신엘로이즈』 2, 책세상, 2012b, 383~385쪽, 421~424쪽, 438~439쪽; 서익원, 「『新 엘로이즈』에 나타난 정열과 죄」, 《아세아문화연구》 5, 경원대학교 아시아문화연구소, 2001, 309~311쪽, 313~315쪽.
31 장자크 루소, 2008b, 123~124쪽; 장자크 루소, 2012b, 61쪽; 정진농, 앞의 책, 2003, 47쪽.
32 야콥 슈프랭거·하인리히 크라머(이재필 역), 『말레우스 말레피카룸: 마녀를 심판하는 망치』, 우물이있는집, 2016, 382~501쪽.

동양은 틀렸다'는 선입견은 부적절하다.

게다가 19세기 동양의 관료들은 관행적으로 먼저 유교경전을 인용하여 명분으로 삼고 근대적 정책의 실현을 주장했는데, 일본의 메이지시대 관료들은 후자의 개화정책만 주목해온 반면에,[33] 고종대 국왕과 개화관료가 동일한 행동을 취하면 전자의 유교적 수사(修辭)에만 주목하여 마치 유교경전에 매몰되어 근대화에 실패했다고 평하기 일쑤이다. 이는 조선의 위정자는 '도덕군자(道德君子)'에 불과하여 근대화를 망쳤다고 하는 식민지근대화론의 시각이며,[34] 또한 '탈아입구(脫亞入歐)'를 부르짖던 일본의 '서양인 되기'의 관점일 뿐 사실이 아니다.

그런데 14~19세기 중국(원·명·청)이나 조선을 방문한 서양인은 현지인을 "우리와 같은 코카서스(백인)이다"고 묘사하고 있다.[35] 종래에는 동등한 문화역량을 갖고 있다거나 혹은 선교가능성이 높다는 표현으로 이해했으나 최근 전 세계 멜라닌(melanin) 색소의 변화를 담은 지도를 살펴보면 유럽과 한국·중국의 위도가 비슷하므로[36] 서양인이 두 나라 사람을 백인으로 분류한 것은 문화역량뿐 아니라 외견상의 이유도 적지 않았다. 반면에 19세기말 일본인(군인)은 조선인(평민)보다 체구가 현저히 작아 보여 난쟁이(소인)으로 묘사되었으므로,[37]

---

33 小倉紀藏, 『朱子學化する日本近代』, 藤原書店, 2012, pp.251-272.

34 이영훈, 「고종은 여전히 소중화적 세계에서 헤엄친다」, 『고종황제 역사청문회』, 푸른역사, 2005, 95~102쪽.

35 마이클 키벅(이효석 역), 『황인종의 탄생』, 현암사, 2016, 49~80쪽.

36 George Chalpin, "Geographic Distribution of Environmental Factors Influencing Human Skin Coloration", *American Journal of Physical Anthropology, Vol. 125-3*, John Wiley & Sons, 2004, p.299.

37 이사벨라 버드 비숍(이인화 역), 『한국과 그 이웃나라들』, 살림, 1994, 35쪽; 에른스트 폰 헤세-바르텍(정현규 역), 『조선 1894년 여름』, 책과함께, 2012, 18~19쪽; 아손 그

백인[코카서스]의 범주에 전혀 넣지 않았다.[38] 심지어 프랑스 화가는 일본의 나체풍속을 희화화하여 그림으로 남겼을 정도였으며 나체풍습은 여러 기록에 복수로 남아 있다.[39] 이것은 조선이나 중국이 '백인종'에 별다른 관심이 없을 정도로 자문화에 대한 자부심이 높았고, 상대적으로 일본에서 '백인 되기'를 갈망할 수밖에 없던 모순된 현실을 보여준다. 19세기말 제국주의시대 '황인종' 편견이 형성되면서 여기서 벗어나고자 하는 열망이 더해진 것이다.[40] 오늘날 과학자들이 인류의 종을 나누는 것이 불가능할 정도로 유전자가 거의 동일하며 단지 멜라닌색소의 농도차이에 불과하다고 지적하므로, 스펜서(Herbert Spencer)의 사회진화론[適者生存, survival of the fittest] 등[41] 이 시기에

렙스트(김상열 역), 『스웨덴 기자 아손, 100년전 한국을 걷다: 을사조약 전야 대한제국 여행기』, 책과함께, 2005, 57쪽; E. 와그너(신복룡 역), 「한국의 아동생활」, 『조선의 모습 · 한국의 아동생활』, 집문당, 1999, 21쪽; 오페르트(신복룡 역), 「금단의 나라 조선」, 『하멜표류기 · 조선전 · 금단의 나라 조선』, 집문당, 2019, 7~8쪽.

38 단, 시기나 자료에 따라 일본에서 선교했던 초기 가톨릭계는 일본상류층을 백인으로 분류하기도 했으며, 조선에 와보지 않고 중국 · 일본에서 견문으로 접한 유럽인들은 고려인 · 조선인을 스페인인과 비슷하게 까무잡잡하다거나 백인으로 묘사하기도 했다. 이는 아마도 기독교가 해당 국가의 정부와 우호적인 관계를 맺으면 긍정적으로 묘사하고 쇄국상태에서는 굴절된 이미지를 갖는 문제와 제국주의시대에 접어드는 시기가 결합한 결과인 듯하다. 이돈수, 「서양인의 눈에 비친 한국인의 초상」, 『동아시아 근대 한국인론의 지형』, 소명출판, 2012, 307~351쪽; 이효석, 「한국인에 대한 황인종 개념의 형성과 내면화 과정 연구」, 《한국민족문화》 54, 부산대학교 한국민족문화연구소, 2017, 153~154쪽.

39 Matthew Calbraith Perry, *Narrative of the expedition of an American squadron to the China Seas and Japan*, D. Appleton and company, 1857, p.405; 시미즈 이사오 (김희정 외 역), 『메이지일본의 알몸을 훔쳐보다』 1, 어문학사, 2008, 67~149쪽; 시미즈 이사오(김희정 외 역), 『메이지일본의 알몸을 훔쳐보다』 2, 어문학사, 2008, 13~122쪽; 에른스트 폰 헤세-바르텍, 앞의 책, 2012, 18~19쪽.

40 데이비드 E. 문젤로, 앞의 책, 2009a, 210~214쪽; 마이클 키벅, 앞의 책, 2016, 17~48쪽, 81~233쪽.

41 스펜서는 다윈의 자연과학을 응용해서 적자생존을 주장하고 자유주의 시장경제론을

'과학'이란 이름으로 자행된 수많은 문화인류학적 업적은 제국주의시대 편견에 지나지 않았다.

한편, 고종연간 중국 『대명률』의 광범위한 활용에 대해 실망하는 경향도 농후하다.[42] 심지어 이를 전근대성의 상징으로 평가하기도 한다. 이는 조선후기 중국법의 활용이 현저히 줄어들고 있는 상황에서 유독 고종대 다시 활용빈도가 높아지는 것에 대한 반감이기도 하다. 그러나 조선시대 『대명률』의 이용은 전체조문 중 과반을 넘기지 않았으며,[43] 후기로 갈수록 조선의 법으로 대체되었기에 그 활용도는 더욱 축소되었다.[44] 그럼에도 불구하고 고종연간 명률이 많이 보이는 것은 법문화의 차이로 보인다. 공교롭게도 고종대처럼 재판기록에 명률과 형량이 구체적으로 적시된 시대는 세종대와 정조대이다. 이는 정확한 법적용을 뒷받침하기 위해 모든 법률 문서에 해당 율문을 기록한 것이다. 이것을 기입하지 않는다고 해서 다른 왕대에 명률을 적게 사용한 것은 아니다. 오히려 철저히 죄형법정주의가 준수되던

신봉했으나 식민통치에 비판적이고 복지사업을 지지한 것으로 알려져 있다. 하지만 그의 이론은 모두 제국주의시대 자본주의경제의 주요한 이론적 기반이 되었다. 허버트 스펜서(이정훈 역), 『진보의 법칙과 원인』, 지만지, 2014, 17~36쪽, 67~93쪽, 103~105쪽; 윌리엄 그레이엄 섬너(김성한 외 역), 『습속 2: 용례, 매너, 관습, 모레스, 그리고 도덕의 사회학적 중요성』, 한국문화사, 2019, 3~156쪽.

42 문준영, 앞의 책, 2010, 234~238쪽; 도면회, 『한국근대 형사재판제도사』, 푸른역사, 2014, 305쪽.

43 실록(태조~철종)에는 명률 460조 중 216조(46%)만이 직접 혹은 간접으로 인용되었다. 〈부표 1〉 『대명률』 조선시대 최초활용 및 고종대 사례' 참조.

44 심재우, 「조선말기 형사법 체계와 『대명률』의 위상」, 《역사와 현실》 65, 한국역사연구회, 2007, 122~151쪽; 조지만, 『조선시대의 형사법: 『대명률』과 국전』, 경인문화사, 2007, 126~186쪽; 김백철, 『조선후기 영조의 탕평정치: 『속대전』의 편찬과 백성의 재인식』, 태학사, 2010, 131~140쪽; 김백철, 앞의 책, 2016a, 485~498쪽; 김백철, 앞의 책, 2016b, 94~99쪽; 〈부표 1〉 『대명률』 조선시대 최초활용 및 고종대 사례' 참조.

법치주의 사회의 단면으로 평가된다. 더욱이 고종연간 실제 명률 활용률을 살펴보면 별반 높지 않아 전체조문 중 27%에 불과하였다.[45] 이 정도 비율을 가지고 완전히 조선화하지 못했음을 책망하는 것은 무리가 있다. 같은 잣대로 유럽법을 비교한다면 로마법적 요소를 배제하기란 당초부터 불가능할 것이다.[46] 과도한 포장이나 비난을 벗어나서 '있는 그대로'의 역사상을 재평가해볼 필요가 있다.

게다가 고종대『형법대전(刑法大全)』속에 최대 49% 정도가 직간접적으로 명률을 연원으로 하지만 실상을 자세히 들여다보면『대명률』이 폐지되고 그중 활용도가 높은 조문을 조선의 실정에 맞추어 대체입법한 것이다. 이는 고려시대 고려율을 만드는 과정부터 조선시대『경제육전』,『경제속육전』,『경국대전』,『속대전』,『대전통편』,『대전회통』등을 편찬하기까지 일관되게 취해온 방식이다. 당률·명률을 원용했다고 해서 우리나라의 전통법이 아니라고 평가하는 경우는 거의 없다. 따라서『형법대전』의 편찬으로 오히려 중국법의 대체입법이 고종연간에 드디어 100%에 도달했다고 평가할 수 있을지언정 그 연원을 따져서 여전히 미진하다고 보는 것은 억측에 가깝다.

또한 송대(宋代) 법의학정보를 집대성하여 원대(元代) 처음 출현한『무원록(無冤錄)』의 사용은 일견 충격인 것처럼 말한다. 하지만 세종대 주석서인『신주무원록(新注無冤錄)』, 정조대 번역서인『증수무원록

---

45 고종연간 명률 활용은『고종실록』및『사법품보』를 살펴보면 총 460조문 중 125조문 (27%)에 불과하다. 이는 조선시대에 아국법(我國法)으로 대체입법이 이루어지면서 명률 활용률이 점차 낮아졌기 때문이다. 〈부표 1〉『대명률』조선시대 최초활용 및 고종대 사례' 참조.
46 최종고,『서양법제사』, 박영사, 2011, 177~189쪽.

언해(增修無冤錄諺解)』가 차례로 편찬되었다.⁴⁷ 해당 문헌은 조선에서 편리하게 만든 판본이다. 기원전 5세기 히포크라테스(Hippocrates) 선언을 입버릇처럼 말하면서 그리스 정신을 말하는 것은 멋있어 보이지만, 14세기 원대 법의학정신을 기준으로 삼는 것은 시대에 역행하는 것일까?

16세기 네덜란드인 베살리우스(Andreas Vesalius)의 해부학보다 시체검안에 필요한 정보가 수백 년 앞서서 동양에서 집대성되었기에 원대 법의학서를 참고하고 증보하여 사용하였을 뿐이다. 일본 난학(蘭學)을 과대평가하여 서양방식(『解體新書』, 1774)이 아니면 무조건 실망해야 하는 것일까?⁴⁸ 이것은 일본이 내세우고 자신들이 실현한 근대기준에 불과하다. 심지어 일본에서조차 에도시대 검시관은 『무원록』을 바탕으로 하는 법의학서를 다수 편집하여 사용했으므로,⁴⁹ 극단적인 한일비교는 편견에 의한 비판에 불과하다.⁵⁰ 마치 선글라스(sunglasses)를 서구근대 문명의 표상처럼 바라보는 사람에게 그것이 중국 송대 재판관이 자신의 눈을 죄인이 바라보지 못하도록 착용했던 연수정(煙水晶, Smoky Quartz)으로 만든 색안경에서 유래하여 서양으로 넘어간 사실을 지적한다면 당황스러워하지 않을까?⁵¹ 명대(明

---

47 학술역주는 다음 참조. 왕여(김호 역), 『신주무원록』, 사계절, 2003; 왕여(송철의 외역), 『역주 증수무원록언해』, 서울대학교출판문화원, 2004.
48 서현섭, 『일본은 있다』, 고려원, 1995, 58~62쪽.
49 氏家幹人, 『大江戸死體考』, 平凡社, 2016, pp.28~32.
50 양자는 인간의 신체를 다루어도 집필목적이 달라서 일대일로 비교하기는 어렵지만 종래 논의가 서양에서만 부검이 있었다고 호도해왔으므로 비교한 것이다. 『무원록』은 법의학의 관점에서 검시를 통해 사망원인을 밝히는 데 목적이 있으며, 『해체신서』는 해부학의 관점에서 신체기관의 역할을 파악하는 데 초점이 맞추어져 있다. 왕여, 앞의 책, 2003; 왕여, 앞의 책, 2004; 스기타 겐파쿠 외(김성수 역), 『해체신서』, 한길사, 2014.

代) '애체(靉靆)'는 흐릿함을 표현하는 형용사에서 색안경을 나타내는 명사로 바뀌었다.[52] 동서세계는 이미 오래전부터 긴밀하게 연결되었다.[53] 이러한 비판적 흐름이 최근 영미권 동서교류사 연구경향이다.

비슷한 맥락에서 유럽의 민법은 로마법에 기반하여 게르만 전통법을 근대법으로 탈바꿈함으로써 『나폴레옹법전』(1804~1807)과 같은 대륙법의 대명사가 나오게 되었는데,[54] 조선이나 명(明)·청(淸)에서 당대(唐代) 삼법(三法)체제[典-禮-律][55]를 기반으로 변신을 도모하면[56] '퇴행적'이거나 '복고적'이라고 평가하기 일쑤였다.

그러나 광복 이후 수용한 근대법은 일본제국이 도입한 대륙법 계

51 김상훈, 『B급 세계사: 알고 나면 꼭 써먹고 싶어지는 역사잡학사전』, 행복한작업실, 2018, 37~38쪽.

52 "提学副使潮阳林公, 有二物, 如大钱形, 质薄而透明, 如硝子石, 如琉璃, 色如云母, 每看文章, 目力昏倦, 不辨细书, 以此掩目, 精神不散, 笔画倍明. 中用绫绢联之, 缚於脑后. 人皆不识, 举以问余. 余日, 靉靆也." (明)田藝衡, 『留青日札』, 靉靆.

53 대표적인 세기별 동서교류 연구는 다음 참조. 【8세기전후】무하마드 깐수(정수일), 『신라·서역교류사』, 단국대학교출판부, 1994; 김호동, 『동방기독교와 동서문명』, 까치, 2002; 【11세기전후】발레리 한센(이순호 역), 『세계가 처음 연결되었을 때 1000년』, 민음사, 2022; 【14세기전후】재닛 아부-루고드(박홍식 외 역), 『유럽 패권 이전: 13세기 세계체제』, 까치, 2006; 김호동, 『몽골제국과 세계사의 탄생』, 돌베개, 2010; 잭 웨더포드(정영목 역), 『칭기스칸 잠든 유럽을 깨우다』, 사계절, 2013; 【15~19세기전후】정진농, 앞의 책, 2003; 데이비드 E. 문젤로, 앞의 책, 2009a; 朱謙之(진홍석 역), 『중국이 만든 유럽의 근대』, 청계, 2010; 안드레 군더 프랑크(이희재 역), 『리오리엔트』, 이산, 2003; 티머시 브룩, 앞의 책, 2008.

54 최종고, 앞의 책, 2011, 177~189쪽.

55 Chaihark Hahm, *Confucian Constitutionalism*, doctoral thesis, Harvard University, 2000, pp.135-138; 함재학, 「경국대전이 조선의 헌법인가」, 《법철학연구》 7-2, 한국법철학회, 2004, 16~22쪽.

56 이원택은 대한제국기 법제를 『대한국국제』를 중심으로 『대한예전』과 『형법대전』이 좌우 날개로 배치되는 형태로 보았고, 장영숙는 러시아와 일본이 각축전을 벌이는 상황에서 유교적 권위의 재정립을 통해서 군주권과 독립국의 위상을 확보하고자 한 시도로 평가하였다. 이원택, 앞의 논문, 2008, 75쪽; 장영숙, 「대한제국기 『대한예전』편찬의 정치적 배경과 의미」, 《한국민족운동사연구》 97, 한국민족운동사학회, 2018a, 25~28쪽.

통의 바이마르공화국(Die Republik von Weimar) 헌법의 영향뿐 아니라, 형법의 경우는 중국『대명률』의 개념을 상당 부분 차용하여 사법체계를 구축한 것이었다. 그런데도 고종연간에 500년 전에 만들어진『대명률』을 아직 사용하고 있다고 비난하기 일쑤였다. 심지어 일본의『구형법』(일본제국 헌법)을 상당 부분 원용하고 있는 대한민국의 사법계 역시 자신도 모르게 '존속살해(尊屬殺害) 가중처벌'(『형법』250조 2항) 개념과 같이 서양에 아예 없는 명률의 법개념을 사용하고 있다. 현대 대한민국·중화민국[대만]·일본 3국의 근대형법에는 여전히 살인·상해·폭행·자유방해 범죄에 대한 직계존속(또는 친속)의 가중처벌이 남아 있다.[57] '약취(略取)'(『형법』287조)의 경우도 명률의 개념임은 주지의 사실이다. 현재 우리 사법체계도 은연중에『대명률』의 개념·용어를 수용하고 있음은 제대로 알지 못한다. 더욱이 직접적인 조문뿐 아니라 사법체계를 비교해보아도, 현재 서구식 제도를 수용한『형법』은 동양 전통법인『대명률』과 상당히 유사한 부분이 많다.[58] 이는 동서양을 막론하고 형법운영의 보편성이 존재했으므로 차이보다는 유사성이 높았기 때문이다. 그런데도 대한제국의『형법대전』은『대명률』을 활용하고 있어서 '전근대의 유산'으로 비난받는다. 같은 잣대를 대한민국『형법』에 적용해도 비중이 크게 달라지지 않는다. 이것은

---

57 명률의 광범위한 친속 관련 처벌은『형법대전』64조에 집대성되었다. 단, 일본『형법』200조 존속살해 법문은 1995년 폐지되었다.『刑法大全』, 第1編 法例, 第1章 用法範圍, 第8節 等級區別, 第64條; 김지수a,『중국전통법의 정신』, 전남대학교출판부, 2005, 194쪽; 이동희,「일본의 형법개정의 연혁과 주요쟁점」,《비교형사법연구》21-4, 한국비교형사법학회, 2020, 79쪽.

58 대한민국『형법』에는『대명률』과 유사한 내용이 총 372조 중 최소 84개조(22%)에 걸쳐 확인된다. 〈부표 2〉'대한민국『형법』과『대명률』유사조문 비교' 참조.

'보편성'을 간과하고 오직 '서구식'에만 초점을 맞추어 '근대성'을 평가했기 때문이다.[59]

오히려 6세기경 집대성된 유스티니아누스(Flavius Justinianus, 527~565 재위)의 『로마법대전(*Corpus Juris Civilis: Codex Justinianus*)』(529~565)이 르네상스 이후 유럽의 근대법 형성에 영향을 미쳤듯이,[60] 7~8세기 집대성된 당제(唐制)는 조선과 명·청에서 체계적으로 부활하여 근대법으로 이어졌다.[61] 그러므로 전통법 활용이 '반근대성(反近代性)'이나 '구체제(舊體制)'를 의미하지 않는다.

전통의 기원을 어디까지 올려다볼 것인가는 여전히 논쟁적 주제이다. 대한민국역사박물관에서는 헌법재판소를 소개하면서 전통법의 연원을 고조선의 홍익인간(弘益人間)과 「범금팔조」(혹은 「팔조범금」)[62]

---

59 특히 크레마지의 형법 수정제안 8개조 중에는 "관리가 공무상 저지른 범죄[公罪]는 태형을 실시하지 말 것"이 들어 있는데(도면회, 앞의 책, 2014, 300~301쪽), 본래 조선의 법체계에서는 중대범죄를 제외하고 공죄의 경우 태장형은 모두 수속(收贖)하고 범죄가 무거운 도년(徒年) 이상만 결장(決杖)했다("文武官及內侍府有蔭子孫生員進士, 犯十惡奸盜非法殺人枉法受贓外, 笞杖並收贖, 公罪徒私罪杖一百以上, 決杖.", 『大典會通』 刑典, 推斷.). 따라서 이것은 기존관행을 확대적용한 것이지 완전히 새로운 요구는 아니었다. 갑오개혁 이후 실제로 공죄(公罪)·사죄(私罪) 모두 태형·장형의 수속(收贖)이 이루어졌다(『高宗實錄』 卷33, 高宗 32年 3月 己丑(18日)).

60 최종고, 앞의 책, 2011, 177~189쪽.

61 송·원·고려가 당제를 사용하지 않은 것은 아니나 삼법체계를 온전히 계승하지는 못했으므로 통상 명·청·조선을 계승자로 보고 있다. 張晉藩·懷效鋒 主編, 『中國法制通史7: 明』, 法律出版社, 1999, pp.3-4, pp.8-10, pp.24-26, pp.411-412; 張晉藩 主編, 『中國法制通史8: 淸』, 法律出版社, 1999, pp.83-85, pp.170-174, pp.345-347, p.685; 鄭秦, 『淸代法律制度史硏究』, 中國政法大學出版社, 2003, pp.1-21, pp.34-54; 함재학, 앞의 논문, 2004, 16~22쪽; 심재우, 앞의 논문, 2007, 122~151쪽; 조지만, 앞의 책, 2007, 126~186쪽; 김백철, 앞의 책, 2016a, 146~151쪽, 465~468쪽; 김백철, 앞의 책, 2016b, 94~99쪽.

62 『漢書』 卷28下, 「地理志」 8下, 燕郡.

로 설명하고 있으며, 2000년대 남녀차별을 주제로 하는 헌법소원에
서는 이러한 법원(法源)을 고조선의 「범금팔조」로 제시하여 형법의 검
토범위에 놀라움을 주고 있다.[63] 주지하다시피 사법부의 시각은 현재
학계의 평가보다 훨씬 더 전향적이다.

역설적으로 제국주의시대 일본제국『형법』에 가장 가까운 나라가
현재 우리나라에 해당한다. 일본제국『형법』·「조선형사령」(1912)·
「조선민사령」(1912)[64]은 현재 대한민국『형법』과 외형상 상당히 유사
하다. 전후(戰後) 일본도 폐기한 전시체제와 관련된 많은 조문이 식
민지를 겪은 대한민국에 여전히 살아 있다는 것은 적지 않은 문제이
다.[65]

그러나 일본제국『형법』이 프랑스·독일의『형법』을 모방하였고,

---

63 「형법241조 위헌소원 등(헌법재판소 간통죄 위헌 결정문)」〈2009헌바17〉, 2015.02.26.
64 이승일, 「1910·20년대 조선총독부의 법제정책: 조선민사령 제11조 '관습'의 成文化를
중심으로」,《동방학지》126, 연세대학교 국학연구원, 2004, 155~205쪽; 홍양희, 「植
民地時期 親族, 相續 慣習法 政策: 朝鮮民事令 제11조 '慣習'의 植民地 政治性을 중심
으로」,《정신문화연구》29-3, 한국학중앙연구원, 2006, 285~313쪽; 정긍식, 「조선민
사령과 한국근대 민사법」,《동북아법연구》11-1, 전북대학교 동북아법연구소, 2017,
97~128쪽.
65 일본제국은 전시체제를 반영하여 형법을 개정하였는데 대표적인 조문으로는 53조 작
량감경(판사재량권−반정부인사처벌), 94조 모병이적, 95조 시설제공이적, 96조 시설
파괴이적, 97조 물건제공이적(이상 독립운동처벌), 248조 피의사실공표(대중탄압) 등
을 들 수 있다. 현재 대한민국『형법』을 보면 53조 작량감경, 126조 피의사실공표가 그
대로 남아 있고(2020.12.08. 개정), 군법의 성격이 강한 103조 전시군수계약불이행,
117조 전시공수계약불이행 등도 일반형법에 산입되어 있다(1995.12.29. 개정). 이는
일본은 전후 형법개정과정을 거친 데 반해 우리『형법』은 미처 다 개정하지 못했기 때
문이다(이동희, 앞의 논문, 2020, 61~104쪽). 단, 53조의 연원은 「형률명례」 24조로 신
설되었다가『형법대전』단계에서 폐기되었다. 게다가 현재 민법 판례에서도 「조선민
사령」의 상당수가 쓰이고 있어 문제로 지적받고 있다(명순구, 「아직도 살아 있는 법,
'朝鮮民事令': '조선민사령'의 소급적 폐지를 제안한다」,《저스티스》103, 한국법학원,
2008, 220~236쪽).

이것이 본래 로마법을 근간으로 하고 있음은 주지의 사실이다. 게다가 일본이 서구 근대어의 번안과정에서 동양 고전을 원용하는 형식을 많이 취하였듯이(共和 등),[66] 서구의 형법을 도입하면서 중국의 당률·명률 개념을 원용하여 동양적 개념으로 윤색된 부분도 적지 않았다(略取·落胎罪 등).[67] 이것은 고종대 명률을 일부 원용하여 형법체제를 개편하던 흐름과 연장선상에 있었고, 청말뿐 아니라 중화민국 역시 별반 다르지 않았다. 더욱이 로마법에 기반한 대륙법이 일본으로 수입되고 다시 광복 이후 한국으로 흘러들어 와서 마치 한국은 로마법의 혈통을 계승한 듯하지만, 다른 한편으로 오늘날 우리나라의 『형법』을 살펴보면 상당수 법리는 이미 당률·명률이나 조선의 법전(『대전회통』)에서도 확인된다. 따라서 이것은 인류가 법치사회로 나아가면서 나타난 보편적 현상일 뿐이다. 로마법에 나오거나 유럽에서 건너오거나 일본이 근대법이라고 명명하면 세련된 것이고, 동양의 전통법에 기반하여 유사한 조문을 발전시켜나가면 '복고(復古)'·'반

---

66 일본 미츠쿠리 쇼오고(箕作省吾)의 『坤輿圖識』(1845)에서 'republic'의 대응어로 『史記』, 「周本紀」("召公周公二相行政, 號曰共和.")·『史記』, 「十二諸侯年表」에서 '공화'를 찾아냈다.

67 『대명률』 325조 투구(鬪毆)의 타태(墮胎)는 『형법대전』 533조 및 『일본형법』 212～216조로 존속하였고 『한국형법』 269조 낙태의 죄로 처벌해오다가 최근 헌법재판소의 불합치 판정으로 폐지되었다(2019.04.18.). 반면에 『대명률』 298조 약인약매인(略人略賣人)의 약취는 『형법대전』 약인률(略人律)의 604조를 거쳐 『일본형법』 224조, 228조 및 『한국형법』 287조, 290～292조에 남아 있다. 한편 에도시대는 사형 8종류[鋸挽·磔·獄門·火罪·死罪·下手人·切腹], 신체형 2종류[剃髮·敵] 등을 필두로 잔혹한 형벌이 많았으나 1870년(明治3) 『신률강령(新律綱領)』에는 중국의 태(笞)·장(杖)·도(徒)·유(流)·사(死)를 도입하여 관형정책하에 개편하였다가 1873년(明治6) 『개정률례(改定律例)』에는 서구법의 영향을 받아 다시 태·장·도를 징역형으로 전환하였다(石井良助, 『江戸の刑罰』, 中央公論社, 吉川弘文館, 2013, p.16, p.25).

동(反動)'·'수구(守舊)'라고 평하는 것은 재고의 여지가 많다.

　반면에 고종대『형법대전』평가[68]는 일부 조문에 대해 근대성을 찾는 데 초점을 맞추어 새로운 제도의 등장으로 이해하거나 사례 역시 그에 맞추어 적용하는 경향이 있다. 물론『형법대전』(659조)[69]에 처음 수록된 아편(鴉片) 법규가 대한민국『형법』(198~201조)에 남아 있기도 하다. 하지만　전통법의 계승도 적지 않았다. 감옥 관리는 대체로『고려사(高麗史)』「형법지(刑法志)」에 나오는 고려시대 형정방침이었고, 세종연간에 수교로 정립된 우리나라 전통법의 내용이다.[70] 이것이 다시 성문법으로서 수면 위로 드러난 것이 20세기초였다. 그동안 근대사 연구에서 "새롭다"고 평가받은 것 중 상당수는 기실 전통의 계승이었다. 따라서 '서구적인 것'·'새로운 것'·'근대적인 것'만을 찾기에 급급해온 연구방식에 재검토가 필요하다.[71] 마치 상당수 실학연구에

---

68 『형법대전』연구는 다음 참조. 대한국법부,『형법대전』, 대한국법부출판, 1906; 최종고, 「한말『경향신문』의 법률계몽운동」,《한국사연구》26, 한국사연구회, 1979, 117~148쪽; 이병수, 「우리나라의 近代化와 刑法大全의 頒示: 家族法을 中心으로 하여」,《법사학연구》2, 한국법사학회, 1975, 59~75쪽; 문준영, 「大韓帝國期 刑法大全의 制定과 改正」,《법사학연구》20, 한국법사학회, 1999, 6~14쪽; 허일태, 「형법대전의 내용상 특징: 적용범위와 죄형법정주의를 중심으로」,《형사법연구》20-2, 한국형사법학회 2008, 93~107쪽; 이원택, 앞의 논문, 2008, 81쪽; 정진숙, 「1896~1905년 형법체계 정비에 관한 연구:『형법대전』제정을 위한 기초조사를 중심으로」,《한국사론》55, 서울대학교 국사학과, 2009,　123~205쪽; 문준영, 앞의 책, 2010, 279~292쪽; 도면회, 앞의 책, 2014, 299~307쪽.

69 "鴉片烟을 輸入이나 製造나 販賣나 耽吸ᄒᆞᆫ 者ᄂᆞᆫ 幷히 懲役十五年에 處ᄒᆞ고, 吸烟諸具ᄅᆞᆯ 輸入이나 製造나 販賣ᄒᆞᆫ 者ᄂᆞᆫ 一等을 減ᄒᆞ고, 私貯ᄒᆞᆫ 者ᄂᆞᆫ 二等을 減홈이라."『刑法大全』, 第5編 律例下, 第14章 雜犯律, 第2節 衛生妨害律, 第659條.

70 김백철, 앞의 책, 2010, 165쪽; 김백철, 앞의 책, 2016a, 218~221쪽; 김백철, 앞의 책, 2016b, 219~220쪽.

71 이정훈, 「한국법체계에서 '근대성', '근대화' 논의의 의의: 변증적 성찰을 통한 역사적 현존재의 이해와 해석」,『한국사법의 근대성과 근대화를 생각한다』, 세창출판사, 2012,

서 근대성에 집착하여 임의로 사례를 적출해서 설명했으나, 해당 자료가 하나같이 13경 등 유교경전인 경우가 허다한 것과 마찬가지이다. 이는 한편으로는 전통문화에 대해 지나치게 고려가 부족하고 다른 한편으로는 동서양에 대한 이중잣대가 극심했기 때문이다. 곧 유럽에서 그리스·로마 고전은 근대지향의 매개체로 활용되었다고 주장하면서도 동양에서 고전을 활용한 개혁안은 복고주의라는 평가를 서슴지 않아왔다.

최근 들어 가치관이 서구 근대지상주의에서 상당히 탈피하고 있으나 여전히 광복 이후 '근대국가 만들기'라는 척도가 중요했으므로 쉽게 바뀌지 못하고 있다. 불행히도 우리나라 사법제도의 경우 법관 대부분이 대한제국 말엽부터 일본인 교수를 통해서 근대법을 배우기 시작했고 일제강점기에 집중 육성되었으므로,[72] 광복 이후 『형법』 등 제반법률을 만들 때도 왜색(倭色)이 지나쳐서 우리 사회와 무관한 일본제국의 법조문이 잔존함으로써 사법체계가 심각하게 왜곡되었다. 이처럼 어려운 상황에도 불구하고 대한민국 법제처가 소신껏 사업을 추진하여 광복 직후부터 지속적으로 전통법 연구를 지원해왔으며,[73] 법학분야에서는 뜻있는 법학자들이 꾸준히 일본식 법률용어를 대체해나가고 있고,[74] 전통법에 대한 인식도 긍정적으로 변해가고 있는 상황이다.

3~52쪽.

[72] 김효전, 『법관양성소와 근대 한국』, 소명출판, 2014, 17~95쪽; 이국운, 『법률가의 탄생: 사법불신의 기원을 찾아서』, 후마니타스, 2012, 23쪽.

[73] 김백철, 앞의 글, 2021c, 82~84쪽.

[74] 사법용어의 우리말표기 노력은 다음 참조. 법제처 편, 『알기 쉽게 새로 쓴 「형법」 설명자료집』, 법제처, 2014.

이러한 변화는 타 분야에서도 확인된다. 우리나라의 전통음악[國樂] · 서양의 고전음악[classical music] 중 어느 하나만을 우월하다고 바라보는 시선은 많이 사라져가는 추세이며, 중국 · 일본에서는 동양 의학 · 서양의학을 상보적 관계로 이해하여 통합적으로 나아가는 경향이 짙다. 유독 우리나라에서만 여전히 양자의 적대관계가 지속되고 있으나 한의학 자체는 근대적 의료제도로 전환하는 데 성공하였다.

현재의 모순된 구조를 바꾸기 위해서는 전통과 근대의 접합 시기에 대한 고찰이 필요하다. 연구자들조차 우리나라의 근대를 이해하는 것은 어렵다. 당시 사람들은 전통적 한문교육과 근대적 서구문물의 접합 속에서 양자를 모두 경험한 인물인 반면에, 오늘날 연구자는 전통시대와 근대로 전공범위가 분절되어 있어 전통적 요소와 근대적 부분이 혼재된 상황에 대한 정확한 비평이 쉽지 않기 때문이다. 전통시대 연구자는 근대 이후로 연구범위를 잘 넓히지 못하고 근대사 · 사회과학 전공자는 지극히 현대적 잣대로만 바라보기 십상이다. 따라서 19세기말~20세기초 고종연간 우리 사회를 바라볼 때 '근대성'이나 '반봉건'이라는 과도한 이념적 틀에서 벗어나 당대의 혼재된 상황 자체를 '있는 그대로' 재평가해볼 필요가 있다. 이제 '공화정의 기준'이 아니라 '왕정의 시선'으로 바라보려는 노력, 근대성이 아니라 전통사회의 모습 그 자체를 조명하려는 노력, 서구에서 이식된 체제의 수용이라는 단절적인 시각이 아니라 장구한 역사적 흐름이라는 계승적인 입장에서 사법체계를 조망해볼 필요가 있다.

우리나라는 공식적으로 1895년 「재판소구성법」 이후 100년이 되는 시점인 1995년을 기념하여 '근대사법 100주년 기념' 및 '근대 법학교육 100주년 기념' 우표 두 종을 발행하였다. 이것은 여러 가지 의미를 내포한다. 우리의 근대를 일제강점기가 아니라 조선말 고종대 개화정책에서 찾은 시도이자 구체제로 인식되던 조선왕조에 대한 재평가였으며, 비록 실패하여 망국의 길을 걸었으나 근대화추진에 대해 재인식하는 사건 중 하나였다. 이 역시 갑오개혁의 성격과 근대사법개혁의 지속성 문제와 연동해서 살펴볼 필요가 있다. 갑오개혁이 외세 간섭하에 추진되었으나 광무개혁 이후에도 사법개혁의 주요골자는 상당 부분 유지되었기 때문이다.

더욱이 사법체계 상당 부분이 일제강점기에 확립되었다고 믿어왔던 기정사실에 대한 반론이었다. 이는 광복 이후 우리나라의 자주적이고 독자적인 법치연혁을 연구하는 작업이 법제처를 중심으로 추진되어 가장 어렵던 6·25전쟁 이후에도 단절되지 않았기에 비로소 가능했던 시각변화였다. 30여 년 이상 일본제국의 사법체계에 영향을 받지 않을 수 없었던 당대 현실에서는 파격적 추진이었다.

고매한 이상에도 불구하고 현실적으로 일본제국으로부터 물려받은 제도·용어를 상당 부분 사용하고 있는 상황 역시 완전히 타개할 수는 없었다. '근대적인 것'은 곧 '일본적인 것'과 동의어처럼 여겨지는 형국이었다. 그러나 1990년대부터 2000년대까지 대규모로 고종시대 공문서의 발굴·정리사업이 추진되면서[75] 학계평가도 한 단계 진전되었다.[76] 마치 18세기 규장각도서의 집중적인 연구가 이루어지면

---

75 고종시대 공문서 연구는 다음 참조. 서울대학교 규장각한국학연구원 편, 『고종시대 공문서 연구』, 태학사, 2009; 서울대학교 규장각한국학연구원 편, 『규장각 고종시대 공문서 시개정목록』 상·하, 태학사, 2009.

76 대한제국 재평가는 다음 참조. 서영희, 『대한제국 정치사연구』, 서울대학교출판부, 2003; 이태진, 『고종시대의 재조명』, 태학사, 2004; 김대준, 『고종시대의 국가재정 연구』, 태학사, 2004; 이태진, 『동경대생들에게 들려준 한국사: 메이지일본의 한국침략

서 정조시대 재평가가 이루어진 것처럼,[77] 고종시대 연구자료의 분석·정리는 학계에서 시대사 성격논쟁으로 이어졌다.[78]

갑오개혁 성격에 대한 자주와 외세의 비중을 어떻게 볼지[79]는 일단 차치하더라도 고종대 정책이 눈에 띄게 근대화로 급선회하는 기점이었음은 부인하기 어렵다. 고종전반기는 몇 차례 괄목할 만한 개화정책이 없지 않았으나 전통적 왕정체제 속에서 개화정책이 부수적으로 추진되었다. 반면에 고종후반기는 국가체제 자체가 완전히 개편되었다. 이 과정에서 근대적 사법개혁이 적극적으로 이루어졌다. 주지하다시피 갑오개혁전후 시점은 대혼란기였다. 단순히 대표적인 사건만 확인해보아도 〈표 1〉과 같다.

일련의 사건만으로도 근대화정책 추진이 농민봉기·외세침탈 속에서 이루어지고 있음을 확인해볼 수 있다. 사상 초유의 왕궁점령 사건이 두 차례나 벌어져 국왕이 인질로 전락하였고, 국제전쟁도 자국

사』, 태학사, 2005; 서영희, 『일제 침략과 대한제국의 종말: 러일전쟁에서 한일병합까지』, 역사문제연구소, 2012; 황태연, 『갑오왜란과 아관망명』, 청계, 2017a; 황태연, 『갑진왜란과 국민전쟁』, 청계, 2017b; 황태연, 『백성의 나라 대한제국』, 청계, 2017c; 김태웅, 『대한제국과 3·1운동: 주권국가건설운동을 중심으로』, 휴머니스트, 2022; 이민원, 『고종과 대한제국: 왕국과 민국 사이』, 선인, 2022.

77 김백철, 「1990년대 한국사회의 '정조신드롬' 대두와 배경: 나약한 임금에서 절대계몽군주로의 탄생」, 《국학연구》 18, 한국국학진흥원, 2011, 210~219쪽[김백철, 『정조의 군주상: 허상과 실상의 경계』, 이학사, 2023].

78 교수신문 편, 『고종황제 역사청문회』, 푸른역사, 2005.

79 갑오개혁에 대한 평가는 근대성과 외세간섭이라는 이중적 평가가 지배적이다. 초기연구에서는 근대성에 집중하여 근대화개혁의 시점으로 이해해왔다. 이는 일제강점기 시각이 남북한에 고루 퍼져 있는 상황 때문이다. 최근에는 서양식 왕정을 압박한다는 혁명적 관점과 일본식 시정전시정책의 관점을 비판하면서 일본제국의 보호국 내지 강제병합의 예비단계로 평가하는 시각이 확대되고 있다. 왕현종, 『한국근대국가의 형성과 갑오개혁』, 역사비평사, 2005, 26쪽; 문준영, 앞의 책, 2010, 220쪽; 김영수, 『고종과 아관파천』, 역사공간, 2020, 53쪽.

〈표 1〉 고종대 국내외 상황과 사법개편의 변화

구분	주요사건	개편주체	개편목적
내우외환	갑오농민전쟁(1894.01.~10.), 일본군 경복궁 점령(1894.07.), 청일전쟁(1894.07.~1895.04.), 을미사변(1895.10.), 갑오개혁(1894.07.~1896.02.), 일본제국 지방제도 개혁 23부제(1895.06.)	일본제국 +친일내각	왕권축소 /근대화 /상층부중심
조선의 반격	아관파천(1896.02.), 광무개혁(1897~1904), 「형률명례」공포(1896.04.), 지방제도 개혁 13도제 실시(1896.09.), 대한제국 선포(1897)	광무정권	왕정주체 /근대화 /국민통합
외세 재침탈	러일전쟁(1904.02.~1905.09.), 일본군 인천 상륙 및 경운궁점령(1904.02.09.)·한일의정서 강제조인(1904.02.23.), 대한제국 『형법대전』 공포(1905.04.), 「을사늑약」 강제조인·통감부설치(1905.11.), 일본제국 『형법대전』 1차 개정(1906.02.), 고종 강제퇴위·순종 즉위(혹은 섭정)(1907.07.), 순종 황태자 책봉(1907.09.), 일본제국 『형법대전』 2차 개정(1908.07.), 강제병합(1910), 『한국법전』「형법」으로 개편(1910), 「조선형사령」·「조선민사령」·「조선태형령」·「조선감옥령」으로 대체(1912).	일본제국	식민통치 /병합기반 법제구비

영토 내에서 두 차례나 일어나 일본제국의 야욕이 맹위를 떨쳤다.[80] 이러한 상황에서 상식적으로 정상적인 사법개혁은 가능했을까? 도대체 근대적 사법체계는 어떤 영향을 미쳤을까?

---

80 이승만(김충남 외 역), 『독립정신: 조선민족이여 깨어나라』, 동서문화사, 2010, 212~239쪽.

2. 『사법품보』의 자료적 특성

이 책에서 주목하고자 하는 자료는 격동기에 기록된 『사법품보』 (1894~1906)이다. 이 자료는 근대적 사법체계 개편 이후 작성된 고종 후반 사법 관련 공문서첩이다. 주된 형식은 지방에서 중앙으로 민·형사 사건에 대해서 보고하는 형식을 띠고 있다. 『사법품보』 기록 자체가 동학농민운동·청일전쟁에서 의병운동·러일전쟁 직후까지이 므로, 근대사법체계의 운영과 대내외변수가 밀접한 관련이 있었다. 혼란기 일본제국 주도의 갑오·을미개혁의 지방제도, 대한제국 주도 의 광무개혁의 지방제도 등이 고스란히 공문서에 반영되어 있다. 이른바 '외세간섭하 근대화'와 '자주적 근대화'의 길이 모두 드러나 있다. 그럼에도 불구하고 아직 우리 전통법을 가치중립적으로 바라보는 시각에서 판례 자체를 풍부하게 담고 있는 『사법품보』 전체를 대상으로 한 연구는 이루어지지 못하고 있다.

현존하는 판본은 서울대학교 규장각한국학연구원 소장 『사법품보 (갑)』(128권)〈奎17278〉, 『사법품보(을)』(52권)〈奎17279〉의 두 종류가 있다. 갑본은 1894년부터 1906년까지(집행기간 포함 시 1908년까지)를 다루며, 을본은 1897년부터 1906년까지를 다룬다. 양자 모두 국내에서 일어난 범죄사건이 상세히 조사되어 기록되었다. 기존해제에는 갑본·을본이 서로 다른 문서로 설명되어 있으나, 갑본 초반부(1~4책)만 조선시대 양식이 보이는데(牒呈·牒報·來牒·來關·關 등), 1895년 3~9월까지 신양식(「報告書」·「質稟書」 등)과 혼용되다가 이후에는 완전히 신양식으로 교체되었으므로 갑본·을본 양식은 거의 동일하다. 대개 갑본은 지방재판소를 중심으로 전국을 망라하였으며 검사의 존

재가 희소하게 나타나지만, 을본은 중앙아문(내부 · 외부 · 군부 · 농상
공부 · 고등재판소 · 한성재판소 · 경무청 · 감옥서 등)의 비중이 높으며 검
사의 공소사실이 자주 등장하는 편이다.

극소수 한문문서를 제외하면 거의 대부분이 국한문혼용체이다. 이
는 1894년 갑오개혁 이후 공문서가 국한문혼용체로 작성되었음을 의
미한다. 과거에 공문서가 이두(吏讀) · 한문(漢文)으로 작성된 것과 대
조적이다.[81] 수록 문서는 1년 단위로 일련번호가 붙어 있고 월별을
고려하여 제책되어 있다.[82] 다만 동일사건은 최종시점을 기준으로 이
전 기록을 합철한 경우도 적지 않게 발견되며, 이러한 원칙을 무시하
고 날짜 · 사건과 무관하게 편철된 착종(錯綜)도 종종 등장한다.

---

81 비슷한 성격의 자료로는 각 도에서 올린 「장계」(『各司謄錄(近代編)』)가 있고 사건이나
지역단위로 작성한 옥안(獄案)이 있다. 시기상으로 『사법품보』와 겹치는 경우도 남아
있다. 국립중앙도서관 『嶺營獄案草册』〈한古朝34-19〉, 『獄案』〈일산古6635-1〉, 『獄案抄
槪: 幷自戊子至己丑』〈한古朝34-39〉, 『獄案抄槪: 幷自戊子至己丑』〈한古朝34-17〉, 『海營
獄案謄錄』1~13册〈古6022-182〉, 『審理獄案: 跋辭幷附』〈古6635-8〉(일본 흑백복사본),
『中和府獄案』〈도서번호 불명〉(하버드 옌칭도서관 디지털복사본); 계명대학교 동산도
서관 『嶺營獄案』〈(고)364.11-영영옥〉, 『獄案』〈(고)364.1옥안〉; 서울대학교 규장각한국
학연구원 『戊申獄案抄』〈奎1760〉, 『獄案』(純祖11)〈古5125-101〉, 『(獄案)』〈古5125-100〉,
『仁川郡德積鎭崔正淑獄案』(高宗32/1895)〈奎21810〉, 『前豊德南面月巖里致死男人閔光一
獄案』(建陽1/1896)〈奎21342〉, 『前大邱府管下密陽軍威仁同獄案抄槪成册』(高宗32/1895)
〈奎21593〉, 『咸鏡道安邊府殺獄罪人朴俊世獄案已錄啓單抄成册』(開國504/1895)〈奎
21612〉, 『永同郡西一面大草旨致死女人金召史獄案』(光武6/1902)〈奎21724〉, 『被打致死
金吉叟獄案』(建陽1/1896)〈奎26284〉, 『開城府北東面深川里馬踰洞致死男人朴致彦獄案』
(建陽2/1897)〈奎27510〉, 『開城府昌陵浦致死男人劉英九獄案』(建陽2/1897)〈奎27511〉,
『獄案抄槪』(光武8/1904)〈奎27708〉, 『漆谷府査獄案』〈古5125-74〉, 『鐵原獄案』(光武
4/1900)〈古5125-85〉, 『獄案單抄』(癸酉/1873)〈한은109〉 등 다수.
82 규장각 편, 『『사법품보(갑)』 해제』(서울대학교 규장각한국학연구원 전자판); 규장각 편,
『『사법품보(을)』 해제』(서울대학교 규장각한국학연구원 전자판).

<표 2> 『사법품보』 영인본 책별 수록일자 및 기타구축상황

영인본	규장각본	기간	원문이미지	전자텍스트	번역
1책	갑본	1894년 7월 30일~1897년 4월 23일	○		○
2책	갑본	1897년 4월 13일~1898년 5월 23일	○		○
3책	갑본	1898년 5월 26일~1899년 3월 22일	○		○
4책	갑본	1899년 3월 21일~1899년 11월 29일	○		○
5책	갑본	1899년 11월 22일~1900년 8월 18일	○		○
6책	갑본	1900년 8월 26일~1901년 5월 13일	○		○
7책	갑본	1901년 5월 21일~1902년 4월 16일	○		○
8책	갑본	1902년 4월 30일~1903년 2월 15일	○		○
9책	갑본	1903년 2월 21일~1904년 2월 26일	○		○
10책	갑본	1904년 2월 10일~1904년 12월 18일	○		○
11책	갑본	1904년 12월 30일~1905년 7월 20일	○		○
12책	갑본	1905년 7월 26일~1906년 3월 2일	○		○(일부)
13책	갑본	1906년 1월 4일~1906년 5월 28일	○		
14책	갑본	1906년 6월 2일~1906년 9월 6일	○		
15책	갑본	1906년 9월 11일~1906년 12월 20일	○		
16책	을본	1897년 7월 11일~1899년 12월 11일	○	○	
17책	을본	1899년 8월 16일~1901년 6월 28일	○	○	
18책	을본	1901년 6월 26일~1903년 3월 14일	○	○	
19책	을본	1902년 12월 29일~1904년 12월 27일	○	○	
20책	을본	1904년 11월 23일~1906년 12월 27일	○	○	

• 원문이미지: 갑본128권·을본52권(서울대학교 규장각한국학연구원), 영인본: 갑본128권·을본52권(아세아문화사), 번역본: 갑본116권(덕성여자대학교 역사문화연구소), 전자텍스트: 을본52권(국사편찬위원회).

수록된 문서식을 구체적으로 살펴보면 다음과 같다. 하행(下行)문서의 경우, 동급 이상의 아문은 ① 「조회(照會)」가 사용되었고, 지휘관계의 아문은 ② 「훈령(訓令)」이 내려갔다. 상행(上行)문서의 경우, 유배죄인의 도착 · 특정사안의 판결 · 월별사건 등은 ③ 「보고서(報告書)」로 하였고, 사안별 문의사안은 ④ 「질품서(質稟書)」로 구분하였다. 실무부서 간 통지는 ⑤ 「통첩(通牒)」이 사용되었다. 또한 「조회」에 대한 회답으로 ⑥ 「조복(照覆)」이 사용되었는데 신원조회[83] · 참조공문[84]의 형태로도 활용되었다. 또한 피의자를 신문하는 ⑦ 공초기록은 통일된 이름이 붙지 못했으나 대개 「초사(招辭)」 · 「문공(問供)」 · 「공안(供案)」 · 「문공성책(問供成册)」 · 「봉공안(捧供案)」 등이 약간 변형되어 사용되었다. 그리고 월별 정기적으로 올리는 「보고서」에는 각 재판소에 맡고 있는 사건에 대한 ⑧ 「형명부(刑名簿)」 · ⑨ 「시수성책(時囚成册: 旣決囚 · 未決囚명단)」 · ⑩ 「판결선고서」 등이 첨부되었다. 이외에도 간헐적으로 「법관양성소시험성적」[85] · 「전보(電報)」[86] 등도 보인다.

해당 자료는 다양한 형태로 전한다. 그중 원문자료(갑본 · 을본 180권)는 서울대학교 규장각한국학연구원에 소장되어 있으며, 원문이미지는 동일기관에서 온라인 데이터베이스로 제공되고 있다. 국사편찬위원회에서도 『각사등록』(근대편)의 일환으로 전자텍스트(을본 52권)를 구축했다. 또한 영인본(갑본 · 을본 180권)은 아세아문화사를 통해

---

83 『司法稟報(乙)』, 「(內部 → 法部)照覆」第21號, 光武 2年(1898) 8月 10日.
84 『司法稟報(乙)』, 「(內部 → 法部)照覆」第14號, 光武 3年(1899) 7月 24日.
85 『司法稟報(乙)』, 「(法官養成所 → 法部)報告書」第6號, 光武 8年(1904) 7月 4日；『司法稟報(乙)』, 「(法官養成所 → 法部)報告書」第7號, 光武 8年(1904) 7月 15日. ※단, 문서의 경우 '제○호 보고서' · '보고서 제○호'는 일괄 후자로 통일해서 표기함.
86 〈그림 2〉『사법품보』기타양식 사례(서울대학교 규장각한국학연구원 소장본)' 참조.

서 발행되었고, 번역본은 덕성여자대학교 역사문화연구소에서 상당수(갑본 116권)가 출간되었다.

고종후반 농민봉기·왕궁점령·국제전쟁 등 소용돌이가 정국을 뒤흔들었다. 그러나 여전히 중앙과 지방의 사법체계는 놀라우리만치 굳건하게 작동되는 편이었다. 단지 청일·러일전쟁기에는 지방통치에 굴절이 보이거나 외국인·개항장·농민봉기·종교 관련 사건이 늘어나는 변화는 감지된다. 내우외환에도 불구하고『사법품보』내에서 전하는 마지막 왕정의 일상은 상대적으로 평온해 보인다.

그렇다고 해서 강력사건이 발생하지 않은 것은 아니다. 살인·간음·강도·절도·사기·산송 등 다양한 일상의 범죄가 확인되지만 그 처결과정에 사법체계의 동요는 없었으며, 정상적인 지방행정이 유지되었다. 이 때문에 일본제국의 간섭하에서도 중앙·지방정부는 끊임없이 친일세력을 처벌하거나 저항을 이어나갔다. 그러다가 1907년 고종강제퇴위(07.19.),「정미조약(丁未條約)」(3차 한일협약, 07.24.), 군대해산(08.01.) 등이 강압적으로 추진되면서 급격히 대한제국의 국가체제가 해체되고 자주적 사법행정도 종언을 고하였다. 이에『사법품보』가 다루는 시대범위도 1906년까지로 한정된다.

『사법품보』(총 1만 4,218건)을 기준으로 소재를 분류해보면 〈표 3〉과 같이 통시대적으로 나타나는 기존범죄(33%), 고종후반 혼란기에 벌어진 신규범죄(14%), 사법행정을 다루는 일반형정(52%)으로 나누어볼 수 있다. 단, 복수의 사건을 동시에 보고하는 경우 단일범죄로 분류하지 않고 현황보고로 간주하여 일반형정에 포함시켰다.

첫째, 기존범죄의 경우 백성의 생활상 전반이 재판기록으로 확인된다. 여기에는 복잡다단한 사건이 산재되어 있다. ① 빈도가 가장

〈표 3〉 『사법품보』의 사건현황

구분	내용	빈도	구분	내용	빈도
기존 범죄 (33%)	살인·살인미수	2,339(16%)	신규 범죄 (14%)	관리처벌	1,133(7%)
	산송(발총·벌목 포함)	869(6%)		백성소요	154(1%)
	강도(해적·화적 포함)	614(4%)		외국인 연루범죄	153(1%)
	절도·절도미수	245(1.6%)		비적무리	108(0.7%)
	관원사칭·공문서위조	180(1.2%)		동학·혹세무민	102(0.7%)
	화폐위조	89(0.6%)		과부약탈(유부녀 포함)	80(0.5%)
	왕실·관청 대상범죄	89(0.6%)		기독교 연루범죄	71(0.4%)
	무고	88(0.6%)		독립협회·만민공동회·반정부활동	61(0.4%)
	사기·공갈	49(0.3%)		일진회·정토회범죄(친일세력)	51(0.3%)
	간음·간음미수 (화간·강간)	27(0.1%)		의병	49(0.3%)
	구타·상해	22(0.1%)		아편·도박	27(0.1%
	방화·실화	16(0.1%)		인삼범죄(일본인 연루)	25(0.1%)
	기타	148(1%)		공진회·친정부활동	12(N/A)
일반 형정 (52%)	형정업무	5188(36%)		전선·전차·전철파괴	10(N/A)
	사면·감등	1,142(8%)			
	병사·도주	1,075(7%)			

- 기준: 「보고서」·「질품서」·「조회」·「조복」·「통첩」·「전보」 등 1만 4,218건(갑본 9,817건, 을본 4,401건).
- N/A: 소수점 이하 계산불가, 관리처벌: 관직명기한 경우만 집계.
- 기존범죄: 통시대적으로 나타나는 사건유형, 신규범죄: 고종연간 시대상을 반영하는 새로운 사건유형.
- 형정업무: 정기보고(流配도착·釋放·時囚·刑執行·贖錢·臟錢·病死·脫獄·探問), 다수사건에 대한 질품(質稟)· 추가조치 등.

높은 사건은 살옥(殺獄)이다. 상해치사 · 독살 · 살해 · 자살 등 다양한 형태의 살인사건이 확인된다. 살인사건에 대해서는 원대 확립된 검안법인 『중수무원록』을 활용하여 상세한 시체검시가 이루어졌다. 해당 절차는 조선시대 『경국대전』 체제하에서 전 기간에 걸쳐 준수되었고[87] 이러한 전통은 근대사법체제 도입 이후에도 지속되었다. 이는 서구·일본 등이 형정을 통해 중앙집권화하면서 갖춘 체제를 이미 조선은 오래전부터 구축해놓았기 때문이다. 특히 지방재판소의 법부 보고대상은 인명사건이 최우선이었으므로 가장 큰 비중을 차지한다. 그 유형은 살인·살인모의·고의살해·상해치사·자살·독살·총격 피살 등 다양하며, 사망원인 역시 말다툼·음주 후 폭행·고부갈등·부부갈등·불륜에 따른 배우자 살해·강간당한 후 자결[88]·유언비어로 인한 남녀의 자결·가족의 복수 등으로 다양하다. 특히 여인이 정절을 의심받아 자살한 경우에도 혼인을 강요하고 거짓 유언비어를 퍼뜨린 남자를 수 개월간 엄중히 조사하여 처벌하였다.[89] 아울러 독살한 경우나 계획적인 범죄(謀殺), 고의적인 남편독살(故殺·毒殺) 등 다양한 사건에 대해서도 오늘날 사례와 비교해도 손색이 없을 정도의 수사가 이루어졌다.[90] 이는 18세기 이후 살옥사건 판례집인 정조의 『심리록(審理錄)』·정약용(丁若鏞)의 『흠흠신서(欽欽新書)』 등과도 궤를 같이하는 형정운영이다.[91]

---

87 "死罪, 三覆啓. 外, 則觀察使定差使員, 同其邑守令推問, 又定差使二員考覆, 又親問乃啓." 『經國大典』, 刑典, 推斷; "外方殺獄, 觀察使同道內剛明守令査治. 其難決者, 啓移本曹稟處." 『續大典』, 刑典, 殺獄.

88 『司法稟報(乙)』, 「(全羅南道 → 法部)報告書」 第19號, 光武 3年1899) 2月 28日.

89 『司法稟報(甲)』, 「(忠淸南道 → 法部)質稟書」 第7號, 光武 7年(1903) 8月 25日.

90 『司法稟報(甲)』, 「(昌原港 → 法部)質稟書」 第1號, 光武 8年(1904) 1月 2日; 『司法稟報(甲)』, 「(京畿 → 法部)報告書」 第1號, 光武 8年(1904) 1月 19日.

91 관련 학술역주는 다음 참조. 정조(민족문화추진회 역), 『신편국역 정조심리록』 1~5, 한국학술정보, 2006; 정약용(박석무 외 역), 『역주 흠흠신서』 1~3, 현대실학사, 1999.

② 두 번째로 비중이 높은 사건은 산송(山訟)이다. 주로 묘역을 둘러싼 투장(偷葬)과 발총(私掘)이 대부분이며 대를 이어가면서 쌍방이 소장·청원서를 접수하였으므로 쉽사리 해결되지 못했다. 심지어 외국인까지 산송을 추진할 정도로 보편적인 소송이었다. 조선시대 대표적 민사소송으로 전통적 제례권이나 후손의 화(禍)·복(福)을 비는 차원에서 출발했으나 점차 산택(山澤)의 경제적 이권을 노린 경우로 확대되었다. 이에 선조를 위해 투장하는 전통적인 분쟁뿐 아니라 묘역의 나무를 베거나 시신(혹은 유골)을 파헤쳐서 재물을 요구하는 경제적 문제도 함께 나타났다.

③ 강도·절도이다. 강도는 세 번째로 비중을 차지하고 절도 역시 네 번째로 비율이 높다. 때로는 백주창탈(白晝搶奪)[92]이나 창탈을 구분하기도 했으나 대체로 강도율·절도율로 처벌하였다. 다만, 명백히 구분이 안 되는 기록도 적지 않다. 최초보고 시 적한(賊漢)을 체포해 온 기록만 보이기도 하는데 대개 집단을 이루거나 무기를 소지하면 강도로, 이외에는 절도로 분류하였다. 사건은 무장강도가 주류를 이루었고 야간까지 침학하는 화적(火賊)도 나타나며, 해안지대에는 수적(水賊: 해적), 변경에는 중국에서 넘어온 비적도 출몰하였다. 조정에서는 무장강도집단에 주의를 기울였다. 국내외정세가 혼란한 틈을 타고 치안상태에 공백이 생겼기 때문이다.

---

92 【白晝搶奪】『司法照牒』3册, 「(漢城府)質稟書」第332號, 建陽 1年(1896) 5月 8日(陰曆); 『司法稟報(乙)』, 「(漢城府 → 法部)報告書」第971號, 光武 1年(1897) 10月 18日; 『司法稟報(乙)』, 「(漢城府 → 法部)質稟書」第91號, 光武 3年(1899) 7月 11日; 『司法稟報(乙)』, 「(漢城府 → 法部)報告書」第20號, 光武 7年(1903) 3月 14日; 『司法稟報(乙)』, 「(慶尙北道玄風郡 → 法部)報告(書)」第1號, 光武 8年(1904) 4月 26日.

④ 각종 경제사범이다. 여기에는 마패·관인·공문서를 위조하여 관원을 사칭하거나 화폐를 위조함으로써[93] 재물을 약탈하는 경우가 많이 나타난다. 또한 수표·어음[角紙][94]이나 주택·토지 문서를 위조하는 등 사기나 공갈을 통해 재물을 편취하는 경우도 많았다.

⑤ 왕실이나 관청 관련 범죄이다. 대개는 왕릉(王陵)·궁묘(宮廟)를 범하거나 관청의 물품을 절도하는 등의 행태이다. 왕실과 조정의 권위가 점차 떨어지면서 나타나는 범죄유형으로 보이지만 전통시대에도 각종 해당 범죄 율문이 발달했을 정도로 간헐적으로 일어났으므로 기존범죄로 분류하였다.

⑥ 무고(誣告)이다. 두 가지 유형인데 하나는 민사소송을 통해서 나타나고 다른 하나는 관리의 비행을 고발하는 방식이다. 양자 모두 지방재판소에서 결론이 잘 나지 않거나 항소하여 상급법원[고등재판소·평리원]에서 주로 죄목을 가리는 경우가 많았다.

⑦ 간음사건이다. 명률상 개념은 상호 간음하는 치정사건[和奸]이나 위력으로 겁간(强奸)하는 경우가 모두 포함된다. 특히 다른 범죄와 연결되는 경우도 많아서 간통 후 남편을 살해하거나 상해치사도 적지 않다. 다만 위의 표에서는 사상자가 나오면 살옥이나 구타·상해로 분류하였고 부녀자납치도 별도로 구분하였으므로 인명피해나 폭력행위가 크지 않은 경우만 산출하여 비율이 낮게 잡혔다.

⑧ 폭력사건[鬪毆]이다. 대체로 다투다가 폭력을 행사하거나 위력을 행사하다가 상해까지 이어지는 경우가 많았다. 이 역시 상해치사

---

93 『司法稟報(乙)』, 「(濟州牧 → 法部)報告書」 第□號, 光武 5年(1901) 7月 15日.
94 고종대 어음과 환의 광범위한 사용은 다음 참조. 고동환, 「조선후기~한말 신용거래의 발달」, 《지방사와 지방문화》 13-2, 역사문화학회, 2010, 271~300쪽.

로 이어지는 경우가 많아서 대부분 살인사건으로 분류되었으며, 투구·상해 자체는 특별한 경우만 언급되었다. 단순한 폭력은 향촌사회에서 자체적으로 해결하였으므로 장애가 생길 정도의 치명상이 생기거나 사람이 죽었거나 향장(鄕長)·집강(執綱)의 처분에 불만을 품은 경우 정도만 중앙까지 사건기록이 보고되었기 때문이다. 법부의 재가가 필요한 경우는 징역종신(懲役終身) 이상이므로 단순히 투구사건만으로 중앙에 보고되기는 힘들었다.

⑨ 화재사건이다. 각종 건물 방화·실화사건이 등장한다. 다만, 사안별로 분류되어 왕실이나 관청의 화재는 모두 여기에서 제외하였다.

⑩ 이외에도 다양한 영역의 범죄가 등장하는데 관원·존장을 모욕하는 범죄, 분야별 민원제기 등이 나타났으나 빈도가 일정치 않아서 '기타'로 처리하였다.

둘째, 외세침탈과 서구문명수용 과정에서 발생하는 신규범죄이다. ① 관리처벌·백성소요이다. 관리처벌은 두 가지 유형으로 나타난다. 하나는 백성소요를 발생시키는 민원을 방지하는 차원에서 관리처벌이 이루어졌다. 다른 하나는 중앙에 보낼 지방세금을 미납·연체·유용·횡령의 경우나 백성에 대한 재판이 부실한 경우 광범위하게 관리처벌이 이루어졌다. 특히 갑오개혁 직후 동학농민운동의 사후수습을 위해서 도망간 관리나 관물을 유실한 관리, 그리고 백성을 괴롭혀 백성소요를 촉발시킨 탐관오리(貪官汚吏)도 강력하게 처벌하였다. 과도하게 화세(火稅),[95] 결전(結田: 結代錢·代納錢), 공작(公作[96]:

---

[95] 『司法稟報(乙)』, 「(平理院 → 法部)報告書」 第44號, 光武 5年(1901) 4月 1日; 『司法稟報(乙)』, 「(平理院 → 法部)報告書」 第360號, 光武 5年(1901) 12月 28日.

[96] 『起案』 5册, 「(議政府 → 平安南道)訓令」 第38號, 光武 6年(1902) 4月 23日.

官備·公作米·公木作米·公米[97]) 등을 징수하는 사례가 자주 거론되었고, 무상으로 가져다 쓰거나 세목에 없는 것을 남징하는 경우도 나타난다. 이러한 경우 적극적으로 수사가 이루어져 '토색전곡죄(討索錢穀罪)'로 처벌받았다.[98]

또한 백성소요를 선동하여 백성을 강제동원하거나 물자를 징발하거나 약탈한 이들도 함께 처벌하였다. 주로 잡세폐지 이후 토지세문제가 불거져서 청원하다가 폭력사태로 변질된 경우가 다수를 차지하였다. 각종 종교·이익단체의 침학행위에 반발하는 백성소요도 동시에 발생했다.

② 외국인 관련 범죄이다. 개항장 재판소에서 보고되는 각종 사건이다. 이른바 성진항[99]·인천항[100]·무안항[101]·창원항[102]·원산항[103]·부산항[104]·옥구항·삼화항 재판소에서는 외국인 관련 사건이 실시간으로 접수되었다. 이는 외국인의 재판은 개항장재판소에서만 가능하고 지방재판소는 불가능했기 때문이다.[105] 이 과정에서 일

97 『公文編案』21冊, 信川 乙未(1895) 4月 1日.
98 『大典會通』, 戶典, 給造家地; 『典律通補』, 戶典, 雜令; 『法部來案(法部來去文)』12책 「議政府 → 法部)照會」第5號, 光武 7年(1903) 8月 31日〈奎17795〉.
99 『司法稟報(甲)』, 「(城津港 → 法部)報告書」第3號, 光武 4年(1900) 1月 20日.
100 『司法稟報(甲)』, 「(仁川港 → 法部)報告書」第6號, 光武 6年(1902) 4月 30日; 『司法稟報(甲)』, 「(仁川港 → 法部)報告書」第14號, 光武 7年(1903) 6月 30日; 『司法稟報(甲)』, 「(仁川港 → 法部)報告書」第27號, 光武 8年(1904) 12月 30日.
101 『司法稟報(甲)』, 「(務安港 → 法部)報告(書)」第25號, 光武 3年(1899) 9月 1日.
102 『司法稟報(甲)』, 「(昌原港 → 法部)報告(書)」第19號, 光武 10年(1906) 4月 25日.
103 『司法稟報(甲)』, 「(元山港 → 法部)報告(書)」第3號, 光武 8年(1904) 5月 19日.
104 『司法稟報(乙)』, 「(釜山港 → 法部)報告書」第26號, 光武 2年(1898) 10月 28日.
105 "裁判所搆成法案를 閱讀ᄒ온즉……開港市場裁判所十一處만 外國人에 關ᄒ 裁判을 許ᄒ시고 地方裁判所에서는 外國人의 裁判을 許ᄒ신 令이 無ᄒ온즉……." 『司法稟報(乙)』, 「(漢城府 → 法部)報告書」第2號, 光武 3年(1899) 8月 17日.

본제국이 재판에 간섭하려는 시도가 적지 않게 확인되며, 갈수록 합동조사를 요구하는 행위까지 확대되었다. 특히 일본도적(혹은 해적), 일본인 조계(租界)지역에서 조선인을 대상으로 하는 전당 문제, 일본 상점 절도사건, 내지의 인삼밭을 몰래 매입하거나 훔치려다가 적발된 사건 등이 심심치 않게 확인된다. 이외에도 자명종(自鳴鐘)·조총(鳥銃)·육혈포(六穴砲)·전신(電信)·전보(電報)·전차(電車) 등 신문물과 연계된 범죄도 확인된다.**106** 아편**107**·도박[賭技]**108** 등 새로운 범죄유형도 발생했다.

③ 비적무리[匪徒]이다. 외세침탈로 봉기하거나 혼란한 시기를 이용한 반정부활동이다. 언문괘서, 동학의 접주(接主)**109**·대도주(大道

---

106 단 조총·자명종은 16~17세기에 이미 조정·왕실에 전래된 것이지만, 19세기말 장물·범죄에 활용되는 등 향촌사회에서도 보편적이었다.

107 『刑法大全』, 第5編 律例下, 第14章 雜犯律, 第2節 衛生妨害律, 第659條；『司法稟報(乙)』, 「(議政府 → 法部)照會」 第59號, 光武 2年(1898) 8月 19日；『司法稟報(甲)』, 「(義州市 → 法部)報告書」 第37號, 光武 3年(1899) 8月 7日；『司法稟報(甲)』, 「(慶尙北道 → 法部)報告書」 第□號, 光武 10年(1906) 11月 10日.

108 "賭技로 財物을 騙取혼 者는 現贓만 幷ㅎ야 第五百九十五條 竊盜律에 准ㅎ야 科斷홈이라." 『刑法大全』, 第5編 律例下, 第14章 雜犯律, 第5節 賭技律, 第672條；"賭房을 開張ㅎ야 窩主를 作혼 者는 第六百十六條 竊盜窩主律에 依ㅎ야 一等을 減홈이라. 但 飮食을 賭혼 者는 幷히 勿論홈이라." 『刑法大全』, 第5編 律例下, 第14章 雜犯律, 第5節 賭技律, 第673條；『元帥府來去案』 2冊, 「(元帥府 → 議政府)照覆, 光武 5年 11月 29日；『照會』 2冊, 「(警務廳 → 議政府)報告(書)」 第22號, 光武 8年(1904) 12月 5日；『京畿道各司報告』 2冊, 「(長湍派監 → 內藏院)報告」, 光武 5年(1901) 1月 17日；『高宗實錄』 卷20, 高宗 20年 10月 甲戌(27日)；『高宗實錄』 卷44, 高宗 41年 11月 30日(陽曆)；〈부표 3〉 '『사법품보』 발총후재물요구·도박 범죄 대표사례' 참조.

109 【匪類·甲午巨魁·接主】『司法稟報(乙)』, 「(全羅南道 → 法部)報告書」 第54號, 光武 3年(1899) 6月 10日；【東學餘黨·接主】『司法稟報(乙)』, 「(議政府 → 法部)照會」 第3號, 光武 4年(1900) 4月 3日；【匪徒·接主】『司法稟報(乙)』, 「(全羅北道 → 法部)報告書」 第21號, 光武 4年(1900) 4月 5日；【東學·接主】『司法稟報(乙)』, 「(平安北道 → 法部)報告書」 第15號, 光武 5年(1901) 2月 17日；【東徒·接主】『司法稟報(乙)』, 「(黃海道 → 法部)報告書」 第23號, 光武 5年(1901) 3月 23日；【東學·接主】『司法稟報(乙)』, 「(平理

土),**110** 영학(英學)**111** 등 연관사건이 두루 확인된다. 하지만 여기에는 단순 무장강도뿐 아니라 동학·의병이 혼재되어 있으므로 재판결과를 확인해볼 필요가 있다.

④ 각종 종교·이익단체와 연관된 사건이다. 동학·일진회(一進會)·천주교·개신교·불교 등이 지역에서 본래 명성을 악용하여 백성의 재물이나 여성을 빼앗거나 사적인 형벌을 집행하는 경우가 비일비재했다. 이른바 새로운 세력이면 무엇이든 힘을 빌려서 향촌사회에서 이득을 취하는 행태가 수시로 나타난 것이다. 조정은 해당 단체 자체를 부정하기보다는 관련자의 일탈로 분리대응하여 처벌에 나섰다. 이것이 19세기 천주교박해와 같이 종교문제로 비화되지 않은 이유였다.

⑤ 과부약탈사건이다. 19세기에 본격적으로 등장한 혼란을 틈타 여성을 야간에 강제로 납치하는 행위에 대해서 철퇴를 내렸다. 우선 상황이 급박하여 집안이나 마을에서 자력구제에 나섰으나 사건발생 후 관에 신고가 접수되면 어김없이 출동하였다.

셋째, 일반형정의 보고이다. ① 정기보고이다. 매달 시행하므로 가

院 → 法部)質稟書」第10號, 光武 6年(1902) 4月 25日;【甲午東搖·金開南·接主】『司法稟報(乙)』, 「(平理院 → 法部)質稟書」第4號, 光武 7年(1903) 2月 13日;【東學巨魁·金開南·接主】『司法稟報(乙)』, 「(平理院 → 法部)報告書」第43號, 光武 7年(1903) 3月 14日;【東學·接主】『司法稟報(乙)』, 「(全羅北道 → 法部)報告書」第53號, 光武 7年(1903) 12月 14日;【白晝掠奪·接主】『司法稟報(乙)』, 「(內部 → 法部)照會」第11號, 光武 2年(1898) 4月 15日;【賊漢·接主】『司法稟報(乙)』, 「(內部 → 法部)照會」第14號, 光武 2年(1898) 5月 4日.

110 【東學·大道主】『司法稟報(乙)』, 「(平安北道 → 法部)報告書」第15號, 光武 5年(1901) 2月 17日.

111 【英學】『司法稟報(甲)』, 「(全羅南道 → 法部)報告書」第9·62號, 光武 3年(1899) 2月 5日·6月 30日.

장 비중이 높다. 여기에는 「시수성책」뿐 아니라 속전(贖錢)·장전(贓錢)의 여부도 보고했다. 법부 등 공문(「訓令」·「指令」)의 접수일자까지 보고함으로써 누락 여부를 확인하였다. 신법의 반포 및 적용 문제도 지속적으로 나타났다.

② 형벌의 집행보고이다. 초창기에는 유배형 집행보고가 다수를 차지하지만 점차 징역형으로 바뀌면서 이러한 보고문건은 줄어들었다. 대신에 징역기간 만료로 인한 석방보고가 차츰 증가하였다. 지방재판소의 각종 판결이 보고되었다. 법부의 재가가 필요한 징역종신 이상은 「훈령」에 따른 교형(絞刑)·태형·석방·기타지시 등의 집행보고가 다수를 이루었다.

③ 죄수의 도주(逃走)·병사(病死)의 보고이다. 죄수가 도주하거나 병사할 경우 일정한 절차를 걸쳐서 문안을 갖추어 보고하였는데, 도주의 경우 감옥 담당자에게 책임을 물었으며 병사의 경우 검안절차를 반드시 거쳐야 했다.

④ 각종 비용문제도 제기되었다. 갑오개혁으로 잡세가 폐지되었고 항목별 운영이 명시되어 관용적인 비용의 사용이 어려워졌다. 이에 탁지부(혹은 내부)에 항목신설이나 별도지급을 요청하였다. 여기에는 도서지방에 배편이나 식비를 마련하여 유배죄인을 압송하는 데 드는 비용, 상급재판을 위한 상경 시 죄수압송비용, 유배죄인의 현지 식비, 감옥을 신설하는 데 필요한 건축비용, 죄수식비, 죄수의복비 등이 모두 포함되었다.

⑤ 사면감등이다. 내우외환(內憂外患)으로 빚어진 혼란을 종식시키고자 흉악범(육범)을 제외하고는 대부분 사면하거나 감등조치를 행하였다. 동학이나 의병 등도 단순가담자를 포함하여 기타범죄는 거의

대부분 사면되었다. 심지어 육범조차도 감등처분을 받았다.

⑥ 전근대 사회적 요소가 남아 있는 표현도 아직 보인다. 공식적으로 신분제가 해체되었음에도 여전히 과거의 양반(兩班)·사족(士族),[112] 양인(良人)·양녀(良女),[113] 고공(雇工),[114] 노비[115] 등의 신분구분이 기재된 사례도 있다. 또한 여성의 이름은 외부에 드러나지 않게

---

112 『司法稟報(甲)』, 「東營(→ 法務衙門)牒報」第129號, 開國 504年(1895) 3月 23日; 『司法稟報(甲)』, 「水原府(→ 法部)來牒」, 開國 504年(1895) 4月 29日; 『司法稟報(甲)』, 「畿營(→ 法部)來牒」, 開國 504年(1895) 5月 6日; 『司法稟報(甲)』, 「丹陽郡(→ 法部)來牒」, 開國 504年(1895) 7月 8日; 『司法稟報(甲)』, 「(忠淸北道 → 法部)報告書」第82號, 光武 4年(1900) 9月 27日; 『司法稟報(甲)』, 「(開城府 → 法部)質稟書」第3號, 建陽 1年(1896) 5月 11日; 『司法稟報(甲)』, 「(公州府 → 法部)報告書」第56號, 建陽 1年(1896) 7月 4日; 『司法稟報(甲)』, 「(忠淸南道 → 法部)報告書」第111號, 建陽 1年(1896) 12月 15日; 『司法稟報(甲)』, 「(忠淸南道 → 法部)報告書」第142號, 光武 1年(1897) 10月 7日; 『司法稟報(甲)』, 「(慶尙北道 → 法部)質稟書」第83號, 光武 1年(1897) 11月 6日; 『司法稟報(甲)』, 「(慶尙南道 → 法部)報告書」第29號, 光武 2年(1898) 4月 14日; 『司法稟報(甲)』, 「(京畿 → 法部)質稟書」第7·8·13·64號, 光武 2年(1898) 6月 5日·6日·10日·12月 28日; 『司法稟報(甲)』, 「(慶尙北道 → 法部)報告書」第48號, 光武 2年(1898) 7月 22日; 『司法稟報(甲)』, 「(忠淸北道 → 法部)報告書」第132號, 光武 2年(1898) 12月 20日; 『司法稟報(甲)』, 「(慶尙南道 → 法部)報告書」第79號, 光武 3年(1899) 9月 16日; 『司法稟報(甲)』, 「(忠淸北道 → 法部)報告書」第45號, 光武 5年(1901) 8月 10日; 『司法稟報(甲)』, 「(忠淸南道 → 法部)質稟書」第7號, 光武 6年(1902) 10月 9日; 『司法稟報(甲)』, 「(忠淸南道 → 法部)報告書」第60·69號, 光武 7年(1903) 9月 5日·10月 22日; 『司法稟報(甲)』, 「(黃海道 → 法部)報告(書)」第8號, 光武 8年(1904) 2月 5日.

113 『司法稟報(甲)』, 「(春川府 → 法部)報告(書)」第12號, 開國 504年(1895) 11月 8日; 『司法稟報(甲)』, 「(春川府 → 法部)報告書」, 開國 504年(1895) 11月 12日; 『司法稟報(甲)』, 「(忠淸南道 → 法部)報告(書)」第99號, 光武 6年(1902) 9月 30日; 『司法稟報(甲)』, 「(全羅北道 → 法部)質稟書」第5號, 光武 8年(1904) 5月 28日; 『司法稟報(甲)』, 「(忠淸南道 → 法部)質稟書」第71號, 光武 9年(1905) 9月 30日.

114 『司法稟報(甲)』, 「(昌原港 → 法部)報告(書)」第17號, 光武 10年(1906) 4月 9日.

115 『司法稟報(甲)』, 「(驪州牧 → 法部)來牒」, 開國 504年(1895) 閏5月 5日; 『司法稟報(甲)』, 「(慶尙南道 → 法部)報告書」第37號, 光武 7年(1903) 7月 31日; 『司法稟報(甲)』, 「(檢事 → 濟州牧)公訴狀,檢10號, 光武 5年(1901) 10月 19日; 『司法稟報(甲)』, 「(慶尙南道 → 法部)報告書」第37號, 光武 7年(1903) 7月 31日.

하는[116] 전통시대 윤리를 따라서 특별한 경우를 제외하면 거의 쓰지 않고 성씨에다가 신분에 따라 양반[姓+班][117]인지 양인[姓+召史][118]인지만 기입했다. 혹은 연좌제가 폐지되었고[119] 노적법(孥籍法)·읍호를 낮추는 법 등이 이미 사라졌으나 예외적으로 강상죄인에게 적용하던 파가저택(破家瀦澤)과 같은 옛 법을 여전히 법부에 요청하였다가 거절당하는 경우도 확인된다.[120]

그동안 근대사법체계는 제도사나 절차법의 관점에서 법학이나 역사학에서 다루어져왔다. 그러나 아직 실제 사건을 다루는 『사법품보』를 대상으로 사례 연구를 진행한 경우는 매우 드물다. 단지 보조사료로 활용되거나 특정소재에 치우친 경우만 있을 뿐이다.[121] 이는 방대

---

116 "男女非有行媒, 不相知名, 非受幣不交不親."『禮記』, 曲禮上; "凡復, 男子稱名, 婦人稱字."『禮記』, 喪大記.

117 『司法稟報(甲)』, 「慶尙北道 → 法部)質稟書」第83號, 光武 1年(1897) 11月 6日;『司法稟報(甲)』, 「京畿 → 法部)質稟書」第8·9號, 光武 2年(1898) 6月 6日·9日.

118 『司法稟報(甲)』, 「春川府 → 法部)報告(書)」第12號, 開國 504年(1895) 11月 8日;『司法稟報(甲)』, 「春川府 → 法部)報告書」第4·8號, 建陽 1年(1896) 5月 23日·6月 9日.

119 『司法稟報(甲)』, 「全羅道(→ 法務衙門)牒報, 開國 504年(1895) 1月 4日;『司法稟報(甲)』, 「(法部 →)關各道監五都按撫營」, 開國 504年(1895) 3月 2日;『司法稟報(甲)』, 「黃海監營 → 法部)報告(書)」第123號, 開國 504年(1895) 3月 21日;『司法稟報(甲)』, 「按撫營(→ 法務衙門)牒報」第128號, 開國 504年(1895) 3月 23日;『司法稟報(甲)』, 「嶺營(→ 法部)來牒, 開國 504年(1895) 4月 10日;『司法稟報(甲)』, 「堤川縣 → 法部)報告(書)」第159號, 開國 504年(1895) 4月 10日;『司法稟報(甲)』, 「嶺營(→ 法部)來牒」第172號, 開國 504年(1895) 4月 18日;『司法稟報(甲)』, 「按撫營 → 法部)來牒」, 開國 504年(1895) 5月 13日. ※단, 양반집 과부도 조이로 표기한 경우가 있는데 이는 신분제 해체과정을 반영한 듯하다(『司法稟報(甲)』, 「忠淸北道 → 法部)報告書」第50號, 光武 6年(1902) 8月 24日).

120 『司法稟報(甲)』, 「全羅北道 → 法部)報告書」第71號, 光武 5年(1901) 11月 28日.

121 『사법품보』를 원용한 연구는 다음 참조. 이상찬, 「1896년 京元間지역 의병활동의 양상과 그 성격」, 《한국민족운동사연구》 74, 한국민족운동사학회, 2013, 5~38쪽; 원재연, 「1890년대 호남지역 감옥의 운영실태 一端: 장성군 囚人사망사례를 중심으로」, 《조선시대사학보》 78, 조선시대사학회, 2016, 283~315쪽; 이승일, 「근대 이행기 소

한 분량으로 인해서 전반적인 성격을 규정하기가 어려웠으며, 또한 기초조사에 해당하는 자료 분류, DB구축, 사료해제, 번역 등의 과정이 아직 진행 중이기 때문이다. 하지만 이제 기초조사가 시작된 지 20여 년이 지난 시점에서 방대한 실제 공문서첩에 대한 재조명이 필요하다.

본서에서는 두 가지 문제에 초점을 맞추어서 1부와 2부로 나누어 살펴보고자 한다. 제1부는 '왕정의 근대사법체계 등장배경'에 대해서 다루어보고자 한다. 제1장 「고종대 내우외환」에서는 학계의 각종 연구성과와 연대기(『승정원일기』·『고종실록』)를 비교 검토하여 고종후반 상황을 전반적으로 살펴보고자 한다. 곧 19세기말~20세기초 동학농민운동, 일본제국의 왕궁점령, 청일·러일 간 국제전쟁 등 대혼란기 속에 왕정이 추진한 근대화정책의 성격은 무엇이었는지를 검토해보는 것이다. 그동안 역사적 배경은 대외적 변수로 청일·러일전쟁만을 다루거나 대내적으로 고종대 정치권력의 투쟁양상만 다루면서 철저히 분절된 상태에서 논의되어왔다.[122] 이러한 문제의식을 갖고 종합적인 접근을 시도해보고자 한다.

송을 통해 본 전통 민사재판의 성격: 僑佮의 소송상의 의미를 중심으로」,《고문서연구》 51, 한국고문서학회, 2017, 285~316쪽; 송지영, 「『司法稟報』를 통해 본 자살의 특성(1895~1906)」, 인하대학교 사학과 석사논문, 2019; 김백철, 「19세기 '과부약탈'사건의 재검토: 관습인가? 범죄인가?」,《동아시아고대》 64, 동아시아고대학회, 2021a, 383~438쪽[본서 제2부 제4장 참조]; 한보람, 「갑오개혁직후(1894~1897) 여성 관련 범죄의 사회적 의미: 사법품보 문서분석을 중심으로」,《역사와 실학》 77, 역사실학회, 2022, 203~237쪽.

122 박영재, 「청일전쟁」,『신편한국사』 40, 국사편찬위원회, 2002, 15~99쪽; 조재곤, 「청일전쟁과 1894년 농민전쟁」,『신편한국사』 40, 국사편찬위원회, 2002, 100~144쪽; 최문형,『국제관계로 본 러일전쟁과 일본의 한국병합』, 지식산업사, 2004, 76~98쪽; 알렉쎄이 니콜라비츠 쿠로파트킨(심국웅 역),『러일전쟁: 러시아 군사령관 쿠로파트

제2장 「왕정의 자기변신과 사법개혁」에서는 역사학계와 법학계에서 이루어진 연구성과를 바탕으로, 왕정의 근대적 사법체계 구축노력을 살펴보고자 한다. 특히 '준거법의 선정: 전통법과 근대법'에서는 『사법품보』에 실제 활용된 각종 법제서와 자주 인용되는 법률 조문을 추출하여 검토해보고자 한다. 이를 통해서 당시 왕정에서 사용한 준거법 창출과정에 영향을 미친 전통적 유산과 근대적 요소 등에 대해 복합적으로 살펴볼 것이다.

제2부는 '근대 법치사회의 실상'을 다루어보고자 한다. 제3장 「전통 형정의 계승과 신제도의 도입」에서는 상대적으로 『사법품보』에서 가장 비중이 높은 사안을 살펴보고자 한다. 형정업무(44%), 인명사건(16%), 사면·감등(8%) 등을 차례로 검토해볼 것이다(〈표 3〉).

첫째, 고종후반 근대적 사법개혁이 지속되면서 일어난 형정 운영의 변화는 무엇이었는가? 연구주제와 관련해서는 서구 근대를 선망의 대상으로 삼아서 재판제도 형성사를 서술하는 경우만 나와 있을 뿐이다.[123] 그동안 판례 연구는 제한적인 주제나 개별사례에 국한해서 연구가 이루어져왔으므로 사법체계가 실제로 어떠한 영향을 미쳤

킨 장군 회고록』, 한국외국어대학교출판부, 2007, 69~95쪽; 잭 런던(윤미기 역), 『잭 런던의 조선사람 엿보기: 러일전쟁 종군기』, 한울, 2011, 39~208쪽; 심헌용, 『한반도에서 전개된 러일전쟁 연구』, 국방부 군사편찬연구소, 2011, 30~53쪽; 와다 하루키(이경희 역), 『러일전쟁과 대한제국』, 제이씨, 2011, 31~62쪽; 와다 하루키(이웅현 역), 『러일전쟁: 기원과 개전』 1, 한길사, 2019a, 53~104쪽; 서영희, 앞의 책, 2012, 6~56쪽; 하라 아키라(김연옥 역), 『청일·러일전쟁 어떻게 볼 것인가』, 살림, 2015, 38~41쪽, 63~85쪽, 112~123쪽; 한상일, 『이토 히로부미와 대한제국』, 까치, 2015, 157~216쪽; 조재곤, 『전쟁과 인간 그리고 '평화': 러일전쟁과 한국사회』, 일조각, 2017, 18~101쪽.
123 사법제도 변천은 다음 참조. 김병화, 『근대한국재판사』, 한국사법행정학회, 1974, 48~105쪽; 도면회, 앞의 책, 2014, 118~401쪽.

는지 살펴볼 필요가 있다. 또한 『사법품보』에는 각종 재판소의 공문서가 주류를 이루었으나 타 아문과 주고받은 공문서도 함께 수록되어 있으므로 다른 사료와 대조하여 공문서 체계를 확인할 수 있다.[124]

둘째, 살인사건[殺獄]의 처리과정에 초점을 두고 검토해보고자 한다. 조선왕조가 개창되면서 사형수에 대한 최종판결권이 국왕에게로 귀속되었기에[125] 조선왕조가 존속되는 동안 살인사건의 조사 및 판결은 주요하게 다루어졌다.

셋째, 사면·감형 역시 유사 이래 행해진 형정전통이었으므로 조선시대와 고종대의 변화상을 중심으로 검토해볼 것이다. 이러한 근대적 사법체계 개편을 통해서 어떠한 점이 변화되었고, 어떠한 점이 지속되었는지를 살펴보고자 한다.

제4장 「타자의 '관습법'정의 재검토」에서는 백성의 일상과 관련된 다양한 범죄사건에 대한 수사기록 중에서 여성범죄에 초점을 맞추어서 다루어보고자 한다. 〈표 3〉에서 여성약탈사건은 19세기 출현한 신규범죄 중에서는 반올림한 비율로 네 번째인 약 0.5%를 차지한다(단, 수치상 6위). 이 사건은 일본제국의 관습법조사와 맞닿아 있었으므로 단순한 강력범죄가 아니라 야만의 조선을 형상화한 범죄이기도 했다. 따라서 이를 집중적으로 분석함으로써 실상과 허상을 구분해보려고 한다.

---

124 서울대학교 규장각한국학연구원 소장 『의정부조회(議政府照會)』, 『훈령(訓令)』, 『법무내문(法部來文)』, 『평리원내문(平理院來文)』, 『부령(部令)』, 『법무청의서(法部請議書)』, 『사법조첩(司法照牒)』, 『법부내거문(法部來去文)』, 『장예원거내첩(掌禮院去來牒)』, 『보고서(報告書)』, 『일률안(一律案)』, 『조회조복(照會照覆)』, 『질품서(質稟書)』 등의 근대 공문서와 대조해볼 수 있다.

125 김백철, 앞의 책, 2016a, 187~198쪽.

제5장 「대내외침탈과 백성소요」에서는 개항 이후 외세가 침투하고 있던 상황에 초점을 맞추어보고자 한다. 『사범품보』에는 관리처벌(7%), 비적무리(0.7%), 동학·혹세무민(0.7%),[126] 의병(0.3%), 백성소요(1%) 등 백성반발의 비중이 총 9.7%로 높고, 외국인(1%), 기독교(0.4%), 일진회·정토종(0.3%), 인삼범죄(0.1%) 등 외세를 빙자한 일탈사건도 총 1.8%로 적지 않은 편이다.

여기에는 강도·절도·사기 같은 백성의 일상과 직접 연계되는 사례부터 외세와 연계된 특수한 범죄요소까지 광범위하게 다루어보려고 한다. 재판소가 각 개항장에도 설치되고 있었고, 외국인 조계지에서 벌어지는 각종 범죄, 그리고 내륙까지 일본 자본이 침투하고자 하는 상황, 교회 관련 각종 사건, 서양 외국인의 조선법에 입각한 소송 제기, 일본의 재판개입 시도 등이 다양하게 확인된다. 이에 맞서는 농민봉기나 이후 동학교도의 동향, 화적·활빈당(活貧黨),[127] 영학당[128] 등과 관련된 사건도 적지 않게 보인다. 외세의 출현과 대응이라는 관점에서 각종 사건을 조명해볼 것이다. 이외에 간헐적으로 언급되고 있는 부패관리의 조사기록도 함께 다루어서 실제 사법권능이 관료들에게도 동일하게 적용되고 있는지 살펴볼 것이다.

---

126 '혹세무민(惑世誣民)'은 각종 도참비기(圖讖祕記)나 관련 내용을 통해 세상이 바뀐다고 주장하는 경우인데 주로 명률의 '조요서요언(造妖書妖言)'으로 처벌받았으며, 동학도와 비(非)동학도가 혼재되어 있으므로 유사한 항목으로 묶은 것이다.

127 『司法稟報(甲)』, 「(忠淸北道 → 法部)報告書」 第19號, 光武 2年(1898) 2月 26日; 『司法稟報(甲)』, 「(全羅北道 → 法部)質稟書」 第11號, 光武 4年(1900) 9月 17日; 『司法稟報(甲)』, 「(慶尙北道 → 法部)報告書」 第44號, 光武 5年(1901) 11月 4日; 『司法稟報(甲)』, 「(昌原港 → 法部)質稟書」 第11號, 光武 6年(1902) 7月 13日.

128 『司法稟報(甲)』, 「(全羅南道 → 法部)報告書」 第9·62號, 光武 3年(1899) 2月 5日·6月 30日.

이상의 검토과정을 통해서 『사법품보』가 그린 고종후반 근대지향의 사법개혁 과정, 외세의 침탈상, 사람들이 실제 맞닥뜨린 사회상 등을 살펴볼 수 있을 것이다. 곧 한국근대 사법제도가 출현하는 역사적 배경과 전통적 맥락, 실제 제도적 운영문제 등을 폭넓게 살펴보고, 아울러 사회 전반의 사법행정 사례를 다양한 사건별로 검토해보려고 한다. 이를 통해서 '있는 그대로'의 한국근대 사법체계의 성격을 재고해볼 수 있기를 기대한다.

제1부

—

왕정의 근대사법체계
등장배경

제1장

고종대 내우외환

1. 19세기사 인식의 문제점

1) 일본제국이 만들어낸 왕정의 이미지: 만선사관(滿鮮史觀)의 폐해

우리 기억하는 대한제국말엽(한말)은 왕조의 종식이 아니라, 식민지의 시작으로 점철되어 있다. 그래서 고려와 조선의 이미지를 완전히 대립적으로 설정하는 경향이 크다.[1] 이는 고려 후기 약 1세기 이상 원간섭기(元干涉期, 고종46/1259~공민왕5/1356)가 지속되었어도 왕정체제가 유지되었고 반원개혁 역시 공민왕 주도로 이루어졌기 때문이다. 건국세력은 공민왕이 육성한 신흥세력으로서 개혁정신을 그대로 계승하였다. 그러나 대한제국의 대반격인 광무개혁(光武改革)은 일

---

[1] 김백철, 『왕정의 조건: 담론으로 읽는 조선시대사』, 이학사, 2021, 52~55쪽.

본제국의 강제병합(1910)으로 붕괴되었고 왕실의 독립투쟁도 고종 사후(1919)를 기점으로 거의 사멸되었으며, 약 35년(1910~1945)의 식민지배로 자주적인 근대화를 추진한 왕정의 노력은 모두 구체제의 생명연장으로 비난받았다. 더욱이 외세에 의한 종식은 유럽과 달리 수백 년간 평화로운 시대를 향유했던 한국인[2]에게 큰 충격을 안겨주었다.[3] 실제 고려의 혼란기와 조선의 평화기는 말기를 기준으로 완전히 이미지가 전도되었다. 고려시대에 잦은 전쟁이나 원의 간섭 그리고 아직 한반도 전체를 장악하지 못했던 역사적 사실은 잊혔다. 반면에 조선시대는 임진왜란이나 병자호란을 제외하면 대부분 평화로운 시대였으며 북진정책의 지속적인 추진으로 압록강~두만강 유역을 수복하고 대한제국기 북간도(北間島) 영역(두만강북안)까지 편입함으로써 고구려~발해 이후 최대영토를 달성했다는 객관적 사실은 간과되었다.[4]

이 같은 왜곡된 인식에는 만선사관의 영향이 크게 작용했다. 일제강점기 만선사관은 생각보다 정교하게 구성되어 있다.[5] ① 이는 청

---

2 대한제국시기부터 '한국(韓國)'이나 '한인(韓人)'이라는 용어가 사용되었다. 幣原坦, 『韓國政爭志』, 三省堂書店, 1907, p.1.

3 David C. Kang, *East Asia Before the West : Five Centuries of Trade and Tribute*, Columbia University Press, 2012, pp.1-16, pp.82-106.

4 북간도는 만주·연해주를 지칭하지 않으며 두만강유역 북쪽경계로서 고종대 함경도에 편입된 지역이다. 영역은 다음 지도 참조. 『大韓新地志附地圖』, 「大韓全圖」(1907); 『大韓帝國地圖』, 「咸鏡南北道」(1908); 「大韓帝國地圖」(1908); 「大韓帝國全圖」(1908); 「大韓全國地圖」(연대미상); 김백철, 앞의 책, 2021, 124~125쪽; 쑹녠선(이지영 외 역), 『두만강 국경쟁탈전 1881-1919』, 너머북스, 2022, 213~224쪽, 277~291쪽, 329~335쪽.

5 박한민, 「稻葉岩吉(1876~1940)의 조선사 인식」, 한국교원대학교 역사교육전공 석사논문, 2010, 7~13쪽, 24~31쪽; 정상우, 『조선총독부의 『조선사』 편찬사업』, 서울대학교 국사학과 박사논문, 2011, 29~49쪽, 220~246쪽; 이노우에 나오키, 「동경제국대학 동양사학과의 만주사 및 조선사, 만선사 연구 : 시라토리 구라카치·이케우치 히로시 관

일·러일전쟁을 바탕으로 대륙세력과 한국(대한제국)이 연합하여 해양세력인 일본에 대항하는 것을 배제하기 위함이다.[6] ② 일본제국은 중화세력과 단절시키기 위해서 반도사관(半島史觀)을 만들어냈다. 본래 대륙에 속했던 조선·대한제국은 섬나라와 같은 대륙 콤플렉스(complex)가 없었다. 그런데 자신들이 동북아시아 국제질서인 조공–책봉관계에 제대로 참여하지 못했던 역사적 사실을 역으로 굴종적인 '사대주의'로 색깔을 덧씌운 것이다.[7] 이것이 일본제국이 주도한 청으로부터 '독립(獨立)' 논리였다.[8] ③ 오히려 남만주철도부설, 만주사변, 괴뢰만주국(滿洲國) 수립 등[9]으로 이어지는 만주침략을 정당화하기 위한 논리로서 만주–한반도 역사의 연계설을 주장한 것이다.[10] 이는 황국사관(皇國史觀)–일선동조론(日鮮同祖論)을 통해서 강제병합까지 정당화해나간 역사왜곡의 확장판이었다.

　계문서를 중심으로」, 『제국의 학술기획과 만주』, 동북아역사재단, 2021, 112~146쪽.

6　하라 아키라, 앞의 책, 2015, 38~41쪽; 와다 하루키, 앞의 책, 2011, 40~54쪽; 한상일, 앞의 책, 2015, 157~216쪽; 와다 하루키(이웅현 역), 『러일전쟁: 기원과 개전』 2, 한길사, 2019b, 1188~1214쪽; 조재곤, 앞의 책, 2017, 18~62쪽.

7　강동국, 「'사대주의'의 기원」, 《일본공간》 5, 국민대학교 일본학연구소, 2009, 140~152쪽; 김백철, 앞의 책, 2021, 332~347쪽; 김경래, 「다카하시 도루(高橋亨)의 '조선' 연구와 사대주의론」, 《사학연구》 145, 한국사학회, 2022, 317~325쪽.

8　"지금 그 간사하고 능청스러운 꾀가 여지없이 간파되었음에도 불구하고 저들이 독립이라는 빈 명색을 빌려 우리를 약탈할 생각만 하는 것은 또한 우리가 독립을 위한 실질적인 일과 때에 맞는 대처 없이 두려워하며 세월만 보냈기 때문입니다. 이 지경에 이른데 대하여 신은 너무도 통탄스럽습니다."(『高宗實錄』 卷46, 高宗 42年 12月 31日(陽曆)). 이는 자주와 독립을 바라보는 입장 역시 제각각이기 때문이다(김도형, 「한국근대사에서 자주 독립의 의미」, 《역사비평》 31, 역사비평사, 1995, 179~180쪽, 184~188쪽).

9　오카베 마키오(최혜주 역), 『만주국의 탄생과 유산: 제국 일본의 교두보』, 어문학사, 2009, 22~74쪽.

10　장미경, 「제국의 확장 공간 '만주'」, 『제국의 식민지 역사지리 연구: 조선총독부 「역사」·「지리」교과서를 중심으로』, 제이앤씨, 2017, 221~240쪽.

명·청교체기 신흥국가인 청나라와 적극적으로 연대하지 않고 전통적인 우방인 명나라와 연대한 사실을 실제 역사적 모습보다 훨씬 더 부정적으로 그려냄으로써 신흥국 일본에 대한 경계 및 전통강국인 청−러시아와 연대에 비견한 것이다. 특히 여진(후금·청)이 외교관계를 일방적으로 파괴하고 군사적으로 두 차례나 침공한 사실은 외면하고 모두 조선의 외교적 무능으로 인해 침공한 것처럼 그리거나 여진은 본격적으로 침공할 의도가 없었고 후방의 안정 때문일 뿐이라고 과도하게 '선의(善意)'로만 해석할 것을 요구하였다. 청이 명을 붕괴시킨 것과 자신들이 청일·러일전쟁에서 승리한 것을 등치시켰고, 청에 대한 패배를 외교적 무능이나 국제정세에 대한 무지의 소치로 돌렸다.[11] 또한 반청의식을 시대착오로, 대명의리론을 유교망국론의 결과로 왜곡했다. 일본제국을 인정하지 않고 의병을 지속적으로 일으켜 저항한 것을 시대착오적 행동으로 돌림으로써[12] 국제정세

---

11 김백철, 앞의 책, 2021, 174, 338~340쪽.

12 홍순권, 「한말 호남지역 의병운동사 연구」, 서울대학교출판부, 1994, 134~167쪽; 김도형, 「을미의병 100년을 맞아서: 한국근대사에서 자주 독립의 의미」, 《역사비평》 31, 역사비평사, 1995, 188~190쪽; 홍순권, 「을미의병 100년을 맞아서: 을미의병을 재평가한다」, 《역사비평》 31, 역사비평사, 1995, 168~176쪽; 이동우, 「乙未義兵 蜂起의 展開狀況」, 《논문집》 31-1, 원광대학교, 1996, 482~503쪽; 이상찬, 「1896년 의병운동의 정치적 성격」, 서울대학교 국사학과 박사논문, 1996, 9~86쪽; 홍순권, 「한말 경남 서부지역의 의병활동」, 《지역사회연구》 5, 한국지역사회학회, 1997, 96~99쪽; 오영섭, 「을미의병의 결성과정과 군사활동: 제천의병을 중심으로」, 《군사》 43, 국방부 군사편찬연구소, 2001, 103~112쪽; 홍영기, 「대한제국기 호남의병 연구」, 일조각, 2004, 380~409쪽; 오영섭, 「고종황제와 한말의병」, 선인, 2007, 370~411쪽; 박성순, 「고·순종연간 의병의 개념과 위상변천 연구」, 《동양고전연구》 38, 동양고전연구회, 2010, 207~211쪽; 김영찬, 「대한제국 해산군 간부들의 정미의병 활동에 대한 고찰」, 《군사연구》 139, 육군군사연구소, 2015, 160~176쪽; 김상기, 「한말 의병운동: 전기 중기 의병」, 선인, 2016, 12~28쪽, 146~148쪽; 홍영기, 「한말 의병에서 독립군으로: 후기 의병」, 선인, 2017, 157~161쪽.

에 대한 무지의 소치로 왜곡한 것이다. 더욱이 여진의 기습을 선의로 왜곡하고 일본의 출병 역시 같은 논리로서 포장함으로써 백성의 분노의 방향을 외세의 군사적 침공이 아니라 왕실과 조정의 무능으로 돌리고자 한 전략이다. 제국주의시대 적자생존론(適者生存論: 弱肉强食·優勝劣敗)은 일본의 역사에서 폭넓게 수용되던 강자의 논리였으나 한국인이 힘에 굴복하지 않고 저항하자 정교한 식민지 이념교육으로 탈바꿈한 것이다.

조선(압록강~두만강)은 고려(압록강~원산)보다 큰 영토를 가졌으나 훨씬 작게 인식되었고, 고려보다 강력한 군비를 사용하여 국경과 해안지대에서 외적을 방비해 평화의 시대를 열었으나 실제보다 나약하게 인식되었다. 이는 오직 고구려·발해를 기준으로 비교당했기 때문이다. 이로써 그 이름을 계승한 고려를 훨씬 더 숭배하는 결과를 초래하였다. 일본제국은 괴뢰만주국을 만들고 나서 발해유적 발굴에 적극적으로 나섰다.[13] 이는 만선사관의 체계화와 맞물려 있었다. 일본제국은 만주와 연관성이 전혀 없었으므로 한반도 북부 역사와 연동시켜서 자신들의 지배정책으로 변용한 것이다. 이후 만선사관을 체계화하고 내몽골지역까지 침공하여 괴뢰몽강국(蒙疆國)을 만들고 만몽문화론(滿蒙文化論)까지 확대해나갔다.[14] 마쓰오카 요스케(松岡洋

---

[13] 도리야마 키이치 외(김진광 역), 『일제강점기 간도 발해유적 조사』, 한국학중앙연구원 출판부, 2017, 39~98쪽.

[14] 최남선(전성곤 역), 『만몽문화』, 경인문화사, 2013; 곽은희, 「만몽문화의 친일적 해석과 제국국민의 창출: 최남선의 「만몽문화」와 「만주 건국의 역사적 유래」를 중심으로」, 《한민족어문학》 47, 한민족어문학회, 2005, 243~278쪽; 조현설, 「민족과 제국의 동거: 최남선의 만몽문화론 읽기」, 《한국문학연구》 32, 동국대학교 한국문학연구소, 2007, 227~252쪽.

右)는 만몽을 일본제국의 '생명선'이라고 주장했다.[15] 더욱이 중일전쟁을 일으킴으로써 중국 해안지대를 장악하고[16] 인도차이나반도 · 동남아시아제도(베트남 · 라오스 · 캄보디아 · 태국 · 필리핀 · 버마 · 인도 등)까지 친일괴뢰정권을 세우고 '대동아공영권(大東亞共榮圈)'을 선언함으로써[17] 형식상 천황(天皇)[18]의 제후국처럼 설정하였다.

---

15 가토 요코(김영숙 역), 『만주사변에서 중일전쟁으로』, 어문학사, 2012, 38쪽.

16 강성학, 「용과 사무라이의 결투: 중일전쟁의 군사전략적 평가」, 『용과 사무라이의 결투: 중일전쟁의 국제정치와 군사전략』, 리북, 2006, 45~90쪽; 가토 요코, 앞의 책, 2012, 193~260쪽; 최문형, 『일본의 만주침략과 태평양전쟁으로 가는 길: 만주와 중국대륙을 둘러싼 열강의 각축』, 지식산업사, 2013, 217~268쪽; 권성욱, 『중일전쟁: 용, 사무라이를 꺾다 1928~1945』, 미지북스, 2015, 187~534쪽; 래너 미터(기세찬 외 역), 『중일전쟁: 역사가 망각한 그들 1937~1945』, 글항아리, 2020, 26~205쪽.

17 최문형, 앞의 책, 2013, 260~262쪽.

18 일본군주에 대해서는 천황(天皇) · 왜왕(倭王) · 일황(日皇) · 일왕(日王) 등 다양한 표현이 혼용되고 있다. 그중 '왜왕'은 조선시대에도 보이며 '일왕'은 20세기초부터 등장하지만 미디어를 통해 하나로 통일된 시기는 1980년대 신군부하 고대사 분야에서 '일왕' 쓰기 운동이 벌어졌을 때로 보인다. 당시 실제로는 일본 정치자금의 영향을 가장 강하게 받던 상황에서 오히려 역사분쟁을 이용했는데 현재까지 악영향을 미치고 있다. 정작 '일본국왕(日本國王)'은 중국에서 막부의 장군[征夷大將軍]을 책봉하거나 조선에서 장군 · 관백(關伯) · 대군(大君)을 지칭하는 용어로 쓰였다. 또한 근대 일본제국주의 침략야욕을 비판하는 관점에서 대동아공영권의 천황을 위치시킴으로써 전쟁책임을 묻고 있으며, 현재 역사교과 편수용어도 '천황'이다. 따라서 조선시대사나 근대사에서는 정확한 명칭을 바탕으로 비판적 입장을 견지하고 있다. 【日本國王】『太宗實錄』卷8, 太宗 4年 7月 己巳(30日);『世宗實錄』卷18, 世宗 4年 12月 癸卯(20日);『世祖實錄』卷16, 世祖 5年 6月 壬子(2日);『成宗實錄』卷231, 成宗 20年 8月 乙未(10일);『中宗實錄』卷54, 中宗 20年 4月 乙巳(16日);『明宗實錄』卷4, 明宗 1年 10月 丙戌(2日);『宣祖實錄』卷205, 宣祖 39年 11月 丁丑(12日);『光海君日記』卷115, 光海君 9年 5月 癸巳(30日)[正草本];『仁祖實錄』卷8, 仁祖 3年 3月 辛未(23日);『純祖實錄』卷14, 純祖 11年 2月 庚辰(1日);【關伯 · 大君】『宣祖修正實錄』卷21, 宣祖 20年 9月 丁亥(1日);『宣祖實錄』卷32, 宣祖 25年 11月 丁卯(11日);『仁祖實錄』卷45, 仁祖 22年 7月 丁酉(12日);『孝宗實錄』卷3, 孝宗 1年 3月 辛酉(8日);『孝宗實錄』卷8, 孝宗 3年 1月 己丑(16日);『肅宗實錄』卷50, 肅宗 37年 5月 癸丑(25日);『英祖實錄』卷 46, 英祖 13年 10月 戊子(4日);『正祖實錄』卷9, 正祖 4年 2月 丙寅(17日);『純祖實錄』卷20, 純祖 17年 8月 庚寅(19日);【倭王】『世宗實錄』卷60, 世宗 15年 6月 戊子(7日);『宣祖實錄』卷55, 宣祖 27年 9月 丙戌(11日); 한

2) 대립적인 타자의 시선: 일본제국이 설계한 오리엔탈리즘의 여파

우리는 외국인의 시선이 담긴 외신(外信)에 유독 크게 관심을 기울이는 경향이 있다. 이 때문에 19세기말~20세기초 외국인의 여행기를 마치 객관적인 사료처럼 분석해 한말을 살펴보려고 했다. 하지만 타자의 시선이 반드시 객관적이다는 보장은 없으며, 단편적인 견문만으로는 역사적 사건을 정확히 서술하기는 매우 어렵다. 수많은 외국인 기록은 상호 모순적이고 정반대되는 평가가 주류를 이룬다. 그런데도 특정한 시각(朝鮮亡國論)만이 크게 주목받아왔다.

예컨대 가장 먼저 서술된 『은자의 나라 조선(Corea, The Hermit Nation)』(1882)은 그리피스(W. E. Griffis)가 조선에 한 번도 와보지 못한 채 다이카쿠 난코(大學南校: 東京開成學校 후신 · 東京帝國大學 전신)에서 일본인에게 전해 들은 내용을 재정리한 수준이었다.[19] 그런데도 이것이 이후 서양인의 방문 시 필독서처럼 이용되었다는 점을 고려해볼 필요가 있다. 일본에 대한 극단적 찬양과 한반도에 대한 왜곡된 시각을 여과 없이 서술함으로써 이 책의 독자는 강력한 부정적인 선입견을 갖고 조선에 입국하게 되었다.

외국인의 입장은 크게 세 가지 형태로 드러난다. 첫째, 일본 제국

용진, 「일본국 군주 호칭에 관한 一考」,《한국교육사학》38-2, 한국교육사학회, 2016, 56쪽, 註2, 61~71쪽; 유지아, 「전후 상징천황제의 정착 과정에 나타난 천황대권의 모호성」,《일본공간》11, 국민대학교 일본학연구소, 2012, 166~193쪽; 손정권, 「현대일본의 상징천황제와 기억의 전승」,《일본근대학연구》37, 일본근대학회, 2012, 305~326쪽; 주은우, 「점령초기 쇼와천황의 시각적 변신: 맥아더 방문과 '인간선언', 그리고 사진」,《사회와 역사》112, 한국사회사학회, 2016, 313~345쪽.

19 W. E. 그리피스(신복룡 역), 『은자의 나라 한국』, 집문당, 1999, 15~19쪽.

주의 입장을 충실히 반영하는 경우이다. 여기에는 일본의 전근대사
(임나일본부)를 과장되게 묘사하여 조선 지배를 정당화하고 일본의 근
대화를 추종하면서 조선을 야만으로 설정하거나 식민지가 되더라도
근대화를 이룰 수 있는 길이라고 용감하게 서술되어 있다(그리피스·
비숍[20]·위그햄·런던·커즌·로웰·켐프 등).[21]

실제로는 「가쓰라-태프트밀약(Taft - Katsura agreement)」(1905.07.~
08.)을 극복하기 위해서 고종은 이승만(李承晚)을 사면복권하고 밀
사(密使)로 임명하여 시어도어 루스벨트(Theodore Roosevelt, 재임
1901~1909) 대통령과 면담을 주선하였고(1905.08.), 그의 딸까지 초
청하여 융숭한 대접을 하였다(1905.09.). 이 밖에도 열강(러시아·영
국·프랑스·독일·오스트리아·헝가리·이태리·벨기에·중국 등)을 대
상으로 다양한 외교전을 전개하였다.[22] 하지만 '망나니 공주' 앨리
스 루스벨트(Alice Roosevelt Longworth)는 석상에 올라타는 등의 무례
한 행동뿐 아니라 국왕이 직접 인도하는 왕실만찬에서조차 음식냄새
가 역하다고만 야유했다.[23] 더욱이 앨리스를 수행한 태프트(William

---

20 비숍은 일본의 근대화를 열렬히 찬양하는 인물인 동시에 개인으로서 조선인을 비판적
인 관점에서 능력을 높이 평가하는 시각을 지녔다. 일본의 정보를 통해 전자의 시각이
강했다가 이후 직접 네 차례 여행하면서 선입견이 점차 줄어들고 직접 체득한 조선의
인식이 집필에 더욱 영향을 미친 듯하다. 하지만 전반적 인식은 오리엔탈리즘의 시선
에서 접근하고 있다.
21 W. E. 그리피스, 앞의 책, 1999, 106~107쪽, 626~637쪽; 헨리 위그햄(이영옥 역),
『(영국인 기자의 눈으로 본) 근대 만주와 대한제국』, 살림, 2009, 249~255쪽, 292~293
쪽; 이사벨라 버드 비숍, 앞의 책, 1994, 307~313쪽, 513~519쪽; 잭 런던, 앞의 책,
2011, 249~253쪽; G. N. 커즌(나종일 역), 『100년전의 여행 100년후의 교훈』, 비봉출
판사, 1996, 410~416쪽; 퍼시벌 로웰(조경철 역), 『내 기억 속의 조선, 조선 사람들』,
예담, 2001, 38쪽, 72~73쪽, 78쪽, 100~101쪽, 109쪽; E. G. 켐프(신복룡 역), 「조선
의 모습」, 『조선의 모습·한국의 아동생활』, 집문당, 1999, 65쪽.
22 서영희, 「대한제국의 종말」, 『신편한국사』 42, 국사편찬위원회, 2002, 355~361쪽.

Howard Taft)는 일본과 밀약을 주도했다.[24] 고종의 밀사로서 방미(訪美)한 이승만은 훗날 회고담에서 미국 대통령의 의례적인 면담에 속았다는 사실에 분노했으며,[25] 또 다른 밀사 호머 헐버트(Homer Hulbert)역시 냉랭한 시어도어 루스벨트에게 외면당했다.[26] 알렌(Horace N. Allen, 安連)은 주한미국공사로서 대한제국 독립론-일본견제론을 주장했으나 친일적 입장을 지닌 대통령·정책당국자에게 무시당했다.[27] 결국 고종이 기획한 이승만·헐버트·알렌·앨리스 루스벨트 등을 통한 미국의 중재요청은 무위로 돌아가버렸다. 이는 러일전쟁(1904.02.~1905.09.) 기간 동안 영국·미국이 자금을 일본에 지원하였고, 이미 일본과 밀약까지 맺은 상태였기 때문이다(1905.07.).[28] 심지어 시어도어 루스벨트는 러일전쟁 후 「포츠머스조약」을 통해서 러일 간 분쟁을 중재한 공로로 노벨평화상까지 거머쥐었다.

둘째, 중도적 평가이다. 그리피스의 왜곡된 정보를 바탕으로 조선에 들어왔으나 일본에 대한 환상이 무너지는 순간을 접하자, '문명국 일본 대 야만국 조선'이라는 기존인식을 점진적으로 수정해나가는 형

23 제임스 브래들리(송정애 역), 『임페리얼 크루즈: 대한제국 침탈 비밀외교 100일의 기록』, 프리뷰, 2010, 305~315쪽.
24 이민원, 앞의 책, 2022, 300~306쪽.
25 이승만은 민영환·한규설의 추천으로 사면되어 처음 고종의 밀사로 출발했으나(서영희, 앞의 글, 2002, 357~358쪽), 실패후 경위를 민영환에게 보냈으며 면영환 역시 이를 받고 후원금을 보내고 자결했다(이민원, 앞의 책, 2022, 266~272쪽). 다만, 일본정부의 집요한 추궁 끝에 황제와 관계를 스스로 부정하고 일진회 대표로 공표하기에 이르렀다(정병준, 「1905년 윤병구·이승만의 시오도어 루즈벨트 면담외교의 추진과정과 그 의미」, 《한국사연구》 157, 한국사연구회, 2012, 164쪽, 173쪽, 182쪽).
26 김동진, 『파란눈의 한국혼 헐버트』, 참좋은친구, 2010, 204~334쪽.
27 H. N. 알렌(김원모 역), 『알렌의 일기』, 단국대학교출판부, 1991, 269~270쪽; 정병준, 앞의 논문, 2012, 178쪽.
28 최문형, 앞의 책, 2004, 159~234쪽; 이민원, 앞의 책, 2022, 238~248쪽.

태이다. 일본제국의 폭력을 접할수록 이 같은 인식전환은 잦아졌으나 그리피스의 영향력을 완전히 소거해내지 못했다. 그래서 일본제국이 제공한 조선 역사의 왜곡과 근대화라는 허울은 그대로 치장되어 있으나 제국의 폭력과 조선의 저항에 놀라워한다. 또는 일본이 알려준 대로 조선정부는 무능하거나 부패하다고 비판하지만 조선인은 긍정하는 형식이다(알렌·샌즈·키스·에른스트·게일·크렙스트·분쉬 등).[29]

셋째, 대한제국의 입장을 옹호하는 경우이다. 그리피스의 시각 자체를 인정하지 않고 고종·명성황후의 입장을 적극적으로 반영한 기록물이다. 이는 독립운동을 재평가하면서 일본제국에 적극적으로 대항하는 지식인들로 나타난다(언더우드·맥켄지·헐버트·로렌스·테일러·베델 등).[30]

---

29 H. N. 알렌, 앞의 책, 1991, 288~289쪽; W. F. 샌즈(신복룡 역), 『조선 비망록』, 집문당, 1999, 48~49쪽, 71쪽, 75~76쪽, 189쪽, 205~206쪽, 214~215쪽, 218쪽; 엘리자베스 키스(송영달 역), 『영국화가 엘리자베스 키스의 코리아 1920~1940』, 책과함께, 2006, 29~30쪽; 에른스트 폰 헤세-바르텍, 앞의 책, 2012, 108~109쪽, 113쪽, 146쪽, 158~159쪽, 209쪽; 제임스 S. 게일(최재형 역), 『조선, 그 마지막 10년의 기록(1888-1897)』, 책비, 2018, 17쪽, 81쪽, 87쪽, 249쪽, 259쪽, 268쪽, 276~277쪽; 아손 그렙스트, 앞의 책, 2005, 161쪽, 177쪽, 240쪽, 258쪽, 260쪽, 377~383쪽; 리하르트 분쉬(김종대 역), 『대한제국을 사랑한 독일인 의사 분쉬』, 코람데오, 2014, 144쪽, 148쪽, 236쪽, 240쪽.
30 릴리어스 호톤 언드우드(김철 역), 『언더우드 부인의 조선생활』, 뿌리깊은 나무, 1984, 31~46쪽, 165~175쪽, 203쪽; F. A. 맥켄지(신복룡 역), 『대한제국의 비극』, 집문당, 1999, 61~92쪽, 126~133쪽, 146~220쪽; 호머 헐버트(신복룡 역), 『대한제국 멸망사』, 집문당, 1999, 165~186쪽, 523~535쪽; 메리 V. 팅글리 로렌스(손나경 역), 「미외교관 부인이 만난 명성황후」, 『미외교관 부인이 만난 명성황후·영국선원 앨런의 청일전쟁 비망록』, 살림, 2011, 27~94쪽; 메리 린리 테일러(송영달 역), 『호박목걸이』, 책과함께, 2014; 김동진, 앞의 책, 2010, 55~380쪽; 정진석, 『나는 죽을지라도 신보는 영생케 하여 한국동포를 구하라: 대한매일신보 사장 배설의 열정적 생애』, 기파랑, 2013a, 106~259쪽; 정진석, 『한국의 독립운동을 도운 영국언론인: 배설』, 역사공간, 2013b, 96~158쪽.

따라서 외국인의 다양한 시각을 일반화하거나 특정사료만을 단장취의(斷章取義)해서 대표성을 부여하기는 어렵다. 현재까지도 미국학계에서 일본의 근대화에 경도되거나 역사왜곡을 검증 없이 받아들인 이들은 조선(대한제국)은 무능력한 국가로, 시대상황 역시 피폐한 모습으로 묘사해오고 있다.[31]

메이지연간 요시다 쇼인(吉田松陰) 제자들은 '정한론(征韓論)'을 계승하였고,[32] 특히 야마가타 아리모토(山懸有朋)는 「야마가타 의견서」(1890)에서 로렌츠 폰 슈타인(Lorenze von Stein)의 개념을 '주권선(主權線)'과 '이익선(利益線)'으로 번안하여 조선을 일본제국의 '이익선'으로 설정하였다.[33] 이것이 확대되어 만주와 몽골까지 '생명선'으로 주장한

---

31 【식민지근대화론】에드윈 O. 라이샤워(김한규 외 역), 「메이지시대의 근대화」, 『동양문화사』 하, 을유문화사, 1989, 100~153쪽; 카터 에커트(주익종 역), 『제국의 후예: 고창 김씨가와 한국 자본주의의 식민지 기원, 1876~1945』, 푸른역사, 2008, 371~379쪽; 오드 아드레 베스타(옥창준 역), 『제국과 의로운 민족: 한중관계 600년사』, 너머북스, 2022, 108~119쪽; 【임나일본부-남부지배설】헨리 키신저(권기대 역), 『헨리 키신저의 중국이야기』, 민음사, 2012, 111~117쪽; 에드윈 O. 라이샤워(김한규 외 역), 「고대 일본: 중국문명의 섭취」, 『동양문화사』 상, 을유문화사, 1989, 411쪽; 【한사군-역사시작설】에드윈 O. 라이샤워(김한규 외 역), 「초기의 한국: 중국형국가의 출현」, 『동양문화사』 상, 을유문화사, 1989, 350~352쪽; 마르티나 도이힐러(이훈상 역), 『한국사회의 유교적 변환』, 아카넷, 2003, 29~36쪽; 마르티나 도이힐러(김우영 외 역), 『조상의 눈 아래에서: 한국의 친족, 신분 그리고 지역성』, 너머북스, 2018, 47쪽; 【정체성론-단일엘리트지배설】존 B. 던컨(김범 역), 『왕조의 기원』, 너머북스, 2013, 382~406쪽; 마르티나 도이힐러, 앞의 책, 2018, 705~729쪽.

32 박홍규, 「신국사상의 침략성」, 『메이지유신의 침략성과 재인식의 문제』, 동북아역사재단, 2019, 53~57쪽.

33 가토 요코(박영준 역), 『근대 일본의 전쟁논리』, 태학사, 2003, 55~96쪽; 서승원, 『근현대 일본의 지정학적 상상력: 야마가타 아리토모-아베 신조』, 고려대학교출판문화원, 2018, 29쪽; 야마다 아키라(윤현명 역), 『일본, 군비확장의 역사: 일본군의 팽창과 붕괴』, 어문학사, 2019, 25쪽; 이태진, 『일본제국의 '동양사' 개발과 천황제 파시즘』, 사회평론아카데미, 2022a, 74~75쪽.

것이다.[34] 향후 이를 실현시켜 자국의 적자재정을 침략전쟁과 배상금을 통한 약탈경제를 기반으로 하는 흑자경제로 전환하였고,[35] 세계대공황기에도 만주침략을 통해서 경제난을 해결하였다.[36] 그러자 서구 열강은 일본제국의 거짓에 쉽게 속아 넘어갔고 각종 여행기에 이 같은 인식이 깔리게 되었다. 이는 유럽 제국주의 국가조차 본질적으로 비슷한 형태의 경제구조였기 때문이다.

2. 구체제 비판론과 실상

1) 17~19세기 한일 간 경제상황

일본제국은 후발산업국가로 발돋움하여 아직 수출 면에서 안정적인 흑자를 누리지 못했으며, 국민의 생계를 유지하는 데 필수적인 쌀 공급 역시 조선에 비해서도 적은 편이었다. 이 때문에 수백 년간 조선이 왜구침략을 선제적으로 막기 위해서 세견선(歲遣船: 무역선)을 통해 세사미(歲賜米)를 원조하였고 왜관(倭館)까지 허가하였다.[37] 고

---

34 가토 요코, 앞의 책, 2012, 38쪽.

35 조재곤, 앞의 글, 2002, 100쪽; 박홍규, 앞의 글, 2019, 39~56쪽; 미타니 타이치로(송병권 외 역), 『일본 근대는 무엇인가』, 펑사리, 2020, 176~178쪽.

36 일본역사학연구회(아르고인문사회연구소 편역), 『태평양전쟁사 1: 만주사변과 중일전쟁』, 채륜, 2017a 93~128쪽, 157~196쪽, 470~503쪽; 최문형, 앞의 책, 2013, 150~156쪽.

37 한성주, 「조선전기 '字小'에 대한 고찰: 대마도 왜인 및 여진 세력을 중심으로」, 《한일관계사연구》 33, 한일관계사학회, 2009, 203~236쪽; 한문종, 「조선초기 향화왜인 피상의의 대일교섭 활동」, 《한일관계사연구》 51, 한일관계사학회, 2015, 71~94쪽; 현명철,

려시대부터 일본의 진봉선(進奉船)이 내왕했으며 대마도(對馬島)·일기도(壹岐島) 등을 책봉함으로써 관리하였고, 조선시대에도 세견선허가·대마도책봉을 통해 유사한 기미정책이 행해졌다. 세견선은 1424년(세종6: 九州探提 기준)~1443년(세종25: 對馬島主 기준)에서 1872년(고종9: 운항 기준)~1876년(고종13: 修好條規 기준)까지 약 430~453년간 확인된다. 세견선은 실록에는 세조대부터 확인되지만[38] 여타연구에서 세종연간으로 고증하고 있으며,[39] 1872년까지 운용되었고,[40] 1876년 「조일수호조규(朝日修好條規)」(강화도조약)에서 폐지하였다.[41] 전통시대 조일교역은 경제적 부국이 상대적으로 빈한한 이웃국가에 교역을 허가하는 형식이었다. 일본은 메이지 이후 수출품에 세금을 부과하여 정부재정을 확보하거나 개항장의 외국물품을 조선에 재판매함으로써 무역적자를 해소하는 형태를 도모하였다.[42]

조선과 일본의 인구비는 대략 일본이 2~3배를 유지하는 데 비해 곡물생산량은 메이지연간까지도 조선과 비슷하거나 약간 떨어지는 수준이었다.[43] 에도시대 생산성 향상·관동(關東)평야 개간,[44] 메이

「기유약조체제의 붕괴과정에 대하여」, 《한일관계사연구》 54, 한일관계사학회, 2016, 155~192쪽; 유채연, 「조선시대 兒名圖書에 관한 고찰」, 《한일관계사연구》 62, 한일관계사학회, 2018, 135~169쪽; 구자원, 「16세기 전반 조선의 대일통교정책 변화와 約條」, 《사림》 68, 수선사학회, 2019, 197~223쪽.

38 『世祖實錄』 卷43, 世祖 13年 7月 甲申(21日).
39 김병하, 「이조전기의 대일무역 성격」, 《아세아연구》 11-4, 고려대 아세아문제연구소, 1968, 12쪽.
40 정성일, 「1872-1875년 조일무역 통계」, 《한일관계사연구》 46, 한일관계사학회, 2013, 53~118쪽.
41 『高宗實錄』 卷13, 高宗 13年 2月 乙丑(3日).
42 정성일, 앞의 논문, 2013, 53~118쪽.
43 김백철, 앞의 책, 2021, 348~355쪽.
44 하야미 아키라(조성원 외 역), 『근세 일본의 경제발전과 근면혁명』, 혜안, 2006,

지연간 홋카이도(北海道) 개척[45] 등을 고려하면 농업사회를 기준으로 현격히 조선을 압도했다고 보기 어렵다. 일본의 역사학계는 서구의 '산업혁명(Industrial Revolution)'에 대비시켜 에도시대 농업생산력 향상을 인간의 노동력에 기반한 '근면혁명(Industrious Revolution)'이라는 제한된 발전상(혹은 경제적 낙후성)으로 설명하고 있다.[46] 자본주의 체제 후미에 간신히 세계경제체제 진입을 엿보았으나 적자는 쉽사리 개선되지 않았으며 이 같은 누적된 만성적자를 메이지정부는 전쟁으로 돌파하고자 하였다.[47] 무리하게 막대한 외자(外資)를 또다시 도입하여 전쟁을 일으키는 악순환의 연속이었다.[48]

그런데도 일본제국이 도약에 한시적인 승리를 맛본 것은 조선-청-러시아 등과 전쟁 시 모두 내부의 혁명에 직면한 상황을 이용했기 때문이다. 조선침략 시는 동학농민운동으로 중앙정부의 군사력이 분산된 상태였고, 청일전쟁기에는 내란뿐 아니라 서태후가 근대적 개혁을 무위로 돌려서 전비가 온전하지 못했으며, 러일전쟁기에는 러시아에 1차 혁명이 발생했기 때문이다. 이러한 기회를 이용하여 선전포고 없이 기습을 통해 군국주의 '전쟁국가' 일본은 승리에 도취되었다.[49] 하지만 이 같은 전략을 사용한 진주만기습(1941.12.07.)으로

285~301쪽; 萬代悠・中林眞幸, 「近世の土地法制と地主經營」, 『日本經濟の歷史2 近世: 16世紀末から19世紀前半』, 岩波書店, 2017, pp.150-159.

45 다나카 아키라(김정희 역), 『메이지유신』, AK커뮤니케이션즈, 2020, 173~176쪽.

46 하야미 아키라, 앞의 책, 2006, 285~301쪽.

47 조재곤, 앞의 글, 2002, 100쪽; 가토 요코, 앞의 책, 2003, 55~96쪽; 가토 요코(양지연역), 『왜 전쟁까지』, 사계절, 2018, 46~49쪽, 86~88쪽, 239~240쪽.

48 미타니 타이치로, 앞의 책, 2020, 143~147쪽.

49 일본제국은 초창기(청일전쟁・러일전쟁)에는 기습을 단행한 이후에 선전포고를 하였으며, 후반기(태평양전쟁)에는 선전포고를 하되 실제 기습 직전에 전달하여 형식적

미국을 자극하자 해상전력이 궤멸되기에 이르렀고,[50] 혁명을 끝낸 소련이 만주전략공세작전(1945.08.09.~20.)을 벌이자 관동군(關東軍)으로 대변되는 육상전력은 분쇄되었다. 한 번도 상대국이 온전한 상황에서 상대해본 적이 없던 '반칙 선수(foul player)' 일본제국은 기습작전이 더 이상 통하지 않은 정면승부 시점에서 자연히 붕괴될 수밖에 없었다.[51]

그렇다면 이 같은 '초심자의 행운'에 기댄 일본제국에 조선(대한제국)이 패배한 것은 무엇 때문이었을까? 여기에는 바로 앞서 살폈듯이 내부분열과 외세침략이 함께 닥쳤기 때문이다. 반면에 일본은 서구 열강이 본격적인 침공을 감행하기 전에 최소한 두 차례 이상 통일전쟁을 마무리하였다. 하나는 15~16세기 장기간 지속된 전국시대(戰國時代)를 마무리 짓고 오다 노부나가(織田信長)-도요토미 히데요시(豊臣秀吉)-도쿠가와 이에야스(德川家康) 등으로 이어지는 내전상태의 종식이었다. 이렇게 탄생한 도쿠가와(德川)막부는 군현제(郡縣制) 국가는 아니었으나 종전의 완전히 독립된 다이묘(大名)가 다스리는 봉건제도 역시 아니었다.[52] 17세기 이래 처음으로 전국단위 통계자료가

요건만 갖추었다. 이승만(김창주 역), 『일본의 침략근성: 그 실체를 밝힌다』, 행복우물, 2015, 35~52쪽; 요시다 유타카(최혜주 역), 『아시아태평양전쟁』, 어문학사, 2012, 69~102쪽; 일본역사학연구회, 앞의 책, 2017a, 157~235쪽; 일본역사학연구회(아르고 인문사회연구소 편역), 『태평양전쟁사 2: 광기와 망상의 폭주』, 채륜, 2017b, 101~167쪽, 222~265쪽.

50 요시다 유타카(최혜주 역), 『아시아태평양전쟁』, 어문학사, 2012, 199~250쪽; 일본역사학연구회, 앞의 책, 2017b, 222~408쪽.

51 노나카 이쿠지로 외(박철현 역), 『일본제국은 왜 실패하였는가?: 태평양전쟁에서 배우는 조직경영』, 주영사, 2009, 268~347쪽; 존 톨랜드(박병화 외 역), 『일본제국패망사: 태평양전쟁 1936-1945』, 글항아리, 2019, 172~189쪽.

52 박훈, 『메이지유신은 어떻게 가능했는가』, 민음사 2014, 31~35쪽.

등장하였고 막부의 장악력이 고도화되었다. 이는 유럽의 국가체 만들기와 유사한 궤적을 그렸다.

그러나 서양은 아직 동양보다 국가체 발전이 더뎠으므로 비교우위를 접하지 못하였고 동북아시아에서 식민지쟁탈을 벌이기 어려웠다. 이에 국가체 발달이 현저히 부족했던 아프리카 · 아메리카 · 태평양 도서지역을 중심으로 영토를 획득했다.[53] 서구 열강이 아시아지역까지 본격적인 영토팽창이 가능했던 시기는 유럽 내 전쟁이 상당수 정리된 19세기 중반(아편전쟁) 이후 산물이었다.

그 과정이 마무리되기 전에 일본도 재통일을 통해서 메이지정부를 탄생시켰다.[54] 이는 외세침략에 대항하기 위해 각 번의 군사력 부흥을 막부가 용인하자 도리어 반란이 일어나서 중앙권력이 무너졌기 때문이다. 도쿠가와막부–메이지정권의 교체가 조금만 늦었더라도 외세침탈을 감당하기는 어려웠을 것이다. 이는 막부의 통제가 강력하다고 하더라도[55] 조선이나 청과 같은 중앙집권국가가 아직 성립되지 못한 상황에서 외부세력을 상대하는 데 상당한 어려움이 예상되었기 때문이다.

그런데 사실 조선과 일본의 근대화과정을 비교해보면 현저한 차이가 보이지 않았다. 메이지유신이 1868년에 불과하였고, 고종의 즉위는 1863년이었고 친정은 1873년이었으므로 메이지유신보다 오히려 앞서며 흥선대원군이 19세기 후반 삼정문란(三政紊亂)을 해결하는

---

53 펠리페 페르난데스 아르메스토 외(이재만 역), 『옥스퍼드 세계사』, 교유서가, 2020, 455~489쪽.
54 박훈, 앞의 책, 2014, 51~102쪽, 175~218쪽; 다나카 아키라, 앞의 책, 2020, 37~115쪽.
55 일본은 에도시대까지도 각 번이 독자적인 사법체계와 형량을 운영하고 있었다. 石井良助, 『江戸の刑罰』, 中央公論社, 吉川弘文館, 2013, p.14.

데 시간을 보낸 것을 고려한다면, 메이지정부도 아직 군현제를 완성하지 못하고 남방(流球國) 합병이나 북방(北海道) 개척도 못 한 상황이었으므로 조선보다 현격한 격차를 이루지 못했다.[56] 혹자는 데지마(出島, 1641~1859)를 통한 난학의 수용을 비교대상으로 잡고 있으나 난학이 일본사회에 과연 얼마나 영향을 미쳤는지는 검토가 필요하다. 종래에는 아무런 의심 없이 난학이 일본 고학(古學)·국학(國學)으로 이어져서 근대화에 기여했다고 주장해왔으나 어디까지나 결과론적 해석에 불과하기 때문이다. 왜냐하면 이는 전근대 주자학을 극복하여 일본이 근대화에 성공했다는 논지인데,[57] 정작 메이지유신 당시 국가이념은 주자학(혹은 퇴계학)을 상당 부분 원용함으로써 근대사상으로 전환하는 촉진제로 사용했기 때문이다.[58]

에도시대 17~18세기 고학은 주자학에 대한 몰이해(反고증학·反실학)를 토대로 탄생하였다. 고학파는 오늘날 갈라파고스(Galapagos Islands)로 비유되는 이해방식으로 훈고학·이학을 집대성한 주자학을 주자성리학에 국한시켜서 이해하고 자신의 한당유학(漢唐儒學) 연구를 독자적 '고학'으로 착각했다. 하지만 실상은 그조차 주자학의 범주(訓詁學·理學의 집대성)에서 벗어나지 못했다.[59] 일제강점기에 국내에 들어온 협소한 시각의 주자성리학 평가는 반주자학이라는 관점에서 실학담론으로 형성되어 최근까지도 악영향을 미쳐왔다.[60]

---

56 다나카 아키라, 앞의 책, 2020, 168~184쪽.

57 마루야마 마사오(김석근 역), 『일본정치사상사연구』, 통나무, 1998, 325~334쪽.

58 小倉紀藏, *Op. Cit.*, 2012, pp.251-272; 박훈, 앞의 책, 2014, 135~165쪽; 박훈, 『메이지유신과 사대부적 정치문화』, 서울대학교출판문화원, 2019, 14~82쪽, 161~181쪽.

59 錢穆(이종재 외 역), 『주자학의 세계』, 이문문화사, 1989, 39~48쪽.

60 이태훈, 『실학담론에 대한 지식사회학적 고찰: 근대성 개념을 중심으로』, 전남대학교

심지어 19세기 중반 국학은 신대문자(神代文字)를 전국에서 묻었다가 다시 발굴하여 한글-일본기원설을 조작하기에 이르며[61] 각종 유물위조가 21세기까지도 간헐적으로 뉴스를 타고 있을 정도이다.[62] 마치 유럽에서 그리스-로마 유적 중 자신들의 기호에 맞는 이상화된 유물만 선택적으로 발표했던 방식[63]보다 훨씬 강도 높은 조작이었다. 일본 국학은 대륙에서 격리된 고립성을 오히려 독자성으로 치환하였고 대륙(한국·중국) 기원문화를 모두 독자적인 일본열도의 문화로 바꾸기 위해서 수많은 조작활동에 매달렸다. 이는 메이지 이후 황국사관-일선동조론-만선사관-만몽문화론-아시아연대론-대동아공영권 등으로 확장되는 과정에서 중국 중심의 화이관을 일본민족 중심의 '동양학'으로 대체했기 때문이다.[64] 오늘날 일본학계의 준엄한 비판에도 불구하고 이러한 연장선상에서 최근까지도 증거자료 끼워 맞추기가 극우이념을 배경으로 학계주변부를 맴도는 비전문가들 사이에서 횡행하고 있다.

조선은 연 최소 3회 이상 중국으로 사신행차를 보내서(賀正使·聖

사회학과 박사논문, 2004, 20~69쪽; 신항수, 「비판적 시각으로 살펴본 실학 연구」,《내일을 여는 역사》21, 내일을여는역사재단, 2005, 200~211쪽; 김치완, 「茶山學으로 본 實學과 近代개념에 대한 비판적 접근」,《역사와 실학》52, 역사실학회, 2013, 211~237쪽; 노관범, 「대한제국기 실학 개념의 역사적 이해」,《한국실학연구》25, 한국실학학회, 2013, 417~462쪽; 노관범, 「근대 초기 실학의 존재론: 실학 인식의 방향 전환을 위하여」,《역사비평》122, 역사비평사, 2018, 447~473쪽.
61 김건우, 「일본 신대문자의 형태변화 연구」,《기초조형학연구》11-6, 한국기초조형학회, 2010, 39~45쪽.
62 김백철, 앞의 책, 2021, 369쪽.
63 C. W. 쎄람(안경숙 역), 『낭만적인 고고학 산책』1, 평단문화사, 1985, 26쪽; 마틴 버낼(오흥식 역), 『블랙 아테나: 서양 고전 문명의 아프리카·아시아적 뿌리』1, 소나무, 2006, 59~77쪽, 400~473쪽.
64 신현승, 『제국 지식인의 패러독스와 역사철학』, 태학사, 2016, 17~142쪽.

節使·冬至使) 직접 북경을 통한 서구문물을 받아들였을 뿐 아니라, 조선 통신사(通信使)가 수년마다 일본을 방문하여 네덜란드 등 서양인과 접촉하였으며(17세기~19세기초), 상설되어 있던 동래 왜관을 통해서 서구·동남아 물자를 대거 유통시켰다(17세기초~19세기말). 일본은 데지마가 한정적으로 교역해도 실제보다 크게 평가하고 조선은 북경 조선관이나 동래 왜관을 통해서 상시적으로 교역해도 실제보다 제한성만을 강조한다. 그러나 동래에 설치된 초량 왜관은 데지마 상관의 25배 규모였다.[65] 네덜란드를 통한 동남아-중국-유럽 무역과 왜관-조선관을 통한 교역은 과연 얼마나 차이가 있었을까?

더욱이 일본이 중국과 본격적인 직교역이 열린 시기는 상당히 제한적이다. 통일왕조와 대규모 사절이 정기적으로 운영된 경우는 수(隋)·당(唐)시대에 불과하고 비공식 사절이나 간헐적인 교류가 이어졌다. 명초기에도 감합(勘合)무역이 잠시 허락되었으나 규정을 지키지 않아서 금지되기에 이르렀고 청대는 17세기 후반에 비로소 교역이 재개되었다. 이것이 중일 간 직교역 이전까지 일본주재 네덜란드 상관의 교역량이 유럽무역보다 역내무역(域內貿易: 對中國輸出) 비중이 압도적으로 높았던 이유이다.[66]

특히 조선의 왜관은 데지마보다 훨씬 더 큰 규모를 유지했는데,[67]

---

65 최차호, 『초량왜관』, 어드북스, 2014, 70~107쪽.

66 17세기초 금은의 교환비율은 유럽(금1 : 은12), 중국(금1 : 은6)이므로 네덜란드 동인 도회사는 일본의 은을 중국에서 교환하여 100% 환차익을 노렸다. 은은기, 「15~17세기 세계 무역패권의 향방과 조선의 역할」, 『한국사 연구의 새로운 동향』, 역락, 2018, 309~313쪽.

67 다시로 가즈이(정성일 역), 『왜관』, 논형, 2005, 107~152쪽; 한문종, 「조선전기 왜관의 설치와 기능」, 『한일관계 속의 왜관』, 경인문화사, 2012, 57~83쪽; 장순순, 「조선후기 왜관의 성립과 왜관정책」, 『한일관계 속의 왜관』, 경인문화사, 2012, 89~121쪽.

대중무역에서 조선의 중개무역이 그만큼 비중이 컸기 때문이다. 심지어 일본은 해금령인 천계령(遷界令, 1661~1683) 해제 이후 청과 직교역이 열린 이후에도 급속히 늘어나는 대중무역 적자(은화유출)를 막기 위해서 무역량을 통제했으므로 조선 통신사는 1세기 이상 더 유지되었다.[68] 막부는 국내유통 은보다 순도를 높힌 인삼대왕고은(人蔘代往古銀)을 별도로 제작할 만큼 대조선무역을 중요하게 여겼다. 심지어 통신사가 중단된 19세기 중반 이후로도 대외교역에서 완충장치가 갖추어진 왜관은 폐쇄되지 않았고 일본 경제의 숨구멍 역할을 해주었다.

일본의 메이지 이래 어용학자들은 자국의 상업발달을 침소봉대해왔으나 중국의 대유럽교역량과 비교하면 현격한 차이가 있다. 일본이 서구무역으로 근대화되었다고 주장해왔으나 같은 논리라면 그보다 수천, 수만 배의 무역량을 자랑하는 중국이 세계제국으로 발돋움했어야 했다. 16세기 이후 일본은 자국민·타국민을 대상으로 노예무역에 종사하였고,[69] 극소수지역에서 광산개발을 통해서 은·구리 등 지하자원을 수출하는 형태로 국제무역에 참여했다.[70] 에도시대에

---

68 한명기, 「17세기 초 은의 유통과 그 영향」,《규장각》15, 서울대학교 규장각, 1992, 1~36쪽; 한명기, 「16, 17세기 명청교체와 한반도: 재조지은, 은, 그리고 쿠데타의 변주곡」,《명청사연구》22, 명청사학회, 2004, 37~64쪽; 정성일, 「조선의 동전과 일본의 은화: 화폐의 유통을 통해 본 15-17세기 한일관계」,《한일관계사연구》20, 한일관계사학회, 2004, 1~20쪽; 야마모토 스스무(山本進), 「조선후기 은 유통」,《명청사연구》39, 명청사학회, 2013, 213~238쪽; 조영헌, 「동아시아사 교과서의 '은 유통과 교역망': 주제의 설정과 그 의미」,《동북아역사논총》39, 동북아역사재단, 2013, 141~182쪽.

69 Thomas Nelson, "Slavery in Medieval Japan", *Monumenta Nipponica*, Vol. 59-4, Sophia University, 2004, pp.463-492; 박태석, 『일본의 노예』, 월드헤리티지, 2021, 54~55쪽, 62~69쪽, 74~75쪽, 79~81쪽.

70 야마구치 게이지(김현영 역), 『일본근세의 쇄국과 개국』, 혜안, 2001, 30~37쪽; 윤병

도 전체 경제규모로 볼 때 '농업국가'에 지나지 않았으며,[71] 메이지유신 이후 '전쟁국가'를 출범시켜 약탈경제를 통해서 성장한 것에 지나지 않았다.[72]

유사한 사례는 조선에서도 나타난다. 상업활동이 시대별로 차이는 있으나 점진적으로 증가하고 있었다. 16세기와 18세기 장시(場市)는 전국단위로 확장되어 최고치를 찍고 있었다.[73] 그동안 19세기사 연구에서 농업만을 특정해서 경제상황을 분석하려고 했으나 18세기까지 농업생산량의 극대화를 이룬 이후에는 농업생산량은 일정궤도를 유지하였고 국내외 상업이 비약적으로 증가하였다.[74] 이를 두고 섣불리 농업이 정체되었다거나 퇴행하였다고 평가하는 것은 문제가 있다. 다만 국지적인 상업사례가 확인되고 있으나 농업처럼 전면적인 조세행정의 대상이 아니었으므로 오늘날 자본주의 국가와 같은 정부단위 통계는 미미한 편이다. 이는 양국의 상업활동이나 대외교역량을 정확한 수치로 집계하거나 비교하기가 어렵기 때문이다. 그러므로 일부 번(藩)의 상업통계만을 가지고 국가 전체로 확대해석하는 방식[75]

남, 『구리와 사무라이: 아키타번을 통해 본 일본의 근세』, 소나무, 2007, 153~187쪽.

71 하야미 아키라, 앞의 책, 2006, 282~301쪽.

72 가토 요코, 앞의 책, 2003, 55~96쪽; 가토 요코, 앞의 책, 2018, 46~49쪽, 86~88쪽, 239~240쪽.

73 조선전기 장시·교역은 다음 참조. 박평식, 『조선전기 상업사 연구』, 지식산업사, 1999; 박평식, 『조선전기 교환경제와 상인연구』, 지식산업사, 2009; 박평식, 『조선전기 대외무역과 화폐연구』, 지식산업사, 2018.

74 조선후기 상업사는 다음 참조. 김동철, 『조선후기 공인연구』, 한국연구원, 1993; 이태진 외, 『서울상업사』, 태학사, 2000; 고동환, 『조선후기 서울상업발달사 연구』, 지식산업사, 1998; 고동환, 『조선시대 서울도시사』, 태학사, 2007; 고동환, 『조선시대 시전상업연구』, 지식산업사, 2013; 정수환, 『조선후기 화폐유통과 경제생활』, 경인문화사, 2013.

75 안드레 군더 프랑크, 앞의 책, 2003, 197~200쪽.

은 부적절하다. 더욱이 일본사에서 상식에 속하는 도쿠가와막부가 시행한 조선 통신사 유치 · 참근교대(參勤交代) 등을 통해서 다이묘의 재정을 고사시키는 정책에 대해서도 거의 고려하지 않고 있다. 막부에 바치는 막대한 세금까지 더해졌는데,[76] 각 번이 자본을 축적할 수 있었다고 한다면 도쿠가와막부의 위상을 지나치게 폄하하는 것이다.

현재 일본 역사학자들은 대체로 에도시대까지 농업사회로 규정하고 있다.[77] 일본의 중앙정부가 단일한 전국통계를 만들기 시작한 것도 에도시대 이후로 그 대상도 곡물생산량 · 대략적인 인구 수치에 불과했다. 17~19세기 한일 간 농토면적 · 곡물생산량은 시기별로 오차범위 내에서 거의 비슷하였다(4,000만~6,000만 리터).[78] 만일 농업사회라는 전제하에서 곡물만으로 국민총생산량(GDP)을 잡는다면 총액은 비슷한 규모로 운영되고 있었으며, 인구 추계는 일본이 약 1.6배로 많았으므로(조선 1,600만 명 대 일본 2,600만 명)[79] 1인당 GDP는 조선의 약 61% 수준으로 집계된다.[80] 과연 일본은 39%의 격차를 어떻게 만회하

---

76 윤병남, 앞의 책, 2007, 238~276쪽, 291~292쪽, 326~327쪽.

77 宮本又郎, 「近世一本の市場と商業」, 『日本經濟の歷史2 近世: 16世紀末から19世紀前半』, 岩波書店, 2017, pp.240-245.

78 양국 시계열 데이터는 다음 참조. 김백철, 앞의 책, 2021, 348~349쪽.

79 18~19세기 양국의 최대치를 비교해보면, 조선은 【1721년】 1,653만 명, 【1840년】 1,650만 명, 일본은 【1721년】 2,605만 명, 【1841년】 2,684만 명 등이 확인된다. 권태환 · 신용하, 「조선왕조시대 인구추정에 관한 일시론」, 《동아문화》 14, 서울대학교 동아문화연구소, 1977, 289~330쪽; 키토 히로시(최혜주 역), 『인구로 읽는 일본사』, 어문학사, 2009, 90쪽; 김백철, 앞의 책, 2021, 434~436쪽.

80 앞서 계산을 통해 양국 총생산량을 동일하다고 전제한 후, 양국 1인당 GDP를 계산하면, 조선은 1.87만 석(일본단위: 조선 3,000만 석/조선 1,600만 명), 일본은 1.15만 석(일본단위: 일본 3,000만 석/일본 2,600만 명)이며, 양국을 비교해보면 1.15(일본)/1.87(조선)로, 일본은 조선의 61%수준이다. 丁若鏞, 『牧民心書』, 戶典六條, 田政, 稅法下; 박시형, 『조선토지제도사』 중, 신서원, 1994, 465쪽; 이헌창 외, 『조선후기 재

였을까?

게다가 메이지정부가 궁극에는 도쿠가와막부로부터 평화적 정권 이양을 받은 듯하지만, 신정부의 세수는 실제 막부의 직할지에서만 발생했으며, 판적봉환(版籍奉還) 이후 다이묘에게 지위를 보장하고 작위를 하사하였다. 그리고 각 번이 지고 있던 막대한 부채를 모두 신정부가 인수하였다.[81] 따라서 일본제국주의 경제학자가 주장한 상업활동을 통한 자본의 축적은 존재하지 않았다. 에도시대 참근교대를 통한 도로 인근의 상업발달은 일본 내수경제의 발전이었을 뿐이며 관동평야의 개발 역시 국내적 식량자급에 국한되었다. 그토록 강조해온 에도시대 농업생산량의 최대치는 조선에 미치지 못하거나 비슷한 수준에 도달하는 데 그쳤다.[82] 그렇기 때문에 메이지정부는 만성적자에서 벗어나기 위해 '정한론'의 계승자들이 '이익선'이라는 개념을 설계하여 조선침략을 실행에 옮겼던 것이다.[83] 곧 일본은 만성적 재정적자를 타계하고자, 침략전쟁을 통해서 1차로 배상금을 얻어내고 2차로 직접 영토를 병합하거나 괴뢰정권을 세우는 방식으로 약탈경제를 운영했다. 실제로 러일전쟁 이후 대한제국의 재정약탈을 실행에 옮겼다.[84] 세계대공황(1929)까지 겹치자, 일본제국은 서구열강과 같은 자급자족이 가능한 블록경제를 꿈꾸며 아시아 전역을 침공

정과 시장』, 서울대학교출판문화원, 2010, 6~7쪽; 김백철, 앞의 책, 2021, 434~437쪽.

81 다나카 아키라, 앞의 책, 2020, 105~113쪽.

82 김백철, 앞의 책, 2021, 348~351쪽.

83 조재곤, 앞의 글, 2002, 100쪽; 가토 요코, 앞의 책, 2003, 55~96쪽; 미타니 타이치로, 앞의 책, 2020, 176~178쪽.

84 이윤상, 『1894-1910년 재정제도와 운영의 변화』, 서울대학교 국사학과 박사논문, 1996, 205~320쪽.

하였는데 이것이 바로 대동아공영권의 청사진이었다. 일본제국의 군사적 침공은 철저히 경제적 이익실현과 맞물려 있었다. 따라서 식민지근대화론과 같은 시혜론은 경제적 의도를 감추기 위한 거짓명분에 지나지 않았다.[85]

2) 세도정치기의 폐단

조선왕조의 붕괴에 관해서는 내적 요인(내부분열)과 외적 요인(외세 침탈)이 지목되어왔다. 여기서는 전자를 살펴보고자 한다. 초기에는 19세기 전체를 민중운동사 관점에서 바라보는 혁명론이 주목받았으나 1세기 이상 혁명기로 산정하는 것은 무리가 있다. 이는 과거 민중

---

[85] 뉴라이트 경제사학에서 강조하는 식민지조선의 1911~1940년 GDP 성장률은 연 3.6%에 불과하며, 1인당 GDP 실질증가율 역시 연 2.3%에 그친다(김낙년, 「한국의 역사통계」, 《경제사학》 50, 경제사학회, 2011, 182~183쪽; 김낙년 외, 『한국의 장기통계: 국민계정 1911~2010』, 서울대학교출판문화원, 2012, 325쪽). 이 역시 일본인 주도하의 경제구조였으므로 조선인 전체와 무관하였으며, 그중 블록경제를 완성하고 태평양전쟁을 일으키기 직전인 1920~1936년 약 15년간만 최대 호황을 누렸을 뿐이다. 1937~1945년 중일전쟁을 시작으로 태평양전쟁까지 전시 총동원체제로 경제는 파탄에 이르렀고 얼마 안 되는 공업시설마저 만주와 가까운 북한지역에 존재했으며 그마저도 6·25전쟁으로 완전히 파괴되었다. 그런데 광복 이후 토지개혁을 실시함으로써 자영농의 농업소득(미국원조 포함)으로 1950년대 경제성장률 약 6% 이상을 유지하였는데(한국은행 기준 1954년 7.5%, 1955년 5.6%, 1956년 0.6%[일시감소], 1957년 9.45%, 1958년 6.6%, 1959년 5.6%), 이는 식민지의 공업경제보다 독립국의 농업경제가 훨씬 더 주체적인 경제일원으로 참여하는 동기부여에 용이했음을 보여준다. 더욱이 1960~1970년대 본격적인 산업화에 나서면서 성장률 약 7~14%를 달성하였다(한국은행 기준 1961년 6.9%, 1962년 3.9%[일시감소], 1963년 9%, 1965년 7.3%, 1966년 12%, 1967년 9.1%, 1968년 13.2%, 1969년 14.6%, 1970년 10.1%, 1971년 10.5%, 1972년 7.2%, 1973년 14.9%, 1974년 9.5%, 1975년 7.8%, 1976년 13.2%, 1977년 12.3%, 1978년 11%, 1979년 8.7%). 따라서 대한민국이 독자적으로 이룩한 '한강의 기적'을 식민지근대화의 영향으로 설명하는 방식은 객관적인 경제발달 분석으로서는 매우 부적절하다.

운동사 관점에서 전체 반정부활동(무장강도 포함)을 모두 혁명으로 침소봉대했기 때문이다.[86] 그러나 무장강도(明火賊)·반란(洪景來亂)·청원운동(三南民亂) 등은 엄연히 구분이 필요하다. 명화적·화적은 야간무장강도에 불과하며 대낮에 살인·강간 등을 일삼는 이들까지 혁명세력으로 치부한 것은 대단히 무리한 분류이다.

그리고 19세기초 홍경래 난과 19세기중반 삼남민란 역시 그 성격이 전혀 달랐다.[87] 전자는 반정부활동이었으므로 반란으로 볼 수 있으나 지역차별을 내세운 민중혁명으로 간주하기는 어렵다. 실제로 평안도는 전통적으로 세금을 중앙에 받치지 않고 비축하는 지역인데다가 대중무역으로 상업이 발달하여[88] 오히려 상업세력이 자금을 대고 몰락양반이 합세한 무력항쟁이었으므로 반란에 동원된 임노동자를 민중세력으로 보는 것[89]은 무리가 있다. 후자는 18세기 신문고(申聞鼓)·순문(詢問)·상언(上言)·격쟁(擊錚) 등으로 국왕에게 백성이 직접 호소하는 절차를 과도하게 신뢰했던 순진무구한 지방민이 탐관오리를 체포했다가 조정에 탄압받은 사건이다. 이들은 반정부세력이나 민중혁명과 성격이 달랐다.[90] 특히 삼남의 백성은 왕사(王使)

86 정석종, 『조선후기 사회변동 연구』, 일조각, 1990, 23~25쪽; 정석종, 『조선후기 정치와 사상』, 한길사, 1994, 46~118쪽; 한국민중사연구회, 『한국민중사』 1, 풀빛, 1986, 187~194쪽.
87 김인걸, 「조선후기 사회경제의 발전과 농민항쟁」, 『한국사특강』, 서울대학교출판부, 1990, 195~212쪽; 고석규, 「서북지방의 민중항쟁」, 『신편한국사』 36, 국사편찬위원회, 2002, 271~277쪽; 송찬섭, 「삼남지방의 민중항쟁」, 『신편한국사』 36, 국사편찬위원회, 2002, 330쪽.
88 권내현, 『조선후기 평안도재정 연구』, 지식산업사, 2004, 19쪽, 289~290쪽; 오수창, 『조선후기 평안도 사회발전 연구』, 일조각, 2002, 39~41쪽.
89 오수창, 앞의 책, 2002, 291~305쪽.
90 에릭 홉스봄은 반란의 유형에 대해 의적, 마피아, 구세주, 무정부주의, 농민공산주의,

가 내려오면 납작 엎드려서 어진 국왕의 신하가 문제를 해결해줄 것으로 믿어 의심치 않던 충성스러운 왕정의 신민(臣民)이었으므로 혁명세력인 난민(亂民)과는 거리가 멀다.[91]

오히려 기층민 다수가 참여하여 무력투쟁을 벌인 경우는 19세기말 동학농민운동이 가장 가깝다.[92] 심지어 그들조차 초기에는 고부에서 집단민원으로 시작했다가 강경탄압이 이루어지자 봉기로 변질된 것이다. 이에 후술하듯이 단순한 민원에서 비롯된 우발적 폭력사태는 백성소요[民擾]로, 무장을 갖추고 명분을 내세우는 의병·동학 등은 비적무리[匪徒]로,[93] 사적 이익을 좇는 무장강도는 강도·화적·수적 등으로 구분하여 기재하였다. 대개 무장강도만 강력하게 처벌하였으며 단순가담자는 관용을 베풀었다. 단, 주모자나 살인을 한 경우는 모두 엄단하였다.

이는 우리가 500년 왕조를 하나의 성격으로 재단하거나 100~200년을 간단히 다루기 때문에 일어난 폐해이다. 19세기는 해당 시기의 문제점을 살펴보아야 하고 과도하게 조선후기 200~300년을 하나로 동일시하기 어렵다. 이 같은 시각은 대개 삼정문란을 19세기 최대문제로 전제하면서 17~18세기 대동(大同)·균역(均役)까지 원죄처럼 다루려는 경향이 과도했기 때문이다.[94] 주지하다시피 조선후기 세제개

도시폭동, 노동종파 등으로 구분했는데 항소운동은 반란과 상당히 거리가 멀다. 에릭 홉스봄(진철승 역), 『반란의 원초적 형태』, 온누리, 1993.

91 김인걸, 앞의 글, 1990, 207~212쪽.

92 신용하, 『갑오농민전쟁연구』, 일조각, 1993, 367~394쪽; 한국역사연구회, 『1894농민전쟁연구』 5, 역사비평사, 1997, 71~156쪽.

93 단, 후술하듯이 비도(匪徒)는 동학·의병뿐 아니라 무장한 도적집단 등에 혼용하기도 했다.

94 차문섭, 「균역법의 실시」, 『한국사』, 국사편찬위원회, 1976, 217~276쪽; 최완기, 「대동

혁은 백성의 강력한 지지를 받았다.[95] 그런데도 수백년 뒤 조선망국을 이유로 "처음부터 잘못되었다"거나 "시도했으나 의미가 없었다"는 평가는 지나친 억측에 가깝다.[96] 초창기 개혁이 성공하여 농민의 지지를 받았다면 100여 년 뒤에 일어난 문제는 후대의 운영을 잘못한 사람들의 책임이다. 그렇다면 17~18세기 혁신적 부세개혁은 왜 19세기에 이르러 문제가 되었을까?

첫째, 총액제 관리의 유연성 부족이다. 현재까지 거론되는 가장 큰 원인은 세제의 부담인데, 여러 종류의 부세가 토지 하나에 단일화되는 문제(都結化), 남부지역에서 지주가 소작인에게 전가하는 문제 등이 거론되어왔다.[97] 하지만 전자는 단일세목 변경 자체가 문제가 아니라 중간의 농간에 따라 부담액이 늘어나는 게 본질이었다. 특히 도결을 빙자하여 다른 세목까지 전가해서 생긴 불만이 다수였다. 19세기 도결화는 본래 다양한 세금의 단일화 명분으로 추진되었으나 관

법 실시의 영향」,《국사관논총》 12, 국사편찬위원회, 1990, 246쪽.

95 한영국, 「대동법의 실시」, 『한국사』 13, 국사편찬위원회, 1976, 146~216쪽; 한영국, 「대동법의 시행」, 『신편한국사』 30, 국사편찬위원회, 1998, 493~511쪽; 최주희, 『조선후기 선혜청의 운영과 중앙재정구조의 변화: 재정기구의 합설과 지출경비 과정을 중심으로』, 고려대학교 한국사학과 박사논문, 2014, 205~262쪽; 송양섭, 『18세기 조선의 공공성과 민본이념』, 태학사, 2015, 49~80쪽.

96 김백철, 앞의 책, 2023, 85~125쪽.

97 강위(姜瑋)와 정약용은 양남(도조 3분의 1, 소작인 전가)과 경기(병작 2분의 1, 지주부담)를 구분하였다. 강위는 삼남민란을 도결화 문제로 지적했고, 박규수(朴珪壽)는 진주민란을 병영(兵營)의 과징(過徵)에 대한 요호부민(饒戶富民)의 반발로 분석하였다. 안병욱, 「19세기 부세의 도결화와 봉건적 수취체제의 해체」,《국사관논총》 7, 국사편찬위원회, 1989, 157~176쪽; 고석규, 『19세기 조선의 향촌사회 연구』, 서울대학교출판부, 1998, 202~212쪽; 양진석, 「부세제도의 문란과 삼정개혁」, 『신편한국사』 32, 국사편찬위원회, 2002, 294~301쪽; 송찬섭, 앞의 글, 2002, 227~335쪽; 최원규, 「개항후의 사회경적 변동」, 『신편한국사』 39, 국사편찬위원회, 2002, 254~266쪽; 고동환, 「동학농민전쟁의 배경」, 『신편한국사』 39, 국사편찬위원회, 2002, 269~282쪽.

아에서 각종 회계를 합치면서 벌어지는 세무행정상 변화뿐 아니라 향리의 농간에 기반한 횡령이 합쳐져서 벌어지는 구조였다.

후자는 생산량이 부족한 지역에서는 불가능했고 풍요로운 곡창지대(三南 혹은 兩南)에서만 법망 밖에서 벌어진 사례로 일반화시켜 비판하기 어렵다. 곧 생산력이 낮은 북방은 병작(幷作: 정률지대 생산량 1/2)으로 계약하고 지주가 모든 세금을 책임지는 데 반해, 생산력이 높은 남부는 도조(賭租: 정액지대 생산량 1/3)로 계약하는 대신에 토지세 일부를 소작에게 전가하였다. 유독 삼남에서 민란이 발생한 이유가 이것이다. 하지만 같은 도(道)라 할지라도 모두 같은 방식으로 계약하는 것은 아니었으며, 사적 영역이었으므로 대체적인 경향만 알 수 있다. 현재 연구는 일부 군현이나 봉기 시 명분만을 일반화하였으므로 전체 군현 사례연구가 망라되어야 비로소 보다 정확한 원인분석이 가능하다.

한편 조선·청·일본은 16세기말~17세기초 이래 꾸준하게 토지·인구 조사를 단행하여 17세기말~18세기초 부세제도를 개편해 나갔다. 조선의 대동·균역이나 청의 지정은제(地丁銀制)가 그 사례이다.[98] 일본 역시 동일하지는 않으나 16세기말부터 도요토미 히데요시는 주요지역 토지(太閤檢地, 1582)·호구(秀吉領, 1591)의 현황파악을 시도하였고, 18세기 에도시대에 이르러 전국단위 토지(新田檢地, 1726)·호구(吉宗令, 1721)가 완료됨으로써 유사한 흐름을 보인다.[99]

---

98 김백철, 「조선시대 역사상과 공시성의 재검토: 14~18세기 한국사 발전모델의 모색」, 《한국사상사학》 44, 한국사상사학회, 2013a, 309~314쪽; 손병규, 「조선의 『부역실총』과 명·청의 『부역전서』 비교」, 『동아시아는 몇 시인가?』, 너머북스, 2015, 440~473쪽.
99 일본의 토지조사는 고대부터 시작되었다가 분열되면서 제대로 시행되지 못하였고 전

그런데 18세기 중반 이후 대체로 실제 토지와 인구를 반영하던 부세 액수는 점차 고정되기에 이른다.[100] 세월에 따른 변동치는 부분적 반영에 그쳤다. 이것이 약 1세기 이상 경과되어 19세기말이 되면 3국 모두 장부와 실제 숫자의 괴리도가 커지면서 농민봉기의 단초가 되었다.

그렇다면 18세기 조선에서 총액제는 어떻게 유지될 수 있었을까? 이는 조정에서 무수한 탕감조치가 취해졌기 때문이다. 전체 17세기 후반~18세기초반 국가재정을 산출하여 예산을 세우고 지출하는 구조가 만들어졌으므로 급격한 변동폭은 인정할 수 없었다. 그 대안으로 탕평군주는 적극적으로 재난지역에 대한 선제적인 구휼조치를 취하였다. 재난이 들어서 감세나 면세를 해준다고 해서 백성이 마음에 여유를 가질 수는 없었으며 당장 생계를 해결해주어야 했다. 이에 조정은 곧 ① 구휼미 지급(비상재원 방출), ② 감세 혹은 면세혜택, ③ 적자재정 만회(능동적 기금운영) 등으로 국가재정을 탄력적으로 운영했다. 특히 구휼미뿐 아니라 감세·면세에 사용된 재원을 만회하지 않는다면 만성적 재정적자에 시달려야 했으며 이를 과도한 세금으로 거두면 민의 반발이 예상되었다. 이에 각 아문이 보유한 재정을 적극적으로 활용하여 오늘날 기금처럼 운영하였다(財政補用策). 현재 지명

국시대가 종료되면서 약 1세기간 수차례 시도되어 전국 추계(推計)가 이루어졌고 점진적으로 제외된 지역을 포함시켜서 18세기에 이르러 대부분 지역의 양전을 마무리했다. 최문정, 「일본 근세의 의미: 통일권력자의 동아시아 국제사회 편입노력을 중심으로」, 《일본연구》 24, 한국외국어대학교 일본연구소, 2005, 79~80쪽; 오이균, 「중·근세 일본의 檢地에 관한 연구」, 《한국지적학회지》 34-3, 한국지적학회, 2018, 148~152쪽; 키토 히로시, 앞의 책, 2009, 83~84쪽.

100 김백철, 「17~18세기 대동·균역의 위상: 조선시대 재정개혁 모델의 모색」, 《국학연구》 28, 한국국학진흥원, 2015, 68~71쪽.

으로 남아 있는 의정부시는 의정부의 둔전이 있던 지역이다.[101] 이는 의정부의 운영자금에 쓰던 토지였고 여기서 산출되는 곡식으로 자금을 만들어냈다. 다만 영조대 의정부는 채권까지 운영하다가 민이 순문자리에서 국왕에게 호소하자 현장에서 관련 문서를 모두 불살라서 규정 외 이익추구를 금단하였다.[102] 이 같은 전체 재정감독은 탕평군주가 엄격히 시행하였고 비변사가 실무를 담당하였으며 각종 어사(御史)가 지방에서 실태를 확인했다. 그러나 19세기 어린 군주의 등장으로 국왕의 감독권한은 다소 쇠퇴했다. 위임된 통치권력은 세도가문이 행사하였다. 본래 비변사는 실무적인 재정적자를 만회하는 일을 맡았고 국왕은 백성의 반발을 해소할 수 있는 방안을 마련해왔다. 그런데 국왕의 세심한 보살핌이 사라지자, 비변사는 재정흑자에만 신경을 쓴 듯하다. 세도정치기에도 어사는 여전히 파견되었다. 그러나

---

101 의정부시는 조선시대 양주군(楊州郡)으로 지명유래에 대해서 ① 의정부시청은 태상왕(이성계)이 잠시 머물 때 대신들이 와서 윤허를 받은 것을 기념하여 의정부로 붙였다고 설명하고 있으나 ② 통상 의정부 둔전에서 유래했다고 본다. 의정부는 태종대 만들어졌으므로 태상왕 알현만 가지고 관부명칭을 붙였다는 것은 근거가 부족하고 오히려 19세기 『대동지지(大東地志)』에 둔야(屯夜)가 처음 보이고, 토지매매 문서에는 둔야면(芚夜面) 의정부(議政府)가 확인된다. 이에 둔전과 의정부가 합쳐져서 만들어진 신도시명이다. 현재 명칭은 일제강점기-대한민국 지방제도 개편 시 1912년 의정부리(議政府里), 1942년 의정부읍, 1963년 의정부시 등에서 찾아볼 수 있다. 둔야(屯夜: 양주·능주)·둔야(芚夜: 무장)·둔배미(양주·안산)는 타 지역에서도 사용된 보통명사이다. 【屯夜】 金正浩, 『大東地志』 2冊, 楊州〈古4790-30〉; 具教承, 『綾州邑誌』, 泉洑及水砧(1925)〈一簀古915.142-G93n〉; 【芚夜】 『茂長縣邑誌』, 堤堰〈奎17424〉; 【楊州-芚夜面-議政府】 「李範善土地賣買文記」(光緒16/1890); 「財主安牌旨」(丙午/?); 【楊州-芚夜】 「元伯善土地賣買文記」(光緒1/1875); 「孫聖仁土地賣買文記」(光緒12/1886) ※이상 서울대학교 규장각한국학연구원 소장본; 의정부시청 문화체육관, 『의정부 지명유래』, 의정부시청문화체육관, 2007; 의정부시 홈페이지 '지명유래집'(https://www.ui4u.go.kr/tour/contents.do?mId=0304010000).

102 김백철, 「영조의 순문과 위민정치: '애민'에서 '군민상의'로」, 《국학연구》 21, 한국국학진흥원, 2013b, 32~33쪽[김백철, 앞의 책, 2014].

18세기 어사가 백성의 어려움에 초점을 맞추었다면, 19세기 어사는 세금누락이나 재정적자에 초점을 맞추어 시찰하였다. 이에 목민관도 새로운 기준에 맞추어 활동할 수밖에 없었다.[103]

19세기 들어 왕정은 더 이상 국왕이 주도하지 못하고 일견 입헌군주제처럼 군림만 하였고 통치는 세도가문이 대행하는 비변사(備邊司)로 넘어가버렸다.[104] 마치 고려말 도평의사사(都評議使司)가 국왕을 대신하는 양상이 재현되었다. 16~18세기 국왕의 수족이던 비변사는 19세기 세도정치기에 이르러 스스로 통치하는 양상으로 바뀌었다. 고종즉위후 대원군의 섭정으로 그동안 문제시하던 삼정문란은 일시적으로 해소되는 듯했다.[105]

둘째, 19세기후반 부정부패 기록이 상당수의 자료에서 포착된다. 그중 매관매직(賣官賣職)이 거의 수사처럼 언급된다. 하지만 여기에는 국가의 재정보용(財政補用)과 개인의 사익추구를 구분해볼 필요가 있다. 납속(納粟) 자체는 고려후기 일본원정 등 부족한 국가재정을 마련하기 위해 시작되었고,[106] 조선에서는 임진왜란기 전쟁물자 조달

103 권기중, 「조선후기 수령의 업무능력과 부세수취의 자율권」, 《역사와 담론》 67, 호서사학회, 2013, 225~252쪽; 권기중, 「조선후기 수령의 지방재정 운영과 公私관념: 경상도 암행어사 서계를 중심으로」, 《사림》 48, 수선사학회, 2014, 195~215쪽; 권기중, 「조선후기 암행어사의 수령평가」, 《역사와 담론》 87, 호서사학회, 2018, 159~188쪽; 권기중, 「조선시대 암행어사의 수령평가와 재임실태의 상관성: 암행어사 書啓와 수령 선생안을 중심으로」, 《동양고전연구》 81, 동양고전학회, 2020, 235~268쪽.

104 반윤홍, 「비변사의 강화」, 『신편한국사』 30, 국사편찬위원회, 2002, 183~207쪽; 오수창, 「세도정치의 성립과 운영구조」, 『신편한국사』 32, 국사편찬위원회, 2002, 230~242쪽; 이재철, 『조선후기 비변사 연구』, 집문당, 2001, 213~234쪽; 반윤홍, 『조선시대 비변사 연구』, 경인문화사, 2003, 38~64쪽, 349~386쪽.

105 제임스 B. 팔레(이훈상 역), 『전통한국의 정치와 정책』, 신원문화사, 1993, 151~192쪽, 225~270쪽.

106 김난옥, 「고려후기의 납속책」, 《한국사학보》 55, 고려사학회, 2014, 229~230쪽.

시 등장한다. 전자는 관작을 주었고 후자는 서얼허통이나 면천 등의
혜택이 주어졌다.[107] 특히 17~18세기 전쟁과 천변재이에 대응해 구
휼미 조달을 목적으로 관품 혹은 허직(虛職)만 공명첩(空名帖)으로 허
용해왔다.[108] 조선은 관직[實職] 매매를 엄격히 금지하였다. 다만, 19
세기 매관매직이 등장하여 세도가문의 사익을 채우는 데 이용되었
다.[109]

중국은 고대 사례가 전혀 없지 않으나 유가에서는 서한(西漢) 영제
(靈帝)의 관작매매를 시초로 보아 비판해왔다.[110] 그런데 신유학시대
인 송대부터 오히려 재정보용을 위해서 국가 차원의 납속이 적극적
으로 이루어졌다.[111] 16세기 명대에도 연납(捐納)을 통해 관함(官銜)·
관직(官職)을 받아 신사(紳士)지위를 유지하기도 했고[112] 청대에도 이

107 조선 중기 납속변화과정은 다음 참조. 서한교, 『조선후기 납속제도의 운영과 납속인
　　의 실태』, 경북대학교 사학과 박사논문, 1995.
108 김백철, 앞의 책, 2016b, 184~185쪽.
109 송찬섭, 앞의 글, 2002, 286쪽; 배항섭, 「변란의 추이와 성격」, 『신편한국사』 36, 국사
　　편찬위원회, 2002, 340쪽; 성대경, 「흥선대원군의 집권」, 『신편한국사』 37, 국사편찬
　　위원회, 2002, 143쪽. ※세도정치기 관직매매 문제를 거칠게 가설화해본다면, ① 지
　　방관직을 사는 데 들어간 자금이 있고(임명전 뇌물), ② 목민관이 되면 중앙에 본래
　　납부해야 하는 세금과 지방 고을의 운영자금이 필요했으며(임기중 국세·지방세), ③
　　다음 관직으로 이직하기 위해 필요한 자금이 있었는데(임기 후 투자금회수), 이 세 가
　　지를 모두 1년 남짓한 임기 내에 벌어들여야 했다. 따라서 매관매직이 이루어지면 지
　　방민은 단순계산으로도 기존보다 세 배 이상 부담이 생겼을 것으로 추정해볼 수 있
　　다. 이 과정에서 이서배(吏胥輩) 역시 자신의 몫을 챙겼을 것이다.
110 『承政院日記』, 嘉慶 8年(1803) 9月 18日(庚戌)·光緒 2年(1876) 3月 14日(丙午).
111 김난옥, 앞의 논문, 2014, 229~230쪽.
112 오금성, 『국법과 사회관행: 명청시대 사회경제사 연구』, 지식산업사, 2007, 31쪽, 182
　　쪽, 198쪽; 서인범, 「명중기 연납입감에 대하여」, 《역사학보》 185, 역사학회, 2005,
　　175~208쪽; 서인범, 「명대 嘉靖年間의 재정조달과 연납제」, 《명청사연구》 35, 명청
　　사학회, 2011, 187~225쪽; 서인범, 「明 天啓年間의 陵工과 殿工 재원조달」, 《동양사
　　학연구》 125, 동양사학회, 2013, 329~366쪽; 서인범, 「명말 崇禎年間의 재정과 군

어졌다.[113] 연납은 부족한 국가재정을 보조하기 위해 신분획득을 허용하는 방식이며 점차 관직으로 확대되어갔다. 명대는 사적 뇌물도 성행해서 망국의 원인으로까지 지목받았다.[114] 청대 건륭연간 재정이 부족하여 관직을 매매하였으며,[115] 20세기초 청말까지 확인된다.[116]

유럽 역시 공식적으로 관직을 매매하였다. 영국은 16세기부터 왕정에서 관직을 적극적으로 매매했으며,[117] 심지어 19세기 나폴레옹전쟁시기에도 육군 지위를 매매함으로써 군사력 약화의 원인으로 지목당했을 정도였다.[118] 프랑스는 17~18세기 사법(혹은 행정)이나 왕실업무를 담당하는 관직이 매매되었다.[119] 이 과정에서 부르주아지가 점차 귀족을 대체해나가기 시작했다. 따라서 동서양 공히 관직매매 현상이 이루어지고 있었으나 구체적으로 살펴보면, 중국이나 유럽은 관직매매가 합법이었던 데 비해, 조선은 재정보용책이라고 할지라도 실직(實職) 매매는 엄격히 금지되었다. 따라서 세도가문이 이러한 법

비 조달: 加派와 捐納 등을 중심으로」,《명청사연구》 44, 명청사학회, 2015, 117~159쪽; 서인범, 「明 萬曆年間의 재정위기와 捐納 시행」,《역사학보》 230, 역사학회, 2016, 157~204쪽; 서인범, 「명조의 연납제 개시와 그 목적」,《역사학보》 252, 역사학회, 2021, 385~434쪽.

113 오금성, 『모순의 공존: 명청시대 江西사회 연구』, 지식산업사, 2007, 331쪽, 378쪽, 415쪽, 422쪽; 박기영, 「청대 行商의 紳商적 성격: 潘氏가족의 사례를 중심으로」,《대동문화연구》 80, 성균관대학교 대동문화연구원, 2011, 128쪽.

114 임용한 외, 『뇌물의 역사』, 이야기가있는집, 2015, 275~279쪽.

115 『承政院日記』, 嘉慶 7年(1802) 4月 10日(庚戌).

116 차혜연, 「관료제도」,『명청시대 사회경제사』, 이산, 2007, 21~52쪽.

117 임용한 외, 앞의 책, 이야기가있는집, 2015, 172~173쪽.

118 원태재, 「나폴레옹전쟁 이후의 영국육군」,《군사》 16, 국방부 군사편찬연구소, 1988, 176~177쪽.

119 주디스 코핀 · 로버트 스테이시(손세호 역), 『새로운 서양문명의 역사』 하, 소나무, 2014, 160~165쪽; 임용한 외, 앞의 책, 이야기가있는집, 2015, 166~169쪽, 174~177쪽.

규를 파괴했으므로 비난받은 것이다.

고종대까지 일부 매관사건이 확인되는데 국가 차원의 재정보용책[120]과 개인의 사적인 청탁(혹은 뇌물수수)[121]이 혼재되어 나타나지만, 민간에서는 구분 없이 관직매매[賣官鬻爵]로 강도 높게 비난했다.[122] 그러나 전자는 궁핍한 재정을 보용하기 위한 정책이었고, 후자는 엄격한 사익추구로 당대에도 처벌받았다.[123] 고종초반 경복궁 건설 시에도 당백전 발행이나 기부금 출연을 받았으므로 고종후반 경운궁 건설 시 발급된 궁내부(宮內府)의 신설관직은 종래 고위관직과는 다르므로 공명첩(관품 · 허직)과 동일하다고 인식했을 수 있다. 더욱이 민간에서는 공문서를 위조하여 각종 관직을 사칭하거나 첩지 · 공문서 · 공명첩까지 위조하여 판매하였는데,[124] 이는 매관을 도모하는 심리를 역으로 이용한 범죄였다.[125] 민씨가문을 비롯한 관료들의 청탁

---

120 【賣官 · 鬻爵】『承政院日記』, 光緒 30年(1904) 6月 3日(庚戌) · 7月 23日(己亥);『高宗實錄』卷44, 高宗 41年(1904) 7月 25日(陽曆).

121 김현영, 「지방관의 '稱念'서간을 통해 본 조선말기 사회상: 1884~1885년에 민관식이 받은 간찰을 중심으로」, 《고문서연구》49, 한국고문서학회, 2016, 141~148쪽.

122 김효동, 『매천야록』에 나타난 한말 양반에 대한 인식, 《한문학보》33, 우리한문학회, 2015, 108쪽.

123 【行賂圖官】『公文編案』70冊, 「(慶尙北道 → 度支部) 報告(書)」第4號, 建陽 2年(1897) 2月 17日;『司法稟報(乙)』, 「(高等裁判所 → 法部) 報告書」第81號, 光武 2年(1898) 11月 29日.

124 【관원사칭】『司法稟報(甲)』, 「(忠淸北道 → 法部) 報告書」第97號, 光武 2年(1898) 8月 26日;『司法稟報(甲)』, 「(忠淸北道 → 法部) 報告書」第32號, 光武 4年(1900) 5月 20日; 【첩지위조판매】『司法稟報(乙)』, 「(平理院 → 法部) 質稟書」第20號, 光武 6年(1902) 10月 10日;『司法稟報(乙)』, 「(漢城 → 法部) 質稟書」第8號, 光武 10年(1906) 1月 20日; 【공문서위조판매】『司法稟報(甲)』, 「(慶尙北道 → 法部) 質稟書」第12號, 光武 8年(1904) 4月 17日; 【공명첩위조판매】『司法稟報(乙)』, 「(平理院 → 法部) 質稟書」第6號, 光武 6年(1902) 8月 14日;『司法稟報(乙)』, 「(平理院 → 法部) 質稟書」第22號, 光武 7年(1903) 12月 11日.

125 『司法稟報(乙)』, 「(平理院 → 法部) 質稟書」第20號, 光武 6年(1902) 10月 10日.

은 정당화될 수 없으나 일부의 일탈행위로 볼 여지가 없지 않다. 다만 당시 조정을 비판하는 여론전에서 매관비판은 상당한 효과를 거두었다.

셋째, 농업에 대한 부양정책이 쇠퇴했다. 18세기 상업은 농업의 강력한 부흥 속에서 함께 이루어졌다. 농민의 생계는 위협받지 않았고 안정된 기초생활 보장 위에서 상업으로 확장되었다. 이는 국왕의 전면적 개입이 있었기 때문이다. 그러나 국왕(순조중반·헌종·철종)이 제 역할을 하지 못하자, 세도가문은 이윤이 높은 상업에만 관심이 있는 듯 보였다.[126] 실제 농업보다 상업은 고대부터 수십 배 이익이 있다고 언급될 정도였다.[127] 농업생산의 단기적 쇠퇴현상이 나타났다. 반면에 중국·일본을 통한 해외무역은 급격히 증가하였고 사치품의 수입도 상당하였다. 백성과 괴리된 상류층의 행태는 일체감을 약화시켰다.

결국, 세도정치 이후 백성이 이반했던 본질적인 문제는 ① 총액제로 변동치가 잘 반영되지 않은 상황에서 공동납현상이 부세경감이 아니라 부세가중으로 나타났고, 여기에는 신분상승을 희망하여 양반인구가 급격히 증가하자 피역층도 그만큼 증가하였기 때문이다. 그중 환곡은 본래 백성을 구제하던 기금이었으나 이 시기 준조세로서 강제로 부과된 것도 원성을 샀다. ② 매관매직으로 인한 수령의 일탈이 부세액을 가중시켰을 것으로 보인다. 세도가문이 개인적 부를 축적하기 위해서 사적으로 실직을 매매하면서 공명첩 발행 시 신분상

---

126 19세기 상업사는 다음 참조. 김동철, 앞의 책, 1993; 이태진 외, 앞의 책, 2000.
127 사마천은 "농업은 수공업을 당하지 못하고 수공업은 상업을 당하지 못한다"고 하였다. 司馬遷, 『史記』, 「貨殖列傳」.

승만 허용한 조선의 원칙이 붕괴되었다. ③ 상업 중심의 경제정책이 지속되면서 상대적으로 농업생산의 중요도가 낮아졌다. 이는 국왕의 국정 지도력 부족이 가장 큰 요인이었다.

3) 흥선대원군의 공(功)·과(過)

(1) 사회안정화 추구

그렇다면, 고종대 이후 상황은 어땠을까? 흥선대원군의 섭정으로 비변사가 해체되었고,[128] 삼정문란의 문제점은 대부분 해소되었다. 국고는 한동안 다시 채워졌으며 민심도 안정되었다. 이는 사실상 왕실의 감독권한이 부활했기 때문이다.

대원군은 비변사를 해체하고 의정부체제로 전환하였다. 이 시기 비변사는 마치 왕권을 제한하는 듯이 비난받았으나 실상은 세도정치기에 국한되는 문제였다. 이때 개혁한 의정부 중심체제는 18세기 탕평정치기 군주중심의 비변사 운영양상과 별반 다르지 않았다. 고종 초반 대부분의 개혁은 영조시대를 모델로 하였다. 마치 영조연간 세

---

[128] 비변사와 의정부는 대립적 기구로 생각하기 쉽지만, 의정부의 확대기구가 비변사였다. 이른바 대한민국의 총리실−국무회의나 고려시대 중서문하성−도평의사사와 비슷한 관계이다. 대원군이 개혁한 비변사는 19세기 국왕의 통제를 벗어난 모습일 뿐이고 16~18세기 의정부−비변사의 통합기능은 대원군섭정기 의정부가 그대로 수행했다. 고종친정초기 의정부−통리기무아문, 갑오개혁기 내각−군국기무처, 광무개혁기 의정부가 각기 그 역할을 맡았다. 「정미조약」 직전에 의정부가 다시 내각으로 돌아갔다. 『高宗實錄』 卷1, 高宗 1年 2月 壬午(11日); 『高宗實錄』 卷17, 高宗 17年 12月 甲寅(21日); 『高宗實錄』 卷31, 高宗 31年 6月 庚午(25日); 『高宗實錄』 卷32, 高宗 31年 12月 戊午(16日); 『高宗實錄』 卷34, 高宗 33年 9月 24日(陽曆); 『高宗實錄』 卷48, 高宗 44年 6月 14日(陽曆).

종시대를 모범으로 삼았듯이 고종대는 세도정치기 이전으로 돌리는 정책이 이어졌다. 고종친정 이후 급속한 개화정책으로 한동안 갈등이 야기되자, 광무개혁 이후 다시 개화와 전통의 조화를 추구하는 정책이 추진되었는데(舊本新參), 이때 영조·정조시대 유산의 재평가가 적극적으로 이루어졌다. 따라서 대원군이 추진한 전통의 회복을 한갓 복고주의정책으로만 평가하기 어렵다.

환곡 역시 사창제(社倉制)의 실시로 본래 민간구휼기금으로 되돌렸다. 부세형편을 맞추기 위해 늘어난 양반에게 호포제(戶布制)를 실시하였고, 전국의 사립 서원(書院)·사우(祠宇)를 대거 훼철하여 면세영역을 대폭 축소하였다. 특히 병인양요·신미양요 등이 연이어 발발하자 임진왜란 당시 설치한 삼수미(三手米) 외에 특별세인 포량미(砲糧米)를 신설하여 외세침탈에 맞섰다. 주지하다시피 세제개혁·서원훼철 등은 모두 숙종대 시작하여 영조대 큰 성과를 낸 정책이다. 전통적 왕정의 통치체제는 회복되었으며 백성의 지지기반도 확대되었다.[129]

(2) 쇄국을 넘어서

하지만 대원군도 몇 가지 실책이 뒤따랐다. 첫째, 대외관계이다. 1868년 러시아가 청과 「톈진조약(天津條約)」을 맺고 연해주를 장악함으로써 러시아 남하는 현실적 문제로 인식되었다. 이에 국내 천주교도(가톨릭) 남종삼(南鍾三)이 대원군에게 접근하여 당시 유럽에서 막강한 위력을 자랑하던 나폴레옹 3세의 프랑스와 통교를 주선하는 방

---

129 제임스 B. 팔레, 앞의 책, 1993, 151~270쪽; 김종학, 『흥선대원군 평전: 근대이행기 조선 정치사의 이면』, 선인, 2021, 68~79쪽.

책을 알렸고 대원군도 청·프랑스와 연대하여 러시아 남하를 견제할 수단으로서 쇄국을 합리적으로 푸는 방법(천주교 공인)을 고려했다.[130] 중국·일본 역시 모두 해금령 등으로 쇄국정책을 펼쳐왔으나 주로 자국민의 출국제한이었지 외국인 입국의 전면적 제한을 뜻하지 않았다.[131] 이에 예수회를 비롯한 각종 서양세력이 제한된 지역 내 무역을 허락받았다.[132] 조선 역시 서구세력이 도래한다면 이웃나라들처럼 조정의 통제하에서 받아들이고 싶었던 것이다.

그러나 사전에 프랑스선교사와 협의하지 않은 채, 조선인 천주교도가 단독으로 협상을 시도하였으므로 뒤늦게 내용을 알게 된 선교사는 제안을 거절하였고 중간에 교섭을 맡았던 천주교도는 심지어 대원군에게 결과를 알리지 않고 도주하였다. 소식이 오지 않자 대원군은 직접 선교사 측에게 프랑스와 협상중재를 요청했으나 국내에 들어온 프랑스신부(시메옹 베르뇌 주교)는 종교와 정치의 분리를 주장하였다.[133] 설령 이것이 신앙심이 깊었던 신부의 순수한 발언이라고 할지라도 19세기 기독교가 이미 제국주의 확장의 첨병역할을 하고 있었고,[134] 심지어 직후 가톨릭을 명분으로 프랑스함대가 강화도

---

130 이원순, 「천주교」, 『신편한국사』 46, 국사편찬위원회, 2002a, 134쪽.

131 이준태, 「중국의 전통적 해양인식과 해금정책의 의미」, 《아태연구》 17-2, 경희대학교 아태지역연구원, 2010, 248~250쪽; 신동규, 「江戸時代の 海難救助政策과 '4개의 창구'에 대한 고찰」, 《동북아역사논총》 28, 동북아역사재단, 2010, 93~94쪽, 122~124쪽; 吉村雅美, 「近世日本の対外関係と地域意識」, 清文堂出版, 2012, pp.234-282.

132 예수회 중일 교류사는 다음 참조. 데이비드 E. 문젤로(이향만 외 역), 『진기한 나라 중국: 예수회의 적응주의와 중국학의 기원』, 나남, 2009b; 루이스 프로이스(박수철 편역), 『오다 노부나가와 도요토미 히데요시는 어떤 인물인가: 16세기 예수회 선교사 루이스 프로이스의 기록』, 위더스북, 2017.

133 김원모, 「천주교탄압: 병인사옥」, 『신편한국사』 37, 국사편찬위원회, 2002, 182~194쪽.

134 허원, 「청말의 미국선교사와 제국주의: 선교사의 內地 土地 租買權을 중심으로」, 《학

나 제주도에서 벌인 행동을 감안한다면, 이 같은 주장은 명분이 될지 언정 실질적 사유로 보기 어렵다. 오히려 자신이 주도하지 못한 상황에 대한 거부였을 확률이 높다. 교섭을 주도한 천주교도가 도주해버린 상황에서 프랑스선교사마저 거절하자 대원군은 기만당했다고 여겼다.[135]

더욱이 영불연합군의 북경함락(2차 아편전쟁, 1860) 소식이 뒤늦게 다음 해에 조선까지 전해지자 국내 여론이 악화되어서 프랑스를 통한 러시아 견제정책을 추진할 수 없었다. 일종의 연정상대였던 신정왕후(神貞王后)를 비롯한 국내 정치세력의 완강한 반대에 부딪혔다. 몇 해 전 러시아의 남하뿐 아니라 오페르트의 남연군묘(南延君墓: 흥선대원군 父의 묘) 도굴사건(1868)으로 서구세력에 대한 인식도 대단히 좋지 않은 상황이었다. 이에 대원군은 비상수단을 동원하지 않을 수 없었으며 불행히도 천주교박해(병인박해, 1866)가 일어났다. 프랑스선교사 9명과 조선인 신도 다수가 체포되어 처형되었다.[136] 신앙적으로

림》1, 연세대학교 사학연구회, 1989, 49~70쪽; 허원, 「청말의 선교사·제국주의와 중국인의 대응」, 《역사비평》15, 역사비평사, 1991, 140~160쪽; 이향순, 「미국선교사들의 오리엔탈리즘과 제국주의적 확장」, 《선교와 신학》12, 장로회신학대학교, 2003, 209~255쪽; 정상수, 『제국주의』, 책세상, 2009, 31~35쪽; 박지향, 『제국주의: 신화와 현실』, 서울대학교출판문화원, 2016, 53~84쪽.

135 김원모, 「대원군의 내정개혁과 대외정책」, 『신편한국사』37, 국사편찬위원회, 2002, 178~187쪽.

136 종래에는 병인박해 시 달레의 『한국천주교회사』의 8,000명 희생설이 흔히 인용되었으나 관련 공문서와 대조해도 나오기 어려운 수치이며 당시 서구 교회에서도 신뢰받지 못한 보고였으므로 풍문을 옮긴 과장된 수치이다. 고흥식·石井樹夫는 『포도청등록(捕盜廳謄錄)』(1866~1872)을 통해 7년간 약 400명(399~404명)이 체포되고 그중 약 150명(148~150명)이 순교했다고 파악했으며, 방상근은 동일기간 교회자료(전국단위)와 대조하여 1,891명이 체포되고 그중 1,385명이 순교했다고 수정하였다. 공문서기록(중앙, 연간 약 57명 사형)과 교회자료(전국, 연간 약 197명 사형)이다. 비교적 유사한

적대감이 없던 대원군이 그들을 처벌해야 하는 국면으로 내몰렸다. 프랑스함대의 로즈(Pierre Gustave Roze) 사령관은 나폴레옹 3세의 칙령으로 전권을 위임받아 청을 통해 공식적으로 조선에 선전포고하였다. 조선의 해명(내란선동)에도 불구하고[137] 이를 빌미로 강화도를 실제 공격하였다(병인양요).[138]

다음 몇 가지 상황 중 하나라도 일어나지 않았더라면 참극은 빚어지지 않았을 것이다. 만약 ① 천주교가 자생적으로 육성되어 절대왕정하 유럽보다 더욱더 교권우위를 내세우는 근본주의적 성향을 보이지 않았거나 ② 애초에 정부의 공인하에 도입되었거나 ③ 현실 정치·외교관계를 전혀 고려하지 않은 채 천주교도가 어설프게 중재를 자처하지 않았거나 ④ 선교사가 중국·일본 등지와 같이 적극적인 교섭자세를 보였거나 ⑤ 하필 몇 해 전 영불연합군이 북경을 점령하지 않았다면 상황이 어떻게 전개되었을까?

고종친정 이후 개신교와 왕실이 밀착했던 사실을 살펴보면, 종교계의 입장차이도 큰 영향을 미쳤다. 16세기 중국·일본에 도착한 천주교는 친정부성향을 보였던 반면에, 18세기 이후 조선에 책으로 전

포도청의 관할범위를 비교해도 교회자료는 서울(635명)이고, 좀더 확대하면 경기(246명)이므로 차이가 있다. 물론 목민관의 관할사건이 포도청에 이첩되지 않았을 가능성이 있으나 달레가 오리엔탈리즘적인 시선하에서 풍문을 그대로 옮기면서 8,000명이 희생당했다거나 재판 없이 보이는 대로 마구 죽였다거나 기독교공인 이후에도 목민관이 신도를 핍박한다는 서술은 당시 사법체계나 운영실상과 상당히 동떨어져 있으므로 교회자료를 과연 어느 정도 신뢰할 수 있을지 여전히 검토가 필요하다. 고흥식, 「丙寅敎難期 信徒들의 信仰:『捕盜廳謄錄』을 中心으로」, 《교회사연구》 6, 한국교회사연구소, 1988, 277~310쪽; 방상근, 「병인박해기의 순교자와 체포자」, 《한국기독교와 역사》 45, 한국기독교역사연구소, 2016, 25~44쪽.

[137] 『高宗實錄』 卷3, 高宗 3年 7月 甲子(8日).

[138] 김종학, 앞의 책, 2021, 80~99쪽.

해진 천주교는 근본주의를 내세우며 왕권을 부정하는 행태를 보였다. 초창기 예수회는 유럽의 종교개혁 이후 출구모색 차원에서 아시아·아메리카 포교에 나섬으로써 현지화전략을 주요하게 여겼다. 명·청시대 예수회는 중국에서 황실의 보호를 받으면 선교하였다.[139] 그러나 18세기부터 후발 선교집단이 예수회를 근본주의 입장에서 비난하고 교황 역시 견제정책을 시행하자, 현지 전통문화를 존중하는 방침에서 벗어나 기독교근본주의 정책을 펼치면서 한·중·일 3국에서 공히 탄압받았다. 더욱이 조선에는 가톨릭 내 동북아시아 정책이 변화된 뒤 도입되어 불행한 역사가 반복되었다. 이는 척화비 건설·쇄국정책 공고화에 영향을 미쳤다.

둘째, 토목사업이다. 18세기 조선의 국부가 극성기에 있었음에도 탕평군주들은 경복궁을 중건하지 않았는데, 19세기후반 경제가 어려운 상황 속에서 오히려 대원군은 국가재정을 기울여서 건축하였다. 유가에서는 일반적으로 토목공사를 비판하지만, 상황에 따라 대규모 인력동원사업은 빈민구제에 활용되므로 보다 구체적인 분석이 필요하다. 영조의 청계천준천이나 정조의 화성건설은 서민구제와 경제활성화에 영향을 미쳤다. 다만 영조·정조가 재정이 없어서 경복궁을 빈터로 남겨둔 것은 아니다. 꼭 필요한 사업만 실시하여 민심을 위로하고 왕실겸양의 상징으로서 비워둔 것이다.

그러나 대원군은 국고가 부족했으므로 경복궁을 건설하는 데 기부금을 모집하거나 고액화폐인 당백전(當百錢)을 발행하여 시장경제를

---

139 데이비드 E. 문젤로, 앞의 책, 2009a, 49~96쪽; 데이비드 E. 문젤로, 앞의 책, 2009b, 71~174쪽.

교란시켰다. 아무리 선한 목적으로 중건을 감행한다고 하더라도 경제파탄을 일으킬 정도의 화폐정책을 펼친 것은 명백한 실책이다.[140] 특히 약 300년간 중단된 부역(賦役)이 다시 실시되었다.[141] 이미 16세기말부터 부역은 사라지고 공공건축에도 대부분 임노동자가 동원되었는데,[142] 이러한 경제변화의 흐름을 역행한 것이다. 따라서 영조·정조대와 같이 토목공사를 통한 고용효과를 누리기도 어려웠다.

무리하게 중건된 경복궁은 일본제국이 청일전쟁으로 점령한 이후 법궁의 기능을 상실하였을 뿐 아니라 강제병합 이후 전각 대부분이 해체되는 수모를 겪었다. 대원군이 이 같은 경제정책을 펼치지 않았다면 고종친정 후 개화정책 추진에 자금문제로 인한 난황을 겪을 필요가 없었을지도 모른다.

4) 기독교 도입사

(1) 정부공인하 조화로운 수용시대

기독교의 한국 전래는 고고학적 유물로는 매우 이른 시기인 남북국시대부터 확인된다. 신라의 한반도 중남부통일 이후 불국사에서 출토되는 동방정교회(東方正敎會) 문양의 십자가나 성모마리아상, 발해의 연해주 유적에서 나오는 상당수 동방정교회 문양의 십자가와 불교양식으로 조각된 성모마리아상이 있다. 불국사 유물은 외형상

---

140 제임스 B. 팔레, 앞의 책, 1993, 271~294쪽.
141 제임스 B. 팔레, 같은 책, 1993, 73~78쪽.
142 윤용출, 『조선후기의 요역제와 고용노동: 徭役制 賦役勞動의 解體, 募立制 雇傭勞動의 發展』, 서울대학교출판부, 1998, 41~128쪽.

애매하여 기독교계와 비기독교계 사이에 다소 논쟁의 여지가 있으나 발해의 유물은 너무도 명확해서 이견이 없는 상황이다. 이는 남북국시대 동방기독교가 보편적으로 수용되었음을 보여준다. 당나라에서는 동방기독교가 유행하여서 「대진경교유행중국비(大秦景教流行中國碑)」가 전한다. 대개 네스토리우스파(Nestorianism) 혹은 다른 지파가 전래된 것으로 보고 있다.[143] 그런데 기독교의 전래는 이후에도 확인된다. 원간섭기에 교황이 몽골의 비단길을 따라 보낸 사신을 통해서 고려 국왕에게 전달한 기독교도(가톨릭)의 안전보장에 대한 감사편지가 최근 교황청에서 발견되었다.[144] 이는 18세기에 천주교(가톨릭)가 조선에 전래되었다는 통념과는 상당히 다른 현실이다. 동시에 기독교도의 확산이 현대뿐 아니라 남북국시대나 고려후기에도 사료로서 입증되고 있다.

그렇다면 19세기 천주교박해 사건이 수차례 벌어진 이유는 무엇 때문일까? 그동안 구체제론·유교망국론에 입각해서 성리학(유교) 일변도의 폐쇄적 사회가 신문명인 기독교 도입을 저해했다는 제국주의 열강의 논리가 상식처럼 전제되어왔다. 만약 이 같은 논리가 정확한 원인으로 인정받으려면 어째서 남북국시대·고려후기·고종후반 기독교(그리스정교·가톨릭·개신교)의 포교활동이 자유로웠는지에 대한 설명이 가능해야 한다. 유학은 남북국시대에도 유행하였고 신유학인 성리학조차 고려후기·조선시대는 물론이거니와 고종후반에도 여전히 영향력을 발휘했으며 일제강점기에서조차 사라지지 않았다. 그런

---

143 김호동, 앞의 책, 2002, 89~240쪽.
144 다큐멘터리영화 「직지코드」, 우광훈·데이빗 레드먼 감독, 2017.

데도 박해는 전혀 발생하지 않았다. 오히려 현지사회의 포용적 분위기와 외래종교의 현지문화 존중이 복합적으로 작용한 듯하다. 남북국시대 · 고려시대 모두 불교가 성행하였고 이슬람교[回敎] 역시 교세를 확장하고 있었다. 8세기 당대 확립된 유라시아 세계적 교역망은 14세기 몽골에서도 부활하였다. 조선에서도 정치권력에 간여하지 않는 한 불교 · 무격(巫覡)을 신앙 차원에서 모두 용인했다. 로마제국 역시 다신교체계하에서 로마전통을 배격하지 않는 한 유대교를 용인했으나 대개 예수 이후 기독교로 성장하여 제국 전역에 포교되면서 유일신 사상이 강조되자 비로소 박해가 이루어졌다. 점차 로마의 다신교전통과 기독교문화가 공존하면서 기독교 역시 제국에서 공인되었다. 이는 사회 · 종교의 타협의 결과였다.

(2) 자의적 교리해석의 문제점

16세기 유럽은 종교개혁으로 구교(가톨릭)의 입지가 줄어들자 예수회를 파견하여 아메리카 · 아시아에서 교세를 확장하고자 노력했다. 이 과정에서 예수회는 명 · 청에서 상당한 성과를 냈다. 이는 그들이 현지문화의 존중을 기치로 내세웠기 때문이다.[145] 유교를 문화로서 존중하여 유럽에 소개함으로써 계몽주의시대를 열었을 뿐 아니라 현지 친화적 태도는 황제의 보호아래 명 · 청교체기에도 살아남을 정도였다.[146] 이는 일본에서도 마찬가지였다.[147]

---

145 김혜경, 「16~17세기 동아시아 예수회의 선교 정책: 적응주의의 배경을 중심으로」, 《신학과 철학》 17, 서강대 신학연구소, 2010, 5~25쪽.
146 데이비드 E. 문젤로, 앞의 책, 2009a, 49~96쪽 ; 데이비드 E. 문젤로, 앞의 책, 2009b, 1~174쪽.

그런데 예수회의 성과는 후대 교황에게는 통제받지 않은 또 다른 권력으로 인식된 듯하다(1715년 교황 클레멘스 11세 칙령·1742년 교황 베네딕토 14세 칙령). 여기에는 후발 주자로서 예수회의 타협적 선교태도를 비판하고 근본주의를 제창하는 선교집단의 질투 어린 모략도 작용했다. 후속 선교사들은 단일대오를 형성하지 못할 정도로 근본주의에 대한 해석도 제각각이었다.[148] 더욱이 현지문화에 대한 이해도도 낮았으므로 그것이 교황청에서 금기시하는 교리인지 아닌지조차 제대로 구분할 능력이 없었다. 17~18세기 교황은 유럽에서 절대군주와 대결에서 패배하였고 과거와 같은 지위를 주장하지 못했다. 그런데도 16세기 종교개혁기에도 주장하지 못한 가톨릭의 근본주의 교리해석을 후대에 관철시키고자 한 것이다.[149] 교황청도 이미 사실관계를 따질 생각은 없었던 듯하다.

일본의 천주교(예수회) 역시 최초에는 일본 막부와 우호관계 속에서 도입되었다. 임진왜란 직전 세력이 잠시 약화되었으나 천주교 다이묘인 고니시 유키나가(小西行長)가 참전함에 따라 선교사도 종군하

---

147 장혜진, 「16세기 일본에서의 예수회의 적응과 일본의 포섭: 대외관계사적 관점에서」, 《교회사연구》 55, 한국교회사연구소, 2019, 60쪽; 김상근, 「예수회의 초기 일본 선교 정책 비교: 프란씨스꼬 데 까브랄과 알레산드로 발리냐뇨를 중심으로」, 《한국기독교와 역사》 25, 한국기독교역사연구소, 2006, 139쪽; 장혜진, 「전국시대 일본 예수회의 적응 선교의 한계: 《일본제사요록》과 《일본사》를 중심으로」, 《일본문화연구》 74, 동아시아일본학회, 2020, 264쪽.
148 데이비드 E. 문젤로, 앞의 책, 2009a, 64~81쪽, 97~110쪽.
149 달레는 《한국천주교회사》에서 교황의 칙령을 따라 유교적 제례를 우상숭배라고 금지시킨 북경의 구베아 주교의 지시를 조선 모든 사람들에게 상처를 준 것으로 표현했다. Byungsul Jung, "The Joseon Government's Changing Perception of Early Catholicism Examined through Law Application", *Seoul Journal of Korean Studies Vol. 33-2*, Kyujanggak Institute for Korean Studies, Seoul National University, 2020, p.331.

였다.[150] 특히 선교사 중에는 침략전쟁으로 인지하는 이들과 조선교회의 설립기회로 여기는 이들이 혼재하였다.[151] 그러나 도요토미 히데요시의 패전 이후 내전이 벌어지고 이 과정에서 기독교 다이묘들이 차례로 패배하자 그들을 보호할 정치권력도 소멸하였다.[152] 문제는 조선후기에 도입된 천주교는 이 같은 충돌을 한차례 경험한 뒤 도입되었다는 점이다.

18세기말 도입된 천주교는 서학(西學)이라는 학문적 입장에서 근기 남인 사이에 유행했고 서구문명에 대한 순수한 학문적 관심에서 출발하여 자생적인 종교로 발전하였다. 이는 가톨릭에서 신부 없이 예배를 들이는 것이 불가능하다는 교리조차 알지 못했을 정도였다. 이에 신부파견을 요청하기에 이른다. 이러한 상황은 여러 면에서 정상적인 종교로 인정받는 것을 어렵게 만들었다. 중국 · 일본에서 정부의 허가하에 신부가 입국한 반면에, 조선은 외국인의 밀입국 형식을 띠었다. 또한 다른 나라의 경우 초기에 정부와 협상을 통해서 포교가 진행되었으므로 현지문화에 대한 합의되지 않은 극단적 배격운동은 불가능하였다.

그런데 조선에서는 예수회의 포교시도가 주변국의 사정으로 매번

---

150 송정현, 「일본의 국내정세」, 『신편한국사』 29, 국사편찬위원회, 2002, 17~18쪽; 조광, 「조선 선교의 시도」, 『신편한국사』 32, 국사편찬위원회 2002, 480~486쪽.
151 김상근, 앞의 논문, 2006, 143쪽 ; 신동규, 「豊臣秀吉의 조선침략과 포르투갈 관계에 대한 고찰」, 《사총》 78, 고려대 역사연구소, 2013, 148~154쪽; 김혜경, 「왜란시기 예수회 선교사들의 일본과 조선 인식: 순찰사 알렉산드로 발리냐노의 일본 방문을 중심으로」, 《교회사연구》 49, 한국교회사연구소, 2016, 20~41쪽; 박형무, 《임진왜란과 조선 그리스도교 전사》, 경인문화사, 2021, 42~47쪽, 412~458쪽.
152 임명수, 앞의 책, 2014, 184~199쪽.

좌절당하면서,[153] 한 번도 천주교(가톨릭)를 경험하지 못한 이들이 스스로 책을 읽고 극단적인 근본주의자 성향을 띠게 되었다. 사실 유럽에서도 국왕·황제의 권력에 도전하는 것은 불가능했고 교회는 오히려 군주권과 결탁하였다. 특히 해외선교는 자국 함대의 군사적 지원하에 이루어졌으므로 순수한 종교적 열정만을 기대하기는 어려웠다. 안타깝게도 조선의 서학도는 현실적 이해관계를 전혀 알지 못했고 단지 교리의 순수한 도입만을 제창했다.[154] 이 때문에 정상적인 사회에서는 불필요한 인명피해가 수차례나 발생했다.

첫째, 진산사건(珍山事件, 1791)이다. 자생적인 조선의 서학도가 단독으로 판단하여 신주(神主)를 불태우는 불상사가 발생했다. 정조가 이 사건을 무마하기 위해서 남인에게는 서학서적만을 압수하여 불태웠고 신주를 불태운 자만 처단하였으며 나머지는 관대하게 처벌하였다.[155] 정치투쟁의 확전을 방지하기 위해서 남인을 견제하던 노론의 자제를 향해서도 패관(稗官)문학을 질책하고 고문(古文)운동을 전개하였다.[156]

둘째, 신유박해(1801)이다. 군사(君師)로서 정치권력과 학문권위를 아우르던 탕평군주(정조)가 훙서하자 천주교도 문제는 정치적으로 악용되었다. 정조연간 서학도(남인)나 북학파(노론자제) 모두 국왕의 근

153 조광, 「조선 선교의 시도」, 『신편한국사』 32, 국사편찬위원회 2002, 480~486쪽.
154 이원순, 「천주교의 수용과 전파」, 『신편한국사』 32, 국사편찬위원회, 2002b, 103쪽.
155 임혜련, 「정조의 천주교 인식배경과 진산사건의 정치적 함의」, 《사총》 96, 고려대 역사연구소, 2019, 56~71쪽.
156 김성윤, 《조선후기 탕평정치 연구》, 지식산업사, 1997, 298~304쪽; 박광용, 「탕평정책과 왕정체제의 강화」, 『신편한국사』 32, 국사편찬위원회, 2002, 81~85쪽; 허태용, 「정조대 후반 탕평정국과 진산사건의 성격」, 《민족문화》 35, 한국고전번역원, 2010, 252~260쪽.

위세력이었기에 인명피해로 이어지지는 않았으나 사후에는 학식이 깊고 막역한 중재자를 잃어버렸기 때문이다. 정순왕후 수렴청정 이후 노론 핵심가문이었던 혜경궁의 동기[洪樂任]조차 서학도로 몰려 죽는 불상사가 발생할 정도로 종교탄압이라기보다는 정치투쟁으로 변질되었다.[157] 그런데 정작 문제는 「황사영백서(黃嗣永帛書)」 사건으로 사태가 더욱 악화되었다는 점이다. 곧 외국에 무력을 요청하는 행위가 발각되자(청국의 조선편입 또는 서양 군함 수백 척 및 군사 약 5~6만 명 요구), 이는 종교문제를 넘어서 명백한 '반역사건'으로 인식되었다. 이 때문에 100여 명이 처형되었고 400여 명이 유배되었다. 향후 천주교도는 '양박청래설(洋舶請來說)'을 지속적으로 주장함으로써 서구열강의 군사력을 빌어서 신앙을 전파하는 수단을 활용하고자 했다.[158] 이는 '대박(大舶)' 기원설 중 하나로 박해를 막아줄 서양의 흑선(黑船: 異樣船)을 기다리는 형태로 나타났다. 따라서 종교관과 국가관의 대립이 현실화된 것이다. 국가보다 종교를 중시여기는 가치관 충돌은 유럽에서는 이미 종교개혁기에 절정을 달했다가 절대왕정이 교회보다 우위를 점하면서 해소된 논란이었다. 곧 동시대 유럽 교회에서도 행하기 어려운 국가체제 부정론이 유독 조선에서만 '순수한 신앙'의 이름으로 합리화되었고 이것이 현실권력과 충돌할 수밖에 없는 근본적인 이유였다. 천주교도는 군주보다 우월한 천주를 내세워 조정의 반발을 샀는데 정작 프랑스는 19세기 두 차례나 제국으로 국가체제

---

157 임혜련, 「영조~순조대 혜경궁의 위상변화」, 《조선시대사학보》 74, 조선시대학회, 2015, 75~107쪽.

158 이원순, 앞의 글, 2002a, 134~138쪽; 오수창, 「조선후기 체제인식과 민중운동 試論」, 《한국문화》 60, 서울대학교 규장각한국학연구원, 2012, 262~263쪽.

를 바꾸고 황제의 전제권력을 행사하였다(제1제국 1804~1815, 제2제국 1852~1870). 과연 나폴레옹 1세 · 3세는 조선에서와 같은 반정부활동을 자국에서도 허용하였을까? 심지어 당시 선교사들의 오리엔탈리즘에 입각한 야만의 조선을 문명화한다는 사명감이 현재까지도 '평등사상' 내지 '봉건계급 타파'라는 근대정신으로 포장되어[159] 과대평가되고 있다.

셋째, 기해박해이다(1839). 시파정권의 수립으로 순조의 친정부터 순왕왕후(純元王后: 純祖妃)의 수렴청정기까지 천주교도는 한동안 안정을 구가했으나 헌종의 친정이 시작되자 다시 한번 「척사윤음(斥邪綸音)」을 통해서 「황사영백서」 사건을 언급하면서 외국선박을 끌어들이려 했음을 상기시키고, 천주교를 '무군무부(無君無父)'나 '역적(逆賊)'으로 비판하면서 왕정체제를 부인하는 집단으로 간주하여 국내정권교체에 활용하였다.[160] 조정은 일단 일관되게 천주교도가 배교만 하면 석방하였고 끝내 거부한 9명은 불행히도 사형에 처하였다. 마치오늘날 집권정당의 이념에 따라 「국가보안법」를 위반하는 존재로 보는 정도가 달라진 듯했다. 이 때문에 천주교에 관대한 안동김문[純元王后]과 비판적인 풍양조문[神貞王后] 사이에 권력투쟁으로 설명하기도 한다.[161]

---

159 이원순, 앞의 글, 2002b, 110쪽.
160 "嗣永則裁帛書欲招海舶, 匈圖逆節, 於斯爲急. ……無父無君, 卽至於此." 『憲宗實錄』 卷 6, 憲宗 5年 10月 庚辰(18日).
161 이원순, 앞의 글, 2002b, 110~112쪽. ※단, 일각에서는 시파(안동김문)와 벽파(풍양조문)로 구도화하지만, 시 · 벽은 18세기 정조연간 정치구도에서 나온 표현으로 19세기 문벌이 중요했던 세도정치기에 적용하기기는 무리가 있다. 비록 19세기 정치인이 시 · 벽을 의식적으로 계승했다고 표현하는 경우가 없지 않으나 본래 성격과는 상당히 변질된 것이다(김백철, 「정조 6년(1782) 윤음의 반포와 그 성격: 宋德相사건을 중

그런데 조정은 「척사윤음」에서 "저들이 공경하고 또 존숭하는 것은 죄를 씻고 은총을 구하는 여러 가지 비사(鄙事)와 같은 것에 지나지 않는다"거나 "지금 하늘이 내려와서 사람이 되었다고 말하고 사람이 올라가서 하늘이 되었다고 하니……이와 같다면 거짓으로 속이는 것이다"거나 "천당과 지옥이 어리석은 사람을 속이는 이야기이다"고 하면서 성리학에 입각한 이성적 사고를 강조하였다.[162] 그 논리전개 방식은 마치 오늘날 비종교인의 무신론 비판논리를 보는 듯하다. 당대 유교철학에 정통했던 관료들의 종교비판에 대해서 배타적 이단론으로만 설명하기[163]는 어렵다. 19세기중반부터 유럽에서는 일군의 지식인들이 신의 존재를 부정하기 시작했다. 특히 니체(Friedrich Nietzsche)는 『즐거운 학문』(1882)에서 "신은 죽었다"고 강조했는데,[164] 종교비판을 서구에서는 진보적 사고로 과대평가하고 조선에서는 잔악한 살육전의 명분으로 평가절하하는 방식은 문제가 있다. 실제로 「척사윤음」에서는 천당지옥설은 불교의 설과 다름없다고 비판했으므로[165] 불교가 용인되던 상황을 고려해보면 종교기능 자체로 탄압했다기보다는 왕정체제 부정(無君無父)이나 외국군대 요청(황사영백서)

심으로」, 《한국학논집》 75, 계명대 한국학연구원, 2019b, 97~100쪽, 104쪽[김백철, 앞의 책, 2023]).

162 "而彼所以敬且尊者, 不過如滌罪邀寵之諸鄙事.……始以天主下降, 死復上作天主.……而今以天謂之降而爲人, 以人謂之上而爲天……而若是之矯誣也.……最是天堂地獄之說, 易哄蚩蠢."『憲宗實錄』卷6, 憲宗 5年 10月 庚辰(18日).

163 이원순, 앞의 글, 2002b, 110쪽.

164 프리드리히 니체(안성진 외 역), 「즐거운 학문」, 『즐거운 학문·메시나에서의 유고』, 책세상, 2020, 77쪽, 81쪽, 125쪽.

165 "而最是天堂地獄之說, 易哄蚩蠢, 然此釋氏之陳腐也."『憲宗實錄』卷6, 憲宗 5年 10月 庚辰(18日).

과 같은 역적의 관점에서 다룬 것이다. 따라서 이념적으로 '구체제론에 입각한 근대성 부재'보다는 현실적으로 '국내외정세로 인한 순교자 발생' 비판이 훨씬 더 타당할 것이다.[166]

넷째, 병오박해이다(1846). 설상가상으로 조선교구장 페레올(Jean Joseph Ferréol)의 지시로 김대건(金大建)신부를 필두로 외국선교사의 입국을 위한 비밀항로를 찾다가 조선군에 적발되어 체포되자, 프랑스함대 사령관 세실(Cécille)이 3척을 이끌고 기해박해 당시 프랑스선교사 3명의 처형에 항의해서 충청도 연안에 나타나 무력시위에 나섰다. 이에 조정은 천주교도를 외세와 밀통한 역적으로 처벌하여 성직자 1명과 신도 9명이 순교하였다. 유감스럽게도 잠시 종교의 입장을 내려놓고 객관적 상황만 살펴본다면, 「척사윤음」으로 금단한 지 불과 수년 만에 선교사일행이 적발되었으므로 국가의 입장에서 외국군대를 끌어들이거나 밀입국경로 탐색하는 것을 용인하기는 어려웠다.

다섯째, 병인박해이다(1886). 앞서 살폈듯이 고종초반에도 국내에 밀입국한 프랑스인과 천주교도는 외세와 연결된 매국(賣國)혐의로 몰려서 정치적 책임을 추궁당했다.[167] 그러자 로즈 사령관의 프랑스 함대는 선전포고를 감행했고 조선은 반역죄인에 대한 처벌로 해명했으므로[168] 조선과 프랑스의 교전은 불가피했다(丙寅洋擾, 1866).[169] 과연 이 사건은 오로지 대원군 때문에 벌어진 일이었을까?

---

166 이원순, 앞의 글, 2002b, 111쪽.
167 『高宗實錄』卷3, 高宗 3年 1月 辛未(11日)·丙子(16日)·庚辰(20日)·乙酉(25日)·2月 戊戌(8日).
168 『高宗實錄』卷3, 高宗 3年 7月 甲子(8日).
169 『高宗實錄』卷3, 高宗 3年 9月 丙寅(10日)·丁卯(11日)·11月 庚申(5日).

고종이 친정에 나서고 개화정책을 추진하자, 개신교선교사 다수가 입국하여 왕실의 보호하에 근대 교육사업을 비롯하여 포교사업을 이어갔다.[170] 마치 중국·일본이 초기에 조정과 협의하에 기독교가 도입된 것과 유사한 상황이 재현된 것이다. 미국 개신교뿐 아니라 프랑스 가톨릭·영국 성공회·그리스정교회 등 다양한 계열이 함께 도입되었고 한결같이 정부의 일정한 보호와 지원을 받았다. 따라서 실제로는 현실적인 국내외 정치문제가 천주교박해의 주요 이유였다. 여기에 교황의 현지친화정책 불허와 조선 내 근본주의자의 신앙행태도 사태를 키우는 데 일정한 역할을 했다.

3. 개화정책의 함정

1) 고종친정후 성과와 한계

(1) 개화정책의 특징

신정왕후의 수렴(고종즉위년~고종 3년, 1863~1866)과 대원군의 섭정(고종 3년~고종 10년, 1866~1873) 기간 동안 고종도 경연을 통해서 제왕학을 착실히 배워나갔다. 이 시기 영조시대 업적과 실학자들의 다양한 문헌을 섭렵하였다. 고종은 박지원(朴趾源)의 『열하일기(熱河日記)』를 즐겨 읽었다고 하며, 경제정책을 보면 대체로 정약용의 『경세유표(經世遺表)』의 개혁안을 그대로 옮긴 것이 많이 확인된다.[171]

---

170 이원순, 앞의 글, 2002b, 118쪽.

대원군이 세도정치기 폐습을 일소하는 데 공헌하였으므로 대원군이 이루지 못한 국제외교와 경제정책 등 난제를 수습할 시대적 소임을 물려받았다. 대원군이 당장 소수의 외세를 물리쳤으나 전면적 침탈을 막기 위해서 통상교섭에 나설 필요가 있었다. 이에 박규수(朴珪壽) 등 개화파를 중심으로 이 같은 정책이 준비되고 있었으며 국왕 역시 적극적으로 후원하였다.

고종친정 이후 개화정책은 몇 가지로 크게 구별된다.[172] 첫째, 국제법 인식이다. 고종과 개화관료는『만국공법(萬國公法)』체제를 빠르게 파악하였다. 1896년『만국공법』을 간행하여 국제법에 대한 이해를 심화시켰다.[173] 청 · 일본 외에도 영국 · 미국 · 벨기에 · 독일 · 러시아 등과 적극적인 외교관계를 수립하였다. 조선은『만국공법』체제에 편입하고자 국제사회 일원으로서 행동하였다. 조약체결 시 불평등조약의 개정을 시도하여 초기에 맺은 국가들보다 점차 좋아졌다. 미국과 조약을 체결할 때 일본보다 유리한 형태(관세권 보유)로 개선하였다. 이를 지켜본 일본은 미국과 조약개정을 추진했으나 실패하였고 열강

---

171 김백철, 「동관공조」·「추관형조」, 『다산학사전』, 사암, 2019, 446~447쪽, 1688~1689쪽; 김백철, 『『경세유표』의 등장과 개혁안의 성격: 19세기 전통과 근대의 만남』, 《규장각》 58, 서울대학교 규장각한국학연구원, 2021b, 145쪽.

172 이하 고종시대 개화정책은 다음 참조. 이태진, 앞의 책, 2004, 16~94쪽, 307~402쪽; 이태진, 앞의 책, 2005, 116~175쪽; 장영숙, 『고종의 정치사상과 정치개혁론』, 선인, 2010a, 83~140쪽, 223~244쪽, 271~302쪽; 장영숙, 『고종 44년의 비원』, 너머북스, 2010b, 65~95쪽, 161~186쪽, 261~306쪽; 장영숙, 『고종의 인사정책과 리더십: 망국의 군주, 개혁군주의 이중성』, 역사공간, 2020, 65~106쪽, 177~205쪽, 235~278쪽; 조재곤, 『고종과 대한제국: 황제 중심의 근대 국가체제 형성』, 역사공간, 2020, 242~311쪽, 400~476쪽.

173 【영인】韓國學文獻硏究所 編, 『萬國公法』, 亞細亞文化社, 1981a; 【번역】헨리 휘튼(김현주 역), 『만국공법』, 인간사랑, 2021; 【연구】김세민, 『한국근대사와 만국공법』, 경인문화사, 2002, 11~34쪽, 71~162쪽; 김용구, 『만국공법』, 소화 2008, 91~185쪽.

으로 인정받은 뒤에야 비로소 개정에 성공하였다.

한편, 열강 간 국제전쟁이 치열해지자 '영세중립국(永世中立國)'을 목표로 하여 활발히 서구세계에 인식시키고자 노력하였다.[174] 이것이 『만국공법』에서 규정한 내용임은 주지의 사실이다.[175] 하지만 일본제국은 끊임없이 국제법에 미흡하다고 선전선동 활동을 벌였다. 더욱이 일본이 영국·미국·러시아 등과 밀약을 맺음으로써 외교 독립운동은 무산되었다. 러일전쟁 직전에 인천에 불법으로 상륙하여 정부 요인을 납치하여 강제로 공수동맹조약인 「한일의정서」(1904.02.23.)를 체결함으로써 중립국지위를 강제로 해제하였다.[176] 제국주의시대 국제법은 강자의 명분에 지나지 않았으며 군사력이 약한 국가에는 중립국조차 허용되지 않았다. 따라서 대한제국이 국제정세에 무지했다는 비판은 사실이 아니며 일본제국이 군사적 침공을 감추기 위해서 한국에 책임을 돌린 데 지나지 않은 것이다. 동서고금을 막론하고 국제사회에서 외교의 효과는 스스로 군사적 우위를 갖추거나 주변 열강의 세력균형이 이루어졌을 때만 유효했으므로 부수적 변수에 지나지 않았다. 대한제국은 국제관계의 변화를 적극적으로 활용했으나 세계정세가 부합하지 않았던 것이다.

둘째, 서양문물 도입이다. 우정국(郵政局)을 설립하여 근대적 우편제도를 조기에 도입하였는데 갑신정변이 이를 기회로 일어났다.[177] 이후 전신제도(電報·電話)까지 운영하였는데 불행히 청일전쟁 당시

---

174 이민원, 『고종 평전: 문명전환의 길목에서』, 선인, 2021, 235~238쪽.

175 헨리 휘튼, 앞의 책, 2021, 300~340쪽.

176 김문자(김흥수 역), 『러일전쟁과 대한제국: 러일개전의 정설을 뒤엎다』, 그물, 2022, 42~51쪽, 77~102쪽.

일본제국이 조선의 최신설비를 점령해서 승전하였다. 아시아 최초로 에디슨(Thomas Alva Edison)의 전기회사를 초청하여 경복궁에도 전기를 설치하고 전기회사도 설립했다. 게다가 서양식 건물을 집중적으로 지었다. 경복궁 뒤편에 서양식 건물 관문각(觀文閣)을 건축하였고, 경운궁 석조전(石造殿) 등이 축조되었다. 서구문물의 도입은 국내외에 개화입국을 본격적으로 알리는 데 주요한 이정표 역할을 했을 뿐 아니라 지속적인 개혁을 추진하는 사회적 동력을 확보하는 데 기여했다.

셋째, 무기구입과 신식군대 양성이다. 1차 양성기(1881~1882)에는

---

177 갑신정변 기초연구는 다음 참조. 신용하, 「갑신정변의 개혁사상 저자」, 《한국학보》 10-3, 일지사, 1984; 이광린, 「갑신정변과 보부상」, 《동방학지》 49, 연세대학교 국학연구원, 1985; 김경창, 「甲申政變首謀者의 亡命 10년의 行跡: 김옥균, 박영효를 중심으로」, 《사회과학연구》 11, 경희대학교 사회과학연구원, 1985; 신용하, 「갑신정변의 사회사상사적 고찰」, 《동아시아문화연구》 7, 한양대학교 동아시아문화연구소, 1985; 백종기, 「개화사상과 갑신정변 연구의 과제」, 《대동문화연구》 20, 성균관대학교 대동문화연구원, 1986; 최영호, 「甲申政變論」, 《한국사시민강좌》 7, 일조각, 1990; 이광린, 「갑신정변」정강」에 대한 재검토」, 《동아연구》 21, 서강대학교 동아연구소, 1990; 신용하, 「갑신정변의 주체세력과 개화당의 북청 광주 양병」, 《한국학보》 25-2, 일지사, 1999; Park Eunsuk, "Social Status and Motivations of Participants in the 'Kapsin' Coup", *International Journal of Korean History, Vol. 12*, Center for Korean History, 2000; 박재우, 「徐光範과 甲申政變」, 《인문학연구》 4, 가톨릭관동대학교 인문과학연구소, 2001; 박은숙, 「갑신정변 주도세력의 성장과 정치적 대립의 성격」, 《역사연구》 12, 역사학연구소, 2003; 박은숙, 「갑신정변 政令에 나타난 정치체제와 권력운영 구상」, 《한국사연구》 124, 한국사연구회, 2004; 박은숙, 「갑신정변 참여층의 개화사상과 정변 인식」, 《역사와현실》 51, 한국역사연구회, 2004; 김윤희, 「갑신정변 전후 '개화' 개념의 내포와 표상」, 《개념과 소통》 2, 한림과학원, 2008; 장희흥, 「갑신정변과 궁중 내부세력의 내용과 반발: 특히 내시 유재현을 중심으로」, 《동학연구》 26, 한국동학학회, 2009; 박병주, 「갑신정변과 갑오경장시기의 사대와 독립의 의미」, 《한국학연구》 34, 고려대학교 한국학연구소, 2010; 전종익, 「甲申政變과 立憲主義: 근대 입헌주의 정치체제론 비판」, 《법학논문집》 35-2, 중앙대학교 법학연구원, 2011; 양진아, 「갑신정변 이후 유길준의 재정개혁론」, 《한국사학보》 57, 고려사학회, 2014.

일본군 자문으로 별기군이 창설되었는데 이것으로 임오군란(壬午軍亂)이 야기되었다.[178] 2차 양성기(1882~1887)는 청군이 진주하면서 청군의 조선군 훈련도 시작되었고 일본식 교육을 받은 병력도 잔존했으므로 충돌이 잦았다.[179] 3차 양성기(1888~1894)에는 연무공원(鍊武公院)을 만들고 미국인 군사자문인을 초빙해서 양성하였다. 게다가 군함 양무호(揚武號)를 구입하였고, 영국 자문으로 해군 양성이 이루어졌다. 청일전쟁기 조선군의 무장은 일본군에 의해 해제되었다.[180] 을미사변으로 일본군 지휘를 받던 훈련대는 해체되었고 연무공원 출신이 재기용되었다. 4차 양성기(1896~1904)에는 아관파천 이후 환궁이 이루어지면서 러시아교관단이 초빙되었다.[181] 경운궁이 일본군에게 점령되고 러일전쟁이 일어나기 전까지 지속되었다. 헤이그밀사사건 이후 대한제국군이 해산되자 신식군은 의병에 대거 합류하였다.

넷째, 신식화폐제도 준비되고 있었다. 갑오개혁기 「신식화폐발행장정」(1894)이 포고되었으나[182] 백동화 남발과 외국화폐의 국내사용

---

178 여러 차례 군란이 19세기부터 일어났으나 임오군란 당시에는 국내 정치세력 간 투쟁뿐 아니라 외세의 본격적인 한반도침공 계기가 되었다는 점에서 막대한 부정적인 영향을 미쳤다. 이는 갑신정변이나 동학농민운동에서도 나타나는 현상과 비슷했다. 신기석, 「안전보장과 한말정국: 임오군란-청일전쟁」, 《국제법학회논총》 11-1, 대한국제법학회, 1966, 269~314쪽; 崔炳鈺, 「壬午軍亂後 親軍制의 成立과 그 矛盾」, 《군사》 26, 국방부 군사편찬연구소, 1993, 76~119쪽; 류재택, 「壬午軍亂의 原因에 대한 再考察」, 《역사와 실학》 14, 역사실학회 2000, 761~784쪽; 김정기, 「임오년에 다시 보는 120년전의 '임오군란'」, 《역사비평》 60, 역사비평사, 2002a, 310~327쪽.
179 변승웅, 「제도의 개혁」, 『신편한국사』 38, 국사편찬위원회, 2002, 152~155쪽.
180 변승웅, 같은 글, 2002, 156~157쪽.
181 이문원, 「아관파천」, 『신편한국사』 41, 국사편찬위원회, 2002, 67~81쪽.
182 『高宗實錄』 卷32, 高宗 31年 7月 乙酉(11日), 「新式貨幣發行章程」.

허가로 인해 문제가 야기되었다. 이는 고종초반 청전(淸錢) 도입론의 실패를 고려하지 않은 채 일본제국의 편의를 위해서 도입된 제도였다. 곧 일본제국의 금본위제 실시와 함께 남아도는 은화를 대만·조선에 유통시키기 위한 정책이었다. 광무개혁기 대한천일은행(大漢天一銀行, 1899)을 설립하여 중앙은행의 역할을 기대하였고 금본위제 도입「화폐조례」(1901)도 만들었다.[183] 이는 근대적 국가예산제도 발달에 주요한 지표였다. 따라서 일본제국이 러일전쟁을 일으킨 뒤 강제로 화폐개혁을 실시하여 막대한 차관을 대한제국에 물렸으며, 그 사이 대한천일은행을 휴업시켜 일반은행으로 전환하였고, 심지어 강제병합 이후에는 경영권도 일본인에게 넘겨버렸다. 사실상 러일전쟁 이후 외교권뿐 아니라 국내통치권도 점진적으로 빼앗긴 것이다.

다섯째, 도시개조사업이다. 보빙사(報聘使, 1883)[184] 방문 이후 점차 미국에서 조사한 수도설계방식을 도입함으로써 한성개조사업에 활용하였다. 전기도입으로 가로등이 설치되었고, 근대적 공원(탑골공원)이 설치되었으며, 동아시아 최초로 전철이 부설되었다. 심지어 워싱턴 D. C.를 모방한 도시계획이 도입되기에 이르렀다.[185] 이는 향후

---

183 단, 대한천일은행의 평가는 학자별로 이견이 있다. 전우용은 중앙은행을 목표로 했다고 보고 있으며, 오두환은 기대에 미치지 못했다고 보았다. 오두환, 「산업진흥정책」, 『신편한국사』 42, 국사편찬위원회, 2002, 102쪽; 전우용, 「상회사 설립과 상권수호운동」, 『신편한국사』 44, 국사편찬위원회, 2002, 187쪽.

184 보빙사는 다음 참조. 김원모, 「조선 報聘使의 미국사행(1833) 연구(상)·(하)」, 《동방학지》 49·50, 연세대학교 국학연구원, 1985·1986; 김원모, 『상투쟁이 견미사절 한글국서 제정』 상·하, 단국대학교출판부, 2018.

185 박은숙, 「개항후(1876~1894) 서울의 자본주의 도시화와 공간 재편」, 《향토서울》 74, 서울시사편찬위원회, 2009, 113~118쪽; 이정옥, 「갑오개혁 이후 한성도로정비사업과 府民의 반응」, 《향토서울》 78, 서울시사편찬위원회, 2011, 145~160쪽; 서정현, 「근대 정동의 공간변화와 고종」, 《향토서울》 84, 서울시사편찬위원회, 2013, 88~99쪽.

백악관 앞의 원표(元標, Zero Mile stone)를 모방해서 경복궁 앞에 도로원표(道路元標, Kilometer Zero)를 설치하는 데 영향을 미친 듯하다.[186]

여섯째, 시민사회 형성노력이 지속되었다. 대중적 지지기반 확대를 위해서 다양한 조치가 이루어졌다. 왕실은 독립문을 건설하였고, 《독립신문》(1896~1899)·《황성신문》(1898~1910:《한성신문》강제개명)·《제국신문》(1998~1910)·《대한매일신보》(1904~1910:《매일신보》강제개명) 등의 언론이 창간되어 정부의 개혁을 지지했다. 그리고 독립협회(獨立協會)(1896~1898)·황국협회(皇國協會)(1898)·대한자강회(1906~1907)·대한협회(1906~1910) 등 외곽단체의 자발적 지지도 받았다. 더욱이 광장(서울광장)과 공원(탑골공원)을 만들어 시민이 모이는 공간을 마련하였다. 지금 서울광장은 덕수궁 앞으로 민회가 열리던 곳이다. 이 역시 영조가 궁궐 앞에서 순문(詢問)을 열던 전통을 계승한 것이다.[187] 특히 중추원(中樞院) 관제를 마련하여 서민을 정치에 참여시키고자 하였으나 관민공동회·만민공동회(민회)는 일본제국의 간섭으로 민권운동을 빙자한 반정부활동으로 변질되면서 좌절되었다.[188]

일곱째, 독립운동 후원이다. 고종은 제국익문사(帝國益聞社)를 정

---

186 전국단위 도로의 거리계산은 이미 조선시대에도 이루어지고 있었는데(김창수, 「교통과 운수」, 『한국사』 10, 국사편찬위원회, 1981, 445쪽), 이것이 고종대 워싱턴 D. C. 도시계획 참고 시 탑골공원 및 방사선 도로구축 등과 함께 도입된 것으로 추정된다. 이는 일본제국이 도쿄에 설치한 바닥에 파묻은 원표와 다르고 한국·미국만 동일한 디자인으로 만들어져 있기 때문이다(이태진, 앞의 책, 2005, 142~143쪽). 다만, 현재 공식적 연혁은 조선총독부가 1914년에 설치한 것으로 표기되어 있다(『朝鮮總督府官報』, 1914.04.11.·12.02.).

187 김백철, 「영조의 순문과 위민정치: '애민'에서 '군민상의'로」, 《국학연구》 21, 한국국학진흥원, 2012, 198~203쪽.

188 주진오, 『19세기후반 開化改革論의 構造와 展開: 獨立協會를 中心으로』, 연세대학교 사학과 박사논문, 1995, 103~155쪽.

보기관으로 만들어 활용하였다.[189] 일본제국은 이토 히로부미(伊藤博文) 암살배후로 고종을 지목하였다. 각종 독립단체(大韓義軍 등)에 독립자금을 제공하였으며, 중국의 덕화은행(德華銀行, Deutsche Asiatische Bank)에 비밀자금을 예치하였다. 게다가 독립운동을 하다가 투옥될 경우 변호에도 자금을 지원하였다(安重根 등). 그러나 고종의 비밀자금은 일본제국[伊藤博文]의 공작으로 절반이 그들에게 넘어갔고, 나머지 절반은 바이마르공화국의 화폐가치 폭락으로 사라졌다.

(2) 왕정의 실패요인

고종대 적극적인 개화정책의 추진에도 불구하고 종국에는 실패로 이어졌다. 그 요인을 살펴보면 다음 몇 가지를 상정해볼 수 있다. 첫째, 엘리트 중심의 급진정책 추진이다. 당시 난제는 대원군이 이루지 못한 외국과 개항에는 점진적인 효과를 보았으나 그로 인한 문제점에 적절히 대비하지 못했다는 점이다. 대원군이 신중하게 서구 열강과 접촉을 보류했던 것은 시장을 개방할 경우, 우리나라의 경제침탈에 효과적인 방어수단이 마련되어 있지 않았기 때문이다. 위정척사(衛正斥邪) 계열은 이 같은 경제적 침탈을 우려해서 선불리 개항에 동조하지 못했다.[190]

마치 1990년대 단계별 일본문화 개방 시 왜색에 우리 문화가 침탈당할 것을 우려하던 상황과 유사했다. 다행히 1990년대말 한류가 역

---

189 이태진, 앞의 책, 2004, 387~402쪽.
190 노대환, 「18~19세기중반 서양물품의 조선유입과 洋物禁斷論」, 《한국학연구》 66, 인하대학교 한국학연구소, 2022, 483~489쪽.

전시켜서 상호주의하 개방이 우리 문화가 해외로 뻗어나가는 통로역
할을 했다. 이 같은 우려는 100여 년 전에 준비가 되어 있지 못한 상
황에서 외국의 값싼 공산품이 조선시장을 잠식했던 상황을 기억했기
때문이다. 실제 개항장이 만들어지고 당시로서는 단계적인 제한무역
을 허가했으나 범위는 점차 확대되었고, 우리 자본의 시장통제력이
나 장악도는 점점 약화되었다. 일본·중국 상인이 대거 조선으로 몰
려들었다. 특히 김옥균(金玉均: 안동김씨)·박영효(朴永曉: 영혜옹주 부
마)와 같이 조정·왕실에 인연이 많은 가문의 젊은 엘리트 관료들은
'개화' 혹은 '근대화'에 경도된 나머지 위정척사파와 달리 경계심이 지
나치게 무뎠다. 그래서 일본 등을 침탈세력보다는 선진국가로만 이
해했다. 이것이 젊은 개화파의 가장 큰 약점이었다.

　고종은 개화정책을 재위기간 동안 지속적으로 밀어붙였으나 초기
에는 외세침탈성에 대한 방비나 그로 인한 민심이반(民心離叛)에 대해
신경 쓰지 못했다. 이것이 불거진 사건이 바로 1882년(고종19) 임오군
란이었다. 신식군대의 창설이 잘못된 것은 아니었으나 기존의 정예
군인 훈련도감이 제대로 된 급여를 받지 못하는 상황에서 신식군대
우대는 차별로 느껴져 상실감을 키웠다. 급여 문제 등으로 인한 군인
의 시위는 이전에도 몇 차례 확인된다.[191] 그런데 이 시기 달랐던 점
은 궁궐을 점령하는 쿠데타가 발생했다는 사실이다. 여기에 일본의
경제적 침탈이 강화되면서 민의 반발이 확산되자 반일운동의 성격

---

191 1863년(철종14) 금위영 병사나 1877년(고종14) 훈련도감 병사도 급료 문제로 소요를
　　일으켰다. 『高宗實錄』卷14, 高宗 14年 8月 壬辰(10日); 李瑄根, 『韓國史: 最近世篇』,
　　을유문화사, 1961, 416~417쪽; 권석봉, 「壬午軍變」, 『한국사』 16, 국사편찬위원회,
　　1983, 396쪽.

이 농후해졌다.[192] 이 사건은 외국세력이 한반도 정책을 전환하는 주요한 계기로 작동하였다.[193] 수도를 방위하는 군인의 자긍심을 빼앗은 것은 큰 실책이었다. 물론 대원군과 훈련도감이 연결된 것도 문제 중 하나였다. 이는 고종친정 이후 민심이반에 대해서 별로 배려하지 못했고 엘리트주의자와 개화지상주의정책을 취했기 때문이다. 개화정책이 옳다고 하더라도 민심이반을 막고 백성의 지지아래에서 국왕이 개화정책을 지휘할 필요가 있었다.

둘째, 척신의 과도한 등용이다. 고종은 이 시기 양대세력을 내세웠다. 하나는 외가이자 처가에 해당하는 민씨일문이다.[194] 명성황후는

192 권석봉, 「壬午軍變」, 「한국사」 16, 국사편찬위원회, 1983, 393~394쪽.
193 『啓下咨文冊』 2, 「緣由北京禮部咨」·「緣由總理各國事務衙門咨」·「緣由北洋大臣衙門咨」·「送使日本事 北洋大臣衙門咨」, 光緖 8年(1882) 8月 12日; 채중묵, 「근세조선의 개국정책과 외세의 침입: 서기 1882년(임오군란)을 중심으로」, 《법학연구》 3, 전북대학교 법학연구소, 1975, 91~109쪽; 朴日根, 「中·美兩國의 對朝鮮外交政策에 對한 小考: 壬午軍亂을 中心으로」, 《법학연구》 21-1, 부산대학교 법학연구소, 1979, 1~26쪽; 최문형, 「열강의 대한정책에 대한 일연구: 임오군란과 갑신정변을 중심으로」, 《역사학보》 92, 역사학회, 1981, 101~135쪽; 다카시로 고이치, 「壬午軍亂이전의 조선에 관한 후쿠자와 유키치(福澤諭吉)의 정치평론: '先內安後外競論'='先富國後强兵論的 조선정략론」, 《한국동양정치사상사연구》 4-2, 한국동양정치사상사학회, 2005, 145~179쪽; 조세현, 「1880년대 北洋水師와 朝淸關係」, 《동양사학연구》 124, 동양사학회, 2013, 211~254쪽; 김흥수, 「임오군란시기 일본의 조선정책과 여론」, 《군사연구》 136, 육군 군사연구소, 2013, 35~64쪽; 김형종, 「19세기 근대 한중관계의 변용: 자주와 독립의 사이」, 《동양사학연구》 140, 동양사학회, 2017, 223~270쪽; 박한민, 「1883년 조일통상장정 체결과 각국의 대응」, 《역사와 경계》 111, 부산경남사학회, 2019, 245~290쪽; 김흥수, 「임오군란 전후 일본의 울릉도 침범」, 《한국학논집》 83, 계명대학교 한국학연구원, 2021, 143~174쪽.
194 한영우, 『명성황후와 대한제국』, 효형출판, 2001, 15~38쪽; 장영숙, 「고종의 정권운영과 閔氏戚族의 정치적 역할」, 《정신문화연구》 31-3, 한국학중앙연구원, 2008, 183~212쪽; 장영숙, 「고종정권하 驪興閔門의 정치적 성장과 내적 균열」, 《역사와 현실》 78, 한국역사연구회, 2010, 301~345쪽; 황태연, 앞의 책, 2017a, 449~465쪽, 473~519쪽; 장영숙, 앞의 책, 2020, 87~173쪽; 이희주, 『명성황후 평전』, 신서원,

모친[感古堂 閔氏]의 일가사람이었기 때문에 단순히 척신일 뿐 아니라 고종과도 직접 연계되는 왕실일가였다. 다른 하나는 효명세자빈(孝明世子嬪)이던 신정왕후가 고종즉위초에 수렴청정을 하면서 끌어들인 친정 조씨일가이다. 통상 왕실에서 척신에게 병권 중 일부를 맡겨서 비상상황을 대비케 하거나 요직을 주어 국정을 보좌하도록 하던 전례에 크게 벗어나지 않았다. 풍양조씨(豊壤趙氏)는 영조대 탕평파를 이끌었던 조현명(趙顯命)·조문명(趙文命)의 후예이며, 여흥민씨(驪興閔氏)는 숙종대 인현왕후(仁顯王后)를 배출한 명문가였다.

문제는 향후 지방관 중 탐관오리로 지목되는 인사들이 바로 조씨·민씨였기 때문이다. 물론 그들의 가문을 추적해보면 본관은 다르고 성씨만 같은 경우도 있었으나(同姓異本), 백성을 선동하기에 충분한 효과를 발휘했다. 갑오개혁이나 동학농민운동 모두 정치개혁의 명분으로 척신(戚臣)축출을 내세웠기 때문이다. 민간에서는 외척의 부패상을 비판하는 기록이 넘쳐났다.[195]

조정에서 일정비율의 척신등용은 통상적인 일이었으나 19세기 말 척신의 고위직 비중이 높았고[196] 동일성씨를 띤 다수의 중앙·지방 관직자가 등장하였다. 탐관오리의 정확한 비중은 알 수 없으나 조씨·민씨에서 사건이 두드러진 것은 관료군 내 상대적으로 많이 진

2020, 23~41쪽.

195 조선에 대한 부정적 서술은 다음 참조. 황현(허경진 역), 『매천야록』, 서해문집, 2006, 50쪽; 정교(조광 외 역), 『대한계년사』 1, 소명출판, 2004a, 69쪽, 80쪽; W. E. 그리피스, 앞의 책, 1999, 97~99쪽, 130쪽, 626~637쪽; 이사벨라 버드 비숍, 앞의 책, 1994, 510~512쪽; G. N. 커즌, 앞의 책, 1996, 57~58쪽, 111~112쪽, 410쪽; 헨리 위그햄, 앞의 책, 2009, 255쪽, 292쪽; 잭 런던, 앞의 책, 2011, 23쪽, 62쪽, 83쪽.
196 이민원, 앞의 책, 2021, 73~75쪽.

출했기 때문이다. 재야에서는 세도정치기 왕실이 쇠퇴하면서 핵심
지지기반을 갖추지 못하자, 양적으로 세(勢)를 규합하는 데 동일성씨
를 대거 불러들였다고 비난하였다. 이 때문에 이른바 '민씨척족(閔氏
戚族)' 표현이 등장한 것이다. 명성왕후의 오빠 민승호(閔升鎬)는 1874
년 폭탄테러로 사망할 정도로 미움을 샀다. 민씨일가(민승지)에서 지
방에 사람을 보내어 채권을 추심하는 과정에서 민과 다툼이 벌어져
고등재판소까지 소송을 진행하기도 했으므로[197] 여론이 좋을 리 없
었다. 이러한 정서를 등에 업고 대원군·일본 측에서 백성의 반감을
이용하여 반대세력에 대한 정권탈취의 수단으로 부패혐의 제기도 이
어졌다. 삼남도찰사(三南都察使)를 사칭하면서 폐단을 부리다가 체포
되어 압송되었으나 중도에 '민승지'를 사칭해 탈옥하는 인물이 등장
했다.[198] 곧 민씨일문은 비판대상뿐 아니라 사적 이익을 취하고자 할
때에도 악용되었는데 이는 그들이 바로 권력의 핵심으로 이해되었기
때문이다. 1894년 동학군봉기의 단초를 제공한 탐관오리의 대명사
조병갑(趙秉甲) 역시 풍양조씨의 일원이었다. 이 때문에 여느 목민관
처럼 처음부터 강경한 처분을 내리지 못해 나라를 혼란상태로 이끈
것이다.[199]

197 『司法稟報(乙)』, 「(南陽郡 → 法部)報告書」第1號, 光武 3年(18991) 5月 9日; 『司法稟報
(乙)』, 「(高等裁判所 → 法部)報告書」第79號, 光武 3年(1899) 6月 3日.

198 『司法稟報(乙)』, 「(濟州牧裁判所檢事試補 → 法部大臣)報告書」第1·2號, 光武 6年
(1902) 2月 28日·3月 22日; 『司法稟報(乙)』, 「(務安港 → 法部)報告(書)」第7號, 光武 6
年(1902) 3月 23日.

199 조병갑(趙秉甲)은 고종친정기 1894년 1월에 전라도 관찰사(觀察使)가 부패혐의를 보
고하였고 곧이어 농민봉기가 발생하였으나 2월에 급파된 안핵사(按覈使) 이용태(李
容泰)는 소요를 수습하기는커녕 무력으로 진압하여 원성만 샀다. 4월에 이르러 조병
갑은 의금부로 압송되었고 이용태는 유배형에 처해졌다. 갑오정권하 1895년 유배지

물론 고종대 민종렬(閔種烈)과 같은 어진 관리도 적지 않았고,[200] 또한 민영익(閔泳翊)·민영환(閔泳煥)은 끝까지 대한제국을 지켰다. 세간의 편견과 달리 독립운동가로 활약한 이들도 친일파보다는 훨씬 많았으므로 가문의 성격을 하나로 특정 짓기는 쉽지 않다. 최근 연구에서는 민씨일가가 고종친정기 개화관료의 중심축을 이루었다고 평가한다.[201]

특히 고종이 친정에 나선 지 불과 1년도 되지 않은 상황이었으므로 정말 탐관오리 비판인지 대원군세력의 반감인지는 불확실하며 오히려 후자일 가능성이 크다. 민씨일가에 대한 분노라는 명분은 10여 년 후에 발생한 대원군복위를 주장한 임오군란(1882)의 감정을 오히려 소급적용한 것으로 보인다. 대원군은 외척 자체를 경계한 데다가 세도정치기 김조순(金祖淳)가문(안동·장동김씨)의 인사도 저항하지 않는 한 그대로 기용했다. 이 때문에 친위세력을 만들지는 못했으나 민심의 지지는 적지 않았다. 대원군의 핵심정책은 역설적으로 정적이던 김조순일가가 많이 수행하였다. 이는 정계에서 포용력으로 인정받아서 상층부·하층부의 고른 지지를 받았다. 역설적으로 이 때문에 개화정책 수립은 불가능하였다. 세도가문은 천주교박해를 주도한 핵심

고금도(古今島)에서 중앙으로 압송되었다가 7월에 조병갑과 이용태는 모두 석방되었다. 더욱이 몇 년 뒤 광무정권기에도 1898년 조병갑은 법부(法部)의 민사국장(民事局長)을, 1899년 이용태는 중추원 의관(議官)을 각기 맡아 복귀했다. 【고종친정기】『高宗實錄』卷31, 高宗 31年 1月 丁亥(9日)·2月 壬戌(15日)·4月 甲子(18日)·丁卯(21日); 【갑오정권】『高宗實錄』卷33, 高宗 32年 3月 癸未(12日); 『高宗實錄』卷33, 高宗 32年 7月 辛丑(3日); 【광무정권】『高宗實錄』卷37, 高宗 35年 1月 2日(陽曆); 『高宗實錄』卷39, 高宗 36年 5月 30日(陽曆).

200 박채란, 「19세기 말 尙州牧使 閔種烈(1831~1899)의 民政改善策」, 충북대학교 사학과 석사논문, 2015, 40~46쪽; 송진현, 「경상도 상주의 동학농민전쟁과 사회변동」, 계명대학교 사학과 석사논문, 2021, 10~20쪽.

201 장영숙, 앞의 논문, 2008, 185~208쪽; 장영숙, 앞의 논문, 2010, 305~335쪽.

세력이었으며 심지어 공동정권을 이룬 신정왕후조차 프랑스신부와 접촉에 반대하면서 박해사건으로 비화되었을 정도였다.

만일 고종이 재위후반처럼 독립협회·황국협회 등과 같은 민의 지지기반으로 대항했더라면 좀더 나은 결과를 기대할 수 있었겠으나 아직 정치경험이 전무한 상황이었다. 고종(1852~1910, 재위 1863~1907)은 12세에 즉위하여 10여 년간 섭정이 지난 뒤 20대초반(1873)에 친정에 나섰고 개화파 역시 20~30대에 불과하여 연소하였다.[202] 마치 박은식(朴殷植)·신채호(申采浩)·김구(金九) 등이 왕정의 신민에서 점차 개화사상가(혹은 공화주의자)로 발전하였듯이 신왕 역시 비슷한 사상적 변화과정을 겪고 있었다.

셋째, 중앙–지방 및 상층부–하층부 지지 상실이다. 임오군란(1882)은 수도 정규군의 반란이었다. 수도를 방위하는 부대가 이반되었음은 어떠한 변명의 여지도 없이 조정의 관리부실이었다. 소수의 신식부대가 왕실을 지킬 수 없음은 물론이다. 아무리 좋은 정책일지라도 수도방어의 임무를 맡은 군사의 충성심을 고려하지 않은 것은 잘못이다. 대부분의 나라에서 최정예군이 수도를 방어하고 가장 충성도가 높은데 최소한의 대우조차 해주지 못했다. 이것은 명백한 정책실패였다.

이 때문에 개화정책이 퇴행하자 조급함을 느낀 급진세력은 갑신정

---

202 김옥균(1851년생)은 만 21세(1872)에 급제하였고, 박영효(1861년생)는 만 11세(1872) 영혜옹주의 부마가 되었으며, 서재필(1864년생)은 만 19세(1882)에 가주서(假注書)가 되었다(『高宗實錄』卷9, 高宗 9年 2月 戊午(4日)·丙子(22日);『承政院日記』, 光緒 8年 (1882) 4月 辛酉(6日)). 갑신정변(1884) 당시 김옥균 만 33세, 박영효 만 23세, 서재필 만 20세였다.

변(1884)을 일으켰다.[203] 보빙사로 보낸 사절 중 절반에 해당하는 미국체류파와 유럽순방파의 선택이 달랐다. 일본-미국을 다녀온 이들은 공화주의에 세례를 받았으며, 유럽을 순방한 이들은 실제 유럽 왕정의 입헌군주제를 경험하고서 근대화정책에 감명받았다. 이것이 국가상의 괴리로 이어졌다. 우정국과 같은 근대 우편제도를 도입하는 과정에서 일으킨 쿠데타로 순진무구하게 일본에 의지했던 급진세력은 자멸할 수밖에 없었고 이를 진압하는 데 청군이 개입하면서 개화정책은 당분간 쇠퇴할 수밖에 없었다.[204]

게다가 개화세력 내에서도 분열이 일어나 후원자인 국왕을 구금하는 상황까지 발생하자, 고종 주도의 개화정책은 타격이 불가피했다. 갑신정변은 친위세력의 쿠데타로서 국왕에게 상당한 충격을 안겨주었다. 이를 계기로 김옥균을 사주했던 일본에 대한 경계심이 왕실에서 팽배해졌다. 이전처럼 순수하게 근대화(혹은 개화)라는 관점에서 일본을 이용할 수 있다는 생각은 더 이상 할 수 없었다. 수도를 지키는 부대와 엘리트 개화관료의 이반은 중앙의 대혼란을 야기했다.

---

203 학계에서는 온건개화파·급진개화파 구분에 대해 고민이 없지 않으나 아직 통일된 의견이 자리 잡지 못했으므로 본서는 다음 연구를 따랐다. 권오영, 「개화사상의 발전」, 『신편한국사』 38, 국사편찬위원회, 2002, 62~76쪽.

204 갑신정변기 체제비교는 다음 참조. 뫼르젤(홍순권 역), 「갑신정변 화상기(Events Leading to the Emeute of 1884)」, 《역사연구》 9, 역사학연구소, 2001; 최치원, 「독일 프로이센 개혁과 조선 갑신정변: 개혁의 철학적-물적 기반을 중심으로」, 《사회이론》 25-14, 한국사회이론학회, 2004; 최치원, 「근대 전개의 두 양상: '역사유동성 구조'의 시각에서 바라 본 독일 프로이센(Preußen) 개혁과 조선 갑신정변」, 《담론201》 8-3, 한국사회역사학회, 2005; 강수옥, 「근대 중조일 3국의 사회변혁 연구: 중국의 무술변법, 조선의 갑신정변, 일본의 명치유신 비교」, 《역사와 세계》 42, 효원사학회, 2012; 신동규, 「갑신정변 체험기 『遭難記事』 필사원본의 발굴과 사료적 특징」, 《한일관계사연구》 47, 한일관계사학회, 2014; 김종학, 「이동인의 비밀외교: 개화당의 정치적 목적 재검토」, 《동양정치사상사연구》 15-2, 한국동양정치사상사학회, 2016.

청군의 진주가 이루어지면서 외국군대의 용산 상시주둔(청군 → 일군 → 미군)이 최근까지 지속되는 빌미가 되었다.

더욱이 지방민의 이반은 동학농민운동(1894)으로 나타났다. 본래 19세기말 단군을 내세운 다양한 민간종교가 등장하였고 민간신앙과 결합하거나 외래종교와 혼용되어 교파를 형성해나갔다. 그중 하나가 동학이라는 이름으로 세를 불려나갔다. 진압 이후에도 유사한 종교 세력이 여러 갈래를 만들어 다양한 신흥종교로 이어졌고 점차 개인적 영리를 취하는 형태로 바뀌었다. 그중 오직 국망 이후 대종교(大倧敎)만이 무장독립운동의 형태로 종교성을 탈피하였다.

비슷한 양상은 중화민국 탄생 이후에도 지방에서 광범위하게 나타났다. 동시대 중국에서 공화정이 수립되었으나 구태의연한 지방관의 자의적 통치는 지속되었다. 중앙의 근대화 노력에도 불구하고 지방의 상황은 크게 개선되지 못했다. 서구 열강의 접근이 아니었다면 왕정은 내치에 신경을 쓰고 지방에 대한 감찰을 강화할 수 있었을 것이다. 마치 탕평군주기·대원군섭정기처럼 목민관 통제가 잘 이루어지던 시기에 지방민의 반발은 거의 없었다. 불행히도 중앙이 외세에 대한 대응책 마련과 근대화(개화)를 통한 자구책 마련에 정신이 없을 사이에, 지방에는 부패한 관리가 자리 잡고 있었다.

한편, 동학군 진압과정에서 청군이 조선 조정을 빙자하여 스스로 개입하자 이번에는 일본군의 무단상륙이 이루어졌다. 갑신정변 이후 일본제국은 청군의 개입으로 실패했다고 보고 이를 만회하기 위해 조선을 배제하고 청일 간 「톈진조약」(1885)을 맺었다. 이로 인해서 청군진입이 일본에 통보되었고 이를 구실로 일본군이 침공하였다.[205]

급진개화세력의 쿠데타(갑신정변)와 반개화세력의 무장봉기(동학농민운동)는 외세개입이라는 가장 부정적인 결과를 초래했다. 만일 상층부(엘리트)와 하층부(서민대중)가 서로 이반하지 않고 중앙과 지방이 합심하였다면 외세의 침공이 거세다고 할지라도 최대한 지연시키거나 막을 수 있었을 것이다. 동학군의 진압을 명분으로 스스로 진주한 일본군은 청일전쟁을 일으켰고 왕궁을 점령하였으며 갑오개혁을 강제로 실시하였다.[206] 일본제국은 갑신정변 당시부터 자신들에게 유리한 형태의 근대화정책을 계획했으나 성사시키지 못했는데 이를 재추진한 것이다.[207] 표면적으로는 근대화정책이었으나 일본제국의 한

205 갑신정변기 대외관계는 다음 참조. 신기석, 「甲申政變과 韓・淸・日 外交關係」, 《국제법학회논총》 4-1, 한국제법학회, 1959; 채중묵, 「近世朝鮮의 開放政策에 따른 國內不安과 淸・日의 對韓政策에 關한 硏究: 甲申政變을 中心으로(1)~(2)」, 《법학연구》 6~7, 전북대학교 법학연구소, 1979~1980; 채중묵, 「甲申政變後의 朝鮮의 自主外交努力과 外勢의 干涉」, 《법학연구》 8, 전북대학교 법학연구소, 1981; 최문형, 「甲申政變前後의 情況과 開化派: 外勢와 연관된 政變의 再評價를 위해」, 《사학연구》 38, 한국사학회, 1984; 최문형, 「갑신정변전후의 정황과 그 의의: 열강의 대한정책과 관련하여」, 《동아시아문화연구》 7, 한양대학교 동아시아문화연구소, 1985; 최진식, 「갑신정변을 전후한 개화파의 외교인식론」, 《부산사학》 32, 부산사학회, 1997; 保坂祐二(호사카 유지), 「福澤諭吉과 甲申政變」, 《한일관계사연구》 4, 한일관계사학회, 1995; 구선희, 「갑신정변직후 反淸政責과 청의 袁世凱 파견」, 《사학연구》 51, 한국사학회, 1996; 김성혜, 「일본망명자 김옥균송환을 둘러싼 조일양국의 대응」, 《대동문화연구》 88, 성균관대학교 대동문화연구원, 2014; 방광석, 「러일전쟁이전 이토 히로부미의 조선 인식과 정책」, 《한일관계사연구》 48, 한일관계사학회, 2014; 김종학, 「이노우에 가쿠고로(井上角五郎)와 갑신정변: 미간사료 『井上角五郎自記年譜』에 기초하여」, 《한국동양정치사연구》 13-1, 한국동양정치사상사학회, 2014; 박은숙, 「김윤식과 원세개・이홍장・주복의 교류(1881~1887): 장정체제 구축과 종속의 네트워크」, 《한국사학보》 61, 고려사학회, 2015; 김성혜, 「1886년 일본망명자 김옥균유폐의 전말과 그 원인」, 《아세아연구》 58-3, 고려대학교 아세아문제연구원, 2015; 한승훈, 「영국의 거문도점령 과정에 대한 재검토: 갑신정변직후 영국의 간섭정책을 중심으로」, 《영국연구》 36, 영국사학회, 2016; 유바다, 「甲申政變 前後 淸・日의 朝鮮保護論 제기와 天津條約의 체결」, 《역사학연구》 66, 호남사학회, 2017; 유바다, 「1885년 駐紮朝鮮總理交涉通商事宜 袁世凱의 조선 파견과 지위 문제」, 《사총》 92, 고려대학교 역사연구소, 2017.

206 문준영, 앞의 책, 2010, 169쪽.

반도 진출에 유리한 정책이 채택되었고, 왕이 배제된 상태에서 친일 내각이 꾸려지면서 국왕의 재가 없이 위조된 명령이 널리 시행되었다.[208] 다음 해에는 경복궁을 재차 침공하여 명성황후를 시해하는 을미사변(1895)을 일으켰다.[209]

이 사건은 조야(朝野)뿐 아니라 국제사회에도 엄청난 충격을 안겨주었다. 명성황후는 처음으로 수렴청정이 아닌 상황에서 국정에 직접 간여하였다. 그만큼 선교사 등에게는 뛰어난 여성으로서 존경받았으나[210] 전통적 여성역할론에 익숙했던 국내인에게는 거부감이 컸다. 그래서 문제가 되는 사안이 발생하면 모두 왕비의 책임으로 돌리고 국왕은 무고하다는 인식이 팽배했다. 보통 왕정에서 대신이 책임지고 국왕에게는 무한한 신뢰를 보내는 것이 신민의 일반적 의식이다. 그런데 이 시기 유독 왕비책임론 거론은 고종과 대원군의 마찰이 심해지자 차마 부자 간 대립으로 설명하기 곤란하여 애꿎은 왕비의

207 한상범, 「아시아에서 서양법제의 계수와 그 문제점: 한국에서의 근대법제의 계수와 근대 법학의 수용을 중심으로」, 《아태공법연구》 3, 아세아태평양공법학회, 1994, 129쪽; 문준영, 앞의 책, 2010, 225쪽.

208 『高宗實錄』 卷34, 高宗 33年 9月 24日(陽曆).

209 최문형, 『명성황후시해의 진실을 밝힌다: 선전포고 없는 일본의 대러개전』, 지식산업사, 2006, 168~251쪽; 이민원, 『명성황후시해와 아관파천』, 국학자료원, 2002, 25~108쪽; 이영숙, 『명성황후시해사건 러시아 비밀문서』, 서림재, 2006, 29~70쪽, 72쪽; 김문자, 『명성황후시해와 일본인』, 태학사, 2011, 113~307쪽, 317~352쪽; 김영수, 『명성황후 최후의 날: 서양인 사바찐이 목격한 을미사변, 그 하루의 기억』, 말글빛냄, 2014, 171~213쪽; 이종각, 『미야모토 소위, 명성황후를 찌르다: 120년만에 밝혀지는 일본군부 개입의 진상』, 메디치미디어, 2015, 17~186쪽.

210 릴리어스 호튼 언드우드, 앞의 책, 1984, 31~46쪽, 165~175쪽; 이사벨라 버드 비숍, 앞의 책, 1994, 288쪽, 300~301쪽, 319~320쪽; 엘리자베스 키스, 앞의 책, 2006, 28~29쪽; 메리 V. 팅글리 로렌스, 앞의 책, 2011, 27~94쪽; 장영숙, 「서양인의 견문기를 통해 본 명성황후의 정치적 위상과 역할」, 《한국근현대사연구》 35, 한국근현대사학회, 2005, 15~24쪽; 이희주, 앞의 책, 2020, 195~210쪽.

탓으로 돌린 것이다. 이는 역설적으로 왕비가 뛰어난 정치감각을 발휘했기 때문이다.[211]

1919년 고종의 장례식을 필두로 만세시위를 벌이자, 일본제국은 왕정을 빌미로 독립운동을 전개하는 것을 막기 위해서 국왕과 왕비에 대한 저열한 유언비어 유포에 적극적으로 나섰다.[212] 만일 명성황후가 뛰어난 외교감각을 발휘하지 못했다면 굳이 일본제국이 범궐까지 하는 무리수를 두면서까지 시해할 필요가 있었을까? 더욱이 1910년 강제병합을 성사시킨 마당에 굳이 10여 년 뒤에 고종을 독살한 것은 무엇 때문이었을까? 선교사나 일본제국의 기록에 따르면 왕비가 대외정책에 깊숙이 간여하고 있었다. 심지어 밀정기록에도 고종이 지속적으로 중국·영미권 등지에서 독립운동을 후원하였음이 확인된다. 이 같은 저항을 일본제국은 용납할 수 없었다. 일본제국은 자신에 대항하는 세력을 모두 '수구파(守舊派)', '사대당(事大黨)', '척족(戚族)', '완고당(頑固黨)'[213] 등으로 지칭하였고, 요시다 쇼인(吉田松陰)·후쿠자와 유키치(福澤諭吉)의 조선침략을 전제로 하는 근대화를 추종하는 세력을 '개화파(開化派)'로 재분류하였다.[214] 하지만 전자(수

---

211 혼마 규스케(최혜주 역), 『조선잡기: 일본인의 조선 정탐록』, 김영사, 2008, 38쪽.
212 이민원, 「근대의 궁중여성: 명성황후의 권력과 희생」, 《사총》 77, 한국사학회, 2005, 89~98쪽; 이태진, 「역사 소설 속의 명성황후 이미지」, 《한국사시민강좌》 41, 일조각, 2007, 106~125쪽; 장영숙, 「『한성신보』의 고종과 명성황후에 대한 인식과 평가」, 《한국민족운동사연구》 93, 한국민족운동사학회, 2017a, 16~29쪽; 장영숙, 「『한성신보』의 명성황후시해사건 보도태도와 사후조치」, 《한국근현대사연구》 82, 한국근현대사학회, 2017b, 41~56쪽; 이민원, 앞의 책, 2022, 132쪽.
213 《독립신문》은 '개화당·개혁파' 대 '완고당·수구파', 《황성신문》은 '개화파' 대 '수구파·완고파', 『고종실록』은 '개화파' 대 '위정척사·수구당' 등을 사용했다. 김영수, 앞의 책, 2020, 168~174쪽.
214 요시다 쇼인과 후쿠자와 유키치의 침략사관은 다음 참조. 다카시로 코이치, 『후쿠자

구파) · 후자(개화파) 모두 개화정책을 추진하였으며 본질적으로는 일본에 대해 우호 · 저항이라는 입장 차이밖에 없었다. 이는 허울 좋은 근대화 명분하에서 철저하게 일본의 '이익선' 보장만을 절대선(絶對善)으로 간주하는 방식에 불과했다.[215]

넷째, 중재자 역할의 실패이다. 고종은 그동안 국내 분열상에 대해서 비통한 심정을 감출 수 없었으며, 왕비시해에 대해서도 분노하였다.[216] 이를 만회하기 위해서 외교상 중립국정책 · 독립국지위 인정을 위한 대한제국 선포, 일본제국의 의도를 배격한 자주적 근대화정책을 위해서 광무개혁의 추진, 지주−소작인의 이해관계를 절충하는 형태의 근대적 토지조사사업 실시,[217] 독도 · 울릉도 · 북간도 등 국경선의 명확한 확정작업, 신식교육의 확대, 신분차별이 없는 관직 등용, 상층부−하층부 및 중앙−지방의 공론을 모두 수렴하는 관민공동회 개최, 《독립신문》 · 독립협회 운영 등을 바탕으로 삼아 근대국가로 급속한 발전을 도모하였다.[218] 이 같은 개혁의 성과는 내부분열을 극복하면서 최대의 효과를 발휘하였다.

이를 가장 경계하는 세력은 일본제국이었다. 청일 · 러일전쟁을 벌

와 유키치의 조선정략론 연구: 『時事新報』 조선관련 평론(1892~1990)을 중심으로』, 선인, 2013, 141~178쪽, 198~253쪽, 293~332쪽; 야스카와 쥬노스케(이향철 역), 『마루야마 마사오가 만들어낸 '후쿠자와 유키치'라는 신화』, 역사비평사, 2015, 168~169쪽, 219~220쪽, 451~454쪽; 김세진, 『요시다 쇼인 시대를 반역하다』, 호밀밭, 2018, 97~101쪽; 이태진, 앞의 책, 2022a, 94~95쪽.
215 가토 요코, 앞의 책, 2003, 55~96쪽; 미타니 타이치로, 앞의 책, 2020, 176~178쪽.
216 한영우, 앞의 책, 2001, 39~63쪽; 김문자, 앞의 책, 2011, 308~311쪽.
217 한국역사연구회 토지대장연구반, 『대한제국의 토지조사사업』, 민음사, 1995, 198~256쪽; 한국역사연구회 토지대장연구반, 『대한제국의 토지제도와 근대』, 혜안, 2010, 75~106쪽; 왕현종, 『대한제국의 토지조사와 토지법제』, 혜안, 2017, 245~303쪽.
218 이민원, 앞의 책, 2022, 131~138쪽.

이는데 조선·대한제국이 대륙세력과 연대해서 저항하면 불리했기에 국내외 언론을 동원하여 '사대주의'라고 비판했다. 일제강점기 '만선사관'을 만들어 사대주의 교육을 실시하면서 고종대 조정이 취했던 정책을 맹비난하였다. 대한제국의 견제책이 모두 일본제국에 불리했기 때문이다. 그러면서 만선사관을 내세워 만주를 상실한 조선은 반도에 갇힌 작은 소국에 불과하다고 세뇌시켰다.[219]

하지만 조선은 고려보다 더 북진하여 영토를 개척했으며 메이지연간 오키나와와 홋카이도를 병합하기 이전을 기준으로 하면 일본과 영토상 큰 격차는 없었으며, 영국·이탈리아와도 비슷한 규모를 유지했다. 그런데도 조공–책봉관계에 편입되지 못했던 일본은 자신들의 콤플렉스를 역으로 만선사관–반도의식 등으로 조선인에게 주입했다. 이 같은 식민교육의 사전작업이 근대화지상주의와 공화의식 주입이다. 전자는 갑신정변당시 개화파를 물들이는 데 사용했고 후자는 대한제국기 독립협회에 안경수(安駉壽: 주일외교관 출신) 등의 스파이를 잠입시켜 내분을 일으켜 왕정에 반대하도록 선동했다.[220] 본래 독립협회는 황제가 만든 지지단체였는데 여기서 반정부운동을 벌인다는 것은 문제가 심각했다.[221] 특히 청일전쟁기 일본제국이 귀국

---

219 김백철, 앞의 책, 2021, 332~347쪽.
220 『高宗實錄』 卷38, 高宗 35年 12月 10日(陽曆); 정교(조광 외 역), 『대한계년사』 3, 소명출판, 2004c, 90쪽; 정교(조광 외 역), 『대한계년사』 6, 소명출판, 2004f, 24~26쪽; 주진오, 앞의 논문, 1995, 103~155쪽; 이태진, 앞의 책, 2004, 16~94쪽; 현광호, 「대한제국기 의정부대신의 동향과 국정운영론」, 《향토서울》 88, 서울시사편찬위원회, 2014, 177~178쪽; 황태연, 앞의 책, 2017a, 514~522쪽; 곽금선, 「1898년 독립협회의 정치기획과 '충군애국'」, 고려대학교 한국사학과 석사논문, 2017, 20쪽; 김영수, 앞의 책, 2020, 179쪽, 217~221쪽.
221 『高宗實錄』 卷39, 高宗 36年 1月 1日(陽曆); 정교, 앞의 책, 2004c, 103~117쪽,

시켜서 친일정책을 주도하게 한 박영효의 재등용을 주장하는 투소(投疏)가 만연하였다.[222] 이는 단지 개화정책의 문제가 아니라 친일파의 적극적인 활동이었다.

고종은 직접 만민공동회에 나와서 백성을 상대로 독립협회·황국협회·관료들이 극단적으로 대립하지 말고 누차 화합할 것을 호소했다.[223]

(광무 2년 12월 19일) 지난날 내가 직접 (만민공동회에) 나아가 환하게 타이른 것이 여러 번 거듭했을 뿐만이 아니다.……그런데도 또다시 인심을 선동하고 거짓말을 퍼뜨려 나랏일을 어지럽혔다. 그리고 관청에 함부로 들어가 관리들을 위협하여 내쫓아 사무를 여러 날 중지시키는 데에 이르렀다. 또한 내가 여러 번 불렀으나 핑계 대고 와서 기다리지 않았다. 생각해보아라. 너희들이 한 행동이 마땅한 것인지, 그른 것인지를 조정에서 법으로 바로잡는 것이 옳은 것인지 그른 것인지를, 너희들도 또한 스스로 회피할 말이 없을 것이다…….[224]

위와 같이 정교(鄭喬)의 『대한계년사(大韓季年史)』에는 당시 분열상황이 독립협회의 관점에서 고스란히 기록되어 있다. 독립협회는 궁

119~211쪽.

222 "卽聞, 有以朴泳孝任用事, 肆然投疏, 非止一二云."『司法稟報(乙)』,「(警務廳 → 法部)
報告書』第71號, 光武 2年(1898) 12月 24日.

223 『高宗實錄』卷38, 高宗 35年 12月 25日(陽曆); 정교, 앞의 책, 2004c, 183~185쪽,
213~214쪽, 251~252쪽, 265~266쪽; 정교(조광 외 역), 『대한계년사』 4, 소명출판,
2004d, 46쪽, 71쪽, 93쪽, 228~229쪽, 244~247쪽.

224 정교, 앞의 책, 2004d, 228~229쪽.

내부의 황제 친위세력을 고발하여 정치간섭의 정도가 도를 지나쳤고 황국협회를 보부상이라고 얕잡아보며 함께 자리하는 것조차 거부했을 정도로 허위의식이 대단했다.[225] 시전상인(市民·市人)에 불과한 이들이 관을 우습게 여겼으며 자신보다 미천하다고 생각하는 이들(보부상)에게는 굴종적 자세를 요구했다.

더욱이 독립협회는 자신의 뜻을 관철시키기 위해서 사거리를 막고 가산을 파괴했으며,[226] 민회(民會: 초기 만민공동회)[227] 복설을 위해서 폭약을 투척하는 행위까지 벌였다.[228] 이 일로 박영효일가가 체포되었고,[229] 박영효의 환국도모 여부를 조사하였다.[230] 민회 활동으로 구속된 이승만 등은 병원에 이송된 틈을 타서 탈옥하여 물의를 일으켰다가 잡히기까지 했다.[231] 심지어 상소문에는 독립협회 죄목으로 안경수 등의 반역뿐 아니라, 민가약탈·보조금수금·부녀자강간까지 논

---

225 정교, 앞의 책, 2004c, 206~208쪽, 225~229쪽, 234~235쪽, 249~250쪽; 정교, 앞의 책, 2004d, 102~105쪽, 109~128쪽, 130~131쪽, 136쪽, 141~149쪽, 159쪽, 161쪽, 170~171쪽, 184쪽; 정교(조광 외 역), 『대한계년사』 5, 소명출판, 2004e, 61쪽.

226 『高宗實錄』 卷38, 高宗 35年 11月 26日(陽曆).

227 민회는 초기에는 만민공동회를, 후기에는 일진회를 각각 지칭한다. 허위(許蔿)는 민회라는 이름으로 일진회가 조직되었다고 설명하면서 반대운동을 벌였다(조재곤, 앞의 책, 2017, 411쪽). 이는 만민공동회처럼 표면적으로 민권을 내세우며 일본의 입장을 대변하고 왕정에 대항했기 때문으로 보인다. 실제로 1904년 일진회 설립 시 독립협회 계열과 동학계열(진보회)가 통합하였고 친일파 송병준이 가담했다. 중앙에서는 민권운동, 지방에서는 지역민 불만을 수용하면서 세력을 확장했다. 1906년 통감부설치 이후 노골적인 친일행보를 걷다가 일본제국에도 버림받았다(김종준, 『일진회의 문명화론과 친일활동』, 신구문화사, 2010, 215~300쪽; 김종준, 『고종과 일진회: 고종시대 군주권과 민권의 관계』, 역사공간, 2020, 153~284쪽).

228 『司法稟報(乙)』, 「警務廳 → 法部)報告書」 第21號, 光武 3年(1899) 7月 17日; 『司法稟報(乙)』, 「(平理院 → 法部)報告書」 第249號, 光武 4年(1900) 9月 19日.

229 『司法稟報(乙)』, 「警務廳 → 法部)報告書」 第23號, 光武 3年(1899) 7月 19日.

230 『司法稟報(乙)』, 「(平理院檢事 → 法部大臣)報告書」 第97號, 光武 3年(1899) 8月 29日.

231 『司法稟報(乙)』, 「(平理院 → 法部)質稟書」 第2號, 光武 3年(1899) 7月 8日.

의되었다.[232] 다만 상소는 반대 측 주장이므로 공적 기록과는 차이가 있으나 위세를 빙자한 행패가 적지 않았음은 여러 기록에서 동시에 확인된다. 이익단체의 일방적 주장을 근대적 시민의식으로 포장하기에는 문제가 있다. 또다시 국내가 분열하면 득이 되는 것은 오직 일본제국뿐이었다.

대한제국을 지원하던 독립협회가 일본제국의 공작으로 내홍에 휩싸이면서[233] 오히려 민권운동의 구호하에 백성(商民輩)을 선동하고[234] 전직 법부대신을 고발하는 사태까지 벌어졌다.[235] 특히 일본제국은 급진세력을 내세워서 청·러시아에 대해 각기 독립론−사대주의비판, 민권운동−열강이권침탈 비판을 통해서 한반도 영향력배제의 명분으로 사용했다. 그러나 민간에서는 이들의 친일행보에 분개하여 독립협회 회장[尹致昊]을 제거하려는 시도가 나타날 정도로 거센 반발이 일어났다.[236] 이 사건의 공초과정에서 탁지부대신[閔泳綺]의 이름이 거론되자,[237] 도주중이던 만민공동회 인사[洪正厚]는 이 모든 책임이 탁지부대신에게 있다고 공격하였으며,[238] 보부상 출신 전직 탁지부국장[李容翊]까지 고발했는데,[239] 그는 황제근위세력으로 독립

232 『高宗實錄』卷38, 高宗 35年 12月 11日(陽曆)·24日(陽曆);『高宗實錄』卷39, 高宗 36年 1月 1日(陽曆).
233 주진오, 앞의 논문, 1995, 103~155쪽.
234 『司法稟報(乙)』,「(高等裁判所 → 法部)報告書」第71·76號, 光武 2年(1898) 11月 10日·20日.
235 『司法稟報(乙)』,「(高等裁判所 → 法部)報告書」第66號, 光武 2年(1898) 10月 26日.
236 『司法稟報(乙)』,「(警務廳 → 法部)報告書」第60號, 光武 2年(1898) 11月 11日.
237 『司法稟報(乙)』,「(漢城裁判所 → 法部)報告書」第150號, 光武 2年(1898) 12月 8日.
238 『司法稟報(乙)』,「(高等裁判所檢事 → 法部大臣)報告書」第88·89號, 光武 2年(1898) 12月 21日.
239 『司法稟報(乙)』,「(高等裁判所 → 法部)報告書」第5號, 光武 3年(1899) 1月 21日.

운동을 진력했던 인물이다. 독립협회·황국협회의 충돌과정에서 보부상은 민영준(閔泳駿)을 원흉으로 지목하고[240] 무력충돌도 불사했다.[241] 공교롭게도 이용익(李容翊)은 독립운동의 길을 걸었고 윤치호·민영준은 친일파의 거두가 되었다. 이것은 양측의 성격을 이해하는 데 도움이 된다.

그런데도 스파이의 공작활동은 수면아래에 잠복해 있었기에 고종이 안경수를 적발해낼 때까지 알 수 없었고,[242] 일반대중은 광복 이후 『주한일본공사관기록(駐韓日本公使館記錄)』[243]이 입수되기 전까지도 고종을 복고주의자나 수구주의자로 비난해왔다. 급기야 황제는 독립협회·황국협회 모두 해체시켰으나[244] 마치 정부의 비호하에 독립협회만 공격한 것처럼 알려져 있다. 출동한 군병에게 돌팔매질해서 중상을 입혔음에도 일방적 피해자로만 선전되었다.[245] 또한 독립협회의 강경한 요구로 협회를 복설시켜주기도 했으나 강제해산만 강조되었다.[246] 고종은 승인된 독립협회 활동 이외에 수천 명을 모아 만민공동회를 열어 이익단체화하는 상황에 대해 우려를 표했을 뿐이다. 특히 대신 능욕하기, 외국공관에 임금을 비난하는 투서하기, 관

---

240 정교, 앞의 책, 2004c, 113쪽.
241 『司法稟報(乙)』, 「(高等裁判所 → 法部)報告書」 第12號, 光武 3年(1899) 1月 27日.
242 주진오, 「1898년 독립협회 운동의 주도세력과 지지기반」, 《역사와 현실》 15, 한국역사연구회, 1995, 173~208쪽; 주진오, 「해산전후 독립협회 활동에 대한 각계층의 반응: 황실과 언론을 중심으로」, 《역사와 실학》 9, 역사실학회, 1997, 97~121쪽.
243 국사편찬위원회 편, 『주한일본공사관기록』 1~39, 국사편찬위원회, 1991-1994; 국사편찬위원회 「주한공사관기록 & 통감부문서」(전자판).
244 『高宗實錄』 卷38, 高宗 35年 11月 4日(陽曆); 『司法稟報(乙)』, 「(警務廳 → 法部)報告書」 第73號, 光武 2年(1898) 12月 29日.
245 『高宗實錄』 卷38, 高宗 35年 12月 25日(陽曆).
246 『高宗實錄』 卷38, 高宗 35年 11月 22日(陽曆).

청에 난입하기, 군병에게 돌팔매질하기, 역적에 대한 재임용 주장하기 등에 대해 불법행동임을 명시하였으나 끝내 충군애국(忠君愛國)의 설립취지로 돌아올 것을 재차 권유했다.[247] 이는 무력을 통한 강제해산과 전혀 맥락이 다른 기록이다.

군주의 입장에서 중추원 의관을 개방해서 양대 상업세력을 포용하려고 했으나 시전상인 스스로 보부상과 전혀 다른 존재로 여기는 독선적인 행태를 부렸다. 양자는 모두 군주에게 상인에 불과했으므로 대단한 착각이었다. 여기에 일본 스파이까지 민권운동이라는 그럴듯한 명분하에 사적 이익을 도모했다. 이는 우리가 참고해온 자료가 한 쪽 편의 시각에서만 쓰였기 때문이다.

앞서 살폈듯이 1899년 서울에서는 만민공동회 복립·박영효 귀국을 위한 폭약투척사건까지 일어나고 있었다.[248] 1901년 김영준 모반(謀反)사건이 일어나서 공초에 언급된 근신의 연루 여부를 확인하여 재신임해야 했다.[249] 궁내 각종 화재사건에 대해 독립협회 잔당을 경계하는 목소리에 대해 난언율(『대전회통』「형전」'추단': 태 100 징역종신)로 처벌하였고,[250] 몇 년 뒤에는 근위세력인 이용익을 제거하려는 시도 역시 고발당했으나 난언율로 동일하게 처벌되었다.[251] 하지만 실

---

247 『高宗實錄』卷38, 高宗 35年 12月 25日(陽曆).
248 『司法稟報(乙)』, 「(警務廳 → 法部)報告書」第21號, 光武 3年(1899) 7月 17日; 『司法稟報(乙)』, 「(平理院 → 法部)報告書」第249號, 光武 4年(1900) 9月 19日.
249 【이재순】『司法稟報(乙)』, 「(特別法院檢事 → 法部大臣)報告書」第1號, 光武 5年(1901) 3月 17日; 【민영준·윤덕영·이지용·민영선】『司法稟報(乙)』, 「(平理院檢事 → 法部大臣)報告書」第35~38號, 光武 5年(1901) 3月 17日.
250 『司法稟報(乙)』, 「(平理院 → 法部)報告書」第19號, 光武 5年(1901) 9月 21日.
251 『司法稟報(乙)』, 「(平理院 → 法部)質稟書」第8號, 光武 7年(1903) 8月 11日.

제 박영효를 내세운 친일세력의 모반사건이 적발되었으며,[252] 박영효 본인도 서신왕래를 통해 국내에서 정보를 취득하였을 뿐 아니라,[253] 역으로 유학생을 이용하여 외세이권침탈을 비판함으로써 정부개혁을 빙자해 자금을 모으려 했다.[254] 이러한 논법은 《독립신문》·만민공동회에서 오직 일본제국만 예외를 적용하고 타국은 모두 이권침탈로 몰아세우던 주장의 연장이었다. 이것이 일본제국의 한반도우위를 유지하려는 전략이었음은 주지의 사실이다. 게다가 청일전쟁 시 갑오정권이 개혁을 빙자하여 일본제국에 융통한 자금이 300만 원이었고 광무정권은 이를 어렵게 갚아서 완납한 상태였는데 불과 2만 원으로 정부개혁이 가능하다는 주장은 상식 밖이었으며 실제로는 사적인 일본체재비용·활동자금에 지나지 않았을 것으로 보인다. 박영효는 본인의 개인적인 반정부활동으로는 귀국이 불가능했으며 갑오개혁 때와 마찬가지로 「을사늑약」 이후 일본제국의 힘으로 귀국했으므로 그들의 영향력하에 있었다. 일시적으로 고종강제퇴위에 반대하여 유배되었으나 강제병합 이후 다시 친일의 길을 걸었다.

반면에 중앙에서도 친일세력에게 대항하는 이들이 적지 않았다. 이준(李儁) 등은 공진회(共進會, 1904)를 만들어서 일본제국의 침탈에 맞서면서 입헌군주제 국가건설을 추구하였다. 공진회는 보부상이 주

---

252 『司法稟報(乙)』,「(平理院 → 法部)質稟書」第22號, 光武 5年(1901) 10月 9日.

253 『司法稟報(乙)』,「(平理院 → 法部)報告書」第81·157號, 光武 6年(1902) 5月 24日·9月 13日.

254 "日本留學生被選……聯臂朴晩緒往訪泳孝家, 互相酬酢之際, 被告以我國鑛山鐵道等利益, 全歸於外國人之事, 慨歎不已, 則泳孝曰, 改革政府然後, 此等利益, 不失於外國人, 而有錢然後事也. 我若辦得二萬元 可以改革政府云." 『司法稟報(乙)』,「(平理院 → 法部)質稟書」第13號, 光武 6年(1902) 7月 25日.

축이었으므로 근왕(勤王)적 정서가 토대를 이루었다. 공교롭게도 일진회(一進會, 1904)가 창설되는 시기와 비슷했다. 러일전쟁으로 일본제국의 영향력이 커진 상태였으므로 공진회 회원은 평리원(平理院)에 고발이 이루어졌으나 황명으로 방면되었고,[255] 끝내 헤이그밀사로 파견되는 등 국권수호운동을 벌였다.[256] 「을사늑약」 이후 박기양(朴箕陽) 등은 을사오적(乙巳五賊: 朴齊純・李址鎔・李根澤・李完用・權重顯)을 암살하려고 시도하였다가 체포되기도 했다.[257] 이와 정반대로 후술하는 일진회는 민권운동을 빙자하여 적극적 친일활동・이권사업에 투신하였다.

2) 외세의 침탈방식

(1) 반복되는 군사적 침공

① 침탈과 저항

고종(1852~1910, 재위 1863~1907)은 10여 년간 수렴청정・섭정시기에 10대말~20대(1863~1872)를 보냈는데 외세침탈을 겪었다. 러시아인

---

255 『司法稟報(乙)』, 「(平理院 → 法部)報告書」 第122~124・127號, 光武 8年(1904) 12月 24~26日・30日; 『司法稟報(乙)』, 「(平理院 → 法部)質稟書」 第21號, 光武 8年(1904) 12月 30日; 【감형】 『司法稟報(乙)』, 「(平理院 → 法部)報告書」 第21(새 번호)號, 光武 8年(1904) 12月 30日; 『司法稟報(乙)』, 「(平理院 → 法部)報告書」 第4號, 光武 9年(1905) 1月 10日; 【방면】 『司法稟報(乙)』, 「(議政府 → 法部)照會」 第18號, 光武 9年(1905) 2月 13日. ※이하 '새 번호'는 직전문서에 비해 일련번호가 초기화된 경우.

256 서영희, 앞의 글, 2002, 355~361쪽.

257 『司法稟報(乙)』, 「(平理院 → 法部)報告書」 第41・64號, 光武 10年(1906) 5月 22日・6月 18日.

월경사건(1864)·병인양요(1866)·제너럴셔먼호사건(1866)·오페르트 도굴사건(1868)·신미양요(1871) 등이 일어났고 친정 이후에도 운요호 사건(1875)·「한성조약」(1884)·거문도점령사건(1885) 등이 발생했다.

하지만 20대후반~30대초반(1873~1883)의 젊은 국왕은 1880년 통리기무아문(統理機務衙門)을 설치함으로써 개화정책을 전면에 내세웠다.[258] 한편으로는 외국과 수교에 들어갔다. 1876년 「조일수호조규」(「강화도조약」: 일본), 1882년 「조청상민수륙무역장정」(중국), 「조미수호통상조약」(미국), 1883년 「조독수호통상조약」(독일), 「조영수호통상조약」(영국), 1884년 「조러수호통상조약」(러시아), 1886년 「조불수호통상조약」(프랑스) 등을 신속하게 체결하였다. 다른 한편으로는 사신을 해외에 파견하였다. 1876~1880년 수신사(修信使)를 두 차례나 일본에 보냈고,[259] 1880~1881년 비밀리에 동래암행어사(東萊暗行御史: 朝士視察團·紳士遊覽團)을 일본에 파견했다.[260] 1881~1882년 영선사(領選

---

258 『高宗實錄』卷17, 高宗 17年 12月 甲寅(21日).
259 수신사는 다음 참조. 김선영, 「제1차 수신사 사행의 성격: 일본 외무성 자료를 중심으로」, 서울대학교 국사학과 석사논문, 2017.
260 사료에는 '동래암행어사'로 나오지만 오랫동안 '신사유람단'으로 부르다가 최근에 '조사시찰단'으로 명칭을 변경하였다. 조사시찰단은 다음 참조. 허동현, 『근대한일관계사 연구: 조사시찰단의 일본관과 국가구상』, 국학자료원, 2000; 민건호(유종수 역), 『동행일기』(조사시찰단번역총서 2), 보고사, 2020; 스에마쓰 지로(류진희 역), 『쓰에마쓰 지로 필담록』(조사시찰단번역총서 5), 보고사, 2018; 엄세영(강혜종 외 역), 『日本司法省視察記一·二』(조선시찰단기록번역총서 7), 보고사, 2020; 엄세영(이주해 역), 『日本司法省視察記三』(조선시찰단기록번역총서 7), 보고사, 2018; 심상학 편(김용진 역), 『外務省 一·二』(조사시찰단번역총서 15), 보고사, 2020; 심상학 편(이상욱 역), 『外務省 三·四』(조사시찰단번역총서 16), 보고사, 2020; 박정양 외(김용진 역), 『日本國內務省職掌事務全·附農商務省·各國居留條例第二』(조사시찰단기록번역총서 17), 보고사, 2020; 강문형(장진엽 역), 『문견사건·일본국문견사건』(조사시찰단기록번역총서 18), 보고사, 2020.

使)가 중국을 방문했으며,[261] 1883년 보빙사가 미국을 방문하고 유럽까지 순방하였다.

그러나 앞서 살폈듯이 구세력 · 신세력 간 갈등이 첨예화되어 임오군란(1882) · 갑신정변(1884) 등이 번갈아 일어났다. 어느 한쪽도 만족시킬 수 없는 상황이었다. 두 사건의 처리를 두고 일본과 「제물포조약」(1882)과 「한성조약」(1884)을 맺어 모든 책임이 조선에 전가되었다. 일본제국은 임오군란 당시 방화피해를 입었다고 주장하며 55만 원(민간 5만 원, 공사관 50만 원)의 배상금을 받아냈으나 공사관을 스스로 불태웠음이 『대한계년사』에 기록되어 있고,[262] 갑신정변 당시 다시 조선인이 불태웠다는 주장을 했다가 공사관직원이 스스로 불태운 것을 지켜본 목격자가 있어서 배상요구는 좌절되었고 13만 원(민간 11만 원, 공사관 2만 원)만 요구하였다.[263] 또 임오군란 당시 청의 군사지원으로 위안스카이(袁世凱)의 내정간섭이 이어지면서 「조청상민수륙무역장정(朝淸商民水陸貿易章程)」(1882)이 체결되었다. 내부분열은 외세의 배만 불려주는 결과를 초래하였다.

이 같은 상황에 대한 반성으로 국왕은 2차로 개화정책을 대규모로 추진하였다. 1886년 노비세습을 폐지하였고,[264] 육영공원(育英公院)

261 영선사는 다음 참조. 권석봉, 「영선사행에 대한 일고찰」, 《서양사론》 3, 한국서양사학회, 1962; 조명제, 「개화기 해외유학생(영선사행) 파견에 관한 교훈」, 《기계저널》 41-9, 대한기계학회, 2001; 이상일, 「한국인의 해외체험과 문화수용: 김윤식의 개화자강론과 영선사 사행」, 《한국문화연구》 11, 이화여자대학교 한국문화연구원, 2006; 김연희, 「영선사행 군계학조단의 재평가」, 《한국사연구》 137, 한국사연구회, 2007.

262 정교, 앞의 책, 2004a, 81쪽.

263 정교, 같은 책, 2004a, 139쪽.

264 『高宗實錄』 卷23, 高宗 23年 3月 甲辰(11日).

을 설립하였다.[265] 1887년 전보총국(電報總局),[266] 광무국(鑛務局),[267] 연무공원(鍊武公園)[268] 등을 설치하였으며, 주미공사를 파견하였다. 1888년 건청궁(乾淸宮) 관문각(觀文閣)을 낙성하였다.[269] 1889년 주미공사 박정양(朴定陽)이 귀국하였고, 이듬해(1890) 미국인 내무협판(內務協辦)을 차례로 임명하였다. 곧 국왕 주도의 적극적 개화정책을 펼치던 때였다.

국왕은 10여 년간의 노력 끝에 40대에 접어들었고 중앙은 간신히 봉합시켰다고 생각했으나 지방의 분열은 방치되었다. 1894년 동학농민운동이 일어났고 청군의 진주로 인해 일본군까지 무단으로 서울로 진입하였다. 동학농민운동은 순수한 의도와 무관하게 임오군란·갑신정변의 부정적 여파와 비교할 수 없는 수준에 이르렀다. 조선은 일시적으로 국권이 빼앗긴 상태로 내몰렸다.

② 데칼코마니(decalcomanie) 전쟁

일본은 한반도침공(征韓論)을 실현시키기 위해 16세기말에는 가상의 신공황후(神功皇后)를 내세운 역사조작을 통해서 국제전쟁을 두 차례(임진·정유재란)나 일으켰으며, 19세기말~20세기초에는 침략에 실패한 도요토미 히데요시까지 기억조작을 통해 영웅으로 만들고 독일

---

265 『承政院日記』, 光緒 12年(1886) 8月 1日(庚申); 『高宗實錄』卷26, 高宗 26年 正月 己未 (13日).
266 전보총국이 설치되자 고종 26년에는 지방의 일에 대해서도 전보에 먼저 의거하고 감사의 보고를 받도록 할 정도였다. 『高宗實錄』卷24, 高宗 24年 6月 乙未(9日); 『高宗實錄』卷26, 高宗 26年 正月 癸亥(17日).
267 『承政院日記』, 光緒 13年(1887) 4月 5日(壬戌).
268 『承政院日記』, 光緒 13年(1887) 12月 25日(丁未).
269 『承政院日記』, 光緒 14年(1887) 4月 25日(丙午).

의 '이익선' 개념까지 추가하여 포장하였다. 곧 정한론은 역사적 연고권(神功皇后 · 豊臣秀吉), 경제적 이익(약탈경제), 지정학적 안보관(이익선) 등으로 논리화하였다. 이를 통해 두 차례나 국제전쟁(청일 · 러일전쟁)을 일으키고 군사적 침공을 정당화했다. 더욱이 조선의 급진개화파에게는 폐정개혁(弊政改革) · 개화정책 · 독립론 · 민권론 등으로 미화하여 친일의 명분을 만들어주었다.

첫째, 청일전쟁이다(무단상륙 → 경복궁점령 → 청일전쟁 → 군수동맹 강제체결 → 왕비시해). 일본제국은 갑신정변에서 양무운동으로 근대화된 청나라군대의 매서움을 엿보았으므로 10여 년 뒤 군의 근대화에 박차를 가하여서 청일전쟁을 일으켰다. 일본군은 1894년 동학농민운동 당시 청군의 출병을 구실로 먼저 인천에 무단상륙하고 서울까지 진군하였다.[270] 일본제국의 내정간섭을 조선 조정이 거부하자, 급기야 서울에 소요가 발생했다고 거짓으로 꾸며서 경복궁을 점령하고 친일내각을 만들어 조정을 장악했다(1894.07.18.). 왕궁을 점령하는 데 총 일곱 시간이 걸렸으며 새벽녘에 한 곳만 기습공략했는데도 궐내 시위대와 세 시간 이상 교전했고 궐외 조선군은 아직 제압하지도 못한 상황이었다. 일본군은 소수의 시위대 병력만을 제압하여 고종을 포로로 잡은 상태에서 위조명령으로 다른 조선군까지 무장을 해제시켰다. 그럼에도 불구하고 마치 20분 만에 궁궐에 진입한 것으로 꾸며서 조선의 별다른 저항없이 궁궐을 장악했다며 일본군의 위용을 선전하였다.[271] 조선군의 저항이 격렬하였으므로 1차로 왕비를

270 김종학, 앞의 책, 2021, 267쪽.
271 이태진, 앞의 책, 2005, 101쪽; 나카즈카 아키라(박맹수 역), 『1894년 경복궁을 점령하라』, 푸른역사, 2002, 91~189쪽; 하라 아키라, 앞의 책, 2015, 68~69쪽, 165~167쪽.

〈표 4〉 청일전쟁기 국내외상황

국내상황		해외상황
1차 동학농민군(1894.01.)	→	일본군 6천명 인천상륙(1894.06.10.)
경복궁점령(07.23.)	→	충청도 풍도해전(07.25.)
국기무처 설치/1차 갑오개혁(국왕권력축소/07.27.~12.17.)	→	충청도 성환전투(07.26.~29.)→충청도 아산전투(08.)→한성 입성→평안도 평양전투(08.08.~09.15.)
대조선대일본양국맹약(08.27./전쟁물자강제동원)	→	황해해전(압록강하구/09.17.)→요녕성 호산(虎山)전투(단둥/10.10.)→요녕성 구연성(九連城)전투(압록강전투/10.24.)→요녕성 봉황성(鳳凰城)전투(10.24.)→요녕성 금주성(錦州城)전투(11.06.)→요녕성 여순(旅順)전투(요동반도장악/11.21.~22.)
2차 동학농민군(10.)→우금치전투(동학군 토벌/11.08.~09.)→2차 갑오개혁(「홍범」-23부제도입/12.17.)	→	산동성 위해위(威海衛)전투(북양함대기지/산동반도장악/1895.01.20.~23.)→대만 팽호제도(澎湖諸島) 본도(本島)상륙(03.23.)→대만 마공성전투(대만장악/03.24.)→강화조약(삼국간섭−요동반도/산동반도 포기/04.17.~23.)
박영효반역음모사건(고종−명성왕후의 친일내 각무력화/05.~07.)→3차 갑오개혁(을미개혁: 1895.08.24.~1896.02.02.)	→	대만 총독부 창설(대만 획득/1896.06.17.)
을미사변(명성황후제거/10.08.)→춘생문사건(고종의 미국공사관 1차 탈출실패/11.28.)→김홍집내각 친위대 의병진압 위해 지방파병→아관파천(고종의 러시아공사관 2차 탈출성공/1896.02.11.)→광무개혁 도시개조사업 추진(09.28.)→독립문 건설(11.20.)→경운궁 환어(1897.02.09.)	→	대한제국 공포(1897.10.13.) 및 국제사회(각국 공사관−영사관) 통보(10.14.)

제거하는 데 실패하였다. 동시에 일본군은 청군도 기습하여 선전포고 없이 전쟁을 일으켰다(1894.07.25.~1895.04.). 아울러 전쟁중 「대조선대일본양국맹약(大朝鮮大日本兩國盟約)」(1894.08.27.)을 일방적으로

맺어 청일전쟁의 군수물자를 조선에 강제로 부담시켰다.[272]

일본제국은 청일전쟁에서 승리하자 2차로 궁궐을 침범하여 왕비를 시해했다(을미사변: 1895.10.10.08.).[273] 심지어 메이지천황에게도 사후 보고하여 재가를 얻지 못했던 야만적 행동이었다. 천황조차 왕궁점령과 왕비시해를 왕정에 대한 심각한 위해행위로 인지한 듯하다.

아시아국가에 차례로 진입하여 괴뢰정권을 세우고 실제로는 일본군이 주둔하면서 지배하는 방식을 선보였다. 사실상 청일전쟁으로 일본제국은 조선을 속국화하려 하였다.[274] 이는 전통적인 제후국이 아니라 제국주의시대 보호국·식민지 개념을 의미한다.[275] 그러나 조선은 저항이 몹시 강했기 때문에 청일전쟁만으로 곧바로 집어삼킬 수 없었다. 가장 강력한 저항이 바로 1895년 춘생문(春生門)사건과 1896년 아관파천(俄館播遷)이다.[276] 일본군이 강제로 구금한 고종은 목숨을 건 탈출을 모색하였다. 이는 민간에서 "국왕이 명성황후시해 이후 궁궐에서 불안에 떨어서 도망쳤다"고 퍼뜨린 이미지와는 전혀 다르다. 고종은 일본군에 의해서 경복궁에 유폐된 상태였다. 일본제국은 국왕을 가둬두고 마음대로 왕명을 위조하여 조선군을 장악함으로써 동학군·청군을 상대로 전투에 동원시켰다. 그런데도 1920년대 이후 일본제국은 쉽게 정권을 이양한 다른 국가들의 군주에 비해

---

272 이승만(김용삼 외 역), 『쉽게 풀어쓴 청일전기』, 북앤피플, 2015, 270~271쪽.
273 김문자, 앞의 책, 2011, 167~172쪽.
274 와다 하루키, 앞의 책, 2019a, 195~336쪽.
275 김봉진, 「조선=屬國, 屬邦'의 개념사」, 《한국동양정치사상사연구》 18-1, 한국동양정치사상사학회, 2019, 95~139쪽.
276 이민원, 앞의 책, 2022, 111쪽; 이태진, 앞의 책, 2004, 29~94쪽; 황태연, 앞의 책, 2017a, 561~621쪽; 김영수, 앞의 책, 2020, 56~70쪽.

서 훨씬 더 무기력하고 무능력한 군주로 묘사하여 왕실저항의 역사를 소거함으로써 오히려 조선인으로 하여금 일본제국의 군사적 침공이 아니라 대한제국의 무능함을 원망하도록 식민지 세뇌교육을 진행해온 것이다.

춘생문사건을 통해서 미국공사관을 목표로 경복궁 탈출을 1차로 시도하였다가 안경수의 스파이활동으로 실패하였으나 다시 러시아공사관을 목표로 2차 탈출을 감행하여 아관파천을 성공시켰다. 일본제국은 불과 1~2년간 승리에 도취해 있다가 고종의 예상치 못한 반격으로 제대로 된 대응을 해내지 못했다.[277] 마치 도요토미 히데요시가 지방을 통해 서울로 올라가기만 하면 조선을 장악할 수 있을 것으로 보았으나 선조가 파천을 감행하고 전국적 의병투쟁이 일어난 것을 제대로 이해할 수 없던 상황과 유사했다. 조선은 이미 국민국가의 형태로 나라를 운영한 반면에,[278] 일본·유럽은 19세기까지도 농민·군인이 분리된 전쟁국가였기 때문이다. 이에 이토 히로부미를 위시한 메이지정부는 인천항을 통해서 수도로 직공(直攻)하여 궁궐부터 점령함으로써 국왕을 포로로 삼고 왕비를 시해하여 위협했으나 고종은 두 번의 시도 끝에 러시아공사관으로 탈출에 성공하였다.[279] 일본제국의 포로상태를 벗어남으로써 비로소 친일내각을 붕괴시키고 국권을 회복하여 조선군의 통제권을 되찾아왔다.[280]

둘째, 러일전쟁이다(무단상륙 → 군수동맹강제체결 → 경운궁점

277 김영수, 앞의 책, 2020, 71~124쪽.
278 김자현(주채영 역), 『임진전쟁과 민족의 탄생』, 너머북스, 2019, 25~40쪽, 58~124쪽, 166~181쪽.
279 김영수, 앞의 책, 2020, 56~70쪽.
280 김영수, 같은 책, 2020, 71~91쪽.

령 → 러일전쟁 → 고종퇴위). 놀랍게도 조선은 또다시 제2의 대륙세력인 러시아와 연대하여 대항했다. 이 때문에 일본제국은 대한제국 내 분열이 찾아오기만을 기다렸다가 독립협회·만민공동회 논쟁이 가열되자 이 틈을 비집고 군대를 출동시켰다.

당시 일본제국은 먼저 약식조약을 맺었는데[281] 첫 번째가 「한일의정서」(1904.02.23.)이다. 이번에도 불법으로 인천에 상륙하여 요인을 납치한 채 강제로 '약식조약'을 체결하였다.[282] 이는 당연히 정식 조약이 아니었으므로 비준절차가 없었으며 일방적으로 공수동맹을 강요했다. 일사천리로 러시아를 선전포고 없이 기습하여 러일전쟁(1904.02.08.~1905.09.05.)을 일으키고, 또다시 수도 서울(한성)을 점령하고 경운궁(慶運宮)을 침공했다(1904.02.09.).[283] 이번에도 국왕을 포로로 삼은 채 친일내각을 구성하였고 끝내 대한제국의 영유권을 확정 짓는 대륙세력과 전쟁에서 승리하였다.[284] 독도 역시 이때 강제편

281 이하 조약의 불법성 연구는 다음 참조. 이상찬, 「을사조약과 병합조약은 성립하지 않았다」, 《역사비평》 33, 역사문제연구소, 1995, 223~248쪽; 이태진 편, 『한국병합, 성립하지 않았다』, 태학사, 2001, 29~76쪽, 179~212쪽; 김창록, 「1900년대초 한일간 조약들의 '불법성'」, 《법과 사회》 20-1, 법과사회이론연구회, 2001, 155~173쪽; 이태진 외, 『한국병합의 불법성 연구』, 서울대학교출판부, 2003, 5~64쪽, 189~244쪽; 이장희, 「1910년 한·일강제 병탄조약의 불법성, 무효성의 고찰」, 《외법논집》 34, 한국외국어대학교 법학연구소, 2010, 17~37쪽; 김창록, 「1910년 한일조약에 대한 법사학적 재검토」, 《동북아역사논총》 29, 동북아역사재단, 2011, 197~225쪽; 윤대원, 「'병합조칙'의 이중적 성격과 '병합칙유'의 동시선포 경위」, 《동북아역사논총》 50, 동북아역사재단, 2015, 49~83쪽; 이태진, 『일본의 한국병합강제 연구』, 지식산업사, 2016, 39~76쪽; 이태진, 『끝나지 않은 역사: 식민지배를 청산을 위한 역사인식』, 태학사, 2017, 16~46쪽.
282 김문자, 앞의 책, 2022, 86~97쪽.
283 김문자, 앞의 책, 2022, 81~86쪽.
284 최문형, 앞의 책, 2006, 114~118쪽, 133~156쪽; 석화정, 『풍자화로 보는 러일전쟁』, 지식산업사, 2007, 71~124쪽; 잭 런던, 앞의 책, 2011, 38~225쪽; 최문형, 앞의 책,

입했다.[285] 일본제국은 독도를 시작으로 향후 만주까지 무주지라고 허위로 주장해서 병합하거나 괴뢰국을 만들어버렸다.[286]

전쟁기간중 「1차 한일협약」(한일외국인고문 용빙에 관한 협약서 · 고문정치, 1904.08.22.)을 강제로 체결했으나 외국인고문을 통해 내정에 간섭하는 조약인데도 명칭이 없는 '각서'에 불과했다. 또한 「전국재산에 관한 20건 조약」(1905)의 경우, 평리원에서 정부승인 없이 체결한 관리를 처벌하였을 만큼 「을사늑약」 직전(1905.11.)까지 대한제국의 저항은 지속되었다.[287]

특히 러시아의 남하를 견제하는 영국 · 미국으로부터 넉넉한 전쟁 자금지원까지 받았으므로 대한제국의 대미외교는 성공하지 못했다 (가쓰라—태프트밀약 · 앨리스 루스벨트 방한 · 이승만 미국파견).[288] 대한 제국이 국제사회에 국제법(『만국공법』 · 『공법회통』)과 중립국선언 등의 명분으로 호소해도 지지하는 세력이 없자, 「2차 한일협약」(을사늑약,

---

2004, 412~418쪽; 하라 아키라, 앞의 책, 2015, 165~167쪽; 와다 하루키, 앞의 책, 2011, 59~63쪽; 와다 하루키, 앞의 책, 2019b, 1188~1195쪽.

285 김문자, 앞의 책, 2022, 405~410쪽.

286 김수희, 「독도는 무주지인가?: 1905년 일본의 죽도영토편입조치와 『무주지선점』설 비판」, 《일본문화연구》 47, 동아시아일본학회, 2013, 55~76쪽; 곽진오, 「일본의 '독도 무주지선점론'과 이에 대한 반론」, 《한국정치외교사논총》 36-1, 한국정치외교사학회, 2014, 129~150쪽; 서인원, 「1930년대 일본의 영토편입정책 연구에 있어 독도무주지 선점론의 모순점」, 《영토해양연구》 11, 동북아역사재단, 2016, 158~187쪽; 기시도시 히코(전경선 역), 『비주얼미디어로 보는 만주국: 포스터 · 그림엽서 · 우표』, 소명출판, 2019, 47쪽.

287 평리원은 이세직(李世稙)이 일본인[狎川芳義 · 松本茂 · 平岩本善治 · 毛利部寅壽 등] 과 전국재산(全國財産)에 관한 23건 조약을 정부의 승인 없이 체결하자 『형법대전』 133 · 200 · 317조에 따라 태 100 유배종신형으로 처벌했다. 『司法稟報(乙)』, 「平理 院→法部)質稟書」第14號, 光武 9年(1905) 10月 20日; 『高宗實錄』卷46, 高宗 42年 10月 22日(陽曆).

288 이민원, 앞의 책, 2022, 266~274쪽.

1905.11.17.) 역시 강제로 체결하였는데 이는 외교권이 상실되는 중요한 조약임에도 명칭이 없는 '각서'에 불과했으며, 한국정부의 동의를 받지 못했다. 이 때문에 1차 세계대전후 국제연맹·2차 세계대전후 국제연합에서 모두 대표적인 불법조약의 사례로 적시되어 규탄된 바 있다.

고종은 헤이그밀사를 파견하여 국제사회에 호소했으나[289] 일본제국은 이를 빙자하여 강제퇴위시키고 군대까지 해산시키며 「3차 한일협약」(「한일신협약」·「정미조약」·「정미7조약」, 1907.08.22.)까지 '각서'의 형태로 강제로 체결했다. 이는 통감의 내정통치를 강화하는 중요한 조약이었으나 이완용이 대신 서명하였다.

일본제국이 불법으로 맺은 조약은 '약식조약'이거나 명칭도 없는 '각서'에 불과했다. 하지만 일본제국이 서구국가에 보낼 때는 한결같이 조약명칭을 넣어서 '정식조약'처럼 위조하여 보냈다. 통감부 설치 이후 유럽 열강에 조선의 외교권박탈을 적극적으로 선전하자 대한제국의 외교노력은 아예 국제사회로부터 인정받지 못했다. 이는 일본제국이 청일전쟁·러일전쟁을 통해서 제국주의열강의 일원으로 인정받았기 때문이다. 정의나 명분 따위는 19~20세기에 기대할 수 없었으며 오직 사회진화론의 관점에서 '적자생존'만이 통용되어 힘의 논리를 정당화하였다. 영일동맹·「가쓰라-태프트밀약」의 전제에도 이 같은 일본제국의 한반도장악이 기정사실로 받아들여졌다.[290] 서구열강은 대한제국의 주권이 일본제국에 넘어갔다고 간주하였다.

---

289 이민원, 같은 책, 2022, 274~296쪽.
290 이민원, 같은 책, 2022, 297~310쪽.

일본제국은 정식조약을 체결한 적이 없기 때문에 병합조약에는 많은 주의를 기울였는데, 비준절차를 넣어서 정식조약을 체결하고자 애썼다. 하지만 「한국병합조약」(1910) 역시 순종황제의 거부로 황제의 대한국새(大韓國璽)와 서명이 들어가 있지 않았다. 일본제국은 통감부가 가지고 있던 칙명지보(勅命之寶)를 찍고 서명은 끝내 받지 못하였다. 심지어 순종은 《신한민보(新韓民報)》를 통해 「한국병합조약」 무효를 주장하였다.

일각에서는 고종이 대한제국기 민권을 탄압하고 전제정치를 해서 조약을 막을 의회(議會)의 힘이 없었다고 비판한다. 그러나 실상은 신료들이 「중추원관제」를 내세워 여론을 널리 수렴해야 한다고 저항하자, 일본공사가 대한제국을 전제정치로 규정하고 입헌정치를 따를 필요가 없다며 반박한 것이다.[291] 따라서 대한제국은 중추원을 내세워 심의해야 한다고 주장한 반면에, 일본제국은 전제정치론을 내세워 무력화를 시도했던 것이 사료의 실제 내용이었다.[292] 이는 그동안 얼마나 사료를 뒤틀어서 인용해왔는지를 알 수 있는 대목이다. 정작 이토 히로부미는 고종·순종의 승인을 받은 적도 없었다. 이토 히로부미는 강제로 고종을 협박했으나 끝내 응하지 않았다.[293] 이미 수도·궁궐은 일본군에 의해 점령당한 상황이었다. 일본제국을 견제할 만한 대국인 청·러시아 역시 전쟁을 통해 물리친 상황이었다. 단지 형식상 국제법상 합법성을 주장하고자 조약을 체결했을 뿐

---

[291] 『高宗實錄』 卷46, 高宗 42年 12月 16日(陽曆).
[292] 한상일, 앞의 책, 2015, 217~312쪽.
[293] 이민원, 앞의 책, 2022, 263쪽.

이다.[294] 물론 이 역시 유럽열강이 약소국에 행한 방식과 본질적으로 다르지 않았다. 따라서 "민권이 성장하지 못해서 막지 못했다"는 주장은 시대상황을 제대로 인식하지 못한 일방적 비판이다. 이는 후쿠자와의 영향을 받은 김옥균을 비롯하여 독립협회의 운동을 '순순한' 민권성장으로 파악하려는 인식인데, 여기에는 본래 일본제국의 불순한 의도가 개입되어 있었다.[295] 일본제국이 바랐던 '민권'은 왕정을 형해화시켜서 일본제국이 장악하는 데 유효한 수단일 때에만 공화의식·민권의식을 부채질하거나 허용했을 뿐이다.[296]

민권운동을 벌이던 일진회가 일방적으로 「한일합방성명서」(1909)를 발표한 사건을 살펴보면,[297] 설령 의회가 있었더라도 독립협회·만민공동회와 같이 일본제국의 공작대상이 되어 그들이 손발노릇을 했을 것은 명약관화하다. 이미 갑신정변·갑오개혁 당시 일본제국은 명목상 입헌군주제 모델을 조선에 적용하기 시작하여 광무개혁기조차 쉽사리 그 구조를 개편해내지 못했다. 이는 일본제국이 친일인사로 구성된 내각만 장악하면 황제의 재가 없이 얼마든지 조선(대한제국)을 장악할 수 있었음을 의미한다. 따라서 광무개혁기 황제권 강화운동은 단지 복고주의라기보다는 후술하듯이 국제법질서에서 국가주권이 황제에게 있음을 천명하는 동시에,[298] 청일전쟁기 갑오개혁으로

---

294 최문형, 앞의 책, 2004, 327~418쪽.

295 다카시로 코이치, 앞의 책, 2013, 141~178쪽, 198~253쪽, 293~332쪽.

296 서영희, 앞의 책, 2003, 381~388쪽; 김종준, 앞의 책, 2010, 215~300쪽; 김종준, 앞의 책, 2020, 153~284쪽.

297 『純宗實錄』 卷3, 純宗 2年 12月 4日(陽曆).

298 "邦國之主權有五, 自立政體一也, 自定律例二也, 自行治理三也, 自選臣工四也, 自遣使臣五也, 凡此五者, 若行之不違公法, 則他國不得擅預." 韓國學文獻研究所 編, 『公法會通』, 亞細亞文化社, 1981b, 74~75쪽; 헨리 휘튼, 앞의 책, 2021, 48쪽, 64~71쪽;

축소된 군주권을 회복하는 시도였다.[299]

　더욱이 갑오개혁기 군주권이 약화되었음은 전혀 고려하지 않고 광무개혁기 황제권만 강화되었다는 설명은 전후맥락을 외면한 일방적 비판이다. 회복시킨 전제권 역시 조선왕조의 제약이 많은 군주권수준에 불과했다.[300] 오로지 일본제국이 설정해놓은 공화정·입헌군주제를 절대선으로 놓고 여기서 조금이라도 벗어나면 복고주의로 비판해온 것이다. 그러나 여기에는 외세의 침략도구로서 악용된 역사적 사실은 완전히 배제되어 있다.

　최근연구에 따르면 러일전쟁조차도 이토 히로부미의 강력한 주장이었음이 밝혀졌다.[301] 그동안 일본 극우는 "이토 히로부미가 동양평화론의 관점에서 조선을 보호하고 전쟁을 반대하며 근대화시켜준 영웅인데도 불구하고 어리석은 조선인이 암살했다"고 주장해왔는데 실상은 정반대였다.[302] 이것은 침략의 책임을 '일본의 군사적 침공'이 아니라 '조선의 무능'으로 돌리려는 전형적인 왕정책임론의 또 다른

　『高宗實錄』卷39, 高宗 36年 8月 17日(陽曆); 정교, 앞의 책, 2004d, 73~74쪽; 전봉덕, 「大韓國國制의 制定과 基本思想」, 《법사학연구》 1, 한국법사학회, 1974, 12~20쪽; 왕현종, 「대한제국기 고종의 황제권 강화와 개혁 논리」, 《역사학보》 208, 역사학회, 2010, 9쪽.

299 이민원, 앞의 책, 2022, 181쪽.

300 "大韓帝國의 政治는 由前則五百年傳來ᄒ시고 由後則亘萬世不變ᄒ오실 專制政治이니라." 『高宗實錄』卷39, 高宗 36年 8月 17日(陽曆), 「大韓國國制」 第2條.

301 김문자, 앞의 책, 2022, 38~39쪽, 132쪽.

302 일본은 최초화폐 1881년 一圓에 신공황후(神功皇后: 任那日本府왜곡)를, 1963~1983년 千圓에 이토 히로부미(伊藤博文: 러일戰爭주장·乙巳勒約체결)를, 1984~2023년 萬圓에 후쿠자와 유키치(福澤諭吉: 征韓論·淸日戰爭주장)를 넣는 등 한반도침략의 상징적 인물을 지속적으로 화폐도안으로 사용해왔다. 이들은 자국 내에서는 이토는 헌법을 만든 사람으로, 후쿠자와는 문명개화론을 주장한 근대지식인으로 포장되었다. 박순애, 「국민논단-박순애: 일본의 화폐문화」, 《국민일보》, 2004.11.15.

사례에 지나지 않았다.

일본제국은 1차 세계대전(1914~1918)동안 연합국을 자처하여 영국·미국 등 서구세력의 지지를 받았으며, 독일령을 기습하여 빼앗았다. 일부 함대를 지중해에 파견했으나 대부분은 유럽전선처럼 전쟁을 치르지 않으면서 후방에서 방심하고 있던 독일 식민지를 약탈하는 방식으로 일본제국의 이익을 채워나갔다. 일본제국은 전쟁과 배상을 통한 약탈경제를 국가재정정책의 일환으로 삼아 '이익선'을 그려놓고 침략전쟁을 지속하였다.[303] 최근까지도 일본은 연합국으로서 참전한 1차 세계대전까지는 침략전쟁에 대해 거의 사과하지 않은 편이다. 오직 추축국의 일원으로서 미국을 공격하기 시작한 2차 세계대전(태평양전쟁) 이후를 특정해서 반전성명을 표명하는 경우가 다반사이다. 그래서 1차 세계대전 이전에 강제병합당한 우리의 입장에서는 일본의 양심적 지식인(혹은 정치인)의 발언조차 만족스럽게 느낄 수 없는 것이다. 메이지유신 이후 근대화정책부터 침략적 시각으로 보는 것은 오직 일본 내에서도 역사학자뿐이다.

결국, 일본제국은 1차로 갑신정변을 통해서 조선을 장악하고자 했으나 실패했고, 2차로 청일전쟁을 일으켜서 한반도를 장악하려고 했다. 무리수를 두면서까지 명성황후를 시해한 것이다. 그 방식은 친일내각을 수립하여 왕정의 기능을 정지시키는 행태로 동일했다. 이것이 근대화(개화)라는 이름으로 포장되었다. 「재판소구성법」을 비롯한 사법개혁 역시 우리 개화파의 개화를 향한 갈망에도 불구하고 일본

---

[303] 조재곤, 앞의 글, 2002, 100쪽; 가토 요코, 앞의 책, 2003, 55~96쪽; 미타니 타이치로, 앞의 책, 2020, 176~178쪽.

제국은 황제에게서 형정권을 빼앗아 통치권을 장악하기 위한 사전정지작업으로 여겼다.[304] 이는 유럽 제국주의 열강이 무력을 내세워 강제로 개항시켜서 야만을 문명화시킨다는 선전방식을 그대로 답습한 것이다.[305]

잠시 대한제국의 반격으로 일본제국의 의도는 좌절되었으나 3차로 러일전쟁을 일으켜 동일한 방식으로 왕궁점령·친일내각·전쟁수행 등의 방식으로 조정을 장악했다. 일본제국은 국제사회의 동향 파악을 끝낸 뒤 영국 및 미국과 차례로 우호조약을 맺고 서구 열강의 대리자로서 청(李鴻章정권)의 부흥과 러시아 남하(만주지배)를 막는다는 명분을 내세웠다. 상황이 일본제국에 유리하게 흘러가자, 두 차례나 대륙전쟁(청일전쟁·러일전쟁)을 일으켜 마침내 강제병합까지 감행했다.[306]

하지만 다른 아시아 국가가 별다른 저항 없이 단번에 병합된 사례를 보면, 조선·대한제국은 일본제국에 쉽지 않은 상대였다. 국왕이 목숨을 건 탈출을 감행하고 분열된 국론을 통합하여 광무개혁을 추진할 때 가장 큰 위기로 느꼈을 것이다. 전통적인 영국과 같은 친일 진영 이외에 조선이 새로이 미국·프랑스·러시아까지 끌어들이는 것도 상당히 골치 아팠다. 비록 대한제국은 실패했으나 아무런 저항도 한번 못 해보고 패배한 것은 아니었다. 일본제국은 결코 한 번에 조선을 병합할 수 없었으며 수십 년에 걸쳐 최소 세 차례(19세기말

---

304 문준영, 앞의 책, 2010, 231쪽, 429쪽.
305 존 M. 홉슨(정경옥 역), 『서구 문명은 동양에서 시작되었다』, 에코리브로, 2005, 305~310쪽.
306 와다 하루키, 2019b, 1188~1195쪽.

갑신정변-청일전쟁, 20세기초 러일전쟁) 이상 전쟁·정변을 일으켜서
장악한 것이다. 그럼에도 다른 식민지·보호국과 달리 한국인(조선

⟨표 5⟩ 고종대 개화추진과 외세침탈(1863~1907)

정책기조	능동적인 개화정책		내부분열		외세침탈	핵심문제
쇄국정책 (1863~1872) (고종12~21세)	프랑스(천주교) 접촉시도 좌절(병인박해/1866)	→	대원군실각/ 고종친정(1873)	← →	【사전】 제너럴셔먼호 (1866), 병인양요(1866), 오페르트도굴사건(1868), 신미양요(1871), 메이지 정부 왜관접수(1872), 【사후】 운요호사건(1875)	쇄국~개화
1차 개화 (1873~1884) (고종22~33세)	【개화지상주의/친일성향】 해외시찰단, 외교수립, 별기군, 우편제도	→	임오군란 (1882)	→	갑신정변(1884), 친일내각, 배상요구, 조청수륙무역장정(1882), 제물포조약 (1882), 한성조약(1884)	중앙 갈등
2차 개화 (1885~1895) (고종34~44세)	【근왕세력/친청성향】 신식 교육(육영공원), 신식건물, 신식군대 마련, 시카고엑스포(1893)	→	동학농민운동 (1894)	→	한성침공/경복궁점령 (1894), 친일내각, 청일전쟁(1894~1895), 갑오개혁, 을미사변(1895)	지방 갈등
3차 개화 (1896~1904) (고종45~53세)	【국론통합/친러성향】 아관 파천(1896), 광무개혁, 대한제국 선포, 영토권수호(북간도, 울릉도, 독도 등), 파리엑스포(1900), 독립신문(1896~1899), 황성신문(1898~1910), 제국신문(1898~1910), 대한매일신보(1904~1910), 제국익문사(1902~?)	→	독립협회 (1896~1898) 황국협회(1898), 만민공동회 (1898)	→	한성점령/경운궁점령 (1904), 친일내각, 러일전쟁(1904~1905), 을사늑약(1905)	계층 갈등
독립운동 (1905~1919) (고종54~67세)	대한자강회(1906~1907), 대한협회(1906~1910), 헤이그특사(1907), 스티븐슨저격(1908), 안중근거사(1909)	←	일진회 (1904~1910)	←	통감부(1905), 총독부(1910), 고종강제퇴위(1907), 간도협약(1909), 군대해산(1910), 강제병합(1910)	국제 갈등

인)은 끝까지 무장투쟁을 멈추지 않았으며, 약 36년간 식민지배도 종식시키고 말았다.

(2) 일본제국의 왜곡활동

① 조선의 야만성 선전

일본제국을 서구열강과 동일한 이미지로 만들려고 노력했다. 여기에는 조선을 그만큼 상대적으로 비하하는 작업이 전제되어야 했다. 첫째, 외교사건 조작이다. 메이지정부의 외무성이 1872년 대마도의 외교권을 환수한 사건을 '왜관점령사건(火輪船조작사건)'이라고 왜곡하여 마치 일본군이 한반도남부에 진주한 것처럼 떠벌려왔다.[307] 하지만 실상은 정규 세견선 이외에 메이지정부의 화륜선이 급파되어서 부산포 인근에서 다른 항로(낙동강하구)로 이탈하려다가 조선군에게 제지당했으며 수백 년간 허락받아온 왜관입항 시에도 철저한 선박·선원 수색을 받았다.[308]

1875년 운요호(雲揚號)사건 조작이다. 일본제국은 강화도인근에서 일본기를 달지 않고 선제공격하였다. 이에 국적 불명의 상대를 대상으로 조선군은 방어하였다. 그러나 일본제국은 영미국가를 상대로 야만적인 조선군이 일본기를 달고 평화적으로 식수를 구하러 온 일본군함을 향해 포격했다고 우키요에까지 만들어서 홍보하였다.[309] 그리

---

307 현명철, 「對馬藩 소멸 과정과 한일관계사」, 《동북아역사논총》 41, 동북아역사재단, 2013, 181~213쪽; 현명철, 「1872년 일본 화륜선의 왜관 입항」, 《동북아역사논총》 49, 동북아역사재단, 2015, 325~365쪽.
308 현명철, 같은 논문, 2015, 325~265쪽.
309 이태진, 앞의 책, 2005, 70~91쪽.

고 마치 미국의 페리함대가 일본을 개항시켰듯이(砲艦外交, gunboat diplomacy), 일본도 조선을 함포로 위협하여 강제로 개항시켰다고 이미지 차용을 시도해 제국주의 열강대열에 합류하고자 했다. 반면에 조선은 능동적으로 방어에 나섰고 개항 역시 신헌(申櫶) 등을 기용하여 개화정책을 위한 기회로 활용하였다. 일본제국이 내민 초안을 여러 차례 자문을 거쳐서 수정하였다.[310] 다만 국제법에 익숙하지 못했으므로 불평등조약의 성격을 완전히 해소하지 못했을 뿐이다. 「강화도조약」(1876)에 조선정부가 오히려 적극적으로 나섰으므로, 이는 고종친정후 개화의지의 산물이었으며 수동적 개항이 아니었다.

일본제국은 1882년 임오군란 · 1884년 갑신정변으로 공사관이 불탈 때마다 성난 조선 백성의 행동으로 몰아 배상금을 요구했으나 두 차례 모두 스스로 불을 지른 행동이었다.[311] 1894년 경복궁 · 1904년 경운궁을 점령할 때도 한양에 소요가 발생했다는 거짓명분을 들어서 침탈하였다.[312] 급기야 사후에 보고받은 천황까지 허가받지 않은 타국 왕실침공에 분노해할 정도였다.

둘째, 역사문화 왜곡이다. 19세기말부터 일본제국은 외국인을 통한 한국역사 조작을 적극적으로 전개했다. 여기에 가장 크게 동원된 이가 바로 그리피스였다. 세계에 개방되지 못한 은둔의 나라로 조선을 소개했을 뿐 아니라,[313] 일본인에게 청취한 '고려장(高麗葬)'을 최

---

310 신헌(김종학 역), 『심행일기: 조선이 기록한 강화도조약』, 푸른역사, 2010, 48~315쪽.
311 정교(조광 외 역), 『대한계년사』 1, 소명출판, 2004a, 81쪽, 139쪽; 전우용, 「전우용의 서울탐사: 충정로, 일본 세력의 서울 침투 제1루트」, 《한겨레21》 916, 2012.06.21.
312 이태진, 앞의 책, 2005, 101~102쪽; 나카즈카 아키라, 앞의 책, 2002, 59~189쪽; 하라 아키라, 앞의 책, 2015, 68~69쪽, 114~115쪽.
313 헐버트는 그리피스의 친일행각 및 대한제국의 이미지 왜곡에 대해서 적극적으로 비

초로 기재하여 한국의 풍습인 것처럼 각인시켰다. 일제강점기에 관련 구전동화 등이 일본인과 조선인에 의해 수집되면서 마치 사실처럼 굳어져버렸다. 심지어 한국 언론에서조차 '고려장'이라는 단어는 심심치 않게 사용되고 있다. 이것이 인도의 불경이나 중국의 효자설화에 등장한다는 기원설이 있지만, 실제로 일본의 에도시대 풍습이었다.[314]

고대에 『일본서기』의 임나일본부(任那日本府: 신공황후정벌설)를 통해서 한반도 남부를 지배했다는 가짜사료를 적극적으로 홍보하였다. 이는 현재 일본학계조차 거의 언급하지 않은 허위주장이었다. 심지어 『속일본기』는 '고마로(固麻呂) 쟁장사건'을 기재했는데, 753년(天寶12) 당나라에서 의전서열이 신라(동반 1위)와 일본(서반 2위)으로 배치되자 일본이 항의해서 위차를 바꾸었는데 주요한 것은 "신라가 속국이다"는 근거를 제시했다는 점이다.[315] 물론 신라 속국론은 사

판하였다. 호머 헐버트, 앞의 책, 1999, 327쪽; 윤나영, 「헐버트(H. B. Hulbert)의 한국연구와 역사인식」, 인하대학교 교육대학원 교육학과 석사논문, 2012, 36~37쪽.

314 고려장은 일본의 자문을 토대로 작성한 그리피스의 『은자의 나라 한국』(1882)을 통해 최초로 대중화되었고, 미와다 다마키(三輪環)의 『전설의 조선(傳說의朝鮮)』(1919), 나카무라 료헤이(中村亮平)의 『조선동화집(朝鮮童話集)』(1924~1926) 등이 차례로 편찬되었다. 마치 현재 일본자본이 소유한 서양매체를 통해서 먼저 일본정부의 입장을 공론화하고 다시 일본에서 인용하여 국제적 지지를 받는 듯이 보이려는 행태와 유사하다. 더욱이 고려장은 우리나라에는 문헌적 근거가 없으며, 불경 『잡보장경(雜寶藏經)』의 기로국(棄老國)설화나 중국 『효자전』의 원곡(原穀)이야기가 원사료로 확인되고 있다. 반면에 일본에는 「우바스테야마(모사산姥捨山·이사산姨捨山: 노인을 버리는 산)」라는 기로(棄老)설화가 실제로 존재한다. 그래서 자신들의 부끄러운 전통을 오히려 조선에 이입하고, 고려무덤의 도굴을 용이하게 하려는 의도로 추정된다. (宋)徐兢, 『高麗圖經』, 雜俗; 『世宗實錄』 卷44, 世宗 11年 4月 己卯(4日); 『國朝人物考』 卷41, 士子, 李廷元; W. E. 그리피스, 앞의 책, 1999, 130쪽; 아손 그렙스트, 앞의 책, 2005, 72쪽.

315 『續日本記』 卷19, 天平勝寶 6年 1月 丙寅.

실이 아니며 백제멸망후 신라에 원망이 가득한 유민의 프로파간다 (propaganda)가 반영된 왜곡기사였다.[316] 최근에는 해당 기사가 국내외 다른 사료에 존재하지 않으므로 『일본서기』의 경우와 마찬가지로 사건 자체의 허구성도 제기되고 있다. 임진왜란 이후에도 한반도 남부를 지배했다는 황당한 주장까지 외국인에게 가르쳤다. 곧 출입이 제한된 일본인의 집단거류지에 불과한 '왜관'을 자신들의 '점령지역'으로 선전해왔다.[317] 에도시대 네덜란드가 조선 통신사를 접하고 직접 통교를 원할 때에도 일본은 네덜란드에게 "조선이 일본의 속국이다"[318]고 말했고, 조선에게는 "네덜란드가 일본의 속국이다"[319]고 거짓말로 일관하며 무역을 방해하였다.

이 같은 선전방식은 고대-조선-한말 일관되게 한반도에 대한 영유권이 일본에게 있음을 서구 열강에게 인식시키려는 방식이다. 해상교역로에서 일본열도가 주요 거점으로 자리하고 있으면서 조선과 교역을 방해했으므로 네덜란드가 조선에 직접 보낸 '코레아호'(1669)는 일본 경유를 포기하고 좌초되어 직교역은 수포로 돌아갔다.[320]

셋째, 조선의 야만성 만들기이다. 경제발전단계 조작이다. 일본이 경작법을 조선에게 전수했다는 허위기록으로 채워넣었다.[321] 정작 16

---

316 노태돈, 「8세기중엽 신라·일본 관계의 전개」, 《한국사론》 63, 서울대학교 국사학과, 2017, 377~381쪽, 386~387쪽.

317 W. E. 그리피스, 앞의 책, 1999, 207쪽.

318 W. E. 그리피스, 같은 책, 1999, 207~211쪽.

319 "倭首書報朝廷曰, 阿蘭陀, 卽日本屬國郡," (朝鮮)尹行恁, 『碩齋稿』 卷9, 海東外史, 朴延.

320 신동규, 「'VOC'의 동북아시아 진출에 보이는 조선무역의 단절과 일본무역 유지정책」, 《한일관계사연구》 22, 한일관계사학회, 2005, 23~29쪽.

321 W. E. 그리피스, 앞의 책, 1999, 565쪽.

세기 일본은 조선에서 막대한 양의 쌀을 얻어가고 있었고,[322] 대외무역 시에도 자국의 여성노예를 팔아서 무역(총기구매)을 이어나갈 정도로 열악한 경제상황이었다.[323] 앞서 살폈듯이 일본의 관동평야 개발은 에도시대에 대대적으로 추진되었고 세견선은 19세기 화륜선사건 때까지도 이어지고 있었다.

다양한 시각자료를 통한 야만화에 몰두했다. 처음에는 채색판화인 우키요에를 활용하여 국내외 선전활동에 사용했을 뿐 아니라,[324] 점차 사진조작을 통한 식민지 이미지 만들기에도 열을 올렸다.[325] 임진왜란 유적조차 모두 사진엽서에 담음으로써[326] 임진왜란을 일본의 승전이자 한반도지배의 당위성을 설파하는 소재로 활용하였다.[327] 이

---

322 구자원, 「16세기 전반 조선의 대일통교정책 변화와 約條」, 《사림》 68, 수선사학회, 2019, 197~223쪽.

323 Thomas Nelson, *Op. Cit.*, 2004, pp.463-492; 박태석, 앞의 책, 2021, 54~55쪽, 62~69쪽, 74~75쪽, 79~81쪽.

324 강덕상(박순애 외 역), 『우키요에 속의 조선과 중국: 다색판화에 투영된 근대 일본의 시선』, 일조각, 2010, 58~181쪽.

325 이경민, 『기생은 어떻게 만들어졌는가』, 아카이브북스, 2005, 103~245쪽; 이경민, 『경성, 사진에 박히다: 사진으로 읽는 한국근대문화사』, 산책자, 2008, 267쪽; 이경민, 『제국의 렌즈: 식민지 사진과 만들어진 우리 근대의 초상』, 산책자, 2010, 6~19쪽, 92~99쪽, 127~128쪽, 134~145쪽, 188~238쪽; 신동규, 「대한제국기 사진그림엽서로 본 한국병합의 서막과 일본 제국주의 선전」, 『일제침략기 사진그림엽서로 본 제국주의의 프로파간다와 식민지 표상』, 민속원, 2019, 13~40쪽; 신동규, 「조선총독부의 '시정기념 사진그림엽서'로 본 식민지 지배의 선전과 왜곡」, 『일제침략기 사진그림엽서로 본 제국주의의 프로파간다와 식민지 표상』, 민속원, 2019, 41~76쪽; 황익구, 「사진그림엽서로 본 러일전쟁과 프로파간다」, 『일제침략기 사진그림엽서로 본 제국주의의 프로파간다와 식민지 표상』, 민속원, 2019, 127~158쪽; 최인택, 「일제침략기 사진그림엽서를 통해서 본 기생기억」, 『일제침략기 사진그림엽서로 본 제국주의의 프로파간다와 식민지 표상』, 민속원, 2019, 189~224쪽.

326 김동철, 『엽서가 된 임진왜란』, 선인, 2022, 8~10쪽.

327 W. E. 그리피스, 앞의 책, 1999, 106~107쪽.

러한 식민지 교육은 자연스럽게 임진왜란을 설령 일본을 몰아냈어도 실질적으로 패전한 전쟁으로 세뇌시키는 데 막대한 영향을 미쳤다.

다음으로, 조선 여성의 왜곡된 성적 이미지를 만들어냈다. 강제병합 이후 일본제국의 상징조작이 더욱 노골화되었다. 여성 모델을 고용하여 사진관에서 반라(半裸)로 촬영함으로써 이것을 마치 아프리카·태평양의 국가체제를 갖추지 못한 지역의 원주민 여성처럼 연출하여 서구사회에 뿌려댔다.[328] 이 같은 야만적인 조선을 일본이 문명화시켜준다는 논리를 전개했는데 이 역시 일본 자신의 이미지를 조선에 전가한 것이다.[329] 또한 제국주의 시선에서 조선의 여성을 기생관광의 자원으로 묘사하였다.[330]

게다가 박람회를 통해 조선인까지 전시하였다. 제국주의 열강은 영국 런던(1851)·프랑스 파리(1855) 만국박람회를 개최하여 문명국과 야만국의 대비를 통한 적자생존을 홍보하였다. 일본제국은 런던(1862) 만국박람회부터 참가하였는데, 이를 모방하여 도쿄나 오사카 등지에서 각종 박람회를 개최했다. 이때 주변국의 살아 있는 사람들(대만 고산족·홋카이도 아이누족·류큐 사람·조선 사람 등)을 전시하여 웃음거리로 만들었다.[331] 물론 이 역시 서구열강의 원주민 전시를 흥

---

328 다만, 회화나 사진을 통해서 서민 여성의 노출이 확인되기도 한다. 이러한 경우 사진촬영 거부가 일반적이므로 하층서민에 국한된 현상이고 유럽을 포함한 타 문화권에서도 확인된다. 문제는 군이 일제가 스튜디오에서 모델을 고용하여 특정한 노출사진을 찍고 사진첩을 만들어 조선의 성적 이미지를 유럽에 배포했다는 점이다. 전자의 특수한 현상과 후자의 고의적 목적은 구분될 필요가 있다. 이돈수, 앞의 글, 2012, 341~346쪽.

329 에른스트 폰 헤세-바르텍, 앞의 책, 2012, 11쪽.

330 이선이, 「근대 중일 언론매체의 조성여성 표상」, 『동아시아 근대 한국인론의 지형』, 소명출판, 2012, 277~280쪽.

331 홍지혜, 『백년전 영국, 조선을 만나다: '그들'의 세계에서 찾은 조선의 흔적』, 혜화

내 낸 것이다. 특히 조선인(기생·선비 등)은 취업사기로 유인하여 데려온 사람들이었다. 전시되는 사람들은 야만인으로, 일본인은 전시회를 개최하는 문명인으로 대비하였다. 조선·대한제국은 시카고(1893)·파리(1900) 만국박람회에 작품을 출품하던 국가였으며, 대한제국이 아직 붕괴되기 전에는 외교적 항의와 함께 송환노력을 전개했으나 점차 야만의 나라로 규정되었다.

특히 시정기념자료(始政紀念資料)를 대거 만들어 강제병합 이전·이후를 사진으로 연출하여 대비시키는 선전엽서를 대량으로 배포했다. 한편으로는 대한제국에 강제로 막대한 부채(통감부설치·시정전시사업 약 300만 원)를 물려서 인위적으로 진행한 사업이었다. 다른 한편으로는 일본제국이 선전한 근대적인 건축물 상당수는 일본인이나 서양인이 만든 것으로 소개했으나 대한제국 정부에서 자금을 대고 추진한 사업이었다. 이것을 강탈하여 자신들의 업적으로 바꾸는 기행을 벌였다.

이외에도 관습법(慣習法)조사를 통해 사회문화를 왜곡시켰다. 관습법조사는 유럽 열강이 법체계가 아직 성립되지 못한 식민지(혹은 유럽 일부)의 관행을 수집하는 것이다. 그런데 일본제국은 자신들보다 훨씬 더 체계적인 성문법을 수천 년간 운영해온 대한제국을 대상으로 관습법조사를 실시했다. 이는 유럽의 관습법 개념을 굴절시켜 조선에 강제로 적용한 사례이다.[332] 이 역시 조선의 낙후성을 강조하려고

1117, 2022, 116쪽.

332 심희기, 「동아시아 전통사회의 관습법개념에 대한 비판적 검토: 일본 식민지당국에 의한 관습조사를 중심으로」, 《법사학연구》 46, 한국법사학회, 2012a, 6~9쪽; 심희기, 「조선시대 지배층의 재판규범과 관습: 흠흠신서와 목민심서를 소재로 한 검증」, 《법

무리하게 엉터리 개념으로 야만의 이미지를 만들려고 한 것이다. 이른바 '문명−야만' 논리를 통해서 사회진화론의 적자생존을 인위적으로 증명해 보였다. 각종 협회를 만들어 조선에 대한 정탐자료를 축적해나갔다.[333] 이러한 왜곡된 관습법 인식은 강제병합후 조선인에게만 적용한 「조선형사령」(1912)·「조선민사령」(1912)에도 고스란히 반영되었다.[334]

② 가해자와 피해자의 역할바꾸기

첫째, 조선 조정이 동학군 진압 시 청군을 요청했으므로 외세를 끌어들여 자국민을 진압했다는 오명을 뒤집어씌웠다. 그런데 우선 살펴보아야 할 것은 일본제국이 조선에 가장 큰 피해를 입힌 외세인데, 자신들의 침공사실은 마치 없었던 것처럼 외면한 채 청군의 한반도 진입이 가장 큰 잘못인 양 꾸며댔으며, 여기에 동조한 조선이 잘못이라는 주장이 전제되었다는 사실이다. 이는 전형적으로 논점을 흐리기 위한 흑색선전이었을 뿐 아니라 일본극우가 주장해온 '사대주의−조선독립론'과 연동되어 있다. 실제로는 일본제국의 한반도장악에 방해가 되는 외세가 청군이었을 뿐이다.

각종 기록은 민영준(閔泳駿: 閔泳徽)·고종이 청군을 요청했다거나

조》61−2, 법조협회, 2012b, 7~13쪽, 32~33쪽; 심희기, 「관습법담론에 대한 비판적 고찰 : 관습법상의 법정지상권 담론을 중심으로」, 《법과사회》 66, 법과사회이론학회, 2021a, 150~155쪽.

333 일본제국은 학자와 전·현직관료를 모아서 동경지학협회·동방협회·식민협회·동아문화회·대만협회·조선협회·동양협회 등을 결성해서 조선의 각종 정보를 수집했다. 최혜주, 『일본정탐: 제국일본, 조선을 엿보다』, 한양대학교출판부, 2019, 6쪽.

334 이승일, 앞의 논문, 2004, 155~205쪽; 홍양희, 앞의 논문, 2006, 285~313쪽; 정긍식, 앞의 논문, 2017, 97~128쪽.

반대했다거나 하는 완전히 상반된 형태로 나타난다. 어느 쪽이든 조정이 외국군을 부른 것으로 이해되었다.[335] 청군의 출병을 명분으로 일본군은 기습적으로 인천을 통해 도성(서울)으로 진격하여 주둔해버렸다. 이는 조선과 관계없이 외세끼리 맺은 「톈진조약」(1885)에 따라 상호 간 한반도 출병 시 연동한 것이며, 이 정보를 듣고 일본제국은 정한론의 실현기회로 삼았다. 갑신정변 당시 청군의 견제로 실현하지 못했던 수도 장악을 조선군과 청군이 방심한 순간을 이용했다. 일본군 역시 동학군과 교전을 벌이는 등 일방적인 군사행동에 나섰다.

그런데 최근 들어 청국군차병론(淸國軍借兵論)의 실체가 재검토되고 있다. 곧 조선정부가 아니라 청의 이홍장(李鴻章)-위안스카이가 청군출병을 강요하여 조선이 요청하는 형식을 취했다는 학설이 제기되었다.[336] 근래 연구에서는 조정회의에서 우호적인 청군이외에 또 다른 외국군대가 상륙할 구실을 줄 수 있는 점이나 외국군이 진압하면 우리 백성의 피해가 걷잡을 수 없는 점을 들어서 부결되었음에도 불구하고 청의 집요한 출병요구로 마지못해 청병이 이루어졌다는 데까지는 전반적으로 동의를 얻고 있다. 하지만 민영준-위안스카이 양자의 이해가 일치했으며 끝까지 막지 못했음은 여전히 비판받고 있다.[337] 위안스카이는 일본군이 도성에 진입할 구실을 주지 않기 위해 청군의 수도입성을 금지하고 직접 내려가서 동학군을 신속

---

335 박영재, 앞의 글, 2002, 37~38쪽.

336 이태진, 「1894년 6월 淸軍 朝鮮출병 결정과정의 眞相: 조선정부 자진요청설 비판」, 《한국문화》 24, 서울대학교 한국문화연구소, 1999, 317~346쪽[이태진, 앞의 책, 2000, 191~228쪽].

337 박영재, 앞의 글, 2002, 37~42쪽; 조재곤, 앞의 글, 2002, 102~105쪽.

히 진압할 것을 약속했다.[338] 더욱이 조선 조정은 청군의 출병명분을 없애기 위해서 중앙군이 신속히 남하해서 동학군을 회유하여 해산시켰다. 하지만 청군보다 먼저 출병을 결정하고 상륙한 일본군이 다른 마음을 품고 수도로 입성해버리면서 조선의 국권은 잠시 일본제국의 손아귀에 들어갔다. 이는 한·중·일 모두 동상이몽을 꿈꾸었던 까닭이다.

그렇다면 청병설은 어떻게 퍼진 것일까? 이는 임오군란·갑신정변 당시 청군의 힘을 빌려서 궁궐을 탈환했던 사실을 역이용해서 이후 사건에도 똑같이 적용하여 이미지화한 것이다. 또 일본군의 인천 상륙-도성진주에 대한 비난을 조정의 무능력으로 돌리려는 시도이기도 했다. 일본제국은 동학군을 진압하기 위해 중앙군이 남하한 사이에, 인천항에 병력을 기습적으로 상륙시켰다가 공사관호위를 명분으로 한양에 진주하여 수비군이 약화된 도성을 점령하고 마침내 새벽녘 경복궁까지 기습하였다. 조선의 시위대는 용맹하게 장시간 싸웠으므로 일본군은 예상과 달리 군사력에서도 조선을 쉽게 제압하지 못했다. 그러자 궁궐일부에 병력을 집중하여 고종의 신병을 확보한 뒤, 궁궐 안팎에서 일본군과 격렬하게 총격전을 이어가던 조선군(壯衛營·統衛營·經理廳·平壤箕營)마저 가짜왕명을 내세워 무장해제하거나 거부할 경우 원소속지로 귀환시켜버렸다. 그럼에도 일본제국은 무혈입성 내지 손쉽게 진입한 것으로 선전하면서 조선의 무능력한 대응을 홍보하기에 열을 올렸다.[339]

338 박영재, 같은 글, 2002, 38쪽.
339 이태진, 앞의 책, 2005, 101~115쪽; 나카즈카 아키라, 앞의 책, 2002, 91~189쪽; 조재곤, 「1894년 일본군의 조선왕궁[경복궁] 점령에 대한 재검토」, 《서울과 역사》 94,

이는 일본제국의 독립론·속국론의 선전과정과 무관하지 않다. 청은 열강이 홍콩·북경을 점령하고 베트남·류큐마저 병합하자 책봉국을 내세워 간여했으나 전쟁·외교에서 모두 패배하였다. 마지막 전장은 한반도였는데 청은 조선 위정자들과 긴밀한 관계를 맺으면서 우호적인 우방으로 관리하고 정변이 발생할 때마다 영향력을 높이려고 했다. 여기에 일본제국은 청에게는 책봉국과 제국주의시대 속국(보호국·식민지)은 다르다고 설전을 벌이면서도 도리어 조선 청년들에게는 독립론을 외치면서 전통적 제후국·제국주의시대 속국론을 혼용해서 사대주의비판론을 설파해나갔다.**340** 갑신정변·갑오개혁·독립협회는 이러한 일본제국의 독립론이 상당 부분 수용된 사례였다. 청의 속국이라면 굳이 조선조정의 청병절차는 불필요했을 것이다. 이처럼 잘못된 전제를 내세우면서 일본군의 출병은 조선의 독립을 위한 행위로 선전한 것이다.

둘째, 왕실책임론이다(高宗暗君論−明成皇后奢侈論). 반외세감정(혹은 반일의식)이 백성 사이에 뿌리 깊었다. 엘리트 관료들은 개화(근대화·문명화)에 경도된 나머지 일본을 추종하는 이들도 많았으나 서민 대중은 정반대로 움직였다. 임오군란·갑신정변 시 백성의 반일감정은 정점에 이르렀으므로 이들의 마음을 돌리고자 했다. 일본제국은 수도를 점령하고 궁궐을 장악하고 국왕을 포로로 삼은 외세는 일본

서울역사편찬원, 2016, 58~63쪽, 66~72쪽; 황선익, 「일본군의 한성점령과 군대해산: 駐箚部隊의 개편과 공간占奪을 중심으로」, 《서울과 역사》 104, 서울역사편찬원, 2020, 191~201쪽.
340 김봉진, 앞의 논문, 2019, 95~139쪽; 이동욱, 「1840~1860년대 청조의 '속국' 문제에 대한 대응」, 《중국현대사연구》 86, 중국근현대사학회, 2020, 1~30쪽.

군이 아니라 청군이라고 상징화한 것이다. 실제로는 청군은 수도에 입성조차 하지 못했고 동학군 토벌을 명분으로 충청도 인근에 이르렀으나 일본군의 기습을 받아 패퇴했다. 곧 일본군의 군사적 침략 책임을 청군과 왕실에 전가한 것이다.

백성은 심지어 고종이 사망한 1919년 장례식에서조차 3·1만세운동을 벌였다. 만세가 황제에게만 쓸 수 있는 구호였으므로 강제병합 이후에도 왕정에 대한 추억은 신민에게서 쉽게 사라지지 못했다. 그래서 일본제국은 1920년대 문화통치라는 미명하에 왕실이미지 추락을 시도한다. 이때 '고종암군론'이 처음 등장하였으며 고종에 반기를 든 김옥균을 영웅시하는 작업이 동시에 추진되었다. 주지하다시피 갑신정변을 일으킨 주도세력은 후쿠자와 유키치를 계몽주의 스승으로 생각하는 인사들이었고, 일본제국의 침략계획(정한론)에 대해 너무도 무지했다. 순진무구한 조선의 청년들은 일본제국이 선전하는 문명개화를 지상목표로 받아들였고 조선강제병합의 최선봉에 섰다. 이것이 갑신정변에서 좌절되었기에 일본제국은 역으로 자신들의 문명담론을 대변한 김옥균의 영웅화를 적극적으로 추진한 것이다. 강제병합은 갑신정변 → 청일전쟁 → 러일전쟁 등 세 차례 시도 끝에 간신히 이룬 업적이었고 그 선봉에 김옥균이 있었기 때문이다.

갑신정변을 기준으로 동조하지 않은 군왕은 '암군'으로, 추진한 이는 '영웅'으로 각기 묘사되었다. 일본제국주의자들(金玉均友人會 등)은 김옥균을 영웅시하여 일본 주도의 근대화를 받아들이지 않은 조선을 비방한 것이다.[341] 정말 암군이라면 독립운동의 배후에서 밀정

---

341 유영익, 「갑오경장」, 『신편한국사』 40, 국사편찬위원회, 2002, 163쪽.

의 보고서에 번번이 고종이 언급되지도 않았을 것이고, 헤이그밀사 사건으로 강제퇴위될 필요도 없었을 것이며, 아편을 넣은 독차사건을 일으키지도 않았을 것이고,[342] 강제병합까지 당한 마당에 독살되지도 않았을 것이다. 이는 일본제국에 끊임없이 저항하여 조약에 서명을 거절하고 불법조약임을 선언하는 고종의 행동이 부담스러웠기 때문이다. 이에 무능력한 군주로 이미지 전환을 시도한 것이 암군론이다.[343] 우리는 고종에게 망국의 책임을 물을 수 있으나 일본제국이 선전한 이미지를 그대로 받아들이는 것은 재고가 필요하다.

더욱이 명성황후를 부패의 상징으로 묘사한 부분도 검토가 필요하다. 조선왕실의 수입이 여타 국가보다 현격히 높지 않은 상황에서 사치를 부릴 수 있는 최대치도 제약이 많았다. 그렇게 부패한 인물이라면 굳이 청일전쟁기 궁궐에 침입하여 왕비를 시해할 필요가 있었을까? 이것은 일본제국의 한반도지배에 가장 걸림돌이 되는 인물이 왕후였기 때문이다. 그래서 대원군·고종의 정치노선 갈등에 대한 책임을 모두 왕비에게 돌리고 이를 최대한 이용하여 여론공작에 나섰던 것이다.[344] 개인의 작은 흠결을 최대치로 부풀려서 자신들의 시해를 정당화하고자 한 것이다. 당시 일본·유럽에서는 별로 문제로 삼지 않은 도덕성이라는 기준이 조선사회에서는 중요했으므로 선전선

---

342 【김홍륙독차사건】『司法稟報(乙)』, 「(高等裁判所 → 法部)質稟書」 第15號, 光武 2年 (1898) 10月 10日; 『司法稟報(乙)』, 「(高等裁判所 → 法部)報告書」 第60號, 光武 2年 (1898) 10月 10日; 『司法稟報(乙)』, 「(高等裁判所主事 → 法部刑事局主事)通牒書」 第49 號, 光武 2年(1898) 10月 13日.

343 이태진, 앞의 책, 2004, 95~134쪽.

344 이태진, 앞의 글, 2007, 103~140쪽; 하지연, 앞 책, 2015a, 182~194쪽; 하지연, 앞 책, 2015b, 62~67쪽.

동활동에 유용하게 작용했기 때문이다. 고종 평가가 생전과 사후 모두 백성에게 우호적이었던 반면에, 왕비 평가는 직접 대면한 이들을 제외하고는 여론이 나빴다. 왕정사회에서 국왕을 비난하는 것 자체가 어려웠기 때문에 일본제국은 상징조작을 초창기부터 시작할 수 없었으나 외척 비판은 상대적으로 쉽게 받아들여졌다. 또한 왕비를 만날 수 있는 사람도 극소수에 달했다. 왕비에 대한 우호 · 비우호적 자료를 망라해도 외교적 능력을 의심하는 기록은 거의 없다.[345] 이는 일본제국이 얼마나 왕비를 두려워했는지 보여준다.

후술하듯이 대한제국은 갑오개혁을 빙자하여 일본제국이 강제로 떠넘긴 빚(약 300만 원)조차 광무개혁 이후 상환함으로써 흑자재정으로 전환되었으며[346] 오히려 러일전쟁부터 강제병합까지 일본제국의 강압적인 차관부과(약 4,500만 원)로 재정이 파탄 났으므로[347] 설령 명성황후사치설이 사실이더라도 국가부도사태는 일본제국의 강제차관 때문이었다. 이는 갑오개혁 이전의 만성적 재정적자와 개화사업자금을 외국의 소액차관(최대 수십만 원)으로 충당해왔는데,[348] 이러한 선입견을 활용해서 국채보상운동의 차관조차 대한제국의 적자처럼 왜곡한 것이다. 그러나 동시대 영국 · 일본 · 독일 등과 비교해보아도

---

345 릴리어스 호튼 언드우드, 앞의 책, 1984, 31~46쪽, 165~175쪽; 이사벨라 버드 비숍, 앞의 책, 1994, 288쪽, 300~301쪽, 319~320쪽; 엘리자베스 키스, 앞의 책, 2006, 28~29쪽; 메리 V. 팅글리 로렌스, 앞의 책, 2011, 27~94쪽; 장영숙, 앞의 논문, 2005, 15~24쪽; 이희주, 앞의 책, 2020, 195~210쪽.

346 김대준, 앞의 책, 2004, 158쪽, 167쪽, 175쪽, 282~287쪽; 김태웅, 앞의 책, 2022, 299~307쪽.

347 최창희, 「국채보상운동」, 『신편한국사』 43, 국사편찬위원회, 2002, 134~137쪽.

348 김정기, 「차관 제공」, 『신편한국사』 44, 국사편찬위원회, 2002b, 30~54쪽; 홍준화, 『대한제국기 조선의 차관교섭과 국제관계』, 고려대학교 사학과 박사논문, 2007, 12~18쪽.

조선왕실을 사치로 분류하기는 어렵다. 이는 망국의 책임을 외부요인(외세침략)이 아니라 내부요인(내정실패)으로 돌리려고 만들어낸 거짓명분에 불과했다.

제2장

왕정의 자기변신과 사법개혁

1. 외세간섭하 갑오개혁

1) 1~3차 갑오개혁의 배경: 청일전쟁의 경과

1차 동학농민군은 1894년 2월 15일(이하 양력) 고부, 3월 21일 백산, 4월 4일 금구·부안, 4월 25일 무장 등에서 차례로 봉기하였다. 5월 11일 황토현전투에서 관군을 물리쳤고, 5월 31일 전주성을 점령하였다. 이러한 상황 속에서 조정의 청국군차병론은 처음 부결되었음에도 청의 끈질긴 설득 끝에 성사되었다.[1] 청조정은 이홍장을 중심으로 조선의 공식요청서만 기다리면서 미리 준비하고 있다가 명분을 갖추어 군사를 파병하였다. 6월 6일 청군 1,500명이 인천에 도착하였고,

---

1 박영재, 앞의 글, 2002, 15~79쪽.

6월 8일 청군 선발대 910명이 충청도 아산만에 상륙하였다.

한편, 일본제국은 청국에 대해 국내사정으로 군사개입이 어려울 듯이 행동하다가 갑자기 공사관·교민을 보호한다는 명분으로 병력을 급파했다.[2] 6월 10일에 일본군 6,000명이 상륙했고 420명은 서울로 진입했으며, 일본공사가 일본해병 300명을 이끌고 들어왔다. 6월 16일 일본군 3,300명이 인천에 추가로 상륙했다. 6월 22일 일본군 주력부대가 침입하여 남산에 주둔했다.[3]

강화도 병인양요(1866)·신미양요(1871)·운요호사건(1875)의 치열한 교전이나 부산포 화륜선사건(1872)의 철저한 검문검색을 고려해보면, 제물포(인천)–도성(한성)–궁궐(경복궁)로 이어지는 일본군의 최단시간 침공과정은 이해하기 어렵다. 본래 인천은 강화도(鎭撫營)를 중심으로 교동(右防禦營)과 영종도(左防禦營)가 삼각방어를 이루며 수로를 차단하는 요충지였다.[4] 어째서 제물포는 부산포와 같은 검문검색 과정이 생략된 것일까?

강화도·부산포는 모두 쇄국정책기에 외국선박의 입항이 엄격히 통제되었다. 그러나 제물포가 개항되자 통상왕래로 위장한 군대의 상륙은 저지하지 못했다. 조선의 비극은 일본군 상륙을 저지하지 못한 데서 비롯되었다. 인천이 뚫리자 도성방어도 그대로 빈틈이 생겼

---

2 청이 아산만에 보낸 병력은 3,000명인 데 비해 일본이 인천에 상륙시킨 전체 병력은 1만 3,800명이었다. 이승권, 「러·일의 한반도분할획책」, 『신편한국사』 41, 국사편찬위원회, 2002, 81쪽.
3 박영재, 앞의 글, 2002, 15~79쪽.
4 "永宗以左防禦使, 喬桐以右防禦使, 請下批. 允之." 『高宗實錄』 卷4, 高宗 4年 4月 戊戌(15日); 『江華府邑誌』(1881)〈奎10742〉; 『江華府邑誌』(1899)〈奎10703〉; 『喬桐郡邑誌』(1899)〈古915.12-G999g〉, 〈奎10731〉.

다. 특히『승정원일기』(음력 1894.06.)에는 궁궐에 일본공사(大鳥圭介)가 직접 군대를 이끌고 난입할 때[5]까지 별다른 일본군의 도성 출현사실이 실려 있지 않으며 오히려『주한일본공사관기록』에만 조선 조정의 대응양상이 확인된다. 이는 왕궁점령으로 상당수 기록이 소실되었기 때문이다.

일본군은 공사관과 교민을 보호한다는 구실로 수천 명을 이끌고 도성까지 입성하였다. 앞서 살폈듯이 동학군을 진압하러 조선의 중앙군이 남하하고 위안스카이가 청군 출병에 동의를 얻기 위해서 청군의 수도진입을 억제한다고 약조한 상황을 역이용한 것이다. 따라서 1차 인천방어선, 2차 수도방어선은 일본의 거짓명분 빙자와 조선군−청군의 특수한 상황으로 제대로 기능하지 못했다. 오직 3차 궁궐방어전에서만 격렬한 전투기록이 확인된다.[6]

그사이 조정은 6월 11일에 강화를 맺어 농민군을 철수시키고 청·일본에 철병을 요구했다. 7월 13일에는 내정개혁을 위한 교정청을 한시적으로 설치하였으나 수습하기에 너무 늦어버렸다. 일본군은 청군보다 먼저 상륙을 준비해놓고 단지 동학을 명분으로 삼으면서 기습상륙전을 전개하였다. 청을 사대주의 비판담론의 대상으로 설정한 것은 친일내각과 일본제국의 선전선동이었다. 청이 외국이기는 하지만 일본과 동급으로 인지되지 않았다. 조선은 약 300년간 청과 평화관계를 유지하면서 맹방으로 간주하였다. 오히려 고종연간 외국과 협상 시 청의 도움을 받아 국제사회에 데뷔하였으며, 임오군란·갑신정변과

---

5 『承政院日記』, 光緖 20年(1894) 6月 21日(丙寅).
6 이태진, 앞의 책, 2005, 101쪽; 나카즈카 아키라, 앞의 책, 2002, 91~189쪽.

같은 위기 시에도 군사적 지원을 받았다. 위안스카이의 내정–외교간 섭은 상당히 불편했으나 일본처럼 적대국으로 인식되지도 않았다. 이는 현재 6·25전쟁을 겪은 뒤 한국·미국 관계와 유사하다.

그러나 일본 극우인사(후쿠자와 등)의 일방적 독립론에 감화받은 이들은 청의 속박을 대전제로 논리를 전개했고 그것이 일본제국의 한반도 장악을 위한 대륙세력 제거작업인지는 꿈에도 알지 못했다. 일본입장에서는 이 같은 조선–청의 *끈끈한* 동맹관계가 못마땅했기 때문에 폐정개혁(개화정책)·사대당비판(독립론)·민권운동(공화주의) 등을 배후에서 조정하여 끊임없이 청과 갈등을 부추겼다. 청일전쟁에 승리하여 중국을 몰아내자 서구열강의 이권침탈 논리까지 추가한 뒤 러시아에 대입시켜 한반도에 대한 배타적인 영향력행사를 기도했다. 이 때문에 국왕의 근위세력(온건개화파)은 마치 사대당·수구파·친러파로 몰렸다. 특히 동학군이 급히 조정과 화의에 응한 것도 청군의 개입사실을 인지한 뒤였다. 백성은 반일감정이 높았으나 청군 역시 외세였으므로 달갑게 여기지 않았다. 특히 동학군은 폐정개혁을 위해서 궐기하였을 뿐 다른 종교세력·정치단체처럼 국가의식이 희박하지 않았다.

청은 동북아시아에서 자신들의 영향력을 유지하기 위해 혼란수습을 명분으로 내세워 한반도에 군대를 주둔시킴으로써 일본의 세력확장을 막고자 했다. 청은 일본의 류큐국(流球國) 병합(1879)과 프랑스의 베트남(大南國) 보호령(1884)을 저지하지 못함으로써 전통적인 책봉관계가 제국주의시대 식민체제로 와해되는 광경을 목도했기 때문이다. 하지만 일본제국은 청을 방심시켜놓은 채 최단시간에 상륙하여 도성·궁궐을 장악해버렸다. 일본은 임진왜란·정유재란 당시 국

왕을 포로로 잡지 못한 상태에서 명군까지 참전했으며, 임오군란·
갑신정변 당시 국왕은 손에 넣었으나 청군이 수도를 장악하는 바람
에 한반도 장악의 뜻을 쉽게 이루지 못했다. 그럼에도 일본제국은 임
오군란·갑신정변 이후 「제물포조약」·「한성조약」을 통해 특권과 배
상금을 조선에서 알뜰히 챙겼다. 「제물포조약」에는 독소조항으로 일
본공사관 경비병력으로서 일본군 주둔이 허락되었다. 이는 두 차례
나 일본인이 스스로 공사관에 불을 지른 자작사건으로 얻어낸 결과
물이었다.

　6월 26일 일본군은 수도를 장악한 상태에서 조선에 내정개혁을 요
구했다. 조선 조정은 강도 높게 항의하며 철군을 요구했다. 7월 3일
일본군은 철병을 거부하고 내정개혁안을 제시했다. 7월 4일 친일내각
이 수립되었다(1차 갑오개혁). 7월 23일 저항하는 조선을 위협하기 위
해 경복궁을 점령하고 국왕을 연금한 뒤 관군의 무장을 해제하였다.
이 같은 상황 속에서 1차 갑오개혁(金弘集정권, 1894.07.27.~12.17.)이
추진되었다. 군국기무처(軍國機務處)가 설치되었으며,[7] 「의안(議案)」
(총12조)을 올려서 개혁방향을 정하였다.[8] 「관제」를 공포하여 6조를

7　『高宗實錄』 卷31, 高宗 31年 6月 庚午(25日).
8　군국기무처는 수시로 다수의 「의안」을 올려 제도를 개혁했으나 여기서는 초기 전제지
　침을 담은 내용만 선별했다. "① 一, 從今以後, 國內外公私文牒, 書開國紀年事. ② 一,
　與淸國改正約條, 復派送特命全權公使于列國事. ③ 一, 劈破門閥班常等級, 不拘貴賤,
　選用人材事. ④ 一, 廢文武尊卑之別, 只從品階, 另有相見儀事. ⑤ 一, 罪人自己外緣坐
　之律, 一切勿施事. ⑥一, 嫡妾俱無子, 然後始許率養, 申明舊典事. ⑦一, 男女早婚, 亟
　宜嚴禁, 男子二十歲, 女子十六歲以後, 始許嫁娶事. ⑧一, 寡女再嫁, 無論貴賤, 任其自
　由事. ⑨一, 公私奴婢之典, 一切革罷, 禁販買人口事. ⑩一, 雖平民, 苟有利國便民之起
　見者, 上書于軍國機務處, 付之會議事. ⑪一, 各衙署分隸, 酌量加減設置事. ⑫一, 朝官
　衣制, 陛見衣服, 紗帽章服【註: 盤領窄袖】, 品帶靴子, 燕居私服, 漆笠搭護絲帶, 士庶人
　衣制, 漆笠周衣絲帶, 兵弁衣制, 遵近例, 將卒不宜異同事." 『高宗實錄』 卷31, 高宗 31年

8아문으로 재편하여 의정부 직속으로 두고 궁내부를 통해 왕실사무를 분리함으로써[9] 국왕권력을 축소시키는 데 초점이 맞추어졌다. 8아문 대신칭호나 궁내부 등은 메이지일본의 제도를 직수입한 것이었다. 탁지아문의 재정일원화, 부세의 화폐납, 도량형 통일 등이 추진되었다.

수도점령으로 조선을 완전히 장악했다고 간주하고 청군을 몰아내기 위한 기습전을 감행했다.[10] 일본해군이 충청도 풍도해전(1894.07.25.)을 일으켜서 북양함대(北洋水師)를 몰아냈고, 압록강하구에서 벌어진 황해해전(1894.09.17.)에서 북양함대 주력을 궤멸시킴으로써 제해권까지 일본군의 손에 들어갔다. 육군은 충청도 성환전투(1894.07.26.~29.), 아산전투(1894.08.) 등에서 승리하고 한성으로 돌아왔다. 다시 평안도 평양전투(1894.08.08.~09.15.)에서 승리함으로써 한반도를 손에 넣었다. 이후 국경을 넘어서 요녕성 단둥에서 벌어진 호산(虎山)전투(1894.10.10.), 압록강 건너편 구련성(九連城)전투(1894.10.24.), 봉황성(鳳凰城)전투(1894.10.24.), 금주성(錦州城)전투(1894.11.06.), 여순(旅順)전투(1894.11.21.~22.) 등에 승리하면서 중국의 요동반도를 장악했다.

그사이 일본군이 국내에 진주한 사실이 알려지자 1894년 10월 2차 동학농민운동이 일어났다. 일본군은 왕명을 위조하여 조선 관군까지 손에 넣은 채 우금치전투(1894.11.08.~09.)를 벌이고 농민군을 학살함으로써 한반도 내 마지막 저항세력도 궤멸시켰다. 12월에는 일본에서

6月 癸酉(28日), 「軍國機務處議案」.
9 『高宗實錄』 卷31, 高宗 31年 6月 癸酉(28日).
10 이승만, 앞의 책, 2015, 379~400쪽.

박영효까지 귀국시켜서 일본제국에 훨씬 부합하는 체제개편을 위해 2차 갑오개혁(김홍집·박영효연립정권, 1894.12.17.~1895.07.06.)을 추진하였다.[11] '의정부'가 '내각'으로 개편되고 궁궐 내로 이동함으로써 명목은 군주가 직접 대신과 토론한다고 하였으나[12] 실제로는 전혀 그렇지 못하였다. 「홍범(洪範)」(총14조),[13] 「재판소구성법」,[14] 23부제[15] 등이 공포되었다. 대개 신분제 폐지나 근대사법체계 도입이 추진되었으나 실상은 일본제국의 통제하에 조선을 장악할 수 있도록 중앙정치구조를 바꾸고 메이지연간의 지방제도를 이식하는 데 초점을 맞추었다.

일본군은 한반도·요동반도를 장악한 후에도 전선을 확대하였다. 요동반도에서 산동반도로 상륙작전을 개시하여 북양함대 기지가 있던 산동성 위해위(威海衛)전투(1895.01.20.~23.)에서 승리하였다. 이를 기점으로 청의 해군은 궤멸되었고 산동반도까지 일본제국에게 넘어갔다. 그런데 북양함대는 임오군란 당시 신속히 남하했던 청의 근대적 군사력의 상징이었다.[16] 이후 청군이 조선에 주둔하면서 갑신정변까지 진압하자,[17] 일본 내에서는 청의 양무운동의 결과에 놀라워하며 10년간 군대의 근대화에 박차를 가한 뒤 청일전쟁을 일으킨 것이다. 이제 북양함대를 궤멸시켰으므로 청군은 더 이상 일본군의 목표가 아니었다.

---

11 『高宗實錄』 卷32, 高宗 31年 11月 癸巳(21日); 『高宗實錄』 卷33, 高宗 32年 4月 戊辰(27日).
12 『高宗實錄』 卷32, 高宗 31年 12月 戊午(16日).
13 『高宗實錄』 卷32, 高宗 31年 12月 甲寅(12日).
14 『高宗實錄』 卷33, 高宗 32年 3月 丙申(25日).
15 『高宗實錄』 卷33, 高宗 32年 5月 丙申(26日).
16 조세현, 앞의 논문, 2013, 211~254쪽.
17 박일근, 「청의 간섭」, 『신편한국사』 39, 국사편찬위원회, 2002, 15~18쪽.

게다가 해군을 기동시켜서 풍호제도(澎湖諸島) 본도(本島) 상륙(1895.03.23.), 마공성(馬公城)전투(1895.03.24.) 등을 전개하여 대만을 점령했다. 이는 황해를 둘러싼 해안지역 주요거점들로 일본군이 자유자재로 움직이기 위한 포석이었다. 최초 청국과 「강화조약」(1895.04.17.) 당시 일본은 한반도 · 요동반도 · 산동반도 · 대만의 지배권을 인정하도록 요구하였다. 하지만 일본제국의 독주를 막고자 하는 러시아 · 프랑스 · 독일의 삼국간섭(1895.04.23.)에 힘입어 중국이 요동 · 산동반도는 지켜냈으나 조선 · 대만은 일본의 우세를 인정할 수밖에 없었다.

삼국간섭으로 일본제국에게 불리한 국제정세가 발생하자 조선왕실의 반격은 지속되었다.[18] 국제사회의 대일견제 상황을 활용해서 러시아 · 미국공사들과 연계하였을 뿐 아니라 박영효–김홍집의 대립을 활용하여 김홍집이 사임하고 박영효 단독정권으로 남게 했다.[19] 심지어 5월에 박영효반역음모사건(朴泳孝叛逆陰謀事件)을 적발해내 친일내각을 무력화시킴으로써 박영효까지 축출했다.[20] 박영효는 국내외정세가 불리하게 돌아가자, 일본제국의 영향하에 육성된 훈련대를 중심으로 근위병 · 지방군을 재편함으로써 고종이 미국의 지원하에 육성한 시위대까지 대체하려다가 계획이 실패하여 망명하였다.[21]

일본제국은 삼국간섭에 이어서 자신들이 세운 친일내각의 중심인물이 조정에서 축출된 것에 적잖이 당황했다. 이에 3차 갑오개혁(김

---

18 이민원, 앞의 책, 2022, 68~73쪽.
19 이현종, 「아관파천」, 『한국사』 18, 국사편찬위원회, 1981, 16~20쪽.
20 『承政院日記』, 開國 504年(1895) 閏5月 14日(甲寅).
21 강창일, 「삼국간섭과 을미사변」, 『신편한국사』 41, 국사편찬위원회, 2002, 20쪽.

홍집정권 을미개혁, 1895.08.24.~1896.02.02.)을 추진하여 단발령·태양력 등을 도입하였다. 이 시기 일본제국을 견제하는 최대 배후세력으로 명성황후가 지목되었다. 일본제국은 1차 시해시도가 경복궁점령 시 실패했으므로 위기상황을 타개하고자 2차 시해계획을 추진하여 을미사변(1895.10.08.)이 발생하였다.[22] 일본군이 수도·궁궐을 점령하고 내각·관군까지 장악한 상황에서 국왕·왕비는 포로상태에 놓여 있었다. 그런데도 왕실은 온갖 방법을 동원해 일본제국에 저항했으므로 왕비까지 시해하기에 이른 것이다.[23] 결국, 일본제국은 한반도 내에서는 조정의 관군과 민의 동학군을 제압하고 외부의 조력자인 청까지 패퇴시켰으나 열강의 간섭으로 위축된 사이에 조선 왕실이 마지막으로 외교적 저항을 시도하자 국제사회의 비난에도 불구하고 오로지 '힘에 의한 조선 점령'을 가시화했다. 이 사건을 수습하고자 김홍집내각은 훈련대를 해산할 수밖에 없었다. 하지만 왕비시해·단발령은 큰 반발을 불러일으켜[24] 아관파천 후 김홍집 역시 분노한 백성의 손에 목숨을 잃고 말았다.

2) 갑오개혁의 실상

갑오개혁은 청군이 국내분열(동학)을 빙자하여 한반도에 진주하자, 일본군이 폐정개혁을 내세워 수도를 점령하고 청군까지 공격하여 국제전쟁을 일으킨 상황에서 추진된 것이다. 이 모두가 동북아시아의

---

22 『高宗實錄』 卷33, 高宗 32年 8月 戊子(20日); 김문자, 앞의 책, 2011, 167~172쪽.
23 이민원, 앞의 책, 2022, 77~85쪽.
24 이민원, 같은 책, 2022, 57~105쪽.

패권을 두고 벌인 중일 간 쟁탈전이다. 그런데도 과거에는 일본제국의 국권찬탈이라는 시대적 상황은 도외시한 채 '근대성 찾기'에만 매몰되어 그들의 프로파간다인 '폐정개혁'을 문자 그대로 받아들여 칭송해왔다. 아무리 좋은 정책이라도 외국군대에게 국권이 빼앗긴 상황에서 이루어진 개혁을 찬탄할 수 있을까? 특히 개혁의 방향성이 일방적으로 일본제국의 관점에서만 유리한 방향으로 전개되었으며, 이미 조선에서 거의 형해화된 제도 역시 마치 이때 성과를 내서 개혁한 것처럼 홍보되었다.

그동안 마치 「홍범」(1895.01.07.)[25]을 '최초의 헌법 제정'처럼 설명해왔으나 훨씬 더 정교한 법전이 500여 년 전에 『경제육전』·『경국대전』을 필두로 만들어져 있음에도 불구하고 전통법은 아무런 평가도 하지 않으려 했다. 일본제국은 갑오개혁이 일본군의 도성 및 궁궐 점령으로 일어난 것을 감추고자 일본공사 이노우에 가오루(井上馨)와 박영효가 나서서 고종·세자에게 직접 「홍범」을 종묘에 고하도록 요구하였다.[26] 또한 연립정권 초기였으므로 국왕·김홍집의 동의를 얻어

---

25 "① 一, 割斷附依淸國慮念, 確建自主獨立基礎. ② 一, 制定王室典範, 以昭大位繼承曁宗戚分義. ③ 一, 大君主御正殿視事, 政務親詢大臣裁決, 后嬪宗戚, 不容干豫. ④ 一, 王室事務與國政事務, 須卽分離, 毋相混合. ⑤ 一, 議政府及各衙門職務權限, 明行制定. ⑥ 一, 人民出稅, 總由法令定率, 不可妄加名目, 濫行徵收. ⑦ 一, 租稅課稅及經費支出, 總由度支衙門管轄. ⑧ 一, 王室費用, 率先減節, 以爲各衙門及地方官模範. ⑨ 一, 王室費及各官府費用, 豫定一年額算, 確立財政基礎. ⑩ 一, 地方官制, 亟行改定, 以限節地方官吏職權. ⑪ 一, 國中聰俊子弟, 廣行派遣, 以傳習外國學術技藝. ⑫ 一, 敎育將官, 用徵兵法, 確定軍制基礎. ⑬ 一, 民法刑法嚴明制定, 不可濫行監禁懲罰, 以保全人民生命及財産. ⑭ 一, 用人不拘門地, 求士遍及朝野, 以廣人才登庸." 『高宗實錄』 卷32, 高宗 31年 12月 甲寅(12日), 「洪範」 ※편의상 일련번호 부여.
26 『承政院日記』, 開國 50年(1894) 12月 甲寅(12日); 『高宗實錄』 卷32, 高宗 31年 12月 甲寅(12日).

낼 수 있는 수준에서 「홍범」의 조문이 기초된 듯하다. 그 명칭도 『서경(書經)』「주관(周官)」 '홍범(洪範)'에서 따온 표현인데, 유가에서는 은주교체기 기자(箕子)가 주무왕(周武王)에게 전수한 도통을 상징했고, 조선에서는 탕평군주가 세상의 중심에서 황극(皇極)을 세우면 사방팔방의 백성도 민극(民極)으로 받아들인다는 황극탕평론을 의미하기도 했다.[27] '홍범'은 본래 유가적 전통과 군주의 주도권을 상징했으므로 일종의 개혁요강에 지나지 않았다. 실제로는 군국기무처가 구체화한 「의안」을 필두로[28] 반년 뒤에 「홍범」이 발표되었고,[29] 1~3차 갑오개혁기에 사안별로 세칙이 수시로 반포되어서 1894년 7월 27일부터 12월 17일까지 약 213건의 개혁안을 제정하는 형태로 진행되었다. 따라서 당시 전반적인 개편내용을 두루 검토해볼 필요가 있다.

(1) 대내외 국가위상 개편

첫째, 독립론이다. 「홍범」을 종묘에 고하고 별도로 고종의 윤음을 전국에 반포하여 독립론을 고취하였다.[30] 「홍범」 1조에는 청나라에 의존하는 생각을 끊고 자주독립의 기초를 확실히 건립한다고 했다. 그러나 실상은 일본의 한반도지배를 위해서 대륙세력을 견제하는 데 '독립'을 운운해왔으며, 강제병합 이후에는 '사대주의'라는 신조어를

---

27 "五皇極, 皇建其有極, 斂是五福, 用敷錫厥庶民, 惟時厥庶民, 于汝極, 錫汝保極……凡厥庶民, 極之敷言, 是訓是行, 以近天子之光, 曰天子作民父母, 以爲天下王." 『書經』, 「周書」, 洪範; "惟王建國, 辨方正位, 體國經野, 設官分職, 以爲民極." 『周禮』, 「天官冢宰」; 김백철, 앞의 책, 2010, 252~261쪽.
28 『高宗實錄』 卷31, 高宗 31年 6月 癸酉(28日).
29 『高宗實錄』 卷32, 高宗 31年 12月 甲寅(12日).
30 『高宗實錄』 卷32, 高宗 31年 12月 乙卯(13日).

만들어 대륙세력인 청−러시아와 연대하여 일본에 대항하는 조선−대한제국을 경멸하도록 만들었다.[31] 실제로 '청일전쟁'을 치르는 상황에서 중국과 관계를 끊고 일본이 군수물자를 지원받기 위해 강제로 요구한 「대조선대일본양국맹약」(1894)[32]을 독립론으로 꾸며서 표현한 것이다. 이러한 경향은 러일전쟁기 강제로 체결한 군수동맹인 「한일의정서」(1904)에서도 비슷하게 나타난다.[33] 오직 동북아시아에서 전통적 국제질서에 편입되지 못한 일본의 입장을 '독립론'으로 포장한 것이다. 명분은 조선의 독립이었으나 그 실상은 일본의 한반도지배를 용이하게 만들기 위해 대륙세력과 결별을 요구한 것이다. 후쿠자와 등이 제창한 독립론은 '일본의 독립을 위한 조선의 지배'를 의미했다.[34]

둘째, 독자연호 사용이다. 「의안」 1조에는 청연호를 폐지하고 개국기년(開國紀年) 사용을 의무화하고 2조에는 조약을 개정함으로써 사대관계를 단절하고자 하였다. 지금까지 이를 청의 속방화(屬邦化)정책[35]에 대한 대응이자 『만국공법』의 자주국가 요건을 갖추는 것으로 평가해왔다.[36] 조선총독부가 편찬한 『고종실록』에는 갑오개혁 시 채택한 '개국기년'을 1876년(개국 485년)까지 소급적용했다. 실제로 개국기년은 1894년 6월말~1895년 11월에 걸쳐 약 1년 반 정도 사용했

---

31 강동국, 앞의 논문, 2009, 140~152쪽; 김백철, 앞의 책, 2021, 332~347쪽; 김경래, 앞의 논문, 2022, 317~325쪽.

32 『高宗實錄』 卷32, 高宗 31年 7月 丙申(22日).

33 『高宗實錄』 卷44, 高宗 41年 2月 23日(陽曆).

34 강동국, 앞의 논문, 2009, 140~157쪽; 다카시로 코이치, 앞의 책, 2013, 141~178쪽, 198~253쪽, 293~332쪽.

35 도면회, 「개항후의 국제무역」, 『신편한국사』 39, 국사편찬위원회, 2002, 142~143쪽.

36 헨리 휘튼, 앞의 책, 2021, 48쪽, 64~71쪽.

음에도 불구하고 「강화도조약」(1876)을 통해서 문명국 일본제국이 야만상태의 조선을 개항시켰다는 의미를 강조한 것이다. 그러나 오늘날 우리는 예수 그리스도의 생년을 기준으로 하는 서력기원을 쓰는 것을 제국주의 패권에 굴복했다고 생각하지 않으며 국제질서의 표준으로 이해하고 있다. 일시적으로 '개국 503년'(1894), '개국 504년'(1895) 등을 사용함으로써 조선왕조의 유구한 역사성을 드러내어 자주성을 강조하는 듯하였으나 이 역시 오래가지 못했다. 을미사변이 일어나**37** 조야의 반감이 극에 달하자 몇 달 뒤 단발령과 함께 연호를 '건양(建陽)'으로 바꾸고 쇄신하였다.**38** 연호 사용은 대한제국에서도 이어졌다.

셋째, 공문서식 개혁이다. 공문서식은 자주성을 강조하는 방향으로 개편되었다. 연호뿐 아니라 짐(朕)·조(詔)·칙령(勅令) 등이 활용됨으로써**39** 내부적으로 제국체제로의 개편이 시도되었다. 동시에 중앙·지방의 서식을 통일하고 국문(한글)을 원칙으로 하되 외국어는 번역하도록 하였다.**40** 실제로 중앙의 공문서는 대체로 국한문혼용체로 바뀌었으나 일부 지방의 관리들은 여전히 한문을 사용하기도 했다. 조선시대 공문서는 국왕과 관원을 대상으로 하는 정규보고서

---

37 【을미사변-친일내각】『高宗實錄』卷33, 高宗 32年 8月 庚寅(22日)·辛卯(23日);【을미사변-아관파천이후】『高宗實錄』卷35, 高宗 34年 3月 2日(陽曆);『高宗實錄』卷36, 高宗 34年 11月 6日(陽曆)·22日(陽曆).

38 『高宗實錄』卷33, 高宗 32年 11月 辛亥(15日).

39 【年號】『高宗實錄』卷32, 高宗 31年 7月 乙亥(1日);【(子·寡人 →)朕】『高宗實錄』卷32, 高宗 31年 12月 乙卯(13日);【(敎 →)詔】『高宗實錄』卷32, 高宗 31年 11月 戊戌(26日);【(受敎 →)勅令】『高宗實錄』卷32, 高宗 31年 7月 丙戌(12日).

40 【외국어번역】『高宗實錄』卷32, 高宗 31年 7月 壬午(8日);【서식통일】『高宗實錄』卷32, 高宗 31年 7月 癸未(9日);【국문원칙】『高宗實錄』卷33, 高宗 32年 5月 戊寅(8日),「公文式」(勅令 第86號, 1895);『高宗實錄』卷32, 高宗 31年 11月 癸巳(21日).

는 한문으로 작성되었고, 해당 아문의 낭청(당하관)이나 서리들이 취급하는 실무서류는 이두로 작성되었다. 국한문혼용체는 이두로 쓰던 실무서식을 한글로 대신한 것이다. 하지만 한문으로 작성되던 많은 공문서가 국한문체로 대체되었으므로 국문사용에는 상당한 진전이 있었다.

넷째, 제국체제 도입시도이다. 갑오개혁초기 일본제국이 청일전쟁에 주력하느라 상대적으로 급진개화파의 숙원사업이 반영되었다고 평가하고 있으나 일본제국의 동의 없이는 하나도 실현하기 어려웠다. 어디까지나 일본제국의 이익에 어긋나지 않는 선에서 왕정을 견제하는 데 유용한 정책만 채택되었다. 그러므로 여기에서 개혁정책이 아주 없었다고 볼 수는 없으나 이 같은 시대적 맥락을 몰각하고 근대성만 운운하는 것은 문제가 있다. 마치 입헌군주제 내지 공화정을 상징하는 듯 행동하고 있으나 메이지일본은 정작 왕정국가였으며 이토 히로부미가 강조한 제국헌법은 허상에 불과했다.[41] 2차개혁기 '대군주폐하(大君主陛下)', '왕태자폐하(王太子陛下)', '왕후폐하(王后陛下)', '왕태자전하(王太子殿下)', '왕태자비전하(王太子妃殿下)' 등 위상이 애매한 칭호만 허용되었다.[42] 그리고 3차개혁기 을미사변을 수습하기 위해 '대조선제국(大朝鮮帝國)'과 '황제(皇帝)'등 새로운 국체를 주장했으나 일본제국의 반발로 무산되었다.[43] 급진개화파의 명분은 한

---

41 김창록, 「일본에서의 서양헌법사상의 수용에 관한 연구」, 서울대학교 법학과 박사논문, 1994; 김창록, 「近代 日本 憲法思想의 形成」, 《법사학연구》 12, 한국법사학회, 1991, 210~236쪽; 김창록, 「일본제국주의의 헌법사상과 식민지 조선」, 《법사학연구》 14, 한국법사학회, 1993, 69~98쪽.

42 『高宗實錄』 卷32, 高宗 31年 12月 己未(17日).

43 유영익, 앞의 글, 2002, 268쪽; 왕현종, 앞의 책, 2005, 245~262쪽, 434쪽; 왕현종, 앞

낱 구호에 지나지 않았다. 일본제국이 조선에서 왕권을 제약하려고
한 것은 자국에서도 하지 않은 행태였으며 조선을 보호국화 내지 식
민화하기 위한 사전정지작업이었다. 여기에 순진한 친일성향의 개화
관료가 합세하여 내정개혁에 동참했다. 일본제국의 속국화정책에 이
용만 당한 셈이다.[44]

오히려 '조선국'에서 '대조선국(大朝鮮國)'으로 국명을 조정한 것은
고종친정 이후 외국과 통상조약을 맺으면서부터였는데,[45] 이것은 『만
국공법』에서 국가의 조약을 맺을 권한을 명시한 내용과 무관하지 않
다.[46] 더욱이 갑오정권이 성사시키지 못한 제국호 역시 고종이 포로
상태에서 벗어난 광무연간에 '대한제국(大韓帝國)'으로 선포되었다.
고려에서는 외왕내제(外王內帝)의 형식이 취해졌고,[47] 조선초기에도
고려의 유산이 작용했으며,[48] 후기에는 명이 붕괴한 후 유일한 중화
문화로서 천자국(天子國) 계승이 주장되었다.[49] 이러한 전통적인 황제

의 논문, 2010. 1~34쪽.

44 이정훈, 『조선시대 법과 법사상』, 선인, 2011, 296~297쪽; 김영수, 앞의 책, 2020, 53쪽.

45 김백철, 앞의 책, 2021, 44쪽.

46 헨리 휘튼, 앞의 책, 2021, 195~238쪽.

47 단, 점차 논의는 내외가 명확히 두 체제로 구분된다기보다는 황제-제후체제의 혼용(일
종의 선진국체제 도입)으로 바뀌고 있다. 노명호, 「고려시대의 다원적 천하관과 해동천
자」, 《한국사연구》 105, 한국사연구회, 1999, 37~38쪽; 최종석, 「베트남 外王內帝 체
제와의 비교를 통해 본 고려전기 이중 체제의 양상」, 《진단학보》 125, 진단학회 2015, 3
쪽, 12~33쪽; 최종석, 「고려적 國制운용의 인식적 맥락들」, 《민족문화연구》 92, 고려대
학교 민족문화연구원 2021, 221쪽; 김백철, 앞의 책, 2021, 48쪽.

48 김백철, 앞의 책, 2016a, 69~76쪽.

49 조선중화의식은 다음 참조. 정옥자, 『조선후기 중화사상 연구』, 일지사, 1998; 허태용,
『조선후기 중화론과 역사의식』, 아카넷, 2009; 인하대 한국학연구소 편, 『중국 없는 중
화』, 인하대학교출판부, 2009; 우경섭, 『조선중화주의 성립과 동아시아』, 유니스토리,
2013.

국론과 후술하는 국제법상 독립주권을 행사할 수 있는 국가체제[國體]의 확보가 상호영향을 미쳐 나타난 것이다.[50]

(2) 광범위한 왕실제한

먼저 궁내부를 설치하였다. 「궁내부관제안(宮內府官制案)」(1894~1895)[51]에 따라 내각(정부)과 궁내부(왕실)가 제도적으로 분리됨으로써[52] 메이지일본의 천황권제한과 비슷한 방식이 도입되었다.[53] 이는 국왕의 근접사무까지 포함됨으로써 종래의 왕실지친을 관리하던 종친부·돈녕부·의빈부보다 훨씬 광범위한 제한이다. 「홍범」 2조에서는 왕실전범을 제정함으로써 대위(大位) 계승과 종친·척족의 명분과 의리를 명백히 한다고 했는데, 이것은 국왕의 근위세력인 온건개화관료를 정치참여에서 배제하려고 한 것이다. 곧 외척·종친의 정치참여를 금지하고 있던 조선의 정치체제를 다시 확인한 듯하지만, 실제로는 정치적으로 대척점에 있던 온건개화파를 배제하는 방식이다.

「홍범」 3조에서 대군주는 정전(正殿)에 나와 정사를 보고, 국정은 각 대신과 친히 논의하여 재결하며, 후빈종척(后嬪宗戚)의 간여를 금한다고 했는데, 일견 조선왕조의 국정지침을 재천명한 듯 보이지만 실상은 오히려 국왕·왕비의 정치참여를 막고자 한 것이다. 왜냐하

---

50 '국체(國體)'는 조선시대에는 ① '국가의 체모'(『太祖實錄』 卷3, 太祖 2年 6月 丙申(22日))나 ② '국가'(『定宗實錄』 卷5, 定宗 2年 7月 乙丑(2日)) 등의 뜻으로 수천 건 이상 용례가 확인되며, 『만국공법』이 도입되면서 국가주권과 연관하여 ③ '국가체제(혹은 정치체제)'의 의미로도 사용되었다(헨리 휘튼, 앞의 책, 2021, 48쪽, 50~51쪽).

51 【초안】『高宗實錄』 卷31, 高宗 31年 6月 癸酉(28日); 【1차】『高宗實錄』 卷32, 高宗 31年 7月 丙申(22日); 【2차】『高宗實錄』 卷33, 高宗 32年 4月 癸卯(2日).

52 『高宗實錄』 卷33, 高宗 32年 8月 戊子(20日).

53 坂本一登, 『伊藤博文と明治國家形成』, 吉川弘文館, 1991, pp.1-8, pp.89-164.

면 후술하듯이 조선왕조 개창으로 중앙의 각부와 지방제도가 개편되면서 육조판서와 팔도관찰사의 국왕에 대한 직계(直啓)권한이 생겼고, 따라서 군주는 중앙·외방의 현황을 직접 보고받았다. 그런데 갑오정권은 중앙·지방의 보고를 담당부서로 보내고 군주는 각 부서가 논의한 상황에 최종 재가만 가능하도록 제도를 변경하였다. 이는 「홍범」 10조에서 지방관의 직권을 제한하도록 규정한 조치와 맞물려 있다. 동시에 명성왕후와 척신계 온건개화관료의 조정참여를 막음으로써 급진개화파로 이루어진 친일내각의 대척점에 있던 정적을 제거한 것이다. 얼마뒤 1~2차 명성황후시해사건이 벌어진 것은 주지의 사실이다.

「홍범」 4조는 왕실사무와 국정사무는 분리하여 혼합을 금한다고 했는데, 본래 조선에서는 구분되어 있었다. 그러나 메이지정부 내에서 이토 히로부미가 천황의 친정을 주장하는 궁내세력을 공격할 때 사용한 궁중(宮中)-내각(內閣: 府中) 분리논쟁을 조선에 억지로 적용함으로써[54] 실제로는 고종의 정치참여를 축소하려는 시도였다. 오히려 중국 촉한(蜀漢)의 제갈량(諸葛亮)은 정반대의 의미로 궁부일체론(宮府一體論)을 주장하여 궁정·조정을 화합하는 데 사용하였고, 정조는 화합뿐 아니라 영조대 수립한 왕실재정의 회계통제를 일반아문에 준하여 엄격히 시행하는 데 이 표현을 사용했다.[55] 곧 왕실 직속기구의 특권을 없애고 같은 기준을 적용하였으므로 18세기 왕정체제에서 훨씬 강도높은 수준의 회계관리체계를 운영한 것이다. 조선에서 국가

54 坂本一登, *Ibid.*, 1991, pp.1-8, pp.89-164.
55 송양섭, 「18세기 조선의 공공성과 민본이념」, 태학사, 2015, 107~153쪽.

재정과 왕실재정의 구분은 명확한 편이었음에도 불구하고 일본제국은 마치 조선을 메이지연간 일본상황과 동일시하여 전근대 미분화된 국가단계로 억지로 설정하고 폐정개혁이라는 미명하에 실제로는 군주권을 박탈하려고 하였다.[56]

「홍범」 8조는 왕실비용을 솔선 절감하고 각 아문·지방관의 모범이 된다고 했는데, 이는 왕실의 사치를 전제로 한 표현이다. 왕실은 과연 얼마나 절제하지 못했을까? 이 역시 현재 영국·일본뿐 아니라 19세기말 당시 대부분의 나라가 왕정이던 시대에 사치라고 이를 만한 비용을 지출했다고 보기 어렵다. 그럼에도 그동안 두 가지 측면의 예산사용이 지적되어왔는데, 그중 하나는 왕실의례이다. 이것은 왕실의례일 뿐 아니라 국가의례에 해당하므로 축소가 어려웠다. 국왕[고종]뿐 아니라 대왕대비[신정왕후]·왕대비[철인왕후]·왕비[명성황후] 등이 모두 왕실에 있었으므로 왕실어른이 장수하면 그에 맞는 전장(典章)을 준수하여 의례를 진행해야 해서 최소경비가 적지 않은 상황이었다. 당시 도감은 최대한 절약하고자 했으나 비용을 완전히 없앨 수는 없었다. 다른 하나는 진령군(眞靈君: 무당) 문제를 거론한 것이다. 이 같은 기록물은 대체로 명성황후 시해세력이 주장한 것이 가장 많았고 국내 상소문 일부 표현이 침소봉대되어 후대에 뒤섞여 확고부동한 사실처럼 굳어졌다.[57] 설령 이것을 일부 인정한다고 해도 왕실의 전체규모에서 미미한 수준이었다.

---

56 김영수, 앞의 책, 2020, 51~52쪽.

57 장영숙, 「명성황후와 진령군」, 《한국근현대사연구》 86, 한국근현대사학회, 2017c, 69~95쪽; 장영숙, 「명성황후와 진령군: 문화콘텐츠 속 황후의 부정적 이미지 형성과의 상관관계」, 《한국근현대사연구》 86, 한국근현대사학회, 2018b, 69~94쪽.

실제 문제는 일본제국이 강제로 떠안긴 차관이었다. 국채보상운동은 왕실비용과 무관했으며 러일전쟁후 화폐개혁·통감부설치·시정전시사업 등을 명목으로 내세운 일본제국의 대한제국 지배를 위한 비용이었다. 이를 숨기고자 청일전쟁 시부터 왕실사치를 내세워 외세의 재정강탈을 감행한 것이다. 이는 전형적인 반대정파의 정치선전선동에 해당한다. 갑오정권은 을미사변후 명성황후를 비난하는 폐비조서를 함부로 내렸고,[58] 국장(國葬)이 제대로 치러지지도 않은 상태에서 새왕비 간택까지 시도했는데,[59] 이를 통해 시해책임을 숨기고 명성황후의 존재 자체를 역사에서 지우고자 한 것이다.

(3) 중앙·지방제도 개편

첫째, 의정부의 개편과 군국기무처 설치이다. 앞서 살폈듯이 1차 개혁(김홍집정권)은 의정부에 권력을 집중시키되 군국기무처를 신설하여 개화정책을 추진하였다. 그러나 이미 대원군섭정기에 '의정부'가 중심이 되어 폐정을 개혁하였고, 고종친정후에는 청나라의 총리각국사무아문(總理各國事務衙門)을 본떠서 통리기무아문(統理機務衙門)을 별도로 설치하여 개화정책을 전면에서 지휘하였으므로 명칭만 새로이 부여된 데 불과하다. 특히 갑오정권은 「의정부관제안(議政府官制案)」(1894)을 제정함으로써[60] 6조를 8아문(내무·외무·탁지·군무·법무·학무·공무·농상아문)으로 개편하여 의정부 직속으로 두었다. 의정부·군국기무처·8아문 등은 모두 외형상 새로운 기구로 보기 어렵

58 『高宗實錄』 卷33, 高宗 32年 8月 庚寅(22日).
59 『高宗實錄』 卷33, 高宗 32年 9月 甲辰(7日).
60 『高宗實錄』 卷31, 高宗 31年 6月 癸酉(28日).

다. 이는 조선의 전통적 제도를 활용하여 근대화에 나섰기 때문이다.

「홍범」 5조에도 의정부와 각 아문의 직무권한을 명백히 한다고 하였는데, 이는 전통시대 자주 언급하는 『주례』의 "설관분직(設官分職)"을 재천명하는 수준이었으므로 본질적으로 새로운 내용은 아니다.[61] 조선시대 의정부는 6조보다 상위기구였으나 상하명령체계를 갖추지는 못하였고 6조 역시 독립적으로 아문을 운영하고 국왕에 대해 책임을 졌다. 그에 비해 1차 개혁기 의정부의 총리대신은 훨씬 더 직접적으로 8아문을 장악하고자 하였다. 이러한 종래의 평가에도 불구하고 후술하는 의회제도와 연관 지어 살펴보면 김홍집정권은 궁극에는 의회와 의정부가 병립하는 구도로 개편을 시도한 듯하다.

둘째, 내각제도 도입이다. 2차 개혁(김홍집·박영효연립정권)으로 개편된 기구이다. 이는 두 가지 측면의 해석이 모두 가능하다. 하나는 순수한 기능론의 관점이다. 사회가 발전하면서 국정조율과 통합이 주요하게 대두하였다. 고려에서는 중서문하성과 중추원(추밀원)이 합좌하는 도평의사사가 열렸으며, 조선에서는 비변사에서 휘하 아문의 서로 다른 정책을 조율하였다. 곧 조선은 2품 재신이 책임지는 각 부서가 있고 1품 의정대신이 함께 이해상충을 조절해왔다. 이는 마치 대한민국의 각 부에 장관과 대통령·국무총리가 참여하여 국무회의를 주재하는 것과도 유사하다. 이에 「홍범」 5조의 원칙론은 유지되기 어려웠다. 「내각관제」 1조·4~5조·8조에 따라 내각구성·회의가 제도화됨으로써 일견 합의제 전통은 회복되었으나 동시에 3~6조에서 각 행정아문의 수반으로서 역할과 위상을 규정하였으

---

61 "惟王建國, 辨方正位, 體國經野, 設官分職, 以爲民極." 『周禮』, 天官冢宰.

므로[62] 종래 의정부 총리대신의 위상도 일정 부분 물려받았다. 8아문도 7부(외부·내부·탁지부·군부·법부·학부·농상공부)로 개편되었고, 각 부는 법률의 개폐나 기타안건은 모두 내각에 제출해야 했다.[63] 그런데 후술하는 중추원과 연관 지어보면, 박영효의 개입으로 일견 의정부보다 개방적인 듯한 내각이 오히려 의회기능을 무력화하고 자문기구인 중추원으로 대체하여 내각기능에 도전하지 못하도록 하였다.

다른 하나는 정치적 맥락의 관점이다. 앞서 살폈듯이 일본제국은 박영효를 귀국시켜 내무대신으로 만듦으로써 김홍집을 견제하고 자신들의 정책의도를 더욱 노골화했다. 이에 '의정부'는 '내각'으로 개편되었고 국무대신의 협의제로 바뀌었다. 물론 이것이 의정부에 협의제 전통이 아예 없었다는 뜻은 아니지만 그 정도가 현격히 달라졌음을 의미한다. 아관파천 이후 '내각'이 '의정부'로 환원되었는데, 고종은 "지난번에 역적 무리가 나라의 권한을 농간질하고 조정의 정사를 뜯어고치면서 심지어는 '의정부'를 '내각'이라고 고쳐 부른 것은 거의 다 명령을 위조한 것이다"고 하였다.[64] 그리고 「정미조약」이후 다시 '내각'으로 재편되었으므로[65] 내각이 일본제국이 황제권을 제한하여 조선을 통치하는 데 훨씬 용이했음을 알 수 있다. 곧 개화정책이라는 미명하에 실제로는 군주권을 제한하는 조치였다.[66]

---

62 『高宗實錄』卷33, 高宗 32年 3月 丙申(25日),「內閣官制」(勅令 第38號).
63 『高宗實錄』卷33, 高宗 32年 3月 丙申(25日),「各部官制通則」(勅令 第41號).
64 "詔曰, 向日亂逆之輩, 操弄國權, 變更朝政, 至有議政府之改稱內閣, 率多矯制."『高宗實錄』卷34, 高宗 33年 9月 24日(陽曆).
65 『高宗實錄』卷48, 高宗 44年 6月 14日(陽曆).
66 황태연, 앞의 책, 2017a, 346쪽.

셋째, 의회개설 시도이다. 이는 여타 정책과 달리 기존제도와 차별화된 정책이다. 고종은 수년 전부터 일본의 의회설립에 관심을 두고 있었고,[67] 갑오정권 역시 1894년 7월에 "의회 설치는 나라의 계책과 백성의 일에 관계되어 각별히 중요하니 여기에 선발된 사람은 절대로 감히 사사로운 이익을 개인의 편리를 취하지 않아야 한다"고 하면서 새로운 제도의 설립취지를 강조하였다.[68] 각 아문 대신은 타 아문에 간섭할 수 없으나 주요사안은 의회에서 논의하도록 하였다.[69] 하지만 의회의 토론은 잠시 정지되었고 군국기무처에서 논의에 참여하는 방식으로 바뀌었다.[70] 8월에 의원은 전·현직관원으로 충당하였고,[71] 각 아문의 「세칙」과 「장정」도 의정부에 제출해서 의회에서 공인받도록 하였다.[72] 얼마 뒤 9월에 의회는 의사부(議事部)로, 의정부는 행정부(行政府)로 개편하여[73] 의사부와 행정부를 대등하게 만든 뒤 의회를 5일에 한 번 개최하도록 제도화하였다.[74] 이는 군국기무처와 의정부가 주도하던 운영방식의 변화를 의미했으며, 의정부를 군국기무처가 설립한 의회와 대등한 형태로 재편한 것이다.

그러나 이보다 앞서 6월에 의정부 산하에 중추원이 개설되었는데, 문관·무관·음관으로 자헌대부(정2품) 이상 실직이 없는 사람을 단

---

67 『高宗實錄』卷27, 高宗 27年 1月 癸亥(22日).

68 "此次議會之設, 關係國計民事, 慕重迴別. 凡與是選者, 固不敢循私占便." 『高宗實錄』 卷32, 高宗 31年 7月 甲申(10日).

69 『高宗實錄』卷32, 高宗 31年 7月 戊子(14日), 「各府各衙門通行規則」 第20條·第37條.

70 『高宗實錄』卷32, 高宗 31年 7月 壬辰(18日).

71 『高宗實錄』卷32, 高宗 31年 8月 丙午(2日).

72 『高宗實錄』卷32, 高宗 31年 8月 庚戌(6日).

73 『高宗實錄』卷32, 高宗 31年 9月 甲申(11日).

74 『高宗實錄』卷32, 高宗 31年 9月 甲午(21日).

부(單付)하여 고문(顧問)으로 충당하였다.[75] 중추원의 명칭은 종래 중추부(中樞府 혹은 樞密院)에서 온 것인데, 송·고려에서는 추밀원이었고 조선에서는 중추부가 처음 군정을 맡다가 점차 돈녕부와 함께 전임대신이 국왕의 자문을 돕는 기구로 변모하였다. 그리고 의회를 개설한 지 불과 몇 달 뒤인 11월 하순에 군국기무처 주도의 의원은 감하(減下)되었고, 의정부 주도로 중추원의 「관제」와 「장정」을 만들도록 하였다.[76] 이른바 「중추원관제」의 시초이다. 중추원 의관은 특별법원 판사 중 한 명을 할당받았다.[77] 또 중추원은 내각(前의정부)에 자문하며, 50명 내외로 유지하고, 법률의 제정·폐지를 총리대신에게 건의할 수 있으며, 관련 아문의 협판은 의관으로 참여하였다. 다만 중추원회의 결과를 내각이 그대로 따를 필요는 없었다.[78] 더욱이 의정부로 하여금 「조례」를 의정(議定)하도록 명하였는데,[79] 이는 의정부가 제출하여 의회의 공인을 받는 제도를 개편한 것이다. 곧 갑오개혁기 1차 군국기무처 주도로 의회를 개설했고 2차 의정부 주도로 중추원으로 개편했는데, 이는 갑오정권 내 권력구도 변화 때문으로 보인다. 특히 중추원 개편 직전인 11월 중순에 박영효가 귀국하여 직첩을 돌려받고 서용되었으며,[80] 개편 직후인 12월에 의정부가 내각으로 바뀌어 궐내로 들어간 점도 연속된 변화의 모습이다.[81] 따라서 김홍집이

---

75 『高宗實錄』卷31, 高宗 31年 6月 癸酉(28日).
76 『高宗實錄』卷32, 高宗 31年 11月 癸巳(21日).
77 『高宗實錄』卷33, 高宗 32年 3月 丙申(25日).
78 『高宗實錄』卷33, 高宗 32年 3月 丙申(25日), 「中樞院官制及事務章程」(勅令 第四十號).
79 『高宗實錄』卷32, 高宗 31年 11月 癸巳(21日).
80 『高宗實錄』卷32, 高宗 31年 11月 乙酉(13日).
81 『高宗實錄』卷32, 高宗 31年 12月 戊午(16日).

주도하는 군국기무처가 의회를 내세워 의정부를 견제하는 기능을 만들었으나 종국에는 박영효가 이끄는 의정부가 직속의 중추원을 내세워 의회를 무력화하고 자문기구로 제한하였을 뿐 아니라,[82] 의정부를 내각으로 개편함으로써 내각회의가 실질적인 국정운영을 담당하고 총리대신은 각 대신의 수반으로서 행정 각 부의 통일을 보장하도록 하였다.[83] 앞서 살폈듯이 내각만 장악하면 조선을 통치할 수 있는 형태로 개편된 것이다. 이는 여러 면에서 김홍집과 박영효가 생각한 개화정책과 일본제국의 모습이 서로 달랐음을 보여준다.

그러나 아관파천으로 친일내각이 붕괴되고 광무개혁이 시작되자, 중추원에 의회기능을 부여하는 형태로 갑오개혁 초기 취지가 계승되었다.[84] 주지하다시피 종래 의회의 기능을 물려받아 법률과 칙령의 개정·폐지를 담당했을 뿐 아니라, 의정부에서 임금에게 상주하는 모든 사안, 칙령으로 의정부에 문의한 사안, 백성이 건의한 사안, 중추원에서 건의하는 사안 등 관할범위도 확대되었다. 또한 의관의 구성도 절반은 나라에 공로가 있는 사람으로, 나머지 절반은 인민협회(人民協會) 중에서 27세 이상 학식이 있는 자를 선거하도록 하였으므로[85] 전·현직관원이 아닌 백성 참여가 비로소 가능해졌다. 이는 갑오개혁기보다 훨씬 진전된 안이었다. 앞서 갑오개혁기에 선언에 그쳤던 「의안」 10조의 백성의 정책의견 수용을 실질적으로 반영한 것이

---

82 『高宗實錄』 卷33, 高宗 32年 3月 丙申(25日), 「中樞院官制及事務章程」(勅令 第四十號).
83 『高宗實錄』 卷33, 高宗 32年 3月 丙申(25日), 「內閣官制」(勅令 第38號).
84 유영익, 앞의 글, 2002, 308~309쪽; 신용하, 「참정권운동과 개혁의 추진」, 『신편한국사』 41, 국사편찬위원회, 2002, 361~375쪽.
85 『高宗實錄』 卷38, 高宗 35年 11月 2日(陽曆), 「中樞院官制改正件」(勅令 第36號).

다. 문제는 갑오정권하 의회에서도 아직 백성 참여를 시기상조로 보았고 중추원조차 관원 중심으로 개편했는데, 광무정권에서 갑자기 참여폭을 확대하면서 인민협회에 독립협회 단독참여와 황국협회 확대참여를 두고 대립한 것이다. 불행히도 혹독한 내홍을 거치면서 나머지 절반도 회의를 통해서 추천받도록 바뀌었고,[86] 마침내 의관 전원을 관원으로 채우도록 하였으며,[87] 규모도 50명에서 40명으로 줄어들었다.[88] 더욱이 러일전쟁을 거치면서 의정부와 중추원의 의견이 불일치할 때 의정부 단독으로 업무를 수행하도록 견제장치가 해제되었다가,[89] 군사·정사 등 주요사안은 의정부와 중추원이 반드시 협의후 상주하도록 변경되었다.[90]

종래에는 대한제국기 「중추원관제」 개편을 일방적인 황제의 전제권으로 비판했으나 일본제국의 영향하 갑오정권의 의회개설운동조차 파행으로 치달았다. 양자를 비교하면 오히려 광무정권의 초안이 훨씬 더 진전된 개혁안이었다. 불행히도 광무개혁기 만민공동회 내 스파이침투사건 및 러일전쟁기 내정간섭으로 의회설립운동은 훼손될 수밖에 없었다.[91] 일본제국이 전쟁에서 승리하자 중추원은 그들의 의도대로 수차례 개편되었다.[92] 실제 갑오개혁초기 의회개설안은 박영효를 내세워 무력화하였고, 광무개혁초기 중추원을 개편하여 의회

---

86 『高宗實錄』 卷38, 高宗 35年 11月 12日(陽曆), 「中樞院官制改正件」(勅令 第37號).
87 『高宗實錄』 卷39, 高宗 36年 5月 22日(陽曆), 「中樞院官制改正件」(勅令 第20號).
88 『高宗實錄』 卷39, 高宗 36年 8月 25日(陽曆), 「中樞院官制改正件」(勅令 第34號).
89 『高宗實錄』 卷45, 高宗 42年 2月 26日(陽曆), 「中樞院官制」(勅令 第12號).
90 『高宗實錄』 卷46, 高宗 42年 10月 24日(陽曆), 「中樞院官制中改正件」(勅令 第46號).
91 주진오, 앞의 논문, 1995, 103~155쪽.
92 『高宗實錄』 卷47, 高宗 43年 1月 10日(陽曆), 「中樞院官制中一部改正件」(勅令 第2號);
　 『純宗實錄』 卷4, 純宗 3年 8月 3日(陽曆), 「中樞院官制中改正件」(勅令 第41號).

기능을 부여하는 안도 안경수를 비롯한 스파이의 활약으로 좌절되었으며, 「을사늑약」 당시 중추원을 내세워 저항했음에도 전제정치론을 내세워 무력화한 것도 모두 일본제국이었다. 의회설립운동의 가장 큰 걸림돌은 왕정이라기보다는 외세였던 것이다. 강제병합전까지 중추원은 내각과 함께 수많은 기존법규를 폐지하고 신법으로 대체하는 데 적극적으로 협력함으로써 대한제국을 식민지로 만드는 합법적 수단으로 전락하였다.

넷째, 관원등급의 개편이다. 「의안」 4조는 문관·무관의 차별을 없애고 품계로만 구분할 것을 천명하였다. 조선의 품계는 기본적으로 9등급이다. 최근 대한민국 공무원의 등급은 10급에서 9급으로 조정되어 있다. 전통시대 관원등급은 현행 제도와 비교해도 별반 다르지 않다. 갑오개혁기 품계를 18등급에서 12등급으로 축소하였는데 같은 해(1894) 칙임관(勅任官: 1~2품)·주임관(奏任官: 3~6품)·판임관(判任官: 7~9품)으로 개편했으므로[93] 두 가지 구분이 복합체계로 사용되었다. 이러한 구분의 본래 취지는 조선의 당상관(1~3품상계)·당하관(3품하계~6품)·참하관(7~9품) 개념을 전제로 만든 것이다. 이러한 등급은 체포 시 사전보고에도 활용되었다.[94] 이는 종래 고위관원의 체포전 국왕에게 허락을 구하는 절차가 변화된 것이다.[95] 일단 고소(혹은

---

93 『高宗實錄』 卷32, 高宗 31年 7月 戊子(14日).

94 『各部請議書存案』 10冊, 「(法部 → 議政府)曾經文蔭武正三品以上及堂下守令이 官制更張혼 後에 勅奏任官을 敍任치 못혼 人員을 拘拿홀 時 待遇에 關혼 請議書」 第2號, 光武3年(1899) 5月 □日;【칙임관】『司法稟報(乙)』, 「(平理院檢事 → 法部大臣)報告書」 第90·140號, 光武 5年(1901) 5月 13日·6月 29日;【주임관】『司法稟報(乙)』, 「(平理院檢事 → 法部大臣)報告書」 第135號, 光武 9年(1905) 9月 4日.

95 "朝官犯罪被推於本曹司憲府司諫院而應囚者, 並啓移義禁府." 『續大典』, 刑典, 囚禁; "凡京外官推考, 各其司直捧公緘, 照律始啓." 『續大典』, 刑典, 推斷; "議政, 身犯

고발)가 들어오면 지위고하를 막론하고 체포되어 고등재판소·평리원의 법정에 서야 했으나 증거가 충분하지 않으면 무혐의로 방면되었다.[96] 『형법대전』(63조)에도 등급에 따라 체감하도록 규정하였다.[97]

하지만 실록의 인사기록을 살펴보면 품계—관등 구분이 반드시 일치하지 않아서 3품·4품·9품 칙임관도 확인된다(〈표 14〉). 이는 다음 해(1895) 「서품령(敍品令)」에서 양자의 연계성을 분리시켰기 때문이다.[98] 실록에는 칙임관은 1~4등까지, 주임관은 1~6등까지 재분류하여 인사조치가 이루어졌다. 칙임관(4단계)·주임관(6단계)·판임관(구분 없음)은 총 10등급으로 구분되는데 극단적으로 품계까지 적용하면 칙임관(4등급×2품계=8)·주임관(6등급×4품계=24)·판임관(1등급×3품계=3)의 35단계로 재편된 것이다. 조선시대 9품계에 정(正)·종(從)을 가산하면 18등급이 되고 6품 이상 상계·하계를 감안하면 30등급이 되는데 이와 비교해도 현격히 감소했다고 보기 어렵다. 따라서 갑오개혁기 간소화 효과가 실제 얼마나 되었을지 의문이다. 이는 전통시대 제도를 모두 구악(舊惡)으로 묘사하는 방식 때문에 생긴 선입견에 불과하다. 오히려 조선과 같이 수백 년간 관료제가 발달한 나라에 대해서 일본과 같이 중앙집권제가 생긴 지 얼마 되지 않는 국가의 신

惡逆外, 勿爲拏問."『續大典』, 刑典, 囚禁; "卿宰禁推, 該府草記, 待批下捧供."『大典通編』, 刑典, 囚禁; 김백철, 앞의 책, 2016b, 276~277쪽.

96 【증거불충분·무혐의—방면】『司法稟報(乙)』, 「(平理院檢事 → 法部大臣)報告書」第54·76-77號, 光武 5年(1901) 4月 9日·24日·26日.

97 "官人에 對ᄒᆞ야 犯罪ᄒᆞᆯ 時에 遞加ᄒᆞᄂᆞᆫ 等級은 勅任·奏任·判任 三等으로 區別호ᄃᆡ 左開와 如흠이라. 一 勅任官과 從二品 以上은 三等이며, 二 奏任官과 六品 以上은 二等이며, 三 判任官과 九品 以上은 一等으로 흠이라."『刑法大全』, 第1編 法例, 第1章 用法範圍, 第8節 等級區別, 第63條.

98 『高宗實錄』卷33, 高宗 32年 3月 庚子(29日), 「敍品令」(勅令 第58號).

식관제를 대입하여 개혁하겠다는 발상 자체가 납득하기 어려운 것이다. 다만, 유사한 주장은 정약용의 개혁안(『경세유표』)에서도 보이므로,[99] 완전히 외래적인 요인만은 아니다.

다섯째, 과거제 폐지이다. 군국기무처는 「관제」를 제정하여 의정부 이하 아문을 개편하면서 전고국(銓考局)을 세웠으며[100] 과거제도를 변통하여 「선거조례(選擧條例)」를 만들고자 하였다.[101] 「전고국조례」에서는 각 아문 이서의 시험은 전고국이 주관하도록 하였고,[102] 「문관수임식(文官授任式)」에서는 칙임관(1~2품)은 총리대신 및 대신 등이 추천하여 임금이 뽑고, 주임관(3~6품)은 해당 아문 대신이 선발하여 총리대신 및 도찰원(都察院)의 검토를 받으며, 판임관은 대신이 뽑은 인원을 전고국에서 시험을 치르게 하고 대신이 임금에게 보고하여 재가를 받도록 하였다.[103] 또한 젊고 총명한 자제를 선발하여 외국의 여러 학교들에 보내어 재능에 따라 공부하게 해서 나라의 쓰임에 보탬이 되도록 했고,[104] 「홍범」 11조에서 국가 내 총명한 자제를 널리 외국에 파견하여 학술·기예를 견습한다고 했다.

개화관료 육성은 고종친정 이후 지속적으로 추진한 정책이므로 새로운 내용은 아니다. 앞서 살폈듯이 일본에 조사시찰단(1881), 중국에 영선사(1881~1882), 미국·유럽에 보빙사(1883) 등이 각기 파견되었

---

99 丁若鏞, 『經世遺表』, 「天官修制」, 東班官階·西班官階·宗親勳戚; 김백철, 앞의 논문, 2021b, 147~149쪽.
100 『高宗實錄』 卷31, 高宗 31年 6月 癸酉(28日), 「官制」.
101 『高宗實錄』 卷32, 高宗 31年 7月 丁丑(3日).
102 『高宗實錄』 卷32, 高宗 31年 7月 壬午(8日)·丙戌(12日), 「銓考局條例」.
103 『高宗實錄』 卷32, 高宗 31年 7月 戊子(14日), 「文官授任式」.
104 『高宗實錄』 卷32, 高宗 31年 7月 丁亥(13日).

고, 국내에도 육영공원(1886)을 설립하여 새로운 교육내용을 기반으로 인재를 양성하고 있었다. 다만 여기에서 과거제를 폐지하는 대신에 각 아문대신에게 관리임용권을 부여한 점이 개혁으로 평가 가능할지는 여전히 의문이다. 물론 과거제의 경직성을 지적하고 실무관료의 능력배양에 힘써야 한다는 주장은 타당할 것이다.[105] 또한 「선거조례」 역시 과거제를 대신하여 작동되었다. 그러나 현실적으로 유력가문의 자제가 자의적으로 선발될 개연성이 높았으므로 공정성 시비에서 자유로울 수 없었다. 이는 「홍범」 14조의 문벌타파와 배치된다. 이러한 방식은 실제로 현대 일본의 정부기관에서 이루어지는 양상이다. 고위관료직에 유명가문·전직관료·의원의 자제가 세습되어 임명되고 있다. 그 유래는 유럽의 귀족자제 임명인데 유럽-일본식 관료제가 과연 합리적인 개혁이었을까?

동시에 일본제국 역시 전문관료의 선발은 오히려 과거제 운영양상과 유사한 측면이 있었다. 19세기말~20세기초 한국(1894)·중국(1905)·베트남(1919)이 과거제를 폐지하는 조치를 취했지만, 정작 일본 메이지정부는 유교이념을 활용하여 국가체제를 만들었을 뿐 아니라,[106] 「제국대학령」(1886)에 따라 기존의 여러 학교를 통폐합해서 제국대학으로 개편하고 관료를 전문적으로 육성했다. 사립대학은 유럽의 전통이지만 관료선발을 전제로 하는 국립대학의 개념은 오히려 과거제를 운영하는 국가의 전통에 가깝다. 더욱이 제국대학 입학시험은 사실상 일본식 과거제라 일컬을 만했다. 단지 시험과목이 근

---

105 『高宗實錄』 卷31, 高宗 31年 2月 丙寅(19日).

106 小倉紀藏, *Op. Cit.*, 2012, pp.251~272; 요나하 준(최종실 역), 『중국화 하는 일본: 동아시아 문명의 충돌 1천년사』, 페이퍼로드, 2013, 118~129쪽.

대교육으로 바뀐 데 불과했으며, 일시적으로 대학입시가 폐지되었을 때조차 고교입시는 치열했으므로 시험을 통한 경쟁체제는 견고하기만 했다.[107]

조선시대에도 과거제만 운영한 것은 아니었으며 경력이나 능력이 뛰어나지만 과거를 치르지 않거나 볼 수 없는 인사를 취재(取才)나 추천으로 임용함으로써 음관(蔭官)으로 삼았다.[108] 고려는 음서(蔭敍)로 음관이 되는 데 비해 조선은 비과거 출신을 모두 음관으로 분류했다. 심지어 대한민국 역시 공무원선발 시 2000년대 본격적으로 경력직을 대상으로 하는 '개방형직위'를 대거 신설했지만 여전히 과거제의 취지와 유사한 공채시험이 병존하고 있는 이유도 이러한 배경 때문이다. 따라서 종래의 선입견과 같이 '과거제 폐지'를 '근대적 개혁'과 동일시하는 것은 재고가 필요하다. 곧 시험제도의 문제라기보다는 시험과목과 운영방식의 문제였을 뿐이다.

여섯째, 재교육·징병제실시이다. 「홍범」 12조는 장관(將官)을 교육하고 징병법을 실시하여 군제의 기초를 확립한다고 했는데, 조선은 500년간 군제가 존재하는 나라였으므로 그동안 제대로 된 병제가 없었음을 의미하지 않는다. 전통적인 무과를 대신해서 사관생도의 교육을 의미하는 것처럼 보이지만, 조선시대에도 문·무신 재교육은 존재했다.[109] 단지 서양식 군사교리로 바뀌었을 뿐이다. 앞서 살폈듯이 1차(1881~1882) 일본자문, 2차(1882~1887) 청자문, 3차

---

107 아마노 이쿠오(박광현 외 역), 『제국대학: 근대 일본의 엘리트 육성장치』, 산처럼, 2017, 100~115쪽, 143~148쪽.
108 임민혁, 『조선시대 음관 연구』, 한성대학교출판부, 2002, 23~52쪽.
109 김백철, 앞의 책, 2016b, 265~268쪽, 286~291쪽.

(1888~1894) 미국·영국자문으로 군대양성이 이루어졌다. 광무개혁기 4차(1896~1904) 러시아자문으로 신식군 훈련이 이루어졌다. 그런데도 마치 새로운 군제개혁처럼 선전한 것은 친일내각이 국왕의 시위군을 대신해서 새로이 장악할 수 있는 신식군대인 훈련대 재편이 필요했기 때문이다.

일곱째, 능력 위주의 인재등용이다. 「의안」 3조는 문벌·양반·상인(常人)의 등급을 없애고 귀천(貴賤)에 관계없이 인재를 선발하여 등용한다고 했고, 「홍범」 14조는 인재를 구함에 문벌·지벌에 구애받지 않고 널리 골고루 등용한다고 했다. 능력위주 인사는 국초부터 강조되었을 뿐 아니라 18세기 탕평책 중에 하나였으나 19세기 세도정치기에 한동안 제약받았을 뿐이다. 1882년(고종19) 서북인·송도인·서얼·의관·서리·군오 등을 모두 현직(顯職)에 등용하는 정책이 발표되었다.[110] 고종친정 이후 소외된 사족이 대거 출사하였고 광무개혁기 신분을 초월한 등용까지 적극적으로 이루어졌다.

역설적이게도 급진개화파(친일관료)가 전통적 소수 엘리트가문에 해당하였다. 향후 이들의 노선과 입장이 같은 독립협회(시전상인·중서인 등)세력도 엘리트의식이 강하여 광무정권이 중추원에 황국협회(보부상)까지 완전히 개방하는 정책을 펼치자 반대하였을 정도였다. 이 역시 고종의 근왕세력으로 종신(宗臣)·척신(戚臣)이 대거 포진한 양상을 견제하기 위해서 미사여구로 포장한 것에 불과하다. 「을사늑약」·강제병합 이후 무장독립운동에 적극적으로 가담한 세력이 궁내부 출신이었던 점을 상기해보면, 명분과 구호는 반드시 일치하지 않

---

110 『高宗實錄』 卷19, 高宗 19年 7月 丙午(22日).

는다.

여덟째, 23부제 도입이다. 「홍범」 10조는 지방관제를 개정하고 지방관리의 직권을 제한한다고 했는데, 차후 일본식 지방제도를 기준으로 조선의 전국 8도를 23부 337군으로 개편했다. 곧 메이지정부가 다이묘의 번국(藩國)에 군현을 설치해서 장악하고자 한 취지를 직수입한 것이다.

그러나 우리나라의 지방제도는 신라—고려—조선을 거치며 거점행정단위인 계수관(界首官)체제를 개편하여 그보다 광역행정단위인 도제(道制)를 구현하는 데 성공했으므로, 메이지연간에 일시적으로 만든 일본식 제도는 오히려 계수관에 가까워서 시대의 흐름을 역행하는 꼴이었다. 특히 조선에 네 종류의 서로 다른 부(府: 부윤 · 유수 · 대도호부사 · 도호부사)가 이미 존재하는 상태에서 일본의 번국을 모델로 하는 '부'가 혼돈 없이 통용될 리 만무했다. 조선 · 중국은 도(道) · 성(省)단위 광역지방제도가 존재했던 국가였으나 일본은 다이묘의 번국을 모델로 중간규모(거점지배)로 나누는 지방제도를 설치할 수밖에 없었다. 유구한 전통을 지닌 나라에 급조한 후진제도를 이식하였으므로 성공하기 어려웠다. 역사적 전통이 상이함에서 오는 저항감뿐 아니라 행정적으로도 조선인에게는 전혀 편리하지 않았다. 오직 일본 관리에게 익숙한 행정방식이었으므로 조선을 보호국화 · 식민화하는 데 용이하게 만들고자 취한 조치였다. 이는 갑오개혁의 성격이 바로 전형적 식민지배기구를 만들기 위한 포석이었기 때문이다.[111] 심지어 23부제는 일제강점기 조선총독부조차 회복시키지 못할 정도로 실효

---

111 왕현종, 앞의 책, 2005, 171~208쪽, 400~405쪽; 김영수, 앞의 책, 2020, 53쪽.

성이 없었다.

갑오개혁에서 주목되는 부분은 목민관이 통할하던 징세권(민정)이 분화되고 경찰권(형정)·군사권(군정)도 분리되어갔다는 점이다. 재정제도는 전국에 관세사(管稅司, 9개소)와 징세서(徵稅署, 220개소)를 설치하여 조세사무를 전관하도록 하였다.[112] 이는 오히려 유럽에서 로마시대부터 절대왕정에 이르기까지 세금징수원이 별도로 고용되던 방식을 근대화로 이해하여 도입한 것이다. 하지만 조선은 이미 목민관 휘하에 해당 부서까지 정교하게 마련되어 조세행정까지 체계화되어 있던 상황에서[113] 이같이 독립시키는 방식이 과연 유효했을지는 다소 의문이다. 행정부의 통합론·분리론은 통시대적으로 벌어지는 논쟁이며, 대한민국의 경우 국세는 지방국세청이 맡고 있으나 지방세는 여전히 지방자치단체가 담당하고 있다. 실제로 반년 뒤 관세사·징세서·각읍부세소(各邑賦稅所)는 칙령으로 정지되었고 「세무시찰관장정(稅務視察官章程)」과 「각군세무장정(各郡稅務章程)」으로 대체됨으로써 지방관의 부세권한은 유지되었으며 시찰관(視察官)의 점검을 받는 형식으로 바뀌었다.[114] 아관파천 이후(1896) 「세무시찰관장정」마저 폐지되었다.[115] 이는 관료제를 지방까지 광범위하게 확장할

---

112 『高宗實錄』卷33, 高宗 32年 3月 丁酉(26日), 「管稅司及徵稅署官制」(勅令 第56號).

113 갑오개혁 당시 지방재정 개혁을 위한 사전조사로서 전국단위 「읍사례(邑事例)」를 조사했는데 조세항목에 따라 이미 각기 담당부서가 설치되어 있었고 해당 서리가 조세징수를 전담하고 있었으며 읍단위로 통합해서 재정이 관리되고 있었다. 김백철, 「조선시대 경상도지역 고을의 형성과 변화: 地理志자료의 활용방안 모색」, 《대구경북연구》 21-1, 대구경북연구원·대구경북학회, 2022, 45~47쪽.

114 『高宗實錄』卷33, 高宗 32年 9月 壬寅(5日), 「管稅司及徵稅署官制並各邑賦稅所章程停止件」(勅令 第159號)·「稅務視察官章程」(勅令 第161號)·「各郡稅務章程」(勅令 第162號).

115 『高宗實錄』卷34, 高宗 33年 4月 19日(陽曆), 「度支部主事臨時增置及稅務視察官章程

재정여력이 없었기 때문이다.

이 밖에 「군부관제」[116]·「훈련대사관양성소관제」[117]·「경무청관제」[118] 등을 제정하여 군사·경찰 제도를 각기 독립시켜나갔다. 서양에서는 중앙권력이 지방을 장악하지 못하여 절대왕정기부터 사법권 등 우회적인 방법을 통해 지방을 장악해나갔으므로 각종 제도가 중복해서 설치되었는데 이것을 각 기관의 독립으로 이해한 듯하다. 반면에 동양은 중앙에서 일찍이 지방을 장악했으므로 복수의 기구가 병존하지 않았다. 다만, 중국의 경우 광역지방행정인 도단위에서는 민정(布政使)·군정(都指揮使)·형정(提刑按察使)을 구분하였으나 그 아래단위에서는 목민관이 통합하여 운영하였다. 조선 역시 도단위에서 민정(觀察使)·군정(兵馬節度使)은 분리하였으나 형정(討捕使)은 도보다 낮은 계수관단위에서 구분하였다.[119] 조선초기부터 대부분의 군현에 지방관이 파견되면서 민정권한이 명백히 규정되었고, 조선 중기부터 진영(鎭營)의 독립으로 계수관단위의 군정권 분화가 나타났으며, 조선후기에는 진영의 토포영 겸임으로 형정권마저 분화가 촉진되었다.[120] 이 같은 추세에 더하여 서구식 제도의 도입으로 타 기구

廢止件」(勅令 第16號).

116 『高宗實錄』 卷33, 高宗 32年 3月 丁酉(26日), 「軍部官制」(勅令 第55號).

117 『高宗實錄』 卷33, 高宗 32年 5月 丙戌(16日), 「訓鍊隊士官養成所官制」(勅令 第91號); 『高宗實錄』 卷33, 高宗 32年 7月 辛酉(23日), 「訓鍊隊士官養成所官制中改正件」(勅令 第148號)·「訓鍊聯隊編制件」(勅令 第149號)·「訓鍊聯隊編制侍衛隊適用件」(勅令 第150號).

118 『高宗實錄』 卷32, 高宗 31年 7月 戊子(14日), 「警務廳官制職掌」; 『高宗實錄』 卷33, 高宗 32年 4月 庚午(29日), 「警務廳官制」(勅令 第85號).

119 김백철, 앞의 책, 2016a, 419~423쪽.

120 김우철, 『조선후기 지방군제사』, 경인문화사, 2000, 89~109쪽; 육군본부 군사연구소 편, 『한국군사사 8: 조선후기 II』, 경인문화사, 2012, 2~28쪽.

의 분리 · 독립에 영향을 미친 것이다. 그러므로 마치 지방이 일본처럼 제대로 통제되지 않고 있다고 인식하면서 지방장악을 주장한 것은 조선 현실과 동떨어진 선전선동이었다.

(4) 사회개혁

첫째, 신분제 폐지이다. 「의안」 3조는 문벌제도 · 반상차별을 철폐하고 4조는 공사노비제 철폐까지 내세웠다. 본래 조선에서 현대인이 생각하는 정도의 문벌(귀족계층)은 없었으나 19세기 세도가문에 의해 유사한 의식이 형성되었을 뿐, 갑오개혁기 제거대상으로 내세운 문벌이란 국왕(고종) · 왕비(명성황후) · 대왕대비(신정왕후)의 친인척세력에 불과했다. 이들이 혈연으로 맺어진 왕실의 근위세력으로 마지막까지 남아 있었기 때문이다. 반상(班常: 兩班 · 常漢)의 차별 역시 양반의 우대가 아니라 본래 18세기 『속대전』 체제 이후 관인신분의 우대를 의미했으며 여기서 관인은 꼭 양반일 필요는 없었다. 19세기를 거치면서 양반이 사회신분화되면서 그 의미가 변질된 것이다. 하지만 양반의 비율이 급증하고 있었으므로[121] 반상차별 폐지는 양반의 거대한 특권을 폐지한다기보다는 양인 · 천인이 양반이 되는 사례가 급증하던 당시 상황을 법조문에 반영한 데 불과하였다. 특권을 누린다는

---

121 김용섭, 「조선후기에 있어서의 신분제의 동요와 농지 점유」, 《사학연구》 15, 한국사학회, 1963, 14~29쪽; 임학성, 「조선후기 호적에 등재된 양반 직역자의 신분: 1786년도 단성현 현내면의 사례 분석」, 《조선시대사학보》 13, 조선시대사학회, 2002, 68쪽, 71~72쪽; 송양섭, 「19세기 幼學層의 증가양상: 『단성호적대장』을 중심으로」, 《역사와 현실》, 한국역사연구회, 2005, 323~345쪽; 윤지현, 「조선후기 울산 농소지역 양반직역자의 증가와 동인분석」, 《역사와 경계》 61, 부산경남사학회, 2006, 144~152쪽; 권내현, 「성장과 차별, 조선후기 호적과 신분」, 《대동문화연구》 110, 성균관대학교 대동문화연구원, 2020, 14~16쪽, 29~30쪽.

양반은 중앙의 소수 엘리트가문에 지나지 않았으며 지방에서 양반은 숫자가 폭증한 만큼 특혜를 누리기 어려웠다.

조선은 건국 직후부터 노비를 줄여나갔고 사노비의 인명보호 규정이 운영되었다. 16세기말부터 공·사노비[公·私賤]도 양인처럼 군사동원(束伍軍)이 가능해졌는데,[122] 이는 양인의 의무를 부여함으로써 신분적 지위도 변동되고 있음을 보여준다. 실제로 18세기에는 공노비와 양인의 처우가 비슷해졌으며,[123] 1801년(순조1) 이미 공노비가 혁파되었고,[124] 1864년(고종1) 순조대 공노비 혁파조치를 재천명하면서 미처 소각하지 못한 궁방노비 문서를 소각했으며,[125] 1886년(고종 23) 사노비의 세습까지 금지하였다.[126] 따라서 고종후반 노비제는 사실상 소멸상태에 있었다.[127] 더욱이 18~19세기 양인은 양반으로, 천인은 양인으로 신분이 상승하는 비율이 급격히 높아졌다.[128] 천인이 양반까지 오르는 예도 확인된다.[129] 그런데도 마치 갑오개혁기 처음

---

[122] 『宣祖實錄』 卷83, 宣祖 29年 12月 戊寅(16日); 『光海君日記』 卷35, 光海君 2年 11月 己未(18日)[正草本]; 『仁祖實錄』 卷31, 人造 13年 11月 丙辰(10日); 『肅宗實錄』 卷5, 肅宗 2年 8月 庚午(20日).

[123] 『英祖實錄』 卷83, 英祖 31年 2月 辛未(27日); 『英祖實錄』 卷127, 英祖大王行狀, 英祖 50年 3月.

[124] 『純祖實錄』 卷2, 純祖 1年 1月 乙巳(28日).

[125] 『高宗實錄』 卷1, 高宗 1年 7月 戊辰(30日).

[126] 『高宗實錄』 卷23, 高宗 23年 3月 甲辰(11日).

[127] 平木實, 『朝鮮後期奴婢制研究』, 知識産業社, 1982, 192~208쪽; 전형택, 『조선후기 노비신분 연구』, 일조각, 1989, 228~266쪽.

[128] 김용섭, 앞의 논문, 1963, 14~29쪽; 임학성, 앞의 논문, 2002, 68쪽, 71~72쪽; 송양섭, 앞의 논문, 2005, 323~345쪽; 윤지현, 앞의 논문, 2006, 144~152쪽; 김자현(김백철 역), 『왕이라는 유산: 영조와 조선의 성인군주론』, 너머북스, 2017, 131~132쪽; 권내현, 앞의 논문, 2020, 14~16쪽, 29~30쪽.

[129] 권내현, 『노비에서 양반으로, 그 머나먼 여정: 어느 노비가계 2백년의 기록』, 역사비평사, 2014, 12~27쪽, 82~94쪽, 148~160쪽.

으로 신분제가 폐지된 것처럼 설명해왔다. 이는 당시 추세를 명문화한 데 불과하며, 일본제국의 폐정개혁 성과를 부풀리기 위한 선전선동이었다.

둘째, 과부재가(寡婦再嫁)의 자유보장이다. 「의안」 8조는 과부재가는 귀천을 막론하고 본인 의사에 따르도록 천명하였다. 그러나 과부재가는 서민 사이에서 광범위하게 이루어지고 있었고 본래 불법이 아니었다. 후술하듯이 재가녀 자식의 관료진출상 제한이 있었으므로 양반 명문가 정도만 꺼려 했을 뿐이다.[130] 이 역시 양반의 의식개혁을 의미하는 수준에 지나지 않았다.

셋째, 조혼금지이다. 「의안」 7조는 남성 20세, 여성 16세로 성혼나이를 규정하고 그 이하의 조혼을 금지하였다. 하지만 조혼금지도 전세계적으로 10대중반(16세 성인기준)에 혼인이 이루어져왔으므로 그보다 적은 경우(10대초반)에만 문제가 되었다. 조혼이 불가능하지 않으나 일반적인 혼인은 아니었다. 정치적으로 가문 간 결합하거나 경제적으로 궁핍하거나 노동력이 필요한 경우, 혼약을 맺을 나이에 혼인까지 먼저 체결해버린 데 불과했다. 따라서 사회의식의 개혁을 주장한 수준으로 보인다.

넷째, 조정의 정책입안에 언로를 대폭 개방하였다. 「의안」 10조는 비록 평민이라도 나라에 이롭고 백성에게 편리한 의견을 제기할 것이 있으면 군국기무처에서 접수하도록 했다. 이는 사족 이외에도 언로를 개방한 사건이다. 본래 태종대 신문고부터 자신의 억울한 사안뿐 아니라 나라 정책에 대해 논의할 수 있도록 허락하였으며, 실제

---

130 김백철, 앞의 논문, 2021a, 386~390쪽.

세종연간 평민은 각종 정책에 대한 의견을 제시하기도 했다.[131] 또한 18세기 상언·격쟁·신문고 등으로 억울한 사정을 알릴 수 있었을 뿐 아니라 국왕의 순문(詢問) 시 자유로운 의견표명도 가능했으므로,[132] 아주 새로운 제도는 아니었다. 다만 그동안의 경직성으로 인해 차단되었던 전통을 부활시킨 것이다.

(5) 사법개혁

첫째, 연좌제 폐지이다. 「의안」 5조는 연좌제폐지를 천명하였다. 연좌제 역시 18세기 『속대전』 체제 이래 점차 엄격히 제한되고 있었으므로 그 추세를 더욱 구체화하여 법조문화한 것이다.[133] 오히려 후술하듯이 갑신정변 연루자의 신원을 위해서 사용된 듯하다. 실제로 박영효 등 직접 정변에 참여한 인사조차 사면을 받아 갑오정권에 복귀하였다. 이러한 추세는 광무정권에서도 유지되었다.

둘째, 법치주의 실현을 재천명했다. 사법관(司法官)이 재판하여 명확히 형량을 정하지 않으면 강제로 처벌할 수 없게 하였고,[134] 신식 법률을 반포하기 전에 모든 법관이 신문하는 경우 『대전회통(大典會通)』「형전」의 규정대로 시행하고 함부로 고문하지 않게 하였다.[135] 후술하듯이 이러한 지침은 본래 조선시대 법관행과 본질적으로 달라진 것은 없었으며 해이해진 기강을 다시 바로잡는 수준에 불과했다.

---

131 김백철, 앞의 책, 2016a, 335~359쪽.
132 김백철, 앞의 책, 2014, 192~231쪽.
133 김백철, 앞의 책, 2016b, 223~226쪽.
134 『高宗實錄』卷32, 高宗 31年 7月 壬午(8日).
135 『高宗實錄』卷32, 高宗 31年 7月 癸未(9日).

셋째, 민법·형법의 구분이다. 「홍범」 13조에서 민법·형법을 엄히 제정하여 함부로 감금·징벌하는 것을 금지하며 민의 생명·재산을 보호한다고 했는데, 이것은 다소 새로운 개념에 해당한다. 그동안 형정에서 완전히 이 같은 구분이 없었던 것은 아니지만 경계가 명백히 구분되었다고 보기도 어렵다. 본래 조선에서는 군법·민법, 관인·비(非)관인을 구분하는 방식이 사법체계의 주요 요소로 인정되고 있었다. 형법 안에 군인(軍人)·민간인[民人]·관원[官人] 등의 구분이 존재하였다. 이는 조선시대 분화되고 있던 전통적 구분방식에, 외래의 요소를 추가한 사례로서 사법개혁의 의미가 일정 정도 부여될 수 있다. 후술하듯이 미시적인 민사·형사 구분은 점차 확대되었으나(「민·형사소송에 관한 규정」, 「형명부」의 執行·執刑 구분), 거시적인 법전의 편찬은 형법 편찬에 그쳤다(『형법대전』).

넷째, 사법제도의 독립이다. 후술하듯이 「재판소구성법」[136]·「법관양성소규정」[137] 등을 제정하여 사법제도의 근대화를 기하였다. 광무정권은 전반적으로 갑오정권의 청사진을 착실히 실천해나갔다. 종래의 선입견처럼 사법개혁조차 대한제국의 개혁이 미진하여 외세의 침탈명분으로 사용되었다고 보기는[138] 대단히 어렵다. 오히려 청일전쟁·러일전쟁을 기점으로 일본제국의 지배에 편리하도록 개편이 추진되었다는 사실을 염두해두어야 한다.[139] 곧 '근대의 이중성'에 대한

---

136 『高宗實錄』 卷33, 高宗 32年 3月 丙申(25日), 「裁判所構成法」(法律 第1號).

137 『高宗實錄』 卷33, 高宗 32年 3月 丙申(25日), 「法官養成所規定」(勅令 第49號).

138 신동준, 앞의 논문, 2017, 272쪽.

139 박병호, 「현대법제의 형성과 법제의 발전방향」, 《법제연구》 8, 한국법제연구원, 1995, 9~12쪽; 이정훈, 앞의 책, 2011, 281~297쪽.

고민이 필요한 것이다.

(6) 경제개혁

첫째, 탁지아문의 재정일원화이다. 「홍범」 7조는 조세의 부과징수와 경비지출은 모두 탁지아문에서 관할한다고 했는데,[140] 이 같은 설명은 매우 그럴듯하다. 궁방은 본래 왕실재정으로 분리되던 것이고, 관청의 재정 역시 호조의 관할하에 분급되던 것이다. 선혜청조차 호조의 출연기관으로서 호조의 통제를 받았다. 19세기말 다소 변동의 가능성이 없지 않으나 원칙이 변동된 적은 없었다. 본래 조선의 모든 재정은 호조가 중심이 되어서 시행한 제도였다. 단지 각사자판(各司自辦)이 일상화되어 각 아문별 기금운영이 활성화되었는데 이를 비판적으로 본 듯하다. 따라서 이것만으로 근대적 재정체계로 바꾼 '대경장(大更張)'으로 평가하기는 어렵다. 본래 15세기 『경국대전』 체제, 18세기 『탁지정례(度支定例)』·『탁지지(度支志)』 등 호조의 재정일원하 원칙을 재천명하는 수준이었다.

그러므로 이 조치를 '근대-전근대'의 대립적 관점으로 설명하는 것[141]은 문제가 있다. 오늘날 대한민국의 전체예산은 기획재정부에서 관리하지만 각 부처의 기금과 출연기관 등이 있으니, 과연 단일한 기준하에 재정을 통합한다는 원칙이 어느 선까지 지켜지고 있을지도 의문이다. 각 부서가 재원을 갖고 기금을 운영하는 것이 문제가 되지 않으며, 오히려 이것을 통일적으로 보고하고 관리하는 상층부서의

---

140 왕현종, 앞의 책, 2005, 319쪽.
141 안승일, 『김홍집과 그 시대』, 연암서가, 2016, 231쪽.

제어력이 문제 될 뿐이다. 그러므로 갑오개혁기 재정개혁에서 주창한 바가 절대선은 아니며 전체 재정의 흐름을 일원적으로 관리한다는 원칙 정도만 평가해볼 수 있는 대목이다. 왜냐하면 갑오정권의 원칙은 당시에도 지방까지 그대로 집행되지 않았기 때문이다.

둘째, 예산계획의 수립과 그에 따른 집행이다. 「홍범」 9조에서 왕실비용·관부비용은 연간예산을 작성하고 재정적 기초를 확립한다고 하였다. 하지만 이조차도 15세기 『경국대전』·18세기 『탁지정례』·『탁지지』에 모두 규정된 내용이다. 곧 국왕이 절약을 하지 않거나 예산규정이 없어서가 아니었다. 이는 친일내각의 통제받지 않는 왕실의 재정사용에 대한 규제를 가하고 싶다는 것이 실제 의도에 가까웠다.[142] 그래서 왕실을 사치하는 집단으로 규정하고 절약을 강조하면서 예산집행계획을 요구한 것이다. 동시에 마치 근대적 예산체계가 처음으로 도입됨으로써 회계원칙이 마련되었다고 주장한 것이다. 물론 전통시대와 근대의 세부방식은 다소 다르다. 그러나 재정원칙이나 예산안이 없었던 적은 한 번도 없었다. 조선초부터 이미 회계안은 마련되었고 수백 년간 재정비가 이루어졌다. 다만 그 방식이 근대적 회계방식과 달랐을 뿐이다. 이 역시 '서구화'에 경도된 '근대화'의 이념공세에 지나지 않는다. 이 조문에서 실제 공격대상은 가렴주구(苛斂誅求)를 일삼고 법을 준수하지 않는 관리나 아전에 불과했다.

셋째, 조세금납화 추진이다.[143] 이 역시 16세기부터 조선은 현물

---

142 서영희, 「1894~1904년의 政治體制 變動과 宮內府」, 《한국사론》 23, 서울대학교 국사학과, 1990, 327~396쪽; 조한숙, 「고종의 군주권 강화와 궁내부」, 연세대학교 사학과 석사논문, 2015, 19~49쪽.

143 왕현종, 앞의 책, 2005, 319쪽.

화폐납으로 조(租)·용(庸)·조(調)가 바뀌었다(賦稅金納化). 당시 중국을 포함하여 사용한 은자(銀子: 은괴) 역시 은화(銀貨: 동전)가 아니라 무게를 달아 쓰는 칭량화폐(稱量貨幣)로서 현물화폐였다.[144] 중국의 쌀·은자 거래와 조선의 쌀·면포 거래는 별반 다르지 않았다. 특히 17~18세기 대동·균역의 성립으로 조선의 금납화율은 높아졌다. 물론 여기서 상평통보(常平通寶)로 지칭되는 동전의 사용률은 아직 약 3분의 1 수준에 불과하였다.[145] 동시에 세금을 시장에서 거래되는 현물화폐로 납부하는 방식(대동미·대동전·대동포·대동목 등)이 광범위하게 병존하였다. 그러므로 갑오정권의 재정개혁의 의의는 현물화폐의 납부를 중단하고 동전·지폐와 같은 액면화폐(법정화폐)로 통일시켰다는 데 있다. 이는 신분제와 마찬가지로 폭넓게 조선사회에 통용되던 제도(金納化)를 최종 완성하는 방식이었다. 동시에 일본제국의 입장에서는 곡물납부를 금지하자 일본의 기선회사(機船會社)가 자유로이 입항하면서 미곡유통권을 장악하여 경제침탈을 가속화하는 데 악용하였다.[146] 곧 일본 내 부족한 곡식수요를 충당하기 위한 다양한 정책 중 하나가 실현된 것이다.

다섯째, 잡세 폐지이다. 「홍범」 6조는 민의 조세는 모두 법령이 정한 바에 따르며 명목을 더해 함부로 징수하는 것을 금한다고 하였는데, 탐관오리의 일탈은 처벌해야 마땅하겠으나 본래 법에 없는 세금

---

144 은자(銀子)·은괴(銀塊) 등 칭량은(稱量銀) 설명은 다음 참조. 융이(류방승 역), 『백은비사』, 알에이치코리아, 2013.

145 유현재, 『조선후기 鑄錢정책과 財政활용』, 서울대학교 국사학과 박사논문, 2014, 177쪽, 228쪽.

146 왕현종, 앞의 책, 2005, 324~325쪽.

을 거두는 것은 불법이었다. 세금의 경우 일본은 약 40% 정도였고(四公六民), 조선은 4.7~10.3% 수준에 그쳤다.[147] 조·용·조뿐 아니라 온갖 잡세를 합쳐도 최대 10% 선에서 머물렀다. 이는 본래 법으로 집행되고 있었으므로 가렴주구를 침소봉대하여 일반화한 것에 불과하다.

후술하듯이 비록 세금의 총액은 일본보다 적었다고 할지라도 현지 사정에 따라 다양한 잡세가 부과되거나 복잡한 명목을 단일화하면서 엉뚱한 비용까지 추가하는 일이 발생하면 백성의 반발을 불러일으키기 마련이었다. 게다가 잡세폐지는 갑오개혁의 최대성과이지만 동시에 백성소요의 원인이 되기도 했다. 이는 지역사정을 전혀 감안하지 않고 대체재원 확보 없이 국세(중앙세) 외에 모든 세금을 일괄 폐지함으로써 목민관은 지방재정을 확보할 수 없었고 백성은 중앙의 개혁 조치와 현실이 일치하지 않으면 곧바로 소요를 일으키는 경우가 많았기 때문이다.

여섯째, 화폐개혁이다. 앞서 살폈듯이 「신식화폐발행장정」(1894)[148]을 제정하여 은본위제를 채택한 데서 그치지 않고, 일본화폐의 조선 내 통용권을 허용하였다. 이 조치로 일본 통화의 가치가 상승하였다. 타 지역에서 통용된 적이 없던 엔화(圓貨)가 국제화폐로 승격한 것이다. 일본은 19세기후반~20세기중반까지 거의 적자재정에 시달려서 전쟁으로 인한 약탈 없이는 국가재정운영이 어려웠다.[149] 그런데 이제 자국 화폐를 찍어서 조선에서 합법적인 사업을 벌일 수 있었다.

---

147 김백철, 앞의 책, 2021, 350쪽.
148 『高宗實錄』卷32, 高宗 31年 7月 乙酉(11日), 「新式貨幣發行章程」.
149 조재곤, 앞의 글, 2002, 100쪽; 가토 요코, 앞의 책, 2003, 55~96쪽.

더욱이 일본은 금본위제를 선언하여 용도가 없어진 은화를 대만·조선에 유통시켜 금융을 장악하려고도 했다. 급진개화파는 일본 차관을 염두해두고 추진한 듯이 보이지만 일본제국은 친일내각을 이용하여 엔화의 유통을 시도한 것이다. 이러한 일본제국의 경제침탈은 우리 산업계의 피해로 고스란히 돌아왔다.[150] 여기에 대항하고자 광무개혁기 각종 은행의 설립이 활발해지고 금본위제 채택으로 이어진 것이다.[151]

일곱째, 차관도입이다. 근대화정책에는 막대한 재정이 필요했다. 고종친정 이후 각종 재정적자 및 근대화사업을 외국차관을 통해 타개해보고자 했다. 초창기는 강제개항에 따른 유학생파견·신문물도입 등에 치중했으나 방곡령·공사관방화 등으로 발생한 불합리한 대일배상금까지 타국의 차관으로 갚아야 했으며, 점차 국가의 경상비용까지 차관에 의존하려고 했다. 개화정책초기 개화관료들은 외국차관의 약탈성을 전혀 인지하지 못한 채 너무나 가볍게 여겼다. 불행 중 다행으로 일본제국이 김옥균 등 급진개화파에게 한 약속처럼 거액의 차관은 제공되지 않거나 소액만 담보를 잡고 융자되었다.[152]

오히려 일본제국은 각종 명목으로 배상금을 가져갔다. 1882년 6월 9일 임오군란(55만 원)·1884년 12월 4일 갑신정변(11만 원) 당시 공사관을 스스로 불 지르고 배상을 요구했다. 「조일통상장정」(1883)의 37관(款)에 따라 1889년 방곡령을 내렸으나 일본제국은 무리하게 배상

---

150 김정기, 「淸日戰爭前後 日本의 對朝鮮經濟政策」, 『淸日戰爭과 韓日關係: 日本의 對韓政策形成에 관한 硏究』, 1985, 23~56쪽.

151 오두환, 앞의 글, 2002, 102쪽; 전우용, 앞의 글, 2002, 187쪽.

152 윤병희, 「갑신정변의 배경」, 『신편한국사』 38, 국사편찬위원회, 2002, 340쪽.

금(최초 약 17만 5,000원, 최종 11만 원)을 요구하였고 청의 중재(금액인화·차관도입)로 간신히 상환하였다.[153]

그동안 차관이 지나치게 자주 도입되었으나 소액에 불과했으며, 광무개혁기에 모두 같은 상태였다. 갑오개혁기 일본제국이 떠넘긴 차관 300만 원에 대해서도 광무개혁기 1897년 4월 6일 100만 원, 1897년 11월 1일 100만 원을 최종 상환하였음이 확인된다.[154] 특별히 국가재정이 늘어난 것도 아닌데 차관이 사라지고 흑자재정이 된 것은 유능한 관료등용 외에 다른 이유를 찾을 수 없다. 이는 실질적 신분제철폐가 대한제국에서 실현되었기 때문이다.[155]

한편 일본제국은 외자를 도입하여 전쟁을 벌이는 상황이었으므로 조선에 차관을 정상적으로 빌려줄 수 없었다. 사건을 인위적으로 키우거나 기습전을 통해서 배상금을 받아내는 방식을 선호하였고 심지어 영국·프랑스 등에서 채권을 발행하여 외자를 도입하는 방법을 선택했다(1908년 11월 흥업은행 채권 200만 파운드 발행). 요컨대 빚을 내서 차관을 빌려주고 부유한 국가인 양 친일파를 동원하여 선전했으며, 조선을 식민지화해서 갚는 방법이었다. 반면에 일본제국은 대한제국이 프랑스 등 타국의 차관도입을 시도하면 번번이 막아섰으며, 오직 자국의 차관만을 도입하게 해서 경제적으로 조선을 장악하고자 했다. 철도부설권 역시 차관을 통해서 탈취해갔다.[156] 일본제국

153 하원호, 「방곡령의 실시의 사례와 원인」, 『신편한국사』 39, 국사편찬위원회, 2002, 187~221쪽.
154 김정기, 앞의 글, 2002b, 30~54쪽.
155 서영희, 「광무정권의 형성과 개혁추진」, 《역사와현실》 26, 한국역사연구회, 1997, 14~18쪽, 32쪽; 서영희, 앞의 책, 2003, 78~99쪽.
156 최창희, 앞의 글, 2002, 134~137쪽.

은 재정개혁이라는 미명하에 무리하게 국고강탈을 감행했다.[157]

　일본제국의 금융침탈에 대한 저항운동(혹은 반작용)이 광무개혁기 궁내부 중심의 재정통합으로 나타났다.[158] 이것이 왕실재정의 비대화(혹은 국가재정 침식)로 지적받는 이유인데, 궁내부조차 본디 갑오개혁기에 왕실 관련 아문을 통폐합하여 만든 것이다. 대한제국초반 재정안정화에 이르렀으나 일본제국이 또다시 강제로 대규모 차관을 떠안기자 1904년부터 갑자기 적자재정으로 전환되었다.[159] 국채보상운동 당시(1907년 6월말) 상환목표액은 1,840만 원이었으나 강제병합(1910) 전후로 약 4,500만 원까지 늘려놓았다.[160] 더욱이 일본제국은 러일전

---

157 이윤상, 「1894~1910년 재정제도와 운영의 변화」, 서울대학교 국사학과 박사논문, 1996, 205~320쪽; 양상현, 「대한제국기 내장원 재정관리 연구」, 서울대학교 국사학과 박사논문, 1997, 81~86쪽, 164~176쪽, 223~230쪽, 306~310쪽.

158 서영희, 앞의 논문, 1990, 327~396쪽; 조한숙, 「고종의 군주권 강화와 궁내부」, 연세대학교 사학과 석사논문, 2015, 19~49쪽.

159 김대준, 앞의 책, 2004, 158쪽, 167쪽, 175쪽, 282~287쪽; 김태웅, 앞의 책, 2022, 299~307쪽.

160 주요 일본차관은 다음과 같다. 【1882년 11월 9일 일본 17만 원 차관제공, 1889년 9월 24일 일본 **제일은행** 인천지점 3만 원 차관, 1892년 4월 13일 일본 **제일은행** 인천지점 5,000원 차관, 1892년 11월 2일 일본 25만 원 전환국 설립 차관(곧 상환 및 설립중단), 1895년 3월 5일(갑오개혁) 300만 원 차관(청일전쟁 배상금 충당계획), 1904년 10월 70만 원 차관(철도부설권 탈취). 이상 국채보상운동 이전 상쇄】1905년 6월(러일전쟁) 500만 원 차관(화폐정리사업), 200만 원(구채상환舊債償還 및 세계부족보충비歲計不足補充費), 1905년 12월 150만 원(금융보조), 1906년(「을사늑약」 이후) 3월 16일 1,000만 원 차관(통감부 개설비용), 1907년(「정미조약」 이후) 11월 2,000만 원 차관, 1910년 전후 누적 총 4,500만 원이다. 『고종시대사』; 『일제조선침략일지』; 『한국정치경제학사전』; 『연표로 보는 현대사』; 《대한매일신보》 1(※이상 국사편찬위원회 「한국사데이터베이스」(전자판)); 『高宗實錄』 卷33, 高宗 32년 3월 丙子(5일); 『高宗實錄』 卷35, 高宗 34년 4월 6일(陽曆); 『高宗實錄』 卷36, 高宗 34년 11월 1일(陽曆); 이윤상, 「통감부시기 재정제도의 개편」, 『신편한국사』 42, 국사편찬위원회, 2002, 323~324쪽; 최창희, 앞의 글, 2002, 134~137쪽; 오두환, 「금융지배」, 『신편한국사』 44, 국사편찬위원회, 2002, 14~18쪽.

쟁에 막대한 전비를 외국차관을 끌어 쓰고도 제대로 된 배상금도 얻지 못하였다.[161] 따라서 차관은 고율이자뿐 아니라 거액의 수수료까지 일본정부가 직접 챙겼으므로 조선통치를 명분으로 각종 사업을 추진하면서 실질적으로 비용을 부풀려서 자국의 재정적자를 줄이는 데 전용했을 가능성이 크다.

결과적으로, 일본군이 도성에 진주하면 갑자기 조선에 안긴 거액의 채무는 실제로는 일본제국의 조선지배에 필요한 통치자금으로 사용되었다. 이전부터 제일은행을 통해서 소액차관을 제공하면서 그보다 훨씬 많은 수입을 보장하는 관세업무를 가져갔다.[162] 자본주의가 발전하지 못했던 일본자본은 한국 관세권과 소액대출로 자본을 축적해나갔다. 갑신정변에 일본제국은 차관을 약속했으나 실제로 제공할 여력이 없었으므로 무위로 돌아갔고, 청일전쟁 이후에도 일본제국은 친일내각에 차관을 물린 뒤 왕실을 회유하기 위해 추가기증금을 약속했으나 오히려 을미사변을 일으켰으며, 러일전쟁 이후에도 조선통치에 필요한 자금을 차관형태로 강제로 떠안김으로써 재정파탄을 이끌었다.[163] 이것이 이른바 "조선이 왕실 사치로 망했다"는 주장의 실

---

161 일본제국은 러일전쟁에 직접군사비 14억 원, 2년간 총경비 19억 원을 집행했다. 이는 청일전쟁의 여섯 배를 초과하며, 직전 해(1903) 군사비의 10배, 국가예산의 다섯 배에 달한다. 당시 영국·미국의 차관(4억 1,000만 달러) 중 40%가 일본전비로 충당되었다 (이민원, 앞의 책, 2021, 239~240쪽; 이민원, 앞의 책, 2022, 241쪽). 청일전쟁 배상금은 은 2억 3,150만 냥(일본 3억 6,700만 원)에 달하였으나(박영재, 앞의 글, 2002, 84~87쪽), 전쟁후 남만주-한반도의 우위를 얻은 채 전쟁배상금을 받지 못하고 미국의 중재로 간신히 사할린양도 등에서 끝나버렸다(구대열, 「러일전쟁」, 『신편한국사』 42, 국사편찬위원회, 2002, 214쪽).

162 김정기, 앞의 글, 2002b, 38~39쪽.

163 최창희, 앞의 글, 2002, 134~137쪽.

상이다.

결국, 갑오개혁기 일본제국의 지원하에 진행된 각종 개혁사안을 잘 살펴보면, 그동안 관행적으로 잘되지 않던 사례나 예외적인 경우를 명시적으로 언급하거나 제도적 보완을 주창하는 내용이지, 완전히 구체제를 일소하는 혁명수준은 아니었다. 그런데도 그동안 북한 학계·근대사연구자·사회과학도 등은 조선시대 법제도·관행에 무지한 나머지 '급진개화관료의 선전선동' 내지 '일본제국의 갑오개혁 미화'에 지나치게 경도되어 마치 "미개한 조선사회가 이때 비로소 문명화된 것"으로 해설하는 경우가 많았다. 이는 유럽에서 르네상스 이후 중세를 '암흑시대'로 규정하면서 실제 역사적 사실보다 부풀려서 '야만의 시대'로 규정하는 방식과 유사하다.[164]

2. 자주적 광무개혁의 추진

1) 우리 안의 '근대성' 찾기 경쟁

우리나라의 법학 연구는 여러 갈래에서 이루어져왔다. 하나는 전통법의 관점만으로 바라보는 경우이다. 조선시대 법을 실제로 사용한 위정자들이 현실적인 필요에 따라 전통법을 연구한 경우이다. 이럴 경우 현대와 같은 근대성이라는 잣대는 불필요했으며, 당대 실현가능성과 합리성만이 법제도평가에 중요했다. 다른 하나는 근대성과

---

164 김응종, 『서양의 역사에는 초야권이 없다』, 푸른역사, 2005, 185~210쪽.

제국주의 시각하에서 조명한 경우이다. 일본제국이 조선을 근대화시켜준다는 명분하에 조선의 통치자료를 집대성하거나, 통감정치로 이행되면서 식민통치체제로 개편하기 위해 조사한 경우이다. 이때는 일본식(혹은 서양식) 근대성이라는 잣대와 통치 목적이라는 두 가지 기준이 중요하게 작용했다. 이외에도 전통법과 근대법의 개념을 함께 살펴보는 시각이 있다. 최근 법사학 연구에서 시도되고 있는 방식이다. 전통법에 대한 이해를 바탕으로 근대법 개편과정을 살펴보는 방식이다.

그러나 안타깝게도 일본의 후쿠자와 등의 개화사상에 경도된 초기 유학그룹[김옥균 등]은 그들의 근대성을 절대적 잣대로 인식했다. 이는 광무개혁기 외국어교육을 받던 학생들이 해외유학을 두고 찬반토론을 벌인 것과는 대조적이다.[165] 더욱이 조선시대 전통법 연구자의 법지식을 충분히 계승하지도 못했다. 그래서 메이지 유신 이래 일본이 중앙집권국가로 발돋움하면서 만들어냈던 법체계를 근대국가의 표준으로 인식하였다. 이는 사실 불과 얼마 전에 독일이 달성한 것이었으며, 다시 이것은 프랑스가 그로부터 얼마 전에 달성한 것이었다.[166] 곧 봉건제도하 유럽의 가산국가(家産國家: 가문에 의해 신민·영토가 상속되는 형태)가 19세기중반 근대국가로 탈바꿈한 업적을, 일본이 19세기후반에 재빠르게 흡수하고서 그것을 제국주의국가의 표준

---

165 『司法稟報(乙)』, 「(平理院 → 法部)質稟書」第6號, 光武 6年(1902) 1月 30日.
166 【프랑스】 1804년 민법전, 1806년 민사소송법전, 1807년 상법전, 1808년 치죄법전, 1810년 형법전, 법원조직법. 【독일】 1846년 프로이센 검찰제도 도입, 1877년 독일제국 법원조직법과 형사소송법 공포. 【일본】 1871년 사법성 설치, 1874년 검사직제장정 사법검찰규칙 제정, 1980년 형법 공포, 1889년 대일본제국헌법 공포, 1890년 「재판소구성법」 및 「형사소송법」 공포. 문준영, 앞의 책, 2010, 80~115쪽.

이자 근대국가상으로 내세운 것이다. 이것은 유럽·일본의 기준에서는 발전이라고 평가하는 데 문제가 없었지만, 이때 갖춘 법체계 모범은 17~18세기 그토록 닮고자 했던 동양(중국·조선)의 국가체제에 지나지 않았다. 영국·프랑스·독일·일본 등은 모두 왕정(혹은 정부)을 중심으로 중앙집권화를 시도하였고 여기에 중앙이 사법권력을 통해서 지방을 장악하는 방식을 선택했다.[167]

그동안 근대성으로 제시한 명제는 19세기말~20세기초 사람들이 일본을 통해서 학습해온 내용이다. 하지만 이러한 유형은 전통법체계와 상당히 유사한 데도 그동안 '아주 새로운 것' 혹은 '전혀 다른 것'으로 치부해왔다. 이는 사실 유럽·일본의 특수한 경험이었을 뿐이다. 이들 지역에서는 19세기에 처음 생긴 것을 '근대국가의 개념'으로 전제하였으므로, 서세동점(西勢東漸)하 한국·중국에서는 "새롭다"고 간주된 '전혀 새롭지 않은 제도'를 받아들여야 하는 모순적 상황이 벌어졌다. 이것을 '근대성'이라고 포장해온 것이다.

나시옹(nation: 민족ehtnic group·국민people·국가state) 개념이 수천 년간 통일국가가 존속해온 한국·중국에 없었다는 주장까지도 비일비재하다. 유럽에서는 굳이 붙이지 않는 '근대'를 붙여야 무엇인가 새로운 것으로 치부될 수 있었다. 하지만 오히려 유럽은 가산국가여서 국민이 없는 형태의 전쟁국가로 오랫동안 유지해왔다.[168] 이 같은 전근대 정치체제가 비로소 국민·국가·국경이라는 개념하에서 통일정치체를 만드는 데 사법권력이 핵심적 역할을 한 것이다.

167 조경래, 앞의 논문, 1995, 7~24쪽; 이국운, 앞의 논문, 1999, 32~33쪽; 문준영, 같은 책, 2010, 80~115쪽.
168 이철우, 앞의 책, 2010, 195~218쪽.

제국주의시대 보편화된 오리엔탈리즘의 유래는 17세기말 몽테스키외가 영국의 명예혁명을 바라보면서 프랑스 절대왕정의 쇠락을 비난할 때 중국을 가져와서 비난한 것이 그 시초로 보인다.[169] 이것은 19세기 독일의 '법치국가' 개념의 저변에 깔린 정서이다. 곧 헤겔(Georg Wilhelm Friedrich Hegel)처럼 '가상의 중국'을 반면교사로 제시하면서 정의로운 권력이나 자유의지로 통일국가의 출현을 바라거나 혹은 베버(Max Weber)처럼 가산관료제(家産官僚制)로 '가상의 중국'을 비난했던 방식은 실제로는 독일의 전근대 모습을 우회적으로 풍자한 것이었다.[170] 근대성의 지표로 삼는 사례를 살펴보면, 다음 몇 가지가 주로 논의되고 있다.

(1) 입헌군주제 헌법의 존재 여부

아관파천은 왕이 외국공사관으로 비루하게 도망간 사건으로 비난하기 일쑤였으므로 대한제국기 「대한국국제(大韓國國制)」도 「홍범」만큼 간략한데도 '전제(專制)'라는 문구만을 내세워 비판하기에 십상이었다.[171] 그러나 19세기말~20세기초에는 '전제정치'나 '절대왕정'은 혼용되는 번역어였다. 이는 현대 비트포겔(Karl August Wittfogel)이 동양(정복왕조 遼)과 서양(영국·프랑스)을 대비시켜 오리엔탈리즘의 시선에서 '동양적 전제정치'라 명명한 개념[172]도 당연히 아니었다.[173]

---

169 몽테스키외, 앞의 책, 1988, 255~259쪽.

170 G. W. F. 헤겔(권기철 역), 『역사철학강의』, 동서문화사, 2008, 122~141쪽; 막스 베버(금종우 역), 『지배의 사회학』, 한길사, 1981, 73~158쪽.

171 문준영, 앞의 책, 2010, 263쪽; 도면회, 앞의 책, 2014, 262~279쪽.

172 Karl August Wittfogel, *Op. Cit.*, 1955, pp.101-136.

173 '전제'와 '절대'의 개념은 다음 참조. 김백철, 앞의 책, 2014, 21~45쪽, 129~131쪽 註

「대한국국제」 2조에서 전제정치의 범위를 조선왕조 500년부터 설정하였고,[174] 고종 역시 절대왕정의 개념으로 사용하였다.[175] 미국학계에서는 명·청의 황제나 조선의 국왕의 강력한 권력을 서구와 대비시켜 전제정치(despotism · autocracy)로 표현하였는데[176] 그 근원을 유교적인 성인군주론의 군사(君師)에서 찾기도 했다.[177] 광무개혁기 제국체제가 '퇴행적'이라기보다는 오히려 당시 국제법을 해설한『공법회통(公法會通)』(68장)의 '주권(主權)' 규정(68장)이나『만국공법』의 '국체(國體)' 규정을 활용함으로써 명실상부한 주권국가로 거듭나고자했던 것이다.[178] 실제로 이는 1조 자주독립 규정과 맞물려 있다. 갑오개혁이 한양점령 → 궁궐점령 → 국왕포로 → 왕비시해의 상황하에서 전개되었으며, 이 상태에서 벗어나기 위해서 미국공사관[춘생문사건]·러시아공사관[아관파천]으로 탈출을 시도하여 정치간섭을 물리치고 '진정한 의미'의 입헌군주제를 선포한 것이다. 이것을 지극히 일

179; 이헌창, 「조선왕조의 정치체제: 절대군주제」,《경제사학》41, 경제사학회, 2017, 215~272쪽.

174 "大韓帝國의 政治는 由前則五百年傳來ᄒ시고 由後則亘萬世不變ᄒ오실 專制政治이니라."『高宗實錄』卷39, 高宗 36年 8月 17日(陽曆), 「大韓國國制」 第2條.

175 정교, 2004d, 141~143쪽.

176 Jonathan D. Spence, *Ts'ao Yin and the K'ang-hsi Emperor : bondservant and master*, Yale University Press, 1965, p.17; Jonathan D. Spence, "Autocracy at Work: A Study of the Yungcheng Period, 1723~1735 by Pei Huang", *The American Historical Review Vol. 81-4*, The American Historical Association, 1976, pp.933-934; Jahyun Kim Haboush, *A Heritage of Kings : One Man's Monarchy in the Confucian World*, Columbia University Press, 1988, p.12, p.125, p.232.

177 John W. Dardess, *Confucianism and Autocracy : Professional elites in the founding of Ming Dynasty*, University of California Press, 1983, pp.183~253.

178 韓國學文獻研究所 編, 앞의 책, 1981b, 74~75쪽; 헨리 휘튼, 앞의 책, 2021, 48쪽, 64~71쪽;『高宗實錄』卷39, 高宗 36年 8月 17日(陽曆); 정교, 앞의 책, 2004d, 73~74쪽; 전봉덕, 앞의 논문, 1974, 12~20쪽; 왕현종, 앞의 논문, 2010, 9쪽.

본제국의 시각에서 자신들에게 저항하는 대한제국을 비난해왔던 것이다. 게다가 「대일본제국헌법」 1장 '천황'에서는 1조 만세일계 통치권, 3조 신성불가침, 4조 국가원수로서 통치권, 5조 입법권, 6조 법률재가권, 7조 의회소집·해산권, 10조 행정부 임면권, 11조 군통수권, 13조 전쟁선포·조약체결권, 14조 계엄선포·해지권 등이 망라되어 있다.[179] 이를 「대한국국제」와 비교하면 기본구조는 유사하지만 일본제국과 같은 천황의 신성불가침 주장은 아예 없다. 단지 일본제국은 제국의회 개설을 명시했고 대한제국은 처음에는 기재하지 못하고 향후 중추원 개설로 도입을 추진하였으나 종국에는 일본공사관의 스파이 활동으로 좌절되었으므로 달라진 것이다. 따라서 일본제국은 훨씬 더 황제권의 신성화가 명확한데도 불구하고 오히려 대한제국이 국제법에 맞춘 표현조차 문제로 삼은 것이다. 이는 전형적으로 역사적 맥락을 고려하지 않고 축자(逐字) 해석한 데에서 비롯된 오류이다.

(2) 통일적 사법제도의 실시

여기에는 여러 가지 개념이 중층적으로 자리하고 있다. 지방−중앙−최고재판소 단위의 심급 구분이 가능하고 별도의 사법심리가 열리고 있는지를 보는 것이다. 주지하다시피 국가체제 자체가 한국·

---

179 "第1條 大日本帝國ハ萬世一系ノ天皇之ヲ統治ス. ……第3條 天皇ハ神聖ニシテ侵スヘカラス. 第4條 天皇ハ國ノ元首ニシテ統治權ヲ總攬シ此ノ憲法ノ條規ニ依リ之ヲ行フ. 第5條 天皇ハ帝國議會ノ協贊ヲ以テ立法權ヲ行フ. 第6條 天皇ハ法律ヲ裁可シ其ノ公布及執行ヲ命ス. 第7條 天皇ハ帝國議會ヲ召集シ其ノ開會閉會停會及衆議院ノ解散ヲ命ス. ……第10條 天皇ハ行政各部ノ官制及文武官ノ俸給ヲ定メ及文武官ヲ任免ス但シ此ノ憲法又ハ他ノ法律ニ特例ヲ揭ケタルモノハ各〻其ノ條項ニ依ル. 第11條 天皇ハ陸海軍ヲ統帥ス. ……第13條 天皇ハ戰ヲ宣シ和ヲ講シ及諸般ノ條約ヲ締結ス. 第14條 天皇ハ戒嚴ヲ宣告ス."「大日本帝國憲法」第1章 天皇(1890.11.29.).

중국은 유럽·일본에 비해 발달되어 있었다. 18세기까지도 세금징수
원을 고용하던 프랑스나 군장교직을 매매하던 영국·프랑스를 기준
으로 정치체제의 발달을 논하기는 어렵다. 안확(安廓)의 평가처럼 유
럽 각국의 정치권력형태가 모두 다르며,[180] 현대까지도 헌법재판소나
대법원을 정점으로 하는 사법체계 역시 모두 동일하지 않은데,[181] 영

[180] 안확은 ① 서구 삼권분립에 회의적 시각을 지녔다. 입헌국가의 입법부분리를 문명정
치로 보는 것은 잘못이라고 하였다. 1665년 덴마크 흠정헌법에는 군주대권에 제한이
없고, 대혁명전 러시아와 터키도 무제한적 군주정체이며, 독일은 군주의 의사가 국가
행정에서 중심이 된다고 하였다. 영국은 행정부가 입법부에 지도자로서 임무와 책임
을 지고, 프랑스는 절반의 지도임무와 충분한 책임이 있으며, 프로이센·스위스는 지
도임무만 있고, 미국은 입법부와 분리되어 있다고 평하였다. 또한 현대 입헌군주제
국가에도 3부가 분립되지 않은 경우가 많은데, 프랑스는 입법과 행정 2부 간 의사가
소통되지 않아서 재무적으로 정부가 상당히 약하고, 국회의 예산안에 관해 내각대신
을 조금도 신임하지 않으며, 독일은 입법·행정의 직권은 원만하지만 사법은 혼동되
는 모습을 보이고, 스위스는 3부가 불가분의 직권으로 조직되어 있다고 보았다. 조선
의 입법부가 완전히 독립되지 않은 것도 같은 맥락이며 조선의 3부는 문관(6조, 3관),
무관(군사, 경찰), 규찰관(사헌부, 사간원) 등으로 구분해야 한다고 보았다. 각국 국회
가 정부에 대해 질책권을 행사하는 것처럼 대성(臺省: 사헌부-사간원)은 국왕·정부
를 상대로 질문하는 것을 장점으로 들었다. ② 국정운영 방식이다. 오직 왕의 자의독
단으로만 행하지 않으니 궁정회의라고 하였다. 국왕·대신 사이에 정기회의(차대次
對·상참常參·윤대輪對)와 임시회의(빈청회의賓廳會議·대륜차大輪次)가 열린 점
에 주목하였다. ③ 국왕 행정수반론이다. 조선의 행정제도가 처음부터 왕의 통솔하에
조직된 이상, 왕이 행정의 수장일 수밖에 없고, 왕의 의사가 국가행정의 주도적 의사
였으며, 왕의 의사는 정책기틀의 중심이고, 육조 장관은 왕의 의사를 집행하며, 의정
부 대신은 행정장관을 통솔하여 행정을 감독하지만 행정사무를 분배하지 않았다. 이
에 조선은 독일황제의 권력과 흡사하다. 영국과 프랑스(20세기초)는 군주나 대통령이
명의상 행정수장이고 총리대신이 행정수장이며, 미국과 독일은 조선처럼 군주·대통
령이 행정수장이라고 비교하였다. 안확(송강호 역), 『조선문명사』, 우리역사연구재단,
2015, 251~252쪽, 255~256쪽; 김백철, 「오래된 미래교과서: 안확의 『조선문명사』」,
《동아시아고대》 50, 동아시아고대학회, 2018a, 211~214쪽.

[181] 유타 림바흐(정남철 역), 『독일연방헌법재판소』, 고려대학교출판부, 2007, 26~50
쪽; 김연식, 『브렉시트 과정에서 영국헌법 관련 쟁점과 전망』, 한국법제연구원, 2019,
59~102쪽; 고문현, 『세계각국의 헌법재판소』, 울산대학교출판부, 2005, 43~92쪽; 서
창열, 『미국 연방대법원의 사법심사제』, 홍익출판사, 2011, 21~63쪽, 85~88쪽.

국 · 미국을 기준으로 선진제도를 평가하기도 곤란하다. 그러나 그동안 우리는 19세기 유럽에서 갑자기 탄생한 새로운 법제도를 가장 선진적인 체제로 찬양하기 바빴다. 이 시기 성립한 3심제는 조선에서 이미 500여 년간 보편적이었다. 국왕—형조 · 관찰사—한성부 · 포도청—목민관 · 토포영의 사법행정체계가 존재했다. 여기에는 형조—포도청—토포영처럼 사법기능만을 전담하는 기구가 있는 반면에, 수령을 겸직하는 관찰사—목민관이 있었다. 그동안 근대성 논쟁에서는 후자의 영역만을 짚으며 사법권의 미분화로 비판해왔다.

하지만 중앙집권국가의 전통이 유구한 왕조에서 동일한 지역에 사법과 행정을 분리시키는 것이 과연 효율적이었을까? 오히려 19세기 유럽이 통일되지 못한 상황에서 사법을 중심으로 귀족(봉건영주 혹은 교회)이 행정권을 장악하고 있던 상황을 주시할 필요가 있다. 프랑스 절대왕정의 사법권이 세속귀족(영주)과 성직귀족(교회)을 압도해나가면서 지방장악을 시도하였다.[182] 특히 부르주아지가 관직매매를 통해 법복귀족으로서 관료사회에 진출하여 귀족을 대체해나가는 현상도 이 과정에서 일어났다.[183] 영국은 튜더왕조기 관료의 파견을 통해서 지방영주가 행사하던 행정권 · 사법권을 중앙에 귀속시킴으로써 중앙집권화에 도달했는데, 당시 일정한 토지를 보유한 젠트리(gentry)가 치안판사를 맡고 때로는 행정관료나 의원직까지 겸직하면서 그

---

[182] 프랑스 검사제도는 14세기 교회 · 영주 · 국왕의 역학관계 속에서 왕의 사적 이익을 방어하는 대관(代官, Procureur du roi)에서 비롯되었다. 점차 국왕법원이 교회법원이나 영주법원을 압도하자 공소관(公訴官)제도로서 등장한 것이다. 16세기 이후 판사의 공소권이 사라지면서 검사의 공소권 독점마저 이루어졌다. 김영식a, 「프랑스 검사제도의 형성과정과 그 시사점」, 《한국프랑스학논집》 78, 한국프랑스어학회, 2012, 30~32쪽.
[183] 주디스 코핀 · 로버트 스테이시, 앞의 책, 2014, 160~165쪽.

지위를 높여나갔다.[184]

영국·프랑스·독일의 절대왕정은 새로운 신분을 관료조직으로 동원함으로써 행정권뿐 아니라 사법권까지 빠르게 장악하여 중앙집권을 강화해나갔다. 거시적으로 국가통치체제의 측면에서 보면, 한국·중국에서 이미 수천 년 전에 도달한 정교한 관료제이자 지방통치체제를 유럽에서는 16~18세기에 이르러 구축해낸 것이다. 미시적으로 지방사법체계의 측면에서 보면, 유럽의 절대왕정이 영주(혹은 교회)의 단일한 지방권력을 복수의 행정관료 및 사법관료를 동원함으로써 분산장악하는 과정에서 사법권의 분화가 촉진된 것이다. 그러므로 동양의 법치전통이 유럽의 역사적 경험과 다르다고 해서 '전근대'–'근대'로 구분하는 것은 적절하지 않다.

〈표 6〉 조선시대 사법체계 구분도

구분	1차 심리		2차심리	3차심리	국왕직권기구	국왕특별법정
	일반사법	특별사법				
중앙	한성부	좌·우포도청	형조	국왕 (의정부–형조 –대간)	의금부· 사헌부·사간원	상언·격쟁· 신문고·순문
지방	목민관	토포영	관찰사		심리사·안핵사	

조선시대 2품 재신(宰臣)은 국왕에게 직계(直啓)하는 권한이 보장되므로 형식상 중앙의 육조판서(정2품: 啓), 외방의 팔도관찰사(종2품:

184 조경래, 앞의 논문, 1955, 7쪽, 19~24쪽.

狀啓·馳啓)가 대응된다.[185] 이에 주요「장계」는 승정원을 통해 국왕에게 보고되었고 다시 육방승지가 각 아문에 재분배하는 형식이었다. 그러면 실무적으로는 관찰사의 사법판결을 형조에서 모아서 국왕에게 다시 보고하였다.[186] 또한 좌·우포도대장이나 한성판윤 역시 2품이었으므로 권한분쟁이 자주 발생했으나 국왕은 형조가 업무를 관할하도록 지속적으로 요구하였다.[187] 형조의 구방(九房)은 모든 아문의 이첩문서와 팔도의 장첩을 맡아서 논단하여 복주하였다.[188] 이는 형정문서를 형조가 관리했기 때문이다. 하지만 이것이 형조의 판결을 의미하지 않았다.

살옥도 판결이 어려운 경우 관찰사가 임금께 아뢰어 형조에 이첩하였다.[189] 더욱이 일반 사형수나 국사범(國事犯)의 최종 심리도 조정에서 이루어지는데 어전회의에 참가하는 모든 신료가 발언권을 갖고 있었다.[190] 주요 참석자의 역할을 구분해보면 형조에서 문건을 보고

---

185 『太宗實錄』卷11, 太宗 6年 4月 甲子(4日).
186 『世宗實錄』卷21, 世宗 5年 7月 辛卯(13日); 『世宗實錄』卷48, 世宗 12年 4月 丙申(26日); 『宣祖實錄』卷21, 宣祖 20年 6月 甲申(26日).
187 『英祖實錄』卷9, 英祖 2年 正月 癸卯(10日); 『英祖實錄』卷34, 英祖 9年 5月 癸巳(13日); 『續大典』, 「刑典」, 捕盜; 김백철, 앞의 책, 2016b, 232~233쪽.
188 "句管百司文移八路狀牒, 論斷覆奏." 『秋官志』卷1, 職掌, 九房. ※詳覆司(詳覆大辟)의 詳一房(함경도)·詳二房(개성부·강화부·경기), 考律司(律令按覈)의 考一房(강원도)·考二房(충청도), 掌禁司(刑獄禁令)의 禁一房(경상도)·禁二房(평안도), 掌隸司(奴隸·俘囚·簿籍)의 隸一房(전라도)·隸二房(황해도) 등이 팔도 사법문서의 移牒을 분장하였다. 『秋官志』卷1, 職掌, 四司.
189 "外方殺獄, 觀察使同道內剛明守令査治. 其難決者, **啓移本曹**稟處." 『大典會通』, 刑典, 殺獄.
190 『正祖實錄』卷31, 正祖 14年 8月 戊午(10日); 『秋官志』卷1, 屬司, 左右捕廳; 오갑균, 『조선시대 사법제도 연구』, 삼영사, 1995, 97~107쪽, 119~126쪽; 조윤선, 「숙종대 형조의 재판업무와 합의제적 재판제도의 운영」, 《사총》 68, 역사학연구회, 2009, 151~189쪽; 심재우, 『조선후기 국가권력과 범죄통제: 『심리록』 연구』, 태학사, 2009,

하고, 대간(사헌부·사간원)이 마치 검사처럼 형량을 올리며(按律勒求刑), 어전회의에 참여한 다수의 신료가 검토해서 이견이 없으면 의정대신이 결과를 아뢰고 국왕이 재가하는 형식이다.[191]

한편, 조선에는 일반사법체계만 있지 않았으며 엄연히 형조 감시하에 중앙(포도청)과 지방(토포영)에 특별사법체계도 운영되고 있었고, 비록 한시적이지만 영조연간 심리사(審理使)가 팔도에 파견되어[192] 명대 제형안찰사(提刑按察使)의 역할을 자임했다. 중앙에는 국왕 직속 수사기구로서 왕부(王府)로 불리는 의금부가 있었고 사헌부·사간원도 대간으로 별칭되면서 재조사에 동원되었다. 지방에는 수시로 안핵사(按覈使) 등 각종 왕사(王使: 御史)가 파견되었다.[193] 왕사는 미국의 연방순회법원과 같은 역할도 일시적으로 맡아서 수행했다. 최후의 보루로 국왕에게 탄원하는 신문고·상언·격쟁·순문 등이 특별법정으로 운영되었다.[194] 이는 다양한 사법지원체계가 존재했음을 의미한다.

64~72쪽; 김백철, 앞의 책, 2016a, 195~206쪽.

191 『太祖實錄』卷2, 太祖 1年 閏12月 壬辰(16日);『承政院日記』, 雍正 3年(1725) 11月 27日(辛酉)·雍正 13年(1735) 12月 12日(丁丑); "刑決初覆文書, 刑曹報來, 本府合坐, 成立案. 啓覆時, **議政東西壁六曹長官判尹三司六承旨進參**, 而刑曹三堂備員後爲之. ㅇ詳覆, 刑曹原獄案旣照律報來, 則議政堂上合坐, 謄出長律, 成立案."『六典條例』卷1, 吏典, 議政府, 刑獄; 김백철, 앞의 책, 2016a, 195~199쪽.

192 『英祖實錄』卷61, 英祖 21年 正月 乙酉(13日).

193 『肅宗實錄』卷16, 肅宗 11年 10月 辛丑(14日); 김백철, 앞의 책, 2021, 164쪽.

194 단, 여기서 일반법정과 특별법정 구분은 '절차'의 차이이다. 곧 국왕의 은혜를 입어서 일반사법절차를 거치지 않고 곧바로 심리가 진행되는 억울한 사안을 의미한다(김백철, 앞의 책, 2014, 183~231쪽; 김백철, 앞의 책, 2016b, 243~246쪽). 이는 영국법에서 보통법(common law: 일반사안)과 형평법(equity law: 특수사안)으로 구분하여 '법리'를 달리 적용한 방식과 구분된다. 더욱이 영국의 법률체계는 사안별 구분뿐 아니라 지역적으로도 보통법(판례법: 일반사안, 잉글랜드·웨일스·북아일랜드)과 시민법(civil law·대륙법·로마법: 스코틀랜드)이 적용되는 지역이 다르므로 중층적인 법체계를 갖고 있다. 단, 보통법 역시 로마법을 시원삼아 독자화한 것으로 보는 견해

그런데도 일각에서는 왕정의 형정을 '법치(法治)'보다는 '인치(人治)'에 우선하는 도덕적(혹은 유교적) 사법행정으로 비판하면서 갑오개혁 이후 진정한 근대사법체계가 시작되었다거나[195] 혹은 일제강점기에 비로소 법치주의가 확립되었다고 주장하기도 한다. 한편으로는 '원님재판'의 이미지를 통해서 독단적 수령의 재판을 강조하거나[196] 법리보다는 고신(拷訊)으로 자백을 받아내는 형식의 재판을 상정한 것이고, 다른 한편으로는 유교적 덕목을 강조한 관형정책을 과대평가하여 비판한 것이다.

전자의 원님재판 이미지는 일부 일본인의 견문기에서 1906년 군수가 술을 마시며 재판하는 과정을 묘사하면서 20세기 모습이 아니라고 힐난한 경우에서 확인된다.[197] 우선 갑오개혁 이후 군수는 기초조사를 맡았고[198] 오히려 관찰사가 최종판결을 내렸으므로 군단위의 심리를 정식재판으로 보기는 어렵다. 같은 시기 『사법품보』에는 사건별

도 없지 않다(김영희, 「영국법, 스코틀랜드법, 미국법, 그리고 로마법」, 《법사학연구》 52, 한국법사학회, 2015, 17~29쪽).

195 신평, 「한국의 전통적 사법체계와 그 변형」, 《법학논고》 28, 경북대학교 법학연구원, 2008, 490~494쪽.

196 신평, 같은 논문, 2008, 486쪽, 600~601쪽.

197 이정훈, 앞의 책, 2011, 291~292쪽.

198 갑오개혁기 지방재판소 판사는 관찰사가 겸직하고 각군(各郡)의 심리는 군수가 겸임하도록 해서 마치 상급-하급법원 관계처럼 보이지만("觀察使는 裁判所判事의 職務를 執行ᄒ고……再各地方裁判所에 支所를 設置ᄒ기 前에 各該郡守로 兼任裁判事務ᄒ야 聽理該管內訴訟이되 尙有不服等情이거든 準其上訴於觀察使ᄒ야 以爲審辦이 可홈." 『高宗實錄』 卷33, 高宗 32년 6월 庚午(1日), 「各府觀察使參書官郡守判檢事事務執行件을 定홈」(法部 訓令 第二號)), 『사법품보』를 살펴보면 군수가 기초적인 심리를 담당하여 문서를 작성하더라도 최종 판결권한은 지방재판소 판사에게 귀속되었고 이조차 법부의 감독을 받았다. 오히려 전자는 조선시대 지방의 상급-하급심체계와 유사하며, 후자는 갑오~광무개혁기 변화된 사법행정 사례이다.

로 군수·관찰사의 공초기록(供招記錄)이 상세히 기록되어 있고, 죄인의 해당 율문이 적시되어 있어 절차법·죄형법정주의가 작동되고 있었다. 갑오개혁 이전에도 송관(訟官)이 철저히 법문을 준수했으므로 현실과 상당히 배치되는 묘사이다.[199] 명백히 공문서가 다양하게 남아 있음에도 불구하고 외국인의 견문기에서 지방관을 희화화하는 묘사만을 토대로 당시 사법현실을 평가하기는 곤란하다. 특히 일본에서 의도적으로 작성한 각종 정탐기록 등과 비교해볼 때[200] 이러한 서술이 진실인지도 의심스럽다. 왜냐하면 외국인이 오해한 경우뿐 아니라 혐오감·적개심을 갖고서 악의적으로 부풀려 서술하는 경우도 적지 않았기 때문이다.[201] 설령 군수의 일탈을 인정한다고 하더라도, 에도시대 재판은 조선과 비교할 수 없을 정도로 가혹한 고문으로 자백을 받아냈는데,[202] 자신들의 전근대 이미지를 오히려 우리나라에 이입함으로써 야만성을 상상하도록 부추긴 듯하다.

후자의 유교적 관행 강조는 조정의 사면·감형이 정규사법제도를 교란한다고 간주한 것이다. 그러나 왕정에서 감형을 검토하는 대상은 기본적으로 사형수·중죄수에 불과했다. 실록에는 삼복(三覆)의 결과만 등장하지만 『승정원일기』를 보면 사죄수의 감형을 위한 불꽃 튀는 법리공방이 진행되었으며 삼복 중 최소 두 차례 이상(初覆·三

---

199 심재우, 『네 죄를 고하여라: 법률과 형벌로 읽는 조선』, 산처럼, 2011, 124~136쪽; 심희기, 「조선시대 민사재판에서 訟官의 法文에의 구속」, 《원광법학》 34-3, 원광대학교 법학연구소, 2018, 67~84쪽.
200 일본의 조선정탐 활동은 다음 참조. 혼마 규스케, 앞의 책, 2008; 최혜주, 앞의 책, 2019.
201 W. E. 그리피스, 앞의 책, 1999, 87~88쪽, 130쪽, 207~211쪽, 298~301쪽, 565쪽.
202 임명수, 앞의 책, 2014, 21~41쪽.

覆)은 신료 수십 명과 어전회의를 통해서 결정하였다. 정규사법제도가 없다면 이 같은 비판은 타당할지 모르지만, 명백히 일반사법계통(목민관·관찰사)과 특별사법계통(토포영·포도청)이 존재하였고, 더욱이 의문이 나는 사건의 경우 국왕이 직권조사를 명하는 사법기구(안핵사·심리사·사간원·사헌부)가 별도로 작동되었으며, 백성이 최후의 보루로 억울함을 탄원하는 국왕의 특별법정(상언·격쟁·신문고·순문)도 함께 운영되었다.[203] 심지어 민주공화정인 현대 대한민국에서도 대통령의 특별사면이나 법무부의 일반사면·감형은 통상적으로 실시되는 제도이다.

만약 국왕의 특별법정을 인치의 문제로 비판한다면 현재 영국 왕실의 탄원서, 영국·미국 의회의 탄원서, 미국 백악관·대한민국 청와대의 청원제도, 국내 행정부의 신문고제도, 각종 중재위원회 등도 모두 전근대적 요소로 비판받아야 마땅하다. 오늘날 대한민국을 예로 든다면, 법무부가 존재하지만 검찰만을 관장하고 있다. 헌법재판소-대법원-고등법원-지방법원 등이 엄연히 분리되어 있고, 감사원-금융감독원-방송통신위원회-언론중재위원회 등이 분야별 특수형태의 준사법권을 행사하고 있다.

국내외 사법부의 판결에서도 각 법정은 여론의 추이를 중시하고 그에 따라 법조문의 해석도 보다 능동적으로 취하는 경향을 보인다. 특히 대법원·헌법재판소 등이 우리 사회 시민의식의 발전과 더불어 적극적인 법해석을 행하면 높은 평가를 받기도 한다. 그럼에도 불구하고 현대 민주국가의 최고법원에서 법문에 없는 새로운 판결을 내

---

203 김백철, 앞의 책, 2016a, 334~358쪽.

리면 "능동적인 사법부의 모습이다"고 평가하고, 조선시대 왕정사회에서 최고법정의 판결권을 지닌 국왕이 감형판결을 내리면 "법치가 아닌 인치에 불과하다"고 평가한다. 이는 동일한 잣대의 평가라고 보기 어렵다. 오늘날 한국·미국의 진보적 법관이 성별·인종·민족·종교 등 차별금지를 '정치적 올바름(Political Correctness)'으로 이해하고 있듯이 조선·중국에서는 유교적 가치를 동일하게 간주했을 뿐이다.

〈표 7〉 갑오~광무개혁기 근대사법체계의 양상

구분	1차 심리	2차 심리	3차 심리	지방-비상설	중앙-비상설
갑오개혁	군(郡)	23부(府) 지방재판소·개항장재판소	고등재판소	(순회재판소)	(특별법원)
광무개혁	신정오등군(新定五等郡)	13도(道) 지방재판소·개항장재판소	평리원	순회재판소	특별법원·육군법원
전통시대 비교	목민관의 사법권과 동일	지방재판소는 관찰사 사법권과 동일. 개항장재판소 신설	조정의 법정기능 독립	심리사·안핵사 유사	황족-군인 대상 신설

• ( ): 설치계획.

갑오개혁기 설계되고 광무개혁기 실행에 옮겨진 사법체계는 약간의 변동에도 불구하고 근간은 유지되었다. 이는 당시 추진된 사법개혁이 전통시대 사법체계와 큰 틀에서 다르지 않았기 때문이다. 일본제국이 서구식으로 선전했던 새로운 제도는 법치주의 전통이 오래된 조선의 유산과 완전히 괴리되지 않았다. 새로운 사법제도의 형식이나 명칭을 서구화(혹은 유럽식 제도)의 수용이라고 명명할 수 있을지 모르나[204] 그것이 근대화라고 하기에는 법전통이 오히려 오래된 조선 · 중국을 대상으로는 부적절한 설명이다.[205] 실제로 중화민국(대만)의 헌법은 전통법과 서구법을 서로 참고하여 편찬되었고 현재까지 쓰이고 있다.[206] 이는 중국 내에서도 일본제국의 서양법기술자를 '법비(法匪)'라고 부르며 그들이 혼란을 초래했다는 인식이 깔려 있기 때문이다.[207] 국내에서도 '불유쾌한 서구의 매개자'라고 지칭되기도 했다.[208]

마찬가지로 광무개혁 과정에서 전통법과 서구법을 혼용해서 근대 법체계를 수립하려는 시도 역시 미완성이나 미진함이라기보다는 관점이 달랐을 뿐이다. 기존의 대한제국을 비판하는 관점을 적용하면 중화민국을 위시한 많은 국가의 전통법 유산도 동시에 비난받아야 마땅하다. 이른바 제국주의열강 중 성공한 국가는 다름을 인정하면서 유독 피식민지국가에 대해서는 '다른 것'을 '열등한 것'으로 평가하

---

204 최종고는 일본 식민주의 법문화에서 근대화가 서구법 수용이었다고 평가하였다. 최종고, 『한국의 서양법 수용사』, 박영사, 1982, 15~36쪽; 최종고, 「한국에서의 서양법 수용과 변용」, 《법학》 33-2, 서울대학교 법학연구소, 1992, 132쪽; 이정훈, 앞의 글, 2013, 3~87쪽.
205 양국 모두 방대한 판례가 집대성되었는데 관련 역주 및 연구는 다음 참조. 【조선-판례】 정조, 앞의 책, 2006; 정약용, 앞의 책, 1999; 【조선-판례연구】 William Shaw, *Op. Cit.*, 1981; 심재우, 앞의 책, 2009; 정순옥, 『조선시대 사죄심리제도와 『심리록』』, 전남대학교 사학과 박사논문, 2005; 김지수b(김대홍 역), 『정의의 감정들: 조선 여성의 소송으로 본 젠더와 신분』, 너머북스, 2020; 【송 · 청-판례】 정극(김지수a 역), 『절옥귀감: 판례평석으로 보는 전통법문화』, 전남대학교출판부, 2012; 미야자키 이치사다(남정원 외 역), 『녹주공안: 청조 지방관의 재판기록』, 이산, 2010; 【명 · 청-판례연구】 Derk Bodde · Clarence Morris, *Law in Imperial China*, Harvard University Press, 1967; Ka-Chai Tam, *Justice in Print : Discovering Prefectural Judges and Their Judicial Consistency in Late-Ming Casebooks*, Brill, 2020.
206 남경식, 「中華民國의 憲法史 硏究」, 《법정논총》 23, 중앙대학교 법학대학, 1983, 1~31쪽.
207 한상범, 앞의 논문, 1994, 128쪽.
208 최종고, 『한국의 서양법 수용사』, 박영사, 1982, 15~36쪽.

는 방식은 지극히 일본제국의 '문명−야만'의 식민지배 관점에 지나지 않는다.[209]

　현대사회에서 정규사법제도 이외의 보조적 사법제도는 자연스럽게 여기면서도 조선시대에 비슷한 현상은 신랄하게 비판하기에 바쁘다. 이것은 개화파의 이상론이 얼마나 비현실적인지 보여준다. 학자들이 편의적으로 '일원성'이나 '통일성'을 강조하고 있지만 이것은 현실과 괴리된 '상상의 영역'에 불과하다. 그동안 일방적으로 자행해온 근대성의 잣대로 본다면 조선·대한제국·대한민국은 모두 중층적인 사법기구를 지니고 있다. 이는 복잡다단한 사회로 진화할수록 '일원적 지배질서'란 실현되기 어렵기 때문이다. 오히려 '통일적 사법권'은 고대유산에 가깝고 일정한 계통이 갖추어지면 빈틈을 메꾸는 형태의 특수한 사법체계가 필요했다.

　물론 전통시대와 현대가 완전히 동일하지는 않다. 조선은 목민관과 사법권이 완전히 분리되어 있지 않았고, 판사·검사·변호사의 분화가 잘 드러나지 않았다. 또 검찰권·경찰권의 차이와 비슷한 사례가 특수경찰인 포도청·토포영 등 아주 없지는 않았으나 현대의 성격과는 엄연히 달랐다. 게다가 고신의 합법화라든가 태형의 통일(광무개혁기 장형을 태형으로 조정함) 등도 신체형을 여전히 사용하므로 현대 사법과는 많은 차이를 보인다.

　그런데 사법권의 분리는 과연 가장 최선의 모델인 것일까? 이는 불과 최근 200여 년간 실시된 완전히 새로운 제도이다. 그보다 수천 년간 한국·중국을 포함하여 다른 문화권에서도 정치권력과 사법권력

---

209 박병호, 앞의 글, 1995, 9~12쪽.

이 분리되지 않았다. 또한 검찰과 판사(혹은 경찰)의 구분도 유구한 역사적 전통을 갖고 있다고 보기 어렵다. 물론 고대 그리스 희곡에서 판사·검사의 시원이 보이지만,[210] 오히려 프랑스 절대왕정시기부터 판사·검사의 분리가 두드러지며,[211] 조선중기 중앙은 한성부와 포도 청, 조선후기 지방은 목민관과 토포영이 각기 견제하면서 일반사법 권(경찰)과 특별사법권(검찰)으로 나누어지기 시작했다.[212] 유럽에서 는 19세기중반 이후 비로소 현대와 유사한 검찰의 역할론이 정립되 었으며,[213] 우리나라 역시 19세기말 갑오개혁 이후 판사·검사·변호 사나 검찰·경찰의 구분이 이루어졌다.[214] 양자는 수 세기간의 현격 한 문화차이가 아니라 모두 같은 19세기의 산물에 불과하다.

(3) 고신과 연좌제 문제

첫째, 고신문제이다. 근대성 논쟁에서 용의자를 신문할 때 고문을 행하는 고신을 비판하는 것은 타당하다고 하더라도, 그 사유를 자백 [自服·承款]에서 찾는 것은 문제가 있다.[215] 완벽한 증거를 통해서 자 백 없이 판결하는 것이 더 진일보한 제도인 것처럼 평가하는 방식은

---

210 어머니를 죽인 오레스테스를 심판하기 위해서 아테나여신은 판사, 복수의 여신들은 검사, 아폴론신은 변호사, 아테네시민 12명은 배심원을 각기 맡아서 재판을 벌였다. 아이스킬로스(김종환 역), 『에우메니데스』, 지식을만드는지식, 2013, 25~108쪽.
211 김영식a, 앞의 논문, 2012, 30~32쪽.
212 김백철, 앞의 책, 2016b, 231~233쪽.
213 하인리히 뤼핑(이상문 역), 「해외자료: 독일에서의 검찰의 탄생」, 《형사법의 신동향》 7, 대검찰청, 2007, 223~238쪽.
214 김병화, 앞의 책, 1974, 67~68쪽; 문준영, 앞의 책, 2010, 175~178쪽; 도면회, 앞의 책, 2014, 197~208쪽.
215 문준영, 앞의 책, 2010, 68~72쪽.

재고가 필요하다. 같은 논리라면 본인이 승복하도록 재판하는 것도 합리적인 사법제도이다.

전자는 서류조작으로 억울함을 당할 수 있고, 후자는 본인이 인정하기 전까지 탄원할 수 있기 때문에, 과학수사를 자부하는 현대에서조차 증거조작·가짜증언으로 억울한 옥살이를 하는 경우가 없지 않은데 전통시대의 자백제도만 잘못으로 보는 것은 적절하지 못하다.[216] 이것을 비판하려면 연동되는 다른 사안이 함께 논의되어야 한다. 법전에서 구두진술만 인정하는 것도 서류조작을 방지하기 위함이며,[217] 연좌제가 완전히 소멸되지 않았던 전통시대에 자복하지 않는 한 연좌처벌이 쉽지 않았으므로 이것은 피의자에게는 가족을 지킬 마지막 보루였다. 오늘날 사법개혁의 일환으로 법정의 구두진술만 인정하는 독일 등의 공판중심주의가 제창되는 경우가 적지 않은데, 서류중심의 심사만을 근대성의 잣대로 삼는 것은 지나친 비판이다.[218] 물론 조선·중국에서도 증거가 확실할 경우, 국사범은 자복 없이도 처벌이 이루어졌지만 반드시 제왕의 재가가 필요했다.

---

216 김백철, 앞의 책, 2010, 178쪽.
217 "罪人原情, 口傳取招, 勿許文字書納."『續大典』, 刑典, 推斷.
218 이완규, 「현행법하에서의 공판중심주의의 실현」,《형사법의 신동향》3, 대검찰청, 2006, 1~28쪽; 민영성, 「공판중심주의 활성화방안」,《경찰학논총》3, 원광대학교 경찰학연구소, 2008, 1~17쪽; 손동권, 「공판중심주의 도입과 수사절차 개선방안」,《한국공안행정학회보》30, 한국공안행정학회, 2008, 82~107쪽; 차동언, 「조서재판의 극복과 공판중심주의의 강화」,《형사소송 이론과 실무》6-1, 한국형사소송법학회, 2014, 91~113쪽; 노명선, 「당사자주의 소송구조하에서 공판중심주의 실현을 위한 제언」,《형사소송 이론과 실무》7-2, 한국형사소송법학회, 2015, 157~166쪽; 이인영, 「공판중심주의의 이념과 공판절차에서의 구현에 관한 일고찰」,《형사소송 이론과 실무》8-1, 한국형사소송법학회, 2016, 27~52쪽; 박형관, 「공판중심주의 틀에서 수사와 입증」,《형사소송 이론과 실무》9-2, 한국형사소송법학회, 2017, 93~125쪽.

또한 형벌도 구분이 필요하다. 심리하는 과정에서 일어나는 고신 [訊杖]과 판결후 집행하는 신체형[笞杖]은 그 층위가 서로 다르다. 전자는 죄의 유무와 상관없이 사건조사과정에서 벌어지므로 명백히 주요한 비판대상이 될 수 있다. 하지만 조선제도의 근대화를 주장한 일제강점기 일본경찰은 일상적인 고문을 자행했으며, 광복 이후 독재정권하에서도 여전히 고문은 지속되었다. 현대까지도 민주화 이전에 쉽게 해소하지 못했던 악습을 조선시대에 한정시켜 근대성을 따지는 것은 별도의 논의가 필요하다. 대개 '원님재판'의 이미지 역시 심리를 하기도 전에 이미 고신을 가한 후 자백을 받아낸다고 인식해 비판해온 것이다. 그러나 앞서 살폈듯이 원님재판도 부정확한 사실이며 조선시대 고신은 문초과정에서 제한적으로만 허용되었으며 심리 전에 행하는 고신은 명백히 불법이었다.[219]

후자 역시 가급적 이루어지지 않는 것을 이상으로 여기겠으나 일제강점기 「조선태형령」을 통해서 신체형이 부활하였고,[220] 현대사회에서도 태형이 잔존한 나라가 남아 있는 상황에서(사우디아라비아·싱가포르·말레이시아·인도네시아 등) 이것의 폐지 유무만을 '근대성'의 지표로 보기는 어렵다. 이러한 시선대로라면 현실세계에 존재하는 국가가 아직 전근대국가가 되고 만다. 이는 신체형에 대해 인권의 잣대에서 비난하기는 쉽지만 근대의 이상과 현실은 현격한 차이가 존재함을 의미한다.

둘째, 연좌제 복구주장이다. 이는 광무정권의 제도개혁을 반동적

---

219 "其犯重罪, 贓證明白, 不服招承, 明立文案……一次, 毋過三十度." 『御定欽恤典則』, 刑具之式, 訊杖.
220 문준영, 앞의 책, 2010, 577쪽.

입법[221]으로 보는 평가로 귀결되었으나 당대인의 통념을 반영한 것이다.[222] 일각에서는 아관파천 이후 연좌제를 복구함으로써[223] 일제 간섭하 갑오개혁 당시 법률을 모두 무위로 돌렸다고 비판하고 있으나[224] 국왕의 재가 없이 행해진 법조문만 폐기되었을 뿐이다. 이러한 논쟁이 생긴 본질적인 이유는 갑오정권은 갑신정변 당시 연좌죄인의 신원이 필요했고,[225] 광무정권은 쿠데타세력 처벌에 연좌제가 필요했기 때문이다.[226] 이러한 정치적 맥락에 대한 이해 없이 단편적인 사료를 지나치게 구체제론의 시각에 맞추어 해석하여 발생한 불필요한 논쟁이다.

각국 공사관에서 이미 연좌율이 불가하다는 의견이 도래하였고,[227] 초창기 황실을 지원하던 독립협회 역시 반대하였으며,[228] 심지어 황제조차 법개정에 반대하였다.[229] 반면에 다수의 사족은 지속적으로 연좌제 시행을 통해 역적처벌을 주장했고,[230] 최익현도 고종이

---

221 신동준, 앞의 논문, 2017 , 268~272쪽.

222 문준영, 앞의 책, 2010, 273쪽.

223 『官報』第1562號, 光武 4年(1900) 5月 1日, 「依賴外國致損國體者處斷例」(法律 第4號, 1900.04.28.).

224 도면회, 앞의 책, 2014, 295쪽.

225 『高宗實錄』卷31, 高宗 31年 6月 癸酉(28日).

226 『高宗實錄』卷34, 高宗 33年 6月 27日 · 7月 9日 · 10月 31日(陽曆); 『高宗實錄』卷35, 高宗 34年 5月 9日(陽曆); 『高宗實錄』卷38, 高宗 35年 9月 18日(陽曆).

227 『外部來文』3冊, 「(外部 → 議政府)照會」第86號, 光武 3年(1899) 6月 7日.

228 정교, 앞의 책, 2004c, 157~162쪽; 곽금선, 「1898년 독립협회의 정치기획과 '충군애국'」, 고려대학교 한국사학과 석사논문, 2017, 27~29쪽.

229 『高宗實錄』卷38, 高宗 35年 9月 19日(陽曆).

230 『高宗實錄』卷34, 高宗 33年 6月 27日(陽曆) · 7月 9日(陽曆) · 10月 31日(陽曆); 『高宗實錄』卷35, 高宗 34年 5月 9日(陽曆); 『高宗實錄』卷38, 高宗 35年 9月 18日(陽曆) · 10月 6日(陽曆).

연좌를 실시하지 않는 관대한 형정을 베풀었다고 비판했을 정도였다.[231] 이는 한 번 바뀐 법제도를 되돌리기는 대단히 어려웠기 때문이다. 심지어 1905년 『형법대전』190~201조의 반역사건에조차 연좌제는 수록되지 않았다. 갑오개혁기에 근대사법제도의 청사진을 만들었다면 광무개혁기에는 법조문을 다량으로 축조하여 구체적으로 실행에 옮김으로써 뒷받침하였으므로, '연좌제부활'에 대한 비판 자체가 사료도 제대로 확인하지 않은 상태에서 행한 '비판을 위한 비판'에 불과하다.

(4) 비교잣대의 균일성

개화파처럼 갑오개혁 이후 '법무아문(法務衙門)' 혹은 '법부(法部)' 탄생을 대단한 개혁으로 간주하는 것[232]은 재고가 필요하다. 이는 중앙권력이 존재하지 않던 독일·일본의 사법부 설치에 영감을 얻은 것으로 보이지만, 조선에는 형조가 있었고 고려에도 형부가 존재했다. 고대까지 거슬러 올라가지 않더라도[233] 거의 동일한 업무를 보는 아문(고려 법부·조선 형조)이 최소 1,000년 이상 존재했는데[234] 그 이름

---

231 『高宗實錄』卷38, 高宗 35年 12月 10日(陽曆).

232 이원택, 앞의 논문, 2008, 68~69쪽; 도면회, 앞의 책, 2014, 161~168쪽.

233 백제는 조정좌평(朝廷佐平, 고이왕27/260), 신라는 사정부(司正府, 진흥왕5/544)를 설치하여 각기 형정을 맡겼다.

234 조선시대 형조는 상복사(詳覆司)·고율사(考律司)·장금사(掌禁司)·장례사(掌隸司)의 4사였고, 갑오개혁기(1895) 이후 법부는 민사국(民事局)·형사국(刑事局)·검사국(檢事局)·회계국(會計局)의 4국이었으며, 대한제국 광무개혁기(1899) 사리국(司理局)·법무국(法務局)·회계국의 3국으로 변모하여 주관사무의 배분방식이 바뀌었다. 물론 아문의 지위로 본다면 지속적으로 상승하였다. 고려시대 상서성휘하 3품 아문인 형부는 조선시대 정2품아문인 형조로 탈바꿈했다. 건양(建陽)연간 이후 법부대신은 의정부찬정(議政府贊政)을 겸임하는 경우가 다반사이므로 법부에서 의정부

이 바뀌었다고 해서 '무'에서 '유'를 창조한 듯이 평가하기는 어렵다. 이는 유럽·일본의 역사관을 우리나라에 무리하게 '근대화'라는 명목으로 이식한 데 불과하다.

이 같은 사례는 실로 적지 않다. 현재까지도 갑오개혁기 「재판소구성법」을 예로 들어서 근대사법행정의 출발로 보고 있다. 이름 자체는 거창하지만 실제로 바뀐 것은 거의 없었다. 외형만 서구식 제도가 공포되었을 뿐이다.[235] 유럽제도를 일본이 베끼고 그것을 다시 친일내각에서 도입한 것이다. 이것을 '서구화'라고 할 수 있을지언정 '근대화'인지는 알기 어렵다.

형조가 법부가 되었고 관찰사는 지방재판소 판사가 되었으며 목민관은 여전히 기초조사를 담당했다. 단지 이름만 '재판소'라는 형태로 8도(1차 갑오개혁)·23부(2차 갑오개혁)·13도(광무개혁)·개항장·개항시(開港市) 등에 설치되었을 뿐이다.[236] 이는 프랑스·독일·일본이 중앙집권화 과정에서 처음으로 사법행정을 마련한 것과 달리 조선에는 본래 사법체계가 존재했기 때문이다. 형정의 변화는 이름이 바뀐 것이 가장 컸고 법부에 대한 세세한 규정변화가 새로이 동반되었을 뿐, 본질적인 계통상 차이는 없었다. 대부분의 관행도 그대로 유지되었다.

그동안 갑오개혁기는 외세의 간섭에도 불구하고 군주권을 견제하

에 참여하는 형국으로 더욱 발전하였다. 『秋官志』卷1, 職掌, 四司; 『大典會通』, 吏典, 京官職, 正2品衙門, 刑曹; 오갑균, 앞의 책, 1995, 108~126쪽; 정진숙, 앞의 논문, 2009, 160쪽.

235 김병화, 앞의 책, 1974, 55~80쪽; 문준영, 앞의 책, 2010, 175~229쪽; 도면회, 앞의 책, 2014, 161~192쪽.

236 김병화, 같은 책, 1974, 59~64쪽, 84~86쪽, 96쪽.

면서 자생적 근대화 시도를 벌인 때로 평가하고 싶어 했다. 이는 개화파가 나름대로 일본이 수입한 서구제도를 열심히 배워서 조선식으로 바꾸려고 노력했기 때문이다.[237] 그동안 그들의 '선한 의도'를 최대한 긍정적으로 평가해왔다. 하지만 실상은 일본군이 도성과 궁궐을 점령한 상황에서 간헐적으로 외국공사관의 항의가 있거나 청일전쟁의 전황에 따라서 일본군이 단지 궁궐에서 철수하는 정도의 차이만 있었을 뿐이고 한양의 점령상황과 국왕의 포로상태는 해소되지 못했다. 수도의 점령과 국왕의 포로상태에서 일본식으로 학습된 급진개화파가 친일내각을 꾸린 다음 일본의 의중을 100% 실현시키지 않고 일정 부분 조율해서 나름대로 조선식을 추구했다고 하여 일본제국의 문명개화론자가 설계한 '이익선'(보호국·강제병합)으로서 조선을 주요거점으로 삼은 정책에서 본질적으로 벗어날 수는 없었다.[238] 순진무구한 젊은 개화파가 일본제국의 선전에 희롱당했을 뿐이다. 따라서 갑오정권은 대부분의 새로운 제도를 당분간 겸임시키거나 유예하는 형태로밖에 만들지 못했고,[239] 오히려 명칭개정과 개혁선전에만 열을 올렸다. 왜냐하면 실질적으로 달라진 것이 별로 없었기 때문이다.

이외에도 서구를 극단적인 잣대로 제시하는 경우뿐 아니라 과도하게 전통시대 요소를 모두 소급적용하는 태도도 문제가 있다. 현재 대

---

237 최종고, 앞의 논문, 1979, 117~148쪽; 최종고, 『한국법사상사』, 서울대학교출판부, 2002, 265~287쪽; 이원택, 앞의 논문, 2007, 223~252쪽; 문준영, 앞의 책, 2010, 116~165쪽.
238 가토 요코, 앞의 책, 2003, 55~96쪽; 미타니 타이치로, 앞의 책, 2020, 176~178쪽.
239 문준영, 앞의 책, 2010, 175~178쪽.

부분의 경찰사 관련 저작물에서는 고조선 이후 한국의 역사를 서술하면서 경찰사를 전개하고 있다.[240] 전통을 존중하는 태도는 훌륭하지만 경찰행정과 별반 관련 없는 국가의 통치체제 전반을 모두 경찰적 요소로 간주하는 것은 문제가 있다. 전자의 근대지상주의가 지나치게 협소하게 전통법을 이해하고 있다면 후자는 지나치게 확대해서 전통법을 바라보고 있다. 이는 연구자의 선한 의도와 달리, 실제로는 야경국가(夜警國家, Minarchism)로서 전통시대 국가상을 전제하고[241] 모든 통치요소를 경찰의 전사로만 이해하는 방법이다. 현대 경찰의 요소를 찾거나 혹은 전통시대 독자적 경찰적 성격을 검토해보는 것은 모두 의미 있는 작업이지만 한국의 국가체계를 모두 경찰통치로 평가하기는 어렵다.

사법행정의 체계화 시점, 군인과 경찰의 분화, 검찰과 경찰의 분리 등은 모두 흥미로운 주제인데, 동일한 우리나라의 역사상을 두고 각기 지나치게 자기만의 시각으로 바라보고 있다. 보편타당한 형태의 재조명이 필요하며, 장점이나 단점만을 찾기 위한 연구는 모두 지양해야 한다. 따라서 해당 시기의 실제 모습을 토대로 변화상을 살피는 것이 중요하다.

---

240 경찰사는 다음 참조. 이윤정, 『한국경찰사: 근대이전편』, 소명출판, 2015a; 이윤정, 『한국경찰사: 근현대편』, 소명출판, 2015b; 허남오, 『한국경찰제도사』, 지구문화사, 2013; 허남오, 『조선경찰』, 가람기획, 2020.

241 F. 라살레(서석연 역), 『노동자강령』, 범우사, 2013, 52쪽.

2) 광무개혁기 사법제도의 개편양상

(1) 개혁의 지속과 변형

고종은 아관파천 이후 개혁을 추진하였고 1896년 9월에 지방제도는 23부에서 13도제로 개편되었다. 사실상 8도제의 복원이었으나 8도를 남북도로 재구분하여 현재 대한민국과 같은 형태가 처음으로 만들어졌다. 이는 도단위 광역행정에 익숙한 조선인을 위함이었다. 다만 도단위 아래의 대부(大府) · 유수부(留守府) · 대도호부 · 도호부─군─대현─소현 등의 구분은 갑오개혁기 군으로 통합한 조치[242]를 계승하되 새로이 5등급 구분이 이루어졌다.[243] 이듬해(1897) 대한제국이 선포되었다. 광무개혁은 다양한 측면에서 영향을 미쳤다.

첫째, 국가체제를 제국으로 바꾸면서[244] 왕정의 입장에서 근대법체제를 마련하고자 노력했다. 이 역시 국제법인 『공법회통』을 연구한 성과였다.[245] 이른바 서구식 입헌군주제 모델이 상당 부분 수용됨으로써 국가 공문서체계가 상당 부분 바뀌었다. 이것이 국왕권의 상실을 의미하지는 않았으며, 중간층의 정치참여를 대거 이끌어내는 방식이었다. 왕정을 지키는 데 필요하다면 국왕은 계속 많은 권한을 내려놓을 용의가 있었으며 실제로도 그러하였다.

둘째, 토지조사가 대대적으로 이루어졌다. 지계아문(地契衙門)이

---

242 『高宗實錄』卷33, 高宗 32年 5月 丙申(26日).
243 『高宗實錄』卷34, 高宗 33年 8月 4日(陽曆).
244 『高宗實錄』卷36, 高宗 34年 9月 30日(陽曆) · 10月 3日(陽曆);『高宗實錄』卷37, 高宗 35年 1月 3日(陽曆);『高宗實錄』卷39, 高宗 36年 8月 17日(陽曆).
245 『高宗實錄』卷36, 高宗 34年 9月 25日(陽曆); 전봉덕, 앞의 논문, 1974, 12~20쪽; 왕현종, 앞의 논문, 2010, 9쪽.

설치되어 토지매매 시 「지계(地契)」가 발급되었을 뿐 아니라 양전 시 소작인[時作]의 권리도 인정해주었다.[246] 「지계」는 조선시대 토지매매 를 증명하던 「완문(完文)」이 재편된 것이다. 소작인 표기도 정약용의 개혁안에서 비롯되어[247] 삼남민란·동학농민운동의 여파로 체제 내로 수용된 것이다.

셋째, 도시개조사업을 통해서 수도를 근대적 도시로 탈바꿈하였다. 이는 보빙사가 워싱턴 D. C.를 방문하여 장기간 체류하면서 미국의 수도 만들기 사업을 연구하여 국내에 적용한 사례이다.

넷째, 근대적 군대를 양성하여 중앙과 지방의 군제를 개편하여 신식군대를 육성했다. 1882년 임오군란, 1884년 갑신정변, 1894년 동학농민운동·청일전쟁·도성함락·궁궐정렴·왕비시해 등을 겪으면서 강력한 국내외 반정부세력에 대한 대응력을 높이려고 한 것이다.

다섯째, 왕정의 지지세력을 확대하기 위한 각종 협회의 창설을 지원하고, 《독립신문》을 필두로 수많은 언론기관을 별도로 만들어서 왕정의 정책을 홍보하고 지지를 유도하였다.

여섯째, 포용정책이다. 왕실은 독립문을 만들고 《독립신문》과 독립협회까지 지원하면서 갑신정변 이래 급진개화파로 척을 졌던 이들까지 사면복권하여 포용하였다. 정치범을 가장 많이 사면한 시기였다.

일곱째, 기존에 중인이나 그 이하 신분이 상당 부분 조정에 관료로 적극적으로 진출하였다. 오직 능력에 따라서 왕정에 헌신할 수 있는

---

246 한국역사연구회 토지대장연구반, 앞의 책, 1995, 193~406쪽; 한국역사연구회 토지대
　　장연구반, 앞의 책, 2010, 75~106쪽, 339~354쪽; 왕현종, 앞의 책, 2017, 245~303쪽.
247 丁若鏞, 『經世遺表』地官修制, 田制考6, 邦田議; 김백철, 앞의 논문, 2021b, 152쪽.

사람은 대부분 기용되었다. 이를 통해서 분열을 막고 개화노선의 대립도 해소했다. 실제로 궁내부 신료 상당수가 서민 이하 출신이었고, 사관(史官)조차 중인[鄭喬]에서 나오고 있었다.[248] 망국 이후 이들 중 상당수가 독립운동에 나서게 된 것은 결코 우연이 아니었다.[249] 새롭게 출세한 이들이 왕정에 충성을 다해 헌신한 것이다.

여덟째, 상업세력이나 중인층에게 「중추원관제」를 실시하여 관료의 선출권까지 허락하고자 하였다. 다만 이는 내부갈등과 외세공작으로 인해 결실을 보지 못했다. 국왕은 독립협회와 황국협회에 동일한 추천권을 부여했는데, 독립협회는 보부상 대부분을 문맹으로 조소하면서 자신들과 결코 동등한 의관이 될 수 없다고 주장했다. 이러한 빈틈을 타고 일본공사관 스파이가 침투하여 내분을 조장하였다. 관민공동회를 통해 관료의 참여가 이루어질 정도로 국왕이 지원했다. 하지만 독립협회는 만민공동회를 통해 정치참여를 더욱 높이고 자신들이 관료의 임면(任免)에 적극적으로 관여하고자 하는 등 독주하기 시작했다. 국왕의 호의가 계속되자 이들은 권리로 착각하기 시작했다. 상인층에 불과한 시전상인은 보부상을 차별하면서 자기모순적 행보를 보였다. 국왕을 위시하여 사족·서민이 보기에 모두 상업세력에 불과했다. 국왕이 상업세력의 정치참여 기회를 열어주자 자기들끼리 차별을 행하였다. 이 같은 분쟁상은 독립협회 입장을 대변하는『대한계년사』에도 상세히 기재되어 있을 정도이다.

---

248 김은주, 「韓末 鄭喬의 정치활동과 정치개혁론」, 이화여자대학교 사학과 석사논문, 1998, 6~21쪽.
249 오연숙, 「大韓帝國期 李容翊 硏究: 議政府와 宮內府의 勅任官을 중심으로」, 단국대학교 사학과 석사논문, 1991, 34~54쪽.

광무 2년 11월 26일

여태까지 내린 지시를 너희들은 대부분 순순히 따르지 않았다. 밤새도록
대궐 문에서 떠들면서 큰길에 장애물을 설치해 막았다. 제멋대로 행동하
고 사납게 굴면서 다른 사람의 집과 재산을 파괴했다. 이것이 어찌 왕이
다스리는 500년 전제국가에 있었던 일이겠는가?……이 같이 잘 타일렀는
데도 후에 만약 혹 쓸데없이 고집부리며 깨닫지 못하여, 독립의 기초를
튼튼하게 하지 못하게 하고 전제정치에 손해를 끼친다면 이것은 결코 너희
들의 충군애국하려는 본뜻이 아닐 것이다.**250**

실상은 위와 같은데도 그동안 전제황권을 추구한 고종이 보수파인
황국협회를 내세워 탄압했다고 일본제국이 친절히 알려준 시선을 답
습해온 것이다. 이것이야말로 식민사관의 대표사례에 해당한다. 국
왕이 중추원을 모든 대표단체에게 차별 없이 개방하려는데 자신들만
식자층으로서 자격이 있다고 주장하는 독립협회 참가자들은 과연 입
헌군주제·공화주의를 지향한 것인가? 아니면 자신들의 이익을 관철
시키려다가 일본공사관의 스파이활동에 농간을 당한 것인가?

(2) 근대사법제도의 확대와 변질

부패관리 혐오와 외세침탈 분노는 농민봉기로 나타났는데 그 중
심에 동학이 있었다. 이를 명분으로 파병한 외국군대의 무력을 동원
한 내정간섭이 노골화되었고 급기야 왕궁(경복궁)이 점령되고 국제전
(청일전쟁)이 우리나라 영토 내에서 벌어졌다. 청일전쟁이 직접 벌어

---

250 정교, 앞의 책, 2004d, 141~143쪽.

진 곳에는 전쟁 관련 범죄가 발생했고 사법권 행사에도 장애가 나타났다. 예컨대 청군의 군량미 조달 시 청군이 돈을 지급해도 중간에서 횡령하거나[251] 일본군 왕래로 인한 군량미 운송비를 수령(守令) 몰래 좌수(座首)가 임의로 징수하거나[252] 통신선로인 전신주가 훼손되는 사건이 발생하였다.[253] 일본군의 진주로 백성이 흩어져 수확을 포기해야 하는 지경에 이르렀고,[254] 황해도 역시 백성이 흩어져서 유배지 지정에서 제외되었다.[255]

개화정책을 명분으로 일본제국 주도의 갑오개혁이 추진되었다. 불행히도 재판소를 비롯한 근대사법제도의 전환은 이때 이루어졌다.[256] 일본제국의 압력과 개화관료의 근대화정책이 혼재된 상황이었다. 19세기말 지방에 재판소가 설치되었다. 기존에는 목민관이 판사·검사 등의 역할을 겸임하다가 점차 포도청·토포영이 특수사법체계로 병립하였는데 사법기구 자체가 별도로 규정된 것은 처음이었다. 고종 후반 사법개혁이 지속되면서 형정 운영의 상당한 변화가 나타났다. 왕정의 자기변신 속에서 근대사법체계가 탄생하였다. 형정은 민정(民政) 영역에서 비로소 독립되었다.

1895년 갑오개혁기 「재판소구성법」을 제정하여 지방재판소·개항장재판소·순회재판소(연기)·고등재판소(고등법원)·특별법원 등을

---

251 『司法稟報(甲)』, 「箕營(→ 法務衙門)牒報」, 開國 504年(1895) 3月 18日.

252 『司法稟報(甲)』, 「畿營(→ 法部)來牒」 第152號, 開國 504年(1895) 4月 6日; 『司法稟報(甲)』, 「畿營(→ 法部)來牒」, 開國 504年(1895) 4月 20日.

253 『司法稟報(甲)』, 「外務衙門(→ 法務衙門)來關」, 開國 504年(1895) 3月 19日.

254 『司法稟報(甲)』, 「箕營(→ 法務衙門)牒報」 第134號, 開國 504年(1895) 3月 26日.

255 『司法稟報(甲)』, 「(法務衙門 →)關七道按撫營五都」, 開國 504年(1895) 1月 29日.

256 이정훈, 앞의 책, 2011, 281~297쪽.

공포하였다.[257] 1899년 광무개혁기 고등재판소가 평리원으로 개편됨으로써 지방재판소의 2심 법원으로 승격되었고,[258] 지방재판소·한성재판소·개항장재판소·평양재판소 등을 상소심으로 정하였다. 다만 「재판소구성법」 56조에 따라 지방관(관찰사)이 재판관을 겸직하게 하였으므로[259] 기존의 사법제도와 차이가 크지 않았고 명목상 독립성도 사라졌다.[260] 『사법품보』를 살펴보면 갑오~광무개혁기에는 각군(기초조사)-관찰사(1차 재판)-고등재판소(또는 평리원: 2차 재판)-법부(판결확정) 단계가 통시대적으로 운영되었으므로 광무개혁기에도 근대사법개혁은 유지되었다. 법부에서 심리한 사건은 평리원에서 재론할 수 없었다.[261]

얼마 뒤 아관파천을 통해 국왕이 인질상태를 벗어나고 대한제국을 세워 광무개혁을 추진하면서 자주적인 근대화 노선이 천명되었다.[262] 광무개혁기에도 사법개혁은 중단되지 않았다. 지방제도가 일본을 모방한 23부제[263]에서 조선 전통의 13도제로 환수된 것을 제

257 『高宗實錄』 卷33, 高宗 32年 3月 丙申(25日), 「裁判所構成法」(法律 第1號).
258 『司法稟報(甲)』, 「(忠清北道 → 法部)報告書」 第56號, 光武 3年(1899) 6月 16日; 『司法稟報(甲)』, 「(忠清南道 → 法部)報告書」 第106號, 光武 3年(1899) 6月 16日.
259 『高宗實錄』 卷33, 高宗 32年 3月 丙申(25日).
260 김병화, 앞의 책, 1974, 48~176쪽; 문준영, 앞의 책, 2010, 175~229쪽; 도면회, 앞의 책, 2014, 161~192쪽.
261 『司法稟報(甲)』, 「(平理院檢事 → 法部大臣)報告書」 第265號, 光武 4年(1900) 10月 2日.
262 황태연, 앞의 책, 2017a, 561~621쪽; 김영수, 앞의 책, 2020, 116~124쪽.
263 일각에서는 행정구역 재편논의 시 23부제 모델을 주장하기도 했는데, 이 같은 일본식 제도는 오히려 범위를 보면 신라의 9주나 고려의 계수관과 유사하다. 이는 아직 광역 단위 지배체제가 굳건하지 못했던 메이지정부가 다이묘를 기준으로 기준 번국을 활용했기 때문이다. 일본제국이 강제병합 이후에도 다시 도제(道制)에서 부제(府制)로 돌아가지 못한 것은 고려~조선 1,000년 이상 운용해온 도제가 편리했기 때문이다. 이는 갑오개혁이 지나치게 미화되면서 현재와 다른 것을 개혁으로 상정해온 상상에

외하면 신정오등군(新定五等郡)이 지속되었고[264] 재판소 역시 약간
의 변동에도 불구하고 근간은 변경되지 않았다.[265] 갑오개혁이 광
무개혁기와 연동해서 이어지는 사법개혁이라고 할 만한 것들은 경
찰 독립(행정경찰장정, 1894.07.),[266] 연좌제 폐지(1894.08.),[267] 법관양
성소 설치(1894.12.),[268] 서구식 감옥제도 도입(감옥규칙, 1894.11.),[269]

불과하다.

[264] 여타 기록에는 대개 4등군까지 보이지만 전체는 5등군까지 제정되었다. 1896년에는
    전라남도 대정군(大靜郡)·정의군(旌義郡)만 5등군이었고, 1900년 울릉도를 5등군으
    로 개편하였다. 『高宗實錄』 卷33, 高宗 32年(1895) 5月 丙申(26日), 「地方制度改正件」
    (勅令 第98號, 1895); 『承政院日記』, 開國 505年(1896) 6月 25日(己丑), 「朕地方制度及
    官制與俸給經費政正關件」(勅令 第□號); 『高宗實錄』 卷34, 高宗 33年 8月 4日(陽曆);
    『官報』 第354號, 建陽 1年(1896) 6月 17日, 「本年 勅令 第28號 第2條를 依ᄒ야 有事ᄒ
    地方各郡에 砲手設置ᄒᄂ 細則을 左갓치 定홈(軍部令 第2號); 『官報』 第397號, 建陽
    1年(1896) 8月 6日, 「地方制度改正件」(勅令 第36號); 『各部請議書存案』 17册, 「(議政府)
    鬱陵島를 鬱島로 改稱ᄒ고 島監을 郡守로 改正에 關ᄒ 請議書」, 光武 4年(1900) 10月
    22日; 『官報』 第1716號, 光武 4年(1900) 10月 25日, 「鬱陵島를 鬱島로 改稱ᄒ고 島監
    을 郡守로 改正ᄒ 件」(勅令 第41號); 김백철, 「고종대 읍지의 연대분류시론: 규장각
    자료의 서지비교를 중심으로」, 《규장각》 49, 서울대학교 규장각한국학연구원, 2016,
    294~299쪽; 김백철, 앞의 책, 2022, 33~37쪽.
[265] 김병화, 앞의 책, 1974, 59~64쪽, 84~86쪽, 96쪽.
[266] 이윤정, 앞의 책, 2015b, 25~27쪽.
[267] 『高宗實錄』 卷31, 高宗 31年 6月 癸酉(28日); 『高宗實錄』 卷32, 高宗 31年 8月 庚申(16
    日); 【연좌죄인석방】『司法稟報(甲)』, 「(法務衙門 →)關全羅道」, 開國 504年(1895) 1月
    4日; 『司法稟報(甲)』, 「(法務衙門 →)關慶尙道」, 開國 504年(1895) 1月 4日; 『司法稟報
    (甲)』, 「(法務衙門 →)關各道監營五都安撫營」, 開國 504年(1895) 3月 2日; 『司法稟報
    (甲)』, 「海營(→ 法務衙門)牒報」 第123號, 開國 504年(1895) 3月 21日; 『司法稟報(甲)』,
    「嶺營(→ 法部)來牒」, 開國 504年(1895) 4月 10日; 『司法稟報(甲)』, 「堤川縣(→ 法部)來
    牒」 第159號, 開國 504年(1895) 4月 10日; 『司法稟報(甲)』, 「平安監營(→ 法部)來牒」 第
    163號, 開國 504年(1895) 4月 12日; 『司法稟報(甲)』, 「按撫營(→ 法部)牒報」, 開國 504年
    (1895) 5月 13日; 『司法稟報(甲)』, 「咸鏡道高原(→ 法部)來牒」, 開國 504年(1895) 5月 23
    日.
[268] 최종고, 『한국법학사』, 박영사, 1990, 81~152쪽; 김효전, 앞의 책, 2014, 17~77쪽;
    도면회, 앞의 책, 2014, 192~195쪽.
[269] 김병화, 앞의 책, 1974, 66쪽, 137쪽; 원재연, 앞의 논문, 2016, 303~308쪽; 원재연,

「재판소구성법」(1895.03.), 공죄·사죄의 태형·장형 수속허가 (1895.03.),[270] 검사 독립(檢事職制, 1895.04.),[271] 징역형 대체(懲役處斷 規例, 1895.04.),[272] 변호사 등장(1895.05.)[273] 등이다.

갑오개혁은 근대화의 청사진을 제시하는 역할을 일정 부분 수행 하였다. 그러므로 광무개혁이 추진되면서 대한제국에 적합한 제도 는 살아남았다. 법부의 사법행정은 통감부가 본격적으로 설치되는 시기까지 연속된 체계를 보여주었다.[274] 『사법품보』가 보여주는 법부 의 문서행정은 갑오개혁 이후(1894)~통감부 이전(1906)까지를 아우

「1890년대후반 지방 감옥의 관리 실태: 전주 및 인천 감옥의 滯獄改善사례를 중심으 로」, 《인문사회21》 8-2, 전주대학교 한국고전학연구소, 2017, 280~288쪽; 홍문기, 「1894년 「監獄規則」 성립과 근대 감옥제도의 도입 양상」, 《한국사연구》 185, 한국사연 구회, 2019, 86~99쪽; 원재연, 「갑오~광무개혁기 감옥의 변화와 인권: 전북지역을 중심으로」, 《전북학연구》 1, 전북학연구센터, 2019, 183~194쪽.

270 『高宗實錄』卷33, 高宗 32年 3月 己丑(18日).

271 실질적으로는 「재판소구성법」(1895.03.25.) 및 「민형소송에 관한 규정」(1895.04.29.) 등에 판사·검사가 규정되면서 분화가 이루어졌고(『高宗實錄』卷33, 高宗 32年 4月 丙辰(15日), 「檢事職制」(法部令 第2號); 김병화, 앞의 책, 1974, 67~68쪽; 문준영, 앞 의 책, 2010, 175~178쪽; 도면회, 앞의 책, 2014, 197~208쪽), 체송(滯訟)을 해결하 기 위해 판사·검사의 시보(試補)까지 확충해나갔다(『司法稟報(乙)』, 「漢城府(→ 法部) 報告書」第71號, 光武 3年(1899) 6月 13日).

272 「징역처단규례」(법률 제6호, 1895)로 도형(徒刑)·유형(流刑)을 징역형으로 전환하였 고, 『사법품보』에서는 장형도 일괄적으로 태형으로 전환되었음이 확인된다. 『高宗實 錄』卷32, 高宗 31年 12月 壬子(10日); 『高宗實錄』卷33, 高宗 32年 4月 庚午(29日).

273 『사법품보』에서는 1895년 5월에 확인되며, 도면회는 1904년 12월로 추정했고, 김병 화는 1909년 4월 26일 「변호사법」(법률 제18호)이 반포된 시점으로 규정하였다. 『司法 稟報(甲)』, 「江華(→ 法部)來牒」, 開國 504年(1895) 5月 21日; 김병화, 앞의 책, 1974, 136쪽, 163쪽; 도면회, 앞의 책, 2014, 341~344쪽.

274 1909년 10월 「통감부사법청관제(統監府司法廳官制)」(日本勅令 第242號)가 공포되어, 대한제국의 법부는 폐지되고 통감부의 사법청(司法廳)으로 개편되었다. 김병화, 앞의 책, 1974, 157쪽.

른다.[275] 정권이 바뀌고 사람과 제도의 외형상 변모에도 불구하고 사법행정의 근간은 지속되었다. 이것은 공문서상으로만 보면 마치 갑오개혁의 업적으로 비추어지지만 실제 내용을 들여다보면, 조선시대 500년간 존속된 형조의 사무와 크게 다르지 않았으며, 근대적 외형이 정착되어 안정적으로 집행된 시기는 광무개혁기였다.

아관파천으로 인해 김홍집내각이 붕괴된 이후[276] 주요 입법현황을 살펴보면, 「형률명례(刑律名例)」(1896.04.04.),[277] 「적도처단례」 1차 개정(1896.04.10.),[278] 「형률명례」 1차 개정(1896.06.17.), 「감옥규칙」·「감옥세칙」(1898.01.),[279] 「형률명례」 2차 개정(1899.05.), 『법률유휘(法律類彙)』(1899), 「형률명례」 3차 개정(1900.01.),[280] 「순회재판소세칙」(1900.12.),[281] 『형법대전』(1905), 「재판장정(裁判章程)」·「재판세칙(裁判細則)」(1905)[282] 등의 법규편찬이 이루어졌다.[283]

275 통감정치는 단계별로 변화한다. 1905년 「을사늑약」 제3조에 따라 1906년부터 통감부가 설치되어 외교권을 박탈하였으며, 1907년 6월 헤이그밀사사건 이후 7월 고종이 강제 퇴위당하고 「한일신협약」을 맺어 차관까지 지배하며 내정을 장악했으며, 군대도 해산하였다. 1909년 7월 사법권(감옥권 포함)을 장악했고, 1910년 6월 경찰권까지 박탈하였으며 8월 강제병합에 들어갔다.

276 『高宗實錄』 卷34, 高宗 33年 2月 11日(陽曆).

277 『高宗實錄』 卷34, 高宗 33年 4月 1日(陽曆).

278 『高宗實錄』 卷34, 高宗 33年 4月 10日(陽曆).

279 『官報』 第850號, 「監獄規則」(勅令 第3號, 1898.01.12.); 『官報』 第852號, 「監獄細則」(內部令 第11號, 1898.01.19.).

280 『高宗實錄』 卷40, 高宗 37年 1月 11日(陽曆).

281 『司法稟報(乙)』, 「(議政府 → 法部)照會」 第142號, 光武 4年(1900) 12月 26日; 『高宗實錄』 卷40, 高宗 37年 12月 27日(陽曆).

282 『司法稟報(甲)』, 「(務安港 → 法部)報告(書)」 第30號, 光武 5年(1901) 9月 8日; 『司法稟報(甲)』, 「(黃海道 → 法部)報告(書)」 第41號, 光武 5年(1901) 9月 8日; 『司法稟報(甲)』, 「(忠淸南道 → 法部)報告書」 第63號, 光武 5年(1901) 9月 13日; 『司法稟報(甲)』, 「(仁川港 → 法部)報告書」 第21號, 光武 5年(1901) 9月 10日; 『司法稟報(甲)』, 「(元山港 → 法

특수범죄 처벌에 관해서는 「적도처단례」(1896.04.01.), 「적도처단례」 2차 개정(1900.01.), 「적도처단례」 3차 개정(1901.12.),[284] 「우체사항범죄인처단례(郵遞事項犯罪人處斷例)」(1896.09.),[285] 「우체사항범죄인처단례」 개정(1897.07.),[286] 「전보사항범죄인처단례(電報事項犯罪人處斷例)」(1896.08.),[287] 「아편금지법」(1898.08.),[288] 「전당포규칙」(1898.11.),[289] 「전당포규칙」 개정(1899.02.), 「의뢰외국치손국체자처단례(依賴外國致損國體者處斷例)」(1898.11.),[290] 「의뢰외국치손국체자처단례」 1차 개정(1900.04.),[291] 「의뢰외국치손국체자처단례」 2차 개정(1904.03.), 「철도사항범죄인처단례(鐵道事項犯罪人處斷例)」(1900.01.),[292] 「공화흠포인처단례(公貨欠逋人處斷例)」(1905.04.),[293] 「공화흠포인처단례」 개정(1905.10.)[294] 등이 특별법으로 만들어졌다.

部)報告書」第8號, 光武 5年(1901) 9月 12日; 『司法稟報(甲)』, 「(平安北道 → 法部)報告書」第63號, 光武 5年(1901) 9月 12日; 『司法稟報(甲)』, 「(昌原港 → 法部)報告書」第30號, 光武 5年(1901) 9月 13日; 『司法稟報(甲)』, 「(全羅南道 → 法部)報告書」第52號, 光武 5年(1901) 9月 14日; 『司法稟報(甲)』, 「(全羅北道 → 法部)報告書」第54號, 光武 5年(1901) 9月 15日.

283 【을사늑약이후(통감정치)】 1906년 『형법대전』 1차 개정. 【정미조약이후(군대해산)】 1908년 『형법대전』 2차 개정, 『법규유편(法規類編)』, 1909년 『법규속편(法規續編)』 등.

284 『高宗實錄』 卷41, 高宗 38年 12月 12日(陽曆).

285 『高宗實錄』 卷34, 高宗 33年 9月 23日(陽曆).

286 『高宗實錄』 卷35, 高宗 34年 7月 13日(陽曆).

287 『高宗實錄』 卷34, 高宗 33年 8月 7日(陽曆).

288 『司法稟報(乙)』, 「(議政府 → 法部)照會」第59號, 光武 2年(1898) 8月 19日.

289 『司法稟報(乙)』, 「(農工商部 → 法部)照會」第6號, 光武 2年(1898) 9月 14日; 「典當鋪規則」(法律 第1號, 1898.11.02.)

290 『高宗實錄』 卷38, 高宗 35年 11月 22日(陽曆).

291 『高宗實錄』 卷40, 高宗 37年 4月 27日(陽曆).

292 『高宗實錄』 卷40, 高宗 37年 1月 23日(陽曆).

293 『高宗實錄』 卷45, 高宗 42年 4月 29日(陽曆).

294 『高宗實錄』 卷46, 高宗 42年 10月 27日(陽曆).

이상은 갑오개혁에서 광무개혁으로 이어지는 근대사법제도 개혁으로 볼 수 있다. 단지 일본제국의 통치를 편리하게 하는 제도만 제거되었을 뿐이다. 왕정의 신민은 쉽사리 변하지 않았고, 법의식과 법적용은 왕정의 전통 내에서 영속적으로 작동되고 있었다. 여기에 신제도를 수용할 수 있을 정도의 점진적 사법절차의 재조정이 이루어지고 있었다. 갑오개혁이 일본제국의 외압 속에서 이루어졌으나 고종대 개화관료집단 내부의 바람이나 지향성도 일정 부분 투영되어 있었으므로, 광무개혁기 일본제국이 잠시 물러난 시점에도 근대적 조치는 퇴보하지 않았다.

특히 형조가 법부로 개편되면서 의정부의 찬정이 대신을 겸하는 형태로 법부의 위상이 강화되었다. 한편으로는 1품 의정부 휘하 2품 육조의 체계를 벗어난 것이고,[295] 다른 한편으로는 중국 황제국 체제의 육부체제를 원용한 것이다. 양자 모두 형정의 독자성과 위상의 강화를 의미한다. 후술하듯이 갑오개혁으로 국왕에게 「장계」를 올리는 관찰사의 권한이 사라졌으나 광무개혁기 고종은 직계권이 내부의 권

---

[295] 고종 즉위(1864) 이후 비변사를 개편하여 의정부제도가 확대되었고, 갑오개혁(1894) 초기에도 의정부 휘하에 내무아문(內務衙門)이 계획되었으나 이듬해(1895) 의정부는 내각(內閣)으로 개칭되면서 궁궐 내로 이전되었고 절도사 이상이 국왕에게 올릴 수 있는 상소문도 금지당했으며 실권은 내부가 장악했다. 새로운 관제도 내부와 법부가 동렬로 선포되었다. 아관파천(1896) 이후 의정부가 복설되면서 법부의 관계가 다소 변동되었는데, 법부대신이 의정부의 직함을 가진다는 점이 주요 변화이다. 이후 광무개혁기(1898), 러일전쟁기(1904), 「을사늑약」 전후(1905), 「정미조약」 전후(1907) 등 국제정세에 따라 계속 개편되었다. 【의정부】『高宗實錄』卷1, 高宗 1年 2月 壬午(11日);『高宗實錄』卷31, 高宗 31年 6月 癸酉(28日);『高宗實錄』卷32, 高宗 31年 12月 甲寅(12日); 【내각】『高宗實錄』卷32, 高宗 31年 12月 戊午(16日); 【내부】『高宗實錄』卷33, 高宗 32年 3月 丙申(25日),「各部官制通則(勅令 第41號)』;『高宗實錄』卷33, 高宗 32年 3月 丁酉(26日),「內部官制(勅令 第53號)』; 【의정부】『高宗實錄』卷34, 高宗 33年 9月 24日(陽曆),「議政府官制(勅令 第1號)』; 김대준, 앞의 책, 2004, 51~60쪽.

한을 침해할 수 있다며 환원하는 것을 거절하였다.[296] 고종은 형식적인 개화를 비판하고 천하에 개화한 문명국은 신구제도 중 훌륭한 것이 있으면 가리지 않고 취한다고 역설했다.[297]

게다가 갑오개혁이 외세의 침탈하에 이루어져 '개화'가 기존질서를 붕괴시킨다는 반발감이 조야에 높았으나[298] 점차 광무개혁이 추진되면서 부국강병을 위해 개화가 필수로 논의되었다.[299] 특히 조정에서는 개화가 강상윤리와 무관하지 않다고 적극적으로 반박하였다. 이에 조정에서는 "개명(開明)이 이루어지는 것이 개화인데, 민간에서는 도리어 윤리를 무너뜨리고 도리를 어그러뜨리는 일로 개념을 오해하고 있다"고 한탄하면서 한문·한글로 방방곡곡에 게시하도록 하였다.[300]

---

296 "道宰曰, 更張以後, 觀察之權減削, 不及前日府尹, 遠矣. 且無狀啓之例, 上下之情難通, 宜有以變通矣. 上曰, 觀察若卽爲狀啓, 則有妨於內部之權, 此亦難處矣. 聞外國開化以後, 有新舊式參酌互用之例云矣."『高宗實錄』卷40, 高宗 37年 8月 1日(陽曆).

297 "上曰, 今天下開化發明之國, 雖不爲不多, 而究厥政治, 皆各守其舊憲. 若有良法美規, 必取用而已. 則只改官名易衣制, 決非開化之先務也."『高宗實錄』卷42, 高宗 39年 6月 15日(陽曆).

298 『承政院日記』, 開國 505年(1896) 4月 2日(丁卯)[陽曆 5月 14日]·5月 29日(癸亥)[陽曆 7月 9日]·11月 4日(乙未)[陽曆 12月 8日]·光武 1年(1897) 9月 28日(甲寅)[陽曆 10月 23日].

299 『承政院日記』, 光武 1年(1897) 11月 15日(庚子)[陽曆 12月 8日].

300 "大槩開明化成之謂開化. 開化之極, 天理明, 人倫正, 物性遂矣. 今人但聞開化之名而不知開化之實. 認之爲別件事務. 每見犯分亂常蔑倫悖理之事, 輒謂之開化. 由是紀綱日紊, 風俗日敗, 擧世滔滔[忘], 如狂如醉, 不覺漸失於開化之實也, 心切痛之. 盖開化者, 聖人之事也, 易曰, 天尊地卑, 乾坤定矣. 卑高以陳貴賤位矣. 尊卑之序, 貴賤之分, 天地之道也. 此所謂開化也. 安有犯分亂常, 蔑倫悖理, 而可以開化者乎. 自今(以後), 如有下犯上, 賤妨貴, 小[少]凌長者, 此皆亂法悖德之民, 大者誅殛之, 小者懲役之, 斷不饒貸矣. 兹揭榜諭, 用申先敎, 咸湏[須]知悉, 毋底後悔之意, 到卽(發訓管下各郡ㅎ야使之)眞諺翻謄ㅎ야 揭村坊曲ㅎ야 無一民不知之弊케홀 事."『司法稟報(甲)』,「(忠淸北道 → 法部)報告書」第30號, 光武 2年(1898) 3月 7日;『司法稟報(甲)』,「(忠淸南道 → 法部)報告書」第36號, 光武 2年(1898) 3月 9日;『司法稟報(甲)』,「(德源府 → 法部)報告書」第1號, 光武 2年(1898) 3月 9日;『司法稟報(甲)』,「(務安府 → 法部)報告書」第2號, 光

이는 광무정권이 일본제국의 조선통치를 용이하게 하기 위한 갑오개혁은 거부했으나 근대화정책 자체는 포기하지 않았음을 보여준다.

일본제국이 왕궁(경운궁)을 또다시 점령하고 국제전쟁(러일전쟁)을 일으켜 대한제국에 대한 압박을 노골화했을 때도 근대적 사법체제는 여전히 작동하였다.[301] 국내정치권력이나 대외정세변화에도 사법체계의 영속성이 유지되면서 지방재판소는 일상적으로 운용되었다. 러일전쟁기에도 조정은 지방관에게 국법준수를 신칙하였고[302] 신속한 재판을 통해서 적극적인 사법행정을 펼치고자 노력했다.[303] 대한제국의 입법 노력은 1905년 4월 『형법대전』으로 나타났다. 이는 국내혼란·국제전쟁 속에서도 사법제도 개혁의 흐름이 단순히 일본제국의

武 2年(1898) 3月 19日.

301 물론 러일전쟁기간 중에 평양의 관아는 일본군이 점유하여 사용했고(『司法稟報(甲)』, 「(平安南道 → 法部)報告書」第19號, 光武 9年(1905) 3月 21日), 삼화항에서는 일본군 업무를 알리기 위해 순검이 타지로 파견되어 형정을 제대로 돌볼 수 없었으며(『司法稟報(甲)』, 「(三和港 → 法部)質稟書」第2號, 光武 9年(1905) 5月 31日), 일본거류민 및 일본순사에게 한국인이 돌팔매질을 당하자 이 사건에 대해서 일본인 경무보좌관(警務補佐官)은 각종 문서를 번역시켜서 한국경찰을 감시하였다(『司法稟報(甲)』, 「(全羅南道 → 法部)報告書」第20號, 光武 9年(1905) 8月 9日). 이후 실제 한국의 독자적 사법권 박탈은 『을사늑약』과 『정미조약』을 체결하는 시기에 집중적으로 이루어졌다.

302 『司法稟報(乙)』, 「(京畿 → 法部)報告書」第62號, 光武 8年(1904) 9月 27日; 『司法稟報(乙)』, 「(忠淸南道 → 法部)報告書」第84號, 光武 8年(1904) 9月 29日; 『司法稟報(乙)』, 「(三和港 → 法部)報告書」第6號, 光武 8年(1904) 9月 29日; 『司法稟報(乙)』, 「(仁川港 → 法部)報告書」第22號, 光武 8年(1904) 9月 30日; 『司法稟報(乙)』, 「(黃海道 → 法部)報告書」第6號, 光武 8年(1904) 9月 30日; 『司法稟報(乙)』, 「(慶興港 → 法部)報告書」第10號, 光武 8年(1904) 11月 23日.

303 『司法稟報(乙)』, 「(龍川港 → 法部)報告書」第3號, 光武 8年(1904) 12月 25日; 『司法稟報(乙)』, 「(忠淸南道 → 法部)報告書」第106號, 光武 8年(1904) 12月 31日; 『司法稟報(乙)』, 「(三和港 → 法部)報告(書)」第2號, 光武 9年(1905) 1月 2日; 『司法稟報(乙)』, 「(釜山港 → 法部)報告(書)」第2號, 光武 9年(1905) 1月 3日; 『司法稟報(乙)』, 「(沃溝港 → 法部)報告(書)」第2號, 光武 9年(1905) 1月 5日; 『司法稟報(乙)』, 「(京畿 → 法部)報告書」第3號, 光武 9年(1905) 1月 14日.

바람대로만 이루어지지 않았기 때문이다. 내적으로 법리는 전통법을 계승하였고, 외적으로 절차법은 근대적 판결체제로 재편해나갔다.

그러나 일본제국은 또다시 한반도에서 국제전쟁을 일으켰다. 이미 1898년 3월경 프랑스의 보고로는 일본군 1,000명, 러시아군 100명이 각기 서울에 주둔하고 있었다고 한다. 1903년에는 일본군이 약 2,000명까지 불어나 있었다. 이는 대한제국의 자주개혁에 큰 걸림돌이었다. 1903년경에는 수도 내 대한제국군과 일본제국군이 충돌 직전까지 가기도 했다.[304] 이후 일본제국은 1904년 2월에 러시아를 기습하여 전쟁을 일으켰다. 이번에도 2월 9일 인천에 일본군이 기습상륙하여 경운궁을 점령하고 「한일의정서」를 강제로 조인하였다. 러일전쟁은 이듬해(1905) 9월까지 지속되었다. 11월에는 「을사늑약」을 강제로 체결하였고 통감부를 설치했다. 이후 일본인이 법부와 사법행정 및 재판에 관여하기 시작하였다. 1907년 7월에 고종을 강제 퇴위시키고 순종을 즉위시킨 뒤[305] 「정미조약」(한일신협약)을 강제로 체결하고 9월에 순종의 아들(英親王 李垠)을 황태자로 책봉했다.[306]

통감정치기 구재판소·지방재판소·공소원(控訴院)·대심원 등 4종으로 개편되었고 3심제로 운영하되 경미한 사건은 단심으로 하였다. 1907년 12월 평리원을 폐지하고 공소원을 두면서 지방재판소 합

---

304 현광호, 「대한제국기 주한 일본군의 활동」, 《인문학연구》 48, 조선대학교 인문학연구원, 2014, 221~258쪽.

305 단, 헤이그밀사사건으로 고종은 강압에 못 이겨 섭정조서(攝政詔書)를 내렸으나(『高宗實錄』 卷48, 高宗 44年 7月 19日(陽曆)), 일본제국은 대리청정(代理聽政)을 순종의 즉위로 바꾸어버렸다(『純宗實錄』 卷1, 純宗 卽位年 7月 19日(陽曆)).

306 한때 '영친왕' 명칭을 식민사관으로 간주하여 배격하고 '영왕(英王)'으로 부르는 운동이 벌어지기도 했으나 친왕(親王)제도는 중국 황실제도이므로 사료의 원문을 따랐다. 『純宗實錄』 卷1, 純宗 卽位年 8月 7日(陽曆).

의사건의 2심을 담당하게 했으며 최고법원으로 대심원(大審院)을 설치함으로써 3심을 맡게 하였다. 보호국으로 전락하면서 왕실을 위한 특별법원은 폐지되었다.[307] 전국에는 7개 지방재판소(경성 · 공주 · 함흥 · 해주 · 대구 · 진주 · 광주)를 두고 그 아래에 16개 구재판소(區裁判所)를 두었다. 총수는 23개로 갑오개혁기 · 광무개혁기와 동일하지만 종래 병렬적 관계에서 지휘관계로 개편한 점이 특징이다. 1909년 10월 28일 「재판소구성법」은 폐지되고 강제병합에 이른다.

이보다 앞서 1906년 2월 일본제국의 간섭하에 『형법대전』은 1차로 개정되었다. 1908년 7월 『형법대전』은 2차로 개정되었으며, 강제병합 이후인 1910년에는 『한국법전』「형법」으로 개편하고 1912년 아예 「조선형사령」 · 「조선태형령」 · 「조선민사령」 등으로 대체해버렸다. 정권 변화 속에서 굴곡이 없지 않았으나 국권 상실 전까지는 사법개혁의 전체 흐름은 대개 유지되었다.[308] 10여 년 남짓 지속된 대한제국의 자주적인 근대사법체계는 러일전쟁 이후 붕괴되었고 「을사늑약」 이후 식민통치를 위한 체제로 개편되고 말았다.[309] 따라서 일본제국이 주장한 '보호국(保護國)'은 한갓 외교권만 강탈한 것이 아니라 실제로는 통감부를 통한 내정까지 장악하는 식민화계획의 일환이었다. 이러한 과정을 실제로 진두지휘한 인물이 바로 이토 히로부미였으므로, 안중근(安重根)의 저격으로 강제병합이 가속화되었다는 일본 극우의 논리는 심각한 역사왜곡이라 하지 않을 수 없다.

---

307 「裁判所構成法」(法律 第10號, 1907.12.23.).
308 김병화, 앞의 책, 1974, 48~176쪽; 문준영, 앞의 책, 2010, 175~229쪽; 도면회, 앞의 책, 2014, 161~192쪽.
309 이정훈, 앞의 책, 2011, 296~297쪽.

3. 준거법의 선정: 전통법과 근대법

1) 전통시대 유산의 계승

앞서 살펴보았듯이 고종연간에는 여러 단계의 정치변화가 이루어졌다. 그중 즉위 후 약 10년간은 신정왕후의 수렴과 흥선대원군의 섭정이 이루어지면서 통치체제를 재정비하는 데 박차를 가했다. 조선은 500여 년을 이어왔으므로 전통시대 유산을 집대성하는 것이 급선무였다. 고종즉위후부터 법전편찬이 시작되어『대전회통(大典會通)』(고종2, 1865)이 간행되었다. 이 역시『경제육전』이래 조선의 국법을 모두 집대성하는 과업으로서 성종대『경국대전』, 영조대『속대전』, 정조대『대전통편』등을 통합하고 새로운 수교(受敎) 중에서 만세불변(萬世不變)의 대전(大典)에 수록할 법문을 선별하였다. 더욱이『육전조례(六典條例)』(고종3, 1866)·『은대조례(銀臺條例)』(고종7, 1870)까지 편찬되면서 그동안 관행적으로 실시하던 법규가 성문법으로 전해지게 되었다. 여기에는『경국대전』에 들어가지 못했던 여말선초 고려율(『고려사』「형법지」)·세종대『경제속육전』부터 조선후기『탁지지』·『춘관지』·『추관지』등 지류(志類)까지 망라되었다.

형법 역시 집중적으로 연구되면서 조선의 현실에 적용하기 위해 노력하였다. 조선초기 중국법인『대명률』을 도입하면서 조선화한 번안서인『대명률직해』가 만들어졌고, 조선전기 점차 법해석이 축적되면서 주석을 집대성한『대명률강해(大明律講解)』까지 간행되어 명률이해의 정밀도를 늘려갔으며,[310] 조선후기 중국판례를 집대성한『대명률부례』가 적극적으로 활용되었다.[311] 사법상 주요한 법률은 1896

년에 공포된 「형률명례」·「적도처단례」가 있다. 기존에 『대전회통』 「형전」과 『대명률직해』·『대명률강해』·『대명률부례』 등에서 취사선택하여 재구성한 통합형법이 처음으로 시도되었다. 특히 『사법품보』에 활

---

310 『대명률강해』는 현재 한국에만 남아 있는데, 실록 중 세종 25년(1443)부터 율문이 일치하고 세조 12년(1446) 간행기록이 확인된다. 『고사촬요(攷事撮要)』 책판에도 선조 1년(1568) 판본이 보이며, 규장각의 무신자본(戊申字本, 1668년 이후), 목판본(木版本, 1810), 전사자본(全史字本, 1903) 등이 남아 있다. 『世宗實錄』 卷102, 世宗 25年 10月 丁酉(16日); 『世祖實錄』 卷39, 世祖 12年 7月 庚午(1日); 『大明律講解』〈奎15520〉(戊申字)·〈奎중1963〉(戊申字); 『大明律講解』〈奎中2182〉·〈古340.0952-D13d〉·〈古5130-8A〉(木版本/1810); 『大明律講解』〈奎중1601〉·〈奎중1962〉·〈奎중2489〉·〈古349.2-D131〉·〈古 5130-8〉·〈一簑古349.102-D131〉(全史字/1903) ※이상 서울대학교 규장각한국학연구원 소장본; 정긍식·조지만, 「大明律解題」 『大明律講解』, 서울대학교 규장각, 2001, 7~35쪽; 심재우, 「대명률강해 해제」(서울대학교 규장각한국학연구원 전자판); 정긍식, 「조선전기 법서의 수용과 활용」, 《서울대학교 법학》 50-4, 서울대학교 법학연구소, 2009, 47쪽; 심희기, 「律解辯疑·律學解頤·大明律講解의 상호관계에 관한 실증적 연구」, 《법사학연구》 53, 한국법사학회, 2016, 84~89쪽; 장경준, 「조선에서 간행된 대명률 '향본'에 대하여」, 《법사학연구》 53, 한국법사학회, 2016, 139~143쪽; 장경준, 「『大明律直解』『大明律講解』『律解辯疑』와 洪武律에 대한 試論」, 《민족문화》 49, 한국고전번역원, 2017, 16~23쪽; 민관동, 「조선전기 간행된 중국고전문헌 고찰: 『고사촬요』를 중심으로」, 《중국어문학지》 74, 중국어문학회, 2021, 75쪽.

311 『대명률부례』는 16세기 명대에 편찬되었고 저자도 확인된다. 우리 연대기에는 숙종 14년(1688)부터 서명이 확인되며 정조 원년(1777) 이후 구체적인 율문인용이 보인다. 고종후반 『사법품보』에도 자주 등장한다. 한·중·일에 다양한 서명으로 판본이 남아 있으며, 국내에서 주로 활용된 판본은 규장본이다. 『承政院日記』, 康熙 27年(1688) 6月 8日(己酉); 『正祖實錄』 卷4, 正祖 元年 7月 戊寅(15日); 【한국】著者未詳, 『大明律附例』(編年未詳, 서울대학교 규장각, 2001); 【중국】(中華民國)黃彰健, 『明代律例彙編』(1979年編, 中央研究院 歷史言語研究所, 1979); 『明代條例』(科學出版社, 1994); (明)姚思仁, 『大明律附例注解』(1585年編, 北京大出版社, 1993); (明)袁貞吉 외, 『大明律集解附例』(1597年編, 臺灣學生書局, 1970); 【일본】著者未詳, 『大明律例附解殘』(1544年編, 東京大本); (明)馮孜 외, 『大明律集說附例』(1591年編, 東京大本); (明)袁貞吉 외, 『大明律集解附例』(1597年編, 早稻田大本); (日本)榊原篁洲, 『大明律例諺解』(1694年編, 早稻田大本); (明)王樵 외, 『大明律附例(=律例箋釋)』(1612年編, 東京大本); (日本)高瀨喜樸, 『大明律例譯義』(1720年編, 創文社, 1989).

용된 각종 법서(혹은 법률)는『대전회통』,『형법대전』,『대명률강해』,
『증수무원록(增修無冤錄)』,『법규유편(法規類篇)』,「형률명례」,「적도처
단례」,「징역처단례」 등이 중심을 이루었다. 그중『대명률』의 모반(謀
反)·강도(强盜)·살인(殺人)·통간(通奸)·편재(騙財)·절도(竊盜)·고
살(故殺)·발총(發塚)·투구(鬪毆) 등이 높은 비율로 인용되는 개념이
었다. 당시 명률의 이해는 전통법과 근대법으로 이어지는 연결고리
처럼 작동되었다.

2) 근대 형법체계로의 전환

(1)「형률명례」·「적도처단례」 제정

명률은 조선후기 국전(國典)의「형전」에 수교가 반영되는 방식으로
대체입법이 행해졌다. 고종연간에는 먼저 그 결과를 집대성한『대전
회통』「형전」이 간행되었고, 다음으로「형률명례」·「적도처단례」가 만
들어졌으며, 최종적으로『형법대전』이 편찬되었다. 그중 당시 가장
요긴하게 활용된 명률 조문 중 일부를 재편해서 만든「형률명례」·
「적도처단례」를 살펴볼 필요가 있다.

먼저,「형률명례」(법률 제3호, 1896.04.04.)는 1차 개정(법률 제5호,
1896.06.17.), 2차 개정(법률 제2호, 1900.01.11.) 등으로 수정이 이루어
졌다. 본래『대명률』「명례률」을 원용하여 아국법으로 재편하였으며,
향후『형법대전』「형례(刑例)」'형벌통칙(刑罰通則)'에 반영되었다. 〈표
8〉을 살펴보면,「형률명례」의 연원을 비교검토해볼 수 있다. 일부
조문은 연원이 확인되지 않는 경우도 있다. 9조는 중범죄에 대한 정
기보고 규정이고, 10~12조는 국사범 규정인데 개념은 '십악'과 유사

하지만 내용이 다르며, 13~15조는 노역형인데 형벌종류는 도형(徒刑)에 근접하지만 내용은 신설 율문이다. 다른 조문도 완전히 동일하지 않지만 상대적으로 비슷한 개념을 공유하는 경우를 비교한 것이다.

〈표 8〉「형률명례」의 연원과 영향

대명률	형률명례	형법대전	대명률	형률명례	형법대전
1조	1조	×	×	16조	112조
1조	2조	94조	×	17조	×
1조	3조	×	×	18조	×
1조	4조	×	×	19조	×
1조	5조	98조	×	20조	×
×	6조	106조	1조	21조	×
445조	7조	102조	1조	22조	×
×	8조	28조	1조	23조	×
×	9조	×	39조	24조	119조
×	10조	107조	419조	25조	120조/121조
×	11조	×	419조/21조	26조	×
×	12조	×	437조	27조	×
×	13조	108조	428조	28조	×
×	14조	×	3조	29조	×
×	15조	115조	5조	30조	×

• 기준: 1차 제정본, 단, 부칙 제외.

다음으로, 「적도처단례」(법률 제2호, 1896.04.01.)는 1차 개정(법률 제4호, 1896.04.10.), 2차 개정(법률 제1호, 1900.01.11.), 3차 개정(법률 제2호, 1901.12.12.) 등의 경과를 밟았다. 「적도처단례」는 주로 『대명률』「형률」에서 당시 가장 많이 활용되던 율문을 간추려서 조선의 상황에 맞게 재편한 것이다. 이에 「적도처단례」의 상당수는 『형법대전』 중 「죄례(罪例)」 '범죄분석(犯罪分析)', 「형례」 '형벌통칙', 「율례하(律例下)」 등에 반영되었다(〈표 9〉).

대개 1~5조는 적도(賊盜)의 구분·개념을, 6조는 형벌 종류를 각기 제시했는데 이는 명률에서 개별조문으로 처벌규정만 나와 있는 것보다 진일보한 방식이다. 이러한 법학적 접근이 『형법대전』에서는 「법례」(1~65조), 「죄례」(66~91조), 「형례」(92~189조), 「율례상」(190~472조), 「율례하」(473~678조), 「부칙」(679~680조) 등으로 구분되는 데 영향을 미쳤다. 명률 기준으로 「법례」, 「죄례」, 「형례」는 「명례률」과 유사하며, 「율례상」·「율례하」는 육률을 참고하되 주로 「형률」을 중심으로 취사선택한 것이다.

7조는 강도·절도·창탈·발총 등 주요 재물약탈 범죄를 포괄한다. 실제로 『사법품보』에서 가장 많이 인용되는 조문이다(〈표 3〉). 8조는 기타재물획득 사례로서 횡령, 가축·과일 절도, 야간침입, 인신매매, 친속 간 절도 등을 망라한다. 9조는 와주 규정, 13조는 공공장소 절도, 16조는 장물의 합산기준, 18~19조는 자수 규정, 20~25조는 화폐위조 등을 다룬다.

특히 10조에서 준절도의 개념과 처벌기준이 새롭게 나타나고 있으며 『형법대전』에도 영향을 미쳤다. 물론 대상범죄는 기타 우발적인 절도사례를 묶은 것이고, 일견 '준(準)' 자체도 명률에서 각 율문에

"준한다"는 개념을 원용한 듯하다. 하지만 「적도처단례」는 1조부터 적도를 강도·절도·와주·준절도 등으로 구분했으므로 신개념이라고 볼 수 있다.

다만, 중층적 규정도 보인다. 14조에는 강도·절도 외에는 적용이 불가하다고 명시함으로써 죄형법정주의가 강조되었으나 동시에 17조에는 7~9조에 명시되지 않았음에도 유사범죄는 비부(比附)하여 처단하도록 규정하였다. 이는 명률 37조(斷罪無正條), 64조(制書有違), 409조(違令), 410조(不應爲) 등의 영향이다. 그래서 『형법대전』에서도 677조(위령), 678조(불응위) 등이 여전히 잔존하였다.

이 밖에도 7조 15항이나 8조 7~9항에서는 친속(親屬)·비유(卑幼)에 따라서 범죄처벌을 구분하는 명률의 방식이 원용되었다. 이는 『형법대전』 64~65조, 127조, 139조, 148조, 283조, 288조, 462조, 469조, 499조, 501조, 531조, 609조, 619조 등에서도 친속·비유의 경우 가중처벌되는 형태로 반영되었다. 이것은 전통법과 근대법의 전환과정이 완벽하게 교체되지 않았음을 보여준다. 다만 앞서 살폈듯이 대한민국·중화민국·일본조차 친속범죄에 가중처벌 규정이 남아 있으므로[312] 이 시기의 한계만은 아니다.

---

312 김지수a, 앞의 책, 2005, 194쪽; 이동희, 앞의 논문, 2020, 79쪽.

〈표 9〉 「적도처단례」의 연원과 영향

대명률	적도처단례	형법대전	대명률	적도처단례	형법대전
289조/292조/301조	1조	83조	295조	8조 9항	499조/619조
289조	2조	×	412조	8조 10항	302조
292조	3조	×	285조	8조 11항	×
301조	4조	615~616조	286조	8조 12항	602~603조
×	5조	84조	301조	9조 1항	615조
1조	6조	93조	301조	9조 2항	616조
×	7조 1항	585조	301조	9조 3항	615~616조
×	7조 2항	587조	×	9조 4항	×
×	7조 3항	586조	301조	9조 5항	×
183조/283조	7조 4항	421조	301조	9조 6항	×
×	7조 5항	589조	294조	10조 1항	601조
289조	7조 6항	590조/593조	296조	10조 2항	599조
289조	7조 7항	593조	297조	10조 3항	600조
290조	7조 8항	297조	291조	10조 4항	598조
×	7조 9항	×	402조	10조 5항	672조
×	7조 10항	×	×	10조 6항	84조
291조	7조 11항	594조	302조	11조	617조
291조	7조 12항	594조	302조	12조	618조
289조	7조 13항	593조	303조	13조	×
289조	7조 14항	536조	303조	14조	×
295조/307조/340~341조	7조 15항	499조/619조	23조	15조	163~168조
289조	7조 16항	593조	292조	16조	595조

대명률	적도처단례	형법대전	대명률	적도처단례	형법대전
×	7조 17항	134조	×	17조	×
287조	8조 1항	591조	24조	18조	142조
288조	8조 2항	592조	×	19조	142조
292조	8조 3항	595조	381~382조	20조	193조
293조	8조 4항	597조	381~382조	21조	×
289조	8조 5항	×	381~382조	22조	395조
300조	8조 6항	441조	382조	23조	396조
298조	8조 7항	604조/606조/609조	382조	24조	×
295조	8조 8항	619조	×	25조	×

• 기준: 초정본(初定本).

(2) 『형법대전』의 성격

그동안 다양한 평가를 받아온 법서가 『형법대전』이다. 한편에서는 근대 형법의 탄생과정으로 평가하고 있으며, 이를 사법개혁의 일환으로 이해하고 있다.[313] 갑오개혁기 일본이 바라보는 서구화(혹은 근대화)의 관점을 기준으로 근대성을 입증하고자 한다. 다른 한편에서는 동일한 근대성이라는 관점을 전제로 당시 고종연간의 사법개혁 전반에 대해서 비관적으로 바라본다. 사법개혁의 자체가 추진되었으나 법률가가 아닌 관료들이 주도하여 근대성의 근거로는 충분하지 못하다고 이해한다.[314] 그래서 근대적 입법정신은 도입했으나 아직

---

313 이병수, 앞의 논문, 1975, 59~75쪽.
314 문준영, 앞의 논문, 1999, 31~56쪽.

법문에 모두 반영하지 못하였다고 보기도 한다.[315]

최근에는 법조문을 분석하여 『대명률』의 재편과정(혹은 조선화과정)으로 전제하면서 신·구법을 비교하였다.[316] 특히 구본신참(舊本新參)의 절충적 개혁으로 평가하면서 대한제국의 입헌군주적 시각에서 근대법을 도입한 것으로 보기도 한다.[317] 곧 시각에 따라 동일한 내용이 근대법이나 전통법으로 서로 다르게 인식된 것이다.

그간의 해석은 일견 서도서기론(西道西器論) 대 동도서기론(東道西器論)의 대립처럼 보인다. 19세기말 조선 동도서기·구본신참, 중국 중체서용(中體西用), 일본 화혼양재(和魂洋材) 등이 동시에 출현한 것도 전통문화와 서구기술의 절충을 의도했기 때문이다. 그러나 제국주의 열강대열에서 일본만이 성장하자 조선이나 중국의 절충론은 많은 비난을 받았다. 정신까지 서구화하지 못하면 근대화를 이룰 수 없다는 비판일색이었다. 하지만 메이지시대 일본은 자국에 제대로 된 전통이 뿌리내리지 못했던 기술과 법제도를 서구에서 직수입했을 뿐 아니라 송대 싹틔우고 조선에서 만개한 성리학(퇴계학)을 활용함으로써 중앙집권적인 천황제국가로 재도약했음은 주지의 사실이다.[318]

일본이 근대화 논리로서 사법개혁을 통해 제안했던 형법의 초안은 유럽법을 그대로 베껴온 데 지나지 않았고, 심지어 아무런 관련이 없는 중세 기사의 결투(決鬪) 등이 들어 있는 경우[319]도 비판 없이 그대

---

315 허일태, 「죄형법정주의의 연혁과 그 사상적 배경에 관한 연구」, 《법학논고》 35, 경북대학교 법학연구원, 2011, 134~137쪽.
316 심재우, 앞의 논문, 2007, 141~152쪽.
317 이원택, 앞의 논문, 2008, 60~83쪽.
318 小倉紀藏, Op. Cit., 2012, pp.251-272.
319 몽테스키외, 앞의 책, 1982, 163쪽.

로 따랐을 정도로[320] 일본의 법전통은 전무하다시피 했다. 이미 수천 년간 법치주의 사회를 구현해온 조선·중국에서 이 같은 무자비한 '서구법 베끼기'를 납득하기란 어려웠다.[321] 일본 측의『형법초안(刑法草案)』은 조선에서는 전면적 수용이 거부되었으나 완전히 배제된 것도 아니었다.

또한 근대법의 '형법' 개념과 조선시대 '형법' 용어는 글자가 같아도 내용이 일치하지 않는다. 우리는 일본제국이 정치간섭(弊政改革)을 통해서 들여온 서구식 개념과 전통적 용어가 혼재하던 시기를 고민해야 한다. 조선의 '형법'은 공법 영역에 속하는 형사법·형법만을 의미하지 않았고,『경국대전』·『속대전』·『대전통편』·『대전회통』의 「형전」에는 사법운영에 필요한 각종 절차법(살인사건 심사 등)뿐 아니라, 조선의 현실을 반영한 당률·명률의 대체입법(옥수 규정 등), 백성 간 쟁송을 다루는 민법, 사회신분법(공노비·사노비 규정) 등이 총망라되었다. 그리고『대명률』은 「명례」와 육율(이율·호율·예율·병율·형률·공률) 등으로 구성된 종합적인 형법의 성격을 지녔다. 형법의 지칭대상은 국전의 「형전」뿐 아니라『대명률』(직해·강해·부례)을 포괄하는 개념이었다. 전-예-율의 삼법체계 속에서 국전의 「형전」이 상위에 있으면서 명률을 활용하였다.

반면에 근대 형법[公法]은 민법[私法]과 대비되는 개념이고 두 가지가 별도로 편찬되는 수순을 거친다. 기존평가는 대한제국에서 형법·민법 편찬절차가 추진되었으므로[322]『형법대전』이 전자를 지칭

320 정진숙, 앞의 논문, 2009, 123~205쪽.
321 최종고, 앞의 논문, 1979, 117~148쪽; 한상범, 앞의 논문, 1994, 128쪽.
322 『高宗實錄』卷32, 高宗 31年 12月 甲寅(12日).

하고 민법은 만들어지지 못한 것으로 평가해왔다.[323] 하지만 만약 최근의 시각처럼 「대한국국제」(典)와 『대한예전』(禮)에 이어서 『형법대전』(律)의 편찬으로 이해한다면,[324] 민법적 요소가 대한제국의 『형법대전』에 포함된 것은 놀라운 일이 아니다.[325] 이는 여전히 조선·대한제국 조정에서는 전통적 형법의 의미가 작용하고 있었음을 의미한다. 대한제국 법부 주도로 편찬한 『인율목록』·『보통형법』·『형법초』·『육군법률』·『형법대전』 등은 모두 전통법 기반 위에서 근대법 개념을 차용해나간 것이다.[326]

실제로 『대명률』이 약 460조가량인데 『형법대전』이 680조로 훨씬 큰 규모로 만들어짐으로써 종래 외래법에 상당 부분 의지하던 형법은 완전히 대한제국의 사법체계로 대체되었다. 이미 조선시대 명률은

323 1905년 『형법대전』 반포후 법부대신 이근호는 『민법대전』도 찬집할 것을 주장하였다 (도면회, 앞의 책, 2014, 306쪽). 이는 당초 법률기초위원회에서 형법과 민법을 순차적으로 기획했기 때문일 것이다. 하지만 『대명률』·『형법대전』 내에 민법적 요소가 상당수 들어 있어 이근호의 주장처럼 민의 불편함보다 근대법 기획자들이 서구식 제도와 대비해서 불비(不備)하다고 느낀 듯하다. 이는 갑오개혁기 서구식 근대화의 입장에서는 불비이겠으나 광무개혁기 구본신참(舊本新參)의 입장에서는 국법체계의 완성일 수 있었다. 러일전쟁·보호국화가 진행되면서 민법제정 움직임은 중단되었다.

324 『대한예전』 연구는 다음 참조. 이욱 외, 『대한제국의 전례와 대한예전』, 한국학중앙연구원, 2019; 이원택, 앞의 논문, 2008.

325 이병수는 『형법대전』에서 가족법 요소에 주목하였는데, 관인·민인의 구분 63조(官人遞加等級), 친속 간 구분 64조(親屬遞加減等級), 559조(牢約未成), 568조(居喪嫁娶), 569조(父母囚禁嫁娶), 571조(監臨官强娶), 572조(同姓同本婚), 573조(無服親嫁娶), 574조(內外親屬相婚), 578조(出妻), 579조(夫强制離異), 582조(違法立嗣) 등이다. 이외에도 22조(民事執行), 41조(民人), 61조(離異), 612조(田宅·山林冒認及强占律), 613조(田宅强占), 614조(田宅豪勢投獻) 등 다수의 조문에서 민법적 성격이 강하게 나타난다. 단, 괄호내용은 국사편찬위원회 분류기준. 이병수, 앞의 논문, 1975, 72~74쪽; 대한국법부, 『형법대전』, 대한국법부출판, 1906; 국사편찬위원회 「조선시대 법령자료」(전자판).

326 정진숙, 앞의 논문, 2009, 161쪽.

전체 율문 중 최대 50% 정도의 사용률을 보였다.[327] 17~18세기 『수교집록』・『신보수교집록』에서 「형전」 비중이 약 40%로 늘어나면서 명률을 조선의 수교로 대체입법하는 경우가 증가하였다.[328] 앞서 살폈듯이 「형률명례」・「적도처단례」에서 명률을 원용한 입법이 이루어졌으며, 대한제국기 명률연구를 바탕으로 근대법 개념을 도입하여 『형법대전』까지 편찬함으로써 형법까지 온전히 아국법으로 대체하였다.

특히 갑신정변과 청일전쟁 등을 겪으면서 『형법대전』에는 내란률(內亂律, 195조), 외란율(外亂律, 196~198조), 국권괴손율(國權壞損律, 200조), 외교소범율(外交所犯律, 201조), 조언율(造言律, 402조) 등의 조문이 집중적으로 보강되었고,[329] 위생(659~664조), 전선철도파괴(電線鐵道毀破, 192조・423조)[330] 등 근대사회를 반영하는 조문도 포함되었

---

327 심재우, 앞의 논문, 2007, 122~151쪽; 조지만, 앞의 책, 2007, 126~186쪽; 김백철, 앞의 책, 2010, 131~139쪽; 김백철, 앞의 책, 2016a, 485~498쪽; 심희기, 「근세조선의 민사재판의 실태와 성격」, 《법사학연구》 56, 한국법사학회, 2017, 2쪽.

328 김백철, 앞의 책, 2016b, 112~113쪽.

329 「의뢰외국치손국체자처단례(依賴外國致損國體者處斷例)」(법률 제2호, 1898.12.)가 반포되었고, 「의뢰외국치손국체자처단례개정건(依賴外國致損國體者處斷例改正件)」(법률 제4호, 1900)으로 개정되었다가 『형법대전』 국권괴손율(國權壞損律: 200조) 및 조언율(造言律: 402조) 등에 반영되었다. 『高宗實錄』 卷38, 高宗 35年 11月 22日(陽曆); 『高宗實錄』 卷40, 高宗 37年 4月 27日(陽曆); 정진숙, 앞의 논문, 2009, 162쪽.

330 전선파괴(『司法稟報(甲)』, 「義州府(→ 法部)報告」, 建陽 1年(1896) 8月 10日)・전차파괴(『司法稟報(乙)』, 「警務廳 → 法部)報告書」 第16號, 光武 3年(1899) 6月 3日; 『司法稟報(乙)』, 「漢城府 → 法部)報告書」 第81號, 光武 3年(1899) 6月 28日)・전기철도(電氣鐵道) 동선(銅線)절도(『司法稟報(乙)』, 「漢城府 → 法部)質稟書」 第□號, 光武 3年(1899) 8月 12日)가 확인되며, 이미 「전보사항범죄인처단례(電報事項犯罪人處斷例)」(1896.08.)・「우체사항범죄인처단례(郵遞事項犯罪人處斷例)」(1896.09.)・「철도사항범죄인처단례(鐵道事項犯罪人處斷例)」(1900.01.)의 제정된 상황을 반영한 것이다. 『高宗實錄』 卷34, 高宗 33年 8月 7日(陽曆); 『高宗實錄』 卷40, 高宗 37年 1月 23日(陽曆); 정진숙, 앞의 논문, 2009, 145~148쪽, 163쪽; 도면회, 앞의 책, 2014, 299쪽. ※단, 반포년월은 원사료 기준.

다. 기존통념과 달리 일본 측이 제시한 서구식 『형법초안』의 법문도 일부 반영되었으며(92조, 192조, 194~199조, 201조, 533조, 554조, 661조, 664조),[331] 『육군법률』의 체계가 거의 그대로 흡수되었다.[332] 『육군법률』·『형법대전』의 찬집으로 법률개념은 공유하면서도 집행대상은 군인·민간인으로 분리되었다. 형법·민법보다 군법·형법이 빠르게 진행된 것은 전통법에도 군인·민간인 구분이 조문별로 존재했으므로 추진이 용이했기 때문이다. 반면에 민법은 전통형법에 포함된 개념이었으므로 별도 추진은 우선순위에서 밀린 듯하다.

〈표 10〉『형법대전』 법원(法源) 구성비

전통법	조문수	근대법(중복포함)	조문수	신법	조문수
대전회통	15	재판소구성법	3	신규조문	138
대명률	321	적도처단례	32		
		형률명례	12		
		형법초안	13		
		형법초	128		
		육군법률	164		
		기타	1		
비중	49%	비중	30%	비중	20%

• 전거: 〈부표 4〉 『형법대전』 법원분류' 참조.

---

331 기존학계(문준영·정진숙)에서는 일본의 서구식 「형법초」는 폐기되었다고 보았으나 현재 국사편찬위원회 「조선시대 법령자료」(전자판)에서는 「형법초」와 대조하여 게시하였다. 문준영, 앞의 논문, 1999; 정진숙, 앞의 논문, 2009; 〈부표 4〉 『형법대전』 법원분류' 참조.
332 정진숙, 앞의 논문, 2009, 198~199쪽.

더욱이 대한제국기 『대한예전』은 『국조오례의』·『국조속오례의』의 체제를 거의 그대로 준용하면서 일부 용어만 황제국체제로 격상시켰던 반면에, 『형법대전』은 근대 서구법과 전통법인 명률까지 연구하여 반영함으로써 비로소 독자적인 형법체계를 구축하게 되었다.

총 680개조의 법원을 살펴보면 가장 빈도가 높은 법서는 전통법을 상징하는 『대명률』과 근대법을 대표하는 『육군법률』이다. 『대명률』을 연원으로 하는 경우는 321개조(47%)이며, 『육군법률』을 원용한 경우는 164개조(24%)이다. 전체 비율은 전통법(『대전회통』·『대명률』)의 비중이 336개조(49%), 근대법(『재판소구성법』, 「적도처단례」, 「형률명례」, 「형법초안」, 「형법초」, 『육군법률』)의 비중이 206개조(30%), 완전히 새롭게 만든 것이 138조(20%)이다.

『사법품보』(갑본·을본, 1894~1906)를 살펴보면, 초창기에는 『대명률』·『대전회통』·『중수무원록』[333] 등을 인용하여 사건을 분석하고 형량을 부과하였다.[334] 이는 죄형법정주의가 잘 구현되고 있음을 나타낸다.[335] 이후 「적도처단례」(1896~1901)가 만들어지자 『대명률』·『대

---

333 『司法稟報(甲)』, 「春川留守營(→ 法部)來牒」, 開國 504年(1895) 閏5月 2日;『司法稟報(甲)』, 「公州府(→ 法部)報告書」 第38號, 建陽 1年(1896) 5月 7日;『司法稟報(甲)』, 「(黃海道 → 法部)報告(書)」 第3號, 光武 4年(1900) 8月 26日.

334 이는 고등재판소·평리원의 「상소판결선고서」를 분석한 연구에도 동일하게 나타난다. 조지만, 「대한제국기 전율체계의 변화: 고등재판소 및 평리원 상소판결선고서를 중심으로」, 《법조》 61-6, 법조협회, 2012, 167~180쪽.

335 물론 마땅한 조문이 없을 경우, 불응위(不應爲)나 인율비부(引律比附)가 여전히 활용되고 있었으나 이전 시기보다는 현저히 비율이 감소되는 듯하며, 다소 층위가 다르지만 현재에도 사법부의 적극적 해석이 없는 것은 아니다. 『형법대전』 제2조에는 사형에서 인율비부를 금지하고 있는 등 유사조문 인용과 제한이 중도적인 단계에 있었다. 허일태, 앞의 논문, 2008, 93~107쪽.

전회통』의 상당 부분이 대체되고「형률명례」(1896~1900)**336** ·『법규

336 『司法稟報(乙)』,「(漢城(府) → 法部)質稟書」第973號, 光武 1年(1897) 10月 18日;『司法
稟報(乙)』,「(高等 → 法部)報告(書)」第13號, 光武 1年(1897) 12月 3日;『司法稟報(乙)』,
「(軍部 → 法部)照會」第□號, 光武 2年(1898) 4月 2日;『司法稟報(乙)』,「(高等裁判
所 → 法部)質稟書」第13號, 光武 2年(1898) 8月 14日;『司法稟報(乙)』,「(警務廳 → 法
部)報告書」第57號, 光武 2年(1898) 11月 7日;『司法稟報(乙)』,「(釜山港 → 法部)報告
書」第26號, 光武 2年(1898) 10月 28日;『司法稟報(乙)』19册,「(漢城府 → 法部)質稟
書」第87號, 光武 3年(1899) 7月 7日;『司法稟報(乙)』,「(平理院 → 法部)報告書」第131
號, 光武 3年(1899) 11月 11日;『司法稟報(乙)』,「(平理院 → 法部)質稟書」第6號, 光武
3年(1899) 12月 6日;『司法稟報(乙)』,「(平理院 → 法部)質稟書」第16號, 光武 3年(1899)
12月 11日;『司法稟報(乙)』23册,「(平理院 → 法部)質稟書」第7號, 光武 4年(1900) 1
月 24日;『司法稟報(乙)』23册,「(漢城府 → 法部)質稟書」第18號, 光武 4年(1900) 2月
12日;『司法稟報(乙)』,「(漢城府 → 法部)質稟書」第35號, 光武 4年(1900) 4月 3日;『司
法稟報(乙)』,「(平理院 → 法部)報告書」第249號, 光武 4年(1900) 9月 19日;『司法稟報
(乙)』,「(平理院 → 法部)質稟書」第9號, 光武 4年(1900) 11月 27日;『司法稟報(乙)』27
册,「(平理院 → 法部)質稟書」第12號, 光武 4年(1900) 12月 29日;『司法稟報(乙)』,「(平
理院 → 法部)報告書」第29號, 光武 5年(1901) 3月 9日;『司法稟報(乙)』,「(平理院 → 法
部)質稟書」第1號, 光武 5年(1901) 3月 18日;『司法稟報(乙)』,「(平理院 → 法部)質稟書」
第4號, 光武 5年(1901) 4月 19日;『司法稟報(乙)』,「(平理院 → 法部)質稟書」第20號,
光武 5年(1901) 4月 20日;『司法稟報(乙)』,「(平理院 → 法部)質稟書」第6號, 光武 5年
(1901) 4月 21日;『司法稟報(乙)』,「(平理院 → 法部)質稟書」第13號, 光武 5年(1901) 5
月 29日;『司法稟報(乙)』,「(平理院 → 法部)質稟書」第22號, 光武 5年(1901) 10月 9日;
『司法稟報(乙)』,「(平理院 → 法部)報告書」第141號, 光武 5年(1901) 6月 29日;『司法稟
報(乙)』,「(平理院 → 法部)質稟書」第38號, 光武 5年(1901) 11月 21日;『司法稟報(乙)』,
「(平理院 → 法部)質稟書」第5號, 光武 6年(1902) 1月 31日;『司法稟報(乙)』,「(漢城
府 → 法部)質稟書」第42號, 光武 6年(1902) 4月 19日;『司法稟報(乙)』,「(平理院 → 法
部)質稟書」第13號, 光武 6年(1902) 7月 25日;『司法稟報(乙)』,「(平理院 → 法部)報告
書」第19號, 光武 6年(1902) 9月 5日;『司法稟報(乙)』,「(平理院 → 法部)質稟書」第21
號, 光武 6年(1902) 10月 29日;『司法稟報(乙)』,「(平理院 → 法部)報告書」第199號, 光
武 6年(1902) 11月 18日;『司法稟報(乙)』,「(平理院 → 法部)質稟書」第11號, 光武 7年
(1903) 8月 27日;『司法稟報(乙)』,「(平理院 → 法部)質稟書」第14號, 光武 7年(1903)
10月 17日;『司法稟報(乙)』,「(平理院 → 法部)質稟書」第23號, 光武 7年(1903) 12月 24
日;『司法稟報(乙)』,「(平理院 → 法部)質稟書」第19號, 光武 8年(1904) 12月 8日;『司
法稟報(乙)』,「(平理院 → 法部)質稟書」第14號, 光武 6年(1902) 7月 25日;『司法稟報
(乙)』,「(平理院 → 法部)報告書」第27號, 光武 9年(1905) 2月 27日;『司法稟報(乙)』,
「(平理院 → 法部)報告書」第64號, 光武 9年(1905) 5月 5日.

유편』(1900)[337]이 편찬되면서 신법이 집대성되었다. 특히『법규유편』
에 실린「적도처단례」가 상당 부분 활용됨으로써 강도(7조 7항),[338] 절
도(8조 3항),[339] 발총(7조 16항),[340] 백주창탈(7조 11항),[341] 도박(10조 5
항)[342] 등 형사범을 처벌하는 데 필요한 실무규정이 별도로 집대성되
었다. 그리고『형법대전』이 찬집되자『중수무원록』을 제외한 대부분
의 전통법과 근대법이 대체되었다. 간헐적으로『흠흠신서(欽欽新書)』
를 인용하거나『대명률』을 여전히 비교하는 경우도 확인된다.

〈표 11〉『사법품보(갑 · 을)』의『형법대전』인용별 조문수

인용빈도	1~9	10~19	20~49	50~99	100~299	300 이상	합계
조문수/총조문수	198/680	19/680	14/680	2/680	2/680	1/680	236/680
비율	29%	2%	2%	0.2%	0.2%	0.1%	34%

• 전거: 〈부표 5〉 '『형법대전』의『사법품보』활용도' 참조.

『형법대전』은 1905년에 반포되었으므로 법부가 유지된 시기와 맞
추어보면, 실제로『사법품보』내에서는『형법대전』과 관련된 내용이
1905~1906년까지만 확인된다. 강제병합 이후 몇 년간 여전히 활용

337 『司法稟報(乙)』,「(黃海道 → 法部)報告(書)」第30號, 光武 4年(1900) 3月 9日;『司法稟
報(乙)』,「(全羅南道 → 法部)報告書」第57號, 光武 4年(1900) 8月 30日.
338 『司法稟報(甲)』,「(仁川港 → 法部)質稟書」第2號, 光武 8年(1904) 8月 31日.
339 『司法稟報(甲)』,「(京畿 → 法部)質稟書」第64號, 光武 8年(1904) 9月 30日.
340 『司法稟報(甲)』,「(慶尙南道 → 法部)報告(書)」第18號, 光武 8年(1904) 8月 13日.
341 『司法稟報(甲)』,「(咸鏡南道 → 法部)質稟書」第3號, 光武 8年(1904) 8月 9日.
342 『司法稟報(甲)』,「(黃海道 → 法部)報告(書)」第94號, 光武 8年(1904) 8月 15日;『司法稟
報(甲)』,「(三和港 → 法部)報告(書)」第15號, 光武 9年(1905) 5月 13日.

되었으나 『사법품보』는 법부 존속기간의 공문서이므로 제외되어 있다. 전체 680개조 중에서 실제 인용된 조문은 213개조로 약 34%에 달한다. 짧은 기간에 비하면 적지 않은 비중이다. 그중 300회 이상 인용된 조문은 1개, 100회 이상 300회 미만은 2개, 50회 이상 100회 미만은 2개, 20회 이상 50개 미만은 14개, 10회 이상 인용된 경우는 19개, 10회 미만은 198개이다.

〈표 12〉 『사법품보』의 『형법대전』 상위권 인용조문

형법대전	주요내용	빈도	순위	형법대전	주요내용	빈도	순위
593조	강도 (强盜)	308	1	631조	왕법률 (枉法律)	24	13
595조	절도 (竊盜)	154	2	493조	부모피살 (父母被殺)	23	공동14
479조	투구살 (鬪毆致殺)	120	3	385조	관사인장위조 (官司印章偽造)	23	공동14
129조	이죄이상처단 (二罪以上處斷)	84	4	499조	비유살해 (卑幼殺害)	21	15
678조	불응위율 (不應爲律)	57	5	473조	모살 (謀殺)	20	16
135조	종범일등감 (從犯一等減)	45	6	618조	절도강도장 (竊盜强盜贓)	19	공동17
458조	인총사굴 (人塚私掘)	34	공동7	134조	일죄재범처단 (一罪再犯處斷)	19	공동17
477조	고살(故殺)	34	공동7	488조	위력치사 (威力致死)	18	공동18
480조	투구공범 (鬪毆共犯)	32	8	481조	투구동모 (鬪毆同謀)	18	공동18

형법대전	주요내용	빈도	순위	형법대전	주요내용	빈도	순위
200조	국권괴손 (國權壞損)	31	9	312조	수도실(囚徒失)· 고종(故縱)	16	19
511조	투구상인 (鬪毆傷人)	27	공동10	594조	재물모인(財物冒認)· 창탈(搶奪)	15	공동20
599조	공혁취재 (恐嚇取財)	27	공동10	605조	강작처첩 (强作妻妾)	15	공동20
600조	사기취재 (詐欺取財)	26	11	534조	유부녀화간 (有夫女和姦)	15	공동20
492조	용강구타자진 (用强毆打自盡)	25	12	453조	유주분묘계한 (有主墳墓界限)	15	공동20

• 전거: 〈부표 5〉 『형법대전』의 「사법품보」 활용도' 참조.

그중 가장 많이 인용된 조문 1~20위를 살펴보면, 형사범죄의 일반적인 범죄유형이 주류를 이루고 시대상황을 반영하는 범죄도 확인된다. 먼저 재물 약탈사건은 1위 593조(强盜), 2위 595조(竊盜), 10위 599조(恐嚇取財), 11위 600조(詐欺取財), 17위 618조(竊盜强盜贓), 20위 594조(財物冒認搶奪)이며, 폭력상해는 8위 480조(鬪毆共犯), 10위 511조(鬪毆傷人), 18위 481조(鬪毆同謀)이며, 살인죄는 3위 479조(鬪毆殺), 7위 477조(故殺), 12위 492조(用强毆打自盡), 14위 493조(父母被殺), 15위 499조(卑幼殺害), 16위 473조(謀殺), 18위 488조(威力致死) 등이다.

기타범죄로 관리처벌은 13위 631조(枉法律), 19위 312조(囚徒失故縱)이며, 여성대상 범죄는 20위 605조(强作妻妾), 20위 534조(有夫女和姦)이며, 위조사건은 14위 385조(官司印章僞造)로 보인다. 또한 조선후기부터 급격히 늘어난 산송 문제가 부각되어[343] 7위 458조(人塚私掘), 20

위 453조(有主墳墓計限)로 나타났으며, 개항 이후 외국세력과 결탁한 범죄가 늘어나면서 9위 200조(國權壞損)도 비중이 높았다.

마지막으로 법리해석을 고민하는 문제이다. 4위 129조(二罪以上處斷)는 두 가지 이상 죄를 처벌하는 경우이고, 5위 678조(不應爲)는 규정상 적용이 애매하거나 가볍게 처벌할 때 사용한 경우이고, 6위 135조(從犯一等減)은 범죄가담 정도에 따른 차등처벌이고, 17위 134조(一罪再犯處斷)은 재범에 대한 처벌문제이다. 이러한 양상은『사법품보』에서『형법대전』이 편찬되기 전에『대명률』[344]이나「적도처단례」를 인용할 때 나타나는 사례와 매우 유사하다.

---

343 김경숙,『조선후기 山訟과 사회갈등 연구』, 서울대학교 국사학과 박사논문, 2002, 10~52쪽.

344 『사법품보』에 인용된『대명률』의 상위조문은 410조(不應爲), 25조(二罪俱發以重論), 27조(共犯罪分首從), 64조(制書有違), 313조(鬪毆及故殺人), 299조(發塚), 359조(誣告), 406조(失火), 30조(犯罪事發在逃), 181조(禁止師巫邪術), 416조(主守不覺失囚), 176조(祭享), 383조(詐假官), 378조(詐僞制書), 39조(加減罪例) 등이다. 〈부표 1〉『대명률』조선시대 최초활용 및 고종대 사례' 참조.

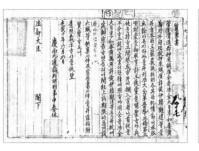

「질품서」(갑본 117권) 「질품서」(갑본 119권)

「보고서」(갑본 117권) 「보고서」(갑본 117권)

「판결선고서」(갑본 117권) 「판결선고서」(갑본 117권)

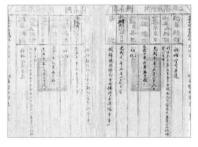

「형명부」(갑본 117권) 「형명부」(갑본 127권)

〈그림 1〉 『사법품보』 공통양식 사례 (서울대학교 규장각한국학연구원 소장본)

「초사(招辭)」(갑본 127권)

「취초초사공안(取招招辭供案)」(갑본 117권)

「죄인문공성책(罪人問供成册)」(갑본 121권)

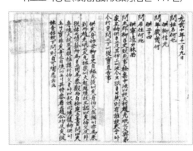

「공안(供案)」(갑본 127권)

「조회」(갑본 122권)

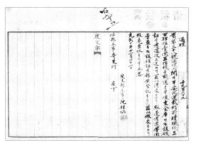

「통첩」(갑본 127권)

「조복」(을본 4권)

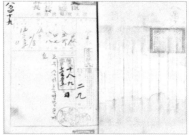

「전보」(갑본 120권)

〈그림 2〉 『사법품보』 기타양식 사례 (서울대학교 규장각한국학연구원 소장본)

제2부

—

근대 법치사회의 실상

제3장

전통형정의 계승과 신제도의 도입

1. 사법제도의 운영변화

1) 운영체계의 재편

앞서 살폈듯이 『사법품보』에 수록된 공문서를 구분해보면, 일반형
정(52%), 기존범죄(33%), 신규범죄(14%) 등으로 나뉜다(〈그림 3〉). 그
중 일반형정 내 형정업무는 전체에서 36%나 차지한다(〈표 3〉). 따라
서 법부와 지방재판소 사이에 벌어진 문서행정의 내용에 대해서 검
토해볼 필요가 있다. 광무개혁이 시작되었다고 해서 갑오개혁이 모
두 무위로 돌아가지는 않았으며 단지 일본제국의 지배를 위한 조치
나 극단적인 일본식 정책만 폐기되었을 뿐이다. 여기서는 앞서 간략
히 살핀 사법체계 근대화과정을 『사법품보』에 맞추어서 구체적으로
살펴보고자 한다.

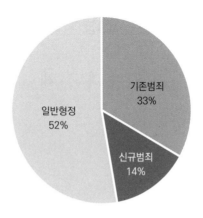

<그림 3> 『사법품보』 문서별 구성비율

(1) 사법행정의 재정비

첫째, 지방재판소의 설치이다. 갑오개혁기 민정(民政)계통은 23부 제와 5등군제가 실시되었고,[1] 여기에 형정(刑政)계통은 「재판소구성 법」에 따라 고등재판소−23부 지방재판소 · 개항장재판소가 개설되었 다.[2] 이것이 광무개혁으로 평리원−13도 지방재판소 · 개항장재판소 로 재편되었을 뿐이다.[3] 갑오개혁기 8도에서 23부로, 광무개혁기 23 부에서 13도로 각기 바뀌었다.[4]

---

1 김백철, 앞의 논문, 2016, 294~296쪽; 김백철, 앞의 논문, 2022, 33~37쪽.

2 【갑오개혁】『高宗實錄』卷33, 高宗 32年 3月 丙申(25日), 「裁判所構成法」(法律 第1號);
   【광무개혁】『高宗實錄』卷39, 高宗 36年 5月 30日(陽曆), 「裁判所構成法改正件」(法律 第
   3號);【강제병합직전】『純宗實錄』卷3, 純宗 2年 10月 28日(陽曆), 「裁判所構成法廢止」
   (法律 第28號) · 「裁判所構成法施行法廢止」(法律 第29號) · 「裁判所設置法廢止」(法律 第
   30號).

3 『高宗實錄』卷39, 高宗 36年 5月 30日(陽曆), 「裁判所構成法改正件」(法律 第3號);『司法
   稟報(甲)』, 「(忠淸北道 → 法部)報告書」第56號, 光武 3年(1899) 6月 16日.

4 『承政院日記』, 開國 505년(1896) 高宗 33年 6月 25日(己丑)[陽曆 8月 4日].

하지만 지방재판소의 경우 갑오개혁기 23부는 개항장을 포함하여 설치된 것이고,[5] 광무개혁기에는 13도 관찰부(觀察府)와 개항시·개항장에 감리서(監理署)를 세우고, 감리가 재판소 판사를 겸직하게 하였다. 곧 한성재판소 및 13도 재판소 이외에도 무안항·삼화항·부산항·창원항·성진항·옥구항·덕원항·길주항·경흥항·인천항·평양시·의주시 등 개항장·개항시 등에 점차 감리서가 설치되어 재판소를 겸하였다.[6] 평안남도는 평양에 치소(治所)가 있었으므로 지방재판소와 감리서가 중첩되어 평양부윤이 감리와 판사를 모두 겸하였다.[7] 따라서 지방제도변화에도 불구하고 재판소 총수는 변동되지 않았다(지방재판소 13+개항장재판소 9+개항시재판소 2−중복 1=23개).

종래 개항장에 감리가 파견되었으나 갑오개혁기 혁파·증설을 반

---

5 仁川裁判所(仁川·개항장), 釜山裁判所(東萊·개항장), 元山裁判所(元山·개항장), 忠州裁判所(忠州), 洪州裁判所(洪州), 公州裁判所(公州), 全州裁判所(全州), 南原裁判所(南原), 羅州裁判所(羅州), 濟州裁判所(濟州), 晉州裁判所(晉州), 大邱裁判所(大邱), 安東裁判所(安東), 江陵裁判所(江陵), 春川裁判所(春川), 開城裁判所(開城), 海州裁判所(海州), 平壤裁判所(平壤·차후 開港市), 義州裁判所(義州·차후 開港市), 江界裁判所(江界), 咸興裁判所(咸興), 甲山裁判所(甲山), 鏡城裁判所(鏡城) 등 23개 재판소. 『高宗實錄』卷34, 高宗 33年 1月 20日(陽曆).

6 【무안항·삼화항】『高宗實錄』卷36, 高宗 34年 10月 5日(陽曆);【부산항】『司法稟報(乙)』, 「東萊監理兼釜山港裁判所判事 → 法部大臣)報告(書)」第□號, 光武 2年(1898) 9月 27日; 【창원항·성진항·평양시】『高宗實錄』卷39, 高宗 36年 5月 22日(陽曆);【옥구항】『司法稟報(乙)』, 「(沃溝港監理兼裁判所判事 → 法部大臣)報告(書)」第7號, 光武 4年(1900) 11月 30日;【덕원항·삼화항】『承政院日記』, 光武 5年(1901) 6月 15日(己酉)[陽曆 7月30日]; 【길주항】『高宗實錄』卷42, 高宗 39年 8月 20日(陽曆);【의주시】『司法稟報(乙)』, 「義州市裁判所判事 → 法部大臣)報告書」第5號, 光武 8年(1904) 12月 27日;【경흥항】『公文接受』1冊, 慶興監理兼任裁判所判事署理主事 → 法部大臣)報告書」第7號, 光武 9年(1905) 11月 22日;【인천항】『公文接受』2冊, 「仁川港裁判所判事 → 法部大臣)質稟書」第4號, 光武 10年(1906) 6月 15日.

7 『承政院日記』, 光武 5年(1901) 6月 8日(壬寅)[陽曆 7月 23日].

복하다가,[8] 광무개혁기에 일괄적으로 재정비되었다.[9] 특히 평양시·의주시는 개항시(開港市)가 되어 중계무역·국경무역 장소로서 각기 재판소가 설치되었다.[10] 감리제도는 청일전쟁(갑오개혁)·러일전쟁(을사늑약)으로 폐지됨으로써 자주적 근대화의 실현과 좌절을 상징하는 지표처럼 보인다.[11]

관찰부 이하 군현의 등급을 5단계로 나누는 5등군제는 여전히 지속되었으므로 재판과정도 동일하게 유지되었다. 곧 5등군으로 변모한 각군에서 예비조사를 거친 뒤 23부·13도 지방재판소가 사건을 재판한 것이다. 각군은 기초적인 검토권한은 있었으나 최종판결은 관찰부 관찰사가 겸임한 지방재판소 판사의 심리를 거쳐야 했다. 지방재판소는 서류로 심리를 맡되 필요에 따라 직접 심문했다. 이러한 사법절차는 조선시대와 본질적으로 다르지 않았으며, 단지 지방재판소라는 이름이 관찰부(前監營)[12]에 부여되고 판사(觀察使)·검사(參書官) 구분이 새롭게 추가된 정도가 외형적인 변화였다.[13]

---

8 민회수, 「1880년대 釜山海關·監理署의 개항장업무 관할체계」, 《한국학논총》 47, 국민대학교 한국학연구소, 2017, 242~266쪽.

9 『高宗實錄』 卷39, 高宗 36年 5月 4日(陽曆), 各港市場監理署官制及規則(勅令 第15號).

10 『高宗實錄』 卷39, 高宗 36年 5月 22日(陽曆), 昌原港城津港平壤市裁判所設置件(勅令 第21號);『司法稟報(乙)』, 「(義州市)裁判所判事 → 法部大臣)報告書」 第5號, 光武 8年(1904) 12月 27日.

11 민회수, 「을사늑약 이후 監理署의 폐지와 府尹의 외국인 업무관할」, 《한국학논총》 55, 국민대학교 한국학연구소, 2021, 283~313쪽.

12 조선시대 도(道)의 치소는 직함에 따라 관찰사영(觀察使營: 관찰사)·감영(監營: 감사)·순영(巡營: 순찰사) 등으로 다양하게 불렸으며 23부제 이후 관찰부가 새로운 명칭으로 등장했다.

13 『高宗實錄』 卷33, 高宗 32年 6月 庚午(1日), 「各府觀察使參書官郡守判檢事事務執行件을 定홈」(法部 訓令 第二號).

둘째, 항소(抗訴)제도 재정비이다. 백성이 지방재판소 판결에 불복할 경우 평리원에 항소할 수 있었고,[14] 심지어 법부에 직접 소장을 제기하는 경우도 적지 않았다.[15] 소장이 접수되면 일단 관아에서는 최선을 다해서 심리를 하고 억울함을 없애주고자 했다. 그 대상으로는 각군, 관찰부(지방재판소), 평리원(고등법원·고등재판소의 후신), 법부(혹은 중앙아문) 등이 망라되었다. 앞서 살폈듯이 시기별로 2~3심 법원의 역할에 변화가 없지 않았으나 민의 경우 중앙의 제도변화와 무관하게 각 아문에 소장을 올리기 바빴으므로 종래와 거의 비슷하게 운영되었다. 절차를 지키지 않을 경우 원칙상 월소율(越訴律)로 처벌받았으나 대개 심리 자체가 거절되지 않았다. 법부는 지방재판소뿐 아니라 평리원의 판결조차 잘못을 지적하면서 다시 조사하도록 지방재판소에 「지령」을 내릴 정도로 막강한 지휘권을 행사했다.[16]

조선시대에도 『경국대전』「형전」 '결옥일한(決獄日限)'이 제시되어 있

---

14 【고등재판소】『司法稟報(乙)』, 「(漢城裁判所 → 法部)報告書」 第12號, 光武 2年(1898) 2月 5日; 『司法稟報(乙)』, 「(高等裁判所 → 法部)質稟書」 第6號, 光武 2年(1898) 4月 25日; 【평리원】『司法稟報(甲)』, 「(黃海道 → 法部)報告(書)」 第9號, 光武 3年(1899) 11月 30日; 『司法稟報(甲)』, 「(京畿 → 法部)報告書」 第105號, 光武 3年(1899) 12月 8日; 『司法稟報(甲)』, 「(江原道 → 法部)報告書」 第7號, 光武 4年(1900) 2月 21日; 『司法稟報(甲)』, 「(廣州府 → 法部)報告書」 第3號, 光武 5年(1901) 7月 4日; 『司法稟報(甲)』, 「(竹山郡 → 法部)報告書」 第1號, 光武 5年(1901) 8月 21日; 『司法稟報(甲)』, 「(忠淸北道 → 法部)報告書」 第65號, 光武 5年(1901) 10月 28日.

15 【법부】『司法稟報(甲)』, 「(江原道 → 法部)報告書」 第67號, 光武 3年(1899) 7月 8日; 『司法稟報(甲)』, 「(江原道 → 法部)報告書」 第77號, 光武 3年(1899) 8月 19日; 『司法稟報(甲)』, 「(平安北道 → 法部)報告書」 第74號, 光武 3年(1899) 10月 10日; 『司法稟報(甲)』, 「(京畿 → 法部)報告書」 第105號, 光武 3年(1899) 12月 8日; 『司法稟報(甲)』, 「(忠淸南道 → 法部)報告(書)」 第2·107號, 光武 5年(1901) 6月 15日·8月 2日; 『司法稟報(甲)』, 「(濟州牧 → 法部)報告書」 第7號, 光武 6年(1902) 3月 28日; 『司法稟報(甲)』, 「(平安北道 → 法部)報告書」 第29號, 光武 7年(1903) 月日未詳.

16 『司法稟報(甲)』, 「(忠淸南道 → 法部)報告書」 第71號, 光武 4年(1900) 11月 11日.

으나[17] 해당 조문은 옥사의 성격에 따라 심리기한을 명시하였을 뿐 상소기한까지 제시하지 않았다. 그런데 이때 「민·형사소송에 관한 규정」(법부령 제3호, 1895.04.29.)이 반포되면서 판결 불복 시 상소절차가 구체화되었다.[18] 판결후 상소기한(上訴期限/申訴期限)의 경우 형사소송 3일, 민사소송 15일 이내였다가 개정후 『형법대전』은 선고후 형사소송 5일 이내, 민사소송 15일 이내 고등재판소(평리원의 전신)에 항소할 수 있도록 바뀌었다.[19] 또 지방의 거리를 감안하여 1일에 80리씩 계산하여 연장시켜주기도 했다.[20] 판사는 상소하는 격식도 알려주어야 했다. 처음에는 법부대신의 승인을 받아서 선고하였다가 「형률명례」 제15조 개정(1900.01.13.)을 통해서 지방재판소 판사가 먼저 선

---

17 "凡決獄, 大事【註: 死罪】, 限三十日. 中事【註: 徒流】, 二十日. 小事【註: 笞杖】, 十日." 『經國大典』, 刑典, 決獄日限.

18 【민사상소기간】 "第二十條 上訴는 原告人 及 被告人이 此를 行ᄒᆞᆷ을 得홈. 第二十一條 上訴期間은 判決 잇는 日로붓터 十五日 以內로 홈. 巡廻裁判所에 對ᄒᆞᆫ 上訴는 其 管轄되는 巡廻裁判 開廷이 無ᄒᆞᆫ 時에 限ᄒᆞ야 上訴期間을 經過ᄒᆞ야도 此를 行ᄒᆞᄂᆞᆫ 事를 得홈 然이나 次의 開廷 後 十日을 經過ᄒᆞ면 得지 못홈." 『民刑訴訟에 關ᄒᆞᆫ 規程』, 第1章 民事, 第2款 上訴裁判所(法部令 第3號, 1895.04.29.); "申訴ᄒᆞᄂᆞᆫ 期限은……民事는 判決後 十五日 以內로 定홈이라." 『刑法大全』, 第1編 法例, 第1章 用法範圍, 第5節 期限通規, 第20條. 【형사상소기간】 "第三十九條 上訴는 檢事와 被告와 又 被害者로서 此를 行ᄒᆞᄂᆞᆫ 事를 得홈. 第四十條 上訴의 期間은 判決의 日로붓터 三日 內로 홈." 『民刑訴訟에 關ᄒᆞᆫ 規程』, 第2章 刑事, 第2款 上訴裁判所(法部令 第3號, 1895.04.29.); "申訴ᄒᆞᄂᆞᆫ 期限은, 刑事는 宣告 後 五日 以內며……" 『刑法大全』, 第1編 法例, 第1章 用法範圍, 第5節 期限通規, 第20條.

19 『司法稟報(甲)』, 「(京畿 → 法部)報告書」 第16號, 光武 4年(1900) 2月 11日.

20 "宣告ᄒᆞ고 上訴期間 三日【註: 外 各 裁判所ᄂᆞᆫ 海陸路 每一日 八十里式 計程호 外에 算期】을 經흔 後에 반다시 法部大臣에게 質稟ᄒᆞ야 指令을 待ᄒᆞ야 執行ᄒᆞᆷ이 可홈' 六十三 字를 添入홈이라." 『刑律名例中改正件』(法律 第2號, 1900.01.11.); "但 距遠흔 地方에ᄂᆞᆫ 期限을 除흔 外에 每一日에 八十里로 計算홈이라." 『刑法大全』, 第1編 法例, 第1章 用法範圍, 第5節 期限通規, 第20條.

고하고 법부에 보고하도록 바뀌었다.[21] 법정에서는 범인에게 소리 내어 읽어주도록 했다. 다만 중형(重刑: 殺獄·懲役終身)·의죄(疑罪)는 법부에 질의(質疑)하여 재가를 얻어야 했다. 일반적인 범죄는 먼저 선고후 보고만 하였다.[22]

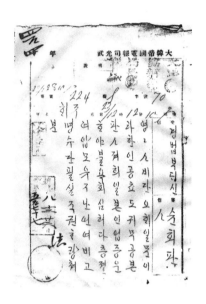

〈그림 4〉 『사법품보(을)』 순회판사 전보[1904] (서울대학교 규장각한국학연구원 소장본)

---

21 "第十五條 罪人은 下에 '반다시 法部大臣의 指令을 待ㅎ야 宣告ㅎ미 可홈' 二十字눈 刪去ㅎ고 '宣告ㅎ고 上訴期間 三日을 經혼 後에 반다시 法部大臣에게 質稟ㅎ야 指令을 待ㅎ야 執行ㅎ미 可홈' 六十三字를 添入홈이라."「刑律名例中改正件」(法律 第2號, 1900.01.11.);『司法稟報(甲)』,「(全羅南道 → 法部)報告書」第26號, 光武 4年(1900) 2月 28日;『司法稟報(甲)』,「(釜山港 → 法部)報告(書)」第26號, 光武 4年(1900) 5月 10日, 法部「訓令」第20號;『司法稟報(甲)』,「(忠淸北道 → 法部)報告書」第30號, 光武 4年(1900) 5月 10日, 法部「訓令」第20號.

22 『高宗實錄』卷33, 高宗 32年 4月 庚午(29日);『刑法大全』, 第1編 法例, 第1章 用法範圍, 第5節 期限通規, 第20條;『司法稟報(甲)』,「(京畿 → 法部)報告書」第16號, 光武 4年(1900) 2月 11日.

셋째, 순회재판소의 운영이다. 순회재판소는 갑오개혁기 「재판소
구성법」에 명시되었으나[23] 처음에는 열리지 못했고 사안이 발생하면
고등재판소가 사무를 대신하였다.[24] 이 때문에 학계에서는 그동안 실
존하지 않았다고 알려져왔다. 그러나 광무개혁기에 이르러 비로소
세칙이 만들어졌는데,[25] 1904년 순회판사가 직접 보고한 다수의 전
보가 남아 있으며,[26] 1906년 평안남도 강서군에서 순회판사의 파견을
요청한 기록도 보인다.[27] 따라서 종래 인식과 달리 순회재판소는 실
제 운영되었음을 알 수 있다.

하지만 이미 지방·중앙에 정교한 사법기구가 상시적으로 작동하
였을 뿐 아니라 아직 지방에 파견되고 있던 어사직무와 상당히 중첩
되었으므로 순회판사제도 전환에는 좀더 시간이 필요했다. 고종대까
지도 어사는 지방을 감찰하였을 뿐[28] 아니라 재판에도 관여하였다.[29]
특히 1904년에는 어사[繡衣]와 순회판사가 동시에 확인되므로,[30] 아

23 【갑오개혁】『高宗實錄』卷33, 高宗 32年 3月 丙申(25日), 法律 제1호 「裁判所構成法」; 『高
　宗實錄』卷33, 高宗 32年 4月 庚午(29日); 【광무개혁】 "巡廻裁判所, 每年自三月至九月
　開廷. 各開港市場及地方裁判所民刑訴訟判決不服上訴件, 受理裁判." 『高宗實錄』卷39,
　高宗 36年 5月 30日(陽曆).
24 『高宗實錄』卷33, 高宗 32年 4月 庚午(29日), 「監營留守營及其他地方에셔 ᄒᆞᄂᆞᆫ 裁判에 不
　服ᄒᆞᆫ 上訴ᄂᆞᆫ 巡廻裁判을 開始ᄒᆞᆯᄯᅵ까지 總合高等裁判所에셔 受理審判ᄒᆞ」(法律 第7號).
25 『司法稟報(乙)』, 「(議政府 → 法部)照會」第142號, 光武 4年(1900) 12月 26日; 『高宗實錄』
　卷40, 高宗 37年 12月 27日(陽曆).
26 『司法稟報(乙)』, 「(巡廻判事 → 法部大臣)戰報」, (光武 4年/1904) 日子未詳(5건).
27 『司法稟報(乙)』, 「(平安南道江西郡 → 法部)報告書」第1號, 光武 10年(1906) 1月 17日.
28 『高宗實錄』卷1, 高宗 1年 2月 壬午(11日)·3月 癸卯(3日)·壬子(12日)·6月 庚午(1日);
　『高宗實錄』卷4, 高宗 4年 4月 丙午(23日)·庚戌(27日)·6月 戊戌(16日)·7月 辛未(20
　日)·9月 乙亥(25日); 『司法稟報(甲)』, 「(全羅南道 → 法部)報告書」第14號, 光武 2年
　(1898) 3月 4日.
29 『高宗實錄』卷4, 高宗 4年 6月 丁亥(5日)·7月 己巳(18日).
30 【繡衣】『司法稟報(乙)』, 「(平理院檢事 → 法部大臣)報告書」第127號, 光武 8年(1904) 10

직 국왕을 직접 대리하는 어사와 특정사건에 국한된 순회판사 사이
에는 일정한 간극이 있었을 것이다. 그런데 어사·시찰관·시찰사
(視察使),**31** 공사관(公事官)·경찰사(警察使)·시찰어사·순찰사(巡察
使)·순찰관(巡察官)·도찰사(都察使),**32** 각종 수행원**33** 등을 사칭하는
범죄가 점차 많아졌고 어사가 지방에서 폐단을 부린다는 비난도 커
졌다.**34** 이에 지방 특별사법기구의 독립도 필요성이 대두하면서 어사

月 5日;【순회판사】『司法稟報(乙)』,「(巡廻判事 → 法部大臣)戰報」, (光武 4年/1904) 日
子未詳(5건).

31 【어사사칭】『高宗實錄』卷4, 高宗 4年 3月 乙亥(21日);『司法稟報(甲)』,「(忠淸南道 → 法
部)報告書」第2號, 建陽 1年(1896) 8月 15日;『司法稟報(甲)』,「(平安南道 → 法部)報告
書」第56號, 光武 2年(1898) 12月 7日;『司法稟報(乙)』,「(內部 → 法部)照會」第2號, 光
武 3年(1898) 1月 14日;『司法稟報(甲)』,「(咸鏡南道 → 法部)質稟書」第7號, 光武 6年
(1902) 9月 28日;【어사─視察官·視察使사칭】『司法稟報(甲)』,「(黃海道 → 法部)報告
(書)」第3·17號, 光武 3年(1899) 1月 3·31日;『司法稟報(甲)』,「(忠淸北道 → 法部)
質稟書」第38號, 光武 5年(1901) 7月 13日.

32 【公事官·警察使·察御使사칭】『司法稟報(甲)』,「(江原道 → 法部)報告書」第62號, 光
武 3年(1899) 6月 18日;【巡察使·巡察官사칭】『司法稟報(甲)』,「(忠淸北道 → 法部)報
告書」第76號, 光武 3年(1899) 9月 9日;『司法稟報(甲)』,「(江原道 → 法部)報告書」第35
號, 光武 5年(1901) 6月 18日;【禁察使사칭】『司法稟報(甲)』,「(忠淸北道 → 法部)報告
書」第24號, 光武 7年(1903) 6月 8日;【三南都察使사칭】『司法稟報(乙)』,「(濟州牧裁判所
檢事試補 → 法部大臣)報告書」第1號, 光武 6年(1902) 2月 28日;『司法稟報(乙)』,「(務安
港 → 法部)報告(書)」第7號, 光武 6年(1902) 3月 23日.

33 【어사수행원사칭】『高宗實錄』卷3, 高宗 3年 7月 壬午(26日);『司法稟報(甲)』,「(黃海
道 → 法部)報告(書)」第30·60號, 建陽 2年(1897) 4月 8日·6月 22日;『司法稟報(甲)』,
「(忠淸北道 → 法部)報告書」第97號, 光武 2年(1898) 8月 26日;『司法稟報(甲)』,「(釜
山港 → 法部)報告(書)」第39號, 光武 4年(1900) 8月 11日;『司法稟報(甲)』,「(全羅北
道 → 法部)質稟書」第11號, 光武 4年(1900) 9月 17日;【시찰사수행원사칭】『司法稟報
(甲)』,「(忠淸北道 → 法部)報告書」第14號, 光武 3年(1899) 2月 17日;『司法稟報(甲)』,
「(忠淸北道 → 法部)報告書」第44號, 光武 5年(1901) 8月 1日;【안렴사수행원사칭】『司
法稟報(甲)』,「(全羅南道 → 法部)質稟書」第25號, 光武 4年(1900) 2月 27日;【찰리사수
행원사칭】『司法稟報(甲)』,「(釜山港 → 法部)報告(書)」第3號, 光武 7年(1903) 1月 21日.

34 『高宗實錄』卷35, 高宗 34年 4月 8日(陽曆);『司法稟報(乙)』,「(平理院檢事 → 法部大臣)
報告書」第127號, 光武 8年(1904) 10月 5日.

가 수행하는 사법기능은 점차 순회재판소로 이관된 듯하다.³⁵

넷째, 법부의 감독강화이다. 본래 감영의 관찰사가 지닌 유형(流刑) 이하 재판권³⁶은 갑오개혁을 거쳐 징역종신 미만으로 바뀌었다. 한편 으로는 국사범 이외의 유형이 모두 징역형으로 바뀌었고,³⁷ 다른 한 편으로는 사수(死囚)뿐 아니라 징역종신까지 중앙의 재가대상이 확장 되었음을 의미한다. 다만, 『형법대전』 단계에서 유형은 반란에서 사 죄(死罪)가 아니거나 공죄(公罪)로서 금옥(禁獄)을 초과한 사람으로 바 뀌었다.³⁸ 사형·징역종신 이상은 모두 법부의 보고·재가를 거쳐 효 력이 발생했으므로,³⁹ 그에 해당하는 인명·강도사건도 매월 정기적 으로 보고하도록 하였다.⁴⁰ 이하 형벌은 재판소 판사의 판결에 좌우 되었으나 이조차도 모두 법부에 보고한 뒤 율문적용이 적합한지 혹 은 절차가 법규를 따르고 있는지 검토받아야 했다. 따라서 법부의 잦 은 질책으로 사실상 지방재판소 판사의 독자적인 판결권은 종래보다

---

35 다만, 순회재판소가 영국·미국에서는 상설사법기구가 감당하지 못하는 지역에 비상설 로 운영되는 개념이므로 반드시 근대사법제도는 아니다. 영국은 절대왕정의 지방장악과 정에서 탄생한 것이고 미국은 영국식 사법제도를 도입하였을 뿐 아니라 국토면적이 넓 어서 현재까지 운영되는 것이다. 이 역시 서구화라고 할 수 있을지언정 근대화인지는 재 고가 필요하다. 현재 대한민국에 순회법원이 운영되지 않는 것 역시 마찬가지 이유이다.

36 『大明律』, 刑律, 斷獄, 有司決囚等第;『太宗實錄』卷34, 太宗 17年 11月 辛酉(10日);『成 宗實錄』卷111, 成宗 10年 11月 乙酉(4日);"本曹[刑曹]開城府觀察使, 流以下直斷, 各衙 門, 笞以下直斷."『經國大典』, 刑典, 推斷; 김백철, 앞의 책, 2016a, 187~191쪽.

37 "國事에 關하는 犯罪는 流刑을 存하고 徒刑을 懲役으로 換하되 就役을 免함."「懲役處 斷例」, 第2條(法律 第6號, 1895.04.29.).

38 "流刑은 反亂에 死罪를 除혼 外와 官員의 公罪로 禁獄에 過혼 罪를 犯혼 者에게 施用 홈이라."『刑法大全』, 第3編 刑例, 第1章 刑罰通則, 第2節 主刑處分, 第107條.

39 "各 裁判所에 在혼 役刑終身以上律에 該當홀만혼 罪人은 반다시 法部大臣의 指令을 待 호야 宣告홈이 可홈."「刑律名例」, 第17條(法律 第3號, 1896.04.04.).

40 "漢城及各地方各港場裁判所의 人命及強盜獄案은 法部로셔 其 處刑홈을 先許ᄒ고 每月 終에 都聚ᄒ야 上奏홈이 可홈."「刑律名例」第9條(法律 第3號, 1896.04.04.).

훨씬 더 위축되었다.[41]

지방재판소에 자단권(自斷權)이 있는 사건은 법부의 간섭이 덜하였으나 징역종신·교형은 법부의 승인이 필요했다.[42] 문제는 이미 선고 후 법부의 질책으로 율문·형량·집행절차 등을 재조정하는 경우가 적지 않게 발생했다는 점이다.[43] 이는 지방재판소 판결의 신뢰성에 좋

---

41 『司法稟報(甲)』, 「(慶尙南道 → 法部)報告書」第7號, 光武 4年(1900) 9月 21日; 『司法稟報(甲)』, 「(江原道 → 法部)報告書」第77號, 光武 5年(1901) 11月 17日; 『司法稟報(甲)』, 「(平安北道 → 法部)報告書」第29號, 光武 6年(1902) 6月 5日; 『司法稟報(甲)』, 「(慶尙南道 → 法部)報告(書)」第85號, 光武 6年(1902) 12月 9日; 『司法稟報(甲)』, 「(忠淸南道 → 法部)質稟書」第4號, 光武 7年(1903) 4月 26日; 『司法稟報(甲)』, 「(江原道 → 法部)報告書」第19號, 光武 7年(1903) 6月 29日; 『司法稟報(甲)』, 「(元山港 → 法部)報告書」第11·14號, 光武 7年(1903) 8月 3日·28日; 『司法稟報(甲)』, 「(平安北道 → 法部)報告書」第37號, 光武 8年(1904) 8月 12日; 『司法稟報(甲)』, 「(全羅北道 → 法部)報告書」第49號, 光武 8年(1904) 10月 11日; 『司法稟報(甲)』, 「(慶尙北道 → 法部)報告書」第33號, 光武 9年(1905) 5月 14日; 『司法稟報(甲)』, 「(江原道 → 法部)質稟書」第24號, 光武 9年(1905) 5月 15日; 『司法稟報(甲)』, 「(三和港 → 法部)報告(書)」第18·19號, 光武 9年(1905) 6月 15日.

42 『司法稟報(甲)』, 「(忠州府 → 法部)報告書」第26號, 開國 504年(1895) 11月 13日; 『司法稟報(甲)』, 「(洪州府 → 法部)報告書」第18號, 建陽 1年(1896) 6月 20日; 『司法稟報(甲)』, 「(黃海道 → 法部)報告(書)」第38號, 建陽 1年(1896) 11月 25日; 『司法稟報(甲)』, 「(黃海道 → 法部)報告(書)」第9號, 光武 3年(1899) 11月 30日; 『司法稟報(甲)』, 「(全羅南道 → 法部)報告書」第26號, 光武 4年(1900) 2月 28日; 『司法稟報(甲)』, 「(釜山港 → 法部)報告(書)」第26號, 光武 4年(1900) 5月 10日; 『司法稟報(甲)』, 「(仁川港 → 法部)報告書」第11·19號, 光武 4年(1900) 5月 22日·9月 2日; 『司法稟報(甲)』, 「(忠淸南道 → 法部)報告書」第45號, 光武 8年(1904) 6月 29日; 『司法稟報(甲)』, 「(濟州牧 → 法部)報告書」第41號, 光武 8年(1904) 12月 11日; 『司法稟報(甲)』, 「(忠淸南道 → 法部)質稟書」第8號, 光武 9年(1905) 3月 25日; 『司法稟報(甲)』, 「(江原道 → 法部)質稟書」第24號, 光武 9年(1905) 5月 15日; 『司法稟報(甲)』, 「(黃海道 → 法部)質稟(書)」第32號, 光武 9年(1905) 6月 20日.

43 『司法稟報(甲)』, 「(慶尙南道 → 法部)報告書」第7號, 光武 4年(1900) 9月 21日; 『司法稟報(甲)』, 「(江原道 → 法部)報告書」第77號, 光武 5年(1901) 11月 17日; 『司法稟報(甲)』, 「(平安北道 → 法部)報告書」第29號, 光武 6年(1902) 6月 5日; 『司法稟報(甲)』, 「(慶尙南道 → 法部)報告(書)」第85號, 光武 6年(1902) 12月 9日; 『司法稟報(甲)』, 「(忠淸南

지 않은 영향을 미쳤다. 심지어 지방재판소 판사가 파면되거나[44] 고등재판소에 자진 출두[自現]한 경우도 나타났다.[45] 판사(관찰사)는 백성의 고발로 수시로 피소되어 재판절차에 적합성을 놓고 조사를 받아야 했다.[46] 이에 종래 관찰사의 재신급 지위는 더 이상 유지되지 못했다. 개항장에서는 경무관 역시 재판에 개입하여 판사(감리)에 대해 월권을 행사하다가 해임되기도 했다.[47] 고등재판소·평리원에서는 군수의 체포가 판사보다 훨씬 자주 나타나는데 대부분 공금횡령(체납·미납·유용 등)이 사유였고,[48] 일단 고발되면 먼저 체포후 무죄 여부를 조사한 뒤 석방하였으며,[49] 범죄가 발각되면 횡령액은 완납해야만 했다.[50] 이처럼 많은 수의 지방관을 신속히 체포하는 사례는 전무후무한 사법행정이었다. 이는 당시 조정이 민의 이반에 얼마나 신경을 쓰고 있었는지를 보여준다.

道 → 法部)質稟書」第4號, 光武 7年(1903) 4月 26日;『司法稟報(甲)』,「(江原道 → 法部)報告書」第19號, 光武 7年(1903) 6月 29日;『司法稟報(甲)』,「(元山港 → 法部)報告書」第11·14號, 光武 7年(1903) 8月 3日·28日;『司法稟報(甲)』,「(平安北道 → 法部)報告書」第37號, 光武 8年(1904) 8月 12日;『司法稟報(甲)』,「(全羅北道 → 法部)報告書」第49號, 光武 8年(1904) 10月 11日;『司法稟報(甲)』,「(慶尙北道 → 法部)報告書」第33號, 光武 9年(1905) 5月 14日;『司法稟報(甲)』,「(江原道 → 法部)質稟書」第24號, 光武 9年(1905) 5月 15日.

[44] 『司法稟報(乙)』,「(內部 → 法部)照覆」第21號, 光武 2年(1898) 8月 10日.

[45] 『司法稟報(乙)』,「(高等裁判所 → 法部)報告書」第63·67號, 光武 2年(1898) 10月 21日·11月 2日.

[46] 『司法稟報(乙)』,「(平理院檢事 → 法部大臣)報告書」第82號, 光武 4年(1900) 3月 26日.

[47] 『司法稟報(乙)』,「(務安港裁判所判事署理監理署主事 → 法部大臣)報告(書)」第16號, 光武 4年(1900) 5月 15日.

[48] 『司法稟報(乙)』,「(平理院檢事 → 法部大臣)報告書」第6·60號, 光武 4年(1900) 1月 5日·3月 17日.

[49] 『司法稟報(乙)』,「(平理院檢事 → 法部大臣)報告書」第79號, 光武 4年(1900) 3月 26日.

[50] 『司法稟報(乙)』,「(平理院檢事 → 法部大臣)報告書」第27號, 光武 4年(1900) 1月 28日.

일반범죄는 법부의 감독권행사로 감형이 이루어지면 다행이겠으나 오히려 가중처벌이 이루어진 경우도 적지 않았다. 법부는 지방재판소가 신법반포 이후 구법을 적용한 경우도 적발하여 신법으로 수정을 요구하기도 했다.[51] 또한 적도(賊盜)가 자주 출현하자 「적도처단례」를 제정하고 본래 경성에 압송해서 내부에서 먼저 심문한 뒤 법부에 이첩하였으나[52] 점차 지방재판소가 바로 법부에 보고하여 처리하도록 바뀌었다.[53] 지방재판소에 받은 법부·군부(軍部)의 「훈령」이 상충될 때 법부가 조정의 역할도 맡았다.[54] 누락된 보고내용에 대해서도 매번 법부에서 적발해냈다.[55] 더욱이 지방재판소로 위임된 속전 청원에 대해서도 허가한 이유를 상세히 요구하였다.[56] 그 대상은 감금(監禁: 禁獄)·징역형(懲役刑) 이상으로 제한하여 보고하도록 하였다.[57] 때로는 법부에서 「훈령」을 내려놓고 그에 반하여 질책하는 착오

---

51 『司法稟報(甲)』, 「三和港 → 法部」報告(書)」 第7號, 光武 9年(1905) 2月 27日; 『司法稟報(甲)』, 「全羅北道 → 法部」報告書」 第46號, 光武 9年(1905) 7月 29日.

52 『司法稟報(乙)』, 「內部 → 法部」照會」 第2·3號, 光武 2年(1898) 1月 13日·2月 14日.

53 "大抵警察官吏及各府牧所屬官吏와 外他人民이라도 賊徒를 捕捉홀 境遇에는 該所屬長官及地方官이 枚報內部ᄒ야 工事件의 大小輕重을 參酌ᄒ야 警務賞與令三種賞에 依ᄒ야 賞與及賞詞를 輒給ᄒ고 各地方에셔 捕捉ᄒᆫ 賊盜는 及其處絞홀 事件이라도 法部로셔 該地方裁判所報告를 據ᄒ야 該所로셔 趁卽裁處케 指飭ᄒ고 京所로 押上치 勿케 ᄒ미 何如事." 『司法稟報(乙)』, 「議政府 → 法部」照會」 第49號, 光武 2年(1898) 7月 29日.

54 『司法稟報(甲)』, 「忠州府 → 法部」報告書」 第26號, 開國 504年(1895) 11月 13日, 「法部訓令」 第264號.

55 『司法稟報(甲)』, 「全羅北道 → 法部」報告書」 第42號, 光武 9年(1905) 7月 11日.

56 『司法稟報(甲)』, 「沃溝港 → 法部」報告書」 第15號, 光武 8年(1904) 8月 28日.

57 『司法稟報(甲)』, 「平壤市 → 法部」報告(書)」 第15號, 光武 8年(1904) 8月 29日; 『司法稟報(甲)』, 「昌原港 → 法部」報告(書)」 第20號, 光武 8年(1904) 8月 29日; 『司法稟報(甲)』, 「忠淸北道 → 法部」報告書」 第60號, 光武 8年(1904) 8月 30日; 『司法稟報(甲)』, 「三和港 → 法部」報告(書)」 第4號, 光武 8年(1904) 8月 29日; 『司法稟報(甲)』, 「平安南道 → 法部」報告書」 第48號, 光武 8年(1904) 8月 30日; 『司法稟報(甲)』, 「務安港 → 法

도 발생했다.[58]

하지만 법부의 엄격한 감독이 긍정적인 영향을 미치기도 했다. 갑오개혁 이후 재판에 따른 처벌만 재천명되었고,[59] 실제로 율문 이외의 고신은 금지되었다.[60] 또한 법부의 율문적용에 대한 감독은 비슷한 사건에 대해서 지방재판소들이 서로 다른 형량을 부여하는 것을 미연에 방지하고 표준화된 율문과 통일된 형량을 적용하는 데 긍정적인 역할을 하였다. 그러나 이것이 처음부터 정착된 것은 아니었다. 지방재판소의 판사가 제각각 법률을 적용하였을 뿐 아니라 법부의 율문 검토 역시 사람에 따라 상반되는 검토결과를 낳았기 때문이다. 현존하는 법부의 「훈령초안(訓令草案)」에는 법부의 실무자가 재판소 율문을 사전에 검토하여 필요한 조치상황을 구체적으로 기록한 내용이 보인다.[61] 이것을 법부대신이 검토해서 최종적으로 「훈령」을 지방

部)報告(書)」第21號, 光武 8年(1904) 8月 31日; 『司法稟報(甲)』, 「(黃海道 → 法部)報告(書)」第100號, 光武 8年(1904) 9月 1日; 『司法稟報(甲)』, 「(平安北道 → 法部)報告書」第38號, 光武 8年(1904) 9月 1日.

58 『司法稟報(甲)』, 「(慶尙南道 → 法部)報告(書)」第85號, 光武 6年(1902) 12月 9日.

59 "一, 凡大小罪人, 苟非司法官裁判明定, 毋得勒加罪罰事." 『高宗實錄』卷32, 高宗 31年 7月 壬午(8日).

60 『司法稟報(甲)』, 「(黃海道 → 法部)報告(書)」第38號, 建陽 1年(1896) 11月 25日.

61 「훈령초안」은 특별한 문서식 없이 「질품서」·「보고서」의 회답형식으로 해당 문서 전후에 간단히 편철되어 있다. 『司法稟報(甲)』, 「(京畿 → 法部)質稟書」第61號, 光武 6年(1902) 7月 9日, 附「(法部)訓令草案」; 『司法稟報(甲)』, 「(三和港 → 法部)質報書」第4號, 光武 6年(1902) 9月 12日, 附「(法部)訓令草案」; 『司法稟報(甲)』, 「(平安南道 → 法部)質稟書」第21號, 光武 8年(1904) 12月 20日, 附「(法部)訓令草案」; 『司法稟報(甲)』, 「(忠淸南道 → 法部)報告書」第7號, 光武 9年(1905) 1月 24日, 附「(法部)訓令草案」; 『司法稟報(甲)』, 「(京畿 → 法部)質稟書」第53號, 光武 9年(1905) 8月 2日, 附「(法部)訓令草案」; 『司法稟報(甲)』, 「(京畿 → 法部)報告書」第37號, 光武 9年(1905) 7月 1日, 附「(法部)訓令草案」; 『司法稟報(甲)』, 「(慶尙北道 → 法部)質稟書」第14號, 光武 10年(1906) 2月 16日, 附「(法部)訓令草案」; 『司法稟報(甲)』, 「(三和港 → 法部)質稟書」第1號, 光武 10年(1906) 1

으로 내려보낸 것이다.

사면이 적용된 경우에도 원래 형량과 감형후 형량(혹은 기간)을 상세히 기록하도록 감독하였다.[62] 또한 법에 없는 태형을 가하는 것도 엄격히 통제하였다.[63] 무엇보다도 사건의 정황이나 진술서(공초기록) 등을 상세히 작성하는 일에 소홀하지 않도록 관리하였다.[64] 이 역시 갑오개혁 이후 양식 작성에 대한 법부의 질책과 감독이 이루어지면서 바뀐 현상이다. 따라서 이러한 시기에 구체제론에 입각한 '원님재판' 이미지를 부여하는 것은 명백한 현실왜곡이다.

다섯째, 율문·양형 기준의 통일이다.『대명률』만 사용하다가 점차 특례나 세부규정이 반포되면서 법의 적용에 변동이 생기기도 했다. 본래『대전회통』에서 명률을 재규정한 내용과 상치되는 현상도 발생했다. 조선시대에는 국전(國典)우위의 원칙이 확립되었으나 갑오개혁 이후『대명률』적용을 감독받으면서 한쪽으로 치우치는 경우도 보이기 때문이다. 지방재판소는 각기「보고서」·「질품서」를 올리고 법부의「훈령」·「지령」을 받게 되는데, 이때「보고서」·「질품서」에는「훈령」·「지령」내용 전체 혹은 일부를 발췌해서 하나의 문서로 관

月 19日, 附『(法部)訓令草案』;『司法稟報(甲)』,「(京畿 → 法部)報告書」第40號, 光武 10年(1902) 3月 28日, 附『(法部)訓令草案』;『司法稟報(甲)』,「(全羅北道 → 法部)質稟書」第58號, 光武 10年(1906) 4月 10日, 附『(法部)訓令草案』;『司法稟報(甲)』,「(全羅北道 → 法部)報告書」第24號, 光武 10年(1906) 3月 22日, 附『(法部)訓令草案』;『司法稟報(甲)』,「(忠淸北道 → 法部)報告書」第35號, 光武 10年(1906) 4月 25日, 附『(法部)訓令草案』;『司法稟報(甲)』,「(全羅南道 → 法部)報告書」第8號, 光武 10年(1906) 5月 5日, 附『(法部)訓令草案』;『司法稟報(甲)』,「(咸鏡南道 → 法部)質稟書」第2號, 光武 10年(1906) 5月 20日, 附『(法部)訓令草案』.

62 『司法稟報(甲)』,「(黃海道 → 法部)報告(書)」第4號, 光武 3年(1899) 11月 22日.
63 『司法稟報(甲)』,「(黃海道 → 法部)報告(書)」第38號, 建陽 1年(1896) 11月 25日.
64 『司法稟報(甲)』,「(黃海道 → 法部)報告(書)」第48號, 光武 5年(1901) 5月 21日.

련 사항을 정리하고 새로운 회답내용을 부기했다. 마찬가지로 법의 「훈령」·「지령」에도 「보고서」·「질품서」 전체 혹은 일부를 게재하여 혼란을 막고자 했다. 그리고 적용한 율문도 해당 문장을 정확히 전체를 모두 베껴서 올리도록 규례화했다. 전통시대에는 관련 규정의 명칭만 언급해왔는데, 갑오~광무개혁 이후 논란을 방지하기 위해 해당 조문 내용도 그대로 적시하고 그에 대한 형량을 부기하고 있다.[65]

여섯째, 대체형법의 입법이다. 명률에서 강도율(强盗律)을 비롯해 자주 발생하는 주요 범죄만을 별도로 뽑아서 재구성한 「적도처단례」(1896.04.01.)가 등장하였고,[66] 이후에도 특정죄목에 따른 특별법이 등장하였다.[67] 「형률명례」(1896.04.01.) 등 일반적인 법규를 공포하기도 하였고,[68] 『법규유편』(1896.12.), 『형법대전』(1905.05.)의 등장으로 형법에서 명률을 대체하는 입법을 모아서 종전처럼 국전의 「형전」 안에 수록하지 않고 독립시켰다. 이미 명률에 대한 조선 자체의 해석과 중국 판례 인용이 『대명률강해』와 『대명률부례』로 각기 이루어졌기 때

---

65 『司法稟報(甲)』, 「(慶尙北道 → 法部) 報告書」 第38號, 光武 10年(1906) 4月 3日.

66 『高宗實錄』 卷34, 高宗 33年 4月 1日(陽曆), 「賊盜處斷例」(法律 第2號); 『高宗實錄』 卷34, 高宗 33年 4月 10日(陽曆), 「賊盜處斷例中改正件」(法律 第4號); 『高宗實錄』 卷41, 高宗 38年 12月 12日(陽曆), 「賊盜處斷例中改正件」(法律 第2號).

67 『高宗實錄』 卷34, 高宗 33年 8月 7日(陽曆), 「電報事項犯罪人處斷例」(法律 第6號); 『高宗實錄』 卷35, 高宗 34年 7月 13日(陽曆), 「郵遞事項犯罪人處斷例」(法律 第1號); 『高宗實錄』 卷34, 高宗 33年 9月 23日(陽曆), 「郵遞事項犯罪人處斷例」(法律 第9號); 『高宗實錄』 卷40, 高宗 37年 11月 3日(陽曆), 「郵遞事項犯罪人處斷例改正件」(法律 第8號); 『高宗實錄』 卷40, 高宗 37年 1月 23日(陽曆), 「鐵道事項犯罪人處斷例」(法律 第3號); 『高宗實錄』 卷40, 高宗 37年 4月 27日(陽曆), 「依賴外國致損國體者處斷例」(法律 第4號); 『高宗實錄』 卷40, 高宗 37年 9月 29日(陽曆), 「依賴外國致損國體者處斷例中改正件」(法律 第7號); 『高宗實錄』 卷45, 高宗 42年 4月 29日(陽曆), 「公貨欠逋人處斷例」(法律 第3號); 『高宗實錄』 卷46, 高宗 42年 10月 27日(陽曆), 「公貨欠逋人處斷例中改正件」(法律 第4號).

68 『高宗實錄』 卷34, 高宗 33年 4月 1日(陽曆).

문이다. 예컨대『대명률강해』의 경우 '친속상위용은(親屬相爲容隱)',[69]
'위핍인치사(威逼人致死)',[70] '구조부모부모(毆祖父母父母)',[71] '위력제박
인(威力制縛人)',[72] '조요서요언(造妖書妖言)',[73] '투구급고살인(鬪毆及故
殺人)'[74] 등이 재판에 활용되었다. 또한『대명률부례』의 경우 '월소(越
訴)',[75] '살사간부(殺死姦夫)',[76] '위핍인치사',[77] '약인약매인(略人略賣

---

69 "【註: 謂雖有服親屬, 犯謀反大逆謀叛, 但容隱不首者, 依律科罪, 故云不用此律.】"『大明
律講解』, 親屬相爲容隱;『司法稟報(甲)』, 「(平安北道 → 法部)報告書」第25號, 光武 2年
(1898) 4月 21日.

70 "講曰, 如因强姦而威逼婦女身死……謂之因姦威逼."『大明律講解』, 威逼人致死;『司法
稟報(甲)』, 「(慶尙北道 → 法部)質稟書」第22號, 光武 2年(1898) 12月 30日.

71 "【註: 若非理毆乞養子孫之婦者 合與毆乞養子孫一體科罪.】"『大明律講解』, 毆祖父父
母;『司法稟報(甲)』, 「(濟州牧 → 法部)質稟書」第20號, 光武 6年(1902) 9月 30日.

72 "【註: 若毆至死, 主使者, 絞.】"『大明律講解』, 威力制縛人;『司法稟報(甲)』, 「(咸鏡南
道 → 法部)質稟書」第7號, 光武 6年(1902) 9月 28日.

73 "【註: 講曰, 謂前人舊作妖書, 非己所製, 雖不傳用, 而隱藏在家不送官司者, 杖一百徒三
年.】"『大明律講解』, 造妖書妖言;『司法稟報(甲)』, 「(元山港 → 法部)報告(書)」第3號, 光
武 8年(1904) 5月 19日.

74 "【註: 講曰……甲係原謀之人……甲不限所傷輕重, 並杖一百流三千里.】"『大明律講解』, 鬪
毆及故殺人;『司法稟報(甲)』, 「(平安北道 → 法部)報告書」第31號, 光武 8年(1904) 7月 22日.

75 "不實曖昧不明, 奸臟事情, 汚人名節……旗軍人等, 發邊衛, 民發附近, 俱充軍."『大明
律附例』, 越訴, 條例 ;『司法稟報(甲)』, 「(慶尙南道 → 法部)報告書」第36號, 光武 2年
(1898) 4月 30日;『司法稟報(甲)』, 「(江原道 → 法部)報告書」第77號, 光武 5年(1901) 11
月 17日;『司法稟報(甲)』, 「(京畿 → 法部)質稟書」第9號, 光武 6年(1902) 1月 25日;『司
法稟報(甲)』, 「(京畿 → 法部)報告書」第16號, 光武 4年(1900) 2月 11日;『司法稟報(甲)』,
「(平安北道 → 法部)報告書」第29號, 光武 6年(1902) 6月 5日;『司法稟報(甲)』, 「(平安北
道 → 法部)報告書」第28號, 光武 10年(1906) 3月 19日; ○"口稱奏訴, 直入御門, 挾制
官吏者……俱發邊衛充軍."『大明律附例』, 越訴, 條例;『司法稟報(甲)』, 「(全羅南道 → 法
部)質稟書」第36號, 光武 7年(1903) 11月 26日.

76 "本夫拘執姦夫姦婦而毆殺者, 比照夜無故入人家."『大明律附例』, 殺死姦夫, 條例;『司法
稟報(甲)』, 「(平安北道 → 法部)報告書」第29號, 光武 5年(1901) 4月 7日;『司法稟報(甲)』,
「(黃海道 → 法部)報告(書)」第35號, 光武 5年(1901) 8月 23日; ○"本夫拘執姦夫姦婦而
毆殺者, 比照夜無故入人家, 已就拘執, 而擅殺至死律條科斷."『司法稟報(甲)』, 「(忠淸北
道 → 法部)報告書」第25號, 光武 6年(1902) 5月 8日;『司法稟報(甲)』, 「(忠淸南道 → 法

人)',**78** '범간(犯姦)'**79** 등이 심리에 원용되었다.

앞서 살폈듯이 종래에 전(典)–예(禮)–율(律) 중 율은 여전히 명률을 사용했는데, 대한제국기 별도의 율인 『형법대전』으로 집대성되었다. 이것은 한편으로는 전통시대 『대명률』의 조선화의 마지막 모습이기도 하고, 다른 한편으로는 근대 형법·민법 도입과정 중 일환으로 평가받기도 한다.**80** 이는 대한제국의 광무개혁에 양자의 성격이 중층적으로 들어 있었기 때문이다.

일곱째, 공개적인 사법행정을 천명하였다. 먼저, 「판결서」 발급의 강제이다. 앞서 살폈듯이 중앙에는 다양한 사법기관이 복수로 존재했으나 갑오개혁 이후 고등법원(1894)으로 단일화하고 고등재판소(1895)·평리원(1899) 등으로 개편하였다.**81** 1900년 평리원에서는

部)報告書」第36號, 光武 9年(1905) 1月 12日; ○ "若姦夫自殺其夫【註: 依謀殺】……." 『大明律附例』, 殺死姦夫; 『司法稟報(乙)』, 「(漢城府 → 法部)質稟書」 第47號, 光武 4年(1900) 5月 12日; ○ 【註: 姦婦人之父母……捕姦殺傷姦夫者, 與本同.】『司法稟報(甲)』, 「(黃海道 → 法部)報告(書)」 第35號, 光武 5年(1901) 8月 23日; ○ 【註: 或聞姦, 次日追而殺之, 并依故殺.】『大明律附例』, 殺死姦夫; 『司法稟報(甲)』, 「(三和港 → 法部)質稟書」 第1號, 光武 7年(1903) 1月 23日.

77 "婦人夫亡願守志, 別無主婚之人, 若有用强求娶, 逼受騁財, 因而致死威逼者, 依律問罪, 追給埋葬銀兩, 發邊衛充軍." 『大明律附例』, 威逼人致死, 條例; 『司法稟報(甲)』, 「(平安北道 → 法部)報告書」 第25號, 光武 6年(1902) 5月 28日.

78 【註: 賣大功以下卑幼與人爲妻妾子孫, 不問和略, 并依不應杖.】『大明律附例』, 略人略賣; 『司法稟報(甲)』, 「(平安北道 → 法部)報告書」 第32號, 光武 6年(1902) 6月 30日.

79 【註: 調戲人, 問不應.】『大明律附例』, 犯姦; 『司法稟報(甲)』, 「(京畿 → 法部)報告書」 第1號, 光武 8年(1904) 1月 19日; 『大明律附例』, 威逼人致死; 『司法稟報(甲)』, 「(慶尙北道 → 法部)質稟書」 第64號, 光武 8年(1904) 12月 26日.

80 법률기초위원회에서는 서구식의 법률분류인 민법(民法), 형법(刑法), 상법(商法), 치죄법(治罪法), 소송법(訴訟法) 등을 도입하였다. 【갑오개혁】『高宗實錄』 卷33, 高宗 32年 6月 甲申(15日), 「法律起草委員會規定」(法部令 第7號); 광무개혁】『高宗實錄』 卷46, 高宗 42年 7月 18日(陽曆), 「法律起草委員會規程」(法部令 第2號).

81 『高宗實錄』 卷39, 高宗 36年 5月 30日(陽曆), 「裁判所構成法改正件」(法律 第3號, 1895);

민·형사를 막론하고 「판결서」를 미발급하는 관찰사·지방관을 처벌하였고,[82] 1901년에도 평리원은 지방에서 민·형사소송이 제기되면 상소기간 내 「판결서」를 발급하도록 신칙하였다.[83] 평리원의 판결에 불복하여 법부에 다시 상소하는 경우 법부검토후 평리원에 돌려보내지 말고 법부에서 바로 판결을 마무리해달라고 요청하였다.[84] 이후 「재판장정」·「재판세칙」(1905)이 반포되면서 소송절차를 백성에게 숙지시켜서 처음부터 평리원이나 법부로 월소하지 못하도록 하고 지방재판소 역시 「판결서」 작성을 의무화하여 판결 내용을 주지시키도록 하였다.[85]

또한 종래 《조보(朝報)》는 다양한 소식(전교·윤음·상소·비답·인사·천변재이 등)을 전달하였는데,[86] 갑오개혁 이후 그 기능이 더욱 확대되면서 근대사법행정의 영역까지 포괄하였다. 곧 『조보』에는 왕명이 실리되[87] 조정에서 취사선택하였으나[88] 《관보(官報)》에는 반드시

『司法稟報(甲)』, 「忠淸北道 → 法部)報告書」 第56號, 光武 3年(1899) 6月 16日; 『司法稟報(甲)』, 「(忠淸南道 → 法部)報告書」 第106號, 光武 3年(1899) 6月 16日.

82 『司法稟報(乙)』, 「(平理院 → 法部)報告書」 第70號, 光武 4年(1900) 3月 19日.

83 『司法稟報(乙)』, 「(平理院 → 法部)報告書」 第169號, 光武 5年(1901) 8月 12日.

84 『司法稟報(乙)』, 「(平理院 → 法部)報告書」 第164·174號, 光武 5年(1901) 8月 8日·14日.

85 『司法稟報(甲)』, 「(昌原港 → 法部)報告書」 第30號, 光武 5年(1901) 9月 13日, 法部「訓令」 第9號.

86 《조보(朝報)》 연구는 다음 참조. 김경래, 「仁祖代 朝報와 公論政治」, 《한국사론》 53, 서울대학교 국사학과, 2007, 203~255쪽; 김영주, 「朝報에 대한 몇 가지 쟁점: 필사보조의 기원, 명칭, 폐간시기, 기문기사 성격과 민간인쇄조보를 중심으로」, 《한국언론정보학보》 43-3, 한국언론정보학회, 2008, 247~281쪽; 이민희, 「민간인쇄 朝報의 유통 및 독서」, 《열상고전연구》 70, 열상고전연구회, 2020, 255~296쪽; 김경록, 「선조 초반 私印朝報사건을 통해 본 정치상황과 朝報정책」, 《온지논총》 67, 온지학회, 2021, 197~233쪽.

87 【朝報】 『承政院日記』, 康熙 24年(1685) 7月 20日(戊寅).

88 【朝報勿出】 『承政院日記』, 順治 5年(1648) 7月 19日(壬午).

법률·칙령이 먼저 포고되어야 했다.[89] 이것이 다시 법부의「훈령」·「지령」을 통해 각 재판소에 하달되었다.[90] 사면의 경우에도《관보》에 이름이 올라도「훈령」에 들어가지 않으면 보류하였고 양자를 갖추어서 석방하였다.[91] 또한 고등재판소는「판결선고서」를,[92] 한성재판소는 민·형사 기결안건을 각기《관보》에 게재하도록 법부에 요청하였다.[93] 이는 지방재판소가「판결선고서」를 개인에게 발급하고「시수성책」·「형명부」는 법부에 보고한 것과 비교된다.

---

89 『高宗實錄』卷32, 高宗 31年 11月 癸巳(21日),「公文式」第15條;『司法稟報(甲)』,「(開城府 → 法部)質稟書」第1號, 建陽 1年(1896) 4月 17日;『司法稟報(甲)』,「(羅州府 → 法部)報告書」第5·8號, 建陽 1年(1896) 7月 6·7日,「法部訓令」第5·14號;『司法稟報(甲)』,「(鏡城府 → 法部)報告書」第2號, 建陽 1年(1896) 7月 20日,「法部訓令」第11號;『司法稟報(甲)』,「(京畿 → 法部)報告書」第16號, 光武 4年(1900) 2月 11日,「法部訓令」第9號;『司法稟報(甲)』,「(釜山港 → 法部)報告(書)」第26號, 光武 4年(1900) 5月 10日,「法部訓令」第11號;『司法稟報(甲)』,「(昌原港 → 法部)報告(書)」第14號, 光武 5年(1901) 11月 27日,「法部)訓令」第13號;『司法稟報(甲)』,「(昌原港 → 法部)質稟書」第6號, 光武 9年(1905) 2月 26日,「法部旨令」第2號;『司法稟報(甲)』,「(三和港 → 法部)報告(書)」第15號, 光武 10年(1906) 4月 18日,「(法部)訓令」第15號.

90 『司法稟報(甲)』,「(開城府 → 法部)質稟書」第1號, 建陽 1年(1896) 4月 17日;『司法稟報(甲)』,「(羅州府 → 法部)報告書」第5號, 建陽 1年(1896) 7月 6日;『司法稟報(甲)』,「(羅州府 → 法部)報告書」第8號, 建陽 1年(1896) 7月 7日;『司法稟報(甲)』,「(鏡城府 → 法部)報告書」第2號, 建陽 1年(1896) 7月 20日;『司法稟報(甲)』,「(京畿 → 法部)報告書」第16號, 光武 4年(1900) 2月 11日;『司法稟報(甲)』,「(釜山港 → 法部)報告(書)」第26號, 光武 4年(1900) 5月 10日;『司法稟報(甲)』,「(昌原港 → 法部)報告(書)」第14號, 光武 5年(1901) 11月 27日;『司法稟報(甲)』,「(京畿 → 法部)質稟書」第6號, 光武 9年(1905) 2月 26日;『司法稟報(甲)』,「(三和港 → 法部)報告(書)」第15號, 光武 10年(1906) 4月 18日.

91 『司法稟報(甲)』,「(江原道 → 法部)報告書」第45號, 光武 1年(1897) 11月 18日;『司法稟報(甲)』,「(慶尚南道 → 法部)報告書」第1號, 光武 2年(1898) 1月 8日.

92 『司法稟報(乙)』,「(高等裁判所主事 → 法部刑事局主事)通牒」第3·□·27·13(새 번호)·14·41·24(새 번호)·48·35(새 번호)·41·44·46號, 光武 2年(1898) 1月 14日·2月 16日·3月 25日·4月 9日·11日·6月 19日·27日·7月 20日·8月 5日·25日·9月 5日·9日.

93 『司法稟報(乙)』,「(漢城裁判所 → 法部)報告書」第□·162號, 光武 2年(1898) 2月 26日·9月 12日;『司法稟報(乙)』,「(漢城裁判所 → 法部)報告(書)」第121號, 光武 2年(1898) 9月 3日.

(2) 법부-관찰부의 수직구조화

갑오개혁 이후 근대사법제도의 도입은 전통시대 형정체계의 흐름에서는 크게 달라진 것이 없었다. 단지 외형적인 변화로 재판소 명칭부여, 서식의 변화, 특례·특별법 제정, 다양한 관행의 통일 등을 추진하는 방식이 취해졌다. 형조가 법무아문(1894.06.28) 혹은 법부(1895.04.01.)로 변모하였지만 거시적으로는 중앙에 집중된 형정체계의 근간은 유지되었다.[94] 그러나 세부적으로는 관찰사의 지위가 달라졌다. 과거 감영의 관찰사는 임금(승정원)에게 「장계(狀啓)」를 올리고[95] 유관부서(육조-의정부·비변사)가 참조해서 실무적으로 처리했으나[96] 이제 법부가 관찰사의 상급기관으로서 자리매김했다. 이에 중앙의 아문은 군주를 대신하여 지방장관에게 보고를 받고 감독권을 행사하는 역할을 부여받았다. 조선시대 팔도의 관찰사(종2품 宰臣) 관념으로는 육조의 판서(정2품 宰臣)와 상하관계 설정이 어려웠는데 상호관계가 완전히 바뀐 것이다. 이를 구체적으로 살펴보면 다음과 같다.

첫째, 관원의 등급이 재편되었다. 갑오개혁 당시 당상관·당하관·참상관은 칙임관·주임관·판임관으로 개편되었다. 품계 역시 재조정되어 1~2품만 정·종의 구분을 두었다. 이는 정약용의 『경세유표』의 주장이 반영된 것으로 보인다. 이 시기 경세지학(經世之學:

---

94 "八路如木之有枝, 枝之有葉, 所領雖廣, 所轄雖遠, 而無不統屬於一曹."『秋官志』卷1, 職掌, 四司.

95 『銀臺條例』, 吏攷, 承旨;『銀臺條例』, 工攷, 狀啓.

96 "句管百司文移八路狀牒, 論斷覆奏, 而京司中, 愼妃祠宇, 卽端敬王后祔廟前祠宇也, 敬寧殿, 仁聖王后魂殿也, 孝昭殿, 仁元王后魂殿也."『秋官志』卷1, 職掌, 九房; "詳覆司考律司掌禁司掌隸司, 各分二房, 并刑房爲九房, 句管百司移文八道狀牒, 論斷覆奏."『六典條例』卷9, 刑典, 刑曹, 註; "一房, 判書句管, 二房, 郎廳兼察, 掌外道詳覆及分掌各司."『六典條例』卷9, 刑典, 刑曹, 詳覆司.

후대의 실학)이라는 이름으로 정약용 등 학자들의 국가 청사진이 새롭게 주목받고 있었기 때문이다.[97] 의정부의 총리대신만이 정1품을 두었고 각 부 대신은 대체로 종1품으로 하고 칙임관 1등으로 두었다. 법부대신 역시 마찬가지였다. 앞서 살폈듯이 갑오개혁초기 규정은 칙임관(1~2품)·주임관(3~6품)·판임관(7~9품)이었으나 반드시 지켜지지 않았다. 갑오개혁후기에는 정2품 칙임관 1등도 법부대신으로 삼았다. 23부 관찰사 역시 초기에는 3~4품을 대상으로 칙임관 3~4등이 주류를 이루었으나 후기에는 품계의 변동 폭이 커져서 종1품~9품까지 다양하게 임명되었고 주임관 2~3등까지도 부여되었다.[98]

『고종실록』 인사기록을 대상으로 일반사례를 분석해보면 대체로 법부대신은 종1품 칙임관 1등으로, 23부 관찰사는 3~4품 칙임관

---

[97] 김백철, 앞의 논문, 2021b, 136~137쪽.
[98] 〈표 13〉 갑오개혁기 23부 관찰사 품계 및 등급

관찰부	등급	관찰부	등급
경성부	종1품－칙임관 3등 정2품－칙임관 3등	해주부	종2품－칙임관 4등
공주부	정2품－칙임관 3등 종2품－칙임관 3등 3품－주임관 3등 9품－칙임관 4등*	강릉부	종2품－칙임관 4등
함흥부	종2품－칙임관 3등	안동부	3품－칙임관 4등*
춘천부	종2품－칙임관 3등 3품－칙임관 4등* 3품－주임관 2등	강계부	3품－주임관 2등
충주부	종2품－칙임관 4등 종2품－칙임관 3등	홍주부	3품－주임관 2등 종2품－칙임관 4등
개성부	종2품－칙임관 4등	진주부	?－칙임관 3등 종2품－칙임관 4등
나주부	종2품－칙임관 4등 4품－칙임관 4등*	전주부	?－주임관 3등

- 전거: 『고종실록』 중 23부 관찰사 임명기록. *: 칙임(1~2품)·주임(3~6품)·판임(7~9품) 원칙과 다른 경우.

3~4등으로 나온다. 이는 갑오개혁 이전처럼 육조판서[六卿]-팔도관찰사[方伯] 같은 대등한 관계형성[99]이 불가능해졌고 현격한 직질(職秩) 차이가 발생하여 수직적 구도로 재편되었음을 의미한다. 심지어 각 부 관찰사는 율문을 잘못 적용하거나 신법 준수가 미진할 때 법부대신의 질책을 받는 경우가 적지 않았다.[100] 실제로 문서내용도 훈계하는 형태로 바뀌었다.[101] 이는 종래 오직 국왕에 대해서만 책임지는 관찰사 지위와 사뭇 다르다.

둘째, 광무개혁 전후로 지방제도는 23부제가 폐지되었다. 앞서 간략히 언급했듯이 23부제는 여러모로 일본의 지방통치체제를 모방한 방식이다. 메이지연간 폐번치현(廢藩置縣)을 통해 등장한 지방제도는 초기에는 다이묘의 영지(1871년 3부 302현)를 거의 그대로 행정구역화한 것으로 일부 미세한 조정 외에는 거의 에도시대 구획과 다르지 않았다. 이후 수차례 축소를 통해서 1889년에는 3부 43현까지 축소되었다. 이것이 현행 도(都)·도(道)·부(府)·현(縣)의 모태이다.

그런데 이것을 8도제보다 효율이 높다고 주장한 것이다. 물론 23부제는 통일신라 9주제의 범위와 가장 흡사한 구조이다. 이는 신라 9주가 고려의 계수관으로 이어졌고 이것을 다시 광역화한 것이 고려후기 도제(道制)의 도입이며 궁극적으로 조선시대 광역행정구역 8도

---

99 "一, 從一品衙門, 從一品使臣, 正從二品使臣, **於(正)一品衙門, 行牒呈**, 各衙門及使臣**於同等者, 平關. 差一等以上衙門, 牒呈.**"『太宗實錄』卷7, 太宗 4年 4月 丙子(6日); "各道都觀察使, 都巡問使, 若兼兵馬都節制使, 移文兵曹, 係**民事則平關, 軍事則牒呈, 都觀察使, 都巡問使**, 不帶軍職, 則**不論軍民事, 竝平關.**"『太宗實錄』卷11, 太宗 6年 3月 丁酉(7日); 김백철, 앞의 책, 2016a, 422~429쪽.

100 『司法稟報(甲)』, 「(慶尙南道 → 法部)報告(書)」第85號, 光武 6年(1902) 12月 9日.

101 『司法稟報(甲)』, 「(黃海道 → 法部)報告(書)」第6號, 建陽 2年(1897) 1月 30日.

의 정착으로 이어졌으므로, 23부제는 지방통치체제가 고도화되는 역사적 추세와 비교하면 역행한 사례에 해당한다. 국가가 성장하면 광역통치체제가 만들어지는 것이 자명한데 '광역화·집중화'가 아니라 일본 봉건제도의 '거점화·병렬화' 통치구조를 '근대화'라는 명분으로 수입한 것이다. 일본은 다이묘 영지를 모태로 하는 군현설치에 속박될 수밖에 없었기 때문이다. 이것이 현대 일본정치의 지역구단위로 중앙정치를 좌우하는 형태로까지 연장된 것이다. 그런데도 갑오정권이 성급하게 23부제를 시행한 것은 일본의 역사발전단계에 대한 이해 없이 '일본식 근대화'에만 경도되었기 때문이다. 또한 병렬적인 지방제도를 중앙의 행정부 내에 수직계열화할 필요가 생겨서 각 부 대신보다 확연히 낮은 23부 관찰사를 설치할 수밖에 없었으므로 법부대신과 지방재판소 판사의 수직구조화가 이루어진 것이다. 일본 내에서는 폐번치현의 결과였으므로 중앙집권화의 산물이었으나 조선은 그보다 중앙집권화 정도가 높았으므로 일본식 지방제도가 반드시 더 우월한 제도는 아니었다.

이는 종래 국왕에게만 책임지는 관찰사의 지위가 격하되고 관찰사의 상급심은 필요시 어전회의를 통해서 판결한 것과 다르다. 예컨대 관찰사가 유형 이하는 책임지면서 사형 이상은 국왕의 재가가 필요했는데 이를 위해 형조·의정부·대간 등이 관련 심의를 준비한 다음 국왕이 주재하는 조정의 회의에서 삼복[初覆·再覆·三覆]이 행해졌다. 하지만 『사법품보』에서 최종 사형수의 재가는 여전히 황제가 행하지만 실무적인 율문검토와 사안의 적법성 등은 모두 법부가 직접 「훈령」·「지령」으로 지시하였다. 이는 과거 어전회의에서 공개법정을 열어서 옥안(獄案)을 검토했던 방식과는 판이하게 다른 것이다.[102]

종래 8도 관찰사가 승정원을 통해 국왕에게 직접「장계」를 올려 보고하고 이후 승지가 업무별로 해당 아문에 분배하던 방식이었으나 23부 관찰사는 직질이 낮아서 국왕에게 직접 아뢰지 못하고 법부에 보고를 올리면 법부가 처리하고 주요사안은 의정부(혹은 내각)의 통제를 받았으며 국왕은 최종 재가만 했다. 이는 친일내각이 고종을 유폐시키고 독자적으로 국정을 운영하기 위한 장치였다. 마치 메이지천황이 실제로 정치를 보지 못하고 전반적인 보고만 받으며 실무는 메이지정부가 강력한 행정권을 행사하는 것과 유사한 방식이 갑오개혁을 통해서 도입된 것이다. 이러한 갑오개혁기 법부체제는 광무개혁 이후에도 크게 달라지지 않았다. 관찰사 권한이 약화되어 국왕에게 직계할 수 없었고,[103] 법부를 거쳐야 했으며 판결범위도 줄어들었기 때문이다(유형 이하 → 징역종신 미만). 따라서 중앙에서는 종래에 국사범·강상죄·살인사건 등을 재검토해왔으나 이제 징역종신 이상까지 관리해야 했다. 이러한 변화는 그동안 좀처럼 주목받지 못했다.

셋째, 중앙의 사법기구도 재편되었다. 먼저 감찰기구가 신설되었다. 1894년 갑오개혁 시 관제개편이 발표되었는데,[104] 이때 종래 사헌부 수사기능을 물려받은 도찰원(都察院)이 설치되었다.[105] 물론 도

---

102 김백철, 앞의 책, 2016a, 192~198쪽.

103 『高宗實錄』卷40, 高宗 37년 8월 1日(陽曆).

104 아문의 개편은 의정부, 군국기무처(←비변사·통리기무아문), 중추원(←중추부·돈녕부), 도찰원(←사헌부), 전고국(←사헌부·사간원·이조·병조·예조), 관보국(←승정원), 편사국(←춘추관), 회계국(←호조), 기로소(←기로소), 내무아문(←이조·호조), 외무아문(←예조), 탁지아문(←호조), 법무아문(←형조), 학무아문(←예조), 공무아문(←공조), 군무아문(←병조), 농상아문(←호조) 등이다. 단, 괄호의 내용은 본서에서 추가한 내용임. 『高宗實錄』卷31, 高宗 31年 6月 癸酉(28日).

105 『高宗實錄』卷31, 高宗 31年 6月 癸酉(28日); 『高宗實錄』卷32, 高宗 31年 7月 乙酉(11日).

찰원 명칭 자체는 명대부터 사용해왔으나[106] 그 기능을 조정하면서 다른 이름을 붙인 것이다. 도찰원은 점차 회계감사를 비롯하여 탄핵상소의 진실성 여부 등을 검증하는 현대 감사원에 가까운 역할을 수행하였고,[107] 향후에는 조선시대 사헌부가 간헐적으로 맡았던 백성의 억울함을 호소하는 항소기구의 역할도 일부 부여받았다.[108] 심지어 기존에 대간(사헌부·사간원)이 입법과정에서 행하던 법조문심사[署經]도 맡았다.[109] 고려후기부터 양사는 한 몸처럼 움직이면서 사간원의 언관권과 사헌부의 사법권을 공유해왔는데 업무영역의 재조정이 이루어진 것이다. 당시 새로운 관제로 사헌부의 사법권이 도찰원으로 개편되었을 뿐 아니라 대간의 인사검증권[署經], 이조·병조의 인사권, 예조의 시험선발권 등도 모두 전고국(銓考局)에 하나로 모아졌다.[110]

다음으로 상급법원이 신설되었다. 다음 해(1895)에 「재판소구성법」이 발표되면서 고등재판소가 설치되었는데,[111] 아마도 법무아문(법부) 관할의 '고등법원'이 개명된 것으로 보인다.[112] 이외에 순회재판소 등은 처음에는 개설되지 못하여서 그 역할도 고등재판소가 맡았고,[113] 특별법원조차 고등재판소에서 개회하였으며,[114] 역모·왕비시

---

106 『大明會典』 卷2, 吏部, 都察院; 『宣祖實錄』 卷89, 宣祖 30年 6月 丁卯(8日).
107 『高宗實錄』 卷32, 高宗 31年 7月 丁亥(13日)·戊子(14日)·丙申(22日)·9月 庚寅(17日).
108 『高宗實錄』 卷32, 高宗 31年 7月 戊戌(24日).
109 『高宗實錄』 卷32, 高宗 31年 7月 庚子(26日).
110 『高宗實錄』 卷31, 高宗 31年 6月 癸酉(28日), 「官制」; 『高宗實錄』 卷31, 高宗 31年 7月 丙戌(12日), 「銓考局條例」·「選擧條例」.
111 『高宗實錄』 卷33, 高宗 32年 3月 丙申(25日), 「裁判所構成法」(法律 第1號)·「法部官制」 (勅令 第45號); 『高宗實錄』 卷33, 高宗 32年 閏5月 庚戌(10日).
112 『高宗實錄』 卷31, 高宗 31年 6月 癸酉(28日); 『高宗實錄』 卷32, 高宗 31年 7月 戊子(14日).
113 『高宗實錄』 卷33, 高宗 32年 4月 庚午(29日).
114 『高宗實錄』 卷33, 高宗 32年 10月 丙申(29日).

해사건 같은 국사범 심판도 특별법원·고등재판소에서 열렸다.[115] 심지어 법부대신·협판이 고등재판소 재판장을 거의 겸임하였다.[116] 그러므로 중앙에서는 고등재판소로 사법권이 집중되었고 그 권능은 법부에 귀속되었다. 보고체계 역시 평리원·특별법원은 지방재판소와 마찬가지로 법부에「보고서」·「질품서」를 올렸고,[117] 법부도 평리원에「훈령」을 내렸다.[118]

한편 1899년 고등재판소가 평리원으로 개편되자[119] 평리원 재판장

---

115 【역모】『司法稟報(甲)』,「(濟州府 → 法部)報告書」第1號, 建陽 1年(1896) 2月 23日;【왕비시해】『高宗實錄』卷34, 高宗 33年 4月 18日(陽曆).

116 【法部-大臣겸직】『高宗實錄』卷34, 高宗 33年 2月 15日·23日·4月 27日·12月 15日(陽曆);『高宗實錄』卷37, 高宗 35年 6月 14日·7月 30日(陽曆);『高宗實錄』卷38, 高宗 35年 10月 12日·12月 5日·21日(陽曆);『高宗實錄』卷39, 高宗 36年 1月 7日·20日(陽曆);【法部-協辦겸직】『高宗實錄』卷33, 高宗 32年 9月 戊戌(1日);『高宗實錄』卷35, 高宗 34年 3月 25日(陽曆).

117 【평리원】『司法稟報(乙)』,「(平理院 → 法部)質稟書」第7·8·12·13·14號, 光武 9年(1905) 6月 14日·7月 4日·9月 6日·20日·10月 20日;『司法稟報(乙)』,「(平理院 → 法部)報告書」第97·114·117·119·120·123·125–126·128–129·140·141·151·153·167·168·178·184·187·198~199·207號, 光武 9年(1905) 6月 22日·7月 20日·8月 11日·14日·15日·17日·21日·23日·9月 7日·8日·20日·25日·10月 23日·26日·11月 10日·14日·16日·12月 16日·31日;『司法稟報(乙)』,「(平理院 → 法部)質稟書」第28·3(새 번호)·67·7(새 번호)·12·15·17號, 光武 10年(1906) 3月 19日·6月 13日·19日·8月 20日·9月 10日·11月 23日·12月 14日;『司法稟報(乙)』,「(平理院 → 法部)報告書」第10·13·14·31·41·43~44·45·49·52·64·66·92·96·103–106·109·112·143·145·147~148·154·161·63(새 번호)·165·174·175·177號, 光武 10年(1906) 2月 13日·15日·17日·3月 21日·5月 22日·24日·26日·29日·31日·6月 18日·19日·8月 18日·30日·9月 10日·11日·14日·10月 18日·19日·25日·11月 1日·15日·22日·23日·12月 10日·14日·17日. 【특별법원】『司法稟報(乙)』,「(特別法院 → 法部)報告書」第1號, 光武 10年(1906) 10月 16日.

118 『司法稟報(甲)』,「(法部 → 平理院)訓令」第43號, 光武 4年(1900) 3月 3日.

119 『高宗實錄』卷39, 高宗 36年 5月 30日(陽曆),「裁判所構成法改正件」(法律 第3號).

을 법부대신이 독점하지는 못하게 되었다.[120] 특히 『육군법률』이 『형법대전』의 초고가 되었고 육군법원이 운영되고 있었으므로 육군 출신의 평리원 재판장 임용도 이루어졌다.[121] 반면에 관찰사는 관할 군수의 비행이 고발되더라도 직접 심리하는 것이 불가능해졌으며 평리원으로 사건을 옮겨서 심리해야만 했다.[122]

고종이 권력을 회복하자 광무개혁이 추진되면서 당시 지방민의 반발을 샀던 23부제는 폐지되었다. 그러나 단발령을 되돌리거나 8도제로 회귀하기도 어려웠다. 이미 행정을 분산시켰던 경험은 도제의 향수에도 불구하고 『경세유표』에서 제안한 남북도 분도개념을 채택함

120 평리원 재판장의 직전 관함(官銜)은 다음과 같다. 【法部-大臣】『高宗實錄』 卷39, 高宗 36年 6月 7日(陽曆); 『高宗實錄』 卷44, 高宗 41年 1月 12日 · 2月 16日 · 3月 17日 · 4月 14日(陽曆); 【法部-司理局長】『高宗實錄』 卷40, 高宗 37年 5月 30日(陽曆); 【法部-協辦】『高宗實錄』 卷41, 高宗 38年 3月 14日(陽曆); 『高宗實錄』 卷44, 高宗 41年 3月 7日(陽曆); 『高宗實錄』 卷46, 高宗 42年 7月 12日(陽曆); 『高宗實錄』 卷47, 高宗 43年 9月 15日 · 11月 24日(陽曆); 【平理院-判事】『高宗實錄』 卷39, 高宗 36年 7月 7日(陽曆); 『高宗實錄』 卷44, 高宗 41年 8月 3日(陽曆); 『高宗實錄』 卷47, 高宗 43年 9月 29日(陽曆); 【平理院-檢事】『高宗實錄』 卷39, 高宗 36年 7月 29日 · 10月 17日(陽曆); 『高宗實錄』 卷41, 高宗 38年 12月 6日(陽曆); 【中樞院-議官】『高宗實錄』 卷39, 高宗 36年 9月 18日(陽曆); 『高宗實錄』 卷40, 高宗 37年 6月 2日(陽曆); 【警部-協辦】『高宗實錄』 卷41, 高宗 38年 10月 1日(陽曆); 【侍從院-卿】『高宗實錄』 卷42, 高宗 39年 6月 26日(陽曆); 【內藏院-卿】『高宗實錄』 卷42, 高宗 39年 11月 8日(陽曆); 【特進官】『高宗實錄』 卷42, 高宗 39年 11月 22日(陽曆); 【正2品】『高宗實錄』 卷42, 高宗 39年 12月 26日(陽曆); 【從2品】『高宗實錄』 卷44, 高宗 41年 9月 1日(陽曆); 『高宗實錄』 卷46, 高宗 42年 7月 29日 · 8月 3日(陽曆); 【議政府-贊政】『高宗實錄』 卷44, 高宗 41年 5月 24日 · 8月 20日(陽曆); 【議政府-參贊】『高宗實錄』 卷44, 高宗 41年 5月 27日(陽曆); 『高宗實錄』 卷45, 高宗 42年 5月 3日(陽曆).

121 【陸軍-參將】『高宗實錄』 卷40, 高宗 37年 8月 13일(陽曆); 『高宗實錄』 卷46, 高宗 42年 10月 31日 · 11月 1日(陽曆); 【陸軍-副將】『高宗實錄』 卷46, 高宗 42年 12月 9日(陽曆); 【陸軍-副領】『高宗實錄』 卷41, 高宗 38年 3月 4日 · 5月 23日(陽曆); 【陸軍-參領】『高宗實錄』 卷43, 高宗 40年 1月 11日(陽曆).

122 『司法稟報(甲)』, 「(法部 → 平理院)訓令」 第43號, 光武 4年(1900) 3月 3日.

으로써[123] 전국은 13도로 개편되었다. 23부와 8도제의 중간을 취함으로써 조선의 실정에 맞는 변화가 이루어졌다. 그러나 13도 관찰부로 재편된 이후에도 관찰사는 여전히 칙임 3등 이하로 제한되었다.[124] 『고종실록』의 실제 인사기록을 살펴보면 13도 관찰사는 대체로 정2품~종2품이 임명되었으므로[125] 『경국대전』의 8도 관찰사 품계[126]가 회복된 듯이 보이지만, 실제로 칙임관 4등이 부여되었으므로 법부대신이 칙임관 1등인 것과 상당한 격차를 유지하였다. 한편으로는 전통적인 관찰사 품계를 회복하였지만 다른 한편으로는 새로운 칙임관 등급의 상하구분이 명백해졌다. 이는 광무개혁이 갑오개혁을 계승하는 방식을 단적으로 보여준다. 설령 을미사변 이후 일본제국의 불순한 의도로 단발령이 시작되었다고 할지라도 고종은 한번 이룬 변화를 되돌리지 않았으며 개화노선 자체도 폐기하지 않았다.

(3) 범죄분류와 형벌제도의 변화

첫째, 민사·형사의 구분이 강조되었다. 조선시대에도 민사·형사의 구분이 아주 없었던 것은 아니다.[127] 그러나 오늘날 민사·형사 개념에 가까운 형태로 구분한 것은 갑오개혁 이후이다.[128] 이 역시 완전

---

123 김백철, 앞의 논문, 2021b, 145쪽.
124 "觀察使, 勅任 3等以下."『地方官吏職制』(勅令 第37號, 1896.08.04.);『高宗實錄』卷34, 高宗 33年 8月 4日(陽曆).
125 『高宗實錄』卷32, 高宗 31年 7月 庚寅(16日),「官秩」.
126 『經國大典』, 吏典, 外官職, 京畿·忠淸道·慶尙道·全羅道·黃海道·江原道·咸鏡道·平安道.
127 김백철, 앞의 책, 2016a, 229쪽, 註223.
128 『高宗實錄』卷33, 高宗 32年 4月 庚午(29日),「民刑訴訟에 關혼 規程」(法部令 第3號, 1895);『司法稟報(甲)』,「(洪州府 → 法部)報告書」第18號, 建陽 1年(1896) 6月 20日,

히 현대와 동일하지는 않다.[129] 갑오개혁 당시 「홍범」이 반포되면서 민법·형법의 구분이 천명되었다.[130] 법무아문(法務衙門: 법부의 전신)에는 민사국(民事局)·형사국(刑事局)이 별도로 설치되었고 총무국(總務局)·회계국(會計局)이 병존했다.[131] 이는 형조 산하에 상복사(詳覆司)·고율사(考律司)·장금사(掌禁司)·장예사(掌隷司) 등을 둔 형태에서 통상업무의 분류가 달라진 것이다.[132] 앞서 살폈듯이 이미 갑오개혁기 「민·형사소송에 관한 규정」(법부령 제3호, 1895.04.29.)부터 민사소송과 형사소송의 기한을 서로 다르게 구분하였다. 또한 광무개혁기 『형법대전』에는 56조 집형(執刑)과 57조 집행(執行)이 구분되었는데,[133] 이것을 『사법품보』에서도 해당 조문을 인용하여 형사(집형)와 민사(집행)로 구분할 것을 거듭 강조하고 있다.[134]

　　法部令 第6號.

129　법부 「훈령」에서 여름 혹서기(酷暑期)에 수감이 어려우므로 민사사건을 일체 정지하도록 하고 각군에 한문과 한글로 게시하도록 하였는데 당시 민사사건을 구체적으로 적시하였다. 곧 태형 이상 율문을 적용하되 산송(단, 발총 제외), 전택, 산소구역의 나무, 전곡, 축산 등으로 송사로 다투는 경우에 국한되었다. 『司法稟報(甲)』, 「(務安港 → 法部)報告書」 第24號, 光武 4年(1900) 7月 22日.

130　『高宗實錄』 卷32, 高宗 31年 12月 甲寅(12日).

131　『高宗實錄』 卷31, 高宗 31年 6月 癸酉(28日).

132　『大典會通』, 吏典, 京官職, 正二品衙門, 刑曹; 『秋官志』 卷1, 職掌, 四司·九房; 『六典條例』 卷9, 刑典, 刑曹, 詳覆司·考律司·掌禁司·掌隷司·刑房.

133　"執刑이라 稱홈은, 笞罪는 決笞며 禁獄은 監獄에 囚禁홈이며 懲役은 役에 就홈이며 流刑은 配所에 押付홈이며 死刑은 絞에 處홈을 謂홈이라." 『刑法大全』 第1編 法例, 第1章 用法範圍, 第7節 名稱分析, 第56條; "執行이라 稱홈은, 公有나 私有흔 財産에 干犯이나 應償홀 義務가 有흔 人의 財産을 押收홈을 謂홈이라." 『刑法大全』 第1編 法例, 第1章 用法範圍, 第7節 名稱分析, 第57條.

134　『司法稟報(甲)』, 「(沃溝港 → 法部)報告(書)」 第7號, 光武 10年(1906) 2月 28日; 『司法稟報(甲)』, 「(義州시 → 法部)報告書」 第17號, 光武 10年(1906) 3月 3日; 『司法稟報(甲)』, 「(江原道 → 法部)報告書」 第16號, 光武 10年(1906) 3月 5日; 『司法稟報(甲)』, 「(忠淸南道 → 法部)報告書」 第17號, 光武 10年(1906) 3月 6日.

〈그림 5〉『사법품보(갑)』118책 경기재판소 형명부[執刑] (서울대학교 규장각한국학연구원 소장본)

둘째, 형벌제도의 변화이다. 갑오개혁을 기점으로 형벌체계의 변경도 추진되었다. 앞서 살폈듯이 ① 연좌제가 금지되었는데[135] 이것이 실제로 지속되었다.[136] 1895년 12월에는 ② 태형(笞刑) · 장형(杖

---

135 『高宗實錄』 卷31, 高宗 31年 6月 癸酉(28日);『高宗實錄』 卷32, 高宗 31年 8月 庚申(16日)

136 【연좌죄인석방】『司法稟報(甲)』, 「(法務衙門 →)關全羅道」, 開國 504年(1895) 1月 4日;『司法稟報(甲)』(法務衙門 →)關慶尙道」, 開國 504年(1895) 1月 4日;『司法稟報(甲)』, 「(法務衙門 →)關各道監營五都杆按撫營」, 開國 504年(1895) 3月 2日;『司法稟報(甲)』, 「海營(→ 法務衙門)牒報」 第123號, 開國 504年(1895) 3月 21日;『司法稟報(甲)』, 「嶺營(→ 法部)來牒」, 開國 504年(1895) 4月 10日;『司法稟報(甲)』, 「(堤川縣 → 法部)報告(書)」 第159號, 開國 504年(1895) 4月 10日;『司法稟報(甲)』, 「(平安監營 → 法部)報告(書)」 第163號, 開國 504年(1895) 4月 12日;『司法稟報(甲)』, 「按撫營(→ 法部)來牒」, 開國 504年(1895) 5月 13日;『司法稟報(甲)』, 「咸鏡道高原(→ 法部)來牒」, 開國 504年(1895) 5月 23日.

刑・도형(徒刑)・유형(流刑)은 모두 징역(懲役)으로 변경하였다.[137]
③ 형장(刑杖)도 태형으로 단일화되었다.[138] 특히 일본군의 동학군
토벌종료와 궤를 같이하여 추진되었는데 돌아온 군사를 호궤하면서
④ 형벌도 능지처참을 폐지하고 교형을 적용하되 군률만 총살을 허
용하였다.[139] 따라서 「형률명례」(법률 제3호, 1896.04.04.)에서 장형은
태형으로,[140] 참형은 교형으로 각기 바뀌고 판결에도 반영되었다.[141]
다만 몇 년 뒤 제한적으로 국사범의 참형이 부활하기도 했다.[142]

137 『高宗實錄』 卷32, 高宗 31年 12月 壬子(10日);『司法稟報(甲)』,「(平安北道 → 法部)報
告書」第43號, 光武 2年(1898) 5月 22日.
138 『高宗實錄』 卷32, 高宗 31年 12月 戊午(16日).
139 『高宗實錄』 卷32, 高宗 31年 12月 己巳(27日).
140 『官報』 第293號, 建陽 1年(1896) 4月 7日,「賊盜處斷例」(法律 第2號, 1896.04.01.)・「刑
律名例」(法律 第3號, 1896.04.04.); 도면회, 앞의 책, 2014, 152~153쪽;【杖刑 → 笞
刑】"至於杖刑ᄒᆞ야ᄂᆞᆫ 新式廢止故로 施笞嚴督이온딕."『司法稟報(乙)』,「(平理院 → 法
部)報告書」第201號, 光武 5年(1901) 9月 19日;【笞刑-懲役】『司法稟報(甲)』,「(開城
府 → 法部)質稟書」第3號, 建陽 1年(1896) 5月 11日;『司法稟報(甲)』,「(洪州府 → 法
部)報告書」第□號, 建陽 1年(1896) 5月 10日;『司法稟報(甲)』,「(公州府 → 法部)報告
書」第41號, 建陽 1年(1896) 5月 20日;『司法稟報(甲)』,「(京畿 → 法部)報告書」第7號,
建陽 1年(1896) 8月 31日;『司法稟報(甲)』,「(黃海道 → 法部)報告書」第130號, 光武 3
年(1899) 9月 8日;『司法稟報(甲)』,「(黃海道 → 法部)報告書」第3號, 光武 4年(1900) 8
月 26日;『司法稟報(甲)』,「(江原道 → 法部)質稟書」第5號, 光武 4年(1900) 10月 15日;
『司法稟報(甲)』,「(忠淸南道 → 法部)質稟書」第4號, 光武 5年(1901) 2月 23日;『司法
稟報(甲)』,「(全羅北道 → 法部)質稟書」第14號, 光武 5年(1901) 7月 21日;『司法稟報
(甲)』,「(元山港 → 法部)報告(書)」第3號, 光武 8年(1904) 5月 19日.
141 『사법품보』에도 『법규유편』,「형률명례」제2조가 인용되었다. "死刑은 絞로 홈."『刑律
名例』第2條(法律 第3號, 1896.04.04.);『司法稟報(甲)』,「(平安南道 → 法部)質稟書」
第3號, 光武 9年(1905) 2月 2日.
142 "刑律名例 第二條 死刑은 下에 '斬과' 二字를 添入ᄒᆞ고 次行에 '但 斬刑에 處ᄒᆞ 者ᄂᆞᆫ
籍産을 附加홈' 十四字를 添入ᄒᆞ고 第六條 '絞刑은 軍法 外에 一般人民의 死罪에 犯
ᄒᆞ 者에게 施홈' 二十二字를 刪去ᄒᆞ고 '斬刑은 皇室犯 國事犯이며 絞刑은 凡 他犯人
의 死罪에 至ᄒᆞ 者에게 施홈' 二十九字를 添入홈이라."『刑律名例中改正件』(法律 第6
號, 1900.09.29.).

아울러 「유형분등가감례(流刑分等加減例)」(법률 제4호, 1895.04.16.)에서는 ⑤ 유형에 징역제도가 도입되면서 거리에 따른 구분이 폐지되었다.[143] 「징역처단례」(법률 제6호, 1895.04.29.)가 반포되자 ⑥ 유형은 국사범만 적용되었고 나머지 유형 및 도형은 모두 징역형으로 바뀌었다.[144] 이후 「형률명례」(법률 제3호, 1896.04.01.)가 반포되어 ⑦ 종래 태(笞)·장(杖)·도(徒)·유(流)·사(死: 絞刑·斬刑) 5형도 태·역·유·사[絞刑] 4형으로 조정되었고 형량단위도 유배형은 3등급, 징역형은 두 차례에 걸쳐 총 19등급으로, 태형 10등급으로 각기 개편되었다.[145] 이후에도 몇 차례 수정이 이루어졌다.[146] 마지막으로 『형법대전』(1905.05.29.)이 반포되면서 ⑧ 태형·징역형이 결합된 부가형은 모두 징역 단독형으

---

[143] "流刑은 分하여 左의 3等으로 하니 其 加減例도 亦 左의 順序에 依함. 1等 流終身, 2等 流 15年, 3等 流 10年. 現行 刑律 流 3000里는 流 終身이며 流 2500里는 流 15年이며 流 2000里는 流 10年으로 定함." 『高宗實錄』 卷33, 高宗 32年 4月 丁巳(16日), 「流刑分等加減例」(法律 第4號, 1895); 『司法稟報(甲)』, 「(全州府 → 法部)報告書」 第4號, 開國 504年(1895) 10月 25日.

[144] "通常犯罪에 科홀만흔 徒流刑을 懲役으로 換ㅎ야 處斷ㅎ니 流終身은 懲役終身, 流十五年은 懲役十五年, 流十年은 懲役十年, 徒三年은 懲役三年, 徒二年半은 懲役二年六箇月, 徒二年은 懲役二年, 徒一年半은 懲役一年六箇月, 徒一年은 懲役一年으로 換處ㅎ고 國事에 關흔 犯罪는 流刑을 仍存ㅎ고 徒刑을 懲役으로 換호되 就役을 免홈." 『高宗實錄』 卷33, 高宗 32年 4月 庚午(29日), 「懲役處斷例」(法律 第6號, 1895); 『司法稟報(甲)』, 「江陵府(→法部)來牒」, 開國 504年(1895) 9月 18日; 『司法稟報(甲)』, (濟州牧 → 法部)報告書」 第14號, 光武 2年(1898) 1月 12日.

[145] 유형(流刑)은 종신·15년·10년 등 3단계로, 역형(役刑)은 두 차례에 걸쳐 종신·15년·10년·(2차 추가: 7년·5년)·3년·2년 6개월·2년·1년 6개월·1년·10개월·8개월·6개월·4개월·2개월·1개월 20일·1개월 10일·1개월·20일 등 1차 17단계·2차 19단계로, 태형은 100·90·80·70·60·50·40·30·20·10 등 10단계로 각각 바뀌었다. 【4刑-유형3단계-징역형17단계】 『高宗實錄』 卷34, 高宗 33年 4月 1日(陽曆), 「刑律名例」(法律 第3號, 1896); 【징역형19단계】 「刑律名例中改正件」(法律 第5號, 1896.06.17.).

[146] 「刑律名例中改正件」(法律 第2號, 1899.05.22.); 「刑律名例中改正件」(法律 第2號, 1900.01.11.); 「刑律名例中改正件」(法律 第6號, 1900.09.29.).

로 변화하였다.[147] 더욱이 ⑨ 징역형도 10개월 이하 금옥형과 1년 이상 징역형으로 세분화되었다.[148] 이러한 급격한 사법체제 변화과정이 갑오~광무개혁기에 나타났다.

〈그림 6〉 『사법품보(갑)』 119책 전라북도재판소 형명부[執行] (서울대학교 규장각한국학연구원 소장본)

그러나 종래에는 고종연간의 태 · 장 · 도 · 유 · 사 5형 사용을 전근대의 상징처럼 이해하는 경우도 없지 않았다.[149] 이것은 엄연히 동북

---

147 "附加刑은 宣告치 아니ᄒᆞᆷ이라." 『刑法大全』, 第3編 刑例, 第1章 刑罰通則, 第3節 附加刑處分, 第116條.
148 『형법대전』에서 역형(役刑)은 1년~종신형으로 총 10단계이며, 금옥(禁獄)은 1~10개월로 총 10단계이다. 『刑法大全』, 第3編 刑例, 第1章 刑罰通則, 第1節 刑名 · 刑具及獄具, 第95~97條.
149 도면회, 앞의 책, 2014, 34~52쪽.

아시아에서 7세기중반(652) 편찬된 『당률소의(唐律疏議)』의 유산이다. 동시대(529~565) 편찬된 유스티니아누스대제의 『로마법대전(*Corpus Juris Civilis*)』에 비견된다. 근대법 편찬 시 로마법이 대거 활용되었음을 상기해본다면,[150] 서양·동양의 다른 전통으로 구분하는 게 타당하며, 이것을 '근대'-'전근대'의 문제로 치환시켜 보는 것은 부적절하다.

셋째, 집행방식의 변화이다. 그동안 징역종신 이상은 법부에서 「지령」을 받으면 형벌의 집행에 들어갔는데,[151] 태형·징역형이 결합된 경우 태형을 먼저 집행하고 징역형이 시작되었다. 기존의 유형은 태형집행후 유배지까지 이송되어 도착한 날짜부터 유배일에 산입이 시작되었는데 그와는 다른 방식이다.

대개 유형이 마을 우두머리를 대상으로 보수주인(保授主人)을 정하고 민가에 머물게 했다면 징역형은 엄격한 감옥을 만들어 감금하였다. 다만, 유배죄인을 보수주인의 책임하에 마을에 위탁하던 방식에서 감옥을 만들어 구속해야 했으므로 종래의 압송비용 외에도 감옥건설비·죄수식비·죄수의류비 등이 새롭게 필요했다.[152] 후술하듯

---

150 현재 우리나라의 법체계는 대륙법을 중심으로 영미법 등 다양한 계통의 영향을 받은 것으로 이해되고 있다. 그중 대륙법은 헌법(의원내각제·사회적 기본권 등)·민법(사적 소유권 등)의 경우 각기 바이마르공화국 헌법(→ 프랑스혁명기 헌법)·바이마르공화국 민법(→ 프랑스혁명기 나폴레옹민법전 → 로마법 등)을 연원으로 보고 있다. 관련 연구는 다음 참조. 김효전, 「한국헌법과 바이마르헌법」, 《공법연구》 14, 한국공법학회, 1986, 7~48쪽; 허일태, 「1849년 독일제국 헌법의 소유권규정에 관한 해석」, 《동아법학》 16, 동아대학교 법학연구소, 1993, 25~31쪽; 김백유, 「사회적 기본권의 구체적 보장」, 《논문집》 25-1, 한성대학교, 2001, 59~93쪽; 송석윤, 「군민공치와 입헌군주제헌법」, 《서울대학교 법학》 53-1, 서울대학교 법학연구소, 2012, 497~528쪽; 한동일, 『유럽법의 기원』, 문예림, 2013, 37~87쪽; 피터 스타인(김기창 역), 『유럽 역사에서 본 로마법』, 일다, 2021, 149~266쪽.

151 「刑律名例」 第17條(法律 第3號, 1896.04.04.).

이 이것이 예산문제를 일으키는 원인이었다.[153]

넷째, 노약자보호·복지정책의 계승이다. 태형 집행의 경우 나이가 많은 노인·어린이·장애인(폐질廢疾)·유부녀·임신부 등은 명률·국전에 따라 수속(收贖: 贖錢)을 허가하였고,[154] 경제적으로 형편이 여의치 않아 속전이 불가능한 경우 믿을 만한 친척에게 보수를 맡기고 석방하거나(保放·保釋)[155] 노부모의 경우 시집간 딸이 사는 인근 군에 수감하여 뒷바라지를 받도록 했다.[156] 『형법대전』이후에는 속전을 부담할 능력이 되지 못하면 그 액수를 징역기간으로 계산하여 금고·징역으로 처리하였다.[157]

152 원재연, 앞의 논문, 2019, 194~195쪽.

153 『司法稟報(甲)』, 「(江陵府 → 法部)報告書」第3號, 開國 504年(1895) 10月 23日; 『司法稟報(甲)』, 「(大丘府 → 法部)質稟書」第10號, 開國 504年(1895) 11月 1日; 『司法稟報(甲)』, 「(大丘府 → 法部)報告書」第13號, 開國 504年(1895) 11月 11日; 『司法稟報(甲)』, 「(仁川府 → 法部)質稟書」第2號, 建陽 1年(1896) 7月 8日; 『司法稟報(甲)』, 「(忠清南道 → 法部)報告書」第15號, 建陽 1年(1896) 8月 29日.

154 【노인-부인】『司法稟報(甲)』, 「(忠清南道 → 法部)報告書」第96號, 光武 2年(1898) 8月 19日; 【노-소-폐질】『司法稟報(乙)』, 「(漢城府 → 法部)質稟書」第3號, 光武 5年(1901) 8月 1日; 【유부녀】『司法稟報(乙)』, 「(平理院 → 法部)質稟書」第42號, 光武 6年(1902) 4月 19日; 【임신부】『司法稟報(乙)』, 「(高等裁判所 → 法部)報告書」第60號, 光武 2年(1898) 10月 14日; 『司法稟報(乙)』, 「(高等裁判所主事 → 法部會計局主事)通牒」第50號, 光武 2年(1898) 10月 14日.

155 『司法稟報(甲)』, 「(忠清南道 → 法部)質稟書」第1號, 建陽 2年(1897) 6月 30日; 『司法稟報(甲)』, 「(務安港 → 法部)質稟書」第43號, 光武 4年(1900) 11月 10日.

156 『司法稟報(甲)』, 「(忠清南道 → 法部)報告書」第45號, 建陽 1年(1896) 10月 4日.

157 "第百八十二條 贖錢 定數는 左開와 如홈이라. 一 笞刑은 一度에 三錢五分. 二 禁獄及 流役刑은 一日에 一兩四錢. ○第百八十三條 應贖홀 罪犯이 納贖지 못홀 境遇[境遇]에 는 本刑에 處호고 應贖홀 罪犯이 終身이어든 三十年으로 計算홈이라. ○第百八十四 條 笞刑에 應贖홀 者가 納贖지 못홀 境遇에는 笞四度롤 折算호야 禁獄 一日에 換處 홈이라." 『刑法大全』, 第3編 刑例, 第1章 刑罰通則, 第18節 收贖處分, 第182-184條.

〈그림 7〉『사법품포(갑)』 122책 무안항재판소 질품서 제27호 · 법부 접수 제1534호
(서울대학교 규장각한국학연구원 소장본)

또한 임산부는 아이를 출산한 후 100일이 경과된 이후에 형벌을 집
행했는데,[158] 조선시대 법률을 그대로 준용한 것이다.[159] 수범(首犯)이
체포되지 못했을 때도 중죄가 아닌 사안은 나머지 관련자를 수범이 체

---

[158] 【출산100일후 집행】『司法稟報(甲)』, 「(平安南道 → 法部)報告書」 第35號, 光武 9年
(1905) 5月 31日;『司法稟報(甲)』, 「(平安北道 → 法部)報告書」 第7號, 光武 9年(1905)
2月 6日;『司法稟報(甲)』, 「(江原道 → 法部)質稟書」 第1號, 光武 6年(1902) 4月 18日;
『司法稟報(甲)』, 「(咸鏡北道 → 法部)報告書」 第9號, 光武 8年(1904) 5月 20日;『司法
稟報(甲)』, 「(平安南道 → 法部)報告書」 第35號, 光武 9年(1905) 5月 31日;『司法稟報
(甲)』, 「(黃海道 → 法部)質稟(書)」 第16號, 光武 9年(1905) 12月 19日;『司法稟報(甲)』,
「(黃海道 → 法部)報告(書)」 第3號, 光武 10年(1906) 1月 10日;『司法稟報(甲)』, 「(黃海
道 → 法部)質稟(書)」 第35號, 光武 10年(1906) 4月 13日.

[159] "若婦人, 懷孕犯罪, 應栲決者, 依上保管, 皆待産後一百日, 栲決. 若未産而栲決, 因而墮

포될 때까지 임시로 보방하는 조치도 행해졌다.[160] 『형법대전』 186조
에는 부녀자 · 노약자 · 장애인 등에 대한 보방규칙이 수록되었다.[161]

특히 병에 걸린 사람의 치료를 목적으로 하는 보방도 자주 나타난
다.[162] 다만 보방은 완전한 석방이 아니었기 때문에 보수주인은 만약
죄수가 도망치면 제대로 감시하지 못한 책임을 물어서 『대명률』 '주수
불각실수(主守不覺失囚)'에 따라 죄수의 원죄에서 2등급을 감하여 대
신 수감되었다.[163] 본래 체포한 죄수가 감옥에서 도망가는 경우 기한
을 주고 잡아오도록 하고,[164] 실패하면 죄수의 본죄에서 2~3등급을
감형해서 징역을 살게 하였는데,[165] 고의성 여부를 검토하여 감형이
이루어졌다.[166] 이 역시 『형법대전』 188조에 규정되었다.[167]

이외에 죄수가 상을 당한 경우에도 장례기간 휴가를 법부에 요청

胎者, 官吏, 減凡鬪傷罪三等 致死者, 杖一百徒三年, 産限未滿而栲決者, 減一等." 『大
明律』, 刑律, 斷獄, 婦人犯罪; "孕胎女, 依年七十例, 除刑推收贖." 『續大典』, 刑典, 推
斷; "凡姦犯律應不待産時者, **懷孕則待産行刑.**" 『續大典』, 刑典, 姦犯

160 『司法稟報(甲)』, 「江原道 → 法部)報告書」 第23號, 建陽 2年(1897) 2月 19日; 『司法稟
報(甲)』, 「黃海道 → 法部)報告(書)」 第22號, 建陽 2年(1897) 3月 17日.

161 "婦女나 七十歲以上 十五歲以下의 男子와 廢疾人의 流役十年以下는 隆寒盛暑에도 保放
흠을 得흠이라." 『刑法大全』, 第3編 刑例, 第1章 刑罰通則, 第19節 保放規則, 第187條.

162 『司法稟報(甲)』, 「仁川港 → 法部)報告書」 第4號, 光武 10年(1906) 2月 7日; 『司法稟報
(甲)』, 「忠淸南道 → 法部)報告書」 第44號, 光武 10年(1906) 5月 3日.

163 『司法稟報(甲)』, 「慶尙南道 → 法部)報告(書)」 第30號, 光武 9年(1905) 4月 19日.

164 『司法稟報(甲)』, 「京畿 → 法部)報告書」 第19號, 光武 6年(1902) 3月 16日; 『司法稟報
(甲)』, 「京畿 → 法部)報告書」 第43號, 光武 9年(1905) 7月 11日; 『司法稟報(甲)』, 「慶
尙北道 → 法部)質稟書」 第23號, 光武 10年(1906) 3月 11日.

165 『司法稟報(甲)』, 「忠淸北道 → 法部)報告書」 第82號, 光武 3年(1899) 9月 27日.

166 『司法稟報(甲)』, 「慶尙南道 → 法部)報告(書)」 第30 · 5(새 번호)號, 光武 9年(1905) 4月
19日 · 5月 29日.

167 "保放흔 後에 該犯이 逃躱ᄒᆞᄂᆞᆫ 境遇에는 保人으로 刑에 抵호되 犯人의 罪에 二等을
減흠이라." 『刑法大全』, 第3編 刑例, 第1章 刑罰通則, 第19節 保放規則, 第188條.

하였다.[168] 이는 『속대전』의 규정을 준수한 것이며,[169] 신병(身病)이나 친상(親喪)의 보방은 『형법대전』 185~186조에 반영되었다.[170] 또한 죄인을 잡지 못한 경우 가족을 대신 구금하는 행위(代囚)가 적지 않게 확인되는데,[171] 일단 법부에서는 본인이 아닌 경우 불법으로 간주하여 석방을 원칙으로 하였다.[172] 이 역시 『경국대전』부터 장형 이상만 가두도록 한 조치의 위반이었기 때문이다.[173]

(4) 정기보고체계의 세밀화

공문서의 체계는 여러 가지로 확인된다. 첫째, 법부-지방재판소 간 기본적인 문서교환방식이다. 곧 법부의 「훈령」·「지령」, 지방재판소의 「보고서」·「질품서」 등이 해당하는데, 이것이 다시 재판소-각군에도 동일하게 적용되었다. 이에 재판소는 각군의 군수나 관찰부 직속 경무서(警務署) 총순(總巡)의 「보고서」·「검안」을 받았다. 때때로 시급한 사안은 전보를 통해서 「보고서」를 올리거나 「훈령」을 받았다. 우체사(郵遞使)가 지방이나 중앙에서 분실하는 경우도 발생하여 「훈령」

---

168 『司法稟報(甲)』, 「(智島郡 → 法部)大韓帝國電報」, 1901年(光武5) 7月 14日.
169 "死囚外, 遭親喪者, 限成服啓稟保放(註: 定配罪人遭親喪及承重喪者, 給暇歸葬, 過三月後, 還發配所)." 『續大典』, 「刑典」, 恤囚; 『大典會通』, 「刑典」, 恤囚.
170 "禁獄以下의 罪犯이 身病危重ᄒᆞ거나 親喪을 遭ᄒᆞᆯ 時ᄂᆞᆫ 信人을 立保ᄒᆞ고 保放홈을 得ᄒᆞᆷ이라." 『刑法大全』, 第3編 刑例, 第1章 刑罰通則, 第19節 保放規則, 第185條; "流刑이나 役刑에 在ᄒᆞᆫ 者ᄂᆞᆫ 第百三十九條 諸項의 所犯을 除ᄒᆞᆫ 外에 身病이나 親喪에만 立保姑放홈을 得ᄒᆞᆷ이라." 『刑法大全』, 第3編 刑例, 第1章 刑罰通則, 第19節 保放規則, 第186條.
171 『司法稟報(甲)』, 「(慶尙北道 → 法部)報告書」 第32號, 建陽 2年(1897) 5月 21日; 『司法稟報(乙)』, 「(昌原港 → 法部)報告(書)」 第9號, 光武 6年(1902) 6月 23日.
172 『司法稟報(甲)』, 「(平安北道 → 法部)報告書」 第32號, 建陽 2年(1897) 6月 3日.
173 "杖以上, 囚禁." 『經國大典』, 「刑典」, 囚禁; 『大典會通』, 「刑典」, 囚禁, 原.

이나 「보고서」 모두 사고가 확인된다.[174] 일단 지방재판소에서 문서가
법부로 올라오면 과장(課長)·국장(局長)·협판(協辦)·대신(大臣) 등
이 인장을 찍어서 확인하였으며, 접수한 문서에는 본래 지방재판소
의 일자와 문서번호(第~號) 이외에 법부의 접수일자와 문서번호(接受
第~號)가 부여되었다(〈그림 7〉 참조). 이는 『법규유편』을 그대로 따른
것이다.[175]

　「형률명례」(법률 제3호, 1896) 9조에는 "한성을 제외한 각 지방 각 개
항장 재판소의 인명 및 강도 옥안의 경우 법부에서 형벌처리에 대해
먼저 허가하고 매월말 모두 모아 황제께 아뢰는 것이 옳다"고 하였
다.[176] 이에 정기적인 「보고서」에는 월말에 수감 중인 기결수·미결수
를 「시수성책」으로 만들어 올렸다. 이는 조선초부터 수도계본(囚徒啓
本: 監獄啓本·罪囚啓本·囚徒記)을 관찰사 휘하 도사(都事)·경력(經歷)
이 3개월 단위로 형조를 통해 임금에게 보고하던 방식을 개편한 것이
다.[177] 이외에도 서울의 고등재판소·한성재판소도 정기적으로 보고

174 【電報未到着】『司法稟報(甲)』, 「忠淸北道 → 法部)報告書」 第22號, 光武 8年(1904) 4月
　　6日; 『司法稟報(甲)』, 「慶尙南道 → 法部)報告(書)」 第26號, 光武 9年(1905) 12月 20日;
　　『司法稟報(甲)』, 「慶尙南道 → 法部)報告(書)」 第12號, 光武 10年(1906) 3月 22日.
175 "제6조 觀察使以下官吏의 相互往來하는 公文은 自己姓名을 替書치 勿ᄒ고 草書
　　로 親書ᄒ야 奸僞를 防ᄒ고 信蹟을 准케 흠"『法規類篇』 2冊, 地方官吏應行體制
　　(1896.08.07.); 『司法稟報(甲)』, 「仁川港 → 法部)報告書」 第6號, 建陽 1年(1896) 11月
　　3日, 法部『訓令』 第5號.
176 『司法稟報(甲)』, 「開城府 → 法部)報告書」 第10號, 建陽 1年(1896) 5月 22日, 「法部訓
　　令」 第14號; 『司法稟報(甲)』, 「羅州府 → 法部)報告書」 第6號, 建陽 1年(1896) 7月 7日,
　　「法部訓令」 第17號.
177 『太宗實錄』 卷29, 太宗 15年 2月 壬申(4日); 『太宗實錄』 卷29, 太宗 15年 2月 丁亥(19
　　日); 『太宗實錄』 卷30, 太宗 15年 7月 甲子(29日); 『秋官志』 卷1, 職掌, 九房; 『六典條
　　例』 卷9, 刑典, 刑曹, 註; 『六典條例』 卷9, 刑典, 刑曹, 詳覆司.

하였다.[178]

조선시대 2품 이상인 관찰사는 임금에게 직접 계본(啓本)을 올릴
수 있었다(直啓).[179] 관찰사는 임금에게 직접 올리는 문서식을 준용하
였고 승정원에 올라온 문서는 육조가 참조하였다.[180] 다른 아문에 대
해서는 동등 이하는 「관문(關文)」을, 동등 이상은 「첩정(牒呈)」을 사용
했다.[181] 관찰사는 상급기관인 의정부에는 「첩정」을 사용했고,[182] 품
계가 비슷한 육조에는 평상시 「관문」을 사용했지만 해당 아문과 연계
된 일에는 「첩정」도 활용했다.[183] 그러므로 「보고서」는 「첩정」이 변화
한 것이다. 다만, 실록의 추세를 보면 관찰사의 육조유관업무에 대한
「첩정」 기록은 조선초기에 한정되어 있고 점차 '장계(狀啓)'[184] · '치계
(馳啓)'[185] 등의 표현이 압도적인데, 국왕(승정원)에게 먼저 직계한 뒤
유관아문으로 하달되는 방식이 정착되었기 때문이다. 이는 고려말
안렴사에서 조선초 관찰사로 그 지위가 상승되면서 나타난 현상이

---

178 【고등재판소】『司法稟報(乙)』, 「(高等裁判所主事 → 法部刑事局主事)通牒」第11 · 17號,
　　光武 2年(1898) 4月 7日 · 5月 2日;【한성재판소】『司法稟報(乙)』, 「(漢城裁判所 → 法
　　部)報告書」第□ · 30號, 光武 2年(1898) 3月 31日 · 4月 30日.

179 『經國大典』, 禮典, 用文字式 · 啟本式.

180 『秋官志』卷1, 職掌, 九房;『六典條例』卷9, 刑典, 刑曹, 註;『六典條例』卷9, 刑典, 刑
　　曹, 詳覆司.

181 『經國大典』, 禮典, 平關式 · 牒呈式.

182 『世宗實錄』卷105, 世宗 26年 8月 庚午(24日).

183 【병조】『太宗實錄』卷11, 太宗 6年 3月 丁酉(7日);『世祖實錄』卷4, 世祖 2年 7月 辛未
　　(4日);『經國大典』, 禮典, 用文字式;【예조】『世祖實錄』卷3, 世祖 2年 4月 乙丑(26日);
　　【호조】『世祖實錄』卷7, 世祖 3年 5月 戊辰(6日).

184 『宣祖實錄』卷203, 宣祖 39年 9月 己丑(23日);『正祖實錄』卷9, 正祖 4年 2月 甲戌(25
　　日);『銀臺條例』, 工攷, 狀啓.

185 『宣祖實錄』卷206, 宣祖 39年 12月 戊申(14日);『肅宗實錄』卷43, 肅宗 32年 7月 丁卯
　　(12日);『正祖實錄』卷37, 正祖 17年 2月 辛巳(18日).

다. 심지어 고종전반에는 의정부조차 팔도(관찰사)에「관문」으로 신칙
하였다.[186] 『사법품보(갑)』의 초반부(1~4책)에는 하행문서로「관문」(來
關·關~), 상행문서로「첩정」(牒呈·來牒·牒報)이 확인된다.

둘째, 기타아문과 문서교환이다. 『사법품보』에서는 명령계통에서
벗어나 있는 동등 이하 아문에는「조회」를 사용했는데,[187] 이는「관
문」이 변화한 것으로 보인다.[188] 일반 공문서식에는「조회」가 규정되
어 있지 않으나 칙령(勅令)으로 각종 지방대(地方隊) 대장(大將)이 관찰
사·감리(監理)와 문서를 교환할 때 대등하게「조회」를 사용하도록 규

186 『高宗實錄』卷30, 高宗 30년 9월 辛丑(22日).
187 【전주부 → 동래부】『司法稟報(甲)』, 「東萊府(→ 法部)來牒」, 開國 504年(1895) 9
月 18日；【전주부 → 함흥부】『司法稟報(甲)』, 「咸興府 → 法部)報告書」第1號, 建
陽 1年(1896) 1月 10日；【공주부 → 함흥부】『司法稟報(甲)』, 「公州府 → 法部)報告
書」第33號, 建陽 1年(1896) 3月 25日；【황해도 → 여주군】『司法稟報(甲)』, 「黃海
道 → 法部)報告(書)」第45號, 建陽 1年(1896) 12月 21日；【한성부 → 황해도】『司
法稟報(甲)』, 「黃海道 → 法部)報告(書)」第51號, 光武 5年(1901) 6月 5日；【한성
부 → 경기】『司法稟報(甲)』, 「京畿 → 法部)質稟書」第1號, 光武 2年(1898) 5月 1日.
【탁지부 → 법부】『司法稟報(甲)』, 「忠淸南道 → 法部)報告書」第9號, 建陽 2年
(1897) 1月 21日；【내부 → 법부】『司法稟報(甲)』, 「京畿 → 法部)報告書」第14號,
光武 2年(1898) 6月 30日；【의정부 → 법부】『司法稟報(甲)』, 「忠淸北道 → 法部)
報告書」第48號, 光武 3年(1899) 5月 26日；【법부 → 외부】『司法稟報(甲)』, 「忠
淸南道 → 法部)質稟書」第12號, 光武 7年(1903) 7月 14日；【원수부검사국 → 법
부】『司法稟報(甲)』, 「平安北道 → 法部)質稟書」第42號, 光武 8年(1904) 9月 30日.
【무안항 → 일본영사】『司法稟報(甲)』, 「務安港 → 法部)報告(書)」第13號, 光武 3年
(1899) 5月 23日；【일본영사 → 부산항】『司法稟報(甲)』, 「釜山港 → 法部)報告書」第
10號, 光武 4年(1900) 1月 25日；【프랑스공사 → 외부】『司法稟報(甲)』, 「務安港 → 法
部)報告(書)」第27號, 光武 6年(1902) 10月 10日；【평안북도 → 淸-懷仁縣】『司法稟報
(甲)』, 「平安北道 → 法部)報告書」第43號, 光武 4年(1900) 8月 15日.
188 현존하는 갑오개혁기 세 차례 반포된 공문서식에는 아문 간 문서식은 규정하지 않았
으나(『高宗實錄』卷32, 高宗 31年 11月 癸巳(21日)；『高宗實錄』卷33, 高宗 32年 3月
庚子(29日)·5月 戊寅(8日)), 연대기에서 마지막으로 관문이 확인되는 것은 갑오개혁
기이므로 이때 폐지된 듯하다(『高宗實錄』卷32, 高宗 31年 12月 己酉(7日)).

정하였는데,[189] 실제로도 그대로 사용하였다.[190]

물론「조회」자체는 이전부터 사용하던 문서식이다. 중국에서는 아문 간 이문(移文)상황을 표현할 때 사용했고,[191] 점차 조선과 외국 사이에도 사용빈도가 늘어갔다.[192] 조선에서는 통상 중국 예부(禮部)와 상호「자문(咨文)」을 사용했으나 예부보다 하위아문에는「조회」를 사용하였고,[193] 청이 중개한 외교에서 서구국가에도「조회」로 대응했으며,[194] 조선이 개별적으로 접촉할 때도 마찬가지였다.[195] 따라서 고

---

189 "各鎭衛隊及地方隊大隊長이 軍務를 因ㅎ야 地方官과 交涉ㅎ는 體制에 關혼 件을 裁可頒布[註: 各大隊長이 各觀察使及各港監理와 平等相對호저 文牒往來를 對等照會ㅎ고 各府尹, 牧使, 郡守及各港警務官의게는 訓令, 指令으로 홈.]." 『高宗實錄』 卷34, 高宗 33年 8月 18日(陽曆), 「勅令」第58號.

190 【공주부 → 청주군지방대】『司法稟報(甲)』, 「(公州府 → 法部)報告書」第56號, 建陽 1年(1896) 7月 4日; 【홍주수비대 → 충청남도】『司法稟報(甲)』, 「(忠淸南道 → 法部)報告書」第49號, 建陽 2年(1897) 4月 25日; 【공주수비대 → 충청남도】『司法稟報(甲)』, 「(忠淸南道 → 法部)報告書」第76號, 건양 2年(1897) 6月 25日; 【해주지방대 → 황해도】『司法稟報(甲)』, 「(黃海道 → 法部)報告(書)」第18號, 光武 3年(1899) 1月 31日; 【전주진위대대 → 전라북도】『司法稟報(甲)』, 「(全羅北道 → 法部)質稟書」第15號, 光武 3年(1899) 7月 12日; 【대구지방대대 → 경상북도】『司法稟報(甲)』, 「(慶尙北道 → 法部)報告書」第21號, 光武 4年(1900) 2月 3日; 【광주지방대 → 전라남도】『司法稟報(甲)』, 「(全羅南道 → 法部)報告書」第80號, 光武 3年(1899) 9月 9日; 【전주진위대 → 전라북도】『司法稟報(甲)』, 「(忠淸北道 → 法部)質稟書」第11號, 光武 4年(1900) 9月 17日; 【북청지방대대 → 함경남도】『司法稟報(甲)』, 「(咸鏡南道 → 法部)質稟書」第7號, 光武 4年(1900) 9月 23日.

191 『太宗實錄』 卷12, 太宗 6年 8月 癸卯(17日) · 12月 丁丑(22日); 『成宗實錄』 卷223, 成宗 19年 12月 丙申(7日); 『中宗實錄』 卷45, 中宗 17年 6月 乙未(20日).

192 【프랑스】『憲宗實錄』 卷14, 憲宗 13年 8月 丁巳(11日).

193 『高宗實錄』 卷8, 高宗 8年 1月 戊午(28日); 『高宗實錄』 卷19, 高宗 19年 8月 庚午(7日); 『高宗實錄』 卷21, 高宗 21年 5月 庚子(26日).

194 【프랑스】『高宗實錄』 卷3, 高宗 3年 7月 甲子(8日) · 11月 庚申(5日); 『高宗實錄』 卷4, 高宗 4年 2月 辛亥(27日); 【미국】『高宗實錄』 卷8, 高宗 8年 4月 丙子(17日); 【영국】『高宗實錄』 卷8, 高宗 8年 6月 乙酉(26日).

195 【일본】『高宗實錄』 卷16, 高宗 16年 4月 壬戌(19日); 『高宗實錄』 卷18, 高宗 18年 7月 庚午(10日); 【이탈리아】『高宗實錄』 卷21, 高宗 21年 閏5月 丁未(4日); 【러시아】『高宗

종대는 국·내외 기관과 문서교환 시 「조회」를 두루 활용했음을 알수 있다. 앞서 살폈듯이 「조회」에 대한 회답은 「조복」을 사용했다.

셋째, 표준서식의 활용이다. 1895년 「형명부표식(刑名簿表式)」(법부령 제10호)이 반포되어 사건별로 「형명부」를 작성하게 하였다.[196] 이는 법부에서 반포한 표준서식을 사용하도록 강제한 것이다. 여기에는 재판선고서·죄명·형량·율문·성명 등이 기입되었고, 징역범의 경우에는 시작일·종료일, 사면받을 시 횟수와 사면전후 형량변화 등이 상세히 기재되었다. 점차 형식이 통일되기 시작해서 지방재판소별로 동일한 표를 사용하기도 했다. 또한 범죄종류·형명급형기(刑名及刑期)·선고연원일·형기만한(刑期滿限)·초범(또는 재범)·집행(또는 집형) 경과연월일(經過年月日)·사고(事故) 등이 명기되었다.

「형명부」를 살펴보면 비교적 유사한 죄를 묶어서 한꺼번에 재판하고 일괄적으로 보고하는 경향이 보이는데, 이럴 경우 같은 날 복수의 「보고서」를 작성하여 구분했다. 물론 사건 자체가 적은 경우 다양한 범죄가 심리대상으로 올라왔다. 또한 인용한 법조문을 「보고서」·「형명부」·「판결선고서」 등에 상세히 모두 기재하는 경우가 있는가 하면, 세 문서 중 한두 가지만 기재하는 경우도 적지 않아서 동일한 사건에 대해서는 복수의 문건을 함께 살펴보아야 한다.

지방재판소의 「형명부」는 별도로 등본을 두 통씩 추가로 작성하여 법부와 범인거주지 근처에 보관하게 하였다.[197] 매월 정기보고는 현

實錄』卷21, 高宗 21年 閏5月 戊午(15日);【영국】『高宗實錄』卷22, 高宗 22年 3月 己酉(10日);【프랑스】『高宗實錄』卷23, 高宗 23年 5月 乙未(3日);【오스트리아】『高宗實錄』卷29, 高宗 29年 5月 丙戌(29日).

196 『司法稟報(甲)』, 「公州府 → 法部)報告書」第40號, 建陽 1年(1896) 5月 14日.

재 지방의 죄수를 모두 보고하는 「시수성책」과 신규사건을 사안별로 보고하는 「형명부」가 중심인데, 이는 도형·유형 등을 형조에 이문(移文)하던 방식을 신법에 맞추어 변경한 것이다.[198]

「형률명례」 19조에는 국사범 외에는 범죄의 경중을 참작하여 징역형에 대해 속전을 거둘 수 있으며, 22조에는 범인의 실정을 참작하여 태형에 대해 속전을 거둘 수 있다고 명기하였다.[199] 이에 속전을 거둔 경우에도 성명·죄명·형기·속전액수 등을 상세히 기재하여 보고하고,[200] 규정된 운송비를 제외하고 즉시 상납하도록 하였다.[201]

더욱이 종래에는 관련 문서를 하나로 이어 붙여서(粘連·粘附) 모아두거나 사안에 따라서 일부만 요약해서 인용했는데 새로운 공문서는 가급적 원문서(「訓令」·「指令」·「照會」 등)의 내용을 그대로 베껴서 신규문서(「報告書」·「質稟書」) 내 수록하는 방식을 취하였고, 관련 문건

197 『司法稟報(甲)』, 「(春川府 → 法部)報告書」 第5號, 建陽 1年(1896) 5月 22日; 『司法稟報(甲)』, 「(鏡城府 → 法部)報告書」 第2號, 建陽 1年(1896) 7月 20日.

198 "凡徒流付處安置定屬人, 本曹[刑曹]置簿. 他司及外方定配罪人, 亦移文本曹[刑曹]置簿, 憑考檢擧【註: 京外罪人到配後, 該道觀察使擧其罪名及到配日字, 狀聞.】." 『大典通編』, 刑典, 推斷.

199 『司法稟報(甲)』, 「(公州府 → 法部)報告書」 第42號, 建陽 1年(1896) 5月 24日; 『司法稟報(甲)』, 「(春川府 → 法部)報告書」 第6號, 建陽 1年(1896) 5月 28日; 『司法稟報(甲)』, 「(鏡城府 → 法部)報告書」 第3號, 建陽 1年(1896) 7月 21日.

200 『司法稟報(甲)』, 「(沃溝港 → 法部)報告書」 第15號, 光武 8年(1904) 8月 28日; 『司法稟報(甲)』, 「(平壤市 → 法部)報告書」 第15號, 光武 8年(1904) 8月 29日; 『司法稟報(甲)』, 「(忠淸北道 → 法部)報告書」 第60號, 光武 8年(1904) 8月 30日; 『司法稟報(甲)』, 「(平安南道 → 法部)報告書」 第48號, 光武 8年(1904) 8月 30日; 『司法稟報(甲)』, 「(務安港 → 法部)報告書」 第21號, 光武 8年(1904) 8月 31日.

201 『司法稟報(甲)』, 「(黃海道 → 法部)報告(書)」 第5號, 建陽 2年(1897) 1月 29日; 『司法稟報(甲)』, 「(咸鏡南道 → 法部)報告書」 第20號, 光武 2年(1898) 8月 4日; 『司法稟報(甲)』, 「(江原道 → 法部)報告書」 第118號, 光武 5年(1901) 9月 20日; 『司法稟報(甲)』, 「(平安北道 → 法部)報告書」 第65號, 光武 9年(1905) 11月 11日.

(〈刑名簿〉·「判決宣告書」·「時囚成册」·「供招記録」·「領収證」·「公訴狀」·「檢案」·「査案」 등)은 부록으로 첨부했던 점도 다소 특이하다. 이것이 전통시대 공문서 표기방식과 판연히 달라진 것은 아니지만,[202] 좀더 구체적이고 일목요연해진 서술임은 틀림없다. 물론 작성자에 따라 본문에서 생략한 경우도 있으나 오히려 이례적인 사례에 해당하며 대체로 성실하게 작성하여 관련 문서의 원본 없이 해당 문서만으로도 전후사정 파악이 용이해졌다. 설령 본문에서 일부 생략한 경우에도 첨부문서로 대부분 기록대조가 가능했다.

근대사법체계 도입은 큰 틀에서 조선시대 형정과 완전히 달라진 것은 아니었다. 종래에는 관찰사가 유형 이하를 자단했으므로 형조에 참조문서를 보낼지언정 직접 보고하지는 않았으나 관찰사 등급이 재조정되면서 국왕에 대한 직계가 불가능해졌고 법부를 통해서 징역 종신 이하 죄수현황까지 모두 매월 보고해야만 했다.『사법품보』에서는 이러한 정황을 구체적으로 확인할 수 있다.

2) 기능의 분화

(1) 경찰의 독립

경찰의 창출 역시 주목받는 점이다. 앞서 살폈듯이 경찰 자체가 없

---

202 이 역시 현존하는 문서의 형태·종류에 따라 차이가 있다. 결송입안의 경우 하나로 이어 붙인 형태가 두루마리처럼 남아 있으나(심희기 외,『조선시대 결송입안집성』, 민속원, 2022), 의궤(儀軌)의 경우 관련 행사의 공문서를 집대성했으므로(한영우,『조선왕조 의궤: 국가의례와 그 기록』, 일지사, 2005), 실제 기록방식의 차이에도 불구하고『사법품보』내 공문서의 작성원칙은 비슷하다.

었던 것은 아니다.[203] 하지만 조선시대 목민관은 복합적 역할을 맡았으므로 다양한 업무를 겸임하던 지방 관아에 예속된 이들이 존재했는데 그중 경찰역할만 분리하여 독립시킨 것이다. 갑오개혁기 중앙은 좌·우포도청을 통합하여 경무청으로 전환하였다.[204] 갑오정권은 경무청을 내부아문에 소속시켜 내부대신의 지휘를 받도록 하였는데,[205] 이는 종래 포도대장(종2품)이 형조판서(정2품)와 비교적 대등한 지위를 지녔던 것과 차이가 난다. 대한제국기 경무청이 다시 경부(警部)로 승격되면서 전국의 경찰을 모두 통할하는 대신급 기구로 자리잡았다.[206] 이는 조선시대 포도청이 독립적인 기관으로 수도권만 관할한 것보다 더욱 확장된 권한이었다. 하지만 러일전쟁·고종강제퇴위 이후 경부는 다시 경무청으로 돌아가고 내부직할로 격하되었다.[207] 이는 갑오개혁기 친일내각을 설립하여 조선을 통치할 수 있는 지배체제를 확립하는 것이 일본제국의 궁극적 의도였음을 보여준다.

한편, 조선시대 지방은 도내 4~6개 단위(계수관·거진)로 나누어서 전쟁 시 군정을 맡는 진영을 설치했고 평화 시 형정을 맡는 토포영까

---

203 이윤정, 앞의 책, 2015a; 이윤정, 앞의 책, 2015b; 허남오, 앞의 책, 2013; 허남오, 앞의 책, 2020.

204 『高宗實錄』 卷32, 高宗 31年 7月 戊子(14日), 「警務廳官制職掌」(1894.07.14.).

205 【갑오정권-警務廳전환】『高宗實錄』 卷32, 高宗 31年 7月 戊子(14日), 「警務廳官制職掌」; 『高宗實錄』 卷33, 高宗 32年 4月 庚午(29日), 「警務廳官制」(勅令 第85號).

206 【광무정권-警部승격】『高宗實錄』 卷40, 高宗 37年 6月 9日(陽曆)·6月 12日(陽曆), 「警部官制」(勅令 第20號); 『高宗實錄』 卷40, 高宗 37年 12月 19日(陽曆), 「警部官制中改正件」(勅令 第51號); 『高宗實錄』 卷41, 高宗 38年 3月 15日(陽曆).

207 【러일전쟁후-경무청 내부직할화】『高宗實錄』 卷45, 高宗 42年 2月 26日(陽曆), 「警務廳官制」(勅令 第16號); 『高宗實錄』 卷47, 高宗 43年 2月 12日(陽曆), 「警務廳官制改正件」(勅令 第8號); 【고종퇴위후-警視廳개편】『純宗實錄』 卷1, 純宗 卽位년 7月 27日(陽曆), 「警務廳官制中改正件」(勅令 第1號).

지 겸하게 하였다. 그런데 갑오개혁으로 그중 토포영의 형정권은 관찰부 직속 경무서로 단일화되었다.[208] 본래 군현별로 목민관이 맡던 경찰권은 명칭만 바꾸어서 각군에서 행사하였다. 아울러 진영의 군정권은 별도로 군부 휘하에 진위대·친위대·주둔군 등의 명칭으로 개편되어 군사조직으로만 남았다.[209] 곧 조선시대 일반경찰은 목민관이 고을별로 운영했고,[210] 특수경찰(혹은 검찰권)은 중앙 포도청과 지

208 "第十條, 警務官은 該府觀察使의 指揮를 承ᄒ야 管內警察事務를 掌理ᄒ고 所屬職員을 監督홈. 第十一條, 警務官補及總巡은 該府觀察使의 命을 承ᄒ고 警務官의 指揮를 從ᄒ야 管內警察事務에 從事홈. 第十二條, 地方警察의 職務ᄂ 總히 警務廳警務의 職務에 準홈."『高宗實錄』卷33, 高宗 32年 5月 丙申(26日), 「地方官制」(勅令 第101號, 1895).

209 단, 토포영이 지녔던 도적소탕 기능도 여전히 작용했으나 비적(匪賊)을 체포해서 지방재판소(관찰사)에 넘기고 직접 재판하지는 않았다. 이는 군정과 형정의 분리가 엄격해졌음을 의미한다.『司法稟報(甲)』, 「(公州府 → 法部)報告書」第56號, 建陽 1年 (1896) 7月 4日;『司法稟報(甲)』, 「(忠淸南道 → 法部)報告書」第49·76號, 建陽 2年 (1897) 4月 25日·6月 25日;『司法稟報(甲)』, 「(黃海道 → 法部)報告(書)」第18號, 光武 3年(1899) 1月 31日;『司法稟報(甲)』, 「(全羅北道 → 法部)質稟書」第15號, 光武 3年 (1899) 7月 12日;『司法稟報(甲)』, 「(慶尙北道 → 法部)報告書」第21號, 光武 4年(1900) 2月 3日;『司法稟報(甲)』, 「(全羅南道 → 法部)報告書」第80號, 光武 3年(1899) 9月 9日; 『司法稟報(甲)』, 「(忠淸北道 → 法部)質稟書」第11號, 光武 4年(1900) 9月 17日;『司法稟報(甲)』, 「(咸鏡南道 → 法部)質稟書」第7號, 光武 4年(1900) 9月 23日.

210 1872년『大邱府事例(大邱府事例)』〈至貴 12198〉를 살펴보면, 군관청(軍官廳)에 행수군관(行首軍官) 1원·병방군관(兵房軍官) 2원·장무군관(掌務軍官) 2원·군기감관(軍器監官) 1원·출사군관(出使軍官) 150명[身役]·선무군관(選武軍官) 691명[布納]·대병(大兵) 30명[錢納], 포청(砲廳)에 포장(砲將) 2원·포수(砲手) 30명 등이다. 기타 읍참에 발군관(撥軍官) 2명·발군(撥軍) 30명(보보 15명), 오동원참(梧桐院站)에 발감관 2명·발군 30명, [봉수烽燧에] 간망군(看望軍) 58명 등이 있다. 이외에 상번(上番): 서울) 및 하번(下番: 도내) 군사가 할당되어 있었다. 금위색(禁衛色)에 정군 136명[전납], 포보색(砲保色)에 포보군(砲保軍) 228명(포전납布錢納), 속오색(束伍色)에 군장(軍將) 32명·서기(書記) 13명·마군(馬軍) 295명·수솔(隨率) 41명·보병 967명[이상 신역]·(마군)자보(資保: 布錢納), 아병색(牙兵色)에 마군 241명·보병 547명[이상 신역]·[마군]자보(資保) 482명 등이다. 곧 관아에 평상시 최대 인력은 군관청 156명, 포청 32명으로 약 188명이고, 비상시에는 아병 788명, 속오군 1,348명으로 약 2,136

방 토포영이 맡았는데 양자의 기능이 재편된 것이다. 갑오개혁기 경찰조직의 경우 중앙은 포도청·포도대장, 포교·포졸 등은 경무청(警務廳)·경무사(警務使)·총순(摠巡), 순검(巡檢) 등으로 재편되었다.[211] 지방은 각도 4~5개 토포영·토포사가 관찰부의 단일한 경무서·총순으로 바뀌었고 실무는 순검·별순검 등이 맡았으며,[212] 각군에는 별순교(및 청사)가 설치되었다.[213] 특히 『사법품보』에는 관찰부 경무서에 압뢰·감수 등이 추가로 확인되고 지방 각군에 수성군(修城軍)·순포(巡捕)·포군(砲軍: 砲手)을 별도로 설치하여 도적을 체포하는 경우가 보인다.[214] 이들은 지방에 설치된 진위대·주둔부대 등 병정(兵丁)과 구분되는 군수휘하 병력이었다. 그동안 지방경찰은 도(巡營)-부-목·대도호부-도호부-군-현의 일반경찰, 토포영의 특수경찰이 이원화되어 배치되어 있던 것을 관찰부-각군 2단계로 재편한 것이다. 비적이 다수 나타나는 시기에 지방 주둔군이 체포에 나서 토포영의 기능을 물려받고 있으나 원칙적으로 각군 수성군·포군이 체포에 동원되었으며 지방군은 무장강도에 한해서 협조하였다.

명이다. 그러나 대다수는 신역이므로 교대근무여서 상주병력은 아니었다. 이외에 읍 주변에 파발·봉수를 맡는 인력이 122명이 할당되어 있는데 이들도 교대근무였다. 대구도호부가 평상시 도적체포에 동원가능한 인력은 100~200명 내외로 보인다. 단 대구도호부는 감영·토포영이 있었으므로 타 읍보다 많은 편이었다.

211 『高宗實錄』 卷32, 高宗 31年 7月 戊子(14日); 『高宗實錄』 卷33, 高宗 32年 4月 庚午(29日).
212 『高宗實錄』 卷32, 高宗 31年 7月 丙戌(12日), 「行政警察章程」.
213 『高宗實錄』 卷43, 高宗 40年 8月 4日(陽曆), 「京畿忠淸南北全羅南北慶尙南北道管下 十七郡增置別巡校廳使件」(勅令 第13號, 1903).
214 신정오등군제(新定五等郡制)에 따라 포수를 두었는데, 1등군(50인 이내), 2등군(45인 이내), 3등군(40인 이내), 4등군(35인 이내), 5등군(30인 이내) 등으로 규정하였다. 『官報』 第354號, 建陽 1年(1896) 6月 17日, 「本年 勅令 第二十八號第二條를 依ᄒᆞ야 有事ᄒᆞ 地方各郡에 砲手設置ᄒᆞᄂᆞ 細則을 左갓치 定홈」(軍部令 第2號).

(2) 검사의 등장

서구식 사법제도는 고대 그리스 희곡에서부터 판사·검사가 구분되는 현상을 보여준다.[215] 이는 '서구식 전통'을 근대에 수입했다고 볼 수 있으나 완전히 이질적인 '근대적 신제도' 도입이라고 평하기는 곤란하다. 우리나라에서 검사가 등장하는 사료상 가장 앞선 기록은 「검사장정(檢事章程)」으로 다른 법규에서 이를 따르도록 규정하였다.[216] 법부에는 검사국이 만들어졌고, 각 재판소에도 검사를 두도록 하였다.[217] 실질적으로 주요한 변화는 앞서 살폈듯이 「검사직제」(1895.04.15.)와 「민·형사소송에 관한 규정」(1895.04.29.)의 반포이다.[218] 이외에도 다양한 법이 반포되어 검사제도를 뒷받침하였다.[219] 이에 검사출현과 관련된 다양한 사료를 함께 검토해볼 필요가 있다.

첫째, 전통관직과 비교이다. 조선시대에도 비슷한 유형의 기구나 관직은 존재했으나 갑오개혁 이후 서구식 검사의 모습으로 재편되었던 것이다. 곧 현대 검찰조직과 비슷한 기구는 중앙의 좌·우포도청과 지방의 토포영이다. 이들은 목민관이 담당하는 정규사법체계 이

---

215 아이스킬로스, 앞의 책, 2013, 25~108쪽.

216 【檢事章程】『高宗實錄』卷32, 高宗 31年 7月 戊子(14日), 「行政警察章程」.

217 【檢事局·檢事】『高宗實錄』卷33, 高宗 32年 3月 丙申(25日), 「法部官制」(勅令 第45號)·「裁判所構成法」(法律 第1號).

218 『高宗實錄』卷33, 高宗 32年 4月 丙辰(15日), 「檢事職制」(法部令 第3號, 1895); 『高宗實錄』卷33, 高宗 32年 4月 庚午(29日), 「民刑訴訟에 關한 規程」, 第2章 刑事, 第2款 上訴裁判所(法部令 第3號, 1895).

219 『高宗實錄』卷33, 高宗 32年 3月 丙申(25日), 「裁判所處務規定通則」(勅令 第50號)·「判事檢事官等俸給令」(勅令 第51號); 『高宗實錄』卷33, 高宗 32年 6月 庚午(1日), 「各府觀察使參書官郡守判檢事事務執行件」(法部訓令 第2號); 『高宗實錄』卷33, 高宗 32年 6月 甲午(25日), 「裁判所判事試補檢事試補置件」(法律 第12號)·「判事檢事判事試補檢事試補官等俸給令」(勅令 第134號); 『高宗實錄』卷34, 高宗 33年 1月 18日(陽曆), 「判事檢事判事試補檢事試補官等俸給令中改正件」(勅令 第8號).

외에 별도로 포도만을 전문으로 하는 기구였다. 다만 현대조직과 비교하면 지방검찰청과 지방법원을 통합한 형태의 기능이 토포영에 있었다. 또한 개인의 역할로만 보면 관직으로는 중앙의 대간(사헌부·사간원)이나 지방(팔도·유수부)의 종9품 검률(檢律: 종9품)이 율문의 검토나 구형(求刑)을 담당했다.[220] 중앙(형조·승정원·규장각)에도 검률이 있었으므로 유사한 역할을 했을 것으로 보이나[221] 국사범·살옥 등 주요재판에서 조정의 신료들이 모여 국왕주재하에 재판하는 경우 어전회의에 검률은 감히 나서지 못했고 대간이 율문을 검토해서 형량을 구형했으며, 이것이 타당한지를 의정대신을 비롯한 아문별 신료들이 검토하였다.[222] 검률은 중앙·지방에 모두 존재했는데 실무적으로 사건별로 율문의 타당성 여부를 보고하였고, 지방에서는 관찰사 휘하에 인력이 적었기 때문에 검률의 보고내용이 거의 채택되었다.[223] 지방재판소에서는 「형률명례」 15조가 개정되자 과거처럼 감영에 검률이 없어서 형률에 능한 자가 없다고 한탄하기도 했다.[224] 지방에서는 의숙(義塾)을 설립해서 학생을 모집해서 율문을 가르치기를

---

220 『經國大典』, 吏典, 外官職, 京畿·忠淸道·慶尙道·全羅道·黃海道·江原道·咸鏡道·平安道; 『大典通編』, 吏典, 京官職, 從二品衙門, 開城府·江華府; 『大典會通』, 吏典, 京官職, 正二品衙門, 水原府·廣州府.

221 형조에는 검률뿐 아니라 명률(明律: 종7품)이나 심율(審律: 종8품)도 있었으므로 유사한 역할을 했을 것으로 보인다. 또 규장각 검률은 형조의 인원이 겸직하였다. 『經國大典』, 吏典, 京官職, 正二品衙門, 刑曹; 『經國大典』, 吏典, 京官職, 正三品衙門, 承政院; 『大典通編』, 吏典, 京官職, 從二品衙門, 奎章閣.

222 김백철, 앞의 책, 2016a, 199쪽, 註69.

223 심희기, 「19세기 조선 관찰사의 사법적 행위의 실증적 고찰」, 《고문서연구》 58, 한국고문서학회, 2021b, 190쪽.

224 『司法稟報(甲)』, 「(忠淸北道 → 法部)報告書」 第27號, 光武 4年(1900) 4月 25日; 『司法稟報(甲)』, 「(江原道 → 法部)報告書」 第13號, 光武 4年(1900) 5月 1日.

청하거나[225] 법부에 서기(書記)를 파견해서 신법을 익히게 하였다.[226] 이는 서울의 법관양성소 졸업생만으로는 전국의 수요에 미치지 못했기 때문으로 보인다.

실제로 『사법품보』에는 본격적인 갑오개혁 직전까지 검률이 관찰사의 지시에 따라 사건의 율문을 살펴서 적합한 형량을 제시하면 관찰사가 이를 채택하여 「보고서」(혹은 「질품서」)를 작성하는 경우가 등장한다.[227] 이는 얼마 뒤 법부 「훈령」에서 "살인사건은 검사의 공소에 따라 판사가 옳은지 그른지 의견을 별도로 첨부하라"고 지시한 것과 유사하다.[228] 실제로 검사의 「발사(跋辭)」가 첨부되었고,[229] 이것이 「공소장(公訴狀)」으로 변화하였다.[230] 근대 재판제도와 동일하지는 않지만 율문의 검토와 판결이 일단 구분되어 있다는 점에 주목해볼 필요가 있다.

둘째, 검사의 역할이다. 서구식 검사제도가 도입되면서 재판소 판사와 분리된 독자적인 수사와 기소가 이루어졌다. 중앙에는 고등재

---

225 『司法稟報(甲)』, 「(楊根郡 → 法部)報告(書)」 第1號, 光武 3年(1899) 3月 10日.
226 『司法稟報(甲)』, 「平安南道 → 法部)通牒」, 光武 4年(1900) 5月 18日.
227 『司法稟報(甲)』, 「東萊府(→ 法部)來牒」, 開國 504年(1895) 閏5月 16日·9月 18日; 『司法稟報(甲)』, 「(江陵府 → 法部)質稟書」, 開國 504年(1895) 9月 4日(2건); 『司法稟報(甲)』, 「(鏡城府 → 法部)報告書」, 開國 504年(1895) 9月 19日; 『司法稟報(甲)』, 「(咸興府 → 法部)報告書」, 建陽 1年(1896) 1月 10日; 『司法稟報(甲)』, 「(東萊府 → 法部)報告書)」 第1號, 建陽 1年(1896) 1月 5日.
228 『司法稟報(甲)』, 「(忠州府 → 法部)報告書」 第23號, 建陽 1年(1896) 2月 5日, 法部 「訓令」 第7號; 『司法稟報(甲)』, 「(元山港 → 法部)報告書」 第7號, 建陽 1年(1896) 3月 19日, 法部 「訓令」 第5號.
229 『司法稟報(甲)』, 「(江界府 → 法部)報告書」 第4號, 建陽 1年(1896) 6月 26日.
230 『司法稟報(甲)』, 「(檢事 → 濟州牧)公訴狀」檢10號, 光武 5年(1901) 10月 19日; 『司法稟報(甲)』, 「(濟州牧 → 法部)質稟書」 第1號, 光武 6年(1902) 9月 15日, 「公訴狀」.

판소·평리원을 비롯하여[231] 한성재판소에도 검사의 존재가 확인된다.[232] 지방재판소에도 검사가 원칙적으로 부임하여 공소를 제기하고 재판이 이루어지기도 했다. 국사범 이재순 등의 「판결선고서」에는 검사(혹은 검사시보)의 공소로 심리했음을 명시하였고,[233] 개성부·제주목재판소의 「보고서」나 「질품서」에는 판사가 검사의 공소제기로 심리를 한다고 명확히 재판개시 사유를 밝히고 있다.[234] 강계부재판소에서는 살인사건에 검사의 「발사」가 첨부되었고,[235] 함흥부재판소 검사에게 황제의 칙지(勅旨)를 내리기도 했다.[236] 남원부재판소에서는 검사의 공소 접수가 기재되었고,[237] 여타 재판소의 경우 각군의 「보고서」·「검안」·「사안」 등으로 관찰부 지방재판소 심리가 시작되었다.

한편, 한성재판소에서는 죄인이 병으로 죽으면 간헐적으로 검사가

231 【고등재판소】『司法稟報(乙)』, 「(高等裁判所 → 法部)報告書」 第5·17號, 光武 2年(1898) 2月 16日·4月 18日; 【평리원】『高宗實錄』 卷39, 高宗 36年 7月 23日(陽曆).

232 한성부재판소 검사의 조회문서가 경기재판소에 접수된 기록이 있다. 『司法稟報(甲)』, 「(京畿 → 法部)質稟書」 第1號, 光武 2年(1898) 5月 1日.

233 『高宗實錄』 卷33, 高宗 32年 11月 辛亥(15日).

234 『司法稟報(甲)』, 「(開城府 → 法部)質稟書」 第6號, 建陽 1年(1896) 6月 8日; 『司法稟報(甲)』, 「(黃海道 → 法部)報告(書)」 第12號, 建陽 2年(1897) 2月 15日, 法部『訓令』 第1號(한성재판소 검사); 『司法稟報(甲)』, 「(京畿 → 法部)質稟書」 第3號, 光武 2年(1898) 5月 □日; 『司法稟報(甲)』, 「(濟州牧 → 法部)報告書」 第9號, 光武 5年(1901) 10月 21日; 『司法稟報(甲)』, 「(濟州牧)判決宣告書」 刑10號, 光武 5年(1901) 10月 19日; 『司法稟報(甲)』, 「濟州牧 → 法部)質稟書」 第5號, 光武 5年(1901) 12月 14日; 『司法稟報(甲)』, 「(濟州牧 → 法部)質稟書」 第1號, 光武 6年(1902) 9月 15日, 「公訴狀」.

235 『司法稟報(甲)』, 「(江界府 → 法部)報告書」 第4號, 建陽 1年(1896) 6月 26日.

236 『司法稟報(甲)』, 「(咸興府 → 法部)質稟書」 第1號, 建陽 1年(1896) 5月 21日, 法部『指令』 第2號, 追伸.

237 『司法稟報(甲)』, 「(南原府 → 法部)報告書」 第3·5號, 建陽 1年(1896) 7月 9日·11日; 『司法稟報(甲)』, 「(南原府 → 法部)質稟書」 第2號, (建陽 1年/1896) 日子未詳(6月 22日 도착); 『司法稟報(甲)』, 「(南原府 → 法部)報告(書)」 第3·5號, (建陽 1年/1896) 日子未詳(7月 31日·21日 도착[역순]).

「검안」을 법부에 보고하기도 했다.[238] 이는 다른 재판소에서 판사가 보고하는 것과는 다르며, 한성재판소 역시 이후에는 판사·부판사 등이 보고를 맡았다.[239] 특히 판사 부재 시 통상 군수가 업무를 대리했으나 검사가 판사서리를 맡는 경우도 종종 보인다. 이는 관찰사가 판사를 맡았고 그 휘하에 참서관이 검사를 맡았기 때문이다.[240] 23부 설치 시 관찰사가 부족하여 참서관이 대리하였으므로 판사직도 마찬가지였다. 대개 아관파천 이후~광무개혁 이전에 참서관이 판사 부재 시 판사서리(判事署理)·임시대판(臨時代判)을 맡았고 때로는 검사가 대리하기도 했다.[241] 점차 타 지역 군수가 판사 부재 시 서리를 맡아나갔다. 개항장은 감리서 설치 시 감리가 판사를 맡았으므로[242] 감리서 주사도 판사를 대행하였다.[243] 평리원에서도 미결수 보고를 판사

---

238 『司法稟報(乙)』, 「(漢城裁判所檢事 → 法部大臣)報告書」 第750號, 建陽 2年(1897) 7月 31日; 『司法稟報(乙)』, 「(漢城裁判所檢事 → 法部大臣)報告書」 第884·931·932·971 號, 光武 1年(1897) 9月 13日·10月 4日(2회)·10月 18日; 『司法稟報(乙)』, 「(漢城裁判所檢事 → 法部大臣)報告書」 第59號, 光武 2年(1898) 10月 6日.

239 『司法稟報(乙)』, 「(漢城裁判所副判事 → 法部大臣)報告書」 第2號, 光武 2年(1898) 1月 11日; 『司法稟報(乙)』, 「(漢城裁判所首班判事 → 法部大臣)報告書」 第10號, 光武 2年 (1898) 3月 8日.

240 "觀察使는 裁判所判事의 職務를 執行ᄒ고 參書官은 裁判所檢事의 職務를 執行홈이 可홈." 『高宗實錄』 卷33, 高宗 32年 6月 庚午(1日), 「各府觀察使參書官郡守判檢事事務執行件을 定홈」(法部 訓令 第二號).

241 【검사】 『司法稟報(甲)』, 「(開城府 → 法部)質稟書」 第1號, 建陽 1年(1896) 4月 17日; 『司法稟報(甲)』, 「(開城府 → 法部)質稟書」 第2號, 建陽 1年(1896) 4月 29日; 『司法稟報(甲)』, 「(春川府 → 法部)報告書」 建陽 1年(1896) 8月 7日; 『司法稟報(甲)』, 「(春川府 → 法部)報告書」 第1號, 建陽 1年(1896) 8月 27日; 『司法稟報(甲)』, 「(義州府 → 法部)質稟書」 第5號, 建陽 1年(1896) 9月 7日.

242 【감리】 『司法稟報(甲)』, 「(龍川港 → 法部)報告(書)」 第3號, 光武 10年(1906) 4月 2日.

243 【주사】 『司法稟報(甲)』, 「(務安港 → 法部)質稟書」 第19號, 光武 7年(1903) 7月 29日; 『司法稟報(甲)』, 「(平壤市 → 法部)報告書」 第15號, 光武 8年(1904) 8月 29日; 『司法稟報(甲)』, 「(慶興港 → 法部)報告書」 第7號, 光武 8年(1904) 9月 30日; 『司法稟報(甲)』,

를 대신해서 검사가 맡기도 했다.[244] 이는 현실적인 문제이겠으나 실질적으로는 인력부족으로 판사·검사의 역할 분리가 완전히 이루어지기 어려웠음을 의미한다.[245] 이후 13도제 개편 이후는 대개 군수가 대행하는 경우가 일반적이었다.

또한 심문이나 실무기록은 서기·주사(主事)가 참여하거나 대행하는 구조였다.[246] 외견상 판사·서기·검사가 분리되어 있는 듯하지만, 지방재판소 판사를 관찰사가 겸임함으로써 검사의 수사권은 예속되어 전통시대 감영 관찰사의 지휘구조와 비슷하게 운영된 듯하

「(沃溝港 → 法部)質稟書」第24號, 光武 8年(1904) 11月 18日;『司法稟報(甲)』,「(慶興港 → 法部)報告書」第2·6號, 光武 9年(1905) 1月 6日·5月 9日;『司法稟報(甲)』,「(昌原港 → 法部)質稟書」第6號, 光武 9年(1905) 2月 26日;『司法稟報(甲)』,「(平壤市 → 法部)報告(書)」第17·18·19·22~23號, 光武 9年(1905) 8月 4日·9月 15日·25日·11月 5日;『司法稟報(甲)』,「(仁川港 → 法部)報告書」第18·19號, 光武 9年(1905) 8月 31日·9月 22日;『司法稟報(甲)』,「(城津港 → 法部)報告書」第2號, 光武 9年(1905) 10月 19日;『司法稟報(甲)』,「(務安港 → 法部)報告書」第38~39號, 光武 9年(1905) 12月 9日;『司法稟報(甲)』,「(沃溝港 → 法部)報告(書)」第12·13·14·16號, 光武 10年(1906) 3月 9日·29日·4月 1日·5月 1日;『司法稟報(甲)』,「(務安港 → 法部)報告書」第3號, 光武 10年(1906) 1月 14日;『司法稟報(甲)』,「(義州市 → 法部)報告書」第9-10·14-15·17號, 光武 10年(1906) 2月 1日·3月 1日·3日;『司法稟報(甲)』,「(義州市 → 法部)報告(書)」第19號, 光武 10年(1906) 3月 7日;『司法稟報(甲)』,「(昌原港 → 法部)報告(書)」第7·13·15·17號, 光武 10年(1906) 2月 6日·3月 18日·31日·4月 9日;『司法稟報(甲)』,「(昌原港 → 法部)報告書」第18號, 光武 10年(1906) 4月 23日;『司法稟報(甲)』,「(平壤市 → 法部)報告(書)」第9號, 光武 10年(1906) 4月 4日.

244 『司法稟報(乙)』,「(平理院檢事 → 法部大臣)報告書」第4號, 光武 3年(1899) 6月 5日.

245 『司法稟報(甲)』,「(春川府 → 法部)報告書」第17·18·19號, 建陽 1年(1896) 日子未詳(8月 12日 도착);『司法稟報(甲)』,「(濟州牧 → 法部)質稟書」第41號, 光武 9年(1905) 12月 11日.

246 법부의 「훈령초안」에는 실무자가 해당 사건에 대한 율문을 검토한 내용이 실려 있어 법부대신이 바로 문안을 작성할 수 있도록 초고를 작성해두었다. 다만 『사법품보』에는 앞뒤로 이동하는 편철오류가 보이므로 서지사항은 유관사건을 기준으로 부(附)로 기록했다. 『司法稟報(甲)』,「(平安南道 → 法部)質稟書」第21號, 光武 6年(1902) 12月 20日, 附「(法部)訓令草案」;『司法稟報(甲)』,「(務安港 → 法部)報告(書)」第25號, 光武 6年(1902) 9月 26日, 附「(法部)訓令草案」.

다. 『사법품보』에서는 검사제도 성립 이후 지방은 한성부·경기·제
주목·강계부·함흥부·남원부 등 일부 지역에 검사가 국한되어 나
타날 뿐 대부분 그 역할이 두드러지지 않으나 중앙의 경우 고등재판
소·평리원이나[247] 국사범 수사에서 검사의 활약상이 확인된다.[248]

그러나 검사의 권한과 지위는 종종 문제가 되었다. 한성부재판소
검사가 초심 때 경무사가 조회를 요청하자 독립적인 권한에 위배된
다고 거부하기도 했고,[249] 「검사직제」 15조에 따라 검사가 사법경찰관
에게 명령할 수 있었으나 명령을 준수하지 않아서 문제가 되기도 했
으며,[250] 경무서 순검이 평리원 검사를 농락한 경우도 발생했다.[251]

결과적으로, 조선시대 검찰의 수사기능이 일종의 특수경찰로서 포
도청·토포영에 분산되었다면, 형량을 구형하는 역할은 형조·감영
의 검률이 맡았다. 국사범(혹은 살옥)은 대간이 사건에 적합한 율문을
검토하여 형량을 구형하였다. 다만 심리과정에서 검률·대간의 구형
은 검사 역할과 유사했으나 검사의 기소권과는 구분된 듯하다. 물론
대간이 탄핵상소를 통해서 특정인의 범죄사실을 열거하고 처벌을 주
장하는 행동을 기소권의 초보적 형태로 간주할 개연성이 전혀 없지
는 않다. 하지만 조선후기로 갈수록 점차 사헌부의 형정기능과 사간
원의 언관기능을 서로 공유하면서 대간의 일체화가 촉진되었다. 특

---

247 【검사공소】『司法稟報(乙)』, 「(高等裁判所 → 法部)質稟書」 第8號, 建陽 2年(1897) 8月
10日; 『司法稟報(乙)』, 「(高等裁判所 → 法部)報告書」 第5號, 建陽 2年(1897) 8月 21日;
『司法稟報(乙)』, 「(平理院 → 法部)報告書」 第243號, 光武 4年(1900) 9月 15日.

248 모반사건에 대한 「판결선고문」에는 검사의 공소에 따라 심리했다고 적시되어 있다.
『高宗實錄』 卷33, 高宗 32年 11月 庚辰(14日)·11月 辛亥(15日).

249 『司法稟報(乙)』, 「(漢城裁判所 → 法部)報告書」 第26號, 光武 8年(1904) 5月 14日.

250 『司法稟報(乙)』, 「(漢城裁判所 → 法部)報告書」 第87號, 光武 9年(1905) 9月 26日.

251 『司法稟報(乙)』, 「(平理院 → 法部)報告書」 第25號, 光武 10年(1906) 4月 10日.

히 탄핵상소는 죄명의 열거와 구체적 형량제시(구형)가 함께 이루어
졌으므로 언관기능 · 사법기능의 융합으로 보는 편이 합리적이다.

갑오개혁 이후 처음으로 법령 반포를 통해서 검사의 직접 수사와
기소권을 보장하고 재판소로부터 독립적인 운영을 보장하려고 하였
다.[252] 특히 민사 · 형사가 구분되면서 형사사건의 공소장은 검사가
맡도록 하였고 사형 이외 형벌집행에 입회하도록 하였으며 상소(上
訴) 제기도 가능하도록 하였다.[253] 이 역시 현대 민사 · 형사의 구분
과 상당히 유사하다. 이것을 근대사법제도의 주요한 도입기준으로
드는 경우가 대부분이다. 그러나 실제 갑오개혁(1894) 이후~「정미조
약」(1907) 이전까지 『사법품보』의 사례에서 검사의 독자적 수사 · 기소
는 제한적이다.[254] 중앙의 검사가 정규업무를 수행한 것을 제외하면,

---

252 "第一條, 檢事는 犯罪을 搜索ᄒ고 及此를 追訴ᄒᄂᆫ 任務가 有홈. 第二條, 檢事는 刑
事上法律의 正當ᄒ 適用을 監視홈이 可홈.……第五條, 檢事는 民事上幼者或婦女에
關ᄒᄂᆫ 訴訟과 又失跡者와 又嗣續홀 人업는 遺産에 關ᄒᄂᆫ 訴訟과 又證書僞造에 關
ᄒᄂᆫ 訴訟에 立會홈이 可홈.……第十五條, 檢事는 司法警察官에게 命令ᄒᄋᆤ 犯罪의
搜索을 輔助ᄒ게 ᄒ고 又令狀을 執行ᄒ게 ᄒ고 又被告人을 引致ᄒ게 ᄒᄂᆫ 事를 得
홈.……第十八條, 檢事는 裁判所에 對ᄒᄋᆤ 獨立ᄒᄋᆤ 其事務를 行홈이 可홈." 『高宗實
錄』卷33 高宗 32年 4月 丙辰(15日), 「檢事職制」(法部令 第3號, 1895).

253 "第一款 初告裁判所, 第二十六條 公訴狀은 左의 案에 準ᄒᄋᆤ 檢事가 此를 作홈이 可
홈.……第二十九條 檢事는 告訴 告發을 受ᄒᄋᆤ 犯罪調査上에 有罪로 思料ᄒᄂᆫ 時에
ᄂᆫ 公訴狀을 作ᄒ고 證據物을 添付ᄒᄋᆤ 當該 裁判所에 向ᄒᄋᆤ 審判을 請求홈이 可
홈. 第三十條 裁判所는 公訴로붓터 犯罪審判의 請求를 受ᄒᄂᆫ 時에는 其 被告 事件
의 番號를 付ᄒᄋᆤ 其 順次를 從ᄒᄋᆤ 公判을 開ᄒ고 審判홈이 可홈.……第三十八條
檢事는 死刑을 除ᄒᄂᆫ 外에 上訴期間이 經過ᄒ 後에 곳 刑罰의 執行을 命ᄒᄋᆤ 此에
立會홈이 可홈 又 裁判所 書記는 其 執行始末書를 作홈이 可홈. 第二款 上訴裁判所,
第三十九條 上訴는 檢事와 被告와 又 被害者로셔 此를 行ᄒᄂᆫ 事를 得홈." 「民刑訴訟
에 關ᄒ 規程」, 第2章 刑事(法部令 第3號, 1895.04.29.).

254 『高宗實錄』卷33, 高宗 32年 11月 辛亥(15日); 『司法稟報(甲)』, 「(開城府 → 法部)質
稟書」第6號, 建陽 1年(1896) 6月 8日; 『司法稟報(甲)』, 「(濟州牧 → 法部)報告書」第9
號, 光武 5年(1901) 10月 21日; 『司法稟報(甲)』, 「(濟州牧)判決宣告書」刑10號, 光武 5

지방의 검사는 오히려 판사 부재 시 대리하는 역할이 많았고 특별한 사건에 한정해서 직접 조사하거나 이를 기반으로 심리를 진행하였을 뿐이다. 통상적으로는 부(혹은 도) 단위 관찰부에 설치된 지방재판소는 각군의 군수가 조사해온 「보고서」·「검안서」을 바탕으로 사건을 심리하였고, 관찰사의 「판결서」에는 군수의 「발사」도 첨부되었는데, 이것이 점차 검사의 「발사」(이후 「공소장」)로 바뀌었다.[255] 「발사」는 종래 전통적인 문서식에서 이미 보인다.[256] 때때로 백성의 소장을 받더라도 관찰사가 직접 심리하거나 평리원·법부의 「지령」·「훈령」으로 재조사를 진행하는 경우가 대부분이었다. 따라서 검사의 활약은 아직 기대에 미치지 못하였다.

(3) 변호사의 제도화

활발한 고소·고발에는 법을 대행해주는 사람들이 다수 있었기 때문이다.[257] 조선전기부터 법문을 외워서 소송을 좋아하고 승소하면 이익을 챙기는 외지부(外知部)가 등장하기도 했으나[258] 조정의 공식

年(1901) 10月 19日; 『司法稟報(甲)』, 「(檢事 → 濟州牧)公訴狀」檢10號, 光武 5年(1901) 10月 19日; 『司法稟報(甲)』, 「(濟州牧 → 法部)質稟書」第5號, 光武 5年(1901) 12月 14日; 『司法稟報(甲)』, 「(濟州牧 → 法部)質稟書」第1號, 光武 6年(1902) 9月 15日; 『司法稟報(甲)』, 「(濟州牧 → 法部)質稟書」第41號, 光武 9年(1905) 12月 11日.

255 『司法稟報(甲)』, 「(江界府 → 法部)報告書」第2號, 建陽 1年(1896) 2月 28日; 『司法稟報(甲)』, 「(江界府 → 法部)報告書」第4號, 建陽 1年(1896) 6月 26日.

256 계명대학교 동산도서관 『嶺營獄案』〈(고)364.11-영영옥〉.

257 서구에서는 로마법단계에서 이미 변호사가 확인된다. 최병조, 『로마법강의』, 박영사, 2006, 535쪽, 547쪽.

258 『成宗實錄』卷39, 成宗 5年 2月 壬戌(7日); 『成宗實錄』卷95, 成宗 9年 8月 甲辰(15日); 『燕山君日記』卷18, 燕山君 2年 10月 辛丑(28日); 『燕山君日記』卷19, 燕山君 2年 11月 己未(16日)·辛未(28日); 『燕山君日記』卷25, 燕山君 3年 7月 甲辰(5日)·丁未(8日)·

적인 인정을 받지는 못했다.

그런데 갑오개혁 이후 1895년「민·형사소송에 관한 규정」은 대인(代人)의 존재를 인정하였고,[259] 심지어 노약자는 검사의 도움을 받을 수 있도록 하였다.[260] 광무개혁기에는 1902년「육군치죄규칙에 관한 청의서」에서 대언인(代言人)을 명시하였으며,[261] 민사사건에서도 대소인(代訴人)이 실제로 각군·법부·평리원에「청원서(請願書)」를 올렸다.[262]

己酉(10日);『燕山君日記』卷43, 燕山君 8年 4月 辛未(30日);『中宗實錄』卷10, 中宗 5年 3月 辛巳(26日);『中宗實錄』卷27, 中宗 12年 1月 戊寅(2日);『中宗實錄』卷35, 中宗 14年 1月 乙巳(10日);『中宗實錄』卷91, 中宗 34年 7月 壬辰(27日);『明宗實錄』卷5, 明宗 2年 1月 己巳(16日);『宣祖實錄』卷168, 宣祖 36年 11月 丁丑(25日); 김백철, 앞의 책, 2016a, 384쪽.

259 "訴訟人은 自己가 흠를 得지 못ᄒᆞᄂᆞᆫ 境遇에ᄂᆞᆫ 裁判所의 許可를 得ᄒᆞᆫ 後 其 訴訟을 代人에게 委托ᄒᆞᄂᆞᆫ 事를 得홈 但 代人에게ᄂᆞᆫ 委任狀을 交付ᄒᆞ미 可홈."「民刑訴訟에 關한 規程」, 第1章 民事, 第3條(法部令 第3號, 1895.04.29.);『司法稟報(甲)』,「春營(→ 法部)來牒」, 開國 504年(1895) 5月 15日;『司法稟報(甲)』,「江華府(→ 法部)來牒」, 開國 504年(1895) 5月 21日.

260 "檢事ᄂᆞᆫ 民事上幼者或婦女에 關ᄒᆞᄂᆞᆫ 訴訟과 又失跡者와 又嗣續흘 人업ᄂᆞᆫ 遺産에 關ᄒᆞᄂᆞᆫ 訴訟과 又證書僞造에 關ᄒᆞᄂᆞᆫ 訴訟에 立會홈이 可홈."『高宗實錄』卷33, 高宗 32年 4月 丙辰(15日),「檢事職制」第5條(法部第3號, 1895).

261 "判士長及判士 其他陸軍裁判官이 左에 記載흔 者가 되ᄂᆞᆫ 時ᄂᆞᆫ 審判에 從事흠을 不得흘 事. 一 被告人被害者의 親屬及代言人.……○左에 記載흔 者ᄂᆞᆫ 証人됨을 得지 못ᄒᆞ되 事實을 參考ᄒᆞ기 爲ᄒᆞ야ᄂᆞᆫ 其陳述흠을 許흘 事. 一 被害者. 二 被害者及被害人의 親屬. 三 被害者及被告人의 代言人及雇傭."『各部請議書存案』18冊, 陸軍治罪規則에 關흔 請議書 第二號』第8·10條, 光武 5年(1901) 1月 20日.

262 【대소인】『司法稟報(甲)』,「(江原道 → 法部)報告書」第58號, 光武 2年(1898) 5月 9日; 【대언인】『司法稟報(乙)』,「(南陽郡 → 法部)報告書」第1號, 光武 3年(18991) 5月 9日;『司法稟報(乙)』,「(代言人 → 法部)請願書」, 光武 5年(1901) 7月 □日;『司法稟報(乙)』,「(高等裁判所 → 法部)報告書」第79號, 光武 3年(1899) 6月 3日;『司法稟報(乙)』,「(平理院 → 法部)報告書」第8號, 光武 3年(1899) 6月 19日;『司法稟報(甲)』,「(京畿 → 法部)報告書」第80號, 光武 5年(1901) 8月 29日;『司法稟報(甲)』,「(代言人 → 平理院)請願書」, 光武 8年(1904) 3月 □日;『司法稟報(甲)』,「(沃溝港 → 法部)報告(書)」第24號, 光武 9年(1905) 11月 19日;『司法稟報(甲)』,「(代言人 → 平理院)請願書」, 光武 8年(1904) 3月 □日.

더욱이 1905년 변호사법·시험제도가 생겨났고,[263] 1906년 전직 검사가 변호사가 되어 법률사무소를 세우고[264] 일본인 변호사가 재판에 간여한 경우도 보인다.[265] 1909년 변호사 명부의 등록제가 실시되었다.[266] 따라서 조선시대 외지부는 점차 대인(대언인·대소인)의 설치를 통해 합법화되었고 종국에는 변호사 명칭이 부여되었다.

(4) 감옥의 재편

새로운 관제개편과 함께 감영이 관찰부로 바뀌었다. 관찰사가 지방재판소 판사를 겸직함으로써 재판소 건물 역시 그대로 쓰다가 비용이 마련되면 점차 재판소를 독립시켜나갔다. 마치 감영의 관찰사가 목민관을 겸직할 때 두 업무공간을 구분한 것과 유사하다. 전주부윤·전라도관찰사는 겸직이지만 공문서·인장·회계·관아건물을 분리시켰고, 대구도호부사·경상도관찰사 역시 마찬가지였다.[267] 그

---

263 『高宗實錄』卷46, 高宗 42年 11月 8日(陽曆), 「辯護士法」(法律 第5號, 1905);『官報』,
   光武 9年 11月 17日, 「辯護士試驗規則」(法部令 第3號, 1905.11.14.);『高宗實錄』卷47,
   高宗 43年 3月 21日(陽曆), 「辯護士正服規則」(勅令 第15號).
264 『司法稟報(乙)』, 「(辯護士前檢事 → 法部大臣)屆出書」, 光武 10年(1906) 7月 5日.
265 『司法稟報(乙)』, 「(黃海道 → 法部)報告書」 第77號, 光武 10年(1906) 7月 14日.
266 『純宗實錄』卷3, 純宗 2年 4月 26日(陽曆), 「辯護士法」(法律 第18號, 1909);『純宗實錄』
   卷3, 純宗 2年 4月 27日(陽曆), 「辯護士名簿登錄規則」(法部令 第7號).
267 예컨대 전라도의 경우 관찰사가 겸직하되 좌우의 관아건물을 구분하고 재정을 분리
   하고 문서의 관인을 분리함으로써 1인 2역인 전라도관찰사와 전주부윤의 직임을 나
   누었으며, 경상도의 경우도 관찰사가 겸직하되 대구도호부 사무를 건물을 통해서 분
   리시켰다. 『慶尙道邑誌』, 大丘, 地圖, 監營·本官〈奎666〉;『嶺南邑誌』, 大丘, 地圖, 上
   營·本所〈奎12173〉;『湖南營事例』〈奎貴 12201〉;『完營各庫事例』〈古4259-76〉; 계명
   대학교 동산도서관『大丘府邑誌』, 地圖, 監營·本官〈951.984대구ㅂ〉; 김백철, 「조선
   시대 상주의 통치구조와 중층적 위상」,《한국학논집》74, 계명대학교 한국학연구원,
   2019a, 120쪽.

래서 재판소 건물을 짓는 비용도 문제였다.[268]

동시에 각 도 관찰부에 경무서를 건축하고 감옥도 새로운 규격으로 설치하였다. 국사범을 제외하고 유배형이 대부분 징역형으로 바뀌면서 수감장소가 커져야 했으므로 감옥개편이 불가피했다. 이는 특히 재판소 휘하 각군에 더 큰 어려움으로 다가왔다. 기존에 사령방(使令房)이나 기타관아건물에 임시로 수용했는데 조선시대 감옥은 기본적으로 미결수의 대기장소였기 때문이다.[269]

본래 감옥제도는 동서고금을 막론하고 존재했으므로 근대의 산물로 보기는 어렵다. 하지만 갑오개혁 이후 기결수(禁獄·懲役刑)[270]까지 수감하도록 제도가 개편되었으므로 튼튼한 감옥이 필요했다.[271] 오늘날 구치소(미결수)와 교도소(기결수)를 모두 수감하는 형태로 바뀐 것이다.[272] 또한 신규감옥 건축 시 남녀구분도 행해졌는데,[273] 이역시 조선시대 관행을 따른 것이다.

---

268 『司法稟報(甲)』, 「(江原道 → 法部)報告書」第75號, 光武 5年(1901) 11月 9日.

269 심재우, 앞의 책, 2009, 31~41쪽.

270 『刑法大全』, 第3編 刑例, 第1章 刑罰通則, 第1節 刑名·刑具及獄具, 第95~97條.

271 【감옥신설】『法規類編』, 「監獄規則」(1894.11.25.); 「監獄署規則에 關亨 請議書」
(1897.11.); 『高宗實錄』卷37, 高宗 35年 1月 12日(陽曆), 「監獄規則」(勅令 第3號); 『高宗實錄』卷41, 高宗 38年 2月 12日(陽曆), 「陸軍監獄規則」(勅令 第3號); 『司法稟報(甲)』, 「白翎鎭(→ 法部)來牒」, 開國 504年(1895) 7月 22日; 원재연, 앞의 논문, 2016, 303~308쪽; 홍문기, 앞의 논문, 2019, 86~99쪽.

272 김병화, 앞의 책, 1974, 66쪽, 137쪽; 원재연, 앞의 논문, 2016, 303~308쪽; 홍문기, 앞의 논문, 2019, 86~99쪽.

273 【여자감옥】『司法稟報(甲)』, 「(京畿 → 法部)報告書」第25號, 光武 8年(1904) 6月 5日; 『司法稟報(甲)』, 「(京畿 → 法部)報告書」第37號, 光武 10年(1906) 5月 27日.

(5) 군률의 분리

앞서 살폈듯이 민간인·군인 신분의 구분은 전통시대에도 존재했으나 근대사법체계 도입 이후 양자를 별도의 법체계로 구분하였다. 군부대신의 군법조사가 추진되면서[274] 장차 군률 분리가 추진되었고, 율문에 없는 범법자 처분에 대한 논의도 시작되었다.[275] 그 성과로『육군법률』(1900.09.),[276]「육군치죄규정」(1901.02.) 등이 제정되었다. 특히 형법은『형법대전』과『육군법률』두 갈래로 만들어지면서 법체계도 비슷하게 정리되었다. 민간인은『형법대전』·고등법원(고등재판소·평리원)·감옥으로, 군인은『육군법률』·육군법원·육군감옥으로 각기 쌍둥이처럼 사법체계를 세운 것이다.[277] 이는『대전회통』·『대명률』내 민간인·군인 관련 조문이 혼재된 것과는 구분된다. 이 때문에 대한제국기 원수부(元帥府)가 설치될 때도 휘하에 검사국(檢事局)이 설치되었다. 규정에는 원수부 검사국에서 군인의 인사·징계·시찰의 역할을 맡았으나 실제로 군인의 재판·사면 등 사법업무 전반을 관장하였다.[278]

274 『司法稟報(乙)』,「(軍部 → 法部)照會」, 光武 2年(1898) 7月 1日.
275 『司法稟報(乙)』,「(漢城府 → 法部)質稟書」第76號, 光武 2年(1898) 7月 □日.
276 『高宗實錄』卷40, 高宗 37年 9月 4日(陽曆).
277 軍과 관련된 법체계 공포는 다음과 같다.『高宗實錄』卷40, 高宗 37年 9月 4日(陽曆),「陸軍法律」(法律 第5號)·18日(陽曆),「陸軍法院官制」(勅令 第33號)·「陸軍監獄官制」(勅令 第34號).
278 【법조문】『高宗實錄』卷39, 高宗 36年 6月 22日(陽曆),「元帥府官制」·7月 29日(陽曆),「元帥府官制中改正」;『高宗實錄』卷40, 高宗 37年 3月 20日(陽曆),「元帥府官制(中改正)」;【검사국-재판】『司法稟報(甲)』,「(黃海道 → 法部)報告(書)」第13號, 光武 5年(1901) 2月 21日;『司法稟報(甲)』,「(平安道 → 法部)報告書」第4號, 光武 6年(1902) 1月 10日;『司法稟報(甲)』,「(仁川港 → 法部)報告書」第11號, 光武 6年(1902) 6月 5日;『司法稟報(甲)』,「(江原道 → 法部)報告書」第3號, 光武 8年(1904) 6月 7日;『司法稟報(甲)』,「(平安北道 → 法部)質稟書」第42號, 光武 8年(1904) 9月 30日;【검사국-사면】

한편, 종래 병조는 갑오개혁기 군무아문(1894),[279] 군부(1895)로 개편되었는데,[280] 군 내 가혹행위로 인한 문제가 발생하거나[281] 군인이 범죄를 저지를 경우[282] 원칙적으로 모두 관할하였다.[283] 그러나 갑오개혁 직후에는 아직 군부와 법부의 지휘체계가 통일되지 못해서 군부는 비적무리를 먼저 사형에 처하도록 했으나 법부는 사전에 보고하도록 했으므로 혼선이 빚어지기도 했다.[284]

점차 관할권에 대한 구분이 명확해졌다. 중앙은 관리가 군직을 겸하면 평리원일지라도 함부로 체포할 수 없었고,[285] 육군법원에 출두한 뒤 평리원으로 압송되었다.[286] 지방은 군인과 민간인 사이에 살인이 발생하면 해당 군수가 먼저 조사하고 재판소가 복검(覆檢)을 시행

『司法稟報(甲)』,「(濟州牧 → 法部)報告書」第28號, 光武 6年(1902) 12月 23日 ;『司法稟報(甲)』,「(忠淸南道 → 法部)報告書」第15號, 光武 7年(1903) 3月 23日 ;『司法稟報(甲)』,「(元山港 → 法部)報告書」第8號, 光武 7年(1903) 7月 1日 ;『司法稟報(甲)』,「(仁川港 → 法部)報告書」第15號, 光武 7年(1903) 7月 31日 ;『司法稟報(甲)』,「(城津港 → 法部)報告書」第5號, 光武 7年(1903) 10月 15日 ;『司法稟報(甲)』,「(濟州牧 → 法部)報告書」第26號, 光武 8年(1904) 5月 8日 ;『司法稟報(甲)』,「(慶興港 → 法部)報告書」第9號, 光武 8年(1904) 11月 23日.

279 『高宗實錄』卷31, 高宗 31年 6月 癸酉(28日).
280 『高宗實錄』卷33, 高宗 32年 3月 丙申(25日)·丁酉(26日).
281 후창군(厚昌郡)에서 참교 최익삼이 사람들을 괴롭히자 부대 병사들이 통문을 돌리고 백성 50여 명과 함께 불태워 죽이는 사건이 발생하였다. 이에 평안북도재판소가 심리하되 군부에도 동시에 보고하였다. 『司法稟報(甲)』,「(平安北道 → 法部)報告(書)」第22號, 光武 10年(1906) 3月 11日 ;『司法稟報(甲)』,「(平安北道 → 法部)報告書」第35·49·52號, 光武 10年(1906) 3月 24日·4月 19日·28日 ;『司法稟報(甲)』,「(平安北道 → 法部)質稟書」第21·63號, 光武 10年(1906) 4月 17日·5月 17日.
282 『司法稟報(甲)』,「(江原道 → 法部)報告書」第23號, 建陽 1年(1896) 2月 19日.
283 "元帥府軍務局總長의 管轄에 屬ᄒ야 陸軍軍人의 民刑事를 審判ᄒ며 監獄을 統督." 『高宗實錄』卷40, 高宗 37年 9月 18日(陽曆),「陸軍法院官制」(勅令 第33號, 1900).
284 『司法稟報(甲)』,「(忠州府 → 法部)報告書」第26號, 開國 504年(1895) 11月 13日.
285 『司法稟報(乙)』,「(平理院 → 法部)報告書」第33號, 光武 8年(1904) 4月 20日.
286 『司法稟報(乙)』,「(平理院 → 法部)報告書」第10號, 光武 9年(1905) 1月 20日.

하도록 했으며 군부에 「검안」을 보내도록 했다.[287] 군인이 범죄를 저지르고 도주하면 민간인 신분이 적용되어 지방재판소로 이관하는 경우도 심심치 않게 확인된다.[288] 이는 오늘날과는 다소 다른 관할권운영 방식이다. 지방군이 비적무리나 군인을 사칭한 범죄자를 체포한 경우에도 어김없이 지방재판소로 이관하였고,[289] 지방재판소 역시 군수물자 절도 등 관련 범죄나 이송된 사건에 대해서 군부에 동시에 보고하였다.[290] 반면에 군인의 외국인 폭행사건이나[291] 군 내부 문제[292]는 원수부에서 육군법원에 지시하여 직접 심리하도록 하였다. 본래 육군법원은 군인 관련 사건을 수사하는 게 규정이었으나[293] 실제로는 대개 일반사안은 지방재판소에 이관했고 주요사안만 육군법원이 직접 다루었다.

---

287 『司法稟報(乙)』, 「(忠淸南道 → 法部)報告書」 第25號, 光武 10年(1906) 3月 28日; 『司法稟報(乙)』, 「(平安北道 → 法部)質稟書」 第37號, 光武 10年(1906) 4月 2日.

288 『司法稟報(甲)』, 「(江原道 → 法部)報告書」 第9號, 建陽 1年(1896) 12月 25日.

289 『司法稟報(甲)』, 「(公州府 → 法部)報告書」 第56號, 建陽 1年(1896) 7月 4日; 『司法稟報(甲)』, 「(忠淸南道 → 法部)報告書」 第11號, 建陽 1年(1896) 8月 23日; 『司法稟報(甲)』, 「(黃海道 → 法部)報告(書)」 第30號, 建陽 2年(1897) 4月 8日; 『司法稟報(甲)』, 「(忠淸南道 → 法部)報告書」 第76號, 建陽 2年(1897) 6月 25日; 『司法稟報(甲)』, 「(黃海道 → 法部)報告(書)」 第18號, 光武 3年(1899) 1月 31日; 『司法稟報(甲)』, 「(全羅北道 → 法部)質稟書」 第15號, 光武 3年(1899) 7月 12日.

290 『司法稟報(甲)』, 「(平安北道 → 法部)報告書」 第67號, 光武 2年(1898) 8月 30日; 『司法稟報(甲)』, 「(慶尙北道 → 法部)報告書」 第21號, 光武 4年(1900) 2月 3日.

291 【일본】 『元帥府來去案』 2冊, 光武 5年(1901) 10月 14日; 【미국】 『元帥府來去案』 3冊, 光武 6年(1902) 7月 11日; 【독일】 『元帥府來去案』 3策, 光武 6年(1902) 7月 29日.

292 『高宗實錄』 卷41, 高宗 38年 3月 9日(陽曆) · 7月 7日(陽曆); 『高宗實錄』 卷43, 高宗 40年 2月 8日(陽曆).

293 『高宗實錄』 卷40, 高宗 37年 9月 14日(陽曆).

3) 제반비용의 대두

(1) 감옥비용

앞서 살폈듯이 금고형·징역형이 제정되면서 미결수뿐 아니라 기결수에게도 감옥이 구비되어야 했다. 특히 무너져가는 건물에서 탈옥이 속출했으므로,[294] 신규감옥의 건설비용이 필요했다.[295] 죄수의 식비와 의류비도 문제로 제기되었다.[296] 탁지부의 재정개혁 이후 지방재정도 항목별 제한이 가해졌는데 비용자체도 문제지만 감옥 관련 예산항목(식비·의류비 등)이 아예 설정되지 않거나 금액이 적은데 수감인원이 폭증하는 문제도 발생했다.[297] 종래에 읍재정은 「읍사례」에 따라 군현에서 비교적 자유롭게 운영되었으나 갑오개혁으로 잡세가 폐지되면서 지방재정의 세부항목까지 중앙의 감독을 받게 되었다.

각군·지방재판소는 법부를 통해서 관찰부 재판소 건물·경무서 감옥·각군 감옥 등에 대한 예산 편성·증액을 요구했다. 하지만 탁

---

294 【감옥미비】『司法稟報(甲)』,「(沔川郡 → 忠淸南道)報告書」第5號, 光武 9年(1905) 2月 22日;『司法稟報(甲)』,「(龍川港 → 法部)報告書」第9號, 光武 9年(1905) 11月 18日;『司法稟報(甲)』,「平安南道 → 法部)報告書」第24號, 光武 10年(1906) 5月 3日;【탈옥】『司法稟報(甲)』,「春川府 → 法部)報告書」第1號, 建陽 1年(1896) 8月 27日;『司法稟報(甲)』,「平安南道 → 忠淸南道)質稟書」第60號, 光武 4年(1900) 12月 18日;『司法稟報(甲)』,「三和港 → 法部)報告(書)」第21·25號, 光武 9年(1905) 7月 11日·9月 10日;『司法稟報(甲)』,「平安南道 → 法部)質稟書」第12號, 光武 9年(1905) 11月 18日;『司法稟報(甲)』,「全羅南道 → 法部)質稟書」第14號, 光武 10年(1906) 5月 23日.

295 『司法稟報(甲)』,「白翎鎭(→ 法部)來牒」, 開國 504年(1895) 7月 22日.

296 『司法稟報(甲)』,「(仁川港 → 法部)質稟書」第1號, 建陽 1年(1896) 8月 31日;『司法稟報(甲)』,「(黃海道 → 法部)報告(書)」第5號, 建陽 2年(1897) 1月 29日;『司法稟報(甲)』,「忠淸北道 → 法部)報告書」第67號, 光武 5年(1901) 11月 1日.

297 『司法稟報(甲)』,「忠淸北道 → 法部)報告書」第67號, 光武 5年(1901) 11月 1日.

지부에서는 일부 항목 편성 외에 거의 받아들이지 않았으므로 법부에서는 점차 각 재판소의 속전·장전을 전용하는 선에서 문제를 처리할 수밖에 없었다. 곧 갑오개혁이 내세운 탁지부 중심 재정일원화와 각사자판 폐지는 여전히 사라지지 못한 것이다.

경부(警部)가 만들어지자 관찰사 휘하에 설치한 경무서도 중앙의 직할로 개편되었고,[298] 감옥 예산 등도 모두 관찰부 예산과 분리되었다. 이에 관찰사가 판사를 겸직하면서 경무서에 예산을 지원하던 방식이 더 이상 유지될 수 없었다. 재판소 판사는 목민관을 겸직함으로써 해당 읍의 공무비를 전용해서 감옥예산을 지원해왔으나 이마저도 어려운 상황이 도래하였다. 이제 중앙의 경부가 지방의 경무서 감옥까지 직접 관할하는 중앙집중식 경찰제도의 탄생(현재 자치경찰과 다른 유형)으로 감옥경비 문제가 대두한 것이다.

지방재판소는 세부내역까지 상세히 보고하여 비용지급을 요청하였다. 1896년 황해도재판소[민영철]는 지방제도 개정 시 경비 중 죄수 식비를 애당초 마련하지 않았다고 하면서 내부에 여러 차례 보고하여 요청했으나 처분이 없었다고 하였다. 이에 여러 죄수의 식비·죄수복(징역복) 비용은 거둬주지 않을 수 없어서 관찰부의 공금에서 전용하여 700~800냥을 지급하였고 이후 식비도 예산이 없으므로 속전 1,386냥 중 일부를 공금 전용분·식비 등에 보탤 수 있도록 처분을 요청하였다.[299] 법부「지령」은 내부(內部)에 보고하였으니 배정해

---

298 중앙은 좌·우포도청이 갑오개혁기 1894년 경무청으로 개편되었고, 광무개혁기 1900년 경부로 바뀌었다가 1902년 경무청으로, 다시「정미조약」이후 1907년 경시청으로 재편되었다.

299 『司法稟報(甲)』,「(黃海道 → 法部)報告書」第42號, 建陽 1年(1896) 12月 4日.

줄 날이 있을 것이라고 전하면서 속전은 명목이 다르므로 도착하는 즉시 올려 보내라고 명하였다. 그러자 관찰사는 다시 개정된 경비 중 죄수식비가 애당초 마련되어 있지 않고 앞으로의 식비도 지급해야 하므로 죄수 한 명당 하루 4전, 총 1,119냥 8전이 소요되니 공금을 전용하고도 부족한 803냥을 속전 중에서 공제해줄 것을 다시 요청하였다. 예산을 얻기 위해서 1인당 1일 식비·소요경비 등을 세세히 적어서 비용을 청구하였다.[300] 또한 1901년 충청북도재판소는 죄수의 식비·의복비 예산으로 11명분만 마련되어 있어 관찰부 경비 중 남은 액수에서 공제하고 있는데 작년(1900) 6월부터 해당 죄수비용이 중앙의 경부로 이관되어 총순[최병찬]이 경부에 보고했으나 추가지급이 불가능한 상태이며 시수(時囚)는 31명인데 쌀값이 올라 11명분으로 감당이 되지 않으므로 법부에서 경부에 「조회」하여 76원 49전 5리를 추가지급하고 향후 폐단도 바로잡아달라고 요청하였다.[301]

각군·지방재판소는 간헐적으로 걷히는 속전·장물을 압수한 장전을 통해서라도 부족한 감옥예산을 해소하려고 시도하였다. 1905년 면천군수[서재우]는 충청남도 관찰사에게 압수한 장전 중에서 체포한 자에게 준 상과 경비 등을 보고하였다. 포군 20여 명을 설립하여 조직을 짜고 부대를 만들었고, 읍내와 각 마을에는 호를 짜서 통을 만들어 밤에는 순찰하고 낮에는 염탐하게 하였다. 포군은 새로 설치해서 잡비(청사·무기·탄환·복장·급료·여비·機密費), 순경군(巡警軍), 죄수식비 등이 많이 들어갔으므로 대책이 필요했는데 이번에 죄인[주

---

300 『司法稟報(甲)』, 「(黃海道 → 法部)報告書」 第46號, 建陽 1年(1896) 12月 27日.
301 『司法稟報(甲)』, 「(忠淸北道 → 法部)報告書」 第67號, 光武 5年(1901) 11月 1日.

원형 등]의 관할구역 내 장전을 거둬들인 것이 1만 1,179냥에 이르므로, 그를 체포한 공으로 순교[김석현]·사령[이등길]은 1,000냥을 포상하였고 이하는 등급을 나눠 500냥을 배정하였으며 나머지 돈은 포군청(砲軍廳)에 배정해 여러 항목의 비용에 보태겠다고 보고하였다. 그리고 장물(수입)과 물품비용(지출)을 구별한 성책을 상세히 작성하여 첨부하였다. 군수의 보고서가 『사법품보』에 편철된 것은 관찰사가 법부에 보고했기 때문이다.[302] 같은 해(1905) 평안남도재판소[이중하]는 러일전쟁으로 일본군이 진주하여 관청을 활용하자 기본공무를 보는 데 어려움을 겪어서 공용비 부족으로 각군에서 빌려 쓰고 있다고 하면서 거둔 속전(7,341냥) 중 절반을 전용하기를 요청하였다.[303]

한편 법부는 중앙의 재판소 요청에는 비교적 응답이 빠른 편이었다. 평리원에서 죄수식비를 경무청을 거치지 않고 바로 지급해줄 것을 요청하자, 내부에서 탁지부를 통해 조치해주었다.[304] 그러나 지방재판소의 추가비용 요청은 법부·탁지부가 잘 들어주지 않으려고 했다. 엄밀히 말하면 전국을 지원할 여유가 없었기 때문이다. 그래서 지방에서는 수감자 가족의 옥바라지에 기대는 경우가 적지 않았다. 최소 예산을 들인 소극적인 방법으로는 죄수가 가족지원 없이 생존이 어려웠기 때문이다.[305] 가족들도 자식이 먹을 것이 없어 죽어간다고 청원할 정도였다.[306] 그리고 지역에 따라서는 식비를 청구하는

---

302 『司法稟報(甲)』, 「(沔川郡 → 忠淸南道)報告書」 第23號, 光武 9年(1905) 2月 7日.
303 『司法稟報(甲)』, 「(平安南道 → 法部)報告書」 第19號, 光武 9年(1905) 3月 21日.
304 『司法稟報(乙)』, 「(平理院 → 法部)報告書」 第43號, 光武 3年(1899) 7月 17日; 『司法稟報(乙)』, 「(內部 → 法部)照覆」 第14號, 光武 3年(1899) 7月 24日.
305 홍문기, 앞의 논문, 2019, 100~110쪽.
306 『司法稟報(乙)』, 「(內部 → 法部)照覆」 第7號, 光武 3年(1899) 2月 25日.

방식도 등장했다. 부·군 단위에서는 민간의 식주인(食主人)에게 식비를 달아놓고 죄수에게 먹이고 추후에 추징하는 경우도 확인된다. 법부「지령」은 검험비 등을 예채(例債) 명목으로 죄수에게 징수한 것을 추궁하고, 관련자 석방 및 재발방지, 발생사유 보고 등을 지시하였다. 그러나 광주부윤[정준시]은 검험비가 소요되었지만 민간징수는 하지 않았으며 수개월간 죄수식비가 많이 들어가서 외상으로 처리하고 있는 상황인데 자식이 찾아와서 옥바라지를 하지 않고 있고 식주인이 청구하자 부득이 동네 집강에게 관련 비용을 죄수의 재산에서 청구하도록 했으며 토지를 공적으로 팔게 하여 비용만 정산하고 잔액은 반환하였을 뿐이라고 변명하였다.[307] 곧 지방에서는 넉넉한 집안에게 감옥비용(옥바라지)을 요구하는 형태가 나타났고 심한 경우 재산 중 일부를 몰수하는 문제까지 등장한 것이다. 법부는 탁지부에서 허가받은 공비를 사용할 것을 강조하고 있으나 지방관은 현실적으로 경비부족을 토로하였고 청원 역시 들어줄 여력이 없었으므로 자구책으로 옥바라지가 필요하였다. 이러한 현상은 단순히 종래 미결수의 체옥(滯獄)뿐 아니라 새로이 기결수의 수감이 제도화되면서 생긴 문제이다.

(2) 검험비용

검험비용도 문제였다. 본래는 고을의 공무비용으로 처리하도록 되어 있었으나 아전에 따라서 관례를 내세우며 많은 인원을 대동해서

---

307 『司法稟報(甲)』, 「(光州府 → 法部)報告書」 第2號, 光武 6年(1902) 9月 16日; 도면회, 앞의 책, 2014, 357쪽.

비용을 유족이나 범인에게 징수하는 경우가 확인된다. 특히 검안이 다른 고을 수령을 부르고 그 수행원까지 대동해서 이루어지면서 예산문제가 불거졌고, 여러 차례 「검안」이나 「사안」이 작성되면 그때마다 체재비가 들었다. 법부는 이를 막고자 「훈령」을 내려 민폐를 끼치지 않도록 당부하였고,[308] 형사재판은 비용규칙도 반포하였다.[309]

『사법품보』에서는 비용문제를 하소연하는 소장도 확인된다. 특히 민사소송 중 소송비용으로 다투는 경우도 나타났으며,[310] 검안비용을 하리(下吏)가 백성에게 함부로 거두기도 했다.[311] 피고(被告)와 원고(原告)는 서로 소송비용 문제로 다투기 십상이었다. 이는 앞서 살핀 감옥의 옥바라지 비용과도 맞닿아 있다.[312] 심지어 살옥이 발생하자 도리어 가해자 측이 검험비용·소송비용을 피해자 측에게 강압적으로 요구하는 일도 벌어졌다.[313] 장례비용 역시 대개 죽음에 원인을 제공한 피고가 내도록 하는 것이 공적인 판결의 경향이었으나[314] 사적으로 장례비용을 요구하다가 사달이 벌어지는 일도 많았다.[315]

---

308 【소송비용금단】『司法稟報(甲)』, 「(咸鏡南道 → 法部)報告書」第12號, 光武 2年(1898) 8月 22日内『(法部)訓令』第20號; 【검안비용금단】『司法稟報(甲)』, 「(慶尙北道 → 法部)報告書」第26號, 光武 4年(1900) 2月 14日内『(法部)訓令』第85號.

309 『純宗實錄』卷2, 純宗 1年 10月 8日(陽曆), 「刑事裁判費用規則件」(法律 第24號).

310 『司法稟報(甲)』, 「(江原道 → 法部)報告書」第82號, 光武 9年(1905) 9月 27日; 『司法稟報(甲)』, 「(黃海道 → 法部)報告(書)」第29號, 建陽 1年(1896) 11月 3日; 『司法稟報(甲)』, 「(黃海道 → 法部)報告(書)」第38號, 建陽 1年(1896) 11月 25日; 『司法稟報(甲)』, 「(黃海道 → 法部)報告(書)」第112·126號, 光武 3年(1899) 8月 16日·9月 3日.

311 『司法稟報(甲)』, 「(全羅北道 → 法部)質稟書」第27號, 光武 1年(1897) 9月 9日.

312 『司法稟報(甲)』, 「(仁川港 → 法部)報告書」第14號, 光武 3年(1899) 8月 17日.

313 『司法稟報(甲)』, 「(平安北道 → 法部)報告書」第74號, 光武 3年(1899) 10月 10日.

314 『司法稟報(甲)』, 「(全羅北道 → 法部)質稟書」第11號, 光武 5年(1901) 5月 13日.

315 『司法稟報(甲)』, 「(慶尙北道 → 法部)質稟書」第83號, 光武 1年(1897) 11月 6日.

(3) 기타비용

이외에도 각종 비용이 추가로 필요했다. 첫째, 경찰업무가 독립되면서 나타난 비용이다. 수성군·순포·포군 등의 신규설치에 따른 의류·무장·체포 시 포상 등 각종 비용이 소요되는 문제가 확인된다.[316] 특히 산포군(山砲軍: 山砲手·山砲)은 동학을 귀화시킬 목적으로 만들었는데,[317] 그 규모가 약 6만 7,000명에 달하여 급여지급이 곤란할 정도였다.[318]

둘째, 유배죄인의 경우도 문제가 되었다. 그동안은 식량을 백성의 가호에 배정해서 거둬들였으나 갑오개혁(잡세폐지) 이후 결호전(結戶錢) 외에는 배정이 불가능해져서 우선 공금을 사용하였으나 근본적인 해결책이 필요했다.[319]

셋째, 압송비용이다. 상급심이 이루어지면 지방의 경무서에서 서울로 압송되는 죄인이 적지 않았을 뿐 아니라 여전히 국사범은 도서지방으로 배편을 구해서 유배를 갔으므로 압송경비 부담도 지속적으로 발생했다. 유배지로 압송하는 여비도 부족하여[320] 인근 군에서 빌렸다가 탁지부에 지급을 청하기도 했다.[321] 서울의 상급재판소로 죄인을 압송하는 경비는 탁지부 공금으로 충당하기도 했다.[322]

---

316 『司法稟報(甲)』, 「(沔川郡 → 忠淸南道)報告書」第23號, 光武 9年(1905) 2月 7日.

317 『司法稟報(甲)』, 「(海州府 → 法部)報告(書)」第□號, 建陽 1年(1896) 2月 30日; 『司法稟報(甲)』, 「(黃海道 → 法部)報告(書)」第67號, 光武 5年(1901) 12月 6日.

318 『高宗實錄』卷34, 高宗 33年 3月 28日(陽曆).

319 『司法稟報(甲)』, 「(慶尙北道 → 法部)報告(書)」第1號, 光武 1年(1897) 10月 20日.

320 『司法稟報(乙)』, 「(警務廳訊問係長 → 法部主事)照會」第81號, 光武 2年(1898) 8月 17日.

321 『司法稟報(甲)』, 「(智島郡 → 法部)報告書」, 光武 2年(1898) 1月 12日.

322 『司法稟報(甲)』, 「(海州府 → 法部)報告(書)」, 建陽 1年(1896) 1月 4日.

넷째, 소송비용이다. 민사·형사소송은 패소한 자에게 거두도록 하였고,[323] 그 비용을 상세히 보고받았다.[324]

다섯째, 병사(病死) 시 처리비용이다. 죄인이 사망할 경우 염습비용(장례비)을 마련하기 위해 탁지부에 비용을 청구하기도 했다.[325]

결과적으로 검안·소송·감옥 등에 관한 각종 비용이 필요했고 본래 공적으로 처리되어야 할 부분이 때로는 지방예산 부족으로, 때로는 간사한 아전의 농간으로 백성에게 청구되었다. 원칙적으로 비용 징수는 금지되었다.[326] 하지만 현실에서는 공적(혹은 사적) 비용을 놓고 피고와 원고가 서로 부담하지 않기 위해서 다투었다. 이에 다시 법부나 고등재판소(평리원)에서 하소연하여 억울함을 호소하는 경우도 적지 않았다.[327] 이는 강압으로 자신이 부담할 소송비용을 강제로 상대에게 요구했기 때문이다. 심지어 외국인과 재판에서도 비슷한

---

323 『司法稟報(甲)』,「(公州府 → 法部)報告書」第24號, 建陽 1年(1896) 2月 3日.

324 『司法稟報(甲)』,「(忠州府 → 法部)報告書」第22號, 建陽 1年(1896) 2月 2日;『司法稟報(甲)』,「(濟州府 → 法部)報告(書)」第6號, 建陽 1年(1896) 2月 10日.

325 『司法稟報(甲)』,「(海州府 → 法部)報告(書)」第25號, 建陽 1年(1896) 5月 19日.

326 『司法稟報(甲)』,「(潭陽郡 → 法部)報告(書)」第1號, 開國 504年(1895) 9月 25日;『司法稟報(乙)』,「(仁川港 → 法部)報告書」第26號, 光武 3年(1899) 12月 31日;『司法稟報(乙)』,「(忠淸南道 → 法部)報告書」第2號, 光武 4年(1900) 1月 2日;『司法稟報(乙)』,「(江原道 → 法部)報告書」第3號, 光武 4年(1900) 1月 5日;『司法稟報(乙)』,「(忠淸北道 → 法部)報告書」第3號, 光武 4年(1900) 1月 5日;『司法稟報(乙)』,「(黃海道 → 法部)報告(書)」第5號, 光武 4年(1900) 1月 7日;『司法稟報(乙)』,「(沃溝港 → 法部)報告(書)」第2號, 光武 4年(1900) 1月 9日;『司法稟報(乙)』,「(昌原港 → 法部)報告(書)」第2號, 光武 4年(1900) 1月 13日;『司法稟報(乙)』,「(三和港 → 法部)報告(書)」第1號, 光武 4年(1900) 1月 8日;『司法稟報(乙)』,「(務安港 → 法部)報告(書)」第3號, 光武 4年(1900) 1月 11日.

327 『司法稟報(甲)』,「(羅州府 → 法部)報告書」第2號, 建陽 1年(1896) 2月 3日, 法部「指令」第8號;『司法稟報(甲)』,「(羅州府 → 法部)報告(書)」, 建陽 1年(1896) 3月 3日, 高等裁判所「指令」.

현상이 벌어졌다. 프랑스선교사 측이 민과 충돌하자 치료비나 체재비로 인한 피해를 청구했고,[328] 일본인들 역시 울릉도의 벌목을 핑계로 입도했다가 퇴거조치를 당하자 오히려 재판비용을 요구하였다.[329]

2. 인명사건

1) 살인사건 처리과정

『사법품보』의 인명(人命)사건은 16%에 달하므로 개별사건으로는 가장 높은 비중을 차지한다(〈표 3〉).『사법품보』에 등장하는 살옥사건의 처리경과는 조선초기에 확립된 살옥(殺獄)·사수(死囚)[330]에 대한 국왕의 재가라는 관점이 일관되게 구현되었다.[331] 살옥이 발생하면 지방재판소에서는 해당 군의 군수가 1차 검험[初檢]을 진행하고 별도의 군수를 지정해서 2차 검험[覆檢]을 진행한 뒤 양자가 일치하면 바

---

328 『司法稟報(甲)』,「(務安港 → 法部)報告(書)」第27號, 光武 6年(1902) 10月 10日.

329 『舊韓國外交文書』第4卷, 日案, 5572號, 光武 4年 3月 23日;『交涉局日記』, 光武 4年 3月 16日;『皇城新聞』, 光武 4年 3月 10日·28日;《뎨국신문》, 光武 4年 3月 28日.

330 물론 사수[사형수]가 모두 살옥[살인]을 저지른 것은 아니지만, 살옥을 저지른 경우는 대부분 사수로 처리되었다. 인명(人命)에 대한 사안을 국왕에게 귀속시킨 것이다.

331 『司法稟報(甲)』,「(忠州府 → 法部)報告書」第26號, 開國 504年(1895) 11月 13日;『司法稟報(甲)』,「(仁川府 → 法部)報告書」第13號, 建陽 1年(1896) 5月 27日;『司法稟報(甲)』,「(春川府 → 法部)報告書」第20號, 建陽 1年(1896) 8月 17日;『司法稟報(甲)』,「(仁川港 → 法部)報告書」第16號, 光武 9年(1905) 7月 31日;『司法稟報(甲)』,「(平安北道 → 法部)報告書」第4號, 光武 10年(1906) 1月 5日. ※단, 지방대의 경우 병정이 화적(火賊)을 체포하여 즉결처분하는 경우도 확인된다. 『司法稟報(甲)』,「(公州府 → 法部)報告書」第45號, 建陽 1年(1896) 5月 30日.

로 심리에 들어갔고,[332] 불일치하면 다시 검험을 진행하거나[333] 검안 없이 사실관계를 조사하는 사관(査官)을 별도로 지정해서 사안을 심사하였다.[334] 다만 개항장의 경우는 초검은 경무관이 하고 복검은 재판소 판사를 겸임하는 부윤이 행하였다.[335]

검험을 진행하다가 불명확하면 사관을 지정해서 조사를 진행하기도 했으며,[336] 사관 역시 2회 이상 행하는 경우도 있었다.[337] 「검안」과

332 『司法稟報(甲)』, 「慶尙北道 → 法部)質稟書」第60號, 光武 10年(1906) 5月 8日.

333 【三檢】『司法稟報(甲)』, 「春川府(→ 法部)來牒, 開國 504年(1895) 閏5月 2日; 『司法稟報(甲)』, 「忠淸南道 → 法部)質稟書」第3號, 光武 9年(1905) 2月 5日; 『司法稟報(甲)』, 「全羅南道 → 法部)質稟書」第21號, 光武 9年(1905) 8月 27日; 『司法稟報(甲)』, 「全羅南道 → 法部)質稟書」第25號, 光武 9年(1905) 9月 1日; 『司法稟報(甲)』, 「全羅南道 → 法部)報告書」第28號, 光武 9年(1905) 10月 11日; 『司法稟報(甲)』, 「慶尙北道 → 法部)質稟書號外, 光武 9年(1905) 12月 4日; 『司法稟報(甲)』, 「全羅北道 → 法部)質稟書」第57號, 光武 10年(1906) 4月 5日; 【四檢】『司法稟報(甲)』, 「平安北道 → 法部)質稟書」第6號, 光武 9年(1905) 9月 8日; 【五檢】『司法稟報(甲)』, 「慶尙北道 → 法部)質稟書」第34號, 光武 9年(1905) 5月 21日.

334 『司法稟報(甲)』, 「慶尙北道 → 法部)質稟書」第83號, 光武 1年(1897) 11月 6日; 『司法稟報(甲)』, 「忠淸北道 → 法部)報告書」第22號, 光武 3年(1899) 4月 12日; 『司法稟報(甲)』, 「京畿 → 法部)報告書」第101號, 光武 6年(1902) 12月 3日.

335 『司法稟報(甲)』, 「務安港 → 法部)質稟書」第1號, 光武 2年(1898) 3月 10日.

336 【覆檢+初査】『司法稟報(甲)』, 「京畿 → 法部)質稟書」第22號, 光武 3年(1899) 5月 7日; 【初檢+覆査】『司法稟報(甲)』, 「全羅北道 → 法部)報告書」第45號, 光武 10年(1906) 1月 4日; 『司法稟報(甲)』, 「全羅北道 → 法部)質稟書」第59號, 光武 10年(1906) 4月 28日; 【覆檢+初査】『司法稟報(甲)』, 「京畿 → 法部)質稟書」第59號, 光武 6年(1902) 7月 3日; 『司法稟報(甲)』, 「忠淸南島 → 法部)質稟書」第6號, 光武 9年(1905) 4月 14日; 『司法稟報(甲)』, 「京畿 → 法部)報告書」第37號, 光武 9年(1905) 7月 1日; 『司法稟報(甲)』, 「京畿 → 法部)質稟書」第62號, 光武 9年(1905) 9月 10日; 『司法稟報(甲)』, 「慶尙北道 → 法部)質稟書」第14號, 光武 10年(1906) 2月 16日; 【복검+사사(四査)】『司法稟報(甲)』, 「忠淸北道 → 法部)報告書」第34號, 光武 8年(1904) 6月 21日; 【삼검+초사】『司法稟報(甲)』, 「忠淸南道 → 法部)報告書」第33號, 光武 9年(1905) 4月 11日; 【사검(四檢)+초사(初査)】『司法稟報(甲)』, 「平安北道 → 法部)質稟書」第6號, 光武 9年(1905) 9月 8日.

337 【覆査】『司法稟報(甲)』, 「忠淸南道 → 法部)質稟書」第2號, 光武 6年(1902) 4月 16日;

「사안」을 합쳐서 적게는 3~4회에서 많게는 6~7회까지 확인된다. 이러한 조사는 조선시대에도 마찬가지였으며 특별히 달라진 것은 없었다.[338] 단지 문서식·검험인원 등의 세부적 차이만 있었다.[339]

살인사건이 발생하면 일단 관아에 고하는 것이 원칙이었다. 자연사를 제외한 모든 살인사건은 해당 군수가 1차적으로 검시를 진행했다. 이때 고을 하인이 동행하여 기초조사를 하고 수령이 확인하는 절

『司法稟報(甲)』, 「(慶尙北道 → 法部)質稟書」 第65號, 光武 9年(1905) 1月 10日; 【三査】
『司法稟報(甲)』, 「(平安北道 → 法部)報告書」 第25號, 光武 9年(1905) 5月 3日; 【四査】
『司法稟報(甲)』, 「(全羅北道 → 法部)質稟書」 第11號, 光武 8年(1904) 6月 3日; 【六査】
『司法稟報(甲)』, 「(江原道 → 法部)質稟書」 第1號, 光武 9年(1905) 5月 27日.

338 살인사건 검안과 심리과정은 다음 참조. 심희기, 「朝鮮時代의 殺獄에 關한 연구(Ⅰ)」, 《법학연구》 25-1, 부산대학교 법학연구소, 1982, 243~247쪽; 심재우, 「조선후기 人命사건의 처리와 '檢案'」, 《역사와 현실》 23, 한국역사연구회, 1997, 217~227쪽; 김호, 「검안을 통해 본 100년 전의 향촌사회(2)~(3)」, 《문헌과 해석》 4·6, 문헌과해석사, 1998~1999; 김호, 「규장각소장 검안의 기초적 검토」, 《조선시대사학보》 4, 조선시대사학회, 1998, 156~174쪽; 김호, 「100여년 전의 여성들: 규장각 소장 '檢案'으로 들여다본 민중의 삶」, 《한신인문학연구》 1, 한신대학교출판부, 2000, 401~427쪽; 김호, 「역사산책: 100년 전 살인사건, '검안'을 통해 본 사회사」, 《역사비평》 55, 역사비평사, 2001, 303~324쪽; 정순옥, 앞의 논문, 2005, 53~102쪽; 김호, 「檢案을 통해 본 100년 전 영종도의 풍경: 1906년 영종도 전소면에서 발생한 조문주 사건을 중심으로」, 《기전문화연구》 33, 仁川敎育大學校 畿甸文化硏究所, 2006, 176~195쪽; 심재우, 앞의 책, 2009, 64~72쪽; 백옥경, 「여성과 법, 제도: 조선시대의 여성폭력과 법: 경상도 지역의 검안을 중심으로」, 《한국고전여성문학연구》 19, 한국고전여성문학회, 2009, 103~122쪽; 김백철, 앞의 책, 2010, 180~186쪽; 김호, 「檢案, '정상적 예외'의 기록들」, 《장서각》 34, 한국학중앙연구원, 2015, 313~314쪽; 김백철, 앞의 책, 2016a, 187~198쪽; 김백철, 앞의 책, 2016b, 237~242쪽; 심재우, 「檢案을 통해 본 한말 山訟의 일단」, 《고문서연구》 50, 한국고문서학회, 2017, 35~41쪽; 박소현, 「검안을 통해 본 여성과 사회」, 《고문서연구》 50, 한국고문서학회, 2017, 10~21쪽; 김호, 「1897년 光陽郡 李學祚 檢案을 통해 본 동학농민운동의 이면」, 《고문서연구》 50, 한국고문서학회, 2017, 82~92쪽; 유덕열, 「조선시대 檢驗에 관한 연구」, 한양대학교 법학전문대학원 박사논문, 2017, 89~115쪽; 김호, 『100년 살인사건: 검안을 통해본 조선의 일상사』, 휴머니스트, 2018, 25~368쪽.
339 이러한 제도는 고려말 계수관을 중심으로 형정이 지방관에게 위임된 것과 크게 다른

차를 거쳤다. 『사법품보』를 살펴보면 검안 시 서기의 역할이 중요하여 기초사항을 빠짐없이 기록해야 했고, 여기에 군수의 확인을 거쳐 1차 「검안」 문서 작성이 완료되었다. 첨부문서로서 그림이 상세히 그려진 경우도 적지 않았다. 이 같은 보고가 이루어지면 관찰부 관찰사는 별도로 군수를 지정해서 2차 검험을 실시하였다.

1차 「검안」과 2차 「검안」의 '실제사망원인[實因]'이 일치할 경우 정범(正犯)·간범(干犯), 원고(原告)·피고(被告), 간련(干連)·사련(辭連)·증인[看證]·유족(遺族) 등의 자격을 명확히 구분하여 심문한 뒤 법부에 「보고서」를 올렸다. 만일 사인(死因)이 불명확할 경우 3, 4차 검험도 별도로 실시했다. 이 모두가 『경국대전』에 명기된 법조문 그대로였으며 조선후기에도 시행되던 제도였다.[340] 때때로 강도·자살 사건의 경우 사망원인에 대한 논란이 없으면 초검만 실시하기도 했다. 특히 집에서 목을 맨 자살사건 등에서는 유가족이 원치 않으면 검험하지 않는 경우가 많았는데 대개 양반신분이거나 유부녀였다. 이러한

조처였다(김백철, 「조선시대 상주의 통치구조와 중층적 위상」, 《한국학논집》 74, 계명대학교 한국학연구원, 2019, 126~137쪽). 물론 사수(死囚)의 심리는 고려전기에도 확인되므로 조선의 독창적인 제도는 아니었다("寡人, 每聽死囚, 必待三覆, 尙慮失其情實, 有冤枉, 欲訴無路, 飮恨呑聲, 可不痛哉, 其審愼之." 『高麗史』 卷85, 志39, 刑法, 恤刑, 文宗 1年 8月; 김백철, 앞의 책, 2016a, 192쪽). 하지만 무신정권기-원간섭기를 거치면서 왕정의 통치체제가 변질되면서 국왕의 온전한 사법체계 통제는 불가능해졌다. 이에 위화도회군 이후 혁명파가 집권하면서 삼복이 부활하고 관찰사가 지방장관으로 파견되면서 사수 재판은 국왕에게 온전히 귀속되었다("都評議使司啓……在京五覆啓, 在外三覆啓, 方許斷罪. 事干軍機, 及叛逆, 不在此限." 『高麗史』 卷84, 志38, 刑法1, 公式, 職制, 恭讓王 1年 12月; 『太祖實錄』 卷2, 太祖 1年 閏12月 壬辰(16日); 김백철, 앞의 책, 2016a, 192~193쪽). 점차 살옥의 심리절차가 체계화되어 『경국대전』에는 검시제도가 명시되기에 이르렀다.

340 계명대학교 동산도서관 『嶺營獄案』〈(고)364.11-영영옥〉; 김백철, 앞의 책, 2016b, 237~242쪽.

경우 초검관(初檢官)만 있거나 사관(査官)만 파견되기도 했으나 이들이 문제를 제기할 경우는 어김없이 검험이 추가로 이루어졌다. 또한 시신이 없어서 검시가 불가능한 경우 사관만 여러 차례 파견되어「사안(査案)」만 작성하는 경우도 있었고 처음에는 시신을 확인할 수 있었으나 추후 훼손되어 확인이 불가능하면「검안」과「사안」을 모두 작성한 경우도 보인다. 심지어「을사늑약」이후 국권이 피탈된 상황에서도 법부는 검험이 제대로 이루어지도록 전국에「훈령」을 내려보냄으로써 사법체계의 정상화에 심혈을 기울였다.[341]

한편,『사법품보』에는 억울함을 호소할 경우 시신의 위치를 옮겨놓는 방식이 자주 확인되어 조사 시 문제가 되기도 했다. 그 유형은 다양하게 나타난다. 하나는 범행의 책임을 물을 때 시신을 매고 관아 앞으로 가거나 소란을 부리는 경우이다.[342] 다른 하나는 살인을 한 원범의 집안에 시신을 두고 관아에 고발하는 방식이다.[343] 양자는 모두 책임소재가 있는 곳에 시신을 옮겨서 책임을 묻는 방식인데, 이는 검험으로 추후 밝힌 사망원인과 대체로 일치하는 편이었다.[344] 반면

---

341 『司法稟報(乙)』,「(京畿 → 法部)報告書」第2號, 光武 10年(1906) 1月 3日;『司法稟報(乙)』,「(平安北道 → 法部)報告書」第1號, 光武 10年(1906) 1月 3日;『司法稟報(乙)』,「(平安南道 → 法部)報告書」第1號, 光武 10年(1906) 1月 3日;『司法稟報(乙)』,「(忠清南道 → 法部)報告書」第1號, 光武 10年(1906) 1月 4日;『司法稟報(乙)』,「(平安北道 → 法部)報告書」第1號, 光武 10年(1906) 1月 3日;『司法稟報(乙)』,「(全羅北道 → 法部)報告書」第2號, 光武 10年(1906) 1月 7日;『司法稟報(乙)』,「(黃海道 → 法部)報告書」第5號, 光武 10年(1906) 1月 15日.

342 『司法稟報(甲)』,「(德源港 → 法部)報告書」第18號, 光武 2年(1898) 5月 6日;『司法稟報(甲)』,「(忠清南道 → 法部)質稟書」第21號, 光武 8年(1904) 12月 7日;『司法稟報(甲)』,「(慶尙北道 → 法部)質稟書」第17號, 光武 9年(1905) 4月 8日.

343 『司法稟報(甲)』,「(全羅北道 → 法部)報告書」第40號, 光武 5年(1901) 5月 24日;『司法稟報(甲)』,「(江原道 → 法部)報告書」第3號, 光武 7年(1903) 1月 8日.

344 김호, 앞의 논문, 2017, 89쪽.

에 문제가 되는 경우는 범죄장소를 옮겨서 목매어 자살로 위장하는 경우이다.[345] 앞의 두 가지가 비록 시신을 옮겼다고 할지라도 관에서 식별가능한 데 비해서, 후자는 고의적 은폐이므로 수사상 난항을 겪는 경우가 많아서 「검안」·「사안」이 여러 차례 추가 작성되는 경우도 흔했다.

2) 문서 작성원칙

살옥사건의 최종판결은 지방재판소 판사[관찰부 관찰사]가 「질품서」를 법부에 올려서 최종심리에 대한 의견을 구하는 형식으로 이루어진다. 그리고 법부의 지시를 반영하여 「보고서」를 최종적으로 올리는 방식이 일반적이다. 원칙적으로 율문·형량이 모호하거나 감형적용 여부를 문의할 때는 「질품서」를 사용하고 정기적으로 보고하거나 비교적 명백한 징역종신·인명사안에 대해서는 「보고서」를 올렸다. 실제로는 「질품서」·「보고서」가 혼용되었고 드물지만 「질보서(質報書)」도 확인된다. 문서번호는 매년 새로이 1호가 시작되지만 목민관이 변경되거나 지방재판소의 사무에 혼선이 생기면 번호가 다시 초기화되어 되돌아가는 경우도 적지 않았다. 이 때문에 상반기보다 하반기에 더 낮은 문서번호가 매겨진 경우도 종종 보인다.[346]

---

345 『司法稟報(甲)』,「(平安北道 → 法部)報告書」第19號, 光武 6年(1902) 4月 29日;『司法稟報(甲)』,「(平安北道 → 法部)報告書」第9號, 光武 8年(1904) 2月 20日;『司法稟報(甲)』,「(慶尙北道 → 法部)質報書」第2號, 光武 9年(1905) 1月 6日.

346 『司法稟報(甲)』,「(京畿 → 法部)質稟書」第56·56(동일)·33(새 번호)號, 光武 10年(1906) 4月 24日·5月 10日·21日;『司法稟報(甲)』,「(忠淸北道 → 法部)質稟書」第131·5(새 번호)號, 光武 9年(1905) 7月 31日·11月 21日;『司法稟報(甲)』,「(慶尙北

검안후 가장 많은 논란은 '실제 사망원인[實因]' 규명이었다. 1차 「검안」과 2차 「검안」이 상충되면 문제였다. 본래 서로 조사내용을 볼 수 없도록 엄격히 분리하여 관리하였는데 양자가 합본된 성책이 법부에 올라오자, 법부는 질책과 동시에 사유를 해명하도록 요구하였을 정도였다.[347] 사망원인이 일치하지 않는 이유는 우발적으로 다툰 장소나 강도를 만난 범행장소에서 바로 죽지 않고 스스로 귀가했거나 이웃의 도움으로 옮겨졌다가 몇 시간 내지 수십일 뒤에 사망하는 경우 보고기한(保辜期限)의 적용 여부를 두고 사인(死因)이 애매했기 때문이다.

특히 맞고 와서 목을 맬 경우에도 맞은 자국이 사라져서 사인에 결정적 영향을 끼쳤다고 보기 어려운 경우가 비일비재했다. 목을 매어 최종 사망했다면 때린 사람을 '정범'으로 볼 것인가 혹은 사망에 이르게 한 책임이 있는 '피고'로 볼 것인가도 관건이었다. 또 정범을 도운 정도에 따라 '간범'으로 볼지, 단순히 연루된 '간련'으로 볼지, 목격한 '간증'으로 볼지, 사망자 가족인 '유족'으로 분류할지도 주요했다. 왜냐하면 사망원인과 직간접적으로 관련이 있다면 목격자나 유족이라고 할지라도 피고·간범이 될 소지가 충분했기 때문이다. 따라서 기록된 「검안」의 기록이 부실하면 서기가 문책당하는 경우가 적지 않았다.[348]

道 → 法部)質稟書』第65·43(새 번호)號, 光武 9年(1905) 1月 10日·7月 8日;『司法稟報(甲)』,「(忠淸北道 → 法部)質稟書』第131·5(새 번호)號, 光武 9年(1905) 7月 31日·11月 21日;『司法稟報(甲)』,「(全羅南道 → 法部)質稟書』第18·9(새 번호)號, 光武 10年(1906) 3月 23日·5月 6日.

347 『司法稟報(甲)』,「(慶尙北道 → 法部)報告書』第33號, 光武 9年(1905) 5月 14日.

348 『司法稟報(甲)』,「(全羅北道 → 法部)質稟書』第27號, 光武 1年(1897) 9月 9日;『司法稟

3) 병사 · 도주 처리

『사법품보』에서 일반형정은 7,405건(52%)에 달하고(〈표 3〉), 그중 일반 문서행정 5,188건(36%), 사면 · 감등 1,142건(8%), 병사 854건 (6%), 도주 221건(1.5%)에 달한다(단, 비율은 전체문서기준. 〈그림 8〉). 이중 사면 · 감등은 다음 절에서 다루고 여기서는 다음으로 비율이 높은 병사와 도주를 살펴보고자 한다. 병사는 대부분 감옥에 수감 중인 죄수가 병으로 사망한 경우이다.[349] 이 경우에는 경무서의 총순이

報(甲)」, 「(咸鏡南道 → 法部)質稟書」第1號, 光武 3年(1899) 1月 15日; 『司法稟報(甲)』, 「(全羅北道 → 法部)質稟書」第6號, 光武 5年(1901) 1月 16日; 『司法稟報(甲)』, 「(平安北道 → 法部)報告書」第4 · 19號, 光武 6年(1902) 1月 10日 · 4月 29日; 『司法稟報(甲)』, 「(咸鏡南道 → 法部)質稟書」第7號, 光武 6年(1902) 9月 28日; 『司法稟報(甲)』, 「(全羅北道 → 法部)質稟書」第13號, 光武 7年(1903) 9月 28日; 『司法稟報(甲)』, 「(咸鏡南道 → 法部)質稟書」第1號, 光武 8年(1904) 6月 13日; 『司法稟報(甲)』, 「(全羅北道 → 法部)質稟書」第40號, 光武 9年(1905) 9月 18日.

349 『司法稟報(甲)』, 「(忠清北道 → 法部)報告書」第20號, 光武 3年(1899) 3月 28日; 『司法稟報(甲)』, 「(平安北道 → 法部)報告書」第38 · 46號, 光武 9年(1905) 7月 26日 · 9月 10日; 『司法稟報(甲)』, 「(忠清南道 → 法部)報告書」第67 · 70 · 81 · 92號, 光武 9年(1905) 8月 31日 · 9月 8日 · 10月 30日 · 12月 27日; 『司法稟報(甲)』, 「(三和港 → 法部)報告 (書)」第23號, 光武 9年(1905) 8月 23日; 『司法稟報(甲)』, 「(京畿 → 法部)報告書」第78 · 86號, 光武 9年(1905) 11月 6日 · 12月 22日; 『司法稟報(甲)』, 「(義州市 → 法部)報告書」第31號, 光武 9年(1905) 11月 18日; 『司法稟報(甲)』, 「(慶尙北道 → 法部)報告書」第76號, 光武 9年(1905) 12月 18日; 『司法稟報(甲)』, 「(全羅北道 → 法部)報告書」第67 · 68號, 光武 9年(1905) 11月 26日 · 31日; 『司法稟報(甲)』, 「(全羅北道 → 法部)報告書」第4 · 37號, 光武 10年(1906) 1月 9日 · 5月 22日; 『司法稟報(甲)』, 「(京畿 → 法部)報告書」第6 · 7 · 11 · 17 · 23號, 光武 10年(1906) 1月 13日 · 15日 · 22日 · 2月 3日 · 14日; 『司法稟報(甲)』, 「(慶尙南道 → 法部)報告(書)」第5 · 16號, 光武 10年(1906) 1月 8日 · 4月 1日; 『司法稟報(甲)』, 「(忠清南道 → 法部)報告書」第3 · 12 · 16號, 光武 10年(1906) 1月 29日 · 2月 22日 · 3月 3日; 『司法稟報(甲)』, 「(慶尙北道 → 法部)報告書」第12號, 光武 10年(1906) 2月 11日; 『司法稟報(甲)』, 「(三和港 → 法部)報告(書)」第9 · 14號, 光武 10年(1906) 3月 5日 · 4月 3日; 『司法稟報(甲)』, 「(仁川港 → 法部)報告書」第17 · 18 · 20號, 光武 10年(1906) 5月 7日 · 14日 · 17日; 『司法稟報(甲)』, 「(平

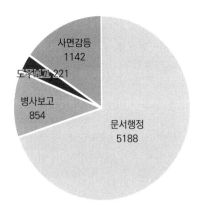

〈그림 8〉 『사법품보』 일반형정 구성비

검안에 대한 「보고서」를 작성했는데 『증수무원록』과 대조하여 사안이 명확하면 대개 초검에서 그치는 경우가 절대 다수였다.[350] 특히 평리원 소관죄수는 감옥서장의 「검험서」와 감옥서 의사의 「진단서」를 구비하도록 제도화하였다.[351] 이외에도 유배지 사망[352]이나 압송 도중 사망[353]도 확인된다.

한편, 감옥에서 죽는 경우를 막기 위한 조치도 이른 시기부터 시행

安南道 → 法部)報告書」第27·28號, 光武 10年(1906) 5月 10日·6月 2日;『司法稟報(甲)』, 「(黃海道 → 法部)報告(書)」第49號, 光武 10年(1906) 5月 19日.

350 『司法稟報(甲)』, 「(慶尙北道 → 法部)報告書」第2·20·26·33·47·52·57·59·65·78·80號, 光武 10年(1906) 1月 7日·2月 28日·3月 17日·29日·4月 11日·18日·5月 4日·5月 16日·10月 27日·12月 20日·29日;『司法稟報(甲)』, 「(慶尙北道 → 法部)報告(書)」第13號, 光武 10年(1906) 2月 13日;『司法稟報(甲)』, 「(警務署 → 慶尙北道)報告(書)」第107·108·173號, 光武 10年(1906) 3月 15日·16日·5月 12日.

351 『司法稟報(甲)』, 「(平理院 → 法部)報告書」第65號, 光武 10年(1906) 6月 18日.

352 『司法稟報(甲)』, 「(黃海道 → 法部)報告(書)」第51號, 光武 10年(1906) 5月 22日.

353 『司法稟報(甲)』, 「(慶尙北道 → 法部)報告(書)」第30號, 光武 10年(1906) 3月 24日.

되었다. 고려말부터 매달 월령의(月令醫)가 방문하여 죄수 상태를 점검하도록 하였는데, 『경제속육전』과 『속대전』에도 그대로 수록되었다.[354] 고종연간에도 수시로 황제의 명령으로 감옥 내 혹서(酷暑)·혹한(酷寒)·위생불량 등으로 인한 병자 발생을 미연에 방지하라는 경계가 잦았을 뿐 아니라,[355] 정기적으로 감옥을 비우는 조치를 실시하였고,[356] 아예 왕실경사[357]·천변재이[358]가 있으면 사면·감등을 명해서 감옥을 비우는 조치를 내렸다.

이 밖에도 탈옥으로 죄수가 사라지거나 법 이외의 고문이나 복수에 의해서 사망한 경우도 보인다. 이 때문에 죄수가 실제로 병사했는지 상세히 확인한 것이다. 『사법품보』에는 병사가 가장 많이 나타나

---

354 김백철, 앞의 책, 2016a, 218~221쪽; 김백철, 앞의 책, 2016b, 217~220쪽.

355 『司法稟報(甲)』, 「(平安南道 → 法部)報告書」第2號, 建陽 2年(1897) 2月 14日; 『司法稟報(甲)』, 「(平安北道 → 法部)報告書」第19號, 光武 2年(1897) 4月 29日; 『司法稟報(甲)』, 「(釜山港 → 法部)報告書」第37號, 光武 3年(1899) 8月 13日; 『司法稟報(甲)』, 「(仁川港 → 法部)報告書」第15號, 光武 7年(1903) 7月 31日; 『司法稟報(甲)』, 「(城津港 → 法部)報告書」第5號, 光武 7年(1903) 10月 15日; 『司法稟報(甲)』, 「(慶興港 → 法部)報告書」第9號, 光武 8年(1902) 11月 23日; 『司法稟報(甲)』, 「(昌原港 → 法部)報告書」第23號, 光武 9年(1905) 9月 17日; 『司法稟報(甲)』, 「(釜山港 → 法部)報告書」第35號, 光武 9年(1905) 9月 19日; 『司法稟報(甲)』, 「(義州市 → 法部)報告書」第19號, 光武 9年(1905) 9月 25日; 『司法稟報(甲)』, 「(平壤市 → 法部)報告書」第19號, 光武 9年(1905) 9月 25日; 『司法稟報(甲)』, 「(三和港 → 法部)報告書」第34號, 光武 9年(1905) 11月 7日; 『司法稟報(甲)』, 「(務安港 → 法部)報告書」第34號, 光武 9年(1905) 11月 9日; 『司法稟報(甲)』, 「(元山港 → 法部)報告書」第17號, 光武 9年(1905) 11月 17日; 『司法稟報(甲)』, 「(慶尙南道 → 法部)報告書」第22號, 光武 9年(1905) 11月 17日.

356 『司法稟報(甲)』, 「(濟州牧 → 法部)報告書」第28號, 光武 6年(1902) 12月 23日; 『司法稟報(甲)』, 「(全羅南道 → 法部)報告書」第52號, 光武 8年(1904) 12月 13日; 『司法稟報(甲)』, 「(慶興港 → 法部)報告書」第108號, 光武 9年(1905) 1月 6日; 『司法稟報(甲)』, 「(平壤市 → 法部)報告書」第22號, 光武 9年(1905) 11月 5日.

357 『司法稟報(甲)』, 「(沃溝港 → 法部)報告書」第5號, 光武 4年(1900) 9月 2日; 『司法稟報(甲)』, 「(忠淸南道 → 法部)報告書」第15號, 光武 7年(1903) 3月 23日.

358 『司法稟報(甲)』, 「(咸鏡南道 → 法部)報告書」第19號, 光武 5年(1901) 7月 9日.

고 탈옥은 간헐적으로 보이며 고문·복수 사망도 매우 희소한 편이다. 일단 탈옥이 발생하면 감옥 시설의 미비뿐 아니라[359] 간수의 책임도 주요했다. 이에 간수가 『대명률』 '주수불각실수(主守不覺失囚)'에 따라 죄수를 잘 지켰는지 여부(故縱-不覺)를 검토하여 처벌하였고,[360] 도망자의 추적 체포를 통해 만회할 기회를 먼저 주었고,[361] 그래도 실패하면 죄수 형량에서 감형해서 처분하였다.[362]

3. 율문의 적용과 형량의 조정

1) 사면의 실행

『사법품보』에서 사면·감등은 약 8%에 달하므로 형정업무(36%)·인명사건(16%) 다음으로 많은 비중을 차지한다(〈표 3〉). 이에 사면의

---

359 『司法稟報(甲)』, 「(忠淸北道 → 法部)報告書」 第82號, 光武 3年(1899) 9月 27日.

360 "凡獄卒不覺失囚者 減囚罪二等……其提牢官, 曾經躬親逐一點視罪囚, 枷鎖杻, 俱已如法, 取責獄官獄卒, 牢固收禁文狀者, 不坐. 若不曾點視, 以致失囚者, 與獄官罪同." 『大明律』, 刑律, 捕亡, 主守不覺失守; 『司法稟報(甲)』, 「(忠淸北道 → 法部)報告書」 第24號, 光武 5年(1901) 6月 9日; 『司法稟報(甲)』, 「(江原道 → 法部)報告書」 第11號, 光武 6年(1902) 2月 20日; 『司法稟報(甲)』, 「(慶尙南道 → 法部)報告書」 第33號, 光武 6年(1902) 5月 4日; 『司法稟報(甲)』, 「(全羅北道 → 法部)質稟書」 第25號, 光武 8年(1904) 9月 13日.

361 "聽給限一百日追捕, 限內能自捕得, 及他人捕得, 若囚已死及自首, 皆免罪. 司獄官典, 減獄卒罪三等." 『大明律』, 刑律, 捕亡, 主守不覺失守; 『司法稟報(甲)』, 「(平安南道 → 法部)質稟書」 第12號, 光武 9年(1905) 11月 18日.

362 『司法稟報(甲)』, 「(三和港 → 法部)報告(書)」 第25號, 光武 9年(1905) 9月 10日; 『司法稟報(甲)』, 「(慶尙南道 → 法部)報告(書)」 第30號, 光武 9年(1905) 4月 19日.

구체적 상황을 검토해볼 필요가 있다. 조선은 국초부터 사면을 적극적으로 시행하였다. 이 같은 전통은 멀리는 삼국시대부터 가까이는 고려시대까지 지속되었다.[363] 특히 고종대는 한 해에도 수차례나 형벌의 사면·감등을 실시하기도 했다.[364] 고종후반 사면의 대외적 명분은 주로 경사(즉위·혼인·장수·병환회복·존호가상·환궁 등)를 중심으로 하되 형정(체옥·계절) 문제가 제시되었으나 실제로는 내우외환에 시달렸기 때문에 민심이반을 막고자 사면을 적극적으로 활용한 듯하다.

첫째, 사면대상에 사죄의 포함 여부이다. 고종전기 사면대상은 "잡범사죄이하(雜犯死罪以下)"로 적시되는데,[365] 그 대상범위가 문제였다. 조선시대 법문에서 '이하'는 현대의 '이하'와 '미만'을 혼용해서 지칭하는 경우가 많았다. 갑오~광무개혁기 비로소 '이하'와 '미만'을 명백히 구분했다.[366] 따라서 조선시대 사령(赦令)에서 사수도 사면대상인지 검토가 필요하다. 사수는 삼복을 거쳐 판결되므로 이미 정상참작이 최대한 이루어진 상태였다.[367] 세종대는 잡범으로 사죄에 해당

---

363 김백철, 앞의 책, 2016a, 161~162쪽.

364 〈부표 6〉 '고종연간 사면·감등' 참조.

365 『高宗實錄』卷5, 高宗 5年 12月 己酉(6日);『高宗實錄』卷11, 高宗 11年 2月 丁亥(14日);『高宗實錄』卷12, 高宗 12年 2月 丁亥(19日);『高宗實錄』卷15, 高宗 15年 1月 辛亥(1日)·己未(9日)·乙亥(25日)·11月 壬申(27日);『高宗實錄』卷16, 高宗 16年 1月 乙巳(1日);『高宗實錄』卷18, 高宗 18年 12月 乙酉(27日);『高宗實錄』卷25, 高宗 25年 1月 癸丑(1日);『高宗實錄』卷31, 高宗 31年 4月 癸酉(27日).

366 【未滿-賊盜處斷例-8조】『司法稟報(甲)』,「(仁川港 → 法部)報告書」第11號, 光武 4年(1900) 5月 22日;【未滿-刑法大全-595조】『司法稟報(甲)』,「(京畿 → 法部)報告書」第39號, 光武 9年(1905) 7月 2日.

367 조윤선,「조선후기 삼복제도 연구」,《법사학연구》 64, 한국법사학회, 2021, 126~129쪽.

하거나 사죄로 잡범에 이른 경우가 지정되었고,[368] 중종대는 잡범사
죄를 일괄 석방시켰다가 사죄수는 다시 금지했으므로,[369] 당초 사령
은 사죄수가 포함되었다. 이는 근대사법체계 도입 이후에도 마찬가
지였다. 1903년 사령에서 고종은 "큰 경사를 만났으니" "법부·원수
부 검사국에 명하여" "사형죄 이하는 모두 석방하라"고 하였는데, 법
부는 "사형수 중 이미 법부의 처리를 거쳤으나 아직 집행하지 않은 경
우"도 범죄사유를 자세하고 명백하게 밝히도록 하였다.[370] 곧 사면대
상에 사형수도 포함되었으므로 해당 사령의 '이하'는 현대적인 '이하'
와 같은 의미였다.

둘째, 사면대상의 범위이다. 세종~중종대 용례를 보면 일견 잡
범·사죄를 병칭한 것처럼 보이지만,[371] 다른 기록과 비교하면 잡범
중 사죄·유형·도형 등과 결합하여 설명한 경우가 대부분이다.[372]
앞서 살폈듯이 잡범사죄는 병칭이기보다 두 개의 연결조건이 성립하

---

368 "傳旨, 今因國喪, 大辟之罪, 不卽論決, 故京外死囚, 多有滯獄. 其中情法可議者, 拘繫
　　困苦, 非命致死者或有之, 誠爲憐憫. 除蠱毒魘魅謀故殺人但犯强盜外, 雜犯當死者, 竝
　　皆究正以聞."『世宗實錄』卷22, 世宗 5年 10月 乙卯(8日); "自今大赦所不原外, 其餘死
　　罪及雜犯者, 元犯人雖不蒙宥, 其隨從人應在赦例者, 竝皆原免."『世宗實錄』卷54, 世宗
　　13年 10月 丁未(16日).
369 "回啓曰……但此傳旨, 雜犯死罪皆疏放. 今奸詐之徒, 亦希恩典, 此以不可. 傳曰, 用庚
　　戌年例, 死罪則勿赦."『中宗實錄』卷43, 中宗 16年 10月 甲午(16日).
370 『司法稟報(甲)』, 「(忠淸南道 → 法部)報告書」第15號, 光武 7年(1903) 3月 23日.
371 "其餘死罪及雜犯者, 元犯人雖不蒙宥, 其隨從人應在赦例者, 竝皆原免."『世宗實錄』卷
　　54, 世宗 13年 10月 丁未(16日); "赦文中, 雜犯死罪 幷放事, 入錄乎."『中宗實錄』卷43,
　　中宗 16年 10月 甲午(16日).
372 "其雜犯死罪, 積年久繫, 多受刑訊……雜犯死罪以下, 隨其輕重, 或免或減."『中宗實錄』
　　卷53, 中宗 20年 3月 庚午(11日); "除關係綱常贓盜外, 京外時推雜犯徒以下, 竝皆疏
　　放."『中宗實錄』卷59, 中宗 22年 5月 基軸(13日); "但慮雜犯流放之中, 或有冤憫而啓
　　之, 人心搖動, 初不計料."『中宗實錄』卷65, 中宗 24年 7月 癸卯(10日).

는지를 본 것이다. 숙종대는 사면대상에 대해 구체적인 중범죄를 나열한 뒤 이를 제외한 잡범사죄 이하로 적시했는데,[373] 여기서 잡범사죄는 사죄 중 중대범죄(謀殺·故殺)가 아닌 경우이다. 점차 잡범사죄 이하로 생략되면서 사면대상이 일관되게 유지되었다.[374] 중대죄목을 나열한 경우와 생략한 경우 모두 본질적으로 달라진 것은 아니며 구체적 표현방식의 차이에 불과하다. 잡범의 정의는 시대별로 다르지만,[375] 당시 명률을 기반으로 사고하였으므로『대명률』'상사소불원

[373] 自本月二十七日昧爽以前, 除謀反大逆謀叛子孫**謀殺**毆罵祖父母父母, 妻妾**謀殺**夫奴婢**謀殺**主**謀故殺**人魘魅蠱毒强竊盜外, **雜犯死罪以下**, 徒流付處安置充軍, 已至配所未至配所, 已發覺未發覺, 已決正未決正, 咸有除之."『端宗實錄』卷1, 肅宗 24年 11月 8日[己卯].

[374] 『仁宗實錄』卷2, 仁宗 1年 5月 壬申(11日);『明宗實錄』卷3, 明宗 1年 2月 癸巳(6日);『宣祖實錄』卷180, 宣祖 37年 10月 乙丑(19日);『光海君日記』卷28, 光海君 2年 4月 丙戌(11日)[正草];『仁祖實錄』卷36, 仁祖 16年 5月 戊寅(16日);『顯宗實錄』卷5, 顯宗 3年 8月 庚午(30日);『肅宗實錄』卷1, 肅宗 卽位年 8月 甲寅(23일);『景宗實錄』卷14, 景宗 4年 2月 丙辰(12日);『英祖實錄』卷1, 英祖 卽位年 8月 庚子(30日);『正祖實錄』卷4, 正祖 1年 9月 丙戌(24日);『純祖實錄』卷1, 純祖 卽位年 12月 辛亥(3日).

[375] "命義勇巡禁司, 毋繫**雜囚**."『太宗實錄』卷15, 太宗 8年 1月 丁巳(8日); "其一, 誤決官員及妄告誤決人員謝牒及關係重事外, **雜犯**人員謝牒, 許令還給."『太宗實錄』卷29, 太宗 15年 6月 庚午(5日); "自今有犯王旨禁令者, 除合該奉行見任官吏外, 大小人民**雜犯**, 各以本律科斷, 毋得似前比附, 有所失[出]入, 一遵古昔制律之本意, 以副寡人欽恤之至意."『世宗實錄』卷25, 世宗 6年 8月 癸亥(21日); "犯軍令者, 初犯免罪付過. 三犯時行, 則罷職, 前銜則當其敍用, 越一等不敍. 四犯, 隨其所犯輕重, 罰之以鞭. 其餘**雜犯**, 未立處置之方, 其犯罪不無故犯窺免之心. 考其律文, 功臣初犯, 免罪付過, 再犯住支俸給一半, 三犯全不支給, 四犯依律論罪. 其犯**十惡**反逆緣坐及奸盜**殺人**受財枉法者, 固不可**赦矣**. 自今其犯徒流以下者, 幾犯免罪付過, 幾犯罷職, 定爲常例, 則其中有志者, 庶乎改過遷善, 永保終始矣. 其勸懲之方, 擬議以聞."『世宗實錄』卷72, 世宗 18年 5月 壬申(7日); "行在時外, 常時犯軍令死罪者, 諸將杖六十, 軍士杖九十[註: 常時關夜直者外**雜犯用律**.]."『經國大典』, 兵典, 用刑; "徒流以下之罪, 喪前所犯, 而喪後發覺者, 喪前發覺, 而喪後勘斷者, 並從勘斷時, 收贖[註: **雜犯**徒流獨身人之親年未滿七十, 而赴配後滿七十者, 稟旨許贖.]."『大典會通』, 刑典, 推斷, 補.

(常赦所不原)'에서 규정한 중대범죄를 제외한 경우로 이해된다.**376** 종래 연구에서는 대사(大赦: 특별사면)를 상사(常赦: 일반사면)와 구분하여 사면되지 않는 고살·모살 등도 포함한다고 보았는데 위의 분석과 일치한다.**377**

따라서 고종전반 잡범은 중죄수에 해당하는 육범을 제외한 나머지 범죄를 가리켰다. 평상시 사면으로 용서받지 못하는 죄의 범위는 명률을 기반으로 조선의 현실과 결합하여 변동되었다. 고종후반 갑오개혁 이후 대개 "잡범사죄 이하"에서 "육범을 제외한 뒤" 사면·감등이 이루어지는 형태로 변화하였다.**378** 율문 적용을 달리해서 육범

---

376 명률의 상사(常赦) 시 '살인(殺人)'·'참언좌사살인(讒言左使殺人)'를 제외하되 과오범죄[過失殺 등]만 용서한다는 율문이 조선에서는 '잡범사죄(雜犯死罪)'로 이해된 것이다. "凡犯十惡, 殺人……及讒言左使殺人……一應眞犯, 雖會赦並不原宥.……其過誤犯罪【謂過失殺傷人……】……并從赦原."『大明律』, 名例律, 常赦所不原; "除蠱毒魘魅謀故殺人但犯强盜外, 雜犯當死者, 竝皆究正以聞."『世宗實錄』卷22, 世宗 5年 10月 乙卯(8日); "除謀反大逆謀叛子孫謀殺歐罵祖父母父母, 妻妾謀殺大奴婢謀殺主謀故殺人魘魅蠱毒關係國家綱常賊汚强竊盜外, 雜犯死罪以下……咸有除之."『端宗實錄』卷1, 肅宗 24年 11月 8日[己卯].

377 상사에 대해 명대 주석에는 별다른 해설 없이 율문의 단서조항(과실살)만 보이며, 청대 주석에는 과실살을 제외한 모살, 고살, 투구살, 희살, 오살 등을 나열하여 부연하였다(應檟,『大明律釋義』卷1, 名例, 常赦所不原, 15~16張(북경대본); 馮孜,『大明律集說附例』卷1, 名例, 常赦所不原, 32~33張(동경대본); 袁貞吉 外,『大明律集解附例』卷, 名例, 常赦所不原, 42~43張(와세다본); "但云殺人, 竝未分別何殺, 則似謀故歐戲誤等殺皆是矣, 俟考." 沈之奇,『大淸律輯註』上, 法律出版社, 2000, p.46; 한상권 외,『대명률직해』1, 한국고전번역원, 2018, 124쪽. ※장(張)은 고서(古書)에 인쇄된 장수(張數: 1張=2面). 유성국은 중국과 한국의 고대부터 사면제도를 추적하여 대사와 상사의 유형화를 시도하였는데, 대사의 경우 범주화가 명확하지 않았으므로 상사에 대비되는 사례를 범주화하였다. 상사에는 세종대 논의를 거쳐 명률의 단서조항에 따라 과실살만 포함된다고 보았다(유성국,『유교적 전통사회의 사면제도에 관한 연구』, 연세대학교 법학과 박사논문, 1996, 49쪽).

378 『司法稟報(甲)』,「安東府(→法部)來牒」, 開國 504年(1895) 8月 26日;『司法稟報(甲)』,「(黃海道→法部)報告(書)」第20號, 建陽 1年(1896) 10月 18日;『司法稟報(甲)』,「(平安

에 포함되거나 빠지면 사면대상의 적용에서 문제가 되었다.[379] 육범 역시 조선전기에는 그 대상이 지속적으로 변화했는데,[380] 고종대에 이르면 모반(謀叛)·살인(殺人)[381]·강도(强盜)·절도(竊盜)·통간(通姦)·편재(騙財) 등으로 비교적 고정되어 나타난다. 육범에 외국인과 내통한 범죄를 포함하여 육범으로 지칭한 경우도 간헐적으로 확인된다.[382] 다만 고종전반과 후반 사면의 표현차이에도 불구하고 실질적인 대상은 유사했다.『형법대전』(139조)에 이르면 14개 죄목으로 사면제외대상이 확정되었다.[383]

셋째, 사면적용 시점이다. 고종전반까지 반사문(頒赦文)에서는 대

南道 → 法部)報告書」第2號, 建陽 2年(1897) 2月 14日;『司法稟報(甲)』,「(江原道 → 法部)報告書」第32·22(새 번호)號, 建陽 2年(1897) 4月 2日·8月 27日;『司法稟報(甲)』,「(忠淸北道 → 法部)報告書」第26號, 建陽 2年(1897) 4月 29日;『司法稟報(甲)』,「(平安北道 → 法部)報告書」第19號, 建陽 2年(1897) 4月 29日;『司法稟報(甲)』,「(忠淸北道 → 法部)報告書」第68號, 光武 1年(1897) 9月 14日;『司法稟報(甲)』,「(釜山港 → 法部)報告書」第24號, 光武 1年(1897) 11月 11日;『司法稟報(甲)』,「(黃海道 → 法部)報告(書)」第57號, 光武 2年(1898) 11月 3日;『司法稟報(甲)』,「(咸鏡北道 → 法部)報告書」第12號, 光武 3年(1899) 9月 26日;『司法稟報(甲)』,「(京畿 → 法部)報告書」第98號, 光武 3年(1899) 12月 1日;『司法稟報(甲)』,「(全羅北道 → 法部)報告書」第16號, 光武 5年(1901) 3月 12日;『司法稟報(甲)』,「(仁川港 → 法部)報告書」第27號, 光武 8年(1904) 12月 30日;『司法稟報(甲)』,「(慶尙北道 → 法部)報告書」第6號, 光武 9年(1905) 2月 26日.

379 『司法稟報(甲)』,「(元山港 → 法部)報告書」第8號, 光武 7年(1903) 7月 1日.
380 김백철, 앞의 책, 2016a, 162~164쪽.
381 육범의 살인 역시 잡범살인(과실살)으로 보인다.
382 『司法稟報(甲)』,「(務安港 → 法部)質稟書」第19號, 光武 7年(1903) 7月 29日;『司法稟報(甲)』,「(昌原港 → 法部)報告(書)」第23號, 光武 9年(1905) 9月 17日.
383 "赦典을 遇ᄒ야 免罪나 減等ᄒᆯ 時에 左開에 所犯이 有ᄒᆫ 者ᄂᆫ 免罪나 減等홈을 不得홈이라. 一反亂, 二殺人, 三强盜, 四竊盜, 五准竊盜, 六略人, 七强姦及親屬相姦, 八干犯祖父母·父母, 九放火, 十誣告, 十一詐傳制命及增減制書, 十二犯贓, 十三故入人罪, 十四右開 諸項의 犯人을 知情故縱及藏匿."『刑法大全』, 第3編 刑例, 第1章 刑罰通則, 第13節 免罪及加減處分, 第139條.

개 반포당일 새벽까지의 범죄를 대상으로 명확히 날짜와 시간을 적시하였는데,[384] 고종후반 이러한 표현은 사라졌다. 조선시대 사령에는 기결[已決正]·미결[未決正]이 포함되었으나[385] 갑오개혁 이후 재판을 마친 기결수를 대상으로 사면·감등 실시를 원칙으로 했으므로 새벽 이전에 발생한 범죄를 특정할 필요가 없었다. 물론 후술하듯이 고종후반에도 미결수가 포함되는 특별사면이 간헐적으로 보인다.

사면실행의 경우, 고종전반에는 즉시성에 초점을 맞추어서 잡범 중 사형 이하를 대상으로 하여,[386] 사면의 관문(關文)이 도착하는 대로 시행하도록 재촉하는 경우가 많았다.[387] 고종후반에도 수일 내 긴급보고하도록 독촉했으며, 때로는 15일전후 날짜를 정해놓고 재촉하였다. 하지만 고종전반 형조나 고종후반 법부의 심사체계가 본질적으로 다르지 않았으므로 시일을 앞당기기 어려웠다. 지방재판소는 보통 기결수 중 육범을 제외하고 사건을 면밀히 검토하여 법부에 보고한 뒤 황제의 재가를 얻어야 사면·감등이 가능했다. 특히 고종후반에도 사안에 따라 일괄 감등하거나[388] 일괄 방면하였고,[389] 혹은 설

---

384 "自洪武二十五年七月二十八日昧爽已前, 已發覺未發覺, 咸宥除之."『太祖實錄』卷1, 太祖 1年 7月 丁未(28日); "自本月四日昧爽以前, 雜犯死罪以下, 咸宥除之."『高宗實錄』卷30, 高宗 30年 10月 壬子(4日).

385 "已發覺未發覺, 已決正未決正, 罪無輕重, 咸宥除之."『太宗實錄』卷1, 太宗 1年 6月 乙亥(18日); "雜犯死罪以下, 徒流付處安置充軍, 已至配所, 未至配所, 已發覺未發覺, 已決正未決正, 咸宥除之."『英祖實錄』卷17, 英祖 4年 4月 壬寅(22日).

386 『高宗實錄』卷10, 高宗 10年 4月 乙丑(17日).

387 『高宗實錄』卷11, 高宗 11年 2月 丙戌(13日); 『高宗實錄』卷16, 高宗 16年 12月 丙寅(27日).

388 "謀判[謀叛]强盜殺人通奸騙財竊盜六犯外, 各減一等."『承政院日記』, 光緒 30年(1894) 11月 4日(戊寅).

389 "懲役罪人中謀反殺人竊盜强盜通奸騙財六犯外, 並特爲放送."『承政院日記』, 光緒 23年(1897) 9月 18日(甲辰).

령 대상자라 하더라도 심사하여 합당한 자만 사면·감등하기도 했으므로³⁹⁰ 사면의 종류에 따라 소요되는 시간이 각기 달랐다.

넷째, 사면대상의 확대이다. 내우외환·왕실경사가 잦았으므로 빈번하게 사령이 내려졌을 뿐 아니라 그 대상범위도 점차 확대되었다. 때때로 사면·감등에 미결수까지 확장되기도 했고,³⁹¹ 육범 중에도 정상참작이 가능한 자는 보고하거나³⁹² 육범 중 신법[新式]의 적용 전에 일어난 사건을 포함하기도 했다.³⁹³ 또한 노약자(老弱者: 15세 미만·70세 이상)·장애인[廢疾]을 우선적으로 석방하는 경우도 적지 않았다.³⁹⁴ 이는 전통적인 노인·어린이·장애인[篤疾·廢疾]에 대한 감경처벌 방침을 계승한 것이다.³⁹⁵ 특히 국가의 경사를 앞두고 사면을 행할 때는 원칙적으로 교서에서 다양한 포상조치가 한데 적시되었는데 그중 형정분야는 육범을 제외하고 일괄 1등급을 감등하는 조치가 가장 많았으며, 같은 날 별도로 사면조서를 추가로 내릴 경우 육범 중 참작하거나 미결수나 유배죄인 등도 사면·감등하도록 사면대상

---

390 "謀反殺人竊盜強盜通奸騙財六犯外諸罪人, 可以減等者減等, 可以放送者放送."『承政院日記』, 光武 3年(1899) 1月 1日(己酉)[2月 10日(陽曆)].

391 "凡未決囚, 待判決, 一體亦減一等."『高宗實錄』卷36, 高宗 34年 8月 16日(陽曆); "至於未決囚, 待判決, 或放送, 或減等."『高宗實錄』卷36, 高宗 34年 10月 13日(陽曆); "其未決囚, 各該裁判所審閱文案, 消詳開錄, 報部稟裁, 一體放釋. 其或參究情跡有難全恕者, 減等."『高宗實錄』卷43, 高宗 40年 3月 6日(陽曆);「司法稟報(甲)」,「元山港 → 法部)報告書」第1號, 光武 1年(1897) 12月 26日.

392 『高宗實錄』卷37, 高宗 35年 2月 5日(陽曆);「司法稟報(甲)」,「(忠清北道 → 法部)報告書」第7號, 光武 2年(1898) 1月 17日;「司法稟報(甲)」,「(沃溝港 → 法部)報告(書)」第27號, 光武 5年(1901) 11月 25日.

393 「司法稟報(甲)」,「(慶尙北道 → 法部)報告書」第6號, 光武 2年(1898) 2月 7日.

394 「司法稟報(甲)」,「(忠清南道 → 法部)報告書」第14號, 光武 2年(1898) 2月 17日.

395 김백철, 앞의 책, 2016a, 247~250쪽; 김백철, 앞의 책, 2016b, 246~250쪽.

의 확대가 이루어지기도 했다.[396] 『형법대전』(140~141조)에는 국란·전쟁 등에서 공을 세운 경우 사면·감등 규정도 신설되었다.[397]

다섯째, 사면절차 및 담당아문이다. 대부분 황제의 조서(詔書)로 사면이 내려졌으나 황태자의 영서(令書)로 사면을 내리기도 했다.[398] 『속대전』에는 사령이 내려지면 중앙은 형조와 의금부가 맡고, 지방은 관찰사가 맡아서 대상을 선별하여 보고했는데,[399] 『사법품보』에는 중앙의 형조는 법부가, 외방의 관찰사는 지방재판소가 맡아서 사실상 비슷했다. 본래 형조 이외 특별사법기구로서 의금부가 중죄수를 맡았는데 이 역할은 갑오~광무개혁을 거치면서 변화했다. 우선 평리원이 거론되다가 점차 평리원·경부·한성재판소로 바뀌더니 원수부가 만들어진 뒤에는 원수부(혹은 원수부 검사국)로 일괄적으로 대체되었다. 다시 육군법원이 맡다가 최종적으로 군부로 바뀌었다. 곧 평리원 → 평리원·경부·한성판사 → 원수부(검사국) → 육군법원 → 군

---

396 "奉天承運皇帝詔曰……一, 謀版[謀叛]强盜殺人通奸騙財竊盜六犯外, 各減一等…….
詔曰……懲役流配罪人中謀反[謀叛]殺人竊盜强盜通奸騙財六犯, 或不無情迹之甚酌之者,
令平理院審辦, 可減等者減等, 未決囚待判決, 或放送或減等, 懲役與流配罪人, 一體審
理, 依此擧行……."『承政院日記』, 光武 3年(1899) 11月 21日(乙丑)[12月 23日[陽曆]).

397 "國家의 大患을 除袪ᄒ얏거나 臨陣勝敵ᄒ얏거나 平亂服衆ᄒ얏거나 回復城池ᄒ얏거
나 開拓彊土ᄒ야 建功흔 人이 犯罪흔 時는, 死刑에는 一等이며 流刑이나 役刑 以下
는 各히 二等을 減흠이라."『刑法大全』, 第3編 刑例, 第1章 刑罰通則, 第13節 免罪及
加減處分, 第140條; "第百四十條의 功을 建흔 人이 建功ᄒ기 前에 犯흔 罪가 發覺된
時는, 死刑에 二等을 減ᄒ고 流刑이나 役刑 以下는 免罪흠을 得흠이라."『刑法大全』,
第3編 刑例, 第1章 刑罰通則, 第13節 免罪及加減處分, 第141條.

398 『承政院日記』, 光武 6年(1902) 4月 23日(癸丑)[5月 30日(陽曆)];『司法稟報(甲)』,「仁川
港 → 法部)報告書」第11號, 光武 6年(1902) 6月 5日.

399 "每赦令時, 罪人放未放, 京則本曹義禁府, 外則觀察使, 分等錄啓【註: 已至配所, 未至
配所, 未及就囚者, 並爲擧論, 而未至配所京外時囚, 徒流案, 俱不見錄, 該司査出, 別
單書入. ○減死罪人, 觀察使混錄放秩者, 自本曹考察.】"『續大典』, 刑典, 赦令;『大典
會通』, 刑典, 赦令.

부 등의 변화를 겪은 것이다.

여섯째, 유배죄인의 사면적용이다. 『대전통편』에는 유배죄인이 배소(配所)로 이동하다가 사령을 받으면 발배관(發配官)이 보고하여 사령을 집행하였다.[400] 『사법품보』에는 유형이 징역형으로 바뀌면서 일어나는 일대혼란이 나타난다. 유형이 징역형으로 바뀌자[401] 지방에서는 유배지로 압송하다가 법부의 「지령」으로 중간에 도로 압송해 와서 징역형으로 바꾸는 경우도 확인된다.[402] 단편적이지만 유배지 미도착자에 대한 사령 적용문제도 보인다.[403] 이후 국사범을 제외하고 유형이 징역형으로 전환되면서 이 같은 조치도 불필요해졌다. 다만 국사범은 여전히 존재했으므로 유배죄인의 유배지 도착보고는 1905년까지 이어지고 있다.[404] 대체로 전통시대 법전이 거의 그대로 집행되고 있었고 이를 토대로 근대적 형정체계로 전환이 이루어졌음을 알 수 있다.

---

400 "[註: 未及到配罪人, 若値赦典, 自發配官修啓 凡係徒年則勿論輕重皆放 勿論減死定配流三千里, 減等則皆爲徒年, 疏決時減等務爲愼惜.]"『大典通編』, 刑典, 赦令;『大典會通』, 刑典, 赦令.

401 『司法稟報(甲)』, 「(全州府 → 法部)報告書」第4號, 開國 504年(1895) 10月 25日.

402 『司法稟報(甲)』, 「(公州府 → 法部)報告書」第33號, 建陽 1年(1896) 3月 25日;『司法稟報(甲)』, 「(公州府 → 法部)報告書」, 建陽 1年(1896) 3月 29日.

403 『司法稟報(甲)』, 「北靑(→ 法務衙門)牒報」, 開國 504年(1895) 1月 22日.

404 『司法稟報(甲)』, 「海營(→ 法務衙門)來牒」第168號, 開國 503年(1894) 4月 15日;『司法稟報(甲)』, 「箕營(→ 法部)來牒」第178號, 開國 504年(1895) 4月 19日;『司法稟報(甲)』, 「(黃海道 → 法部)報告(書)」第53號, 光武 9年(1905) 8月 26日. ※『사법품보(갑)』 초반부는 연도표기가 없으나 합철상태로 미루어 1894년으로 추정하였다.

2) 감형의 제문제

(1) 감형 형식

감형은 두 가지 측면에서 살펴볼 수 있다. 하나는 앞서 살펴본 사령이 내려오면 죄수를 심사해서 석방할 자와 형량을 감등할 자를 구분하여 감형하는 방식이다. 여기서는 죄의 경중에 따라 형량 감등이 이루어진다. 물론 대부분 1등급 감량이지만 죄질에 따라 그렇지 않은 경우도 있었다. 앞서 살폈듯이 통상 경사(慶事)가 있으면 일괄적으로 1등급을 전부 감하도록 하는 조서가 반포되기도 했는데,[405] 연초에 반포하는 경우가 적지 않았고,[406] 광무개혁이 본격화되는 시기에는 공문서에서 대한제국의 연호가 쓰였으나 그렇지 못하던 시기에는 청연호로 되돌아갔으므로 사면·감등을 둘러싼 자주권의 부침도 확인된다.[407] 이후 동일안건에 대한 조서가 추가로 내려오면 그 사면·

---

[405] 『承政院日記』, 光武 1年(1897) 10月 12日(戊辰)[11月 6日(陽曆)]; 『承政院日記』, 光武 3年(1899) 9月 5日(庚戌)[10月 9日(陽曆)]·10月 23日[11月 25日(陽曆)]·11月 21日(乙丑)[12月 23日(陽曆)]; 『承政院日記』, 光武 4年(1900) 1月 20일(癸亥)[2月 19日(陽曆)]; 『承政院日記』, 光武 5年(1901) 8月 29日(壬戌)[10月 11일(陽曆)]; 『承政院日記』, 光武 6年(1902) 1月 26日(丙戌)[3月 5日(陽曆)]·2月 19日(庚戌)[3月 28日(陽曆)]·9月 18日[10月 19日(陽曆)]; 『承政院日記』, 光武 7年 3月 24日〈己卯〉[4月 24日(陽曆)]·9月 20日(庚子)[陽曆未詳].

[406] 『承政院日記』, 光武 4年(1900) 1月 1日(甲辰)[1月 31日(陽曆)]; 『承政院日記』, 光武 5年(1901) 1月 1日(戊辰)[2月 19日(陽曆)]; 『承政院日記』, 光武 6年(1902) 1月 1日(壬戌)[2月 8日(陽曆)]; 『承政院日記』, 光武 7年 1月 1日(辛亥[丁巳])[1月 29日(陽曆)].

[407] 『承政院日記』, 光緒 23年(1897) 9月 18日(甲辰); 『承政院日記』, 光緒 30年(1904) 11月 4日(戊寅)[陽曆未詳]; 『承政院日記』, 光緒 32年(1906) 12月 14日(丙子)[陽曆未詳].
※단, 1897년 9월은 아관파천 이후 환궁하여 본격적인 광무개혁을 앞두고 사전작업을 진행하던 시기였으며, 1904년 11월은 러일전쟁으로 일본제국의 간섭이 심해지던 시기로 차이가 있다.

감등의 폭이 확대되었다.[408]

　다른 하나는 「형률명례」 24조[409]에 명시된 재판소 판사의 감량권한 행사였다.[410] 여기에는 1등급 혹은 2등급의 감량권한이 적시되었다. 이 역시 관형주의를 표방한 『속대전』 이래 감형의 전통을 계승한 것으로 보인다.[411] 한편으로는 재판소 판사에게 재량권을 부여한 조치로 보이지만 실제로는 법부에 질품한 뒤 승인되었다.[412] 이 과정에서 일종의 첨삭지도와 같은 세세한 간섭을 받았다. 예컨대 1903년 법부대신[이재극]은 평양시재판소 판사[신대균]가 ① 율문을 과도하게 적용한 점(장100 유 3000 → 태 100), ② 타인(정범)의 형량에서 감등한 점(→ 본인의 형량에서 감등), ③ 3등급을 감등한 점(→ 1~2등급 감등)을 질책하였다. 앞의 두 가지는 범죄에 대한 시각에 따라 율문적용이 다를 수 있으나 3등급 감경은 변명할 여지가 없다. 아마도 명률의 다른 조문에서 3등급 이상을 감하거나 정범의 죄에서 형량을 기준으로 하

408　『承政院日記』, 光武 1年(1897) 9月 18日(甲辰)[陽曆未詳]; 『承政院日記』, 光武 3年 (1899) 10月 23日(丁酉)[11月 25日(陽曆)]・11月 21日(乙丑)[12月 23日(陽曆)]; 『承政院日記』, 光緒 32年(1906) 12月 14日(丙子).

409　"凡 刑事裁判 上 所犯의 情狀을 酌量ᄒ야 本刑에서 一等 或 二等을 輕減흠을 得흠." 「刑律名例」 第34條(法律 第3號, 1896.04.04.).

410　『司法稟報(甲)』, 「(京畿 → 法部)質稟書」 第4號, 光武 2年(1899) 5月 17日; 『司法稟報(甲)』, 「(京畿 → 法部)質稟書」 第8號, 光武 2年(1899) 6月 6日; 『司法稟報(甲)』, 「(昌原港 → 法部)報告(書)」 第15號, 光武 6年(1902) 9月 5日; 『司法稟報(甲)』, 「(忠淸南道 → 法部)報告書」 第45號, 光武 8年(1904) 6月 29日; 『司法稟報(甲)』, 「(黃海道 → 法部)質稟書」 第17號, 光武 8年(1904) 11月 25日; 『司法稟報(甲)』, 「(昌原港 → 法部)質稟書」 第5號, 光武 9年(1905) 2月 12日.

411　『續大典』, 刑典, 殺獄; 심희기, 「朝鮮後期의 刑事判例 硏究: 參酌減律에 關하여」, 《법사학연구》 7, 한국법사학회, 1983, 43~53쪽.

412　『司法稟報(甲)』, 「(公州部 → 法部)報告書」 第46號, 建陽 1年(1896) 6月 2日, 法部「訓令」 第24號.

는 경우와 혼돈한 듯하다. 이는 신법을 온전히 익히지 못한 결과로 보인다.[413] 결국 판사가 독립적으로 권한을 행사하기보다는 법부의 엄격한 감독을 받았다.

특히 징역종신 이상 죄수에 대한 「형명부」를 바칠 때마다 율문의 정확성과 형량의 적절성을 검토받았을 뿐 아니라 법부가 직권으로 감형하는 경우도 비일비재했다. 「형명부」를 미작성해서 문책을 받기도 했다.[414] 심문과정에서 율문에 없는 장형·태형의 시행 등도 엄격한 제재를 받았다.[415] 과거에는 유형 이하를 관찰사가 자단(自斷)했으므로 이 같은 조치는 율문상의 감량권 명시에도 불구하고 재량권 행사를 어렵게 했다.

매달 정기보고 시 사면에 따른 석방·감등 사항을 상세히 기재해야 했다. 첨부된 「시수성책」을 검토해보면, 법부의 엄격한 감독하에서도 감등대상은 크게 확대되었다. 특히 사령의 범위가 확대되고 자주 내려지자, 중범죄자는 감등이 지속되면서 짧은 형기만 살고 석방되는 폐단도 발생했다. 설령 징역종신일지라도 1차 감형(징역 15년) → 2차 감형(징역 10년) → 3차 감형(징역 7년) → 4차 감형(징역 5년) 또는 5차 감형(징역 3년) 등으로 바뀌었으므로 심지어 이미 수형된 기간이 줄어든 징역기간보다 길어서 석방되기도 했다.[416]

양자의 전통은 『형법대전』에 이르러 법조문으로 집대성되었다.

---

413 『司法稟報(甲)』, 「(平壤市 → 法部)報告(書)」 第6號, 光武 7年(1903) 9月 8日.
414 『司法稟報(甲)』, 「(黃海道 → 法部)報告(書)」 第23號, 光武 5年(1901) 7月 5日.
415 『司法稟報(甲)』, 「(黃海道 → 法部)報告(書)」 第38號, 建陽 1年(1896) 11月 25日.
416 【5회감형】『司法稟報(甲)』, 「(江原道 → 法部)報告書」 第5號, 光武 4年(1900) 9月 9日; 【4회감형】『司法稟報(甲)』, 「(慶尙北道 → 法部)報告書」 第10號, 光武 7年(1903) 3月 14日; 『司法稟報(甲)』, 「(黃海道 → 法部)報告(書)」 第56號, 光武 7年(1903) 5月 25日.

사령전후 사면·감형은 138~141·331조로,[417] 사령 인지후 범죄의 가중처벌은 152조로 축조되었다.[418] 일반감형은 142·155~156조(自首·從犯),[419] 143~145조(노약자·장애인·정신병),[420] 146~147·151·153~154조(공무수행),[421] 148~150조(친속·가장·스승)[422] 등으로 세분화되었다. 곧 「형률명례」(1896) 단계의 참작감량(參酌減量)이 『형법대전』(1905)에 이르러 구체적인 법문에 따른 감형으로 바뀐 것이다.

(2) 고의성 검토

감등 시 정상참작의 사유는 여러 가지로 확인된다. 가장 많이 나오는 소재를 중심으로 살펴보면 공통적으로 '고의성'에 방점을 두고 있다. 첫째, 음주상태에 대한 참작감량이다. 음주 감경조치는 금주령을 철저히 실시한 영조연간까지는 상상하기 어려웠으나 비교적 음주에 관대했던 정조연간에 두드러지게 나타났다. 『심리록』에는 대부분의 범죄유형에 음주사건 비중이 높게 나타나는데,[423] 유형별로 감형이 이루어졌으므로 고의성 여부에 초점을 맞추어 음주감형 또한 이루어졌다.[424] 심지어 현대 대한민국 판례에서조차 최근까지 관행화되어

---

417 『刑法大全』, 第3編 刑例, 第1章 刑罰通則, 第13節 免罪及加減處分, 第138-141條; 『刑法大全』, 第4編 律例上, 第3章 斷獄及訴訟所干律, 第13節 出入人罪律, 第331條.

418 『刑法大全』, 第3編 刑例, 第1章 刑罰通則, 第13節 免罪及加減處分, 第152條.

419 『刑法大全』, 第3編 刑例, 第1章 刑罰通則, 第13節 免罪及加減處分, 第142條·第155-156條.

420 『刑法大全』, 第3編 刑例, 第1章 刑罰通則, 第13節 免罪及加減處分, 第143-145條.

421 『刑法大全』, 第3編 刑例, 第1章 刑罰通則, 第13節 免罪及加減處分, 第146-147條·第151條·第153-154條.

422 『刑法大全』, 第3編 刑例, 第1章 刑罰通則, 第13節 免罪及加減處分, 第148-150條.

423 심재우, 앞의 책, 2009, 143~180쪽.

424 『審理錄』 卷31, 忠淸道, 戊午(1798), 洪州金萬奉獄; 『審理錄』 卷32, 全羅道, 己未

문제시되었다. 이는 18세기후반~21세기초반을 관통하는 감형사례로 보인다. 다만, 길거리에서 술주정[使酒]을 하는 경우는 선왕(영조)의 수교가 정조대『대전통편』, 고종대『대전회통』·『형법대전』에 두루 수록되면서[425]『사법품보』에서도 처벌기록이 확인된다.[426] 원칙적으로 통상 술에 취해서 벌인 각종 사건은 처벌되었다.[427] 단지 중형의 경우 감형에 참작되었을 뿐이다.

『사법품보』에는 대부분 술을 마시다가 다툼이 생겨서 시비 끝에 상처를 입거나[428] 현장에서 즉사하거나[429] 며칠 뒤 보고기한 내에 사망하여 구타가 살인으로 변모한 사례가 헤아릴 수 없을 정도로 많이 보고되고 있다.[430] 그 싸움의 원인은 단순 말싸움에서부터 채무관계나

(1799), 南原崔命道獄.

425 "先朝受教內, 街路上酗酒者, 杖一百." 『承政院日記』, 乾隆 47年(1782) 9月 29日(己巳); "【註: 街路上使酒人, 杖一百.】" 『大典通編』, 刑典, 禁制; 『大典會通』, 刑典, 禁制, 增; "街路나 人家에 使酒ᄒᆞᆫ 者ᄂᆞᆫ 笞一百이며, 公堂에ᄂᆞᆫ 一等을 加ᄒᆞᆷ이라." 『刑法大全』, 第5編 律例下, 第14章 雜犯律, 第6節 使酒律, 第674條.

426 『司法稟報(乙)』, 「(平理院 → 法部)報告書」 第97號, 光武 9年(1905) 6月 22日.

427 『司法稟報(乙)』, 「(平理院 → 法部)報告書」 第141號, 光武 9年(1905) 9月 5日; 『司法稟報(乙)』, 「(漢城 → 法部)報告書」 第91號, 光武 9年(1905) 10月 5日; 『司法稟報(乙)』, 「(漢城 → 法部)報告書」 第57·61號, 光武 10年(1906) 4月 18日·20日.

428 『司法稟報(甲)』, 「(江原道 → 法部)報告書」 第3號, 光武 9年(1905) 1月 4日.

429 『司法稟報(甲)』, 「(平壤市 → 法部)質稟書」 第2號, 光武 5年(1901) 5月 25日; 『司法稟報(甲)』, 「(忠淸南道 → 法部)質稟書」 第5號, 光武 9年(1905) 3月 24日; 『司法稟報(甲)』, 「(仁川港 → 法部)質稟書」 第1號, 光武 9年(1905) 4月 27日; 『司法稟報(甲)』, 「(黃海道 → 法部)質稟(書)」 第82·3(새 번호)號, 光武 9年(1905) 10月 11日·11月 10日; 『司法稟報(甲)』, 「(全羅北道 → 法部)質稟書」 第41號, 光武 9年(1905) 10月 18日; 『司法稟報(甲)』, 「(平安南道 → 法部)質稟書」 第13號, 光武 9年(1905) 12月 10日; 『司法稟報(甲)』, 「(平安北道 → 法部)質稟書」 第23號, 光武 10年(1906) 3月 11日; 『司法稟報(甲)』, 「(黃海道 → 法部)質稟(書)」 第31號, 光武 10年(1906) 4月 6日.

430 『司法稟報(甲)』, 「(江原道 → 法部)報告(書)」 第2號, 光武 6年(1902) 7月 31日; 『司法稟報(甲)』, 「(平安北道 → 法部)質稟書」 第55號, 光武 9年(1905) 10月 4日.

거짓소문을 퍼뜨린 것에 대한 분노 등 다양하다.[431] 이러한 경우에 공통적으로 판사는 '고의성 없음'을 사유로 들어서 감등하는 경우가 일반적이었고 법부에서도 대체로 승인해주었다. 다만 판사가 죄인의 변명으로 판단한 경우는 감형하지 않았다.[432]

둘째, 분노에 의한 자살이다. 남녀노소를 불문하고 각종 사유로 다툰 뒤 분노를 참지 못하고 목을 매어 자살하는 경우가 상당히 많았다. 이럴 경우 사망에 이르게 한 사람은 '정범' 대신 '피고'로 불리는데 『대명률』 '위핍인치사'를 적용받았으나[433] 대개는 낮은 형량을 적용받는 경우가 많았다.[434]

셋째, 무장강도집단에 자발적 참여 여부이다. 고종후반에는 무장강도가 패거리를 형성해서 곳곳에서 출몰했는데 이들에 대한 처벌은 기본적으로 『대명률』 '강도율'을 적용하면 참형이었고[435] 이후 만든 특별법인 「적도처단례」를 따르더라도 같았다.[436] 또한 『형법대전』 역

---

431 『司法稟報(甲)』,「羅州府(→ 法部)來牒」, 開國 504年(1895) 8月 29日.

432 『司法稟報(甲)』,「(平安道 → 法部)質稟書」第9號, 光武 9年(1905) 2月 22日;『司法稟報(甲)』,「(全羅北道 → 法部)質稟書」第40號, 光武 9年(1905) 9月 18日;『司法稟報(甲)』,「(忠淸南道 → 法部)質稟書」第□號, 光武 9年(1905) 11月 15日.

433 『司法稟報(甲)』,「(全羅北道 → 法部)質稟書」第11號, 光武 5年(1901) 5月 13日;『司法稟報(甲)』,「(平安北道 → 法部)報告書」第7·9號, 光武 6年(1902) 2月 6日·25日;『司法稟報(甲)』,「(忠淸南道 → 法部)報告書」第17–18號, 光武 6年(1902) 2月 28日;『司法稟報(甲)』,「(忠淸南道 → 法部)質稟書」第6·7號, 光武 6年(1902) 8月 10日·25日;『司法稟報(甲)』,「(忠淸北道 → 法部)報告書」第69·70號, 光武 8年(1904) 9月 18日·20日;『司法稟報(甲)』,「(京畿 → 法部)報告書」第59號, 光武 8年(1904) 9月 23日;『司法稟報(甲)』,「(平安南道 → 法部)質稟書」第8號, 光武 9年(1905) 4月 29日.

434 『司法稟報(甲)』,「羅州府(→ 法部)來牒」, 開國 504年(1895) 8月 29日.

435 "凡强盜已行而不得財者, 皆杖一百流三千里. 但得財, 不分首從, 皆斬."『大明律』, 刑律, 盜賊, 强盜.

436 "第七 一人 或 二人以上이 晝夜를 不分ᄒ고 僻靜處 或 大道 上에 拳脚 杆棒 或 兵器를 使用ᄒ야 威嚇 或 殺傷ᄒ야 財物을 劫取ᄒ 者는 首從을 不分ᄒ고 皆 絞."「적도처단

시 같은 수준을 유지하였다.**437** 실제로 『사법품보』에서도 이러한 강경처벌이 지속적으로 관철되었다.**438**

그런데 본래 수범과 종범을 구분하지 않고 사형에 처하던 율(強盜律)에 대해서 오히려 위협을 당해 억지로 가담했다는 사유를 들어서 감형이 종종 이루어졌다.**439** 이 경우 원칙은 사형이었고 판사가 적극적으로 참작감량 사유를 법부에 설득하면 감형의 가능성이 있었다.**440** 『사법품보』 내에서도 법부 대신이나 지방재판소 판사의 개인 성향, 지역별 여건, 시기별 상황 등에 따라 감형을 인정하는 빈도는 현저히 달랐다. 물론 1등급 감형이면 징역종신이었으므로 여전히 중죄였으나 간혹 그보다 낮은 형량을 적용한 경우가 있어서 법부와 지방재판소 사이에 문서상 설전이 이어졌다. 법부가 허용하는 범위도 종범의 징역종신 정도였고 그 이상은 강도혐의에 대한 소명이 필요했다. 앞서 살핀 대로 자수나 종범에 대한 감형규정은 『형법대전』

례」(법률 제2호, 1896.04.01.).

437 "財産을 劫取홀 計로 左開 所爲를 犯흔 者는 首·從을 不分ᄒ고 絞에 處호딕, 已行ᄒ고 未得財흔 者는 懲役終身에 處홈이라. 一 一人 或 二人以上이 晝夜를 不分ᄒ고 僻靜處 或 大道上에나 人家에 突入ᄒ야 拳脚桿棒이나 兵器를 使用흔 者. 二 人家에 潛入ᄒ야 揮劍 或 橫槍ᄒ고 威嚇흔 者. 三 徒黨을 嘯聚ᄒ야 兵仗을 持ᄒ고 閭巷 或 市井에 攔入흔 者……."『刑法大全』, 第5編 律例下, 第12章 賊盜所干律, 第4節 強盜律, 第593條.

438 〈부표 7〉 『사법품보』의 『형법대전』 활용과 강도율 적용' 참조.

439 『司法稟報(甲)』, 「(江原道 → 法部)報告書」 第8·11號, 建陽 1年(1897) 12月 15日·27日;『司法稟報(甲)』, 「(江原道 → 法部)報告書」 第□號, 建陽 2年(1897) 8月 2日;『司法稟報(甲)』, 「(京畿 → 法部)質稟書」 第101·□號, 光武 10年(1906) 10月 6日·11月 20日;『司法稟報(甲)』, 「(京畿 → 法部)報告書」 第□·117號, 光武 10年(1906) 10月 15日·11月 16日;『司法稟報(甲)』, 「(慶尙南道 → 法部)質稟書」 第60號, 光武 10年(1906) 10月 27日.

440 『司法稟報(甲)』, 「(忠淸南道 → 法部)報告書」 第17號, 光武 9年(1905) 3月 3日.

(142 · 155~156조)에 반영되었다.**441**

　넷째, 시골 백성의 법에 대한 무지이다. 많은 경우 아예 석방하는 판례도 등장한다. 이는 사건의 주요 범죄자군에서 제외된 경우이다. 대개 유족이나 이웃 등으로 엄격히 율문을 적용하면 처벌이 필요했으나 정범 · 피고 · 간범 등이 명확하면 기타관련자는 대개 석방조치했다. 이때 주로 판사는 "궁벽한 시골 백성"으로 "법에 대해 무지하다"는 것을 내세우거나**442** 조정에서 강조하는『서경』의 "오직 가볍게 처리한다(惟輕)"**443**는 원칙을 준수해야 한다고 사유를 적시하였다.**444** 이는 대체로 조정에서 허용하는 판사의 재량 범위였다.

　다섯째, 독자(獨子) · 노인 · 유부녀 등에 대한 감형도 관건이었다. 법부 · 재판소 등에 올라오는 소장 중에는 부모가 연로하고 돌볼 사람이 없는데 징역형을 받은 경우에 정상을 참작해줄 것을 탄원하였고, 대체로 속전을 허락하는 방식이 이루어졌다. 심지어 홀어머니가

441『刑法大全』, 第3編 刑例, 第1章 刑罰通則, 第13節 免罪及加減處分, 第142條 · 第155-156條.

442『司法稟報(甲)』,「(忠淸北道 → 法部)報告書」第45號, 光武 5年(1901) 8月 10日;『司法稟報(甲)』,「(江原道 → 法部)報告書」第74號, 光武 5年(1901) 11月 7日;『司法稟報(甲)』,「(京畿 → 法部)質稟書」第49號, 光武 9年(1905) 7月 20日;『司法稟報(甲)』,「(全羅南道 → 法部)報告書」第3 · 13號, 光武 10年(1906) 1月 12日 · 3月 3日.

443 "罪疑惟輕."『書經』, 虞書, 大禹謨.

444『司法稟報(甲)』,「(江原道 → 法部)報告書」第28號, 光武 1年(1897) 9月 14日;『司法稟報(甲)』,「(全羅北道 → 法部)報告書」第52號, 光武 5年(1901) 8月 31日;『司法稟報(甲)』,「(平安南道 → 法部)報告書」第53號, 光武 9年(1905) 9月 30日;『司法稟報(甲)』,「(忠淸南道 → 法部)質稟書」第20號, 光武 9年(1905) 10月 9日;『司法稟報(甲)』,「(平安南道 → 法部)質稟書」第11號, 光武 9年(1905) 10月 25日;『司法稟報(甲)』,「(忠淸北道 → 法部)質稟書」第15號, 光武 10年(1906) 1月 26日;『司法稟報(甲)』,「(全羅北道 → 法部)質稟書」第10號, 光武 10年(1906) 2月 18日;『司法稟報(甲)』,「(黃海道 → 法部)報告(書)」第38號, 光武 10年(1906) 4月 23日;『司法稟報(甲)』,「(平安北道 → 法部)質稟書」第69號, 光武 10年(1906) 5月 30日.

80세 고령일 경우에도 최소요건만 허락되면 속전을 청하였다.[445] 또한 유부녀 · 노인 · 장애인의 경우 장형을 견디지 못할 것으로 예상될 때 속전이 허락되었다. 유부녀는 명률의 율문을 준수하였고,[446] 노인은 국전에 수속법이 적용되어 가볍게 처리되었다.[447] 장애인[篤疾]이나[448] 병환이 깊을 경우[449]에도 속전이 허락되었다. 문제는 가난하여 허락된 속전조차 어려운 경우였다. 이럴 때는 판사가 법부에 보고하여 보방하는 방식으로 처결하였다. 앞서 살핀 대로 『형법대전』(143~145조)에도 법조문으로 반영되었다.[450]

여섯째, 가족 내 갈등이다. 시댁갈등이나 부부싸움으로 인해서 아내나 남편이 목을 매어 자살하는 사건이다.[451] 명률로는 단순한 말다툼이나 그로 인해 약간의 상해가 일어나거나 분노로 자살한 경우는 남편 · 시댁은 무죄로 처리되었다. 물론 다른 범죄가 결합될 경우는 모두 처벌대상이었다. 그랬기에 단순한 가정 내 다툼으로 볼 것인지가 관건이었는데, 이것을 증명해내서 감형하는 경우가 많았다.[452] 다만 아내 · 친정의 소장이 있는 경우 재수사가 이루어졌고 다른 범죄행위가 드러나면 율문에 따라 엄격히 처벌되었다. 가족 간 문제

---

445 『司法稟報(甲)』, 「(平安北道 → 法部)報告(書)」 第30號, 光武 9年(1905) 6月 18日.

446 "凡婦人犯罪, 除犯奸及死罪收禁外, 其餘雜犯, 責付本夫收管, 如無夫者, 責付有服親屬鄰里保管, 隨衙聽候, 不許一槩監禁. 違者 笞四十." 『大明律』, 刑律, 斷獄, 婦人犯罪.

447 "凡年七十以上十五以下及廢疾, 犯流罪以下, 收贖." 『大明律』, 名例律, 老小癈疾收贖; "孕胎女, 依年七十例, 除刑推收贖." 『續大典』, 刑典, 推斷.

448 『司法稟報(甲)』, 「(忠淸北道 → 法部)報告書」 第40號, 光武 5年(1901) 7月 24日.

449 『司法稟報(甲)』, 「(京畿 → 法部)報告書」 第69號, 光武 5年(1901) 7月 28日.

450 『刑法大全』, 第3編 刑例, 第1章 刑罰通則, 第13節 免punishment及加減處分, 第143-145條.

451 『司法稟報(甲)』, 「(慶尙北道 → 法部)質稟書」 第55號, 光武 2年(1898) 8月 4日; 『司法稟報(甲)』, 「(平安南道 → 法部)報告書」 第43號, 光武 5年(1901) 7月 29日.

452 『司法稟報(甲)』, 「(平安北道 → 法部)質稟書」 第13號, 光武 10年(1906) 2月 22日.

는 『형법대전』(64조·148조)에서 관계성에 따라 가감하도록 규정되었다.[453]

(3) 복수와 구호

법부의 감독에도 불구하고 판결의 표준화가 완벽하게 이루어지 않았다. 『대명률』과 『대전회통』의 불일치 문제는 지방재판소 판사나 법부 대신 모두에게 논란거리였다. 복수에 대해서 14~15세기 명률은 원칙적으로 인정하되 상황별로 처벌하였고,[454] 18세기 『속대전』(『대전회통』 수록)은 감형원칙에도 불구하고 함부로 살해했음을 지적하고 비교적 가볍게 처벌하였다.[455] 다만 재판에서는 전자(명률)는 주로 복수를 인정하는 데 활용되었고 후자(국전)는 사적 처벌을 규제하는 데 원용되었다. 마치 사적 복수의 허용과 법에 의한 처벌은 상충되는 법리로서 공존하는 듯했다. 판결은 항상 일치하지 못했다.

주요 감경 사례로 복수에 대한 관점도 유효하게 작동했다. 첫째, 복수를 포기한 경우이다. 살옥이 발생하면 유족은 반드시 관아에 고하여야 했는데, 정범(혹은 피고)이 사적으로 장례비를 주어 유족과 합의하여서 시신을 매장하고 사망사건을 관에 고하지 않는 경우는 유족에게 복수를 생각하지 않고 사사로이 타협한 죄(私和律)를 묻거나

---

453 『刑法大全』, 第1編 法例, 第1章 用法範圍, 第8節 等級區別, 第64條; 『刑法大全』, 第3編 刑例, 第1章 刑罰通則, 第13節 免罪及加減處分, 第148條.
454 "若祖父母父母, 爲人所殺, 而子孫擅殺行兇人者, 杖六十. 其卽時殺者, 勿論." 『大明律』, 刑律, 鬪毆, 父祖被毆.
455 "其父被殺, 成獄不待究覈, 擅殺其讎人者, 減死定配. …… ○妻復夫讎, 母復子讎, 擅殺其讎人者, 依子孫擅殺行兇人律, 杖六十." 『續大典』, 「刑典」, 殺獄; 『大典會通』, 「刑典」, 殺獄, 續.

최소 징계하였다.[456] 이는 명률과 국전에 명시된 범죄였다.[457] 다만 대개 『대명률』 '불응위율(不應爲律)'을 적용해서 최소한의 태형을 가하거나 아예 "무지한 시골백성" 혹은 "유족의 슬픔"을 고려하여 석방하는 경우가 태반이었다.

둘째, 실제로 복수를 행한 경우이다. 대개 유족이 복수를 위해서 범인을 죽인 경우인데 시대나 지역별로 판결이 달랐다.[458] ① 『예경 (禮經)』을 인용하여 가볍게 처리하는 경우가 많았다. 1903년 강원도 재판소의 1차 평의에서 정범 이국보는 원수의 집에 가서 복수하였으므로 『예경』을 인용하여 특별히 무죄로 석방하여 풍속을 격려하고 의리를 장려하게 하고자 하였고,[459] 정범 유재곤은 형에 대해 복수하여 이치상 용서하기 어렵지만 『예경』의 "형제의 원수는 지체 없이 갚는다"[460]를 적용해서 태 60으로 가볍게 처벌하고 석방하였다.[461]

② 명률을 적용하여 무죄로 처리하기도 했다.[462] 1904년 충청북도

456 『司法稟報(甲)』, 「(咸鏡南道 → 法部)質稟書」 第3號, 光武 2年(1898) 12月 15日; 『司法稟報(甲)』, 「(咸鏡南道 → 法部)質稟書」 第1號, 光武 9年(1905) 5月 17日; 『司法稟報(甲)』, 「(黃海道 → 法部)質稟(書)」 第16號, 光武 9年(1905) 12月 19日; 『司法稟報(甲)』, 「(全羅南道 → 法部)質稟書」 第14號, 光武 10年(1906) 3月 3日; 『司法稟報(甲)』, 「(全羅南道 → 法部)報告書」 第8號, 光武 10年(1906) 5月 5日; 『司法稟報(甲)』, 「(全羅南道 → 法部)質稟書」 第46號, 光武 10年(1906) 12月 25日; 【판례-징계】 『司法稟報(甲)』, 「(忠淸南道 → 法部)質稟書」 第5號, 光武 9年(1905) 3月 24日.

457 "凡祖父母父母及夫若家長, 爲人所殺, 而子孫姦妾奴婢雇工人私和者, 杖一百徒三年." 『大明律』, 刑律, 人命, 尊長爲人殺私和; "其父被殺不告官, 與讐人私和, 受其葬需, 日久而後, 擅殺復讐者, 勿用復讐律用私和律, 杖一百徒三年." 『大典會通』, 「刑典」, 殺獄, 續, 註.

458 『秋官志』 卷3, 詳覆部, 復讐.

459 『司法稟報(甲)』, 「(江原道 → 法部)報告書」 第3號, 光武 7年(1903) 1月 8日.

460 "兄弟之讐, 不反兵." 『禮記』, 曲禮上.

461 『司法稟報(甲)』, 「(黃海道 → 法部)報告(書)」 第31號, 光武 8年(1904) 3月 29日.

462 "若祖父母父母, 爲人所殺, 而子孫擅殺行兇人者……其卽時殺死者, 勿論." 『大明律』, 刑

박조영에 대해서『대명률』'부조피구(父祖被毆)'를 적용하여 효자의 복수로 인정하는 평의를 하였고,[463] 1905년 황해도 이용진 역시『대명률』의 "그 자리에서 죽인 경우"를 적용하여 용서하였다.[464] 심지어 복수대상으로 율문에 명시되지 않았으나 준용하여 용서하기도 했다. 1897년 평안북도에서는 여동생 김조이가 올케와 함께 오빠를 위해 복수하였는데 형제의 복수로 인정되어 석방되었다.[465] 1905년 경기에서는 누나 안조이의 살인미수사건이 발생하자 동생의 원수를 갚는 율문은 없으나 복수의 취지를 인정하여 징계하지 않는다고 평의하였다.[466]

③ 명률을 사용하더라도 상황에 따라 엄히 처벌하기도 했다. 1900년 평안남도 최조이는 남편의 원한을 씻고자 양아들·사위·시댁친척 등을 데리고 남편에 대한 복수를 하고 관아에 자수하였는데, 복수사건에 일반적으로 사용되던『대명률』'부조피구'[467]가 적용되지 못하고 '투구급고살인'의 "고의로 살해한 경우"를 적용하여 무겁게 처벌했다. 아마도 직계가족이 아니라 대규모로 인력을 꾸려서 복수한 것을 일반범죄로 재분류한 것 같다.[468] 1904년 충청북도의 박조영은 어머니 도조이가 도적누명을 쓰고 자살하자 박상언을 죽였는데 충청북도

律, 鬪毆, 父祖被毆.

463 『司法稟報(甲)』,「(忠淸北道 → 法部)報告書」第32號, 光武 8年(1904) 6月 19日.
464 『司法稟報(甲)』,「(黃海道 → 法部)質稟(書)」第23號, 光武 9年(1905) 2月 25日.
465 『司法稟報(甲)』,「(平安北道 → 法部)報告書」第8號, 建陽 2年(1897) 3月 12日.
466 『司法稟報(甲)』,「(京畿 → 法部)質稟書」第2號, 光武 9年(1905) 11月 18日.
467 "若祖父母父母, 爲人所殺, 而子孫擅殺行兇人者, 杖六十." 『大明律』, 刑律, 鬪毆, 父祖被毆.
468 『司法稟報(甲)』,「(平安南道 → 法部)質稟書」第11號, 光武 4年(1900) 9月 2日.

재판소에서는 『대명률』 '부조피구'의 "그 자리에서 죽이는 경우 논하지 않는다"를 적용하여 효자의 복수로 인정하려고 했으나[469] 법부에서는 즉시성을 인정할 수 없다며 『대명률』 '죄인거포(罪人拒捕)'의 "죄인이 본래 죽을죄를 범했으나 함부로 죽인 경우"를 적용하여 태 100을 집행하게 했다.[470] 1905년 평안북도 함경징은 『대명률』 '부조피구'의 "만약 조부모·부모가 남에서 살해당했는데⋯⋯그 자리에서 죽인 경우는 논하지 않는다"에 가까웠으나 아우가 형을 위해 복수하는 것은 법조문에 없어서 "오직 가볍게 처벌한다"는 원칙하에서 '부조피구'의 "자손이 함부로 살인자를 죽인 경우"를 인용하여 태 60을 선고하였고 법부 역시 평의가 타당하다고 인정하였다.[471]

④ 국전을 원용하여 처벌한 경우이다. 『대전회통』 『형전』 '살옥'은 관의 처벌을 기다리지 않고 사사로이 함부로 살인한 경우 비록 가벼운 처벌을 내렸으나 죄의 책임은 반드시 물었다.[472] 이 역시 앞서 '죄인거포율'이 수교로 대체되어 국전에 산입된 것으로 보인다. 1897년 평안북도의 정조이, 1902~1904년 함경남도의 박조이·최조이·정조이·이조이 등에게는 모두 『대전회통』 『형전』 '살옥'의 "처가 남편의 원수에게 복수하거나 어미가 자식의 원수에게 복수하기 위해 그 원수를 함부로 죽인 경우"에 따라 태 60을 평의하였다.[473] 1904년 경기

469 『司法稟報(甲)』, 「(忠淸北道 → 法部)報告書」 第32號, 光武 8年(1904) 6月 19日.
470 "罪人, 本犯應死, 而擅殺者, 杖一百." 『大明律』, 刑律, 捕亡, 罪人拒捕; 『司法稟報(甲)』, 「(忠淸北道 → 法部)報告書」 第49號, 光武 8年(1904) 7月 28日.
471 『司法稟報(甲)』, 「(平安北道 → 法部)報告書」 第7號, 光武 9年(1905) 1月 16日.
472 "其父被殺, 成獄不待究覈, 擅殺其讎人者, 減死定配.⋯⋯○妻復夫讎, 母復子讎, 擅殺其讎人者, 依子孫擅殺行兇人律, 杖六十." 『續大典』, 『刑典』, 殺獄; 『大典會通』, 『刑典』, 殺獄, 續.
473 『司法稟報(甲)』, 「(平安北道 → 法部)報告書」 第8號, 建陽 2年(1897) 3月 12日; 『司法

의 최조이와 아들 김두진에게는 『대전회통』 「형전」 '살옥'의 "처가 남편원수에게 복수하기 위해……함부로 원수를 죽인 경우 자손의 살인자를 함부로 죽인 율에 따라 장 60"를 적용하여 태 60으로 평의하였다.[474] 반면에 1905년 황해도 이조이에게는 간음누명을 쓰고 분노하여 김조이를 죽인 것이 복수에 해당하므로 『대명률』 '투구급고살인' 적용은 부당하고 『대전회통』 「형전」 '살옥'의 "복수하기 위해 원수를 함부로 죽인 경우"(笞 60)를 따르는 게 어떨지 법부에 질품하였으나 법부에서는 해당 조문을 적용하지 않고 "태 100 징역 15년"(減死定配)을 적용하라고 지령을 내렸다.[475]

　⑤ 『형법대전』의 반영이다. 양자(명률·국전)의 서로 다른 흐름은 『형법대전』 493조에서 1항과 2항으로 집대성되었다.[476] 먼저 명률이 1항에 산입됨으로써 즉각적인 복수 시 면책 규정이 수록되었다. 1905년 전라남도 김자옥의 아내 한조이는 『형법대전』 493조 1항 "그 자리에서 죽인 경우는 논하지 않는다"에 따라 즉시 석방되었다.[477] 같은 해(1905) 평안북도 안흥곤의 어미·누이가 안중곤(안흥곤의 재종 6촌

　　奏報(甲)」, 「(咸鏡南道 → 法部)質奏書」第3號, 光武 6年(1902) 6月 18日; 『司法奏報
　　(甲)」, 「(忠淸南道 → 法部)報告書」第71號, 光武 7年(1903) 10月 23日; 『司法奏報(甲)」,
　　「(黃海道 → 法部)報告(書)」第30號, 光武 8年(1904) 3月 29日; 『司法奏報(甲)」, 「(黃海
　　道 → 法部)質奏書」第17號, 光武 8年(1904) 11月 25日.

474 『司法奏報(甲)」, 「(京畿 → 法部)報告書」第25號, 光武 8年(1904) 6月 5日.

475 『司法奏報(甲)」, 「(黃海道 → 法部)質奏(書)」第37號, 光武 9年(1905) 3月 25日; 『司法奏
　　報(甲)」, 「(黃海道 → 法部)報告(書)」第7號, 光武 9年(1905) 4月 12日.

476 "祖父母父母나 夫나 夫의 祖父母父母나 兄弟 或 子孫이 被殺흔 境遇에 行凶人을 殺死
　　흔 者ᄂᆫ 左開에 依ᄒᆞ야 處흠이라. 一 登時殺死흔 者ᄂᆫ 勿論이며, 非登時殺死ᄒᆞᆫ 者ᄂᆫ
　　笞六十. 二 成獄흔 後에 究覈을 不待ᄒᆞ고 擅殺흔 者ᄂᆫ 懲役十年." 『刑法大全』, 第5編
　　律例下, 第9章 殺傷所干律, 第10節 擅殺讎人律, 第493條 1∼2항.

477 『司法奏報(甲)」, 「(全羅南道 → 法部)報告書」第37號, 光武 9年(1905) 11月 11日.

형)을 붙잡아 낫으로 배를 가르고 간을 꺼내어 복수하였다. 이에 평안북도재판소에서는 적합한 조문이 없어서 『형법대전』 493조 1항를 적용하되(태60) 527조(친족)에 따라 2등급을 더하여**478** 태 80으로 평의하여 법부에 질품하였다.**479** 1905년 함경북도 김봉갑의 아내 김씨, 1905~1906년 전라남도 양상삼의 아내 김조이에게는 『형법대전』 493조 1항 "그 자리에서 죽인 경우는 논하지 않는다"를 적용하여 평의했다가 법부에서는 그 자리가 아니었다고 하여서 태 60을 적용하여 집행후 석방하게 했다.**480** 1906년 경상북도 신조이에게는 『형법대전』 493조 1항 "그 자리에서 죽인 경우가 아니면 태 60"을 적용하였다.**481**

한편, 『대전회통』은 『형법대전』 493조 2항에 반영되었다. 1905년 충청남도 박길성이 원수 정성서(정삼봉)를 만나서 배를 갈라 죽이고 자수하였다. 지방재판소에서 박춘길은 형제의 복수를 행하였으므로 『형법대전』 493조 2항을 적용하여 징역 10년, 박길성은 480조 '나머지 사람'을 적용하여**482** 태 100으로 평의하였다가**483** 이후 박길성에

---

478 "緦麻以上 尊長이나 妾이 妻에게 本章 第一節·第二節의 所爲로 傷에 至ㅎ거나 或 不成傷흔 者는 并히 本章 第十六節 因謀故殺致傷律에 依ㅎ야 二等을 加호딕, 死에 入홈이라."『刑法大全』, 第5編 律例下, 第9章 殺傷所干律, 第20節 毆傷親屬律, 第527條.

479 『司法稟報(甲)』,「(平安北道 → 法部)質稟書」第36號, 光武 9年(1905) 7月 7日.

480 『司法稟報(甲)』,「(咸鏡北道 → 法部)報告書」第36號, 光武 9年(1905) 11月 10日;『司法稟報(甲)』,「(全羅南道 → 法部)報告書」第42號, 光武 9年(1905) 11月 28日;『司法稟報(甲)』,「(全羅南道 → 法部)報告書」第4號, 光武 10年(1906) 1月 9日;『司法稟報(甲)』,「(全羅南道 → 法部)報告書」第5號, 光武 10年(1906) 1月 13日.

481 『司法稟報(甲)』,「(全羅北道 → 法部)質稟書」第48號, 光武 10年(1906) 1月 18日.

482 "本節의 事情으로 二人以上이 共犯흔 境遇에는 下手의 重흔 者는 絞에 處ㅎ고 餘人은 竝히 笞一百에 處호딕, 混打ㅎ야 下手의 輕重을 難分홀 境遇에는 先下手흔 者는 絞며 次下手흔 者는 懲役一年이며 後下手흔 者는 竝히 笞一百에 處홈이라."『刑法大全』, 第5編 律例下, 第9章 殺傷所干律, 第3節 鬪毆殺人律, 第480條.

483 『司法稟報(甲)』,「(忠淸南道 → 法部)質稟書」第12號, 光武 9年(1905) 7月 4日.

게는 「형명부」에 『형법대전』 477조 1항(故殺: 교형) · 135조(종범: 1등급 감형)[484]를 적용하여(징역종신) 법부에 보고했다.[485] 같은 해(1905) 경상북도재판소에서는 아버지의 복수를 한 김갑규에 대해서『형법대전』 493조 1항을 적용하여 평의하였으나(태 60)[486] 법부에서는 "대개 법을 설치한 본래 뜻은 난폭함을 징계할 뿐 아니라 또 윤리를 북돋우려는 것이다.……나라의 법으로 시행하는 것을 기다리지 않고 제멋대로 폭행한 것은 바로 나라의 법을 무시하고 깔보는 것에 해당하기 때문이다"고 전제하고 『형법대전』 493조 2항을 적용한 뒤(징역 10년)[487] 2등급을 감해서(10년 → 7년 → 5년) 징역 5년으로 선고하도록 「훈령」을 내렸다.[488] 1906년 황해도 권득필에게는 493조 2항의 "이미 재판이 시작된 뒤에 심리를 기다리지 않고 함부로 죽인 경우"를 적용하여[489] 징역 10년으로 평의하고 법부에서 확정하였다.[490] 이는 영조 · 정조가 복수살인에 비교적 관대했던 것과는 다르다.[491]

　　대개 지방재판소 판사는 명률과 국전을 모두 참고해야 했으나 전

---

484 "左開 所爲로 人을 故殺훈 者는 幷히 絞에 處훔이라. 一 金刃 或 他物을 使用훈 者." 『刑法大全』, 第5編 律例下, 第9章 殺傷所干律, 第2節 故殺人律, 第477條 1項; "從犯은 首犯의 律에 一等을 減훔이라." 『刑法大全』, 第3編 刑例, 第1章 刑罰通則, 第11節 二人以上共犯處斷例, 第135條.

485 『司法稟報(甲)』, 「(忠淸南道 → 法部)報告書」第68號, 光武 9年(1905) 8月 31.

486 『司法稟報(甲)』, 「(慶尙北道 → 法部)質稟書」第75號, 光武 9年(1905) 12月 22日.

487 "成獄훈 後에 究覈을 不待후고 擅殺훈 者는 懲役十年." 『刑法大全』, 第5編 律例下, 第9章 殺傷所干律, 第10節 擅殺讎人律, 第493條 2項.

488 『司法稟報(甲)』, 「(慶尙北道 → 法部)報告書」第30號, 光武 10年(1906) 3月 24日.

489 『刑法大全』, 第5編 律例下, 第9章 殺傷所干律, 第10節 擅殺讎人律, 第493條 2項.

490 『司法稟報(甲)』, 「(黃海道 → 法部)報告(書)」第38號, 光武 10年(1906) 4月 23日; 『司法稟報(甲)』, 「(黃海道 → 法部)報告(書)」第50號, 光武 10年(1906) 5月 21日.

491 심재우, 앞의 책, 2009, 232~252쪽; 김현진, 『朝鮮後期 儒教倫理와 犯罪判決: 正祖의 審理錄을 중심으로』, 인하대학교 사학과 박사논문, 2012, 98~132쪽.

자만 참고하여 석방하려는 경향이 짙었고 이는 법부의 질책으로 돌아왔다. 앞서 살핀 대로 명률에도 '죄인거포율'이 있었으나 숙지되지는 못했다. 복수의 명분은 유교적 명분을 세운 것이었고 영조~정조 연간 감형사유로서 많이 허용되었다. 그러나 국전에는 사적 복수를 제한하고 공적 법치로 사회를 규제하려고 했으므로 명률의 가치관과 국전의 법치주의가 다소 충돌하는 양상이 나타났다. 여기에 근대사법체계 도입(『형법대전』)은 국전에 무게를 더 실어주고자 했다.

셋째, 복수에 관한 이중적인 관점뿐 아니라 구호에 대한 책임론도 주목된다. 재판소 판사가 강조하는 부분은 위기상황을 인지하고도 구제하지 않은 죄를 묻는 것이었다. 이는 『대명률』 '동행지유모해(同行知有謀害)'를 적용한 것이다.[492] 유독 이 시기에 구호하지 않은 책임을 묻는 경우가 많았다. 이른바 서구의 '착한 사마리안법'을 연상케 한다.

① 명률을 원용하여 처벌한 경우이다. 1900년 함경남도 조정국, 1905년 황해도 민성길, 김병섭·전응건·김화산·박치진 등은 『대명률』 '동행지유모해'의 "무릇 동행하는 사람이 다른 사람을 해치려고 모의한 것을 알면서도 곧바로 구호하지 않은 경우"에 따라 태 100로 처벌받았다.[493] 1905년 충청북도 윤조이는 간음하다가 간부가 시어머니를 죽였는데 『대명률』 '동행지유모해'(태 100)·'구기친존장(毆期親尊長)'(참형 → 교형)에서 '이죄구발이중론(二罪俱發以重論)'을 적용하고

---

492 "凡知同伴人欲行謀害他人, 不卽阻當救護, 及被害之後, 不首告者, 杖一百." 『大明律』, 刑律, 人命, 同行知有謀害.

493 『司法稟報(甲)』, 「(咸鏡南道 → 法部)質稟書」 第15號, 光武 4年(1900) 11月 19日; 『司法稟報(甲)』, 「(黃海道 → 法部)報告書」 第10號, 光武 9年(1905) 1月 27日; 『司法稟報(甲)』, 「(黃海道 → 法部)質稟(書)」 第13號, 光武 9年(1905) 1月 31日.

2등급을 감형하였다(교형 → 태 100 징역종신 → 태 100 징역 15년).[494]

② 반면에 가볍게 처벌받은 경우도 확인된다. 1901년 평양시의 사망한 아이의 외할머니 김조이는 남편을 막지 못하여 태 30으로 징계하였다.[495] 1902년 강원도 조응범은 숙모가 물에 빠졌는데 구호하지 않은 문책을 받았다.[496] 1903년 강원도 김조이는 남편이 흉악한 짓 할 때 말리지 않았다고 하여서 태 20으로 징계하였다.[497]

결국, 조정은 복수의 명분에는 동의하면서도 함부로 살인으로 이어지는 것은 관에서 막고 징계하고자 노력했다. 반면에 복수하지 않았다는 책망도 함께 나타나는데, 여기서 말하는 복수는 관을 통한 공적 사법절차를 의미하며 여전히 사적인 복수를 권장하는 것은 아니었다.

---

494 『司法稟報(甲)』, 「(忠淸北道 → 法部)報告書」第94號, 光武 9年(1905) 1月 26日.
495 『司法稟報(甲)』, 「(平壤市 → 法部)質稟書」第2號, 光武 5年(1901) 5月 25日.
496 『司法稟報(甲)』, 「(江原道 → 法部)報告書」第26號, 光武 6年(1902) 5月 19日.
497 『司法稟報(甲)』, 「(江原道 → 法部)報告書」第3號, 光武 7年(1903) 1月 8日.

제4장

타자의 '관습법'정의 재검토

1. 전통과 근대의 시각차이

『사법품보』에는 다양한 민생범죄가 등장하고 있는데, 그중 상당수는 여성을 대상으로 하거나 여성이 직접 범죄를 저지른 사건이다. 여성은 다양한 범죄에 연루되어 있는데, 그중 성별을 기준으로 사건분류가 가능한 경우는 간음사건(화간·강간)과 여성약탈(과부·유부녀) 두 종류에 불과하다. 여기서는 통시대적으로 유사한 간음사건은 제외하고 19세기에 등장해서 사료상 실제모습과 대중인식 사이에 괴리도가 가장 큰 사례인 '여성약탈'을 중심으로 살펴보고자 한다. 앞서 살폈듯이 『사법품보』에서 여성약탈 사건은 19세기 출현한 신규범죄 중에서 네 번째로 높은 비율인 약 0.5%를 차지한다(〈표 3〉). 현재 민간에서는 야담을 활용하여 '과부약탈[縛寡·劫寡·掠寡]'을 '보쌈'으로 칭하면서 그것이 일종의 관행으로서 만연했다고 이해하는 경향이 짙다.[1] 심지어 과부의 재혼[再嫁·改嫁] 수단으로 보쌈을 통해 수절에서 벗어났다고 해석하기도 한다.[2] 오래전부터 사극에 단골 소재로 쓰였고 최근에도 독립적인 주제로서 드라마로 제작되었을 정도이다.[3]

그렇다면 '보쌈'이라는 인식이 대중화된 계기는 언제였을까? 19세기후반 다양한 공문서에서 범죄 관련 문건들이 다수 등장하고 있고 20세기초반 일본제국의 사회관습조사 시 '약탈혼[掠婚]'으로 보고되면서 조선의 '관습법(관행·풍습)'으로 이해된 듯하다.[4] 민속학에서는 손진태가 어린 시절(1912년경) 경험담을 채록하면서 20세기에 실재했던 상황으로 소개하고 더 나아가 약탈혼 유습(遺習)까지 설명하고자 하였다.[5] 이후 문학에서도 갑자기 유구한 전통으로 그려지고 재가가 금지된 상황에서 유별난(혹은 굴절된) 혼인풍습으로 간주되었다.[6]

---

1 심재우, 「심재우의 법률과 사건으로 보는 조선시대 ⑲: 엄한 처벌에도 근절되지 않은 과부보쌈 풍속」, 《대학지성》, 2021.06.20.

2 손진태, 「寡婦 掠奪婚俗에 就하여」, 『조선민족문화의 연구』, 을유문화사, 1948, 105~107쪽; 이영수, 「보쌈 구전설화 연구」, 《비교민속학》 69, 비교민속학회, 2019, 263~298쪽; 최재석, 「家族制度·同族部落」, 《한국사론 3: 조선전기편》, 국사편찬위원회, 1975, 163쪽.

3 【총각보쌈】 영화 「만고강산」, 최인현 감독, 1969; 드라마 「전설의 고향: 씨내리」, KBS, 1997; 【과부보쌈】 드라마 「꼬치미」, 일일연속사극, KBS2, 1987~1988; 드라마 「보쌈」 20부작, MBN, 2021.

4 『朝鮮社會調査綱目』, 社會調査綱目調査計劃, 第2部 朝鮮人의 生活, 第1項 協同生活(社會生活), 第1節 婚姻, 2)掠婚, 大正 9年(1920). ※이상 국사편찬위원회 「한국사데이터베이스」(전자판); 심재우, 앞의 글, 2021.

5 손진태는 역사학·민속학 모두 괄목할 만한 업적을 남겼으나 해당 연구는 민속학으로 분류되고 있다. 손진태, 앞의 책, 1948, 105~107쪽; 김기형, 「구비설화에 나타난 과부의 형상과 의미」, 《한국민속학》 26, 한국민속학회, 1994, 29~43쪽.

6 김상조, 「조선후기 야담에 나타난 재가의 양상과 의미」, 《한문학논집》 4, 단국대학교 한문학회, 1986, 211~242쪽; 엄기주, 「야담에 나타난 정절의식의 굴절양상」, 《성대문학》

하지만 그동안 과부약탈 사건은 역사학에서는 거의 다루어지지 못한 주제이다.**7** 특히 대부분의 논자들이 과부약탈을 "조정에서 법으로 금지했다"고 하면서도 "관습이었다"는 상반된 주장을 동시에 펼치고 있다. 과부보쌈은 과연 유구한 조선의 전통이었을까? 혹은 여성의 재혼은 법으로 금지된 것이었을까? 하지만 『사법품보』를 비롯한 각종 사료의 내용은 이 같은 시각과 반드시 일치하지 않는 듯하다. 따라서 과부약탈사건의 실체를 규명하기 위해서는 그동안 논의된 민간자료·공식사료에서 등장하는 여러 양상을 종합적으로 검토해볼 필요가 있다.

1) 부녀자약탈 원인규명의 문제

앞서 살폈듯이 약탈혼의 관점에서 과부약탈(보쌈)을 설명하는 경우에는 대개 과부의 재혼이 금지되어 있었으므로,**8** 보쌈의 형식을 통한 구제책이 마련되었다고 주장해왔다.

그러나 조선에서 법적으로 양반은 물론이거니와 양인의 재혼을 금

---

27. 성균관대학교 국어국문학회, 1990, 209~238쪽; 이월영, 「야담집 소재 재가담 연구」, 《한국언어문학》 42, 한국어문학회, 1999, 213~232쪽.

7 다만, 여성사·종교사·근대성 시각에서 일부 다루어져왔다. 정지영, 「조선후기 과부의 수절과 재혼: 『경상도단성현호적대장』에서 찾은 과부들의 삶」, 《고문서연구》 18, 한국고문서학회, 2000, 1~30쪽; 노용필, 「개화기 과부의 재가와 천주교」, 《한국사상사학》 22, 한국사상사학회, 2004, 333~368쪽; 소현숙, 「수절과 재혼 사이에서: 식민지시기 과부담론」, 《한국사연구》 164, 한국사연구회, 2014, 60~89쪽; 김정인, 「동학·동학농민전쟁과 여성」, 《동학연구》 11, 한국동학학회, 2002, 190~208쪽.

8 이 역시 일본제국의 민법조사에서 '재혼불가(再婚不可)'로 명시된 데에서 유래되었다. 『調査報告書』, 法典調査局, 第1編 民法, 第4章 親族, 第130 婚姻의要件如何.

한 적이 없었다. 특히 과부약탈의 주 대상이 되는 양인·천인은 혼인·재혼이 자유로웠다는 사실을 되새겨본다면, 여성이 과부약탈을 통해서 재혼을 꿈꿀 이유는 원천적으로 존재하지 않았다. 예외적으로 양반여성의 경우에는 재혼수단이 될 수도 있었으나 그 사례 역시 희소하였으며 당시 의당 범죄로 간주되었다.

대개 재혼금지의 근거로 드는 것은 주자학의 이념이나 재가녀 아들의 관직진출 제한에 불과하였다.[9] 그런데 이천(伊川) 정이(程頤)의 비판적 입장은 고려후기 『명심보감(明心寶鑑)』(1305)에 수록되면서 과도하게 인용된 측면이 강했고,[10] 관직도 모두 제한되지 않았다.[11] 대체로 가장 명예로운 지위는 제한을 받았더라도 사족으로 살지 못하거나 관직생활 자체가 불가능한 것은 아니었다. 관직은 과거가 아니더라도 이조(吏曹)·예조(禮曹)의 취재(取才)나 병조(兵曹)의 시취(試取) 같은 약식시험이 가능했다.[12] 이조는 음관으로,[13] 예조는 전문직·기술직으로, 병조는 군관(軍官) 등으로 각기 진출할 수 있었다. 다만 재

---

9 이능화, 「法禁재가」, 『朝鮮女俗考』, 동양서원, 1926[김상억 역, 양우당, 1998, 168~178 쪽]; 이상백, 「재혼금지 습속의 유래에 대한 연구」, 『이상백저작집』 1, 을유문화사, 1978, 229~236쪽; 김상조, 앞의 논문, 1986, 214~216쪽; 김기형, 앞의 논문, 1994, 30~31쪽; 이월영, 앞의 논문, 1999, 215~216쪽.

10 "忠臣不事二君, 烈女不更二夫." 司馬遷, 『史記』, 田單列傳[秋適, 『明心寶鑑』, 立教編]; ○"餓死事極小, 失節事極大." 程頤, 『二程全书』, 遗书[秋適, 『明心寶鑑』, 婦行編].

11 『경국대전』(1485경)의 재혼에 대한 제한규정을 검토해보면, ① 양반가의 부인은 봉작을 받을 수 없었다("封爵, 從夫職【註: 庶孽及再嫁者, 勿封, 改嫁者, 追奪.】." 『經國大典』, 吏典, 外命婦). ② 자식과 손자까지 문관이나 무관에 서용할 수 없었고("失行婦女及再嫁女之所生, 勿敍東西班職." 『經國大典』, 吏典, 京官職), ③ 대과나 소과에 처음으로 응시할 수 없었으나 승진 등은 허용되었다("再嫁失行婦女之子孫及庶孽子孫, 勿許赴文科生員進士試……【註: 若承差受假者, 不在此限. 竝武科同.】." 『經國大典』, 禮典, 諸科).

12 『經國大典』, 吏典, 取才; 『經國大典』, 禮典, 取才; 『經國大典』, 兵典, 試取.

13 임민혁, 앞의 책, 2002, 23~52쪽, 206~295쪽.

혼한 부인 당사자가 남편을 따라 봉작을 받거나 그 자(子)·손(孫)이 과거를 통해 정관(正官)인 문관(文官)·무관(武官)의 지위에 나아가지 못할 뿐이었다. 이것조차도 증손자(曾孫子)부터는 제한이 해제되었다.[14]

더욱이 사족조차 이혼[離異]은 합법이었고[15] 실제로도 성행하였으므로[16] 재혼이 불법이라는 것은 성립하기 어려운 설명방식이다.[17] '정절이 권장된다'는 것과 '재혼이 금지된다'는 것은 별개의 사실이다. 이는 '도덕적 강제'와 '법률적 규제'를 동일시하여 생긴 혼돈이다. 물론 사회적 압력이 커지면 법률을 능가할 수 있고 명예를 중시 여기는

---

14 "至曾孫方許以上各司外, 用之."『經國大典』, 吏典, 京官職.

15【이혼허용】"已受婚書而再許他人成婚者, 其主婚者, 論罪, <u>離異</u>."『經國大典』, 刑典, 禁制; "僧道娶妻妾, 杖八, 還俗. ○女家, 同罪, <u>離異</u>."『典律通補』, 禮典, 婚家; "縱容妻妾與人姦, 本夫及夫姦婦, 杖九, 抑勒妻妾及乞養女與人姦, 本夫義父, 杖百, 姦夫, 杖八【註: 婦女不坐. ○縱容抑勒親女及子孫婦妾與人姦, 罪同. 用財買休賣休和娶人妻, 本夫本婦及賣休人, 杖百, 婦人<u>離異歸宗</u>, 財禮入官.】."『典律通補』, 刑典, 姦犯; "毆妻, 折傷以上【註: 非折傷勿論.】, 減凡人二等【註: 妻自告乃坐 ○如願<u>離異, 斷罪離異</u>, 不願者, 驗罪收贖.】, 至死及故殺, 絞."『典律通補』, 刑典, 殺傷.【이혼금지】"逆家孫女, 勿令<u>離異</u>."『續大典』, 禮典, 婚家; "向化子女, 毋得與城底野人婚娶, 違者, 依律論罪, <u>離異</u>, <u>不檢擧守令罷黜</u>, 勸農色掌切隣杖一百."『大典後續錄』, 兵典, 禁制.

16 장병인, 「조선시대 이혼에 대한 규제와 그 실상」, 《민속학연구》 66, 국립민속박물관, 1999, 39~63쪽; 이욱, 「조선시대 이혼의 사회사」, 《내일을여는역사》 20, 내일을여는역사재단, 2005, 234~237쪽; 정해은, 「조선후기 이혼의 실상과 『대명률』의 적용」, 《역사와 현실》 75, 한국역사연구회, 2010, 103~122쪽; 김은아, 「조선전기 이혼제도의 특징」, 《원광법학》 23-3, 원광대학교 법학연구소, 2007, 69~87쪽; 한희숙, 「조선초기 대군들의 이혼사례와 처의 지위」, 《여성과 역사》 22, 한국여성사학회, 2015, 76~93쪽.

17 『경국대전주해(經國大典註解)』에는 이미 합법적으로 재혼한 남편과 이혼을 규정하고 있다. "離, 別也. 異, 分之也. 言婦女歸宗也. 女歸前夫有乖婦道, 故只令<u>離異其再許成婚之夫</u>, 勿歸前夫."『經國大典註解』, 後集, 刑典, 秋官, 司寇, 禁制, 離異; 김은아, 앞의 논문, 87쪽.

벌열가문(閥閱家門)에서 정려문(旌閭門)은 중요했으나[18] 백성을 이루는 다수의 양인·천인을 비롯하여 지방사족 전체까지 해당되지 않았다. 열녀에 대한 포장(襃奬)은 소수가 받아서 모범이 될 때 희소성이 있는 것이며 모든 사족이 수절하여 받는다면 그 가치가 높을 수 없다. 18~19세기 양반이 폭발적으로 증가하고 있는 상황에서[19] 유교윤리가 사회적으로 점차 확산되었다고 하더라도 양반층에 새로이 편입한 이들이 소수 엘리트계층이 누리던 특권을 가질 수는 없었으며,[20] 도덕적 책무도 그에 비례하여 뒤따랐을 뿐이다. 이것은 소수의 열녀 사례가 과도하게 전체 사회의 이미지를 대표하게 된 경우로 보인다.

오히려 각종 연대기[21]·고문서[22]·일기[23]·외국인 견문록[24] 등 역

---

18 열녀 확산의 비판적 평가는 다음 참조. 엄기주, 「야담에 나타난 정절의식의 굴절양상」, 《성대문학》 27, 성균관대학교 국어국문학회, 1990; 田汝康(이재정 역), 『공자의 이름으로 죽은 여인들』, 예문서원, 1999; 정재서, 『동아시아 여성의 기원: 『열녀전列女傳』에 대한 여성학적 탐구』, 이화여자대학교출판문화원, 2009; 홍인숙, 『列女X烈女: 여자는 어떻게 열녀가 되었나』, 서해문집, 2019; 강명관, 『열녀의 탄생』, 돌베개, 2009.

19 김용섭, 「조선후기에 있어서의 신분제의 동요와 농지 점유」, 《사학연구》 15, 한국사학회, 1963 14~29쪽; 임학성, 「조선후기 호적에 등재된 양반 직역자의 신분: 1786년도 단성현 현내면의 사례 분석」, 《조선시대사학보》 13, 조선시대사학회, 2002, 68쪽, 71~72쪽; 송양섭, 「19세기 幼學層의 증가양상: 『단성호적대장』을 중심으로」, 《역사와 현실》, 한국역사연구회, 2005, 323~345쪽; 윤지현, 「조선후기 울산 농소지역 양반직역자의 증가와 동인분석」, 《역사와 경계》 61, 부산경남사학회, 2006, 144~152쪽; 권내현, 앞의 논문, 2020, 14~16쪽, 29~30쪽.

20 최승희, 『조선후기 사회신분사연구』, 지식산업사, 2003, 59~208쪽; 이태진, 「조선후기 양반사회의 변화: 신분제와 향촌사회 운영구조에 대한 연구를 중심으로」, 『韓國社會發展史論』, 일조각, 1992, 157~166쪽, 187~197쪽.

21 【재혼】 마르티나 도이힐러, 앞의 책, 2003, 89~113쪽; 김백철, 앞의 책, 2016a, 245~246쪽; 【간통사건】 장병인, 「조선 중·후기 간통에 대한 규제의 강화」, 《한국사연구》 121, 한국사연구회, 2003, 86~109쪽.

22 【사족재혼】 이남희, 「『안동권씨성화보』를 통해본 조선초기 여성의 재가문제」, 《조선시대사학보》 57, 조선시대사학회, 2011, 43~65쪽; 【간통사건】 김호, 「다산의 명판결과 조선

사자료, 야담[25] · 판소리[26] · 소설류[27] 등 문학작품을 살펴보면 다양한 불법적인 혼외정사(불륜)와 합법적인 재혼사례가 다수 확인된다.

그러므로 '재혼금지'라는 인식은 자율규제인 사회적 규범을 엄격한 법질서와 동일시한 결과이며,[28] 갑오~광무개혁기 개가허용 조치를 적극적으로 표명하기 위해[29] 전통시대를 개혁대상으로 더욱더 부

의 풍속18: 법과 도덕의 긴장」, 《과학과 기술》 511, 한국과학기술단체총연합회, 2011, 84~85쪽.

23 【자유연애】 朴繼叔 · 朴就文, 『赴北日記』[우인수 역, 『부북일기』, 울산박물관, 2012]; 국사편찬위원회 편, 『한국문화사 1: 혼인과 연애의 풍속도』, 두산동아, 2005, 170~179쪽.

24 【하층민이혼】 아손 그렙스트, 앞의 책, 2005, 186쪽.

25 【자유연애 · 재혼】 柳夢寅, 『於于野談』; 【만종재본】 신익철 외 공역, 『어우야담』, 돌베개, 2006; 【만종재본/장서각본】 이월영 역, 『어우야담』 1~3, 달섬, 2019]; 『靑邱野談』; 【규장각본】 최웅 주해, 『청구야담』 I~III, 국학자료원, 1996; 김경진 편, 『청구야담』 상 · 하, 교문사, 1996; 【버클리본】 이강옥 역, 『청구야담』 상 · 하, 문학동네, 2019]; 김상조, 앞의 논문, 1986, 239~241쪽; 엄기주, 「야담에 나타난 정절의식의 굴절양상」, 《성대문학》 27, 성균관대학교 국어국문학회, 1990, 218~234쪽; 이주영, 「조선후기 야담에 나타난 여성 정욕의 표출과 그 대응의 몇 국면」, 《한국고전연구》 41, 한국고전연구학회, 2018, 104~128쪽.

26 【자유연애 · 재혼】 정출헌, 「판소리에 나타난 하층여성의 삶과 그 문학적 형상: 「변강쇠가」의 여주인공 '옹녀'를 중심으로」, 《구비문학연구》 9, 한국구비문학회, 1999, 183~194쪽; 박경주, 「여성문학의 시각에서 본 19세기 하층 여성의 실상과 의미: 「변강쇠가」, 「미얄과장」, 「된동어미화전가」의 비교를 통해」, 《국어교육》 104, 한국어교육학회, 2001, 221~225쪽; 최원오, 「여성 생활과 여성 문화; 조선후기 판소리 문학에 나타난 하층 여성의 삶과 그 이념화의 수준」, 《한국고전여성문학연구》 6, 한국고전여성문학회, 2003, 118~133쪽.

27 【자유연애】 이수곤, 「"불륜담"의 시대적 변전 양상 고찰: 조선후기 문학과 현대문학의 비교」, 《비교문학》 52, 한국비교문학회, 2010, 89~111쪽; 박길희, 「19세기 소설에 등장하는 하층여성의 일탈과 그 의미: 「절화기담」과 「포의교집」을 중심으로」, 《배달말》 57, 배달말학회, 2015, 131~160쪽; 이지하, 「여성의 정조에 대한 새로운 시각과 서사적 활용: 「낙천등운」의 하층여성 형상화」, 《고전문학연구》 59, 한국고전문학회, 2021, 178~182쪽.

28 W. E. 그리피스, 앞의 책, 1999, 333쪽.

29 『高宗實錄』 卷31, 高宗 31年 6月 癸酉(28日); 『高宗實錄』 卷40, 高宗 37年 11月 30日(陽曆).

정적으로 이미지화한 사례로 보인다.[30] 여기에는 사족이 관직제한 규정에 저촉되지 않으려고 노력함으로써 조선중기부터 현존하는 족보에서 유력한 가문의 여성재혼은 점차 사라져가는 추세였고,[31] 후기로 갈수록 사족의 이혼이 급감하는 현상도 영향을 미쳤다.[32] 특히 식민지시기 근대적 이혼제도가 도입되자 전통시대 이혼이 불가능했을 것이라는 부정적 선입견도 소급해서 과도하게 적용되었다.[33] 이것들이 근대에 과부약탈사건의 원인을 규명하고자 하는 과정에서 억압된 여성의 성역할을 전제하면서 개가금지가 마치 강력한 법이었던 것처럼 과도하게 인식하는 계기가 된 듯하다.[34]

30 에른스트 폰 헤세-바르텍(정현규 역), 『조선, 1894년 여름』, 책과 함께, 2012, 208~209쪽; 전미경, 「개화기 과부개가 담론분석: 신문과 신소설을 중심으로」, 《가정과 삶의 질 연구》 19-3, 가정과삶의질학회, 2001, 20~27쪽; 김현주, 「『제국신문』에 나타난 혼인제도와 근대적 파트너십」, 《한국근대문학연구》 23, 한국근대문학회, 2011, 143~150쪽. ※유럽에서 비슷한 예로는 르네상스기 중세의 폐습극복을 명분으로 초야권을 비판했으나 실제로는 거의 존재하지 않았다고 한다. 김응종, 앞의 책, 푸른역사, 2005, 185~210쪽.

31 이남희, 「『안동권씨성화보』를 통해본 조선초기 여성의 재가문제」, 《조선시대사학보》 57, 조선시대사학회, 2011, 43~65쪽.

32 이순구, 「조선시대 혼인과 이혼에서 여성의 지위: 공동체 형성의 원리로서의 혼인과 그 해체」, 《젠더법학》 7-2, 한국젠더법학회, 2016, 72~75쪽.

33 소현숙, 「강요된 자유이혼, 식민지 시기 이혼여성과 구여성」, 《사학연구》 104, 한국사학회, 2011, 126~138쪽, 156~160쪽; 소현숙, 「이혼권은 일제가 가져다 준 선물인가?: 이혼법의 변화를 통해 본 식민지시기 여성들의 삶과 결혼」, 《내일을여는역사》 69, 내일을여는역사재단, 2017, 116~126쪽[※이상 소현숙, 『이혼법정에 선 식민지 조선여성들: 근대적 이혼제도의 도입과 젠더』, 역사비평사, 2017 재수록]; 이상경, 「서평: 식민지 조선 여성에게 이혼청구권은 선물인가 전리품인가? 날개인가 족쇄인가?: 『이혼법정에 선 식민지 조선여성들』, 《페미니즘연구》 17-2, 한국여성연구소, 2017, 361~362쪽; 양지혜, 「서평: 더 많은, '이름 없는 여/성'의 역사를 위하여: 『이혼법정에 선 식민지 조선여성들』, 《역사비평》 122, 역사비평사, 2018, 506쪽.

34 이영수는 『조선여속고(朝鮮女俗考)』에 소개된 『어우야담』의 총각보쌈을 소개하고 있는데(이영수, 「보쌈 구전설화 연구」, 《비교민속학》 69, 비교민속학회, 2019, 283~284쪽),

2) 조선시대 약탈사건 검토: 문학작품과 범죄기록

실제로 민간에 구전되는 야담이나 역사기록인 연대기를 비교해볼 필요가 있다. 먼저, 문학작품의 묘사를 살펴보면, 실제 야담집이나 구비전승된 내용에서는 보쌈의 전형적인 모습은 잘 확인되지 않는다. 유몽인(柳夢寅)의 『어우야담(於于野談)』(1964년 간행본)은 조선전기 인물을 대상으로 다루고 있는데, 바람피운 과부·부녀자를 유혹하거나 부인을 두려워하는 소화(笑話)가 실려 있고 가장 근접한 사례를 찾아도 남성을 속이고 데려와서 혼인한 뒤 재혼하는 사례(총각보쌈) 정도이며 정작 과부보쌈은 확인되지 않는다.[35]

해당 기사는 보유편(補遺編)에 수록된 「선비보쌈」(유몽인(신익철 외 역), 『어우야담』, 돌베개, 2006, 785~786쪽)에 실려 있다. 그 말미에 보면 "개가(改嫁)를 금지하는 법이 시행된 지 얼마 되지 안 되어서 사족의 집에서 좋지 못한 짓을 한 것이라고 한다"고 서술되어 있는데, 갑오개혁 이후 재혼장려운동의 정치의식이 반영된 문장으로 생각된다. 물론 외국인의 견문록에도 일부가 전한다(아손 그렙스트, 앞의 책, 2005, 190쪽). 그러나 이 소재의 원형은 중국 호광지방에서 첫 번째 남편이 병으로 죽자 액땜으로 속여서 혼인후 재혼하는 액땜풍습을 조선으로 옮겨와 변주한 것으로 추정된다(유몽인/이월영 역, 「절부가 없는 호광지방」, 『어우야담』 1, 달섬, 2019, 246~247쪽). 구비전승에서도 이와는 다른 형태의 총각보쌈에 대한 다양한 변주가 남아 있다(「보쌈으로 얻은 사위」·「과부대신 업혀갔다가 행운을 얻은 총각」·「보쌈 덕에 장가간 사람」·「보쌈 바람에 부자집 사위가 된 총각」·「보쌈당한 총각이 벼슬한 꾀」·「보쌈으로 얻은 사위」·「보쌈으로 업혀간 남자」 ※이상 『한국구비문학대계』, 한국학중앙연구원(http://gubi.aks.ac.kr/web/default.asp); 「과부 장가들려다가 봉변당한 이야기」 ※이상 『향토문화전자대전』, 한국학중앙연구원(http://www.grandculture.net)).

35 유몽인(신익철 외 역), 「부인을 두려워 하지 않는 남편」·「정려문의 허실」·「나쁜 꾀로 처녀를 능욕한 김생」·「꾀를 내어 사통한 박엽」·「부인을 유혹하려 실패한 이생」, 『어우야담』, 돌베개, 2006, 106~107쪽, 119~120쪽, 662~664쪽; 유몽인(이월영 역), 「절부가 없는 호광지방」, 『어우야담』 1, 달섬, 2019, 246~247쪽; 유몽인/이월영 역, 「꾀를 내어 사통한 박엽」·「공처」·「정려문의 허실」·「곽태허 처의 중과의 음분」, 『어우야담』 2, 달섬, 2019, 35~36쪽, 111~112쪽, 125~127쪽, 241~242쪽; 유몽인(이월영 역), 「이

『청구야담』(1864년 필사본)은 조선후기를 주로 다루고 있는데 19세기 고종전반까지 포함된다. 여기서는 강제로 과부와 혼인하려는 고을수령의 시도가 좌절된 경우가 보이지만 가장 보쌈에 근접하는 사례 역시 과부를 다른 남성으로 대체하는 풍자수준에 그치고 있다.[36] 물론 이는 보쌈이라는 개념을 상정해둔 변주로 보이며 이 역시 19세기 인식이 투영된 듯하다. 하지만 수록된 이야기 중 후술하는 실제 범죄형태와 유사한 사례는 찾기 어렵다.[37]

고소설(古小說)인 『신랑의 보쌈』(1917)·『정수경전(鄭壽景傳)』(1918)에서도 남자가 여성에게 보쌈당하는 형식의 풍자극이 활용되고 있는데,[38] 이 역시 20세기초 인식을 반영한다. 이외에도 지역별로 구비전승된 경우가 많은데,[39] 대체로 앞의 두 야담집에 등장하는 이야기가 지역별로 조금씩 변형된 사례에 불과하다.[40] 따라서 '이야기소재로서

생의 실패」, 『어우야담』 3, 달섬, 2019, 262~263쪽.

36 최웅 주해, 「拒强暴闺中貞烈」, 『청구야담』 I, 국학자료원, 1996, 426~433쪽; 최웅 주해, 「得二妾權上舍福緣」, 『청구야담』 II, 국학자료원, 1996, 144~148쪽; 김경진 편, 「拒强暴闺中貞烈」·「得二妾權上舍福緣」, 『청구야담』 상, 교문사, 1996, 447~456쪽, 663~671쪽; 이강옥 역, 「정절규수 길정녀, 강포한 자에게 저항하다」·「두 처를 얻은 권진사의 복된 인연」, 『청구야담』 상, 문학동네, 2019, 550~556쪽, 784~791쪽.

37 『사법품보』에 나타나는 전형적인 과부약탈범죄(야간습격+인력동원+납치+강간 등)와 다르다.

38 차충환, 「『신랑의 보쌈』의 성격과 개작양상에 대한 연구: 『정수경전』과의 대비를 통하여」, 《어문연구》 71, 어문연구학회, 2012, 229~258쪽.

39 이영수, 「보쌈 구전설화 연구」, 《비교민속학》 69, 비교민속학회, 2019, 2019, 267~269쪽.

40 이영수는 44건을 집계하면서 그중 33건을 과부, 네 건을 총각, 두 건을 처녀 등을 대상으로 한 것으로 분류했으나 제시된 보쌈은 과부약탈범죄와 동일하지 않다(이영수, 「보쌈 구전설화 연구」, 《비교민속학》 69, 비교민속학회, 2019, 267~269쪽, 272~283쪽). 현재 한국학중앙연구원의 온라인 DB를 활용하여 재검토해보면, 시기가 확인되는 경우는 고종연간으로 나타나고(「보쌈으로 얻은 사위」), 대부분 단순히 과부나 보쌈으로 소재를 칭하거나(「과부동지 해가기」·「과부를 지켜준 호랑이」·「복점을 쳐서 잘 살게 된

보쌈'이 광범위하게 확산되고 있었음은 확인되지만, '범죄유형으로서 보쌈'이 일반적이었는지는 명확하지 않다.

다음으로, 실록 · 『일성록』 · 『심리록』 · 공문서 등 역사기록물을 살펴보아도 상황은 비슷하다. 보쌈의 첫 사례로 거론되는 명종대 유몽상(柳夢祥)의 딸의 경우,[41] 아비의 권유에도 수절을 고집하자 야밤에 사람을 들여보내 강제로 개가시켰고 이 때문에 조정에 보고되어 처벌받았다. 하지만 엄밀히 검토해보면 강제재혼으로 볼 수 있을지언정 과부약탈 사례로 분류하기는 어렵다.[42]

성종대 · 정조대 과부를 침탈한 기사가 보이는데,[43] 이것이 통시대적 성범죄와 다른 형태인지는 확실하지 않다. 오히려 구체적으로 과부약탈범죄가 유형화하여 확인되는 사건은 18세기후반에 가서야 나타날 정도로 희소하다.[44] 이 때문에 '보쌈'은 과연 조선시대 일반적 풍속이었을까 하는 의구심을 감출 수 없다.

머슴), 짝사랑이나 혼인성공담 혹은 대상이 남성으로 변경되는 풍자극이 다수이다(「과부대신 업혀갔다가 행운을 얻은 총각」 · 「보쌈 덕에 장가간 사람」 · 「과부의 원한을 산 남추강2」 · 「보쌈 바람에 부자집 사위가 된 총각」 · 「보쌈당한 총각이 벼슬한 꾀」 · 「보쌈으로 얻은 사위」 · 「보쌈으로 업혀간 남자」 · 「칠십에 시집간 시어머니」 · 「홀애비 훈장 장가 보낸 과부」 ※이상 『한국구비문학대계』, 한국학중앙연구원(http://gubi.aks. ac.kr/web/default.asp); 「보쌈에 얻은 행운」, 『향토문화전자대전』, 한국학중앙연구원 (http://www.grandculture.net)). 구비전승된 내용은 대개 사법자료에서 등장하는 집단적인 규모의 범죄와는 구분되는 개인 간 애정사건으로 그려지고 있다.

41 심재우, 앞의 글, 2021.
42 『明宗實錄』卷17, 明宗 9年 11月 庚午(23日).
43 "侵劫寡婦", 『成宗實錄』卷287, 成宗 25年(1494) 2月 壬申(13日); "矢身言於龍孫日, 欲劫寡女之罪, 吾難免焉." 『京畿道監營狀啓謄錄』6冊, 「(京畿)狀啓」, 甲辰(정조8/1784) 5月 6日.
44 【고지방사건】 『審理錄』卷4, 庚子(1780) 京畿 · 辛丑(1781) 京畿; 『日省錄』, 戊午(정조 8/1784) 閏3月 25日(庚辰) · 5月 29日(癸未) · 7月 14日(丁卯); 【김금선봉사건】 "金金先奉等作黨乘夜突入於渠女獨宿之房裏縛而去. 渠女達夜號哭及天明逃還." 『日省錄』, 丁巳(정조21/1797) 5月 22日(辛酉); 『日省錄』, 戊午(정조22/1798) 5月 22日(乙酉).

2. 여성 관련 범죄사건

1) 자유로운 성의식: 재혼과 간통

앞서 살폈듯이 여성의 성역할에 대한 고정적 인식으로 인해서 지나치게 '근대성'을 기준으로 모든 변화의 요인을 찾으려는 경향이 적지 않은 듯하다. 하지만 조선시대에도 일상의 보편성은 존재했고 명문사족을 자칭하는 집안이 아닌 다음에야 합법적 재혼이 가능했으며 여성·남성의 불법적 일탈(불륜)도 적지 않게 확인된다.

먼저, 『사법품보』에는 재혼한 여성을 심심치 않게 발견할 수 있다.[45] 대부분 다른 범죄에 연루되어 여성신분이 묘사되면서 알려진 경우이다. 더욱이 시부(혹은 양부)가 며느리(혹은 수양딸)를 재혼시키려는 사례도 나타난다.[46] 이것은 갑오~광무개혁기 재가를 적극적으로 허용한 정책의 영향과 실제 사례의 영향일 개연성을 배제할 수는

---

45 【재혼】『司法稟報(甲)』, 「(咸鏡南道 → 法部)報告書」 第14號, 建陽 2年(1897) 7月 3日; 『司法稟報(甲)』, 「(京畿 → 法部)質稟書」 第16號, 光武 2年(1898) 6月 6日; 『司法稟報(甲)』, 「(京畿 → 法部)質稟書」 第46號, 光武 5年(1901) 6月 8日; 『司法稟報(甲)』, 「(黃海道 → 法部)報告(書)」 第56號, 光武 5年(1901) 12月 29日; 『司法稟報(甲)』, 「(江原道 → 法部)質稟書」 第1號, 光武 6年(1902) 4月 18日; 『司法稟報(甲)』, 「(平安南道 → 法部)質稟書」 第13號, 光武 8年(1904) 4月 26日; 『司法稟報(甲)』, 「(釜山港 → 法部)報告(書)」 第16號, 光武 8年(1904) 5月 25日; 『司法稟報(甲)』, 「(平安北道 → 法部)質稟書」 第7號, 光武 8年(1904) 9月 29日; 『司法稟報(甲)』, 「(黃海道 → 法部)質稟(書)」 第16號, 光武 9年(1905) 2月 2日; 『司法稟報(甲)』, 「(全羅北道 → 法部)質稟書」 第32號, 光武 9年(1905) 4月 11日; 『司法稟報(甲)』, 「(慶尙北道 → 法部)報告書」 第19號, 光武 9年(1905) 4月 14日.
46 【시부-며느리】『司法稟報(甲)』, 「(平安北道 → 法部)報告書」 第41號, 光武 10年(1906) 4月 4日; 【양부-양녀】『司法稟報(甲)』, 「(京畿 → 法部)報告書」 第42號, 光武 10年(1906) 6月 5日.

없다. 그러나 동시에 지방재판소 판사(觀察使)가 재혼이 합법인데도 불구하고 불륜을 저지르거나 수절을 강권하는 분위기를 한탄하는 사례도 보이므로[47] 완전히 바뀌었다기보다는 재혼을 꺼려 하는 집단은 여전히 존재했으며, 다수의 재혼사례 역시 신법의 직접적 영향보다는 종전부터 실생활에서 이혼·재혼을 괴이치 않던 양인·지방사족 집안에서 발생한 것으로 추정된다. 심지어 남편을 버리고 도망쳐서 재혼하는 아내도 자주 나타난다.[48] 재혼 자체는 합법이었으나 본남편과 이혼절차 없이 재혼을 감행했을 때 어김없이 처벌받았다.[49] 이는 현행 중혼(重婚) 금지의 취지와 별반 다르지 않았다.[50]

다음으로, 『사법품보』에서는 여성이 적극적으로 다른 남성과 간음하는 사례도 적지 않게 발견된다.[51] 대개 아내가 오랫동안 남편의 지

---

47 『司法稟報(甲)』, 「(檢事 → 濟州牧)公訴狀 檢10號, 光武 5年(1901) 10月 19日, 附陳述書; 『司法稟報(甲)』, 「(平安北道 → 法部)報告書」第41號, 光武 10年(1906) 4月 4日.

48 『司法稟報(甲)』, 「(咸鏡南道 → 法部)報告書」第14號, 建陽 2年(1897) 8月 13日; 『司法稟報(甲)』, 「(忠淸南道 → 法部)報告書」第41號, 光武 6年(1902) 4月 30日; 『司法稟報(甲)』, 「(濟州牧 → 法部)報告書」 33號, 光武 8年(1904) 8月 10日; 『司法稟報(甲)』, 「(京畿 → 法部)質稟書」第38號, 光武 10年(1906) 6月 1日.

49 "妻가 夫를 背ᄒ고 改嫁ᄒ 者ᄂ 懲役終身에 處홈이라." 『刑法大全』, 第5編 律例下, 第11章 婚姻及立嗣所干律, 第1節 婚姻違犯律, 第567條; 『司法稟報(甲)』, 「(黃海道 → 法部)報告(書)」第48號, 光武 9年(1905) 8月 13日; 『司法稟報(甲)』, 「(黃海道 → 法部)報告(書)」第62號, 光武 9年(1905) 9月 10日.

50 『민법』, 810조(중혼의 금지)·816조(혼인취소의 사유) 1항.

51 【간통(불륜)사건】『司法稟報(甲)』, 「(春川府 → 法部)報告(書)」第12號, 開國 504年(1895) 11月 8日; 『司法稟報(甲)』, 「(江原道 → 法部)報告書」第23號, 建陽 2年(1897) 2月 19日; 『司法稟報(甲)』, 「(忠淸南道 → 法部)報告書」第67號, 光武 2年(1898) 5月 31日; 『司法稟報(甲)』, 「(京畿 → 法部)報告書」第□號, 光武 4年(1900) 1月 23日; 『司法稟報(甲)』, 「(平安南道 → 法部)質稟書」第5號, 光武 4年(1900) 7月 12日; 『司法稟報(甲)』, 「(黃海道 → 法部)報告(書)」第12號, 光武 4年(1900) 9月 13日; 『司法稟報(甲)』, 「(平安南道 → 法部)報告書」第43號, 光武 5年(1901) 7月 29日; 『司法稟報(甲)』, 「(平安北道 → 法部)報告書」第7號, 光武 6年(1902) 2月 6日; 『司法稟報(甲)』, 「(忠淸北道 → 法部)報告書」

인이나 동네 이웃과 간통하다가 남편에게 들통이 나서 남편과 간부가 다툼이 생기는 경우이다. 이것은 수동적 여성상과는 판이하다. 심지어 다툼으로 간음한 남자[52]나 아내[53]가 죽거나 반대로 간음한 아내[54]·남자[55]가 남편을 모의하여 죽이기도 했다. 또 본래 부인이나

第50號, 光武 6年(1902) 8月 24日;『司法稟報(甲)』,「黃海道 → 法部)報告(書)」第62號, 光武 6年(1902) 11月 13日;『司法稟報(甲)』,「黃海道 → 法部)報告(書)」第48號, 光武 9年(1905) 8月 13日.

52 【간통한 남자를 살해한 사건】『司法稟報(甲)』,「鏡城府(→ 法部)來牒, 開國 504年(1895) 9月 19日;『司法稟報(甲)』,「咸鏡南道 → 法部)質稟書」第1號, 建陽 1年(1896) 12月 16日;『司法稟報(甲)』,「濟州牧 → 法部)質稟書」第3號, 建陽 2年(1897) 3月 11日;『司法稟報(甲)』,「平安北道 → 法部)報告書」第8號, 建陽 2年(1897) 3月 12日;『司法稟報(甲)』,「忠淸南道 → 法部)報告書」第65號, 光武 2年(1898) 5月 31日;『司法稟報(甲)』,「慶尙北道 → 法部)質稟書」第9號, 光武 3年(1899) 4月 23日;『司法稟報(甲)』,「濟州牧 → 法部)報告書」第16號, 光武 3年(1899) 9月 27日;『司法稟報(甲)』,「京畿 → 法部)質稟書」第45號, 光武 3年(1899) 7月 12日;『司法稟報(甲)』,「忠淸南道 → 法部)質稟書」第5號, 光武 5年(1901) 2月 23日;『司法稟報(甲)』,「忠淸南道 → 法部)報告書」第17號, 光武 6年(1902) 2月 28日;『司法稟報(甲)』,「三和港 → 法部)質稟書」第1號, 光武 7年(1903) 1月 23日;『司法稟報(甲)』,「黃海道 → 法部)報告(書)」第5號, 光武 8年(1904) 1月 30日.

53 【간통한 아내가 사망한 사건】『司法稟報(甲)』,「咸鏡南道 → 法部)報告書」第16號, 建陽 2年(1897) 7月 25日;『司法稟報(甲)』,「忠淸北道 → 法部)報告書」第65號, 光武 5年(1901) 10月 28日.

54 【간통한 남자가 남편을 살해한 사건】『司法稟報(甲)』,「春川府 → 法部)報告書」第13號, 開國 504年(1895) 11月 12日;『司法稟報(甲)』,「春川府 → 法部)報告書」第8號, 建陽 1年(1896) 6月 9日;『司法稟報(甲)』,「咸鏡北道 → 法部)報告書」第11號, 建陽 2年(1897) 6月 19日;『司法稟報(甲)』,「咸鏡南道 → 法部)質稟書」第3號, 光武 2年(1898) 12月 15日;『司法稟報(甲)』,「平安南道 → 法部)質稟書」第1號, 光武 6年(1902) 4月 1日;『司法稟報(甲)』,「忠淸南道 → 法部)質稟書」第2號, 光武 6年(1902) 4月 16日;『司法稟報(甲)』,「江原道 → 法部)質稟書」第1號, 光武 6年(1902) 4月 18日;『司法稟報(甲)』,「三和港 → 法部)質報書」第4號, 光武 6年(1902) 9月 12日;『司法稟報(甲)』,「咸鏡南道 → 法部)質報書」第6號, 光武 7年(1903) 12月 25日.

55 【간통한 아내가 남편 독살】『司法稟報(甲)』,「全羅北道 → 法部)報告書」第71號, 光武 5年(1901) 11月 28日;『司法稟報(甲)』,「咸鏡北道 → 法部)報告書」第10號, 光武 6年(1902) 3月 12日;『司法稟報(甲)』,「咸鏡南道 → 法部)質稟書」第8號, 光武 6年(1902) 11月 16日;『司法稟報(甲)』,「平安北道 → 法部)報告書」第35號, 光武 7年(1903) 8月 11日;

본래 남편가족이 독살당하거나 간음한 남자가족이 죽는 경우도 확인
된다.[56]

이 밖에도 성인 남성(철도노동자)이 미성년 여성을 꾀어서 도주하
는 사례가 나오고 이로 인해 가족과 동네주민 간 책임공방으로 다툼
이 생겨 사망에 이르는 문제도 나타난다. 전자는 남성과 도망간 여성
을 가볍게 처벌하였고,[57] 후자는 살옥사건으로 별도로 다루어 엄벌하
였다.[58] 비록 긍정적인 사례는 아니지만 사족·서민 집안의 성생활은
대내외 비난에도 불구하고 자유롭게 이루어졌다. 이는 불륜사건이
만연했기에 오히려 수절을 권장했다는 반증(反證)이 아닐까 한다.

2) 불법에 대한 저항: 거짓소문과 폭력약탈

전통시대 여성을 지나치게 피동적으로 인식하는 고정관념도 재고

『司法稟報(甲)』,「(江原道 → 法部)質稟書」第34號, 光武 7年(1903) 9月 30日；『司法稟報
(甲)』,「(黃海道 → 法部)報告書」第4號, 光武 8年(1904) 1月 29日；『司法稟報(甲)』,「(昌
原港 → 法部)質稟書」第1號, 光武 7年(1903) 1月 2日.

56 【본처가 자살한 사건】『司法稟報(甲)』,「(全羅北道 → 法部)質稟書」第27號, 光武 1年
(1897) 9月 9日；【남편가족을 독살한 사건】『司法稟報(甲)』,「(江原道 → 法部)質稟書」第
1號, 光武 7年(1903) 6月 18日；【간통한 남자가족을 살해한 사건】『司法稟報(甲)』,「(平
安北道 → 法部)報告書」第19號, 光武 3年(1899) 3月 21日；『司法稟報(甲)』,「(平安南
道 → 法部)質稟書」第11號, 光武 5年(1901) 12月 29日.

57 철도노동자 조복용과 여자아이 김씨는 『형법대전』 간음소간률(姦淫所干律) 534조에 따
라 태 80으로 가볍게 징계를 받았다. 『司法稟報(甲)』,「(昌原港 → 法部)報告(書)」第23
號, 光武 10年(1906) 5月 8日.

58 이웃여성은 여자아이 말만 믿고 짐을 맡아주었다가 가출을 도운 혐의로 추궁을 당하다
가 자살에 이르렀다. 이에 피고 이조이(여자아이 모친)에 대해 『형법대전』 살상소간률
(殺傷所干律) 492조를 적용하고 1등급을 추가하여 금고 1개월로 엄벌하였다. 『司法稟
報(甲)』,「(昌原港 → 法部)報告(書)」第21號, 光武 10年(1906) 5月 5日.

가 필요하다. 여성의 적극적인 저항방법은 여러 형태로 확인된다. 먼저, 풍문에 대한 저항이다. 홀아비·총각이 동네 과부·처녀와 간음했다는 거짓소문을 내서 혼인을 강요하는 경우이다.[59] 이때에도 여성들은 억지로 혼인하지 않았고 관아에 고발하거나 혹은 자결 뒤 유족이 사건을 고발함으로써 강제혼인을 시도한 자를 처벌하였다.

간음을 거짓으로 소문내는 유형은 이외에도 협박하여 돈을 뜯어내고자 하는 경우나[60] 단순히 거짓소문을 내는 경우,[61] 관련된 남자나 여자가 자살에 이르는 경우[62]에서도 등장하고 있다. 대개 자결의 경우 남자(시아버지)는 근친상간의 비난을 받는 경우이고 여자(유부녀·과부·처녀)는 정절을 잃었다는 의심을 받았을 때 일어났다. 해당 사건들은 애매한 증거로 죽은 자의 명예를 더럽힌 혐의로 처벌받았다.[63] 이는 당시 관념으로 재혼은 가능하지만 남편이 있는 상태에서

59 『司法稟報(甲)』, 「(忠淸南道 → 法部)報告書」 第60號, 光武 7年(1903) 9月 5日; 『司法稟報(甲)』, 「(鴻山郡 → 忠淸南道)報告書」, 光武 7年(1903) 10月 13日; 『司法稟報(甲)』, 「(忠淸北道 → 法部)報告書」 第39號, 光武 8年(1904) 7月 5日.

60 『司法稟報(甲)』, 「春川府 → 法部)報告(書)」 第12號, 開國 504年(1895) 11月 8日; 『司法稟報(甲)』, 「(京畿 → 法部)質稟書」 第64號, 光武 2年(1898) 12月 28日; 『司法稟報(甲)』, 「(忠淸北道 → 法部)質稟書」 第71號, 光武 5年(1901) 11月 18日; 『司法稟報(甲)』, 「(忠淸南道 → 法部)質稟書」 第7號, 光武 10(1906) 4月 29日.

61 『司法稟報(甲)』, 「(忠淸南道 → 法部)質稟書」 第17號, 光武 5年(1901) 8月 27日; 『司法稟報(甲)』, 「(黃海道 → 法部)報告(書)」 第16號, 光武 8年(1904) 3月 12日.

62 『司法稟報(甲)』, 「(慶尙南道 → 法部)報告書」 第79號, 光武 3年(1899) 9月 16日; 『司法稟報(甲)』, 「(慶尙南道 → 法部)報告書」 第20號, 光武 5年(1901) 12月 12日; 『司法稟報(甲)』, 「(京畿 → 法部)質稟書」 第9號, 光武 6年(1902) 1月 25日; 『司法稟報(甲)』, 「(平安北道 → 法部)報告書」 第9·19·29號, 光武 6年(1902) 2月 25日·4月 29日·6月 5日; 『司法稟報(甲)』, 「(忠淸南道 → 法部)質稟書」 第7號, 光武 7年(1903) 8月 25日; 『司法稟報(甲)』, 「(忠淸南道 → 法部)報告書」 第60號, 光武 7年(1903) 9月 5日; 『司法稟報(甲)』, 「(黃海道 → 法部)質稟(書)」 第37號, 光武 9年(1905) 3月 25日.

63 "不實曖昧不明, 妍臟事情, 汚人名節……旗軍人等, 發邊衛, 民發附近, 俱充軍." 『大明律

간음한 정황(특히 근친상간)이 드러나면 "마을에서 집을 부수고 동네에서 쫓아내는 것"[64]이 풍기단속처럼 이루어졌기 때문이다.[65] 양자는 합법과 불법으로 명백히 구분되는 사안이다.

한편, 당시 지방에서 세력을 형성해서 폭력으로 남의 처첩을 빼앗는 경우도 확인된다. 이는 후술하듯이 각종 세력을 빙자해서 여성(주로 유부녀)을 약탈하는 사례로 나타나고 있다.[66] 이러한 상식 밖의 사건이 『사법품보』에 기록으로 다수 남아 있는 것은 민의 저항이 적지 않았을 뿐 아니라 관아에 대한 고발이 상당히 자유로웠고, 국가에서는 세력을 빙자한 범죄를 좌시하지 않고 범법자를 추적하여 징치(懲治)했기 때문이다.[67] 갑오~광무개혁기 신분고하를 막론하고 수시로

附例』, 越訴, 條例; "犯**充軍**者, 準杖一百徒三年." 『經國大典』, 刑典, 罪犯準計; 『大典會通』, 刑典, 罪犯準計, 原.

64 물론 이는 법적으로 사유를 불문하고 금지된 행동이다. "[續]……毁家出鄉者, 一切禁斷 【註: [增]勒毀民家者, 以故燒自己房屋律論.】." 『大典會通』, 刑典, 禁制, 續.

65 『司法稟報(甲)』, 「(平安北道 → 法部)報告書」第9號, 光武 6年(1902) 2月 25日.

66 【동학】 『司法稟報(甲)』, 「(黃海道 → 法部)報告(書)」第29號, 光武 3年(1899) 3月 6日; 【천주교】 『司法稟報(甲)』, 「(春川府 → 法部)報告書」第1號, 建陽 1年(1896) 6月 25日; 【개신교+동학】 『司法稟報(甲)』, 「(忠淸南道 → 法部)質稟書」第7號, 光武 6年(1902) 10月 9日; 【개신교】 『司法稟報(甲)』, 「(全羅北道 → 法部)報告書」第48號, 光武 8年(1904) 10月 10日; 【정동학당학생·어사수행원】 『司法稟報(甲)』, 「(黃海道 → 法部)報告(書)」第30號, 建陽 2年(1897) 4月 8日; 【일진회】 『司法稟報(甲)』, 「(忠淸南道 → 法部)質稟書」第25號, 光武 9年(1905) 12月 7日; 【순검】 『司法稟報(甲)』, 「(忠淸南道 → 法部)報告書」第86號, 光武 6年(1902) 8月 31日; 【광산】 『司法稟報(甲)』, 「(忠淸南道 → 法部)質稟書」第21號, 光武 8年(1904) 12月 7日; 【비적】 『司法稟報(甲)』, 「(咸鏡北道 → 法部)質稟書」第2號, 建陽 2年(1897) 3月 13日.

67 비근한 예로 종래에는 『시폐(市弊)』나 『공폐(貢弊)』를 근거로 자본주의로 발달하지 못했다고 비판했으나(강만길, 『해제』, 『貢弊·市弊』, 驪江出版社, 1985), 이는 성장하는 상업세력의 의견을 직접 묻기 위해서 국왕이 전담장관인 공시당상(貢市堂上)을 설치하고 정기적으로 공인·시인을 소환하여 공시순문(貢市詢問)을 열어서 불만사항을 접수하여 해결해준 기록을 모은 공문서이다. 그렇다면 크고 작은 문제에도 불구하고 조

억울함을 호소하는 소장이 상당수 확인되며, 일단 조정에서는 즉시 재조사를 지시하고 정의로운 판결을 약속했다.

이 밖에도 개인의 완력으로 유부녀를 성폭행하는 사건도 확인되는데, 남편·가족의 복수도 적지 않게 나타난다.[68] 심지어 여성들도 남편·가족의 죽음에 대해서 복수에 적극적으로 나서기를 두려워하지 않았다.[69] 억울한 일을 당했을 때 여성이 시댁식구[70]·자녀[71]를 데리고 복수에 나섰으며, 누이가 동생을 위해서 복수에 나서기도 했다.[72] 이는 가족전체가 불법적 폭력에 저항한 행위로 볼 수 있다. 앞서 살폈듯이 피해자 측이 복수한 경우 실행후 관에 자수하는 경우가 많았고 그러면 관에서도 대개는 정상을 참작하여 가볍게 처벌하려고 노

정에서 상업세력을 억누르기보다 진흥하고자 노력했다고 평가하는 것이 사실에 가까울 것이다(김정자,「朝鮮後期 正祖代의 政局과 市廛政策: 貢市人詢瘼을 중심으로」,《한국학논총》39, 국민대학교 한국학연구소, 2013, 147~218쪽; 김백철, 앞의 책, 2014, 183~231쪽; 이근호,『조선후기 탕평파와 국정운영』, 민속원, 2016, 245~264쪽). 따라서『사법품보』의 재판기록 역시 마찬가지 성격으로 이해해볼 수 있다.

68 『司法稟報(甲)』,「(江原道 → 法部)報告書」第4號, 光武 9년(1905) 1月 5日.

69 『司法稟報(甲)』,「(平安北道 → 法部)報告書」第8號, 建陽 2年(1897) 3月 12日;『司法稟報(甲)』,「(咸鏡北道 → 法部)報告書」第11號, 光武 5年(1901) 5月 15日;『司法稟報(甲)』,「(咸鏡南道 → 法部)質稟書」第3號, 光武 6年(1902) 6月 18日;『司法稟報(甲)』,「(黃海道 → 法部)報告(書)」第30號, 光武 8年(1904) 3月 29日;『司法稟報(甲)』,「(京畿 → 法部)報告書」第25號, 光武 8年(1904) 6月 5日;『司法稟報(甲)』,「(黃海道 → 法部)質稟書」第17號, 光武 8年(1904) 11月 25日;『司法稟報(甲)』,「(黃海道 → 法部)報告(書)」第6號, 光武 9年(1905) 1月 17日;『司法稟報(甲)』,「(黃海道 → 法部)質稟(書)」第37號, 光武 9年(1905) 3月 25日);『司法稟報(甲)』,「(全羅北道 → 法部)質稟書」第48號, 光武 10年(1906) 1月 18日.

70 『司法稟報(甲)』,「(平安南道 → 法部)質稟書」第11號, 光武 4年(1900) 9月 2日;『司法稟報(甲)』,「(京畿 → 法部)質稟書」第36號, 光武 9年(1905) 6月 25日.

71 『司法稟報(甲)』,「(咸鏡北道 → 法部)報告書」第11號, 光武 5年(1901) 5月 15日;『司法稟報(甲)』,「(平安北道 → 法部)質稟書」第36號, 光武 9年(1905) 7月 7日.

72 『司法稟報(甲)』,「(京畿 → 法部)質稟書」第2號, 光武 9年(1905) 11月 18日.

력했다. 단, 집단을 동원하여 개인에게 보복한 경우는 엄벌하는 편이었다. 따라서 사회가 혼란하여 약탈이 성행한 시기에 각종 불법이 횡행한 것은 사실이었지만 관·민이 결코 좌시하지만은 않았다.

3) 신종범죄 유형: 과부약탈의 정형화

그렇다면 과부약탈은 어떠한 방식으로 등장하고 있을까? 실제로 사건은 앞서 살폈듯이 18세기말~19세기초까지 희귀사례로 보고되고 있다. 이것이 폭발적으로 증가한 것은 오히려 고종연간을 전후해서이다. 『사법품보』를 제외한 각종 연대기·공문서를 살펴보면 고종즉위전(~1862) 5건,[73] 고종즉위후(1863~) 9건[74] 등이 확인된다. 수교

---

73 【고종즉위전(~1862)】"或有守寡之良女, 則强暴者多率徒黨, 乘夜劫奪, 包裹結束, 名之曰, **縛娶**, 其爲傷風敗倫, 已無可言."『承政院日記』, 嘉慶 10年(1805) 1月 10日 (乙未); 『日省錄』, 乙丑(순조5/1805) 1月 10日(乙未); "矢身敢生免鰥之計, 將欲劫寡之際, 適因隣救, 計雖未成, 焉逭當律."『黃海監營狀啓謄錄』9册, 「(黃海道)狀啓」, 庚戌(1850) 10月 30日; "噫彼在泄, 不勝鰥愁, 欲劫寡女, 乘夜偸入, 已極駭悖."『黃海監營狀啓謄錄』10册, 「(黃海道)狀啓」, 壬子(1852) 7月 5日; "矢身等, 本以愚迷之性, 罔念法意之重, 蔡元默劫寡時, 隨從助力, 以致韓寡自縊致死之境, 自顧所犯, 焉逭當律."『黃海監營狀啓謄錄』11册, 「(黃海道)狀啓」, 甲寅(1854) 1月 29日; "矢身妄聽悖類之言, 敢生**縛寡**之計, 起送諸人, 將欲劫來之際, 因其隣人之所救, 計雖未成, 焉逭當律乎.……矢身本以愚悖之性, **多率同伴**, 偕往劉鼎錫家, 突入內房, **劫縛寡女**是如可, 奸計未遂, 罪狀綻露, 焉逭當律."『黃海監營狀啓謄錄』12册, 「(黃海道)狀啓」, 乙卯(1855) 6月 30日.

74 【고종즉위 이후(1863~)】"矢身於尹敬明劫寡之時, 同惡相濟之狀, 綻露無餘, 自顧所爲, 焉逭當律."『慶尙監營啓錄』1册, 「(慶尙道)狀啓」, 甲子(1864) 1月 28日; "矢身本以悖類, 敢生淫慾, 强劫寡女是如可, 奸計未遂, 罪狀綻露, 自顧所犯, 焉逭當律."『黃海監營狀啓謄錄』17册, 「黃海道(狀啓)」, 丙寅(1866) 6月 29日; "矢身黃己文劫寡之時, 不爲挽解, 反行助力, 致有獄變, 己文旣爲正犯, 矢身焉逭隨從之律, 無辭遲晩取罪, 照律, 則檢律金鎭瑢手本內, 大典會通奸犯條云, 劫奪未成者, 杖一百流三千里, 大明律鬪毆及故殺人條云, 凡鬪毆殺人者絞. 名例云, 二罪俱發, 以重者論, 隨從者減一等亦係有臥乎等用良."『黃海監營狀啓謄錄』17册, 「(黃海道)狀啓」, 丁卯(1867) 3月 29日; "矢身本以愚迷所致, 罔念法

자체도 순조연간 최초로 제정되었는데 이전까지 마땅한 율이 없다고 할 정도로 과거에는 흔한 범죄가 아니었다.[75] 『사법품보(갑)』을 대상으로 연도별 빈도를 보면 강도의 비중이 폭증하고 있으나 누적추이를 살펴보면 강도사건과 여성약탈사건은 비슷한 궤적을 그리면서 청일·러일전쟁기에 폭증하는 양상을 보인다(〈그림 9〉). 사회혼란기에 강력범죄가 늘고 있음을 알 수 있다.

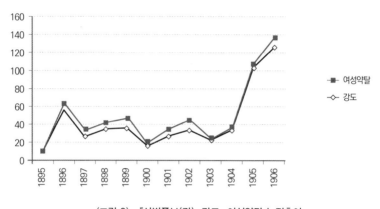

〈그림 9〉 『사법품보(갑)』 강도·여성약탈 누적추이

意, 李光弼劫寡之時, 隨從同惡是如可, 罪狀綻露, 焉逭當律乎.」『黃海監營啓牒謄錄』 17冊, 「(黃海道)狀啓 丁卯(1867) 6月 29日;"矣身敢生免鱖之計, 率黨縛寡是如可, 計雖未遂, 焉逭當律."『黃海監營啓牒謄錄』17冊, 「(黃海道)狀啓」, 丙寅(1866) 12月 30日;"貴國叛民之**刦寡**掠財."『高宗實錄』 卷17, 高宗 17年 2月 乙丑(27日);"聚黨**縛寡**强奸事."『京畿道來去案』3冊, 「(驪州郡 → 外部)報告(書)」 第1號, 光武 5年(1901) 6月 11日;"**縛寡**捧債."『忠淸南道來去案』 1冊, 「(忠淸北道 → 外部)報告書」 第1號, 光武 6年(1902) 1月 30日;"恠**縛寡女之習**을 自爲能事, 作擾成亂이 非止一二處."『忠淸南北道各郡報告』11冊, 「(永春郡 → 經理院)報告書」 第2號, 光武 9年(1905) 11月 24日.

75 "**或有守寡之良女**, 則强暴者多率徒黨, **乘夜劫奪**, 包裹結束, 名之曰縛娶, 其爲傷風悖倫, 已無可言. 而或因此而致殺越之變, 甚至有犯及兩班族者, 愚民視以爲常, 官府亦無定律, 日甚一日, 禁止不得, 誠極寒心."『受敎定例』, 縛娶之類, 施以治盜律, 純祖 5年(1805);『承政院日記』, 嘉慶 10年(1805) 1月 10日(乙未);『日省錄』, 乙丑(순조5/1805) 1月 10日(乙未).

여성약탈사건은 대체로 양인 과부에 대한 약탈이었으며,[76] 이례적으로 처녀·유부녀[77]의 약탈사례도 확인된다. 그리고 점차 사족집안의 과부[78]도 대상이 되고 있다. 각사의 등록류(狀啓)보다『사법품보』의 분량이 현저히 많이 남아 있으므로 사료상 제약이 없지 않으나 경향성을 살펴보면 갑오~광무개혁기에 집중적으로 나타났다. 이로써 19세기후반 혼란기에 인신약탈행위가 맹위를 떨치고 있었음을 알 수 있다.

공통으로 나타나는 과정을 살펴보면 다음과 같다. 먼저 과부로 소문난 여성이 동네에 있으면, 거짓으로 중매를 자처하는 남성(시댁 혹은 친정친척)이나 여성(이웃 부녀자)이 홀아비를 충동질하여 혼인기회로 오판하게 만드는 경우가 많았다.[79] 그래서 이례적으로 과부약탈의 외형을 빌려서 재혼을 추진한 경우도 있었다.[80] 그러나 여성의 동의가 이루어진 경우는 드물었고 과부의 시댁식구나 친정식구 중 일부

---

76 『司法稟報(甲)』, 「(忠淸南道 → 法部)報告書」第40號, 光武 3年(1899) 3月 16日;『司法稟報(甲)』, 「(京畿 → 法部)質稟書」第56號, 光武 3年(1899) 7月 23日;『司法稟報(甲)』, 「(黃海道 → 法部)報告(書)」第43號, 光武 6年(1902) 10月 3日;『司法稟報(甲)』, 「(忠淸南道 → 法部)報告書」第34號, 光武 7年(1903) 7月 9日;『司法稟報(甲)』, 「(黃海道 → 法部)報告(書)」第34號, 光武 9年(1905) 3月 22日.

77 『司法稟報(甲)』, 「(忠淸南道 → 法部)報告書」第99號, 光武 6年(1902) 9月 30日;『司法稟報(甲)』, 「(咸鏡北道 → 法部)報告書」第11號, 光武 10年(1906) 4月 16日.

78 『司法稟報(甲)』, 「(開城府 → 法部)質稟書」第3號, 建陽 1年(1896) 5月 11日;『司法稟報(甲)』, 「(忠淸南道 → 法部)報告書」第111號, 建陽 1年(1896) 12月 15日;『司法稟報(甲)』, 「(京畿 → 法部)質稟書」第7號, 光武 2年(1898) 6月 5日;『司法稟報(甲)』, 「(京畿 → 法部)質稟書」第8號, 光武 2年(1898) 6月 6日;『司法稟報(甲)』, 「(忠淸北道 → 法部)報告書」第82號, 光武 3年(1899) 9月 27日;『司法稟報(甲)』, 「(忠淸北道 → 法部)報告書」第45號, 光武 5年(1901) 8月 10日.

79 『司法稟報(甲)』, 「(忠淸南道 → 法部)報告書」第111號, 建陽 1年(1896) 12月 15日;『司法稟報(甲)』, 「(慶尙北道 → 法部)質稟書」第40號, 光武 9年(1905) 6月 15日;『司法稟報(甲)』, 「(咸鏡南道 → 法部)報告書」第3號, 光武 5年(1901) 5月 15日;『司法稟報(甲)』, 「(全羅北道 → 法部)質稟書」第11號, 光武 8年(1904) 6月 3日.

80 『司法稟報(甲)』, 「(忠淸南道 → 法部)報告書」第42號, 光武 10年(1906) 4月 30日.

가 독단으로 홀아비에게 접근해서 중매를 알선하고 돈을 뜯어내거나 반대로 홀아비가 뇌물을 제공하는 방식이었다.[81] 또 인근에 사는 유부녀들도 과부와 친분을 내세워 같은 방식의 중매를 서서 문제가 되는 경우도 보인다. 여성이 동의했다고 생각하고 밤에 침입했다가 격렬한 저항에 부딪히는 경우가 많았다. 이것은 재혼방법이 아니라 돈을 노린 이들의 사기범죄에 불과했다.[82]

부녀자 약탈과정을 살펴보면, 동네사람[83] · 보부상[84] · 광부[85] · 품팔이꾼[86] · 외국종교[87] 등 무뢰배를 동원하여 야밤에 여성의 집에 침입하고 강제로 여성을 묶어 매고 달아나는 형태가 반복적으로 확인된다. 그런데 놀랍게도 대부분의 사례는 여성의 강력한 저항이 이어졌고,[88] 또한 강제로 약탈당하더라도 이내 시댁 · 친정 · 동네사람을

---

81 『司法稟報(甲)』, 「(江原道 → 法部)報告書」 第26號, 光武 6年(1902) 5月 19日; 『司法稟報(甲)』, 「(平安北道 → 法部)報告書」 第25號, 光武 6年(1902) 5月 28日; 『司法稟報(甲)』, 「(全羅北道 → 法部)質稟書」 第8號, 光武 6年(1902) 6月 23日; 『司法稟報(甲)』, 「(平安南道 → 法部)質稟書」 第6號, 光武 7年(1903) 5月 14日; 『司法稟報(甲)』, 「(江原道 → 法部)報告書」 第30號, 光武 10年(1906) 4月 29日.

82 물론 귀환한 여성의 어머니가 자살하고 지인이 가담한 것으로 추정되는 경우도 보이지만 과부가 결국 송환되었기에 여성본인의 재혼의사가 반영된 것은 아닌 듯하다. 『司法稟報(甲)』, 「(江原道 → 法部)報告書」 第26號, 光武 5年(1901) 5月 19日; 『司法稟報(甲)』, 「(江原道 → 法部)報告書」 第38號, 光武 5年(1901) 6月 29日.

83 『司法稟報(甲)』, 「(京畿 → 法部)質稟書」 第7號, 光武 2年(1898) 6月 5日; 『司法稟報(甲)』, 「(京畿 → 法部)質稟書」 第8號, 光武 2年(1898) 6月 6日.

84 『司法稟報(甲)』, 「(咸鏡南道 → 法部)報告書」 第1號, 光武 5年(1901) 1月 10日; 『司法稟報(甲)』, 「(黃海道 → 法部)報告(書)」 第10號, 光武 5年(1901) 2月 7日.

85 『司法稟報(甲)』, 「(江原道 → 法部)報告書」 第38號, 光武 6年(1902) 6月 29日.

86 『司法稟報(甲)』, 「(京畿 → 法部)質稟書」 第83號, 光武 9年(1905) 11月 18日.

87 『司法稟報(甲)』, 「(忠淸南道 → 法部)質稟書」 第1號, 光武 7年(1903) 3月 29日.

88 『司法稟報(甲)』, 「(忠淸南道 → 法部)報告書」 第127號, 建陽 1年(1896) 12月 27日; 『司法稟報(甲)』, 「(咸鏡南道 → 法部)報告書」 第1號, 光武 5年(1901) 1月 10日; 『司法稟報(甲)』, 「(忠淸南道 → 法部)質稟書」 第71號, 光武 9年(1905) 9月 30日; 『司法稟報(甲)』, 「(忠淸南

모아 집단으로 추적하여서 과부를 되찾아왔다.[89] 이는 성공적인 과부
약탈(보쌈)이 대세가 아니었음을 보여준다. 그래서 신속한 추격으로
겁탈당하지 않고 돌아오는 경우가 많았다.[90] 관아에도 신고가 이루어
져 관련자 처벌이 신속히 행해졌다.

　하지만 불행히도 귀가까지 수일이 걸리기도 했으므로 일부는 강제
로 겁탈당하여 돌아와서 비관자살하는 경우도 있었다.[91] 더욱이 야간
에 집에 침입하거나 가족들이 여성을 되찾으려고 추격하다가 맞붙게
되면 사상자가 발생하였다. 이 경우 여성이나 가족이 죽거나 다치기
도 하였고,[92] 반대로 약탈을 주도한 사람이나 그 패거리도 마찬가지
였다.[93]

道 → 法部)質稟書」第28號, 光武 9年(1905) 12月 11日.
89 『司法稟報(甲)』, 「(元山港 → 法部)質稟書」第7號, 建陽 1年(1896) 6月 9日 ; 『司法稟報
(甲)』, 「(京畿 → 法部)質稟書」第7號, 光武 2年(1898) 6月 5日 ; 『司法稟報(甲)』, 「(忠淸
北道 → 法部)報告書」第132號, 光武 2年(1898) 12月 20日 ; 『司法稟報(甲)』, 「(忠淸北
道 → 法部)報告書」第82號, 光武 3年(1899) 9月 27日 ; 『司法稟報(甲)』, 「(咸鏡南道 → 法
部)報告書」第1號, 光武 5年(1901) 1月 10日 ; 『司法稟報(甲)』, 「(江原道 → 法部)報告書」第
26號, 光武 6年(1902) 5月 19日 ; 『司法稟報(甲)』, 「(全羅北道 → 法部)質稟書」第8號, 光武
6年(1902) 6月 23日 ; 『司法稟報(甲)』, 「(平安南道 → 法部)質稟書」第8號, 光武 9年(1905)
4月 29日 ; 『司法稟報(甲)』, 「(京畿 → 法部)質稟書」第49號, 光武 9年(1905) 7月 20日.
90 『司法稟報(甲)』, 「(京畿 → 法部)質稟書」第8號, 光武 2年(1898) 6月 6日.
91 『司法稟報(甲)』, 「(忠淸北道 → 法部)報告書」第81號, 光武 1年(1897) 10月 24日 ; 『司
法稟報(甲)』, 「(江原道 → 法部)報告書」第36號, 光武 2年(1898) 12月 11日 ; 『司法稟報
(甲)』, 「(忠淸南道 → 法部)質稟書」第4號, 光武 5年(1901) 2月 23日 ; 『司法稟報(甲)』,
「(忠淸南道 → 法部)報告書」第34號, 光武 7年(1903) 7月 9日 ; 『司法稟報(甲)』, 「(黃海
道 → 法部)報告(書)」第8號, 光武 8年(1904) 2月 5日.
92 『司法稟報(甲)』, 「(全羅北道 → 法部)質稟書」第10號, 光武 5年(1901) 4月 17日 ; 『司法稟
報(甲)』, 「(忠淸北道 → 法部)報告書」第29號, 光武 7年(1903) 6月 28日 ; 『司法稟報(甲)』,
「(慶尙北道 → 法部)質稟書」第40號, 光武 9年(1905) 6月 15日 ; 『司法稟報(甲)』, 「(慶尙北
道 → 法部)質稟書」第46號, 光武 9年(1905) 7月 27日 ; 『司法稟報(甲)』, 「(忠淸南道 → 法
部)質稟書」第28號, 光武 9年(1905) 12月 11日.
93 『司法稟報(甲)』, 「(咸鏡南道 → 法部)報告書」第1號, 光武 5年(1901) 1月 10日 ; 『司法稟

일련의 과정은 ① 거짓으로 중매를 알선하거나 혹은 약탈을 계획하는 인물의 부추김, ② 과부약탈 주도자의 실행, ③ 패거리 모집, ④ 야간 습격, ⑤ 여성의 저항, ⑦ 강간 시도, ⑧ 가족이나 동네사람의 추격, ⑨ 여성의 귀환, ⑩ 관아 고발 등으로 요약된다. 오늘날 사극에서 보쌈을 개인의 애정행각처럼 낭만적으로 그려서 미화하는 것과는 전혀 다른 양상이었다. 그런데도 이를 민간의 관습이었다고 설명한다면 과연 납득할 수 있을까? 같은 논리라면 살인·방화·강도 등 동서고금을 막론한 중범죄 역시 인류보편의 관습이 되어야 한다. 따라서 이는 오히려 20세기초 일본제국의 식민지학문 관점에서 철저히 '만들어진 전통'이 아닐까 한다.[94]

3. 과부약탈시 처벌규정과 대응방식

1) 국법의 엄벌주의

여성을 약탈하는 행위는 조선의 국법체계(중국법·아국법)에서도 모두 엄격한 처벌을 받았다. 명률은 인신을 약탈하는 행위로 규정되었고 국전(國典)은 과부약탈 자체를 중범죄로 명시해두었다. 조선에

報(甲)」, 「(忠淸南道 → 法部)質稟書」第11號, 光武 5年(1901) 5月 22日; 『司法稟報(甲)』, 「(忠淸南道 → 法部)質稟書」第71號, 光武 9年(1905) 9月 30日; 『司法稟報(甲)』, 「(京畿 → 法部)質稟書」第83號, 光武 9年(1905) 11月 18日.

94 일본제국의 관습조사 시 전통의 왜곡에 대한 선행연구가 참조되며(소현숙, 『이혼법정에 선 식민지 조선여성들: 근대적 이혼제도의 도입과 젠더』, 역사비평사, 2017, 33~44쪽), 유럽의 전통 역시 근대에 만들어진 사례가 적지 않게 확인된다(에릭 홉스봄 외(박지향 외 역), 『만들어진 전통』, 휴머니스트, 2004, 17~98쪽, 397~492쪽).

서는 형법의 경우 중국법인 명률을 차용하되 구체적인 수교(受敎)가
축적되면 다시 집대성하여 법서를 편찬하고 아국법을 먼저 적용했
다.[95] 여기에서는 앞서 살핀 과부약탈의 전개과정을 기준으로 관련
법조문을 검출해보고자 한다.

먼저, 명률에서 과부약탈사건과 유사한 경우를 처벌할 수 있는 율
문을 검토해보면 다음과 같다. ① 야간에 무단으로 남의 집 안마당을
들어오면 죽여도 무죄였다.[96] ② 인신(人身)을 약탈하는 것 자체도 별
도로 처벌받았다.[97] ③ 강제로 성폭행을 하면 사형으로 다스렸다.[98]
곧 『대명률』의 '야무고입인가(夜無故入人家)'에는 야간에 남의 집에 들
어가면 장 80이고 주인이 죽이더라도 책임을 묻지 않는다고 규정하
였고,[99] '위력제박인(威力制縛人)'은 남을 위력으로 묶어서 제압하면
장 80이고 이로 인해 죽으면 교형이라고 규정하였다.[100] '약인약매인'
은 양인을 약매해서 처첩으로 삼으면 장 100 유 3000으로 처벌하도
록 하였으며,[101] '범간(犯姦)'은 강간하면 교형이고 미수에 그치면 장

---

95 "用大明律." 『經國大典』, 刑典, 用律; "依大典用大明律, 而大典續典有當律者,
　從二典." 『續大典』, 刑典, 用律.
96 "凡夜無故入人家內者, 杖八十. 主家登時殺死者, 勿論. 其已就拘執而擅殺傷者,
　減鬪毆殺傷罪二等. 至死者, 杖一百徒三年." 『大明律』, 刑律, 盜賊, 夜無故入人家.
97 "凡設方略而誘取良人, 及略賣良人 爲奴婢者, 皆杖一百流三千里. 爲妻妾子孫
　者, 杖一百徒三年. 因而傷人者, 絞. 殺人者, 斬. 被略之人不坐, 給親完聚." 『大明律』, 刑
　律, 盜賊, 略人略賣人.
98 "凡和姦杖八十, 有夫杖九十, 刁姦杖一百, 强姦者, **絞**. 未成者, 杖一百流三千里.
　强奸幼女十二歲以下者 雖和同强論." 『大明律』, 刑律, 犯奸, 犯奸.
99 "凡夜無故入人家內者, 杖八十. 主家登時殺死者, 勿論." 『大明律』, 刑律, 盜賊,
　夜無故入人家.
100 "若以威力制縛人, 及於私家拷打監禁者, 並杖八十.……因而致死者, 絞." 『大明律』, 刑
　　律, 鬪毆, 威力制縛人.
101 "凡設方略而誘取良人, 及略賣良人 爲奴婢者, 皆杖一百流三千里. 爲妻妾子孫者, 杖

100 유 3000으로 징계하도록 하였다.[102] 심지어 이는 이미 당률부터 내려온 중범죄에 대한 엄벌주의 원칙이었다.[103] 단, 이상은 살인사건과 연루되지 않았을 경우이며 후술하는 바와 같이 살옥이 발생하면 '위핍인치사', '투구급고살인', '희살오살과실살상인(戲殺誤殺過失殺傷人)' 등이 적용되었고,[104] 거짓으로 중매하거나 단순가담자는 '사교유인범법(詐敎誘人犯法)' · '불응위(不應爲)' 등으로 처벌받았다.[105]

둘째, 조선의 전통법에서도 상황은 마찬가지였다. 과부약탈 처벌을 구체적으로 규정하는 최초 율문은 19세기 『수교정례(受敎定例)』(1825)에 처음으로 등장한다. 이는 1805년(순조5) 발생한 실제 사건을 계기로 반포된 수교가 수록된 것이다.[106] 여기서는 야간에 과부를 약탈하는 행위를 수범과 종범을 구분하지 않고 명화적으로 취급하여 처벌할 것을 규정하였다.[107] 『수교집록(受敎輯錄)』(1698), 『속대전(續大典)』(1746)에서는 밤에 사람을 모아서 살인하면 부대시참(不待時斬)으

一百徒三年. 因而傷人者, 絞. 殺人者, 斬.』『大明律』, 刑律, 盜賊, 略人略賣人.

102 "强姦者, 絞. 未成者杖一百流三千里."『大明律』, 刑律, 犯奸, 犯奸.

103 "諸畧人畧賣人【註: 不和爲畧. 十歲以下, 雖和, 亦同畧法.】. 爲奴婢者, 絞. 爲部曲者, 流三千里. 爲妻妾子孫者, 徒三年【註: 因而殺傷人者, 同强盜法.】."『唐律疏議』, 賊盜, 略人略賣人; "諸姦者, 徒一年半. 有夫者, 徒二年. 部曲雜戶官戶姦良人者, 各加一等. 卽姦官私婢者, 杖九十【註: 奴姦婢, 亦同.】."『唐律疏議』, 雜律, 姦; "諸夜無故入人家者, 笞四十. 主人登時殺者, 勿論."『唐律疏議』, 賊盜, 夜無故入人家.

104 『大明律』, 刑律, 人命, 威逼人致死 · 鬪毆及故殺人 · 戲殺誤殺過失殺傷人.

105 『大明律』, 刑律, 詐僞, 詐敎誘人犯法;『大明律』, 刑律, 雜犯, 不應爲.

106 "雖閭巷匹庶婚娶各有常禮. 而近年以來外邑村間或有守寡之良女, 則强暴者, 多率徒黨乘夜劫奪包裹結束, 名之曰縛娶."『日省錄』, 乙丑(순조5/1805) 1月 10日(乙未).

107 "**或有守寡之良女, 則强暴者多率徒黨, 乘夜劫奪, 包裹結束**, 名之曰縛娶, 其爲傷風悖倫, 已無可言. 而或因此而致殺越之變, 甚至有犯及兩班族者.……夫暗地穿窬偸竊財貨, 尚施賊律, 況結黨行劫奪取人物者, 何異於**明火强盜**乎.……臣意, 則如此之類, **無論首從, 一倂出付鎭營, 以繩治盜之律**."『受敎定例』, 縛娶之類, 施以治盜律, 純祖 5年(1805).

로 다스렸다.[108] 또한 『속대전』에서는 도로에서 사람을 모아서 사람이나 재물을 약탈해도 같은 처벌을 적용했으며 규모가 작고 인명피해가 없으면 절도(絶島)의 노비로 삼았고,[109] 현장에서 명화적을 죽이더라도 처벌하지 않는다고 규정하였는데,[110] 바로 명화적률(明火賊律)로 사용되는 법조문이다. 아울러 『대전회통』(1865)에서는 겁탈 시 사형에 처하였고 미수는 장 100 유 3000으로 처벌하였다.[111] 따라서 명화적률을 적용하여 인명피해가 발생하면 사형에 처했고, 상해를 입히지 않더라도 절도에서 노비가 되어야 했다. 만약 성폭행이 이루어지면 여성의 신분을 막론하고 사형(부대시참·교형)에 처했으며 미수에 그치더라도 장 100 유 3000으로 처벌하였다. 이는 『사법품보』에 실린 재판에도 상당 부분 반영되었다.[112]

108 "明火賊殺越人命, 罪狀旣已承服, 依例梟示." 『受敎輯錄』, 刑典, 賊盜, 順治丁酉(효종 8/1657) 承傳; "賊人, 則勿論明火得財與否, 乘夜率倘殺越人命者, 不待時處斬, 其妻子, 爲奴定屬." 『受敎輯錄』, 刑典, 賊盜, 康熙庚戌(현종11(1670) 承傳; "乘夜聚黨, 殺越人命者, 勿論得財與否, 不待時斬. 妻子, 爲奴." 『續大典』, 刑典, 臟盜; 『大典會通』, 刑典, 臟盜, 續.

109 "聚黨遮載於道路劫奪人財者, 亦以明火律論. ○雖明火作賊, 同黨旣少, 物件不多, 又無殺越人命者, 依竊盜例, 絶島爲奴." 『續大典』, 刑典, 臟盜, 註; 『大典會通』, 刑典, 臟盜, 續.

110 "明火賊登時打殺者外, 不告官擅殺者, 依法抵罪." 『續大典』, 刑典, 殺獄; 『大典會通』, 刑典, 殺獄, 續.

111 "士族妻女劫奪者, 勿論姦未成, 首從, 皆不待時斬[註: 士族妾女劫奪者, 同律. 常賤女子劫奪成姦者, 絞. 爲從, 限己身, 極邊爲奴. 未成者, 杖一百流三千里.]." 『大典會通』, 刑典, 姦犯.

112【士族】『司法稟報(甲)』, 「(京畿 → 法部)質稟書」第7號, 光武 2年(1898) 6月 5日; 『司法稟報(甲)』, 「(京畿 → 法部)質稟書」第8號, 光武 2年(1898) 6月 6日; 『司法稟報(甲)』, 「(忠淸北道 → 法部)報告書」第82號, 光武 3年(1899) 9月 27日; 『司法稟報(甲)』, 「(忠淸北道 → 法部)報告書」第39號, 光武 8年(1904) 7月 5日; 『司法稟報(甲)』, 「(忠淸北道 → 法部)報告書」第69號, 光武 8年(1904) 9月 18日;【常民】『司法稟報(甲)』, 「(忠淸南道 → 法部)報告書」第40號, 光武 2年(1898) 3月 16日; 『司法稟報(甲)』, 「(京畿 → 法部)質稟書」第56號, 光武 2年(1898) 3月 16日; 『司法稟報(甲)』, 「(京畿 → 法部)質稟書」

셋째, 근대형법의 집대성이다. 대한제국기 『형법대전』(1905)이 반포되면서 605조가 만들어졌다. 과부약탈범죄 처벌과 관련해 『대명률』·『대전회통』에서는 여러 율문을 함께 검토해야 했으나 『형법대전』 605조에는 ① 유부녀·처녀 강탈자 교형, ② 약탈후 강간미수범 징역 15년, ③ 과부약탈은 각기 1등급 감형(강탈후강간: 징역 10년, 강탈후강간미수: 징역 7년), ④ 가족 등이 여성을 되찾아간 경우 2등급 감형, ⑤ 약탈과정에서 상해 발생 시 징역종신 등으로 여러 규정을 하나의 조문에 집대성했다.[113] 이것이 판결에도 적용되었다.[114]

조선의 국법체계에서 사용되던 명률·국전 모두에서 과부약탈은 중죄로 처벌하였고 근대법 전환 이후에도 그 지향은 바뀌지 않았다. 이는 여인의 약탈행위가 전통사회에서 어떠한 경우에도 허용되지 않았음을 보여준다. 명률이 적용되면 명목상 최소 장 80에서 교형까지가 범위이지만, 실제 과부약탈이 시도되거나 이루어지면 장 80은 집

第56號, 光武 3年(1899) 7月 23日;『司法稟報(甲)』, 「(黃海道 → 法部)報告(書)」 第43號, 光武 6年(1902) 10月 3日;『司法稟報(甲)』, 「(忠淸南道 → 法部)質稟書」 第4號, 光武 7年(1903) 4月 26日;『司法稟報(甲)』, 「(忠淸南道 → 法部)報告書」 第34號, 光武 7年(1903) 7月 9日;『司法稟報(甲)』, 「(黃海道 → 法部)報告(書)」 第34號, 光武 9年(1905) 3月 22日.

113 "有夫女나 未嫁女를 强奪ᄒ야 妻妾을 作ᄒ 者ᄂ 絞며, 强奪만 ᄒ고 姦淫치 아니ᄒ 者ᄂ 懲役十五年에 處호딕, 寡婦에ᄂ 各히 一等을 減ᄒ고……因ᄒ야 人을 刃으로 傷이나 折傷以上에 致ᄒ 者ᄂ 懲役終身에 處홈이라." 『刑法大全』 第5編 律例下, 第12章 賊盜所干律, 第8節 略人律, 第605條; 【원형】「賊盜處斷例」 8條 7項(法律 第2號, 1896.04.01.).

114 『司法稟報(甲)』, 「(忠淸南道 → 法部)質稟書」 第1號, 光武 10年(1906) 3月 28日;『司法稟報(甲)』, 「(慶尙北道 → 法部)報告書」 第35號, 光武 10年(1906) 3月 31日;『司法稟報(甲)』, 「(忠淸南道 → 法部)報告書」 第42號, 光武 10年(1906) 4月 30日;『司法稟報(甲)』, 「(咸鏡北道 → 法部)報告書」 第11號, 光武 10年(1906) 4月 16日;『司法稟報(甲)』, 「(全羅南道 → 法部)質稟書」 第16號, 光武 10年(1906) 5月 23日.

행되기 어렵고,[115] 장 100 유 3000에서 교형 사이가 형량 범위가 된다. 국전을 적용하더라도 형량범위는 대개 장 100 유 3000에서 사형에 해당하므로 중국법과 크게 다르지 않았으므로 중죄였음을 알 수 있다. 마찬가지로 『형법대전』에서도 징역 7년에서 교형까지로 형량범위가 설정되었다. 따라서 실제 목민관이 여러 법조문을 두루 참고하더라도 형량의 범위 자체가 바뀌기는 쉽지 않은 상황이었다.

2) 실제 판례

그렇다면 관에서는 어떻게 처벌했을까? 『사법품보』에 등장하는 사례를 보면 1차로 지방관(군수)이 사건을 「보고서」로 작성하고 2차로 재판소(관찰사)에서 해당 안건을 판결하여 「질품서」를 작성하며 3차로 법부(법부대신)에 검토를 거쳐서 재판소에서 집행한 판결을 「보고서」로 다시 기록한다. 징역종신 이상은 법부가 판결을 확정 짓고 징역종신 미만은 지방재판소의 판결을 법부가 보고받아 검토만 하는 것이 원칙이지만,[116] 실제로는 법부가 조사과정·율문의 적용·감형가능성 등을 면밀히 따졌으므로 지방재판소의 판결 역시 법부의 통제하에 있었다. 특히 교형일 경우 황제의 최종재가까지 필요했다. 따라서 각 재판소의 단편적 「보고서」·「질품서」의 율문 적용만으로는 1차 재판의 선고를 주로 확인할 수 있을 뿐 확정된 판결로 보기는 어렵다.

---

115 물론 예외적으로 정범도 상황에 따라 태 80을 받은 경우가 〈부표 8〉 '고종후반 과부약탈사건(1895~1906)' 중 1901년 강원도[김익수사건], 황해도[신삼재사건], 충청남도[이갑봉사건] 등에서 확인된다.

116 「刑律名例」 第17條(法律 第3號, 1896.04.04.).

물론 그중 일부는 최종 형량까지 확인 가능하지만 대부분은 재판소에서 법부로 보고하는 단계에 불과하다.

그러나 초동대응은 사건을 다루는 방식이나 검토한 율문을 통한 관의 태도를 이해하는 데 도움이 된다. 고종전반기에는 전통적인 국법체계를 토대로『대명률』·『대전회통』을 활용하였다. 갑오개혁기에 「재판소구성법」(1895)이 반포되어 사법체계의 개편이 이루어졌고 또다시 광무개혁기에 「형률명례」(1896)를 비롯하여 「적도처단례」(1896)가 수차례 반포 및 개정되면서 가장 긴박한 형사사건에 관한 형벌원칙이 집대성되었다.『형법대전』(1905)이 반포됨으로써 기존의 분산된 법조문이 하나로 통합되었다.[117]『사법품보』에는 갑오~광무개혁기 민·형사사건이 집대성되어 있으므로 과부약탈사건 초창기에는 명률과『대전회통』중 하나만 활용되거나 양자가 혼용되었다. 율문도 지방재판소의 판사에 따라 적용방식이 다르게 나타나는 경우가 적지 않았다. 물론 사건이 모두 동일하지 않기 때문이기도 했으나 율문적용과 형량의 일치도를 높이려는 시도 역시 지속되었다. 그 결과,『형법대전』이 반포되면서 법조문의 적용은 점차 통일성이 높아져갔다. 실제로 〈부표 8〉을 토대로 각 재판소가 활용한 법조문을 살펴보면 다음과 같다.

(1) 명률의 원용

먼저 명률을 활용하는 사례는 다양하게 나타나고 있다. 첫째, 가장

---

[117] 근대형법 전환은 다음 참조. 정진숙, 앞의 논문, 2009, 123~205쪽; 문준영, 앞의 논문, 1999, 1~15쪽; 도면회, 앞의 책, 2014, 118~401쪽.

보편적인 율문은 『대명률』 '범간(犯奸)'이다. 1901년 전라북도[강만석사건], 1902년 전라북도[오상옥사건], 1905년 평안남도[김이오사건]에서는 정범(正犯)[118]에게 적용하되 미수를 감안하여 태 100 징역종신으로 하였다가 최종적으로 태 100, 징역 15년으로 감형하였다. 1904년 전라북도[박창원사건]에서는 정범에게 교형을, 간범(干犯)에게 미수를 적용해서 태 100 징역종신으로 선고하였다. 1896년 개성부[신주경사건]에서는 중매자 역할을 한 간범에게 적용하되 정상을 참작하여 2등급을 감하여서 태 100 징역 10년으로 선고하였다. 따라서 정범의 형벌 범위는 최소 태 100 징역 15년 이상이다.

둘째, '투구급고살인'이다. 1901년 원산항[김재호사건], 1903년 충청북도[김인환사건]에서는 살인을 한 정범에게 적용하여 교형에 처하였다. 1901년 전라북도[강만석사건]에서는 두 명을 살인한 간범에게 적용하여 교형을 선고하였다. 1896년 개성부[신주경사건]에서는 살인을 행한 과부약탈사건의 간범에게 적용하되 정상을 참작해서 감형하여 태 100 징역종신을 선고하였다. 1901년 황해도[김소회사건]에서는 정범에게 1차 '약인약매인'(태 100 징역 3년)와 2차 '투구급고살인'(태 100 징역종신)을 다투다가 3차 최종판결은 '약인약매인'에서 2등급을 감해서 태 100 징역종신으로 확정했다. 따라서 정범의 형량은 교형 이상이 선고되었다.

셋째, '위핍인치사(威逼人致死)'이다. 1901년 충청남도[정운창사건]에

---

118 본래 『사법품보』에서는 정범(正犯)과 간범(干犯), 수범(首犯)과 종범(從犯), 조의자(造意者)와 수종자(隨從者), 원고(原告)와 피고(被告), 간련(干連)이나 유족(遺族) 등을 엄밀히 구분하는데, 여기서는 약탈사건에서 여성을 얻고자 하는 남성을 '정범'으로 하고 나머지는 모두 '간범'으로 분류했다.

서는 정범에게 적용하되 귀환후 자살하여서 1등급을 감하여 태 100 징역종신을 선고하였다. 1902년 평안북도[이지화사건]에서는 정범에게 『대명률부례』의 '위핍인치사'의 조례(條例)를 활용하고,[119] 형량은 『대전회통』「형전」 '죄범준계'를 적용해서 태 100 징역종신으로 하였는데 법부에서는 최종적으로 태 100 매장은(埋葬銀)으로 감형하였다. 1905년 평안남도[김이오사건]에서는 약탈자가족이 자살한 사건에 대해서 피해자 측에게 이 율문을 적용하여 태 100 매장은으로 확정판결하였다. 여기서는 최소 태 100 매장은이 적용되었다.

넷째, '살자손(殺子孫)'이다. 1904년 황해도[최윤수사건]에서는 귀환한 여성이 임신하자 유족이 종용하여 자살하였는데 이때 적용하였고, 1등급을 감하여 태 60 징역 1년으로 선고하였다.

다섯째, '위력제박인(威力制縛人)'이다. 1901년 강원도[김익수사건]에서는 정범에게 적용하여 태 80을 적용했다. 여성이 귀환후 자살했는데도 불구하고 지방재판소의 1차 판결의 형량이 지나치게 낮은 편이다. 이는 후술하듯이 민의 법감정과 달리 법리 적용이 달랐기 때문이다.

여섯째, '약인약매인'이다. 1901년 황해도[김소회사건]에서는 남의 첩을 빼앗고 가족에게 상해를 입힌 정범에게 2등급을 감하여 태 100 징역 15년을 선고하였다. 1902년 평안북도[이지화사건]에서는 간범에게 『대명률부례』 '약인약매인'의 주를 원용하여[120] '불응위'를 적용해서 태 80으로 처벌을 확정하였다. 1904년 황해도[최윤수사건]에서는 정범에게 적용하여 태 100 징역 3년을 선고하였다.

---

119 "婦人夫亡願守志, 別無主婚之人, 若有用强求娶, 逼受騁財, 因而致死威逼者, 依律問罪, 追給埋葬銀兩, 發邊衛充軍." 『大明律附例』, 威逼人致死, 條例.
120 "賣大功以下卑幼與人爲妻妾子孫, 不問和略, 并依不應杖." 『大明律附例』, 略人略賣, 註.

일곱째, '사교유인범법(詐敎誘人犯法)'이다. 1901년 함경남도[심의찬 사건]에서는 거짓중매를 맡은 간범에게 적용하되 1등급을 감하여 태 100 징역종신으로 확정판결하였다.

여덟째, '불응위'이다. 일부는 정범에게도 사용되지만 가장 많이 활용되는 경우로 단순가담자에게 많이 적용되었다. 그중 역할이 크면 태 80, 작으면 태 40으로 처분하였는데[121] 대개 태 80을 받았다. 1901년 황해도[신삼재사건]에서는 정범·간범 모두 태 80, 1901년 충청남도[이갑봉사건]에서는 정범에게 태 80, 1901년 충청남도[정운창사건], 1902년 강원도[김익수사건], 평안북도[이지화사건], 1904년 황해도[최윤수사건]에서는 간범에게 태 80을 선고하였다.

아홉째, '희살오살과실살상인(戱殺誤殺過失殺傷人)'이다. 1901년 충청남도[이갑봉사건]에서는 피해자 측이 정당방위로 인정받는 데 사용되었고 단지 속전만 부과하였다.

마지막으로, '야무고입인가(夜無故入人家)'이다. 이는 대개 피해자 측에서 정당방위로 약탈자를 죽였을 때 적용되었다. 1901년 함경남도[심의찬사건], 1902년 황해도[정치만사건]에서 사용되었다.

(2) 국전의 활용

다음으로, 국전을 단독으로 사용해서 처벌한 경우이다. 1898년 경기[이여문사건·김만홍사건], 1899년 경기[이성여사건], 충청남도[황경보사건], 충청북도[곽상우사건], 1905년 황해도[이응보사건]에서는 『대전

---

121 "凡不應得爲而爲之者, 笞四十【註: 謂律令無條, 理不可爲者, 事理重者, 杖八十.】" 『大明律』, 刑律, 雜犯, 不應爲.

회통』「형전」'간범(姦犯)'을 적용하였고 대체로 미수에 그치면 법조문대로 태 100 징역종신으로 처벌하였다.

이외에 「형률명례」 24조에는 판사가 1~2등급을 참작하여 감형할 수 있다고 규정되었으므로[122] 관형주의 원칙을 따라 각 재판소 판사는 정황상 귀환전후 각종 사상자 발생에 대해 직접 간여하지 않았거나 고의성이 없거나 시골백성의 무지함 등을 이유로 남녀불문하고 감형이 추가로 이루어졌다. 이에 1901년 충청북도[이도영사건]에서는 "시골구석 어리석은 백성"이라는 이유를 내세워 2등급 감형하였고 충청남도[김성서사건]에서는 여성이 자살한 사건에 "직접 연루되지 않았다"고 하여 1등급을 감형하여(징역종신 → 15년)[123] 각기 태 100 징역 15년을 선고하였다. 또 1902년 황해도[정치만사건]에서는 정범이 이미 죽었으므로 간범을 2등급 감형해서(징역종신 → 15년 → 10년) 태 100 징역 10년으로 처벌하였다. 또한 1901년 전라북도[강만석사건]에서는 간범에게 『대전회통』「형전」'추단(推斷)'을 적용하여[124] 태 100 징역 15년을 선고하였다.[125] 그러므로 국전에서 처벌한 정범의 형벌 범

---

122 "第二十四條 凡刑事裁判上 所犯의 情狀을 酌量ᄒ야 本刑에서 一等 或 二等을 輕減홈을 得홈."「刑律名例」(法律 第3號, 1896.04.04.);「司法稟報(甲)」,「(京畿 → 法部)質稟書」第4·8號, 光武 2年(1899) 5月 17日·6月 6日;「司法稟報(甲)」,「(昌原港 → 法部)報告(書)」第15號, 光武 6年(1902) 9月 5日;「司法稟報(甲)」,「(忠淸南道 → 法部)報告書」第45號, 光武 8年(1904) 6月 29日;「司法稟報(甲)」,「(黃海道 → 法部)質稟書」第17號, 光武 8年(1904) 11月 25日;「司法稟報(甲)」,「(昌原港 → 法部)質稟書」第5號, 光武 9年(1905) 2月 12日.

123 「刑律名例」(法律 第3號, 1896.04.01.);「刑律名例中改正件」(法律 第5號, 1896.06.17.).

124 이는 오기(誤記)로 보이며 실제로 인용된 율문은 『경국대전주해』와 『대명률강해』의 주(註)이다. "造意者爲首, 隨從減一等." 『經國大典註解』, 後集, 吏典, 天官冢宰, 考課條, 私罪; "凡一人犯罪, 應減者, 若爲從減[註: 謂共犯罪, 以造意者首, 隨從者減一等.]." 『大明律講解』, 名例律, 犯罪得累減.

위는 최소 태 100 징역 15년 이상이다.

(3) 근대형법의 적용

한편 사법근대화의 과도기에는 「적도처단례」도 활용되었는데, 1902년 평안북도[이지화사건]에서는 간범에게 8조 7항이 적용되어 태 100 징역 3년이 선고되었다.[126] 『형법대전』이 도입되면서 법조문의 통일성도 제고되었다. 이를 형량별로 구분해보면 다음과 같다.

첫째, 교형을 받은 사례이다. 1905년 경상북도[곽치실사건]에서는 정범에 대해 『형법대전』 477조(교형)를 적용하되[127] 1등급 감하여 징역종신으로 검토하였다가 법부에서 605조(징역 5년),[128] 479조(교형)[129]를 채택하되 129조[130]를 따라 더 무거운 쪽인 교형을 선고하였다.[131] 반면에 경기[전화서사건]에서는 간범에게 477조를 적용하여 교

---

125 『司法稟報(甲)』, 「(全羅北道 → 法部)質稟書」 第10號, 光武 5年(1901) 4月 17日.

126 "方暑을 設ᄒ야 人家 男女를 誘引ᄒ야 自取 或 轉賣ᄒ야 雇傭을 作ᄒ 者ᄂ 首從을 不 分ᄒ고 皆 笞一百 懲役終身. 妻妾 或 子孫을 作ᄒ 者ᄂ 皆 笞一百 懲役三年." 『賊盜處 斷例』 8條 7項(法律 第2號, 1896.04.01.).

127 "左開 所爲로 人을 故殺ᄒ 者ᄂ 幷히 絞에 處홈이라. 一, 金刃 或 他物을 使用ᄒ 者." 『刑法大全』, 第5編 律例下, 第9章 殺傷所干律, 第2節 故殺人律, 第477條 1項; 【원형】 『大明律』, 刑律, 人命, 鬪毆及故殺人.

128 "強奪만 ᄒ고 姦淫치 아니ᄒ 者ᄂ 懲役 十五年에 處호되, 寡婦에ᄂ 各히 一等을 減ᄒ 고(→ 징역 10년)……但 婦女를 姦占ᄒ기 前에 被奪ᄒ 家에셔 取回ᄒ 境遇에ᄂ 各히 二等을 減호되(→ 징역 5년)……." 『刑法大全』, 第5編 律例下, 第12章 賊盜所干律, 第 8節 略人律, 第605條.

129 "鬪毆를 因ᄒ야 人을 殺ᄒ 者ᄂ 絞에 處홈이라." 『刑法大全』, 第5編 律例下, 第9章 殺 傷所干律, 第3節 鬪毆殺人律, 第479條; 【원형】 『大明律』, 刑律, 人命, 鬪毆及故殺人.

130 "二罪以上이 同時에 俱發된 境遇에ᄂ 其重ᄒ 者를 從ᄒ야 斷斷ᄒ고, 其各等ᄒ 者ᄂ 從一科斷홈이라." 『刑法大全』, 第3編 刑例, 第1章 刑罰通則, 第8節 二罪以上處斷例, 第529條; 【원형】 『大明律』, 名例律, 二罪俱發以重論.

131 【판례】 『司法稟報(甲)』, 「(慶尙北道 → 法部)質稟書」 第46號, 光武 9年(1905) 7月 27日.

형을 선고하였다. 모두 약탈과정 중에 발생한 살인에 대해 처벌받은 것이다. 심지어 1905년 충청남도[장철순사건]에서는 강간살해의 정범에 대해 535조(교형), 477조(교형)를 검토하여 129조에 따라 더 무거운 쪽인 교형을 선고하였고 법부에서 그대로 확정했다.

둘째, 정범에 대해 감형을 적용한 사례이다. 1906년 전라북도[김다 갈장사건]에서는 처음에 535조(교형)를 적용하되[132] 미수에 그쳐 1등급을 감하여 징역종신에 처하였다. 이는 여성을 강간하려고 한 것과 귀환후 자살한 것을 크게 여긴 것이다. 이후 법부에서는 605조(징역 10년),[133] 137조 2항(2등급 감형)[134]을 적용하되 2등급을 감하여 징역 3년으로 확정판결하였다. 이는 미수인 점을 적극적으로 반영하고 중간에 풀려난 여성이 귀환후 자살한 것과 구분했기 때문이다.

다음으로 1906년 충청남도[하춘명사건]에서는 정범에게 605조를 적용하되 과부의 경우 1등급을 감형하는 규정이 적용되었다(교형 → 징역종신).[135] 전라남도[박준행사건]에서는 정범에게 605조의 과부 1등급 감형을 적용하되(교형 → 징역종신), 다시 시골백성의 무지를 참작하여 2등급을 감하여서(125조[136] 원용) 징역 10년을 선고하였다(징역종

---

132 "暴行으로 逼迫ᄒ야 婦女를 强姦ᄒ 者는 絞에 處호ᄃᆡ, 婦女는 不坐홈이라. <u>但 未成ᄒ 者는 一等을 減홈이라.</u>"『刑法大全』, 第5編 律例下, 第10章 姦淫所干律, 第1節 姦人婦女律, 第535條;【원형】『大明律』, 刑律, 犯姦, 犯姦.

133 "强奪만 ᄒ고 姦淫치 아니ᄒ 者는 懲役十五年에 處호ᄃᆡ, 寡婦에는 各히 一等을 減ᄒ고,……但 婦女를 姦占ᄒ기 前에 被奪ᄒ 家에서 取回ᄒ 境遇에는 各히 二等을 減호ᄃᆡ……."『刑法大全』, 第5編 律例下, 第12章 賊盜所干律, 第8節 略人律, 第605條.

134 <u>未遂犯은 左開에 依ᄒ야 處斷홈이라. 一 死刑의 罪에는 一等을 減홈이라. 二 流刑과</u> <u>役刑의 罪에는 二等을 減홈이라.</u>"『刑法大全』, 第3編 刑例, 第1章 刑罰通則, 第12節 未遂犯處斷例, 第137條;【원형】『陸軍法律』, 第144條.

135 "有夫女나 未嫁女를 强奪ᄒ야 妻妾을 作ᄒ 者는 絞며……寡婦에는 各히 一等을 減ᄒ고……."『刑法大全』, 第5編 律例下, 第12章 賊盜所干律, 第8節 略人律, 第605條.

신 → 15년 → 10년). 함경북도[유희섭사건]에서는 정범에게 605조(교형), 600조(절도율)[137]를 적용하고 129조를 따라서 더 무거운 쪽인 교형을 선고하였다.

셋째, 간범에 대한 가벼운 처벌 내지 감형이다. 1906년 충청남도[하춘명사건]에서는 사전에 모의한 사람에 대해 79조[138] · 605조(징역종신)를 적용하되 2등급을 감하여 징역 10년을 선고하였고(징역종신 → 15년 → 10년), 다른 간범에 대해서는 135조[139]를 적용하되 2등급을 감해서 징역 7년을 선고하였다. 함경북도[유희섭사건]에서는 125조(참작감형)를 통해 2등급을 감하여 징역 15년을 선고하였으며(교형 → 징역종신 → 15년), 강원도[방희선사건]에서는 480조[140]를 적용하되 1등급을 감하여(교형 → 징역종신) 징역종신으로, 중개인에게는 609

---

136 "罪人을 處斷홀 時에 其情狀을 酌量ᄒᆞ야 可히 輕홀 者ᄂᆞᆫ 一等 或 二等을 減홈이라. 但 本犯이 終身以上律에 該當홀 案件은 法部에 質稟ᄒᆞ야 指令을 待ᄒᆞ야 處辦홈이라."『刑法大全』, 第3編 刑例, 第1章 刑罰通則, 第6節 公私罪處斷例, 第125條;【원형】「刑律名例」, 第24條.

137 "官私를 詐欺ᄒᆞ야 財를 取ᄒᆞ거나 他人의 財를 拐帶ᄒᆞᄂᆞᆫ 者ᄂᆞᆫ 計贓ᄒᆞ야 第五百九十五條 竊盜律에 准홈이라."『刑法大全』, 第5編 律例下, 第12章 賊盜所干律, 第6節 准竊盜律, 第600條;【원형】「賊盜處斷例」, 10條 3項.

138 "罪를 共犯홀 時에 造意흔 者와 指揮흔 者와 下手흔 者이 有ᄒᆞ면 造意흔 者를 首犯으로 論홈이라. 但 家人이 共犯흔 境遇에ᄂᆞᆫ 尊長을 首犯으로 論호되, 若히 尊長이 年八十以上이나 篤疾이어든 次尊長을 首犯으로 論ᄒᆞ고, 人에게 侵損흔 者ᄂᆞᆫ 凡人首從과 同論홈이라."『刑法大全』, 第2編 罪例, 第1章 犯罪分析, 第5節 二人以上共犯, 第79條;【원형】『大明律』, 名例律, 共犯罪分首從.

139 "從犯은 首犯의 律에 一等을 減홈이라."『刑法大全』, 第3編 刑例, 第1章 刑罰通則, 第11節 二人以上共犯處斷例, 第135條;【원형】『大明律』, 名例律, 共犯罪分首從;『陸軍法律』, 第142條.

140 "本節의 事情으로 二人以上이 共犯흔 境遇에ᄂᆞᆫ 下手의 重흔 者ᄂᆞᆫ 絞에 處ᄒᆞ고 餘人은 並히 笞一百에 處호딕, 混打ᄒᆞ야 下手의 輕重을 難分홀 境遇에ᄂᆞᆫ 先下手흔 者ᄂᆞᆫ 絞며 次下手흔 者ᄂᆞᆫ 懲役一年이며 後下手흔 者ᄂᆞᆫ 並히 笞一百에 處홈이라."『刑法大全』, 第5編 律例下, 第9章 殺傷所干律, 第3節 鬪毆殺人律, 第480條.

조 2항¹⁴¹을 적용해 징역 2년을 선고하였다. 1905년 경상북도[곽치실 사건]에서는 중개인에게 364조(동죄)¹⁴²를 적용해서 징역 5년을 선고 하였다.¹⁴³

넷째, 기타연루자에 대한 처벌이다. 1905년 충청남도[윤지동사건] 에서는 약탈에 저항하여 가족들이 약탈자를 죽인 경우 88조를 적용 하여¹⁴⁴ 정당방위를 인정하였다.

이상에서 명률·국전·『형법대전』을 활용한 사례를 살펴보면, 약 탈을 주도한 인물과 모의하거나 중개한 인물, 그리고 패거리로 따라 간 사람들을 구분하여 처벌하였음을 알 수 있다. 더욱이 피해자가족 도 추격을 통해서 여성을 되찾아왔으므로 그 과정에서 사상자가 피 아간에 발생할 경우 정당방위를 인정하는 선에서 다양한 율문이 적

---

141 "親屬을 誘賣ᄒᆞ야 人의 妻妾 或 子孫을 作ᄒᆞᆫ 者ᄂᆞᆫ 左開에 依ᄒᆞ야 處호ᄃᆡ, 雇工을 作 ᄒᆞᆫ 者ᄂᆞᆫ 各히 一等을 加ᄒᆞ고, 和誘ᄒᆞ야 肯諾을 得ᄒᆞᆫ 者ᄂᆞᆫ 各히 一等을 減ᄒᆞ고, 被誘 ᄒᆞᆫ 者ᄂᆞᆫ 不坐홈이라.……二 弟妹나 姪 或 姪女나 從孫 或 從孫女나 外孫 或 外孫女나 妾이나 子孫婦에ᄂᆞᆫ 懲役二年." 『刑法大全』, 第5編 律例下, 第12章 賊盜所干律, 第8節 略人律, 第609條 2項.

142 "賞을 要求ᄒᆞ거나, 人을 陷害ᄒᆞ기 爲ᄒᆞ야 計를 設ᄒᆞ거나, 言을 用ᄒᆞ야 人을 敎誘ᄒᆞ야 法을 犯케 ᄒᆞ거나, 法을 犯케 ᄒᆞ고 自己가 捕告ᄒᆞ거나 人을 指使ᄒᆞ야 捕告ᄒᆞᆫ 者ᄂᆞᆫ 犯 法ᄒᆞᆫ 人과 同罪홈이라." 『刑法大全』, 第4編 律例上, 第4章 詐僞所干律, 第4節 姦細律, 第364條; 【원형】『大明律』, 刑律, 詐僞, 詐敎誘人犯法.

143 곽치실사건에서 정범(곽치실)은 교형에 처해졌고 간범 서맹곤이 징역 5년을 받았다. 곽치실은 과부가 죽음에 이르게 했으므로 605조(징역 5년)와 479조(교형) 중 129조 를 따라 더 무거운 형벌로 처벌받았다. 중개한 서맹곤은 364조를 적용받아서 실제 범 행을 저지른 자와 같은 형벌로 처벌받게 되었는데, 그가 과부약탈에만 간여했다고 해 서 605조(징역 5년)만 적용받고 살인에는 직접 연루되지 않았다고 보았다. 『司法稟報 (甲)』, 「(慶尚北道 → 法部)質稟書」 第46號, 光武 9年(1905) 7月 27日.

144 "水火盜賊와 其他 意外의 變을 因ᄒᆞ야 回避ᄒᆞ기 不能ᄒᆞ거나 危難을 遭ᄒᆞ야 權限 內 에 可히 保護홀 만흔 者를 爲ᄒᆞ야 犯罪된 者ᄂᆞᆫ 勿論홈이라." 『刑法大全』, 第2編 罪例, 第1章 犯罪分析, 第9節 不論罪類, 第88條; 【원형】『陸軍法律』, 第152條.

용되었다. 이에 아래에서 자세히 검토해보고자 한다.

3) 처벌대상과 형량

(1) 가담정도와 차등적용

지방재판소에서 논의한 율문은 범죄에 가담한 유형에 따라 살펴볼 수 있다. 물론 이것이 모두 확정된 법적용이나 형량은 아니었으나 최소 1차 지방재판소 선고(혹은 2차 법부지령)였으므로 검토해볼 여지는 충분할 것이다. 이에 〈표 14〉와 같이 범죄유형별로 구분해보면 다음과 같다.

첫째, 약탈을 주도한 자(정범)에 대해서도 범죄상황에 따라 형벌이 이루어졌다. 여성(유부녀·처녀)약탈을 주도한 경우는 구체적인 행위에 따라 처벌받았다. 기본적으로 강제로 여성을 약탈하는 행위만으로도 처벌하였고,**145** 약탈후 강간하면 교형이 적용되었다.**146** 약탈과

145【김소회사건】"凡設方略而誘取良人及略賣良人……因而傷人者, <u>絞</u>(2등급 감형 → 태 100 징역 15년)."『大明律』, 刑律, 賊盜, 略人略賣人;『司法稟報(甲)』,「(黃海道 → 法部)報告(書)」第7(새 번호)號, 光武 5年(1901) 6月 5日;【최윤수사건】"凡設方略而誘取良人及略賣良人……爲妻妾子孫者, <u>杖一百徒三年</u>(→ 태 100 징역 3년)."『大明律』, 刑律, 賊盜, 略人略賣人;『司法稟報(甲)』,「(黃海道 → 法部)報告(書)」第8號, 光武 8年(1904) 2月 5日.

146【박창원사건】"強姦者, <u>絞</u>."『大明律』, 刑律, 犯姦, 犯姦;『司法稟報(甲)』,「(全羅北道 → 法部)質稟書」第11號, 光武 8年(1904) 6月 3日;【유희섭사건】"有夫女나 未嫁女를 强奪ᄒᆞ야 妻妾을 作ᄒᆞᆫ 者ᄂᆞᆫ 絞며……."『刑法大全』, 第5編 律例下, 第12章 賊盜所干律, 第8節 略人律, 第605條; "官私를 詐欺ᄒᆞ야 財를 取ᄒᆞ거나 他人의 財를 拐帶ᄒᆞᆫ 者ᄂᆞᆫ 計贓ᄒᆞ야 第595條 竊盜律에 准홈이라."『刑法大全』, 第5編 律例下, 第12章 賊盜所干律, 第6節 准竊盜律, 第600條; "二罪以上이 同時에 俱發된 境遇에ᄂᆞᆫ 其重ᄒᆞᆫ 者를 從ᄒᆞ야 處斷ᄒᆞ고……."『刑法大全』, 第3編 刑例, 第1章 刑罰通則, 第8節 二罪以上處斷例, 第129條;『司法稟報(甲)』,「(咸鏡北道 → 法部)報告書」第11號, 光武 10年(1906) 4月 16日.

정에서 사람을 죽여도 교형에 처했다.[147] 다만 성폭행이 미수에 그칠 경우 감형이 적용되었다.[148] 가족이 데려가거나 조기에 실패해도 감형받거나 가볍게 처벌받기도 했다.[149] 유부녀·처녀와 과부를 구분하여 감형한 경우도 있다.[150] 이에 정범은 교형에서 태 80까지로 형량

---

[147] 【곽치실사건】"有夫女나 未嫁女를 强奪ᄒ야 妻妾을 作ᄒ 者는 絞며, 强奪만 ᄒ고 姦淫치 아니ᄒ 者는 懲役十五年에 處호딕, 寡婦에는 各히 一等을 減ᄒ고……但 婦女를 姦占ᄒ기 前에 被奪ᄒ 家에서 取回ᄒ 境遇에는 各히 二等을 減호딕……."『刑法大全』, 第5編 律例下, 第12章 賊盜所干律, 第8節 略人律, 第605條; "鬪毆를 因ᄒ야 人을 殺ᄒ 者는 絞에 處흠이라."『刑法大全』, 第5編 律例下, 第9章 殺傷所干律, 第3節 鬪毆殺人律, 第479條; "二罪以上이 同時에 俱發된 境遇에는 其重ᄒ 者를 從ᄒ야 處斷ᄒ고……."『刑法大全』, 第3編 刑例, 第1章 刑罰通則, 第8節 二罪以上處斷例, 第129條; 『司法稟報(甲)』, 「(慶尙北道 → 法部)質稟書」第46號, 光武 9年(1905) 7月 27日. ※단, 약인약매율의 3등급감형(징역 5년)과 투구살(교형)이 경합하여 중형(重刑)인 교형으로 판결받았다.

[148] 【이여문·김만홍·이성여·황경보사건】"士族妻女劫奪者, 勿論姦未成, 首從, 皆不待時斬〔註:……常賤女子劫奪成姦者, 絞.……未成者, 杖一百流三千里(→ 태 100 징역종신)〕."『大典會通』, 刑典, 姦犯; 『司法稟報(甲)』, 「(京畿 → 法部)質稟書」第7·8號, 光武 2年(1898) 6月 5日·6日; 『司法稟報(甲)』, 「(京畿 → 法部)質稟書」第56號, 光武 3年(1899) 7月 23日; 『司法稟報(甲)』, 「(忠淸南道 → 法部)報告書」第40號, 光武 3年(1899) 3月 16日; 【이도영사건】"士族妻女劫奪者, 勿論姦未成, 首從, 皆不待時斬(2등급 감형 → 태 100 징역 15년)."『大典會通』, 刑典, 姦犯; 『司法稟報(甲)』, 「(忠淸北道 → 法部)報告書」第45號, 光武 5年(1901) 8月 10日; 【강만석사건】"强姦者, 絞. 未成者, 杖一百流三千里(→ 태 100 징역종신)."『大明律』, 刑律, 犯姦, 犯姦; 『司法稟報(甲)』, 「(全羅北道 → 法部)質稟書」第10號, 光武 5年(1901) 4月 17日; 【김이오사건】"强姦者, 絞. 未成者, 杖一百流三千里(1등급 감형 → 태 100 징역 15년)."『大明律』, 刑律, 犯姦, 犯姦; 『司法稟報(甲)』, 「(平安南道 → 法部)質稟書」第8號, 光武 5年(1901) 4月 29日; 『司法稟報(甲)』, 「(平安南道 → 法部)報告書」第30·36號, 光武 5年(1901) 5月 3·31日.

[149] 【신삼재·이갑봉사건】"凡不應得爲而……事理重者, 杖八十(→ 태 80)."『大明律』, 刑律, 雜犯, 不應爲; 『司法稟報(甲)』, 「(黃海道 → 法部)報告(書)」第10號, 光武 5年(1901) 2月 7日; 『司法稟報(甲)』, 「(忠淸南道 → 法部)質稟書」第11號, 光武 5年(1901) 5月 22日.

[150] 【하춘명사건】"有夫女나 未嫁女를 强奪ᄒ야 妻妾을 作ᄒ 者는 絞……寡婦에는 各히 一等을 減ᄒ고(→ 징역종신)……."『刑法大全』, 第5編 律例下, 第12章 賊盜所干律, 第8節 略人律, 第605條; 『司法稟報(甲)』, 「(忠淸南道 → 法部)質稟書」第1號, 光武 10年(1906) 3月 28日; 【박준행사건】"有夫女나 未嫁女를 强奪ᄒ야 妻妾을 作ᄒ 者

의 폭이 넓었다.

둘째, 간범도 역할에 따라 나뉜다. 거짓 중매나 사전계획을 세운 경우는 설사 물리력 동원에 가담하지 않았더라도 사안에 따라 처벌 되었다.**151** 패거리에 가담하여 물리력을 제공한 경우도 별도로 구분 하였다.**152** 여기서도 간범은 징역종신에서 태 80까지 형량의 폭이 매

는 絞……寡婦에는 各히 一等을 減ᄒ고(2등급 감형 → 징역 10년)……."『刑法大全』, 第5編 律例下, 第12章 賊盜所干律, 第8節 略人律, 第605條;『司法稟報(甲)』,「(全羅南 道 → 法部)質稟書」第16號, 光武 10年(1906) 5月 23日.

151【신주경사건】"若媒合容止通姦者, 各減犯人罪一等(→ 태 100 징역 10년)."『大明律』, 刑律, 犯姦, 犯姦;『司法稟報(甲)』,「(開城府 → 法部)質稟書」第3號, 建陽 1年(1896) 5 月 11日;【심의찬사건】"凡諸人, 設計用言, 敎誘人犯法……皆與犯人同罪(1등급 감 형 → 태 100 징역종신)."『大明律』, 刑律, 詐僞, 詐敎誘人犯法;『司法稟報(甲)』,「(咸鏡 南道 → 法部)報告書」第1號, 光武 5年(1901) 1月 10日;【이지화사건】"[註: 賣大功以 下卑幼與人爲妻妾子孫不問和略, 并依不應杖.]"『大明律附例』, 刑律, 賊盜, 略人略賣 人;"凡不應得爲而……事理重者, 杖八十(→ 태 80)."『大明律』, 刑律, 雜犯, 不應爲; 『司法稟報(甲)』,「(平安北道 → 法部)報告書」第32號, 光武 6年(1902) 6月 30日;【하춘 명사건】"罪를 共犯ᄒᆯ 時에 造意ᄒᆫ 者와 指揮ᄒᆫ 者와 下手ᄒᆫ 者이 有ᄒ면 造意ᄒᆫ 者 를 首犯으로 論홈이라."『刑法大全』, 第2編 罪例, 第1章 犯罪分析, 第5節 二人以上共 犯, 第79條;"有夫女나 未嫁女ᄅᆯ 强奪ᄒ야 妻妾을 作ᄒᆫ 者ᄂᆫ 絞며……寡婦에는 各히 一等을 減ᄒ고(1등급 추가감형 → 징역 10년)……."『刑法大全』, 第5編 律例下, 第12章 賊盜所干律, 第8節 略人律, 第605條;『司法稟報(甲)』,「(忠淸南道 → 法部)質稟書」第1 號, 光武 10年(1906) 3月 28日. ※단, 79조의 취지대로면 조의자(父 하중오)가 수범으 로 처벌받아야 하지만, 오히려 실행범(子 하춘명)이 1등급만 감해져 징역종신을 받았 다.【방희선사건】"親屬을 誘賣ᄒ야 人의 妻妾 或 子孫을 作ᄒᆫ 者ᄂᆫ 左開에 依ᄒ야 處 호되……二 弟妹나 姪 或 姪女나 從孫 或 從孫女나 外孫 或 外孫女나 妾이나 子孫婦 에ᄂᆫ 懲役二年."『刑法大全』, 第5編 律例下, 第12章 賊盜所干律, 第8節 略人律, 第609 條 2項;『司法稟報(甲)』,「(江原道 → 法部)質稟書」第30號, 光武 10年(1906) 4月 29日.

152【정치만사건】"士族妻女劫奪者, 勿論姦未成, 首從, 皆不待時斬[註:……常賤女子劫 奪成姦者, 絞.……未成者, 杖一百流三千里(2등급 감형 → 태 100 징역 10년)]."『大 典會通』, 刑典, 姦犯;『司法稟報(甲)』,「(黃海道 → 法部)報告(書)」第43號, 光武 6年 (1902) 10月 3日;【신삼재·정운창·김익수·이지화·최윤수사건】"凡不應得爲而 ……事理重者, 杖八十(→ 태 80)."『大明律』, 刑律, 雜犯, 不應爲;『司法稟報(甲)』,「(黃 海道 → 法部)報告(書)」第10號, 光武 5年(1901) 2月 7日;『司法稟報(甲)』,「(忠淸南

우 넓었다.

셋째, 약탈자 패거리로 인해서 사상자가 발생하면 범죄정황에 따라 처벌받았다. 정범과 간범을 불문하고 약탈과정에서 사람을 다치게 하면 징역종신에 처했다. 더욱이 사람이 죽음에 이르면 정범이나 간범을 불문하고 교형을 원칙으로 하되,**153** 상황에 따라 참작이 이루

道 → 法部)質稟書」第4號, 光武 5年(1901) 2月 23日;『司法稟報(甲)』,「(江原道 → 法部)報告書」第26號, 光武 6年(1902) 5月 19日;『司法稟報(甲)』,「(平安北道 → 法部)報告書」第25號, 光武 6年(1902) 5月 28日;『司法稟報(甲)』,「(黃海道 → 法部)報告(書)」第8號, 光武 8年(1904) 2月 5日;【하춘명사건】"有夫女나 未嫁女를 强奪ㅎ야 妻妾을 作흔 者는 絞……寡婦에는 各히 一等을 減ㅎ고(1차 수범의 죄 → 징역종신)……."『刑法大全』, 第5編 律例下, 第12章 賊盜所干律, 第8節 略人律, 第605條;"從犯은 首犯의 律에 一等을 減흠이라(2차 종범의 죄: 2등급 추가감형 → 징역 7년)."『刑法大全』, 第3編 刑例, 第1章 刑罰通則, 第11節 二人以上共犯處斷例, 第135條;『司法稟報(甲)』,「(忠清南道 → 法部)質稟書」第1號, 光武 10年(1906) 3月 28日. ※수범의 죄(징역종신)에서 1등급을 감하고 또 2등급을 참작감형하여 징역 7년이 되었다. 【유희섭사건】"有夫女나 未嫁女를 强奪ㅎ야 妻妾을 作흔 者는 絞며……."『刑法大全』, 第5編 律例下, 第12章 賊盜所干律, 第8節 略人律, 第605條;"罪人을 處斷흘 時에 其情狀을 酌量ㅎ야 可히 輕흘 者는 一等 或 二等을 減흠이라(→ 징역 15년)."『刑法大全』, 第3編 刑例, 第1章 刑罰通則, 第6節 公私罪處斷例, 第125條;『司法稟報(甲)』,「(咸鏡北道 → 法部)報告書」第11號, 光武 10年(1906) 4月 16日;【방희선사건】"本節의 事情으로 二人以上이 共犯흔 境遇에는 下手의 重흔 者는 絞(1등급 감형 → 징역종신)에 處ㅎ고……."『刑法大全』, 第5編 律例下, 第9章 殺傷所干律, 第3節 鬪毆殺人律, 第480條;『司法稟報(甲)』,「(江原道 → 法部)質稟書」第30號, 光武 10年(1906) 4月 29日;【곽치실사건】"人을 陷害ㅎ기 爲ㅎ야 計를 設ㅎ거나, 言을 用ㅎ야 人을 敎誘ㅎ야 法을 犯케 ㅎ거나……犯法흔 人과 同罪이라(→ 징역 5년)."『刑法大全』, 第4編 律例上, 第4章 詐僞所干律, 第4節 姦細律, 第364條;『司法稟報(甲)』,「(慶尙北道 → 法部)質稟書」第46號, 光武 9年(1905) 7月 27日.

153 【김재호 · 김인환 · 강만석사건】"凡鬪毆殺人者, 不問手足他物金刃, 並絞."『大明律』, 刑律, 人命, 鬪毆及故殺人;『司法稟報(甲)』,「(元山港 → 法部)質稟書」第7號, 建陽 1年(1896) 6月 9日;『司法稟報(甲)』,「(忠清北道 → 法部)報告書」第29號, 光武 7年(1903) 6月 28日;『司法稟報(甲)』,「(全羅北道 → 法部)質稟書」第10號, 光武 5年(1901) 4月 17日;【전화서사건】"左開 所爲로 人을 故殺흔 者는 幷히 絞에 處흠이라. 一 金刃 或 他物을 使用흔 者……."『刑法大全』, 第5編 律例下, 第9章 殺傷所干律, 第2節 故殺人律,

어졌다.¹⁵⁴ 다만, 여성이 귀환후 자살한 경우는 직접적인 책임을 묻지 않고 감형하거나 가볍게 처벌하는 경우도 확인된다.¹⁵⁵ 이는 대중의 법감정과 별개로 책임의 직접성을 따진 판례로 보인다. 사상자가 발생한 경우 역시 형량 범위는 교형에서 태 80까지였다.

넷째, 가족에 대한 경우이다. 이는 야간에 집을 기습할 때 저항하거나 뒤쫓아가서 되찾아오는 과정에서 사상자가 발생한 경우이다. 대체로 피해자 가족 및 지인의 행위는 정당방위가 인정되었다.¹⁵⁶ 하

第477條 1項; 『司法稟報(甲)』, 「(京畿 → 法部)質稟書」 第83號, 光武 9年(1905) 11月 18日; 【장철순사건】 "暴行으로 逼迫ᄒ야 婦女를 强姦ᄒ 者는 絞에 處호딕……." 『刑法大全』, 第5編 律例下, 第10章 姦淫所干律, 第1節 姦人婦女律, 第535條; "左開 所爲로 人을 故殺ᄒ 者는 并히 絞에 處홈이라." 『刑法大全』, 第5編 律例下, 第9章 殺傷所干律, 第2節 故殺人律, 第477條: "二罪以上이 同時에 俱發된 境遇에는 其重ᄒ 者를 從ᄒ야 處斷ᄒ고……." 『刑法大全』, 第3編 刑例, 第1章 刑罰通則, 第8節 二罪以上處例, 第129條; 『司法稟報(甲)』, 「(忠淸南道 → 法部)質稟書」 第28號, 光武 9年(1905) 12月 11日.

154 【신주경사건】 "凡鬪毆殺人者, 不問手足他物金刃, 並絞(1등급 감형 → 태 100 징역종신)." 『大明律』, 刑律, 人命, 鬪毆及故殺人; 『司法稟報(甲)』, 「(開城府 → 法部)質稟書」 第3號, 建陽 1年(1896) 5月 11日. ※단 율문에는 고살이면 참형이고 투구살이면 교형인데 "고의성 없음"을 이유로 감형이 이루어졌다. 【정운창사건】 "若因姦盜而威逼人致死者, 斬(1등급 감형 → 태 100 징역종신)." 『大明律』, 刑律, 人命, 威逼人致死; 『司法稟報(甲)』, 「(忠淸南道 → 法部)質稟書」 第4號, 光武 5年(1901) 2月 23日.

155 【김성서사건】 "士族妻女劫奪者, 勿論姦未成, 首從, 皆不待時斬【註:……常賤女子劫奪成姦者, 絞.……未成者, 杖一百流三千里(1등급 감형 → 태 100 징역 15년)】." 『大典會通』, 刑典, 姦犯; 『司法稟報(甲)』, 「(忠淸南道 → 法部)報告書」 第34號, 光武 7年(1903) 7月 9日; 【김익수사건】 "若以威力制縛人……並杖八十(→ 태 80)." 『大明律』, 刑律, 鬪毆, 威力制縛人; 『司法稟報(甲)』, 「(江原道 → 法部)報告書」 第26號, 光武 6年(1902) 5月 19日; 【김다갈장사건】 "有夫女나 未嫁女를……强奪만 ᄒ고 姦淫치 아니ᄒ 者는 懲役十五年에 處호딕, 寡婦에는 各히 一等을 減ᄒ고(1차 적용 → 징역 10년)……." 『刑法大全』, 第5編 律例下, 第12章 賊盜所干律, 第8節 略人律, 第605條; "未遂犯은 左開에 依ᄒ야 處斷홈이라.……二. 流刑과 役刑의 罪에는 二等을 減홈이라(2차 적용 → 징역 3년)." 『刑法大全』, 第3編 刑例, 第1章 刑罰通則, 第12節 未遂犯處斷例, 第137條 2項; 『司法稟報(甲)』, 「(全羅北道 → 法部)報告書」 第31號, 光武 10年(1906) 5月 6日.

156 【심의찬사건 · 정치만사건】 "凡夜無故入人家內者……主家登時殺死者, 勿論(→ 정당

지만 약탈에 직접 참여하지 않은 가족을 대상으로 복수한 경우는 제
재받았다.[157] 가족이 귀환한 여성의 정절을 문제 삼아서 죽음에 이
르게 하는 경우도 처벌하였다.[158] 또 약탈자 패거리가 상처를 입거나
죽어서 금전적 배상을 요구하는 적반하장도 나타났는데 이 경우 관
의 엄중한 제재를 받았다.[159] 이러한 사례들은 형량이 태 60 징역 1년
에서 무죄까지로 가장 낮았다.

결국, 첫째부터 셋째까지 모두 범죄가담자에 대해서 형량 범위가
교형에서 태 80으로 매우 넓게 분포한다. 이는 사건별 상황의 차이와
지방재판소 판사나 법부 대신의 율문을 적용하는 방식이 달랐기 때

방위)." 『大明律』, 刑律, 賊盜, 夜無故入人家; 『司法稟報(甲)』, 「(咸鏡南道 → 法部)報
告書」 第1號, 光武 5年(1901) 1月 10日; 『司法稟報(甲)』, 「(黃海道 → 法部)報告(書)」 第
43號, 光武 6年(1902) 10月 3日; 【이갑봉사건】 "若過失殺傷人者, 各准鬪殺傷罪, 依律
收贖, 給付其家(→ 정당방위 수속)." 『大明律』, 刑律, 人命, 戲殺誤殺過失殺傷人; 『司
法稟報(甲)』, 「(忠清南道 → 法部)稟書」 第11號, 光武 5年(1901) 5月 22日; 【윤지동사
건】 "水火盜賊과 其他 意外의 變을 因ㅎ야 回避ㅎ기 不能ㅎ거나 危難을 遭ㅎ야 權限
內에 可히 保護홀 만흔 者를 爲ㅎ야 犯罪된 者는 勿論홈이라(→ 정당방위)." 『刑法大
全』, 第2編 罪例, 第1章 犯罪分析, 第9節 不論罪類, 第88條; 『司法稟報(甲)』, 「(忠清南
道 → 法部)質稟書」 第71號, 光武 9年(1905) 9月 30日.
157 【김이오사건】 "凡因事威逼人致死者, 杖一百…… 並追埋葬銀一十兩(→ 태 100 매장
은)." 『大明律』, 刑律, 人命, 威逼人致死; 『司法稟報(甲)』, 「(平安南道 → 法部)質稟書」
第8號, 光武 9年(1905) 4月 29日; 『司法稟報(甲)』, 「(平安南道 → 法部)報告書」 第36號,
光武 9年(1905) 5月 31日.
158 【최윤수사건】 "凡祖父母父母故殺子孫, 及家長故殺奴婢, 圖賴人者, 杖七十徒一年半(1
등급 감형 → 태 60 징역1년)." 『大明律』, 刑律, 人命, 殺子孫及奴婢圖賴人; 『司法稟報
(甲)』, 「(黃海道 → 法部)報告(書)」 第8號, 光武 8年(1904) 2月 5日.
159 【곽상우사건】 "士族妻女劫奪者……皆不待時斬(3등급 감형추정 → 태 100 징역 7년)."
『大典會通』, 刑典, 姦犯; 『司法稟報(甲)』, 「(忠清北道 → 法部)報告書」 第82號, 光武 3年
(1899) 9月 27日. ※가족이 과부를 되찾은 사건으로 정범(곽상우)에게 해당하는 법문만
소개되어 있으나 도주하여서 형량이 미기재되어 있다. 다만 죄수를 놓친 옥쇄장에 대해
서는 도주한 죄인의 형량에서 2등급을 감하여 태 100 징역 3년으로 처리하였으므로 정
범의 본죄는 태 100 징역 7년이고 본래 율문(斬刑)에서 3등급이 감형된 것으로 보인다.

문이다. 따라서 구체적인 상황에 대한 검토 없이 과부약탈사건의 율
문이나 형량을 일반화하기는 쉽지 않았다. 오직 넷째의 가족 관련 처
벌수위만 피해자임을 고려하여 정당방위로 무죄선고하거나 가벼운
처벌에 그치도록 했다.

〈표 14〉 과부약탈 시 범죄역할별 적용된 법조문과 형량범위

구분	사건명	주요근거	법조문	형량범위 (법문외 추가감형)
정범	김소회사건	약탈	『대명률』 약인약매인	태 100 징역 15년 (2등급감형)
정범	최윤수사건	약탈	『대명률』 약인약매인	태 100 징역 3년
정범	박창원사건	약탈후 강간	『대명률』 범간	교형
정범	유희섭사건	약탈후 강간	『형법대전』 605조	교형
정범	곽치실사건	약탈후 살인	『형법대전』 479조	교형
정범	이여문 · 김만홍 · 이성여 · 황경보사건	약탈후 강간미수	『대전회통』 간범	태 100 징역종신– 태 100 징역 15년
정범	이도영사건	(사족부녀자) 약탈후 강간미수	『대전회통』 간범	태 100 징역 15년 (2등급감형)
정범	강만석사건	약탈후 강간미수	『대명률』 범간	태 100 징역종신
정범	김이오사건	약탈후 강간미수	『대명률』 범간	태 100 징역 15년 (1등급감형)
정범	신삼재 · 이갑봉사건	약탈후 가족귀환	『대명률』 불응위	태 80
정범	하춘명사건	과부감형	『형법대전』 605조	징역종신
정범	박준행사건	과부감형	『형법대전』 605조	징역 10년 (2등급감형)
간범	신주경사건	중개.모의	『대명률』 범간	태 100 징역 10년
간범	심의찬사건	중개.모의	『대명률』 사교유인범법	태 100 징역종신 (1등급감형)

구분	사건명	주요근거	법조문	형량범위 (법문외 추가감형)
간범	이지화사건	중개.모의	『대명률』 약인약매인	태 80
간범	하춘명사건	중개.모의	『형법대전』 79조 · 605조	징역 10년 (1등급감형)
간범	방희선사건	중개.모의	『형법대전』 609조 2항	징역 2년
간범	정치만사건	패거리가담	『대전회통』 간범	태 100 징역 10년 (2등급감형)
간범	신삼재 · 정운창 · 김익수 · 이지화 · 최윤수사건	패거리가담	『대명률』 불응위	태 80
간범	하춘명사건	패거리가담	『형법대전』 605조 · 135조	징역 7년 (2등급감형)
간범	유희섭사건	패거리가담	『형법대전』 605조 · 125조	징역 15년
간범	방희선사건	패거리가담	『형법대전』 480조	징역종신 (1등급감형)
간범	곽치실사건	패거리가담	『형법대전』 364조	징역 5년
정범	김재호 · 김인환 · 강만석사건	사망자발생	『대명률』 투구급고살인	교형
정범	장철순사건	사망자발생	『형법대전』 535조 · 477조 · 129조	교형
간범	전화서사건	사망자발생	『형법대전』 477조 1항	교형
정범	신주경사건	사망자발생	『대명률』 투구급고살인	태 100 징역종신 (1등급감형)
정범	정운창사건	사망자발생	『대명률』 위핍인치사	태 100 징역종신 (1등급감형)
정범	김성서사건	귀환후 여성자살	『대전회통』 간범	태 100 징역 15년 (1등급감형)
정범	김익수사건	귀환후 여성자살	『대명률』 위력제박인	태 80
정범	김다갈장사건	귀환후 여성자살	『형법대전』 605조 · 137조 2항	징역 3년

구분	사건명	주요근거	법조문	형량범위 (법문외 추가감형)
가족	심의찬사건·정치만 사건	피해자측 살인	『대명률』 아무고입인가	정당방위
가족	이갑봉사건	피해자측 살인	『대명률』 희살오살과실살 상인	정당방위, 속전(贖錢)
가족	윤지동사건	피해자측 살인	『형법대전』 88조	정당방위
가족	김이오사건	가해자가족 자살	『대명률』 위핍인치사	정당방위, 태 100 매장은(埋葬銀)
가족	최윤수사건	가족의 여성자살 종용	『대명률』 살자손	태 60 징역 1년 (1등급감형)
정범	곽상우사건	사족부녀자귀환 후 가해자의 상 해보상요구	『대전회통』 간범	(태 100 징역 7년 (3등급감형) 추정)

• 전거: 〈부표 8〉 '고종후반 과부약탈사건(1895~1906)' 참조.

(2) 정범의 최종형량

위의 논의는 주로 지방재판소의 「질품서」인데 일종의 1차 선고에 해당하므로 확정판결을 모두 확인할 수 없는 반면에, 일부 사건은 2차로 동일 사건에 대한 법부의 회답 「지령」 및 지방재판소의 집행 「보고서」가 모두 남아 있어서 최종 형량을 확인할 수 있다. 여기서는 사건을 주도한 정범만을 대상으로 압축하여 비교적 단일한 잣대에서 살펴보고자 한다.

먼저 지방재판소의 1차 선고는 1901년 충청남도[정운찬사건], 전라북도[강만석사건], 황해도[김소회사건], 1902년 평안북도[이지화사건], 1905년 황해도[이응보사건], 평안남도[김이오사건] 등에서 모두 태 100 징역종신에 처했다. 아울러 1906년 전라북도[김다갈장사건]에서는 징역종신을 선고했으나 그사이 부가형이 폐지되어 실제로는 같은 형벌이었다. 심지어 1905년 경상북도[곽치실사건], 충청남도[장철순사건]에서는 최고형인 교형을 선고하였다. 예외적으로 1901년 함경남도[심의찬사건]에서만 태 100으로 비교적 낮게 선고되었을 뿐이며, 대부분 징역종신 이상 중형에 처했다.

다음으로 법부의 회답을 토대로 확정한 2차 선고는 1901년 심의찬사건, 정운찬사건, 강만석사건, 이지화사건, 이응보사건 등을 모두 태 100 징역종신으로 최종판결하였다. 앞서 심의찬사건이 태 100으로 법부에 보고되었으나 태 100 징역종신으로 가형(加刑)이 이루어졌고, 곽치실사건과 장철순사건 역시 1차 선고와 마찬가지로 교형이 그대로 확정되었다.

물론 감형이 이루어진 경우도 있었다. 김소회사건과 김이오사건은 태 100 징역 15년으로 2등급 감형이 이루어졌으며, 김다갈장사건은 징역 3년으로 감형되었다. 김소회사건은 지방재판소에서 1등급을 감했다가 법부의 명으로 1등급을 추가로 감형한 사례이다. 이는 최소세 차례 이상 재판과정에 강제로 간음한 것보다는 서로 합의로 살다가 헤어졌다는 주장을 받아들인 것으로 보인다.[160] 김이오사건은 여성의 시어머니가 찾아와서 범인의 아버지가 자살에 이르렀던 정황을 참작하여 감형이 이루어졌고,[161] 김다갈장사건은 여성이 원치 않자 풀어주어서 미수에 그쳤으며 여성이 귀환후 자살한 점을 감안하였다. 이에 율문에 따라 2등급을 감형하고(징역 7년) 다시 지방재판소에

---

160 『司法稟報(甲)』, 「(黃海道 → 法部)報告書」 第48號, 光武 5年(1901) 5月 21日.
161 『司法稟報(甲)』, 「(平安南道 → 法部)質稟書」 第8號, 光武 5年(1901) 4月 29日.

서 추가로 1등급을 감형한 것이다(징역 3년).[162]

따라서 여성약탈사건에는 범죄 간여도에 따라 다양한 형량이 적용되었음에도 불구하고 정범에게는 기본적으로 중형이 원칙이었으며

〈표 15〉 과부약탈사건 1차(지방재판소선고) 및 2차(법부지령) 형량비교

	사건명	1차 판결선고	1차 형량	2차 확정판결	2차 형량	비고
1	심의찬사건	1901년 1월 10일 함경남도재판소	태 100	동년 5월 15일 법부지령	태 100 징역종신	미수/가형
2	정운찬사건	1901년 2월 23일 충청남도재판소	태 100 징역종신	1902년 9월 30일 법부지령	(태 100) 징역종신	동일
3	강만석사건	1901년 4월 17일 전라북도재판소	태 100 징역종신	1902년 5월 5일 법부지령	(태 100) 징역종신	동일
4	김소회사건	1901년 5월 21일 황해도재판소	태 100 징역종신	동년 6월 5일 법부지령	태 100 징역 15년	감형
5	이지화사건	1902년 5월 28일 평안북도재판소	태 100 징역종신	동년 6월 30일 법부지령	태 100 징역종신	미수/동일
6	이응보사건	1905년 2월 25일 황해도재판소	태 100 징역종신	동년 3월 22일 법부지령	태 100 징역종신	미수/동일
7	김이오사건	1905년 4월 29일 평안남도재판소	태 100 징역종신	동년 5월 31일 법부지령	태 100 징역 15년	미수/감형
8	곽치실사건	1905년 6월 15일 경상북도재판소	교형	1906년 2월 12일 법부지령	교형	동일
9	장철순사건	1905년 12월 11일 충청남도재판소	교형	1906년 1월 29일 법부지령	교형	동일
10	김다갈장사건	1906년 4월 5일 전라북도재판소	징역종신*	동년 5월 6일 법부지령	징역 3년*	석방/감형

- 형량개혁 반영(태형+징역형 복합처벌 폐지).
- 전거: 〈부표 8〉 '고종후반 과부약탈사건(1895~1906)' 참조.

162 『司法稟報(甲)』, 「(全羅北道 → 法部)報告書」 第31號, 光武 10年(1906) 5月 6日.

실제로도 징역종신 이상이 1~2차 재판에서 주로 선고되었다. 다만, 사건별로 지방재판소나 법부에서 각기 구제할 수 있는 사안을 검토하여 감형에 나섰기 때문에 형량변동이 초래된 것이다.

그동안 과부약탈(보쌈)에 대해 현대인은 인권침해로 여기는 게 당연하지만 전통시대 여성은 순응했을 것이라는 막연한 선입견이 자리하고 있었다. 과부약탈은 일본제국의 식민지경영을 위한 관습조사에서 보고되면서 마치 고유풍습처럼 이해된 듯하다. 특히 제국주의시대 사회과학의 영향으로 민속학에서도 고대 유습으로 풀이했고 광복 이후에도 구비문학을 조사하는 과정에서 소재로 다수 등장하자, 이러한 선입견은 확신으로 변했다.

물론 고종연간에도 과부를 포함한 여성의 약탈사례가 광범위하게 나타난다. 한동안 범죄기록에 등장하는 사례를 기준으로 만연한 관습으로 이해해왔으나 동시에 그에 대한 처벌과 응징도 병기되어 있다. 만약 일본제국의 주장대로 과부약탈이 조선의 관습이 되려면 중죄로 처벌하거나 당사자나 가족의 격렬한 저항이 없어야 한다. 하지만『사법품보』에 등장하는 대부분의 부녀자약탈 사례는 본인과 가족의 극렬한 저항과 탈출 그리고 관의 적극적인 처벌로 이어지고 있다. 『대명률』·『대전회통』·『형법대전』 등 다양한 법서(法書)에서 모두 엄벌주의를 천명하였다. 실제 판결에서도 정범은 중형으로 다스렸으며, 거짓중매에 나선 자들이나 패거리를 이루어 따른 자들을 사안에 따라 처벌하였다. 사상자가 발생하면 가해자에게는 가중처벌이 이루어졌고 피해자에게는 정당방위를 인정하거나 가벼운 형벌로 징계하였다.

그러므로 여성을 상대로 하는 범죄유형을 상세히 기록하고 중하게 처벌한 것은 과부약탈을 한갓 약탈혼의 풍속으로 간주한 것이 아니라 엄연한 인신매매로 판단하여 엄단하고자 노력했기에 국가의 징벌 판례로서 남긴 것이다. 만일 일본제국이 한말의 상황을 조사했듯이 현대에 새롭게 등장한 중범죄 사례만을 모아서 대한민국의 관습으로 해외에 소개한다면 과연 우리는 납득할 수 있을까?

과부약탈은 유구한 관습이라기보다는 후대에 나타난 새로운 범죄 유형이었을 뿐이다. 일각에서 보쌈을 전통으로 미화하는 행위는 그동안 식민지학의 시선에서 '전통 대 근대'를 '야만 대 문명'으로 보는 시각이 과도하게 이입되어 실제 역사상을 전혀 다르게 파악한 것이다.

제5장

대내외 침탈과 백성소요

1. 비적무리의 출현과 대응

1) 의병 · 동학의 중층적 시선

『사법품보』는 청일전쟁 · 갑오개혁(1984) 전후부터 러일전쟁 · 「을사늑약」 직후(1906)까지를 대상으로 한다. 이는 동학농민운동을 배경으로 외세점령하에 근대적 사법개혁이 추진되었기 때문이다. 이 자료에는 비적무리(0.7%), 동학 · 혹세무민(0.7%), 의병(0.3%) 등으로 비중이 높은 편이다(〈표 3〉). 청일전쟁 직후 을미사변으로 왕비가 시해되었고, 친일내각 주도의 단발령(1896.01.) 등 개화정책이 추진되었으며, 중앙이 일본군에 장악되었는데 이를 인지한 지방민은 도처에서 을미의병(1895.10.~1896.03.)을 일으켜 저항했다.[1]

갑오정권은 8도체제(감영 · 유수영 포함)를 일괄 폐지하면서 광역

통치기구(혹은 특수행정단위) 대신에 비교적 동등한 23부(1895.06.~ 1896.08.)를 두는 형태로 변화하였으나[2] 관찰부에 관찰사(판사 겸직)가 미처 다 파견되지 못하였고 참서관(검사 겸직)이 업무를 대신 수행하는 경우가 많았다.[3] 23개 관찰부는 곧 23개 지방재판소(개항장 포함)를 의미했다.

그런데 새로운 제도에 맞추어 "개화한 수령"(단발 추정)이 지방에 내려가자 지방민에게 공격받는 일이 벌어졌다.[4] 당시 의병을 자처하면서[5] 23부 관찰사는 박영효가 고친 제도이고 임금의 뜻으로 임명받은 것이 아니라는 명분을 내세웠다.[6] 공격대상은 관아나 관원(참서관·주사·순검 등)이었다.[7] 심지어 시찰관(視察官)이 폭행당하고 세부

---

1 홍순권, 앞의 글, 1995, 170~176쪽.

2 『高宗實錄』 卷33, 高宗 32年 5月 丙申(26日), 「地方制度改正件」(勅令 第98號, 1895).

3 【관찰사서리참서관】『司法稟報(甲)』, 「(咸興府 → 法部)報告書」 第1號, 建陽 1年(1896) 1月 10日;『司法稟報(甲)』, 「(羅州府 → 法部)報告書」 第2·4~5·6~9·12號, 建陽 1年(1896) 2月 3日·7月 6日·7日·8月 14日;『司法稟報(甲)』, 「(開城府 → 法部)質稟書」 第1號, 建陽 1年(1896) 4月 17日;『司法稟報(甲)』, 「(海州府 → 法部)報告(書)」 第21·25·38號, 建陽 1年(1896) 4月 25日·5月 11日·7月 22日;『司法稟報(甲)』, 「(仁川府 → 法部)報告書」 第7·11·13~14號, 建陽 1年(1896) 5月 8日·18日·27日;『司法稟報(甲)』, 「(洪州府 → 法部)報告書」 第13·18·25號, 建陽 1年(1896) 5月 10日·6月 20日·7月 14日;『司法稟報(甲)』, 「(春川府 → 法部)報告書」 第8號, 建陽 1年(1896) 6月 9日.

4 『司法稟報(甲)』, 「(春川府 → 法部)報告書」 第20號, 建陽 1年(1896) 8月 17日;『司法稟報(甲)』, 「(江原道 → 法部)報告書」 第10號, 建陽 1年(1896) 9月 26日;『司法稟報(甲)』, 「(江原道 → 法部)報告書」 第4號, 建陽 1年(1896) 10月 1日;『司法稟報(甲)』, 「(江原道 → 法部)報告書」 第18號, 建陽 2年(1897) 1月 22日.

5 『司法稟報(甲)』, 「(忠淸北道 → 法部)報告書」 第17號, 建陽 2年(1897) 3月 30日.

6 "有徐相烈者, 自稱湖左召募討賊大將, 率其黨三千餘, 據醴泉郡, 舊觀察使及郡守三人竝被殺. 臣前進至安東界, 相烈等謂臣所帶, 是泳孝改制臾中創痍, 且今差除, 非由聖簡, 諭勅, 非由聖意, 脅盟吏民, 前拒使車, 調發黨類, 後截歸路." 『高宗實錄』 卷34, 高宗 33年 4月 28日(陽曆).

7 『司法稟報(甲)』, 「(咸興府 → 法部)報告書」 第5號, 建陽 1年(1896) 6月 25日;『司法稟報

(稅簿)·관인(官印) 등을 **빼앗기는** 일이 비일비재했다.[8] 을미의병은
친일내각의 폐비조치에 대한 반발로 국모 복수와 단발령 반발을 명
분으로 일어났다가 아관파천(1896.02.11.) 이후 친일내각이 붕괴되고
고종이 정권을 되찾은 뒤 친일관료 처벌을 약속하고 중앙군이 남하
하여 회유하자 해산하였다. 조정에서는 민심수습을 위해 단발령 폐
지를 논의하기도 했다.[9] 그러나 지방민의 정서는 쉽게 바뀌지 않았
다. 아관파천에도 불구하고 종전의 친일내각에 대한 반감이 완전히
해소되지 않았다. 1896년 4월 함흥부에서는 순검과 일본상인이 함께
도착했는데 싸움놀이를 벌이던 아이들과 시비가 붙어 순검이 칼을
빼 들자 돌팔매질해 죽이고 말았으며, 공교롭게도 비슷한 시기에 변
란이 발생해서 참서관·주사까지 죽음에 이르렀다.[10]

　1900년초부터 지방에는 동학의 움직임이 포착되었고,[11] 연말에는
전국적 결사조직이 발각되자 광무정권은 도장을 위조하여 외세배척
의 통문을 만들어 우편으로 돌리고[12] 밀조(密詔)·비통(祕通) 등을 내

　(甲)」,「元山港 → 法部)報告書」第9號, 建陽 1年(1896) 7月 2日.
8 『司法稟報(甲)』,「(咸興府 → 法部)質稟書」第2號, 建陽 1年(1896) 日子未詳(7月 9日 도
　착);『司法稟報(甲)』,「(咸興府 → 法部)報告書」第14號, 建陽 1年(1896) 8月 11日;『司法
　稟報(甲)』,「(咸鏡南道 → 法部)報告書」第4號, 建陽 1年(1896) 9月 29日.
9 【단발령시행】『高宗實錄』卷33, 高宗 32年 11月 辛亥(15日);『高宗實錄』卷34, 高宗 33
　年 1月 11日(陽曆);【단발령폐지논의】『高宗實錄』卷35, 高宗 34年 8月 12日(陽曆).
10 『司法稟報(甲)』,「(咸興府 → 法部)報告書」第1號, 建陽 1年(1896) 4月 14日;『司法稟報
　(甲)』,「(咸興府 → 法部)報告書」, 建陽 1年(1896) 4月 28日.
11 『司法稟報(乙)』,「(全羅北道 → 法部)報告書」第20號, 光武 4年(1900) 4月 4日;『司法稟
　報(乙)』,「(忠淸北道 → 法部)報告書」第26號, 光武 4年(1900) 4月 11日;『司法稟報(乙)』,
　「(忠淸北道 → 法部)報告書」第30號, 光武 4年(1900) 5月 6日.
12 【無賴奸作[作奸]之輩-圖章僞造-通文】『司法稟報(乙)』,「(咸鏡南道 → 法部)報告書」第
　7號, 光武 4年(1900) 12月 22日;【無賴作奸之輩-圖章僞造】『司法稟報(乙)』,「(城津
　港 → 法部)報告書」第23號, 光武 4年(1900) 12月 11日;『司法稟報(乙)』,「(慶興港 → 法

세워 중앙·지방을 연결하면서[13] 백성을 선동하는 불령(不逞)한 무리를 단속하도록 하였다.[14] 이는 외형상 의병운동으로 보이지만, 광무정권의 입장에서는 간신히 국권을 회복하여 개혁을 추진하는 상태였으므로 지방민의 이반을 최대한 막아야 했기 때문이다. 1901년초부터 동학도 역시 대거 체포되었고,[15] 수시로 풍수지리를 내세워 요언·요서를 퍼뜨려 민심을 선동하는 행위도 적발되었다.[16] 또다시 외세가 국내분열을 이용하지 못하도록 조정의 대응이 절실한 시점이었다.

『사법품보』는 형정자료이므로 정치적 급변상황에 대해 아무런 설명 없이 동학[東徒·東匪]·의병(義兵)·비적무리[匪類·匪徒] 등이 혼재되어 등장한다. 『사법품보(갑)』에서 동학·의병·비적무리의 등장빈도는 비슷한 추세를 보이며 동학농민운동·청일전쟁 직후 대대적

部)報告書」第9號, 光武 4年(1900) 12月 23日.

13 【無賴奸作之輩-密詔】『司法稟報(乙)』, 「(平安北道 → 法部)報告書」第73號, 光武 4年(1900) 11月 29日; 【不逞之徒-密詔】『司法稟報(乙)』, 「(忠淸北道 → 法部)報告書」第79號, 光武 4年(1900) 12月 27日; 【不逞之徒-秘通】『司法稟報(乙)』, 「(江原道 → 法部)報告書」第13號, 光武 4年(1900) 12月 15日; 『司法稟報(乙)』, 「(寧遠郡 → 平安南道)報告書」第91號, 光武 4年(1900) 11月 27日; 『司法稟報(乙)』, 「(平安南道 → 法部)報告書」第15號, 光武 4年(1900) 12月 15日.

14 【不逞之徒-경계】『司法稟報(乙)』, 「(咸鏡南道 → 法部)報告書」第22號, 光武 4年(1900) 10月 2日; 『司法稟報(乙)』, 「(仁川港 → 法部)報告書」第□號, 光武 4年(1900) 11月 21日; 『司法稟報(乙)』, 「(三和港 → 法部)報告(書)」第1號, 光武 4年(1900) 11月 25日; 『司法稟報(乙)』, 「(忠淸南道 → 法部)報告書」第72號, 光武 4年(1900) 11月 26日; 『司法稟報(乙)』, 「(東萊監理署 → 法部)報告(書)」第50號, 光武 4年(1900) 11月 27日; 『司法稟報(乙)』, 「(昌原港 → 法部)報告(書)」第5號, 光武 4年(1900) 11月 28日; 『司法稟報(乙)』, 「(慶尙南道 → 法部)報告書」第17號, 光武 4年(1900) 12月 4日; 『司法稟報(乙)』, 「(全羅北道 → 法部)報告書」第58號, 光武 4年(1900) 12月 5日; 『司法稟報(乙)』, 「(全羅南道 → 法部)報告書」第73號, 光武 4年(1900) 12月 5日; 『司法稟報(乙)』, 「(忠淸北道 → 法部)報告書」第72號, 光武 4年(1900) 12月 13日.

15 『司法稟報(乙)』, 「(平安北道 → 法部)報告書」第15號, 光武 5年(1901) 2月 17日.

16 『司法稟報(乙)』, 「(平理院 → 法部)質稟書」第25號, 光武 6年(1902) 12月 4日.

인 관리처벌이 이루어졌다(〈그림 10〉). 의병에 대한 조정의 입장은 정권에 따라 전혀 다르게 나타난다. 갑오정권은 당연히 자신에게 도전하는 부정한 세력으로 묘사하고 있다.[17] 친일내각은 일본제국의 입장을 대변하고 일본군의 전국 주둔을 옹호하는 훈시를 전국에 반포하였다.[18]

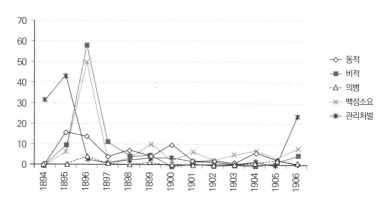

〈그림 10〉 『사법품보(갑)』 동학 · 비적 · 의병 · 백성소요 · 관리처벌 빈도

반면에 광무개혁기 고종 · 지방관료는 여전히 의병 · 동학을 백성으로 간주했으므로 회유하여 무장해제후 해산시키거나 설령 처벌하

---

17 유영익, 앞의 글, 2002, 182~186쪽; 박성순, 「고 · 순종연간 의병의 개념과 위상변천 연구」,《동양고전연구》38, 동양고전연구회, 2010, 211~222쪽.

18 "一, 此次日本政府出力, 保認我固有自主, 亟派全權大使, 致謝厚誼, 益敦隣好事……. 一, 日兵之留駐各地方, 寔出於防備淸兵, 毫無惡意. 凡我士民, 其各洞悉相安無事之意, 行會各地方事." 『高宗實錄』卷32, 高宗 31年 7月 乙亥(1日); "第八十六條, 明과 淸國을 尊崇ᄒ지 말고 我朝의 開國紀元이 定ᄒ얏슨즉 諸般明文과 契書等項에 淸國年號를 記치 勿ᄒᆯ 事. 第八十七條, 人民에게 日本이 我의 獨立自主를 助ᄒᄂᆫ 形便을 曉喩ᄒᆯ 事." 『高宗實錄』卷33, 高宗 32年 3月 辛巳(10日), 內務衙門訓示.

더라도 얼마 뒤 사면 · 감등하였다.**19** 친일내각붕괴후(1896) 새로이 파견된 안동부 관찰사가 어렵사리 의병을 타일러 해산시켰으나 과거 도망쳤던 순검 · 일본군이 갑자기 관아를 부수고 여염집을 불 지르자 다시 원성을 샀다.**20** 이러한 정황은 러일전쟁기(1904)에도 달라지지 않았다. 당시 함경남도에는 동학이 크게 일어났는데 함흥군 주둔 일본군은 동학군을 체포하여 다섯 명을 바로 총살하였다.**21**

일본군이 또다시 궁궐을 점령하고 러일전쟁을 일으키자 「을사늑약」(1905.11.) 직전부터 의병을 경계하는 「훈령」이 전국에 내려졌는데,**22** 아직 사법권이 일본제국에 넘어가지 않은 상태에서 의병에 대해 최대한 관대한 처분을 보였으며,**23** 오히려 인장을 일본인에게 넘

---

19 『高宗實錄』卷34, 高宗 33年 3月 8日(陽曆); 『司法稟報(甲)』, 「(忠淸南道 → 法部)報告書」第110號, 光武 2年(1898) 9月 17日; 『司法稟報(甲)』, 「(平安北道 → 法部)報告書」第61號, 光武 3年(1899) 8月 20日.

20 "臣進退不得, 占駐民家, 或榜招父老, 面論德音, 或檄移郡邑, 謄布恩諭, 曉以義理, 示以禍福. 嶺南人士, 稍稍信服.……不意前使時巡檢逃避者及日本兵猝入本府, 打破公廨, 燒殘廬舍, 數千民戶, 今無一二. 吏卒奔散山谷, 士民顚連滿壑, 景狀愁慘, 不忍當觀. 臣雖欲前往赴任, 招集其接, 其勢固未由. 且相烈見嶺人稍貳, 日兵燒蕩, 移怒移愼, 萃臣一身, 乃馳檄其部落在安東者, 令斬臣頭以來." 『高宗實錄』卷34, 高宗 33年 4月 28日(陽曆).

21 『司法稟報(甲)』, 「(咸鏡南道 → 法部)報告書」第4號, 光武 8年(1904) 3月 28日.

22 「의병경계훈령」『司法稟報(乙)』, 「(義州市 → 法部)報告書」第27號, 光武 9年(1905) 11月 1日; 『司法稟報(乙)』, 「(平安南道 → 法部)報告書」第58號, 光武 9年(1905) 11月 5日; 『司法稟報(乙)』, 「(忠淸北道 → 法部)報告書」第4號, 光武 9年(1905) 11月 14日; 『司法稟報(乙)』, 「(龍川港 → 法部)報告書」第10號, 光武 9年(1905) 11月 18日; 『司法稟報(乙)』, 「(濟州牧 → 法部)報告書」第9號, 光武 9年(1905) 11月 21日.

23 무장강도는 수범이나 종범을 가리지 않고 참형 · 교형에 처하였으나 의병은 가벼운 징역형 · 유배형으로 처분하거나 방면하였다. 【1차재판: 교형 · 징역 3년】『司法稟報(甲)』, 「(江原道 → 法部)質稟書」第8號, 光武 9年(1905) 11月 26日; 【2차재판: 징역종신 · 태80 · 방면 → 1등급감형】『司法稟報(甲)』, 「(江原道 → 法部)質稟書」第13號, 光武 9年(1905) 12月 24日; 【유형 10년】『司法稟報(乙)』, 「(平理院 → 法部)質稟書」第12號, 光武 10年(1906) 9月 10日; 【유형 5년/10년】『司法稟報(乙)』, 「(平理院 → 法部)報告書」第112

기고 도주한 관리를 처벌하였다.[24] 1906년 「한일신조약」(「을사늑약」)에 반대하여[25] 의병이 다시 일어났다.[26] 정미의병부터 적극적으로 고종·근왕세력이 의병과 결합하여 일본제국에 저항하였다.[27]

대체로 조정에서는 의병(혹은 동학·비적무리)을 따른 백성에게 관대한 처벌을 내렸다.[28] 관원·백성을 직접 살해한 주동자는 엄벌에 처했으나 단순가담자는 『형법대전』 82조·87조·678조를 적용하여 가볍게 처리하거나 석방하였다.[29] 무장강도는 수범·종범을 가리지 않고 참형에 처하였으므로 설령 비적무리로 표현되었을지라도 형량이 낮은 경우는 전후문서를 대조해보면 의병·동학인 경우가 많았다.

2) 동학 빙자범죄의 대응

앞서 살폈듯이 1894년 동학농민운동이 일어나고 청일전쟁·갑오개혁·을미사변이 연이어 발생했으므로 '동학'은 조선 조정에 큰 상

號, 光武 10年(1906) 9月 14日.

24 『司法稟報(乙)』, 「(濟州牧 → 法部)報告書」 第47號, 光武 10年(1906) 7月 29日.

25 홍순권, 앞의 책, 1994, 81~133쪽.

26 『司法稟報(乙)』, 「(平理院 → 法部)報告書」 第143·145·147·165號, 光武 10年(1906) 10月 18日·19日·25日·11月 23日; 『司法稟報(乙)』, 「(平理院 → 法部)質稟書」 第15·17號, 光武 10年(1906) 11月 23日·12月 14日.

27 김영찬, 「대한제국 해산군 간부들의 정미의병 활동에 대한 고찰」, 《군사연구》 139, 육군군사연구소, 2015, 160~176쪽; 오영섭, 앞의 책, 2007.

28 『司法稟報(甲)』, 「(平安北道 → 法部)報告書」 第9·10號, 光武 3年(1899) 2月 22日·24日.

29 "犯罪흘 情을 知ᄒ고 首犯을 幇助흔 者를 從犯으로 論흠이라." 『刑法大全』, 第2編 罪例, 第1章 犯罪分析, 第5節 二人以上共犯, 第82條; "人의 威脅을 抵當치 못ᄒ야 犯罪된 者는 勿論흠이라." 『刑法大全』, 第2編 罪例, 第1章 犯罪分析, 第9節 不論罪類, 第87條; "應爲치 못흘 事를 爲흔 者는 笞四十이며, 事理 重흔 者는 笞八十에 處흠이라." 『刑法大全』, 第5編 律例下, 第14章 雜犯律, 第10節 不應爲律, 第678條.

처로 남았다. 청군의 출병을 저지하기 위해 조정은 1차 청군의 출병 요청 거부(실패) → 2차 청군의 수도진입 금지(성공) → 3차 조선 중앙군의 신속한 남하후 동학군과 화의 체결(성공) 등을 추진했다. 하지만 이 상황을 역이용하려던 일본군의 수도점령 및 청군에 대한 기습으로 국제전쟁이 벌어졌고 끝내 왕정의 몰락으로 점철되었다. 동학군이 2차로 결집하자 청일전쟁의 승기를 잡은 일본군이 국왕을 포로로 삼은 상태에서 조선 관군을 지휘하여 섬멸전을 벌였다. 동학도를 대하는 태도가 바뀐 것이다.[30] 동학도는 조선 왕실에게는 또 하나의 백성으로서 회유대상이었으나 일본군에게는 단지 박멸해야 할 저항세력이었기 때문이다.

국왕이 아관파천을 통해서 간신히 일본군의 유폐상태에서 벗어난 후 광무개혁을 추진하면서 지방민에 대한 적극적인 위무조치가 취해졌다. 이는 과거 임오군란 시 도성의 하층민에 대한 배려부족이나 갑신정변 시 엘리트계층의 화합부족 등을 극복하고 중앙과 지방, 상층과 하층의 통합을 모색한 결과였다.

그런데 그 유형은 여러모로 고민이 필요하다. 동학과 잘 구분이 안되는 사례로서 비적(匪賊: 匪徒)으로 표기될 때이다.[31] 이 경우 동학일 수도 있고[32] 단순 무장강도일 수도 있다. 따라서 전후맥락이나 진술

---

30 『司法稟報(甲)』, 「(咸鏡南道 → 法部)報告書」 第4號, 光武 8年(1904) 3月 28日.
31 『司法稟報(甲)』, 「(平安北道 → 法部)報告書」 第35號, 光武 1年(1897) 11月 22日.
32 『司法稟報(甲)』, 「完營(→ 法部)牒報」, 開國 504年(1895) 2月 1日;『司法稟報(甲)』, 「完營 (→ 法務衙門)牒報」, 開國 504年(1895) 3月 22日;『司法稟報(甲)』, 「光州(→ 法部)來牒」, 開國 504年(1895) 5月 13日;『司法稟報(甲)』, 「錦營(→ 法部)來牒」, 開國 504年(1895) 5 月 19日;『司法稟報(甲)』, 「咸營(→ 法部)牒報」, 開國 504年(1895) 閏5月 5日;『司法稟報 (甲)』, 「(公州部 → 法部)報告書」 第6號, 建陽 1年(1896) 7月 5日.

기록[供招]을 유심히 살펴볼 필요가 있다. 특정시기를 제외하면 동학은 대개 동비(東匪)·동학(東學),[33] 좌도비류(左道匪類),[34] 동학비적(東學匪賊),[35] 동학도(東學徒),[36] 남비(南匪),[37] 동괴(東魁)[38] 등으로 구분하고 있다. 또 처벌 시 명률의 '금지사무사술(禁止師巫邪述)'[39]이나 '조요서요언'[40]을 적용한 경우도 대부분 동학이었다. 물론 일부는 동학이 아니라 미신으로 현혹한 경우도 포함한다. 조정에서는 비록 주모자는 사형에 처하였으나[41] 동학도는 가급적 회유해서 해산시키고자 했다.[42] 단순가담자는 대부분 방면되었으며 동학도의 연좌도 엄격히 금지하였다.[43] 또한 동학도로 몰려서 무고당하거나[44] 재산을 빼앗긴 경

---

33 『司法稟報(甲)』,「(忠淸南道 → 法部)報告書」第41號, 建陽 2年(1897) 4月 6日.

34 『司法稟報(甲)』,「錦營(→ 軍務衙門)牒報」, 開國 504年(1895) 3月 8日.

35 『司法稟報(甲)』,「(堤川縣 → 法部)報告(書)」第159號, 開國 504年(1895) 4月 10日.

36 『司法稟報(甲)』,「安城郡(→ 法務衙門)牒報」, 開國 504年(1895) 1月 26日.

37 『司法稟報(甲)』,「(忠淸南道 → 法部)報告書」第10號, 建陽 2年(1897) 1月 23日.

38 『司法稟報(乙)』,「(忠淸南道藍浦郡 → 法部)報告書」第2號, 光武 6年(1902) 8月 17日.

39 【법조문】"凡師巫假降邪神, 書符呪水, 扶鸞禱聖, 自號端公大保師婆, 及妄稱彌勒佛白蓮社明尊敎白雲宗等會, 一應左道亂正之術, 或隱藏圖像, 燒香集衆, 夜聚曉散, 佯修善事, 扇惑人民, 爲首者, 絞. 爲從者, 各杖一百流三千里."『大明律』, 禮律, 祭祀, 禁止師巫邪術.【판례】『司法稟報(甲)』,「(全羅北道 → 法部)質稟書」第1號, 光武 4年(1900) 3月 15日;『司法稟報(甲)』,「(全羅北道 → 法部)質稟書」第2號, 光武 4年(1900) 4月 2日;『司法稟報(甲)』,「(平安北道 → 法部)報告書」第80號, 光武 4年(1900) 12月 22日;『司法稟報(甲)』,「(平安北道 → 法部)報告書」第82號, 光武 6年(1902) 12月 28日;『司法稟報(甲)』,「(全羅北道 → 法部)質稟書」第11號, 光武 7年(1903) 8月 30日.

40 【법조문】"凡造讖緯妖書妖言, 及傳用惑衆者, 皆斬. 若私有妖書, 隱藏不送官者, 杖一百徒三年."『大明律』, 刑律, 盜賊, 造妖書妖言.【판례】『司法稟報(甲)』,「(咸鏡南道 → 法部)報告書」第4號, 光武 8年(1904) 3月 28日;『司法稟報(甲)』,「(元山港 → 法部)報告(書)」第3號, 光武 8年(1904) 5月 19日.

41 『司法稟報(甲)』,「警務廳(→ 法務衙門)牒報」, 開國 504年(1895) 3月 27日;『司法稟報(甲)』,「春川留守府(→ 法部)來牒」, 開國 504年(1895) 5月 9日.

42 『司法稟報(甲)』,「(忠淸南道 → 法部)報告書」第110號, 光武 2年(1898) 9月 17日.

43 【동학도 연좌금지】『司法稟報(甲)』,「(法務衙門 →)關各道監營五都按撫營」, 開國 504年

우**45**에도 조사를 통해서 회복시켜주었다.

하지만 여전히 종교적 차원에서 동학을 따르는 이들도 적지 않았고 러일전쟁 등 혼란기가 도래하면 급격히 교세를 확장하려는 이들도 생겨났다. 또한 불행히도 동학도를 자칭하면서 약탈을 일삼는 이들도 등장했다. 동학에 가입을 강요하거나**46** 동학을 빙자해서 여인을 약탈하거나**47** 재산을 빼앗거나**48** 남의 무덤을 사사로이 파헤치거나**49** 시신에 총을 쏘거나**50** 관리를 살해하거나**51** 관아에 총을 쏘거나**52** 성을 함락시키기도 했다.**53** 이에 백성이 동학도를 때려죽인 경

(1895) 3月 2日; 『司法稟報(甲)』, 「(堤川縣 → 法部)報告(書)」 第159號, 開國 504年(1895) 4月 10日; 『司法稟報(甲)』, 「箕營(→ 法部)來牒」 第163號, 開國 504年(1895) 4月 12日; 【동학도 석방】 『司法稟報(甲)』, 「錦營(→ 軍務衙門)牒報, 開國 504年(1895) 3月 8日; 【동학도환자 압송불가】 『司法稟報(甲)』, 「丹陽君(→ 法部)來牒」, 開國 504年(1895) 7月 8日; 【용서받은 동학도 행패부림】 『司法稟報(甲)』, 「海州府(→ 法務衙門)牒報」, 開國 504年 (1895) 2月 30日.

44 『司法稟報(甲)』, 「長淵府(→ 法務衙門)牒報」, 開國 504年(1895) 3月 27日; 『司法稟報(甲)』, 「(平安南道 → 法部)質稟書」 第6號, 光武 9年(1905) 4月 12日.

45 『司法稟報(甲)』, 「鳳山府(→ 法務衙門)牒報」, 開國 504年(1895) 3月 4日.

46 『司法稟報(甲)』, 「京畿 → 法部)質稟書」 第1號, 光武 2年(1898) 5月 1日.

47 『司法稟報(甲)』, 「安城郡(→ 法務衙門)牒報, 開國 504年(1895) 1月 26日; 『司法稟報(甲)』, 「(忠淸北道 → 法部)報告書」 第17號, 光武 2年(1898) 2月 26日; 『司法稟報(甲)』, 「(黃海道 → 法部)報告(書)」 第29號, 光武 3年(1899) 3月 6日; 『司法稟報(甲)』, 「忠淸南道 → 法部)質稟書」 第7號, 光武 6年(1902) 10月 9日.

48 『司法稟報(甲)』, 「(忠淸北道 → 法部)報告書」 第69號, 光武 1年(1897) 9月 16日; 『司法稟報(甲)』, 「(江原道 → 法部)報告書」 第1號, 光武 2年(1898) 1月 5日.

49 『司法稟報(甲)』, 「完營(→ 法部)來牒」, 開國 504年(1895) 5月 4日; 『司法稟報(甲)』, 「(京畿 → 法部)質稟書」 第1號, 光武 2年(1898) 5月 1日.

50 김호, 앞의 논문, 2017, 89~92쪽.

51 『司法稟報(甲)』, 「(黃海道 → 法部)報告(書)」 第29號, 光武 3年(1899) 3月 6日.

52 『司法稟報(甲)』, 「(忠淸南道 → 法部)報告書」 第36號, 光武 3年(1899) 3月 8日.

53 『司法稟報(甲)』, 「(忠淸南道 → 法部)報告書」 第10號, 建陽 2年(1897) 1月 23日; 『司法稟報(甲)』, 「(全羅南道 → 法部)報告書」 第34號, 光武 1年(1897) 8月 24日; 『司法稟報(甲)』, 「(忠淸南道 → 法部)報告書」 第110號, 光武 2年(1898) 9月 17日; 『司法稟報(甲)』, 「(全羅

우도 발생했다.**54**

특히 동학도 중 상당수는 귀순하여 산포수가 되었는데 이들이 재물을 약탈하거나**55** 다시 변란을 일으켜 군부의 진압대상이 되기도 했다.**56** 일부는 영학당(英學黨)으로 변모하거나**57** 진보회(進步會)를 자처하거나**58** 다른 도적무리로 들어가거나**59** 의병을 빙자하거나**60** 교인 [西敎·基督敎]을 자처하거나**61** 일진회(一進會)에 가입함으로써 백성을 괴롭혔다. 조정에서는 처음 동학도 가담은 용서했으나 재가입하여 관아를 공격하거나**62** 재물약탈에 참여하거나**63** 주문을 외워서 병

南道 → 法部)報告書」第80號, 光武 3年(1899) 9月 9日.

54 『司法稟報(甲)』, 「丹陽郡(→ 法部)來牒」, 開國 504年(1895) 7月 8日;『司法稟報(甲)』, 「羅州府(→ 法部)來牒」, 開國 504年(1895) 8月 29日.

55 『司法稟報(甲)』, 「(黃海道 → 法部)報告(書)」第67號, 光武 5年(1901) 12月 6日.

56 『司法稟報(甲)』, 「(海州府 → 法部)報告(書)」第□·4·17號, 建陽 1年(1896) 2月 30日·3月 23日·31日;『司法稟報(甲)』, 「(黃海道 → 法部)報告(書)」第29號, 光武 3年(1899) 3月 6日.

57 『司法稟報(甲)』, 「(全羅南道 → 法部)報告書」第9號, 光武 3年(1899) 2月 5日.

58 『司法稟報(甲)』, 「(平安北道 → 法部)報告書」第71號, 光武 9年(1905) 12月 20日.

59 『司法稟報(甲)』, 「丹陽君(→ 法部)來牒」, 開國 504年(1895) 7月 8日;『司法稟報(甲)』, 「(海州 → 法部)報告(書)」第38號, 建陽 1年(1896) 7月 22日;『司法稟報(甲)』, 「(全羅南道 → 法部)報告書」第14號, 光武 2年(1898) 3月 4日.

60 양성군(陽城郡) 홍병섭은 동학 → 의병 → 야소교(耶蘇敎) 등으로 변신하면서 백성의 재물을 약탈하다가 체포되었다. 『司法稟報(甲)』, 「(京畿 → 法部)質稟書」第15號, 光武 2年(1898) 7月 4日.

61 『司法稟報(甲)』, 「(全羅北道 → 法部)報告書」第6號, 建陽 1年(1896) 10月 16日, 諸囚供案;『司法稟報(甲)』, 「(忠淸南道 → 法部)質稟書」第7號, 光武 6年(1902) 10月 9日.

62 『司法稟報(甲)』, 「(全羅南道 → 法部)報告書」第80號, 光武 3年(1899) 9月 9日;『司法稟報(甲)』, 「(全羅南道 → 法部)報告書」第59號, 光武 4年(1900) 9月 12日;『司法稟報(乙)』, 「(忠淸南道藍浦郡 → 法部)報告書」第2號, 光武 6年(1902) 8月 17日;『司法稟報(乙)』, 「(忠淸南道 → 法部)報告書」第80·81號, 光武 6年(1902) 8月 21日·23日.

63 단양군(丹陽君) 군수는 회유책을 써서 동학도의 소요를 잠재우려고 했으나 포군(砲軍) 200~300명이 마을을 습격하자 백성이 분개하여 그 우두머리를 때려죽이는 사건이 발생했다. 법부에서는 죽일 만한 사유라고 하더라도 "이러한 풍조가 계속된다면 법이 백

을 고칠 수 있다며 백성을 현혹하는 것[64]은 엄단하였다. 심지어 명성황후의 불공을 사칭해서 돈을 뜯는 동학도까지 나타났다.[65]

종래에는 고종대 조정은 동학을 비적으로 간주하여 부정적으로 인식했다고 알려져왔다. 그러나『사법품보』나 연대기를 살펴보면, 강경처벌론과 위무책이 함께 나타난다. 두 가지 인식은 계속 공존했으나 시기별로 조정의 정책방향이 달랐다. 대체로 갑오정권은 동학을 비적무리로 간주하여 가혹하게 다룬 반면에, 광무정권은 동학도를 가엾은 백성으로 보아 불법행위만을 가려내어 처벌하려는 경향을 보였다. 이는 종래에 '정부'라는 단일한 관점에서 의병·동학을 잔인하게 진압했다는 인식과는 전혀 다른 현실이었다. 물론 양자가 시기별로 완벽히 나누어지지는 않으며, 중앙·외방에 담당관원의 성향에 따라 대응방식도 다소 달랐으므로 대민관(對民觀)의 변화는 좀더 세심한 검토가 필요하다.

성에게 있고 임금에게 나오지 않게 된다"고 우려를 표명하면서 함부로 죽인 죄를 처벌할 것을 명했다(『司法稟報(甲)』,「丹陽君(→ 法部)來牒」, 開國 504年(1895) 7月 8日). 해주군에서는 화포영장(火砲領將)·순포(巡捕)·화포(火砲)를 사칭하며 재물을 약탈하여 소탕하였다(『司法稟報(甲)』,「海州府 → 法部)報告(書)」第38號, 建陽 1年(1896) 7月 22日;『司法稟報(甲)』,「黃海道 → 法部)報告(書)」第3號, 建陽 1年(1896) 8月 31日).

64 평안북도 선천군에서 동학도가 "대천주조화정영세불망만사지(待天主造化定永世不忘萬事知)"를 외우면 재앙이 소멸하고 병이 낫는다고 했다가 환자가 죽고 말았다. 해당 행위는 『대명률』'금지사무사술(禁止師巫邪術)'로 처벌받았다.『司法稟報(甲)』,「平安北道 → 法部)報告書」第72號, 光武 4年(1900) 11月 28日.

65 『司法稟報(乙)』,「平理院 → 法部)報告書」第206號, 光武 4年(1900) 7月 25日. ※명성황후는 실제 행적에 대한 포폄(襃貶)보다는 반정부세력이 민(民)을 선동하거나 일본제국의 왕비시해를 합리화하기 위한 여론선전에 이용되는 경우가 많았다. 이태진, 앞의 글, 2007, 106~125쪽; 장영숙, 앞의 논문, 2017a, 16~29쪽; 장영숙, 앞의 논문, 2017b, 41~56쪽; 이민원, 앞의 책, 2022, 132쪽.

3) 무장강도의 엄단: 강도와 절도

무장강도는 통시대적으로 존재했으며 조선 전 시기에 걸쳐 공통된 문제였다. 하지만 평화기와 혼란기 사이에는 발생빈도의 차이가 컸다. 14세기후반 공민왕대에서 15세기초반 세종대까지 왜구침략 격퇴가 주요과제였다.[66] 외침이 종료되자 이제 내부 문제로 옮아갔다. 16세기 연산군대 홍길동(洪吉同)[67] · 명종대 임꺽정(林巨叱正)[68]이 출몰하자 이들을 토벌하는 기구가 점차 갖추어지기 시작했다. 15~16세기 중앙에는 좌 · 우포도청이 제도화되었고, 17~18세기 지방에는 토포영이 설치되어 명화적이 법전에 등재될 정도로 심각한 사회문제였다.[69] 18~19세기에는 반란이나 농민소요와 연동되어 나타났으

---

66 나종우, 「왜구」, 『신편한국사』 20, 국사편찬위원회, 2002, 390~415쪽; 박원호, 「15세기 동아시아 정세」, 『신편한국사』 22, 국사편찬위원회, 2002, 269~276쪽.

67 실록에는 '洪吉同'으로 등장하지만 소설에는 '洪吉童'으로 나온다. 『燕山君日記』 卷39, 燕山君 6年 10月 癸卯(22日) · 己酉(28日) · 11月 丙辰(6日) · 戊寅(28日) · 12月 己酉(29日); 김태영, 「하층민의 동요」, 『신편한국사』 28, 국사편찬위원회, 2002, 64쪽.

68 『明宗實錄』 卷25, 明宗 14年 3月 己亥(27日) · 4月 壬戌(21日); 『明宗實錄』 卷26, 明宗 15年 11月 丙戌(24日) · 12月 己未(28日); 『明宗實錄』 卷27, 明宗 16年 1月 甲子(3日) · 戊辰(7日) · 9月 甲午(7日) · 戊戌(11日) · 戊申(21日) · 己酉(22日) · 辛亥(24日) · 10月 壬戌(6日) · 12月 癸酉(18日); 『明宗實錄』 卷28, 明宗 17年 1月 戊子(3日) · 癸巳(8日) · 戊戌(13日); 김태영, 「하층민의 동요」, 『신편한국사』 28, 국사편찬위원회, 2002, 64~65쪽; 이수건, 「척신세력의 약화」, 『신편한국사』 30, 국사편찬위원회, 2002, 25쪽.

69 "**明火**作賊人者……皆斬." 『新補受敎輯錄』, 「刑典」, 贓盜, 康熙 乙亥(숙종21) 購捕節目; "**乘夜聚黨**, 殺越人命者, 勿論得財與否, **不待時斬**, 妻子爲奴." 『續大典』, 「刑典」, 贓盜; "聚黨遮截道路劫奪人財者, 論以**明火**……卽爲正刑." 『新補受敎輯錄』, 「刑典」, 贓盜, 康熙 乙亥(숙종21) 購捕節目; "【註】聚黨遮截於道路劫奪人財者, 亦以**明火**律論." 『續大典』, 「刑典」, 贓盜; ○"**明火賊**符問獄卒……一體梟示." 『新補受敎輯錄』, 「刑典」, 贓盜, 康熙 乙亥(숙종21) 購捕節目. ○"捕盜廳罪人, **明火**殺人者, 則自該廳推治. 事係三者者, 移送法曺." 『受敎輯錄』, 「刑典」 賊盜, 康熙 辛酉(숙종7); "**明火賊** 停其親問, 仍行考覆, 而考覆官, 必擇剛明秩高守令定送, 以爲審察獄情枉直之地." 『新補受敎輯錄』, 「刑典」 贓盜, 康

며,[70] 19세기 고종연간에는 내·외국인의 약탈사건이 폭증하였다(〈그림 11〉).

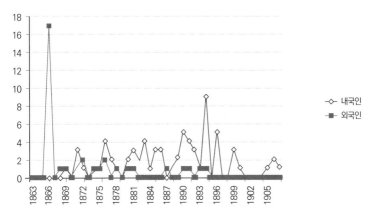

〈그림 11〉 『고종실록』 내·외국인 약탈사건논의 빈도

熙 乙亥(숙종21); ○"其兄, 明火作賊之後, 其弟, 稱其兄病廢, 替告者, 其兄貸死, 其弟論賞."『新補受敎輯錄』,「兵典」, 賞典, 康熙 戊寅(숙종24); ○明火賊捉得三名以上者, 承服啓聞, 則勿論已正刑未及正刑, 捉捕者, 勿論出身良人, 並加資. 公私賤免賤, 捕捉一二名者. 出身, 六品遷轉, 閑良以下, 米布施賞."『新補受敎輯錄』,「刑典」, 贓盜, 康熙 乙亥(숙종21) 購捕節目; "捕明火賊五名以上, 承款啓聞則勿論正刑未正刑, 指示捕捉人, 出身閑良加資, 公私賤免賤, 鄕吏驛吏免役, 指捕一二名, 則出身遷六品職, 良賤米布施賞. 獰悍劇賊, 雖捕一名, 依捕强盜五人例論賞."『續大典』,「刑典」, 捕盜; ○"除明火突入登時殺死者外, 不告官擅殺者, 依法抵罪【註: 依大明律, 已就拘執以擅殺者, 杖一百徒三年】."『新補受敎輯錄』,「刑典」, 贓盜, 康熙 己卯(숙종21); "明火賊登時打殺者外, 不告官擅殺者, 依法抵罪."『續大典』,「刑典」, 殺獄; ○【註】雖明火作賊, 同黨旣少, 物件不多, 又無殺越人命者, 依竊盜例, 絶島爲奴. ○賊人妻子, 以私奴婢, 入於本主戶內者, 勿爲定屬. 出嫁女, 依逆賊出嫁女例, 亦勿論."『續大典』,「刑典」, 贓盜.

70 정석종, 『조선후기 사회변동 연구』, 일조각, 1990, 145~168쪽; 정석종, 『조선후기의 정치와 사상』, 한길사, 1994, 66~316쪽; 배혜숙, 「을해옥사의 참여계층에 관한 연구: 나주괘서사건을 중심으로」,《백산학보》40, 백산학회, 1992, 187~215쪽; 이상배, 『조선후기 정치와 괘서』, 국학자료원, 1999, 46~195쪽.

첫째, 조정의 대응양상이다. 명백히 백성 · 관원을 살해한 경우 자비를 보이지 않았다.[71] 혼란을 틈타 민간을 약탈하는 비적무리(무장강도)가 횡행하였고,[72] 화포영장 · 화포 · 순포 · 순검 · 군인 등을 사칭해서 재물을 약탈하는 경우도 등장하였다.[73]

대개 의병 · 동학은 일시적 백성소요[民擾]로 간주했으나 무장강도는 사익을 추구하는 무리로 생각했기 때문이다. 원칙적으로 무장집단에게 강경하게 대응하여 지방군을 출동시켰으므로 강도율(『적도처단례』7조 7항)을 준용하였고 신법 제정후에는 반역율 · 강도율(『형법대전』192조 · 198조 · 593조 3항)로 처벌하였다.[74] 다만 앞서 살폈듯이 비

---

71 『司法稟報(甲)』, 「安城郡(→ 法務衙門)牒報」, 開國 504年(1895) 1月 26日; 『司法稟報(甲)』, 「軍務衙門(→ 法部)來關」, 開國 504年(1895) 3月 8日; 『司法稟報(甲)』, 「警務廳(→ 法務衙門)牒報」, 開國 504年(1895) 3月 27日; 『司法稟報(甲)』, 「春川府(→ 法部)來牒」, 開國 504年(1895) 5月 9日; 『司法稟報(甲)』, 「咸鏡道(→ 法部)來牒」 第71號, 開國 504年(1895) 閏5月 5日; 『司法稟報(甲)』, 「(黃海道 → 法部)報告(書)」 第3號, 建陽 1年(1896) 8月 31日.

72 『司法稟報(甲)』, 「(江界府 → 法部)報告書」 第9號, 建陽 1年(1896) 8月 22日; 『司法稟報(乙)』, 「(高等裁判所 → 法部)質稟書」 第11號, 光武 1年(1897) 12月 18日.

73 『司法稟報(甲)』, 「(海州府 → 法部)報告(書)」 第38號, 建陽 1年(1896) 7月 22日; 『司法稟報(甲)』, 「(黃海道 → 法部)報告(書)」 第3號, 建陽 1年(1896) 8月 31日; 『司法稟報(甲)』, 「(海州府 → 法部)報告(書)」 第10號, 建陽 1年(1896) 9月 19日; 『司法稟報(甲)』, 「(黃海道 → 法部)報告(書)」 第30號, 建陽 2年(1897) 4月 8日; 『司法稟報(甲)』, 「(京畿 → 法部)質稟書」 第9號, 光武 2年(1898) 6月 9日; 『司法稟報(甲)』, 「(忠淸南道 → 法部)報告書」 第77號, 光武 2年(1898) 7月 10日.

74 【192조】 "人衆과 兵卒을 募集ᄒ거나 兇徒를 進入케 ᄒ 者." 『刑法大全』, 第4編 律例上, 第1章 反亂所干律, 第1節 反逆律, 第192條; 【비적무리】 『司法稟報(甲)』, 「(京畿 → 法部)質稟書」 第45號, 光武 9年(1905) 7月 18日. 【198조】 "敵國을 利케 ᄒ거나 本國이나 同盟國을 害ᄒ기 爲ᄒ야 第百九十二條 左開 諸項의 所爲를 行ᄒ 者ᄂ 該條에 依ᄒ야 科斷홈이라." 『刑法大全』, 第4編 律例上, 第1章 反亂所干律, 第3節 外亂律, 第198條; 【비적무리 · 의병】 『司法稟報(甲)』, 「(江原道 → 法部)質稟書」 第8號, 光武 9年(1905) 11月 26日. 【593조3항】 "徒黨을 嘯聚ᄒ야 兵仗을 持ᄒ고 開港或市井에 攔入ᄒ 者." 『刑法大全』, 第5編 律例下, 第12章 賊盜所干律, 第4節 强盜律, 第593條 3項; 【비적무리】 『司

적무리는 동학·의병을 지칭하기도 하고 단순히 무장강도를 의미할 때도 있었으므로 사료의 전후맥락에 대해 신중한 검토가 필요하다.

둘째, 강도 범죄의 범람이다. 『사법품보』에는 강도처벌의 빈도가 높게 나타난다. 강도는 폭력·강압에 의해 재물을 약탈하는 경우를 폭넓게 지칭한다. 이때 명률 '강도율'(참형)이 적용되었다.[75] 자주 일어나는 중범죄의 처벌만 가려 뽑아 만든 「적도처단례」(교형)에도 고스란히 강도율이 7조 7항에 들어가 있다.[76] 이것이 『법규유편』에도 그대로 실렸고,[77] 다시 『형법대전』 593조로 채택되었다.[78]

法稟報(甲)」,「(京畿 → 法部)報告書」第58號, 光武 9年(1905) 8月 13日;『司法稟報(甲)』,「(江原道 → 法部)報告書」第7號, 光武 10年(1906) 1月 16日;【비적무리·의병】『司法稟報(甲)』,「(江原道 → 法部)質稟書」第13號, 光武 9年(1905) 12月 24日;『司法稟報(甲)』,「(江原道 → 法部)質稟書」第35號, 光武 10年(1906) 5月 11日.

[75] "凡强盜已行而不得財者, 皆杖一百流三千里. 但得財, 不分首從, 皆斬. ○若以藥迷人圖財者, 罪同. ○若竊盜臨時, 有拒捕及殺傷人者, 皆斬. 因盜而奸者, 罪亦如之. 共盜之人, 不曾助力, 不知拒捕殺傷人及姦情者, 止依竊盜論. ○其竊盜, 事主知覺, 棄財逃走, 事主追逐, 因而拒捕者, 自依罪人拒捕律, 科罪."『大明律』, 刑律, 盜賊, 强盜.

[76] 【법조문】 "第7條 强盜의 罪目과 其 該當한 律例는 左와 如함.……第7. 1人 或 2人以上이 晝夜를 不分하고 僻靜處 或 大道上에서 拳, 脚, 棍棒 或 兵器를 使用하여 威嚇 或 殺傷하여 財物을 刧取한 者는 首從을 不分하고 皆 絞. 但 殺傷人한 者 外에 己行而未得財者는 皆 笞100 懲役終身."『賊盜處斷例』(法律 第2號, 1896.04.01.). 【판례】『司法稟報(甲)』,「(京畿 → 法部)質稟書」第14號, 光武 9年(1905) 3月 4日;『司法稟報(甲)』,「(昌原港 → 法部)質稟書」第6號, 光武 9年(1905) 2月 26日.

[77]『司法稟報(甲)』,「(全羅北道 → 法部)質稟書」第16號, 光武 6年(1902) 11月 23日;『司法稟報(甲)』,「(三和港 → 法部)質稟書」第5號, 光武 6年(1902) 11月 28日;『司法稟報(甲)』,「(釜山港 → 法部)報告書」第41號, 光武 6年(1902) 12月 28日;『司法稟報(甲)』,「(全羅北道 → 法部)質稟書」第34號, 光武 9年(1905) 5月 9日.

[78] "財産을 刧取홀 計로 左開 所爲를 犯흔 者는 首從을 不分ᄒ고 絞에 處호ᄃᆡ, 已行ᄒ고 未得財흔 者는 懲役終身에 處흠이라. 一 一人 或 二人以上이 晝夜를 不分ᄒ고 僻靜處 或 大道上에나 人家에 突入ᄒ야 拳, 脚, 棍棒이나 兵器를 使用흔 者, 二 人家에 潛入ᄒ야 揮劍 或 橫槍ᄒ고 威嚇흔 者, 三 徒黨을 嘯聚ᄒ야 兵仗을 持ᄒ고 閭巷 或 市井에 攔入흔 者……."『刑法大全』, 第5編 律例下, 第12章 賊盜所干律, 第4節 强盜律, 第593條;〈부표 7〉 '『사법품보』의 『형법대전』 활용과 강도율 적용' 참조.

더욱이 고종연간에는 환도(環刀) · 창(槍)[79] · 철편(鐵鞭) · 죽창(竹槍)[80] · 조총(鳥銃) · 천보총(千步銃) · 서양총(西洋銃)[81] · 육혈포(六穴砲)[82] · 군도(軍刀)[83] · 몽둥이[桿棒][84] 등으로 무장한 채 길거리에서 행인을 습격하거나[85] 아예 마을로 침입해서 외국상점 · 주점 · 부잣집을 약탈하는 사건이 다수 나타났다. 동네를 습격하는 경우, 해당 집 안의 무기를 약탈해서 향후 범죄에 사용하는 경우도 많았다.[86] 심지어 총포로 무장하고 선박을 약탈하는 경우도 발생했다.[87] 현대 미국사회에서 총기가 자유로운 듯한 모습이 19세기 고종연간 상황과 중첩되어 보이기도 한다. 물론 국전에서 원칙적으로 군기(軍器) 소지를 금지하였으므로[88] 그 용도는 사냥용이었으나 실제로는 도적 침입 시 방어

---

79 【조총 · 창】『司法稟報(甲)』, 「(全羅北道 → 法部)質稟書」第18號, 光武 8年(1904) 7月 23日.

80 【환도 · 창 · 철편 · 조총 · 죽창】『司法稟報(甲)』, 「(慶尙北道 → 法部)報告書」第28號, 光武 6年(1902) 6月 7日;【환도 · 철편 · 조총】『司法稟報(甲)』, 「(慶尙北道 → 法部)質稟書」第67號, 光武 9年(1905) 12月 4日.

81 【조총 · 서양총 · 천보총】『司法稟報(甲)』, 「(全羅北道 → 法部)質稟書」第15號, 光武 3年(1899) 7月 12日.

82 【서양총 · 육혈포】『司法稟報(甲)』, 「(黃海道 → 法部)報告(書)」第18號, 光武 3年(1899) 1月 31日.

83 【군도 · 육혈포 · 조총】『司法稟報(甲)』, 「(全羅北道 → 法部)質稟書」第4號, 光武 8年(1904) 3月 28日.

84 【몽둥이】『司法稟報(甲)』, 「(黃海道 → 法部)報告(書)」第13號, 建陽 1年(1896) 9月 29日;『司法稟報(甲)』, 「(黃海道 → 法部)報告(書)」第29號, 建陽 1年(1896) 11月 3日;『司法稟報(甲)』, 「(忠淸北道 → 法部)報告書」第7號, 光武 5年(1901) 3月 4日;『司法稟報(甲)』, 「(忠淸南道 → 法部)質稟書」第1號, 光武 8年(1904) 1月 27日;『司法稟報(甲)』, 「(慶尙南道 → 法部)報告(書)」第34號, 光武 8年(1904) 12月 13日;【조총 · 환도 · 몽둥이】『司法稟報(甲)』, 「(平安南道 → 法部)報告書」第64號, 光武 9年(1905) 11月 15日.

85 『司法稟報(甲)』, 「海州府(→ 法部)來牒」, 開國 504年(1895) 9月 12日;『司法稟報(甲)』, 「咸鏡北道 → 法部)報告書」第11號, 建陽 2年(1897) 6月 19日.

86 『司法稟報(甲)』, 「(平安北道 → 法部)報告書」第35號, 光武 1年(1897) 11月 22日.

87 『司法稟報(甲)』, 「(京畿 → 法部)報告書」第14號, 光武 2年(1898) 6月 30日.

하거나 쫓아내는 데 이용되었고,[89] 백성소요(혹은 동학·의병)가 일어
나면 병기로 활용되기도 했다.[90]

상황에 따라 재물만 약탈한 경우, 사상자가 발생한 경우, 부녀자
를 납치한 경우 등이 변수로 더해지기도 했다. 대체로 각군(各郡)·군
영(軍營)에서 기찰·염탐을 통해서 행적을 추적하였다가 이후 본대가
움직여서 물리력으로 제압하였다.[91] 고종후반 지방군제 변화에 따라
[92] 고을의 수성군·포군 및 군영의 주차군(駐箚軍)·진위대(鎭衛隊)의
병정(兵丁)이 동원되었다.[93] 당시 기록에는 화적(火賊/賊漢)으로 칭하

88 "凡民間私有人馬甲……應禁軍器者, 一件杖八十, 每一件加一等." 『大明律』, 兵律, 軍政, 私藏應禁軍器; "應禁物이라 稱홈은 軍器·彈藥·鴉片·烟及其他臨時禁制物을 謂홈이라." 『刑法大全』, 第1編 法例, 第1章 用法範圍, 第7節 名稱分析, 第60條.

89 『司法稟報(甲)』, 「(京畿 → 法部)報告書」 第85號, 光武 3年(1899) 9月 23日; 『司法稟報(甲)』, 「(黃海道 → 法部)報告(書)」 第51號, 光武 5年(1901) 6月 5日.

90 【의병-동학】『司法稟報(甲)』, 「(忠淸南道 → 法部)報告書」 第110號, 光武 2年(1898) 9月 17日; 【백성소요】『司法稟報(甲)』, 「(京畿 → 法部)報告書」 第72號, 光武 3年(1899) 8月 18日; 【의병】『司法稟報(甲)』, 「(黃海道 → 法部)報告(書)」 第110號, 光武 3年(1899) 8月 8日.

91 『司法稟報(甲)』, 「(忠淸南道 → 法部)質稟書」 第40號, 光武 9年(1905) 12月 11日; 『司法稟報(甲)』, 「(京畿 → 法部)報告書」 第39號, 光武 2年(1898) 9月 7日; 『司法稟報(甲)』, 「(平安南道 → 法部)質稟書」 第60號, 光武 4年(1900) 12月 18日.

92 서인한, 『대한제국의 군사제도』, 혜안, 2000, 196~222쪽.

93 【守城軍】『司法稟報(甲)』, 「(全羅南道 → 法部)報告書」 第80號, 光武 3年(1899) 9月 9日; 『司法稟報(甲)』, 「(全羅北道 → 法部)質稟書」 第18號, 光武 8年(1904) 7月 23日; 【鎭衛隊】『司法稟報(甲)』, 「(全羅北道 → 法部)質稟書」 第15號, 光武 3年(1899) 7月 12日; 『司法稟報(甲)』, 「(全羅北道 → 法部)質稟書」 第11號, 光武 4年(1900) 9月 17日; 『司法稟報(甲)』, 「(全羅北道 → 法部)質稟書」 第21號, 光武 5年(1901) 11月 21日; 『司法稟報(甲)』, 「(慶尙北道 → 法部)質稟書」 第49號, 光武 8年(1904) 8月 27日; 『司法稟報(甲)』, 「(慶尙北道 → 法部)質稟書」 第23·24-25·66·68·74號, 光武 9年(1905) 4月 23日·25日·12月 3日·5日·19日; 『司法稟報(甲)』, 「(京畿 → 法部)質稟書」 第45·68號, 光武 9年(1905) 7月 18日·9月 31日; 『司法稟報(甲)』, 「(江原道 → 法部)質稟書」 第8號, 光武 9年(1905) 11月 26日; 『司法稟報(甲)』, 「(慶尙南道 → 法部)質稟書」 第19·57-58·67號, 光武 10年(1906) 2月 27日·5月 7日·26日; 『司法稟報(甲)』, 「(慶尙北道 → 法部)報告書」 第47號, 光武 10年(1906) 4月 11日; 『司法稟報(甲)』, 「(警務署 → 慶尙北道)報告書」

였는데 지방에서 먼저 총살하고 사후에 보고한 경우가 많았다.[94] 주로 청일전쟁기에 해당하며 세부 율문이 명시되어 있지 않았으나 모두 강도율(참형)이 적용된 것이다. 향후 점차 국가체제가 안정되고 정식재판이 부활하자 강도율을 적용할 때 『대명률』,[95] 「적도처단례」,[96] 『형법대전』[97] 등이 구체적인 근거로 명시되었다.

第173號, 光武 10年(1906) 5月 12日;【砲軍】『司法稟報(甲)』, 「(沔川郡 → 忠淸南道)報告書」第23號, 光武 8年(1904) 2月 7日;『司法稟報(甲)』, 「(慶尙北道 → 法部)質稟書」第65·43(새 번호)號, 光武 9年(1905) 1月 10日·7月 8日;【駐箚軍·出駐軍】『司法稟報(甲)』, 「(江原道 → 法部)報告書」第23號, 建陽 2年(1897) 2月 19日.

94 【주점】『司法稟報(甲)』, 「(仁川府 → 法部)報告書」第11號, 建陽 1年(1896) 5月 18日;【외국상인】『司法稟報(甲)』, 「(公州府 → 法部)報告書」第45號, 建陽 1年(1896) 5月 30日;【민가】『司法稟報(甲)』, 「(平安北道 → 法部)報告書」第35號, 光武 1年(1897) 11月 22日.

95 『司法稟報(甲)』, 「(江原道 → 法部)報告書」第48號, 建陽 2年(1897) 6月 2日;『司法稟報(甲)』, 「(咸鏡北道 → 法部)報告書」第11號, 建陽 2年(1897) 6月 19日.

96 『司法稟報(甲)』, 「(黃海道 → 法部)報告(書)」第10號, 建陽 1年(1896) 9月 19日;『司法稟報(甲)』, 「(仁川港 → 法部)報告書」第21號, 光武 3年(1899) 11月 23日;『司法稟報(甲)』, 「(仁川港 → 法部)報告書」第7號, 光武 6年(1902) 5月 9日;『司法稟報(甲)』, 「(慶尙北道 → 法部)報告書」第24·26·28號, 光武 6年(1902) 6月 7日·7日(중복)·7日(중복);『司法稟報(甲)』, 「(全羅北道 → 法部)質稟書」第16號, 光武 6年(1902) 11月 23日;『司法稟報(甲)』, 「(三和港 → 法部)質稟書」第3號, 光武 7年(1903) 6月 27日;『司法稟報(甲)』, 「(務安港 → 法部)質稟書」第19號, 光武 7年(1903) 7月 29日;『司法稟報(甲)』, 「(元山港 → 法部)報告書」第11號, 光武 7年(1903) 8月 3日;『司法稟報(甲)』, 「(平安北道 → 法部)質稟書」第13號, 光武 9年(1905) 3月 16日;『司法稟報(甲)』, 「(江原道 → 法部)質稟書」第25號, 光武 9年(1905) 5月 15日;『司法稟報(甲)』, 「(慶尙北道 → 法部)質稟書」第35號, 光武 9年(1905) 5月 21日.

97 『司法稟報(甲)』, 「(平安南道 → 法部)質稟書」第10號, 光武 9年(1905) 6月 19日;『司法稟報(甲)』, 「(京畿 → 法部)質稟書」第33·34·57號, 光武 9年(1905) 6月 20日·20日(중복)·8月 4日;『司法稟報(甲)』, 「(慶尙北道 → 法部)質稟書」第41·66·67·68·69·72·74·77號, 光武 9年(1905) 6月 30日·12月 3日·4日·5日·6日·8日·19日·24日;『司法稟報(甲)』, 「(江原道 → 法部)報告書」第9號, 光武 9年(1905) 6月 30日;『司法稟報(甲)』, 「(京畿 → 法部)報告書」第39·58號, 光武 9年(1905) 7月 2日·8月 13日;『司法稟報(甲)』, 「(全羅北道 → 法部)報告書」第46號, 光武 9年(1905) 7月 29日;『司法稟報(甲)』, 「(京畿 → 法部)質稟書」第53·68·70-71·72·73·88號, 光武 9

법부는 점차 지방재판소에 인명사건뿐 아니라 강도사건도 옥안을 보고한 후 「지령」에 따라 처벌하고 그 결과를 긴급히 보고하라고 명하였다.[98] 이는 징역종신 이상을 법부에 질품하던 방식을 더욱 강화한 것이다. 물론 강도는 대개 사형·징역종신 이상에 해당했으나 당시 무장봉기(의병)·무장강도가 성행했으므로 별도로 당부한 것이다. 특히 의병·일본군·동학·기독교·일진회 등 각종 명분을 빙자한 재물약탈이 비일비재했기 때문이다.[99]

年(1905) 8月 2日·9月 31日·10月 11日·14日·16日·12月 28日; 『司法稟報(甲)』, 「(忠淸北道 → 法部)質稟書」 第128-131·5-6(새 번호)號, 光武 9年(1905) 7月 31日·11月 21日; 『司法稟報(甲)』, 「(釜山港 → 法部)質稟書」 第28號, 光武 9年(1905) 8月 5日; 『司法稟報(甲)』, 「(三和港 → 法部)質稟書」 第3號, 光武 9年(1905) 8月 23日; 『司法稟報(甲)』, 「(義州市 → 法部)質稟書」 第1號, 光武 9年(1905) 8月 27日; 『司法稟報(甲)』, 「(忠淸南道 → 法部)質稟書」 第14-17·18·19號, 光武 9年(1905) 9月 9日·28日·29日; 『司法稟報(甲)』, 「(義州市 → 法部)報告書」 第20號, 光武 9年(1905) 10月 1日; 『司法稟報(甲)』, 「(慶尙北道 → 法部)質稟(書)」 第57號, 光武 9年(1905) 10月 19日; 『司法稟報(甲)』, 「(仁川港 → 法部)質稟書」 第2號, 光武 9年(1905) 10月 31日; 『司法稟報(甲)』, 「(江原道 → 法部)質稟書」 第23號, 光武 9年(1905) 10月 22日; 『司法稟報(甲)』, 「(平安北道 → 法部)質稟書」 第66號, 光武 9年(1905) 11月 11日; 『司法稟報(甲)』, 「(平安南道 → 法部)報告書」 第63-64號, 光武 9年(1905) 11月 15日; 『司法稟報(甲)』, 「(全羅北道 → 法部)質稟書」 第44號, 光武 9年(1905) 12月 1日; 『司法稟報(甲)』, 「(忠淸北道 → 法部)質稟書」 第11號, 光武 9年(1905) 12月 23日.

98 『司法稟報(甲)』, 「(公州府 → 法部)報告書」 第43號, 建陽 1年(1896) 5月 28日, 法部 「訓令」 第23號; 『司法稟報(甲)』, 「(全州府 → 法部)報告書」 第□號, 建陽 1年(1896) 6月 1日, 法部 「訓令」 第16號; 『司法稟報(甲)』, 「(安東府 → 法部)報告書」 第4號, 建陽 1年(1896) 〈陰曆〉 4月 26日, 法部 「訓令」 第13號; 『司法稟報(甲)』, 「(海州府 → 法部)報告(書)」 第1號, 建陽 1年(1896) 6月 5日, 法部 「訓令」(號數미상); 『司法稟報(甲)』, 「(羅州府 → 法部)報告書」 第6號, 建陽 1年(1896) 7月 7日, 法部 「訓令」 第17號; 『司法稟報(甲)』, 「(全州府 → 法部)報告書」, 建陽 1年(1896) 日子未詳(6月 15日 도착), 法部 「訓令」 第16號; 『司法稟報(甲)』, 「(安東府 → 法部)報告書」 第3·4號, 建陽 1年(1896) 日子未詳(6月 17日 도착), 法部 「訓令」 第12·13號; 『司法稟報(甲)』, 「(海州府 → 法部)報告書」 第1號, 建陽 1年(1896) 日子未詳(6月 20日 도착), 法部 「訓令」.

99 【의병사칭】 『司法稟報(甲)』, 「(忠淸北道 → 法部)報告書」 第77號, 光武 8年(1904) 10月

〈그림 12〉 『사법품보(갑)』 강도·절도 빈도

셋째, 강도·절도의 구분이다. 명률은 양자를 명백히 구분했는데 현대에 폭력·무기사용 여부로 범죄를 나누는 것과 흡사하다. 『사법품보(갑)』을 통해 그 추이를 살펴보면 강도는 청일전쟁·러일전쟁기에 폭증하는 반면에, 절도는 전쟁기에 소폭 상승했을 뿐 통상적인 수준으로 나타난다(〈그림 12〉).

더욱이 명률에는 '강도'뿐 아니라 '백주창탈(白晝搶奪)'[100]도 구분했으나 「적도처단례」가 보급되면서 '강도'(7조 7항)와 '백주창탈'(7조 11항)이 혼용되다가 점차 '강도율' 개념으로 통합되었다.[101] 『형법대전』 반

20日 ; 【일본군사칭】 『司法稟報(甲)』, 「(咸鏡南道 → 法部)質稟書」 第1號, 光武 9年(1905) 3月 30日 ; 【동학빙자】 『司法稟報(甲)』, 「(江原道 → 法部)報告書」 第1號, 光武 2年(1898) 1月 5日 ; 【기독교빙자】 『司法稟報(甲)』, 「(全羅北道 → 法部)質稟書」 第21號, 建陽 2年 (1897) 5月 22日 ; 【일진회빙자】 『司法稟報(甲)』, 「(全羅北道 → 法部)質稟書」 第31號, 光武 9年(1905) 4月 10日.

100 "凡白晝搶奪人財物者, 杖一百徒三年. 計贓重者, 加竊盜罪二等. 傷人者, 斬. 爲從, 各 減一等. 並於右小臂膊上, 刺搶奪二字." 『大明律』, 刑律, 盜賊, 白晝搶奪.

101 대부분 강도율(「적도처단례」 7조 7항)이 압도적인 비율로 적용되었고 드물게 백주창

포로 이 같은 추세는 확정되었다. 범주상 12장 4절 강도율로 묶였고 그 하위범주에서 593조(강도),[102] 594조(창탈)[103]로 나누어졌다. 하지만 『사법품보』 판례를 살펴보면 명률의 강도·절도의 구분만 계승하였을 뿐 대부분 593조(강도)로 처벌하였다.[104] 물론 법조문에는 원론

탈(「적도처단례」 7조 11항)로 처벌되었다(『司法稟報(甲)』, 「元山港 → 法部)報告書」 第8號, 光武 7年(1903) 7月 1日). 심지어 죄인 박근풍의 경우 1차 전라북도재판소에서 백주창탈(「적도처단례」 7조 11항)로 보고하였으나 2차 법부에서 강도율(「적도처단례」 7조 7항;『형법대전』 593조 2항)로 조정하였다(『司法稟報(甲)』, 「全羅北道 → 法部)報告書」 第42·46號, 光武 9年(1905) 7月 11日·29日).

102 "財産을 劫取홀 計로 左開 所爲룰 犯흔 者는 首·從을 不分호고 絞에 處호되, 已行호고 未得財흔 者는 懲役終身에 處홈이라. 一 一人 或 二人以上이 晝夜룰 不分호고 僻靜處 或 大道上에나 人家에 突入호야 拳脚桿棒이나 兵器룰 使用흔 者. 二 人家에 潛入호야 揮劍 或 橫槍호고 威嚇흔 者. 三 徒黨을 嘯聚호야 兵仗을 持호고 閭巷 或 市井에 欄入흔 者. 四 藥으로 人의 精神을 昏迷케 흔 者. 五 人家의 神主룰 藏匿흔 者. 六 墳塚을 發掘호거나 山殯을 開호야 屍柩룰 藏匿흔 者. 七 老幼룰 誘引 或 劫取호야 藏匿흔 者. 八 放火 或 發塚 或 破殯호깃다 聲言호고 掛榜 或 投書호야 恐嚇흔 者. 九 山殯을 毀破호고 衣衾을 剝取흔 者." 『刑法大全』, 第5編 律例下, 第12章 賊盜所干律, 第4節 强盜律, 第593條;【원형】『大明律』, 刑律, 賊盜, 强盜;「賊盜處斷例」제7조 6~7항, 16항.

103 "人의 財物을 冒認 或 搶奪흔 者는 懲役三年에 處호고, 失火 或 漂船이나 其他 危險 或 忙迫흔 時룰 乘호야 財物을 冒認 或 搶奪흔 者는 本律에 二等을 加호되, 計贓호야 本犯에 重흔 者는 第五百九十五條 竊盜律에 依호야 論홈이라." 『刑法大全』, 第5編 律例下, 第12章 賊盜所干律, 第4節 强盜律, 第594條;【원형】『大明律』, 刑律, 賊盜, 白晝搶奪.

104 『司法稟報(甲)』, 「江原道 → 法部)質稟書」 第35號, 光武 3年(1899) 5月 11日;『司法稟報(甲)』, 「京畿 → 法部)質稟書」 第32-34·39·53·57·68·70-71·72·73·88·89號, 光武 9年(1905) 6月 20日·7月 2日·8月 2日·4日·9月 31日·10月 11日·14日·16日·12月 28日·31日;『司法稟報(甲)』, 「慶尙北道 → 法部)質稟書」 第41·43·66·69·72·74·77·79號, 光武 9年(1905) 6月 30日·7月 8日·12月 3日·6日·8日·19日·24日·26日;『司法稟報(甲)』, 「全羅北道 → 法部)報告書」 第46號, 光武 9年(1905) 7月 29日;『司法稟報(甲)』, 「忠淸北道 → 法部)質稟書」 第128-131·5(새 번호)-6(새 번호)·11(새 번호)號, 光武 9年(1905) 7月 31日·11月 21日·12月 13日;『司法稟報(甲)』, 「釜山港 → 法部)質稟書」 第28號, 光武 9年(1905) 8月 5日;『司法稟報(甲)』, 「三和港 → 法部)質稟書」 第3號, 光武 9年(1905) 8月 23日;『司法稟報(甲)』, 「義州市 → 法部)質稟書」 第1號, 光武 9年(1905) 8月 27日;『司法稟

적으로 범죄유형에 따라 보다 세분화된 처벌이 규정되었다.[105]

報(甲)」,「(忠淸南道 → 法部)質稟書」第15-17·18·19·31號, 光武 9年(1905) 9月 9
日·28日·29日·12月 12日;『司法稟報(甲)』,「(義州市 → 法部)報告書」第20號, 光武
9年(1905) 10月 1日;『司法稟報(甲)』,「(慶尙北道 → 法部)質稟(書)」第57號, 光武 9
年(1905) 10月 19日;『司法稟報(甲)』,「(仁川港 → 法部)質稟書」第2號, 光武 9年(1905)
10月 31日;『司法稟報(甲)』,「(平安北道 → 法部)質稟書」第66號, 光武 9年(1905) 11月
11日;『司法稟報(甲)』,「(忠淸南道 → 法部)質稟書」第□號, 光武 9年(1905) 11月 15日;
『司法稟報(甲)』,「(平安南道 → 法部)報告書」第63-64號, 光武 9年(1905) 11月 15日;
『司法稟報(甲)』,「(燕岐郡 → 法部)報告書」第□號, 光武 9年(1905) 11月 15日;『司法稟
報(甲)」,「(慶尙南道 → 法部)報告(書)」第22號, 光武 9年(1905) 11月 17日;『司法稟報
(甲)」,「(全羅北道 → 法部)質稟書」第44號, 光武 9年(1905) 12月 1日;『司法稟報(甲)』,
「(仁川港 → 法部)質稟書」第5號, 光武 9年(1905) 12月 29日;『司法稟報(甲)』,「(務安
港 → 法部)質稟書」第41號, 光武 9年(1905) 12月 27日;『司法稟報(甲)』,「(三和港 → 法
部)質稟書」第1號, 光武 10年(1906) 1月 19日;『司法稟報(甲)』,「(全羅北道 → 法部)質
稟書」第47·50·60-64號, 光武 10年(1906) 1月 14日·31日·5月 27日;『司法稟報
(甲)」,「(江原道 → 法部)報告書」第7號, 光武 10年(1906) 1月 16日;『司法稟報(甲)』,
「(平安北道 → 法部)質稟書」第11·21號, 光武 10年(1906) 2月 6日·3月 10日 ;『司法
稟報(甲)」,「(慶尙北道 → 法部)質稟書」第17·19·57-58·66·67號, 光武 10年(1906)
2月 22日·27日·5月 7日·22日·26日;『司法稟報(甲)』,「(京畿 → 法部)報告書」第38
號, 光武 10年(1906) 3月 17日;『司法稟報(甲)』,「(黃海道 → 法部)質稟(書)」第23·45
號, 光武 10年(1906) 3月 10日·5月 8日;『司法稟報(甲)』,「(全羅南道 → 法部)質稟
書」第18·9(새 번호)號, 光武 10年(1906) 3月 23日·5月 6日;『司法稟報(甲)』,「(京
畿 → 法部)質稟書」第42·46·56·56(동일)·33(새 번호)號, 光武 10年(1906) 3月 28
日·29日·4月 24日·5月 10日·21日;『司法稟報(甲)』,「(平安北道 → 法部)報告書」
第36號, 光武 10年(1906) 3月 31日;『司法稟報(甲)』,「(慶尙北道 → 法部)報告書」第36
號, 光武 10年(1906) 4月 3日;『司法稟報(甲)』,「(黃海道 → 法部)報告(書)」第30·59
號, 光武 10年(1906) 4月 4日·6月 4日;『司法稟報(甲)』,「(忠淸北道 → 法部)質稟書」
第31·33·38號, 光武 10年(1906) 4月 8日·16日·5月 8日;『司法稟報(甲)』,「(全羅
南道 → 法部)報告書」第4-5號, 光武 10年(1906) 4月 20日;『司法稟報(甲)』,「(忠淸南
道 → 法部)質稟書」第2-5·6·8·11-12號, 光武 10年(1906) 4月 28日·29日·29
日(중복)·5月 29日;『司法稟報(甲)』,「(忠淸南道 → 法部)報告書」第43號, 光武 10年
(1906) 4月 30日.

105 「적도처단례」에서는 범죄유형을 강도(强盜), 절도(竊盜), 와주(窩主), 준절도(准竊盜)
네 가지로 나누었고,『형법대전』에서도 강도(593조), 창탈(594조), 절도(595조), 준절
도(596조), 강도와주(615조), 절도와주(616조) 등을 위시하여 다양한 범죄유형을 규정
하였다.

넷째, 양형기준이다. 명률의 강도율은 본래 참형인데, 「적도처단례」 도입으로 근대법 전환 과정에서 참형·교형이 모두 교형으로 바뀌었다. 지방재판소에서 강도는 7조 7항에 따라 수범과 종범을 구분하지 않고 교형에 처했는데 법문 그대로 적용하는 경우가 많았으나 [106] 「형률명례」에 따라 감형을 고려하는 경우도 적지 않았다. 이는 지역·시기·판사인식·법부실무자 성향 등에 따라 변동의 여지가 많았다. 하지만 종범에게는 갈수록 감형을 적용하는 경향이 지배적이었다. 물론 그조차 1등급 감형이 보통이었고, [107] 특별한 경우 2등급까지 가능했다. [108] 지방재판소 판사는 법부를 설득하기 위해서 세밀한 공초기록을 바탕으로 단순 협박에 의해서 끌려갔다거나 직접 강도질에 참여한 적이 없다거나 장물이 적음을 근거로 제시했다. [109] 실제 약탈에 참여하지 않고 단순히 끌려다니기만 한 장인·짐꾼·어린아이 등은 법부의 승인하에 훨씬 더 가벼운 처벌을 받았다. [110] 그러나 단순히 강압을 핑계 대는 경우는 징역종신(혹은 유배형) 정도만이 허

---

106 『司法稟報(甲)』, 「(仁川府 → 法部)報告書」 第26號, 建陽 1年(1906) 日子未詳; 『司法稟報(甲)』, 「(仁川府 → 法部)報告書」 第36號, 建陽 1年(1906) 8月 16日.

107 『司法稟報(甲)』, 「(忠淸南道 → 法部)質稟書」 第31號, 光武 9年(1905) 12月 12日; 『司法稟報(甲)』, 「(江原道 → 法部)報告書」 第29號, 光武 10年(1906) 4月 25日; 『司法稟報(甲)』, 「(忠淸南道 → 法部)報告書」 第3-5·8號, 光武 10年(1906) 4月 28日·29日; 『司法稟報(甲)』, 「(黃海道 → 法部)質稟(書)」 第45號, 光武 10年(1906) 5月 8日.

108 『司法稟報(甲)』, 「(忠淸南道 → 法部)質稟書」 第3號, 光武 10年(1906) 4月 28日.

109 『司法稟報(甲)』, 「(江原道 → 法部)報告書」 第23號, 建陽 2年(1897) 2月 19日; 『司法稟報(甲)』, 「(忠淸南道 → 法部)報告書」 第17號, 光武 9年(1905) 3月 3日.

110 【장인】 『司法稟報(甲)』, 「海州府(→ 法部)來牒」, 開國 504年(1895) 9月 12日; 【등짐장수】 『司法稟報(甲)』, 「(公州府 → 法部)報告書」 第56號, 建陽 1年(1896) 7月 4日; 【짐꾼】 『司法稟報(甲)』, 「(昌原港 → 法部)質稟書」 第6號, 光武 9年(1905) 2月 26日; 【머슴】 『司法稟報(甲)』, 「(慶尙南道 → 法部)報告(書)」 第22號, 光武 9年(1905) 11月 17日; 【어린아이】 『司法稟報(甲)』, 「(江界府 → 法部)報告書」 第9號, 建陽 1年(1896) 8月 22日.

락되었고,[111] 아예 수범과 동일하게 교형에 처하는 경우도 적지 않았다.[112] 이는 강도로 인한 민간의 피해가 직접적으로 나타나는 중범죄일 뿐 아니라 조정의 법치주의 근간을 훼손하는 행위였기 때문이다.

반면에 절도범의 경우는 명률의 취지를 계승하여「적도처단례」8조 3항에서도 장물의 다과에 비례하여 형량을 매겼다. 물론 그 역시 일정액이 넘으면 교형에 처하였다.「적도처단례」도 처음 1896년에는 40관(貫) 이상을 교형에 처하였으며,[113] 1900~1901년에는 50관 이상을 처형하였다.[114] 다만『형법대전』에서는 12장 5절 절도율(竊盜律) 595조(절도)로 계승되었으나[115] 최고형은 다소 완화되어 교형에서 종신징역으로 바뀌었다.[116]

다섯째, 재범 이상 처벌과 사령의 적용이다. 절도 재범·삼범의 경우에도 중형에 처하기도 했다. 국초에 명률이 도입되었으므로 명률에 따라 절도 삼범의 처형이 집행되었을 뿐 아니라[117] 일시적으로

---

111 『司法稟報(甲)』,「完營(→ 法部)來牒」, 開國 504年(1895) 5月 4日;『司法稟報(甲)』,「(昌原港 → 法部)報告(書)」第15號, 光武 6年(1902) 9月 5日;『司法稟報(甲)』,「(江原道 → 法部)報告書」第50號, 光武 6年(1902) 9月 3日.

112 『司法稟報(甲)』,「(海州府 → 法部)報告(書)」第□號, 建陽 1年(1896) 2月 30日;『司法稟報(甲)』,「(慶尙北道 → 法部)報告書」第24·26號, 光武 6年(1902) 6月 7日·7日(중복);『司法稟報(甲)』,「(江原道 → 法部)報告書」第15號, 光武 9年(1905) 3月 25日.

113 『高宗實錄』卷34, 高宗 33年 4月 1日(陽曆),「賊盜處斷例」(法律 第2號, 1896);『高宗實錄』卷34, 高宗 33年 4月 10日(陽曆),「賊盜處斷例中改正件」(法律 第4號).

114 『高宗實錄』卷40, 高宗 37年 1月 11日(陽曆),「賊盜處斷例中改正件」(法律 第1號, 1900);『高宗實錄』卷41, 高宗 38年 12月 12日(陽曆),「賊盜處斷例中改正件」(法律 第2號, 1901)

115 "踰墻穿穴 或 潛形隱面이나 人의 不見홈을 因ᄒ야 財物을 竊取ᄒᆫ 者ᄂ 其人己ᄒᆫ 贓을 通算ᄒ야 首從을 不分ᄒ고 左表에 依ᄒ야 處호디, 未得財ᄒᆫ 者ᄂ 禁獄 三個月에 處홈이라."『刑法大全』, 第5編 律例下, 第12章 賊盜所干律, 第5節 竊盜律, 第595條.

116 "千二百兩以上, 終身."『刑法大全』, 第5編 律例下, 第12章 賊盜所干律, 第5節 竊盜律, 第595條.

세조대는 초범 처형까지 이루어졌는데,[118] 이는 조선초 절도범 소탕
이 얼마나 중요한 일이었는지 알 수 있다. 「적도처단례」의 경우 초기
(1896)에는 절도의 경우 재범은 태 100 징역종신, 초범 장물 80관 이
상·삼범은 교형, 강도의 경우 재범은 교형이었으나[119] 후기(1901)에
는 절도의 경우 초범 장물 80관·재범 장물 50관 이상은 교형으로 잠
시 강화되었다.[120] 몇 년 뒤 『형법대전』(1905)이 반포되면서 134조에
서 절도 재범은 징역종신, 강도 재범·절도 삼범은 교형으로 다시 약
화었다.[121] 더욱이 강도·절도가 성행하자 교형의 구체적인 사유
를 적시하여 한문·한글로 베껴서 각 고을 백성이 알게 했다.[122] 이

---

117 『大明律』, 刑律, 盜賊, 竊盜.

118 김백철, 앞의 책, 2016a, 207~210쪽.

119 "第二……八十貫以上 絞. ……第十三 凡竊盜의 再犯者는 贓多小를 勿論ᄒ고 首從을 不
分ᄒ고 皆 笞一百 懲役終身 三犯者는 絞. ……第十七 凡强盜의 罪不至死者라도 再犯者
는 絞." 「賊盜處斷例」第8條(法律 第2號, 1896.04.01.); 『高宗實錄』卷34, 高宗 33年 4月
1日(陽曆); 『司法稟報(甲)』, 「(濟州牧 → 法部)報告書」第6號, 光武 2年(1898) 5月 21日.

120 "第十三項 凡 竊盜의 再犯者는 (下에)五十貫以下는 六字는 刪去ᄒ고 贓多少를 勿論
ᄒ고 下에 首從을 不分ᄒ고 皆 笞一百 懲役終身에 止ᄒ되 五十貫以上은 同條 第三
項表에 依홈 三犯者는 三十八字를 刪去홈이라." 「賊盜處斷例中改正件」(法律 第2號,
1901.12.12.); 【8조 13항】 『司法稟報(甲)』, 「(全羅北道 → 法部)報告書」第49號, 光武 8
年(1904) 10月 11日; 【8조 2항】 『司法稟報(甲)』, 「(釜山港 → 法部)報告(書)」第9號, 光
武 9年(1905) 2月 28日.

121 "但 强盜 再犯ᄒ 者는 絞며, 竊盜再犯ᄒ 者는 懲役終身이며, 三犯에 至홈 者는 絞에
處홈이라." 『刑法大全』, 第3編 刑例, 第1章 刑罰通則, 第10節 一罪再犯處斷例, 第134
條; 『司法稟報(甲)』, 「(全羅北道 → 法部)質稟書」第52號, 光武 10年(1906) 3月 3日; 『司
法稟報(甲)』, 「(全羅南道 → 法部)質稟書」第17號, 光武 10年(1906) 3月 12日; 『司法稟
報(甲)』, 「(全羅北道 → 法部)報告書」第24號, 光武 10年(1906) 3月 22日.

122 『司法稟報(甲)』, 「(京畿 → 法部)報告書」第52號, 光武 9年(1905) 7月 28日, 「(法部)訓
令」第30號, 追伸; 『司法稟報(甲)』, 「(昌原港 → 法部)報告(書)」第19號, 光武 9年(1905)
7月 30日, 「(法部)訓令」第16號, 追伸; 『司法稟報(甲)』, 「(慶尙北道 → 法部)報告書」第
48號, 光武 9年(1905) 7月 30日, 「(法部)訓令」第39號, 追伸; 『司法稟報(甲)』, 「(全羅北
道 → 法部)報告書」第47號, 光武 9年(1905) 7月 31日, 「(法部)訓令」第33號, 追伸.

는 마치 조선시대 국왕의 윤음을 목민관이 읽어주도록 한 사례와 유사하다.[123]

하지만 고종대는 사령이 자주 내렸으므로,[124] 사령 이전의 범죄를 누적 집계할지가 관건이 되기도 했다.[125] 왜냐하면 재범·삼범으로 통산적용하면 중형을 받기 때문이다. 또 범죄행위가 확실하여 판결이 완료되었을 때는 사면에 포함시키는 데 문제가 없었으나 미결수는 판결이 확정되지 않아 논란의 여지가 있었다.[126] 조선초에도 비슷한 고민이 있었다.[127] 대체로 광무정권은 사면 이전 범죄는 제외하는 것을 합리적으로 보는 편이었다.[128] 이는 내우외환의 여파로 민심안정을 위해 사면대상을 확대하는 데 초점이 맞추어졌기 때문이다.

2. 외세 빙자범죄의 등장

각종 세력을 빙자한 범죄로는 종교빙자, 외국인 연루, 각종 위조

---

123 丁若鏞, 『牧民心書』, 奉公六條, 宣化; 김백철, 앞의 책, 2014, 212쪽, 註106.

124 〈부표 6〉 '고종연간 사면·감등' 참조.

125 『司法稟報(甲)』, 「黃海道 → 法部)報告(書)」 第20號, 建陽 1年(1896) 10月 18日; 『司法稟報(甲)』, 「全羅北道 → 法部)報告書」 第22號, 光武 10年(1906) 3月 15日.

126 『司法稟報(甲)』, 「京畿 → 法部)質稟書」 第96號, 光武 5年(1901) 10月 7日.

127 【사면이전 제외】『世宗實錄』 卷18, 世宗 4年 12月 癸卯(20日); 『世宗實錄』 卷50, 世宗 12年 12月 壬午(16日); 【사면전후 합산】『世宗實錄』 卷103, 世宗 26年 正月 辛未(21日); 『世宗實錄』 卷109, 世宗 27年 7月 丁丑(5日); 『世祖實錄』 卷25, 世祖 7年 7月 丁未(9日); 『成宗實錄』 卷51, 成宗 6年 正月 己巳(19日); 김백철, 앞의 책, 2016a, 211~212쪽.

128 【사면이전 제외】『司法稟報(乙)』, 「漢城裁判所 → 法部)質稟書」 第1125號, 光武 1年(1897) 12月 31日; 『司法稟報(甲)』, 「全羅北道 → 法部)報告書」 第49號, 光武 8年(1904) 10月 11日.

등이 가장 많이 보인다. 『사범품보』에서는 외세를 등에 업은 일탈행위로 기독교 빙자범죄(0.4%), 일진회·정토종사건(0.3%), 외국인 연루사건(1%), 인삼밀매(0.1%) 등이 나타나며, 각종 사칭·사기 범죄로는 관원사칭·공문서위조(1.2%), 화폐위조(0.6%), 사기·공갈(0.3%) 등이 확인된다(〈표 3〉).

1) 종교 · 이념 빙자범죄

(1) 기독교 연루사건

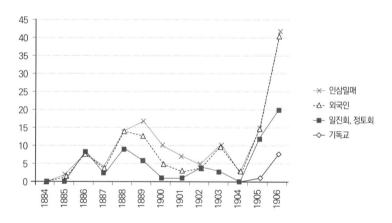

〈그림 13〉 『사법품보(갑)』 인삼밀매 · 외국인 · 일진회−정토회 · 기독교 누적추이

놀랍게도 『사법품보(갑)』을 기준으로 외세를 빙자한 각종 범죄유형을 살펴보면, 인삼밀매 · 외국인 연루사건 · 일진회사건−정토회(淨土會)사건 · 기독교 빙자사건 등의 누적추이는 비슷한 궤적을 보인다(〈그림 13〉). 문제는 고종친정기에 외래종교에 대한 조정의 입장이 선

회하자, 지방에서도 기독교를 보는 시선이 완전히 달라졌다는 점이다.[129]

① 독자권력의 형성

첫째, 치외법권의 주장이다.[130] 왕실의 보호 아래 선교가 합법화되자 오히려 외세를 등에 업고 종교를 명분으로 폐단을 일으키는 선교사·신도가 등장하였다. 이에 관권뿐 아니라 이웃한 주민과도 분쟁이 잦았다. 중앙의 경우는 기독교도[西敎]가 신문기자를 위협하거나[131] 포교목적으로 궁궐(慶運宮 咸寧殿)까지 난입하였고,[132] 백성이 반발하여 교당에 쳐들어가기도 했다.[133]

지방의 경우는 훨씬 파장이 더 컸다. 신도는 자신들이 믿는 것은 외국종교이므로 조선 조정은 간섭할 수 없다고 주장했다. 1896년 강원도 김화군(金化郡)의 천주교도는 근처 마을에 몰려다니며 사람을 구타하고 수많은 재물을 약탈하였을 뿐 아니라 상당수의 여인을 납치했으므로 분노한 백성이 불을 질렀다. 그런데도 천주교도 동임(洞任)은 적반하장으로 "우리들은 지금 천주에 대해 배우고 있으니 이 나라 사람이 아니고 바로 다른 나라 사람이며, 이 나라에서는 비록

---

129 단, 예외적으로 1894년 충청도에서 프랑스선교사(모이세 죠조Moyse Jozeau)가 피살당한 기록이 확인되는데(『高宗實錄』卷32, 高宗 31年 7月 甲申(10日)), 청일전쟁에 휘말려 청군에게 끌려갔다가 장깃대나루에서 죽음에 이르렀다고 한다.

130 이원순, 앞의 글, 2002a, 142쪽.

131 『司法稟報(乙)』, 「(漢城府 → 法部)質稟書」 第46號, 光武 3年(1899) 5月 8日.

132 『司法稟報(乙)』, 「(平理院 → 法部)質稟書」 第1號, 光武 3年(1899) 6月 22日.

133 『司法稟報(乙)』, 「(漢城府 → 法部)質稟書」 第76號, 光武 3年(1899) 6月 19日; 『司法稟報(乙)』, 「(漢城府 → 法部)報告書」 第90·95號, 光武 3年(1899) 7月 10日·13日.

법관이라도 우리가 보기에는 가소롭고 우리를 어쩔 수 없으며" 양대인(洋大人: 선교사)의 편지를 가져와서 "잠곡리 백성은 도적패거리와 같으니 피해 입은 집안 살림살이값을 요구한 액수대로 받아달라"고 하였다.[134] 1898년 강원도 평창군(平昌郡) 이인규는 도망친 아내를 찾아달라면서도 "서학(西學)에 들어가 있으니 법정(法庭)은 없다"며 외국 종교를 내세워 수령을 핍박했다.[135] 1902년 충청남도 남포군에서는 십자기(十字旗)를 조직하여 강제로 교인으로 가입시키고 백성이 관에 고발하려고 하면 "우리는 외국교인이라 한국 관장이 어찌 우리를 간섭하겠는가"라고 공공연히 떠들고 다녔다.[136]

둘째, 외래종교에 기대어 현실타개 수단으로 삼는 경우이다. 1902년 전라남도 지도군에서는 프랑스선교사(법교사)·복사·교인 등에게 과도한 세금징수를 고발해서 억울함을 풀어달라고 하는 사건이 발생했다. 이 사건은 단독으로 일어났다기보다는 프랑스함대를 배경으로 제주도에 진출했다가 반발을 수습하지 못한 직후에 다시 전라도 도서지역에서 일어났으므로 연안항로를 장악하려던 프랑스의 입장과 무관하지 않았다. 이에 더욱더 강경한 프랑스신부의 태도가 나타났다. 실제로도 당시 조선 관리는 1년전 제주도사건을 언급하면서 선교사 측에 자중할 것을 요구하였다.[137]

프랑스선교사가 민원해결을 명분으로 내려왔을 때 해당 지역 향리 등에게 구타당하는 일이 벌어진 것이다. 『사법품보』에는 조선 군수와

---

134 『司法稟報(甲)』, 「(金化郡 → 法部)報告書」第1號, 建陽 1年(1896) 6月 25日.
135 『司法稟報(甲)』, 「(江原道 → 法部)報告書」第7號, 光武 2年(1898) 1月 20日.
136 『司法稟報(乙)』, 「(忠淸南道藍浦郡 → 法部)報告書」第1號, 光武 6年(1902) 8月 12日.
137 『司法稟報(甲)』, 「(務安港 → 法部)報告(書)」第27號, 光武 6年(1902) 10月 10日.

프랑스공사관의 선교사에 대한 보고서가 모두 실려 있는데,[138] 각기 자신들에게 유리한 행동만 적시하였고 양자가 상대를 비난한 언행은 누락되어 있다. 하나는 도민(島民)의 입장에서 이미 금년세금을 완납했는데 추가로 거두려고 하였으므로 억울하다고 생각하여 조정에서 우대하는 외국인신부라는 외부권력에게 호소한 것이다. 다른 하나는 목민관의 입장에서 도민이 세금을 계속 미루어 수년간 미납분을 거두었음에도 오랫동안 연체된 세금은 추징대상이 아니라고 잘못 생각하고 있다는 것이다. 이 사건이 도민의 억울함이 폭발한 것이었는지 혹은 관에 대한 항쟁수단에 프랑스신부를 이용한 것이었는지는 불명확하다. 아전의 중간약탈의 가능성이 전혀 없지 않으나 명분은 연체세금의 추징이었으므로 제대로 설명하여 납득시키지 못했다고 문책할 수 있을지언정 법적 책임을 묻기에는 장부가 완벽하였다.

그런데 도서지역에서 신앙심 있는 사람들의 억울함을 풀어준다는 정의감에 벅차 있던 선교사 일행은 해당 군에 들어와서 군수를 위협하고 통역을 맡은 조선인조차 미국국적을 주장하면서 목민관을 깔보는 행동을 보였다.[139] 선교사 측의 통역은 군수가 갑자기 당도한 일행에게 미리 준비해둔 명함이 없다고 하자 행패를 부리는가 하면 신부와 함께 군수의 집무실에 신발을 신고 들어가서 군수 측의 분노를 샀다. 차마 군수는 외국인선교사를 함부로 대하지 못했으나 이를 지켜보던 향청(鄕廳)은 분노하면서 선교사일행이 관아를 빠져나오자마자 단체로 몰려들어 구타하였다. 이에 선교사 측은 관찰부에 치료비

---

138 『司法稟報(甲)』, 「(務安港 → 法部)報告(書)」 第25·27·29號, 光武 6年(1902) 9月 26日·10月 10日·11月 3日.
139 『司法稟報(甲)』, 「(務安港 → 法部)報告(書)」 第27號, 光武 6年(1902) 10月 10日.

와 관련자 처벌을 요구했고, 관찰사 역시 외국인선교사의 위세에 억눌려 법부와 외부에 그 사실을 즉각 알리고 최대한 요구를 들어주고자 하였다.[140] 관찰사는 선교사의 주장에 따라『대명률』'구제사급본관장관(毆制使及本管長官)'·'투구급고살인(鬪毆及故殺人)'을 적용해서 황제의 칙사에게 행패를 보인 경우로 판결했다. 선교사가 자신은 프랑스사신과 다름없다고 주장하는가 하면 실제로 프랑스공사관[플랑시]을 통해서 과도한 치료비(880여 원) 등의 피해배상을 요구했기 때문이다. 하지만 법부는 일개 외국인선교사에 대한 과도한 율문적용이라고 질책하였다.

지방재판소 판사를 맡던 관찰사는 법에 따라 처벌하되 피해배상은 율문에 없으므로 불가능하다고 거절하여 불만을 샀다. 선교사일행에게 눈에 보이는 외상이 없었고 지도군의 향리는 지난 세금미납분을 징수하고 있는데 외래종교의 위세에 의지해서 관권에 도전하려는 도민을 힐난하고 고압적인 프랑스선교사일행도 법령을 준수하지 않았다고 비난했다. 이에 프랑스공사는 나름대로 명률의 최대 형량을 연구하여 외부를 통해 요구하였으나 법부는 들어주지 않았다. 심지어 없는 피해배상 법조문도 새로 만들어서 적용하라는 과도한 내정간섭까지 행하였다. 이것은 당시 열강의 위세가 조선에서 어느 정도였는지 짐작할 수 있는 대목이다.[141]

셋째, 선교사의 편지도 막강한 위력을 행사했다. 1898년 안변군에서 증인을 압송하려고 했으나 프랑스선교사를 부추겨서 편지를 작성

---

140 같은 책.
141 『司法稟報(甲)』,「(務安港 → 法部)報告(書)」第29號, 光武 6年(1902) 11月 3日.

하여 죄인압송을 막았다. 이에 함경남도재판소는 법부가 외부를 통해 프랑스영사에게 「조회」하여 내정간섭을 하지 못하도록 요청하였다.[142] 1902년 무안항에서도 프랑스선교사가 편지로 경무서에 수감중인 죄인의 석방을 종용함으로써 막강한 위세를 과시하였다.[143] 심지어 1903년 프랑스공사는 황해도 교인 중 체포된 죄수에 대한 학대 여부를 외부를 통해 「조회」함으로써 내정에 간섭하였다.[144] 프랑스 공사관의 태도는 대체로 죄목에는 관심이 없었으며 교인이기만 하면 무조건 감싸고도는 듯한 태도를 취했으므로 외세의 권위를 빌리려는 이들이 늘어날 수밖에 없었다. 여기에는 선교사들이 "선의(善意)를 바탕으로" 국내외 기관을 막론하고 보내는 편지가 실제로 프랑스함대를 내세운 위력으로 간주되어 조선의 형정에 악영향을 미쳤다.

② 사익의 추구

기독교의 위세를 직간접적으로 경험해본 사람이 기독교로 개종한 뒤 이권활동에 활용하는 경우가 폭증했다. 첫째, 관권에 대한 도전이다. 1903년 충청남도 임천군에서는 홍산군 성교회장(聖敎會長: 尹順京)이 사람을 보내서 강제로 채권추심에 나섰다가 관에 체포되어 신문을 받았다. 그러나 기독교도는 외국[外人]의 세력을 믿고 신도를 모아서 압송 중인 죄인을 탈취했다. 프랑스교사(敎師: 孔安祿)가 학도 10여 명을 이끌고 나타나 관찰부에 서신을 보냈다고 하면서 체포를 방해했다.[145] 같은 해(1903) 황해도 장연군에서는 잡세폐지정책을 실질

142 『司法稟報(甲)』, 「(咸鏡南道 → 法部)報告書」 第6號, 光武 2年(1898) 4月 8日.
143 『司法稟報(甲)』, 「(務安港 → 法部)報告(書)」 第32號, 光武 6年(1902) 12月 3日.
144 『司法稟報(乙)』, 「(平理院檢事 → 法部大臣)報告書」 第150號, 光武 7年(1903) 10月 12日.

적으로 읍재정에 반영시키기 위해 군수와 군민이 힘을 합쳐서 청원 절차를 마치고 소송비용을 정산하고 있었는데 비용지출에 불만을 품은 천주교도가 서울의 아문에 호소해서 전액 환급명령을 받아낸 뒤 신도와 관아에 쳐들어가 순검을 묶은후 난타하고 홍신부(洪神父)의 명이라고 주장했다.146 모두 프랑스신부[선교사]의 권위를 내세워 자신의 이익에 맞게 사용한 것이다.

둘째, 교회수호를 명분으로 자력구제를 감행하였다. 1899년 충청남도 은진군에서 프랑스선교사[張教士]가 지방민[恩津郡江鏡浦民]과 다툰 뒤 외부를 통해 항의하여 고발하기도 했는데,147 교인 중 소금거래로 다툼이 생기자 집단으로 가서 사람을 묶어서 교당[羅巖教堂]에 끌고 가니 분노한 동네사람들이 집결하여 교당에 난입했다가 충돌 끝에 교회비품이 훼손되었다. 조정에서는 결박당해 끌려간 자를 가볍게 처벌하였고 나머지는 무죄로 방면하였다.148 선교사와 실랑이했던 이들도 감형처분을 받았다.149 교당에 당도한 가족은 모두 평리원 심리를 거쳐 방면되었다.150 1901년에도 이천교당(伊川教堂) 난입사건이 발생했는데, 프랑스공사관은 이미 판결이 《황성신문》에 공시된 이후에도 교당·물품 훼손배상금을 지속적으로 요구하였다.151 1903

---

145 『司法稟報(乙)』, 「(忠清南道 → 法部)報告書」 第6號, 光武 7年(1903) 2月 2日.

146 『司法稟報(乙)』, 「(黃海道 → 法部)報告(書)」 第10號, 光武 7年(1903) 1月 27日.

147 『司法稟報(乙)』, 「(忠清南道 → 法部)報告書」 第83號, 光武 3年(1899) 5月 25日.

148 『司法稟報(乙)』, 「(漢城府 → 法部)質稟書」 第94號, 光武 3年(1899) 7月 13日.

149 『司法稟報(乙)』, 「(平理院 → 法部)質稟書」 第9號, 光武 3年(1899) 9月 29日.

150 『司法稟報(乙)』, 「(平理院 → 法部)報告書」 第94號, 光武 3年(1899) 8月 27日.

151 『司法稟報(乙)』, 「(外部 → 法部)照覆」 第9號, 光武 3年(1901) 4月 29日;『司法稟報(乙)』, 「(平理院 → 法部)報告書」 第82號, 光武 3年(1901) 5月 4日;『司法稟報(乙)』, 「(外部 → 法部)照會」 第15號, 光武 3年(1901) 9月 10日.

년 황해도에서는 심지어 은파장(隱波場) 교당물품이 도난당하자 천주교선교사[金神父]와 회장이 물품을 분실한 사람[黃光吉]을 잡아 와서 사람을 묶고 구타하여 다리가 부러지는 지경에 이르렀고 관으로 압송된 뒤에 죽음에 이르렀다. 그런데도 관찰사·군수가 체포할 수 없어 법부에서 프랑스공사에게 「조회」하여 살인사건협조를 요청할 정도였다.[152] 더욱이 사핵사(查覈使)가 내려와서 평민 중 교인에게 피해를 본 사람들을 조사하자 김신부는 역으로 교인들에게 통문을 돌려서 교인 중 평민에게 피해를 본 사례를 조사하면서 맞대응했다. 이외에도 야소교인(耶蘇敎人: 개신교)이 맡긴 소가 죽자 교인을 동원하여 소값을 뜯어낸 일과 구채(舊債)라 칭하면서 민간에서 돈을 징수한 일이 적발되었다. 또한 교인과 비(非)교인뿐 아니라 개신교도가 천주교도를 무고한 죄도 추궁받았는데, 분교도공소(分敎徒公所) 신축 시 보조금을 걷었는데 개신교[裂敎]이다가 천주교(聖敎)로 옮겨서 거절하니 다툼이 벌어졌다. 관련자는 모두 평리원에 압송되어 재판을 받았다.[153]

셋째, 사설(私設)법정의 운영이다. 전라도지역에 두드러지는 현상이었으나 다른 지역도 심심치 않게 기독교를 빙자한 범죄가 확인된다. 지역사회에서 천주교(혹은 개신교)를 모아서 교회당을 만들고 교회감옥을 설치하는 경우가 많았다.[154] 관아에 고발하지 않고 신도의

---

152 『司法稟報(甲)』, 「(黃海道 → 法部)報告(書)」第71號, 光武 7年(1903) 6月 9日.
153 『司法稟報(乙)』, 「(平理院 → 法部)報告書」第166號, 光武 7年(1903) 11月 14日.
154 『司法稟報(甲)』, 「(京畿 → 法部)質稟書」第13號, 光武 2年(1898) 6月 10日; 『司法稟報(甲)』, 「(莞島郡 → 法部)報告(書)」第1號, 光武 9年(1905) 5月 16日; 『司法稟報(甲)』, 「(全羅南道 → 法部)質稟書」第12號, 光武 10年(1906) 5月 13日.

민원해결을 빙자해서 교회[敎所]가 사람을 함부로 잡아 오거나[155] 거꾸로 매달아 고문하거나[156] 재판을 열어서 자력구제에 나섰다.[157] 더욱이 교회를 매개로 암행어사의 수행원(혹은 순찰사) 등을 사칭해서 관아에 위조공문(혹은 마패)을 내거나[158] 심지어 스스로 재판을 열고[159] 민원해결 수수료를 챙기는 현상도 나타났다.[160]

1899년 강원도 안변에서는 "천주교[西敎] 우두머리의 지시"라고 하면서 사람을 잡아가고 돈을 요구하다가[161] 안변 천주교 회장[李안드레]에게 적발되어 풀어주기도 했다.[162] 황해도에서는 산송을 벌이다가 기독교[西學]로 개종해서 패거리를 이끌고 무덤을 강제로 파낸 뒤 소송비용까지 뜯어냈다.[163] 강원도에서는 무리를 지어서 위협하여 어

155 『司法稟報(甲)』, 「(忠淸南道 → 法部)報告書」第26號, 光武 7年(1903) 5月 31日;『司法稟報(乙)』, 「(全羅南道 → 法部)報告書」第11號, 光武 10年(1906) 2月 21日.

156 『司法稟報(甲)』, 「(京畿 → 法部)質稟書」第95號, 光武 5年(1901) 10月 6日.

157 『司法稟報(甲)』, 「(全羅北道 → 高等裁判所)質稟書」第1號, 光武 2年(1899) 4月 26日;『司法稟報(甲)』, 「(京畿 → 法部)質稟書」第13號, 光武 2年(1898) 6月 10日;『司法稟報(甲)』, 「(黃海道 → 法部)報告(書)」第126號, 光武 3年(1899) 9月 3日.

158 『司法稟報(甲)』, 「(忠淸北道 → 法部)報告書」第97號, 光武 2年(1898) 8月 26日;『司法稟報(甲)』, 「(忠淸北道 → 法部)報告書」第32號, 光武 4年(1900) 5月 20日.

159 『司法稟報(甲)』, 「(忠淸北道 → 法部)報告書」第76號, 光武 3年(1899) 9月 9日.

160 『司法稟報(甲)』, 「(務安港 → 法部)報告(書)」第30號, 建陽 2年(1897) 4月 8日;『司法稟報(甲)』, 「(黃海道 → 法部)報告(書)」第60號, 建陽 2年(1897) 6月 22日;『司法稟報(甲)』, 「(忠淸北道 → 法部)報告書」第36號, 光武 10年(1906) 5月 2日;『司法稟報(甲)』, 「(忠淸北道 → 法部)報告書」第97號, 光武 2年(1898) 8月 26日;『司法稟報(甲)』, 「(江原道 → 法部)報告書」第67號, 光武 3年(1899) 7月 8日;『司法稟報(甲)』, 「(忠淸北道 → 法部)報告書」第36號, 光武 10年(1906) 5月 2日.

161 『司法稟報(甲)』, 「(江原道 → 法部)報告書」第67號, 光武 3年(1899) 7月 8日.

162 『司法稟報(甲)』, 「(江原道 → 法部)報告書」第24號, 光武 3年(1899) 3月 24日.

163 『司法稟報(甲)』, 「(黃海道 → 法部)報告(書)」第112·126號, 光武 3年(1899) 8月 16日·9月 3日.

음을 강제로 쓰게 해서 재물을 빼앗기도 했다.[164] 마치 동네에서 향회(鄕會)를 열어서 자력구제하던 관습을 교회로 옮겨온 듯하다. 그러나 가장 큰 차이는 동네에서는 일반 형사사건을 거의 다루지 않았고 가벼운 민사사건 내지 윤리문제에 국한하였다는 사실이다. 중범죄는 모두 관에서 처단하였고 준수하지 않으면 곧바로 처벌받았다. 하지만 이 시기 지역의 교회는 법치주의의 경계가 전혀 없었다. 대개 교인의 민원을 해결해준다는 명분하에 교인과 사이가 좋지 못한 사람 사이에 일어나는 분쟁에 관권을 초월하여 교회가 나서서 판결하고 그 과정에서 감옥에 가두고 사적인 형벌을 행하여 재물까지 약탈한 것이다.

넷째, 교회세금을 강제로 징수하였다. 기존에 알려진 바에 따르면 1901년 제주목에서 내장원(內藏院) 재원확충을 위한 무리한 세금남징에 대해 원성이 컸는데 프랑스함대의 지원을 받던 교회가 세력을 확장하면서 별도의 세금을 걷고 백성을 구금하여 죽음에 이르게 하는 사건이 발생했다.[165] 그러나 『사법품보』에 수록된 실상을 살펴보면 평리원의 조사결과, 목양위원(牧養委員)을 사칭한 이들의 남징이었다.[166] 그사이 3군의 백성과 교인 간 다툼이 벌어지면서 세폐(稅弊)·교폐(敎弊)의 원성이 커졌다.[167] 이후 교인이 한림(翰林/漢林) 민회소(民會所)를 습격하고 발포하자 교회에 대한 반발심이 커지면서 300여

---

164 『司法稟報(甲)』, 「(江原道 → 法部)報告書」 第96號, 光武 3年(1899) 10月 18日.
165 『高宗實錄』 卷41, 高宗 38年 6月 15日(陽曆).
166 『司法稟報(乙)』, 「(平理院 → 法部)質稟書」 第23號, 光武 5年(1901) 10月 9日.
167 『司法稟報(乙)』, 「(平理院 → 法部)質稟書」 第34−35·36號, 光武 5年(1901) 10月 9日(2회)·16日.

명 이상의 교인이 죽었으며 프랑스·일본군함이 출동하여 외교문제로까지 비화되었다. 이듬해(1902)에도 프랑스 선교사에 대해서 거짓 간통소문이 돌 정도로 백성의 원망은 쉽게 가라앉지 않았다.[168] 제주에서는 죄인이 교당으로 도망치면 함부로 체포할 수 없었다.[169] 프랑스공사관은 교회의 실책은 외면한 채 제주 백성소요 시의 피해배상까지 요구했으며,[170] 러일전쟁으로 지체되었음에도 불구하고 끝내 받아냈다.[171]

1906년 전라남도 해남군에서는 성교인(聖敎人)·의병(義兵)을 빙자하여 부민(富民) 등에게 군량을 거두어들이는 현상이 발생했다. 세금을 이유로 천주교개입을 원했던 백성이 반대로 기독교를 내세워 전곡을 거두어들인 것이다. 특히 「을사늑약」 이후 일진회원 박멸을 명분으로 내세워 길에서 만나면 구타하였기에 곧바로 순검과 일본헌병이 출동하여 체포했다. 다만 『형법대전』 592조·594조를 적용하여 다른 의병이 받은 처벌과 상당히 달랐는데[172] 법부에서는 의병이나 비도(匪徒)로 간주하지 않고 기독교[西敎]를 빙자하여 세금을 포함해

---

168 『司法稟報(甲)』, 「(濟州牧 → 法部)報告書」 第7號, 光武 6年(1902) 3月 28日.
169 『司法稟報(乙)』, 「(濟州牧 → 法部)質稟書」 第1號, 光武 6年(1902) 2月 3日.
170 『司法稟報(乙)』, 「(濟州牧 → 法部)報告書」 第17號, 光武 7年(1903) 12月 8日.
171 『司法稟報(乙)』, 「(濟州牧 → 法部)報告書」 第23·25號, 光武 8年(1904) 3月 2日·4月 19日.
172 "常人이 係官ᄒᆞᆫ 財産을 盜ᄒᆞᆫ 者ᄂᆞᆫ 首從을 不分ᄒᆞ고 其所盜ᄒᆞᆫ 贓을 竝計ᄒᆞ야 左表에 依ᄒᆞ야 處호딕……千兩以上 絞." 『刑法大全』, 第5編 律例下, 第12章 賊盜所干律, 第3節 盜係官財産律, 第592條; "人의 財物을 冒認 或 搶奪ᄒᆞᆫ 者ᄂᆞᆫ 懲役三年에 處ᄒᆞ고……." 『刑法大全』, 第5編 律例下, 第12章 賊盜所干律, 第4節 强盜律, 第594條; "二罪以上이 同時에 俱發된 境遇에ᄂᆞᆫ 其重ᄒᆞᆫ 者ᄅᆞᆯ 從ᄒᆞ야 處斷ᄒᆞ고, 其各等ᄒᆞᆫ 者ᄂᆞᆫ 從一科斷홈이라." 『刑法大全』, 第3編 刑例, 第1章 刑罰通則, 第8節 二罪以上處斷例, 第129條.

서 공(公)·사(私) 전곡(錢穀)을 강제로 빼앗은 혐의로 처벌하였다.[173]

다섯째, 신도의 약탈로 인한 백성과 충돌이다. 앞서 살폈듯이 민원해결을 넘어서 아예 향촌사회를 공개적으로 약탈하였고,[174] 부녀자를 납치하는 경우도 상당수 보고되었다.[175] 기독교를 내세워 지방에서 행패를 부리는 일은 비일비재했다.[176] 심지어 「십계(十誡)」의 교리를 주장하면서 여제단(厲祭壇)을 불태우는 방화범이 등장하기도 했다.[177] 우상숭배를 비판하며 토착신앙·불교와 갈등을 벌이기도 했다.[178] 반대로 조상제사를 폐지하자 친척들이 반발하여 방화한 경우도 보인다.[179] 주지하다시피 기독교는 이미 구약부터 우상숭배를 배

---

173 『司法稟報(甲)』, 「(海南郡 → 全羅南道)報告書」 第27·1(새 번호)號, 光武 10年(1906) 3月 23日·5月 21日; 『司法稟報(甲)』, 「(全羅南道 → 法部)質稟書」 第13號, 光武 10年(1906) 5月 21日; 『司法稟報(甲)』, 「(全羅南道 → 法部)報告書」 第34·8(새 번호)號, 光武 10年(1906) 7月 10日·11月 20日.

174 『司法稟報(甲)』, 「(忠淸南道 → 法部)報告書」 第49號, 建陽 2年(1897) 4月 25日; 『司法稟報(甲)』, 「(京畿 → 法部)質稟書」 第3號, 光武 2年(1898) 5月 □日; 『司法稟報(甲)』, 「(全羅北道 → 法部)質稟書」 第31號, 光武 9年(1905) 4月 10日; 『司法稟報(甲)』, 「(黃海道 → 法部)質稟(書)」 第45號, 光武 10年(1906) 5月 8日.

175 『司法稟報(甲)』, 「(金化郡 → 法部)報告書」 第1號, 建陽 1年(1896) 6月 25日; 『司法稟報(甲)』, 「(黃海道 → 法部)報告(書)」 第30·60號, 建陽 2年(1897) 4月 8日·6月 10日; 『司法稟報(甲)』, 「(忠淸南道 → 法部)質稟書」 第7號, 光武 6年(1902) 10月 9日; 『司法稟報(甲)』, 「(全羅北道 → 法部)報告書」 第48號, 光武 8年(1904) 10月 10日; 『司法稟報(甲)』, 「(全羅北道 → 法部)報告書」 第1·51·60號, 光武 9年(1905) 2月 6日·9月 10日·11月 9日; 『司法稟報(甲)』, 「(全羅北道 → 法部)報告書」 第1·39號, 光武 10年(1906) 1月 4日·6月 1日.

176 『司法稟報(乙)』, 「(慶尙南道 → 法部)報告書」 第13號, 光武 2年(1898) 12月 28日.

177 『司法稟報(甲)』, 「(坡州郡 → 京畿)報告書」 第11·9(익년)號, 光武 1年(1897) 12月 27日·光武 2年(1898) 1月 21日; 『司法稟報(甲)』, 「(京畿 → 法部)質稟書」 第4號, 光武 2年(1898) 5月 17日.

178 김호, 앞의 논문, 2006, 176~195쪽.

179 『司法稟報(甲)』, 「(江原道 → 法部)質稟書」 第24號, 光武 10年(1906) 4月 10日.

척하였으나 게르만족에게 포교하기 위해서 성모마리아상을 용인했는데, 이것이 아직도 구교·신교의 갈등으로 남아 있을 정도로 현지 사정에 따라 다르게 변화한 것에 불과했다. 그러나 신도 중 스스로 책으로 읽고 판단한 근본주의자들은 기독교 공인 이후에도 지속적으로 분쟁을 야기했다.

특히 1896년 강원도 김화군에서는 이웃의 분노로 천주교도 마을 50여 호를 방화하는 사건이 일어나기도 했고,[180] 1904년 전라북도에서는 기독교인이 집단으로 거주하면서 동네에서 행패를 부리며 갈취를 일삼고 부녀자를 납치하는 일이 만연해지자 이에 분개한 백성이 기독교도를 징치하는 사건이 발생하였다.[181] 천주교도는 자신들의 행패는 감추고 피해만 강조하여 종교기관에 보고함으로써 선교사가 개입하도록 만들었다.[182] 관에서는 일단 방화사건의 경우 집을 다시 지어주는 것으로 중재하였고, 천주교도의 범법행위 자체는 별도로 처벌하였다. 김화군수(金化郡守)는 "참된 천주교[聖教] 신자라면 이런 행동을 하지 않을 텐데 도리에 어긋난 무리가 천주교를 핑계 삼아 행패를 부린다"고 종교와 범죄를 분리시켜 처벌했다.[183] 이러한 분위기 탓에 기독교[西教·耶蘇教]에 대한 적개심을 이용하여 사람들을 선동해서 약탈하는 도적패거리도 나타났으나 조정에서는 강도율로 엄단했다.[184]

180 『司法稟報(甲)』, 「(金化郡 → 法部)報告書」 第1號, 建陽 1年(1896) 6月 25日.
181 『司法稟報(甲)』, 「(全羅北道 → 法部)質稟書」 第18號, 光武 8年(1904) 7月 23日.
182 『司法稟報(甲)』, 「(咸鏡南道 → 法部)報告書」 第6號, 光武 2年(1898) 4月 8日.
183 『司法稟報(甲)』, 「(金化郡 → 法部)報告書」 第1號, 建陽 1年(1896) 6月 25日.
184 『司法稟報(甲)』, 「(全羅北道 → 法部)質稟書」 第18號, 光武 8年(1904) 7月 23日.

여섯째, 강도화현상이다. 지역에서는 이권을 빌미로 천주교[西敎 · 天主學 · 聖敎] · 개신교[裂敎] 무리에 가입을 유도하는 일이 갈수록 많아졌는데, 금전을 갈취하는 일탈행위뿐 아니라 무장강도로 변화하는 경우도 심심치 않게 나타났다.[185] 특히 그리스정교[希臘敎] · 기독교 [耶蘇敎] · 동학 등이 번갈아 비적무리를 모아서 재물 · 부녀자를 약탈하기도 하였다.[186]

결국, 조정에서는 중앙의 법부 · 지방의 관찰부를 통해서 특별히 기독교를 빙자한 약탈행위를 엄단하는 「훈령」을 내리기에 이른다.[187] 이러한 사안은 모두 관에서 직접 개입하여 처벌에 나섰는데 모두 종교영역이 아니라 종교를 빙자한 범죄로 분리하여 대응하였다. 이것이 종교박해로 이어지지 않은 이유였다. 따라서 중앙 조정 · 지방 목민관이 서학을 빙자하여 작폐를 일으키는 것을 엄단한다는 「훈령」을 내렸을 때 선교사들이 마치 조선인이 천주교를 사학(邪學)으로 배척하여 천주교도에 대한 반감이 극심했다고 인식한 것[188]은 객관적 서술이라고 보기 어렵다. 그들은 자신들이 데려온 자국 함대의 군사적 위협이나 신도의 일탈행위에 대해서는 너무도 무감각했으며 조금이라도 자신들을 비판하면 도리어 조선의 야만성문제로 인식했다. 더욱이 19세

---

185 『司法稟報(甲)』, 「(全羅北道 → 法部)質稟書」第21號, 建陽 2年(1897) 5月 22日; 『司法稟報(甲)』, 「(忠淸北道 → 法部)報告書」第11號, 光武 2年(1898) 2月 13日; 『司法稟報(甲)』, 「(京畿 → 法部)質稟書」第3 · 15號, 光武 2年(1898) 5月 □日 · 7月 4日; 『司法稟報(甲)』, 「(忠淸北道 → 法部)報告書」第67號, 光武 2年(1898) 6月 5日; 『司法稟報(甲)』, 「(江原道 → 法部)報告書」第74號, 光武 3年(1899) 8月 11日.

186 『司法稟報(甲)』, 「(忠淸南道 → 法部)質稟書」第7號, 光武 6年(1902) 10月 9日.

187 『司法稟報(甲)』, 「(忠淸北道 → 法部)報告書」第76號, 光武 3年(1899) 9月 9日.

188 양인성, 「프랑스 선교사 빌렘의 한국인 민족운동 인식」, 《진단학보》138, 진단학회, 2022, 149~169쪽.

기 서구에서는 종교와 거리두기가 근대성의 상징이었으나 오히려 제
국주의국가가 동양을 힘으로 침탈하자 전근대의 극복대상인 종교가
선진문명의 매개체인 양 그 이미지를 바꾸어 등장한 것이다.

(2) 일진회 연루사건

러일전쟁 이후 일본제국의 영향력이 커지자 일진회가 만들어졌는
데 민권운동을 빌미로 지방에서 세력을 뽐내며 각종 이권에 가담하
고 회원을 모집하여 재물을 빼앗는 이들도 생겨났다. 여기에는 과거
동학도 상당수가 가담하였다. 이들 역시 단순한 이권부터 사기,[189]
절도,[190] 갈취,[191] 재물약탈,[192] 여성겁탈,[193] 무덤을 파헤쳐 유물을
훔쳐서 돈을 요구하는 방식[194]까지 다양한 범죄에 개입하였다. 일진

---

189 돈을 많이 내고 가입하면 우두머리가 될 수 있다며 재물을 끌어모았다. 『司法稟報
(甲)』, 「(全羅北道 → 法部)質稟書」 第33號, 光武 9年(1905) 5月 7日; 『司法稟報(甲)』,
「(全羅北道 → 法部)質稟書」第34號, 光武 9年(1905) 5月 9日.

190 『司法稟報(甲)』, 「(釜山港 → 法部)報告(書)」 第27號, 光武 9年(1905) 8月 1日.

191 『司法稟報(甲)』, 「(報告書 → 法部)報告書」 第45號, 光武 9年(1905) 7月 7日.

192 "만약 일진회에 들어와서 나랏일을 돕고 백성을 편안하게 하면(보국안민輔國安民)
비록 어지러운 세상을 만나도 회인(會人)은 살아남고 속인(俗人)은 다 죽는다"고 하
면서 무장강도짓을 벌였다(『司法稟報(甲)』, 「(全羅北道 → 法部)質稟書」第33號, 光
武 9年(1905) 5月 22日). 이외에도 다양한 강도행각을 벌였다(『司法稟報(甲)』, 「(全
羅北道 → 法部)質稟書」第31號, 光武 9年(1905) 4月 10日; 『司法稟報(甲)』, 「(全羅北
道 → 法部)質稟書」第50號, 光武 10年(1906) 1月 31日; 『司法稟報(甲)』, 「(務安港 → 法
部)質稟書」第9號, 光武 10年(1906) 5月 6日; 『司法稟報(甲)』, 「(務安港 → 法部)質稟書」
第64號, 光武 10年(1906) 5月 27日).

193 【과부겁탈시도】『司法稟報(乙)』, 「(全羅南道昌平郡 → 法部)報告書」 第□號, 光武 9年
(1905) 5月 18日; 『司法稟報(甲)』, 「(全羅北道 → 法部)報告書」第61號, 光武 9年(1905)
11月 9日; 【유부녀강간】『司法稟報(甲)』, 「(燕岐郡 → 法部)質稟書」 第□號, 光武 9年
(1905) 11月 15日; 『司法稟報(甲)』, 「(忠淸南道 → 法部)質稟書」第25號, 光武 9年(1905)
12月 7日.

194 『司法稟報(甲)』, 「(全羅北道 → 法部)質稟書」第44號, 光武 9年(1905) 12月 1日.

회 비행(非行)이 지방에서 반발을 사서 총을 맞고 죽기도 했다.[195] 그리고 민권운동을 빌미로 지방의 수령에게 대항하는 행동도 선동하였다. 마치 중앙에서 독립협회(혹은 만민공동회)를 동원해서 궁내부관료를 제거해간 방식과 흡사했다. 특히 지방에서는 "읍폐민막(邑弊民瘼)을 해소한다"고 하면서 사람을 모아서 소송에 무수히 간여하였고 반대의사를 표명하는 서한을 보내면서 관장을 함부로 하대하였으며, 심지어 "지방관이 일진회 회장을 체포할 수 없다"고 주장하면서 관아를 습격하였다.[196] 토지에 부과된 세금에 대한 갈등이 빚어지자 백성을 모아서 수령을 끌어내리기까지 했다.[197] 기독교도와 마찬가지로 압송 중인 죄인을 탈취해가기도 했다.[198]

게다가 진보회(進步會: 一進會) 700~800명을 모아 향청에 집결하였는데, 향장[白慶濟]의 요청으로 일본헌병이 출동하여 해산을 요구했으나 관장을 죽이자고 소리치며 거부하니 일본군이 발포하여 10여 명의 인명피해가 발생했다. 일진회조사위원이 지방에 내려가 조사한 뒤 일진회 총대(總代)가 비록 태천군수가 당시 관아에 없었더라도 시신을 방치했다며 억지로 고발하였다. 이는 일진회의 관아습격 책임을 군수에게 전가한 것이다.[199] 평안도재판소에서는 일진회의 영향으로 도리어 향장에 대해 외국인을 빙자하여 침해한 범법행위로 단죄하여 『형법대전』 129조·200조·277조에 따라 징역 15년에 처했으

---

195 『高宗實錄』卷45, 高宗 42年(1905) 6月 23日(陽曆); 『司法稟報(甲)』, 「(京畿 → 法部)質稟書」第57號, 光武 9年(1905) 8月 4日.
196 『司法稟報(乙)』, 「(慶尙南道南海郡 → 法部)報告書」第1號, 光武 9年(1905) 2月 25日.
197 『司法稟報(甲)』, 「(慶尙北道 → 法部)質稟書」第46號, 光武 10年(1906) 4月 12日.
198 『司法稟報(乙)』, 「(忠淸南道 → 法部)報告書」第16號, 光武 9年(1905) 3月 2日.
199 『司法稟報(乙)』, 「(平理院 → 法部)報告書」第115號, 光武 9年(1905) 7月 20日.

나 적반하장으로 일진회지회 총대 7~8인은 관찰부 선화당에 들어와 서 불복하였다. 이에 서울의 평리원에서 심리가 열렸는데 향장은 관 장이 없는 사이에 일본헌병의 위협을 받아 포사(砲士)를 지휘하였을 뿐이므로 법부에서 1등급을 추가로 감한 판결(징역 10년)을 인용하였 고 포사도 명령에 따랐으므로 방면하도록 판결하여 법부에 보고하였 다.[200] 안타깝게도 향장은 얼마 뒤 병사하였다.[201]

일진회는 마치 중앙에 비호세력이 있는 듯이 지방에서 거만하게 행동했다. 일진회원이 백성에게 돈을 뜯어내는 일이 벌어졌는데,[202] 지방민이 일진회의 만행에 분노해서 통문을 돌려 내쫓다가 장독(杖 毒)으로 사망한 사건이 발생했다. 그러자 일진회 공문이 내부(內部) 에 접수되어 다시 법부에서 「훈령」으로 재조사지시가 내려오기도 했 다.[203] 심지어 읍내에 일진회를 설치하고 허가 없이 인구 · 토지 · 결 총 · 축산 등 물자를 조사하려고 하자 민의 반발을 사서 사무소가 부 서졌다.[204] 그런데도 일진회장이 지방에 공문을 보내어 사건조사를 요구하기도 했다.[205]

아울러 일진회는 일본인을 대동하고 채권을 추심한다면서 사람을 잡아가서 고문하여 어음을 받아내기도 했다.[206] 각종 민권운동을 빙 자하여 반정부활동을 진행했으며 일본제국의 지원을 받았다. 중앙에

---

200 『司法稟報(乙)』, 「(平理院 → 法部)質稟書」 第70號, 光武 10年(1906) 5月 31日.
201 『司法稟報(乙)』, 「(平理院 → 法部)報告書」 第58號, 光武 10年(1906) 6月 13日.
202 『司法稟報(甲)』, 「(平安南道 → 法部)報告書」 第45號, 光武 9年(1905) 7月 7日.
203 『司法稟報(甲)』, 「(平安南道 → 法部)報告(書)」 第54號, 光武 9年(1905) 10月 4日.
204 『司法稟報(甲)』, 「(平安南道 → 法部)質稟書」 第9號, 光武 9年(1905) 5月 23日.
205 『司法稟報(甲)』, 「(光州郡 → 法部)質稟書」 第24號, 光武 10年(1906) 8月 30日.
206 『司法稟報(甲)』, 「(慶尙北道 → 法部)報告書」 第61號, 光武 10年(1906) 5月 8日.

서도 러일전쟁 직후(1905) 일본공사관을 추종하면서 상호비호하고 법을 어지럽혔다.[207] 앞서 살폈듯이 급기야 1909년 '백만회원' 연명으로 「한일합방성명서」를 발표하는 만행을 저질렀다.[208] 그러나 정작 대한제국에 대항하는 목적이 달성되자, 일본제국은 그동안 친일파양성에 기여했음에도 불구하고 새로운 총독부통치하에서 독자적 민권운동을 용납할 수 없어 모두 해산시켜버렸다. 토사구팽의 전형적 사례였다.

(3) 정토회 연루사건

정토회(淨土會)는 황실을 거짓으로 내세우면서 일진회보다 일본제국의 직접적인 지원을 받았다. 1905년 강원도 평강군·통천군에서는 정토회를 빙자하여 서울에서 통첩규칙을 갖고 와서 관아[公廨]에 위패[3殿]를 봉안하려고 시도하고 전국에 지회(支會)를 설치하여 사람들을 가입시키면서 세를 불려나갔다.[209] 정토회는 자신들이 왕실의 후원을 받는 것처럼 사칭하기도 했는데 조정에서는 전국에 정토회지회가 임금의 사진[御寫眞]과 임금에게 허락받은 규정(啓下節目)을 모칭(冒稱)하는 일을 적발해서 엄벌하도록 경계하였다.[210] 대황제폐하위패(大皇帝陛下位牌) 봉안을 요구했고, 「통첩」에서는 한일양국의 교류가 돈독해지는 것을 명분으로 내세웠으며, 총재(總裁)로 내부대신[李

---

207 『高宗實錄』 卷46, 高宗 42年 11月 5日(陽曆).
208 『純宗實錄』 卷3, 純宗 2年 12月 4日(陽曆).
209 『司法稟報(乙)』, 「(江原道 → 法部)報告書」 第16·17·19號, 光武 9年(1905) 7月 29日·8月 26日·28日; 『司法稟報(乙)』, 「(→ 法部)報告書」 第1號, 接受日 光武 9年(1905) 8月 8日.
210 『司法稟報(乙)』, 「(三和港 → 法部)報告(書)」 第16號, 光武 9年(1905) 5月 17日; 『司法稟報(乙)』, 「(忠淸南道 → 法部)報告書」 第45號, 光武 9年(1905) 5月 19日.

址鎔], 개교사(開敎使)로 일본인 육군위문대사, 부회장으로 전직 관찰사 등을 명시했고, 「포교문」에도 대일본정토회한국개교사 일본인 이름을 명시하였으므로 명백히 겉으로 황실을 내세운 친일단체임이 명확했다.[211] 사실상 러일전쟁으로 일본군이 주둔한 지역에 신속히 정토회 지회를 세우자 이것을 중앙·지방정부에서 저지하면서 충돌이 생긴 것이다. 이는 임오군란·갑신정변·청일전쟁기 반일정서가 크게 고양되는 것을 사전에 차단하기 위한 선제적 조치의 일환으로 보인다. 일본제국은 일진회를 우회적으로 이용한 데 비해 정토회는 직접 간여하였다.

당시 법부를 위시하여 각군 군수나 관찰부 관찰사는 이들의 외세(일본)를 빙자한 만행을 좌시하지 않았으며 대체로 관의 입장은 불법행위는 법대로 처벌하는 법치주의 관철이었다. 물론 경우에 따라 곳곳에 비호세력이 있는 듯이 보이는데,[212] 의주시에 정토회 지회가 설립되어 금단하려고 하자, 의주군주차사령부(일본군)에서는 금지하지 말고 오히려 각별히 보호하라고 요구하여 법부의 「훈령」과 충돌하는 상황이 벌어지기도 했다.[213]

---

211 "淨土宗敎會를 創建次로 大皇帝陛下位牌를 奉陪호고…….【通牒】今此淨土宗敎는 寔出於日韓兩國之交際上敦睦一大聞者ㅣ라.……淨土宗敎總裁內部大臣陸軍副長李址鎔, 開敎使韓國敎會長進北陸軍慰問大使松岡白雄, 副會長前觀察使李恒義…….【布敎文】……使我愚昧之衆으로 日進開明을 如春雷劈에 金篦刮膜케호며 亦自本宗會로 行將巡視호야 賞罰勸步를 惟公是從이니 念念不墮호야 亟圖擴張之效이되 無論日韓兵站與地方官吏호고 有或恣意侮虐호야 有所阻碍之端이어든 卽地擧實報明于本院호야 俾示警勵之地을 爲要. 大日本淨土宗韓國開敎使長松岡白雄……." 『司法稟報(乙)』, 「(江原道通川郡 → 法部)報告書」 第1號, 光武 9年(1905) 8月 23日.

212 『司法稟報(甲)』, 「(平安南道 → 法部)報告書」 第53號, 光武 9年(1905) 9月 30日.

213 『司法稟報(乙)』, 「(義州市 → 法部)報告書」 第16號, 光武 9年(1905) 8月 21日.

1905년 황해도 해주군에서도 정토회 회장을 자처하면서 교인을 모집하고 돈을 거두어서 고발되는 일이 벌어졌다.[214] 전라북도 장수군에서는 임금의 명을 빙자하여 승려가 도지(賭只)를 거두는 등 행패를 부리며 수령에게도 욕설을 일삼다가 곧장 체포되어 징치되었다.[215] 1906년 경기 풍덕군에서도 물의를 일으켰다.[216] 양자 모두 『형법대전』 599조의 공갈협박죄로 단죄하였다.[217] 다만 전자는 법부에서 「훈령」을 내려 무리하게 사면령을 적용하려고 하였으므로 중앙의 비호를 받은 정황이 의심된다.[218]

일견 동학도는 종교적 색채나 반일운동의 성격이 짙은 반면에, 일진회는 친일적이며[219] 지방에서 세력가 행세를 하는 경향이 있다.[220] 그러나 양자 모두 집단적인 무장강도로 돌변하여 마을을 약탈하는 경우도 심심치 않게 보인다. 가장 이례적인 기록은 일진회를 자칭하면서 총포로 무장한 군대를 결성하여 관아를 공격한 사건이다.[221] 이는 단순한 약탈이 아니라 일본군이 지방민을 통솔해 반격했으니 마

---

214 『司法稟報(乙)』, 「(黃海道 → 法部)報告(書)」 第8號, 光武 9年(1905) 4月 26日.

215 『司法稟報(甲)』, 「(全羅北道 → 法部)報告書」 第1號, 光武 9年(1905) 12月 26日; 『司法稟報(甲)』, 「(全羅北道 → 法部)報告書」 第13號, 光武 10年(1906) 2月 26日.

216 『司法稟報(甲)』, 「(京畿 → 法部)報告書」 第51號, 光武 10年(1906) 6月 27日.

217 "人을 恐嚇ᄒ야 財를 取ᄒ거나 財産에 關ᄒ 證書를 勒捧 或 勒毀홈 者ᄂ 計贓ᄒ야 第五百九十五條 竊盜律에 准ᄒ야 一等을 加홈이라." 『刑法大全』, 第5編 律例下, 第12章 賊盜所干律, 第6節 准竊盜律, 第599條.

218 『司法稟報(甲)』, 「(全羅北道 → 法部)報告書」 第22號, 光武 10年(1906) 3月 15日.

219 일본경부와 일진회가 공동으로 순교의 비행을 조사하기도 했다. 『司法稟報(甲)』, 「(黃海道 → 法部)質稟書」 第46號, 光武 10年(1906) 5月 12日.

220 『司法稟報(甲)』, 「(京畿 → 法部)質稟書」 第57號, 光武 9年(1905) 8月 4日; 『司法稟報(甲)』, 「(京畿 → 法部)報告書」 第40號, 光武 10年(1906) 3月 28日; 『司法稟報(甲)』, 「(京畿 → 法部)報告書」 第55號, 光武 10年(1906) 4月 19日.

221 『司法稟報(甲)』, 「(平安北道 → 法部)報告書」 第71號, 光武 9年(1905) 12月 20日.

치 동학군이 관군과 교전하는 듯한 모습이 그려졌다. 저들을 무장강
도로 변모한 일진회로 보아야 할지 잘못 표기한 동학도로 보아야 할
지 불명확하다. 보통 무장한 집단이 마을을 약탈할 때는 관군을 피하
는 것이 상책인데 이는 습격이 아니라 교전행위처럼 보이기 때문이
다. 이 경우 동학과 일진회의 성격도 명확히 구분되지 않는다. 일진
회 내에는 친일분자가 상당수 포함되었으나 그렇지 않은 사람도 있
었다. 지방에서는 중앙의 실세에 기대 호가호위하는 경향을 보였으
나 동시에 일부는 실제로 민권운동을 벌이기도 했다. 다만 중앙의 민
권운동은 훌륭한 명분에도 불구하고 친일단체가 주도하여 반왕정운
동의 성격이 짙었는 데 반해, 지방에서는 백성의 어려움을 덜어주기
위한 순수한 의도와 사적 이익추구가 혼재했으므로 단일한 성격으로
평가하기 애매하다.[222] 향촌에서는 동학 · 일진회 · 개신교 · 천주교를
계속 번갈아가며 가입하면서 이익을 도모하거나 약탈에 나서는 이들
이 적지 않게 나타났다.

2) 외국인 범죄

앞서 살폈듯이 프랑스신부(선교사)의 위세를 빌려서 행패를 부리는
사건은 외교분쟁으로까지 비화되었다. 제주목재판소와 전라남도재
판소에는 프랑스선교사가 직접 개입하였고 여타 지역은 권위를 빌려
범죄가 일어났다. 반면에 외국인이 집단으로 거주하는 개항장의 조
계지나 외국군대가 주둔하는 국내지역 혹은 국경을 접한 지역 등은

---

222 김종준, 앞의 책, 2020, 153~284쪽.

외국인과 관련된 사건이 훨씬 더 빈번하게 발생했다.

외국인 연루사건 대부분은 일본인 연루범죄이며 인삼밀매도 마찬가지이다. 그중『사법품보(갑)』에는 러시아 관련 범죄가 일부 확인되며『사법품보(을)』에는 청인 연관범죄가 간헐적으로 보인다. 이외에도 영국인이 일본인을 고용하여 금광을 무단채굴하려다가 적발되기도 했으며,[223] 미국인의 총기로 농민이 상해를 입는 피해가 보고되기도 했으나[224] 범죄빈도는 미미했다. 여기서는 비중이 높은 일본인·러시아인·청인 등을 중심으로 범죄사건을 살펴보고자 한다.

(1) 일본인 연루사건

외국인 연루범죄 대다수는 일본인이었으므로 범죄유형을 몇 가지로 구분해볼 수 있다. 첫째, 내지에 무단으로 들어가서 일으킨 범죄이다. 일본인 상인이 개항장[租界地]을 벗어나 내지에 들어가는 것이 금지되어 있는데도 불구하고 조선인 통역을 내세워서 들어갔다가 범죄를 일으키는 사건이 많았다. 내지사건은 대체로 개항장재판소로 이관되어 심리하였는데 이 경우에도 일본인 및 일본공사관은 재판권이 일본 측[일본국내 재판소]에 있다고 주장하면서 사달을 일으키고 도주시키는 경우가 많았다. 여기에 중개를 맡은 조선인이 일본인과 조선인 사이에서 사기를 벌였다.[225] 또 묘역에 함부로 들어와서 벌목하

223 『元帥府來去案』1冊,「(外部大臣 → 元帥府軍務局長)照會」第1號, 光武 4年 (1900) 2月 24日;『元帥府來去案』1冊,「(元帥府軍務局長 → 外部大臣)照覆」第1號, 光武 4年 (1900) 2月 27日.
224 『司法稟報(乙)』,「(漢城府 → 法部)報告書」第10號, 光武 7年(1903) 2月 11日.
225 『司法稟報(甲)』,「畿營(→ 法部)來牒」第152號, 開國 504年(1895) 4月 6日.

다가 적발되기도 했다.[226]

둘째, 인삼밀매사건이다. 대개 일본인이 인삼을 사러 왔다고 핑계 대고 조선인과 결탁하여 인삼을 훔쳐서 수만금의 피해가 발생했다.[227] 혹은 중개인이 거짓으로 목록을 작성하여 몰래 팔거나[228] 대금을 주지 않는 경우도 있었다.[229] 일본인 무리가 총으로 무장한 상태로 민간인에게 총을 쏘아 사망자가 나왔고,[230] 반대로 일본인 20~30명이 불법으로 인삼을 캐자 백성 100여 명이 총으로 반격하여 사상자가 발생했는데,[231] 일본영사는 전자의 경우 자국민은 도피시켜버렸고 후자의 경우 도리어 조선인의 철저한 처벌을 요구하였다. 이 때문에 인삼밀매와 관련하여 「적도처단례」 10조 1항이 별도로 개정되었다.[232]

셋째, 불법매매이다. 외국인의 구입이 금지된 공공건물을 매입하거나[233] 공유지[三鶴島]를 구입하려고 조선인을 중간에 내세웠다가 다시 일본인이 사들이는 사건도 적발되어서 조정의 제재를 받기도

---

226 『司法稟報(甲)』, 「(京畿 → 法部)報告書」 第105號, 光武 3年(1899) 12月 8日.

227 『司法稟報(甲)』, 「(開城府 → 法部)質稟書」 第1號, 光武 3年(1899) 9月 6日.

228 『司法稟報(甲)』, 「(開城府 → 法部)報告書」 第1號, 光武 3年(1899) 8月 28日; 『司法稟報(甲)』, 「(開城府 → 法部)報告書」 第□號, 光武 4年(1900) 1月 16日; 『司法稟報(甲)』, 「(京畿 → 法部)質稟書」 第26號, 光武 4年(1900) 3月 16日.

229 『司法稟報(甲)』, 「(開城府 → 法部)報告書」 第1 · 92號, 光武 3年(1899) 10月 20 · 11月 15日; 『司法稟報(甲)』, 「(京畿 → 法部)報告書」 第21號, 光武 4年(1900) 2月 20日.

230 『司法稟報(甲)』, 「(仁川港 → 法部)報告書」 第17號, 光武 7年(1903) 8月 28日.

231 『司法稟報(甲)』, 「(黃海道 → 法部)報告書」 第58號, 光武 3年(1899) 4月 28日; 『司法稟報(甲)』, 「(黃海道 → 法部)報告(書)」 第62 · 23(새 번호)號, 光武 5年(1901) 5月 1日 · 7月 5日

232 "但 蔘貨盜採에 係關혼 者는 蔘根 已採 未採와 夤緣 詐欺ᄒ야 得財 與否를 勿論호고 幷히 强盜 已得財律로 論斷홈."「賊盜處斷例中改正件」 10條 1項(法律 第1號, 1900.01.11.); 『司法稟報(甲)』, 「(京畿 → 法部)質稟書」 第26號, 光武 4年(1900) 3月 16日; 『司法稟報(乙)』, 「(漢城裁判所 → 法部)質稟書」 第34號, 光武 9年(1905) 5月 1日.

233 『司法稟報(甲)』, 「(忠淸南道 → 法部)報告書」 第121號, 建陽 2年(1897) 8月 15日.

했다.**234** 문천군수를 동원해서 동광(銅鑛)을 불법으로 사들이기도 했으며,**235** 인천항의 토지를 불법으로 사들였다.**236** 경상남북도 광무감리로부터 용담촌 금광채굴권을 불법으로 얻어냈다가 적발되기도 했다.**237** 옥구항에서는 거간꾼을 통해서 토지를 매매하려다가 적발되었는데 물리력으로 순검을 제압하고 공문까지 탈취해버리기도 했다.**238** 영사가 강서 약수(藥水)를 일본인과 계약했다가 적발되기도 했다.**239**

넷째, 장물(贓物)거래·전당(典當)·채권사기 등이 성행하였다. 개항장은 점차 대도시로 변모하였으므로 조계지 내 외국상점은 물품이 절도당했을 뿐 아니라**240** 역으로 장물의 전당·매매도 활발하게 이루어졌고,**241** 어음사기사건 역시 개항장이나 외국인과 연계된 빈도가 높았다.**242** 대체로 이러한 범죄에는 개항장에 진출하여 자본력을 갖춘 일본·중국 상인이 연루되었다. 또한 일본인이 사주하여 가짜순검을 대동하고 채권을 위조해서 재물을 약탈하기도 했다.**243** 심지어

234『司法稟報(甲)』,「(務安港 → 法部)報告(書)」第13·16·24號, 光武 3年(1899) 5月 23日·6月 19日·8月 25日.

235『司法稟報(乙)』,「(平理院檢事 → 法部大臣)報告書」第150號, 光武 5年(1901) 7月 15日.

236『司法稟報(乙)』,「(平理院檢事 → 法部大臣)報告書」第193號, 光武 5年(1901) 9月 5日.

237『司法稟報(乙)』,「(平理院 → 法部)報告書」第167號, 光武 7年(1903) 11月 14日.

238『司法稟報(乙)』,「(沃溝港 → 法部)報告書」第14號, 光武 9年(1905) 6月 10日.

239『司法稟報(乙)』,「(平理院 → 法部)報告書」第116號, 光武 9年(1905) 7月 20日.

240『司法稟報(甲)』,「(昌原港 → 法部)報告書」第1號, 光武 3年(1899) 8月 16日;『司法稟報(甲)』,「(昌原港 → 法部)報告(書)」第3號, 光武 8年(1904) 2月 12日.

241『司法稟報(甲)』,「(京畿 → 法部)報告書」第39號, 光武 2年(1898) 9月 7日;『司法稟報(甲)』,「(仁川港 → 法部)報告書」第14號, 光武 3年(1899) 8月 17日.

242『司法稟報(甲)』,「(釜山港 → 法部)報告(書)」第20號, 光武 4年(1900) 3月 26日;『司法稟報(甲)』,「(江原道 → 法部)質稟書」第42號, 光武 3年(1899) 5月 10日;『司法稟報(甲)』,「(平理院 → 法部)報告書」第201號, 光武 5年(1901) 9月 19日.

243『司法稟報(甲)』,「(務安港 → 法部)質稟書」第19號, 光武 7年(1903) 7月 29日.

화폐위조까지 저질러서 일본인 대장장이와 주조기계를 설치하고 일본인 상점에서 사주전(私鑄錢)을 대거 사들였다.[244] 일본인의 가짜채권을 추심한다며 재물을 약탈하거나[245] 일본인을 위해 궁내부 고원(雇員)을 사칭하여 백성의 토지를 뺏으려 하거나[246] 일본인과 함께 협박하여 재물을 강탈하려다가 살인을 저지르기도 했다.[247]

다섯째, 물자약탈사건이다. 도서지역에는 일본 해적이 극성을 부렸다. 경상북도 흥해둔에는 해적선[海獵船] 수십 척이 와서 약탈행위를 하다가 민의 저항을 받았고,[248] 전라남도 진도군 맹골도에는 일본인이 난입하여 약탈한 사건이 보고되었다.[249] 일본어선이 우리 어민의 어물을 약탈하기도 했다.[250] 또한 표충사 금자병품(金字屛品)·옥발(玉鉢)을 훔치도록 사주하였다가 적발되었다.[251] 중개인을 사주하여 위조문서를 통해 토지를 사들이고 갑자기 들이닥쳐 가옥과 살림살이를 부수어 관에 신고되었다.[252] 도조를 걷는다면서 유부녀만 있는 집에서 행패를 부리다가 이웃사람들에게 구타를 당하기도 했다.[253] 러일전쟁기에는 수비일군(守備日軍)이 인근 마을에서 식량을

244 『司法稟報(甲)』, 「(沃溝港 → 法部)報告(書)」 第13號, 光武 5年(1901) 7月 29日.
245 『司法稟報(甲)』, 「(義州市 → 法部)報告書」 第43號, 光武 5年(1901) 9月 6日.
246 『司法稟報(甲)』, 「(仁川港 → 法部)報告書」 第41號, 光武 5年(1901) 10月 11日.
247 『司法稟報(甲)』, 「(平安北道 → 法部)質稟書」 第107號, 光武 5年(1901) 8月 17日.
248 『司法稟報(甲)』, 「(慶尙北道 → 法部)報告書」 第37號, 光武 2年(1898) 5月 24日.
249 『司法稟報(乙)』, 「(全羅南道 → 法部)報告書」 第41號, 光武 2年(1898) 10月 24日.
250 『司法稟報(乙)』, 「(慶尙北道 → 法部)報告書」 第31號, 光武 8年(1904) 7月 4日.
251 『司法稟報(甲)』, 「(全羅南道 → 法部)報告書」 第40號, 光武 2年(1898) 10月 18日.
252 『司法稟報(甲)』, 「(仁川港 → 法部)報告書」 第8 · 17 · 18號, 光武 3年(1899) 4月 28日 · 9月 18日 · 10月 8日.
253 『司法稟報(甲)』, 「(沃溝港 → 法部)報告(書)」 第23號, 光武 10年(1906) 8月 8日.

거래하고 대금을 요구받자 총을 쏘고 칼을 휘둘러 사람을 죽였다.[254]

여섯째, 구타 및 살인 등 중범죄이다. 경기 고양군에서는 일본인이 부녀자를 겁탈하려다가 가족이 저지하자 살해하는 사건까지 벌어졌다.[255] 철원군에서는 이권을 불법으로 뺏으려다가 소송이 이루어지자 일본인·조선인이 상대측 집에 난입하여 사람을 구타하여 사망에 이르게 했다.[256] 원산항에서는 일본인이 역군[負土役人]을 철장(鐵杖)으로 때려 조선인이 숨지기도 했다.[257]

일곱째, 공권력에 대항한 사건이다. 일본인과 거래에서 관리가 마패(馬牌)·밀유서(密諭書)를 담보로 뺏기는 일까지 발생하였다.[258] 무안항에서는 간음사건이 발생하여 무안감리가 죄인을 체포하려는데 일본인이 공권력에 맞서서 공개적으로 압송을 지연시키기도 했다.[259] 온양군에서는 온천개발 시 일본인 공장(工匠)을 데려와서 가옥과 욕실을 건설했는데 중도에 일본인들이 운현궁에서 토지를 매입했다고 주장하면서 무리를 이끌고 와 사유지라며 통행을 막아버려서 궁내부와 평리원을 통해 고발되기도 했다.[260]

이외에도 일본제국 차원의 만행도 적지 않았다. 청일전쟁기 일본군이 동학군을 잔인하게 학살하거나[261] 중국인에게 일본군이 패전할

---

254 『司法稟報(乙)』,「(平安北道 → 法部)報告書」第29號, 光武 8年(1904) 7月 5日.
255 『司法稟報(乙)』,「(京畿 → 法部)報告書」第50號, 光武 8年(1904) 9月 10日.
256 『司法稟報(乙)』,「(漢城裁判所 → 法部)質稟書」第35號, 光武 9年(1905) 5月 5日;『司法稟報(乙)』,「(漢城裁判所 → 法部)報告書」第40號, 光武 9年(1905) 5月 26日.
257 『司法稟報(乙)』,「(元山港 → 法部)報告書」第9號, 光武 10年(1906) 8月 7日.
258 『司法稟報(乙)』,「(務安港 → 法部)報告書」第22號, 光武 8年(1904) 9月 8日.
259 『司法稟報(乙)』,「(警務廳 → 法部)報告書」第15號, 光武 8年(1904) 10月 15日.
260 『司法稟報(乙)』,「(平理院 → 法部)質稟書」第6號, 接受日 光武 9年(1905) 6月 8日.
261 『高宗實錄』卷34, 高宗 33年 4月 22日(陽曆);『司法稟報(甲)』,「(咸鏡南道 → 法部)報告

것처럼 유언비어를 퍼뜨렸다는 혐의를 씌워서 체포하는 경우도 확인된다.[262] 러일전쟁 이후에는 지방에 일본인이 재무관(財務官)·이사관(理事官) 등으로 파견되어 중앙의 통감부를 뒷받침하면서 지방의 민정·형정까지 간섭하였는데 이 과정에서 지방관·백성과 충돌이 발생하였다.[263]

따라서 대한제국은 외국인을 빙자한 범죄만을 별도로 처벌하는 특별법을 제정하지 않을 수 없었다. 곧 「의뢰외국치손국체자처단례」(1898)를 제정하고 수차례나 개정함으로써[264] 각종 국내사정 누설이나[265] 외국인 빙자범죄[266] 발생 시 재판에 적용하였다. 이후에도 지속적으로 보완하여 『형법대전』 200조에는 외국에 붙거나 의지해서 벌인 범죄유형을 포괄하여[267] 실제 재판에 적용하였고,[268] 402조에는

書」第4號, 光武 8年(1904) 3月 28日; 『司法稟報(甲)』, 「(平安北道 → 法部)報告書」第71號, 光武 9年(1905) 12月 20日.

262 『司法稟報(甲)』, 「漢城府(→ 法務衙門)牒報, 開國 504年(1895) 2月 26日.

263 【민정-횡령고발】『司法稟報(甲)』, 「(忠淸北道 → 法部)質稟書」第30號, 光武 10年 (1906) 4月 7日; 【형정-죄수석방요구】『司法稟報(甲)』, 「(務安港 → 法部)報告書」第10 號, 光武 10年(1906) 12月 14日.

264 「依賴外國致損國體者處斷例」(法律 第2號, 1898.11.22.); 『官報』第1562號, 光武 4年 (1900) 5月 1日, 「依賴外國致損國體者處斷例」(法律 第4號, 1900.04.28.); 「依賴外國致 損國體者處斷例中改正件」(法律 第7號, 1900.09.29.); 「依賴外國致損國體者處斷例改正 件」(法律 第4號, 1904.03.31.).

265 『司法稟報(乙)』, 「(平理院 → 法部)質稟書」第5號, 光武 6年(1902) 1月 31日.

266 『司法稟報(甲)』, 「(平安北道 → 法部)報告書」第28號, 光武 8年(1904) 7月 11日; 『司法 稟報(甲)』, 「(平安北道 → 法部)質稟書」第4號, 光武 8年(1904) 9月 6日.

267 "外國에 趨附依賴ᄒᆞ야 所犯이 有ᄒᆞᆫ 者ᄂᆞᆫ 左開에 依ᄒᆞ야 處흠이라. 一 外國政府에 向 ᄒᆞ야 本國 保護를 暗請ᄒᆞᆫ 者ᄂᆞᆫ 絞. 二 本國 祕密情形을 外國人에게 漏泄ᄒᆞᆫ 者ᄂᆞᆫ 絞. 三 外國人에게 雇兵及公用ᄒᆞᄂᆞᆫ 借款과 軍艦의 借賃等事를 外部와 政府의 準許를 不 經ᄒᆞ고 擅自主議ᄒᆞ거나 或 居間通辯ᄒᆞᆫ 者ᄂᆞᆫ 絞. 四 外國情形의 無據ᄒᆞᆫ 로를 將ᄒᆞ야 本國에 恐動ᄒᆞ고 從中挾雜ᄒᆞᄂᆞᆫ 者ᄂᆞᆫ 絞. 五 各國 約章內 所許地段을 除흠 外에 官 有·私有의 一應 田土·森林·川澤·家屋을 將ᄒᆞ야 外國人에게 潛賣ᄒᆞ거나, 或 外國

자국에 관한 유언비어를 만들어서 외국에 퍼뜨리는 범죄도 처벌하도
록 조치하여²⁶⁹ 재판에 적용하였다.²⁷⁰

(2) 러시아인 연루사건

평화 시에는 국경을 넘나드는 비적무리에 대해 청·러시아의 변계
관(邊界官)과 면밀히 협력하여 공동대응하였으므로²⁷¹ 대체로 국가 간
마찰은 적었으나 개인의 일탈까지 막을 수는 없었다. 때로는 외교상

人을 附從ᄒ야 借名詐認ᄒ거나, 或 借名詐認ᄒᄂ 者에게 知情故賣ᄒ 者ᄂ 絞ᄒ고,
該管官이 擅許ᄒ 者ᄂ 同罪. 六 外國人의 紹介를 因ᄒ야 官職을 圖得ᄒ 者ᄂ 懲役終
身. 七 外國人에게 本國 法律에 關ᄒ 事를 將ᄒ야 呼訴나 囑托ᄒ 者ᄂ 懲役十五年.
八 外國人에게 阿附ᄒ거나 憑藉ᄒ야 本國人을 脅迫 或 侵害ᄒ 者ᄂ 懲役十年. 但 外
國에 奉命駐箚ᄒ거나 一應任命이 有ᄒ거나 遊覽及留學ᄒᄂ 人이 本條 諸項의 所犯이
有ᄒ 境過[遇]에ᄂ 本罪에 一等을 加ᄒ되 死에 入홈이라."『刑法大全』, 第4編 律例上,
第1章 反亂所干律, 第4節 國權壞損律, 第200條.

268 『司法稟報(甲)』, 「(京畿 → 法部)報告書」 第60·80號, 光武 9年(1905) 8月 27日·11月
6日;『司法稟報(甲)』, 「(沃溝港 → 法部)報告(書)」 第24號, 光武 9年(1905) 11月 19日;
『司法稟報(甲)』, 「(忠淸南道 → 法部)報告書」 第82號, 光武 9年(1905) 10月 31日;『司法
稟報(甲)』, 「(仁川港 → 法部)質稟書」 第4·6號, 光武 9年(1905) 12月 16日·31日;『司
法稟報(甲)』, 「(慶尙南道 → 法部)報告(書)」 第2號, 光武 10年(1906) 1月 2日;『司法稟
報(甲)』, 「(仁川港 → 法部)報告書」 第1·4·12·22號, 光武 10年(1906) 1月 20日·2月
7日·3月 11日·5月 31日;『司法稟報(甲)』, 「(全羅北道 → 法部)質稟書」 第10號, 光武
10年(1906) 2月 18日;『司法稟報(甲)』, 「(忠淸南道 → 法部)報告書」 第26號, 光武 10年
(1906) 3月 31日;『司法稟報(甲)』, 「(全羅南道 → 法部)質稟書」 第14號, 光武 10年(1906)
5月 23日;『司法稟報(甲)』, 「(昌原港 → 法部)報告書」 第28號, 光武 10年(1906) 6月 4日.
269 "本國의 事爲나 外國의 情形으로 妄言을 做出ᄒ야 人의 視聽이 惑亂홈에 至ᄒ 者ᄂ
笞六十이며, 增衍ᄒ야 訛傳ᄒ 者ᄂ 懲役二年에 處홈이라."『刑法大全』, 第4編 律例
上, 第4章 詐僞所干律, 第11節 造言律, 第402條.
270 『司法稟報(甲)』, 「(京畿 → 法部)質稟書」 第29號, 光武 10年(1906) 2月 27日;『司法稟報
(甲)』, 「(京畿 → 法部)報告書」 第44號, 光武 10年(1906) 3月 28日.
271 『司法稟報(甲)』, 「(咸鏡北道 → 法部)報告書」 第10號, 光武 6年(1902) 3月 12日;『司法
稟報(甲)』, 「(咸鏡北道 → 法部)報告書」 第3號, 光武 4年(1900) 2月 27日;『司法稟報
(甲)』, 「(平安北道 → 法部)報告書」 第43號, 光武 4年(1900) 8月 15日.

인식차이로 인한 충돌도 발생했다.

첫째, 러시아 군인의 범죄이다. 러시아군이 한성에서 지나가는 여인을 끌고 가서 성폭행한 사건도 확인되며,[272] 국경지대(평안북도 용천군)에서는 러시아인이 조선인을 고용했다가 다른 청나라 고용인을 이용해서 태벌을 가하여 죽게 한 경우도 발생했고,[273] 개항장에서는 러시아 병정이 함부로 사람을 죽이고 다른 외국인(프랑스선교사)을 위협하고 순검까지 죽이는 사건이 벌어졌는데,[274] 러시아는 신속히 본국으로 소환하여 무마시켜버렸다.[275]

둘째, 토지 · 가옥의 매입이다. 러일전쟁을 전후하여 러시아인이 국내에 들어와서 불법적으로 토지 · 가옥을 매입하려고 시도하였는데,[276] 이는 각국과 조약에서 허용되지 않은 지역이었다. 이에 관련자는 「의뢰외국치손국체자처단례」 2조 6항으로 처벌하였다.[277] 이후 러시아군대가 진주하면서 백성이 흩어지는 양상도 벌어졌다.[278] 혹은 지방민 중 일부는 일본군을 사칭하면서 러시아군대를 접대한다고 빙자하여 총을 쏘며 재물을 약탈하기도 했다.[279]

셋째, 정탐의심사건이다. 러시아 관할지역인 길림성 혼춘(琿春: 현

---

272 『司法稟報(甲)』, 「漢城府(→ 法務衙門)牒報」, 開國 504年(1895) 2月 10日.

272 『司法稟報(甲)』, 「漢城府(→ 法務衙門)牒報」, 開國 504年(1895) 2月 10日.
273 『司法稟報(甲)』, 「(平安北道 → 法部)報告書」 第40號, 光武 7年(1903) 9月 11日.
274 『司法稟報(甲)』, 「(德源港 → 法部)報告書」 第18號, 光武 2年(1898) 5月 6日.
275 『司法稟報(甲)』, 「(元山港 → 法部)電報」, 光武 2年(1898) 5月 14日.
276 『司法稟報(乙)』, 「(平安北道 → 法部)報告書」 第31號, 光武 7年(1903) 7月 18日；『司法稟報(甲)』, 「(平安北道 → 法部)報告書」 第41號, 光武 7年(1903) 9月 30日；『司法稟報(甲)』, 「(平安北道 → 法部)報告書」 第28號, 光武 8年(1904) 7月 11日.
277 『司法稟報(甲)』, 「(平安北道 → 法部)報告書」 第28號, 光武 8年(1904) 7月 11日.
278 『司法稟報(甲)』, 「(平安南道 → 法部)質稟書」 第16號, 光武 8年(1904) 6月 21日.
279 『司法稟報(甲)』, 「(咸鏡南道 → 法部)質稟書」 第1號, 光武 9年(1905) 3月 31日.

연변조선족자치주)에 우리나라 백성이 넘어가서 사건이 벌어진 경우이다. 러시아 측이 정탐꾼으로 체포하여 압송하였다. 당시 법부는 조선인이 설령 외국에서 저지른 범죄일지라도 관할권은 외부가 아니라 법부에게 있다고 법규를 설명하고 지방재판소에 심리를 맡겼다. 해당 사건을 살펴보면, 함경북도 종성(鍾城)·간도(間島)에 사는 백성이 비적무리의 습격에 대응하던 과정에서 통역사가 농간을 벌여서 잡혔다고 진술하였다.[280]

다섯째, 러시아외교와 연관된 사건이다. 먼저 러시아 역관 출신[金鴻陸]이 춘생문사건을 주도하고 아관파천후 대러외교에 간여하면서 갑자기 '독차사건(毒茶事件)'을 사주한 혐의로 체포되었다.[281] 이때 러시아공사관 소속인[金完俊]까지 함께 체포되었으므로 러시아는 국적자[入籍]의 인도를 요구하였다.[282] 또한 러시아공사[馬奪寧]가 동래항에 도착했을 때 통판을 내보내서 칙령으로 맞이한 것처럼 꾸미고 절영도를 상관하지 않겠다는 별지를 만들어주었는데 외교적 사안을 사사로이 행했다는 이유로 검사에게 기소를 당하기도 했다. 이에 고등재판소는 월권을 행사한 이들[李裕寅·李大峻]에게 『대명률』 '사전조지(詐傳詔旨: 참형 → 교형)'[283]·『대전회통』「형전」 '금제'의 "외국사신

---

280 『司法稟報(甲)』,「(咸鏡北道 → 法部)質稟書」第1號, 光武 5年(1901) 4月 □日 ; 『司法稟報(甲)』,「(咸鏡北道 → 法部)報告書」第17號, 光武 5年(1901) 5月 25日.

281 【김홍륙독차사건】『司法稟報(乙)』,「(高等裁判所 → 法部)質稟書」第15號, 光武 2年(1898) 10月 10日 ; 『司法稟報(乙)』,「(高等裁判所 → 法部)報告書」第60號, 光武 2年(1898) 10月 10日 ; 『司法稟報(乙)』,「(高等裁判所主事 → 法部刑事局主事)通牒書」第49號, 光武 2年(1898) 10月 13日.

282 『司法稟報(乙)』,「(警務廳 → 法部)報告書」第55·61號, 光武 2年(1898) 10月 15日·11月 15日.

283 "凡詐傳詔旨者, 斬."『大明律』, 刑律, 詐僞, 詐傳詔旨.

이 올 때 도로를 막고 호소하는 자는 타 도의 먼 곳에 정배한다(유배형 → 징역)"[284]에 따라 선고하였다.[285] 다만 이유인 등은 황제의 근위세력으로서 안경수 등 친일세력을 척결하고 대러외교를 주도한 인물이다. 이때 최종 형량이 죽음에 이르지 않았으므로 견제 차원에서 피소당한 것으로 보인다.

(3) 청인 연루사건

청인이 국경지대에서 조선인을 죽이거나[286] 청의 비적이 간도에 침입하여 살해한 경우도 확인된다.[287] 그러나 청인의 경우는 빈도가 현저히 낮을 뿐 아니라 재판권 자체가 대한제국에 있었으므로(「한청조약」 제5관) 다른 열강과 같은 횡포를 부리기 어려웠다.[288]

특히 개항장설치 이후 해당 관리들이 과도하게 세금을 뜯어내는 경우가 문제로 대두했는데,[289] 청나라상선에 「해관장정(海關章程)」에도 없는 관세를 부과하는 경우가 자주 발견되며,[290] 세감(稅監)을 빙자해서 청나라상인에게 세금을 거두려다가 때려 숨지게 하는 경우도

---

284 "客使出來時, 遮道呼訴者, 他道遠地定配【註: 只論首倡】." 『續大典』, 刑典, 禁制; 『大典會通』, 刑典, 禁制, 續.

285 『司法稟報(乙)』, 「(高等裁判所 → 法部)質稟書」 第14號, 光武 2年(1898) 9月 5日.

286 『司法稟報(乙)』, 「(平安北道 → 法部)報告書」 第14號, 光武 8年(1904) 3月 26日.

287 『司法稟報(乙)』, 「(北間島管理 → 法部大臣)報告書」 第2號, 光武 8年(1904) 6月 2日.

288 "韓淸條約第五款에 中國民人性命財産在韓國者 被韓國民人損傷 韓國官按照韓國律例審斷이라 ᄒᆞ엿ᄉᆞ오니……." 『司法稟報(乙)』, 「(外部 → 法部)照會」 第8號, 光武 4年(1900) 10月 20日.

289 『司法稟報(甲)』, 「(黃海道 → 法部)質稟(書)」 第70號, 光武 9年(1905) 9月 29日.

290 『司法稟報(甲)』, 「(平安南道 → 法部)質稟書」 第1號, 光武 1年(1897) 12月 13日; 『司法稟報(甲)』, 「(三和港 → 法部)報告書」 第5號, 光武 2年(1898) 3月 15日.

발생했다.[291] 이는 개항장 내 백성에게도 각종 세금을 거두어 반발을 산 사건들과 함께 거론되곤 했다. 적어도『사법품보』의 사건만을 토대로 살펴본다면 청인 연루범죄는 외세에 기댄 다른 사건과 동일시하기 어렵다.

3) 기타칭탁범죄의 성행

(1) 관원사칭 · 공문서위조

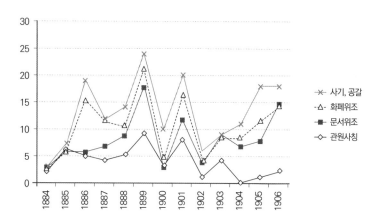

〈그림 14〉 「사법품보(갑)』 사기-공갈 · 화폐위조 · 문서위조 · 관원사칭 누적추이

『사법품보(갑)』을 기준으로 각종 사기사건을 살펴보면, 사기-공갈 · 화폐위조 · 문서위조 · 관원사칭 등의 누적추이는 비슷한 궤적을 나타낸다(〈그림 14〉). 심심치 않게 나타나는 범죄가 각종 공사문서를

291 『司法稟報(甲)』,「(黃海道 → 法部)質稟(書)」第70號, 光武 9年(1905) 9月 29日.

위조해서 지방에서 행태를 부리는 경우이다.[292]

　첫째, 가장 많은 사례는 암행어사(혹은 수행원)를 사칭해서 지역사회의 민원을 해결하고 사설법정을 열어서 판결을 내리는 행위를 반복하는 경우이다.[293] 여기에 재미를 들여서 마치 리플리증후군(Ripley Syndrome)처럼 사태가 커져나가는 것이다. 암행어사수행원의 문서나 암행어사의 마패·도장 등을 위조한 경우도 있고,[294] 교회를 빙자한 경우도 있었다. '암행어사비관(暗行御史祕關)'을 칭하면서 도민(島民)을 잡아들이다가 죽이기도 했다.[295]

　둘째, 공(公)·사(私)문서를 거짓으로 만들어 각종 이권을 획득하거나[296] 관직을 사고파는 경우이다.[297] 특히 대한제국기 재정이 집중되

292　김은미, 「朝鮮時代 文書 僞造에 관한 硏究」, 한국학중앙연구원 고문헌관리학 박사논문, 2007, 74~101쪽; 유승희, 「18~19세기 漢城府의 犯罪實態와 葛藤樣相:『日省錄』의 死刑犯罪를 중심으로」, 서울시립대학교 국사학과 박사논문, 2007, 154~169쪽; 심재우, 앞의 책, 2009, 232~252쪽; 김성진, 「朝鮮時代 公文書 僞造 硏究」, 강원대학교 사학과 석사논문, 2010, 19~43쪽; 김백철, 앞의 책, 2016b, 141~143쪽.

293　【어사사칭】『司法稟報(甲)』, 「忠淸南道 → 法部」報告書」 第2號, 建陽 1年(1896) 8月 15日; 『司法稟報(甲)』, 「平安南道 → 法部」報告書」 第11號, 光武 3年(1899) 3月 3日; 『司法稟報(甲)』, 「咸鏡南道 → 法部」質稟書」 第7號, 光武 6年(1902) 9月 28日; 【어사수행원사칭】『司法稟報(甲)』, 「黃海道 → 法部」報告(書)」 第30·60號, 建陽 2年(1897) 4月 8日·6月 22日; 『司法稟報(甲)』, 「忠淸北道 → 法部」報告書」 第97號, 光武 2年(1898) 8月 26日; 『司法稟報(甲)』, 「全羅北道 → 法部」質稟書」 第11號, 光武 4年(1900) 9月 17日.

294　『司法稟報(甲)』, 「全羅北道 → 法部」質稟書」 第11號, 光武 4年(1900) 9月 17日.

295　『司法稟報(乙)』, 「務安港 → 法部」報告書」 第□號, 光武 4年(1900) 8月 8日.

296　『司法稟報(甲)』, 「東營(→ 法務衙門)牒報」 第147號, 開國 504年(1895) 3月 28日; 『司法稟報(甲)』, 「京畿 → 法部」質稟書」 第9號, 光武 2年(1898) 6月 9日; 『司法稟報(甲)』, 「忠淸南道 → 法部」報告書」 第99號, 光武 2年(1898) 8月 25日; 『司法稟報(甲)』, 「務安港 → 法部」質稟書」 第43號, 光武 4年(1900) 11月 10日; 『司法稟報(甲)』, 「全羅北道 → 法部」質稟書」 第4號, 光武 5年(1901) 2月 26日; 『司法稟報(甲)』, 「平安北道 → 法部」報告書」 第4號, 光武 6年(1902) 1月 10日; 『司法稟報(甲)』, 「江原道 → 法部」報告書」 第19·39號, 光武 7年(1903) 6月 29日·11月 22日; 『司法稟報(甲)』, 「務安港 → 法部」

었던 중앙아문의 각종 차사원(差使員)·파원(派員)을 사칭하는 경우가 많았다. 1897년 제주목에서는 궁내부 파원을 사칭하고 어명을 내세워 행패를 부리며 나무를 함부로 베었다가 백성 수천 명이 봉기하였다.[298] 1899년 충청북도에서는 궁내부의 「훈령」을 위조하여 광산 개설권을 팔았으며,[299] 1904년 평안북도에서도 궁내부의 관인을 위조하였다.[300] 심지어 위원(委員)을 사칭하여 역둔토 도조[驛賭]를 가로채다가 붙잡히기도 했다.[301]

셋째, 사찰지원을 빌미로 공문서를 위조하기도 했다. 1904년 경상북도 대구군에서는 이도갑이 궁내부의 문서를 위조해서 사찰을 지원

質稟書」第19號, 光武 7年(1903) 7月 29日;『司法稟報(甲)』, 「(黃海道 → 法部)報告(書)」 第75號, 光武 8年(1904) 7月 11日;『司法稟報(甲)』, 「(慶尙北道 → 法部)質稟書」第37 號, 光武 8年(1904) 7月 15日;『司法稟報(甲)』, 「(全羅北道 → 法部)質稟書」第24號, 光 武 8年(1904) 9月 8日;『司法稟報(甲)』, 「(平安北道 → 法部)報告書」第23號, 光武 9年 (1905) 4月 24日;『司法稟報(甲)』, 「(義州市 → 法部)質稟書」第3號, 光武 9年(1905) 10 月 13日;『司法稟報(甲)』, 「(沃溝港 → 法部)報告(書)」第23號, 光武 9年(1905) 11月 25 日;『司法稟報(甲)』, 「(全羅北道 → 法部)質稟書」第10號, 光武 10年(1906) 2月 18日; 『司法稟報(甲)』, 「(忠淸北道 → 法部)質稟書」第30號, 光武 10年(1906) 4月 7日;『司 法稟報(甲)』, 「(江原道 → 法部)報告書」第32號, 光武 10年(1906) 5月 3日;『司法稟報 (甲)』, 「(昌原港 → 法部)報告(書)」第22號, 光武 10年(1906) 5月 5日;『司法稟報(甲)』, 「(仁川港 → 法部)質稟書」第2·3號, 光武 10年(1906) 5月 14日·15日;『司法稟報(甲)』, 「(昌原港 → 法部)報告書」第22號, 光武 10年(1906) 5月 15日;『司法稟報(甲)』, 「(慶尙 北道 → 法部)報告書」第68·73號, 光武 10年(1906) 5月 23日·6月 7日.

297 『司法稟報(甲)』, 「(平安北道 → 法部)報告書」第60號, 光武 5年(1901) 8月 30日;『司 法稟報(甲)』, 「(江原道 → 法部)報告書」第39號, 光武 6年(1902) 6月 29日;『司法稟報 (甲)』, 「(平安北道 → 法部)報告書」第19號, 光武 7年(1903) 5月 4日.

298 『司法稟報(甲)』, 「(濟州牧 → 法部)報告書」第10號, 光武 1年(1897) 9月 18日.

299 『司法稟報(甲)』, 「(忠淸北道 → 法部)報告書」第25·32·68·72號, 光武 3年(1899) 4月 15日·4月 28日·8月 20日·9月 3日.

300 『司法稟報(甲)』, 「(平安南道 → 法部)質稟書」第6號, 光武 8年(1904) 4月 12日.

301 『司法稟報(甲)』, 「(全羅南道 → 法部)報告書」第46號, 光武 3年(1899) 5月 9日.

하는 「훈령」과 「완문」을 타인[김영수]에게 전달하였는데 김영수가 '각처 사찰사검(各處寺刹査檢)'이라고 하면서 관찰사에게 이를 베껴서 각군에 지시해달라고 요청했다가 위조사실이 발각되었다. 김영수는 『대명률』 '위조인신역일(僞造印信曆日: 태 100 징역종신)'에 따르되 어리석어 속은 것을 참작하여 1등급 감해서 처벌하였다(태 100 징역 15년).[302]

(2) 화폐위조

대한제국은 1899년 대한천일은행을 설립하여 중앙은행을 운영하였는데 일본제국이 제일은행권(1902)을 유통시켜 화폐시장을 교란하고 민간의 사주전(私鑄錢) 남발로 통화 인플레이션(inflation)이 일어나자, 이를 통제하기 위해서 1903년부터 「중앙은행조례」, 「태환금권조례」를 반포하고 백동화를 주조함으로써 통화가치 안정과 자주권 수호에 전념하였다.[303] 하지만 여전히 지방에서는 엽전(葉錢)이 유통되었고 화폐가치의 차이가 극심했다. 실제로 『사법품보』에서는 속전·장전을 중앙에 상납할 때 운송료를 공제하였을 뿐 아니라[304] 서울과 지방의 화폐가치가 달라서 생기는 환차익을 계산해서 시가(市價)에 맞추어서 올렸다.[305]

---

302 『司法稟報(甲)』, 「(慶尙北道 → 法部)質稟書」第12號, 光武 8年(1904) 4月 17日.
303 김태웅, 앞의 책, 2022, 290~299쪽.
304 『司法稟報(甲)』, 「(黃海道 → 法部)報告(書)」第5號, 建陽 2年(1897) 1月 29日; 『司法稟報(甲)』, 「(咸鏡南道 → 法部)報告書」第20號, 光武 2年(1898) 8月 4日; 『司法稟報(甲)』, 「江原道 → 法部)報告書」第11號, 光武 6年(1902) 9月 20日.
305 『司法稟報(甲)』, 「(三和港 → 法部)報告(書)」第15號, 光武 9年(1905) 5月 13日; 『司法稟報(甲)』, 「(三和港 → 法部)報告(書)」第18號, 光武 9年(1905) 6月 15日; 『司法稟報(甲)』, 「(義州市 → 法部)報告書」第30號, 光武 9年(1905) 11月 15日; 『司法稟報(甲)』, 「(義州市 → 法部)報告書」第33號, 光武 9年(1905) 12月 1日.

화폐위조사건 역시 심심치 않게 나타난다. 『사법품보』에는 대체로 서울의 기술자가 국경지대로 오고 중국·일본에서 기계를 들여와서 동전(주로 백동화)을 위조하려다가 실패하는 경우가 다반사였다.[306] 심지어 서울(儲慶宮 앞)의 일본상점에서 바로 기계를 구입하다가 적발되기도 했다.[307] 이는 고종전반기 당백전 발행이나 청전 수입 등 화폐정책이 실패한 것과 무관하지 않아 보인다.[308]

(3) 양반대상 사기범죄

『사법품보』에서 사기사건의 비중은 적지 않은데 각종 토지문서 등의 위조나 어음사기가 큰 비중을 차지했으며 대개 서민이 그 대상이었다. 그런데 신분제가 폐지되면서 전통적 양반조차 사기대상으로 전락하였다. 전통적인 신분질서를 해체되면서 향촌사족도 상업에 가담하였다. 하지만 양반이 수완이 좋은 이전(吏典)과 경쟁하기는 쉽지 않았을 뿐 아니라 경험이 적은 양반을 상대로 사기를 벌이는 경우도 종종 발생했다.

1898년 함안군에서 낙동강을 중심으로 동래까지 물품을 옮겨가

---

306 『司法稟報(甲)』, 「(釜山港 → 法部)報告書」 第10號, 光武 4年(1900) 1月 25日; 『司法稟報(甲)』, 「(沃溝港 → 法部)報告(書)」 第21號, 光武 5年(1901) 9月 14日; 『司法稟報(甲)』, 「(京畿 → 法部)質稟書」 第96號, 光武 5年(1901) 10月 7日; 『司法稟報(甲)』, 「(江原道 → 法部)報告書」 第74·75號, 光武 5年(1901) 11月 7日·9日; 『司法稟報(甲)』, 「(平壤市 → 法部)報告(書)」 第11號, 光武 8年(1904) 8月 4日; 『司法稟報(甲)』, 「(平安北道 → 法部)質稟書」 第50號, 光武 9年(1905) 9月 27日; 『司法稟報(甲)』, 「(京畿 → 法部)質稟書」 第4號, 光武 9年(1905) 9月 31日; 『司法稟報(甲)』, 「(義州市 → 法部)質稟書」 第4號, 光武 9年(1905) 11月 11日.
307 『司法稟報(乙)』, 「(平理院 → 法部)報告書」 第130號, 光武 6年(1902) 8月 15日.
308 제임스 B. 팔레, 앞의 책, 1993, 333~360쪽.

다가 갑자기 강 중간에서 배를 멈추고 협박하여 운임을 올려 어음을 받아냈을 뿐 아니라 화물까지 빼돌리는 사기행각이 등장했다. 동래에 도착한 물품주인[박종규]이 경찰서에 알렸으나 순검의 직접 지원을 받지 못하는 사이에 자력구제로 범인을 체포해서 범인의 관할 군에 고발하니, 해당 군에 물품을 납품하던 신분이었으므로 오히려 밀양군수가 범인의 편을 들면서 장사에 나선 사족이 아전(衙前)에게 누명을 쓰는 사건이 벌어졌다. 곧 함안군 박종규는 밀양군수가 사기꾼 황내겸[船主]을 비호하여 오히려 본인을 체포한 사건을 법부에 호소함으로써 관찰부의 직접 조사가 이루어져 관련자를 모두 체포하였다.[309] 이후 관찰부와 법부가 수사하면서 억울함을 풀게 되었다. 이는 법을 준수하는 사족이 이익만을 추구하는 이서(吏胥)와 경쟁했다가 상업활동에서 봉변을 당하는 사례에 해당한다.

군수는 아전이 사족에게 사적 형벌을 가하고 누명을 씌었는데도 자기 관아의 업무를 수행하였으므로 친분을 우선시하는 태도를 보였다. 법부와 관찰부의 조사에서 군수의 활동이 절차상 합법적으로 보였으므로 사기를 벌인 아전만 처벌되었을 뿐 군수의 방조책임은 거의 묻지 못하였다. 앞서 살핀 대로 민의 문제였다면 군수의 무능도 중대범죄로 다루어졌을 테지만 이 사건에서는 사족의 피해와 아전의 흉포함만이 다루어졌다. 군수는 관할지역에서 벌어진 사건에 대한 1차 심리를 맡으므로, 이러한 일을 사전에 막아야 했음에도 그 책임은 제대로 묻지 못했다. 물론 법부의 감독하에 철저하게 사건의 진상을

---

309 『司法稟報(甲)』, 「(慶尙南道 → 法部)報告書」 第29·□號, 光武 2年(1898) 4月 14日·6月 4日.

파헤쳐서 사족의 누명을 벗겨주고 아전의 사기행각을 만천하에 폭로하기는 했으나 완전히 사건이 해소되지는 못했다. 사실 이것은 현대 법정에서 어느 누구의 일방적인 승리나 만족스러운 재판결과가 나오지 못하는 것과도 비슷하다. 법치주의 원칙을 표방하고 있는 한 감정적으로는 만족스럽지 않더라도 절차의 합법성이 증명된다면 쉽게 결탁했다고 처벌할 수 없기 때문이다. 바야흐로 비록 사족이라 할지라도 신분을 내세워 우위를 점하기 어려운 시대가 도래한 것이다.

3. 소송의 발달과 적극적 수사

우리나라에서 소송의 역사는 장구하다. 민원은 크게 개인민원과 집단민원으로 나누어볼 수 있다. 전자는 개인·가족의 문제였고 후자는 주로 마을이나 고을의 문제였다.

먼저 개인민원은 멀리 신라 비문(碑文)에도 토지분쟁을 해결하는 재판기록이 실려 있다.[310] 고려시대에도 많은 관련 법률이 확인되는데,[311] 10세기 광종대 노비안검법(奴婢按檢法)은 차치하고라도 14세기 원간섭기 토지·노비문제가 첨예한 사회갈등으로 비화되자 전민변정도감이 수차례 개폐(開廢)되었다. 그중 토지문제는 위화도회군 이

---

[310] 고대의 법전통은 다음 참조. 주보돈, 「울진봉평비와 법흥왕대 율령」, 《한국고대사연구》 2, 한국고대사학회, 1989, 115~137쪽; 홍승우, 『신라율의 기본성격: 형벌체계를 중심으로』, 서울대학교 국사학과 박사논문, 2003; 김창석, 『왕권과 법: 한국고대의 법제의 성립과 변천』, 지식산업사, 2020.

[311] 고려율은 다음 참조. 송두용, 『한국법제사고: 고려율의 연구』, 진명문화사, 1985; 신호웅, 『고려법제사연구』, 국학자료원, 1995; 한용근, 『고려율』, 서경문화사, 1999.

후 추진된 양전과 과전법의 반포를 통해 해소하였고, 노비문제는 인물추변도감 · 노비변정도감 · 신문고 등을 통해서 노비의 양인화 내지 공노비화를 촉진시켰다.[312] 토지와 신분을 잃은 계층이 혁명기에 일종의 공익소송 지원을 받았던 것이다. 수많은 노비가 노비신분에서 벗어나고자 소송을 일으켰으며, 사족 역시 재산을 잃지 않기 위해 노비소송을 이어나갔다. 토지문제가 고려 공양왕대 과전법으로 해소되었다면 노비문제는 조선 태종대에 이르러 비로소 일단락되었다.

다양한 사회문제가 소송의 대상이었다. 노비 · 양인뿐 아니라 점차전 · 현직관료 내지 사족의 소송 비중도 높아져갔다.[313] 태조가 즉위하자 어가를 막는 가전상소(駕前上訴: 擊錚)가 일반화되었고 후왕대에 두드러졌다. 태종은 가전상소 대신에 신문고[擊鼓]를 만들어서 상설기구화하였으나 관 · 민은 어가와 신문고를 가리지 않고 몰려들었다. 태종~세종연간 발달한 신문고는 다양한 계층이 다채로운 안건으로 조정에 민원을 제기하는 형태로 바뀌었다.[314] 점차 신문고가 축소되자 상언 · 격쟁으로 재편되었다.[315] 동시에 일반적인 민 · 형사소송도 광범위하게 확대되었다. 민 · 형사소송과 소원(訴冤)이 반드시 구분된 것은 아니다. 본래『경국대전』「형전」 '결옥일한(決獄日限)' 규정 자체가 잘못된 판결[誤決] 중 자신 · 가족의 신분문제에 대해 항소할 수 있었고,[316] '소원'도 비법(非法)살인 · 종사(宗社)와 관련된 문제에 국한되었

312 박진훈, 『여말선초 노비정책 연구』, 연세대학교 사학과 박사논문, 2005, 110~149쪽, 213~226쪽, 278~323쪽; 김백철, 앞의 책, 2016a, 322~359쪽.
313 『太宗實錄』 卷19, 太宗 10年 3月 戊辰(2日).
314 김백철, 앞의 책, 2016a, 334~359쪽.
315 한상권, 『조선후기 사회와 소원제도』, 일조각, 1996, 13~84쪽.
316 "【註: 凡誤決, 如父子嫡妾良賤分揀等項情理迫切事, 許卽訴他司."『經國大典』, 刑典,

다.[317] 『속대전』「형전」 '소원'에 이르러 『경국대전』「형전」 '결옥일한'의 내용이 통합되면서 신분문제 · 가족이나 주인을 위한 대리소송 · 지극히 억울한 문제 등으로 그 범위가 늘어났다.[318] 『속대전』「형전」 '청리(聽理)'가 신설되면서 『대명률』「형률」 소송편의 상당수 율문을 조선의 현실에 맞추어 재편하였다.[319]

한편 집단상소도 점차 발전하였다. 이미 16세기 명종대에는 승려가 군수를 고소하여 파직되자 유생 1,000여 명의 연명상소가 등장하였고(千人疏),[320] 18세기 집단상소가 더욱 확대되어 사족도 수천에서 수만 명이 연명하는 단계로 발전하였으며(萬人疏),[321] 서얼도 수백 명의 연명상소를 올리기에 이른다.[322] 조선 전 시기에 걸쳐 민은 상언 · 격쟁에 익숙해졌고 사족 역시 연명상소가 일상화되었다.

『사법품보』에는 민장(民狀)이라는 형태로 백성의 소장(疏狀)이 두드러지게 나타나는데, 사전에 통문(通文)을 돌려서 다수가 연명하는 방

決獄日限.

317 "關係宗社及非法殺人外, 吏典僕隸告其官員者, 品官 · 吏民告其觀察使守令者, 並勿受, 杖一百徒三年."『經國大典』, 刑典, 訴冤.

318 "擊申聞鼓者, 刑戮及身父子分揀嫡妾分揀良賤分揀等項四件事, 及子孫爲父祖妻爲夫弟爲兄奴爲主, 其他至冤極痛事情, 則例刑取招."『續大典』, 刑典, 訴冤.

319 『續大典』, 刑典, 聽理; 조윤선, 『조선후기 소송연구』, 국학자료원, 2002, 26~61쪽.

320 『明宗實錄』卷26, 明宗 15年 4月 戊申(13日).

321 정진영, 「19세기 후반 영남유림의 정치적 동향: 만인소를 중심으로」, 《지역과 역사》 4, 부경역사연구소, 1997, 173~243쪽; 설석규, 『조선시대 유생상소와 공론정치』, 선인, 2002, 385~402쪽; 설석규, 「조선시대 嶺南儒生의 公論形成과 柳道洙의 萬人疏」, 《퇴계학과 유교문화》 44, 경북대 퇴계연구소, 2009, 109~156쪽; 이상호, 「조선시대 만인소 운동의 철학적 배경」, 《국학연구》 38, 한국국학진흥원, 2019, 429~462쪽; 이욱, 「사도세자 관련 만인소의 정치적 의미」, 《남도문화연구》 35, 순천대 남도문화연구소, 2018, 171~196쪽; 이광우, 「안동 유림 李壽琰의 《疏廳日錄》을 통해 본 1881년 嶺南萬人疏의 재구성」, 《서강인문논총》 59, 서강대 인문과학연구소, 2020, 97~128쪽.

322 김백철, 앞의 책, 2010, 239~244쪽.

식도 확인된다. 여기에는 지방에 낙향한 전직관료·향촌사족이 상소의 주체[疏頭·狀頭]가 되는 경우도 있었으나 서민(庶民)이 집단적으로 탄원운동을 벌이는 경우도 적지 않았다. 대체로 집단민원은 마을공동의 책임·피해에 관한 것이 많았다. 그래서 세금의 불공정이나 호강한 세력의 약탈사건 등이 주요하게 다루어졌다.

갑오개혁 이후 중앙정부의 지침에 대해서 지방군수는 시행상 어려움을 호소하면서 민의 입장을 가급적 반영해서 내부·탁지부에 도움을 요청하였을 뿐 아니라 백성이 탁지부·내부에 직접 호소할 수 있도록 소송비용까지 빌려주었다. 곧 목민관이 민의 항소를 도와서 양동작전으로 지방재정 문제를 해결하는 데 나섰던 것이다. 이는 삼남민란 당시 강압적인 관의 태도와는 명백히 구분된다.[323]

무엇보다도 백성소요[民擾]가 자주 일어나고 있었고 동학농민운동·청일전쟁이 동시에 발생하여 일본군의 수도점령·국왕유폐·왕비시해 등을 경험했기 때문에 향후 유사한 사건을 미연에 막고자 백성의 입장을 최대한 반영하려 했다고 추정된다. 『사법품보』에 수록된 사건은 대체로 갑오개혁 이후인데, 민원에 대한 태도는 지방의 목민관뿐 아니라 중앙의 조정 역시 일관되게 백성의 억울함이 없도록 철저한 재조사와 재발방지를 관련 아문에게 요구하였다. 갑오개혁기 (1894)부터 탐관오리나 민원을 발생시킨 관리에 대한 처벌이 적극적으로 이루어졌고,[324] 대한제국기(1897)에도 수령에게 백성의 억울한

---

323 송양섭, 「삼남지방의 민중항쟁」, 『신편한국사』 36, 국사편찬위원회, 2002, 319~321쪽.
324 【임치채(도호부사)】『司法稟報(甲)』, 「(法務衙門 →)關完營」 開國 503年(1894) 8月 4日;
　　【민영준(좌찬성)】『司法稟報(甲)』, 「(法務衙門 →)關完營」 開國 503年(1894) 8月 10日;
　　【민치헌(부윤)】『司法稟報(甲)』, 「(法務衙門 →)關咸營」 開國 503年(1894) 8月 2日;【민

하소연을 반드시 들어주고 공정하게 판결할 것과 어떠한 뇌물도 허용되지 않는다는 것을 각 고을에 게재하도록 하였다.[325] 심지어 광무연간에는 강제로 진술을 받은 경우까지 적발해냈다.[326]

고종연간 관(官)에 억울함을 제기하는 경우는 무수히 확인된다. 그중 민(民) 상호 간에도 소송이 활발하게 이루어졌는데 산송이 『사법품보』에서 약 6%를 차지하여 압도적인 비중을 차지한다. 이는 인명사건 다음으로 높은 비율이다. 산송은 민사소송으로만 그치지 않고 일부는 형사사건으로 전이되는 경우도 발생했으므로 민·형사사건을 함께 살펴볼 수 있는 사례이다. 이외에도 일반적인 형사범죄 고발을 제외하면 지방행정(부세문제)에 대한 이의제기가 적지 않게 확인된다. 목민관이 민원을 제대로 해결하지 못하면 백성소요로 이어졌으며 그 비율은 1%나 되었다. 조정은 사후에 수습을 못 한 관리를 적극적으로 처벌하였는데 그 비율이 7%나 되었다(〈표 3〉). 물론 앞서 살폈듯이 법만능주의에 입각하여 소송을 통해서 자신의 이익을 추구하

상호(도호부사)】『司法稟報(甲)』,「(法務衙門 →)關完營」開國 503年(1894) 9月 4日; 【김헌수(도호부사)】『司法稟報(甲)』,「(法務衙門 →)關嶺營」開國 503年(1894) 9月 4日; 【신학휴(판관)】『司法稟報(甲)』,「(法務衙門 →)關嶺營」開國 503年(1894) 8月 21日; 『司法稟報(甲)』,「(法務衙門 →)關完營」開國 503年(1894) 9月 6日;【채경묵(현감)】『司法稟報(甲)』,「(法務衙門 →)關嶺營」開國 503年(1894) 9月 6日;【민응식(총제사)】『司法稟報(甲)』,「(法務衙門 →)關完營」開國 503年(1894) 9月 15日;【민치순(군수)】『司法稟報(甲)』,「法務衙門 →)關嶺營」開國 503年(1894) 9月 16日;【김창석(균전사)】『司法稟報(甲)』,「(法務衙門 →)關完營」開國 503年(1894) 9月 20日;『司法稟報(甲)』,「(法務衙門 →)關錦營」開國 503年(1894) 9月 21日.

325 『司法稟報(甲)』,「(忠淸北道 → 法部)報告書」第2·3號, 建陽 2年(1897) 1月 27日, 法部「訓令」第3·4號;『司法稟報(甲)』,「(忠淸南道 → 法部)報告書」第13號, 建陽 2年(1897) 1月 27日, 法部「訓令」第6號;『司法稟報(甲)』,「(黃海道 → 法部)報告(書)」第7·6號(새 번호), 建陽 2年(1897) 1月 30日, 法部「訓令」第4·6號.

326 『司法稟報(甲)』,「(京畿 → 法部)報告書」第78號, 光武 5年(1901) 8月 28日.

는 경향도 다수 보이는데,[327] 심지어 거짓소송을 일으키는 경우도 적지 않았다.[328] 이는 조정이 백성소요를 막기 위해 억울함에 먼저 귀를 기울이는 태도를 보이자 악용하는 이들이 나타났기 때문이다. 그러므로 다양한 민원이 『사법품보』내 상당한 비중을 차지하므로 민원의 제기·해소 과정에 대해 검토해볼 필요가 있다.

1) 개별소송의 폭증

(1) 끊이지 않는 산송

조선시대 다양한 소재의 소송이 전개되었으나[329] 조선전기에는 노비소송이 압도적인 비율을 차지했으며[330] 조선후기에는 산송의 비율이 지대하였다.[331] 『사법품보』에도 개인민원의 최대비중은 산송이었다. 이는 조선후기부터 일관된 흐름을 보인다. 앞서 살폈듯이 순수하게 민사상 문제로 이어지는 경우뿐 아니라 형사사건으로 바뀌는 경

---

327 도면회, 앞의 책, 2014, 344쪽, 348~357쪽.

328 『司法稟報(甲)』, 「(忠淸南道 → 法部)報告書」第30號, 建陽 2年(1897) 3月 28日; 『司法稟報(甲)』, 「(慶尙北道 → 法部)報告書」第74號, 光武 3年(1899) 10月 10日; 『司法稟報(甲)』, 「(平安南道 → 法部)質稟書」第60號, 光武 4年(1900) 12月 18日; 『司法稟報(甲)』, 「(慶尙南道 → 法部)報告書」第16號, 光武 4年(1900) 11月 22日; 『司法稟報(甲)』, 「(全羅南道 → 法部)報告書」第78號, 光武 4年(1900) 12月 29日.

329 다양한 소송 소재는 다음 참조. 『典律通補』, 刑典, 聽理; 조윤선, 앞의 책, 2002; 심희기 외, 앞의 책, 2022.

330 임상혁, 「조선전기 민사소송과 소송이론의 전개」, 서울대학교 법학과 박사논문, 2000, 38~42쪽; 박진훈, 앞의 논문, 2005, 110~212쪽.

331 18~19세기에는 사족뿐 아니라 중인 및 양인의 산송도 대규모로 확인된다. 『典律通補』, 刑典, 聽理, 山訟附; 김경숙, 「조선후기 산송과 사회갈등 연구」, 서울대학교 국사학과 박사논문, 2002, 159~229쪽.

우도 있었다. 『사법품보(갑)』에는 일반적인 묘지소송뿐 아니라, 사사로이 묘지를 파헤치는 경우, 유골을 파낸 후 재물을 요구하는 경우, 묘역의 나무를 베어가는 경우, 묘역을 훼손하는 경우 등이 확인된다. 누적추이를 살펴보면, 일반적인 묘지소송은 약간의 변동에도 불구하고 통시대적으로 나타나는데 비해, 발총과 같은 사건은 청일전쟁을 기점으로 급격히 증가하는 양상을 보인다(〈그림 15〉).

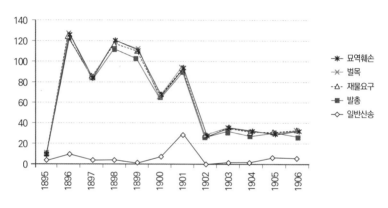

〈그림 15〉 『사법품보(갑)』 묘역훼손·벌목·재물요구·발총·일반산송 누적추이

산송의 절대다수는 조상의 묘역 근처에 몰래 장례를 지내는 투장(偸葬)이 생겨서 관에 고발하는 방식으로 전개되었다. 여기까지는 민사사건으로 다루어졌다. 하지만 관의 처분을 기다리지 않고 묘역을 파헤치는 발총(發塚)이 압도적으로 늘어나면서[332] 형사상 처벌로 이어졌다. 더욱이 민사사건으로 진행된다고 하더라도 1차로 관에 고발

332 『司法稟報(甲)』, 「(全羅南道 → 法部)報告書」 第8號, 光武 3年(1899) 2月 1日.

하여 민사소송을 이어나가다가 군의 제음(題音)을 받았는데도 상대가 다시 무덤을 파내지 않고 2차 관찰부, 3차 평리원 등에 차례로 소송을 걸고 심지어 모두 패소해도 4차로 법부에 억울함을 호소해서 전자의 판결을 무력화하는 시도가 이어졌다.[333] 이는 마치 조선초기 노비소송을 두고 사족·양인·노비 등이 신분을 초월해서 소송을 수십 년간 지속한 사례와 비슷하다. 이로 인해 15세기 삼도(三度)·삼년(三年)·삼한(三限) 규정이 정비되어야 했다.[334]

그러나 억울함을 빙자한 산송은 끊이지 않았다. 사족은 관아에 고발하여 승소하고도 조상의 묘지를 지키지 못하면 투장된 묘를 스스로 파헤치고 관에 자수하는 극단적 방식을 선택했다.[335] 이러한 경우 먼저『대명률』'발총'[336]이 적용되기도 했다. 실제로 1900년 해주읍의 배익선은 투장한 뒤 관아에 고발당하자 원래 있던 무덤 네 기를 파헤쳐 유해를 갖고 도망쳤다가『대명률』'발총'에 따라 교형에 처해졌다.[337] 이외에도 이 율문을 적용한 수많은 재판이 확인된다.[338]

333 『司法稟報(甲)』,「(慶尙北道 → 法部)報告書」第22號, 光武 10年(1906) 3月 5日;『司法稟報(甲)』,「(全羅南道 → 法部)質稟書」第12號, 光武 10年(1906) 5月 20日.

334 임상혁, 앞의 논문, 2000, 144~159쪽; 김백철, 앞의 책, 2016a, 224~231쪽.

335 『司法稟報(甲)』,「(忠淸南道 → 法部)報告書」第100號, 光武 3年(1899) 6月 6日;『司法稟報(甲)』,「(平安道 → 法部)質稟書」第9號, 光武 5年(1901) 9月 25日;『司法稟報(甲)』,「(京畿 → 法部)報告書」第26號, 光武 6年(1902) 3月 27日;『司法稟報(甲)』,「(慶尙南道 → 法部)報告(書)」第6號, 光武 9年(1905) 5月 29日;『司法稟報(甲)』,「(全羅北道 → 法部)質稟書」第49號, 光武 10年(1906) 1月 22日;『司法稟報(甲)』,「(平安南道 → 法部)質稟書」第1號, 光武 10年(1906) 1月 23日.

336 "凡發掘墳塚, 見棺槨者, 杖一百流三千里. 已開棺槨, 見屍者, 絞. 發而未至棺槨者, 杖一百徒三年."『大明律』, 刑律, 盜賊, 發塚.

337 『司法稟報(甲)』,「(黃海道 → 法部)報告書」第43號, 光武 4年(1900) 4月 15日.

338 『司法稟報(甲)』,「(全羅北道 → 法部)質稟書」第14號, 光武 5年(1901) 7月 21日;『司法稟報(甲)』,「(平安南道 → 法部)質稟書」第9·21·22號, 光武 5年(1901) 9月 25·12

아울러 『대전회통』「형전」 '청리(聽理)'도 적용되었다. 1899년 홍양군 황윤서는 투장이라고 주장하면서 밤을 틈타 사사로이 무덤을 파헤쳤는데, '청리'[339]에 따라 부부 중 남편을 처벌하였다.[340] 춘천군 최양협은 '청리'의 주(註)[341] 및 『대명률』 '발총'과 '이죄구발이중론'에 따라 태100 징역종신에 처하였다.[342]

특히 쌍방 간 다툼 끝에 사망사고가 일어나는 경우도 적지 않았으므로 인명사건으로 다루어지기도 했다.[343] 여기에 산소[墓域] 인근 나무를 벌목해서 목재로 내다 파는 문제와 같은 경제적 문제도 심심치 않게 발생했다.[344] 또 남의 집안의 선조의 유골을 파헤쳐서 돈을 요

月 20日·21日; 『司法稟報(甲)』, 「全羅南道 → 法部)報告書」 第65號, 光武 6年(1902) 12月 5日; 『司法稟報(甲)』, 「忠淸北道 → 法部)報告書」 第56號, 光武 8年(1904) 8月 14日; 『司法稟報(甲)』, 「慶尙南道 → 法部)報告(書)」 第33號, 光武 8年(1904) 12月 13日; 『司法稟報(甲)』, 「江原道 → 法部)報告書」 第1·7號, 光武 9年(1905) 1月 2日·2月 22日; 『司法稟報(甲)』, 「平安南道 → 法部)報告書」 第3·7·28號, 光武 9年(1905) 1月 13日·2月 2日·5月 2日; 『司法稟報(甲)』, 「慶尙南道 → 法部)報告(書)」 第7號, 光武 9年(1905) 1月 13日; 『司法稟報(甲)』, 「忠淸北道 → 法部)報告書」 第90·92號, 光武 9年(1905) 1月 26日·26日(중복); 『司法稟報(甲)』, 「黃海道 → 法部)質稟(書)」 第22號, 光武 9年(1905) 2月 22日; 『司法稟報(甲)』, 「忠淸南道 → 法部)質稟書」 第4·7·10號, 光武 9年(1905) 3月 3日·4月 15日·5月 29日; 『司法稟報(甲)』, 「黃海道 → 法部)報告(書)」 第30號, 光武 9年(1905) 3月 11日; 『司法稟報(甲)』, 「平安南道 → 法部)質稟書」 第7號, 光武 9年(1905) 4月 13日; 『司法稟報(甲)』, 「平安北道 → 法部)報告書」 第22號, 光武 9年(1905) 4月 18日; 『司法稟報(甲)』, 「全羅南道 → 法部)質稟書」 第8號, 光武 9年(1905) 5月 25日.

339 "私自禁葬, 而違法作筆者, 並重論【註: 牽婦女上山禁葬者, 有家長則罪家長……】." 『大典會通』, 刑典, 聽理.

340 『司法稟報(甲)』, 「全羅南道 → 法部)報告書」 第8號, 光武 3年(1899) 2月 1日.

341 "【註: 穿壙處放火或投穢物作筆者, 依穢物灌入口鼻律論.】" 『大典會通』, 刑典, 聽理.

342 『司法稟報(甲)』, 「江原道 → 法部)報告書」 第46號, 光武 3年(1899) 5月 12日.

343 『司法稟報(甲)』, 「平安北道 → 法部)質稟書」 第69號, 光武 10年(1906) 5月 30日; 심재우, 앞의 논문, 2017, 41~44쪽.

344 『司法稟報(甲)』, 「黃海道 → 法部)報告(書)」 第19號, 建陽 1年(1896) 10月 16日; 『司

구하기도 했다.[345] 심지어 마을 인근에 괘서(掛書)를 붙이거나 해당 집안에 투서(投書)로 협박하여 재물을 탈취하는 범죄도 많았다.[346] 명률의 '발총'은 본래 이것을 막기 위한 법률인데 고종후반에 실제로 나타난 것이다. 이후 「적도처단례」 7조 16항[347]의 적용을 받았다.[348] 지역에 따라 여전히 『대명률』 '발총'을 사용하는 경우도 확인된다.[349]

『형법대전』이 반포되면서 주요범죄가 결집되었다. 「장매위범률(葬埋違犯律)」에는 몰래 장례한 경우(453조),[350] 주인이 있는 산에 장

法稟報(甲)」, 「(江原道 → 法部)報告書」 第24·32號, 光武 1年(1897) 9月 1日·17日; 『司法稟報(甲)」, 「(京畿 → 法部)質稟書」 第88號, 光武 3年(1899) 10月 15日; 『司法稟報(甲)」, 「(京畿 → 法部)報告書」 第105號, 光武 3年(1899) 12月 8日; 『司法稟報(甲)」, 「(京畿 → 法部)報告書」 第110號, 光武 3年(1899) 11月 16日; 『司法稟報(甲)」, 「(全羅南道 → 法部)報告書」 第63號, 光武 4年(1900) 9月 29日; 『司法稟報(甲)」, 「(慶尙南道 → 法部)報告書」 第19號, 光武 6年(1902) 3月 21日.

345 〈부표 3〉 『사법품보』 발총후재물요구·도박 범죄 대표사례' 참조.

346 『司法稟報(甲)」, 「(京畿 → 法部)質稟書」 第31號, 光武 2年(1898) 8月 21日.

347 "塚을 發ᄒ야 開棺見屍骸者와 移屍 或 移骸ᄒ고 財物을 强討ᄒᄂ 者ᄂ 已得財 未得財를 勿論ᄒ고 首從을 不分ᄒ고 皆 絞." 「賊盜處斷例」 7條 16項(法律 第2號, 1896.04.01.).

348 『司法稟報(甲)」, 「(平安北道 → 法部)報告書」 第46號, 光武 5年(1901) 5月 27日; 『司法稟報(甲)」, 「(慶尙北道 → 法部)報告書」 第42號, 光武 5年(1901) 11月 1日; 『司法稟報(甲)」, 「(全羅北道 → 法部)質稟書」 第21號, 光武 5年(1901) 11月 21日; 『司法稟報(甲)」, 「(平安北道 → 法部)報告書」 第48號, 光武 7年(1903) 10月 30日; 『司法稟報(甲)」, 「(慶尙南道 → 法部)報告(書)」 第18號, 光武 8年(1904) 8月 13日; 『司法稟報(甲)」, 「(全羅北道 → 法部)質稟書」 第21號, 光武 8年(1904) 8月 29日; 『司法稟報(甲)」, 「(忠淸北道 → 法部)報告書」 第92號, 光武 9年(1905) 1月 26日; 『司法稟報(甲)」, 「(忠淸南道 → 法部)質稟書」 第9號, 光武 9年(1905) 4月 27日.

349 『司法稟報(甲)」, 「(慶尙北道 → 法部)報告(書)」 第41號, 光武 4年(1900) 7月 29日; 『司法稟報(甲)」, 「(忠淸北道 → 法部)報告書」 第52號, 光武 4年(1900) 8月 9日; 『司法稟報(甲)」, 「(忠淸北道 → 法部)報告書」 第56號, 光武 8年(1904) 8月 14日; 『司法稟報(甲)」, 「(忠淸南道 → 法部)質稟書」 第20號, 光武 8年(1904) 11月 26日; 『司法稟報(甲)」, 「(黃海道 → 法部)報告(書)」 第30號, 光武 9年(1905) 3月 11日.

350 "有主墳墓 界限內에나 人家 五十步內에 暗葬ᄒ 者ᄂ 懲役一年이며, 勒葬ᄒ 者ᄂ 懲

례를 치른 경우(454조)**351** 각기 처벌하였고, 불법 묘지는 관사가 법에 따라 파내도록 하였으며(455조),**352** 사적으로 장례를 금지하면 처벌하였다(456조).**353** 또한 「분묘침해율(墳墓侵害律)」에는 금지구역의 범위를 보수(步數)로 정하였고(457조),**354** 발총한 자는 엄단하였으며(458조),**355** 남의 무덤을 희롱한 경우도 처벌하였고(459조),**356** 동물을

役 三年에 處흠이라."『刑法大全』, 第4編 律例上, 第8章 喪葬及墳墓所干律, 第2節 葬埋違犯律, 第453條.

351 "賜牌를 蒙有ᄒᆞ얏거나 買占흔 文券이 有ᄒᆞ거나 衆所共知로 禁葬흔지 年久흔 有主山에 入葬흔 者는 笞五十에 處흠이라."『刑法大全』, 第4編 律例上, 第8章 喪葬及墳墓所干律, 第2節 葬埋違犯律, 第454條

352 "本節 諸條의 犯葬흔 塚은 依法掘移호딕, 若當該官司가 違흔 者는 笞八十에 處흠이라."『刑法大全』, 第4編 律例上, 第8章 喪葬及墳墓所干律, 第2節 葬埋違犯律, 第455條.

353 "私自禁葬ᄒᆞ는 者는 左開에 依ᄒᆞ야 處흠이라. 一 器仗을 使用흔 者는 懲役三年. 二 喪轝를 打破흔 者는 懲役二年. 三 柩를 打ᄒᆞ거나 踢흔 者는 懲役三年ᄒᆞ고, 因ᄒᆞ야 屍를 露케 흔 者는 懲役終身. 四 婦女를 牽ᄒᆞ고 上山禁葬ᄒᆞ거나 金井이나 築灰를 破壞ᄒᆞ거나 穿壙處에 火를 放ᄒᆞ거나 水를 灌ᄒᆞ거나 或 穢物을 投ᄒᆞ야 作戲흔 者는 笞一百. 五 本條의 所爲로 人을 傷흔 者는 第五百十一條 鬪毆傷人律에 依ᄒᆞ야 各히 一等을 加ᄒᆞ고, 殺흔 者는 絞."『刑法大全』, 第4編 律例上, 第8章 喪葬及墳墓所干律, 第2節 葬埋違犯律, 第456條.

354 "應禁ᄒᆞ는 界限 步數 外에 禁葬ᄒᆞ는 者는 禁獄 八個月이며, 因ᄒᆞ야 第四百五十六條 諸項의 所爲로 行흔 者는 各히 本項에 二等을 加흠이라."『刑法大全』, 第4編 律例上, 第8章 喪葬及墳墓所干律, 第2節 葬埋違犯律, 第457條.

355 "人의 塚을 私掘ᄒᆞ야 棺槨에 未至흔 者는 懲役一年이며, 棺槨이나 本不用棺 屍를 露흔 者는 懲役三年이며, 棺을 開ᄒᆞ야 屍를 露ᄒᆞ거나 屍骸를 棄毀 或 藏匿흔 者는 懲役十五年이며, 屍骸를 遺失 或 混雜흔 者는 懲役終身에 處호딕, 步限 外에나 自來同山守護ᄒᆞ든 墳塚을 私掘흔 者는 各히 一等을 加ᄒᆞ고, 該塚은 還封흠이라."『刑法大全』, 第4編 律例上, 第8章 喪葬及墳墓所干律, 第3節 墳墓侵害律, 第458條.

356 "人의 墳塚에 作戲흔 者는 左開에 依ᄒᆞ야 處흠이라. 一 塚上에 抹을 揷흔 者는 懲役三年. 二 墳塚을 平治ᄒᆞ거나 因ᄒᆞ야 田園을 作흔 者는 懲役一年. 但 墳形이 未詳ᄒᆞ야 誤犯흔 者는 勿論흠이라. 三 塚에 掘坎흔 者는 笞一百. 四 畜産을 放ᄒᆞ야 塚塔를 毀破흔 者는 笞一十이며, 封築을 踐踏ᄒᆞ거나 壞損흔 者는 笞三十. 五 墳墓 界限內에 耕墾흔 者는 笞二十."『刑法大全』, 第4編 律例上, 第8章 喪葬及墳墓所干律, 第3節 墳墓侵害律, 第459條.

잡으려다가 관곽을 훼손한 경우도 처벌하였으며(460조),**357** 친속 중 비유·존장은 형벌을 더하거나(461조)**358** 감하였다(462조).**359** 대체로 기존국전이나 명률에 분산된 법규를 통합한 것이다. 재판 시에는 453조,**360** 454조,**361** 459조**362** 등이 사용되었고, 그중 458조가 압도적으로 많이 활용되었다.**363** 산송은 상당히 많이 발생했으므로 일반적

---

357 "墳塚에 穴居 或 穿入ᄒ 狐狸를 捕捉ᄒ기 爲ᄒ야 熏熱ᄒ다가 因ᄒ야 棺槨을 燒ᄒ 者 논 懲役二年이며, 燒屍ᄒ 者논 懲役三年에 處ᄒ이라." 『刑法大全』, 第4編 律例上, 第8 章 喪葬及墳墓所干律, 第3節 墳墓侵害律, 第460條.

358 "卑幼가 總麻以上 尊長의 墳塚에 第四百五十八條·第四百五十九條 諸項의 所爲로 犯 ᄒ 者논 第六十四條 親屬等級에 依ᄒ야 遞加ᄒ되, 死에 入ᄒ이라." 『刑法大全』, 第4 編 律例上, 第8章 喪葬及墳墓所干律, 第3節墳墓侵害律, 第462條.

359 "尊長이 總麻以上 卑幼의 墳塚에 第四百五十八條·第四百五十九條 諸項의 所爲로 犯 ᄒ 者논 第六十四條 親屬等級에 依ᄒ야 遞減ᄒ이라." 『刑法大全』, 第4編 律例上, 第8 章 喪葬及墳墓所干律, 第3節 墳墓侵害律, 第463條.

360 『司法稟報(甲)』, 「(忠淸南道 → 法部)報告書」第53號, 光武 9年(1905) 6月 30日;『司法稟 報(甲)』, 「(全羅南道 → 法部)報告書」第12·26號, 光武 9年(1905) 6月 29日·9月 17日.

361 『司法稟報(甲)』, 「(黃海道 → 法部)報告(書)」第52號, 光武 9年(1905) 8月 23日;『司法稟 報(甲)』, 「(江原道 → 法部)報告書」第12號, 光武 9年(1905) 7月 6日.

362 『司法稟報(甲)』, 「(黃海道 → 法部)質稟(書)」第37號, 光武 9年(1905) 6月 29日.

363 『司法稟報(甲)』, 「(黃海道 → 法部)報告(書)」第33·40·48·54號, 光武 9年(1905) 6月 20日·7月 4日·8月 12日·27日;『司法稟報(甲)』, 「(江原道 → 法部)報告書」第8·12 號, 光武 9年(1905) 6月 24日·7月 6日;『司法稟報(甲)』, 「(釜山港 → 法部)報告(書)」第 24號, 光武 9年(1905) 6月 29日;『司法稟報(甲)』, 「(京畿 → 法部)報告書」第56號, 光 武 9年(1905) 8月 4日;『司法稟報(甲)』, 「(全羅南道 → 法部)報告書」第26號, 光武 9年 (1905) 9月 17日;『司法稟報(甲)』, 「(慶尙北道 → 法部)報告書」第70號, 光武 9年(1905) 12月 7日;『司法稟報(甲)』, 「(全羅北道 → 法部)質稟書」第49號, 光武 10年(1906) 1月 22日;『司法稟報(甲)』, 「(平安南道 → 法部)質稟書」第1號, 光武 10年(1906) 1月 23日; 『司法稟報(甲)』, 「(慶尙南道 → 法部)報告(書)」第1·15號, 光武 10年(1906) 1月 2日·2 月 13日;『司法稟報(甲)』, 「(黃海道 → 法部)報告(書)」第31-32號, 光武 10年(1906) 4月 9日;『司法稟報(甲)』, 「(慶尙北道 → 法部)質稟書」第50號, 光武 10年(1906) 4月 13日; 『司法稟報(甲)』, 「(慶尙北道 → 法部)報告書」第56號, 光武 10年(1906) 5月 2日;『司法 稟報(甲)』, 「(黃海道 → 法部)質稟(書)」第47號, 光武 10年(1906) 5月 12日;『司法稟報 (甲)』, 「(全羅南道 → 法部)質稟書」第12號, 光武 10年(1906) 5月 20日.

인 사면 시 감등대상에도 포함되었다.[364]

(2) 간음사건

다음으로 『사법품보』에서 적지 않게 나타나는 민원은 간음사건이다. 하지만 〈표 3〉의 분류에서 빈도가 낮은 이유는 겁탈사건[强奸]·치정사건[和奸]으로 끝나지 않고 살옥으로 이어지는 경우가 많아서 인명사건(혹은 과부약탈)으로 분류되었기 때문이다. 인명사건이나 인신약탈은 이미 앞서 다룬 소재이다. 하지만 실제 원인은 간음이었으며 그 결과가 중범죄로 이어진 것이다. 전자는 유부녀·과부 등을 강제로 납치하여 겁탈하려는 범죄가 많았고,[365] 후자는 아내가 자발적으로 남편 몰래 외간 남자와 간통하였다가[366] 단순한 치정사건에서

364 『司法稟報(甲)』,「(全羅南道 → 法部)報告書」第2號, 光武 3年(1899) 1月 18日;『司法稟報(甲)』,「(慶尙南道 → 法部)報告書」第10號, 光武 3年(1899) 2月 8日;『司法稟報(甲)』,「(平安北道 → 法部)報告書」第9號, 光武 3年(1899) 2月 22日;『司法稟報(甲)』,「(全羅南道 → 法部)報告書」第17號, 光武 3年(1899) 2月 26日;『司法稟報(甲)』,「(全羅南道 → 法部)報告書」第40號, 光武 3年(1899) 5月 13日.

365 【유부녀탈】『司法稟報(甲)』,「(春川府 → 法部)報告書」第1號, 建陽 1年(1896) 6月 25日;『司法稟報(甲)』,「(咸鏡北道 → 法部)質稟書」第2號, 建陽 2年(1897) 3月 13日;『司法稟報(甲)』,「(黃海道 → 法部)報告(書)」第30號, 建陽 2年(1897) 4月 8日;『司法稟報(甲)』,「(忠淸南道 → 法部)報告書」第86號, 光武 6年(1902) 8月 31日;『司法稟報(甲)』,「(忠淸南道 → 法部)質稟書」第21號, 光武 8年(1904) 12月 7日;『司法稟報(甲)』,「(忠淸南道 → 法部)質稟書」第7號, 光武 6年(1902) 10月 9日;『司法稟報(甲)』,「(全羅北道 → 法部)報告書」第48號, 光武 8年(1904) 10月 10日;『司法稟報(甲)』,「(忠淸南道 → 法部)質稟書」第25號, 光武 9年(1905) 12月 7日;【과부약탈】〈부표 8〉 '고종후반 과부약탈사건(1895~1906)' 참조.

366 『司法稟報(甲)』,「(春川府 → 法部)報告(書)」第12號, 開國 504年(1895) 11月 8日;『司法稟報(甲)』,「(江原道 → 法部)報告書」第23號, 建陽 2年(1897) 2月 19日;『司法稟報(甲)』,「(忠淸南道 → 法部)報告書」第67號, 光武 2年(1898) 5月 31日;『司法稟報(甲)』,「(京畿 → 法部)報告書」第□號, 光武 4年(1900) 1月 23日;『司法稟報(甲)』,「(平安南道 → 法部)質稟書」第5號, 光武 4年(1900) 7月 12日;『司法稟報(甲)』,「(黃海道 → 法

그치지 않고 남편을 죽이려는 살인사건(毒殺·打殺)으로 변모하였다. 그래서 상당수가 『대명률부례』 '살사간부(殺死姦夫)'367의 적용을 받았다.368 이러한 경우 가족(혹은 유족)의 고발이 그치지 않았다. 이에 양자 모두 강력범죄로 간주되어 관에서는 엄단하였다.

　이외에 간음과 관련하여 거짓소문을 내는 사건이 많았는데, 앞서 살폈듯이 가장 문제가 되는 경우는 시아버지와 며느리의 근친상간을 소문내고 협박하여 시아버지가 자결하거나369 처녀가 간음했다는 거

部)報告(書)」第12號, 光武 4年(1900) 9月 13日；『司法稟報(甲)』, 「(平安南道 → 法部)報告書」第43號, 光武 5年(1901) 7月 29日；『司法稟報(甲)』, 「(平安北道 → 法部)報告書」第7號, 光武 6年(1902) 2月 6日；『司法稟報(甲)』, 「(忠淸北道 → 法部)報告書」第50號, 光武 6年(1902) 8月 24日；『司法稟報(甲)』, 「(黃海道 → 法部)報告(書)」第62號, 光武 6年(1902) 11月 13日；『司法稟報(甲)』, 「(黃海道 → 法部)報告(書)」第48號, 光武 9年(1905) 8月 13日.

367 "若姦夫自殺其夫【註：依謀殺】者, 姦婦雖不知情, 絞【註：決】."；○"【註：姦奔走良久, 或趕至中途, 或聞姦, 次日追而殺之, 幷依故殺.】"；○"【註：本夫之兄弟, 及有服親屬, 或同居人或應捕人, 皆許捉姦婦人之父母伯叔兄姊外祖父母, 捕殺殺傷姦夫者, 與本夫同. 但卑幼, 不得殺尊長, 犯則依故殺伯叔母姑兄姊律科, 尊長殺卑幼, 照服輕重科罪.】"；○"【條例：本夫拘執姦夫姦婦而毆殺者, 比照夜無故入人家, 已就拘執, 而擅殺至死律條科斷.】"『大明律附例』, 殺死姦夫.

368 『司法稟報(甲)』, 「(平安北道 → 法部)報告書」第29號, 光武 5年(1901) 4月 7日；『司法稟報(甲)』, 「(黃海道 → 法部)報告(書)」第35號, 光武 5年(1901) 8月 23日；『司法稟報(甲)』, 「(忠淸北道 → 法部)報告書」第25號, 光武 6年(1902) 5月 8日；『司法稟報(甲)』, 「(忠淸南道 → 法部)報告書」第36號, 光武 9年(1905) 1月 12日；『大明律附例』, 殺死姦夫；『司法稟報(乙)』, 「(漢城府 → 法部)質稟書」第47號, 光武 4年(1900) 5月 12日；『司法稟報(甲)』, 「(黃海道 → 法部)報告(書)」第35號, 光武 5年(1901) 8月 23日；『司法稟報(甲)』, 「(三和港 → 法部)質稟書」第1號, 光武 7年(1903) 1月 23日.

369 【시아버지자살】『司法稟報(甲)』, 「(忠淸北道 → 法部)質稟書」第71號, 光武 5年(1901) 11月 18日；『司法稟報(甲)』, 「(平安北道 → 法部)報告書」第9號, 光武 6年(1902) 2月 25日；『司法稟報(甲)』, 「(平安北道 → 法部)報告書」第19號, 光武 6年(1902) 4月 29日；『司法稟報(甲)』, 「(平安北道 → 法部)報告書」第29號, 光武 6年(1902) 6月 5日；『司法稟報(甲)』, 「(黃海道 → 法部)質稟(書)」第37號, 光武 9年(1905) 3月 25日.

짓소문 때문에 자결에 이르는 경우였다.[370] 이러한 사건이 발생했을 때도 관에 고발이 이루어졌다.

(3) 호소방식의 변화

먼저 서민의 경우, 정규사법제도를 초월하여 억울함을 호소할 때 종래의 상언·격쟁 대신에 완전히 새로운 방식이 등장했다. 중앙에서는 남산에 봉화[炬火]를 올려 상언(上言)하는 경우도 종종 일어났고,[371] 지방에서는 시체를 메고 와서 범인의 집에 걸어두고 고발하거나 시신을 메고 관아로 쳐들어가는 경우가 적지 않게 확인된다.[372] 모두 시신과 범행을 직접 연관시킨 것이다.

다음으로, 사족의 상소 역시 소원체계 내 편입되었다. 본래 사족이 정치현안에 대해 올리는 상소와 서민이 자신의 억울함에 대해 올리는 소장은 전혀 다르게 관리되었다. 고종연간 흥미로운 점은 유생이 재심청원을 상소로 올렸으며, 그에 대한 「비지(批旨)」도 궁내부 비

---

[370] 【처녀자살】『司法稟報(甲)』, 「(慶尙南道 → 法部)報告書」第11號, 光武 5年(1901) 1月 29日;『司法稟報(甲)』, 「(慶尙南道 → 法部)報告書」第20號, 光武 5年(1901) 12月 12日; 『司法稟報(甲)』, 「(忠淸南道 → 法部)質稟書」第7號, 光武 7年(1903) 8月 25日;『司法稟報(甲)』, 「(忠淸南道 → 法部)報告書」第60號, 光武 7年(1903) 9月 5日;『司法稟報(甲)』, 「(忠淸南道 → 法部)報告書」第69號, 光武 7年(1903) 10月 22日.

[371] 『司法稟報(乙)』, 「(平理院 → 法部)報告書」第243號, 光武 4年(1900) 9月 15日;『司法稟報(乙)』, 「(平理院 → 法部)報告書」第193號, 光武 6年(1902) 11月 13日;『司法稟報(乙)』, 「(平理院 → 法部)報告書」第163號, 光武 7年(1903) 11月 6日.

[372] 【시신 → 범인의 집】『司法稟報(甲)』, 「(全羅北道 → 法部)報告書」第40號, 光武 5年(1901) 5月 24日;『司法稟報(甲)』, 「(慶尙北道 → 法部)質稟書」第2號, 光武 9年(1905) 1月 6日;【시신 → 관아】『司法稟報(甲)』, 「(忠淸南道 → 法部)質稟書」第21號, 光武 8年(1904) 12月 7日;『司法稟報(甲)』, 「(慶尙北道 → 法部)報告書」第69號, 光武 9年(1905) 4月 8日.

서원에서 법부로 내려보내 재심하도록 조처했다는 점이다.[373] 특진관 이희로(李僖魯)가 고(故) 상신(相臣) 김종수(金鍾秀)를 비판하는 상소를 올렸을 때도 법부에 지시하여 처벌하였다.[374] 대신이 상소를 올려 대명(待命)했을 때도 평리원을 통해 「성지(聖旨)」를 반포하여 퇴거하도록 하고 법부에 보고하였다.[375] 조선시대 대신이 의금부의 정문인 금오문(金吾門) 밖에서 대죄하던 관행[376]조차 대한제국기에는 평리원 문밖에서 하는 것으로 변화하였다.[377] 이는 종래 상소 중에서 형정을 다룬 사건의 경우 근대 사법체계 내로 점차 전환되었음을 보여준다.

2) 집단민원의 일반화

(1) 집단의 완력행사

노동자가 집단을 이루는 문제는 개항장의 부두노동자, 철도부설 시 철도노동자, 광산의 광산노동자, 보부상조직 등이 대표적이다. 패거리를 동원해서 완력을 행사는 경우가 대개 이들에게서 나타났다.

첫째, 부두노동자 장악을 빙자한 소요 사주이다. 일본 민간회사와 일본인 영사가 공모하여 조선인 부두노동자[募軍]에게 자신들이 발급한 나무증명서[木牌]를 패용(佩用)하게 함으로써 자신들이 직접 관

---

373 『司法稟報(乙)』, 「(秘書郎 → 法部主事)通牒」, 光武 3年(1899) 1月 4日.
374 『司法稟報(乙)』, 「(議政府 → 法部)照會」 第183號, 光武 3年(1899) 9月 12日.
375 『司法稟報(乙)』, 「(平理院 → 法部)報告書」 第194號, 光武 9年(1905) 11月 29日.
376 『景宗實錄』 卷7, 景宗 2年 4月 甲子(10日); 『英祖實錄』 卷57, 英祖 19年 4月 己酉(26日).
377 『司法稟報(乙)』, 「(平理院 → 法部)報告書」 第184·138(새 번호)號, 光武 8年(1904) 1月 8日·11月 11日; 『司法稟報(乙)』, 「(平理院 → 法部)報告書」 第193號, 光武 9年(1905) 11月 29日.

리하는 조치를 일방적으로 시행하였고, 여기에 방해가 되는 대한제국의 감리서를 폭력으로 점령하고 관원을 강제로 체포하여 위협하는 일까지 발생하였다. 다행히 새로 임명된 감리가 중과부적에도 불구하고 두려움을 감내하며 끝까지 저항함으로써 일본의 목패를 회수하여 불태우고 감리서에서 감자패(監字牌)를 재발급하여 일본제국의 개항장 장악시도는 무위로 돌아갔다.[378]

더욱이 일본인(스즈키)이 노동권업사(勞動勸業社)를 설립하고 한국 객주들이 만든 단체인 신상회사(紳商會社)와 대립했는데, 노동자를 사주하여 노동조합[勞動組]을 만들어서 신상회사의 응신청(應信廳)에 난입하게 만들었다. 실제로는 한일 간 상권대립이었으나 일본상인은 한국인 노동자를 동원하여 응신청의 모군(募軍)에 맞서게 한 것이다. 노동자는 모두 체포되어 처벌받았다.[379]

둘째, 철도빙자 범죄이다. 일본 철도감부(鐵道監部)의 공문을 빙자해서 재물을 약탈하는 경우도 있었다.[380] 예컨대 철도부설 시 부목이 떠내려가자 이를 찾는다는 핑계로 인근 백성에게 재물을 뜯거나[381] 목재를 일본인에게 중개해주기로 거짓으로 약속하고 민간의 목재를 약탈하는 경우도 보인다.[382] 또한 철도노동자가 일본인의 관리하에

---

378 『司法稟報(甲)』, 「(務安港 → 法部)報告書」 第35號, 光武 7年(1903) 11月 26日; 『外部日記』 3冊, 通商局, 光武 7年(1903) 6月 20日; 『外部日記』 7冊, 通商局, 光武 7年(1903) 12月 19日.

379 『司法稟報(甲)』, 「(仁川港 → 法部)報告書」 第1・4・7・12號, 光武 10年(1906) 1月 20日・2月 7日・25日・3月 11日.

380 『司法稟報(甲)』, 「(仁川港 → 法部)質稟書」 第4號, 光武 9年(1905) 12月 16日.

381 『司法稟報(甲)』, 「(仁川港 → 法部)報告書」 第21號, 光武 9年(1905) 12月 31日; 『司法稟報(甲)』, 「(仁川港 → 法部)質稟書」 第1號, 光武 10年(1906) 4月 25日.

382 『司法稟報(甲)』, 「(三和港 → 法部)質稟書」 第1號, 光武 9年(1905) 1月 29日; 『司法稟報

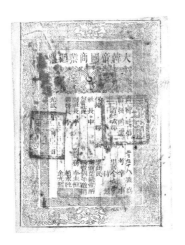

〈그림 16〉 **대한제국 상무사 빙표** (국립중앙박물관 소장본)

서 외세를 빙자해서 침탈하거나 개인적인 일탈을 벌이는 경우가 많았다. 철도일꾼이 일본인의 지원을 요청해와서 총격을 벌여 보부상이 죽음에 이르자 대규모 소요사태가 발생하기도 했다.[383] 철도역부가 강도가 된 경우도 확인된다.[384]

1904년 경상북도 개령군에서는 철도회사의 일본인이 야밤에 총탄을 쏘아서 촌락의 아이와 행인이 사망하거나[385] 철도를 부설하면서 역군을 때려죽이는 경우도 발생하였다.[386] 충청남도 전의군에서는 철

(甲)』,「(慶尙北道 → 法部)報告書」第68號, 光武 10年(1906) 5月 23日.

383 『司法稟報(甲)』,「(忠淸南道 → 法部)報告書」第41號, 光武 7年(1903) 7月 19日;『司法稟報(甲)』,「(仁川港 → 法部)報告書」第17號, 光武 7年(1903) 8月 28日.

384 『司法稟報(甲)』,「(義州市 → 法部)質稟書」第1號, 光武 10年(1906) 6月 15日.

385 『司法稟報(乙)』,「(慶尙北道 → 法部)報告書」第20號, 光武 8年(1904) 6月 25日;『法部來案』7・12册,「(法部 → 外部)照會」第10號, 光武 8年(1904) 7月 8日.

386 『司法稟報(乙)』,「(慶尙北道 → 法部)報告書」第□號, 光武 8年(1904) 7月 10日.

도공역소의 일본인이 이유 없이 총을 쏘아서 역부가 중상을 입고 죽음에 이르렀다.[387]

셋째, 보부상의 세력화이다. 그들은 전국적인 조직으로 일정한 규율하에 움직였으므로 다른 노동자와는 구분되었다. 대체로 친정부 입장을 표방하였는데 보부상조직인 상무사(商務社)는 동학도 토벌에 참여하였고,[388] 지방관도 이 조직에서 지역 당연직으로 활동하기도 했다. 관직을 위조하거나 중앙아문의 명령서를 위조하는 일 외에도 보부상조직인 상무사의 직위를 위조하는 경우도 있었다.[389] 이들이 보부상 내 자치조직을 표방하면서 내부에서 발생한 문제는 자체로 판결을 도모했기 때문에 지역에서 권세를 누려 가입이 쇄도하였다.[390] 이는 마치 교회가 교인을 대상으로 사적 형벌을 집행하는 것과 유사했다. 일탈행동은 사적 형벌을 집행하면서 나타났다. 회원의 복수과정에서 엉뚱한 사람을 사망하게 하거나[391] 집단의 힘을 믿고 양반을 희롱하기도 했다.[392] 심지어 과부약탈에 패거리를 제공하거나[393] 친척 간 간통사건을 트집 잡아서 재물을 약탈하려고 잡아가서 때

---

387 『司法稟報(乙)』, 「(忠淸南道 → 法部)報告書」 第57號, 光武 8年(1904) 8月 2日.

388 『司法稟報(甲)』, 「(全羅北道 → 法部)質稟書」 第2號, 光武 4年(1900) 4月 2日;『司法稟報(甲)』, 「(全羅北道 → 法部)質稟書」 第11號, 光武 7年(1903) 8月 30日.

389 『司法稟報(甲)』, 「(平安南道 → 法部)質稟書」 第1號, 光武 4年(1900) 12月 18日;『司法稟報(甲)』, 「(平安北道 → 法部)報告書」 第60號, 光武 5年(1901) 8月 30日.

390 『司法稟報(甲)』, 「(黃海道 → 法部)報告(書)」 第10號, 光武 5年(1901) 2月 7日.

391 『司法稟報(甲)』, 「(慶尙北道 → 法部)質稟書」 第83號, 光武 1年(1897) 11月 6日;『司法稟報(甲)』, 「(黃海道 → 法部)報告(書)」 第56號, 光武 5年(1901) 12月 29日;『司法稟報(甲)』, 「(江原道 → 法部)質稟書」 第1號, 光武 6年(1902) 4月 18日;『司法稟報(甲)』, 「(京畿 → 法部)質稟書」 第27號, 光武 8年(1904) 6月 5日.

392 『司法稟報(甲)』, 「(慶尙北道 → 法部)質稟書」 第83號, 光武 1年(1897) 11月 6日.

393 『司法稟報(甲)』, 「(忠淸南道 → 法部)報告書」 第107號, 建陽 1年(1896) 12月 13日;『司

리다가 죽이기도 했다.[394]

또한 상무사 내 직위를 잃어버리자 소요를 꾸민 이도 등장했다. 1900년 평안남도 용강군에서는 수천 명이 소요를 일으켜 읍내에 밀고 들어와서 방화하고 감옥을 부수고 향리를 구타하였고, 억울하게 세금을 납부한 사안을 15개로 적시하여 소장을 바쳤다. 조정에서 조사를 진행한 결과 사실과 다른 내용이었다. 이는 오히려 상무사에서 용강군 좌지사(左支社) 공사원(公事員)으로 내려온 이가 불법을 저질러서 교체된 데 원한을 품고 무뢰배를 고용하여 통문을 돌려서 백성을 선동한 사건이었다. 이에 진위대가 출동하여 조기에 진압하고 별도의 사관이 파견되어 사건의 실상을 낱낱이 밝힌 것이다.[395]

넷째, 광산의 왕국화이다. 조선초기에는 명의 과도한 은공물 요구를 거절하기 위해서 광산개발을 엄단하였으나 17~18세기 숙종대부터 적극적 광산[銀店] 개발이 이루어졌는데 당시 은화(銀貨)와 상평통보(常平通寶) 유통을 위해서였다.[396] 약 100여 년이 지나서는 홍경래의 난의 주요한 기반이 될 정도로 광업이 발달했다.[397]

고종연간 광산업을 부흥하기 위한 각종 법률과 정책이 세워지면서 광산개발이 본격화되었다.[398] 광산은 기본적으로는 관의 허가가 필요

法稟報(甲)」,「(咸鏡南道 → 法部)報告書」第1號, 光武 5年(1901) 1月 10日;『司法稟報(甲)」,「(黃海道 → 法部)報告(書)」第10號, 光武 5年(1901) 2月 7日.

394 『司法稟報(甲)」,「(黃海道 → 法部)報告(書)」第20號, 光武 5年(1901) 7月 2日.

395 『司法稟報(甲)」,「(平安南道 → 法部)質稟書」第60號, 光武 4年(1900) 12月 18日;『司法稟報(甲)」,「(平安南道 → 法部)質稟書」第2號, 光武 5年(1901) 11月 11日.

396 『萬機要覽』, 財用編4, 錢貨, 金銀銅鉛, 銀, 探銀; 김백철, 앞의 논문, 2015, 64쪽.

397 오수창, 앞의 책, 2002, 39~41쪽.

398 양상현, 「대한제국기 내장원의 광산관리와 광산경영」,《역사와현실》 27, 한국역사연구회, 1998, 209~246쪽.

했고 중앙의 파원이 내려가는 구조였으나 광범위한 광산노동자도 존재했는데 대개 완력이 강한 자들이었다. 광산운영은 막대한 이권이 예상되었으므로 공문서를 위조하여 판매하는 사기범죄도 기승을 부렸다. 1899년 충청남도 직산군에서는 이성래가 금광을 얻고 싶은 홍재명을 속여서 광산개설권 중개료로 선금 2,000냥을 받고 문서를 위조해주다가 적발되었다.[399] 1906년 충청북도에서는 광산개설이 금지된 지역에 개설을 시도하자 백성의 집단적인 저항(7개면 가담)에 직면한 경우도 있었다. 여러 동네 집강이 관찰부와 궁내부에 소장으로 올려서 제음을 받고 금광개설을 막기로 규약을 정하였는데 갑자기 광부가 나타났으므로 통문을 발송해서 집단으로 쫓아낸 것이다.[400]

더욱이 광산과 관련된 이들은 지방관의 통제에서 벗어나서 불법적인 행동을 이어갔다. 광산노동자의 개인적 일탈이 많았고[401] 이에 대해 백성이 반발하면 집단으로 보복하는 경향이 농후했다.[402] 가장 큰 문제는 중앙에서 내려온 파원·별장(別將)이 사설감옥을 짓고 인근 가옥을 강제로 점유하여 광산 자체를 마치 자신의 '왕국'처럼 경영하는 것이었다.[403] 1899년 충청북도 음성군에서는 파원[金德華]이 금군(金軍: 금광노동자) 수천 명을 이끌고 전답을 훼손하고 백성을 구타하

---

399 『司法稟報(甲)』, 「(忠淸北道 → 法部)報告書」第32號, 光武 3年(1899) 4月 28日.
400 『司法稟報(甲)』, 「(忠淸北道 → 法部)質稟書」第15號, 光武 10年(1906) 1月 26日; 『司法稟報(甲)』, 「(忠淸北道 → 法部)報告書」第19·29號, 光武 10年(1906) 2月 20日·4月 5日.
401 『司法稟報(甲)』, 「(江原道 → 法部)報告書」第3號, 光武 7年(1903) 1月 8日; 『司法稟報(甲)』, 「(江原道 → 法部)報告書」第4號, 光武 8年(1904) 1月 5日.
402 『司法稟報(甲)』, 「(忠淸南道 → 法部)質稟書」第21號, 光武 8年(1904) 12月 7日.
403 『高宗實錄』卷25, 高宗 25年 7月 辛未(21日); 『司法稟報(甲)』, 「(慶尙南道 → 法部)報告書」第19號, 光武 6年(1902) 3月 21日; 『司法稟報(甲)』, 「(慶尙南道 → 法部)報告(書)」第4號, 光武 7年(1903) 1月 20日.

다가 인명까지 해쳐서 고발당했다.[404] 1904년 충청남도 직산군에서는 광부들이 소요를 일으켜 부녀자를 약탈하거나 관아를 습격해 수령을 죽이기에 이르렀다.[405]

특히, 1902년 경상남도 밀양군에서는 불법약탈이 심해지자 3,000~4,000명이 집단으로 돌팔매질로 저항하여 광산 관련자를 때려죽이는 대규모 소요사태가 발생하였다. 금광별장(金鑛別將) 김창률은 고향(밀양) 사람으로 인명을 살해하고 백성의 재물을 가죽 벗기듯이 껍질까지 벗겨갔다. 호조파원(戶曹派員) 이규덕은 김창률의 하수인으로 한통속이 되어 농사철에 보를 트고 금을 씻어서 농사를 망쳤고, 인근 면리에서 전답·남의 무덤·집 등을 값을 치르지도 않고 사용했으며, 주류·식사·막사설치 등 비용을 뜯어냈는데 피해액이 총 1만 3,400냥에 달했다. 3개면(상남면·하남면·상서면) 백성이 난리를 만난 듯 원망이 쌓여 한순간에 3,000~4,000명이 나와서 파원[이규덕]을 광산 구덩이에 내던져 매장하여 죽였다.[406] 법부에서는 살옥이 발생했으므로 그가 죽을죄를 지었다고 하더라도 법에 따라 처벌받아야 한다는 법치주의 원칙을 천명하고 주모자에 대한 색출과 처벌을 요구하였으나 관찰부의 관찰사는 광산 관련자의 죄악상을 낱낱이 보고하되 끝내 백성 중의 주모자는 찾을 수 없다면서 백성의 편을 들었다. 곧 경상남도 관찰사는 김창률에게 「적도처단례」 8조 3항에 따라 태 100 징

404 『司法稟報(乙)』, 「(忠淸北道 → 法部)報告書」 第93號, 光武 3年(1899) 12月 2日.
405 『司法稟報(甲)』, 「(忠淸南道 → 法部)質稟書」 第21·22號, 光武 8年(1904) 12月 7日·29日.
406 『司法稟報(甲)』, 「(慶尙南道 → 法部)報告書」 第19號, 光武 6年(1902) 3月 21日; 『司法稟報(甲)』, 「(慶尙南道 → 法部)報告書」 第36號, 光武 6年(1902) 5月 14日.

역종신을 선고하였고,[407] 오히려 "수천 명 백성이 일제히 성토하여 한꺼번에 분노를 드러냈으니 3인이 함께 죽은 것이 무슨 심한 변고란 말입니까?……끝내 법을 살피는 것은 재판소에서 그만둘 수 없는 것인데 누가 먼저 손을 써서 스스로 고양이 목에 방울 걸려고 하겠습니까?"라고 반문하였다.[408] 지방관 역시 백성의 억울함을 해소시켜주지 않고는 지방통치가 불가능했기 때문이다.

(2) 잡세폐지와 토지세문제

백성소요가 가장 많이 일어난 문제는 지방의 세금 불만이었다. 여기에는 두 가지 요소가 가장 크게 작용하였다. 하나는 잡세가 폐지되었는데도 여전히 수세하는 문제였으며, 다른 하나는 토지에 부과하는 결전(結錢)에 대한 반발이었다. 앞서 살폈듯이 토지세는 원칙적으로 전세(田稅)였는데, 공납의 대동법이나 양역의 균역법에서 토지에 수세하자 19세기에는 기타세제까지 점차 토지를 기준으로 통합되어 그 규모가 커진 것이 문제였다(都結化).[409]

본래 17~18세기 조선·청에서는 양극화를 막기 위해서 보유재산 [토지]에 따라 세금을 부과하는 방식이 이루어졌다. 이 과정에서 조선은 대동·균역을 실시하였고 청은 지정은제를 실시하였다. 세금개혁을 통해 감면효과를 누렸으나 약 100여 년이 지나자 양국 모두 총액이 고정되면서 일부는 공동납의 형태로 할당되었다. 흥선대원군 섭

---

407 『司法稟報(甲)』, 「(慶尙南道 → 法部)報告書」 第36號, 光武 6年(1902) 5月 14日.
408 『司法稟報(甲)』, 「(慶尙南道 → 法部)報告(書)」 第4號, 光武 7年(1903) 1月 20日.
409 고석규, 앞의 책, 1998, 202~212쪽.

정기에는 임시방편으로 가렴주구를 막고 지방에 호포제·사창제를 도입하여 해소하였다.

하지만 갑오개혁기에는 중앙에서 잡세를 일괄적으로 폐지한다는 선언만 하였을 뿐 지방에는 대체재원을 마련할 기회를 주지 않았다.[410] 이 때문에 오히려 원성만 더 커지고 사회적 불만이 팽배하였다. 이를 전면적으로 해결하기 위해서는 토지조사[量田]가 선행되어야 했다. 광무개혁기에 이르러 양전을 추진했으나 단시간 내 개선되기 어려웠다. 숙종대 경자양전(1720) 이후 수백 년간 토지조사가 실시되지 못했던 이유는 물력의 소모가 너무나 컸기 때문이다.[411] 조정에서는 최대한 민의 불만을 해소하기 위해서 양전의 신속한 실시 약속·소작인[時作]의 권리 보장·세제의 형평성 개선 등에 나설 수밖에 없었다.[412]

그럼에도 지역민의 세제에 대한 불만은 여러 부면에서 일어났다. 첫째, 미숙한 행정조치로 인한 불만의 증폭이다. 가령 1899년 탁지부가 지방관아의 운영비에 쓰는 잡다한 세금을 일괄 폐지하고 최소경비로 운영하도록 했는데, 문제는 경기 용인군에서 잡세 중 특정세목은 중앙에 바로 올리는 국세(國稅)로 지정되었다는 것이다. 그러자 용인군의 백성이 억울하다고 호소하면서 수천 명이 운집하여 관아를 습격하여 파옥하고 서기청(書記廳) 서기(書記)·사령(使令)의 가옥을

---

410 『司法稟報(甲)』, 「(濟州牧 → 法部)報告書」 第2號, 光武 2年(1898) 4月 20日; 『司法稟報(甲)』, 「(釜山港 → 法部)報告書」 第41號, 光武 4年(1900) 9月 6日.

411 한국역사연구회 토지대장연구반, 『조선후기 경자양전 연구』, 혜안, 2008, 173~242쪽.

412 한국역사연구회 토지대장연구반, 앞의 책, 1995, 193~406쪽; 한국역사연구회 토지대장연구반, 앞의 책, 2010, 75~106쪽, 339~354쪽; 왕현종, 앞의 책, 2017, 245~303쪽; 김백철, 앞의 논문, 2021b, 136~137쪽.

부수었다.[413] 백성소요는 두 차례나 발생하였고 이를 수습하기 위해 명사관(明査官)이 파견되었다. 잡세를 명분으로 들었지만 실제 문제는 중간에 아전이 세금을 탈루하거나 공금을 횡령하거나 사채를 놓아서 백성을 괴롭힌 데 대한 분노가 세금문제를 기화로 폭발했던 것이다.[414] 이에 조정에서는 최선을 다해 수습하기 위해 방안을 모색했다. 대체로 백성을 위로하는 선에서 처리하였고 중간에 세금을 탈루한 아전이 발각되거나 폭력으로 사상자가 발생했을 때는 수범의 책임만 묻는 선에서 해결해나갔다.

민의 입장에서는 조정에서 잡세(지방세)를 일괄 폐지했으므로 당연히 거두지 않을 것이라고 생각했지만[415] 군수의 입장에서는 여전히 조정에서 국세는 줄여주지 않고 잡세가 국세 중 일부로 지정된 특수한 경우 거두지 않을 방법이 없었다. 특히 결전이 잘못 부과된 토지가 적지 않았으므로 세금징수대상에서 제외하는 조치가 필요했는데 이것도 제때에 이루어지지 못했다. 왜냐하면 이 역시 국세를 먼저 줄여야 했는데 이것은 지방관의 권한이 아니었다. 이에 정식으로 백성·목민관이 번갈아가며 탁지부·내부에 요청했으나 상응하는 조치가 내리기 전에 백성소요가 일어난 것이다. 따라서 협조적인 자세를 취했던 목민관과 소요를 일으킨 백성이 서로 자신이 옳다고 여기는 상황이 속출하였다.

둘째, 세금인상에 맞서서 감액을 호소하거나 혹은 백성소요로 이어진 경우이다. 1894년 경상도 영해부(寧海府)에서 백성이 처음 민장

---

413 『司法稟報(甲)』, 「(京畿 → 法部)報告書」 第72號, 光武 3年(1899) 8月 18日.
414 『司法稟報(甲)』, 「(京畿 → 法部)報告書」 第85號, 光武 3年(1899) 9月 23日.
415 『司法稟報(甲)』, 「(京畿 → 法部)報告書」 第85號, 光武 3年(1899) 9月 23日.

(民狀)을 올려 결가(結價)를 줄여달라고 호소하였다가 수령이 백성에게 가혹한 형벌을 행하는 일이 발생하자 백성소요가 일어났고 급기야 폭동으로 수령이 실려 나가기에 이르렀다. 안핵사[李重夏]가 파견되어 사건을 조사하여 목민관은 압송되었고,[416] 중간에서 농간을 부린 하리[신쾌연]는 체포되었다.[417] 1896년 개성부 신계군에서도 결호(結戶)·화전세(火田稅)를 가혹하게 거두어들이자 소요가 일어나서 수령을 구타하고 전임 교장(校長)을 죽이는 등 사상자가 발생했다.[418]

1901년 강원도 홍천군에서는 토지세가 인상되자 지역 유지가 통문을 돌려 납부를 거부하는 운동이 일어났다. 통문의 내용을 보면, 갑오개혁 이전보다 4배 이상 증가했다고 주장하면서 영호남보다 토지가 척박하므로 일단 납부를 중지하고 세금인상을 거부하자고 선동하였다.[419] 지방재판소에서는 『대전회통』「호전」 '수세(收稅)'를 준용하여 중형을 선고했다(태 100 징역종신). 그러나 법부에서는 오히려 산골백성이 다만 징수를 덜고자 한 어리석은 행동으로 간주하여 2등급을 감등하였다(태 100 징역 10년).[420] 또한 같은 해(1901) 강릉군에서는 봉세관(捧稅官)이 역토(驛土)에서 현물·돈의 비율을 배로 올리고 향교의 위답에도 도조를 거두려고 해서 경작인·유생이 통문을 돌려 읍내에

---

416 『司法稟報(甲)』, 「嶺營(→ 法部)牒報」, 開國 503年(1894) 9月 4日.
417 『高宗實錄』 卷32, 高宗 31年 9月 壬寅(29日);『司法稟報(甲)』, 「大邱府(→ 法部)質稟書」 第6號, 建陽 1年(1896) 6月 8日.
418 『司法稟報(甲)』, 「開城府 → 法部)質稟書」 第6號, 建陽 1年(1896) 6月 8日.
419 『司法稟報(甲)』, 「(江原道 → 法部)質稟書」 第1號, 光武 5年(1901) 1月 22日.
420 "土豪田稅不納者及防納者." 『大典會通』 「戶典」, 收稅;『司法稟報(甲)』, 「(江原道 → 法部)報告書」 第5號, 光武 5年(1901) 2月 1日.

모였다가 소요로 번졌다.[421] 법부에서는 소요를 주동한 소작인을 사면하여 석방하였다.[422]

서울에서는 남산에 봉화를 올려 억울함을 호소하는 일이 잦아졌다. 같은 해에도 호위병 출신[元時和]이 청일전쟁 중 일본군의 경복궁 침공 시 교전 중에 중상을 입은 공적을 인정받아 삼등군의 규장각둔토를 영구히 경작하게 되었는데 본래 상납전이 150냥 3전이었으나 내장원으로 이속되면서 400냥에 이르렀고 다시 970냥으로 상승하여서 감당이 불가하다고 호소하였다. 그러나 내장원에서는 '불응위'(태40)로 처벌하고 영구경작지와 일반소작지의 상납전을 비교하기 어렵다는 의견을 보내왔다.[423] 평리원에서 세전납부을 독려했으나 돈을 내지 못했다.[424] 이는 결가가 상승한 탓으로 보인다. 동학잔당 역시 갑오년(1894) 전에는 결가가 80냥만 되어도 변란이 일어났는데, 금년(1903)에는 100여 냥으로 올랐고 청병도 들어온다면서 유언비어를 퍼뜨렸으니[425] 모두 이러한 정세를 악용한 것이다.

셋째, 각종 특수목적세의 잔존이다. 1898년 함경남도 이원군(利原郡)에서는 명태세(明太稅) 남봉(濫捧)을 이유로 백성이 모여 관아로 난입했다가 군수의 진압으로 해산하였다. 이후 주동인물이 체포되고 두 차례나 조사를 거쳐 「사안」이 만들어지자 고등재판소는 『대전회통』「형전」'추단'의 "군읍(郡邑)의 하인이 공모하여 변을 일으키고 일

---

421 『司法稟報(甲)』, 「(江原道 → 法部)報告書」 第9號, 光武 5年(1901) 2月 9日.
422 『司法稟報(甲)』, 「(江原道 → 法部)報告書」 第18號, 光武 5年(1901) 3月 18日.
423 『司法稟報(乙)』, 「(內藏院 → 法部)照覆」 第1號, 光武 5年(1901) 8月 23日.
424 『司法稟報(乙)』, 「(平理院 → 法部)報告書」 第183號, 光武 5年(1901) 8月 26日.
425 『司法稟報(乙)』, 「(全羅北道 → 法部)報告書」 第53號, 光武 7年(1903) 12月 14日.

제히 흩어진 경우 수창자는 일률로 논한다"[426]는 법문에 따라 교형으로 판결하고 법부에 최종승인 여부를 질품하였다.[427]

제주목에서는 마장세(馬場稅)·화전세(火田稅)가 잔존하여 분쟁이 발생했다. 전임 목사의 재정운영에 문제가 있어서 장부와 창고의 숫자가 불일치하자 그 액수를 해소하려다가 극심한 반발에 부딪혀 소요로 확대되었다. 백성소요는 반역으로 전이되었으나 의병이 진압하였다(房星七의 난). 마침내 새로 부임한 찰리사(察理使)가 일정액을 감액하여 회유함으로써 간신히 일단락되었다.[428]

1899년 함경남도 안변군에서는 1896년 비적무리 소요 때 쓴 비용을 충당하기 위해서 백성에게 과도한 비용을 배정하자 반발하여 법부에 소송을 진행하였다. 그러자 이번에는 소송비를 추징한다면서 가족일가를 대신 구금하여 압박하였다. 이에 백성이 수령에게 반발하는 사태가 발생했으나 단지 "수령을 위협했"고 보고했다. 법부의 재조사를 통해서 진상이 드러나자 평리원에서 재심하기에 이른 것이다.[429]

넷째, 세금납부 독촉에 대한 반발이다. 당시 평리원은 전국의 관찰사·군수·색리·차인 등 지위고하를 막론하고 세금납부를 지연하는 사람은 모두 우선 체포하여 심리하였고 명백한 결백이 입증되거나 미납분을 완납해야 방면되었다. 갑오정권까지 과도한 차관에 의지해왔으나 광무개혁 이후 기존예산을 재정비해서 부채를 모두 상환

---

426 "【註: 郡邑下人符同作變, 一齊潰散者, 首倡以一律論……】." 『續大典』, 刑典, 推斷; 『大典會通』, 刑典, 推斷, 續.
427 『司法稟報(乙)』, 「(高等裁判所 → 法部)質稟書」第1號, 光武 2年(1898) 1月 12日.
428 『司法稟報(甲)』, 「(濟州牧 → 法部)報告書」第2號, 光武 2年(1898) 4月 20日.
429 『司法稟報(甲)』, 「(咸鏡南道 → 法部)報告書」第23·25號, 光武 3年(1899) 10月 3日·11月 14日.

하였는데 여기에는 관행적으로 포흠(逋欠)되던 세금을 모두 완납하도록 독려한 조치도 주요했다.

그런데 1903년 충청남도 은진군에서 독쇄관(홍산군수)이 결호전을 독촉하자 수백 명이 모여 관아로 쳐들어가서 관장을 계단 아래로 끌어내 상해를 입혔으니 갓끈은 떨어지고 의복도 찢어졌고 관속도 상해를 입었다. 임인년(1902년) 결전은 봄이 지나도록 연체되어 십만 금이 넘었으므로 서천군수를 명사관으로 임명하여 조사를 명하였다.[430] 은진군은 동학농민운동으로 1894~1895년 결호전도 미납된 상태가 지속적으로 문제가 되었으므로[431] 군민(郡民)은 작년분도 감면받을 수 있다고 여긴 듯하다. 이 일로 홍산군수는 백성소요를 야기한 일로 체포되어 '불응위' 중 사리가 중한 경우(태 80)로 처벌받았다.[432]

다섯째, 시세차익을 노린 편법운영이다. 갑오개혁 이후 세금은 법정화폐로만 납부하도록 바뀌었는데, 목미관이 돈으로 받지 않고 미곡으로 받아들여 시세차익을 노린 경우이다. 1906년 전라남도에서는 혼란한 틈을 타서 관리가 결전을 대신하여 미곡(白米 1석당 26냥, 租苞 1석당 13냥: 합계 미 270, 조 700석)을 거두어들여 막대한 시세차익(미 1석당 10냥, 조포 1석당 3냥: 합계 4,800냥)을 노리다가 『형법대전』 625조로 처벌받기도 했다.[433]

430 『司法稟報(乙)』, 「(忠淸南道 → 法部)報告書」 第33號, 光武 7年(1903) 7月 6日.
431 『公文編案』 87册, 「(→ 恩津郡)訓令」, 光武 4年(1900) 11月 30日;『訓令存案』 8册, 「(→ 恩津郡)訓令」, 光武 7年(1903) 2月 23日.
432 『司法稟報(乙)』, 「(平理院 → 法部)報告書」 第124號, 光武 7年(1903) 8月 22日.
433 『司法稟報(甲)』, 「(全羅南道 → 法部)質稟書」 第21號, 光武 10年(1906) 6月 20日;『司法稟報(甲)』, 「(全羅南道 → 法部)報告書」 第22·29·37·43號, 光武 10年(1906) 6月 22日·7月 4日·17日·8月 6日.

여섯째, 항일납세거부이다. 「을사늑약」에 반대하여 납세를 거부하기도 했다. 1906년 경기 여주군에서는 향약장(鄕約長) 유석하가 통문을 돌려서 세상이 어지러움을 한탄하며 결세납부를 정지하도록 선동하였다. 이에 『형법대전』 402조의 "우리나라의 일이나 외국의 정황에 대해 망령된 이야기를 지어내어 사람들의 보고 들음을 현혹시키고 혼란스러움에 이르게 한 경우와 덧붙여서 사실과 다르게 전달한 경우"(징역 2년)를 적용하였다.[434] 이는 러일전쟁 이후 국권피탈을 한탄하고 일본인과 결탁해서 임금의 지시를 따르지 않는 것을 비판하면서 자주의 권리가 회복될 때까지 기다리도록 권장한 것이다.[435]

(3) 공익과 사익의 경계

조정은 동학의 여파로 백성의 억울함을 최우선으로 여겨서 민심이반을 막고자 했으므로 상세한 재조사와 재발방지를 위해 노력했다.[436] 억울한 경우도 적지 않았으나 그 비율로 보면 자신의 입장을 과장하여 합리화하고 심지어 사익을 추구하기 위해 법을 이용하는 백성도 상당하였다. 일종의 법만능주의가 도래한 듯했다.[437] 이러한

---

[434] "本國의 事爲나 外國의 情形으로 妄言을 做出ᄒ야 人의 視聽이 惑亂홈에 至호 者는 笞六十이며, 增衍ᄒ야 訛傳호 者는 懲役二年에 處홈이라." 『刑法大全』, 第4編 律例上, 第4章 詐僞所干律, 第11節 造言律, 第402條; 『司法稟報(甲)』, 「(京畿 → 法部)質稟書」第29號, 光武 10年(1906) 2月 27日; 『司法稟報(甲)』, 「(京畿 → 法部)報告書」第44號, 光武 10年(1906) 3月 28日.

[435] 『司法稟報(甲)』, 「(京畿 → 法部)報告書」第36號, 光武 10年(1906) 3月 13日, 「通文」.

[436] 『司法稟報(甲)』, 「(羅州府 → 法部)報告書」第2號, 建陽 1年(1896) 2月 3日, 法部「指令」第8號; 『司法稟報(甲)』, 「(羅州府 → 法部)報告(書)」, 建陽 1年(1896) 3月 3日, 高等裁判所「指令」.

[437] 도면회, 앞의 책, 2014, 344쪽, 348~357쪽.

상황은 조선전기·후기에도 심심치 않게 보여서 당시 조정에서도 비판이 없지 않았다.[438] 하지만 법을 잘 활용한다는 것은 민권을 보장하는 데 주요한 지표이기도 하다. 이는 일제강점기 일본인의 조선인 평가와도 크게 다르지 않다. 조선시대와 고종후반(갑오~광무개혁기)을 양적으로 수치화하여 그 성격을 명백히 구분하기는 어렵다. 다만 그 최종재판 결과를 살펴보면 조선시대는 비교적 억울한 사연이 다수였던 데 비해서[439] 고종후반은 사익을 추구하는 사례가 적지 않게 발견된다.[440]

특히 민권운동이나 억울함이라는 일반론에 기대어서 사익을 도모하는 토호세력도 등장했다. 지역에 통문을 돌려서 백성을 선동하고 감면을 위한 소장을 계속 올리면서 집단상소에 많은 비용을 쓰게 하면서 목민관에 대항하거나 관아를 습격하는 경우도 발생했다.[441] 동학·일진회에 가담한 인물이 이를 주도하기도 했다.

첫째, 민권운동을 명분으로 백성소요를 일으켜서 사적 이익을 추

---

438 【外知部·好訟비판】『成宗實錄』卷26, 成宗 4年 正月 乙卯(24日);『成宗實錄』卷39, 成宗 5年 2月 壬戌(7日);『成宗實錄』卷95, 成宗 9年 8月 甲辰(16日);『中宗實錄』卷23, 中宗 11年 正月 乙酉(3日);『中宗實錄』卷35, 中宗 14年 正月 乙巳(10日);『純祖實錄』卷14, 純祖 11年 3月 甲子(16日).

439 한상권,『조선후기 사회와 소원제도』, 일조각, 1996, 169~247쪽; 심재우, 앞의 책, 2009, 111~142쪽; 김백철, 앞의 책, 2016a, 334~359쪽; 김백철, 앞의 책, 2016b, 243~246쪽.

440 예컨대 소장의 내용 중 허위기록이나 과장한 내용을 포함시켜 자신의 입장을 주장한 사례가 다수 확인된다.『司法稟報(甲)』,「(春川府 → 法部)報告書」第1號, 建陽 1年 (1896) 8月 27日;『司法稟報(甲)』,「(南陽郡 → 法部)報告書」第1號, 光武 2年(1898) 5月 2日;『司法稟報(甲)』,「(江原道 → 法部)報告書」第77號, 光武 3年(1899) 8月 19日;『司法稟報(甲)』,「(平安北道 → 法部)報告書」第74號, 光武 3年(1899) 10月 10日;『司法稟報(甲)』,「(忠清北道 → 法部)報告書」第825號, 光武 4年(1900) 9月 27日.

441 『司法稟報(甲)』,「(林川郡 → 法部)報告書」第□號, 建陽 1年(1896) 4月 3日.

구한 경우이다. 1896년 홍주부 임천군(林川郡)에서는 백성의 민원 대부분이 결정結政(토지세정책)이라고 언급하면서[442] 수차례 억울한 토지(179결)에 대해서 중앙에 호소하였다. 그러나 조정의 회신이 없음에도 불구하고 백성은 이미 탕감받았다고 생각하여 목민관을 원망한다고 보고되었다. 소송비만 누적되면서 백성의 불만이 쌓이자 통문을 돌려서 소요를 일으켜 세무청(稅務廳) 세무주사(稅務主事)까지 구타하기에 이르렀다.[443] 충청남도에서는 거짓직함[都社首]을 사칭하여 백성을 선동함으로써 이미 분배한 재결(災結)을 아직 시행하지 않았다고 거짓으로 호소하게 만들었다가 적발되었다.[444]

황해도 서흥군(瑞興郡)에서는 그동안 백성이 중앙과 관찰부에 제기한 민원에 따라 갑오개혁 이후 세액을 균등하게 재조정하고자 이미 거둔 결전을 분배하는 정책을 펼쳤으나 계산착오로 초창기에 공지한 금액보다 환급액이 적어졌다. 처음 기대가 컸던 백성은 액수가 달라지자 수천 명이 읍내에 집결하여 관아의 아전을 폭행하였고 가옥마저 허물어버렸다. 이는 갑오~을미년 연체된 급료 및 각종 향회의 민원제기에 사용한 소송비 등의 공용비용을 반영하여 반환액이 줄어든 것이다.[445] 조정에서는 다른 군수를 사관으로 파견하여 조사시키고

---

442 심지어 임천군은 고종초반에도 경작할 수 없는 토지(99결)에 결가를 거두어서 문제가 발생했고 개간이 이루어질 때까지 5년간 재해지로 지정하기도 했다. 『高宗實錄』 卷13, 高宗 13年 11月 丁丑(20日).

443 『司法稟報(甲)』, 「(林川郡 → 法部)報告書」 第□號, 建陽 1年(1896) 4月 3日; 『司法稟報(甲)』, 「(林川郡 → 法部)報告書」, 建陽 1年(1896) 4月 13日; 『司法稟報(甲)』, 「(洪州府 → 法部)報告(書)」, 建陽 1年(1896) 6月 15日; 『司法稟報(甲)』, 「(洪州府 → 法部)報告書」 第13 · 15 · 25號, 建陽 1年(1896) 5月 10日 · 6月 8日 · 7月 14日.

444 『司法稟報(甲)』, 「(忠淸南道 → 法部)報告書」 第2號, 建陽 1年(1896) 8月 15日.

445 관아의 잔액 2만 8,190냥 중 2만 10냥은 관아 청산용으로 빼고 나머지 8,175냥은 백

백성의 불만을 최대한 달래주었다.[446]

1906년 경상북도 선산군(善山郡)에서는 결세(結稅) 징수 시 납부수단을 수령이 선택할 수 있었는데, 백성은 지폐로 거두기를 원했으나 군에서 엽전으로 거두었다가 원망의 대상이 되었다. 이는 양자의 환전차익이 서로 달랐기 때문이다. 이에 일진회가 백성을 선동하여 인근 해평시장에 집결하여 관아를 습격하고 군수를 구타하고 끌어내리는 사태가 벌어졌다. 더욱이 일본경찰헌병이 출동하자 그 위세를 이용하였다. 실상은 일진회가 도박자금을 마련하려다가 군수와 갈등을 빚고 좌절되자 백성을 선동하여 군수에게 복수한 것이었다.[447] 이들에게는 『형법대전』 280조의 "고소한다고 무리를 모아 관리를 압박한 경우"(징역 15년)를 적용하여 처벌하였다.[448] 이것이 일진회가 선전해 온 이른바 지방민권운동의 민낯이었다.

둘째, 목민관을 무고(誣告)하여 백성소요를 일으킨 경우이다. 지방재정의 문제는 양전사업과 같은 구조적인 개혁이 필요했으나 대개 탐관(貪官)[449] · 포리(逋吏)[450]의 공금[公錢] 유용이 표면화되었다. 향청

성에게 분배하겠다고 알렸으나 추후 관아비용 및 소송비를 제하여 배분액이 2,700냥으로 줄어들자 반발이 심해진 것이다. 『司法稟報(甲)』, 「(黃海道 → 法部)報告(書)」 第29號, 建陽 1年(1896) 11月 3日.

446 별도 사관이 재정산해서 추가로 1,540냥을 분배하여 백성의 원망을 수습하였다. 『司法稟報(甲)』, 「(黃海道 → 法部)報告(書)」 第38號, 建陽 1年(1896) 11月 25日; 『司法稟報(甲)』, 「(黃海道 → 法部)報告(書)」 第44號, 建陽 1年(1896) 12月 20日.

447 『司法稟報(甲)』, 「(慶尙北道 → 法部)質稟書」 第46號, 光武 10年(1906) 4月 12日.

448 "告訴ᄒ다 稱ᄒ고 聚衆ᄒ야 本管官司를 挾制ᄒ 者ᄂ 懲役十五年이며……." 『刑法大全』, 第4編 律例上, 第3章 斷獄及訴訟所干律, 第1節 訴訟違犯律, 第280條.

449 『司法稟報(乙)』, 「(平安南道 → 法部)報告(書)」 第1號, 光武 3年(1899) 4月 8日; 『司法稟報(乙)』, 「(高等裁判所 → 法部)報告書」 第48號, 光武 3年(1899) 4月 22日.

450 『司法稟報(乙)』, 「(內部 → 法部)照會」 第4號, 光武 3年(1899) 1月 21日; 『司法稟報(乙)』,

(鄕廳)이나 이서배가 지방관과 연계되어 있거나 혹은 능숙한 공문서를 활용해서 신임 목민관을 모함하는 경우 쉽게 해결하기 어려웠다. 이러한 경우 상급기관인 관찰부 · 고등재판소(평리원) · 법부 등이 해결에 나서야 했다. 우선 체포한 뒤 유용한 금액을 조사하여 납부하도록 조처하였다.[451]

1896년 황해도 배천군에서는 목민관이 중간에 부당한 세금징수와 공금횡령을 적발하여 반환하게 하였다. 조원회가 백성에게 사사로이 1,000냥을 거두어들였다가 목민관에게 들킨 것이다. 그런데 도리어 그가 도망쳐서 야밤에 백성을 선동하여 홍현시장에 사람을 불러 모아서 간사한 아전의 칙채리(勅債利) · 진결전(陳結錢)을 돌려받겠다며 소요를 일으키고 급기야 탁지부에도 민원을 제기하였다. 조정에서는 다른 군수를 사관(査官)으로 파견하여 즉시 조사에 나서서 부당한 잡세를 모두 백성에게 반환하고 영수증을 받도록 하였다.[452]

1898년 전라남도 흥덕군에서는 야밤에 군수[임용현]가 탐욕스럽고 백성을 못살게 군다고 외치며 나팔을 불어서 사람을 모아 관아를 습격하여 때려 부수고 수령을 핍박하여 관인을 빼앗는 사건이 벌어졌다. 이는 경회(만민공동회) · 협회(독립협회)의 연설을 듣고 감화한 된 자[이화삼]가 내려와서 거짓정보를 듣고 군수의 행정을 바로잡겠다면서 일으킨 소동이었다. 아전이 수령을 구하고 주모자를 체포하였는

「(黃海道 → 法部)報告(書)」 第61號, 光武 3年(1899) 5月 1日.

451 『司法稟報(乙)』, 「(高等裁判所 → 法部)報告書」 第53號, 光武 3年(1899) 4月 27日.

452 『司法稟報(甲)』, 「(黃海道 → 法部)報告(書)」 第13號, 建陽 1年(1896) 9月 29日; 『司法稟報(甲)』, 「(黃海道 → 法部)質稟(書)」 第33號, 建陽 1年(1896) 11月 12日). 조원회는 체포되어 감옥에서 자결하였다(『司法稟報(甲)』, 「(黃海道 → 法部)報告(書)」 第15號, 建陽 1年(1896) 10月 3日).

데 백성은 실상을 제대로 알지도 못한 채 선동된 것이었다. 그중 일부는 산송에 연루되어 협박받아 강제로 따랐다고 진술하였다. 그러나 실상은 송민수가 결전세(結田稅)를 독촉하여 업무에서 파면되자 수령을 원망하여 무고한 것이다. 재조사에도 불구하고 뇌물증거는 찾을 수 없었다.[453] 소요를 일으킨 백성 중 단순 가담자는 사면되었다.[454]

1900년 경상남도 함안군(咸安郡)에서는 군수[이병익]가 백성에게 남징하고 뇌물을 받았다고 내부(內部)에 무고당했다. 별도의 사관이 재조사해보니, 정상적인 세금운송비를 운영하거나 향리 중 일부가 공금을 횡령하고 도주하자 친척이 대납하게 하거나 속전을 징수하여 관아의 공용비를 지출한 경우 등을 모두 억지로 불법으로 고발한 것이었을 뿐 아니라, 고소인의 잘못으로 수령에게 매질당한 것을 원망하여 유계(儒契) 신설을 악용해서 악의적 소송을 일으킨 것이었다.[455]

경상남도 곤양군(昆陽郡)에서는 새로운 목민관이 향청의 기득권을 인정하지 않고 공정한 징세를 추진하자 오히려 민가를 야간에 돌면서 무기로 위협하여 고의적인 소요를 일으키고 중앙조정에 관리를 무고하는 경우도 등장했다. 곧 정추·정동희·정택현 등이 군수 김기호의 회계집행에 문제가 있다고 무고하였는데 관찰사가 군수를 심리할 수 없다고 하여서 평리원으로 사건이 넘어갔다. 별도의 사관

---

453 사건이 1898년 12월에 발생하여 심리는 다음 해에 열렸다. 『司法稟報(甲)』, 「(全羅南道 → 法部)報告書」 第1·53號, 光武 3年(1899) 1月 25日·6月 10日.

454 『司法稟報(甲)』, 「(全羅南道 → 法部)報告書」 第70號, 光武 3年(1899) 7月 25日.

455 『司法稟報(甲)』, 「(慶尙南道 → 法部)報告書」 第16·24號, 光武 4年(1900) 11月 22日·12月 22日.

이 도착했을 때 다행히 백성이 목민관을 위해서 무고임을 증언하여 사건의 전말이 폭로되었다.[456] 전라남도 영광군수·충청남도 회덕군수·경상북도 성주군수 등도 공전을 체납한 혐의로 체포되어 평리원에서 심리하였으나 색리의 농간으로 밝혀졌다.[457]

1905년 전라남도 흥덕군에 일본인[우츠키 히데오]이 감리서와 관찰부 순검을 대동하고 「훈령」을 갖고 와서 군수에게 도움을 요청하여 재산을 강제집행했다가 원성을 샀는데, 중간에서 군수의 장물을 찾아주겠다면서 통문을 돌려 백성 300명을 끌어모은 이들이 있었다. 이에 관아를 습격하고 관인을 약탈하였다. 이는 일본인에게 돈을 빌린 사람[이경호]이 제3자[채내삼]에게 돈을 잃어버렸다고 하여 그대로 채권을 추심하러 와 발생한 일이었다. 군수의 집행은 절차상 문제는 없었으나 일본인의 추심을 도왔으므로 민심이 동요하였다. 이 때문에 외국인에 의한 피해에 대해 도리어 군수를 무고하여 보복한 것이다.[458]

결국, 중앙정부는 백성소요사건이 접수될 때마다 곧바로 해당 군수와 사건 당자자를 압송함으로써 동학농민운동을 촉발시킨 조병갑 사건과는 전혀 다른 신속한 대응을 보여주었다. 이로써 조정이 억울함의 해소를 최우선으로 둔다는 사실을 악용하여 자신의 이권을 추

---

456 『司法稟報(甲)』, 「(慶尙南道 → 平理院)報告書」 第1號, 光武 4年(1900) 1月 3日; 『司法稟報(甲)』, 「(慶尙南道 → 法部)報告書」 第1號, 光武 4年(1900) 1月 3日; 『司法稟報(甲)』, 「(法部 → 平理院)訓令」 第43號, 光武 4年(1900) 3月 3日.

457 【영광·회덕·성주군수】 『司法稟報(乙)』, 「(平理院 → 法部)報告書」 第216·219·307號, 光武 4年(1900) 8月 16日·23日·11月 28日.

458 『司法稟報(甲)』, 「(全羅南道 → 法部)質稟書」 第16號, 光武 9年(1905) 7月 □日; 『司法稟報(甲)』, 「(全羅南道 → 法部)報告書」 第23號, 光武 9年(1905) 9月 2日.

구한 전무후무한 경우가 발생했다. 당시 신법(新法)을 펼치는 때 지방이권을 놓고 긴장이 팽팽했음을 보여준다. 이러한 경우 각군·관찰부·법부 등이 적극적으로 개입하여 억울함은 해소해주고 이익을 노리는 무고는 엄히 징치하였다. 『사법품보(을)』을 살펴보면 고등재판소·평리원에는 공전체납협의로 수많은 전임·후임 군수가 체포되었는데 상당수는 실제 부임기간과 무관하거나 상부의 지시를 이행한 것이어서 무혐의로 석방되었다.**459** 이 때문에 「공화흠포인처단례」가 제정되고(1905.04.),**460** 개정되기에 이른 것이다(1905.10.).**461**『형법대전』에도 부록으로 실려 있다.**462**

---

459 【영광·진주·신천·연안군수/전주부참서관/영덕·전주·문화·경주·의성·여수·대흥군수/안동부참서관/경남관찰사】『司法稟報(乙)』,「(平理院 → 法部)報告書」第221-222·225-227·234-236·252·267·273·282·230(새 번호)·288號, 光武4年(1900) 8月 24日(2회)·27日(3회)·31日·9月 1日(2회)·3日·20日·10月 3日·17日·30日(2회)·11月 12日.

460 『高宗實錄』卷45, 高宗 42年 4月 29日(陽曆).

461 『高宗實錄』卷46, 高宗 42年 10月 27日(陽曆).

462 『刑法大全』,「公貨欠逋人處斷例」(法律 第3號).

결론

1. 고종대 세계체제 편입시도

고종대 정치변화는 여러 방면에서 영향을 미치고 있다. 단적으로는 근대국가체제로의 자기변신이자 열강의 간섭에 의해 세계체제로 진입하는 데 실패한 것이다. 고종대 서양국가와 외교를 맺으면서 대내외적으로 사용한 '대조선국(大朝鮮國)'은 명·청의 조공-책봉관계에서 사용한 '조선국(朝鮮國)'에서 일정한 이탈을 표현한 것이다.[1] 곧 과거 유당신라(有唐新羅), 유송고려(有宋高麗), 유원고려(有元高麗), 유명조선(有明朝鮮) 등 중화세계의 일원[2]과는 거리가 있다. 하지만 조선

---

1   최근 명대까지 책봉(册封)의례를 전제로 하는 조공(朝貢)과 청대 이후 의례가 불필요한 호시(互市)로 양자를 구분하는 연구가 등장하고 있으나 청 역시 조공-책봉체제를 완전히 폐지한 것은 아니었다. 岩井茂樹, 『朝貢·海禁·互市: 近世東アジアの貿易と秩序』, 名古屋大學出版會, 2020, pp.30-33.

이 청과 우호관계를 벗어나고자 한 적은 없었다. 일본제국이 주장한 것과 같은 청으로부터의 '자주'와 '독립'은 과장된 수사였다. 다만 청이 임오군란 이후 서구 제국주의국가를 모방하여 조선의 속방화정책을 펴면서 기존의 조공-책봉관계에서 견지해온 불간섭정책을 버리고 오히려 내정간섭을 강화하려고 했는데 청 역시 제국주의 식민지 블록에 대항하려고 했기 때문이다.[3] 여기에 조선은 동의하기 어려웠으므로 일본의 문명-개화론과 자주-독립론을 활용하여 청을 견제하였다. 동시에 서구와 수교 시에는 오히려 청의 도움을 빌려서 동맹을 유지하면서 개화하는 정책을 추진하였다. 대부분의 해외국가 수교에 청이 조언자 내지 중재자로서 자리한 것도 이 때문이었다.

조선과 청은 서구세력에 대항하는 운명공동체로서 의지하는 성격도 있었으나 동시에 청은 만주(러시아: 1858년 아이훈조약, 1860년 베이징조약), 베트남(프랑스: 1884~1885년 청불전쟁), 조선(일본: 1894~1895년 청일전쟁) 등에서 외부세력과 차례로 격돌하는 상황이었으므로 중화세계의 영역을 유지하고자 군사적 팽창을 시도하였다. 그러나 자국 내 홍콩(1840년 1차 아편전쟁)이나 북경(1857년 2차 아편전쟁) 그리고 만주(1900년 러시아군 만주점령) 등지의 침공을 막아내지 못하였고 해외에서도 베트남(청불전쟁)이나 조선(청일전쟁)에서 번번이 패전하면서 종이호랑이로 전락하여 조롱거리가 되었다.

조선의 세계화 내지 국제사회 데뷔에는 불행하게도 제국주의국가의 군사적 침공에 대한 방비와 자국의 근대화노선을 동시에 추진해

---

2 이성규, 「中華帝國의 팽창과 축소: 그 이념과 실제」, 《역사학보》 186, 역사학회, 2005, 107~112쪽, 115쪽, 117쪽.
3 도면회, 앞의 글, 2002, 142~143쪽.

야 하는 과제가 맞닥뜨려져 있었다. 더욱이 19세기 국제사회가『만국 공법』이나『공법회통』을 명분으로 국제법을 내세웠으나 그것이 군사력의 향배에 따라 얼마든지 바뀔 수 있다는 이율배반적 진실과도 접해야 했다. 국제질서를 최대한 활용했음에도 일본제국의 군사적 침공 앞에 국제법은 허울 좋은 명분에 지나지 않았고 불법조약 역시 수사(修辭)에 지나지 않았다. 따라서 19세기말 유행한 사회진화론(적자생존), 인종론(백인우월주의), 인구론(식민지쟁탈합리화), 지정학(The Great Game) 등 열강의 이익에 맞추어서 식민지경영을 정당화하는 논리에도 그대로 희생될 수밖에 없었다. 그래서 만선사관(대륙과 연대분리 · 반도의 종속적 지위), 반도사관(타율성론 · 지정학적 결정론) 등이 수십 년간 교육되어 현재까지도 악영향을 미치고 있다.

그러나 고종대 서구와 외교를 맺어나가기 시작하면서 조선국은 '대조선국'으로 개명하고 세계화에 나섰다. 그 기간을 왕정체제로만 국한한다면 실패했을지도 모르지만, 우리는 누구도 조선왕조와 현대 사회의 계승성을 부정하지 않는다. 더욱이 각종 근대화 조치는 식민지시기에 처음 도입되었다기보다는 대한제국의 개화정책에서 시작되어 변용된 것이 대부분이다. 그렇다면 지난 백십수 년을 대상으로 질문을 바꾸어본다면, '대조선국'–'대조선제국'–'대한제국'–'대한민국임시정부'–'대한민국'의 세계화는 과연 실패했는가?[4]

대한제국이 적극적으로 펴보고자 했던『만국공법』의 중립외교는 현재 동북아시아 균형자론으로 재탄생해 있고,『경세유표』의 부국강

---

4 세계에서 한국의 위상은 다방면(무역 · 도시화 · GDP · 재생에너지 · 기술 · 인구)에서 확인해볼 수 있다. 이언 골딘 외(추서연 외 역),『앞으로 100년: 인류의 미래를 위한 100장의 지도』, 동아시아, 2021, 127쪽, 140쪽, 157쪽, 165쪽, 175쪽, 182~183쪽, 308쪽.

병론은 대한제국의 광무개혁에서는 모두 담아내지 못했으나 대한민국의 경제력과 군사력으로는 달성해 있으며, 『백범일지』에서 갈망한 문화국가의 꿈은 임시정부에서는 담아내지 못했으나 현재의 한류로 세계적인 흐름을 만들어내고 있다. 한반도가 통일되기 전에 선진국으로 재탄생하기는 어려울 것으로 보았으나 이미 그 기준을 달성한 상태이며 향후 남북한의 정치−경제적 통일까지 이루어질 경우 20세기 초에 꿈군 근대화의 청사진은 완성도가 더욱 배가될 것으로 보인다.

따라서 한순간 실패했다고 해서 일본제국의 식민지 통치논리를 그대로 받아들인 '비판을 위한 비판'과 같은 과도한 편견에서 벗어나되 더욱 냉정하게 19세기말~20세기초의 실패과정을 따져보고 20세기 강력한 저항정신과 발전동력이 생겨날 수 있었던 요인에 대해서 살펴봐야 할 때이다. 20세기중반 세계대전이 끝난 직후 아프리카 · 동남아시아 · 남아메리카 등 자원부국이 선진국이 될 것이라는 점은 의심할 여지가 없었다. 그러나 현대 세계에서 과거 제국주의열강과 자원빈국인 동북아시아 국가만이 선진국으로 도약해나가고 있다.

그렇다면 근대(혹은 개화)의 내용에 대해서 검토가 필요하다. 서구 제도의 수용과 근대가 반드시 동일한 것이 아니기 때문이다. 근대 사법권 분화의 기원도 그리스시대부터 내려온 전통이라고 할 수 있으며,[5] 『만국공법』에서는 로마법을 '만국공법'의 예로 지칭하였으므로[6] 서구의 국제표준이 반드시 근대적인 것일 수 없었다. 또한 유럽 · 일본은 어떤 부분에서는 봉건제인 상태에서 중앙집권국가를 근

---

5 아이스킬로스, 앞의 책, 2013, 25~108쪽.
6 헨리 휘튼, 앞의 책, 2021, 37쪽.

대에 처음 만들었으므로 '국가'·'국민'·'중앙집권화' 등이 모두 '근대'의 요소였으나 한국·중국은 반드시 그렇지 않았다. 이에 당시 개화관료들조차 일본의 무조건적인 서구제도 수용에 비판적이었고, 근대국가로 도약하는 데 필요한 제도가 과연 무엇인지, 이것이 조선의 전통적인 제도와 정말 다른 것인지에 대한 많은 고민을 하였다. 따라서 우리는 당시 다양한 스펙트럼의 정치성향을 지닌 개화관료들이 공통적으로 추구한 근대적인 체제개편에 주목해보아야 한다. 일본제국이 '자주−독립'이나 '문명−개화' 등의 논리로 근대화정책을 포장한 것은 한국을 정치적으로 종속시키는 데 용이하도록 만들기 위한 수사였으나 동시에 이러한 논의구조를 순수하게 받아들여 일본제국에 맞서는 근대국가상을 구축하는 데 동참한 개화관료 역시 적지 않았다. 그중 상당수가 전향하여 친일파가 되었으나 처음부터 그런 것은 아니었으며 끝까지 저항한 이들도 많았다. 따라서 당시 개화정책이 모두 의미가 없었던 것도 아니었으며, 모두 친일논리만 작동하지도 않았다. 문제는 이것이 혼재되었기에, 과거에는 모두 '근대성'에만 초점을 맞추어왔고 최근에는 '친일문제'를 검토하면서 근대성에 대해서 자칫 소홀해지는 경향이 있다.

가장 첨예한 개혁이 바로 갑오개혁·광무개혁이다. 갑오개혁은 일본제국이 도성과 궁궐을 점령한 상태에서 추진하였으므로 폐정개혁은 명분에 지나지 않았다. 많은 제도가 새로운 이름으로 공포되었으나 실제 운영방식은 전통시대와 다르지 않거나 개혁을 공포하고도 당분간 그대로 유지된다고 할 정도로 선언적인 것이었다. 외형적 변화는 논할 수 있으나 내실은 온전하지 못했다. 더욱이 왕비는 시해되었고 나라 안이 외국군의 전쟁터가 되었으며 전통적인 우방국 청은 쇠퇴하여 한반도의 영향력마저 상실했다. 일본제국은 한반도뿐 아니라 요동반도 · 산동반도 · 대만까지 손에 넣었으나 급성장을 경계한 서구열강의 간섭으로 조선 · 대만의 영유권만 인정받았다.

고종은 경복궁의 경비권한을 일본제국의 지휘를 받는 친일내각으로부터 회수하려 하였고, 왕비 역시 일본제국의 뇌물을 거절하고 삼국간섭 이후의 국제질서를 활용하여 대일견제정책을 추진하였다. 그러자 일본제국은 왕비를 시해해서 보복하였고 고종은 두 차례나 궁궐 탈출을 감행하여 포로상태에서 벗어났다. 확고부동할 것만 같던 일본제국의 한반도 장악은 일순간 좌절되고 말았다. 아관파천에도 불구하고 도성 내 일본군은 일본 공사관 경비를 명분으로 여전히 주둔하였으며 평균적으로 러시아군보다 훨씬 많은 병력을 유지하였다. 대한제국이 선포되면서 중앙과 지방, 상층과 하층의 대대적 통합운동을 벌이면서 독립문 · 《독립신문》 · 독립협회 등이 차례로 만들어졌으나 일본제국은 모처럼 통합된 국론을 분열시키고자 민권운동(혹은 공화운동)을 자극했다. 외세간섭과 이권침탈을 막는다는 명목으로 일본제국을 제외한 모든 국가를 대상으로 시민운동을 전개하도록 했고, 그 핵심대상은 러시아제국과 러시아군이었다. 러시아군의 주둔을 저해하는 것은 한성과 한반도 내에서 일본군이 러시아군에 대한 우위를 계속 점하기 위한 전략이었다. 일본제국의 독립론은 대륙국가인 청이나 러시아와 연대를 좌절시키는 데 활용되었다. 청에 대해서는 사대주의에 대항하는 독립론으로, 러시아에 대해서는 외세의 이권침탈에 대항하는 민권운동으로 이념화했다. 고종이 프랑스 등 다른 서구국가의 자본을 들여와서 독자적인 철도개발에 나서자 적극적으로 막아선 것이 바로 일본제국이었으며 도리어 그들이 다수의 철도부설권을 차지하고 말았다.

이러한 절대적으로 불리한 국내외 여건 속에서 대외적으로 자주독립을 지키고 대내적으로 근대화를 추진하는 일은 쉽지 않았다. 하지만 정부에서는 처음 통상을 시작했을 때부터 일관되게 분야별로 과제를 설정하여 해외문물을 조사하고 국내에 도입가능 여부를 면밀히 검토해왔다. 일본에 처음 파견된 조사시찰단를 비롯하여 미국에 건너간 보빙사 등도 각자의 역할과 임무를 상세하게 부여받았고, 각기 보고한 기록뿐 아니라 실제 정책에 반영한 사실이 모두 확인될 정도였다. 그중 사법분야도 점진적인 개편이 이루어졌다. 불행히도 일본군이 도성과 궁궐을 점령한 상태에서 진행된 갑오개혁을 필두로 근대제도 개편이 대대적으로 추진되었다.

대한제국은 광무개혁을 추진하면서 갑오개혁기의 일본제국에게 일방적으로 유리하게 설계된 지방제도는 폐지하였고, 일본제국이 쓰지 못하게 한 제국호칭은 부활시켰으며, 그 외 보편적인 개화정책은 거의 그대로 유지했다. 이것이 『사법품보』 내 정책이 약간의 변동에도 불구하고 갑오~광무개혁기에 일관되고 지속되는 이유이다. 오히려 일본제국이 「을사늑약」으로 통감정치를 시작하면서 구래의 근대적 사법제도는 거의 종언을 맞게 되었다. 따라서 근대적인 형정은 대한제국의 복고정책으로 중단된 것이 아니라 일본제국의 국권약탈 이후 좌절되었고 식민지체제로 전환되었다고 볼 수 있다. 특히 일본제국은 이 과정에서 관습조사나 민법조사 등을 행하면서 성문법에 대한 면밀한 검토보다는 인터뷰 형식을 중시했는데, 19세기말 관행적으로 인식되던 내용을 법으로 오인하는 경우도 적지 않았다. 예컨대 재혼이 금지되어 있다거나 과부보쌈을 약탈혼의 전통처럼 기술하는 사례가 그것이다. 이러한 오리엔탈리즘적 시선이 자행되면서 조선은 실제보다 더욱더 야만국가로 묘사되었고, 일본은 실제보다 더욱더 문명국가로 대비되었다.

2. 사법체계의 근대화 노력

갑오개혁은 양가적 의미가 존재했다. 한편으로는 일본군의 수도·궁궐 점령과 청일전쟁하에서 이루어진 반자주적 근대화조치였다는 점이다. 다른 한편으로는 친일내각 내 급진개화론자나 왕실·근위세력 내 온건개화론자가 동시에 상존했으므로 근대화정책의 흐름 자체에는 서로 반대하지 않았다. 이것을 서도서기론(西道西器論) 입장에서 극단적으로 시행할 것인가, 혹은 동도서기론(東道西器論) 시각에서 중앙·지방, 상층·하층과 함께 갈 것인가의 차이에 지나지 않았다. 갑오개혁 당시 추진한 정책의 대강은 광무개혁시에도 지속되었다. 문제는 오히려 외세가 각기 자신들의 목적에 맞게 상황을 이용하려고 했기 때문에 발생했다. 이미 임오군란·갑신정변기부터 청·일뿐 아니라 타 열강도 외교전쟁에 가담하였다. 광무개혁기 대한제국은 외세에 대한 적절한 견제를 진행하면서 근대화를 추진해야 했다는 것이 가장 큰 난제였다.

그렇다면 조선이 선택한 사법개혁은 무엇이었을까? 첫째, 중앙집권적 사법체계를 한 단계 강화하는 방식으로 추진되었다. 규정만을 살펴보면 명목상 지방재판소는 관찰사의 자단권을 근대적인 체계로 변화시킨 듯하지만, 실제 『사법품보』의 내용과 대조해보면 지방재판소는 사실상 법부대신의 철저한 감독아래에 귀속되었다. 이는 국왕에게 먼저 보고하고 육조에 업무가 배분되는 과정을 바꾸어 법부에서 사실상 대부분의 사무를 해결하고 그 결과만 황제에게 보고하여 재가받는 방식으로 바뀌었음을 의미한다. 제왕의 친정체제보다는 이른바 입헌군주제 모델이 상당 부분 수용되고 있음을 확인해볼 수 있다. 예컨대 살옥에 대한 검안절차는 왕정의 전통과 별반 차이가 없었으나 살옥에 대한 심의권이 종래에는 국왕이 직접 주재하는 조정회의(初覆·三覆)에서 이루어졌던 데 비해서 갑오개혁 이후에는 법부가 살옥을 심리하고 황제는 최종재가만 내리는 형식으로 바뀌었다. 물론 황제가 사형수에 대한 재심리를 명하는 경우가 간헐적으로 확인되므로 삼복권은 여전히 보유했다고 생각되지만, 영조·정조처럼 적극적으로 살옥에 대해 심리하지 않았고 사실상 법부 등 사법기구에 위임하고 그 결과만 확인하였다.

둘째, 지방재판소의 감형권한 명문화이다. 15세기부터 관찰사는 유형 이하 자단권이 인정되고 있었으므로 이 역시 그 범주 내에 포함시켜볼 수 있으나 18세기 감형권한은 원칙적으로는 국왕에게 귀속되었고 그 대상은 주로 살옥이었다. 곧 전자는 관찰사의 자단범주 내에 들어 있으나 중앙의 형조가 간여할 대상이 아니었지만 후자는 개별 사건을 모두 법부에 보고하여 감형에 대한 근거를 밝혀야 했다. 물론 신법대로 지방재판소 판사가 온전한 감형권을 행사하지는 못했다. 이 역시 법부에서 재판소의 「보고서」를 검토한 뒤 확정하였기 때문이다. 징역종신 이하의 자단권이 주어졌음에도 불구하고 법부는 그 이하 범죄에 대해서도 적법한 율문과 형량이 적용되었는지 끊임없이 점검했고 법부 재가가 필요한 징역종신·사형의 감형, 혹은 감형에 따라 징역종신 미만으로 내려갈 경우 철저히 감독권을 행사했다. 종래에는 감형권도 유형 이하는 관찰사가, 살옥은 국왕이 각기 행사했으나 갑오~광무개혁 이후 실제로는 법부가 행사하는 형태로 바뀌었다. 이상은 기존제도를 유지하면서 그 세부운영방식이 바뀐 것이다. 특히 「형률명례」(1896) 단계의 참작감량은 약 10여 년간 법부의 감독으로 정교하게 다듬어져 『형법대전』(1905)에서는 세부조건하 감형으로 명시됨으로써 죄형법정주의가 재천명되었다.

셋째, 중앙의 사법제도는 보다 수직적인 구조로 개편되었다. 종래 왕정에서는 일반적인 사안은 부·목·대도호부·도호부·군·현의 목민관 → 도 관찰사·한성부 판윤 → 국왕 등으로, 주요한 사안(三省推鞫·三覆)은 형조·의금부·의정부·사헌부·사간원 → 국왕 등으로 재논의를 거쳤다. 이러한 사법체계는 각군 군수 → 관찰부·개항장재판소 판사 → 고등재판소(평리원)·도찰원 → 법부 → 황제 등 단일한 계통으로 재편되었다. 중앙사법기구가 재편되어 수직구조를 이루면서 형식상 군주(국왕·황제)가 최정상에 위치하였으나 역설적으로 실질적 감독권한은 약화되었다. 과거에는 사안에 따라 의금부·사헌부·사간원 등이 별도 조사에 나섰으며, 합동심리(국청·삼복 등)의 경우에는 의정부 대신이 위관이 되고 사법기구의 관원이 각기 참여하였다. 그러나 갑오~광무개혁기에는 법부를 중심으로 도찰원과 고등재판소가 운영되면서 중앙의 항소기구 역할을 자임했을 뿐 아니라 국사범을 다루는 특별법원 역시 고등재판소가 맡았다. 다만 고등재판소가 평리원으로 개편된 이후 법부대신의 평리원 재판장 겸직이 해제되어서 법부의 종속도가 상대적으로 약화되고 독립적 운영이 모색되기도 했다.

넷째, 사법제도의 분리·독립이다. 곧 전문직군이 탄생하였는데 판사·검사·변호사·경찰(중앙 警部-지방 警務署) 등을 독립시켜 제도화하였다. 기존에 유사한 역할을 하던 직군을 재편해냈다. 이것이 「을사늑약」 이후 통감정치와 일제강점기를 거치면서 각기 전문화의 길을 걸었다. 광복 이후 정부수립 시에도 이러한 제도적 토대를 활용할 수밖에 없었다.

다섯째, 사법체계 변동이다. 갑오개혁기 단편적인 법령은 광무개혁에 이르러 법제도 전반의 재구축으로 진화하였다. 한편으로 전통적인 의미로는 전-예-율 삼법체계에서 마지막으로 율의 범위도 『형법대전』이 마련됨으로써 조선의 아국법체계가 완성되었다. 다른 한편으로는 근대사법체계의 도입시도로 군법(『육군법률』)과 형법(『형법대전』)을 축조하는 데 성공하였고, 민사·형사를 명백히 구분하는 데 이르렀으나 아직 민법을 독립시키지는 못했다. 이 때문에 『형법대전』 내에는 민법적 요소가 포함될 수밖에 없었다.

여섯째, 형벌제도가 개편되었다. 곧 연좌제·장형·참형·유형·부가형(태형+징역형) 등이 폐지되었다. 물론 국사범에 한해서 유형이 운영되었고 참형 역시 시기에 따라 개폐가 이루어졌다. 또한 감옥의 기능은 원칙적으로 미수범의 수용에서 징역형을 집행하는 것으로 방식이 바뀌었다. 이 역시 여전히 체옥(滯獄)으로 미수범이 수용되고 있었고 감옥의 미비로 인한 탈옥이 잦았으나 종래의 형정운영과는 차별화한 정책이었다.

3. 19세기말~20세기초 민·형사사건의 성격

고종연간 민·형사사건은 전통적인 형태와 새로운 범죄유형으로 나누어볼 수 있다. 먼저 전통적인 범죄는 절도에서 강도에 이르는 전형적인 도적행위이다. 여기에 사기·살인·성폭력·산송 등 사건이 추가될 수 있다. 이러한 범죄의 유형은 조선시대 사건보고(『승정원일기』, 『심리록』, 『흠흠신서』, 『옥안』, 『각사등록』 등)와 비교해보아도 크게 다르지 않다.

그렇다면 19세기후반 종래와 다른 범죄양상은 무엇이었을까? 첫째, 전통시대와 비슷한 유형의 범죄일지라도 그 죄질이 더 나빠졌다. 예컨대 19세기부터 무장강도(명화적·화적)가 점차 대규모로 퍼지면서 인신(남성짐꾼·남성아동·유부녀·처녀·과부)에 대한 약탈까지 늘어나는 추세가 확인되고 있는데 그중 과부약탈사건까지 등장하였다. 과부약탈은 18세기말에 보이기 시작하여 전면화되는 시기는 19세기이다. 산송 역시 조선후기에 일반적인 민사사건이었으나 고종연간에는 살옥으로 이어지거나 유해를 고의적으로 숨기고 돈을 요구하는 흉악범죄로까지 확대된 경우가 많아졌다. 사기범죄 역시 관인의 위조나 가짜관직의 매매, 공문서의 위조 등이 활개를 쳤으며, 화폐를 외국에서 기계까지 도입하여 대규모로 위조하려는 시도가 헤아릴 수 없을 정도였다. 대체로 기존의 범죄유형에다가 중범죄의 성격이 농후해졌다.

둘째, 개항기를 배경으로 하는 새로운 범죄도 등장하였다. 개항 이후 외세와 연관된 범죄가 양산되었다. 먼저 각종 세력을 빙자한 범죄도 확대되었다. 기독교·일본인·동학·일진회·정토회·암행어사

(사칭) 등을 빙자하여 지역에서 행패를 부리는 것을 넘어서 재물과 인신의 약탈까지 자행되었다. 여기에는 기독교나 정토회 등과 같이 외국세력을 배경으로 한 범죄가 눈에 띈다. 또한 개항장을 배경으로 하는 절도·사기가 횡행하였다. 특히 일본인이 내지로 불법적으로 들어와서 상거래행위를 명분으로 범죄를 일으키는 경우도 비일비재했으며, 가장 많은 유형은 인삼 절도 내지 사기였다. 이에 삼정(蔘政)이 조정의 주요대책으로 논의될 정도였다. 또한 임노동자가 분화되면서 개항장·철도·광산·보부상 등이 집단적인 물리력을 행사하는 범죄도 등장했다.

셋째, 민권운동을 빙자한 사익추구 현상이 광범위하게 나타났다. 갑오~광무개혁을 전후로 새로운 재정정책이 펼쳐지자, 중앙과 지방 사이에 정책집행에 소요되는 시간과 현지사정의 차이로 인한 불협화음이 집단민원으로 제기되었다. 그런데 광무개혁기 관에서는 이를 억누르기보다는 최대한 민원을 경청하는 자세를 취함으로써 반정부세력이 되지 않도록 노력했다. 이는 청일전쟁이 동학농민운동의 결과로 야기되었으므로, 내부적 결속력 단속을 위해서 중앙의 근대화뿐 아니라 지방민의 이반방지에도 노력했음을 알 수 있다. 새로운 사법제도를 가장 적극적으로 활용하는 것도 백성이었다. 이들은 정해진 상소절차와 항소기구를 적극적으로 활용해서 억울함을 호소하였으나 때로는 이권을 위해서 사법제도를 교란하기도 서슴지 않았다. 이것은 갑오개혁기 근대적 사법개혁이 선언에 그쳤던 것과는 판이하게 달라진 현실이었다.

고종전반기 개화정책은 중앙의 소수 엘리트의 전유물이었고, 갑오정권의 개화정책에는 위로부터의 개혁만이 명시되었을 뿐 동학은 한갓 비적무리[東匪]에 지나지 않았으므로 농민의 목소리는 별반 중요하지 않게 여겼다.[7] 그러나 광무정권은 망국의 갈림길에서 온 백성의 지지가 간절히 필요했으므로 전향적 자세를 취할 수밖에 없었다. 따라서 성장하는 서울의 중간계층뿐 아니라 지방의 다양한 신분을 포용해야 했다. 임오군란과 갑신정변은 중앙의 이반이었고 동학농민운동은 지방의 반발이었기 때문이다. 여기에는 조선시대 발달한 소원(訴冤)제도의 영향도 적지 않았다. 마치 15세기 왕조개창기에는 노비변정도감·가전상소·신문고 등을 통해서 노비소송을 국가가 지원하여 신왕조의 지지기반을 넓혔고 18세기 왕조중흥기에는 순문·상언·격쟁·신문고 등을 동원하여 민의 억울함을 해소시켜 500년 왕정의 기반을 닦았듯이, 대한제국 역시 조정관료의 신분을 철폐하고 다양한 시민계층을 포섭하며 지방민의 억울함을 없애는 방식으로 사법체계를 재확립해나갔다. 세도정치기 삼남민란은 전통시대 확립된 소원절차에 따라 이루어진 일이었고, 19세기말~20세기초 대한제국기 민원제기도 외형상 근대적인 제도로 탈바꿈하였을 뿐 작동방식은 동일했다. 달라진 점은 중앙의 경청하는 정도가 대한제국기에 급격히 높아졌다는 사실이다. 19세기 세도정치기 제도는 18세기 탕평정치기의 것을 물려받아 완성도가 높았으나 실제로 조정에서는 민의 목소리에는 귀를 기울이지 않았다. 그런데 이것이 현격히 달라진 것이다. 이는 『사법품보』에 등장하는 법부의 「훈령」에서 보이는 민원에 대한 일괄된 태도에서 명확히 드러난다. 만일 처음부터 탐관오리 조병갑에게도 동일하게 엄벌로 대응했다면 동학농민운동 자체가 일어

---

7 유영익, 앞의 글, 2002, 182~186쪽.

나지도 않았을 테지만, 종전의 고압적인 관의 태도와는 현저히 달라졌다. 대한제국기는 최대치의 포용력을 발휘했다.

결과적으로, 고종후반 사법개혁은 내우외환의 시대적 상황 속에서 몇 가지 과제를 안고 있었다. ① 서구가 뒤늦게 만들어낸 중앙집권국가의 요소 속에서 우리나라의 전통적인 사법제도와 유사한 부분은 전통을 그대로 계승하고, ② 동시에 우리가 갖고 있지 않은 새로운 사법요소도 선택적으로 수용해야 했다. ③ 동서고금을 막론하고 인류보편의 기존범죄는 전통적인 사법체계를 재정비하여 대응하고, ④ 개항 이후 외국인이 국내외 들어와서 발생하는 다양한 신규범죄에 대해서 능동적으로 대처해야 했다. ⑤ 법치주의 원칙을 천명하면서도 민심이 조정을 떠나지 않도록 노력하는 것이 중요했다. 따라서 대한제국기 '구본신참'의 구호하에 근대 사법체계 구축에도 전통·개화를 두루 고려하여 정책입안을 해나가야 했다. 여기에는 황제가 변함 없이 개혁을 지지하고, 중앙의 관료집단과 지방의 목민관들이 주체로서 소임을 다하며, 백성이 새로이 변화한 사법행정을 능동적으로 받아들이는 자세가 상당히 주요했다.

부표

<부표 1〉 『대명률』 조선시대 최초활용 및 고종대 사례

대명률			실록	고종실록	사법품보
조문번호	율/편	율문명	최초인용	등장연도	등장연도
1	名例	五刑	태종 2년	×	×
2	名例	十惡	태종 15년	1866	×
3	名例	八議	태종 8년	×	×
4	名例	應議者犯罪	세종 17년	×	×
5	名例	職官有犯	×	×	×
6	名例	軍官有犯	×	×	×
7	名例	文武官犯公罪	태조 원년	×	×
8	名例	文武官犯私罪	태조 원년	×	×
9	名例	應議者之父祖有犯	세조 3년	×	×
10	名例	軍官軍人犯罪免徒流	세종 12년	×	×
11	名例	犯罪得累減	×	×	×
12	名例	以理去官	×	×	×
13	名例	無官犯罪	세종 12년	×	×
14	名例	除名當差	태조 원년	×	×

대명률			실록	고종실록	사법품보
조문번호	율/편	율문명	최초인용	등장연도	등장연도
15	名例	流囚家屬	(정조 14년)	×	×
16	名例	常赦所不原	세종 13년	×	×
17	名例	徒流人在道會赦	세종 30년	×	×
18	名例	犯罪存留養親	세종 13년	×	1903
19	名例	工樂戶及婦人犯罪	태종 10년	1898	1898/1902/1904
20	名例	徒流人又犯罪	×	×	1905
21	名例	老少廢疾收贖	세종 11년	×	1902~1903
22	名例	犯罪時未老疾	×	×	×
23	名例	給沒贓物	세종 15년	×	×
24	名例	犯罪自首	성종 25년	1904	1898/1901/1904~1905
25	名例	二罪俱發以重論	세종 12년	1905	1898~1906
26	名例	犯罪共逃	×	×	1901
27	名例	共犯罪分首從	세종 21년	×	1896/1898~1899/1901~19
28	名例	同僚犯公罪	×	×	×
29	名例	公事失錯	태종 8년	×	×
30	名例	犯罪事發在逃	중종 34년	×	1898/1900~1905
31	名例	親屬相爲容隱	태종 10년	×	×
32	名例	吏卒犯死罪	×	×	×
33	名例	在京犯罪軍民	×	×	×
34	名例	本條別有罪名	×	×	×
35	名例	殺害軍人	×	×	×
36	名例	化外人有犯	×	×	×
37	名例	斷罪無正條	세종 20년	×	1904
38	名例	處決叛軍	×	×	×
39	名例	加減罪例	×	1899	1899~1901/1903~1905
40	名例	稱乘輿車駕	×	×	×
41	名例	稱期親祖父母	세종 12년	×	×
42	名例	稱與同罪	×	1899	1899/1901
43	名例	稱監臨主守	세종 7년	×	×

대명률			실록	고종실록	사법품보
조문번호	율/편	율문명	최초인용	등장연도	등장연도
44	名例	稱日者以百刻	선조 36년	×	×
45	名例	稱道士女冠	×	×	×
46	名例	斷罪依新頒律	×	×	×
47	名例	徒流遷徙地方	세종 12년	×	×
48	吏律.職制	選用軍職	×	×	×
49	吏律.職制	大臣專擅選官	×	×	×
50	吏律.職制	文官不許封公侯	×	×	×
51	吏律.職制	官員襲廕	×	×	×
52	吏律.職制	濫設官吏	×	×	×
53	吏律.職制	貢擧非其人	중종 19년	×	×
54	吏律.職制	擧用有過官吏	×	×	×
55	吏律.職制	擅離職役	연산군 10년	×	1901~1902
56	吏律.職制	官員赴任過限		×	×
57	吏律.職制	無故不朝參公座	세종 13년	×	×
58	吏律.職制	擅勾屬官	×	×	×
59	吏律.職制	官吏給由	×	×	×
60	吏律.職制	姦黨	태종 15년	×	×
61	吏律.職制	交結近侍官員	세종 16년	1904	1904
62	吏律.職制	上言大臣德政	×	×	×
63	吏律.公式	講讀律令	세종 11년	×	×
64	吏律.公式	制書有違	태종 5년	1901	1898~1901/1903
65	吏律.公式	棄毁制書印信(1)	세종 14년	×	1903
66	吏律.公式	棄毁制書印信(2): 逸失制書	×	×	×
67	吏律.公式	上書奏事犯諱	×	×	1898~1899/1902
68	吏律.公式	事應奏不奏	성종 24년	×	1897~1901
69	吏律.公式	出使不復命	태종 16년	×	×
70	吏律.公式	漏泄軍情大事	중종 16년	×	×
71	吏律.公式	官文書稽程	×	×	×
72	吏律.公式	照刷文卷	세종 11년	×	×

대명률			실록	고종실록	사법품보
조문번호	율/편	율문명	최초인용	등장연도	등장연도
73	吏律.公式	磨勘卷宗	태종 17년	X	X
74	吏律.公式	同僚代判署文案	X	X	X
75	吏律.公式	增減官文書	태종 14년	X	X
76	吏律.公式	封掌印信	X	X	X
77	吏律.公式	漏使印信	X	X	X
78	吏律.公式	漏用鈔印	X	X	X
79	吏律.公式	擅用調兵印信	X	X	X
80	吏律.公式	信牌	태종 18년	X	X
81	戸律.戸役	脫漏戸口	세종 22년	X	X
82	戸律.戸役	人戸以籍爲定	X	X	X
83	戸律.戸役	私創庵院及私度僧道	성종 4년	X	X
84	戸律.戸役	立嫡子違法	성종 4년	X	X
85	戸律.戸役	收留迷失子女	X	X	X
86	戸律.戸役	賦役不均	세종 26년	X	X
87	戸律.戸役	丁夫差遣不平	X	X	X
88	戸律.戸役	隱蔽差役	세종 7년	X	X
89	戸律.戸役	禁革主保里長	X	X	X
90	戸律.戸役	逃避差役	성종 원년	X	X
91	戸律.戸役	點差獄卒	X	X	X
92	戸律.戸役	私役部民夫匠	X	X	X
93	戸律.戸役	別籍異財	X	X	X
94	戸律.戸役	卑幼私擅用財	X	X	X
95	戸律.戸役	收養孤老	X	X	X
96	戸律.田宅	欺隱田粮	세조 7년	X	X
97	戸律.田宅	檢踏灾傷田粮	명종 원년	X	X
98	戸律.田宅	功臣田土	X	X	X
99	戸律.田宅	盜賣田宅	세종 7년	X	1899
100	戸律.田宅	任所置買田宅	X	X	X
101	戸律.田宅	典買田宅	성종 10년	X	1902

	대명률		실록	고종실록	사법품보
조문번호	율/편	율문명	최초인용	등장연도	등장연도
102	戶律.田宅	盜耕種官民田	성종 9년	X	X
103	戶律.田宅	荒蕪田地	X	X	X
104	戶律.田宅	棄毀器物稼穡等	X	X	1897/1901
105	戶律.田宅	擅食田園瓜果	X	X	X
106	戶律.田宅	私借官車船	성종 24년	X	X
107	戶律.婚姻	男女婚姻	성종 10년	X	1897
108	戶律.婚姻	典雇妻女	X	X	X
109	戶律.婚姻	妻妾失序	세종 2년	X	X
110	戶律.婚姻	逐婿嫁女	X	X	X
111	戶律.婚姻	居喪嫁娶	연산군 원년	X	X
112	戶律.婚姻	父母囚禁嫁娶	X	X	X
113	戶律.婚姻	同姓爲婚	X	X	X
114	戶律.婚姻	尊卑爲婚	X	X	X
115	戶律.婚姻	娶親屬妻妾	X	X	X
116	戶律.婚姻	娶部民婦女爲妻妾	성종 24년	X	X
117	戶律.婚姻	娶逃走婦女	X	X	X
118	戶律.婚姻	强占良家妻女	X	X	X
119	戶律.婚姻	娶樂人爲妻妾	세종 27년	X	X
120	戶律.婚姻	僧道娶妻	X	X	X
121	戶律.婚姻	良賤爲婚姻	세종 14년	X	X
122	戶律.婚姻	蒙古色目人婚姻	X	X	X
123	戶律.婚姻	出妻	세종 7년	X	1899/1902
124	戶律.婚姻	嫁娶違律主婚媒人罪	X	X	X
125	戶律.倉庫	鈔法	태종 원년	X	X
126	戶律.倉庫	錢法	세종 6년	X	X
127	戶律.倉庫	收粮違限	세종 21년	X	X
128	戶律.倉庫	多收稅粮斛面	세조 2년	X	X
129	戶律.倉庫	隱匿費用稅糧課物	X	X	1900
130	戶律.倉庫	攬納稅糧	X	X	X

대명률			실록	고종실록	사법품보
조문번호	율/편	율문명	최초인용	등장연도	등장연도
131	戶律.倉庫	虛出通關硃鈔	성종 원년	X	X
132	戶律.倉庫	附餘錢粮私下補數	X	X	1899
133	戶律.倉庫	私借錢粮	세종 5년	X	X
134	戶律.倉庫	私借官物	X	X	X
135	戶律.倉庫	那移出納	세종 6년	X	X
136	戶律.倉庫	庫秤雇役侵欺	X	X	X
137	戶律.倉庫	冒支官粮	X	X	X
138	戶律.倉庫	錢粮互相覺察	X	X	1904
139	戶律.倉庫	倉庫不覺被盜	X	X	1899
140	戶律.倉庫	守支錢粮及擅開官封	X	X	X
141	戶律.倉庫	出納官物有違	X	X	X
142	戶律.倉庫	收支留難	X	X	X
143	戶律.倉庫	起解金銀足色	X	X	X
144	戶律.倉庫	損壞倉庫財物	세종 7년	X	X
145	戶律.倉庫	轉解官物	세종 7년	X	X
146	戶律.倉庫	擬斷贓罰不當	X	X	X
147	戶律.倉庫	守掌在官財物	X	X	X
148	戶律.倉庫	隱瞞入官家産	X	X	X
149~160	戶律.課程	鹽法(1~12)	태종 14년	X	X
161	戶律.課程	監臨勢要中鹽	X	X	X
162	戶律.課程	沮壞鹽法	X	X	X
163	戶律.課程	私茶	세종 19년	X	X
164	戶律.課程	私礬	세종 19년	X	X
165	戶律.課程	匿稅	X	X	X
166	戶律.課程	舶商匿貨	X	X	X
167	戶律.課程	人戶虧兌課程	X	X	X
168	戶律.錢債	違禁取利	세종 11년	X	X
169	戶律.錢債	費用受寄財産	X	X	X
170	戶律.錢債	得遺失物	X	X	X

	대명률		실록	고종실록	사법품보
조문번호	율/편	율문명	최초인용	등장연도	등장연도
171	戶律,市廛	私充牙行埠頭	×	×	×
172	戶律,市廛	市司評物價	×	×	×
173	戶律,市廛	把持行市	×	×	×
174	戶律,市廛	私造斛斗秤尺	×	×	×
175	戶律,市廛	器用布絹不如法	중종 17년	×	×
176	禮律,祭祀	祭享	세종 11년	×	1898~1904
177	禮律,祭祀	毀大祀丘壇	단종 원년	×	1899
178	禮律,祭祀	致祭祀典神祇	×	×	×
179	禮律,祭祀	歷代帝王陵寢	×	×	×
180	禮律,祭祀	褻瀆神明	×	×	1897
181	禮律,祭祀	禁止師巫邪術	(정조 15년)	1901	1896/1898/1900~1904
182	禮律,儀制	合和御藥	단종 2년	(1903)	1903
183	禮律,儀制	乘輿服御物	단종 원년	×	1903
184	禮律,儀制	收藏禁書及私習天文	×	×	×
185	禮律,儀制	御賜衣物	×	×	×
186	禮律,儀制	失誤朝賀	×	×	×
187	禮律,儀制	失儀	세종 11년	×	×
188	禮律,儀制	奏對失序	×	×	×
189	禮律,儀制	朝見留難	×	×	×
190	禮律,儀制	上書陳言	×	1897	×
191	禮律,儀制	見任官輒自立碑	×	×	×
192	禮律,儀制	禁止迎送	×	×	×
193	禮律,儀制	公差人員欺陵長官	×	×	×
194	禮律,儀制	服舍違式	×	×	×
195	禮律,儀制	僧道拜父母	×	×	×
196	禮律,儀制	失占天象	예종 원년	×	×
197	禮律,儀制	術士妄言禍福	×	×	×
198	禮律,儀制	匿父母夫喪	세종 12년	×	×
199	禮律,儀制	棄親之任	×	×	×

대명률			실록	고종실록	사법품보
조문번호	율/편	율문명	최초인용	등장연도	등장연도
200	禮律.儀制	喪葬	성종 2년	X	X
201	禮律.儀制	鄕飮酒禮	X	X	X
202	兵律.宮衛	太廟門擅入	X	X	X
203	兵律.宮衛	宮殿門擅入	태종 18년	(1903)	1899/1901/1903~1904
204	兵律.宮衛	宿衛守衛人私自代替	성종 2년	X	1902
205	兵律.宮衛	從駕稽違	세종 4년	X	X
206	兵律.宮衛	直行御道	X	X	X
207	兵律.宮衛	內府工作人匠替役	X	X	X
208	兵律.宮衛	宮殿造作罷不出	X	X	X
209	兵律.宮衛	輒出入宮殿門	X	X	X
210	兵律.宮衛	關防內使出入	X	X	X
211	兵律.宮衛	向宮殿射箭	X	X	X
212	兵律.宮衛	宿衛人兵仗	세종 16년	X	X
213	兵律.宮衛	禁絶斷人充宿衛	X	X	X
214	兵律.宮衛	衝突儀仗(1)	태종 15년	X	X
215	兵律.宮衛	衝突儀仗(2)	태종 16년	X	X
216	兵律.宮衛	衝突儀仗(3)	X	X	X
217	兵律.宮衛	行宮營門	X	X	X
218	兵律.宮衛	越城	성종 19년	X	X
219	兵律.宮衛	門禁鎖鑰	태종 7년	X	X
220	兵律.宮衛	懸帶關防牌面	성종 8년	X	X
221	兵律.軍政	擅調官軍	태종 2년	X	X
222	兵律.軍政	申報軍務	X	X	X
223	兵律.軍政	飛報軍情	성종 24년	X	X
224	兵律.軍政	邊境申索軍需	X	X	X
225	兵律.軍政	失誤軍事	중종 18년	X	X
226	兵律.軍政	從征違期	X	X	X
227	兵律.軍政	軍人替役	세종 28년	X	X
228	兵律.軍政	主將不固守	세종 22년	X	X

대명률			실록	고종실록	사법품보
조문번호	율/편	율문명	최초인용	등장연도	등장연도
229	兵律.軍政	縱軍擄掠	성종 22년	X	X
230	兵律.軍政	不操練軍士	태조 6년	X	X
231	兵律.軍政	激變良民	X	X	X
232	兵律.軍政	私賣戰馬	X	X	X
233	兵律.軍政	私賣軍器	(광해군 10년)	X	X
234	兵律.軍政	棄毀軍器	X	X	1903
235	兵律.軍政	私藏應禁軍器	세종 29년	X	X
236	兵律.軍政	縱放軍人歇役	X	X	X
237	兵律.軍政	公侯使役官軍	X	X	X
238	兵律.軍政	從征守禦官軍逃	문종 원년	X	X
239	兵律.軍政	優恤軍屬	X	X	X
240	兵律.軍政	夜禁	X	X	X
241	兵律.關津	私越冒度關津	X	X	X
242	兵律.關津	詐冒給路引	X	X	X
243	兵律.關津	關津留難	X	X	X
244	兵律.關津	遞送逃軍妻女出城	X	X	X
245	兵律.關津	盤詰姦細	세종 3년	X	X
246	兵律.關津	私出外境及違禁下海	세종 3년	X	X
247	兵律.關津	私役弓兵		X	X
248	兵律.廐牧	牧養畜産不如法	세종 22년	X	X
249	兵律.廐牧	孶生馬匹	세종 6년	X	X
250	兵律.廐牧	驗畜産不以實	X	X	X
251	兵律.廐牧	養療瘦病畜産不如法	X	X	X
252	兵律.廐牧	乘官畜脊破領穿	세종 22년	X	X
253	兵律.廐牧	官馬不調習		X	X
254	兵律.廐牧	宰殺馬牛	세종 8년	X	X
255	兵律.廐牧	畜産咬踢人	(정조 12년)	X	X
256	兵律.廐牧	隱匿孶生官畜産	X	X	X

	대명률		실록	고종실록	사법품보
조문번호	율/편	율문명	최초인용	등장연도	등장연도
257	兵律.廏牧	私借官畜産	×	×	×
258	兵律.廏牧	公使人等索借馬匹	×	×	×
259	兵律.郵驛	遞送公文(1)	×	×	1898
260	兵律.郵驛	遞送公文(2)	×	×	×
261	兵律.郵驛	遞送公文(3)	×	×	×
262	兵律.郵驛	邀取實封公文	성종 15년	×	×
263	兵律.郵驛	鋪舍損壞	×	×	×
264	兵律.郵驛	私役鋪兵	×	×	×
265	兵律.郵驛	驛使稽程	×	×	×
266	兵律.郵驛	多乘驛馬	태종 6년	×	×
267	兵律.郵驛	多支廩給	×	×	×
268	兵律.郵驛	文書應給驛而不給	×	×	×
269	兵律.郵驛	公事應行稽程	×	×	×
270	兵律.郵驛	占宿驛舍上房	×	×	×
271	兵律.郵驛	乘驛馬賣私物	×	×	×
272	兵律.郵驛	私役民夫擡轎	×	×	×
273	兵律.郵驛	病故官家屬還鄉	×	×	×
274	兵律.郵驛	承差轉雇寄人	×	×	×
275	兵律.郵驛	乘官畜産車船附私物	×	×	×
276	兵律.郵驛	私借驛馬	×	×	×
277	刑律.賊盜	謀反大逆	태종 11년	1900~1901/1903~1904/1907	1898/1900~1901/1903~1905
278	刑律.賊盜	謀叛	태종 15년	1901/1903	1900~1905
279	刑律.賊盜	造妖書妖言	태종 8년	1901	1901~1905
280	刑律.賊盜	盜大祀神御物	세종 18년	×	1901
281	刑律.賊盜	盜制書	세종 31년	×	×
282	刑律.賊盜	盜印信	태종 14년	×	1898
283	刑律.賊盜	盜內府財物	세종 5년	×	×
284	刑律.賊盜	盜城門鑰	×	×	×
285	刑律.賊盜	盜軍器	성종 6년	×	×

대명률			실록	고종실록	사법품보
조문번호	율/편	율문명	최초인용	등장연도	등장연도
286	刑律,賊盜	盜園陵樹木	중종 24년	×	1897/1899
287	刑律,賊盜	監守自盜倉庫錢粮	태종 15년	×	1899
288	刑律,賊盜	常人盜倉庫錢粮	세종 21년	×	×
289	刑律,賊盜	强盜	성종 2년	×	1897/1901~1902
290	刑律,賊盜	劫囚	세조 2년	×	1901/1905
291	刑律,賊盜	白晝搶奪	태종 14년	×	1895/1902
292	刑律,賊盜	竊盜	세종 4년	×	1904
293	刑律,賊盜	盜牛馬畜産	×	×	×
294	刑律,賊盜	盜田野穀麥	×	×	×
295	刑律,賊盜	親屬相盜	×	×	×
296	刑律,賊盜	恐嚇取財	중종 23년	×	1898~1899/1901/1904
297	刑律,賊盜	詐欺官私取財	문종 원년	×	1898/1905
298	刑律,賊盜	略人略賣人	성종 25년	×	1901~1902/1904
299	刑律,賊盜	發塚	세종 16년	〈1902〉	1896~1902/1904~1906
300	刑律,賊盜	夜無故入人家	세종 16년	×	1896~1897/1900~1905
301	刑律,賊盜	盜賊窩主	문종 원년	×	1905
302	刑律,賊盜	共謀爲盜	×	×	×
303	刑律,賊盜	公取竊取皆爲盜	×	×	×
304	刑律,賊盜	起除刺字	성종 22년	×	×
305	刑律,人命	謀殺人	성종 10년	×	1898~1905
306	刑律,人命	謀殺制使及本管長官	×	×	1897/1904
307	刑律,人命	謀殺祖父母父母	성종 25년	×	1898/1901/1904
308	刑律,人命	殺死姦夫	세종 10년	×	1895/1897/1898~1905
309	刑律,人命	謀殺故夫父母	×	×	×
310	刑律,人命	殺一家三人	명종 8년	×	×
311	刑律,人命	採生折割人	×	×	1901
312	刑律,人命	造畜蠱毒殺人	세종 11년	×	1902/1903
313	刑律,人命	鬪毆及故殺人	태종 4년	×	1896/1898~1905
314	刑律,人命	屛去人服食	×	×	×

	대명률		실록	고종실록	사법품보
조문번호	율/편	율문명	최초인용	등장연도	등장연도
315	刑律.人命	戲殺誤殺過失殺傷人	세종 3년	X	1897~1899/1901/1905
316	刑律.人命	夫毆死有罪妻妾	성종 25년	X	1897/1901/1903
317	刑律.人命	殺子孫及奴婢圖賴人	세종 17년	X	1898/1902/1904
318	刑律.人命	弓箭傷人	X	X	X
319	刑律.人命	車馬殺傷人	세종 7년	X	X
320	刑律.人命	庸醫殺傷人	X	X	X
321	刑律.人命	窩弓殺傷人	X	X	X
322	刑律.人命	威逼人致死	태종 4년	X	1896~1898/1900~1905
323	刑律.人命	尊長爲人殺私和	세종 12년	X	1904
324	刑律.人命	同行知有謀害	X	X	1900/1902/1905
325	刑律.鬪毆	鬪毆	태종 4년	X	1897/1899~1901/1904~190
326	刑律.鬪毆	保辜限期	세종 16년	X	1897/1903/1905
327	刑律.鬪毆	宮內忿爭	X	X	1900
328	刑律.鬪毆	皇家袒免以上親被毆	X	X	X
329	刑律.鬪毆	毆制使及本管長官	성종 20년	X	1896/1902~1905
330	刑律.鬪毆	佐職統屬毆長官	X	X	X
331	刑律.鬪毆	上司官與統屬官相毆	X	X	X
332	刑律.鬪毆	九品以上官毆官長	X	X	X
333	刑律.鬪毆	拒毆追攝人	문종 원년	X	1899/1903
334	刑律.鬪毆	毆受業師	성종 4년	X	1905
335	刑律.鬪毆	威力制縛人	세종 12년	X	1897~1898/1900~1905
336	刑律.鬪毆	良賤相毆	세종 16년	X	X
337	刑律.鬪毆	奴婢毆家長	세종 12년	X	X
338	刑律.鬪毆	妻妾毆夫	성종 25년	X	1899~1905
339	刑律.鬪毆	同姓親屬相毆	X	X	1904
340	刑律.鬪毆	毆大功以下尊長	X	X	1902/1904
341	刑律.鬪毆	毆期親尊長	성종 9년	X	1899/1901/1905
342	刑律.鬪毆	毆祖父母父母	세종 12년	X	1901~1902/1904~1905
343	刑律.鬪毆	妻妾與夫親屬相毆	X	X	X

	대명률		실록	고종실록	사법품보
조문번호	율/편	율문명	최초인용	등장연도	등장연도
344	刑律.鬪毆	毆妻前夫之子	×	×	1899/1904
345	刑律.鬪毆	妻妾毆故夫父母	세종 14년	×	×
346	刑律.鬪毆	父祖被毆	×	×	1904~1905
347	刑律.罵詈	罵人	×	×	1901/1904
348	刑律.罵詈	罵制使及本管長官	태종 15년	×	1901
349	刑律.罵詈	佐職統屬罵長官	태종 15년	×	1905
350	刑律.罵詈	奴婢罵家長	세종 14년	×	×
351	刑律.罵詈	罵尊長	세종 20년	×	×
352	刑律.罵詈	罵祖父母父母	세종 20년	×	×
353	刑律.罵詈	妻妾罵夫期親尊長	세종 21년	×	1901
354	刑律.罵詈	妻妾罵故夫父母	세종 14년	×	×
355	刑律.訴訟	越訴	정종 원년	×	1896/1898~1905
356	刑律.訴訟	投匿名文書告人罪	태종 15년	1898	1898
357	刑律.訴訟	告狀不受理	(숙종 35년)	×	×
358	刑律.訴訟	聽訟廻避	×	×	×
359	刑律.訴訟	誣告	태종 14년	1897	1896/1899/1901~1905
360	刑律.訴訟	軍民約會詞訟	×	×	×
361	刑律.訴訟	干名犯義	태종 10년	×	1902
362	刑律.訴訟	子孫違犯敎令	세종 17년	×	×
363	刑律.訴訟	見禁囚不得告擧他事	중종 3년	×	×
364	刑律.訴訟	敎唆詞訟	세종 29년	×	×
365	刑律.訴訟	官吏詞訟家人訴	×	×	×
366	刑律.訴訟	誣告充軍及遷徙	×	×	×
367	刑律.受贓	官吏受財	태종 15년	1901	1900~1903
368	刑律.受贓	坐贓致罪	성종 24년	×	1897~1901
369	刑律.受贓	事後受財	×	×	×
370	刑律.受贓	有事以財請求	성종 원년	×	×
371	刑律.受贓	在官求索借貸財物	×	×	×
372	刑律.受贓	家人求索	×	×	×

대명률			실록	고종실록	사법품보
조문번호	율/편	율문명	최초인용	등장연도	등장연도
373	刑律.受贓	風憲官吏犯贓	X	X	X
374	刑律.受贓	因公擅科斂	성종 9년	X	X
375	刑律.受贓	私受公侯財物	X	X	X
376	刑律.受贓	剋留盜贓	X	X	X
377	刑律.受贓	官吏聽許財物	X	X	X
378	刑律.詐僞	詐僞制書	세종 26년	1892/1901	1898/1900~1904
379	刑律.詐僞	詐傳詔旨	세종 즉위년	1901	1901/1903
380	刑律.詐僞	對制上書詐不以實	성종 19년	X	1897~1903
381	刑律.詐僞	僞造寶鈔	태종 14년	X	X
382	刑律.詐僞	私鑄銅錢	태종 15년	X	1899/1901
383	刑律.詐僞	詐假官	성종 18년	X	1897~1898/1901~1905
384	刑律.詐僞	詐稱內使等官	태종 8년	X	1901/1903~1904
385	刑律.詐僞	近侍詐稱私行	X	X	X
386	刑律.詐僞	詐僞瑞應	X	X	X
387	刑律.詐僞	詐病死傷避事	X	X	X
388	刑律.詐僞	詐敎誘人犯法		〈1897〉	1899/1901
389	刑律.詐僞	僞造印信曆日等	태종 14년	X	1900~1905
390	刑律.犯姦	犯姦	단종 즉위년	X	1896~1905
391	刑律.犯姦	縱容妻妾犯姦	X	X	1896
392	刑律.犯姦	親屬相姦	세종 21년	X	1901
393	刑律.犯姦	誣執翁姦	X	X	X
394	刑律.犯姦	奴及雇工人姦家長妻	X	X	1904
395	刑律.犯姦	姦部民妻女	X	X	X
396	刑律.犯姦	居喪及僧道犯姦	단종 즉위년	X	X
397	刑律.犯姦	良賤相姦	X	X	X
398	刑律.犯姦	官吏宿娼	세종 20년	X	X
399	刑律.犯姦	買良爲娼	X	X	X
400	刑律.雜犯	拆毀申明亭	X	X	X
401	刑律.雜犯	夫匠軍士病給醫藥	X	X	X

	대명률		실록	고종실록	사법품보
조문번호	율/편	율문명	최초인용	등장연도	등장연도
402	刑律.雜犯	賭博	태종 14년	×	×
403	刑律.雜犯	閹割火者	×	×	×
404	刑律.雜犯	囑託公事	세종 16년	×	1901
405	刑律.雜犯	私和公事	×	×	×
406	刑律.雜犯	失火	태종 17년	1897/1900/1904	1897/1899~1901/1903~1905
407	刑律.雜犯	放火故燒人房屋	세종 9년	×	1897/1899/1905~1906
408	刑律.雜犯	搬做雜劇	×	×	×
409	刑律.雜犯	違令	세종 21년	×	1901
410	刑律.雜犯	不應爲	세종 3년	1898	1897~1905
411	刑律.捕亡	應捕人追捕罪人	성종 원년	×	1901
412	刑律.捕亡	罪人拒捕	세종 16년	×	1896/1899/1901~1905
413	刑律.捕亡	獄囚脫監及反獄在逃	세종 18년	×	1898/1901~1902/1904~1905
414	刑律.捕亡	徒流人逃	성종 25년	×	1898/1901/1904
415	刑律.捕亡	稽留囚徒	×	×	×
416	刑律.捕亡	主守不覺失囚		1899	1899~1905
417	刑律.捕亡	知情藏匿罪人	태종 8년	×	1899/1903~1904
418	刑律.捕亡	盜賊捕限	세종 11년	×	×
419	刑律.斷獄	囚應禁而不禁	×	×	1902
420	刑律.斷獄	故禁故勘平人	×	×	1903/1905
421	刑律.斷獄	淹禁	×	×	×
422	刑律.斷獄	陵虐罪囚	×	×	×
423	刑律.斷獄	與囚金刃解脫	×	×	1903
424	刑律.斷獄	主守教囚反異	×	×	1899
425	刑律.斷獄	獄囚衣糧	×	×	×
426	刑律.斷獄	功臣應禁親人入視	×	×	×
427	刑律.斷獄	死囚令人自殺	(선조 33년)	×	×
428	刑律.斷獄	老幼不拷訊	태종 6년	×	×
429	刑律.斷獄	鞫獄停囚待對	×	×	×
430	刑律.斷獄	依告狀鞫獄	×	×	×

	대명률		실록	고종실록	사법품보
조문번호	율/편	율문명	최초인용	등장연도	등장연도
431	刑律.斷獄	原告人事畢不放回	X	X	X
432	刑律.斷獄	獄囚誣指平人	태종 9년	X	1900~1905
433	刑律.斷獄	官司出入人罪	성종 10년	X	1900/1904~1905
434	刑律.斷獄	辯明冤枉	세종 15년	X	X
435	刑律.斷獄	有司決囚等第	X	X	X
436	刑律.斷獄	檢驗屍傷不以實	X	X	1901~1905
437	刑律.斷獄	決罰不如法	세종 13년	X	1898~1902/1904
438	刑律.斷獄	長官使人有犯	X	X	X
439	刑律.斷獄	斷罪引律令	X	X	X
440	刑律.斷獄	獄囚取服辯	X	X	X
441	刑律.斷獄	赦前斷罪不當	X	X	X
442	刑律.斷獄	聞有恩赦而故犯	X	X	X
443	刑律.斷獄	徒囚不應役	X	X	1900
444	刑律.斷獄	婦人犯罪	태종 10년	1898	1898/1901
445	刑律.斷獄	死囚覆奏待報	성종 3년	X	X
446	刑律.斷獄	斷罪不當	X	X	X
447	刑律.斷獄	吏典代寫招草	X	X	X
448	工律.營造	擅造作	X	X	X
449	工律.營造	虛費功力採取不堪用	X	X	X
450	工律.營造	造作不如法	세조 5년	X	X
451	工律.營造	冒破物料	X	X	X
452	工律.營造	帶造段疋	X	X	X
453	工律.營造	織造違禁龍鳳文段疋	세종 30년	X	X
454	工律.營造	造作過限	성종 4년	X	X
455	工律.營造	修理倉庫	X	X	X
456	工律.營造	有司官吏不住公廨	중종 15년	X	X
457	工律.河防	盜決河防	문종 원년	X	X
458	工律.河防	失時不修隄防	문종 원년	X	X
459	工律.河防	侵占街道	X	X	X

대명률			실록	고종실록	사법품보
조문번호	율/편	율문명	최초인용	등장연도	등장연도
460	工律.河防	修理橋梁道路	X	X	X

기준: 조선시대는 『대명률』에 대해 실록(태조~철종)과 비교하여 최초 인용연대를 표기하였고(김백철, 앞의 책, 2016a 원용), 고종 연간은 『고종실록』 및 『사법품보』를 토대로 등장연도를 모두 기재하였음.

표기: 실록(태조~철종)은 왕력으로 표기하되 고종대 자료는 표기법이 다르므로 서기로 환산하여 통일하였음.

전거: 『사법품보』 갑본 1~116권(서울대학교 규장각한국학연구원 원문이미지, 덕성여자대학교 역사문화연구소 번역본), 갑본 117~128권(서울대학교 규장각한국학연구원 원문이미지), 을본 1~52권(서울대학교 규장각한국학연구원 원문이미지, 국사편찬위원회 원문텍스트).

구분	대한민국 형법	대명률
1	10조 정신장애	21조 老少癈疾收贖
2	11조 농아자	21조 老少癈疾收贖
3	13조 고의	10조 軍官軍人犯罪免徒流, 16조 常赦所不原, 24조 犯罪自首 23조 給沒贓物, 28조 同僚犯公罪, 37조 罷罪無正條, 42조 稱與同罪, 75조 增減官文書, 90조 逃避差役, 107조 男女婚姻, 138조 錢粮互相覺察, 13조 倉庫不覺被盜, 147조 守掌在官財物, 149~150조 염법[1~2], 154~155조 염법[6~7], 172조 市司評物價, 202조 太廟門擅入, 203조 宮殿門擅入, 204조 宿衛守衛人私自代替, 205조 從駕稽違, 206조 直行御道, 214조 衝突儀仗1, 229조 縱軍捕掠, 235조 私藏應禁軍器, 240조 夜禁, 243조 關津留難, 254조 宰殺牛馬, 255조 畜産咬踢人, 265조 驛使稽程, 266조 多乘驛馬, 268조 文書應給驛而不給, 301조 盜賊窩主, 307조 謀殺祖父母, 313조 鬪毆及故殺人, 314조 屏去人服食, 317조 殺子孫及奴婢圖賴人, 318조 弓箭傷人, 336조 良賤相毆, 337조 奴婢毆家長, 338조 妻妾毆夫, 340조 毆大功以下尊長, 341조 毆期親尊長, 342조 毆祖父母父母, 343조 妻妾與夫親屬相毆, 362조 子孫違犯敎令, 366조 誣告充軍及遷徙, 381조 僞造寶鈔, 387조 詐病死傷避事, 40조 放火故燒人房屋, 411조 應捕人追捕罪人, 414조 徒流人逃, 420조 故禁故勘平人, 424조 主守敎囚反異, 428조 老幼不拷訊, 430조 依告狀鞫獄, 432조 獄囚誣指平人, 433조 官司出入人罪, 434조 辯明寃枉, 435조 有司決囚, 436조 檢驗屍傷不以實 439조 斷罪引律令, 441조 赦前斷罪不當, 442조 聞有恩赦而故犯, 443조 徒囚不應役, 446조 斷罪不當, 457조 盜決河防, 381조 僞造寶鈔
4	25조 미수범	290조 劫囚, 390조 犯奸
5	32조 종범	27조 共犯罪分首從
6	38조 경합범과 처벌례	25조 二罪俱發以重論
7	41조 형의 종류	1조 五刑
8	45조 벌금	1조 五刑, 5조 職官有犯, 6조 軍官有犯, 7조 文武官犯公罪, 8조 文武官犯私罪, 13조 無官犯罪, 18조 犯罪存留養親, 19조 工樂戶及婦人犯罪, 21조 老少癈疾收贖, 22조 犯罪時未老疾, 26조 犯罪共逃, 226조 從征違期, 338조 妻妾毆夫, 359조 誣告, 391조 縱容妻妾犯奸, 446조 斷罪不當
9	48조 몰수의 대상과 추징	23조 給沒贓物
10	52조 자수 · 자복	24조 犯罪自首
11	55조 법률상 감경	39조 加減罪例
12	67조 징역	1조 五刑
13	69조 벌금과 과료	1조 五刑
14	83조 기간의 계산	1조 五刑
15	87조 내란	277조 謀反大逆
16	89조 미수범	277조 謀反大逆
17	92조 외환유치	278조 謀叛
18	93조 여적	278조 謀叛
19	105조 국기 · 국장 모독	183조 乘輿服御物, 202조 太廟門擅入

구분	대한민국 형법	대명률
20	123조 직권남용	5조 職官有犯, 168조 違禁取利, 371조 在官求索借貸人財物, 373조 風憲官吏犯贓, 374조 因公擅科斂, 437조 決罰不如法
21	125조 폭행·가혹행위	5조 職官有犯, 363조 見囚禁不得告擧他事, 432조 獄囚誣指平人
22	129조 수뢰, 사전수뢰	367조 官吏受財
23	130조 제3자뇌물제공	372조 家人求索
24	131조 수뢰후 부정처사·사후수뢰	81조 脫漏戶口, 86조 賦役不均, 88조 隱蔽差役, 90조 逃避差役, 97조 檢踏災傷田粮, 127조 收粮違限, 131조 虛出通關硃鈔, 148조 隱瞞入官家産, 153~154조 鹽法[5~6], 236조 縱放軍人歇役, 242조 詐冒給路引, 244조 遞送迸軍妻女出城, 369조 事後受財
25	132조 알선수뢰	[說事過錢]16조 常赦所不原, 366조 誣告充軍及遷徙, 367조 官吏受財
26	133조 뇌물공여등	370조 有事以財求請, 377조 官吏聽許財物
27	134조 몰수·추징	24조 犯罪自首, 25조 二罪俱發以重論, 60조 姦黨, 62조 上言大臣德政, 80조 信牌, 85조 收留迷失子女, 96조 欺隱田粮, 98조 功臣田土, 100조 任所置買田宅, 101조 典買田宅, 107조 男女婚姻, 108조 典雇妻妾, 122조 蒙古色目人婚姻, 130조 攬納稅粮, 148조 隱瞞入官家産, 149조 鹽法[1조], 171조 私充牙行埠頭, 194조 服舍違式, 195조 僧道拜父母, 207조 內府工作人匠雇役, 227조 軍人替役, 232조 私賣戰馬, 233조 私賣軍器, 246조 私出外境及違禁下海, 247조 私役弓兵, 257조 私借官畜産, 271조 乘踏馬貴私物, 275조 乘官畜産車船卸私物, 277조 謀反大逆, 278조 謀叛, 298조 略人略賣人, 299조 發塚, 310조 殺一家三人, 311조 採生折割人, 312조 造畜蠱毒殺人, 390조 犯奸, 391조 縱容妻妾犯奸, 399조 買良爲娼, 402조 賭博, 446조 斷罪不當, 452조 帶造段疋
28	136조 공무집행방해269조 公事應行稽程, 290조 劫囚, 333조 拒毆追攝人	
29	137조 위계에 의한 공무집행방해	129조 隱匿費用稅粮課物, 169조 費用受寄財産, 199조 棄親之任, 226조 從征違期, 379조 詐傳詔旨, 380조 對制上書詐不以實, 383조 詐假官, 384조 詐稱內使等官, 385조 近侍詐稱私行
30	145조 도주·집합명령위반	30조 犯罪事發在逃
31	147조 도주원조	290조 劫囚
32	148조 간수자의 도주원조	290조 劫囚
33	151조 범인은닉과 친속간의 특례	31조 親屬相爲容隱
34	152조 위증·모해위증	317조 殺子孫及奴婢圖賴人, 361조 干名犯義, 366조 誣告充軍及遷徙, 432조 獄囚誣指平人
35	156조 무고	359조 誣告
36	159조 사체등이 오욕	200조 喪葬, 299조 發塚
37	160조 분묘의 발굴	299조 發塚
38	161조 사체 등의 영득	299조 發塚
39	167조 일반물건에 대한 방화	407조 放火故燒人房屋
40	170조 실화	406조 失火

구분	대한민국 형법	대명률
41	208조 위조통화의 취득	381조 僞造寶鈔, 382조 私鑄銅錢
42	225조 공문서 등의 위조·변조	378조 詐僞制書, 379조 詐傳詔旨, 389조 僞造印信曆日等
43	227조 허위공문서작성 등	378조 詐僞制書, 379조 詐傳詔旨, 389조 僞造印信曆日等
44	238조 공인등의 위조·부정사용	389조 僞造印信曆日等
45	(241조 간통[현행 폐지])	390조 犯奸
46	242조 음행매개	390조 犯奸,
47	246조 도박·상습도박	402조 賭博
48	250조 살인·존속살해	307조 謀殺祖父母父母
49	254조 미수범	305조 謀殺人
50	257조 상해·존속상해	342조 毆父母父母, 325조 鬪毆
51	258조 중상해·존속중상해	342조 毆祖父母父母
52	259조 상해치사	326조 保辜限期, 313조 鬪毆及故殺人
53	260조 폭행·존속폭행	342조 毆祖父母父母
54	261조 특수폭행	313조 鬪毆及故殺人
55	262조 폭행치사상	313조 鬪毆及故殺人, 325조 鬪毆
56	266조 과실치상	315조 戲殺誤殺過失殺傷人, 318조 弓箭傷人
57	267조 과실치사	315조 戲殺誤殺過失殺人
58	268조 업무상 과실·중과실치사상	319조 車馬殺傷人, 320조 庸醫殺傷人
59	269조 낙태	325조 鬪毆, 326조 保辜限期, 444조 婦人犯罪
60	283조 협박·존속협박	296조 恐嚇取財
61	287조 미성년자의 약취·유인	298조 略人略賣人
62	288조 추행등을 목적으로 한 약취·유인	298조 略人略賣人
63	289조 인신매매	298조 略人略賣人
64	290조 약취·유인·매매·이송등 상해·치상	298조 略人略賣人
65	291조 약취·유인·매매·이송등 살인·치사	298조 略人略賣人
66	297조 강간	390조 犯奸
67	301조의2 강간등 살인·치사	322조 威逼人致死
68	302조 미성년자등에 대한 간음	390조 犯奸

구분	대한민국 형법	대명률
69	303조 업무상 위력 등에 의한 간음	168조 違禁取利, 395조 姦部民妻女
70	305조 미성년자에 대한 간음·추행	390조 犯奸
71	324조 강요	23조 給沒贓物, 24조 犯罪自首, 290조 劫囚, 296조 恐嚇取財
72	329조 절도	292조 竊盜
73	330조 야간주거침입절도	300조 夜無故入人家
74	331조 특수절도	(289조 强盜[당률개념])
75	333조 강도	289조 强盜
76	337조 강도상해·치상	289조 强盜
77	338조 강도살인·치사	289조 强盜
78	339조 강도강간	289조 强盜
79	347조 사기	23조 給沒贓物, 297조 詐欺官私取財
80	350조 공갈	23조 給沒贓物, 24조 犯罪自首, 296조 恐嚇取財
81	360조 점유물이탈물횡령	170조 得遺失物, 291조 白晝搶奪, 294조 盜田野穀麥
82	362조 장물의 취득·알선등	23조 給沒贓物, 367조 官吏受財
83	365조 친족 사이의 범행	295조 親屬相盜
84	366조 재물손괴등	104조 棄毁器物稼穡等

● 전거: 한국고전번역원 역, 『대명률직해』 1~4·교감표점, 한국고전번역원, 2018; 법제처 편, 『알기 쉽게 새로 쓴 「형법」 설명자료집』, 법제처, 2014.

〈부표 3〉 『사법품보』 발총후재물요구 · 도박 범죄 대표사례

번호	일자	공문서	구분	비고
1	1896년 1월 11일	晉州府/報告書1號	발총후재물요구	甲
2	1896년 7월 15일	洪州府/報告書27號	발총후재물요구	甲
3	1896년 10월 18일	忠淸南道/報告書54號	발총후재물요구	甲
4	1896년 10월 22일	木川郡/報告書1號	발총후재물요구	甲
5	1898년 5월 13일	忠淸北道/報告書57號	발총후재물요구	甲
6	1898년 8월 29일	京畿/報告書35號	발총후재물요구	甲
7	1898년 12월 12일	忠淸南道/報告書139號	발총후재물요구	甲
8	1899년 4월 22일	忠淸南道/報告書65號	발총후재물요구	甲
9	1899년 9월 9일	忠淸北道/報告書77號	발총후재물요구	甲
10	1899년 10월 10일	平安北道/報告書74號	발총후재물요구	甲
11	1899년 11월 24일	京畿/質稟書95號	발총후재물요구	甲
12	1899년 9월 15일	釜山港/報告(書)41號	발총후재물요구	甲
13	1900년 1월 18일	慶尙北道/報告書7號	발총후재물요구	甲
14	1901년 5월 27일	平安北道/報告書46號	발총후재물요구	甲
15	1901년 11월 21일	全羅北道/質稟書21號	발총후재물요구	甲
16	1901년 11월 22일	元山港/報告書16號	발총후재물요구	甲
17	1899년 5월 21일	全羅北道/報告書13號	발총후재물요구	甲
18	1899년 12월 8일	京畿/報告書103號	발총후재물요구	甲
19	1900년 12월 13일	忠淸南道/質稟書28號	발총후재물요구	甲
20	1901년 2월 26일	全羅北道/質稟書4號	발총후재물요구	甲
21	1901년 4월 19일	忠淸南道/質稟書8號	발총후재물요구	甲
22	1901년 11월 1일	慶尙北道/報告書42號	발총후재물요구	甲
23	1901년 11월 21일	全羅北道/質稟書21號	발총후재물요구	甲
24	1902년 5월 7일	慶尙北道/報告書11號	발총후재물요구	甲
25	1902년 7월 10일	全羅北道/質稟書9號	발총후재물요구	甲
26	1903년 4월 19일	慶尙北道/報告書18號	발총후재물요구	甲
1	1896년 5월 7일	公州府/報告書38號	도박	甲
2	1903년 2월 11일	漢城府/質稟書12號	도박	乙
3	1903년 5월 11일	元山港/報告書7號	도박	乙

번호	일자	공문서	구분	비고
4	1903년 6월 24일	忠淸南道/報告書30號	도박	乙
5	1904년 3월 26일	平安北道/報告書5號	도박	乙
6	1904년 3월 8일	平理院/報告書14號	도박	乙
7	1904년 12월 5일	警務廳/報告(書)14號	도박	乙
8	1905년 1월 22일	宣川郡/報告書1號	도박	乙
9	1905년 3월 17일	警務廳/報告(書)7號	도박	乙
10	1905년 6월 14일	平理院/質稟書7號	도박	乙
11	1906년 2월 6일	漢城府/報告書18號	도박	乙
12	1906년 6월 8일	慶尙北道/報告書76號	도박	乙

• 기준 : 『사법품보』 중 사건정황이 비교적 상세한 경우.

〈부표 4〉『형법대전』 법원분류

편장절조 (編章節條)	절명(節名)	국사편찬위원회 분류	전통법	근대법
1-01-01-001	本法律施用權限	[用法範圍]		형법초.육군법률
1-01-01-002	本法律施用權限	[死刑比附禁止]	(대명률)	형법초.육군법률
1-01-01-003	本法律施用權限	[首犯·從犯無區別]		형법초.육군법률
1-01-01-004	本法律施用權限	[特定者適用]		형법초.육군법률
1-01-02-005	聽理區域	[勅奏任官等犯罪]		재판소구성법.형법초.육군법률
1-01-02-006	拘拿及立證格式	[聽理區域]		형률명례.형법초.육군법률
1-01-02-007	拘拿及立證格式	[二人以上犯罪]		형법초.육군법률
1-01-03-008	聽理區域	[官員犯罪者]	대전회통	
1-01-03-009	聽理區域	[官吏·使役拘拿]		신규
1-01-03-010	拘拿及立證格式	[他地方所居人]		신규
1-01-03-011	拘拿及立證格式	[立證不可人]	대명률	
1-01-04-012	罪囚應禁·應許條例	[罪囚帶持禁止物]	대명률	
1-01-04-013	罪囚應禁·應許條例	[流刑家屬]	대명률	
1-01-04-014	罪囚應禁·應許條例	[罪囚親屬入視]	대명률	
1-01-04-015	罪囚應禁·應許條例	[獄具脫去]		신규
1-01-05-016	期限通規	[聽訟期限]	대전회통	형법초.육군법률
1-01-05-017	期限通規	[捕捉期限]	(대명률)	형법초.육군법률
1-01-05-018	期限通規	[裁判所移交期限]		신규
1-01-05-019	期限通規	[決獄期限]	대전회통	형법초.육군법률
1-01-05-020	期限通規	[申訴期限]		형법초.육군법률
1-01-05-021	期限通規	[刑事執刑]		형법초.육군법률
1-01-05-022	期限通規	[民事執行]		형법초.육군법률
1-01-05-023	期限通規	[免懲戒期限]		신규
1-01-05-024	期限通規	[輕囚保放期限]	대전회통	형법초.육군법률
1-01-05-025	期限通規	[保辜期限]	(대명률)	형법초.육군법률
1-01-05-026	期限通規	[官員赴任期限]	대명률	
1-01-05-027	期限通規	[還退期限]	대전회통	
1-01-05-028	期限通規	[徵償期限]		형법초.육군법률

편장절조 (編章節條)	절명(節名)	국사편찬위원회 분류	전통법	근대법
1-01-05-029	期限通規	[納贖期限]		형법초,육군법률
1-01-05-030	期限通規	[遺失物送納期限]	대명률	
1-01-06-031	界限通規	[胎室界限]	대전회통	
1-01-06-032	界限通規	[墳墓界限]	대전회통	
1-01-07-033	名稱分析	[尊嚴之地]	대명률	
1-01-07-034	名稱分析	[乘輿·車駕·御]	(대명률)	형법초,육군법률
1-01-07-035	名稱分析	[制]	(대명률)	형법초,육군법률
1-01-07-036	名稱分析	[宗親]		신규
1-01-07-037	名稱分析	[大祀]	대전회통	형법초,육군법률
1-01-07-038	名稱分析	[監臨·主守]	(대명률)	형법초,육군법률
1-01-07-039	名稱分析	[上官]		신규
1-01-07-040	名稱分析	[吏典]	대전회통	
1-01-07-041	名稱分析	[民人]		신규
1-01-07-042	名稱分析	[免官]		신규
1-01-07-043	名稱分析	[大逆]	대명률	
1-01-07-044	名稱分析	[謀反]	대명률	
1-01-07-045	名稱分析	[謀]		형법초,육군법률
1-01-07-046	名稱分析	[衆]		형법초,육군법률
1-01-07-047	名稱分析	[故]		신규
1-01-07-048	名稱分析	[期間]	(대명률)	형법초,육군법률
1-01-07-049	名稱分析	[距離]		신규
1-01-07-050	名稱分析	[同罪]	(대명률)	형법초,육군법률
1-01-07-051	名稱分析	[過失]	대명률	
1-01-07-052	名稱分析	[老]	(대명률)	육군법률
1-01-07-053	名稱分析	[廢疾]		형법초,육군법률
1-01-07-054	名稱分析	[贓]		형법초,육군법률
1-01-07-055	名稱分析	[申訴]		신규
1-01-07-056	名稱分析	[執刑]		육군법률
1-01-07-057	名稱分析	[執行]	대명률	

편장절조 (編章節條)	절명(節名)	국사편찬위원회 분류	전통법	근대법
1-01-07-058	名稱分析	[沒入]		신규
1-01-07-059	名稱分析	[賠償]	대명률	
1-01-07-060	名稱分析	[應禁物]		형법초,육군법률
1-01-07-061	名稱分析	[離異]		신규
1-01-07-062	名稱分析	[親屬]	대전회통	
1-01-08-063	等級區別	[官人遞加等級]		형법초,육군법률
1-01-08-064	等級區別	[親屬遞加減等級]		신규
1-01-08-065	等級區別	[雇工]	대명률	
2-01-01-066	犯罪原由	[犯罪]		형법초,육군법률
2-01-01-067	犯罪原由	[皇室犯·國事犯]		형법초,육군법률
2-01-01-068	犯罪原由	[知情不告罪]		형법초,육군법률
2-01-01-069	犯罪原由	[知情藏匿隱避]	(대명률)	형법초,육군법률
2-01-01-070	犯罪原由	[敎唆犯]	(대명률)	형법초,육군법률
2-01-02-071	二罪以上俱發	[二罪以上俱發]	(대명률)	형법초,육군법률
2-01-02-072	二罪以上俱發	[二罪以上俱發-執刑後]	(대명률)	형법초,육군법률
2-01-02-073	二罪以上俱發	[二罪以上俱發-執刑前]		형법초,육군법률
2-01-02-074	二罪以上俱發	[二罪以上俱發-避匿]		형법초,육군법률
2-01-03-075	罪中又犯	[罪中又犯]	(대명률)	형법초,육군법률
2-01-04-076	一罪再犯	[一罪再犯]	(대명률)	형법초,육군법률
2-01-04-077	一罪再犯	[一罪再犯-赦免]		형법초,육군법률
2-01-05-078	二人以上共犯	[共犯]	(대명률)	형법초,육군법률
2-01-05-079	二人以上共犯	[首犯-造意]	(대명률)	형법초,육군법률
2-01-05-080	二人以上共犯	[首犯-指揮]	대명률	
2-01-05-081	二人以上共犯	[首犯-下手]	(대명률)	형법초,육군법률
2-01-05-082	二人以上共犯	[從犯]		형법초,육군법률
2-01-06-083	賊盜分類	[賊盜]		적도처단례
2-01-06-084	賊盜分類	[準竊盜]		적도처단례
2-01-07-085	犯罪時老幼區別	[犯罪時老幼]	대명률	
2-01-08-086	未遂犯	[未遂犯]		형법초,육군법률

편장절조 (編章節條)	절명(節名)	국사편찬위원회 분류	전통법	근대법
2-01-09-087	不論罪類	[不論罪]		형법초,육군법률
2-01-09-088	不論罪類	[不論罪-回避不能]		형법초,육군법률
2-01-09-089	不論罪類	[不論罪-不知]		신규
2-01-09-090	不論罪類	[不論罪-廢疾]	대명률	
2-01-09-091	不論罪類	[不論罪-年齡]	대명률	
3-01-01-092	刑名·刑具及獄具	[刑種]		형법초안,형법초,육군법률
3-01-01-093	刑名·刑具及獄具	[主刑]		형법초,육군법률
3-01-01-094	刑名·刑具及獄具	[死刑]		형률명례,형법초,육군법률
3-01-01-095	刑名·刑具及獄具	[流刑]		형법초,육군법률
3-01-01-096	刑名·刑具及獄具	[役刑]		형법초,육군법률
3-01-01-097	刑名·刑具及獄具	[禁獄]		형법초,육군법률
3-01-01-098	刑名·刑具及獄具	[笞刑]		형률명례,형법초,육군법률
3-01-01-099	刑名·刑具及獄具	[附加刑]		형법초,육군법률
3-01-01-100	刑名·刑具及獄具	[獄具]		형법초,육군법률
3-01-02-101	主刑處分	[主刑宣告]		형법초,육군법률
3-01-02-102	主刑處分	[死刑執行]		형률명례
3-01-02-103	主刑處分	[婦女死刑]	대전회통(대명률,속대전)	
3-01-02-104	主刑處分	[死刑囚屍體]	(대전회통)	형법초,육군법률
3-01-02-105	主刑處分	[死刑勿行]	대전회통	
3-01-02-106	主刑處分	[死刑]		형률명례
3-01-02-107	主刑處分	[流刑]		형률명례,육군법률
3-01-02-108	主刑處分	[役刑]		형률명례,형법초,육군법률
3-01-02-109	主刑處分	[禁獄]		형법초,육군법률
3-01-02-110	主刑處分	[笞刑]		육군법률
3-01-02-111	主刑處分	[役刑]		재판소구성법,형법초,육군법률
3-01-02-112	主刑處分	[特別法院犯人]		형률명례
3-01-02-113	主刑處分	[勅·奏任官被拿]		재판소구성법
3-01-02-114	主刑處分	[法律適用上에疑義]		형법초,육군법률
3-01-02-115	主刑處分	[役刑終身以上]		형률명례

편장절조 (編章節條)	절명(節名)	국사편찬위원회 분류	전통법	근대법
3-01-03-116	附加刑處分	[附加刑]		형법초, 육군법률
3-01-03-117	附加刑處分	[免官·免役]		형법초, 육군법률
3-01-03-118	附加刑處分	[沒入]		형법초, 육군법률
3-01-04-119	獄具施用處分	[枷·桎]		형률명례, 형법초, 육군법률
3-01-04-120	獄具施用處分	[鐵索]		형률명례, 형법초, 육군법률
3-01-04-121	獄具施用處分	[箠·鞭]		형률명례, 형법초, 육군법률
3-01-05-122	斷罪引律令	[斷罪引律令]	대명률	
3-01-06-123	公私罪處斷例	[公罪-遞減]	(대명률)	형법초, 육군법률
3-01-06-124	公私罪處斷例	[監臨官-公罪]	대명률	
3-01-06-125	公私罪處斷例	[情狀酌量]		형법초, 육군법률
3-01-06-126	公私罪處斷例	[罪人故縱]		형법초, 육군법률
3-01-07-127	知情不告及藏匿處斷例	[知情不告·藏匿]	(대명률)	형법초, 육군법률
3-01-07-128	知情不告及藏匿處斷例	[知情非理聽行]	대명률	
3-01-08-129	二罪以上處斷例	[二罪以上處斷]	(대명률)	형법초, 육군법률
3-01-08-130	二罪以上處斷例	[二罪判決已經]	(대명률)	형법초, 육군법률
3-01-08-131	二罪以上處斷例	[二罪判決以前]		육군법률
3-01-08-132	二罪以上處斷例	[二罪窺伺避匿]		육군법률
3-01-09-133	罪中又犯處斷例	[罪中又犯處斷]	(대명률)	육군법률
3-01-10-134	一罪再犯處斷例	[一罪再犯處斷]		육군법률
3-01-11-135	二人以上共犯處斷例	[從犯一等減]	(대명률)	육군법률
3-01-11-136	二人以上共犯處斷例	[共犯見獲·在逃]	(대명률)	육군법률
3-01-12-137	未遂犯處斷例	[未遂犯處斷]		육군법률
3-01-13-138	免罪及加減處分	[赦典免罪]		육군법률
3-01-13-139	免罪及加減處分	[赦典不得免罪]	(대명률)	형법초, 육군법률
3-01-13-140	免罪及加減處分	[赦典國家大患]	(대명률)	형법초, 육군법률
3-01-13-141	免罪及加減處分	[赦典前犯罪]	(대명률)	형법초, 육군법률
3-01-13-142	免罪及加減處分	[自首]	(대명률)	형법초, 육군법률
3-01-13-143	免罪及加減處分	[老幼減等]	(대명률)	형법초, 육군법률
3-01-13-144	免罪及加減處分	[減廢疾等]	(대명률)	형법초, 육군법률

편장절조 (編章節條)	절명(節名)	국사편찬위원회 분류	전통법	근대법
3-01-13-145	免罪及加減處分	[癲狂減等]	대명률	
3-01-13-146	免罪及加減處分	[官吏遞加]		형법초.육군법률
3-01-13-147	免罪及加減處分	[下官遞加]	(대명률)	형법초.육군법률
3-01-13-148	免罪及加減處分	[親屬互相犯罪]	대명률	
3-01-13-149	免罪及加減處分	[雇工家長所犯]		신규
3-01-13-150	免罪及加減處分	[學徒受業師所犯]	대명률	
3-01-13-151	免罪及加減處分	[官吏非法行爲]		형법초.육군법률
3-01-13-152	免罪及加減處分	[赦典聞知故意]	대명률	
3-01-13-153	免罪及加減處分	[公事失錯自覺]	대명률	
3-01-13-154	免罪及加減處分	[官文書稽滯]	대명률	
3-01-13-155	免罪及加減處分	[身分犯-首犯]		육군법률
3-01-13-156	免罪及加減處分	[身分犯-從犯]		형법초.육군법률
3-01-14-157	加減次序	[加減次序]	(대명률)	형법초.육군법률
3-01-15-158	執刑禁限	[執刑禁限]		형법초.육군법률
3-01-15-159	執刑禁限	[執刑不得]	(대전회통)	형법초.육군법률
3-01-16-160	刑期計算	[刑期計算]		형법초.육군법률
3-01-16-161	刑期計算	[刑期計算-逃走]		형법초.육군법률
3-01-16-162	刑期計算	[受刑初日]		형법초.육군법률
3-01-17-163	徵償處分	[先追贓後勘罪]	(대명률)	적도처단례.형법초.육군법률
3-01-17-164	徵償處分	[贓物現存有無]	(대명률)	적도처단례.형법초.육군법률
3-01-17-165	徵償處分	[贓物納官給主]	(대명률)	적도처단례.형법초.육군법률
3-01-17-166	徵償處分	[賊贓買得追贓]	(대명률)	적도처단례.형법초.육군법률
3-01-17-167	徵償處分	[賊贓受寄]	(대명률)	적도처단례
3-01-17-168	徵償處分	[身死者追贓]	(대명률)	적도처단례.형법초.육군법률
3-01-17-169	徵償處分	[公貨犯逋]		신규
3-01-17-170	徵償處分	[公私債過限]		신규
3-01-17-171	徵償處分	[物監守·受寄]		육군법률
3-01-17-172	徵償處分	[不動産毀損]		신규
3-01-17-173	徵償處分	[犯罪應償款額]		형법초.육군법률

편장절조 (編章節條)	절명(節名)	국사편찬위원회 분류	전통법	근대법
3-01-17-174	徵償處分	[應償不得換刑]		신규
3-01-17-175	徵償處分	[共犯賠償分徵]		형법초,육군법률
3-01-17-176	徵償處分	[賠償不得加減]		형법초,육군법률
3-01-17-177	徵償處分	[給俸國庫還納]		형법초,육군법률
3-01-18-178	收贖處分	[公罪收贖]	(대명률)	형법초,육군법률
3-01-18-179	收贖處分	[老幼婦女收贖]	(대명률)	육군법률
3-01-18-180	收贖處分	[私罪不得收贖]		형법초,육군법률
3-01-18-181	收贖處分	[官人笞刑收贖]		신규
3-01-18-182	收贖處分	[贖錢定數]		육군법률
3-01-18-183	收贖處分	[不得納贖]		육군법률
3-01-18-184	收贖處分	[笞刑不得納贖]		형법초,육군법률
3-01-19-185	保放規則	[禁獄以下保放]	(대전회통)	육군법률
3-01-19-186	保放規則	[流刑役刑保放]		육군법률
3-01-19-187	保放規則	[婦女老幼保放]		육군법률
3-01-19-188	保放規則	[保放逃躱]		육군법률
3-01-19-189	保放規則	[保人]		육군법률
4-01-01-190	反逆律	[大逆]	대명률	
4-01-01-191	反逆律	[謀反]	대명률	
4-01-01-192	反逆律	[反逆]		형법초안,형법초,육군법률
4-01-01-193	反逆律	[反逆徒]	대명률	
4-01-01-194	反逆律	[闕牌作變]	(대명률)	형법초안
4-01-02-195	內亂律	[內亂]		형법초안,형법초,육군법률
4-01-03-196	外亂律	[外亂]		형법초안,형법초,육군법률
4-01-03-197	外亂律	[外亂-交戰]		형법초안
4-01-03-198	外亂律	[利敵]		형법초안
4-01-03-199	外亂律	[交戰故意違背]		형법초안
4-01-04-200	國權壞損律	[國權壞損]		依賴外國致損國體者處斷例
4-01-05-201	外交所犯律	[外交所犯]		형법초안
4-02-01-202	制書有違律	[制書有違]	(대명률)	형법초,육군법률

편장절조 (編章節條)	절명(節名)	국사편찬위원회 분류	전통법	근대법
4-02-01-203	制書有違律	[制書稽緩]	(대명률)	형법초.육군법률
4-02-01-204	制書有違律	[制書旨意失錯]	대명률	
4-02-01-205	制書有違律	[制書書頒錯誤]	대명률	
4-02-02-206	享祀錯誤律	[祭享日期失誤]	대명률	
4-02-02-207	享祀錯誤律	[祀典祭期失誤]	대명률	
4-02-02-208	享祀錯誤律	[有喪祭官差遣]	대명률	
4-02-02-209	享祀錯誤律	[誓戒已受所犯]	대명률	
4-02-02-210	享祀錯誤律	[誓戒 · 祭禮錯誤]	대명률	
4-02-02-211	享祀錯誤律	[祭物所犯]	대명률	
4-02-03-212	朝賀及一應行禮失錯律	[行禮失錯]	대명률	
4-02-04-213	奏報違錯律	[犯罪 · 論功奏聞]	(대명률)	형법초.육군법률
4-02-04-214	奏報違錯律	[應奏擅行]	대명률	
4-02-04-215	奏報違錯律	[上書 · 奏事錯誤]	(대명률)	형법초.육군법률
4-02-04-216	奏報違錯律	[御諱 · 廟諱誤犯]	대명률	
4-02-04-217	奏報違錯律	[司法官奏報違錯]		신규
4-02-05-218	直守違背律	[職役無故擅離]	(대명률)	형법초.육군법률
4-02-05-219	直守違背律	[應直 · 應宿]	(대명률)	형법초.육군법률
4-02-05-220	直守違背律	[壇 · 廟擅離]		신규
4-02-05-221	直守違背律	[把守信地擅離]	대명률	
4-02-05-222	直守違背律	[壇 · 廟火起擅離]		형법초.육군법률
4-02-05-223	直守違背律	[監守私自代替]	대명률	
4-02-05-224	直守違背律	[把守警察睡醉]		형법초.육군법률
4-02-05-225	直守違背律	[宮禁把守加重]		신규
4-02-06-226	厭避職役律	[厭避職役]	(대명률)	형법초.육군법률
4-02-06-227	厭避職役律	[守令印章投歸]		신규
4-02-06-228	厭避職役律	[幸行車駕應從]	(대명률)	형법초.육군법률
4-02-06-229	厭避職役律	[職役託故回避]		형법초.육군법률
4-02-06-230	厭避職役律	[官醫病人回避]		신규
4-02-07-231	交替有違律	[官吏使役替直]		형법초.육군법률

편장절조 (編章節條)	절명(節名)	국사편찬위원회 분류	전통법	근대법
4-02-07-232	交替有違律	[登途期限違背]	(대명률)	형법초.육군법률
4-02-07-233	交替有違律	[官員文簿傳掌]		형법초.육군법률
4-02-08-234	溺職律	[車駕儀仗衝入]		신규
4-02-08-235	溺職律	[關門不鎖]		신규
4-02-08-236	溺職律	[京城門不鎖]		형법초.육군법률
4-02-08-237	溺職律	[由暇歸期耭緩]	(대명률)	형법초.육군법률
4-02-08-238	溺職律	[回還期限耭緩]	(대명률)	형법초.육군법률
4-02-08-239	溺職律	[官馬不調習]	(대명률)	형법초.육군법률
4-02-08-240	溺職律	[公文印章不鈐]	(대명률)	형법초.육군법률
4-02-08-241	溺職律	[獄舍不實]	대전회통	
4-02-08-242	溺職律	[道路不修理]	대명률	
4-02-09-243	瀆職律	[牧民官貪虐]	대명률	
4-02-09-244	瀆職律	[機密重事漏洩]	대명률	
4-02-09-245	瀆職律	[公座不署事]	대명률	
4-02-09-246	瀆職律	[差遣不公平]	(대명률)	형법초.육군법률
4-02-09-247	瀆職律	[官畜私物馱載]	대명률	
4-02-09-248	瀆職律	[工匠在家私役]	대명률	
4-02-09-249	瀆職律	[公事囑託]	대명률	
4-02-09-250	瀆職律	[公事曲法囑託]	대명률	
4-02-09-251	瀆職律	[官員部民私役]	대명률	
4-02-09-252	瀆職律	[憑標]	대명률	
4-02-10-253	遞信違犯律	[遞信違犯]	(대명률)	형법초.육군법률
4-02-11-254	接報不決律	[公文無故稽遲]	(대명률)	형법초.육군법률
4-02-11-255	接報不決律	[公務稽遲]	대명률	
4-02-12-256	傳送輸納有違律	[囚徒領送替送]	대명률	
4-02-12-257	傳送輸納有違律	[領送期限違誤]	대명률	
4-02-12-258	傳送輸納有違律	[官物輸運代輸]		신규
4-02-12-259	傳送輸納有違律	[御賜物品親傳]	대명률	
4-02-13-260	文書·符信遺失律	[制書·璽寶·符驗遺失]	(대명률)	형법초.육군법률

편장절조 (編章節條)	절명(節名)	국사편찬위원회 분류	전통법	근대법
4-02-13-261	文書·符信遺失律	[官司印章遺失]	대명률	
4-02-14-262	擅權律	[託故留難]	대명률	
4-02-14-263	擅權律	[職務不當妨害]	(대명률)	형법초.육군법률
4-02-14-264	擅權律	[豪勢凌虐]	대명률	
4-02-15-265	服舍違式律	[服舍違式]	대명률	
4-02-16-266	越權律	[訴訟受理]		신규
4-02-16-267	越權律	[官事·公事干預]	(대명률)	형법초.육군법률
4-02-16-268	越權律	[監臨·主守印封擅開]		신규
4-02-17-269	選擧及委任違犯律	[擅自塡補]	(대명률)	형법초.육군법률
4-02-17-270	選擧及委任違犯律	[免懲戒前擧用]	대명률	
4-02-17-271	選擧及委任違犯律	[官吏擧用]	대명률	
4-02-17-272	選擧及委任違犯律	[試取用奸]	대명률	
4-02-17-273	選擧及委任違犯律	[擅自委人代辦]		형법초.육군법률
4-03-01-274	訴訟違犯律	[越訴]	대명률	
4-03-01-275	訴訟違犯律	[訴冤擊錚擧火]		신규
4-03-01-276	訴訟違犯律	[冒濫上言]		신규
4-03-01-277	訴訟違犯律	[非理起訴]		신규
4-03-01-278	訴訟違犯律	[犯罪私和]	대명률	
4-03-01-279	訴訟違犯律	[自己訴冤]		신규
4-03-01-280	訴訟違犯律	[聚衆官司挾制]		신규
4-03-01-281	訴訟違犯律	[掘移納俘逃匿]		신규
4-03-01-282	訴訟違犯律	[納俘逃避]		신규
4-03-02-283	親屬相告律	[親屬相告]	대명률	
4-03-03-284	誣告律	[禁獄以下誣告]	대명률	
4-03-03-285	誣告律	[詐冒不實誣告]	대명률	
4-03-03-286	誣告律	[二事以上虛失告]	대명률	
4-03-03-287	誣告律	[上官死罪誣告]		신규
4-03-03-288	誣告律	[祖父母誣告]		신규
4-03-03-289	誣告律	[匿名投書]	대명률	

편장절조 (編章節條)	절명(節名)	국사편찬위원회 분류	전통법	근대법
4-03-03-290	誣告律	[詞訟敎唆]	대명률	
4-03-03-291	誣告律	[雇人誣告]		신규
4-03-03-292	誣告律	[寃枉妄訴]		신규
4-03-04-293	干犯罪囚律	[獄官器具與囚]	대명률	
4-03-04-294	干犯罪囚律	[死罪囚殺傷]	대명률	
4-03-04-295	干犯罪囚律	[罪囚劫奪]		신규
4-03-04-296	干犯罪囚律	[罪囚竊放]		신규
4-03-04-297	干犯罪囚律	[罪人中道劫奪]	대명률	
4-03-05-298	犯人及證人謀免裁判律	[延拖不就訟]		신규
4-03-05-299	犯人及證人謀免裁判律	[犯人故自傷殘]	대명률	
4-03-06-300	僞證律	[僞證]	대명률	
4-03-07-301	罪中犯罪律	[追捕抗拒]	대명률	
4-03-07-302	罪中犯罪律	[拒捕盜賊]	대명률	
4-03-07-303	罪中犯罪律	[限內逃走]	대명률	
4-03-07-304	罪中犯罪律	[罪囚監外擅出]	대명률	
4-03-07-305	罪中犯罪律	[平人誣指]	대명률	
4-03-08-306	罪人追捕有違律	[罪人不捕]	대명률	
4-03-08-307	罪人追捕有違律	[拒捕犯人格殺]	대명률	
4-03-09-308	罪人移受有違律	[他官司不移交]	대명률	
4-03-09-309	罪人移受有違律	[官司不拿交]	대명률	
4-03-09-310	罪人移受有違律	[罪人推故不受]	대명률	
4-03-09-311	罪人移受有違律	[照例違法移交]	대명률	
4-03-10-312	失囚律	[囚徒失·故縱]	대명률	
4-03-10-313	失囚律	[不覺失囚]		신규
4-03-11-314	聽理違犯律	[匿名書受理]	대명률	
4-03-11-315	聽理違犯律	[過限詞訟聽理]		신규
4-03-11-316	聽理違犯律	[讎嫌人訴訟受理]	대명률	
4-03-11-317	聽理違犯律	[立證式違反推問]	대명률	
4-03-11-318	聽理違犯律	[訴狀不受理]	대명률	

편장절조 (編章節條)	절명(節名)	국사편찬위원회 분류	전통법	근대법
4-03-11-319	聽理違犯律	[訴狀推故轉委]		신규
4-03-12-320	決罰違犯律	[違法決罰·拷訊]		신규
4-03-12-321	決罰違犯律	[法外刑具施用]	대명률	
4-03-12-322	決罰違犯律	[決罰·拷訊濫用]	대명률	
4-03-12-323	決罰違犯律	[司獄官雇人代替]	대명률	
4-03-12-324	決罰違犯律	[司獄官使役不均]	대명률	
4-03-12-325	決罰違犯律	[不囚·不鎖犯人]	대명률	
4-03-12-326	決罰違犯律	[故犯處斷]	대명률	
4-03-12-327	決罰違犯律	[無罪人故禁·故勘]	대명률	
4-03-13-328	出入人罪律	[出入人罪]	대명률	
4-03-13-329	出入人罪律	[法律不執出入]		신규
4-03-13-330	出入人罪律	[他事別求人罪]	대명률	
4-03-13-331	出入人罪律	[恩赦特赦操縱]	대명률	
4-03-13-332	出入人罪律	[脅勒·敎誘平人誣指]	대명률	
4-03-13-333	出入人罪律	[敎令事情變幻]	대명률	
4-03-14-334	不恤罪囚律	[不恤罪囚]	대명률	
4-03-14-335	不恤罪囚律	[不恤罪囚致死]	대명률	
4-03-14-336	不恤罪囚律	[獄囚衣糧剋減]	대명률	
4-03-14-337	不恤罪囚律	[非理罪囚凌虐]	대명률	
4-03-14-338	不恤罪囚律	[罪囚屍身埋葬]		신규
4-03-15-339	引律違式律	[律令具引違反]	대명률	
4-03-15-340	引律違式律	[引律比附節次]	대명률	
4-03-16-341	斷獄及放免違限律	[罪囚放免失期]		신규
4-03-16-342	斷獄及放免違限律	[司法官違期]	대명률	
4-03-16-343	斷獄及放免違限律	[原被告稽留]	대명률	
4-03-17-344	辨明冤枉律	[辨明冤枉]	대명률	
4-03-18-345	檢驗不實律	[檢驗不實]	대명률	
4-04-01-346	奏報不實律	[奏報詐不以實]	(대명률)	형법초, 육군법률
4-04-01-347	奏報不實律	[解由·罪名隱漏不報]	대명률	

편장절조 (編章節條)	절명(節名)	국사편찬위원회 분류	전통법	근대법
4-04-01-348	奏報不實律	[官員履歷不報]	대명률	
4-04-01-349	奏報不實律	[報告飾詐不實]	대명률	
4-04-02-350	制書及官文書增減律	[制書飾詐未施行]	대명률	
4-04-02-351	制書及官文書增減律	[公文·記錄增減]	대명률	
4-04-03-352	詐冒行止律	[官人詐稱]	대명률	
4-04-03-353	詐冒行止律	[外國人詐稱]	대명률	
4-04-03-354	詐冒行止律	[女服變着]		신규
4-04-03-355	詐冒行止律	[官員詐稱]	대명률	
4-04-03-356	詐冒行止律	[職役·姓名不實]		신규
4-04-03-357	詐冒行止律	[年歲增減]		신규
4-04-03-358	詐冒行止律	[無憑票出國]	대명률	
4-04-03-359	詐冒行止律	[無憑票擅行]	대명률	
4-04-03-360	詐冒行止律	[憑票冒名圖出]	대명률	
4-04-03-361	詐冒行止律	[功奪賞求]		신규
4-04-04-362	姦細律	[讒言·左道]		신규
4-04-04-363	姦細律	[豪勢阿附]		신규
4-04-04-364	姦細律	[求賞·陷害]	대명률	
4-04-04-365	姦細律	[立碑·建祠]	대명률	
4-04-04-366	姦細律	[褒賞申請]	대명률	
4-04-05-367	戶口及田産隱瞞律	[戶口詐冒不實]	대명률	
4-04-05-368	戶口及田産隱瞞律	[田産欺隱]	대명률	
4-04-05-369	戶口及田産隱瞞律	[雜稅隱匿]	대명률	
4-04-05-370	戶口及田産隱瞞律	[調査不實]	대명률	
4-04-06-371	檢踏災傷不實律	[檢踏不實]	대명률	
4-04-06-372	檢踏災傷不實律	[災傷不實]	대명률	
4-04-06-373	檢踏災傷不實律	[災傷冒告]	대명률	
4-04-07-374	買賣不實律	[買賣不實]	대명률	
4-04-08-375	度量衡增減律	[度量衡增減]	대명률	
4-04-08-376	度量衡增減律	[度量衡行使]	대명률	

편장절조 (編章節條)	절명(節名)	국사편찬위원회 분류	전통법	근대법
4-04-08-377	度量衡增減律	[較勘印烙不經]	대명률	
4-04-08-378	度量衡增減律	[違法烙許]	대명률	
4-04-09-379	匿喪及詐喪律	[匿喪不擧哀]	대명률	
4-04-09-380	匿喪及詐喪律	[喪事詐稱]	대명률	
4-04-10-381	僞造律	[制書僞造]	대명률	
4-04-10-382	僞造律	[軍器私造]		형법초.육군법률
4-04-10-383	僞造律	[曆書僞造]	대명률	
4-04-10-384	僞造律	[璽寶·符驗僞造]		신규
4-04-10-385	僞造律	[官司印章僞造]	대명률	
4-04-10-386	僞造律	[祥瑞僞造]	대명률	
4-04-10-387	僞造律	[公文·記錄僞造]	대명률	
4-04-10-388	僞造律	[憑票準許狀僞造]		신규
4-04-10-389	僞造律	[身分證書僞造]		신규
4-04-10-390	僞造律	[官契僞造]		신규
4-04-10-391	僞造律	[官員書札僞造]		신규
4-04-10-392	僞造律	[信章僞造施行]		신규
4-04-10-393	僞造律	[貨貨僞造]	대명률	
4-04-10-394	僞造律	[知情輸入行使]	대명률	
4-04-10-395	僞造律	[僞造認覺行使]		신규
4-04-10-396	僞造律	[金銀銅貨剪剟]	대명률	
4-04-10-397	僞造律	[鼓鑄金銀僞造]	대명률	
4-04-10-398	僞造律	[品質不實]		신규
4-04-11-399	造言律	[制命詐傳]	(대명률)	형법초.육군법률
4-04-11-400	造言律	[言語詐傳]	대명률	
4-04-11-401	造言律	[政事訛言]	대명률	
4-04-11-402	造言律	[國家妄言做出]		신규
4-04-11-403	造言律	[他人言端做出]		신규
4-04-12-404	邪術律	[讖緯·妖書]	대명률	
4-04-12-405	邪術律	[書符呪水]	대명률	

편장절조 (編章節條)	절명(節名)	국사편찬위원회 분류	전통법	근대법
4-04-12-406	邪術律	[圖像隱藏]	대명률	
4-04-12-407	邪術律	[邪術妄言]	대명률	
4-05-01-408	私設神祠律	[祠院私設]		신규
4-05-01-409	私設神祠律	[施土討索]		신규
4-05-02-410	褻瀆神明律	[瀆神明]	대명률	
4-05-02-411	褻瀆神明律	[香燒福禳]	대명률	
4-05-02-412	褻瀆神明律	[影幀私造]	대명률	
4-06-01-413	侵害尊尙地律	[尊地毀破]	대명률	
4-06-01-414	侵害尊尙地律	[旌閭毀破]	대명률	
4-06-01-415	侵害尊尙地律	[位版棄毀]	대명률	
4-06-01-416	侵害尊尙地律	[神主·影幀棄毀]		신규
4-06-02-417	文書·符信棄毀律	[制書·符驗棄毀]	(대명률)	형법초,육군법률
4-06-02-418	文書·符信棄毀律	[官司印章棄毀]	대명률	
4-06-02-419	文書·符信棄毀律	[遞傳私札棄毀]		신규
4-06-03-420	器物·稼穡棄毀律	[神御物棄毀]	대명률	
4-06-03-421	器物·稼穡棄毀律	[乘輿·服御物棄毀]	대명률	
4-06-03-422	器物·稼穡棄毀律	[器物稼穡棄毀]	대명률	
4-06-03-423	器物·稼穡棄毀律	[電線鐵道毀破]		신규
4-06-03-424	器物·稼穡棄毀律	[衣冠扯裂]		신규
4-06-03-425	器物·稼穡棄毀律	[祖父母衣冠扯裂]		신규
4-06-03-426	器物·稼穡棄毀律	[警察官吏棄毀]		형법초,육군법률
4-06-03-427	器物·稼穡棄毀律	[誤犯棄毀]		신규
4-06-03-428	器物·稼穡棄毀律	[碑碣棄毀]	대명률	
4-07-01-429	冒禁擅入律	[殿門擅入]	대명률	
4-07-01-430	冒禁擅入律	[殿內擅入]		신규
4-07-01-431	冒禁擅入律	[闕門擅入]	대명률	
4-07-01-432	冒禁擅入律	[門票不帶擅入]	대명률	
4-07-01-433	冒禁擅入律	[兵仗帶持擅入]	(대명률)	형법초,육군법률
4-07-01-434	冒禁擅入律	[御道直行]	대명률	

편장절조 (編章節條)	절명(節名)	국사편찬위원회 분류	전통법	근대법
4-07-01-435	冒禁擅入律	[無召命輒入]	대명률	
4-07-01-436	冒禁擅入律	[防禁門擅入]		신규
4-07-02-437	越城律	[越城律]	대명률	
4-07-03-438	公私家屋擅入律	[公堂闌入]		신규
4-07-03-439	公私家屋擅入律	[公堂無故出入]		형법초, 육군법률
4-07-03-440	公私家屋擅入律	[外國人公堂擅入]		형법초, 육군법률
4-07-03-441	公私家屋擅入律	[無故人家夜入]	대명률	
4-07-03-442	公私家屋擅入律	[人家內庭突入]		신규
4-08-01-443	喪葬違禮律	[居喪違禮]	대전회통(대명률)	
4-08-01-444	喪葬違禮律	[經年不葬]	대명률	
4-08-01-445	喪葬違禮律	[火葬·水葬]	대명률	
4-08-01-446	喪葬違禮律	[祭禮僭濫]	대전회통	
4-08-01-447	喪葬違禮律	[病故官人]		신규
4-08-02-448	葬埋違犯律	[京城內入葬]	대전회통	
4-08-02-449	葬埋違犯律	[地界內犯葬]		신규
4-08-02-450	葬埋違犯律	[陵界限內犯葬]		신규
4-08-02-451	葬埋違犯律	[胎室界限內犯葬]		신규
4-08-02-452	葬埋違犯律	[墳墓界限內犯葬]		신규
4-08-02-453	葬埋違犯律	[有主墳墓界限]		신규
4-08-02-454	葬埋違犯律	[禁養年久]		신규
4-08-02-455	葬埋違犯律	[依法掘移]		신규
4-08-02-456	葬埋違犯律	[私自禁葬]		신규
4-08-02-457	葬埋違犯律	[界限步數外禁葬]		신규
4-08-03-458	墳墓侵害律	[人塚私掘]	대명률	
4-08-03-459	墳墓侵害律	[墳塚作戲]	대명률	
4-08-03-460	墳墓侵害律	[棺槨延燒]	대명률	
4-08-03-461	墳墓侵害律	[父母墳塚侵犯]	대명률	
4-08-03-462	墳墓侵害律	[卑幼侵犯尊長]	대명률	
4-08-03-463	墳墓侵害律	[尊長侵犯卑幼]	대명률	

편장절조 (編章節條)	절명(節名)	국사편찬위원회 분류	전통법	근대법
4-08-03-464	墳墓侵害律	[園·墓作戲]	대명률	
4-08-03-465	墳墓侵害律	[歷代帝王陵寢]	대명률	
4-08-04-466	死屍殘害律	[死屍殘毁]	대명률	
4-08-04-467	死屍殘害律	[人肉噉食]		신규
4-08-04-468	死屍殘害律	[尊長死屍殘毁]	대명률	
4-08-04-469	死屍殘害律	[卑幼死屍殘毁]	대명률	
4-08-04-470	死屍殘害律	[家長·雇工殘毁]	대명률	
4-08-04-471	死屍殘害律	[屍骸不掩埋]	대명률	
4-08-04-472	死屍殘害律	[遺屍不申報]	대명률	
5-09-01-473	謀殺人律	[謀殺]	대명률	
5-09-01-474	謀殺人律	[身體拆割]	대명률	
5-09-01-475	謀殺人律	[魘魅詛呪殺人]	대명률	
5-09-01-476	謀殺人律	[爆藥傷害]	대명률	
5-09-02-477	故殺人律	[故殺]	대명률	
5-09-02-478	故殺人律	[强竊盜故殺]	대명률	
5-09-03-479	鬪毆殺人律	[鬪毆殺]	대명률	
5-09-03-480	鬪毆殺人律	[鬪毆共犯]		신규
5-09-03-481	鬪毆殺人律	[鬪毆同謀]	대명률	
5-09-04-482	誤殺人律	[誤殺人]	대명률	
5-09-05-483	彈射馳獵殺人律	[彈射馳獵殺人]	대명률	
5-09-06-484	過失殺人律	[過失殺]	대명률	
5-09-07-485	醫藥殺人律	[毒藥殺人]	(대명률)	형법초,육군법률
5-09-07-486	醫藥殺人律	[墮胎孕婦致死]		신규
5-09-08-487	因戲殺人律	[因戲殺人]	대전회통(대명률)	
5-09-09-488	威逼人致死律	[威力致死]	대명률	
5-09-09-489	威逼人致死律	[威逼自盡]	대명률	
5-09-09-490	威逼人致死律	[强奸自盡]	대명률	
5-09-09-491	威逼人致死律	[用强求娶致死]		신규
5-09-09-492	威逼人致死律	[用强毆打自盡]	대명률	

편장절조 (編章節條)	절명(節名)	국사편찬위원회 분류	전통법	근대법
5-09-10-493	擅殺謀人律	[父母被殺]	대명률	
5-09-10-494	擅殺謀人律	[父母被打]	대명률	
5-09-11-495	因姦殺死律	[妻妾通姦殺害]	대명률	
5-09-11-496	因姦殺死律	[親屬行姦殺害]	대전회통	
5-09-11-497	因姦殺死律	[姦夫本夫殺害]	대명률	
5-09-12-498	親屬殺死律	[親屬尊長殺害]	대명률	
5-09-12-499	親屬殺死律	[卑幼殺害]	대명률	
5-09-12-500	親屬殺死律	[尊長威逼自盡]	대명률	
5-09-12-501	親屬殺死律	[卑幼威逼自盡]		신규
5-09-13-502	殺死官員律	[殺死官員]	대명률	
5-09-14-503	將屍圖賴律	[親屬屍身圖賴]	대명률	
5-09-14-504	將屍圖賴律	[他人屍身圖賴]	대명률	
5-09-15-505	殺獄私和律	[他人殺死私和]	대명률	
5-09-15-506	殺獄私和律	[親屬殺死私和]	대명률	
5-09-16-507	因謀故殺致傷律	[謀殺致傷人]		신규
5-09-16-508	因謀故殺致傷律	[謀殺未曾傷人]		신규
5-09-16-509	因謀故殺致傷律	[謀殺致傷得財]		신규
5-09-16-510	因謀故殺致傷律	[故殺致傷]		신규
5-09-17-511	鬪毆傷人律	[鬪毆傷人]	대명률	
5-09-17-512	鬪毆傷人律	[共同鬪毆傷人]	대명률	
5-09-17-513	鬪毆傷人律	[共鬪分首從]		신규
5-09-17-514	鬪毆傷人律	[互相鬪毆]	대명률	
5-09-17-515	鬪毆傷人律	[威力制縛人]	대명률	
5-09-17-516	鬪毆傷人律	[强竊盜傷害]		신규
5-09-17-517	鬪毆傷人律	[財物脅騙]		신규
5-09-17-518	鬪毆傷人律	[闕內忿爭]	대명률	
5-09-18-519	因戱及過失傷人律	[戱演傷人]		신규
5-09-18-520	因戱及過失傷人律	[彈射傷人]	대명률	
5-09-18-521	因戱及過失傷人律	[過失傷人]	대명률	

편장절조 (編章節條)	절명(節名)	국사편찬위원회 분류	전통법	근대법
5-09-19-522	毆傷官員律	[上司官員傷]	대명률	
5-09-19-523	毆傷官員律	[過失毆打]		신규
5-09-19-524	毆傷官員律	[官員相毆]	대명률	
5-09-19-525	毆傷官員律	[上司官毆打]	대명률	
5-09-20-526	毆傷親屬律	[父母毆傷]	대명률	
5-09-20-527	毆傷親屬律	[尊長毆傷]	대명률	
5-09-20-528	毆傷親屬律	[妾毆傷]	대명률	
5-09-20-529	毆傷親屬律	[子孫毆傷]		신규
5-09-20-530	毆傷親屬律	[尊長毆打]	대명률	
5-09-20-531	毆傷親屬律	[卑幼毆打]		신규
5-09-20-532	毆傷親屬律	[夫親屬毆打]	대명률	
5-09-21-533	墮胎律	[墮胎]	(대명률)	형법초안
5-10-01-534	姦人婦女律	[有夫女和姦]	대명률	
5-10-01-535	姦人婦女律	[婦女强姦]	대명률	
5-10-01-536	姦人婦女律	[婦女劫姦]		적도처단례
5-10-01-537	姦人婦女律	[幼女姦淫]	대명률	
5-10-01-538	姦人婦女律	[居喪犯姦]	대명률	
5-10-01-539	姦人婦女律	[强姦詐稱]		신규
5-10-01-540	姦人婦女律	[姦生子女]	대명률	
5-10-01-541	姦人婦女律	[良家婦女調戲]		신규
5-10-01-542	姦人婦女律	[姦淫確據]	대명률	
5-10-02-543	姦宮女及官人妻女律	[宮女與人通姦]		신규
5-10-02-544	姦宮女及官人妻女律	[上司官妻女通姦]		신규
5-10-03-545	官吏犯姦律	[司法官姦淫]	대명률	
5-10-03-546	官吏犯姦律	[監臨官姦淫]	대명률	
5-10-03-547	官吏犯姦律	[官人娼家留宿]	대명률	
5-10-04-548	姦親屬及家長或雇工律	[近親相姦]	대명률	
5-10-04-549	姦親屬及家長或雇工律	[總麻以上親姦淫]	대명률	
5-10-04-550	姦親屬及家長或雇工律	[前夫女姦淫]		신규

편장절조 (編章節條)	절명(節名)	국사편찬위원회 분류	전통법	근대법
5-10-04-551	姦親屬及家長或雇工律	[無服親姦淫]	대명률	
5-10-04-552	姦親屬及家長或雇工律	[雇工妻姦淫]		신규
5-10-04-553	姦親屬及家長或雇工律	[家長妻姦淫]	대명률	
5-10-04-554	姦親屬及家長或雇工律	[親告罪]		형법초안
5-10-05-555	姦事縱容及媒合律	[姦婦·姦夫容接]	대명률	
5-10-05-556	姦事縱容及媒合律	[姦事私和]	대명률	
5-10-05-557	姦事縱容及媒合律	[抑勒通姦]	대명률	
5-10-05-558	姦事縱容及媒合律	[姦婦從夫嫁出]	대명률	
5-11-01-559	婚姻違犯律	[牢約未成]	대명률	
5-11-01-560	婚姻違犯律	[假冒相見]	대명률	
5-11-01-561	婚姻違犯律	[姒妹詐稱]	대명률	
5-11-01-562	婚姻違犯律	[婚事離間]		신규
5-11-01-563	婚姻違犯律	[婚事威逼]		신규
5-11-01-564	婚姻違犯律	[婦人强嫁]	대명률	
5-11-01-565	婚姻違犯律	[逐壻]	대명률	
5-11-01-566	婚姻違犯律	[有妻更娶]	대명률	
5-11-01-567	婚姻違犯律	[背夫改嫁]	대명률	
5-11-01-568	婚姻違犯律	[居喪嫁娶]	대명률	
5-11-01-569	婚姻違犯律	[父母囚禁嫁娶]	대명률	
5-11-01-570	婚姻違犯律	[逃走婦女相婚]	대명률	
5-11-01-571	婚姻違犯律	[監臨官强娶]	대명률	
5-11-01-572	婚姻違犯律	[同姓同本婚]	대명률	
5-11-01-573	婚姻違犯律	[無服親嫁娶]	대명률	
5-11-01-574	婚姻違犯律	[内外親屬相婚]	대명률	
5-11-01-575	婚姻違犯律	[主婚者處罰]	대명률	
5-11-01-576	婚姻違犯律	[知情居媒]	대명률	
5-11-02-577	妻妾失序及夫婦離異律	[以妻作妾]	대명률	
5-11-02-578	妻妾失序及夫婦離異律	[出妻]	대명률	
5-11-02-579	妻妾失序及夫婦離異律	[夫强制離異]		신규

편장절조 (編章節條)	절명(節名)	국사편찬위원회 분류	전통법	근대법
5-11-02-580	妻妾失序及夫婦離異律	[妻妾强制離異]		신규
5-11-02-581	妻妾失序及夫婦離異律	[妻妾在逃]	대명률	
5-11-03-582	立嗣違犯律	[違法立嗣]	대전회통(대명률)	
5-11-03-583	立嗣違犯律	[養子捨去]		신규
5-11-03-584	立嗣違犯律	[宗孫僭稱]		신규
5-12-01-585	盜大祀所用及御用物律	[祭器竊盜]		적도처단례
5-12-01-586	盜大祀所用及御用物律	[璽寶竊盜]		적도처단례
5-12-01-587	盜大祀所用及御用物律	[御供物品竊盜]		적도처단례
5-12-01-588	盜大祀所用及御用物律	[殿庭物竊盜]		신규
5-12-02-589	盜官司印信或文書及各門鑰律	[印章文書竊盜]		적도처단례
5-12-02-590	盜官司印信或文書及各門鑰律	[門鑰竊盜]		적도처단례
5-12-03-591	盜係官財産律	[監守自盜]		적도처단례
5-12-03-592	盜係官財産律	[常人官財竊盜]		적도처단례
5-12-04-593	强盜律	[强盜]	(대명률)	적도처단례
5-12-04-594	强盜律	[財物冒認·搶奪]	대명률	
5-12-05-595	竊盜律	[竊盜]		적도처단례
5-12-06-596	准竊盜律	[准竊盜]		신규
5-12-06-597	准竊盜律	[馬牛盜殺]		적도처단례
5-12-06-598	准竊盜律	[鬪毆拿引盜取]		적도처단례
5-12-06-599	准竊盜律	[恐嚇取財]		적도처단례
5-12-06-600	准竊盜律	[詐欺取財]		적도처단례
5-12-06-601	准竊盜律	[穀麻·菜果擅取]		적도처단례
5-12-07-602	樹木盜斫律	[公有樹木盜斫]	(대명률)	적도처단례
5-12-07-603	樹木盜斫律	[禁養樹木斫伐]		적도처단례
5-12-08-604	略人律	[略人賣買]		적도처단례
5-12-08-605	略人律	[强作妻妾]		신규
5-12-08-606	略人律	[和誘賣買]		적도처단례
5-12-08-607	略人律	[棄兒賣買]		신규
5-12-08-608	略人律	[在逃子女賣買]		신규

편장절조 (編章節條)	절명(節名)	국사편찬위원회 분류	전통법	근대법
5-12-08-609	略人律	[親屬賣買]		적도처단례
5-12-08-610	略人律	[人口賣買]		신규
5-12-08-611	略人律	[妻妾典雇]		신규
5-12-09-612	田宅·山林冒認及强占律	[田宅冒認典賣]	대명률	
5-12-09-613	田宅·山林冒認及强占律	[田宅强占]	대명률	
5-12-09-614	田宅·山林冒認及强占律	[田宅豪勢投獻]	대명률	
5-12-10-615	賊盜窩主律	[强盜窩主]		적도처단례
5-12-10-616	賊盜窩主律	[竊盜窩主]		적도처단례
5-12-11-617	共謀爲盜律	[强盜竊盜贓]		적도처단례
5-12-11-618	共謀爲盜律	[竊盜强盜贓]		적도처단례
5-12-12-619	親屬及雇工偷竊律	[親屬相盜]	대명률	
5-12-13-620	盜後分贓律	[盜後分贓]		신규
5-13-01-621	官物虧欠及收支有違律	[財産虧欠]	대명률	
5-13-01-622	官物虧欠及收支有違律	[挪移出納]	대명률	
5-13-02-623	官物借用律	[官物換用]	대명률	
5-13-02-624	官物借用律	[監守官物換用]	대명률	
5-13-03-625	虛出尺文律	[印尺虛出]	대명률	
5-13-03-626	虛出尺文律	[監守虛出]	대명률	
5-13-04-627	損傷官物律	[損傷官物]	대명률	
5-13-04-628	損傷官物律	[官物輸運]	대명률	
5-13-04-629	損傷官物律	[馬牛損傷放失]	대명률	
5-13-04-630	損傷官物律	[官物詐稱損失]	대명률	
5-13-05-631	犯贓律	[枉法律]	대명률	
5-13-05-632	犯贓律	[事後受財]	대명률	
5-13-05-633	犯贓律	[官吏財物求索]	대명률	
5-13-05-634	犯贓律	[官吏受饋遺]	대명률	
5-13-05-635	犯贓律	[贓物剋留]	대명률	
5-13-06-636	典賣有違律	[再行典賣]	대명률	
5-13-06-637	典賣有違律	[託故不肯放贖]	대명률	

편장절조 (編章節條)	절명(節名)	국사편찬위원회 분류	전통법	근대법
5-13-07-638	錢債有違律	[官吏放債典執]	대명률	
5-13-07-639	錢債有違律	[私債違約不報]	대명률	
5-13-07-640	錢債有違律	[因債財産强奪]	대명률	
5-13-07-641	錢債有違律	[因債妻妾强奪]	대명률	
5-13-07-642	錢債有違律	[因債婦女姦占]	대명률	
5-13-07-643	錢債有違律	[受寄費用不還]	대명률	
5-13-08-644	遺失物剋留律	[遺失物限內送納]	대명률	
5-13-08-645	遺失物剋留律	[遺失物掩匿]		신규
5-13-08-646	遺失物剋留律	[埋藏物掩匿]	대명률	
5-13-09-647	造作採取不如法律	[造作不如法]	대명률	
5-13-09-648	造作採取不如法律	[採取工力虛費]	대명률	
5-13-10-649	農商工業違犯律	[堤堰·川渠決潰]	대명률	
5-13-10-650	農商工業違犯律	[限犯建築·耕作]	대명률	
5-13-10-651	農商工業違犯律	[礦店私開]		신규
5-14-01-652	罵詈律	[一般罵詈]	대명률	
5-14-01-653	罵詈律	[平民罵詈官人]	대명률	
5-14-01-654	罵詈律	[卑官罵詈高官]	대명률	
5-14-01-655	罵詈律	[罵詈上司官]	대명률	
5-14-01-656	罵詈律	[罵詈親屬尊長]	대명률	
5-14-01-657	罵詈律	[雇工罵詈家長]	대명률	
5-14-01-658	罵詈律	[親聞親告]		신규
5-14-02-659	衛生妨害律	[鴉片烟]		신규
5-14-02-660	衛生妨害律	[疫斃牛肉]		신규
5-14-02-661	衛生妨害律	[飮料汚穢]		형법초안
5-14-02-662	衛生妨害律	[染疫警察職務]		신규
5-14-02-663	衛生妨害律	[暴疾下陸禁止]		신규
5-14-02-664	衛生妨害律	[孩兒抛棄]		형법초안
5-14-03-665	放火及失火律	[自己家屋放火]	대명률	
5-14-03-666	放火及失火律	[放火家屋延燒]	대명률	

편장절조 (編章節條)	절명(節名)	국사편찬위원회 분류	전통법	근대법
5-14-03-667	放火及失火律	[失火家屋延燒]	대명률	
5-14-03-668	放火及失火律	[官府公廨失火]	대명률	
5-14-03-669	放火及失火律	[墳墓延燒]		신규
5-14-04-670	宰殺牛馬律	[宰殺牛馬律]	대명률	
5-14-04-671	宰殺牛馬律	[病死牛馬開剝]	대명률	
5-14-05-672	賭技律	[賭技律]	대명률	
5-14-05-673	賭技律	[賭房開張]	대명률	
5-14-06-674	使酒律	[使酒律]		신규
5-14-07-675	見急不救律	[見急不救律]	대명률	
5-14-08-676	公私役妨礙律	[公私役妨礙律]		신규
5-14-09-677	違令律	[違令律]	대명률	
5-14-10-678	不應爲律	[不應爲律]	대명률	
5-15-00-679	附則	[廢止法律]	대명률	
5-15-00-680	附則	[施行日]		신규

- 기준: 법원이 복수일 경우 전통법은 최종법을 기준으로, 근대법은 순서대로 각기 표기하였음. 법서의 본문이 아니면 주석학에서 인용하더라도 제외하였고, 영인본에 추가된 「공화흠포인처단례」도 제외하였음.
- 전거: 국사편찬위원회 「조선시대 법령자료」(전자판); 정진숙, 앞의 논문, 2009; 김백철 앞의 책, 2010; 김백철, 앞의 책, 2016a; 김백철, 2016b.

〈부표 5〉『형법대전』의 『사법품보』 활용도

편장절조(編章節條)	절명(節名)	국사편찬위원회 분류	광무 9년(1905)	광무 10년(1906)
1-01-01-001	本法律施用權限	[用法範圍]		
1-01-01-002	本法律施用權限	[死刑比附禁止]		
1-01-01-003	本法律施用權限	[首犯·從犯無區別]		
1-01-01-004	本法律施用權限	[特定者適用]		
1-01-02-005	聽理區域	[勅奏任官等犯罪]		
1-01-02-006	拘拿及立證格式	[官員犯罪者]		
1-01-02-007	拘拿及立證格式	[官吏·使役拘拿]		
1-01-03-008	聽理區域	[聽理區域]		
1-01-03-009	聽理區域	[二人以上犯罪]		2
1-01-03-010	拘拿及立證格式	[他地方所居人]		
1-01-03-011	拘拿及立證格式	[立證不可人]		
1-01-04-012	罪囚應禁·應許條例	[罪囚帶持禁止物]		
1-01-04-013	罪囚應禁·應許條例	[流刑家屬]		
1-01-04-014	罪囚應禁·應許條例	[罪囚親屬入視]		
1-01-04-015	罪囚應禁·應許條例	[獄具脫去]		
1-01-05-016	期限通規	[聽訟期限]		
1-01-05-017	期限通規	[捕捉期限]	2	
1-01-05-018	期限通規	[裁判所移交期限]		
1-01-05-019	期限通規	[決獄期限]		1
1-01-05-020	期限通規	[申訴期限]		1
1-01-05-021	期限通規	[刑事執刑]		
1-01-05-022	期限通規	[民事執行]		
1-01-05-023	期限通規	[免懲戒期限]		
1-01-05-024	期限通規	[輕囚保放期限]		
1-01-05-025	期限通規	[保辜期限]		1
1-01-05-026	期限通規	[官員赴任期限]		
1-01-05-027	期限通規	[還退期限]		
1-01-05-028	期限通規	[徵償期限]		
1-01-05-029	期限通規	[納贖期限]		1

편장절조(編章節條)	절명(節名)	국사편찬위원회 분류	광무 9년(1905)	광무 10년(1906)
-01-05-030	期限通規	[遺失物送納期限]		
-01-06-031	界限通規	[胎室界限]		
-01-06-032	界限通規	[墳墓界限]	2	
-01-07-033	名稱分析	[尊嚴之地]		
-01-07-034	名稱分析	[乘輿·車駕·御]		
-01-07-035	名稱分析	[制]		
-01-07-036	名稱分析	[宗親]		
-01-07-037	名稱分析	[大祀]		
-01-07-038	名稱分析	[監臨·主守]		
-01-07-039	名稱分析	[上官]		
-01-07-040	名稱分析	[吏典]		
-01-07-041	名稱分析	[民人]		
-01-07-042	名稱分析	[免官]		
-01-07-043	名稱分析	[大逆]		
-01-07-044	名稱分析	[謀反]		
-01-07-045	名稱分析	[謀]		
-01-07-046	名稱分析	[衆]		1
-01-07-047	名稱分析	[故]		
-01-07-048	名稱分析	[期間]		
-01-07-049	名稱分析	[距離]		
-01-07-050	名稱分析	[同罪]		3
-01-07-051	名稱分析	[過失]		
-01-07-052	名稱分析	[老]		
-01-07-053	名稱分析	[廢疾]		
-01-07-054	名稱分析	[贓]		
-01-07-055	名稱分析	[申訴]		
-01-07-056	名稱分析	[執刑]		4
-01-07-057	名稱分析	[執行]		4
-01-07-058	名稱分析	[沒入]		
-01-07-059	名稱分析	[賠償]		

편장절조(編章節條)	절명(節名)	국사편찬위원회 분류	광무 9년(1905)	광무 10년(1906
1-01-07-060	名稱分析	[應禁物]		
1-01-07-061	名稱分析	[離異]		
1-01-07-062	名稱分析	[親屬]		
1-01-08-063	等級區別	[官人遞加等級]		
1-01-08-064	等級區別	[親屬遞加減等級]	1	7
1-01-08-065	等級區別	[雇工]		
2-01-01-066	犯罪原由	[犯罪]		
2-01-01-067	犯罪原由	[皇室犯·國事犯]		
2-01-01-068	犯罪原由	[知情不告罪]		1
2-01-01-069	犯罪原由	[知情藏匿隱避]		
2-01-01-070	犯罪原由	[敎唆犯]		
2-01-02-071	二罪以上俱發	[二罪以上俱發]		
2-01-02-072	二罪以上俱發	[二罪以上俱發-執刑後]		
2-01-02-073	二罪以上俱發	[二罪以上俱發-執刑前]		1
2-01-02-074	二罪以上俱發	[二罪以上俱發-避匿]		
2-01-03-075	罪中又犯	[罪中又犯]		
2-01-04-076	一罪再犯	[一罪再犯]		
2-01-04-077	一罪再犯	[一罪再犯-赦免]		1
2-01-05-078	二人以上共犯	[共犯]		1
2-01-05-079	二人以上共犯	[首犯-造意]	1	8
2-01-05-080	二人以上共犯	[首犯-指揮]	1	2
2-01-05-081	二人以上共犯	[首犯-下手]		
2-01-05-082	二人以上共犯	[從犯]		4
2-01-06-083	賊盜分類	[賊盜]		
2-01-06-084	賊盜分類	[準竊盜]		
2-01-07-085	犯罪時老幼區別	[犯罪時老幼]		
2-01-08-086	未遂犯	[未遂犯]		
2-01-09-087	不論罪類	[不論罪]	1	
2-01-09-088	不論罪類	[不論罪-回避不能]	1	
2-01-09-089	不論罪類	[不論罪-不知]		

편장절조(編章節條)	절명(節名)	국사편찬위원회 분류	광무 9년(1905)	광무 10년(1906)
2-01-09-090	不論罪類	[不論罪-廢疾]		
2-01-09-091	不論罪類	[不論罪-年齡]		
3-01-01-092	刑名·刑具及獄具	[刑種]	1	
3-01-01-093	刑名·刑具及獄具	[主刑]		
3-01-01-094	刑名·刑具及獄具	[死刑]		
3-01-01-095	刑名·刑具及獄具	[流刑]		
3-01-01-096	刑名·刑具及獄具	[役刑]	1	
3-01-01-097	刑名·刑具及獄具	[禁獄]		
3-01-01-098	刑名·刑具及獄具	[笞刑]		
3-01-01-099	刑名·刑具及獄具	[附加刑]		
3-01-01-100	刑名·刑具及獄具	[獄具]		
3-01-02-101	主刑處分	[主刑宣告]		
3-01-02-102	主刑處分	[死刑執行]		
3-01-02-103	主刑處分	[婦女死刑]	1	
3-01-02-104	主刑處分	[死刑囚屍體]		
3-01-02-105	主刑處分	[死刑勿行]		
3-01-02-106	主刑處分	[死刑]		
3-01-02-107	主刑處分	[流刑]	1	
3-01-02-108	主刑處分	[役刑]		
3-01-02-109	主刑處分	[禁獄]		
3-01-02-110	主刑處分	[笞刑]		
3-01-02-111	主刑處分	[役刑]		2
3-01-02-112	主刑處分	[特別法院犯人]		
3-01-02-113	主刑處分	[勅·奏任官被拿]		
3-01-02-114	主刑處分	[法律適用上에疑義]	1	2
3-01-02-115	主刑處分	[役刑終身以上]		
3-01-03-116	附加刑處分	[附加刑]		
3-01-03-117	附加刑處分	[免官·免役]		
3-01-03-118	附加刑處分	[沒入]		
3-01-04-119	獄具施用處分	[枷·桎]		

편장절조(編章節條)	절명(節名)	국사편찬위원회 분류	광무 9년(1905)	광무 10년(1906)
3-01-04-120	獄具施用處分	[鐵索]		
3-01-04-121	獄具施用處分	[笞・鞭]		
3-01-05-122	斷罪引律令	[斷罪引律令]		
3-01-06-123	公私罪處斷例	[公罪-遞減]		
3-01-06-124	公私罪處斷例	[監臨官-公罪]		
3-01-06-125	公私罪處斷例	[情狀酌量]	1	9
3-01-06-126	公私罪處斷例	[罪人故縱]		
3-01-07-127	知情不告及藏匿處斷例	[知情不告・藏匿]		12
3-01-07-128	知情不告及藏匿處斷例	[知情非理聽行]		
3-01-08-129	二罪以上處斷例	[二罪以上處斷]	22	62
3-01-08-130	二罪以上處斷例	[二罪判決已經]		
3-01-08-131	二罪以上處斷例	[二罪判決以前]		
3-01-08-132	二罪以上處斷例	[二罪窺伺避匿]		
3-01-09-133	罪中又犯處斷例	[罪中又犯處斷]	1	1
3-01-10-134	一罪再犯處斷例	[一罪再犯處斷]	1	18
3-01-11-135	二人以上共犯處斷例	[從犯一等減]	8	37
3-01-11-136	二人以上共犯處斷例	[共犯見獲・在逃]	1	9
3-01-12-137	未遂犯處斷例	[未遂犯處斷]		9
3-01-13-138	免罪及加減處分	[赦典免罪]		
3-01-13-139	免罪及加減處分	[赦典不得免罪]	2	5
3-01-13-140	免罪及加減處分	[赦典國家大患]		
3-01-13-141	免罪及加減處分	[赦典前犯罪]		
3-01-13-142	免罪及加減處分	[自首]		8
3-01-13-143	免罪及加減處分	[老幼減等]		1
3-01-13-144	免罪及加減處分	[減廢疾等]		4
3-01-13-145	免罪及加減處分	[癲狂減等]		2
3-01-13-146	免罪及加減處分	[官吏遞加]		1
3-01-13-147	免罪及加減處分	[下官遞加]		
3-01-13-148	免罪及加減處分	[親屬互相犯罪]		
3-01-13-149	免罪及加減處分	[雇工家長所犯]		

편장절조(編章節條)	절명(節名)	국사편찬위원회 분류	광무 9년(1905)	광무 10년(1906)
3-01-13-150	免罪及加減處分	[學徒受業師所犯]		
3-01-13-151	免罪及加減處分	[官吏非法行爲]		
3-01-13-152	免罪及加減處分	[赦典聞知故意]		
3-01-13-153	免罪及加減處分	[公事失錯自覺]		1
3-01-13-154	免罪及加減處分	[官文書稽滯]		
3-01-13-155	免罪及加減處分	[身分犯-首犯]		
3-01-13-156	免罪及加減處分	[身分犯-從犯]		
3-01-14-157	加減次序	[加減次序]		1
3-01-15-158	執刑禁限	[執刑禁限]		
3-01-15-159	執刑禁限	[執刑不得]		
3-01-16-160	刑期計算	[刑期計算]		
3-01-16-161	刑期計算	[刑期計算-逃走]		
3-01-16-162	刑期計算	[受刑初日]		
3-01-17-163	徵償處分	[先追贓後勘罪]		
3-01-17-164	徵償處分	[贓物現存有無]		
3-01-17-165	徵償處分	[贓物納官給主]		
3-01-17-166	徵償處分	[賊贓買得追贓]	1	
3-01-17-167	徵償處分	[賊贓受寄]		
3-01-17-168	徵償處分	[身死者追贓]		
3-01-17-169	徵償處分	[公貨犯逋]		
3-01-17-170	徵償處分	[公私債過限]		
3-01-17-171	徵償處分	[物監守・受寄]		
3-01-17-172	徵償處分	[不動産毀損]		
3-01-17-173	徵償處分	[犯罪應償款額]		4
3-01-17-174	徵償處分	[應償不得換刑]		
3-01-17-175	徵償處分	[共犯賠償分徵]		
3-01-17-176	徵償處分	[賠償不得加減]	1	
3-01-17-177	徵償處分	[給俸國庫還納]		
3-01-18-178	收贖處分	[公罪收贖]	1	1
3-01-18-179	收贖處分	[老幼婦女收贖]		1

편장절조(編章節條)	절명(節名)	국사편찬위원회 분류	광무 9년(1905)	광무 10년(1906)
3-01-18-180	收贖處分	[私罪不得收贖]	2	
3-01-18-181	收贖處分	[官人笞刑收贖]		
3-01-18-182	收贖處分	[贖錢定數]	2	1
3-01-18-183	收贖處分	[不得納贖]		
3-01-18-184	收贖處分	[笞刑不得納贖]		
3-01-19-185	保放規則	[禁獄以下保放]		1
3-01-19-186	保放規則	[流刑役刑保放]		
3-01-19-187	保放規則	[婦女老幼保放]		
3-01-19-188	保放規則	[保放逃躲]		
3-01-19-189	保放規則	[保人]		
4-01-01-190	反逆律	[大逆]		
4-01-01-191	反逆律	[謀反]		
4-01-01-192	反逆律	[反逆]	3	3
4-01-01-193	反逆律	[反逆徒]		
4-01-01-194	反逆律	[關牌作變]		
4-01-02-195	內亂律	[內亂]		6
4-01-03-196	外亂律	[外亂]		
4-01-03-197	外亂律	[外亂-交戰]		
4-01-03-198	外亂律	[利敵]	2	3
4-01-03-199	外亂律	[交戰故意違背]		
4-01-04-200	國權壞損律	[國權壞損]	12	19
4-01-05-201	外交所犯律	[外交所犯]		
4-02-01-202	制書有違律	[制書有違]		
4-02-01-203	制書有違律	[制書稽緩]		
4-02-01-204	制書有違律	[制書旨意失錯]		
4-02-01-205	制書有違律	[制書書頒錯誤]		
4-02-02-206	享祀錯誤律	[祭享日期失誤]	2	1
4-02-02-207	享祀錯誤律	[祀典祭期失誤]		
4-02-02-208	享祀錯誤律	[有喪祭官差遣]		
4-02-02-209	享祀錯誤律	[誓戒已受所犯]		

편장절조(編章節條)	절명(節名)	국사편찬위원회 분류	광무 9년(1905)	광무 10년(1906)
4-02-02-210	享祀錯誤律	[誓戒 · 祭禮錯誤]		
4-02-02-211	享祀錯誤律	[祭物所犯]		
4-02-03-212	朝賀及一應行禮失錯律	[行禮失錯]		
4-02-04-213	奏報違錯律	[犯罪 · 論功奏聞]	1	3
4-02-04-214	奏報違錯律	[應奏擅行]		1
4-02-04-215	奏報違錯律	[上書 · 奏事錯誤]	1	4
4-02-04-216	奏報違錯律	[御諱 · 廟諱誤犯]	1	
4-02-04-217	奏報違錯律	[司法官奏報違錯]		
4-02-05-218	直守違背律	[職役無故擅離]	1	1
4-02-05-219	直守違背律	[應直 · 應宿]		1
4-02-05-220	直守違背律	[壇 · 廟擅離]		2
4-02-05-221	直守違背律	[把守信地擅離]		
4-02-05-222	直守違背律	[壇 · 廟火起擅離]		
4-02-05-223	直守違背律	[監守私自代替]		
4-02-05-224	直守違背律	[把守警察睡醉]		
4-02-05-225	直守違背律	[宮禁把守加重]		
4-02-06-226	厭避職役律	[厭避職役]	1	
4-02-06-227	厭避職役律	[守令印章投歸]		
4-02-06-228	厭避職役律	[幸行車駕應從]		
4-02-06-229	厭避職役律	[職役託故回避]		
4-02-06-230	厭避職役律	[官醫病人回避]		
4-02-07-231	交替有違律	[官吏使役替直]		
4-02-07-232	交替有違律	[登途期限違背]		
4-02-07-233	交替有違律	[官員文簿傳掌]		
4-02-08-234	溺職律	[車駕儀仗衝入]		
4-02-08-235	溺職律	[關門不鎖]		
4-02-08-236	溺職律	[京城門不鎖]		
4-02-08-237	溺職律	[由暇歸期稽緩]		
4-02-08-238	溺職律	[回還期限稽緩]		
4-02-08-239	溺職律	[官馬不調習]		

편장절조(編章節條)	절명(節名)	국사편찬위원회 분류	광무 9년(1905)	광무 10년(1906)
4-02-08-240	溺職律	[公文印章不鈐]		
4-02-08-241	溺職律	[獄舍不實]		1
4-02-08-242	溺職律	[道路不修理]		
4-02-09-243	瀆職律	[牧民官貪虐]		
4-02-09-244	瀆職律	[機密重事漏洩]		
4-02-09-245	瀆職律	[公座不署事]		
4-02-09-246	瀆職律	[差遣不公平]		
4-02-09-247	瀆職律	[官畜私物馱載]		
4-02-09-248	瀆職律	[工匠在家私役]		
4-02-09-249	瀆職律	[公事囑託]	1	2
4-02-09-250	瀆職律	[公事曲法囑託]		
4-02-09-251	瀆職律	[官員部民私役]		
4-02-09-252	瀆職律	[憑標]		
4-02-10-253	遞信違犯律	[遞信違犯]		
4-02-11-254	接報不決律	[公文無故稽遲]		
4-02-11-255	接報不決律	[公務稽遲]		
4-02-12-256	傳送輸納有違律	[囚徒領送替送]		
4-02-12-257	傳送輸納有違律	[領送期限違誤]		
4-02-12-258	傳送輸納有違律	[官物輸運代輸]		
4-02-12-259	傳送輸納有違律	[御賜物品親傳]		
4-02-13-260	文書·符信遺失律	[制書·璽寶·符驗遺失]		
4-02-13-261	文書·符信遺失律	[官司印章遺失]		
4-02-14-262	擅權律	[託故留難]		
4-02-14-263	擅權律	[職務不當妨害]		
4-02-14-264	擅權律	[豪勢凌虐]	2	3
4-02-15-265	服舍違式律	[服舍違式]		
4-02-16-266	越權律	[訴訟受理]		
4-02-16-267	越權律	[官事·公事干預]		1
4-02-16-268	越權律	[監臨·主守印封擅開]		
4-02-17-269	選擧及委任違犯律	[擅自塡補]		

편장절조(編章節條)	절명(節名)	국사편찬위원회 분류	광무 9년(1905)	광무 10년(1906)
4-02-17-270	選擧及委任違犯律	[免懲戒前擧用]		
4-02-17-271	選擧及委任違犯律	[官吏擧用]		
4-02-17-272	選擧及委任違犯律	[試取用奸]		
4-02-17-273	選擧及委任違犯律	[擅自委人代辦]		
4-03-01-274	訴訟違犯律	[越訴]		
4-03-01-275	訴訟違犯律	[訴冤擊錚擧火]		
4-03-01-276	訴訟違犯律	[冒濫上言]		
4-03-01-277	訴訟違犯律	[非理起訴]		1
4-03-01-278	訴訟違犯律	[犯罪私和]	1	
4-03-01-279	訴訟違犯律	[自己訴冤]		
4-03-01-280	訴訟違犯律	[聚衆官司挾制]	3	4
4-03-01-281	訴訟違犯律	[掘移納栲逃匿]		
4-03-01-282	訴訟違犯律	[納栲逃避]		
4-03-02-283	親屬相告律	[親屬相告]		
4-03-03-284	誣告律	[禁獄以下誣告]	2	8
4-03-03-285	誣告律	[詐冒不實誣告]		
4-03-03-286	誣告律	[二事以上虛失告]		
4-03-03-287	誣告律	[上官死罪誣告]		
4-03-03-288	誣告律	[祖父母誣告]		2
4-03-03-289	誣告律	[匿名投書]		
4-03-03-290	誣告律	[詞訟敎唆]		2
4-03-03-291	誣告律	[雇人誣告]		
4-03-03-292	誣告律	[冤枉妄訴]		
4-03-04-293	干犯罪囚律	[獄官器具與囚]		
4-03-04-294	干犯罪囚律	[死罪囚殺傷]		
4-03-04-295	干犯罪囚律	[罪囚劫奪]		1
4-03-04-296	干犯罪囚律	[罪囚竊放]		
4-03-04-297	干犯罪囚律	[罪人中道劫奪]		4
4-03-05-298	犯人及證人謀免裁判律	[延拖不就訟]		
4-03-05-299	犯人及證人謀免裁判律	[犯人故自傷殘]		

편장절조(編章節條)	절명(節名)	국사편찬위원회 분류	광무 9년(1905)	광무 10년(1906)
4-03-06-300	僞證律	[僞證]		1
4-03-07-301	罪中犯罪律	[追捕抗拒]		2
4-03-07-302	罪中犯罪律	[拒捕盜賊]		4
4-03-07-303	罪中犯罪律	[限內逃走]		
4-03-07-304	罪中犯罪律	[罪囚監外擅出]	1	1
4-03-07-305	罪中犯罪律	[平人誣指]	1	
4-03-08-306	罪人追捕有違律	[罪人不捕]		3
4-03-08-307	罪人追捕有違律	[拒捕犯人格殺]		3
4-03-09-308	罪人移受有違律	[他官司不移交]		
4-03-09-309	罪人移受有違律	[官司不拿交]		
4-03-09-310	罪人移受有違律	[罪人推故不受]		
4-03-09-311	罪人移受有違律	[照例違法移交]		
4-03-10-312	失囚律	[囚徒失·故縱]	8	8
4-03-10-313	失囚律	[不覺失囚]		2
4-03-11-314	聽理違犯律	[匿名書受理]		
4-03-11-315	聽理違犯律	[過限詞訟聽理]	1	
4-03-11-316	聽理違犯律	[讎嫌人訴訟受理]		
4-03-11-317	聽理違犯律	[立證式違反推問]		
4-03-11-318	聽理違犯律	[訴狀不受理]		
4-03-11-319	聽理違犯律	[訴狀推故轉委]		
4-03-12-320	決罰違犯律	[違法決罰·拷訊]		
4-03-12-321	決罰違犯律	[法外刑具施用]		
4-03-12-322	決罰違犯律	[決罰·拷訊濫用]		
4-03-12-323	決罰違犯律	[司獄官雇人代替]		
4-03-12-324	決罰違犯律	[司獄官使役不均]		
4-03-12-325	決罰違犯律	[不囚·不鎖犯人]		1
4-03-12-326	決罰違犯律	[故犯處斷]		
4-03-12-327	決罰違犯律	[無罪人故禁·故勘]	2	5
4-03-13-328	出入人罪律	[出入人罪]	2	5
4-03-13-329	出入人罪律	[法律不執出入]		

편장절조(編章節條)	절명(節名)	국사편찬위원회 분류	광무 9년(1905)	광무 10년(1906)
-03-13-330	出入人罪律	[他事別求人罪]		
-03-13-331	出入人罪律	[恩赦特赦操縱]		
-03-13-332	出入人罪律	[脅勒·敎誘平人誣指]	1	
-03-13-333	出入人罪律	[敎令事情變幻]		
-03-14-334	不恤罪囚律	[不恤罪囚]		
-03-14-335	不恤罪囚律	[不恤罪囚致死]		
-03-14-336	不恤罪囚律	[獄囚衣糧剋減]		
-03-14-337	不恤罪囚律	[非理罪囚凌虐]	6	2
-03-14-338	不恤罪囚律	[罪囚屍身埋葬]		
-03-15-339	引律違式律	[律令具引違反]		
-03-15-340	引律違式律	[引律比附節次]		
-03-16-341	斷獄及放免違限律	[罪囚放免失期]		
-03-16-342	斷獄及放免違限律	[司法官違期]		
-03-16-343	斷獄及放免違限律	[原被告稽留]		
-03-17-344	辨明冤枉律	[辨明冤枉]		
-03-18-345	檢驗不實律	[檢驗不實]	4	6
-04-01-346	奏報不實律	[奏報詐不以實]	1	
-04-01-347	奏報不實律	[解由·罪名隱漏不報]		
-04-01-348	奏報不實律	[官員履歷不報]		
-04-01-349	奏報不實律	[報告飾詐不實]		1
-04-02-350	制書及官文書增減律	[制書飾詐未施行]		
-04-02-351	制書及官文書增減律	[公文·記錄增減]		1
-04-03-352	詐冒行止律	[官人詐稱]		
-04-03-353	詐冒行止律	[外國人詐稱]		1
-04-03-354	詐冒行止律	[女服變着]		1
-04-03-355	詐冒行止律	[官員詐稱]	1	12
-04-03-356	詐冒行止律	[職役·姓名不實]	1	
-04-03-357	詐冒行止律	[年歲增減]		
-04-03-358	詐冒行止律	[無憑票出國]		
-04-03-359	詐冒行止律	[無憑票擅行]		

편장절조(編章節條)	절명(節名)	국사편찬위원회 분류	광무 9년(1905)	광무 10년(1906
4-04-03-360	詐冒行止律	[憑票冒名圖出]		
4-04-03-361	詐冒行止律	[功奪賞求]		
4-04-04-362	姦細律	[讒言·左道]		
4-04-04-363	姦細律	[豪勢阿附]		
4-04-04-364	姦細律	[求賞·陷害]	1	1
4-04-04-365	姦細律	[立碑·建祠]		
4-04-04-366	姦細律	[褒賞申請]		
4-04-05-367	戶口及田産隱瞞律	[戶口詐冒不實]		
4-04-05-368	戶口及田産隱瞞律	[田産欺隱]		
4-04-05-369	戶口及田産隱瞞律	[雜稅隱匿]		
4-04-05-370	戶口及田産隱瞞律	[調査不實]		2
4-04-06-371	檢踏災傷不實律	[檢踏不實]		
4-04-06-372	檢踏災傷不實律	[災傷不實]		
4-04-06-373	檢踏災傷不實律	[災傷冒告]		
4-04-07-374	買賣不實律	[買賣不實]		
4-04-08-375	度量衡增減律	[度量衡增減]		
4-04-08-376	度量衡增減律	[度量衡行使]		
4-04-08-377	度量衡增減律	[較勘印烙不經]		
4-04-08-378	度量衡增減律	[違法烙許]		1
4-04-09-379	匿喪及詐喪律	[匿喪不擧哀]		
4-04-09-380	匿喪及詐喪律	[喪事詐稱]		
4-04-10-381	僞造律	[制書僞造]		
4-04-10-382	僞造律	[軍器私造]		
4-04-10-383	僞造律	[曆書僞造]		
4-04-10-384	僞造律	[璽寶·符驗僞造]	1	3
4-04-10-385	僞造律	[官司印章僞造]	7	16
4-04-10-386	僞造律	[祥瑞僞造]		
4-04-10-387	僞造律	[公文·記錄僞造]		5
4-04-10-388	僞造律	[憑票準許狀僞造]		1
4-04-10-389	僞造律	[身分證書僞造]	3	7

편장절조(編章節條)	절명(節名)	국사편찬위원회 분류	광무 9년(1905)	광무 10년(1906)
−04-10-390	僞造律	[官契僞造]		1
−04-10-391	僞造律	[官員書札僞造]		1
−04-10-392	僞造律	[信章僞造施行]		
−04-10-393	僞造律	[貨貨僞造]	4	2
−04-10-394	僞造律	[知情輸入行使]		
−04-10-395	僞造律	[僞造認覺行使]	1	3
−04-10-396	僞造律	[金銀銅貨剪剋]		
−04-10-397	僞造律	[鼓鑄金銀僞造]		
−04-10-398	僞造律	[品質不實]		
−04-11-399	造言律	[制命詐傳]		
−04-11-400	造言律	[言語詐傳]		
−04-11-401	造言律	[政事訛言]		
−04-11-402	造言律	[國家妄言做出]		3
−04-11-403	造言律	[他人言端做出]	1	2
−04-12-404	邪術律	[讖緯·妖書]		
−04-12-405	邪術律	[書符呪水]	1	1
−04-12-406	邪術律	[圖像隱藏]		1
−04-12-407	邪術律	[邪術妄言]		
−05-01-408	私設神祠律	[祠院私設]		
−05-01-409	私設神祠律	[施主討索]		1
−05-02-410	褻瀆神明律	[瀆神明]		
−05-02-411	褻瀆神明律	[香燒福禳]		
−05-02-412	褻瀆神明律	[影幀私造]		1
−06-01-413	侵害尊尙地律	[尊地毁破]		
−06-01-414	侵害尊尙地律	[旌閭毁破]		
−06-01-415	侵害尊尙地律	[位版棄毁]		
−06-01-416	侵害尊尙地律	[神主·影幀棄毁]		1
−06-02-417	文書·符信棄毁律	[制書·符驗棄毁]		
−06-02-418	文書·符信棄毁律	[官司印章棄毁]		1
−06-02-419	文書·符信棄毁律	[遞傳私札棄毁]		

편장절조(編章節條)	절명(節名)	국사편찬위원회 분류	광무 9년(1905)	광무 10년(1906
4-06-03-420	器物 · 稼穡棄毀律	[神御物棄毀]		
4-06-03-421	器物 · 稼穡棄毀律	[乘輿 · 服御物棄毀]		
4-06-03-422	器物 · 稼穡棄毀律	[器物稼穡棄毀]		1
4-06-03-423	器物 · 稼穡棄毀律	[電線鐵道毀破]		
4-06-03-424	器物 · 稼穡棄毀律	[衣冠扯裂]		
4-06-03-425	器物 · 稼穡棄毀律	[祖父母衣冠扯裂]		
4-06-03-426	器物 · 稼穡棄毀律	[警察官吏棄毀]		1
4-06-03-427	器物 · 稼穡棄毀律	[誤犯棄毀]		
4-06-03-428	器物 · 稼穡棄毀律	[碑碣棄毀]		
4-07-01-429	冒禁擅入律	[殿門擅入]		
4-07-01-430	冒禁擅入律	[殿内擅入]		
4-07-01-431	冒禁擅入律	[關門擅入]	1	
4-07-01-432	冒禁擅入律	[門票不帶擅入]		
4-07-01-433	冒禁擅入律	[兵仗帶持擅入]		
4-07-01-434	冒禁擅入律	[御道直行]		
4-07-01-435	冒禁擅入律	[無召命輒入]		2
4-07-01-436	冒禁擅入律	[防禁門擅入]		
4-07-02-437	越城律	[越城律]		2
4-07-03-438	公私家屋擅入律	[公堂攔入]		
4-07-03-439	公私家屋擅入律	[公堂無故出入]		
4-07-03-440	公私家屋擅入律	[外國人公堂擅入]		
4-07-03-441	公私家屋擅入律	[無故人家夜入]		6
4-07-03-442	公私家屋擅入律	[人家内庭突入]		8
4-08-01-443	喪葬違禮律	[居喪違禮]		
4-08-01-444	喪葬違禮律	[經年不葬]		
4-08-01-445	喪葬違禮律	[火葬 · 水葬]		
4-08-01-446	喪葬違禮律	[祭禮僭濫]		
4-08-01-447	喪葬違禮律	[病故官人]		
4-08-02-448	葬埋違犯律	[京城内入葬]		
4-08-02-449	葬埋違犯律	[地界内犯葬]		

편장절조(編章節條)	절명(節名)	국사편찬위원회 분류	광무 9년(1905)	광무 10년(1906)
4-08-02-450	葬埋違犯律	[陵界限內犯葬]		
4-08-02-451	葬埋違犯律	[胎室界限內犯葬]		
4-08-02-452	葬埋違犯律	[墳墓界限內犯葬]		1
4-08-02-453	葬埋違犯律	[有主墳墓界限]	8	7
4-08-02-454	葬埋違犯律	[禁養年久]	2	1
4-08-02-455	葬埋違犯律	[依法掘移]		
4-08-02-456	葬埋違犯律	[私自禁葬]		
4-08-02-457	葬埋違犯律	[界限步數外禁葬]		
4-08-03-458	墳墓侵害律	[人塚私掘]	20	14
4-08-03-459	墳墓侵害律	[墳塚作戲]	2	2
4-08-03-460	墳墓侵害律	[棺槨延燒]		
4-08-03-461	墳墓侵害律	[父母墳塚侵犯]		
4-08-03-462	墳墓侵害律	[卑幼侵犯尊長]	1	
4-08-03-463	墳墓侵害律	[尊長侵犯卑幼]		
4-08-03-464	墳墓侵害律	[園·墓作戲]		
4-08-03-465	墳墓侵害律	[歷代帝王陵寢]	1	
4-08-04-466	死屍殘害律	[死屍殘毀]		
4-08-04-467	死屍殘害律	[人肉噉食]		
4-08-04-468	死屍殘害律	[尊長死屍殘毀]		
4-08-04-469	死屍殘害律	[卑幼死屍殘毀]		
4-08-04-470	死屍殘害律	[家長·雇工殘毀]		
4-08-04-471	死屍殘害律	[屍骸不掩埋]		
4-08-04-472	死屍殘害律	[遺屍不申報]		
5-09-01-473	謀殺人律	[謀殺]	4	16
5-09-01-474	謀殺人律	[身體折割]		
5-09-01-475	謀殺人律	[魔魅詛呪殺人]		
5-09-01-476	謀殺人律	[爆藥傷害]		
5-09-02-477	故殺人律	[故殺]	15	19
5-09-02-478	故殺人律	[强竊盜故殺]	2	7
5-09-03-479	鬪毆殺人律	[鬪毆殺]	39	81

편장절조(編章節條)	절명(節名)	국사편찬위원회 분류	광무 9년(1905)	광무 10년(1906)
5-09-03-480	鬪毆殺人律	[鬪毆共犯]	8	24
5-09-03-481	鬪毆殺人律	[鬪毆同謀]	7	11
5-09-04-482	誤殺人律	[誤殺人]		2
5-09-05-483	彈射馳獵殺人律	[彈射馳獵殺人]		
5-09-06-484	過失殺人律	[過失殺]		
5-09-07-485	醫藥殺人律	[毒藥殺人]		
5-09-07-486	醫藥殺人律	[墮胎孕婦致死]		
5-09-08-487	因戱殺人律	[因戱殺人]		
5-09-09-488	威逼人致死律	[威力致死]	5	13
5-09-09-489	威逼人致死律	[威逼自盡]		8
5-09-09-490	威逼人致死律	[强奸自盡]		
5-09-09-491	威逼人致死律	[用强求娶致死]		
5-09-09-492	威逼人致死律	[用强毆打自盡]	4	21
5-09-10-493	擅殺讐人律	[父母被殺]	8	15
5-09-10-494	擅殺讐人律	[父母被打]		
5-09-11-495	因姦殺死律	[妻妾通姦殺害]	5	4
5-09-11-496	因姦殺死律	[親屬行姦殺害]		
5-09-11-497	因姦殺死律	[姦夫本夫殺害]	3	
5-09-12-498	親屬殺死律	[親屬尊長殺害]	7	1
5-09-12-499	親屬殺死律	[卑幼殺害]	3	18
5-09-12-500	親屬殺死律	[尊長威逼自盡]		
5-09-12-501	親屬殺死律	[卑幼威逼自盡]		
5-09-13-502	殺死官員律	[殺死官員]	1	
5-09-14-503	將屍圖賴律	[親屬屍身圖賴]		
5-09-14-504	將屍圖賴律	[他人屍身圖賴]		1
5-09-15-505	殺獄私和律	[他人殺死私和]		5
5-09-15-506	殺獄私和律	[親屬殺死私和]		6
5-09-16-507	因謀故殺致傷律	[謀殺致傷人]		1
5-09-16-508	因謀故殺致傷律	[謀殺未曾傷人]		1
5-09-16-509	因謀故殺致傷律	[謀殺致傷得財]		

편장절조(編章節條)	절명(節名)	국사편찬위원회 분류	광무 9년(1905)	광무 10년(1906)
-09-16-510	因謀故殺致傷律	[故殺致傷]		
-09-17-511	鬪毆傷人律	[鬪毆傷人]	4	23
-09-17-512	鬪毆傷人律	[共同鬪毆傷人]		3
-09-17-513	鬪毆傷人律	[共鬪分首從]		
-09-17-514	鬪毆傷人律	[互相鬪毆]		
-09-17-515	鬪毆傷人律	[威力制縛人]		7
-09-17-516	鬪毆傷人律	[强竊盜傷害]	1	1
-09-17-517	鬪毆傷人律	[財物脅騙]	2	10
-09-17-518	鬪毆傷人律	[關內忿爭]	1	
-09-18-519	因戲及過失傷人律	[戲演傷人]		
-09-18-520	因戲及過失傷人律	[彈射傷人]		
-09-18-521	因戲及過失傷人律	[過失傷人]		
-09-19-522	毆傷官員律	[上司官毆傷]		
-09-19-523	毆傷官員律	[過失毆打]		
-09-19-524	毆傷官員律	[官員相毆]		
-09-19-525	毆傷官員律	[上司官毆打]		
-09-20-526	毆傷親屬律	[父母毆傷]		2
-09-20-527	毆傷親屬律	[尊長毆傷]	1	
-09-20-528	毆傷親屬律	[妾毆傷]		
-09-20-529	毆傷親屬律	[子孫毆傷]		1
-09-20-530	毆傷親屬律	[尊長毆打]		
-09-20-531	毆傷親屬律	[卑幼毆打]		1
-09-20-532	毆傷親屬律	[夫親屬毆打]		
-09-21-533	墮胎律	[墮胎]	1	1
-10-01-534	姦人婦女律	[有夫女和姦]	1	14
-10-01-535	姦人婦女律	[婦女强姦]		7
-10-01-536	姦人婦女律	[婦女劫姦]		1
-10-01-537	姦人婦女律	[幼女姦淫]		
-10-01-538	姦人婦女律	[居喪犯姦]		
-10-01-539	姦人婦女律	[强姦詐稱]		2

편장절조(編章節條)	절명(節名)	국사편찬위원회 분류	광무 9년(1905)	광무 10년(1906
5-10-01-540	姦人婦女律	[姦生子女]		
5-10-01-541	姦人婦女律	[良家婦女調戱]		1
5-10-01-542	姦人婦女律	[姦淫確據]		
5-10-02-543	姦宮女及官人妻女律	[宮女與人通姦]		
5-10-02-544	姦宮女及官人妻女律	[上司官妻女通姦]		
5-10-03-545	官吏犯姦律	[司法官姦淫]		1
5-10-03-546	官吏犯姦律	[監臨官姦淫]		
5-10-03-547	官吏犯姦律	[官人娼家留宿]		
5-10-04-548	姦親屬及家長或雇工律	[近親相姦]		
5-10-04-549	姦親屬及家長或雇工律	[緦麻以上親姦淫]		2
5-10-04-550	姦親屬及家長或雇工律	[前夫女姦淫]		
5-10-04-551	姦親屬及家長或雇工律	[無服親姦淫]		
5-10-04-552	姦親屬及家長或雇工律	[雇工妻姦淫]		
5-10-04-553	姦親屬及家長或雇工律	[家長妻姦淫]		
5-10-04-554	姦親屬及家長或雇工律	[親告罪]		
5-10-05-555	姦事縱容及媒合律	[姦婦·姦夫容接]	1	2
5-10-05-556	姦事縱容及媒合律	[姦事私和]		
5-10-05-557	姦事縱容及媒合律	[抑勒通姦]		
5-10-05-558	姦事縱容及媒合律	[姦婦從夫嫁出]		
5-11-01-559	婚姻違犯律	[牢約未成]		1
5-11-01-560	婚姻違犯律	[假冒相見]		
5-11-01-561	婚姻違犯律	[姊妹詐稱]		1
5-11-01-562	婚姻違犯律	[婚事離間]		1
5-11-01-563	婚姻違犯律	[婚事威逼]		
5-11-01-564	婚姻違犯律	[婦人强嫁]		
5-11-01-565	婚姻違犯律	[逐壻]		2
5-11-01-566	婚姻違犯律	[有妻更娶]		
5-11-01-567	婚姻違犯律	[背夫改嫁]	2	7
5-11-01-568	婚姻違犯律	[居喪嫁娶]		
5-11-01-569	婚姻違犯律	[父母囚禁嫁娶]		

편장절조(編章節條)	절명(節名)	국사편찬위원회 분류	광무 9년(1905)	광무 10년(1906)
5-11-01-570	婚姻違犯律	[逃走婦女相婚]		5
5-11-01-571	婚姻違犯律	[監臨官强娶]		
5-11-01-572	婚姻違犯律	[同姓同本婚]	1	
5-11-01-573	婚姻違犯律	[無服親嫁娶]		
5-11-01-574	婚姻違犯律	[內外親屬相婚]		
5-11-01-575	婚姻違犯律	[主婚者處罰]		
5-11-01-576	婚姻違犯律	[知情居媒]		1
5-11-02-577	妻妾失序及夫婦離異律	[以妻作妾]		
5-11-02-578	妻妾失序及夫婦離異律	[出妻]	1	
5-11-02-579	妻妾失序及夫婦離異律	[夫强制離異]		
5-11-02-580	妻妾失序及夫婦離異律	[妻妾强制離異]		
5-11-02-581	妻妾失序及夫婦離異律	[妻妾在逃]		3
5-11-03-582	立嗣違犯律	[違法立嗣]		
5-11-03-583	立嗣違犯律	[養子捨去]		
5-11-03-584	立嗣違犯律	[宗孫僭稱]		
5-12-01-585	盜大祀所用及御用物律	[祭器竊盜]		
5-12-01-586	盜大祀所用及御用物律	[璽寶竊盜]		
5-12-01-587	盜大祀所用及御用物律	[御供物品竊盜]		
5-12-01-588	盜大祀所用及御用物律	[殿庭物竊盜]		
5-12-02-589	盜官司印信或文書及各門鑰律	[印章文書竊盜]	2	3
5-12-02-590	盜官司印信或文書及各門鑰律	[門鑰竊盜]		2
5-12-03-591	盜係官財産律	[監守自盜]		6
5-12-03-592	盜係官財産律	[常人官財竊盜]	2	1
5-12-04-593	强盜律	[强盜]	95	213
5-12-04-594	强盜律	[財物冒認·搶奪]	1	14
5-12-05-595	竊盜律	[竊盜]	33	121
5-12-06-596	准竊盜律	[準竊盜]	1	
5-12-06-597	准竊盜律	[馬牛盜殺]	1	3
5-12-06-598	准竊盜律	[誆騙拿引盜取]	2	1
5-12-06-599	准竊盜律	[恐嚇取財]	8	19

편장절조(編章節條)	절명(節名)	국사편찬위원회 분류	광무 9년(1905)	광무 10년(1906)
5-12-06-600	准竊盜律	[詐欺取財]	3	23
5-12-06-601	准竊盜律	[數麻·菜果擅取]		1
5-12-07-602	樹木盜斫律	[公有樹木盜斫]		4
5-12-07-603	樹木盜斫律	[禁養樹木斫伐]		2
5-12-08-604	略人律	[略人賣買]	1	4
5-12-08-605	略人律	[强作妻妾]	1	14
5-12-08-606	略人律	[和誘賣買]	1	6
5-12-08-607	略人律	[棄兒賣買]		
5-12-08-608	略人律	[在逃子女賣買]		
5-12-08-609	略人律	[親屬賣買]		3
5-12-08-610	略人律	[人口賣買]		2
5-12-08-611	略人律	[妻妾典雇]		
5-12-09-612	田宅·山林冒認及强占律	[田宅冒認典賣]		4
5-12-09-613	田宅·山林冒認及强占律	[田宅强占]		1
5-12-09-614	田宅·山林冒認及强占律	[田宅豪勢投獻]		2
5-12-10-615	賊盜窩主律	[强盜窩主]	1	8
5-12-10-616	賊盜窩主律	[竊盜窩主]		5
5-12-11-617	共謀爲盜律	[强盜竊盜贓]		2
5-12-11-618	共謀爲盜律	[竊盜强盜贓]	2	17
5-12-12-619	親屬及雇工偸竊律	[親屬相盜]	2	4
5-12-13-620	盜後分贓律	[盜後分贓]	2	7
5-13-01-621	官物虧欠及收支有違律	[財産虧欠]		
5-13-01-622	官物虧欠及收支有違律	[挪移出納]		1
5-13-02-623	官物借用律	[官物換用]		
5-13-02-624	官物借用律	[監守官物換用]		1
5-13-03-625	虛出尺文律	[印尺虛出]		4
5-13-03-626	虛出尺文律	[監守虛出]		
5-13-04-627	損傷官物律	[損傷官物]		
5-13-04-628	損傷官物律	[官物輸運]		
5-13-04-629	損傷官物律	[馬牛損傷放失]		

편장절조(編章節條)	절명(節名)	국사편찬위원회 분류	광무 9년(1905)	광무 10년(1906)
5-13-04-630	損傷官物律	[官物詐稱損失]		
5-13-05-631	犯臟律	[枉法律]	6	18
5-13-05-632	犯臟律	[事後受財]	1	1
5-13-05-633	犯臟律	[官吏財物求索]		
5-13-05-634	犯臟律	[官吏受饋遺]		
5-13-05-635	犯臟律	[臟物剋留]	1	
5-13-06-636	典賣有違律	[再行典賣]		
5-13-06-637	典賣有違律	[託故不肯放贖]		
5-13-07-638	錢債有違律	[官吏放債典執]		
5-13-07-639	錢債有違律	[私債違約不報]		
5-13-07-640	錢債有違律	[因債財産强奪]		1
5-13-07-641	錢債有違律	[因債妻妾强奪]		1
5-13-07-642	錢債有違律	[因債婦女姦占]		
5-13-07-643	錢債有違律	[受寄費用不還]		
5-13-08-644	遺失物剋留律	[遺失物限内送納]		1
5-13-08-645	遺失物剋留律	[遺失物掩匿]		
5-13-08-646	遺失物剋留律	[埋藏物掩匿]		
5-13-09-647	造作採取不如法律	[造作不如法]		
5-13-09-648	造作採取不如法律	[採取工力虛費]	2	
5-13-10-649	農商工業違犯律	[堤堰·川渠決潰]		
5-13-10-650	農商工業違犯律	[限犯建築·耕作]		
5-13-10-651	農商工業違犯律	[礦店私開]		
5-14-01-652	罵詈律	[一般罵詈]		1
5-14-01-653	罵詈律	[平民罵詈官人]		
5-14-01-654	罵詈律	[卑官罵詈高官]		
5-14-01-655	罵詈律	[罵詈上司官]	1	3
5-14-01-656	罵詈律	[罵詈親屬尊長]		2
5-14-01-657	罵詈律	[雇工罵詈家長]		
5-14-01-658	罵詈律	[親聞親告]		
5-14-02-659	衛生妨害律	[鴉片烟]	1	7

편장절조(編章節條)	절명(節名)	국사편찬위원회 분류	광무 9년(1905)	광무 10년(1906)
5-14-02-660	衛生妨害律	[疫斃牛肉]		1
5-14-02-661	衛生妨害律	[飮料汚穢]		
5-14-02-662	衛生妨害律	[染疫警察職務]		1
5-14-02-663	衛生妨害律	[暴疾下陸禁止]		
5-14-02-664	衛生妨害律	[孩兒抛棄]		
5-14-03-665	放火及失火律	[自己家屋放火]		
5-14-03-666	放火及失火律	[放火家屋延燒]	1	12
5-14-03-667	放火及失火律	[失火家屋延燒]		
5-14-03-668	放火及失火律	[官府公廨失火]		
5-14-03-669	放火及失火律	[墳墓延燒]		
5-14-04-670	宰殺牛馬律	[宰殺牛馬律]		1
5-14-04-671	宰殺牛馬律	[病死牛馬開剝]		
5-14-05-672	賭技律	[賭技律]	2	9
5-14-05-673	賭技律	[賭房開張]		6
5-14-06-674	使酒律	[使酒律]	2	6
5-14-07-675	見急不救律	[見急不救律]		1
5-14-08-676	公私役妨礙律	[公私役妨礙律]		
5-14-09-677	違令律	[違令律]		
5-14-10-678	不應爲律	[不應爲律]	10	47
5-15-00-679	附則	[廢止法律]	2	1
5-15-00-680	附則	[施行日]		

- 기준: 정식조문번호 인용 시 채택. 단, 첨부문서를 포함하여 같은 문서 내는 1회로 계산함.
- 전거: 『사법품보』 갑본 1~116권(서울대학교 규장각한국학연구원 원문이미지, 덕성여자대학교 역사문화연구소 번역본), 갑본 117~128권(서울대학교 규장각한국학연구원 원문이미지), 을본1~52권(서울대학교 규장각한국학연구원 원문이미지, 국사편찬위원회 원문텍스트).

부표 6〉 고종연간 사면 · 감등

번호	일자	내용	비고	전거
1	1863년 12월 13일(을유)	경사(국왕즉위)	당일 새벽까지.잡범사죄 미만 석방	고종실록
2	1866년 2월 6일(병신)	경사(철종국장종료[담제.부제사])	당일 새벽까지.잡범사죄 미만 석방	고종실록
3	1866년 2월 10일(경자)	경사(대왕대비[신정왕후].왕대비[효정왕후].대비[철인왕후]존호가상)	당일 새벽까지.잡범사죄 미만 석방 2월13일.수렴청정 종료	고종실록
4	1866년 2월 26일(병진)	경사(고종친정[흥선대원군섭정])	당일 새벽까지.잡범사죄 미만 석방	고종실록
5	1866년 3월 22일(신사)	경사(왕비[명성황후]책봉)	당일 새벽까지.잡범사죄 미만 석방	고종실록
6	1866년 4월 4일(임진)	경사(익종.대왕대비[신정왕후].헌종.왕대비[효정왕후].철종.대비[철인왕후]존호가상)	당일 새벽까지.잡범사죄 미만 석방	고종실록
7	1866년 4월 27일(을묘)	경사(왕대비병환회복)	?	고종실록
8	1867년 1월 1일(병진)	경사(대왕대비[신정왕후]육순)	당일 새벽까지.잡범사죄 미만 석방	고종실록
9	1867년 1월 9일(갑자)	경사(익종.대왕대비[신정왕후]존호가상)	당일 새벽까지.잡범사죄 미만 석방	고종실록
10	1867년 11월 16일(을축)	경사(경복궁중건)	당일 새벽까지.잡범사죄 미만 석방	고종실록
11	1868년 1월 1일(경술)	경사(대왕대비[신정왕후]회갑)	당일 새벽까지.잡범사죄 미만 석방	고종실록
12	1868년 12월 6일(기유)	경사(대왕대비[신정왕후]회갑존호가상)	당일 새벽까지.잡범사죄 미만 석방	고종실록
13	1869년 1월 6일(무인)	경사(대왕대비[신정왕후]존호가상)	당일 새벽까지.잡범사죄 미만 석방	고종실록
14	1870년 1월 1일(정묘)	경사(왕대비[효정왕후]40세)	당일 새벽까지.잡범사죄 미만 석방	고종실록
15	1872년 1월 5일(경인)	경사(태조.태종존호추상)	당일 새벽까지.잡범사죄 미만 석방	고종실록
16	1873년 4월 17일(을축)	경사(대왕대비[신정왕후].왕대비[효정왕후].대비[철인왕후]존호가상)	당일 새벽까지.잡범사죄 미만 석방	고종실록
17	1875년 2월 19일(정해)	경사(왕세자책례)	당일 새벽까지.잡범사죄 미만 석방	고종실록
18	1875년 12월 21일(갑신)	경사(대왕대비[신정왕후]존호가상)	당일 새벽까지.잡범사죄 미만 석방	고종실록
19	1876년 1월 1일(계사)	경사(대왕대비[신정왕후]69세.대비[철인왕후]40세)	당일 새벽까지.잡범사죄 미만 석방	고종실록
20	1877년 1월 1일(정사)	경사(대왕대비[신정왕후]70세.대비[철인왕후]41세)	당일 새벽까지.잡범사죄 미만 석방	고종실록
21	1877년 1월 7일(계해)	경사(대왕대비[신정왕후].대비[철인왕후]존호가상)	당일 새벽까지.잡범사죄 미만 석방	고종실록
22	1878년 1월 1일(신해)	경사(대왕대비[신정왕후]71세)	당일 새벽까지.잡범사죄 미만 석방	고종실록
23	1878년 1월 9일(기미)	경사(대왕대비[신정왕후]존호가상)	당일 새벽까지.잡범사죄 미만 석방	고종실록
24	1878년 1월 25일(을해)	경사(대왕대비[신정왕후]혼인60주년)	당일 새벽까지.잡범사죄 미만 석방	고종실록
25	1878년 11월 27일(임신)	경사(왕세자병환회복)	당일 새벽까지.잡범사죄 미만 석방	고종실록
26	1879년 1월 1일(을사)	경사(대왕대비[신정왕후]친영60주년)	당일 새벽까지.잡범사죄 미만 석방	고종실록
27	1879년 1월 4일(무신)	경사(순조.순원왕후.익종.대왕대비[신정왕후]존호추상)	당일 새벽까지.잡범사죄 미만 석방	고종실록

번호	일자	내용	비고	전거
28	1879년 12월 28일(정묘)	경사(왕세자병환회복)	당일 새벽까지,잡범사죄 미만 석방	고종실록
29	1880년 1월 1일(기사)	경사(왕대비[효정왕후]50세)	당일 새벽까지,잡범사죄 미만 석방	고종실록
30	1880년 7월 6일(임신)	경사(철인왕후국장종료[담제])	당일 새벽까지,잡범사죄 미만 석방	고종실록
31	1881년 1월 1일(갑자)	경사(왕대비[효정왕후]51세)	당일 새벽까지,잡범사죄 미만 석방	고종실록
32	1881년 12월 27일(을유)	경사(중궁전[명성황후]병환회복)	당일 새벽까지,잡범사죄 미만 석방	고종실록
33	1882년 1월 1일(무자)	경사(대왕대비[신정왕후]관례60주년)	당일 새벽까지,잡범사죄 미만 석방	고종실록
34	1882년 1월 11일(무술)	경사(왕세자입학)	당일 새벽까지,잡범사죄 미만 석방	고종실록
35	1882년 1월 21일(무신)	경사(왕세자관례)	당일 새벽까지,잡범사죄 미만 석방	고종실록
36	1882년 2월 22일(무인)	경사(왕세자빈민씨책봉)	당일 새벽까지,잡범사죄 미만 석방	고종실록
37	1882년 8월 7일(경신)	경사((임오군란후)왕비[명성황후]환궁)	당일 새벽까지,잡범사죄 미만 석방	고종실록
38	1884년 1월 1일(계미)	경사(대왕대비[신정왕후].왕대비[효정왕후]임어 40~50년)	당일 새벽까지,잡범사죄 미만 석방	고종실록
39	1884년 1월 10일(임진)	경사(대왕대비[신정왕후]존호가상)	당일 새벽까지,잡범사죄 미만 석방	고종실록
40	1885년 12월 29일(기해)	경사(국왕[고종].왕세자병환회복)	전날 새벽까지,잡범사죄 미만 석방	고종실록
41	1886년 10월 23일(무자)	경사((갑신정변후)환궁1주년)	당일 새벽까지,잡범사죄 미만 석방	고종실록
42	1887년 1월 1일(기축)	경사(대왕대비[신정왕후]80세)	당일 새벽까지,잡범사죄 미만 석방	고종실록
43	1887년 1월 13일(신축)	경사(대왕대비[신정왕후]존호가상)	당일 새벽까지,잡범사죄 미만 석방	고종실록
44	1887년 10월 17일(경자)	경사(중궁[명성황후]병환회복)	당일 새벽까지,잡범사죄 미만 석방	고종실록
45	1888년 1월 1일(계축)	경사(대왕대비[신정왕후]81세)	당일 새벽까지,잡범사죄 미만 석방	고종실록
46	1888년 1월 24일(병자)	경사(대왕대비[신정왕후]존호가상)	당일 새벽까지,잡범사죄 미만 석방	고종실록
47	1888년 3월 13일(갑자)	경사(대왕대비[신정왕후].왕대비[효정왕후]존호가상)	당일 새벽까지,잡범사죄 미만 석방	고종실록
48	1890년 1월 27일(무진)	경사(왕대비[효정왕후]존호가상)	당일 새벽까지,잡범사죄 미만 석방	고종실록
49	1890년 2월 11일(신사)	경사(대왕대비[신정왕후].왕대비[효정왕후]존호가상)	당일 새벽까지,잡범사죄 미만 석방	고종실록
50	1890년 3월 12일(신사)	경사(숙종.인경왕후.인현왕후.인원왕후존호가상)	당일 새벽까지,잡범사죄 미만 석방	고종실록
51	1890년 11월 3일(기사)	경사(국왕[고종].중궁[명성황후].왕세자[순종].병환회복)	당일 새벽까지,잡범사죄 미만 석방	고종실록
52	1890년 12월 7일(임인)	경사(익종.신정왕후.존호가상)	당일새벽까지,잡범사죄미만석방	고종실록
53	1891년 1월 1일(병인)	경사(왕대비[효정왕후]61세.국왕40세.중궁[명성황후]41세)	2일 뒤 새벽까지,잡범사죄 미만 석방	고종실록
54	1892년 1월 1일(신유)	경사(국왕41세,즉위30년)	당일 새벽까지,잡범사죄 미만 석방	고종실록
55	1892년 5월 2일(기미)	경사(선조.의인왕후.인목왕후,존호추상)	당일 새벽까지,잡범사죄 미만 석방	고종실록

번호	일자	내용	비고	전거
56	1892년 6월 10일(병신)	경사(신정왕후.신주종묘봉안)	당일 새벽까지.잡범사죄 미만 석방	고종실록
57	1892년 7월 25일(경술)	경사(왕대비[효정왕후].[왕세자].중궁[명성황후]존호가상).	당일 새벽까지.잡범사죄 미만 석방	고종실록
58	1893년 10월 4일(임자)	경사(선조.환궁300주년)	당일 새벽까지.잡범사죄 미만 석방	고종실록
59	1895년 6월 27일(병신)	경사(갑오개혁)	육범제외	사법품보(갑)/승정원일기
60	1897년 2월 3일(양력)	형정(추위)	육범제외/노약자.장애인.사면	사법품보(갑)
61	1897년 3월 2일(양력)	형정	육범제외.감등/미결수포함감등	사법품보(갑)
62	1897년 4월 3일(양력)	형정(추위)	육범제외.노약자.장애인사면	사법품보(갑)
63	1897년 8월 16일(양력)	경사((아관파천후)광무연호제정)	육범제외.노약자.장애인사면/미결수감등	고종실록/승정원일기/사법품보(갑)
64	1897년 9월 18일(갑진) 1차	경사(황제즉위.국호변경.연호제정)	육범제외.감등	승정원일기
65	1897년 9월 18일(갑진) 2차[10월 13일(양력) 실록/사법품보]	형정	육범제외.사면./육범감등/미결수사면감등/유배죄인심리	승정원일기/고종실록/사법품보(갑)
66	1897년 11월 6일(양력)	경사(황후증시)	육범제외.감등	승정원일기
67	1898년 11월 26일(양력)	경사(민심안정)	경범죄.사면/중범죄.감등	사법품보(갑)
68	1899년 2월 10일(양력)	경사	육범제외.감등. /육범.미결수.유배죄인.감등.	승정원일기/사법품보(갑)
69	1899년 3월 19일(양력)	경사	육범제외.징역죄인감등	승정원일기
70	1899년 5월 19일(양력)	형정(가뭄/체옥)	사면	사법품보(갑)
71	1899년 8월 ?일(양력)	형정(체옥)	15일이내.사면	사법품보(갑)
72	1899년 10월 9일(양력) [10월 11일 사법품보] [11월 13일 실록]	경사(장종.헌경황후추존)	육범제외.감등	승정원일기/고종실록/사법품보(갑)
73	1899년 11월 25일(양력) 1차	경사(장종부묘례)	육범제외.감등	승정원일기
74	1899년 11월 25일(양력) 2차	형정	육범포함.사면감등/미결수심리.	승정원일기/고종실록/사법품보(갑)
75	1899년 12월 6일(양력)	경사(선희궁[영빈/장종사친]시책문)	육범제외.감등	승정원일기/고종실록
76	1899년 12월 23일(양력) 1차	경사(태조.고황후.장조.의황후.정조.선황후.순조.숙황후.문조.익황후.추존)	육범제외.감등	승정원일기
77	1899년 12월 23일(양력) 2차	경사(태조.고황후.장조.의황후.정조.선황후.순조.숙황후.문조.익황후.추존)	징역유배죄인중범육범.감등/미결수포함.감등	승정원일기/고종실록/사법품보(갑)
78	1899년 12월 23일(양력) 3차	경사(태조.고황후.장조.의황후.정조.선황후.순조.숙황후.문조.익황후.추존)	육범제외.징역죄인.사면/육범중.징역.유배죄인.사면감등	승정원일기

번호	일자	내용	비고	전거
79	1900년 1월 31일(양력)	경사(명헌태후[효정왕후]70세)	육범제외.감등	고종실록/승정원일기
80	1900년 2월 19일(양력) [2월 20일 사법품보]	경사(인조.인렬왕후.장렬왕후.효종.인선왕후.명헌태후[효정왕후].황제[고종].존호가상)	육범제외.감등	승정원일기/사법품보(갑)
81	1900년 8월 18일(양력)	경사	미결수.노약자.육범포함.	사법품보(갑)
82	1901년 2월 19일(양력) 1차	경사(황제50세.명헌태후[효정왕후]71세)	육범제외.감등	승정원일기/고종실록/사법품보(갑)
83	1901년 2월 19일(양력) 2차[1월 1일 사법품보]	경사	육범제외.감등	승정원일기/사법품보(갑)
84	1901년 6월 30일(양력)	형정(가뭄)	육범제외.사면감등	사법품보(갑)
85	1901년 10월 11일(양력)	경사(정조추숭)	육범제외.감등	승정원일기
86	1902년 2월 8일(양력)	경사(황제51세.즉위40년)	육범제외.감등	승정원일기/고종실록
87	1902년 3월 5일(양력)	경사(문조.익황후.명헌태후[효정왕후].명성황후.존호가상)	육범제외.감등	승정원일기/고종실록
88	1902년 3월 28일(양력)	경사(고종51세.기로소입소)	육범제외.감등	승정원일기/사법품보(갑)
89	1902년 5월 30일(양력)	경사(황태자사면)	육범제외.경범사면	승정원일기/사법품보(갑)
90	1902년 10월 19일(양력)	경사(경운궁임어후.개혁7년)	육범제외.감등	승정원일기
91	1902년 10월 25일(양력)	형정(체옥)	노약자중육범.사면감등	승정원일기
92	1902년 12월 25일(양력)	형정(체옥)	육범.노약자.미결수포함.사면감등	사법품보(갑)
93	1903년 1월 29일(양력)	경사(명헌태후[효정왕후].임어60년)	육범제외.감등	승정원일기/고종실록
94	1903년 3월 6일(양력)	경사(황태자30세)	사죄 이하.미결수포함.사면/중범.횡령범제외.	고종실록/사법품보(갑)
95	1903년 4월 24일(양력) 1차[순서착종]	경사(영친왕병환회복)	육범제외.사면/육범포함감등	승정원일기/고종실록/사법품보(갑)
96	1903년 4월 24일(양력) 2차[순서착종]	경사	육범제외.감등	승정원일기
97	1903년 7월 26일(양력)	형정(더위)	경범죄.노약자.사면	사법품보(갑)
98	1903년 9월 16일(양력) [10월 16일 사법품보]	형정(더위)	육범포함.감등/노약자사면	승정원일기/사법품보(갑)
99	1903년 9월 20일(경자) 1차 [11월 8일(양력) 실록]	경사(영친왕병환회복)	육범제외.감등	승정원일기/고종실록
100	1903년 9월 20일(경자) 2차	경사(영친왕병환회복)	육범제외.사면/육범.사면감등	승정원일기

번호	일자	내용	비고	전거
101	1903년 9월 24일(경자)[1904년 4월 12일(양력) 사법품보]	형정(체옥)	육범포함.심리/기결수.노약자.사면감등	승정원일기/사법품보(갑)
102	1904년 9월 24일(기해)	형정(체옥)	미결수.기결수.사면감등/노약자중육범.감등	승정원일기
103	1904년 9월 3일(양력)	형정(더위)	경범.노약자.사면	사법품보(갑)
104	1904년 11월 10일(양력)	형정	육범제외.감등	사법품보(갑)
105	1904년 11월 4일(무인) [12월 16일(양력) 실록]	경사(〈러일전쟁후〉순명비민씨[황태자비]증시)	육범제외.감등	승정원일기/고종실록
106	1905년 2월 8일(신해) [4월 13일(양력) 사법품보]	경사	육범포함.노약자.사면감등	승정원일기/사법품보(갑)
107	1905년 2월 17일(신해)	경사	육범포함.노약자.사면감등	승정원일기
108	1905년 8월 23일(양력)	형정(체옥/더위)	오범.외국인범죄.횡령범제외.미결수포함.사면	사법품보(갑)
109	1905년 10월 22일(양력) [11월 22일(양력) 사법품보/일자착종]	형정(추위)	사면감등/노약자사면	사법품보(갑)
110	1905년 11월 1일(양력)	형정(체옥)	사면감등/노약자중육범포함	사법품보(갑)
111	1906년 1월 13일(양력)	경사(을사늑약후) 경운궁중건)	?	고종실록
112	1906년 2월 8일(을사)	경사	육범.횡령범제외.기결수.미결수감등/노약자사면	승정원일기
113	1906년 7월 24일(기미)	형정(체옥)	육범.횡령범제외.기결수.미결수사면	승정원일기
114	1906년 12월 14일(병자) 1차[순서착종]	경사	육범포함.기결수.미결수.사면감등/노약자.사면	승정원일기
115	1906년 12월 14일(병자) 2차[순서착종/1907년 1월 27일(양력) 실록]	경사(황태자가례.황태자비윤씨책봉)	육범제외.감등	승정원일기/고종실록
116	1907년 1월 28일(경신)	경사	육범중.노약자.기결수.미결수.사면	승정원일기
117	1907년 2월 8일(기사)	경사	육범.횡령범제외.기결수.미결수.사면/노약자사면.	승정원일기
118	1907년 7월 19일(양력)	경사(〈고종강제퇴위후〉황태자[순종]대리청정)	?	고종실록

◆ ?: 내용 미상.

〈부표 7〉『사법품보』의 『형법대전』 활용과 강도율 적용

번호	일자	공문서	법서	법조문	비고
1	1905년 5월 31일	평안남도/보고서35호	형법대전	103조	갑
2	1905년 6월 11일	강원도/질품서4호	형법대전	479조	갑
3	1905년 6월 12일	충청남도/질품서11호	형법대전	458조	갑
4	1905년 6월 14일	평리원/질품서7호	형법대전	631조	을
5	1905년 6월 15일	경상북도/질품서40호	형법대전	477조	갑
6	1905년 6월 15일	삼화항/보고(서)18호	형법대전	572조/182조	갑
7	1905년 6월 15일	삼화항/보고(서)19호	형법대전	182조/595조/672조	갑
8	1905년 6월 16일	강원도/보고서5호	형법대전	481조	갑
9	1905년 6월 18일	황해도/보고(서)30호	형법대전	139조/178조/180조	갑
10	1905년 6월 19일	평안남도/질품서10호	형법대전	479조	갑
11	1905년 6월 20일	황해도/보고(서)33호	형법대전	458조	갑
12	1905년 6월 20일	경기/질품서32호	형법대전	593조(강도)	갑
13	1905년 6월 20일	경기/질품서33호	형법대전	593조(강도)	갑
14	1905년 6월 20일	경기/질품서34호	형법대전	593조(강도)	갑
15	1905년 6월 20일	경기/질품서35호	형법대전	593조(강도)	갑
16	1905년 6월 20일	황해도/질품(서)32호	형법대전	479조/481조	갑
17	1905년 6월 21일	제주목/질품서2호	형법대전	(384조)	갑
18	1905년 6월 22일	평리원/보고서97호	형법대전	674조	을
19	1905년 6월 24일	강원도/보고서8호	형법대전	458조	갑
20	1905년 6월 25일	경기/질품서36호	형법대전	480조	갑
21	1905년 6월 26일	한성/질품서53호	형법대전	129조/431조/593조/595조/599조	을
22	1905년 6월 29일	황해도/질품(서)37호	형법대전	32조/459조	갑
23	1905년 6월 29일	전라남도/보고서12호	형법대전	453조	갑
24	1905년 6월 29일	부산항/보고(서)24호	형법대전	595조/598조	갑
25	1905년 6월 30일	경상북도/질품서41호	형법대전	593조(강도)	갑
26	1905년 6월 30일	강원도/보고서9호	형법대전	96조/312조	갑
27	1905년 6월 30일	충청남도/보고서53호	형법대전	453조	갑
28	1905년 6월 30일	충청남도/보고서54호	형법대전	200조/453조/458조/459조/462조	갑
29	1905년 7월 1일	경기/보고서37호	형법대전	(482조 →)481조	갑

번호	일자	공문서	법서	법조문	비고
30	1905년 7월 2일	경기/질품서39호	형법대전	129조/593조(강도)/595조	갑
31	1905년 7월 4일	황해도/보고(서)40호	형법대전	458조	갑
32	1905년 7월 4일	평리원/질품서8호	형법대전	327조	을
33	1905년 7월 4일	황해도/보고(서)41호	형법대전	139조/180조	갑
34	1905년 7월 4일	충청남도/질품서12호	형법대전	480조/493조	갑
35	1905년 7월 4일	평안남도/보고서44호	형법대전	479조	갑
36	1905년 7월 5일	경상북도/보고서42호	형법대전	595조/600조	갑
37	1905년 7월 6일	강원도/보고서11호	형법대전	479조	갑
38	1905년 7월 6일	강원도/보고서12호	형법대전	454조/458조	갑
39	1905년 7월 6일	경기/보고서41호	형법대전	129조/305조/458조/480조/481조/593조(강도)/595조	갑
40	1905년 7월 7일	평안북도/질품서36호	형법대전	493조/527조	갑
41	1905년 7월 7일	평안남도/보고서45호	형법대전	(200조)	갑
42	1905년 7월 8일	경상북도/질품서43호	형법대전	593조(강도)	갑
43	1905년 7월 11일	경기/보고서43호	형법대전	480조	갑
44	1905년 7월 11일	삼화항/보고(서)21호	형법대전	17조/304조	갑
45	1905년 7월 13일	경기/보고서44호	형법대전	595조/596조	갑
46	1905년 7월 16일	경기/질품서46호	형법대전	473조	갑
47	1905년 7월 16일	충청남도/질품서13호	형법대전	498조	갑
48	1905년 7월 18일	경기/질품서45호	형법대전	192조	갑
49	1905년 7월 18일	제주목/보고서6호	형법대전	678조	갑
50	1905년 7월 19일	전라북도/질품서38호	형법대전	477조	갑
51	1905년 7월 20일	전라북도/질품서39호	형법대전	479조	갑
52	1905년 7월 20일	평리원/보고서114호	형법대전	631조/648조	을
53	1905년 7월 25일	한성/질품서59호	형법대전	129조/385조/405조	을
54	1905년 7월 27일	경상북도/질품서46호	형법대전	129조/364조/477조/479조/605조	갑
55	1905년 7월 27일	한성/질품서61호	형법대전	393조	을
56	1905년 7월 28일	한성/질품서62호	형법대전	517조/593조/595조/599조	을
57	1905년 7월 29일	전라북도/보고서46호	형법대전	593조(강도)	갑
58	1905년 7월 31일	충청북도/질품서128호	형법대전	593조(강도)	갑

번호	일자	공문서	법서	법조문	비고
59	1905년 7월 31일	충청북도/질품서129호	형법대전	593조(강도)	갑
60	1905년 7월 31일	충청북도/질품서130호	형법대전	593조(강도)	갑
61	1905년 7월 31일	충청북도/질품서131호	형법대전	593조(강도)	갑
62	1905년 7월 31일	충청남도/보고서59호	형법대전	453조/458조/595조/672조	갑
63	1905년 7월 31일	충청남도/보고서60호	형법대전	493조/480조/498조	갑
64	1905년 7월 □일 (4월20~23일 첨부)	전라남도/질품서16호	형법대전	129조/280조/589조/678조	갑
65	1905년 8월 1일	부산항/보고(서)27호	형법대전	595조/597조	갑
66	1905년 8월 2일	경기/질품서53호	형법대전	593조(강도)	갑
67	1905년 8월 3일	경기/보고서55호	형법대전	129조/264조/492조/678조	갑
68	1905년 8월 4일	경기/보고서56호	형법대전	453조/458조	갑
69	1905년 8월 4일	경기/질품서57호	형법대전	516조/593조(강도)	갑
70	1905년 8월 5일	부산항/질품서28호	형법대전	593조(강도)	갑
71	1905년 8월 5일	부산항/보고서29호	형법대전	595조	갑
72	1905년 8월 9일	전라남도/보고서20호	형법대전	511조	갑
73	1905년 8월 11일	평리원/보고서117호	형법대전	595조	을
74	1905년 8월 12일	황해도/보고(서)48호	형법대전	458조	갑
75	1905년 8월 13일	경기/보고서58호	형법대전	453조/473조/458조/593조(강도)	갑
76	1905년 8월 13일	황해도/보고(서)48호	형법대전	567조	갑
77	1905년 8월 13일	황해도/질품(서)49호	형법대전	479조	갑
78	1905년 8월 14일	부산항/보고(서)32호	형법대전	595조	갑
79	1905년 8월 14일	평리원/보고서119호	형법대전	129조/213조/328조	을
80	1905년 8월 15일	평리원/보고서120호	형법대전	129조/216조/218조/226조	을
81	1905년 8월 17일	평리원/보고서123호	형법대전	635조	을
82	1905년 8월 21일	평리원/보고서125호	형법대전	631조/648조	을
83	1905년 8월 21일	평리원/보고서126호	형법대전	631조/632조	을
84	1905년 8월 22일	충청북도/질품서133호	형법대전	(495조/479조)	갑
85	1905년 8월 23일	황해도/보고(서)52호	형법대전	454조	갑
86	1905년 8월 23일	평리원/보고서128호	형법대전	249조	을
87	1905년 8월 23일	평리원/보고서129호	형법대전	655조	을

번호	일자	공문서	법서	법조문	비고
88	1905년 8월 23일	한성/질품서67호	형법대전	129조/478조/502조/593조	을
89	1905년 8월 23일	삼화항/질품서3호	형법대전	593조(강도)	갑
90	1905년 8월 26일	한성/질품서78호	형법대전	477조	을
91	1905년 8월 27일	의주시/질품서1호	형법대전	593조(강도)	갑
92	1905년 8월 27일	경기/보고서60호	형법대전	129조/200조/264조/312조/315조/458조/478조/492조/593조(강도)/595조	갑
93	1905년 8월 27일	황해도/보고(서)54호	형법대전	458조	갑
94	1905년 8월 27일	의주시/질품서1호	형법대전	166조/593조(강도)	갑
95	1905년 8월 27일	전라남도/질품서21호	형법대전	481조/488조	갑
96	1905년 8월 27일	전라남도/질품서22호	형법대전	477조	갑
97	1905년 8월 28일	황해도/질품(서)□호	형법대전	477조/495조	갑
98	1905년 8월 30일	광주군/질품서24호	형법대전	679조	갑
99	1905년 8월 30일	전라남도/질품서24호	형법대전	679조	갑
100	1905년 8월 31일	충청남도/보고서68호	형법대전	135조/477조	갑
101	1905년 8월 31일	충청남도/보고서69호	형법대전	498조	갑
102	1905년 8월 31일	평안북도/질품서42호	형법대전	497조	갑
103	1905년 9월 1일	한성/질품서84호	형법대전	129조/136조/355조/356조/385조/389조/395조/595조	을
104	1905년 9월 1일	경기/보고서61호	형법대전	481조	갑
105	1905년 9월 1일	전라남도/질품서25호	형법대전	666조	갑
106	1905년 9월 1일	황해도/보고(서)58호	형법대전	479조	갑
107	1905년 9월 2일	전라남도/보고서23호	형법대전	129조/280조/589조/678조	갑
108	1905년 9월 3일	강원도/질품서20호	형법대전	327조/533조	갑
109	1905년 9월 6일	평리원/질품서12호	형법대전	79조/135조/278조/280조/598조	을
110	1905년 9월 7일	평리원/보고서140호	형법대전	206조	을
111	1905년 9월 7일	한성/질품서82호	형법대전	479조	을
112	1905년 9월 7일	한성/질품서83호	형법대전	593조(강도)	을
113	1905년 9월 8일	평리원/보고서141호	형법대전	129조/511조/674조	을
114	1905년 9월 9일	충청남도/질품서14호	형법대전	593조(강도)	갑
115	1905년 9월 9일	충청남도/질품서15호	형법대전	593조(강도)	갑

번호	일자	공문서	법서	법조문	비고
116	1905년 9월 9일	충청남도/질품서16호	형법대전	593조(강도)	갑
117	1905년 9월 9일	충청남도/질품서17호	형법대전	593조(강도)	갑
118	1905년 9월 10일	경기/질품서62호	형법대전	337조	갑
119	1905년 9월 10일	황해도/보고(서)62호	형법대전	567조	갑
120	1905년 9월 10일	삼화항/보고(서)25호	형법대전	312조	갑
121	1905년 9월 10일	충청북도/보고서135호	형법대전	593조(강도)	갑
122	1905년 9월 17일	전라남도/보고서26호	형법대전	453조/458조	갑
123	1905년 9월 18일	전라북도/질품서40호	형법대전	480조	갑
124	1905년 9월 20일	평리원/질품서13호	형법대전	479조	을
125	1905년 9월 20일	평리원/보고서151호	형법대전	107조/312조/345조	을
126	1905년 9월 21일	황해도/보고(서)66호	형법대전	477조/495조	갑
127	1905년 9월 21일	황해도/질품(서)67호	형법대전	479조	갑
128	1905년 9월 21일	의주시/질품서2호	형법대전	595조	갑
129	1905년 9월 23일	경기/보고서65호	형법대전	129조/492조/678조	갑
130	1905년 9월 25일	평리원/보고서153호	형법대전	346조	을
131	1905년 9월 25일	의주시/보고서19호	형법대전	[593조(강도)/595조]	갑
132	1905년 9월 27일	평안북도/질품서50호	형법대전	393조	갑
133	1905년 9월 27일	평안북도/질품서51호	형법대전	499조	갑
134	1905년 9월 28일	경기/보고서67호	형법대전	337조	
135	1905년 9월 28일	충청남도/질품서18호	형법대전	593조(강도)	갑
136	1905년 9월 29일	충청남도/질품서19호	형법대전	593조(강도)	갑
137	1905년 9월 29일	황해도/보고(서)69호	형법대전	479조	갑
138	1905년 9월 29일	황해도/보고(서)70호	형법대전	479조/480조	갑
139	1905년 9월 30일	충청남도/질품서71호	형법대전	88조	갑
140	1905년 9월 30일	충청남도/질품서72호	형법대전	389조/458조/593조/604조/610조	갑
141	1905년 9월 30일	충청남도/질품서74호	형법대전	498조/593조(강도)	갑
142	1905년 9월 30일	평안남도/보고서53호	형법대전	200조/599조	갑
143	1905년 9월 30일	전라북도/보고서53호	형법대전	200조/599조/599조	갑
144	1905년 9월 31일	경기/질품서68호	형법대전	593조(강도)	갑
145	1905년 9월 31일	경기/질품서69호	형법대전	129조/393조/592조	갑

번호	일자	공문서	법서	법조문	비고
146	1905년 10월 1일	의주시/보고서20호	형법대전	[593조(강도)/595조]	갑
147	1905년 10월 3일	원산항/보고(서)15호	형법대전	312조	갑
148	1905년 10월 3일	황해도/질품(서)74호	형법대전	134조/595조	갑
149	1905년 10월 3일	평안북도/보고서54호	형법대전	492조	갑
150	1905년 10월 4일	평안북도/질품서55호	형법대전	125조/499조/678조	갑
151	1905년 10월 5일	한성/보고서91호	형법대전	87조/555조	을
152	1905년 10월 9일	의주시/보고서24호	형법대전	595조	갑
153	1905년 10월 11일	황해도/질품(서)82호	형법대전	479조	갑
154	1905년 10월 11일	경기/질품서70호	형법대전	593조(강도)	갑
155	1905년 10월 11일	경기/질품서71호	형법대전	593조(강도)	갑
156	1905년 10월 11일	경기/질품서70호	형법대전	593조(강도)	갑
157	1905년 10월 13일	의주시/질품서3호	형법대전	385조	갑
158	1905년 10월 14일	경기/질품서71호	형법대전	593조(강도)	갑
159	1905년 10월 14일	경기/질품서72호	형법대전	593조(강도)	갑
160	1905년 10월 16일	경기/질품서72호	형법대전	593조(강도)	갑
161	1905년 10월 16일	경기/질품서73호	형법대전	593조(강도)	갑
162	1905년 10월 16일	경기/질품서73호	형법대전	593조(강도)	갑
163	1905년 10월 19일	경상북도/질품(서)57호	형법대전	593조(강도)	갑
164	1905년 10월 19일	경기/질품서74호	형법대전	495조/593조(강도)	갑
165	1905년 10월 20일	평리원/질품서14호	형법대전	133조/200조	을
166	1905년 10월 21일	의주시/보고서25호	형법대전	385조	갑
167	1905년 10월 21일	경기/보고서76호	형법대전	593조	갑
168	1905년 10월 22일	강원도/질품서23호	형법대전	593조(강도)/595조/620조	갑
169	1905년 10월 23일	평리원/보고서167호	형법대전	678조	을
170	1905년 10월 25일	평안남도/질품서11호	형법대전	488조	갑
171	1905년 10월 26일	평안남도/보고서56호	형법대전	488조/678조	갑
172	1905년 10월 26일	평리원/보고서168호	형법대전	176조	을
173	1905년 10월 27일	황해도/보고(서)87호	형법대전	595조	갑
174	1905년 10월 30일	한성/보고서98호	형법대전	518조/578조	을
175	1905년 10월 31일	충청남도/보고서80호	형법대전	498조/593조(강도)	갑

번호	일자	공문서	법서	법조문	비고
176	1905년 10월 31일	충청남도/보고서82호	형법대전	200조/511조/593조(강도)/517조/606조	갑
177	1905년 10월 31일	인천항/보고서2호	형법대전	593조(강도)	갑
178	1905년 11월 3일	황해도/보고(서)93호	형법대전	479조	갑
179	1905년 11월 3일	황해도/보고(서)94호	형법대전	479조	갑
180	1905년 11월 3일	황해도/보고(서)4호(새 번호)	형법대전	479조	갑
181	1905년 11월 4일	강원도/보고서4호	형법대전	337조	갑
182	1905년 11월 6일	인천항/질품서3호	형법대전	479조	갑
183	1905년 11월 6일	경기/보고서80호	형법대전	200조/453조/458조/592조/595조/599조	갑
184	1905년 11월 8일	충청북도/보고서2호	형법대전	479조	갑
185	1905년 11월 9일	평안남도/보고서61호	형법대전	488조	갑
186	1905년 11월 9일	전라북도/보고서61호	형법대전	595조/600조	갑
187	1905년 11월 9일	전라북도/질품서42호	형법대전	477조	갑
188	1905년 11월 9일	전라북도/질품서42호(중복)	형법대전	312조/631조	갑
189	1905년 11월 10일	전라남도/보고서36호	형법대전	493조	갑
190	1905년 11월 10일	황해도/질품(서)2호	형법대전	479조	갑
191	1905년 11월 10일	황해도/질품(서)3호	형법대전	479조	갑
192	1905년 11월 10일	나주군/보고서36호	형법대전	493조	갑
193	1905년 11월 10일	충청남도/보고서3호	형법대전	593조(강도)	갑
194	1905년 11월 10일	평리원/보고서178호	형법대전	135조/458조/465조	을
195	1905년 11월 11일	의주시/질품서4호	형법대전	393조	갑
196	1905년 11월 11일	전라남도/보고서37호	형법대전	493조	갑
197	1905년 11월 11일	평안북도/질품서66호	형법대전	593조(강도)/615조	갑
198	1905년 11월 12일	함경남도/질품서2호	형법대전	479조	갑
199	1905년 11월 13일	평안북도/질품서67호	형법대전	477조	갑
200	1905년 11월 14일	평리원/보고서184호	형법대전	215조/345조	을
201	1905년 11월 14일	강원도/보고서6호	형법대전	593조(강도)/595조/620조	갑
202	1905년 11월 15일	충청남도/질품서□호	형법대전	593조(강도)	갑
203	1905년 11월 15일	충청남도/질품서□호(동일날짜, 별건)	형법대전	593조(강도)	갑

번호	일자	공문서	법서	법조문	비고
204	1905년 11월 15일	충청남도/질품서□호(동일날짜, 별건)	형법대전	479조	갑
205	1905년 11월 15일	충청남도/질품서□호(동일날짜, 별건)	형법대전	593조(강도)	갑
206	1905년 11월 15일	평안남도/보고서63호	형법대전	593조(강도)	갑
207	1905년 11월 15일	평안남도/보고서64호	형법대전	593조(강도)	갑
208	1905년 11월 15일	연기군/보고서□호	형법대전	593조(강도)	갑
209	1905년 11월 16일	평리원/보고서187호	형법대전	403조	을
210	1905년 11월 17일	경상남도/보고(서)22호	형법대전	129조/534조/593조(강도)/594조(창탈)/595조/599조	갑
211	1905년 11월 18일	경기/질품서83호	형법대전	477조	갑
212	1905년 11월 18일	평안남도/질품서12호	형법대전	80조/135조/312조/337조	갑
213	1905년 11월 19일	옥구항/보고(서)24호	형법대전	129조/135조/200조	갑
214	1905년 11월 19일	옥구항/보고(서)25호	형법대전	389조/595조/600조	갑
215	1905년 11월 20일	전라북도/보고서66호	형법대전	(495조)	을
216	1905년 11월 21일	충청북도/질품서5호	형법대전	593조(강도)	갑
217	1905년 11월 21일	충청북도/질품서6호	형법대전	593조(강도)	갑
218	1905년 11월 21일	강원도/질품서7호	형법대전	473조/497조	을
219	1905년 11월 26일	강원도/질품서8호	형법대전	192조/198조/385조	갑
220	1905년 11월 27일	경기/질품서84호	형법대전	479조	갑
221	1905년 11월 28일	전라남도/보고서42호	형법대전	493조	갑
222	1905년 11월 30일	충청북도/보고서9호	형법대전	114조	갑
223	1905년 11월 30일	인천항/보고서25호	형법대전	479조/593(강도)	갑
224	1905년 11월 30일	충청남도/보고서89호	형법대전	595조/659조	갑
225	1905년 11월 30일	충청남도/보고서90호	형법대전	479조/498조/593조(강도)	갑
226	1905년 12월 1일	경상남도/보고(서)24호	형법대전	593조(강도)/594조(창탈)/595조	갑
227	1905년 12월 1일	황해도/보고(서)12호	형법대전	[479조/593조(강도)]	갑
228	1905년 12월 1일	전라북도/보고서69호	형법대전	511조	갑
229	1905년 12월 1일	전라북도/질품서44호	형법대전	593조(강도)	갑
230	1905년 12월 3일	경상북도/질품서66호	형법대전	593조(강도)	갑
231	1905년 12월 3일	평안남도/보고서67호	형법대전	337조	갑
232	1905년 12월 4일	경상북도/질품서67호	형법대전	593조(강도)	갑

번호	일자	공문서	법서	법조문	비고
233	1905년 12월 4일	경상북도/질품서號外	형법대전	678조	갑
234	1905년 12월 5일	황해도/질품(서)14호	형법대전	479조/480조	갑
235	1905년 12월 5일	경상북도/질품서68호	형법대전	593조(강도)	갑
236	1905년 12월 6일	경상북도/질품서69호	형법대전	593조(강도)	갑
237	1905년 12월 6일	한성/질품서106호	형법대전	385조	을
238	1905년 12월 7일	충청남도/질품서25간	형법대전	535조	갑
239	1905년 12월 7일	경상북도/보고서70호	형법대전	458조	갑
240	1905년 12월 7일	경상북도/보고서71호	형법대전	458조	갑
241	1905년 12월 8일	경상북도/질품서72호	형법대전	593조(강도)	갑
242	1905년 12월 10일	충청북도/보고서10호	형법대전	593조(강도)	갑
243	1905년 12월 10일	평안남도/질품서13호	형법대전	479조	갑
244	1905년 12월 11일	충청남도/질품서28호	형법대전	593조(강도)	갑
245	1905년 12월 11일	충청남도/질품서28호	형법대전	129조/477조/535조	갑
246	1905년 12월 11일	충청남도/질품서29호	형법대전	328조/332조/593조(강도)	갑
247	1905년 12월 11일	충청남도/질품서30호	형법대전	135조	갑
248	1905년 12월 11일	충청남도/질품서40호	형법대전	135조/477조	갑
249	1905년 12월 12일	충청남도/질품서31호	형법대전	593조(강도)	갑
250	1905년 12월 13일	충청북도/질품서11호	형법대전	593조(강도)	갑
251	1905년 12월 14일	충청남도/질품서32호	형법대전	284조	갑
252	1905년 12월 15일	충청남도/질품서33호	형법대전	64조/593조(강도)/619조	갑
253	1905년 12월 16일	인천항/질품서4호	형법대전	200조	갑
254	1905년 12월 16일	평리원/보고서198호	형법대전	345조	을
255	1905년 12월 16일	평리원/보고서199호	형법대전	345조	을
256	1905년 12월 18일	평안남도/보고서70호	형법대전	593조(강도)	갑
257	1905년 12월 18일	한성/질품서110호	형법대전	593조(강도)/618조	을
258	1905년 12월 19일	경상북도/질품서74호	형법대전	593조(강도)	갑
259	1905년 12월 19일	황해도/질품(서)15호	형법대전	477조	갑
260	1905년 12월 19일	황해도/질품(서)16호	형법대전	473조/497조	갑
261	1905년 12월 19일	경상남도/보고(서)25호	형법대전	129조/534조/593조(강도)/594조(창탈)/595조/599조	갑

번호	일자	공문서	법서	법조문	비고
262	1905년 12월 20일	평안북도/보고서71호	형법대전	135조/312조	갑
263	1905년 12월 20일	한성/질품서120호	형법대전	129조/593조(강도)/594조/595조/618조	을
264	1905년 12월 21일	황해도/보고(서)17호	형법대전	479조	갑
265	1905년 12월 21일	전라남도/보고서45호	형법대전	481조/488조	갑
266	1905년 12월 22일	경기/보고서85호	형법대전	479조	갑
267	1905년 12월 22일	경상북도/질품서75호	형법대전	493조	갑
268	1905년 12월 23일	평안남도/질품서14호	형법대전	499조	갑
269	1905년 12월 23일	충청북도/질품서11호	형법대전	593조(강도)	갑
270	1905년 12월 24일	경상북도/질품서77호	형법대전	593조(강도)	갑
271	1905년 12월 24일	강원도/질품서13호	형법대전	87조/192조/198조/385조/593조/678조	갑
272	1905년 12월 24일	황해도/질품(서)18호	형법대전	479조	갑
273	1905년 12월 25일	전라남도/질품서46호	형법대전	479조/631조	갑
274	1905년 12월 26일	황해도/보고(서)21호	형법대전	479조	갑
275	1905년 12월 26일	경상북도/질품서79호	형법대전	593조(강도)	갑
276	1905년 12월 27일	무안항/질품서41호	형법대전	593조(강도)	갑
277	1905년 12월 27일	한성/보고서118호	형법대전	593조(강도)	을
278	1905년 12월 28일	경기/질품서88호	형법대전	593조(강도)	갑
279	1905년 12월 29일	인천항/질품서5호	형법대전	593조(강도)	갑
280	1905년 12월 30일	평안남도/보고서71호	형법대전	337조	갑
281	1905년 12월 30일	평안남도/보고서72호	형법대전	479조	갑
282	1905년 12월 30일	황해도/보고(서)23호	형법대전	479조	갑
283	1905년 12월 31일	경기/질품서89호	형법대전	593조(강도)	갑
284	1905년 12월 31일	경기/질품서90호	형법대전	129조/134조/595조	갑
285	1905년 12월 31일	인천항/질품서6호	형법대전	200조	갑
286	1905년 12월 31일	인천항/보고서27호	형법대전	200조	갑
287	1905년 12월 31일	충청남도/보고서93호	형법대전	284조/458조/477조/535조/593조(강도)/595조	갑
288	1905년 12월 31일	충청남도/보고서94호	형법대전	479조/498조/593조(강도)	갑
289	1905년 12월 31일	평리원/보고서207호	형법대전	206조	을

번호	일자	공문서	법서	법조문	비고
290	1906년 1월 1일	경상북도/보고서1호	형법대전	458조/593조(강도)	갑
291	1906년 1월 1일	황해도/보고(서)1호	형법대전	[473조/477조/479조/593조(강도)]	갑
292	1906년 1월 1일	경상남도/보고(서)3호	형법대전	593조(강도)/594조(창탈)/595조	갑
293	1906년 1월 2일	경상남도/보고(서)1호	형법대전	458조	갑
294	1906년 1월 2일	경상남도/보고(서)2호	형법대전	200조	갑
295	1906년 1월 3일	경기/보고서1호	형법대전	593조(강도)	갑
296	1906년 1월 3일	평안북도/보고서3호	형법대전	[593조(강도)]	갑
297	1906년 1월 3일	평안남도/보고서2호	형법대전	479조/499조	갑
298	1906년 1월 4일	전라북도/질품서45호	형법대전	480조/481조	갑
299	1906년 1월 6일	전라북도/질품서46호	형법대전	480조	갑
300	1906년 1월 7일	강원도/보고서2호	형법대전	473조	을
301	1906년 1월 8일	황해도/보고(서)3호	형법대전	473조/479조/499조	갑
302	1906년 1월 8일	황해도/보고(서)4호	형법대전	479조/499조	갑
303	1906년 1월 8일	전라남도/보고서1호	형법대전	129조/479조/666조	갑
304	1906년 1월 9일	전라남도/보고서4호	형법대전	493조	갑
305	1906년 1월 10일	충청북도/보고서12호	형법대전	479조/593조(강도)	갑
306	1906년 1월 11일	경기/보고서4호	형법대전	134조	갑
307	1906년 1월 11일	경기/보고서5호	형법대전	393조	갑
308	1906년 1월 12일	전라남도/보고서3호	형법대전	284조/511조	갑
309	1906년 1월 13일	전라남도/보고서5호	형법대전	493조	갑
310	1906년 1월 13일	한성/질품서3호	형법대전	593조	을
311	1906년 1월 13일	창원항/보고(서)2호	형법대전	595조	갑
312	1906년 1월 13일	의주시/보고서6호	형법대전	595조	갑
313	1906년 1월 13일	강원도/보고서4호	형법대전	125조	을
314	1906년 1월 13일	강원도/보고서5호	형법대전	125조	을
315	1906년 1월 14일	전라북도/질품서47호	형법대전	593조(강도)	갑
316	1906년 1월 14일	전라북도/보고서3호	형법대전	593조(강도)	갑
317	1906년 1월 14일	무안항/보고서3호	형법대전	593조(강도)	갑
318	1906년 1월 16일	강원도/보고서7호	형법대전	593조(강도)/678조	갑
319	1906년 1월 16일	전라북도/보고서6호	형법대전	479조	갑

번호	일자	공문서	법서	법조문	비고
320	1906년 1월 16일	강원도/보고서7호	형법대전	593조(강도)	갑
321	1906년 1월 17일	황해도/질품(서)6호	형법대전	477조/498조	갑
322	1906년 1월 18일	전라북도/질품서48호	형법대전	493조	갑
323	1906년 1월 19일	함경남도/보고서3호	형법대전	479조/595조	갑
324	1906년 1월 19일	삼화항/질품서1호	형법대전	593조(강도)	갑
325	1906년 1월 20일	한성/질품서5호	형법대전	129조/384조/385조	을
326	1906년 1월 20일	한성/질품서6호	형법대전	473조/534조	을
327	1906년 1월 20일	한성/질품서8호	형법대전	127조/129조/136조/384조/385조/390조/678조	을
328	1906년 1월 20일	강원도/보고서9호	형법대전	20조/125조	을
329	1906년 1월 20일	인천항/보고서1호	형법대전	200조	갑
330	1906년 1월 22일	전라북도/질품서49호	형법대전	458조	갑
331	1906년 1월 23일	평안남도/질품서1호	형법대전	458조	갑
332	1906년 1월 23일	평안북도/질품서6호	형법대전	479조	갑
333	1906년 1월 23일	운산군/질품서6호	형법대전	479조	갑
334	1906년 1월 23일	한성/질품서11호	형법대전	593조(강도)	을
335	1906년 1월 31일	인천항/보고서3호	형법대전	129조/595조/599조	갑
336	1906년 1월 31일	전라북도/질품서50(호)	형법대전	593조(강도)	갑
337	1906년 2월 1일	경상남도/보고(서)2호	형법대전	593조(강도)	갑
338	1906년 2월 1일	황해도/보고(서)9호	형법대전	(473조/477조/479조)	갑
339	1906년 2월 2일	강원도/질품서11호	형법대전	480조/481조	을
340	1906년 2월 2일	한성/질품서13호	형법대전	593조(강도)	을
341	1906년 2월 3일	평안북도/보고(서)9호	형법대전	479조	갑
342	1906년 2월 3일	함경남도/질품서1호	형법대전	479조/480조	갑
343	1906년 2월 3일	평안남도/보고서6호	형법대전	458조	갑
344	1906년 2월 6일	평안북도/질품서11호	형법대전	593조(강도)/615조	갑
345	1906년 2월 6일	창원항/보고(서)7호	형법대전	595조	갑
346	1906년 2월 6일	한성/질품서15호	형법대전	129조/593조(강도)/595조	을
347	1906년 2월 7일	인천항/보고서4호	형법대전	185조/200조/441조	갑
348	1906년 2월 7일	인천항/보고서5호	형법대전	595조	갑

번호	일자	공문서	법서	법조문	비고
349	1906년 2월 10일	충청북도/보고서18호	형법대전	458조	갑
350	1906년 2월 10일	황해도/보고(서)11호	형법대전	595조/600조	갑
351	1906년 2월 12일	한성/질품서19호	형법대전	593조(강도)	을
352	1906년 2월 13일	경상남도/보고(서)15호	형법대전	458조/479조	갑
353	1906년 2월 13일	평리원/보고서10호	형법대전	215조	을
354	1906년 2월 15일	평리원/보고서13호	형법대전	215조	을
355	1906년 2월 16일	평안남도/보고서9호	형법대전	135조/458조	갑
356	1906년 2월 16일	경상북도/질품서14호	형법대전	79조/80조/82조/125조/135조	갑
357	1906년 2월 17일	평리원/보고서14호	형법대전	612조	을
358	1906년 2월 18일	경상북도/질품서15호	형법대전	479조	갑
359	1906년 2월 18일	전라북도/질품서10호	형법대전	200조	갑
360	1906년 2월 19일	한성/질품서22호	형법대전	590조	을
361	1906년 2월 20일	경상북도/질품서16호	형법대전	473조/488조	갑
362	1906년 2월 21일	평양시/질품서1호	형법대전	114조/489조/492조	갑
363	1906년 2월 22일	평안북도/질품서13호	형법대전	479조/482조/678조	갑
364	1906년 2월 22일	경상북도/질품서17호	형법대전	593조(강도)	갑
365	1906년 2월 24일	경상북도/질품서18호	형법대전	479조	갑
366	1906년 2월 24일	한성/질품서28호	형법대전	593조	을
367	1906년 2월 25일	인천항/보고서7호	형법대전	79조/80조/82조/125조/135조	갑
368	1906년 2월 26일	전라북도/보고서13호	형법대전	129조/595조/599조/655조	갑
369	1906년 2월 27일	경기/질품서29호	형법대전	402조	갑
370	1906년 2월 27일	경상북도/질품서19호	형법대전	593조(강도)	갑
371	1906년 2월 28일	경기/질품서31호	형법대전	593조(강도)	갑
372	1906년 2월 28일	옥구항/보고(서)7호	형법대전	56조/57조	갑
373	1906년 2월 28일	평안북도/보고(서)14호	형법대전	479조	갑
374	1906년 2월 28일	삼화항/보고(서)6호	형법대전	534조/589조/595조	갑
375	1906년 2월 28일	한성/질품서29호	형법대전	618조	을
376	1906년 2월 28일	함경남도/보고서7호	형법대전	479조/480조	갑
377	1906년 3월 1일	경상남도/보고(서)16호	형법대전	479조/593조(강도)	갑
378	1906년 3월 2일	경기/보고서32호	형법대전	173조/595조/660조	갑

번호	일자	공문서	법서	법조문	비고
379	1906년 3월 2일	황해도/보고(서)19호	형법대전	473조	갑
380	1906년 3월 3일	삼화항/(별도문서)	형법대전	595조	갑
381	1906년 3월 3일	의주시/보고서17호	형법대전	56조/57조	갑
382	1906년 3월 3일	전라북도/질품서52호	형법대전	134조	갑
383	1906년 3월 3일	전라남도/질품서14호	형법대전	477조	갑
384	1906년 3월 3일	전라남도/보고서13호	형법대전	284조/511조	갑
385	1906년 3월 5일	경상북도/보고서22호	형법대전	631조	갑
386	1906년 3월 5일	황해도/질품(서)21호	형법대전	499조	갑
387	1906년 3월 5일	강원도/보고서16호	형법대전	56조/57조	갑
388	1906년 3월 5일	한성/질품서33호	형법대전	593조(강도)	을
389	1906년 3월 6일	충청남도/보고서17호	형법대전	56조/57조	갑
390	1906년 3월 8일	평안북도/보고서19호	형법대전	515조/678조	갑*
391	1906년 3월 10일	황해도/질품(서)23호	형법대전	593조(강도)/594조(창탈)	갑
392	1906년 3월 10일	평안북도/질품서21호	형법대전	127조/144조/593조(강도)/615조	갑
393	1906년 3월 11일	평안북도/질품서23호	형법대전	479조	갑
394	1906년 3월 11일	평안북도/질품서24호	형법대전	479조	갑
395	1906년 3월 11일	인천항/보고서12호	형법대전	135조/200조	갑
396	1906년 3월 12일	전라남도/질품서17호	형법대전	134조	갑
397	1906년 3월 12일	전라남도/질품서18호	형법대전	593조(강도)	갑
398	1906년 3월 12일	강원도/보고서17호	형법대전	593조(강도)	을
399	1906년 3월 12일	한성/질품서40호	형법대전	593조(강도)	을
400	1906년 3월 14일	평안북도/보고서26호	형법대전	479조	갑
401	1906년 3월 15일	전라북도/질품서54호	형법대전	479조	갑
402	1906년 3월 15일	전라북도/보고서22호	형법대전	129조/595조/599조/655조	갑
403	1906년 3월 15일	원산항/보고서2호	형법대전	302조/312조	을
404	1906년 3월 17일	경기/보고서38호	형법대전	593조(강도)	갑
405	1906년 3월 18일	창원항/보고(서)13호	형법대전	595조	갑
406	1906년 3월 19일	평안북도/보고서28호	형법대전	129조/327조/441조/595조/599조	갑
407	1906년 3월 22일	전라북도/보고서24호	형법대전	134조	갑
408	1906년 3월 22일	경기/질품서39호	형법대전	479조	갑

번호	일자	공문서	법서	법조문	비고
409	1906년 3월 22일	평안북도/보고서30호	형법대전	129조/135조/136조/385조/492조/565조/581조/595조/599조/600조/620조/631조	갑
410	1906년 3월 22일	충청남도/보고서23호	형법대전	595조	갑
411	1906년 3월 23일	경상북도/보고서29호	형법대전	179조/631조	갑
412	1906년 3월 23일	평안북도/보고서32호	형법대전	129조/492조/565조/581조	갑
413	1906년 3월 23일	전라남도/질품서18호	형법대전	593조(강도)	갑
414	1906년 3월 24일	경상북도/보고서30호	형법대전	493조	갑
415	1906년 3월 24일	한성/질품서44호	형법대전	127조/302조/393조/593조(강도)	을
416	1906년 3월 26일	한성/질품서47호	형법대전	593조(강도)/618조	을
417	1906년 3월 27일	삼화항/보고(서)11호	형법대전	595조/662조	갑
418	1906년 3월 27일	강원도/보고서19호	형법대전	595조/617조	갑
419	1906년 3월 27일	강원도/보고서20호	형법대전	595조	갑
420	1906년 3월 28일	충청남도/질품서1호	형법대전	79조/605조	갑
421	1906년 3월 28일	경기/보고서40호	형법대전	593조(강도)	갑
422	1906년 3월 28일	경기/질품서42호	형법대전	593조(강도)	갑
423	1906년 3월 28일	경기/질품서43호	형법대전	593조(강도)	갑
424	1906년 3월 28일	경기/질품서44호	형법대전	402조	갑
425	1906년 3월 29일	경기/질품서46호	형법대전	593조(강도)	갑
426	1906년 3월 29일	충청북도/질품서27호	형법대전	(499조 →)409조	갑
427	1906년 3월 29일	평리원/질품서28호	형법대전	192조/198조	을
428	1906년 3월 30일	황해도/보고(서)26호	형법대전	(595조)	갑
429	1906년 3월 31일	평안북도/보고서36호	형법대전	127조/144조/593조(강도)/615조	갑
430	1906년 3월 31일	경상북도/보고서35호	형법대전	364조	갑
431	1906년 3월 31일	충청남도/보고서26호	형법대전	135조/605조	갑
432	1906년 3월 31일	충청남도/보고서27호	형법대전	79조/135조/200조/300조/517조/595조/600조	갑
433	1906년 3월 31일	삼화항/보고(서)13호	형법대전	595조/672조	갑
434	1906년 3월 31일	평리원/보고서31호	형법대전	678조	을
435	1906년 4월 1일	경상남도/보고(서)15호	형법대전	故殺子女 → 「大典通編」'殺獄'	갑
436	1906년 4월 1일	의주시/보고서23호	형법대전	593조(강도)	갑

번호	일자	공문서	법서	법조문	비고
437	1906년 4월 3일	경상북도/보고서36호	형법대전	593조(강도)	갑
438	1906년 4월 3일	경상북도/보고서38호	형법대전	593조(강도)	갑
439	1906년 4월 3일	경상북도/보고서39호	형법대전	473조/675조	갑
440	1906년 4월 3일	경상북도/보고서40호	형법대전	173조/182조	갑
441	1906년 4월 3일	경상북도/보고서41호	형법대전	458조	갑
442	1906년 4월 3일	평안북도/보고서38호	형법대전	479조	갑
443	1906년 4월 4일	평안북도/보고서41호	형법대전	492조/606조	갑
444	1906년 4월 4일	황해도/보고(서)30호	형법대전	593조(강도)/618조	갑
445	1906년 4월 4일	경상북도/보고서42호	형법대전	479조	갑
446	1906년 4월 5일	충청북도/보고서29호	형법대전	(499조)	갑
447	1906년 4월 5일	전라북도/질품서56호	형법대전	535조	갑
448	1906년 4월 5일	전라북도/질품서57호	형법대전	480조	갑
449	1906년 4월 6일	황해도/질품(서)31호	형법대전	479조	갑
450	1906년 4월 7일	경기/질품서49호	형법대전	492조	갑
451	1906년 4월 7일	한성/질품서51호	형법대전	129조/593조(강도)/595조	을
452	1906년 4월 7일	충청북도/질품서30호	형법대전	129조/385조/387조/600조/612조/678조	갑
453	1906년 4월 8일	충청북도/질품서31호	형법대전	593조(강도)	갑
454	1906년 4월 8일	평안북도/보고서42호	형법대전	129조/135조/492조/534조/581조/595조/599조	갑
455	1906년 4월 9일	창원항/보고(서)17호	형법대전	595조	갑
456	1906년 4월 9일	황해도/보고(서)31호	형법대전	499조	갑
457	1906년 4월 9일	황해도/보고(서)31호(번호중복)	형법대전	458조	갑
458	1906년 4월 9일	황해도/보고(서)32호	형법대전	458조	갑
459	1906년 4월 10일	충청북도/보고서32호	형법대전	297조/385조/479조/480조/517조/594조(창탈)/600조/605조/678조	갑
460	1906년 4월 10일	전라북도/질품서58호	형법대전	595조	갑
461	1906년 4월 10일	강원도/질품서24호	형법대전	666조	갑
462	1906년 4월 10일	성진항/보고서10호	형법대전	511조	갑
463	1906년 4월 11일	경기/보고서51호	형법대전	144조/593조(강도)	갑
464	1906년 4월 11일	경기/보고서52호	형법대전	479조	갑

번호	일자	공문서	법서	법조문	비고
465	1906년 4월 12일	평안북도/보고서44호	형법대전	479조	갑
466	1906년 4월 12일	평안북도/보고서45호	형법대전	135조/355조	갑
467	1906년 4월 12일	경상북도/질품서46호	형법대전	593조(강도)/280조	갑
468	1906년 4월 12일	경상남도/보고(서)19호	형법대전	473조	갑
469	1906년 4월 13일	경상북도/질품서50호	형법대전	458조	갑
470	1906년 4월 14일	함경북도/보고서10호	형법대전	129조/595조	갑
471	1906년 4월 16일	함경북도/보고서11호	형법대전	125조/129조/600조/605조	갑
472	1906년 4월 16일	평안북도/질품서□호	형법대전	478조/678조	갑
473	1906년 4월 16일	충청북도/질품서33호	형법대전	593조(강도)	갑
474	1906년 4월 16일	[함경북도]보고서11호 경성(125책29면)	형법대전	129조/600조/605조	갑
475	1906년 4월 17일	경상북도/보고서51호	형법대전	479조	갑
476	1906년 4월 17일	한성/질품서56호	형법대전	129조/200조/613조	을
477	1906년 4월 17일	전라남도/보고서37호	형법대전	591조/625조	갑
478	1906년 4월 18일	삼화항/보고(서)15호	형법대전	595조/672조	갑
479	1906년 4월 20일	한성/보고서60호	형법대전	129조/511조/674조	을
480	1906년 4월 20일	전라남도/보고서4호	형법대전	593조(강도)	갑
481	1906년 4월 20일	전라남도/보고서5호	형법대전	134조/593조(강도)	갑
482	1906년 4월 21일	황해도/질품(서)□	형법대전	145조/499조	갑
483	1906년 4월 22일	경상남도/질품서25호	형법대전	458조	갑
484	1906년 4월 23일	평안북도/보고서50호	형법대전	129조/327조/595조/599조	갑
485	1906년 4월 23일	창원항/보고서18호	형법대전	595조	갑
486	1906년 4월 23일	황해도/보고(서)서38호	형법대전	480조/493조	갑
487	1906년 4월 23일	전라북도/보고서□	형법대전	479조/505조	갑
488	1906년 4월 24일	경기/질품서56호	형법대전	593조(강도)	갑
489	1906년 4월 25일	인천항/질품서1호	형법대전	517조/631조	갑
490	1906년 4월 25일	창원항/보고서19호	형법대전	129조/353조/599조/678조	갑
491	1906년 4월 25일	강원도/질품서28호	형법대전	481조/482조	갑
492	1906년 4월 25일	강원도/보고서29호	형법대전	618조	갑
493	1906년 4월 25일	충청북도/보고서35호	형법대전	595조/600조	갑

번호	일자	공문서	법서	법조문	비고
494	1906년 4월 25일	평안북도/질품서51호	형법대전	488조	갑
495	1906년 4월 28일	충청남도/질품서2호	형법대전	593조(강도)	갑
496	1906년 4월 28일	충청남도/질품서3호	형법대전	593조(강도)	갑
497	1906년 4월 28일	충청남도/질품서4호	형법대전	593조(강도)	갑
498	1906년 4월 28일	충청남도/질품서5호	형법대전	593조(강도)	갑
499	1906년 4월 28일	전라북도/질품서59호	형법대전	480조/481조	갑
500	1906년 4월 29일	충청남도/질품서6호	형법대전	593조(강도)	갑
501	1906년 4월 29일	충청남도/질품서8호	형법대전	478조/593조(강도)	갑
502	1906년 4월 29일	강원도/질품서30호	형법대전	480조/609조	갑
503	1906년 4월 30일	함경남도/보고서15호	형법대전	422조/595조	갑
504	1906년 4월 30일	충청남도/보고서42호	형법대전	79조/135조/441조/594조(창탈)/595조/605조	갑
505	1906년 4월 30일	충청남도/보고서43호	형법대전	478조/593조(강도)	갑
506	1906년 4월 30일	한성/질품서66호	형법대전	561조/593조/595조	을
507	1906년 5월 1일	황해도/보고(서)41호	형법대전	(473조/479조/498~501조/593조)	갑
508	1906년 5월 1일	경상남도/보고(서)26호	형법대전	473조/479조/539조	갑
509	1906년 5월 2일	경상북도/보고서56호	형법대전	458조	갑
510	1906년 5월 2일	충청북도/보고서36호	형법대전	129조/297조/504조/517조/594조(창탈)	갑
511	1906년 5월 3일	강원도/보고서32호	형법대전	355조/385조/387조/595조	갑
512	1906년 5월 3일	평안북도/보고서55호	형법대전	355조/458조/595조	갑
513	1906년 5월 3일	전라남도/질품서7호	형법대전	593조(강도)	갑
514	1906년 5월 4일	한성/질품서67호	형법대전	593조(강도)/618조	을
515	1906년 5월 5일	창원항/보고(서)21호	형법대전	492조	갑
516	1906년 5월 5일	창원항/보고(서)22호	형법대전	389조/595조	갑
517	1906년 5월 5일	황해도/보고(서)43호	형법대전	479조	갑
518	1906년 5월 5일	황해도/보고(서)44호	형법대전	142조/453조	갑
519	1906년 5월 5일	전라남도/보고서8호	형법대전	111조/479조/506조/631조	갑
520	1906년 5월 5일	평안북도/질품서56호	형법대전	478조/678조	갑
521	1906년 5월 6일	전라남도/질품서9호	형법대전	593조(강도)	갑
522	1906년 5월 6일	충청남도/질품서45호	형법대전	531조	갑

번호	일자	공문서	법서	법조문	비고
523	1906년 5월 6일	경기/보고서57호	형법대전	137조/595조/599조	갑
524	1906년 5월 6일	강원도/보고서34호	형법대전	(606조 →)666조	갑
525	1906년 5월 6일	전라북도/보고서31호	형법대전	137조/535조/605조	갑
526	1906년 5월 7일	경상남도/보고(서)27호	형법대전	19조/473조/499조/595조	갑
527	1906년 5월 7일	경상북도/질품서57호	형법대전	593조(강도)	갑
528	1906년 5월 7일	경상북도/질품서58호	형법대전	593조(강도)	갑
529	1906년 5월 7일	경상북도/질품서59호	형법대전	593조(강도)	갑
530	1906년 5월 8일	황해도/질품(서)45호	형법대전	593조(강도)/594조(창탈)/615조/618조	갑
531	1906년 5월 8일	충청북도/질품서38호	형법대전	593조(강도)	갑
532	1906년 5월 8일	창원항/보고(서)23호	형법대전	534조	갑
533	1906년 5월 8일	경상북도/질품서60호	형법대전	473조	갑
534	1906년 5월 8일	경상북도/보고서61호	형법대전	517조	갑
535	1906년 5월 9일	경상북도/보고서63호	형법대전	622조/631조	갑
536	1906년 5월 9일	경기/보고서58호	형법대전	135조/492조	갑
537	1906년 5월 10일	경기/질품서56호(새 번호)	형법대전	593조(강도)	갑
538	1906년 5월 10일	경기/보고서32호(새 번호)	형법대전	678조	갑
539	1906년 5월 10일	충청북도/보고서39호	형법대전	493조	갑
540	1906년 5월 10일	충청북도/보고서40호	형법대전	385조/480조/493조/499조/593조/600조/678조	갑
541	1906년 5월 10일	한성/질품서71호	형법대전	134조	을
542	1906년 5월 11일	경기/보고서31호(새 번호)	형법대전	129조/264조/452조/458조/511조/533조/595조/599조/604조/612조/631조/644조	갑
543	1906년 5월 11일	경상남도/보고(서)28호	형법대전	477조	갑
544	1906년 5월 11일	평안북도/보고서57호	형법대전	489조/567조/595조/599조	갑
545	1906년 5월 11일	전라남도/보고서10호	형법대전	477조/479조/506조	갑
546	1906년 5월 11일	강원도/질품서35호	형법대전	593조(강도)/678조	갑
547	1906년 5월 12일	황해도/질품(서)46호	형법대전	594조(창탈)	갑
548	1906년 5월 12일	황해도/질품(서)47호	형법대전	453조/458조	갑
549	1906년 5월 12일	전라남도/질품서□호	형법대전	135조/480조/505조/506조	갑
550	1906년 5월 13일	평안북도/보고서58호	형법대전	441조/595조	갑

번호	일자	공문서	법서	법조문	비고
551	1906년 5월 13일	전라남도/질품서12호	형법대전	488조	갑
552	1906년 5월 14일	인천항/질품서2호	형법대전	389조/600조	갑
553	1906년 5월 14일	평안북도/질품서59호	형법대전	129조/492조/567조/604조/678조	갑
554	1906년 5월 14일	한성/질품서75호	형법대전	593조(강도)	을
555	1906년 5월 15일	인천항/질품서3호	형법대전	389조/600조	갑
556	1906년 5월 15일	경기/보고서32호	형법대전	678조	갑
557	1906년 5월 15일	창원항/보고서22호	형법대전	135조/153조/678조	갑
558	1906년 5월 17일	평안북도/질품서63호	형법대전	135조/477조/678조	갑
559	1906년 5월 19일	경기/보고서34호	형법대전	403조	갑
560	1906년 5월 19일	평안북도/질품서64호	형법대전	479조/480조	갑
561	1906년 5월 20일	함경남도/질품서2호	형법대전	136조/403조/481조	갑
562	1906년 5월 20일	전라남도/질품서12호	형법대전	458조	갑
563	1906년 5월 21일	경기/질품서33호	형법대전	593조(강도)	갑
564	1906년 5월 21일	경기/질품서35호	형법대전	479조/480조	갑
565	1906년 5월 21일	황해도/보고(서)50호	형법대전	437조	갑
566	1906년 5월 21일	전라남도/질품서13호	형법대전	129조/592조/594조	갑
567	1906년 5월 21일	전라북도/보고서□	형법대전	493조	갑
568	1906년 5월 21일	강원도/보고서37호	형법대전	618조	갑
569	1906년 5월 21일	강원도/보고서38호	형법대전	606조	갑
570	1906년 5월 22일	경상북도/질품서66호	형법대전	593조(강도)	갑
571	1906년 5월 22일	평안북도/질품서65호	형법대전	213조/492조/672조/678조	갑
572	1906년 5월 22일	평리원/보고서41호	형법대전	678조	을
573	1906년 5월 23일	전라남도/질품서14호	형법대전	200조/674조	갑
574	1906년 5월 23일	전라남도/질품서15호	형법대전	442조	갑
575	1906년 5월 23일	전라남도/질품서16호	형법대전	605조	갑
576	1906년 5월 23일	경상북도/보고서68호	형법대전	595조/599조	갑
577	1906년 5월 23일	한성/질품서78호	형법대전	405조	을
578	1906년 5월 24일	평리원/보고서43호	형법대전	277조	을
579	1906년 5월 24일	평리원/보고서44호	형법대전	593조(강도)	을
580	1906년 5월 24일	평안북도/질품서66호	형법대전	215조/479조/674조	갑

번호	일자	공문서	법서	법조문	비고
581	1906년 5월 25일	황해도/보고(서)52호	형법대전	280조	갑
582	1906년 5월 25일	인천항/보고서21호	형법대전	595조	갑
583	1906년 5월 26일	평리원/보고서45호	형법대전	602조	을
584	1906년 5월 26일	한성/보고서80호	형법대전	511조/512조/535조	을
585	1906년 5월 26일	경상북도/질품서67호	형법대전	593조(강도)	갑
586	1906년 5월 27일	전라북도/질품서60호	형법대전	593조(강도)	갑
587	1906년 5월 27일	전라북도/질품서61호	형법대전	593조(강도)	갑
588	1906년 5월 27일	전라북도/질품서62호	형법대전	129조/593조(강도)/666조	갑
589	1906년 5월 27일	전라북도/질품서63호	형법대전	593조(강도)	갑
590	1906년 5월 27일	전라북도/질품서64호	형법대전	593조(강도)	갑
591	1906년 5월 29일	평안북도/보고서68호	형법대전	488조	갑
592	1906년 5월 29일	충청남도/질품서10호	형법대전	489조	갑
593	1906년 5월 29일	충청남도/질품서11호	형법대전	593조(강도)	갑
594	1906년 5월 29일	충청남도/질품서12호	형법대전	593조(강도)	갑
595	1906년 5월 29일	평리원/보고서49호	형법대전	77조/129조/200조	을
596	1906년 5월 30일	평안북도/질품서69호	형법대전	479조	갑
597	1906년 5월 30일	경상남도/보고(서)29호	형법대전	595조	갑
598	1906년 5월 30일	원산항/보고(서)5호	형법대전	(595조)	갑
599	1906년 5월 30일	삼화항/보고(서)18호	형법대전	355조/595조/672조/673조	갑
600	1906년 5월 30일	충청북도/질품서42호	형법대전	129조/385조/387조/600조/612조/678조	갑
601	1906년 5월 31일	창원항/보고서27호	형법대전	678조	갑
602	1906년 5월 31일	인천항/보고서22호	형법대전	200조/631조	갑
603	1906년 5월 31일	충청남도/보고서52호	형법대전	135조/280조/297조/301조/458조/478조/489조/511조/593조(강도)/595조	갑
604	1906년 5월 31일	평리원/보고서52호	형법대전	137조/602조/619조	을
605	1906년 6월 1일	경기/질품서38호	형법대전	567조/570조	갑
606	1906년 6월 1일	한성/질품서81호	형법대전	129조/385조/595조/600조	을
607	1906년 6월 1일	경상남도/보고(서)30호	형법대전	473조/477조/479조/539조/593조(강도)/615조	갑

번호	일자	공문서	법서	법조문	비고
608	1906년 6월 1일	전라남도/질품서18호	형법대전	307조/593조(강도)	갑
609	1906년 6월 2일	경기/보고서39호	형법대전	301조/458조/511조/673조/674조	갑
610	1906년 6월 2일	황해도/질품(서)56호	형법대전	492조	갑
611	1906년 6월 2일	전라남도/질품서17호	형법대전	591조/625조	갑
612	1906년 6월 2일	전라북도/질품서66호	형법대전	479조	갑
613	1906년 6월 2일	경상북도/보고서71호	형법대전	280조/593(강도)	갑
614	1906년 6월 2일	경상북도/보고서□	형법대전	595조	갑
615	1906년 6월 3일	평안북도/보고서71호	형법대전	142조/458조/511조/595조	갑
616	1906년 6월 4일	황해도/보고(서)59호	형법대전	593조(강도)	갑
617	1906년 6월 4일	창원항/보고(서)28호	형법대전	129조/200조/517조	갑
618	1906년 6월 4일	황해도/보고(서)59호	형법대전	593조(강도)/615조/618조	갑
619	1906년 6월 4일	한성/질품서86호	형법대전	593조(강도)	을
620	1906년 6월 5일	경상북도/보고서74호	형법대전	594조(창탈)/595조	갑
621	1906년 6월 5일	황해도/보고(서)60호	형법대전	454조/458조	갑
622	1906년 6월 6일	황해도/보고(서)61호	형법대전	135조/499조	갑
623	1906년 6월 6일	경상북도/질품서72호	형법대전	593조(강도)	갑
624	1906년 6월 6일	강원도/보고서40호	형법대전	355조/385조/387조/481조	갑
625	1906년 6월 6일	평안북도/질품서74호	형법대전	139조	갑
626	1906년 6월 7일	경상북도/보고서73호	형법대전	82조/389조/595조	갑
627	1906년 6월 8일	강원도/보고서41호	형법대전	422조/458조/591조/678조	갑
628	1906년 6월 9일	경기/보고서44호	형법대전	137조/610조/606조	갑
629	1906년 6월 10일	충청북도/보고서26호	형법대전	480조	갑
630	1906년 6월 10일	충청북도/보고서47호	형법대전	559조/562조/678조	갑
631	1906년 6월 10일	충청북도/보고서48호	형법대전	129조/458조/515조/545조/593조(강도)/631조	갑
632	1906년 6월 10일	충청북도/질품서46호	형법대전	593조(강도)	갑
633	1906년 6월 11일	전라북도/보고서□	형법대전	493조	갑
634	1906년 (6월 11일)	창원항/(보고(서)29호)	형법대전	137조/389조/678조	갑
635	1906년 6월 12일	황해도/보고(서)□	형법대전	480조	갑
636	1906년 6월 13일	한성/질품서85호	형법대전	129조/135조/136조/385조/593조/595조/618조	을

번호	일자	공문서	법서	법조문	비고
637	1906년 6월 13일	평리원/질품서3호	형법대전	50조/595조/599조	을
638	1906년 6월 13일	강원도/보고서43호	형법대전	481조/609조	갑
639	1906년 6월 14일	강원도/질품서44호	형법대전	593조(강도)	갑
640	1906년 6월 14일	충청북도/질품서51호	형법대전	129조/593조(강도)/666조	갑
641	1906년 6월 15일	의주시/질품서1호	형법대전	593조(강도)	갑
642	1906년 6월 15일	무안항/질품서20호	형법대전	595조	갑
643	1906년 6월 16일	경기/질품서42호	형법대전	593조(강도)	갑
644	1906년 6월 16일	경기/질품서45호	형법대전	593조(강도)	갑
645	1906년 6월 16일	평안북도/보고서75호	형법대전	479조/480조	갑
646	1906년 6월 16일	전라남도/보고서20호	형법대전	111조/479조/506조/631조	갑
647	1906년 6월 18일	평리원/보고서64호	형법대전	402조/678조	을
648	1906년 6월 18일	함경남도/질품서3호	형법대전	459조/534조	갑
649	1906년 6월 19일	평리원/보고서66호	형법대전	9조	을
650	1906년 6월 19일	평리원/질품서67호	형법대전	129조/391조/595조/600조/614조/619조	을
651	1906년 6월 19일	평안남도/질품서32호	형법대전	534조	갑
652	1906년 6월 20일	전라남도/질품서21호	형법대전	591조/625조	갑
653	1906년 6월 20일	황해도/보고(서)67호	형법대전	493조	갑
654	1906년 6월 20일	경기/질품서□	형법대전	64조/284조/288조/489조/492조	갑
655	1906년 6월 20일	평안북도/질품서76호	형법대전	666조	갑
656	1906년 6월 20일	평안북도/질품서77호	형법대전	593조(강도)	갑
657	1906년 6월 21일	경상남도/질품서32호	형법대전	479조	갑
658	1906년 6월 21일	창원항/(보고(서)32호)	형법대전	511조	갑
659	1906년 6월 21일	경상북도/보고서□	형법대전	313조/378조/595조/616조/631조	갑
660	1906년 6월 21일	삼화항/(보고(서)20호)	형법대전	595조/672조	갑
661	1906년 6월 22일	전라남도/보고서22호	형법대전	591조/625조	갑
662	1906년 6월 23일	전라북도/보고서□	형법대전	312조	갑
663	1906년 6월 24일	전라북도/질품서□	형법대전	488조	갑
664	1906년 6월 25일	전라북도/(질품서□)	형법대전	479조/505조	갑
665	1906년 6월 25일	전라남도/보고서25호	형법대전	458조/453조	갑

번호	일자	공문서	법서	법조문	비고
666	1906년 6월 25일	창원항/보고(서)32호	형법대전	458조/453조	갑
667	1906년 6월 26일	경상북도/보고서85호	형법대전	593조(강도)	갑
668	1906년 6월 26일	인천항/질품서5호	형법대전	593조(강도)	갑
669	1906년 6월 27일	경기/보고서51호	형법대전	135조/595조	갑
670	1906년 6월 27일	경상남도/질품서33호	형법대전	593조(강도)	갑
671	1906년 6월 30일	의주시/보고서29호	형법대전	593조(강도)	갑
672	1906년 6월 30일	인천항/보고서24호	형법대전	142조/389조/412조/600조	갑
673	1906년 6월 30일	삼화항/(보고(서)21호)	형법대전	351조/395조/511조655조	갑
674	1906년 6월 30일	충청남도/보고서□	형법대전	593조(강도)	갑
675	1906년 6월 30일	충청북도/보고서53호	형법대전	593조(강도)	갑
676	1906년 7월 1일	경기/보고서54호	형법대전	312조/355조/388조/458조/459조/511조/541조/567조/570조/593조(강도)/595조/599조/602조/610조/672조/678조	갑
677	1906년 7월 2일	전라남도/보고서26호	형법대전	135조/200조/295조/674조	갑
678	1906년 7월 3일	제주목/질품서34호	형법대전	134조/595조/597조	갑
679	1906년 7월 3일	제주목/질품서35호	형법대전	567조/570조	갑
680	1906년 7월 3일	제주목/질품서36호	형법대전	597조	갑
681	1906년 7월 3일	황해도/보고(서)73호	형법대전	594조(창탈)	갑
682	1906년 7월 3일	평안북도/보고서(80호)	형법대전	477조/479조/535조/567조/570조/595조	갑
683	1906년 7월 3일	원산항/(보고(서)7호)	형법대전	595조	갑
684	1906년 7월 4일	평안북도/(보고서82호)	형법대전	594조(창탈)	갑
685	1906년 7월 4일	전라남도/보고서29호	형법대전	591조	갑
686	1906년 7월 4일	전라남도/보고서27호	형법대전	135조/480조/505조	갑
687	1906년 7월 5일	평안북도/질품서83호	형법대전	215조	을
688	1906년 7월 5일	경상북도/보고서□	형법대전	593조(강도)	갑
689	1906년 7월 5일	함경남도/보고서20호	형법대전	481조/678조	갑
690	1906년 7월 6일	경기/질품서68호	형법대전	327조	갑
691	1906년 7월 6일	전라북도/보고서53호	형법대전	479조	갑
692	1906년 7월 6일	전라남도/보고서/30호	형법대전	307조/593조(강도)	갑

번호	일자	공문서	법서	법조문	비고
693	1906년 7월 6일	전라남도/보고서33호	형법대전	442조	갑
694	1906년 7월 6일	강원도/보고서2호	형법대전	144조/458조/595조	갑
695	1906년 7월 7일	전라북도/질품서70호	형법대전	499조	갑
696	1906년 7월 9일	평안북도/질품서87호	형법대전	127조/139조/142조/479조/593조/595조/601조/666조	갑
697	1906년 7월 9일	한성/질품서92호	형법대전	593조(강도)	을
698	1906년 7월 9일	전라남도/질품서32호	형법대전	477조	갑
699	1906년 7월 9일	강원도/보고서3호	형법대전	618조	갑
700	1906년 7월 10일	충청북도/보고서57호	형법대전	134조/458조/595조/600조/618조/678조	갑
701	1906년 7월 10일	전라남도/보고서35호	형법대전	488조/678조	갑
702	1906년 7월 10일	황해도/보고(서)□	형법대전	437조/480조/493조	갑
703	1906년 7월 11일	평안북도/보고서89호	형법대전	678조	갑
704	1906년 7월 11일	부산항/보고(서)26호	형법대전	595조	갑
705	1906년 7월 11일	경기/보고서□	형법대전	594조(창탈)/602조	갑
706	1906년 7월 12일	강원도/질품서4호	형법대전	593조(강도)	갑
707	1906년 7월 12일	경상북도/질품서92호	형법대전	593조(강도)	갑
708	1906년 7월 13일	경상남도/보고(서)38호	형법대전	593조(강도)	갑
709	1906년 7월 16일	평안북도/질품서91호	형법대전	478조/593조(강도)	갑
710	1906년 7월 17일	황해도/질품(서)77호	형법대전	479조	갑
711	1906년 7월 17일	전라북도/(질품서□)	형법대전	435조	갑
712	1906년 7월 18일	경상북도/보고서93호	형법대전	114조/249조/306조/313조/593조	갑
713	1906년 7월 18일	평안북도/보고서92호	형법대전	345조	갑
714	1906년 7월 18일	평안북도/보고서93호	형법대전	337조	갑
715	1906년 7월 18일	평안북도/질품서95호	형법대전	139조	갑
716	1906년 7월 20일	강원도/보고서7호	형법대전	590조/595조/600조	갑
717	1906년 7월 26일	전라남도/질품서39호	형법대전	593조(강도)	갑
718	1906년 7월 24일	한성/질품서99호	형법대전	134조	을
719	1906년 7월 24일	경기/보고서67호	형법대전	284조/288조/489조/678조	갑
720	1906년 7월 25일	경상남도/보고(서)39호	형법대전	129조/453조/458조	갑

번호	일자	공문서	법서	법조문	비고
721	1906년 7월 25일	창원항/질품서33호	형법대전	593조(강도)	갑
722	1906년 7월 26일	한성/질품서100호	형법대전	134조	을
723	1906년 7월 26일	전라남도/질품서39호	형법대전	593조(강도)	갑
724	1906년 7월 26일	경상북도/보고서96호	형법대전	593조(강도)	갑
725	1906년 7월 27일	전라북도/질품서(74호)	형법대전	129조/385조/595조	갑
726	1906년 7월 27일	부산항/보고(서)27호	형법대전	595조	갑
727	1906년 7월 30일	창원항/보고(서)34호	형법대전	595조	갑
728	1906년 7월 31일	경기/보고서(66호[착종])	형법대전	606조/640조	갑
729	1906년 7월 31일	경기/보고서□(별건)	형법대전	479조/489조/678조	갑
730	1906년 7월 31일	삼화항/보고(서)22호	형법대전	125조/659조	갑
731	1906년 7월 31일	충청남도/보고서□	형법대전	416조/489조/511조/515조	갑
732	1906년 8월 1일	평안북도/보고서97호	형법대전	499조	갑
733	1906년 8월 1일	경상남도/보고(서)41호	형법대전	479조/534조/593조(강도)/678조	갑
734	1906년 8월 2일	황해도/보고(서)87호	형법대전	79조/595조/599조/620조	갑
735	1906년 8월 3일	평안북도/보고서101호	형법대전	495조/593조(강도)/555조/600조/606조	갑
736	1906년 8월 3일	경상북도/보고서□	형법대전	593조(강도)	
737	1906년 8월 4일	성진항/보고서17호	형법대전	511조	갑
738	1906년 8월 4일	강원도/보고서9호	형법대전	511조/620조/652조	갑
739	1906년 8월 4일	평안북도/질품서102호	형법대전	307조/593조	갑
740	1906년 8월 4일	평양시/질품서4호	형법대전	479조/481조	갑
741	1906년 8월 7일	의주시/보고서37호	형법대전	659조	갑
742	1906년 8월 8일	옥구항/보고(서)23호	형법대전	79조/135조/511조	갑
743	1906년 8월 9일	한성/질품서109호	형법대전	632조	을
744	1906년 8월 9일	한성/질품서110호	형법대전	73조/129조/304조	을
745	1906년 8월 9일	제주목/보고서39호	형법대전	488조	을
746	1906년 8월 9일	경상북도/보고서□	형법대전	25조/173조/511조	갑
747	1906년 8월 9일	황해도/보고(서)88호	형법대전	479조/498조/593조(강도)	갑
748	1906년 8월 10일	평안남도/질품서40호	형법대전	477조/499조	갑
749	1906년 8월 10일	충청남도/질품서□	형법대전	127조/488조	갑

번호	일자	공문서	법서	법조문	비고
750	1906년 8월 10일	충청북도/보고서62호	형법대전	593조(강도)	갑
751	1906년 8월 10일	경기/질품서□	형법대전	593조(강도)	갑
752	1906년 8월 11일	황해도/질품(서)89호	형법대전	477조	갑
753	1906년 8월 11일	원산항/보고(서)10호	형법대전	385조	갑
754	1906년 8월 11일	강원도/보고서13호	형법대전	479조/593조(강도)/604조/609조	갑
755	1906년 8월 12일	평안남도/보고서42호	형법대전	499조/534조	갑
756	1906년 8월 13일	평안남도/질품서41호	형법대전	479조/678조	갑
757	1906년 8월 13일	함경남도/보고서24호	형법대전	495조/534조	갑
758	1906년 8월 13일	평안북도/질품서105호	형법대전	284조/290조/631조	갑
759	1906년 8월 13일	인천항/보고서31호	형법대전	9조	갑
760	1906년 8월 14일	옥구항/질품서24호	형법대전	593조(강도)	갑
761	1906년 8월 15일	전라북도/보고서□	형법대전	129조/442조/511조	갑
762	1906년 8월 15일	전라북도/보고서□(별건)	형법대전	241조/493조	갑
763	1906년 8월 16일	충청남도/질품서□	형법대전	659조/678조	갑
764	1906년 8월 16일	황해도/보고(서)92호	형법대전	479조	갑
765	1906년 8월 16일	강원도/질품서14호	형법대전	678조	갑
766	1906년 8월 17일	평안북도/질품서107호	형법대전	82조/129조/135조/200조/477조	갑
767	1906년 8월 18일	창원항/보고(서)37호	형법대전	595조/620조/631조	갑
768	1906년 8월 18일	평안남도/질품서43호	형법대전	479조/534조/555조	갑
769	1906년 8월 18일	한성/질품서115호	형법대전	129조/593조(강도)/595조	을
770	1906년 8월 18일	평리원/보고서92호	형법대전	206조	을
771	1906년 8월 19일	충청남도/질품서□	형법대전	593조	갑
772	1906년 8월 19일	충청남도/질품서□(별건1)	형법대전	134조	갑
773	1906년 8월 19일	충청남도/질품서□(별건2)	형법대전	593조(강도)	갑
774	1906년 8월 19일	충청남도/질품서□(별건3)	형법대전	593조(강도)	갑
775	1906년 8월 20일	평리원/질품서7호	형법대전	458조	을
776	1906년 8월 21일	황해도/보고(서)94호	형법대전	499조	갑
777	1906년 8월 22일	평양시/질품서4호	형법대전	492조	갑
778	1906년 8월 23일	평안남도/질품서45호	형법대전	479조/616조/673조	갑
779	1906년 8월 24일	전라남도/보고서46호	형법대전	593조(강도)	갑

번호	일자	공문서	법서	법조문	비고
780	1906년 8월 24일	강원도/질품서18호	형법대전	593조(강도)/615조	갑
781	1906년 8월 25일	창원항/보고서38호	형법대전	593조(강도)	갑
782	1906년 8월 25일	평안북도/질품서109호	형법대전	508조/526조	갑
783	1906년 8월 25일	황해도/질품(서)3호	형법대전	479조	갑
784	1906년 8월 26일	경기/질품서75호	형법대전	593조(강도)	갑
785	1906년 8월 26일	함경북도/보고서24호	형법대전	143조	갑
786	1906년 8월 26일	전라북도/보고서(75호)	형법대전	349조/435조	갑
787	1906년 8월 26일	경기/질품서74호	형법대전	129조/593조(강도)/595조	갑
788	1906년 8월 28일	평안북도/보고서110호	형법대전	328조/345조	갑
789	1906년 8월 28일	경상북도/질품서(106호)	형법대전	593조(강도)/595조	갑
790	1906년 8월 29일	평안남도/질품서47호	형법대전	479조	갑
791	1906년 8월 29일	충청북도/질품서64호	형법대전	593조(강도)	갑
792	1906년 8월 30일	평리원/보고서96호	형법대전	129조/213조/312조	을
793	1906년 8월 30일	창원항/보고(서)39호	형법대전	595조/620조/631조	갑
794	1906년 8월 31일	함경남도/보고서25호	형법대전	355조/511조/529조/594조/595조/598조/600조	갑
795	1906년 8월 31일	경상북도/보고서107호		135조/249조/306조/328조/593조(강도)	갑
796	1906년 8월 31일	삼화항/보고(서)27호	형법대전	284조/595조	갑
797	1906년 8월 31일	충청남도/보고서□	형법대전	127조/134조/488조/593조(강도)/656조/678조	갑
798	1906년 8월 31일	인천항/보고서35호	형법대전	593조(강도)/595조	갑
799	1906년 9월 1일	용천항/보고(서)9호	형법대전	659조	갑
800	1906년 9월 1일	황해도/질품서7호	형법대전	480조	갑
801	1906년 9월 1일	전라남도/보고서47호	형법대전	477조	갑
802	1906년 9월 1일	경기/질품서(77호)	형법대전	129조/593조(강도)/595조	갑
803	1906년 9월 1일	경기/질품서79호	형법대전	593조(강도)	갑
804	1906년 9월 1일	평양시/질품서5호	형법대전	593조(강도)	갑
805	1906년 9월 2일	경기/보고서81호	형법대전	593조(강도)	갑
806	1906년 9월 2일	함경북도/보고서25호	형법대전	127조/593조(강도)	갑
807	1906년 9월 2일	경기/보고서80호	형법대전	479조	갑

번호	일자	공문서	법서	법조문	비고
808	1906년 9월 2일	강원도/질품서19호	형법대전	479조	갑
809	1906년 9월 3일	평안북도/보고서115호	형법대전	129조/200조/284조/290조/479조/595조/599조	갑
810	1906년 9월 5일	경기/보고서84호	형법대전	605조	을
811	1906년 9월 5일	강원도/질품서20호	형법대전	666조	갑
812	1906년 9월 5일	무안항/질품서27호	형법대전	385조	갑
813	1906년 9월 6일	의주시/보고서43호	형법대전	200조	갑
814	1906년 9월 7일	강원도/보고서21호	형법대전	129조/426조/678조	갑
815	1906년 9월 7일	부산항/질품서33호	형법대전	125조/479조	갑
816	1906년 9월 7일	경기/보고서83호	형법대전	129조/593조(강도)/595조	갑
817	1906년 9월 8일	함경북도/보고서27호	형법대전	125조	갑
818	1906년 9월 8일	황해도/질품(서)8호	형법대전	134조/593조(강도)/595조	갑
819	1906년 9월 8일	강원도/보고서24호	형법대전	593조(강도)/615조	갑
820	1906년 9월 8일	옥구항/보고(서)27호	형법대전	593조(강도)	갑
821	1906년 9월 10일	평리원/보고서103호	형법대전	442조	을
822	1906년 9월 10일	평리원/보고서104호	형법대전	129조/370조/631조	을
823	1906년 9월 10일	평리원/보고서105호	형법대전	458조	을
824	1906년 9월 10일	평리원/보고서106호	형법대전	605조	을
825	1906년 9월 10일	평리원/질품서12호	형법대전	92조/135조/136조/192조/198조	을
826	1906년 9월 10일	충청남도/질품서□	형법대전	157조/458조	갑
827	1906년 9월 10일	충청북도/보고서67호	형법대전	129조/385조/387조/600조/605조	갑
828	1906년 9월 10일	경상북도/보고서□	형법대전	589조/595조	갑
829	1906년 9월 10일	경상북도/질품서□	형법대전	593조(강도)/618조	갑
830	1906년 9월 11일	한성/질품서124호	형법대전	134조	을
831	1906년 9월 11일	평리원/보고서109호	형법대전	328조/345조	을
832	1906년 9월 11일	평안북도/보고서118호	형법대전	604조	갑
833	1906년 9월 11일	전라북도/질품서76호	형법대전	593조(강도)	갑
834	1906년 9월 11일	전라북도/질품서77호	형법대전	129조/593조(강도)/666조	갑
835	1906년 9월 11일	전라북도/질품서78호	형법대전	593조(강도)	갑
836	1906년 9월 11일	전라북도/질품서80호	형법대전	593조(강도)	갑

번호	일자	공문서	법서	법조문	비고
837	1906년 9월 12일	전라북도/질품서□	형법대전	535조	갑
838	1906년 9월 12일	창원항/보고서41호	형법대전	595조	갑
839	1906년 9월 12일	창원항/보고서42호	형법대전	595조	갑
840	1906년 9월 12일	경기/보고서□	형법대전	605조	갑
841	1906년 9월 12일	경기/보고서□(별건1)	형법대전	593조(강도)	갑
842	1906년 9월 12일	경기/보고서□(별건2)	형법대전	129조/593조(강도)/595조	갑
843	1906년 9월 14일	평리원/보고서112호	형법대전	135조/136조/142조/192조/198조	을
844	1906년 9월 17일	평안남도/보고서50호	형법대전	499조/534조	갑
845	1906년 9월 17일	충청남도/질품서□	형법대전	593조(강도)	갑
846	1906년 9월 18일	평양시/보고(서)17호	형법대전	678조	갑
847	1906년 9월 19일	삼화항/보고서28호	형법대전	479조	갑
848	1906년 9월 19일	의주시/보고서45호	형법대전	395조/600조	갑
849	1906년 9월 20일	평양시/질품서6호	형법대전	492조	갑
850	1906년 9월 20일	평양시/보고서19호	형법대전	593조(강도)	갑
851	1906년 9월 20일	평양시/보고(서)20호	형법대전	481조	갑
852	1906년 9월 20일	부산항/보고(서)35호	형법대전	64조/507조	갑
853	1906년 9월 21일	평안북도/보고서122호	형법대전	345조/355조/526조/535조/641조	갑
854	1906년 9월 23일	경상남도/질품서50호	형법대전	593조(강도)	갑
855	1906년 9월 24일	전라북도/질품서80호	형법대전	593조(강도)	갑
856	1906년 9월 24일	강원도/보고서27호	형법대전	666조	갑
857	1906년 9월 24일	강원도/보고서29호	형법대전	355조/492조	갑
858	1906년 9월 25일	제주목/보고서41호	형법대전	129조/134조/593조/595조/597조/618조	갑
859	1906년 9월 25일	평안남도/질품서52호	형법대전	477조/499조/678조	갑
860	1906년 9월 25일	삼화항/보고(서)29호	형법대전	595조/672조	갑
861	1906년 9월 25일	경기/보고서91호	형법대전	264조/517조	갑
862	1906년 9월 26일	경상북도/질품서□	형법대전	479조	갑
863	1906년 9월 26일	경상북도/보고서□	형법대전	173조/492조	갑
864	1906년 9월 27일	원산항/보고(서)12호	형법대전	385조	갑
865	1906년 9월 27일	평안북도/보고서125호	형법대전	328조/345조	갑

번호	일자	공문서	법서	법조문	비고
866	1906년 9월 27일	경상남도/보고(서)51호	형법대전	145조/458조	갑
867	1906년 9월 28일	경기/보고서93호	형법대전	593조(강도)	갑
868	1906년 9월 28일	황해도/보고(서)13호	형법대전	595조/616조/673조	갑
869	1906년 9월 29일	한성/질품서130호	형법대전	134조	을
870	1906년 9월 29일	황해도/보고(서)14호	형법대전	593조(강도)/595조	갑
871	1906년 9월 29일	황해도/보고(서)15호	형법대전	477조	갑
872	1906년 9월 29일	경상북도/질품서□	형법대전	498조	갑
873	1906년 9월 30일	함경남도/보고서29호	형법대전	595조/673조	갑
874	1906년 9월 30일	삼화항/보고(서)30호	형법대전	672조	갑
875	1906년 9월 30일	인천항/보고서39호	형법대전	595조	갑
876	1906년 9월 30일	강원도/보고서20호	형법대전	29조	갑
877	1906년 9월 30일	충청남도/보고서□	형법대전	78조/129조/135조/264조/267조/297조/395조/458조/589조/517조/593조(강도)/595조/600조	갑
878	1906년 9월 30일	충청남도/보고서□(별건)	형법대전	127조/135조/136조/488조/492조/593조(강도)/656조/678조	갑
879	1906년 9월 30일	경상남도/질품서52호	형법대전	593조(강도)	갑
880	1906년 9월 30일	경기/질품서□	형법대전	129조/473조/549조	갑
881	1906년 9월 30일	경기/질품서□(별건)	형법대전	593조(강도)	갑
882	1906년 10월 1일	성진항/보고서21호	형법대전	595조/600조	갑
883	1906년 10월 1일	성진항/보고서23호	형법대전	488조	갑
884	1906년 10월 4일	경기/질품서□	형법대전	593조(강도)	갑
885	1906년 10월 4일	경기/질품서□(별건1/양근)	형법대전	135조/495조	갑
886	1906년 10월 4일	경기/질품서□(별건2/양근)	형법대전	479조	갑
887	1906년 10월 6일	경기/질품서101호	형법대전	593조(강도)	갑
888	1906년 10월 8일	경기/질품서□	형법대전	593조(강도)	갑
889	1906년 10월 8일	평안남도/질품서58호	형법대전	512조/515조	갑
890	1906년 10월 9일	한성/질품서132호	형법대전	135조/515조/595조/599조/678조	을
891	1906년 10월 10일	한성/질품서134호	형법대전	134조/595조	을
892	1906년 10월 10일	충청북도/보고서74호	형법대전	458조/593조(강도)/595조	갑
893	1906년 10월 11일	황해도/보고서20호	형법대전	458조	을

번호	일자	공문서	법서	법조문	비고
894	1906년 10월 11일	평안남도/질품서62호	형법대전	441조/679조	을
895	1906년 10월 11일	인천항/보고서41호	형법대전	200조/355조	을
896	1906년 10월 12일	평안남도/보고서63호	형법대전	534조	갑
897	1906년 10월 14일	평안북도/보고서132호	형법대전	593조(강도)	갑
898	1906년 10월 15일	황해도/보고(서)22호	형법대전	458조	갑
899	1906년 10월 15일	함경남도/질품서6호	형법대전	479조	갑
900	1906년 10월 16일	한성/질품서135호	형법대전	129조/354조/406조	을
901	1906년 10월 16일	특별법원/보고서1호	형법대전	64조/129조/200조/389조/614조/619조	을
902	1906년 10월 16일	경상북도/보고서□	형법대전	129조/302조/593조(강도)	갑
903	1906년 10월 16일	황해도/보고(서)23호	형법대전	79조/135조/595조/599조	갑
904	1906년 10월 17일	경상남도/질품서□	형법대전	593조(강도)	갑
905	1906년 10월 18일	평리원/보고서143호	형법대전	135조/136조/142조/195조	을
906	1906년 10월 18일	경기/보고서□	형법대전	593조/618조	갑
907	1906년 10월 19일	평리원/보고서145호	형법대전	136조/137조/195조	을
908	1906년 10월 19일	창원항/보고(서)47호	형법대전	595조	갑
909	1906년 10월 19일	창원항/질품(서)46호	형법대전	593조(강도)	갑
910	1906년 10월 19일	원산항/보고(서)16호	형법대전	593조(강도)	갑
911	1906년 10월 22일	경기/질품서□	형법대전	593조(강도)	갑
912	1906년 10월 22일	경기/질품서111호	형법대전	384조	갑
913	1906년 10월 24일	한성/보고서□호	형법대전	624조	을
914	1906년 10월 24일	평안남도/질품서66호	형법대전	493조/678조	갑
915	1906년 10월 24일	황해도/보고(서)27호	형법대전	595조	갑
916	1906년 10월 24일	충청북도/질품서77호	형법대전	593조(강도)	갑
917	1906년 10월 25일	평리원/보고서147호	형법대전	195조	을
918	1906년 10월 25일	평리원/보고서148호	형법대전	127조/133조/146조/306조	을
919	1906년 10월 25일	경기/보고서113호	형법대전	595조/620조	갑
920	1906년 10월 25일	경기/보고서114호	형법대전	593조(강도)	갑
921	1906년 10월 25일	경상북도/질품서□(指揮部)	형법대전	593조(강도)	갑
922	1906년 10월 25일	경상북도/질품서□(별건/警務署)	형법대전	593조(강도)	갑

번호	일자	공문서	법서	법조문	비고
923	1906년 10월 27일	전라북도/질품서□	형법대전	481조	갑
924	1906년 10월 27일	전라북도/질품서□	형법대전	593조(강도)	갑
925	1906년 10월 27일	경상남도/질품서60호	형법대전	593조(강도)	갑
926	1906년 10월 29일	전라북도/질품서□	형법대전	593조(강도)	갑
927	1906년 10월 29일	경상북도/보고서132호	형법대전	370조	갑
928	1906년 10월 30일	경상북도/질품서133호	형법대전	142조/453조/458조	갑
929	1906년 10월 31일	함경남도/보고서2호	형법대전	595조	갑
930	1906년 10월 31일	경상북도/질품서135호	형법대전	593조(강도)	갑
931	1906년 10월 31일	충청남도/보고서97호	형법대전	50조/135조/337조/570조/593조(강도)	갑
932	1906년 10월 31일	인천항/보고서43호	형법대전	355조	갑
933	1906년 11월 1일	평리원/보고서154호	형법대전	328조/345조	을
934	1906년 11월 1일	강원도/보고서37호	형법대전	355조/442조/493조/511조/620조/631조	갑
935	1906년 11월 1일	황해도/보고(서)29호	형법대전	479조/480조	갑
936	1906년 11월 1일	경기/보고서115호	형법대전	458조/595조/618조	갑
937	1906년 11월 2일	평안북도/질품서136호	형법대전	129조/213조/480조/505조	갑
938	1906년 11월 2일	평안북도/보고서138호	형법대전	492조	갑
939	1906년 11월 2일	경상북도/보고서136호	형법대전	678조	갑
940	1906년 11월 3일	평안남도/보고서71호	형법대전	479조	갑
941	1906년 11월 3일	평안북도/보고서□	형법대전	64조/200조/418조/492조/517조/567조/576조/595조/599조/672조	갑
942	1906년 11월 5일	함경북도/보고서36호	형법대전	127조/129조/137조/178조/478조/506조/593조(강도)	갑
943	1906년 11월 6일	창원항/질품서49호	형법대전	593조(강도)	갑
944	1906년 11월 6일	인천항/보고서44호	형법대전	442조	을
945	1906년 11월 6일	경상북도/보고서□	형법대전	659조	갑
946	1906년 11월 8일	창원항/보고서50호	형법대전	312조	갑
947	1906년 11월 9일	평안북도/질품서142호	형법대전	666조	갑
948	1906년 11월 9일	충청남도/질품서24(호)	형법대전	129조/479조/593조	갑
949	1906년 11월 10일	함경남도/보고서6호	형법대전	327조	을
950	1906년 11월 10일	충청북도/보고서80호	형법대전	442조/595조	갑

번호	일자	공문서	법서	법조문	비고
951	1906년 11월 10일	경상북도/보고서□	형법대전	659조	갑
952	1906년 11월 15일	평리원/보고서161호	형법대전	219조/220조	을
953	1906년 11월 15일	충청북도/질품서81호	형법대전	498조	갑
954	1906년 11월 15일	경상남도/질품서64호	형법대전	479조	갑
955	1906년 11월 15일	경상북도/보고서139호	형법대전	142조/453조/458조	갑
956	1906년 11월 16일	무안항/보고서8호	형법대전	493조	을
957	1906년 11월 16일	경기/보고서117호	형법대전	617조	갑
958	1906년 11월 18일	인천항/보고서48호	형법대전	442조	을
959	1906년 11월 20일	경기/질품서□(광주)	형법대전	593조(강도)	갑
960	1906년 11월 20일	경기/질품서□(별건/장단)	형법대전	593조(강도)	갑
961	1906년 11월 20일	강원도/보고서4호	형법대전	479조	갑
962	1906년 11월 21일	경기/보고서□	형법대전	511조	갑
963	1906년 11월 22일	평리원/보고서63호	형법대전	218조/220조	을
964	1906년 11월 22일	황해도/보고(서)□	형법대전	480조	갑
965	1906년 11월 22일	평안북도/보고서146호	형법대전	64조/492조	갑
966	1906년 11월 23일	평리원/질품서15호	형법대전	135조/195조	을
967	1906년 11월 23일	평리원/보고서165호	형법대전	135조/195조	을
968	1906년 11월 25일	평안북도/질품서148호	형법대전	139조	갑
969	1906년 11월 25일	전라북도/질품서(86호)	형법대전	605조	갑
970	1906년 11월 25일	원산항/질품서19호(錯綜)	형법대전	593조(강도)	갑
971	1906년 11월 27일	충청남도/질품서26호	형법대전	593조(강도)	갑
972	1906년 11월 27일	황해도/질품(서)40호	형법대전	593조(강도)	갑
973	1906년 11월 27일	평안남도/보고서76호	형법대전	595조	갑
974	1906년 11월 28일	창원항/보고(서)55호	형법대전	516조	갑
975	1906년 11월 28일	성진부[항]/보고서2호	형법대전	458조/488조	갑
976	1906년 11월 30일	한성/질품서147호	형법대전	535조	을
977	1906년 11월 30일	삼화항/보고(서)36호	형법대전	488조/595조	갑
978	1906년 11월 30일	평안북도/보고서150호	형법대전	64조/139조/458조/479조/492조/506조/666조	갑
979	1906년 11월 30일	옥구항/보고서31호	형법대전	129조/477조/595조	갑

번호	일자	공문서	법서	법조문	비고
980	1906년 11월 30일	창원항/보고서56호	형법대전	312조	갑
981	1906년 11월 30일	함경남도/보고서7호	형법대전	479조/595조	갑
982	1906년 11월 30일	전라남도/보고서12호	형법대전	135조/200조/458조/511조/517조/595조	갑
983	1906년 11월 30일	제주(목)/보고서49호	형법대전	134조/511조/534조/595조/603조/606조/618조/674조/678조	갑
984	1906년 11월 30일	충청남도/보고서(203호)	형법대전	137조/312조/595조/605조	갑
985	1906년 11월 30일	전라북도/질품서87호	형법대전	593조(강도)	갑
986	1906년 12월 1일	한성/질품서149호	형법대전	593조(강도)	을
987	1906년 12월 1일	인천항/보고서53호	형법대전	441조	갑
988	1906년 12월 1일	강원도/보고서7호	형법대전	595조	갑
989	1906년 12월 1일	충청북도/보고서85호	형법대전	593조(강도)	갑
990	1906년 12월 1일	경기/보고서(129호)	형법대전	64조/129조/135조/284조/327조/458조/473조/495조/534조/549조/593조(강도)/595조/616조/619조/631조/670조/678조	갑
991	1906년 12월 1일	경상북도/보고서143호	형법대전	593조/618조/659조	갑
992	1906년 12월 1일	경상남도/보고(서)69호	형법대전	479조/595조	갑
993	1906년 12월 1일	황해도/보고(서)43호	형법대전	603조	갑
994	1906년 12월 9일	평안남도/보고(서)81호	형법대전	477조/499조/512조/515조/595조/616조/673조/678조	갑
995	1906년 12월 10일	평리원/보고서174호	형법대전	214조	을
996	1906년 12월 10일	경흥(항)/보고서11호	형법대전	477조	갑
997	1906년 12월 11일	충청남도/질품서(27호)	형법대전	50조/127조/312조	갑
998	1906년 12월 13일	황해도/질품(서)48호	형법대전	631조	갑
999	1906년 12월 13일	경기/질품서53호	형법대전	480조	갑
1000	1906년 12월 14일	평리원/보고서175호	형법대전	515조	을
1001	1906년 12월 14일	평리원/질품서17호	형법대전	68조/137조/135조/195조	을
1002	1906년 12월 14일	경상북도/질품서(147호)	형법대전	129조/302조/593조(강도)	갑
1003	1906년 12월 15일	평안남도/질품서82호	형법대전	593조(강도)	갑
1004	1906년 12월 15일	경기/질품서52호	형법대전	46조/129조/593조(강도)/594조(창탈)	갑
1005	1906년 12월 17일	평리원/보고서177호	형법대전	325조	을

번호	일자	공문서	법서	법조문	비고
1006	1906년 12월 17일	의주시/질품서2호	형법대전	479조	갑
1007	1906년 12월 19일	경기/질품서(134호)	형법대전	593조(강도)	갑
1008	1906년 12월 19일	경기/질품서(135호)	형법대전	593조(강도)	갑
1009	1906년 12월 19일	경기/질품서(136호)	형법대전	593조(강도)	갑
1010	1906년 12월 21일	경기/질품서(137호)	형법대전	593조(강도)	갑
1011	1906년 12월 25일	황해도/보고(서)(52호)	형법대전	593조(강도)	갑
1012	1906년 12월 26일	경기/질품서140호	형법대전	593조(강도)	갑
1013	1906년 12월 26일	황해도/질품(서)54호	형법대전	479조	갑

- 기준: 『사법품보』 중 「보고서」, 「질품서」, 「형명부」, 「시수성책」 등에서 주요범죄만 적출하였음. 단, 동일문서 내 복수언급·별도사건·첨부된 자료: 1건으로 처리하였음. ■: 강도율(593조·594조) 단독적용 혹은 타 조문 혼합적용하였음.
- 전거: 갑본 101~116권(서울대학교 규장각한국학연구원 원문이미지, 덕성여자대학교 역사문화연구소 번역본), 갑본 117~128권(서울대학교 규장각한국학연구원 원문이미지), 을본 1~52권(서울대학교 규장각한국학연구원 원문이미지, 국사편찬위원회 원문텍스트).

<부표 8> 고종후반 과부약탈사건(1895~1906)

번호	일자	재판소/문서	주요내용	검토율문	대상	비고
1	1895년 윤5월 2일	충청도/보고(서)	【조운길사건】		(양인)	甲
2-1	1896년 5월 11일	개성부/질품서1호	【신주경사건】 양반대상.양반가담.살인사건.패거리(7인 이상)	【정범】『대명률』투구급고살인[1등급 감형: 태 100 징역종신] 【간범】『대명률』범간[중매 2등급감형: 태 100 징역10년]	사족	甲
2-2	1897년 2월 8일	한성부/보고서122호	【신주경사건】 개성부압송죄인.病死		사족	乙
3	1896년 6월 9일	원산항/질품서7호	【김재호사건】 추적귀환.가족사망.살인사건.패거리	【정범】『대명률』투구급고살인[교형]	(양인)	甲
4-1	1896년 12월 15일	충청남도/보고서111호	【이봉일사건】 거짓중매(노파).양반대상(고위관료).상한주도.10여일합방.여성순응주장.패거리도주.		사족	甲
4-2	1896년 12월 3일	고등재판소/통첩114호	【이봉일사건】 공문서이첩.아비(이경천).아들(이봉일).이경천다른아들첩(춘섬).모의.박승지집과부약탈(서계선생)		사족	乙
4-3	1896년 12월 15일	충청남도/보고서111호	【이봉일사건】 약탈자.아비(이경천)도주		(양인)	甲
4-4	1896년 12월 27일	충청남도/보고서127호	【이봉일사건】 여성저항.추적귀환(시어머니).2차중매.패거리(4인 이상)		(양인)	甲
5-1	1897년 9월 16일	충청북도/보고서69호	【박성현사건】		(양인)	甲
5-2	1897년 10월 24일	충청북도/보고서81호	【박성현사건】 3일경과.추적귀환.귀환후자살(유족비난).강간.약탈자사망.패거리(3인 이상)		(양인)	甲
6	1898년 6월 5일	경기/질품서7호	【이여문사건】 3일경과.추적귀환(동네사람).패거리(동네사람.7~8명).양반대상.양반가담	【정범】『대전회통』간범[태 100 징역종신]	사족	甲
7	1898년 6월 6일	경기/질품서8호	【김만홍사건】 1일경과.무사귀환.패거리(동네사람.7~8명).양반대상.다른집머슴주도	【정범】『대전회통』간범[감형: 태 100 징역종신]/형률명례22조[감형적용]	사족	甲
8	1898년 12월 11일	강원도/보고서36호	【이노불사건】 귀환후자살.강간.다른집머슴주도.패거리(수십명).정범도주		(양인)	甲

번호	일자	재판소/문서	주요내용	검토율문	대상	비고
9	1898년 12월 20일	충청북도 /보고서132호	【홍덕배-김백규사건】추적귀환.무사귀환.양반대상.양반가담.패거리(양반.5인 이상)		사족	甲
10	1899년 3월 16일	충청남도 /보고서40호	【황경보사건】무사귀환.강간미수	【정범】『대전회통』간범[미수: 태 100 징역종신]	양인	甲
11	1899년 7월 23일	경기 /질품서56호	【이성여사건】추적귀환.강간미수.패거리(불량배.10여명)	【정범】『대전회통』간범[미수: 태 100 징역종신]	양인	甲
12-1	1899년 9월 1일	충청북도 /보고서71호	【곽상우사건】		사족	乙
12-2	1899년 9월 27일	충청북도 /보고서82호	【곽상우사건】추적귀환(친척).양반대상.체포후도주.패거리.약탈자소장.체포후탈옥	【정범】『대전회통』간범[3등급감형(?): 태 100 징역7년(?)] 【간범】2등급감형: 태 100 징역3년	사족	甲
13-1	1901년 1월 10일	함경남도 /보고서1호	【심의찬사건】여성저항.추적귀환(친척).약탈자사망.패거리(보부상.10명).강간미수	【정범】『대명률』범간[미수: 태 100] 【간범】『대명률』사교유인범법[중매자] 【기타】『대명률』야무고입인가[정당방위]	(양인)	甲
13-2	1901년 5월 15일	함경남도 /보고서3호	【심의찬사건】거짓중매	【정범】『대명률』범간[미수: 태 100 징역종신] 【간범】『대명률』사교유인범법[1등급감형: 태 100 징역종신] 【간범】『대명률』투구급고살인조[나머지사람: 태 100]	(양인)	甲/ 법부확정
14	1901년 2월 7일	황해도 /보고(서)10호	【신삼재사건】패거리(보부상.3명).초기격퇴.약탈실패	【정범/간범】『대명률』불응위[태80]	(양인)	
15-1	1901년 2월 23일	충청남도 /질품서4호	【정운창사건】귀환후자살	【정범】『대명률』위핍인치사[1등급감형: 태 100 징역종신] 【간범】『대명률』불응위[태80]	(양인)	甲
15-2	1902년 9월 30일	충청남도 /보고(서)99호	【정운창사건】기결수명단	【정범】징역종신	(양인)	甲/ 법부확정
16-1	1901년 4월 17일	전라북도 /질품서10호	【강만석사건】추적귀환.가족사망.강간미수.패거리(5인 이상)	【정범】『대명률』범간[미수: 태 100 징역종신] 【간범】『대명률』투구급고살인[2명 살인: 교형] 【간범】『대전회통』추단[태 100 징역15년]	양인	甲
16-2	1902년 9월 5일	전라북도 /보고서51호	【강만석사건】기결수명단	【정범】징역종신	양인	甲/ 법부확정

번호	일자	재판소/문서	주요내용	검토율문	대상	비고
17	1901년 5월 22일	충청남도/질품서11호	【이갑봉사건】무사귀환.구경꾼사망.과부약탈의심사건	【정범】「대명률」불응위[태80]【기타】「대명률」희살오살과실살상인[정당방위: 속전]	(양인)	甲
18-1	1901년 4월 26일	황해도/보고(서)40호	【김소회사건】첩약탈(유부녀)	【정범】「대명률」약인약매인[장100도3년]/투구[장 80]/이좌구발이중론[태 100 징역3년]	(양인)	甲
18-2	1901년 5월 21일	황해도/보고서48호	【김소회사건】첩약탈(유부녀).가족상해	【정범】「대명률」(투구급고살인)[1등급급형: 태 100 징역종신]	(양인)	甲
18-3	1901년 6월 5일	황해도/보고(서)7호	【김소회사건】첩약탈(유부녀).가족상해	【정범】「대명률」약인약매인[2등급감형: 태 100 징역15년]	(양인)	甲/법부확정
18-4	1902년 9월 1일	황해도/보고(서)24호	【김소회사건】기결수명단.첩약탈(유부녀)	【정범】징역 15년	(양인)	甲/법부확정
19	1901년 8월 10일	충청북도/보고서45호	【이도영사건】양반대상	【정범】「대전회통」간범[2등급감형: 태 100 징역15년]	사족	甲
20-1	1902년 5월 19일	강원도/보고서26호	【김익수사건】추적귀환.과부모친자살.패거리[불량배].내통자가족난동	【정범】「대명률」위력제반인[태80]【간범】「대명률」불응위[태80]	(양인)	甲
20-2	1902년 6월 29일	강원도/보고서38호	【김익수사건】패거리[불량배].광부5~6명].추적귀환(친정.시댁).피해자소장		(양인)	甲
21-1	1902년 5월 28일	평안북도/보고서25호	【이지화사건】강간미수.귀환후자살.거짓중매	【정범】「대명률부례」(위핍인치사).조례[태 100 징역종신]【간범】「적도처단례」8조7형【간범】명률.불응위[태80]	(양인)	甲
21-2	1902년 6월 30일	평안북도/보고서32호	【이지화사건】	【정범】「대명률부례」위핍인치사조.조례/「대전회통」죄범준계[태100 징역종신]【간범】「대명률부례」약인약매인.주/불응위[태80]	(양인)	甲/법부확정
22	1902년 6월 23일	전라북도/질품서8호	【오상옥사건】추적귀환.강간미수.거짓중매(친척)	【정범】「대명률」범간[태 100 징역종신]	(양인)	甲
23	1902년 8월 31일	충청남도/보고서86호	【한복연사건】기결수명단.과부약탈	【정범】징역 15년[사면 1등급감형: 징역 10년]	(양인)	甲/법부확정
24	1902년 8월 31일	충청남도/보고서86호	【임봉래사건】기결수명단.과부약탈.순검사칭	【정범】징역종신	(양인)	甲/법부확정
25-1	1902년 8월 31일	충청남도/보고서86호	【김시영사건】기결수명단.과부약탈	【정범】징역종신[사면 1등급감형: 징역 15년]	(양인)	甲/법부확정

번호	일자	재판소/문서	주요내용	검토율문	대상	비고
25-2	1902년 9월 30일	충청남도 /보고(서)99호	【김시영사건】기결명단.과부약탈	【정범】징역종신[사면 1등급감형: 징역 15년]	(양인)	甲/ 법부확정
26	1902년 9월 30일	충청남도 /보고(서)99호	【이사철사건】기결수명단.양인.유 부녀.처녀	【정범】징역 15년[사면 1등급감형: 징역 10년]	양인	甲/ 법부확정
27	1902년 10월 3일	황해도 /보고(서)43호	【정치만사건】약탈자사망(정범)	【간범】『대전회통』간범[2등급감형: 태 100 징역10년] 【기타】『대명률』아무고입인가[사망: 정당방위]	양인	甲/ 법부확정
28	1903년 6월 28일	충청북도 /보고서29호	【김인환사건】여성저항.7일후여성 살해	【정범】『대명률』투구급고살인[교형]	(양인)	甲
29	1903년 7월 9일	충청남도 /보고서34호	【김성서사건】귀환후자살(임신).패 거리	【정범】『대전회통』간범[1등급감형: 태 100 징역15년]	양인	甲
30	1904년 2월 5일	황해도 /보고(서)8호	【최윤수사건】추적귀환(친척).강간 (임신).귀환후자살(유족종용).양반 대상.양반가담(문벌가문).패거리(양 반.3인 이상)	【정범】『대명률』약인약매인[태 100 징역3년] 【간범】『대명률』불응위[태80] 【기타】『대명률』살자손[1등급감형: 태60 징역1년].	사족	甲
31	1904년 3월 29일	강원도 /보고서6호	【조대유사건】거짓중매(사돈).여성 저항.약탈자살해.아들복수.패거리(광부.2인 이상)		(양인)	甲
32	1904년 6월 3일	전라북도 /질품서11호	【박창원사건】거짓중매.강간.귀환 후자살(유족종용).패거리(3인 이상)	【정범】『대명률』범간[교형] 【간범】『대명률』범간[미수: 태 100 징역종신]	(양인)	甲
33-1	1905년 2월 25일	황해도 /질품(서)23호	【이응보사건】주변인사상.강간미 수.패거리(6명 이상)도주	【정범】『대전회통』간범[미수: 태 100 징역종신]	양인	甲
33-2	1905년 3월 22일	황해도 /보고(서)34호	【이응보사건】	【간범】『대전회통』간범[미수: 태 100 징역종신]	양인	甲/ 법부확정
34-1	1905년 4월 29일	평안남도 /질품서8호	【김이오사건】추적귀환(마을사 람).강간미수.약탈자가족자살.패거 리	【정범】『대명률』범간[태 100 징역종 신] 【기타】『대명률』위핍인치사	(양인)	甲
34-2	1905년 5월 3일	평안남도 /보고서30호	【김이오사건】	【정범】미수: 태 100 징역종신	(양인)	甲
34-3	1905년 5월 31일	평안남도 /보고서36호	【김이오사건】	【정범】1등급감형: 태 100 징역15 년[기타]태 100 매장은	(양인)	甲/ 법부확정
35-1	1905년 6월 15일	경상북도 /질품서40호	【곽치실사건】거짓중매.가족사 망.추적귀환(친척.4~5명).패거리(나무꾼.10명)	【정범】『형법대전』477조[1등급감 형: 징역종신]	(양인)	甲

번호	일자	재판소/문서	주요내용	검토율문	대상	비고
35-2	1905년 7월 27일	경상북도/질품서46호	【곽치실사건】 추적귀환.가족사망	【정범】『형법대전』 605조[강간미수 징역15년, 과부1등급감형, 여성귀환 2등급감형]/479조[교형]/129조[교형] 【간범】『형법대전』 364조[징역 5년]	(양인)	甲/법부 검토
35-3	1906년 2월 12일	경상북도/보고서11호	【곽치실사건】	【정범】 교형	(양인)	甲/황제재가
36-1	1906년 7월 18일	경기/보고서48호	【장순복사건】	【정범】 징역종신	(양인)	甲
36-2	1905년 7월 20일	경기/질품서49호	【장순복사건】 추적귀환(동네사람)	감형: 태 100 징역10년	(양인)	甲
37	1905년 9월 30일	충청남도/질품서71호	【윤지동사건】 여성저항.약탈자사망.패거리(5~6명).무사귀환.가족자수	【기타】『형법대전』 88조[정당방위]	양인	甲
38	1905년 11월 18일	경기/질품서83호	【전화서-박성현사건】 약탈자상해.약탈자배상요구.패거리(품팔이꾼.8명 이상).가족살해	【간범】『형법대전』 477조1항[교형]	(양인)	甲
39-1	1905년 12월 11일	충청남도/질품서28호	【장철순사건】 여성저항.강간.여성살해	【정범】『형법대전』 535조/477조/129조[교형]	(양인)	甲
39-2	1906년 1월 29일	충청남도/보고서3호	【장철순사건】 執行前病死	【정범】 교형	(양인)	甲/법부확정
40-1	1906년 3월 28일	충청남도/질품서1호	【하춘명사건】 아비(하중오)계획.아들(하춘명)약탈주도.품팔이가담.강간.여성탈출.패거리(외국인.품팔이꾼.9명 이상)	【정범】『형법대전』 605조[징역종신] 【간범】『형법대전』 79조/605조[2등급감형: 징역10년] 【간범】『형법대전』 135조[2등급감형: 징역 7년]	양인	甲
40-2	1906년 3월 31일	충청남도/보고서26호	【하춘명사건】 미결수명단		(양인)	甲
41-1	1906년 4월 5일	전라북도/질품서56호	【김다갈장사건】 강간미수.귀환후자살.과부오인	【정범】『형법대전』 535조[미수: 1등급감형: 징역종신]	(양인)	甲
41-2	1906년 5월 6일	전라북도/보고서31호	【김다갈장사건】 강간미수.귀환후자살.과부오인.여성풀어줌	【정범】『형법대전』 605조/137조2항[3등급감형: 징역3년]	(양인)	甲/법부확정
42	1906년 4월 16일	함경북도/보고서11호	【유희섭사건】 유부녀약탈.거짓중매.패거리(일본인가담.수십명)	【정범】『형법대전』 605조/600조/129조[교형] 【간범】『형법대전』 125조[2등급감형: 징역15년]	(양인)	甲

번호	일자	재판소/문서	주요내용	검토율문	대상	비고
43	1906년 4월 29일	강원도 /질품서30호	【방희선사건】거짓중매(오빠).추격 귀환(동네사람).약탈자사망.패거리 (6명 이상)	【간범】「형법대전」480조[1등급감 형: 징역종신] 【간범】「형법대전」609조2항[중매: 징역2년]	(양인)	甲
44	1906년 5월 23일	전라남도 /질품서16호	【박준행사건】거짓중매.강간	【정범】「형법대전」605조[2등급감 형: 징역10년]	(양인)	甲

- 기준: 사건은 약탈을 주도한 사람, 정범(正犯)·간범(干犯)은 문서[범죄기준]와 달리 실제사건[약탈주도 여부]에 따라 구분하였음.
- 표기: 상인(常人)·천인(賤人) 대상 율문은 양인(良人)으로 표기하고, 신분 표시가 없는 경우 양인으로 간주하였음. '?'은 추정. '甲'은 갑본, '乙'은 을본.
- 전거: 「사법품보」각 재판소「보고서」·「질품서」·「형명부」·「시수성책」.

참고문헌

1. 원사료 및 역주본

(1) 원사료

『朝鮮王朝實錄』,『承政院日記』,『日省錄』,『內閣日曆』,『經國大典』,『典錄通考』,『增補典錄通考』,『新補受教輯錄』,『新補受教』,『新補受敎』,『大典續錄』,『大典後續錄』,『經國大典註解』,『各司受敎』,『受敎輯錄』,『續大典』,『大典通編』,『典律通補』,『審理錄』,『秋官志』,『國朝五禮儀』,『國朝續五禮儀』,『萬機要覽』,『增補文獻備考』,『司法稟報』,『刑法大全』,『大明律』,『大明律直解』,『大明律附例』,『大明律講解』,『大明律釋義』,『明代律例彙編』,『明代條例』,『律例箋釋』,『大明律附例注解』,『大明律集說附例』,『大明律集解附例』,『大明律例諺解』,『大明律例譯義』,『書經』,『漢書』,『二程全書』,『明心寶鑑』,『於于野談』,『靑邱野談』,『赴北日記』,『碩齋稿』등.

(2) 역주서 및 해제서

국사편찬위원회 편, 『주한일본공사관기록』 1~39, 국사편찬위원회, 1991~1994.

김진옥 역, 『의금부의 청헌, 금오헌록』, 보고사, 2016.

김택민 역, 『역주 당육전』 상·중·하, 신서원, 2003·2005·2008.

나까무라 시게오(임대희 역), 『판례를 통해서 본 청대 형법』, 서경문화사, 2004.

덕성여자대학교 역사문화연구소 편, 『역주 사법품보』 1~40, 봄날의책, 2018.

명승구 역, 『프랑스민법전 제1권: 人』, 법문사, 2000.

박명양·이의현 역, 『금오헌록 역주』, 서울대학교출판문화원, 2016.

법제처 편, 『(증보)전록통고: 예전·병전』, 법제처, 1974.

법제처 편, 『(증보)전록통고: 이전·호전·공전』, 법제처, 1974.

법제처 편, 『(증보)전록통고: 형전』, 법제처, 1969.

법제처 편, 『대전속록·대전후속록』, 법제처, 1974.

법제처 편, 『원·신보수교집록·사송유취』, 법제처, 1962.

법제처, 『대전통편』, 법제처, 1963.

법제천 편, 『알기 쉽게 새로 쓴「형법」설명자료집』, 법제처, 2014.

서울대학교 규장각한국학연구원 편, 『규장각 고종시대 공문서 시개정목록』 상·하, 태학사, 2009.

양태건 역, 「1850년 프로이센 헌법」, 《서울대학교 법학》, 서울대학교 법학연구소, 2013.

연세대학교 국학연구원 편, 『경제육전집록』, 신서원, 1993.

영남대학교 민족문화연구소 편, 『고려시대 율령의 복원과 정리』, 경인문화사, 2009.

오세경 편, 『소법전』, 법전출판사, 2010.

왕여(김호 역), 『신주무원록』, 사계절, 2003.

왕여(송철의 외 역), 『역주 증수무원록언해』, 서울대학교출판문화원, 2004.

윤국일, 『경국대전 연구』, 과학백과사전출판사, 1986[윤국일 역주, 『경국대전』, 신서원, 1998].

이강욱 역, 『은대조례: 조선조 승정원의 업무규정집』, 한국고전번역원, 2012.

이종일 역주, 『대전회통연구』 1~4, 한국법제연구원, 1994.

임대희 편, 『판례로 본 송대사회: 名公書判淸明集的法律世界』, 민속원, 2019.

임병덕 역, 『九朝律考』 1~4, 세창미디어, 2014.

전봉덕 편, 『경제육전습유』, 아세아문화사, 1989.

정극(김지수a 역), 『절옥귀감: 판례평석으로 보는 전통법문화』, 전남대학교출판부, 2012.

정긍식 외, 『역주 경국대전주해』, 한국법제연구원, 2009.

정긍식 외, 『잊혀진 법학자 신번: 역주 대전사송류취』, 민속원, 2011.

정긍식 외, 『조선후기 수교자료 집성(Ⅲ): 형사편 3(기타)』, 한국법제연구원, 2012.

정긍식 외, 『조선후기 수교자료 집성(Ⅰ): 형사편 1(규장각 소장본)』, 한국법제연구원, 2009.

정긍식 외, 『조선후기 수교자료 집성(Ⅱ): 형사편 2(규장각 소장본)』, 한국법제연구원, 2010.

정긍식 · 임상혁 편, 『16세기 사송 법서 집성』, 한국법제연구원, 1999.

한국고전번역원 역, 『대명률직해』 1~4 · 교감표점, 한국고전번역원, 2018.

한국법제연구원 편, 『역주 당률소의』 1~3, 한국법제연구원, 1997.

한국역사연구회 법전연구반 역, 『원문 · 역주 각사수교』, 청년사, 2002.

한국역사연구회 법전연구반 역, 『원문 · 역주 수교집록』, 청년사, 2001.

한국역사연구회 법전연구반 역, 『원문 · 역주 신보수교집록』, 청년사, 2000.

한국정신문화연구원 인문연구실 편, 『경국대전 번역편 · 주해편』, 한국정신문화연구원, 1985~1987.

한상권 외, 『대명률직해』 1~4 · 교감표점, 한국고전번역원, 2018.

The Great Ming Code, translated by Yonglin Jiang, University of Washington Press, 2005.

The Great Qing Code, translated by William C. Jones, Oxford University Press, 1994.

The T'ang Code, translated by Wallace Johnson, Princeton University Press, 1979.

(3) 영인본

高瀬喜樸,『大明律例譯義』, 創文社, 1989.

규장각 편,『各司受教 · 受教輯錄 · 新補受教輯錄』, 서울대학교 규장각, 1997.

규장각 편,『經國大典』, 서울대학교 규장각, 1997.

규장각 편,『大明律講解』, 서울대학교 규장각, 2001.

규장각 편,『大明律附例』 상 · 하, 서울대학교 규장각, 2001.

규장각 편,『大典續錄 · 大典後續錄 · 經國大典註解』, 서울대학교 규장각, 1997.

규장각 편,『典錄通考』上 · 下, 서울대학교 규장각, 1997.

大韓國法部,『刑法大全』, 大韓國法部出版, 1906.

竇儀(薛梅卿 點校),『宋刑統』, 法律出版社, 1999.

竇儀(岳純之 校證),『宋刑統校證』, 北京大學出版社, 2015.

竇儀,『宋刑統』, 信宇出版社, 1985.

竇儀,『宋刑統』, 中華書局, 1984.

四庫全書存目叢書編纂委員會 編,『大元聖政國朝典章』上 · 下, 齊魯書社, 1996.

榊原篁洲,『大明律例諺解』(早稻田大本).

沈之奇 註(懷效鋒 · 李俊 點校),『大淸律輯註』上 · 下, 法律出版社, 2000.

楊一凡 主編,『明代條例』, 科學出版社, 1994.

王樵 私箋(王肯堂 集釋),『大明律附例(=律例箋釋)』(東京大本).

姚思仁, 『大明律附例注解』, 北京大出版社, 1993.

仁井田陞, 『唐令拾遺』, 東京大學出版會, 1983.

조선총독부 중추원 편, 『조선왕조법전집 2: 대전속록 · 대전후속록 · 각사수
　　　교 · 수교집록 · 신보수교집록』, 경인문화사, 1969.

中國廣播電視出版社 編, 『大元聖政國朝典章』上 · 中 · 下, 中國廣播電視出版
　　　社, 1998.

陳高華 等 校點, 『元典章』1~4, 天津古蹟出版社 · 中華書局, 2011.

裒貞吉 · 高擧 외, 『大明律集解附例』(早稻田大本).

馮孜 撰(劉大文 輯), 『大明律集說附例』(東京大本).

韓國學文獻研究所 編, 『公法會通』, 亞細亞文化社, 1981b.

韓國學文獻研究所 編, 『萬國公法』, 亞細亞文化社, 1981a.

한국학중앙연구원 편, 『至正條格(影印本 · 校註本)』, 휴머니스트, 2007.

玄采, 『東國史略』, 普成館, 1906.

黃彰健, 『明代律例彙編』, 中央研究院 歷史言語研究所, 1979.

2. 단행본 및 박사논문(성명순)

강명관, 『열녀의 탄생』, 돌베개, 2009.

강상규, 『19세기 동아시아의 패러다임 변환과 제국일본』, 논형, 2007.

강상규, 『조선정치사의 발견』, 창비, 2013.

강성학 편, 『용과 사무라이의 결투: 중일전쟁의 국제정치와 군사전략』, 리
　　　북, 2006.

강영, 『대명률직해 이두의 어미어말 연구』, 국학자료원, 1998.

계명대학교 한국학연계전공 편, 『한국사연구의 새로운 동향』, 역락, 2018.

계희열, 『헌법학』상 · 중, 박영사, 2005.

고동환, 『조선시대 서울도시사』, 태학사, 2007.

고동환, 『조선시대 시전상업연구』, 지식산업사, 2013.

고동환, 『조선후기 서울상업발달사 연구』, 지식산업사, 1998.

고문현,『세계각국의 헌법재판소』, 울산대학교출판부, 2005.

고석규,『19세기 조선의 향촌사회 연구』, 서울대학교출판부, 1998.

고성훈,『조선후기 변란연구』, 동국대학교 사학과 박사논문, 1004.

고은광순 외,『제국의 변호인 박유하에게 묻다: 제국의 거짓말, 위안부의 진실』, 도서출판 말, 2016.

교수신문 편,『고종황제 역사청문회』, 푸른역사, 2005.

구병삭,『한국고대법사』, 고려대학교출판부, 1984.

국사편찬위원회 편,『조선시대 법령DB의 구축과 활용』, 국사편찬위원회, 2021.

국사편찬위원회 편,『한국문화사01: 혼인과 연애의 풍속도』, 두산동아, 2005.

국채보상운동기념사업회 편,『국채보상운동과 여성참여』(국채보상운동기념관 개관 10주년 기념 및 대구사학회 제159회 발표), 2021.06.30.

국채보상운동기념사업회 편,『유네스코 세계기록유산에 등재된 국채보상운동기록물 10: 대한매일신보 의연명단』, 국채보상운동기념사업회, 2020.

권내현,『노비에서 양반으로, 그 머나먼 여정: 어느 노비가계 2백년의 기록』, 역사비평사, 2014.

권내현,『조선후기 평안도재정 연구』, 지식산업사, 2004.

권성욱,『중일전쟁: 용, 사무라이를 꺾다 1928~1945』, 미지북스, 2015.

김경숙,『조선후기 山訟과 사회갈등 연구』, 서울대학교 국사학과 박사논문, 2002.

김경희,『근대 국가 개념의 탄생 레스 푸블리카에서 스타토로』, 까치, 2018.

김기협,『뉴라이트 비판』, 돌베개, 2008.

김낙년 외,『한국의 장기통계: 국민계정 1911~2010』, 서울대학교출판문화원, 2012.

김대순,『국제법론』, 삼영사, 2019.

김대준,『고종시대의 국가재정 연구』, 태학사, 2004.

김동진,『파란눈의 한국혼 헐버트』, 참좋은친구, 2010.

김동철, 『엽서가 된 임진왜란』, 선인, 2022.

김동철, 『조선후기 공인연구』, 한국연구원, 1993.

김문자, 『명성황후 시해와 일본인』, 태학사, 2011.

김백철, 『두 얼굴의 영조: 18세기 탕평군주상의 재검토』, 태학사, 2014.

김백철, 『법치국가 조선의 탄생: 조선전기 국법체계 형성사』, 이학사, 2016a.

김백철, 『왕정의 조건: 담론으로 읽는 조선시대사』, 이학사, 2021.

김백철, 『조선후기 영조의 탕평정치: 『속대전』의 편찬과 백성의 재인식』, 태학사, 2010.

김백철, 『탕평시대 법치주의 유산: 조선후기 국법체계 재구축사』, 경인문화사, 2016b.

김병화, 『근대 한국재판사』, 한국사법행정학회, 1974.

김상기, 『한말 의병운동: 전기 중기 의병』, 선인, 2016.

김상훈, 『B급 세계사: 알고 나면 꼭 써먹고 싶어지는 역사잡학사전』, 행복한 작업실, 2018.

김성돈 외, 『한국사법의 근대성과 근대화를 생각한다』, 세창출판사, 2013.

김성윤, 『조선후기 탕평정치 연구』, 지식산업사. 1997.

김세민, 『한국근대사와 만국공법』, 경인문화사, 2002.

김세진, 『요시다 쇼인 시대를 반역하다』, 호밀밭, 2018.

김순전 외, 『제국의 식민지 역사지리 연구: 조선총독부 편찬 「역사」·「지리」 교과서를 중심으로』, 제이앤씨, 2017.

김신, 『독도를 지키는 방법』, 지영사, 2018.

김신, 『일본법이 증명하는 한국령 독도』, 피앤씨미디어, 2015.

김연식, 『브렉시트 과정에서 영국헌법 관련 쟁점과 전망』, 한국법제연구원, 2019.

김영수, 『100년 전의 세계일주: 대한제국의 운명을 건 민영환의 비밀외교』, EBS BOOKS, 2020.

김영수, 『고종과 아관파천』, 역사공간, 2020.

김영수, 『명성황후 최후의 날: 서양인 사바찐이 목격한 을미사변, 그 하루의 기억』, 말글빛냄, 2014.

김옥근, 『조선왕조 재정사연구』 3, 일조각, 1988.

김옥근, 『조선후기 사회경제사연구』, 서문사, 1977.

김용구, 『만국공법』, 소화 2008.

김용만, 『조선시대 사노비연구』, 집문당, 1997.

김용태 · 명란식 · 나용식, 『한국법제사개요』, 원광사, 1981.

김우철, 『조선후기 지방군제사』, 경인문화사, 2000.

김원모, 『상투쟁이 견미사절 한글국서 제정』 상 · 하, 단국대학교출판부, 2018.

김은미, 『朝鮮時代 文書 僞造에 관한 硏究』, 한국학중앙연구원 고문헌관리학 박사논문, 2007.

김응종, 『서양의 역사에는 초야권이 없다』, 푸른역사, 2005.

김일수, 『한국의 법치주의와 정의의 문제』, 세창출판사, 2020.

김재문, 『경국대전의 편찬과 법이론 및 법의 정신』, 아세아문화사, 2007.

김정인 외, 『한국근대사』 2, 푸른역사, 2016.

김종성, 『반일 종족주의, 무엇이 문제인가: 역사를 바로잡기 위한 『반일종족주의』 비판』, 위즈덤하우스, 2020.

김종준, 『고종과 일진회: 고종시대 군주권과 민권의 관계』, 역사공간, 2020.

김종준, 『일진회의 문명화론과 친일활동』, 신구문화사, 2010.

김종학, 『개화당의 기원과 비밀외교』, 일조각, 2017.

김종학, 『흥선대원군 평전: 근대이행기 조선 정치사의 이면』, 선인, 2021.

김준석, 『근대국가』, 책세상, 2011.

김지수a, 『중국전통법의 정신』, 전남대학교출판부, 2005.

김창록, 『일본에서의 서양헌법사상의 수용에 관한 연구』, 서울대학교 법학과 박사논문, 1994.

김창석, 『왕권과 법: 한국고대의 법제의 성립과 변천』, 지식산업사, 2020.

김태웅, 『대한제국과 3 · 1운동: 주권국가건설운동을 중심으로』, 휴머니스트, 2022.

김태웅, 『한국근대 지방재정 연구: 지방재정의 개편과 지방행정의 변경』, 아카넷, 2012.

김택민, 『중국고대형법』, 아카넷, 2002.

김현정, 『대한제국기 정치적 결사에 관한 헌법사적 연구』, 민속원, 2020.

김현진, 『朝鮮後期 儒敎倫理와 犯罪判決: 正祖의 審理錄을 중심으로』, 인하
　　　대학교 사학과 박사논문, 2012.

김형식, 『좀비학: 인간 이후의 존재론과 신자유주의 너머의 정치학』, 갈무
　　　리, 2020.

김호, 『100년 살인사건: 검안을 통해본 조선의 일상사』, 휴머니스트, 2018.

김호, 『정조의 법치』, 휴머니스트, 2020.

김호동, 『동방기독교와 동서문명』, 까치, 2002.

김호동, 『몽골제국과 세계사의 탄생』, 돌베개, 2010.

김효전, 『법관양성소와 근대 한국』, 소명출판, 2014.

김효전, 『헌법』, 소화, 2009.

김흥수, 『한일관계의 근대적 개편과정』, 서울대학교출판문화원, 2009.

남기호, 『헤겔과 그 적들: 헤겔의 법철학, 프로이센을 뒤흔들다』, 사월의책,
　　　2019.

노관범, 『기억의 역전: 조선사상사의 새로운 이해』, 소명출판, 2016.

노주석, 『제정러시아와 외교문서로 읽는 대한제국 비사』, 이담북스, 2009.

다산학술문화재단, 『다산학사전』, 사암, 2019.

도면회, 『한국근대 형사재판제도사』, 푸른역사, 2014.

동북아역사재단 편, 『한일관계 속의 왜관』, 경인문화사, 2012.

李瑄根, 『韓國史: 最近世篇』, 을유문화사, 1961.

무하마드 깐수(정수일), 『신라 · 서역교류사』, 단국대학교출판부, 1994.

문광삼, 『한국헌법학: 국가조직론』, 삼영사, 2008.

문광삼, 『한국헌법학: 기본권론』, 삼영사, 2009.

문준영, 『법원과 검찰의 탄생』, 역사비평사, 2010.

박광용, 『조선후기 '탕평'연구』, 서울대학교 국사학과 박사논문, 1994.

박병호, 『한국법제사』, 민속원, 2012.

박병호, 『한국법제사고』, 법문사, 1974a.

박병호, 『한국의 법』, 세종대왕기념사업회, 1974b.

박상섭, 『국가 · 주권』, 소화, 2008.

박시형, 『조선토지제도사』상 · 중, 신서원, 1994.

박영준, 『제국 일본의 전쟁 1868~1945』, 사회평론아카데미, 2020.

박용준, 『해군의 탄생과 근대일본』, 그물, 2014.

박재윤, 『독일 공법상 국가임무론과 보장국가론』, 경인문화사, 2018.

박종성, 『조선은 법가의 나라였는가: 죄와 벌의 통치공학』, 인간사랑, 2007.

박지향, 『제국주의: 신화와 현실』, 서울대학교출판문화원, 2016.

박진훈, 『여말선초 노비정책 연구』, 연세대학교 사학과 박사논문, 2005.

박철주, 『대명률직해의 국어학적 연구』, 일지사, 2006.

박태석, 『일본의 노예』, 월드헤리티지, 2021.

박평식, 『조선전기 교환경제와 상인연구』, 지식산업사, 2009.

박평식, 『조선전기 대외무역과 화폐연구』, 지식산업사, 2018.

박평식, 『조선전기 상업사 연구』, 지식산업사, 1999.

박현모, 『정치가 정조』, 푸른역사, 2001.

박형무, 『임진왜란과 조선 그리스도교 전사』, 경인문화사, 2021.

박훈, 『메이지 유신을 설계한 최후의 사무라이들』, 21세기북스, 2020.

박훈, 『메이지유신과 사대부적 정치문화』, 서울대학교출판문화원, 2019.

박훈, 『메이지유신은 어떻게 가능했는가』, 민음사 2014.

반윤홍, 『조선시대 비변사 연구』, 경인문화사, 2003.

배혜숙, 『조선후기 사회저항집단과 사회변동 연구』, 동국대학교 사학과 박사
　　　논문, 1995.

백승철, 『조선후기 상업사 연구』, 혜안, 2000.

부경대학교 대마도연구센터, 『부산과 대마도의 2천년』, 국학자료원, 2010.

부경대학교 대마도연구센터, 『전란기의 대마도』, 국학자료원, 2013.

사법정책연구원, 『바람직한 법관상 구현을 위한 법관 임용 및 평가 방식에
　　　관한 연구: 미국과 영국의 제도를 중심으로』, 사법정책연구원, 2016.

사법정책연구원, 『영국 입법과정에 관한 연구: 이해관계 조정절차를 중심으
　　　로』, 사법정책연구원, 2020.

사법정책연구원, 『영국과 미국의 법관에 의한 중재 및 그 도입 가능성에 관한 연구』, 사법정책연구원, 2015.

사법정책연구원, 『영국의 양형기준제도에 관한 연구: 양형기준제도의 법령 및 현황』, 사법정책연구원, 2015.

서승원, 『근현대 일본의 지정학적 상상력: 야마가타 아리토모-아베 신조』, 고려대학교출판문화원, 2018.

서영희, 『대한제국 정치사 연구』, 서울대학교출판부, 2003.

서영희, 『일제 침략과 대한제국의 종말: 러일전쟁에서 한일병합까지』, 역사문제연구소, 2012.

서울대학교 규장각한국학연구원 편, 『고종시대 공문서 연구』, 태학사, 2009.

서인한, 『대한제국의 군사제도』, 혜안, 2000.

서일교, 『조선왕조 형사제도의 연구』, 박영사, 1968.

서정민, 『한국 전통형법의 무고죄』, 민속원, 2013.

서창열, 『미국 연방대법원의 사법심사제』, 홍익출판사, 2011.

서한교, 『조선후기 납속제도의 운영과 납속인의 실태』, 경북대학교 사학과 박사논문, 1995.

서현섭, 『일본은 있다』, 고려원, 1995.

석화정, 『풍자화로 보는 러일전쟁』, 지식산업사, 2007.

석화정, 『풍자화로 보는 세계사: 1898』, 지식산업사, 2017.

설석규, 『조선시대 유소와 공론정치』, 선인, 2002.

성낙인, 『헌법학』, 법문사, 2001.

소현숙, 『이혼법정에 선 식민지 조선여성들: 근대적 이혼제도의 도입과 젠더』, 역사비평사, 2017.

손병규, 『19세기 지방재정 운영』, 경인문화사, 2018.

손병규, 『조선왕조 재정시스템의 재발견: 17~19세기 지방재정사 연구』, 역사비평사, 2008.

손종업 외 『제국의 변호인 박유하에게 묻는다: 제국의 거짓말과 '위안부'의 진실』, 말, 2016.

송두용, 『한국법제사고: 고려율의 연구』, 진명문화사, 1985.

송양섭, 『18세기 조선의 공공성과 민본이념』, 태학사, 2015.

송찬식, 『조선후기 사회경제사의 연구』, 일조각, 1997.

신용하, 『갑오농민전쟁연구』, 일조각, 1993.

신현승, 『제국 지식인의 패러독스와 역사철학』, 태학사, 2016.

신호웅, 『고려법제사연구』, 국학자료원, 1995.

심재우, 『네 죄를 고하여라: 법률과 형벌로 읽는 조선』, 산처럼, 2011.

심재우, 『조선후기 국가권력과 범죄통제: 『심리록』 연구』, 태학사, 2009.

심헌용, 『한반도에서 전개된 러일전쟁 연구』, 국방부 군사편찬연구소, 2011.

심희기 외, 『조선시대 결송입안집성』, 민속원, 2022.

심희기, 『한국법제사강의』, 삼영사, 1997.

안승일, 『김홍집과 그 시대』, 연암서가, 2016.

양상현, 『대한제국기 내장원 재정관리 연구』, 서울대학교 국사학과 박사논
　　　문, 1997.

양홍준, 『대한제국후기(1905~1910) 경찰제도 연구』, 고려대학교 사학과 박사
　　　논문, 2007.

역사교육연대회의, 『뉴라이트 위험한 교과서 바로읽기』, 돌베개, 2009.

연갑수 외, 『한국근대사』 2, 푸른역사, 2016.

연정열, 『한국법제사』, 학문사, 1996.

연정열, 『한국법제사상사』, 한성대학교출판부, 2007.

영남대학교 민족문화연구소 편, 『고려시대 율령의 복원과 정리』, 경인문화
　　　사, 2009.

오갑균, 『조선시대 사법제도 연구』, 삼영사, 1995.

오금성 외, 『명말청초 사회의 조명』, 한울, 1990.

오금성 외, 『명청시대 사회경제사』, 이산, 2007.

오금성, 『국법과 사회관행: 명청시대 사회경제사 연구』, 지식산업사, 2007.

오금성, 『모순의 공존: 명청시대 江西사회 연구』, 지식산업사, 2007.

오기수, 『조선시대 조세법』, 어울림, 2012.

오병수 편, 『제국의 학술기획과 만주』, 동북아역사재단, 2021.

오수창, 『조선후기 평안도 사회발전 연구』, 일조각, 2002.

오연숙,『大韓帝國期 高位官僚層 硏究: 議政府와 宮內府의 勅任官을 중심으로』, 단국대학교 사학과 박사논문, 2003.

오영교 외,『세도정권기 체제변동과『대전회통』』, 혜안, 2007.

오영교 외,『조선건국과 경국대전 체제의 형성』, 혜안, 2004.

오영교 외,『조선후기 체제변동과 속대전』, 혜안, 2005.

오영섭,『고종황제와 한말의병』, 선인, 2007.

왕현종,『대한제국의 토지조사와 토지법제』, 혜안, 2017.

왕현종,『한국근대국가의 형성과 갑오개혁』, 역사비평사, 2005.

유덕열,『조선시대 檢驗에 관한 연구』, 한양대학교 법학전문대학원 박사논문, 2017.

유성국,『유교적 전통사회의 사면제도에 관한 연구』, 연세대학교 법학과 박사논문, 1996.

유승희,『18~19세기 漢城府의 犯罪實態와 葛藤樣相:『日省錄』의 死刑犯罪를 중심으로』, 서울시립대학교 국사학과 박사논문, 2007.

유용태 편,『동아시아의 농지개혁과 토지혁명』, 서울대학교출판문화원, 2014.

유현재,『조선후기 鑄錢정책과 財政활용』, 서울대학교 국사학과 박사논문, 2014.

육군본부 군사연구소 편,『한국군사사 8: 조선후기 II』, 경인문화사, 2012.

윤국일,『경국대전 연구』, 과학백과사전출판사, 1986.

윤병남,『구리와 사무라이: 아키타번을 통해 본 일본의 근세』, 소나무, 2007.

윤용출,『조선후기의 요역제와 고용노동: 徭役制 賦役勞動의 解體, 募立制 雇傭勞動의 發展』, 서울대학교출판부, 1998.

윤은숙,『몽골제국의 만주지배사: 옷치긴 왕가의 만주 경영과 이성계의 조선 건국』, 소나무, 2010.

윤일구,『고대법의 기원: 함무라비 법전』, 한국학술정보, 2015.

윤훈표 외,『경제육전과 육전체제의 성립』, 혜안, 2007.

이강한,『고려와 원제국의 교역의 역사: 13~14세기 감춰진 교류상의 재구성』, 창비, 2013.

이경민, 『경성, 사진에 박히다: 사진으로 읽는 한국근대문화사』, 산책자, 2008.

이경민, 『기생은 어떻게 만들어졌는가』, 아카이브북스, 2005.

이경민, 『제국의 렌즈: 식민지 사진과 만들어진 우리 근대의 초상』, 산책자, 2010.

이국운, 『법률가의 탄생: 사법불신의 기원을 찾아서』, 후마니타스, 2012.

이국운, 『政治的 近代化와 法律家集團의 役割: 법률가 양성제도 개혁논의의 비교분석을 통한 접근』, 서울대학교 법학과 박사논문, 1998.

이규태, 『소 죽으면 며느리 얻는다』, 조선일보사, 2001.

이근호, 『영조대 탕평파의 국정운영론연구』, 국민대학교 국사학과 박사논문, 2001[이근호, 『조선후기 탕평파와 국정운영』, 민속원, 2016].

이대근 외, 『새로운 한국경제발전사』, 나남, 2005.

이민원, 『고종 평전: 문명전환의 길목에서』, 선인, 2021.

이민원, 『고종과 대한제국: 왕국과 민국 사이』, 선인, 2022.

이민원, 『명성황후 시해와 아관파천』, 국학자료원, 2002.

이상찬, 『1896년 의병운동의 정치적 성격』, 서울대학교 국사학과 박사논문, 1996.

이상태, 『독도 수호와 백두산정계비 설치』, 한국학중앙연구원출판부, 2019.

이상태, 『사료가 증명하는 독도는 한국땅』, 경세원, 2007.

이선이 외, 『동아시아 근대 한국인론의 지형』, 소명출판, 2012.

이선희, 『19세기전반 서울의 형정운영 연구』, 연세대학교 사학과 박사논문, 2017.

이양자, 『감국대신 위안스카이: 좌절한 조선의 근대와 중국의 간섭』, 한울, 2020.

이영, 『황국사관과 고려말 왜구』, 에피스테메, 2015.

이영숙, 『명성황후 시해사건 러시아 비밀문서』, 서림재, 2006.

이영훈 편, 『수량경제사로 다시 본 조선후기』, 서울대학교출판문화원, 2013.

이욱 외, 『대한제국의 전례와 대한예전』, 한국학중앙연구원, 2019.

이원우 편, 『메이지유신의 침략성과 재인식의 문제』, 동북아역사재단, 2019.

이윤정, 『한국경찰사: 근대이전편』, 소명출판, 2015a.

이윤정, 『한국경찰사: 근현대편』, 소명출판, 2015b.

이재철, 『조선후기 비변사 연구』, 집문당, 2001.

이정규, 『한국법제사』, 국학자료원, 1996.

이정훈, 『조선시대 법과 법사상』, 선인, 2011.

이종각, 『미야모토 소위, 명성황후를 찌르다: 120년만에 밝혀지는 일본군부 개입의 진상』, 메디치미디어, 2015.

이종근, 『메소포타미아 법사상』, 삼육대학교출판부, 2003.

이철우, 『서양의 세습가산제』, 경인문화사, 2010.

이춘식, 『춘추전국시대의 법치사상과 세·술』, 아카넷, 2002.

이태재, 『로마법』, 진솔, 1990.

이태진 외, 『그들이 기록한 안중근 하얼빈 의거: 일본 외무성 소장 「이토공작 만주시찰일건」 11책 총람』, 태학사, 2021.

이태진 외, 『서울상업사』, 태학사, 2000.

이태진 외, 『영원히 타오르는 불꽃』, 지식산업사, 2010.

이태진 외, 『일제 외무성 경찰의 임정·항일지사 조사 기록: 일본제국 『외무성경찰사』 항일운동 문건 총람』, 태학사, 2021.

이태진 외, 『한국병합의 불법성 연구』, 서울대학교출판부, 2003.

이태진 편, 『한국병합, 성립하지 않았다』, 태학사, 2001.

이태진, 『고종시대의 재조명』, 태학사, 2000.

이태진, 『끝나지 않은 역사: 식민지배를 청산을 위한 역사인식』, 태학사, 2017.

이태진, 『동경대생에게 들려주는 한국사: 메이지일본의 한국침략사』, 태학사, 2005.

이태진, 『일본의 한국병합강제 연구』, 지식산업사, 2016.

이태진, 『일본제국의 '동양사' 개발과 천황제 파시즘』, 사회평론아카데미, 2022a.

이태진, 『일본제국의 대외침략과 동방학 변천: 외무성 관리 '동방학'에서 문부성·제국대학 '대동아학'까지』, 사회평론아카데미, 2022b.

이태진, 『조선후기 정치와 군영제 변천』, 한국연구원, 1985.

이태훈, 『실학담론에 대한 지식사회학적 고찰: 근대성 개념을 중심으로』, 전
　　　남대학교 사회학과 박사논문, 2004.

이하경, 『추국장에서 만난 조선후기 국가: 영조와 정조시대 『추안급국안』을
　　　중심으로』, 서울대학교 정치외교학부 정치학전공 박사논문, 2018.

이헌창 외, 『조선후기 재정과 시장』, 서울대학교출판문화원, 2010.

이혜경, 『천하관과 근대화론: 양계초를 중심으로』, 문학과지성사, 2002.

이희복, 『요시다 쇼인: 일본 민족주의의 원형』, 살림, 2019.

이희주, 『명성황후 평전』, 신서원, 2020.

일본역사학연구회(아르고인문사회연구소 편역), 『태평양전쟁사 1: 만주사변과
　　　중일전쟁』, 채륜, 2017a.

일본역사학연구회(아르고인문사회연구소 편역), 『태평양전쟁사 2: 광기와 망상
　　　의 폭주』, 채륜, 2017b.

임명수, 『에도시대의 고문형벌』, 어문학사, 2014.

임민혁, 『조선시대 음관 연구』, 한성대학교출판부, 2002.

임상혁, 『나는 노비로소이다: 노비소송으로 보는 조선의 법과 사회』, 너머북
　　　스, 2010.

임상혁, 『조선전기 민사소송과 소송이론의 전개』, 서울대학교 법학과 박사논
　　　문, 2000.

임용한 외, 『뇌물의 역사』, 이야기가있는집, 2015.

장병인, 『법과 풍속으로 보는 조선 여성의 삶』, 휴머니스트, 2018.

장영수, 『헌법총론』, 홍문사, 2002.

장영숙, 『고종 44년의 비원』, 너머북스, 2010b.

장영숙, 『고종의 인사정책과 리더십: 망국의 군주, 개혁군주의 이중성』, 역
　　　사공간, 2020.

장영숙, 『고종의 정치사상과 정치개혁론』, 선인, 2010a.

전강수, 『반일종족주의의 오만과 거짓』, 한겨레출판, 2020.

전봉덕, 『한국근대법사상사』, 박영사, 1984.

전봉덕, 『한국법제사연구』, 서울대학교출판부, 1968.

전신용 편,『한국의 법률문화』, 시사영어사, 1980.

전형택,『조선후기 노비신분 변동연구』, 서울대학교 국사학과 박사논문, 1986[전형택,『조선후기 노비신분연구』, 일조각, 1989].

전홍석,『독일계몽주의의 유학적 기초: 볼프의 중국형상과 오리엔탈리즘의 재구성』, 살림, 2014.

정긍식 외,『잊혀진 법학자 신번』, 민속원, 2012.

정긍식,『조선의 법치주의 탐구』, 태학사, 2018.

정긍식,『한국 가계승법제의 역사적 탐구: 유교적 제사승계의 식민지적 변용』, 흐름, 2019.

정비석,『소설 명성황후』상·하, 범우사, 2001.

정상수,『제국주의』, 책세상, 2009.

정상우,『조선총독부의『조선사』편찬사업』, 서울대학교 국사학과 박사논문, 2011.

정석종,『조선후기 사회변동 연구』, 일조각, 1983.

정석종,『조선후기 정치와 사상』, 한길사, 1994.

정수환,『조선후기 화폐유통과 경제생활』, 경인문화사, 2013.

정순옥,『조선시대 사죄심리제도와『심리록』』, 전남대학교 사학과 박사논문, 2005.

정연식,『조선후기 '역총'운영과 양역변통』, 서울대학교 국사학과 박사논문, 1993.

정재서,『동아시아 여성의 기원:『列女傳』에 대한 여성학적 탐구』, 이화여자대학교출판문화원, 2009.

정진농,『오리엔탈리즘의 역사』, 살림, 2003.

정진석,『나는 죽을지라도 신보는 영생케 하여 한국동포를 구하라: 대한매일신보 사장 배설의 열정적 생애』, 기파랑, 2013a.

정진석,『한국의 독립운동을 도운 영국언론인: 배설』, 역사공간, 2013b.

조규창·현승종,『로마법』, 법문사, 2004.

조성기,『헌법의 아홉기둥』, 그물, 2013.

조성린,『조선행정이 서양행정보다 앞섰다』, 동서문화사, 2011.

조우영, 『경국대전의 신분제도』, 한국학술정보, 2008.

조윤선, 『조선후기 소송연구』, 국학자료원, 2002.

조재곤, 『고종과 대한제국: 황제 중심의 근대 국가체제 형성』, 역사공간, 2020.

조재곤, 『그래서 나는 김옥균을 쏘았다』, 푸른역사, 2005.

조재곤, 『전쟁과 인간 그리고 '평화': 러일전쟁과 한국사회』, 일조각, 2017.

조지만, 『조선시대의 형사법: 『대명률』과 국전』, 경인문화사, 2007.

조지형, 『헌법에 비친 역사』, 푸른역사, 2007.

주진오, 『19세기후반 開化 改革論의 構造와 展開: 獨立協會를 中心으로』, 연세대학교 사학과 박사논문, 1995.

지승종, 『조선전기 노비신분연구』, 일조각, 1995.

차세영, 『조선의 인사임용제도와 영향요인에 관한 연구: 유교적 실적주의를 중심으로』, 서울대학교 행정학과 박사논문, 2018.

차인배, 『조선시대 포도청 연구』, 동국대학교 사학과 박사논문, 2007.

차혜원, 『저울 위의 목민관: 명대 지방관의 인사고과와 중국사회』, 서강대학교출판부, 2011.

최대권, 『법치주의와 민주주의』, 서울대학교출판문화원, 2012.

최문형, 『국제관계로 본 러일전쟁과 일본의 한국병합』, 지식산업사, 2004.

최문형, 『명성황후 시해의 진실을 밝힌다: 선전포고 없는 일본의 대러개전』, 지식산업사, 2006.

최문형, 『일본의 만주침략과 태평양전쟁으로 가는 길: 만주와 중국대륙을 둘러싼 열강의 각축』, 지식산업사, 2013.

최병옥, 『개화기의 군사정책』, 경인문화사, 2000.

최병조, 『로마법·민법 논고』, 박영사, 1999.

최병조, 『로마법강의』, 박영사, 2006.

최병조, 『로마법연구 1: 법학의 원류를 찾아서』, 서울대학교출판부, 1995.

최병조, 『로마의 법과 생활』, 경인문화사, 2007.

최승희, 『조선후기 사회신분사연구』, 지식산업사, 2003.

최연숙, 『조선시대 입안에 관한 연구』, 한국학대학원 박사논문, 2004.

최인진, 『고종 어사진을 통해 세계를 꿈꾸다』, 문현, 2010.

최종고, 『서양법제사』, 박영사, 2011.

최종고, 『한국법사상사』, 서울대학교출판부, 2002.

최종고, 『한국법학사』, 박영사, 1990.

최종고, 『한국의 서양법 수용사』, 박영사, 1982.

최주희, 『조선후기 선혜청의 운영과 중앙재정구조의 변화: 재정기구의 합설과 지출경비 과정을 중심으로』, 고려대학교 한국사학과 박사논문, 2014.

최진옥, 『신소설에 나타난 법의식 연구』, 서울대학교 국어국문학과 박사논문, 2015.

최차호, 『초량왜관』, 어드북스, 2014.

최혜주, 『일본정탐: 제국일본, 조선을 엿보다』, 한양대학교출판부, 2019.

하지연, 『기쿠치 겐조, 한국사를 유린하다』, 서해문집, 2015a.

하지연, 『식민사학과 한국근대사: 우리역사를 왜곡한 일본지식인들』, 지식산업사, 2015b.

한국문화연구소 편, 『전통적 법체계와 법의식』, 서울대학교출판부, 1972.

한국민중사연구회, 『한국민중사』 1~2, 풀빛, 1986.

한국법사학회, 『한국 근현대의 법사와 법사상』, 민속원, 2008.

한국역사연구회 토지대장연구반, 『대한제국의 토지제도와 근대』, 혜안, 2010.

한국역사연구회 토지대장연구반, 『대한제국의 토지조사사업』, 민음사, 1995.

한국역사연구회 토지대장연구반, 『조선후기 경자양전 연구』, 혜안, 2008.

한국역사연구회, 『1894농민전쟁연구』 1~5, 역사비평사, 1991~1997.

한동일, 『로마법수업』, 문학동네, 2019.

한동일, 『유럽법의 기원』, 문예림, 2013.

한보람, 『고종대 전반기 시무개혁 세력 연구』, 서울대학교 국사학과 박사논문, 2019.

한상권, 『조선후기 사회와 소원제도』, 일조각, 1996.

한상일, 『이토 히로부미와 대한제국』, 까치, 2015.

한영우, 『명성황후와 대한제국』, 효형출판, 2001.

한영우, 『조선왕조 의궤: 국가의례와 그 기록』, 일지사, 2005.

한용근, 『고려율』, 서경문화사, 1999.

함규진, 『조선의 마지막 왕, 고종』, 자음과모음, 2015.

허남오, 『조선경찰』, 가람기획, 2020.

허남오, 『한국경찰제도사』, 지구문화사, 2013.

허동현, 『근대한일관계사연구: 조사시찰단의 일본관과 국가구상』, 국학자료원, 2000.

허수열, 『개발없는 개발』, 은행나무, 2005.

허영, 『헌법이론과 헌법』, 박영사, 2021.

현광호, 『대한제국의 재조명』, 선인, 2014.

홍문기, 『1864~1894년 言官 및 言官言論의 변화』, 서울대학교 국사학과 박사논문, 2019.

홍순권, 『한말 호남지역 의병운동사 연구』, 서울대학교출판부, 1994.

홍승우, 『신라율의 기본성격: 형벌체계를 중심으로』, 서울대학교 국사학과 박사논문, 2003.

홍영기, 『대한제국기 호남의병 연구』, 일조각, 2004.

홍영기, 『한말 의병에서 독립군으로: 후기 의병』, 선인, 2017.

홍인숙, 『烈女X烈女: 여자는 어떻게 열녀가 되었나』, 서해문집, 2019.

홍준화, 『대한제국기 조선의 차관교섭과 국제관계』, 고려대학교 사학과 박사논문, 2007.

홍지혜, 『백년전 영국, 조선을 만나다: '그들'의 세계에서 찾은 조선의 흔적』, 혜화1117, 2022.

황적인, 『로마법 · 서양법제사』, 박영사, 1981.

황태연 외, 『일제종족주의』, 넥센미디어, 2019.

황태연, 『17~18세기 영국의 공자숭배와 모럴리스트』 상 · 하, 넥센미디어, 2020a.

황태연, 『갑오왜란과 아관망명』, 청계, 2017a.

황태연, 『갑진왜란과 국민전쟁』, 청계, 2017b.

황태연, 『공자철학과 서구 계몽주의의 기원』 상·하, 청계, 2019.

황태연, 『근대 독일과 스위스의 유교적 계몽주의』, 넥센미디어, 2020b.

황태연, 『근대 프랑스의 공자열광과 계몽철학』, 넥센미디어, 2020c.

황태연, 『대한민국 국호의 유래와 민국의 의미』, 청계, 2016.

황태연, 『백성의 나라 대한제국』, 청계, 2017c.

3. 연구논문 및 기타글(성명순)

강동국, 「'사대주의'의 기원」, 《일본공간》 5, 국민대학교 일본학연구소, 2009.

강만길, 「해제」, 『貢弊·市弊』, 驪江出版社, 1985.

강봉룡, 「삼국시대 율령과 민의 존재양태」, 《한국사연구》 78, 한국사연구회, 1992.

강수옥, 「근대 중조일 3국의 사회 변혁 연구: 중국의 무술변법, 조선의 갑신 정변, 일본의 명치유신 비교」, 《역사와 세계》 42, 효원사학회, 2012.

강창일, 「삼국간섭과 을미사변」, 『신편한국사』 41, 국사편찬위원회, 2002.

고동환, 「동학농민전쟁의 배경」, 『신편한국사』 39, 국사편찬위원회, 2002.

고동환, 「조선후기~한말 신용거래의 발달」, 《지방사와 지방문화》 13-2, 역사문화학회, 2010.

고석규, 「서북지방의 민중항쟁」, 『신편한국사』 36, 국사편찬위원회, 2002.

고흥식, 「丙寅敎難期 信徒들의 信仰: 『捕盜廳謄錄』을 中心으로」, 《교회사연구》 6, 한국교회사연구소, 1988.

곽금선, 「1898년 독립협회의 정치기획과 '충군애국'」, 고려대학교 한국사학과 석사논문, 2017.

곽은희, 「만몽문화의 친일적 해석과 제국국민의 창출: 최남선의 「만몽문화」와 「만주 건국의 역사적 유래」를 중심으로」, 《한민족어문학》 47, 한민족어문학회, 2005.

곽진오, 「일본의 '독도무주지선점론'과 이에 대한 반론」, 《한국정치외교사논총》 36-1, 한국정치외교사학회, 2014.

구대열, 「러일전쟁」, 『신편한국사』 42, 국사편찬위원회, 2002.

구덕회, 「『各司受教』·『受教輯錄』·『新補受教輯錄』 해제」, 『各司受教·受教輯
錄·新補受教輯錄』, 서울대학교 규장각, 1997.

구덕회, 「『수교집록』 해제」, 『원문·역주 수교집록』, 청년사, 2001.

구덕회, 「법전으로 역사읽기: 집록류 법전의 성격」, 《역사와 현실》 46, 한국
역사연구회, 2002.

구덕회·홍순민, 「『신보수교집록』 해제」, 『원문·역주 신보수교집록』, 청년
사, 2000.

구선희, 「갑신정변직후 反淸政責策과 청의 袁世凱 파견」, 《사학연구》 51, 한
국사학회, 1996.

구자원, 「16세기 전반 조선의 대일통교정책 변화와 約條」, 《사림》 68, 수선사
학회, 2019.

권기중, 「조선시대 암행어사의 수령 평가와 재임 실태의 상관성: 암행어사
書啓와 수령선생안을 중심으로」, 《동양고전연구》 81, 동양고전학회,
2020.

권기중, 「조선후기 수령의 업무 능력과 부세 수취의 자율권」, 《역사와 담론》
67, 호서사학회, 2013.

권기중, 「조선후기 수령의 지방재정 운영과 公私 관념: 경상도 암행어사 서
계를 중심으로」, 《사림》 48, 수선사학회, 2014.

권기중, 「조선후기 암행어사의 수령 평가」, 《역사와 담론》 87, 호서사학회,
2018.

권내현, 「성장과 차별, 조선후기 호적과 신분」, 《대동문화연구》 110, 성균관
대학교 대동문화연구원, 2020.

권석봉, 「영선사행에 대한 일고찰」, 《서양사론》 3, 한국서양사학회, 1962.

권석봉, 「壬午軍變」, 『한국사』 16, 국사편찬위원회, 1983.

권오영, 「개화사상의 발전」, 『신편한국사』 38, 국사편찬위원회, 2002.

권태환·신용하, 「조선왕조시대 인구추정에 관한 일시론」, 《동아문화》 14,
서울대학교 동아문화연구소, 1977.

김건우, 「일본 신대문자의 형태변화 연구」, 《기초조형학연구》 11-6, 한국기

초조형학회, 2010.

김경래, 「다카하시 도루(高橋亨)의 '조선' 연구와 사대주의론」, 《사학연구》 145, 한국사학회, 2022.

김경래, 「仁祖代 朝報와 公論政治」, 《한국사론》 53, 서울대학교 국사학과, 2007.

김경록, 「明初 洪武帝의 國家統治 구상과 『大明律』」, 《법사학연구》 53, 한국 법사학회, 2016.

김경록, 「선조초반 私印朝報사건을 통해 본 정치상황과 朝報정책」, 《온지논 총》 67, 온지학회, 2021.

김경창, 「甲申政變首謀者의 亡命 10년의 行跡: 金玉均, 朴泳孝를 중심으로」, 《사회과학연구》 11, 경희대학교 사회과학연구원, 1985.

김기형, 「구비설화에 나타난 과부의 형상과 의미」, 《한국민속학》 26, 한국민 속학회, 1994.

김낙년, 「일제시기 우리나라 GDP의 도별 분할」, 《경제사학》 45, 경제사학회, 2008.

김낙년, 「한국 GDP의 장기추이와 국제비교」, 《경제발전연구》 15-2, 한국경 제발전학회, 2009b.

김낙년, 「한국의 국민계정, 1911-2010: 주요지표를 중심으로」, 《경제분석》 15-2, 한국은행 금융경제연구원, 2009a.

김낙년, 「한국의 역사통계」, 《경제사학》 50, 경제사학회, 2011.

김난옥, 「고려후기의 납속책」, 《한국사학보》 55, 고려사학회, 2014.

김대홍, 「『경국대전』의 중앙통치제도」, 서울대학교 법학과 석사논문, 2004.

김덕현, 「19세기 후반 당파 정치와당파 기록물의 이중성: 승정원일기(초)와 조보(초)의 사례 분석을 중심으로」, 《대동문화연구》 105, 성균관대학 교 대동문화연구원, 2019.

김덕현, 「고종친정초기 지방관 임용과 당파정치: 함경도 지방관 임용에 관 한 사례 연구」, 《한국문화》 85, 서울대학교 규장각한국학연구원, 2019.

김도연, 「고려시대 은화유통에 관한 일연구」, 《한국사학보》 10, 고려사학회,

2001.

김도형, 「을미의병 100년을 맞아서: 한국근대사에서 자주 독립의 의미」, 《역
사비평》 31, 역사비평사, 1995.

김명윤, 「『페르시아인의 편지』에 나타난 權力과 性에 관한 言語: 腹從과 憎
惡의 言語를 中心으로」, 《人文科學研究》 11, 상명대학교 인문과학연
구소, 2002.

김문식, 「고종의 황제 登極儀에 나타난 상징적 함의」, 《조선시대사학보》 37,
조선시대사학회, 2006.

김백유, 「사회적 기본권의 구체적 보장」, 《논문집》 25-1, 한성대학교, 2001.

김백철, 「『경세유표』의 등장과 개혁안의 성격: 19세기 전통과 근대의 만남」,
《규장각》 58, 서울대학교 규장각한국학연구원, 2021b.

김백철, 「17~18세기 대동 · 균역의 위상: 조선시대 재정개혁 모델의 모색」,
《국학연구》 28, 한국국학진흥원, 2015.

김백철, 「1990년대 한국사회의 '정조신드롬' 대두와 배경: 나약한 임금에서
절대계몽군주로의 탄생」, 《국학연구》 18, 한국국학진흥원, 2011.

김백철, 「19세기 '과부약탈'사건의 재검토: 관습인가? 범죄인가?」, 《동아시아
고대》 64, 동아시아고대학회, 2021a.

김백철, 「고종대 읍지의 연대분류시론: 규장각자료의 서지비교를 중심으
로」, 《규장각》 49, 서울대학교 규장각한국학연구원, 2016.

김백철, 「영조의 순문과 위민정치: '애민'에서 '군민상의'로」, 《국학연구》 21,
한국국학진흥원, 2012.

김백철, 「영조의 순문과 위민정치: '애민'에서 '군민상의'로」, 《국학연구》 21,
한국국학진흥원, 2013b.

김백철, 「오래된 미래교과서: 안확의 『조선문명사』」, 《동아시아고대》 50, 동
아시아고대학회, 2018.

김백철, 「정조 6년(1782) 윤음의 반포와 그 성격: 宋德相사건을 중심으로」,
《한국학논집》 75, 계명대학교 한국학연구원, 2019b.

김백철, 「조선시대 경상도지역 고을의 형성과 변화: 地理志자료의 활용방안
모색」, 《대구경북연구》 21-1, 대구경북연구원 · 대구경북학회, 2022.

김백철, 「조선시대 상주의 통치구조와 중층적 위상」, 《한국학논집》 74, 계명대학교 한국학연구원, 2019a.

김백철, 「조선시대 역사상과 공시성의 재검토: 14-18세기 한국사 발전모델의 모색」, 《한국사상사학》 44, 한국사상사학회, 2013a.

김백철, 「조선시대 전통법 형성과 연구성과 검토: 법서 편찬을 중심으로」, 『조선시대 법령DB의 구축과 활용』, 국사편찬위원회, 2021c.

김백철, 「조선시대 咸鏡道 지역사 試論: 奎章閣소장 地理志자료를 중심으로」, 《규장각》 51, 서울대학교 규장각한국학연구원, 2017.

김병하, 「이조전기의 대일무역 성격」, 《아세아연구》 11-4, 고려대학교 아세아문제연구소, 1968.

김봉진, 「조선=屬國, 屬邦'의 개념사」, 《한국동양정치사상사연구》 18-1, 한국동양정치사상사학회, 2019.

김상조, 「조선후기 야담에 나타난 재가의 양상과 의미」, 《한문학논집》 4, 단국대학교 한문학회, 1986.

김선영, 「제1차 수신사 사행의 성격: 일본 외무성 자료를 중심으로」, 서울대학교 국사학과 석사논문, 2017.

김성진, 「朝鮮時代 公文書 僞造 研究」, 강원대학교 사학과 석사논문, 2010.

김성혜, 「『독립신문』에 드러난 군주의 표상과 고종의 실체」, 《대동문화연구》 78, 성균관대학교 대동문화연구원, 2012.

김성혜, 「1886년 일본망명자 김옥균 유폐의 전말과 그 원인」, 《아세아연구》 58-3, 고려대학교 아세아문제연구원, 2015.

김성혜, 「일본망명자 김옥균 송환을 둘러싼 조일 양국의 대응」, 《대동문화연구》 88, 성균관대학교 대동문화연구원, 2014.

김수희, 「독도는 무주지인가?: 1905년 일본의 죽도영토편입조치와 『무주지선점』설 비판」, 《일본문화연구》 47, 동아시아일본학회, 2013.

김연희, 「영선사행 군계학조단의 재평가」, 《한국사연구》 137, 한국사연구회, 2007.

김영수, 「서울주재 러시아공사 베베르의 외교활동과 한국정책」, 《서울과 역사》 94, 서울역사편찬원, 2016.

김영식a, 「프랑스 검사제도의 형성과정과 그 시사점」, 《한국프랑스학논집》 78, 한국프랑스어학회, 2012.

김영식b, 「조선후기 역(曆) 계산과 역서(曆書) 간행작업의 목표: '자국력'인가? 중국 수준 역서인가?」, 《한국과학사학회지》 39-3, 한국과학사학회, 2017.

김영주, 「朝報에 대한 몇 가지 쟁점: 필사보조의 기원, 명칭, 폐간시기, 기문기사 성격과 민간인쇄조보를 중심으로」, 《한국언론정보학보》 43-3, 한국언론정보학회, 2008.

김영찬, 「대한제국 해산군 간부들의 정미의병 활동에 대한 고찰」, 《군사연구》 139, 육군군사연구소, 2015.

김영희, 「영국법, 스코틀랜드법, 미국법, 그리고 로마법」, 《법사학연구》 52, 한국법사학회, 2015.

김영희, 「한국 민법학에서 로마법 연구와 현대 로마법」, 《법학논문집》 41-1, 중앙대학교 법학연구원, 2020.

김용섭, 「조선후기에 있어서의 신분제의 동요와 농지 점유」, 《사학연구》 15, 한국사학회, 1963.

김원모, 「대원군의 내정개혁과 대외정책」, 『신편한국사』 37, 국사편찬위원회, 2002.

김원모, 「조선 報聘使의 미국사행(1833) 연구(상)·(하)」, 《동방학지》 49·50, 연세대학교 국학연구원, 1985~1986.

김원모, 「천주교탄압: 병인사옥」, 『신편한국사』 37, 국사편찬위원회, 2002.

김윤희, 「갑신정변 전후 '개화' 개념의 내포와 표상」, 《개념과 소통》 2, 한림과학원, 2008.

김은아, 「조선전기 이혼제도의 특징」, 《원광법학》 23-3, 원광대학교 법학연구소, 2007.

김은주, 「韓末 鄭喬의 정치활동과 정치개혁론」, 이화여자대학교 사학과 석사논문, 1998.

김인걸, 「조선후기 사회경제의 발전과 농민항쟁」, 『한국사특강』, 서울대학교 출판부, 1990.

김재호, 「조선왕조 장기지속의 경제적 기원」, 《경제학연구》 59-4, 한국경제학회, 2011.

김정기, 「임오년에 다시 보는 120년전의 '임오군란'」, 《역사비평》 60, 역사비평사, 2002a.

김정기, 「차관 제공」, 『신편한국사』 44, 국사편찬위원회, 2002b.

김정기, 「淸日戰爭前後 日本의 對朝鮮經濟政策」, 『淸日戰爭과 韓日關係: 日本의 對韓政策形成에 관한 硏究』, 1985.

김정인, 「동학·동학농민전쟁과 여성」, 《동학연구》 11, 한국동학학회, 2002.

김정자, 「朝鮮後期 正祖代의 政局과 市廛政策: 貢市人詢瘼을 중심으로」, 《한국학논총》 39, 국민대학교 한국학연구소, 2013.

김종학, 「이노우에 가쿠고로(井上角五郞)와 갑신정변: 미간사료 『井上角五郞自記年譜』에 기초하여」, 《한국동양정치사연구》 13-1, 한국동양정치사상사학회, 2014.

김종학, 「이동인의 비밀외교: 개화당의 정치적 목적 재검토」, 《동양정치사상사연구》 15-2, 한국동양정치사상사학회, 2016.

김창록, 「1900년대초 한일간 조약들의 '불법성'」, 《법과 사회》 20-1, 법과사회이론연구회, 2001.

김창록, 「1910년 한일조약에 대한 법사학적 재검토」, 《동북아역사논총》 29, 동북아역사재단, 2011.

김창록, 「近代 日本 憲法思想의 形成」, 《법사학연구》 12, 한국법사학회, 1991.

김창록, 「일본제국주의의 헌법사상과 식민지 조선」, 《법사학연구》 14, 한국법사학회, 1993.

김창록, 「후세 타쯔지(布施辰治)의 법사상: '조선'과의 관계를 중심으로」, 《법학연구》 26-1, 충남대학교 법학연구소, 2015.

김창수, 「교통과 운수」, 『한국사』 10, 국사편찬위원회, 1981.

김치완, 「茶山學으로 본 實學과 近代개념에 대한 비판적 접근」, 《역사와 실학》 52, 역사실학회, 2013.

김태영, 「하층민의 동요」, 『신편한국사』 28, 국사편찬위원회, 2002.

김태웅, 「大韓國國制」의 역사적 맥락과 근대 주권국가 건설 문제」, 《역사연구》 24, 역사학연구소, 2013.

김항기, 「1906~1910년간 일제의 의병판결 실태와 그 성격」, 《한국독립운동사연구》 61, 독립기념관 한국독립운동사연구소, 2018.

김현라, 「高麗 · 唐 · 日本의 율령과 良賤秩序」, 《한국민족문화》 47, 부산대학교 한국민족문화연구소, 2013.

김현라, 「高麗 · 宋의 戶婚法과 良賤秩序」, 《역사와세계》 48, 효원사학회, 2015.

김현라, 「高麗와 唐 · 宋의 奸非法 비교」, 《역사와경계》 97, 부산경남사학회, 2015.

김현영, 「지방관의 '稱念' 서간을 통해 본 조선말기 사회상: 1884~1885년에 민관식이 받은 간찰을 중심으로」, 《고문서연구》 49, 한국고문서학회, 2016.

김현주, 「『제국신문』에 나타난 혼인제도와 근대적 파트너십」, 《한국근대문학연구》 23, 한국근대문학회, 2011.

김현주, 「중화질서의 해체와 그에 대한 청정부의 대응」, 《아세아연구》 62-1, 고려대학교 아세아문제연구소, 2019.

김현주, 「만국공법에 대한 청말 지식인의 인식과 현실과의 괴리」, 《정치사상연구》 26-1, 한국정치사상학회, 2020.

김현진, 「『심리록』을 통해본 정조의 범죄판결 특성과 대민교화정책」, 《한국학연구》 28, 인하대학교 한국학연구소, 2012.

김현철, 「개화기 서구 국제법의 수용과 근대국제질서의 인식」, 《한국정치연구》 14-1, 서울대학교 한국정치연구소, 2005.

김형종, 「19세기 근대 한중관계의 변용: 자주와 독립의 사이」, 《동양사학연구》 140, 동양사학회, 2017.

김혜경, 「16~17세기 동아시아 예수회의 선교 정책: 적응주의의 배경을 중심으로」, 《신학과 철학》 17, 서강대학교 신학연구소, 2010.

김혜영, 「갑오개혁 이후 군사법제도의 개혁: 「육군징벌령」과 「육군법률」을 중심으로」, 《군사》 89, 국방부 군사편찬연구소, 2013.

김호, 「100여년 전의 여성들: 규장각 소장 '檢案'으로 들여다본 민중의 삶」, 《한신인문학연구》 1, 한신대학교출판부, 2000.

김호, 「1897년 光陽郡 李學祚 檢案을 통해 본 동학농민운동의 이면」, 《고문서연구》 50, 한국고문서학회, 2017.

김호, 「檢案, '정상적 예외'의 기록들」, 《장서각》 34, 한국학중앙연구원, 2015.

김호, 「檢案을 통해 본 100년 전 영종도의 풍경: 1906년 영종도 전소면에서 발생한 조문주 사건을 중심으로」, 《기전문화연구》 33, 仁川敎育大學校 畿甸文化硏究所, 2006.

김호, 「검안을 통해 본 100년 전의 향촌사회(2)~(3)」, 《문헌과 해석》 4·6, 문헌과해석사, 1998~1999.

김호, 「규장각 소장 검안의 기초적 검토」, 《조선시대사학보》 4, 조선시대사학회, 1998.

김호, 「다산의 명판결과 조선의 풍속18: 법과 도덕의 긴장」, 《과학과 기술》 511, 한국과학기술단체총연합회, 2011.

김호, 「역사산책: 100년 전 살인사건, '검안'을 통해 본 사회사」, 《역사비평》 55, 역사비평사, 2001.

김호, 「典錄通考」, 『奎章閣韓國本圖書解題續集: 史部2』, 서울대학교 규장각, 1995.

김효동, 「『매천야록』에 나타난 한말 양반에 대한 인식」, 《한문학보》 33, 우리한문학회, 2015.

김효전, 「한국헌법과 바이마르헌법」, 《공법연구》 14, 한국공법학회, 1986.

김흥수, 「임오군란 전후 일본의 울릉도 침범」, 《한국학논집》 83, 계명대학교 한국학연구원, 2021.

김흥수, 「임오군란시기 일본의 조선정책과 여론」, 《군사연구》 136, 육군 군사연구소, 2013.

김희영, 「19세기말 서양인의 눈에 비친 조선사회의 현실과 동학농민봉기: 이사벨라 버드 비숍의 《조선과 그 이웃나라》를 중심으로」, 《동학연구》 23, 한국동학학회, 2007.

나종우, 「왜구」, 『신편한국사』 20, 국사편찬위원회, 2002.

남경식, 「中華民國의 憲法史 研究」, 《법정논총》 23, 중앙대학교 법학대학, 1983.

노관범, 「근대 초기 실학의 존재론: 실학 인식의 방향 전환을 위하여」, 《역사비평》 122, 역사비평사, 2018.

노관범, 「대한제국기 실학 개념의 역사적 이해」, 《한국실학연구》 25, 한국실학학회, 2013.

노대환, 「18~19세기중반 서양물품의 조선유입과 洋物禁斷論」, 《한국학연구》 66, 인하대학교 한국학연구소, 2022.

노명선, 「당사자주의 소송구조하에서 공판중심주의 실현을 위한 제언」, 《형사소송 이론과 실무》 7-2, 한국형사소송학회, 2015.

노용필, 「개화기 과부의 재가와 천주교」, 《한국사상사학》 22, 한국사상사학회, 2004.

노중국, 「고구려 율령에 관한 일시론」, 《동방학지》 21, 연세대학교 국학연구원, 1979.

노중국, 「백제 율령에 대하여」, 《백제연구》 17, 충남대 백제연구소, 1986.

노진곤, 「고구려율에 관한 연구」, 《법사학연구》 12, 한국법사학회, 1991.

노태돈, 「8세기중엽 신라 · 일본 관계의 전개」, 《한국사론》 63, 서울대학교 국사학과, 2017.

도면회, 「『대한국국제』와 대한제국의 정치구조」, 《내일을 여는 역사》 17, 민족문제연구소, 2004.

도면회, 「1895~1905년간 서울의 범죄양상과 정부의 형사정책」, 《역사와 현실》 74, 한국역사연구회, 2009.

도면회, 「갑오개혁 이후 화폐제도의 문란과 그 영향(1894~1905)」, 《한국사론》 21, 서울대학교 국사학과, 1989.

도면회, 「개항후의 국제무역」, 『신편한국사』 39, 국사편찬위원회, 2002.

류재택, 「壬午軍亂의 原因에 대한 再考察」, 《역사와 실학》 14, 역사실학회, 2000.

명순구, 「아직도 살아 있는 법, '朝鮮民事令': '조선민사령'의 소급적 폐지를 제안한다」,《저스티스》, 한국법학원, 2008.

문준영, 「大韓帝國期 刑法大全의 制定과 改正」,《법사학연구》 20, 한국법사
학회, 1999.

문형진, 「대명률과 경국대전의 편찬의 법제사적 의의」,《중국연구》 34, 한국
외국어대학교 외국학종합연구센타 중국연구소, 2004.

민관동, 「조선전기 간행된 중국고전문헌 고찰: 『고사촬요』를 중심으로」,《중
국어문학지》 74, 중국어문학회, 2021.

민영성, 「공판중심주의 활성화방안」,《경찰학논총》 3, 원광대학교 경찰학연
구소, 2008.

민회수, 「1880년대 釜山海關·監理署의 개항장업무 관할체계」,《한국학논
총》 47, 국민대학교 한국학연구소, 2017.

민회수, 「을사늑약 이후 監理署의 폐지와 府尹의 외국인 업무관할」,《한국학
논총》 55, 국민대학교 한국학연구소, 2021.

민회수, 「한국근대 『만국공법』 인식의 전통적 기원: ‘公’과 ‘公法’ 개념을 중심
으로」,《한국사학보》 81, 고려사학회, 2020.

박경, 「自賣文記를 통해 본 조선후기 하층민 가족의 가족질서」,《고문서연
구》 33, 한국고문서학회, 2008.

박경, 「조선 전기 收養, 侍養 자녀의 입양 형태: 16세기 分財記에 나타난
입양 형태의 변화를 중심으로」,《고문서연구》 27, 한국고문서학회,
2005.

박경주, 「여성문학의 시각에서 본 19 세기 하층 여성의 실상과 의미: 「변
강쇠가」, 「미얄과장」, 「된동어미화전가」의 비교를 통해」,《국어교육》
104, 한국어교육학회, 2001.

박광용, 「탕평정책과 왕정체제의 강화」, 『신편한국사』 32, 국사편찬위원회,
2002.

박기서·김민철, 「일제의 조선경찰권 침탈과정에 대한 연구」,《경희사학》
19, 경희대학교 사학회, 1995.

박기영, 「청대 行商의 紳商적 성격: 潘氏가족의 사례를 중심으로」,《대동문
화연구》 80, 성균관대학교 대동문화연구원, 2011.

박길희, 「19세기 소설에 등장하는 하층여성의 일탈과 그 의미: 「절화기담」과 「포의교집」을 중심으로」, 《배달말》 57, 배달말학회, 2015.

박병주, 「갑신정변과 갑오경장 시기의 사대와 독립의 의미」, 《한국학연구》 34, 고려대학교 한국학연구소, 2010.

박병호, 「『경국대전』의 편찬과 계승」, 『신편한국사』 22, 국사편찬위원회, 1995.

박병호, 「경국대전의 법사상적 성격」, 《진단학보》 48, 진단학회, 1979.

박병호, 「경국대전의 편찬과 반행」, 『한국사』 9, 국사편찬위원회, 1973.

박병호, 「권리의 법적 구제방식으로서의 재판의 제도와 기능」, 『전통적 법체계와 법의식』, 서울대학교출판부, 1972.

박병호, 「조선시대의 법」, 『한국의 법』, 세종대왕기념사업회, 1974.

박병호, 「조선초기의 법원」, 『한국법제사고』, 법문사, 1974.

박병호, 「한국에 있어서의 법과 윤리도덕」, 《저스티스》 25-1, 한국법학원, 1992.

박병호, 「현대법제의 형성과 법제의 발전방향」, 《법제연구》 8, 한국법제연구원, 1995.

박성순, 「고·순종연간 의병의 개념과 위상변천 연구」, 《동양고전연구》 38, 동양고전연구회, 2010.

박소현, 「검안을 통해 본 여성과 사회」, 《고문서연구》 50, 한국고문서학회, 2017.

박영재, 「청일전쟁」, 『신편한국사』 40, 국사편찬위원회, 2002.

박원호, 「15세기 동아시아 정세」, 『신편한국사』 22, 국사편찬위원회, 2002.

박은숙(Park Eunsuk), "Social Status and Motivations of Participants in the 'Kapsin' Coup", *International Journal of Korean History, Vol. 12*, Center for Korean History, Korea University, 2000.

박은숙, 「갑신정변 政令에 나타난 정치체제와 권력운영 구상」, 《한국사연구》 124, 한국사연구회, 2004.

박은숙, 「갑신정변 참여층의 개화사상과 정변인식」, 《역사와현실》 51, 한국역사연구회, 2004.

박은숙, 「갑신정변주도세력의 성장과 정치적 대립의 성격」,《역사연구》 12, 역사학연구소, 2003.

박은숙, 「개항후(1876~1894) 서울의 자본주의 도시화와 공간재편」,《향토서울》 74, 서울시사편찬위원회, 2009.

박은숙, 「김윤식과 원세개 · 이홍장 · 주복의 교류(1881~1887): 장정체제 구축과 종속의 네트워크」,《한국사학보》 61, 고려사학회, 2015.

박이택, 「조선후기의 경제체제」,『새로운 한국경제발전사』, 나남, 2005.

朴日根, 「中 · 美兩國의 對朝鮮外交政策에 對한 小考: 壬午軍亂을 中心으로」,《법학연구》 21-1, 부산대학교 법학연구소, 1979.

박임화, 「백제율령 반포시기에 대한 일고찰」,《경대사론》 7, 경남대학교 사학회, 1994.

박재우, 「徐光範과 甲申政變」,《인문학연구》 4, 가톨릭관동대학교 인문과학연구소, 2001.

박종성, 「甲午農民蜂起의 革命性 硏究: 回顧와 省察: 呼稱과 關聯하여」,《한국정치외교사논총》 12, 한국정치외교사학회, 1995.

박채란, 「19세기 말 尙州牧使 閔種烈(1831~1899)의 民政改善策」, 충북대학교 사학과 석사논문, 2015.

박한민, 「1883년 조일통상장정 체결과 각국의 대응」,《역사와 경계》 111, 부산경남사학회, 2019.

박한민, 「稻葉岩吉(1876~1940)의 조선사 인식」, 한국교원대학교 역사교육전공 석사논문, 2010.

박현모, 「경국대전의 정치학」,《한국정치연구》 12-2, 서울대학교 한국정치연구소, 2003.

박형관, 「공판중심주의 틀에서 수사와 입증」,《형사소송 이론과 실무》 9-2, 한국형사소송법학회, 2017.

반윤홍, 「비변사의 강화」,『신편한국사』 30, 국사편찬위원회, 2002.

방광석, 「러일전쟁이전 이토 히로부미의 조선 인식과 정책」,《한일관계사연구》 48, 한일관계사학회, 2014.

방상근, 「병인박해기의 순교자와 체포자」,《한국기독교와 역사》 45, 한국기독교역사연구소, 2016.

배항섭, 「변란의 추이와 성격」, 『신편한국사』 36, 국사편찬위원회, 2002.

백민정, 「조선후기 성관련 범죄의 처벌규정과 재판양상: 『審理錄』·『秋官志』
와 『欽欽新書』의 판결사례를 중심으로」, 《민족문화연구》 87, 고려대
학교 민족문화연구원, 2020.

백옥경, 「여성과 법, 제도: 조선시대의 여성폭력과 법―경상도 지역의 검
안을 중심으로」, 《한국고전여성문학연구》 19, 한국고전여성문학회,
2009.

백종기, 「개화사상과 갑신정변 연구의 과제」, 《대동문화연구》 20, 성균관대
학교 대동문화연구원, 1986.

변승웅, 「제도의 개혁」, 『신편한국사』 38, 국사편찬위원회, 2002.

서영희, 「1894~1904년의 政治體制 變動과 宮內府」, 《한국사론》 23, 서울대
학교 국사학과, 1990.

서영희, 「광무정권의 형성과 개혁추진」, 《역사와현실》 26, 한국역사연구회,
1997.

서영희, 「대한제국의 종말」, 『신편한국사』 42, 국사편찬위원회, 2002.

서울대학교 도서관 편, 「典錄通考」, 『奎章閣韓國本圖書解題: 史部4』, 서울대
학교 도서관, 1982.

서익원, 「『新엘로이즈』에 나타난 정열과 죄」, 《아세아문화연구》 5, 경원대학
교 아시아문화연구소, 2001.

서익원, 「루소의 『신엘로이즈』에 나타난 이상사회」, 《유럽사회문화》 11, 연세
대학교 유럽사회문화연구소, 2013.

서인범, 「明 萬曆年間의 재정위기와 捐納 시행」, 《역사학보》 230, 역사학회,
2016.

서인범, 「明 天啓年間의 陵工과 殿工 재원조달」, 《동양사학연구》 125, 동양
사학회, 2013.

서인범, 「명대 嘉靖年間의 재정조달과 연납제」, 《명청사연구》 35, 명청사학
회, 2011.

서인범, 「명말 崇禎年間의 재정과 군비 조달: 加派와 捐納 등을 중심으로」,

《명청사연구》44, 명처사학회, 2015.

서인범, 「명조의 연납제 개시와 그 목적」, 《역사학보》252, 역사학회, 2021.

서인범, 「명중기 연납입감에 대하여」, 《역사학보》185, 역사학회, 2005.

서인원, 「1930년대 일본의 영토편입정책 연구에 있어 독도무주지선점론의 모순점」, 《영토해양연구》11, 동북아역사재단, 2016.

서정현, 「근대 정동의 곤간변화와 고종」, 《향토서울》84, 서울시사편찬위원회, 2013.

서희경·박명림, 「민주공화주의와 대한민국 헌법 이념의 형성」, 《정신문화연구》30-1, 한국학중앙연구원, 2007.

설석규, 「조선시대 嶺南儒生의 公論形成과 柳道洙의 萬人疏」, 《퇴계학과 유교문화》44, 경북대학교 퇴계연구소, 2009.

성대경, 「흥선대원군의 집권」, 『신편한국사』37, 국사편찬위원회, 2002.

소현숙, 「강요된 자유이혼, 식민지 시기 이혼여성과 구여성」, 《사학연구》104, 한국사학회, 2011.

소현숙, 「수절과 재혼 사이에서: 식민지시기 과부담론」, 《한국사연구》164, 한국사연구회, 2014.

소현숙, 「이혼권은 일제가 가져다 준 선물인가?: 이혼법의 변화를 통해 본 식민지시기 여성들의 삶과 결혼」, 《내일을여는역사》69, 내일을여는역사재단, 2017.

손동권, 「공판중심주의 도입과 수사절차 개선방안」, 《한국공안행정학회보》30, 한국공안행정학회, 2008.

손병규, 「시카타 히로시의 조선시대 '인구·가족'에 대한 재검토」, 《한국사학보》52, 고려사학회, 2013.

손병규, 「조선의 『부역실총』과 명·청의 『부역전서』 비교」, 『동아시아는 몇 시인가?』, 너머북스, 2015.

손정권, 「현대일본의 상징천황제와 기억의 전승」, 《일본근대학연구》37, 일본근대학회, 2012.

손진태, 「寡婦 掠奪婚俗에 就하여」, 『조선민족문화의 연구』, 을유문화사, 1948.

송석윤, 「군민공치와 입헌군주제헌법」, 《서울대학교 법학》 53-1, 서울대학교 법학연구소, 2012.

송양섭, 「1896년 智島郡 創設과 西南海 島嶼 支配構造의 再編: 吳宖默의 『智島郡叢刷錄』을 중심으로」, 《한국사학보》 26, 고려사학회, 2007.

송양섭, 「19세기 幼學層의 증가양상: 『단성호적대장』을 중심으로」, 《역사와 현실》, 한국역사연구회, 2005.

송양섭, 「삼남지방의 민중항쟁」, 『신편한국사』 36, 국사편찬위원회, 2002.

송양섭, 「조선후기 지방재정과 계방의 출현: 제역 및 제역촌과 관련하여」, 《역사와 담론》 59, 호서사학회, 2011.

송정현, 「일본의 국내정세」, 『신편한국사』 29, 국사편찬위원회, 2002.

송지영, 「『사법품보』를 통해 본 자살의 특성(1895~1906)」, 인하대학교 사학과 석사논문, 2019.

송진현, 「경상도 상주의 동학농민전쟁과 사회변동」, 계명대학교 사학과 석사논문, 2021.

송찬섭, 「삼남지방의 민중항쟁」, 『신편한국사』 36, 국사편찬위원회, 2002.

신기석, 「甲申政變과 韓·淸·日 外交關係」, 《국제법학회논총》 4-1, 한국제법학회, 1959.

신기석, 「안전보장과 한말정국: 임오군란~청일전쟁」, 《국제법학회논총》 11-1, 대한국제법학회, 1966.

신동규, 「"VOC"의 동북아시아 진출에 보이는 조선무역의 단절과 일본무역 유지정책」, 《한일관계사연구》 22, 한일관계사학회, 2005.

신동규, 「갑신정변 체험기 『遭難記事』 필사원본의 발굴과 사료적 특징」, 《한일관계사연구》 47, 한일관계사학회, 2014.

신동규, 「江戸時代의 海難救助政策과 '4개의 창구'에 대한 고찰」, 《동북아역사논총》 28, 동북아역사재단, 2010.

신동준, 「막스 베버의 근대법 이론으로 본 조선후기와 한말시기의 법의 변화」, 《사회이론》 51, 한국사회이론학회, 2017.

신용하, 「갑신정변의 개혁사상 저자」, 《한국학보》 10-3, 일지사, 1984.

신용하, 「갑신정변의 사회사상사적 고찰」, 《동아시아문화연구》 7, 한양대학

　　교 동아시아문화연구소, 1985.

신용하, 「갑신정변의 주체세력과 개화당의 북청 광주 양병」, 《한국학보》 25-
　　2, 일지사, 1999.

신용하, 「민족의 사회학적 설명과 '상상의 공동체론' 비판」, 《한국사회학》
　　40-1, 한국사회학회, 2006.

신용하, 「참정권운동과 개혁의 추진」, 『신편한국사』 41, 국사편찬위원회,
　　2002.

신우철, 「일본 입헌주의의 초기 형성: 그 서구적 원형과 동아시아적 변형」,
　　《중앙법학》 9-1, 중앙법학회, 2007.

신평, 「한국의 전통적 사법체계와 그 변형」, 《법학논고》 28, 경북대학교 법학
　　연구원, 2008.

신항수, 「비판적 시각으로 살펴본 실학 연구」, 《내일을여는역사》 21, 내일을
　　여는역사, 2005.

심재우, 「『전률통보』 해제」, 『전률통보』 상, 서울대학교 규장각, 1998.

심재우, 「18세기 옥송의 성격과 형정운영의 변화」, 《한국사론》 34, 서울대학
　　교 국사학과, 1995.

심재우, 「18세기 후반 범죄의 통계적 분석: 『심리록』을 중심으로」, 《법사학연
　　구》 32, 한국법사학회, 2005.

심재우, 「檢案을 통해 본 한말 山訟의 일단」, 《고문서연구》 50, 한국고문서학
　　회, 2017.

심재우, 「심재우의 법률과 사건으로 보는 조선시대 ⑲: 엄한 처벌에도 근절
　　되지 않은 과부 보쌈 풍속」, 《대학지성》, 2021.06.20.

심재우, 「정조대 『흠휼전칙』의 반포와 형구 정비」, 《규장각》 22, 서울대학교
　　규장각, 1999.

심재우, 「조선말기 형사법체계와 『대명률』의 위상」, 《역사와 현실》 65, 한국
　　역사연구회, 2007.

심재우, 「조선시대 法典 편찬과 刑事政策의 변화」, 《진단학보》 96, 진단학회,
　　2003.

심재우, 「조선후기 人命 사건의 처리와 '檢案'」, 《역사와 현실》 23, 한국역사

연구회, 1997.

심희기, 「19세기 조선 관찰사의 사법적 행위의 실증적 고찰」, 《고문서연구》
58, 한국고문서학회, 2021b.

심희기, 「19세기 조선의 민사집행의 실태」, 《고문서연구》 57, 한국고문서학
회, 2020.

심희기, 「관습법담론에 대한 비판적 고찰: 관습법상의 법정지상권 담론을
중심으로」, 《법과사회》 66, 법과사회이론학회, 2021a.

심희기, 「근세조선의 민사재판의 실태와 성격」, 《법사학연구》 56, 한국법사
학회, 2017a.

심희기, 「동아시아 전통사회의 관습법개념에 대한 비판적 검토: 일본 식민
지당국에 의한 관습조사를 중심으로」, 《법사학연구》 46, 한국법사학
회, 2012a.

심희기, 「律解辯疑·律學解頤·大明律講解의 상호관계에 관한 실증적 연
구」, 《법사학연구》 53, 한국법사학회, 2016.

심희기, 「서평: 유교국가의 법규범」, 《법사학연구》 8, 한국법사학회, 1985.

심희기, 「一人償命 담론에 대한 재고」, 《법사학연구》 51, 한국법사학회,
2015b.

심희기, 「조선시대 민사재판에서 訟官의 法文에의 구속」, 《원광법학》 34-3,
원광대학교 법학연구소, 2018.

심희기, 「조선시대 詞訟에서 제기되는 문서의 眞正性 문제들」, 《고문서연구》
46, 한국고문서학회, 2015a.

심희기, 「조선시대 지배층의 재판규범과 관습: 흠흠신서와 목민심서를 소재
로 한 검증」, 《법조》 61-2, 법조협회, 2012b.

심희기, 「朝鮮時代 刑事·民事一體型 裁判事例의 分析」, 《서강법률논총》
6-2, 서강대 법학연구소, 2017b.

심희기, 「朝鮮時代의 殺獄에 關한 연구(Ⅰ)」, 《법학연구》 25-1, 부산대학교
법학연구소, 1982.

심희기, 「朝鮮後期의 刑事判例 研究: 參酌減律에 關하여」, 《법사학연구》 7,
한국법사학회, 1983.

안병욱, 「19세기 부세의 도결화와 봉건적 수취체제의 해체」, 《국사관논총》 7, 국사편찬위원회, 1989.

양상현, 「대한제국기 내장원의 광산관리와 광산경영」, 《역사와현실》 27, 한국역사연구회, 1998.

양인성, 「프랑스 선교사 빌렘의 한국인 민족운동 인식」, 《진단학보》 138, 진단학회, 2022.

양지혜, 「서평: 더 많은, '이름 없는 여/성'의 역사를 위하여: 『이혼법정에 선 식민지 조선여성들』」, 《역사비평》 122, 역사비평사, 2018.

양진석, 「『전록통고』 해제」, 『전록통고』 상, 서울대학교 규장각, 1997.

양진석, 「부세제도의 문란과 삼정개혁」, 『신편한국사』 32, 국사편찬위원회, 2002.

양진아, 「갑신정변 이후 유길준의 재정개혁론」, 《한국사학보》 57, 고려사학회, 2014.

양혜윤, 「정의와 재판: 고대 근동법전과 구약법전을 중심으로」, 서강대학교 신학과 석사논문, 2010.

양홍준, 「통감부시기 경찰제도 연구」, 《경찰학연구》 6, 경찰대학, 2004.

양홍준, 「통감부시기 형사경찰제도와 범죄 수사」, 《한국사학보》 22, 고려사학회, 2006.

엄기주, 「야담에 나타난 정절의식의 굴절양상」, 《성대문학》 27, 성균관대학교 국어국문학회, 1990.

연정열, 「『속대전』과 『대전통편』에 관한 일연구」, 《논문집》 12, 한성대학교, 1988.

연정열, 「수교집록과 노비의 관한 일연구」, 《노동경제논집》 12-1, 한국노동경제학회, 1989.

연정열, 「수교집록에 관한 일연구」, 《논문집》 11-1, 한성대학교, 1987.

연정열, 「신보수교집록에 관한 일연구」, 《논문집》 24-1, 한성대학교, 2000.

연정열, 「전록통고에 관한 일연구」, 《논문집》 13-1, 한성대학교, 1989.

염정섭, 「『대전통편』 해제」, 『대전통편』 상, 서울대학교 규장각, 1998.

오두환, 「금융지배」, 『신편한국사』 44, 국사편찬위원회, 2002.

오두환, 「산업진흥정책」, 『신편한국사』 42, 국사편찬위원회, 2002.

오수창, 「세도정치의 성립과 운영구조」, 『신편한국사』 32, 국사편찬위원회, 2002.

오수창, 「조선후기 체제인식과 민중운동 試論」, 《한국문화》 60, 서울대학교 규장각한국학연구원, 2012.

오연숙, 「大韓帝國期 李容翊 硏究: 議政府와 宮內府의 勅任官을 중심으로」, 단국대학교 사학과 석사논문, 1991.

오영섭, 「을미의병의 결성과정과 군사활동: 제천의병을 중심으로」, 《군사》 43, 국방부 군사편찬연구소, 2001.

오항녕, 「동아시아 봉건 담론의 연속과 단절」, 《사총》 72, 고려대학교 역사연구소, 2011.

왕현종, 「대한제국기 고종의 황제권 강화와 개혁 논리」, 《역사학보》 208, 역사학회, 2010.

원재연, 「1890년대 호남지역 감옥의 운영실태 一端: 장성군 囚人사망사례를 중심으로」, 《조선시대사학보》 78, 조선시대사학회, 2016.

원재연, 「1890년대후반 지방 감옥의 관리 실태: 전주 및 인천 감옥의 滯獄改善사례를 중심으로」, 《인문사회21》 8-2, 전주대학교 한국고전학연구소, 2017.

원재연, 「갑오~광무개혁기 감옥의 변화와 인권: 전북지역을 중심으로」, 《전북학연구》 1, 전북학연구센터, 2019.

원태재, 「나폴레옹전쟁 이후의 영국육군」, 《군사》 16, 국방부 군사편찬연구소, 1988.

위은숙, 「고려시대 宋律 수용의 제 양상」, 《한국사학보》 41, 고려사학회, 2010.

유귀영, 「판소리계 소설 속 하층여성의 烈에 대한 인식과 그 의미」, 《판소리연구》 39, 판소리학회, 2015.

유바다, 「1885년 駐紮朝鮮總理交涉通商事宜 袁世凱의 조선 파견과 지위 문제」, 《사총》 92, 고려대학교 역사연구소, 2017.

유바다, 「甲申政變 前後 淸·日의 朝鮮保護論 제기와 天津條約의 체결」, 《역

사학연구》 66, 호남사학회, 2017.

유영익, 「갑오경장」, 『신편한국사』 40, 국사편찬위원회, 2002.

유영익, 「甲午農民蜂起의 保守的 性格」, 《한국정치외교사논총》 12, 한국정치외교사학회, 1995.

유지아, 「전후 상징천황제의 정착 과정에 나타난 천황대권의 모호성」, 《일본공간》 11, 국민대학교 일본학연구소, 2012.

유진식, 「한국의 근대법(=가상현실) 수영의 단면: 근대법의 수용과 식민지시대의 법」, 《법사학연구》 32, 한국법사학회, 2005.

유채연, 「조선시대 兒名圖書에 관한 고찰」, 《한일관계사연구》 62, 한일관계사학회, 2018.

윤국일, 「경제육전과 경국대전의 사료연구」, 『경국대전연구』, 과학백과사전출판사, 1986.

윤나영, 「헐버트(H. B. Hulbert)의 한국연구와 역사인식」, 인하대학교 교육대학원 교육학과 석사논문, 2012.

윤대원, 「'병합조칙'의 이중적 성격과 '병합칙유'의 동시선포 경위」, 《동북아역사논총》 50, 동북아역사재단, 2015.

윤병희, 「갑신정변의 배경」, 『신편한국사』 38, 국사편찬위원회, 2002.

윤지현, 「조선후기 울산 농소지역 양반직역자의 증가와 동인분석」, 《역사와경계》 61, 부산경남사학회, 2006.

윤훈표, 「경제육전의 편찬과 주도층의 변화」, 《동방학지》 121, 연세대학교 국학연구원, 2003.

윤훈표, 「고려말 개혁정치와 육전체제의 도입」, 《학림》 27, 연세대학교 사학연구회, 2006.

은은기, 「15~17세기 세계 무역패권의 향방과 조선의 역할」, 『한국사 연구의 새로운 동향』, 역락, 2018.

이경렬, 「해전 허일태교수님의 『형법대전』연구에 관한 일고찰」, 《동아법학》 73, 동아대학교 법학연구소, 2016.

이광린, 「갑신정변「정강」에 대한 재검토」, 《동아연구》 21, 서강대학교 동아연구소, 1990.

이광린, 「갑신정변과 보부상」, 《동방학지》 49, 연세대학교 국학연구원, 1985.

이광우, 「안동 유림 李壽琰의 『疏廳日錄』을 통해 본 1881년 嶺南萬人疏의 재구성」, 《서강인문논총》 59, 서강대학교 인문과학연구소, 2020.

이국운, 「미국 법사회과학의 최근 동향: '법과 사회'운동의 진로설정에 관한 시사」, 《법과 사회》 16-1, 법과사회이론연구회, 1999.

이국운, 「영국 법률가집단의 형성과정」, 《법사학연구》 20, 한국법사학회, 1999.

이근호「18세기 후반 혜경궁 가문의 정치적 역할과 위상」, 《조선시대사학보》 74, 조선시대학회, 2015.

이남희, 「『안동권씨성화보』를 통해본 조선초기 여성의 재가문제」, 《조선시대사학보》 57, 조선시대사학회, 2011.

이능화, 「法禁재가」, 『朝鮮女俗考』, 동양서원, 1926.

이돈수, 「서양인의 눈에 비친 한국인의 초상」, 『동아시아 근대 한국인론의 지형』, 소명출판, 2012.

이동우, 「乙未義兵 蜂起의 展開 狀況」, 《논문집》 31-1, 원광대학교, 1996.

이동욱, 「1840~1860년대 청조의 '속국' 문제에 대한 대응」, 《중국현대사연구》 86, 중국근현대사학회, 2020.

이동희, 「일본의 형법개정의 연혁과 주요쟁점」, 《비교형사법연구》 21-4, 한국비교형사법학회, 2020.

이문원, 「아관파천」, 『신편한국사』 41, 국사편찬위원회, 2002.

이민원, 「근대의 궁중여성: 명성황후의 권력과 희생」, 《사총》 77, 한국사학회, 2005.

이민희, 「민간인쇄 朝報의 유통 및 독서」, 《열상고전연구》 70, 열상고전연구회, 2020.

이병련, 「농민·농민봉기·농민전쟁의 사회사적 고찰에 관하여」, 《사총》 46, 고려대 역사연구소, 1997.

이병수, 「우리나라의 近代化와 刑法大全의 頒示: 家族法을 中心으로 하여」, 《법사학연구》 2, 한국법사학회, 1975.

이삼성, 「'제국' 개념과 근대 한국: 개념의 역수입, 활용, 해체, 그리고 포섭과 저항」,《정치사상연구》17-1, 한국정치사상학회, 2011.

이상경,「서평: 식민지 조선 여성에게 이혼청구권은 선물인가 전리품인가? 날개인가 족쇄인가?:『이혼법정에 선 식민지 조선여성들』」,《페미니즘연구》17-2, 한국여성연구소, 2017.

이상백,「재혼금지 습속의 유래에 대한 연구」,『이상백저작집』1, 을유문화사, 1978.

이상일,「한국인의 해외체험과 문화수용: 김윤식의 개화자강론과 영선사 사행」,《한국문화연구》11, 이화여자대학교 한국문화연구원, 2006.

이상찬,「1896년 京元間지역 의병활동의 양상과 그 성격」,《한국민족운동사연구》74, 한국민족운동사학회, 2013.

이상찬,「1906-1910년 地方行政制度의 變化와 그 性格」, 서울대학교 국사학과 석사논문, 1985.

이상찬,「을사조약과 병합조약은 성립하지 않았다」,《역사비평》33, 역사문제연구소 1995.

이상호,「조선시대 만인소 운동의 철학적 배경」,《국학연구》38, 한국국학진흥원, 2019.

이상훈,「민주공화주의 이념의 기원: 20세기 초 아방가르드적 정치한류」,《철학》124, 한국철학회, 2015.

이선이,「근대 중일 언론매체의 조성여성 표상」,『동아시아 근대 한국인론의 지형』, 소명출판, 2012.

이성규,「中華帝國의 팽창과 축소: 그 이념과 실제」,《역사학보》186, 역사학회, 2005.

이성무,「『경국대전』의 편찬과『대명률』」,《역사학보》125, 역사학회, 1990.

이수건,「척신세력의 약화」,『신편한국사』30, 국사편찬위원회, 2002.

이수곤,「"불륜담"의 시대적 변전 양상 고찰: 조선후기 문학과 현대문학의 비교」,《비교문학》52, 한국비교문학회, 2010.

이수옥,「조선후기 여성과 범죄: 18세기『審理錄』의 사례 분석을 중심으로」, 고려대학교 역사교육전공 석사논문, 2002.

이숙인,「淫獄'에 비친 正祖代의 性 인식:『審理錄』을 중심으로」,《규장각》

39, 서울대학교 규장각한국학연구원, 2011.

이순구, 「조선시대 혼인과 이혼에서 여성의 지위: 공동체 형성의 원리로서의 혼인과 그 해체」, 《젠더법학》 7-2, 한국젠더법학회, 2016.

이승권, 「러·일의 한반도분할획책」, 『신편한국사』 41, 국사편찬위원회, 2002.

이승일, 「1910·20년대 조선총독부의 법제정책: 조선민사령 제11조 '관습'의 成文化를 중심으로」, 《동방학지》 126, 연세대학교 국학연구원, 2004.

이승일, 「근대 이행기 소송을 통해 본 전통 민사재판의 성격: 停訟의 소송상의 의미를 중심으로」, 《고문서연구》 51, 한국고문서학회, 2017.

이신철, 「대한제국기 역사교과서 편찬과 근대역사학 : 『동국사략』(현채)의 당대사 서술을 통한 '국민 만들기'를 중심으로」, 《역사교육》 126, 역사교육연구회, 2013.

이영수, 「보쌈 구전설화 연구」, 《비교민속학》 69, 비교민속학회, 2019.

이영훈, 「제임스 팔래의 노예제사회설 검토」, 《한국문화》 52, 서울대학교 규장각한국학연구원, 2010.

이완규, 「현행법하에서의 공판중심주의의 실현」, 《형사법의 신동향》 3, 대검찰청, 2006.

이용우, 「레지스탕스 역사 쓰기 : 신화화와 망각을 넘어서(1946~2013)」, 《프랑스사연구》 34, 한국프랑스사학회, 2016.

이용우, 「프랑스초기 레지스탕스의 비시-페탱 인식(1940~1942)」, 《프랑스사연구》 25, 한국프랑스사학회, 2011.

이용재, 「이사벨라 버드 비숍(Isabella Bird Bishop)의 중국여행기와 제국주의적 글쓰기」, 《중국어문논역총간》 30, 중국어문논역학회, 2012.

이욱, 「사도세자 관련 만인소의 정치적 의미」, 《남도문화연구》 35, 순천대학교 남도문화연구소, 2018.

이욱, 「조선시대 이혼의 사회사」, 《내일을여는역사》 20, 내일을여는역사재단, 2005.

이원순, 「천주교」, 『신편한국사』 46, 국사편찬위원회, 2002a.

이원순, 「천주교의 수용과 전파」, 『신편한국사』 32, 국사편찬위원회, 2002b.

이원택, 「개화기 '예치'로부터 '법치'로의 사상적 전환: 미완의 '대한국국제'체
제와 그 성격」, 《정치사상연구》 14-2, 한국정치사상학회, 2008.

이원택, 「개화기 근대법에 대한 인식과 근대적 사법체제의 형성: 독립신문
을 중심으로」, 《한국동양정치사상사연구》 6-2, 한국동양정치사상사
학회, 2007.

이월영, 「야담집 소재 재가담 연구」, 《한국언어문학》 42, 한국어문학회,
1999.

이윤상, 「대한제국기 황제 주도의 재정운영」, 《역사와 현실》 26, 한국역사연
구회, 1997.

이윤상, 「통감부시기 재정제도의 개편」, 『신편한국사』 42, 국사편찬위원회,
2002.

이인영, 「공판중심주의의 이념과 공판절차에서의 구현에 관한 일고찰」, 《형
사소송 이론과 실무》 8-1, 한국형사소송법학회, 2016.

이장희, 「1910년 한·일강제 병탄조약의 불법성, 무효성의 고찰」, 《외법논
집》 34, 한국외국어대학교 법학연구소, 2010.

이정란, 「고려전기 折杖法의 규정과 운용」, 《역사와현실》 75, 한국역사연구
회, 2010.

이정옥, 「갑오개혁 이후 한성 도로정비사업과 府民의 반응」, 《향토서울》 78,
서울시사편찬위원회, 2011.

이종민, 「1910년대 근대감옥의 도입 연구」, 《정신문화연구》 22-2, 한국학중
앙연구원, 1999.

이종일, 「조선시대 법전 편찬」, 『대전회통 연구: 권수·이전편』, 한국법제연
구원, 2000.

이종일, 「형전해설」, 『대전회통연구: 형전·공전편』, 한국법제연구원, 1996.

이주영, 「조선후기 야담에 나타난 여성 정욕의 표출과 그 대응의 몇 국면」,
《한국고전연구》 41, 한국고전연구학회, 2018.

이준태, 「중국의 전통적 해양인식과 해금정책의 의미」, 《아태연구》 17-2, 경
희대학교 아태지역연구원, 2010.

이지하, 「여성의 정조에 대한 새로운 시각과 서사적 활용: 「낙천등운」의 하

충여성 형상화」,《고전문학연구》59, 한국고전문학회, 2021.

이태진, 「1894년 6월 淸軍 朝鮮출병 결정과정의 眞相: 조선정부 자진요청설 비판」,《한국문화》24, 서울대학교 한국문화연구소, 1999.

이태진, 「사화와 붕당정치」,『한국사특강』, 서울대학교출판부, 1990.

이태진, 「역사소설 속의 명성황후 이미지」,《한국사시민강좌》41, 일조각, 2007.

이태진, 「인구의 감소」,『한국사』30, 국사편찬위원회, 1998.

이태진, 「조선후기 양반사회의 변화: 신분제와 향촌사회 운영구조에 대한 연구를 중심으로」,『韓國社會發展史論』, 일조각, 1992.

이향란, 「大韓帝國의 皇室財政에 관한 硏究」, 숙명여자대학교 사학과 석사논 문, 1990.

이향순, 「미국 선교사들의 오리엔탈리즘과 제국주의적 확장」,《선교와 신학》 12, 장로회신학대학교, 2003.

이헌창, 「조선왕조의 정치체제: 절대군주제」,《경제사학》41, 경제사학회, 2017.

이효석, 「한국인에 대한 황인종 개념의 형성과 내면화 과정 연구」,《한국민 족문화》54, 부산대학교 한국민족문화연구소, 2017.

이희환, 「영조대 탕평책의 실상(상 · 하)」,《전북사학》16~17, 전북사학회, 1993~1994.

임용한, 「『경제육전』의 편찬기구: 검상조례사를 중심으로」,《조선시대사학 보》23, 조선시대사학회, 2002.

임용한, 「『경제육전등록』의 편찬목적과 기능」,《법사학연구》27, 한국법사학 회, 2003.

임용한, 「『경제육전속집상절』의 간행과 그 의의」,《조선시대사학보》25, 조선 시대사학회, 2003.

임학성, 「조선후기 호적에 등재된 양반 직역자의 신분: 1786년도 단성현 현 내면의 사례 분석」,《조선시대사학보》13, 조선시대사학회, 2002.

임혜련, 「정조의 천주교 인식 배경과 진산사건의 정치적 함의」,《사총》96, 고려대학교 역사연구소, 2019.

임혜련, 「영조~순조대 혜경궁의 위상변화」, 《조선시대사학보》 74, 조선시대
학회, 2015.

장경준, 「『大明律直解』, 『大明律講解』, 『律解辯疑』와 洪武律에 대한 試論」,
《민족문화》 49, 한국고전번역원, 2017.

장경준, 「조선에서 간행된 대명률 '향본'에 대하여」, 《법사학연구》 53, 한국법
사학회, 2016.

장동우, 「『속대전』, 「예전」과 『대전통편』, 「예전」에 반영된 17세기 전례논쟁의
논점에 대한 고찰」, 《한국실학연구》 9, 한국실학학회, 2005.

장병인, 「조선 중·후기 간통에 대한 규제의 강화」, 《한국사연구》 121, 한국
사연구회, 2003.

장병인, 「조선시대 이혼에 대한 규제와 그 실상」, 《민속학연구》 66, 국립민속
박물관, 1999.

장병인, 「조선초기의 연좌율」, 《한국사론》 17, 서울대학교 국사학과, 1987.

장병인, 「혼인사적 측면에서 본 조선시대 여성의 지위」, 《인문학연구》 27-1,
충남대학교 인문과학연구소, 2000.

장세진, 「라이샤워(Edwin O. Reischauer), 동아시아, '권력/지식'의 테크놀로
지 : 전후 미국의 지역연구와 한국학의 배치」, 《상허학보》 36, 상허학
회, 2012.

장영숙, 「『한성신보』의 고종과 명성황후에 대한 인식과 평가」, 《한국민족운
동사연구》 93, 한국민족운동사학회, 2017a.

장영숙, 「『한성신보』의 명성황후시해사건 보도 태도와 사후조치」, 《한국근현
대사연구》 82, 한국근현대사학회, 2017b.

장영숙, 「『한성신보』의 흥선대원군에 대한 인식과 평가」, 《한국사학보》 81,
고려사학회, 2020.

장영숙, 「고종의 정권운영과 閔氏戚族의 정치적 역할」, 《정신문화연구》 31-
3, 한국학중앙연구원, 2008.

장영숙, 「고종정권하 驪興閔門의 정치적 성장과 내적 균열」, 《역사와 현실》
78, 한국역사연구회, 2010.

장영숙, 「대한제국기 『대한예전』편찬의 정치적 배경과 의미」, 《한국민족운동

사연구》 97, 한국민족운동사학회, 2018.

장영숙, 「명성황후와 진령군: 문화콘텐츠 속 황후의 부정적 이미지 형성과
의 상관관계」, 《한국근현대사연구》 86, 한국근현대사학회, 2018.

장영숙, 「명성황후와 진령군」, 《한국근현대사연구》 86, 한국근현대사학회,
2017c.

장영숙, 「서양인의 견문기를 통해 본 명성황후의 정치적 위상과 역할」, 《한
국근현대사연구》 35, 한국근현대사학회, 2005.

장혜진, 「16세기 일본에서의 예수회의 적응과 일본의 포섭: 대외관계사적
관점에서」, 《교회사연구》 55, 한국교회사연구소, 2019.

장혜진, 「전국시대 일본 예수회의 적응 선교의 한계: 『일본제사요록』과 『일
본사』를 중심으로」, 《일본문화연구》 74, 동아시아일본학회, 2020.

장희흥, 「갑신정변과 궁중 내부세력의 내응과 반발: 특히 내시 유재현을 중
심으로」, 《동학연구》 26, 한국동학학회, 2009.

전미경, 「개화기 과부개가 담론분석: 신문과 신소설을 중심으로」, 《가정과
삶의 질 연구》 19-3, 가정과삶의질학회, 2001.

전봉덕, 「大韓國國制의 制定과 基本思想」, 《법사학연구》 1, 한국법사학회,
1974.

전영섭, 「臨監自盜及受財枉法條'를 통해 본 동아시아에서 高麗律의 위치:
唐宋元의 刑律체계와 관련하여」, 《지역과 역사》 25, 부경역사연구소,
2009.

전우용, 「상회사 설립과 상권수호운동」, 『신편한국사』 44, 국사편찬위원회,
2002.

전우용, 「전우용의 서울탐사: 충정로, 일본 세력의 서울 침투 제1루트」, 《한
겨레21》 916, 2012.06.21.

전종익, 「甲申政變과 立憲主義: 근대입헌주의 정치체제론 비판」, 《법학논문
집》 35-2, 중앙대학교 법학연구원, 2011.

전종익, 「정조시대 천주교 전래와 평등」, 《법사학연구》 40, 한국법사학회,
2009.

정긍식, 「『續大典』의 위상에 대한 小考: "奉祀 및 立後"조를 대상으로」, 《서울

대학교 법학》 46-1, 서울대학교 법학연구소, 2005.

정긍식, 「국가 경영의 원대한 기획 경국대전」, 『한국의 고전을 읽는다』 4, 휴머니스트, 2006.

정긍식, 「대명률 해제」, 『대명률직해』, 서울대학교 규장각, 2001.

정긍식, 「대명률의 죄형법정주의 원칙」, 《서울대학교 법학》 49-1, 서울대학교 법학연구소, 2008.

정긍식, 「대전회통의 편찬과 그 의의」, 《서울대학교 법학》 41-4, 서울대학교 법학연구소, 2001.

정긍식, 「법서의 출판과 보급으로 본 조선사회의 법적 성격」, 《서울대학교 법학》 48-4, 서울대학교 법학연구소, 2007.

정긍식, 「조선민사령과 한국근대 민사법」, 《동북아법연구》 11-1, 전북대학교 동북아법연구소, 2017.

정긍식, 「조선전기 법서의 수용과 활용」, 《서울대학교 법학》 50-4, 서울대학교 법학연구소, 2009.

정긍식·다나카 토시미츠(田中俊光), 「동경대학 법학부 도서관 소장 "秋曹受敎"」, 《법사학연구》 55, 한국법사학회, 2017.

정긍식·조지만, 「大明律 解題」, 『大明律講解』, 서울대학교 규장각, 2001.

정긍식·조지만, 「조선전기 『대명률』 수용과 변용」, 《진단학보》 96, 진단학회, 2003.

정병설(Byungsul Jung), "The Joseon Government's Changing Perception of Early Catholicism Examined through Law Application", *Seoul Journal of Korean Studies Vol. 33-2*, Kyujanggak Institute for Korean Studies, Seoul National University, 2020.

정병준, 「1905년 윤병구·이승만의 시오도어 루즈벨트 면담외교의 추진과정과 그 의미」, 《한국사연구》 157, 한국사연구회, 2012.

정상우, 「개화기 입헌주의 수용에 관한 연구 동향과 과제」, 《한국학연구》 23, 인하대학교 한국학연구소, 2010.

정성일, 「1872~1875년 조일무역 통계」, 《한일관계사연구》 46, 한일관계사학회, 2013.

정성일, 「조선의 동전과 일본의 은화: 화폐의 유통을 통해 본 15-17세기 한일관계」, 《한일관계사연구》 20, 한일관계사학회, 2004.

정지영, 「조선후기 과부의 수절과 재혼: 『경상도단성현호적대장』에서 찾은 과부들의 삶」, 《고문서연구》 18, 한국고문서학회, 2000.

정진숙, 「1896~1905년 형법체계 정비에 관한 연구: 『형법대전』제정을 위한 기초조사를 중심으로」, 《한국사론》 55, 서울대학교 국사학과, 2009.

정진영, 「19세기 후반 영남유림의 정치적 동향: 만인소를 중심으로」, 《지역과 역사》 4, 부경역사연구소, 1997.

정출헌, 「판소리에 나타난 하층여성의 삶과 그 문학적 형상: 「변강쇠가」의 여주인공 '옹녀'를 중심으로」, 《구비문학연구》 9, 한국구비문학회, 1999.

정해은, 「조선후기 이혼의 실상과 『대명률』의 적용」, 《역사와 현실》 75, 한국역사연구회, 2010.

정호훈, 「18세기 전반 탕평정치의 추진과 『속대전』편찬」, 《한국사연구》 127, 한국사연구회, 2004.

정호훈, 「대원군 집권기 대전회통의 편찬」, 《조선시대사학보》 35, 조선시대사학회, 2005.

조경래, 「英國 Tudor 絶對王政下의 官僚의 特性에 關한 硏究」, 《人文科學硏究》 4, 상명대학교 인문과학연구소, 1995.

조광, 「조선 선교의 시도」, 『신편한국사』 32, 국사편찬위원회 2002.

조규창, 「로마법의 역사적 의의: 한국민법전의 법원으로서의 로마법」, 《안암법학》, 안암법학회, 2019.

조명제, 「개화기 해외유학생(영선사행) 파견에 관한 교훈」, 《기계저널》 41-9, 대한기계학회, 2001.

조세현, 「1880년대 北洋水師와 朝淸關係」, 《동양사학연구》 124, 동양사학회, 2013.

조순희, 「『審理錄』을 통해 본 死罪事件의 審理와 正祖의 刑政觀」, 국민대학교 국사학과 석사논문, 2005.

조영헌, 「동아시아사 교과서의 '은 유통과 교역망': 주제의 설정과 그 의미」,

《동북아역사논총》39, 동북아역사재단, 2013.

조원일, 「상앙의 법치사상 연구」, 《동양문화연구》23, 영산대학교 동양문화
　　연구원, 2016.

조윤선, 「『속대전』형전「청리」조와 민의 법의식」, 《한국사연구》88, 한국사연
　　구회, 1995.

조윤선, 「17,18세기 형조의 재원과 보민사: 속전을 중심으로」, 《조선시대사
　　학보》24, 조선시대사학회, 2003.

조윤선, 「숙종대 형조의 재판업무와 합의제적 재판제도의 운영」, 《사총》68,
　　역사학연구회, 2009.

조윤선, 「조선시대 사면 소결의 운영과 법제적, 정치적 의의」, 《조선시대사
　　학보》38, 조선시대사학회, 2006.

조윤선, 「조선후기 강상범죄의 양상과 법적 대응책」, 《법사학연구》34, 한국
　　법사학회, 2006.

조윤선, 「조선후기 삼복제도 연구」, 《법사학연구》64, 한국법사학회, 2021.

조재곤, 「1894년 일본군의 조선왕궁[경복궁] 점령에 대한 재검토」, 《서울과
　　역사》94, 서울역사편찬원, 2016.

조재곤, 「청일전쟁과 1894년 농민전쟁」, 『신편한국사』40, 국사편찬위원회,
　　2002.

조지만, 「대한제국기 전율체계의 변화: 고등재판소 및 평리원 상소판결선고
　　서를 중심으로」, 《법조》61-6, 법조협회, 2012.

조한숙, 「고종의 군주권 강화와 궁내부」, 연세대학교 사학과 석사논문,
　　2015.

조현설, 「민족과 제국의 동거: 최남선의 만몽문화론 읽기」, 《한국문학연구》
　　32, 동국대학교 한국문학연구소, 2007.

주보돈, 「신라시대 연좌제」, 《대구사학》25, 대구사학회, 1984.

주보돈, 「울진봉평비와 법흥왕대 율령」, 《한국고대사연구》2, 1989.

주은우, 「점령초기 쇼와 천황의 시각적 변신: 맥아더 방문과 '인간선언', 그
　　리고 사진」, 《사회와 역사》112, 한국사회사학회, 2016.

주진오, 「1898년 독립협회 운동의 주도세력과 지지기반」, 《역사와현실》15,

한국역사연구회, 1995.

주진오, 「해산전후 독립협회 활동에 대한 각계층의 반응: 황실과 언론을 중심으로」, 《역사와 실학》 9, 역사실학회, 1997.

차동언, 「조서재판의 극복과 공판중심주의의 강화」, 《형사소송 이론과 실무》 6-1, 한국형사소송법학회, 2014.

차미희, 「『속대전』의 文科시험 停擧 규정 검토」, 《사학연구》 64, 한국사학회, 2001.

차충환, 「『신랑의 보쌈』의 성격과 개작양상에 대한 연구: 「정수경전」과의 대비를 통하여」, 《어문연구》 71, 어문연구학회, 2012.

채중묵, 「甲申政變後의 朝鮮의 自主外交努力과 外勢의 干涉」, 《법학연구》 8, 전북대학교 법학연구소, 1981.

채중묵, 「근세조선의 개국정책과 외세의 침입: 서기 1882년(임오군란)을 중심으로」, 《법학연구》 3, 전북대학교 법학연구소, 1975.

채중묵, 「近世朝鮮의 開放政策에 따른 國內不安과 淸·日의 對韓政策에 關한 硏究: 甲申政變을 中心으로(1)～(2)」, 《법학연구》 6-7, 전북대학교 법학연구소, 1979～1980.

최경현, 「18세기 유럽인의 중국 인식과 시각이미지의 변화」, 《미술사학연구》 305, 한국미술사학회, 2020.

최문형, 「甲申政變 前後의 情況과 開化派: 外勢와 연관된 政變의 再評價를 위해」, 《사학연구》 38, 한국사학회, 1984.

최문형, 「갑신정변 전후의 정황과 그 의의: 열강의 대한정책과 관련하여」, 《동아시아문화연구》 7, 한양대학교 동아시아문화연구소, 1985.

최문형, 「열강의 대한정책에 대한 일연구: 임오군란과 갑신정변을 중심으로」, 《역사학보》 92, 역사학회, 1881.

崔炳鈺, 「壬午軍亂後 親軍制의 成立과 그 矛盾」, 《군사》 26, 국방부 군사편찬연구소, 1993.

최병조, 「동아시아의 서양법 계수: 법학적 인간학의 패러다임 전환의 맥락에서」, 《저스티스》 158-2, 한국법학원, 2017.

최선우, 「대한제국 좌절기의 경찰: 러일전쟁 이후 일제강점 전까지를 중심으로」,《한국콘텐츠학회논문지》8-12, 한국콘텐츠학회, 2008.

최영호, 「甲申政變論」,《한국사시민강좌》7, 일조각, 1990.

최원규, 「개항후의 사회경적 변동」, 『신편한국사』39, 국사편찬위원회, 2002.

최원오, 「여성 생활과 여성 문화; 조선후기 판소리 문학에 나타난 하층 여성
　　　의 삶과 그 이념화의 수준」,《한국고전여성문학연구》6, 한국고전여
　　　성문학회, 2003.

최재석, 「家族制度 · 同族部落」,《한국사론 3: 조선전기편》, 국사편찬위원회,
　　　1975.

최종고, 「서양법의 수용이 한국법문화의 사회적 관계에 미친 영향」,《저스티
　　　스》26, 한국법학원, 1993.

최종고, 「서양법학동점고: 명치 · 고종대의 서양법학 번역서를 중심으로」,
　　　《규장각》10, 서울대학교 규장각, 1987.

최종고, 「한국에서의 서양법 수용과 변용」,《법학》33-2, 서울대학교 법학연
　　　구소, 1992.

최종고, 「한말『경향신문』의 법률계몽운동」,《한국사연구》26, 한국사연구회,
　　　1979.

최진식, 「갑신정변을 전후한 개화파의 외교인식론」,《부산사학》32, 부산사
　　　학회, 1997.

최치원, 「근대 전개의 두 양상: '역사유동성 구조'의 시각에서 바라 본 독일
　　　프로이센(Preußen) 개혁과 조선 갑신정변」,《담론201》8-3, 한국사회
　　　역사학회, 2005.

최치원, 「독일 프로이센 개혁과 조선 갑신정변: 개혁의 철학적-물적 기반을
　　　중심으로」,《사회이론》25-14, 한국사회이론학회, 2004.

하원수, 「계승 속의 변화: 『송형통』역주를 위한 도론」,《사림》29, 수선사학
　　　회, 2008.

하원호, 「방곡령의 실시의 사례와 원인」, 『신편한국사』39, 국사편찬위원회,
　　　2002.

한명기, 「16, 17세기 명청교체와 한반도: 재조지은, 은, 그리고 쿠데타의 변
　　　주곡」,《명청사연구》22, 명청사학회, 2004.

한명기, 「17세기 초 은의 유통과 그 영향」, 《규장각》 15, 서울대학교 규장각, 1992.

한문종, 「조선초기 향화왜인 피상의의 대일교섭 활동」, 《한일관계사연구》 51, 한일관계사학회, 2015.

한보람, 「갑오개혁 직후(1894~1897) 여성 관련 범죄의 사회적 의미: 사법품보 문서분석을 중심으로」, 《역사와 실학》 77, 역사실학회, 2022.

한상권, 「17세기 중엽 해남 윤씨가의 노비소송」, 《고문서연구》 39, 한국고문서학회, 2011.

한상권, 「자료소개: 조선시대 법전 편찬의 흐름과 각종 법률서의 성격」, 《역사와 현실》 13, 한국역사연구회, 1994.

한상권, 「조선시대 詞訟재판의 두 양태: 해남윤씨가 소장 決訟立案을 중심으로」, 《고문서연구》 44, 한국고문서학회, 2014.

한상권, 「조선시대 소송에서 和解: 「1583년 義城縣 決折立案」을 중심으로」, 《고문서연구》 55, 한국고문서학회, 2019.

한상권, 「조선시대 소송에서의 忌避와 回避」, 《고문서연구》 49, 한국고문서학회, 2016.

한상범, 「아시아에서 서양법제의 계수와 그 문제점: 한국에서의 근대법제의 계수와 근대 법학의 수용을 중심으로」, 《아태공법연구》 3, 아세아태평양공법학회, 1994.

한성주, 「조선전기 '字小'에 대한 고찰: 대마도 왜인 및 여진 세력을 중심으로」, 《한일관계사연구》 33, 한일관계사학회, 2009.

한승훈, 「영국의 거문도 점령 과정에 대한 재검토: 갑신정변직후 영국의 간섭정책을 중심으로」, 《영국연구》 36, 영국사학회, 2016.

한영국, 「대동법의 실시」, 『한국사』 13, 국사편찬위원회, 1976.

한영국, 「대동법의 시행」, 『한국사』 30, 국사편찬위원회, 1998.

한용진, 「일본국 군주 호칭에 관한 一考」, 《한국교육사학》 38-2, 한국교육사학회, 2016.

한희숙, 「조선초기 대군들의 이혼사례와 처의 지위」, 《여성과 역사》 22, 한국여성사학회, 2015.

함재학, 「경국대전이 조선의 헌법인가」, 《법철학연구》 7-2, 한국법철학회, 2004.

허영민, 「韓國 刑事法制의 歷史的 考察」, 《法政學報》 2, 全北大學校 法政大學 法政學會, 1966.

허원, 「청말의 미국선교사와 제국주의: 선교사의 內地 土地 租買權을 중심으로」, 《학림》 1, 연세대학교 사학연구회, 1989.

허원, 「청말의 선교사·제국주의와 중국인의 대응」, 《역사비평》 15, 1991.

허일태, 「1849년 독일제국 헌법의 소유권규정에 관한 해석」, 《동아법학》 16, 동아대학교 법학연구소, 1993.

허일태, 「죄형법정주의의 연혁과 그 사상적 배경에 관한 연구」, 《법학논고》 35, 경북대학교 법학연구원, 2011.

허일태, 「형법대전의 내용상 특징: 적용범위와 죄형법정주의를 중심으로」, 《형사법연구》 20-2, 한국형사법학회 2008.

허태용, 「정조대 후반 탕평정국과 진산사건의 성격」, 《민족문화》 35, 한국고전번역원, 2010.

현광호, 「대한제국기 의정부대신의 동향과 국정운영론」, 《향토서울》 88, 서울시사편찬위원회, 2014.

현광호, 「대한제국기 주한 일본군의 활동」, 《인문학연구》 48, 조선대학교 인문학연구원, 2014.

현명철, 「1872년 일본 화륜선의 왜관 입항」, 《동북아역사논총》 49, 동북아역사재단, 2015.

현명철, 「기유약조체제의 붕괴과정에 대하여」, 《한일관계사연구》 54, 한일관계사학회, 2016.

현명철, 「對馬藩 소멸 과정과 한일관계사」, 《동북아역사논총》 41, 동북아역사재단, 2013.

현상윤, 「대한제국기의 개혁」, 『신편한국사』 42, 국사편찬위원회, 2002.

홍문기, 「1894년「監獄規則」성립과 근대 감옥제도의 도입 양상」, 《한국사연구》 185, 한국사연구회, 2019.

홍성흡, 「일본사회의 인권 및 차별문제의 역사와 사회문화적 특성」, 《민주주의와 인권》11-1, 전남대학교 5.18연구소, 2011.

홍순권, 「을미의병 100년을 맞아서: 을미의병을 재평가한다」, 《역사비평》 31, 역사비평사, 1995.

홍순권, 「한말 경남 서부지역의 의병활동」, 《지역사회연구》 5, 한국지역사회 학회, 1997.

홍순민, 『『속대전』 해제」, 『속대전』, 서울대학교 규장각, 1998.

홍순민, 「조선후기 법전 편찬의 추이와 정치운영의 변동」, 《한국문화》 21, 서 울대학교 한국문화연구소, 1998.

홍양희, 「植民地時期 親族, 相續 慣習法 政策: 朝鮮民事令 제11조 '慣習'의 植民地 政治性을 중심으로」, 《정신문화연구》 29-3, 한국학중앙연구 원, 2006.

홍준화, 「이사벨라 버드 비숍의 대한정치관」, 《한국인물사연구》 21, 한국인 물사연구회, 2014.

황병주, 「해방공간 한민당의 냉전자유주의와 사유재산담론: 토지개혁 구상 을 중심으로」, 《동북아역사논총》 59, 동북아역사재단, 2018.

황선익, 「일본군의 한성점령과 군대해산: 駐箚部隊의 개편과 공간占奪을 중 심으로」, 《서울과 역사》 104, 서울역사편찬원, 2020.

4. 번역자료 및 외국인연구

가토 요코(김영숙 역), 『만주사변에서 중일전쟁으로』, 어문학사, 2012.

가토 요코(박영준 역), 『근대 일본의 전쟁논리』, 태학사, 2003.

가토 요코(양지연 역), 『왜 전쟁까지』, 사계절, 2018.

강덕상(박순애 외 역), 『우키요에 속의 조선과 중국: 다색판화에 투영된 근대 일본의 시선』, 일조각, 2010.

강문형(장진엽 역), 『문견사건 · 일본국문견사건』(조사시찰단기록번역총서 18), 보고사, 2020.

개번 매코맥(이기호 역), 『종속국가 일본: 미국의 품에서 욕망하는 지역패권』,

이기호 외 옮김, 창비, 2008.

고쿠분 노리코, 「韓國에서의 西洋法思相 수용과 俞吉濬」,《한일관계사연구》 13, 한일관계사학학회, 2000.

구도 다케키(최재목 외 역), 『조선특유의 범죄: 남편살해범에 대한 부인 과학적 고찰』, 영남대학교출판부, 2016.

기시도시히코(전경선 역), 『비주얼미디어로 보는 만주국: 포스터 · 그림엽서 · 우표』, 소명출판, 2019.

기타지마 만지(김유성 외 역), 『도요토미 히데요시의 조선 침략』, 경인문화사, 2008.

김문자(김흥수 역), 『러일전쟁과 대한제국: 러일개전의 정설을 뒤엎다』, 그물, 2022.

김자현(김백철 역), 『왕이라는 유산: 영조와 조선의 성인군주론』, 너머북스, 2017.

김자현(주채영 역), 『임진전쟁과 민족의 탄생』, 너머북스, 2019.

김지수b(김대홍 역), 『정의의 감정들: 조선 여성의 소송으로 본 젠더와 신분』, 너머북스, 2020.

나카미 다사오 외(박선영 역), 『만주란 무엇이었는가』, 소명출판, 2013.

나카즈카 아키라(박맹수 역), 『1894년 경복궁을 점령하라』, 푸른역사, 2002.

노나카 이쿠지로 외(박철현 역), 『일본제국은 왜 실패하였는가?: 태평양전쟁에서 배우는 조직경영』, 주영사, 2009.

노엄 촘스키(장영준 역), 『불량국가』, 두레, 2011.

니시다 다이찌로(천진호 외 역), 『중국형법사연구』, 신서원, 1998.

니이다 노보루(박세민 외 역), 『중국법제사연구: 가족법』, 서경문화사, 2013.

니지시마 사다오(이성시 편역), 『일본의 고대사 인식: 동아시아세계론과 일본』, 역사비평사, 2008.

다나카 아키라(김정희 역), 『메이지유신』, AK커뮤니케이션즈, 2020.

다나카 토시미츠, 『『新昌令推斷日記』를 통해서 본 中宗代 謀逆事件의 發生背景과 詔獄節次의 實態」,《법사학연구》41, 한국법사학회, 2010.

다나카 토시미츠, 「자료 : 東京大學 法學部 도서관 소장 "秋曹受敎"」,《법사학연구》 55, 한국법사학회, 2017.

다나카 토시미츠, 「추조심리안을 통해 본 19세기 조선 중엽의 형사정책」, 《법사학연구》 35, 한국법사학회, 2007.

다나카 토시미츠, 『朝鮮初期 斷獄에 관한 硏究 : 刑事節次의 整備過程을 中心으로』, 서울대학교 법학과 박사논문, 2011.

다시로 가즈이(정성일 역), 『왜관』, 논형, 2005.

다카시로 고이치, 「壬午軍亂이전의 조선에 관한 후쿠자와 유키치(福澤諭吉)의 정치평론: '先內安後外競'論='先富國後强兵'論的 조선정략론」, 《한국동양정치사상사연구》 4-2, 한국동양정치사상사학회, 2005.

다카시로 고이치, 『후쿠자와 유키치의 조선정략론 연구:『時事新報』 조선관련 평론(1892~1990)을 중심으로』, 선인, 2013.

다카하시 도루(조남호 역), 『조선의 유학』, 소나무, 1999.

데이비드 E. 문젤로(김성규 역), 『동양과 서양의 위대한 만남, 1500~1800』, 휴머니스트, 2009a.

데이비드 E. 문젤로(이향만 외 역), 『진기한 나라 중국: 예수회의 적응주의와 중국학의 기원』, 나남, 2009b.

도리야마 키이치 외(김진광 역), 『일제강점기 간도 발해유적 조사』, 한국학중앙연구원출판부, 2017.

동아대학교 역사인문이미지연구소, 『일제침략기 사진그림엽서로 본 제국주의의 프로파간다와 식민지 표상』, 민속원, 2019.

디야코마(김재윤 역), 『러시아 연해주의 성유적과 고대교통로』, 서경문화사, 2019.

라인하르트 코젤렉 외 편(송석윤 역), 『코젤렉의 개념사 사전 20: 헌법』, 푸른역사, 2021.

라인하르트 코젤렉 외 편(송재우 역), 『코젤렉의 개념사 사전 15: 아나키/아나키즘/아나키스트』, 푸른역사, 2019.

라인하르트 코젤렉 외 편(엄현아 역), 『코젤렉의 개념사 사전 19: 법과 정의』, 푸른역사, 2021.

라인하르트 코젤렉 외 편(원석영 역), 『코젤렉의 개념사 사전 13: 근대적/근대성, 근대』, 푸른역사, 2019.

라인하르트 코젤렉 외 편(이진일 역), 『코젤렉의 개념사 사전 14: 보수/보수
주의』, 푸른역사, 2019.

라인하르트 코젤렉 외 편(최호근 역), 『코젤렉의 개념사 사전 16: 역사』, 푸른
역사, 2021.

라인하르트 코젤렉 외 편(한운석 역), 『코젤렉의 개념사 사전 12: 혁명』, 푸른
역사, 2019.

라인하르트 코젤렉 외 편(황승환 역), 『코젤렉의 개념사 사전 3: 제국주의』,
푸른역사, 2010.

래너 미터(기세찬 외 역), 『중일전쟁: 역사가 망각한 그들 1937~1945』, 글항
아리, 2020.

레이먼드 웍스(박성훈 역), 『법철학』, 교유서가, 2021.

로널드 드워킨(장영민 역), 『법의 제국』, 아카넷, 2004.

로버트 J. C. 영(김용규 역), 『백색신화 : 서양이론과 유럽중심주의 비판』, 경
성대학교출판부, 2008.

로절린드 C. 모리스 편(태혜숙 역), 『서발턴은 말할 수 있는가?』, 그린비,
2013.

루돌프 폰 예링(윤철홍 역), 『권리를 위한 투쟁』, 책세상, 2007.

루이스 프로이스(박수철 편역), 『오다 노부나가와 도요토미 히데요시는 어떤
인물인가: 16세기 예수회 선교사 루이스 프로이스의 기록』, 위더스
북, 2017.

리하르트 분쉬(김종대 역), 『대한제국을 사랑한 독일인 의사 분쉬』, 코람데오,
2014.

릴리어스 호튼 언드우드(김철 역), 『언더우드 부인의 조선생활』, 뿌리깊은 나
무, 1984.

마루야마 마사오(김석근 역), 『일본정치사상사연구』, 통나무, 1998.

마르티나 도이힐러(김우영 외 역), 『조상의 눈 아래에서: 한국의 친족, 신분
그리고 지역성』, 너머북스, 2018.

마르티나 도이힐러(이훈상 역), 『한국사회의 유교적 변환』, 아카넷, 2003.

마이클 키벅(이효석 역), 『황인종의 탄생』, 현암사, 2016.

마츠다 교코(최석영 외 역), 『제국의 시선: 박람회와 이문화 표상』, 민속원, 2014.

마틴 래디(박수철 역), 『합스부르크 세계를 지배하다』, 까치, 2022.

마틴 버넬(오흥식 역), 『블랙 아테나: 서양 고전 문명의 아프리카 · 아시아적 뿌리』 1~2, 소나무, 2006.

막스 베버(금종우 역), 『지배의 사회학』, 한길사, 1981.

메리 V. 팅글리 로렌스 · 제임스 앨런(손나경 · 김대륜 역), 『미외교관 부인이 만난 명성황후 · 영국선원 앨런의 청일전쟁 비망록』, 살림, 2011.

메리 린리 테일러(송영달 역), 『호박목걸이』, 책과함께, 2014.

몽테스키외(소두영 역), 「페르시아인의 편지」, 『페르시아인의 편지 · 사회계약론』, 삼성출판사, 1982.

몽테스키외(이명성 역), 『법의 정신』, 홍신문화사, 1988.

미스기 다카토시(김인규 역), 『동서도자교류사: 마이센으로 가는 길』, 눌와, 2001.

미야자키 이치사다(남정원 외 역), 『녹주공안: 청조 지방관의 재판기록』, 이산, 2010.

미야지마 히로시, 「한국 인구사연구의 현황과 과제」, 《대동문화연구》 46, 성균관대학교 대동문화연구원, 2004.

미타니 타이치로(송병권 외 역), 『일본 근대는 무엇인가』, 평사리, 2020.

민건호(유종수 역), 『동행일기』(조사시찰단번역총서 2), 보고사, 2020.

민영환(조재곤 역), 『해천추범』, 책과함께, 2015.

박은식(김태웅 역), 『한국통사』, 아카넷, 2012.

박은식(김효선 역), 『조선동포에게 고함』, 배영사, 2018.

박은식(남만성 역), 『독립운동지혈사』 상 · 하, 서문당, 1999.

박정양 외(김용진 역), 『日本國內務省職掌事務全 · 附農商務省 · 各國居留條例 第二』(조사시찰단기록번역총서 17), 보고사, 2020.

발레리 한센(이순호 역), 『세계가 처음 연결되었을 때 1000년』, 민음사, 2022.

베네딕트 앤더슨(윤형숙 역), 『상상의 공동체』, 나남, 2002.

베르너 마이호퍼(심재우 외 역), 『법치국가와 인간의 존엄』, 세창출판사, 2019.

브라이언 Z. 타마나하(이헌환 역), 『법치주의란 무엇인가』, 박영사, 2014.

비르질 피노(나정원 역), 『공자와 프랑스 계몽주의』 상, 엠애드, 2019.

사노 마유코 편(유지아 외 역), 『만국박람회와 인간의 역사』, 소명출판, 2020.

샤를 달레(정경수 역), 『벽안에 비친 조선국의 모든 것: 조선교회사 서론』, 탐구당, 2015.

스기타 겐파쿠 외(김성수 역), 『해체신서』, 한길사, 2014.

스기타 사토시(양영철 역), 『일본이 선진국이라는 거짓말: 일본인이 파헤친 일본의 진짜얼굴』, 말글빛냄, 2008.

스에마쓰 지로(류진희 역), 『쓰에마쓰지로 필담록』(조사시찰단번역총서 5), 보고사, 2018.

시미즈 이사오(김희정 외 역), 『메이지일본의 알몸을 훔쳐보다』 1 · 2, 어문학사, 2008.

신헌(김종학 역), 『심행일기: 조선이 기록한 강화도조약』, 푸른역사, 2010.

실비아 브래젤(김진혜 역), 《초대 러시아 공사 배버의 조선》, 푸른길, 2022.

심상학 편(김용진 역), 『外務省 一 · 二』(조사시찰단번역총서 15), 보고사, 2020.

심상학 편(이상욱 역), 『外務省 三 · 四』(조사시찰단번역총서 16), 보고사, 2020.

쑹녠선(이지영 외 역), 『두만강 국경쟁탈전 1881-1919』, 너머북스, 2022.

쓰키아시 다쓰히코(최덕수 역), 『조선의 개화사상과 내셔널리즘』, 열린책들, 2014.

아놀드 C. 브랙만(안경숙 역), 『낭만적인 고고학 산책』 2, 평단문화사, 1986.

아마노 이쿠오(박광현 외 역), 『제국대학: 근대 일본의 엘리트 육성장치』, 산처럼, 2017.

아손 그렙스트(김상열 역), 『스웨덴 기자 아손, 100년전 한국을 걷다: 을사조약 전야 대한제국 여행기』, 책과함께, 2005.

아이스킬로스(김종환 역), 『에우메니데스』, 지식을만드는지식, 2013.

아자 가트 · 알렉산더 야콥슨(유나영 역), 『민족 정치적 종족성과 민족주의, 그 오랜 역사와 깊은 뿌리』, 교유서가, 2020.

안드레 군더 프랑크(이희재 역), 『리오리엔트』, 이산, 2003.

안드레 군도 프랑크(이희제 역), 『리오리엔트』, 이산, 2003.

안확(송강호 역), 『조선문명사』, 우리역사연구재단, 2015.

알렉쎄이 니콜라비츠 쿠로파트킨(심국웅 역), 『러일전쟁: 러시아 군사령관 쿠
로파트킨 장군 회고록』, 한국외국어대학교출판부, 2007.

앙드레 슈미드(정여울 역), 『제국 그 사이의 한국, 1895~1919』, 휴머니스트,
2007.

야마구치 게이지(김현영 역), 『일본근세의 쇄국과 개국』, 혜안, 2001.

야마다 아키라(윤현명 역), 『일본, 군비확장의 역사: 일본군의 팽창과 붕괴』,
어문학사, 2019.

야마모토 스스무, 「조선후기 은 유통」, 《명청사연구》 39, 명청사학회, 2013.

야마오 유끼히사(정효운 역), 『일본고대 왕권·국가·민족 형성사 개설』, 제
이앤씨, 2005.

야스카와 쥬노스케(이향철 역), 『마루야마 마사오가 만들어낸 '후쿠자와 유키
치'라는 신화』, 역사비평사, 2015.

야콥 슈프랭거·하인리히 크라머(이재필 역), 『말레우스 말레피카룸: 마녀를
심판하는 망치』, 우물이있는집, 2016.

엄세영(강혜종 외 역), 『日本司法省視察記一·二』(조선시찰단기록번역총서 7),
보고사, 2020.

엄세영(이주해 역), 『日本司法省視察記三』(조선시찰단기록번역총서 7), 보고사,
2018.

에드워드 와그너(이훈상 역), 『조선왕조 사회의 성취와 귀속』, 일조각, 2007.

에른스트 볼프강 뵈켄회르데(김효전 외 역), 『헌법과 민주주의: 헌법이론과
헌법에 관한 연구』, 법문사, 2003.

에른스트 폰 헤세-바르텍(정현규 역), 『조선 1894년 여름』, 책과함께, 2012.

에릭 홉스봄(김동택 역), 『제국의 시대』, 한길사, 1998.

에릭 홉스봄(정도영 역), 『자본의 시대』, 한길사, 1998.

에릭 홉스봄(정동영 외 역), 『혁명의 시대』, 한길사, 1998.

에릭 홉스봄(진철승 역), 『반란의 원초적 형태』, 온누리, 1993.

엘리자베스 키스(송영달 역), 『영국화가 엘리자베스 키스의 코리아 1920~1940』, 책과함께, 2006.

영조(김백철 역), 『영조윤음: 신료와 백성에게 직접 글을 쓰는 국왕의 등장』, 그물, 2019.

오드 아드레 베스타(옥창준 역), 『제국과 의로운 민족: 한중관계 600년사』, 너머북스, 2022.

오카베 마키오(최혜주 역), 『만주국의 탄생과 유산: 제국 일본의 교두보』, 어문학사, 2009.

와다 하루키(이경희 역), 『러일전쟁과 대한제국』, 제이씨, 2011.

와다 하루키(이웅현 역), 『러일전쟁: 기원과 개전』 1, 한길사, 2019a.

와다 하루키(이웅현 역), 『러일전쟁: 기원과 개전』 2, 한길사, 2019b.

王柯(김정희 역), 『민족과 국가: 중국 다민족통일국가 사상의 계보』, 동북아역사재단, 2007.

왕여(김호 역), 『신주무원록』, 사계절, 2003.

왕여(송철의 외 역), 『역주 증수무원록언해』, 서울대학교출판문화원, 2004.

요나하 준(최종실 역), 『중국화 하는 일본: 동아시아 문명의 충돌 1천년사』, 페이퍼로드, 2013.

요시다 유타카(최혜주 역), 『아시아태평양전쟁』, 어문학사, 2012.

윌리엄 그레이엄 섬너(김성한 외 역), 『습속 2: 용례, 매너, 관습, 모레스, 그리고 도덕의 사회학적 중요성』, 한국문화사, 2019.

유타 림바흐(정남철 역), 『독일연방헌법재판소』, 고려대학교출판부, 2007.

윤치호(김상태 역), 『윤치호일기 1916~1943』, 역사비평사, 2001.

융이(류방승 역), 『백은비사』, 알에치코리아, 2013.

이건창(이근호 역), 『당의통략』, 지만지고전천줄, 2008.

이민수 역, 『동국붕당원류고』, 을유문화사, 1974.

이사벨라 버드 비숍(이인화 역), 『한국과 그 이웃나라들』, 살림, 1994.

이성시(박경희 역), 『투쟁의 장으로서의 고대사: 동아시아사의 행방』, 삼인, 2019.

이성시(이병호 외 역), 『고대 동아시아의 민족과 국가』, 삼인, 2022.

이승만(김용삼 외 역), 『쉽게 풀어쓴 청일전기』, 북앤피플, 2015.

이승만(김창주 역), 『일본의 침략근성: 그 실체를 밝힌다(*Japan Inside Out, The Challenge of Today*)』, 행복우물, 2015.

이승만(김충남 외 역), 『독립정신: 조선민족이여 깨어나라』, 동서문화사, 2010.

이언 골딘 외(추서연 외 역), 『앞으로 100년: 인류의 미래를 위한 100장의 지도』, 동아시아, 2021.

이언 모리스(김필규 역), 『전쟁의 역설: 폭력으로 평화를 일군 1만년의 역사』, 지식의날개, 2015.

이중환(이익성 역), 『택리지』, 을유문화사, 2002.

이치로 가와치 · 브루스 케네디(김명희 역), 『부유한 국가 불행한 국민』, 몸과마음, 2004.

임마누엘 칸트(이한구 역), 『영구평화론』, 서광사, 2008.

자크 데리다(진태원 역), 『법의 힘』, 문학과지성사, 2004.

장 보댕(나정원 역), 『국가에 관한 6권의 책』 1~6, 아카넷, 2013.

張國華 · 饒鑫賢 共編(임대희 역), 『중국법률사상사』, 아카넷, 2003.

장-밥티스트 레지(Ashley Kim 역), 『18세기 프랑스 지식인이 본 조선왕조: 레지신부가 전하는 조선 이야기』, 아이네아스, 2016.

장자크 루소(김중현 역), 『신엘로이즈』 1, 책세상, 2012a.

장자크 루소(김중현 역), 『에밀』, 한길사, 2003.

장자크 루소(서익원 역), 『신엘로이즈』 1, 한길사, 2008a.

장자크 루소(서익원 역), 『신엘로이즈』 2, 한길사, 2008b.

장자크 루소(이태일 외 역), 『사회계약론(외)』, 법우사, 1988.

장자크 루소(이환 역), 『에밀』, 돌을새김, 2008.

張晉藩(한기종 역), 『중국법제사』, 소나무, 2006.

재닛 아부 루고드(박홍식, 이은정 역), 『유럽 패권 이전: 13세기 세계체제』, 까치글방, 2006.

재래드 다이아몬드(김진준 역), 『총, 균, 쇠』, 문학과사상사, 1998..

잭 구디(손영래 역), 『자본주의는 유럽만의 산물인가』, 용의숲, 2016.

잭 런던(윤미기 역), 『잭 런던의 조선사람 엿보기: 러일전쟁 종군기』, 한울, 2011.

잭 웨더포드(정영목 역), 『칭기스칸 잠든 유럽을 깨우다』, 사계절, 2013.

쟝 밥티스트 레지(유정희 · 정은우 역), 『18세기 프랑스 지식인이 쓴 고조선, 고구려의 역사: 300년 전 프랑스 레지 신부가 쓴 고조선, 고구려의 역사』, 아이네아스, 2021.

錢穆(이종재 외 역), 『주자학의 세계』, 이문문화사, 1997.

田汝康(이재정 역), 『공자의 이름으로 죽은 여인들』, 예문서원, 1999.

정교(조광 외 역), 『대한계년사』 1, 소명출판, 2004a.

정교(조광 외 역), 『대한계년사』 2, 소명출판, 2004b.

정교(조광 외 역), 『대한계년사』 3, 소명출판, 2004c.

정교(조광 외 역), 『대한계년사』 4, 소명출판, 2004d.

정교(조광 외 역), 『대한계년사』 5, 소명출판, 2004e.

정교(조광 외 역), 『대한계년사』 6, 소명출판, 2004f.

정교(조광 외 역), 『대한계년사』 7, 소명출판, 2004g.

정교(조광 외 역), 『대한계년사』 8, 소명출판, 2004h.

정교(조광 외 역), 『대한계년사』 9, 소명출판, 2004i.

정교(조광 외 역), 『대한계년사』 10, 소명출판, 2004j.

정약용(다산연구회 역), 『목민심서』 1~7, 창작과비평사, 1988.

정약용(박석무 외 역), 『역주 흠흠신서』 1~3, 현대실학사, 1999.

정약용(이민수 역), 『아방강역고』, 범우사, 2004.

정영환(임경환 역), 『누구를 위한 화해인가: 『제국의 위안부』의 반역사성』, 푸른역사, 2016.

정인보(문성재 역), 『조선사연구』 상 · 하, 우리역사연구재단, 2012.

정조(민족문화추진회 역), 『신편국역 정조실록』 1~5, 한국학술정보, 2006.

제임스 B. 팔레(김범 역), 『유교적 경세론과 조선의 제도들』 1~2, 산처럼, 2008.

제임스 B. 팔레(이훈상 역), 『전통한국의 정치와 정책』, 신원문화사, 1993.

제임스 M. 블라우트(김동택 역), 『식민주의자의 세계 모델: 지리적 확산론과 유럽중심적 역사』, 성균관대학교출판부, 2008.

제임스 S. 게일(최재형 역), 『조선, 그 마지막 10년의 기록(1888-1897)』, 책비, 2018.

제임스 브래들리(송정애 역), 『임페리얼 크루즈: 대한제국 침탈 비밀외교 100일의 기록』, 프리뷰, 2010.

조지 클레이튼 포크(조법종 외 역), 『화륜선 타고 온 포크, 대동여지도 들고 조선을 기록하다』, 알파미디어, 2021.

존 B. 던컨(김범 역), 『왕조의 기원』, 너머북스, 2013.

존 M. 홉슨(정경옥 역), 『서구 문명은 동양에서 시작되었다』, 에코리브로, 2005.

존 로크(강정인 역), 『통치론』, 까치, 1996.

존 줄리어스 노리치(남경태 역), 『비잔티움연대기』 1~3, 바다출판사, 2016.

존 킹 페어뱅크 외(김한규 역), 『동양문화사』 상·하, 을유문화사, 1989.

존 킹 페어뱅크(중국사연구회 역), 『신중국사』, 까치, 1994.

존 톨랜드(박병화 외 역), 『일본제국패망사: 태평양전쟁 1936~1945』, 글항아리, 2019.

존 톰린슨(강대인 역), 『문화제국주의』, 나남, 1994.

주디스 코핀·로버트 스테이시(손세호 역), 『새로운 서양문명의 역사』 하, 소나무, 2014.

주디스 헤린(이순호 역), 『비잔티움』, 글항아리, 2010.

朱謙之(진홍석 역), 『중국이 만든 유럽의 근대』, 청계, 2010.

줄리오 알레니(천기철 역), 『직방외기』, 일조각, 2005.

쥘 미슐레(조한욱 역), 『미슐레의 민중』, 교유서가, 2021.

지그프리트 겐테(권영경 역), 『독일인 겐테가 본 신선한 나라 조선, 1901』, 책과함께, 2007.

최남선(전성곤 역), 『만몽문화』, 경인문화사, 2013.

취퉁쭈(김여진 외 역), 『법으로 읽는 중국고대사회』, 글항아리, 2020.

카를 슈미트(김효전 역), 『헌법과 정치』, 산지니, 2020.

카터 에커트(주익종 역), 『제국의 후예: 고창 김씨가와 한국 자본주의의 식민지 기원, 1876~1945』, 푸른역사, 2008.

칼 A. 비트포겔(구종서 역), 『동양적 전제주의』, 법문사, 1991.

케네스 포메란츠(김규태 외 역), 『대분기』, 에코리브르, 2016.

코세키 쇼오이치(김창록 역), 『일본국 헌법의 탄생』, 뿌리와이파리, 2010.

키어런 앨런(박인용 역), 『막스 베버의 오만과 편견』, 삼인, 2010.

키토 히로시(최혜주 역), 『인구로 읽는 일본사』, 어문학사, 2009.

티머시 브룩(박인균 역), 『베르메르의 모자: 베르메르의 그림을 통해 본 17세기 동서문명교류사』, 추수밭, 2008.

패트릭 스미스(노시내 역), 『일본의 재구성』, 마티, 2008.

퍼시벌 로웰(조경철 역), 『내 기억 속의 조선, 조선 사람들』, 예담, 2001.

펠리페 페르난데스아르메스토 외(이재만 역), 『옥스퍼드세계사』, 교유서가, 2020.

폴 존슨(명병훈 역), 『폴 존슨 근대의 탄생』 1~2, 살림, 2014.

프랑수와 케네(나정원 역), 『중국의 계몽군주정』, 앰애드, 2014.

프랜시스 후쿠야마(함규진 역), 『정치질서의 기원』, 웅진지식하우스, 2012.

프리드리히 니체(안성진 외 역), 『즐거운 학문·메시나에서의 유고』, 책세상, 2020.

플라톤(박종현 역), 『법률』, 서광사, 2009.

피터 C. 퍼듀(공원국 역), 『중국의 서진』, 길, 2012.

하라 아키라(김연옥 역), 『청일·러일전쟁 어떻게 볼 것인가』, 살림, 2015.

하마시타 다케시(서광덕 외 역), 『조공시스템과 근대 아시아』, 소명출판, 2018.

하야미 아키라(강진아 역), 「도쿠가와 일본의 인구와 가족」, 《대동문화연구》 46, 성균관대학교 대동문화연구원, 2004.

하야미 아키라(조성원 외 역), 『근세 일본의 경제발전과 근면혁명』, 혜안, 2006.

하오엔핑(이화승 역), 『중국의 상업혁명: 19세기 중·서 상업자본주의의 전개』, 소나무, 2001.

하인리히 뤼핑(이상문 역), 「해외자료: 독일에서의 검찰의 탄생」, 《형사법의 신동향》 7, 대검찰청, 2007.

한비자(노재욱 역), 『한비자』 상ㆍ하, 자유문고, 1994.

한스 켈젠(김선복 역), 『정의란 무엇인가』, 책과사람들, 2010.

한스 켈젠(윤재왕 역), 『순수법학: 법학의 문제점에 대한 서론』, 박영사, 2018.

한스 포르렌더(김성준 역), 『헌법사』, 투멘, 2009.

허버트 스펜서(이상률 역), 『개인 대 국가』, 이책, 2014.

허버트 스펜서(이정훈 역), 『진보의 법칙과 원인』, 지만지, 2014.

헤르만 칸토로비츠(윤철홍 역), 『법학을 위한 투쟁』, 책세상, 2006.

헤르만 헬러 외(김효전 편역), 『법치국가의 원리』, 법원사, 1996.

헨드릭 하멜ㆍ뒤 알드ㆍE.J. 오페르트(신복룡 역), 『하멜표류기ㆍ조선전ㆍ금단의 나라 조선』, 집문당, 2019.

헨리 위그햄(이영옥 역), 『영국인 기자의 눈으로 본 근대 만주와 대한제국』, 살림, 2009.

헨리 키신저(권기대 역), 『헨리 키신저의 중국이야기』, 민음사, 2012.

헨리 휘튼(김현주 역), 『만국공법』, 인간사랑, 2021.

호머 헐버트(김동진 역), 『말 위에서 본 조선: 헐버트(Homer B. Hulbert)의 조선시대(1890년) 평양 여행기』, 참좋은친구, 2021.

호머 헐버트(신복룡 역), 『대한제국 멸망사』, 집문당, 1999.

호사카 유지, 「福澤諭吉과 甲申政變」, 《한일관계사연구》 4, 한일관계사학회, 1995.

호사카 유지, 『신친일파: 『반일종족주의』의 거짓을 파헤친다』, 봄이아트북스, 2020.

혼마 규스케(최혜주 역), 『조선잡기: 일본인의 조선 정탐록』, 김영사, 2008.

황종희(정병철 역), 『명이대방록』, 홍익출판사, 1999.

황현(허경진 역), 『매천야록』, 서해문집, 2006.

후쿠자와 유키치(성희엽 역), 『문명론 개략』, 소명출판, 2020.

히구치 나오토(김영숙 역), 『폭주하는 일본의 극우주의』, 미래를소유한사람들, 2015.

히라키 마코토,『朝鮮後期 奴婢制研究』, 知識産業社, 1982.

C. W. 쎄람(안경숙 역),『낭만적인 고고학 산책』1, 평단문화사, 1985.

D. 로즈(이종철 역),『헤겔의『법철학』입문』, 서광사, 2015.

E. G. 켐프 · E. 와그너(신복룡 역),『조선의 모습 · 한국의 아동생활』, 집문당, 1999.

F. A. 맥켄지(신복룡 역),『대한제국의 비극』, 집문당, 1999.

F. H. 뫼르젤(홍순권 역),「갑신정변 회상기(Events Leading to the Emeute of 1884)」,《역사연구》9, 역사학연구소, 2001.

F. 라살레(서석연 역),『노동자강령』, 범우사, 2013.

G. N. 커즌(나종일 역),『100년전의 여행 100년후의 교훈』, 비봉출판사, 1996.

G. W. F. 헤겔(권기철 역),『역사철학강의』, 동서문화사, 2008.

G. W. F. 헤겔(권응호 역),『법철학강요』, 홍신문화사, 1990.

G. W. F. 헤겔(김준수 역),『자연법』, 한길사, 2004.

G. W. F. 헤겔(박배형 역),『헤겔과 시민사회 :『법철학』,「시민사회」장 해설』, 서울대학교출판문화원, 2017.

H. N. 알렌(김원모 역),『알렌의 일기』, 단국대학교출판부, 1991.

J. J. 클락(장세룡 역),『동양은 어떻게 서양을 계몽했는가』, 우물이있는집, 2004.

Josef Isensee(이승우 역),『국가와 헌법』, 세창출판사, 2001.

Mark A. Peterson(김혜정 역),『유교사회의 창출: 조선 중기 입양제와 상속제의 변화』, 일조각, 2000.

R. G. 콜링우드(김봉호 역),『서양사학사』, 탐구당, 2017.

Tony Michell(김혜정 역),「조선시대의 인구변동과 경제사: 인구통계학적 측면을 중심으로」,《부산사학》17, 부산사학회, 1989.

W. E. 그리피스(신복룡 역),『은자의 나라 한국』, 집문당, 1999.

W. F. 샌즈(신복룡 역),『조선 비망록』, 집문당, 1999.

5. 외국어자료

古川愛哲, 『歪められた江戸時代』, エムディエヌコーポレ, 2021.

瞿同祖, 『中國法律與中國社會』, 商务印书馆, 1937.

吉村雅美, 『近世日本の対外関係と地域意識』, 清文堂出版, 2012.

瀧川政次郎, 『支那法制史研究』, 有斐閣, 1940[『中國法制史研究』, 巌南堂書店, 1979].

李治安, 『元代行省制度』上 · 下, 中華書局, 2011.

麻生武龜, 『李朝法典考』, 朝鮮總督府 中樞院, 1935.

石井良助, 『江戸の刑罰』, 中央公論社, 1979[再刊行: 吉川弘文館, 2013].

邵循正, 『中日戰爭』, 北京人民出版社, 2020.

小倉紀藏, 『朱子學化する日本近代』, 藤原書店, 2012.

深谷克己, 『'商業革命'と江戸城政治家』, 山川出版社, 2010.

深尾京司 外編, 『日本經濟の歷史2 近世: 16世紀末から19世紀前半』, 岩波書店, 2017.

氏家幹人, 『江戸時代の罪と罰』, 草思社, 2015.

氏家幹人, 『古文書に見る江戸犯罪考』, 祥傳社新書, 2016.

氏家幹人, 『大江戸死體考』, 平凡社, 2016.

岩井茂樹, 『朝貢 · 海禁 · 互市: 近世東アジアの貿易と秩序』, 名古屋大學出版會, 2020.

楊鶴皋 主編, 『中國法律思想史』, 北京大學出版社, 2001.

楊鶴皋, 『中國法律思想通史』上 · 下, 湘潭大学出版社, 2011.

牛娥嫺, 『英國近現代司法改革研究』, 山東人民出版社, 2013.

仁井田陞, 『中國法制史』, 岩波書店, 1952.

仁井田陞, 『中國法制史研究: 法と慣習 · 法と道德』, 東京大学出版会, 1964.

仁井田陞, 『中國法制史研究: 土地法 · 取引法』, 東京大学出版会, 1960.

仁井田陞, 『中國法制史研究: 刑法』, 東京大学出版会, 1959.

張國華 · 饒鑫賢 共編, 『中國法律思想史綱』1 · 2, 甘肅人民出版社, 1984~1987.

張晉藩 主編,『中國法制通史8: 淸』, 法律出版社, 1999.

張晉藩·懷效鋒 主編,『中國法制通史7: 明』, 法律出版社, 1999.

田中俊光,「朝鮮後記の刑事事件審理における問刑條例の援用について」,《朝鮮史研究會論文集》46, 朝鮮史研究會, 2008.

鄭秦,『淸代法律制度史研究』, 中國政法大學出版社, 2003.

曾建元,「中華民國歷次修憲模式之研究」,《中國史研究》76, 中國史學會, 2012.

曾我部靜雄,『中國律令史の研究』, 吉川弘文館, 1971.

淺見倫太郎,『朝鮮法制史稿』, 巖松堂書店, 1922[淺見倫太郎,『朝鮮法制史稿』, 巖松堂書店, 1968].

坂本一登,『伊藤博文と明治國家形成』, 吉川弘文館, 1991.

花村美樹 外,『朝鮮社會法制史研究』(京城帝大法學會論集9) 岩波書店, 1937.

Chaihark Hahm, *Confucian Constitutionalism*, doctoral thesis, Harvard University, 2000.

David C. Kang, *American Grand Strategy and East Asian Security in the twenty-first century*, Cambridge University Press, 2017.

David C. Kang, *East Asia Before the West*: *Five Centuries of Trade and Tribute*, Columbia Univ Press, 2012.

David Faure, *Emperor and Ancestor*: *State and Lineage in South China*, Stanford University Press, 2007[科大卫(卜永堅 譯),『皇帝和祖宗: 华南的国家与宗族』, 江苏人民出版社, 2010].

Derk Bodde·Clarence Morris, *Law in Imperial China*, Harvard University Press, 1967[D. 布迪·C. 莫里斯(Derk Bodde·Clarence Morris: 朱勇 譯),『中華帝國的法律(*Law in Imperial China*)』, 江蘇人民出版社, 2003].

George Chalpin, "Geographic Distribution of Environmental Factors Influencing Human Skin Coloration", *American Journal of Physical Anthropology*, Vol.125-3, John Wiley & Sons, 2004.

Haboush, Jahyun Kim, 1988, *A Heritage of Kings : One Man's Monarchy in the Confucian World*, Columbia University Press, 1988[김자현(김백철 외 역), 『왕이라는 유산』, 너머북스, 2017] .

Hans Kelsen, *General Theory of Law and State*, Harvard University Press, 1949.

Jiang Qing, ed., *A Confucian Constitutional Order*, Princeton University Press, 2013.

Ka-Chai Tam, *Justice in Print : Discovering Prefectural Judges and Their Judicial Consistency in Late-Ming Casebooks*, Brill, 2020.

Karl August Wittfogel, *Oriental Despotism*, Yale University Press, 1955[칼 A. 비트포겔(구종서 역), 『동양적 전제주의』, 법문사, 1991].

Mark A. Peterson, *Korean adoption and inheritance : case studies in the creation of a classic confucian society*, East Asia Program, Cornell University, 1996.

Matthew Calbraith Perry, *Narrative of the expedition of an American squadron to the China Seas and Japan*, D. Appleton and company, 1857[M. C. ペリー(宮崎壽子 譯), 『ペリー提督日本遠征記』 上・下, KADOKAWA, 2014].

Robert Sabatino Lopez, *The Commercial Revolution of the Middle Ages, 950-1350*, Cambridge University Press, 1976[ロバート. S. ロペス(宮松浩憲 譯), 『中世の商業革命 ヨーロッパ950-1350』, 法政大學出版局, 2007].

Spence, Jonathan D., 1976, "Autocracy at Work: A Study of the Yungcheng Period, 1723-1735 by Pei Huang", *The American Historical Review Vol. 81-4*, The American Historical Association.

Spence, Jonathan D., *Ts'ao Yin and the K'ang-hsi Emperor : bondservant and master*, Yale University Press, 1965.

Thomas Nelson, "Slavery in Medieval Japan", *Monumenta Nipponica, Vol. 59-4*, Sophia University, 2004.

William Shaw, *Legal Norms in a Confucian State*, Center for Korean Studies, Institute of East Asian Studies, University of California, 1981.

발문(跋文)

이 책은 여러 선학의 연구성과 위에 쓰여졌다. 서울대학교 규장각 한국학연구원에서는 오랫동안 『사법품보(갑)·(을)』를 정리하여 개별 문서의 해제를 추진하였고 영인본 간행을 협조하였을 뿐 아니라 원문이미지를 온라인 데이터베이스로 구축하였다. 또 국사편찬위원회에서는 『사법품보(을)』의 전자텍스트를 온라인 데이터베이스로 제공하였으며, 덕성여자대학교 역사문화연구소에서는 『사법품보(갑)』의 대부분을 번역하여 쉽게 이용할 수 있도록 배려하였다. 그동안 수많은 연구자들의 피와 땀으로 만들어진 기초자료를 토대로 손쉽게 다음 단계 연구로 도약할 수 있었다. 특히 2000년대 이후 국내외 전통시대 동서양 법사학 연구가 한 단계 진일보하였으므로 그 성과를 원용할 수 있었던 것도 큰 행운이었다. 그리고 계명대학교 동산도서관에서 구하기 어려운 기초자료의 수집뿐 아니라 국내외 논문의 열람에도 많은 도움을 주었다.

무엇보다도 대우재단의 저술지원이 없었더라면 해당 자료를 수집하고 분석하는 물적 토대를 얻지 못했을 것이다. 장시간 원고를 기다려준 재단에 감사의 인사를 전한다. 특히 재단에서 훌륭한 심사위원을 위촉해준 덕분에 주요한 논리·개념·구성 전반에 대해 상당한 조언을 받았을 뿐 아니라 미처 찾지 못한 자료나 국내외 참고문헌까지 소개받는 소중한 기회를 얻었다. 이에 수년간 거친 원고를 꼼꼼하게 읽고 세심한 비평을 아끼지 않은 익명의 심사위원께도 진심으로 감사의 마음을 전하고 싶다. 또한 본문 중 4장은 학회발표를 중간점검의 기회로 삼았는데(「19세기 '과부약탈'사건의 재검토: 관습인가? 범죄인가?」, 《동아시아고대》 64, 동아시아고대학회, 2021), 당시 여러 심사위원의 의견도 도움이 되었다.

그럼에도 불구하고 지난 3년간 병마와 싸우면서 겨울마다 잦은 응급실행으로 온전하게 원고를 마무리하지 못한 채 분량을 채워 제출하기에만 급급하여 심사위원을 괴롭혀드렸음은 부인하기 어렵다. 병환을 핑계 삼아 최종원고도 당초 웅장한 계획에 미치지 못하고 단지 윤문 차원에서 종결하여 적지 않은 아쉬움이 있다.

또한 대부분의 통계처리는 수년간 수차례 검증작업을 거쳤으나 마지막 해에 추가한 전체 범죄비율(〈표 3〉 등)은 안질(眼疾)이 심해져 한동안 거의 보이지 않을 지경이 되어 미처 재검증작업을 시행하지 못했다. 전체 경향이 바뀌지는 않겠으나 자료가 약 1만 4,000건이 넘어서 분류기준이 일관되게 적용되었을지 여러모로 염려된다. 이 통계를 바탕으로 작성한 그래프 역시 단순빈도와 누적추이 두 가지를 사용했는데, 후자는 두 개 이상의 지표가 비슷한 궤적을 그릴 때의 연동성을 시각적으로 극대화하기 위해 선택하였다. 연구 중 생산한 다양한 기초자료 중 비교적 통일성을 갖춘 자료만 부록에 남기고 나머지는 대거 삭제하였다. 모쪼록 이 책이 『사법품보』 연구를 촉진하는 계기가 되기를 바라며, 부족한 부분은 강호제현(江湖諸賢)의 질정(質正)을 기다린다.

2023년 1월
영암관에서
김백철

찾아보기

김백철

부산대학교 사학과를 졸업하고 서울대학교 국사학과에서 문학석사·문학박사 학위를 받았다. 전공분야는 조선시대 법사학 및 정치사상이다. 전북대학교 HK교수, 서울대학교 규장각한국학연구원 책임연구원 등을 거쳐 현재 계명대학교 사학과 교수로 있다. 대표저서로『조선후기 영조의 탕평정치』(2010),『두 얼굴의 영조』(2014),『법치국가 조선의 탄생』(2016),『탕평시대 법치주의 유산』(2016),『정조의 군주상』(2023) 등이 있다. 저서를 비롯한 그간의 연구성과는 한국연구재단 우수논문(2008·2009), 문화체육관광부 우수학술도서·세종도서(2010·2017), 역사학회 논문상(2013), 대한민국학술원 우수학술도서(2015·2018), 한국출판문화산업진흥원 우수출판콘텐츠(2016), 대구경북연구원 우수논문(2022) 등에 선정되었다.

『사법품보』가 그린 왕정과 인간

고종시대 근대사법체계 도입사

대우학술총서 643

1판 1쇄 찍음 | 2023년 6월 9일
1판 1쇄 펴냄 | 2023년 6월 30일

지은이 | 김백철
펴낸이 | 김정호

책임편집 | 신종우
디자인 | 이대웅

펴낸곳 | 아카넷
출판등록 | 2000년 1월 24일(제406-2000-000012호)
주소 | 10881 경기도 파주시 회동길 445-3
전화 | 031-955-9510(편집) · 031-955-9514(주문)
팩시밀리 | 031-955-9519
www.acanet.co.kr

Printed in Paju, Korea.

ISBN 978-89-5733-860-5 94910
ISBN 978-89-89103-00-4(세트)

이 책은 대우재단의 지원을 받아 연구 및 출간되었습니다.